中国人力资源和社会保障
年　鉴
（工作卷）

CHINA HUMAN RESOURCES AND SOCIAL SECURITY YEARBOOK

2021

中国劳动社会保障出版社
中国人事出版社

图书在版编目(CIP)数据

中国人力资源和社会保障年鉴. 2021：文献卷、工作卷/人力资源和社会保障部组织编写. -- 北京：中国劳动社会保障出版社：中国人事出版社，2021

ISBN 978-7-5167-5137-4

Ⅰ. ①中…　Ⅱ. ①人…　Ⅲ. ①人力资源管理-中国-2021-年鉴②社会保障-中国-2021-年鉴　Ⅳ. ①F249. 21-54②D632. 1-54

中国版本图书馆 CIP 数据核字(2021)第 264191 号

中国劳动社会保障出版社
中 国 人 事 出 版 社 出版发行

（北京市惠新东街 1 号　邮政编码：100029）

*

北京中科印刷有限公司印刷装订　　新华书店经销

880 毫米×1230 毫米　16 开本　69. 75 印张　0. 75 彩色印张　1684 千字

2021 年 12 月第 1 版　　2021 年 12 月第 1 次印刷

定价：498. 00 元

读者服务部电话：（010）64929211/84209101/64921644

营销中心电话：（010）64962347

出版社网址：http://www. class. com. cn

《中国人力资源和社会保障年鉴》
编辑委员会成员

《中国人力资源和社会保障年鉴》
编辑部成员

编辑说明

一、《中国人力资源和社会保障年鉴（2021）》是关于人力资源和社会保障工作的专业性史料工具书。本年鉴收录了2020年度我国人力资源社会保障工作重要文献、资料和数据，记录了2020年度我国人力资源社会保障事业发展概况，客观反映了人力资源社会保障工作改革发展成就、经验以及今后需要继续研究解决的问题。本年鉴是对党政机关领导干部和各部门工作人员、人力资源社会保障系统工作者、企业领导和人力资源管理者，以及人力资源社会保障科研理论工作者有价值的参考用书和工具书。

二、本年鉴分文献卷、工作卷两卷。文献卷包括人力资源和社会保障重要文献、人力资源和社会保障大事记。工作卷包括人力资源和社会保障工作概览、全国人力资源和社会保障工作、地方人力资源和社会保障工作、人力资源和社会保障统计资料。

三、本年鉴中，全国人力资源和社会保障工作分为28个部分：就业工作、人力资源流动管理、职业能力建设、专业技术人才工作、事业单位人事管理、城镇职工养老保险、失业保险、工伤保险、城乡居民基本养老保险、社会保险经办管理、中央国家机关事业单位养老保险经办管理、社会保险基金监管、劳动关系、劳动人事争议调解仲裁、事业单位工资福利离退休工作、农民工工作和发展家庭服务业促进就业工作、人力资源和社会保障法治建设、劳动保障监察、国家表彰奖励工作、规划统计、信息化建设、科学研究、干部教育培训与评比表彰和行风窗口建设、行风建设、人力资源社会保障扶贫、新闻宣传政务信息报刊与出版、国际及与港澳台地区交流合作、社团活动；地方人力资源和社会保障工作47篇。

《中国人力资源和社会保障年鉴（2021）》的编辑出版是在全国人力资源社会保障系统的共同努力下完成的。在此，向所有参加编辑出版工作的领导和同志表示衷心的感谢。

《中国人力资源和社会保障年鉴》编辑部

2021年12月

目　　录

工作卷

人力资源和社会保障工作概览

全国人力资源和社会保障工作

地方人力资源和社会保障工作

人力资源和社会保障统计资料

人力资源和社会保障工作概览

2020年人力资源和社会保障工作情况

2020年，在以习近平同志为核心的党中央坚强领导下，全国人力资源社会保障系统坚持以习近平新时代中国特色社会主义思想为指导，全面贯彻党的十九大和十九届二中、三中、四中、五中全会精神，认真落实党中央、国务院决策部署，统筹疫情防控做好人力资源社会保障工作，主动作为、攻坚克难，圆满完成全年目标任务。

一、就业局势保持总体稳定

（一）就业目标任务全面完成。

坚持把稳就业、保就业作为第一位的工作和重大政治责任，积极应对疫情的严重冲击，开展人社“战疫”十项行动，创新实施28项突破性政策，密集部署、狠抓落实，全年城镇新增就业1 186万人，调查失业率从2月的6.2%降至12月的5.2%，全年均值5.6%，年末城镇登记失业率4.24%，均低于预期控制目标，保持了就业局势总体稳定。

（二）稳就业政策措施进一步丰富完善。

深入实施就业优先政策，认真贯彻国务院办公厅《关于应对新冠肺炎疫情影响强化稳就业举措的实施意见》（国办发〔2020〕6号）、《关于支持多渠道灵活就业的意见》（国办发〔2020〕27号）文件要求。会同有关部门印发《关于做好疫情防控期间有关就业工作的通知》（人社部明电〔2020〕2号）、《关于实施企业稳岗扩岗专项支持计划的通知》（人社部发〔2020〕30号）、《关于阶段性减免企业社会保险费的通知》（人社部发〔2020〕11号）、《关于扩大失业保险保障范围的通知》（人社部发〔2020〕40号）等，打出减负、稳岗、扩就业的政策组合拳。养老、失业、工伤三项社会保险共为企业减负1.54万亿元。向608万户企业发放稳岗返还1 042亿元，受益企业户数是2019年的5倍。失业保险保障范围扩大到城乡所有参保失业人员，领取各项失业保险待遇人数1 337万人，比上年增加841万人。扩大创业担保贷款发放范围，提高贷款额度。支出就业补助和专项奖补资金千亿元。同时，建立24小时重点企业用工调度保障机制，帮助上万家重点企业解决急需用工55万人。实施农民工返岗“点对点”服务，通过专车、专列、包机等方式累计运送600多万农民工安全有序返岗。

（三）重点群体就业保持平稳。

实施高校毕业生就业创业推进行动，会同相关部门印发《关于引导和鼓励高校毕业生到城乡社区就业创业的通知》（人社部发〔2020〕53号）、《关于应对新冠肺炎疫情影响实施部分职业资格“先上岗、再考证”阶段性措施的通知》（人社部发〔2020〕24号）等，继续实施高校毕业生“三支一扶”计划，各地共计发布“三支一扶”人员招募计划4万余名，开展“最美基层高校毕业生”先进事迹宣讲活动，高校毕业生总体就业率达到90%以上。全力做好农民工、退役军人、长江流域退捕渔民、就业困难人员等群体就业工作。

（四）公共就业服务和培训不断优化。

开通全国统一的线上失业登记、毕业生求职登记等服务平台，发布就业补贴类政策清单和线上申领渠道。出台实施《网络招聘服务管理规定》（人力资源和社会保障部令第44号）。集中资源、加大力度，开展百日千万网络招聘，举办各类线上招聘会近1.5万场，发布岗位信息2 761万人次。开展民营企业招聘月、大中城市联合招聘高校毕业生专场等专项服务活动，开展双创示范基地校企行活动，组织举办“中国创翼”创业创新大赛。开展人力资源服务行业促就业行动，在全国自贸区内试点开展人力资源服务许可告知承诺制审批，组织实施西部和东北地区人力资源市场建设援助计划，开展人力资源市场专项整治，积极推进诚信体系建设。深入实施职业技能提升行动，开展以工代训，各类补贴性职业技能培训超过2 700万人次。开展“互联网+职业技能培训”，实施百日免费线上技能培训行动。

二、社会保障体系进一步完善

（一）社会保障覆盖范围持续扩大。

继续加强参保扩面工作，截至年底，基本养老、失业、工伤保险参保人数分别达到9.99亿人、2.17亿人、2.68亿人，分别比上年底增加3 127万人、1 147万人、1 291万人。三项社会保险基金累计结余62 879亿元。社会保障卡应用范围持续拓展，持卡人数13.35亿人，电子社会保障卡持卡人数3.6亿人。

（二）社会保障制度改革持续深化。

所有省份均启动实施养老保险基金省级统收统支。企业职工基本养老保险全国统筹改革方案审议通过。基金中央调剂力度加大，调剂规模7 400亿元，有效均衡地区间基金收支结构性矛盾。被征地农民社会保障政策进一步健全完善。印发《工伤预防五年行动计划（2021—2025年）》（人社部发〔2020〕90号），突出重点行业重点企业重点人员，更加注重事前预防。退休人员基本养老金和城乡居民基础养老金调整工作顺利完成，惠及超过1.2亿退休人员，为近1.7亿城乡老年居民提高基础养老金。失业保险、工伤保险待遇稳步提高。各项社保待遇按时足额发放。国家社会保险公共服务平台不断优化，提供9类28项全国统一服务，累计访问量超过15亿次。

（三）基金投资运营和监督管理工作扎实推进。

所有省份均启动实施基本养老保险基金委托投资工作。印发《关于调整年金基金投资范围的通知》（人社部发〔2020〕95号），推进职业年金市场化运营，全国32个统筹区启动职业年金市场化投资运营，规模突破1万亿元。强化基金风险防控，完善政策、经办、信息、监督四位一体风险防控体系，持续加强基金监督。

三、人才人事体制机制不断健全

（一）专业技术人才队伍建设不断加强。

各系列职称制度改革稳步推进，累计出台20个系列职称改革意见。国家职业资格目录清单制度进一步健全完善。相关人才项目工程计划有序实施，新选拔4 998名享受政府特殊津贴专家、406名百千万人才工程国家级人选，专业技术人才知识更新工程完成培训140万人次。博士后工作创新力度不断加大。编制发布服务国家区域发展战略急需紧缺人才目录。积极开展新疆、西藏少数民族专业技术人才特殊培养工作。

（二）技能人才发展再上新台阶。

出台《关于进一步加强高技能人才与专业技术人才职业发展贯通的实施意见》（人社部发〔2020〕96号），扩大高技能人才参加职称评审的贯通领域。全面推行职业技能等级认定制度，积极推动各类企业开展技能人才自主评价。完善新职业信息发布制度和职业分类动态调整机制，健全职业标准体系，发布互联网营销师等25个新职业，颁布56个国家职业技能标准。大力发展技工教育，公布106种国家级技工教育和职业培训教材目录，增补31个专业。建设129个国家级高技能人才培训基地、173个国家级技能大师工作室。开展第十五届高技能人才评选表彰活动。举办第一届全国职业技能大赛，设 86 个比赛项目，共有 2 500 多名选手参赛。统筹开展全国行业职业技能竞赛，为技能人才发展营造良好氛围。

（三）事业单位人事管理、工资收入分配和表彰奖励工作稳步推进。

会同相关部门印发《关于因履行工作职责感染新型冠状病毒肺炎的医护及相关工作人员有关保障问题的通知》（人社部函〔2020〕11 号）等，明确工资福利、职称岗位晋升、紧急补充医务人员、及时表彰等方面政策措施，加强抗疫“一线”人员支持保障。县以下事业单位管理岗位职员等级晋升制度改革取得积极进展，事业单位人事管理配套制度更加完善。高层次人才工资分配激励机制和公立医院薪酬制度改革扎实推进。圆满完成抗击新冠肺炎疫情重大表彰有关工作。

四、劳动关系保持总体和谐稳定

（一）根治欠薪工作力度持续加大。

加强法治保障，强化日常执法和专项整治，各级劳动保障监察机构立案查处工资类劳动保障违法案件 5.5 万件，同比下降 5.1%。为 64.8 万名劳动者追发工资等待遇 65.2 亿元，涉及人数下降 22%，涉及工资金额下降 18%，成效持续巩固。向社会公布重大欠薪违法行为 1 804 件，将 911 个违法失信企业列入拖欠农民工工资“黑名单”管理。会同相关部门制定车辆登记、银行账户、不动产登记查询规定，完善保障农民工工资支付条例配套措施。组织开展 2019 年度省级政府保障农民工工资支付工作考核。扎实推进根治欠薪冬季专项行动，依托“根治欠薪进行时”平台，加强举报投诉线索转办督办。

（二）劳动关系协商协调工作不断加强。

会同相关部门出台《关于做好新型冠状病毒感染肺炎疫情防控期间稳定劳动关系支持企业复工复产的意见》（人社部发〔2020〕8 号）等政策文件，积极推行集体协商，指导企业依法妥善处理劳动关系。不断完善劳动关系风险防范的形势分析、监测预警、应急处置机制。规范企业共享用工，推广电子劳动合同。深入推进和谐劳动关系创建活动，开展千户企业培育共同行动。深化构建和谐劳动关系综合配套改革试点取得积极进展。会同国家协调劳动关系三方部署实施劳动关系“和谐同行”能力提升三年行动计划。组织开展农民工工作督察，开展全国优秀农民工和农民工工作先进集体评选表彰活动。

（三）企业工资宏观调控和国有企业工资分配工作取得新进展。

加强企业工资宏观调控，指导各地稳慎调整最低工资标准。完成企业薪酬调查工作，在国家层面首次发布薪酬价位信息。继续推进中央企业负责人薪酬制度和国有企业工资决定机制改革。研究制定技能人才薪酬分配指引，积极引导提高技能人才和一线工人待遇。

（四）劳动人事争议调解仲裁和劳动保障监察工作稳步推进。

坚持预防为主、调解优先，加强调解员仲裁员队伍建设，制定法律政策适用指南，指导各地依法加快处理涉疫情争议案件。发布第一批劳动人事争议典型案例，统一裁审法律适用。会同相关部门印发《关于进一步加强劳动人事争议调解仲裁法律援助工作的意见》（人社部发〔2020〕52 号），加强劳动人事争议调解仲裁的法律援助工作。继续推广使用“互联网+调解”服务平台，全面推行“双随机、一公开”监管机制。

五、人社扶贫任务全面完成

（一）就业扶贫加力推进。

聚焦“三区三州”和 52 个挂牌督战县，切实把促进劳动力外出务工摆在突出位置，强化有组织劳务输出，努力把劳动力稳在当地、稳在企业、稳在岗位。人力资源服务机构举办扶贫专场招聘会 1.1 万场，提供岗位信息 309 万个。在外出农民工大幅减少的情况下，贫困劳动力务工规模达到 3 243 万人，比上年增长

10.6%。积极拓展贫困劳动力就近就地就业渠道，会同相关部门印发《关于进一步用好公益性岗位发挥就业保障作用的通知》（人社部发〔2020〕38号），扩大光伏扶贫、保洁环卫、护路护林、防疫消杀等公益性岗位开发规模，组织实施易地扶贫搬迁就业帮扶、平台企业助力脱贫攻坚等4项专项行动，促进贫困劳动力就业增收。

（二）社保扶贫扎实有序。

会同相关部门印发《关于进一步做好贫困人员基本养老保险应保尽保工作的通知》（人社厅发〔2020〕61号），通过政策发力、大数据找人，实现贫困人口基本养老保险应保尽保。全国6 098万建档立卡贫困人口参加基本养老保险，参保率持续保持在99.99%。为3 856万贫困人员代缴居民养老保险费，超过3 014万贫困老年人按月领取基本养老保险待遇，其中建档立卡贫困老人1 735万人。

（三）技能扶贫深入开展。

全面开展贫困劳动力职业技能培训工作，完善补贴政策，提高培训针对性、实效性。深入实施技能脱贫千校行动，技工院校招收贫困家庭学生8万多人。举办全国扶贫职业技能大赛。继续倾斜支持“三区三州”等深度贫困地区技工院校建设。

（四）人才人事扶贫持续发力。

将职称“定向评价、定向使用”政策适用范围由“三区三州”拓展到52个挂牌督战县。遴选103个以脱贫攻坚为主题的各类示范性专家服务团，新设立11家国家级专家服务基地，举办以服务脱贫攻坚为主题的国家级高级研修班50期。

六、人社系统行风建设取得明显成效

（一）便民服务持续优化。

不断深化“放管服”改革，进一步“清事项、减材料、压时限”，以“人社服务快办行动”为重要抓手提升为民服务水平，推进全国人社服务相关事项打包办、提速办、简便办、跨省办。继续做好“专业技术人员资格考试报名”和社保经办18项人社服务证明事项告知承诺制实施工作，进一步清减相关证明材料。全面推开人社政务服务“好差评”工作，实现服务事项、评价对象、服务渠道全覆盖。持续开展人社政策待遇“看得懂算得清”工作，促进政策公开透明。

（二）信息化水平进一步提高。

依托人社政务服务平台，各类“不见面”服务快速推进，全国“一网通办”业务陆续增加。全国12333接听总量超1亿人次，综合接通率保持在80%以上。启动实施人社信息化便民服务创新提升行动，上线人社政务服务平台，开通44项全国性服务和306项地方特色服务，总访问量超过6.2亿人次。印发进一步优化人社公共服务切实解决老年人运用智能技术困难的实施方案，明确了7类涉老高频服务事项和20项具体工作。

（三）窗口单位经办服务能力持续提升。

有序组织人社系统窗口单位业务技能练兵比武活动，开展在线练兵和省内比武，实现窗口人员全覆盖。健全问题发现机制，畅通问题反馈渠道，持续开展窗口调研暗访、厅局长走流程活动，不断推进问题整改，窗口队伍服务能力和水平得到新提高。

全国人力资源
和社会保障工作

就 业 工 作

一、就业目标全面完成

2020 年全国城镇新增就业 1 186 万人，城镇失业人员再就业 511 万人，就业困难人员就业 167 万人，年末城镇登记失业率为 4. 24%，完成年初确定目标（城镇新增就业人员 900 万人以上，城镇失业人员再就业 500 万人，就业困难人员就业 130 万人，城镇登记失业率控制在 5. 5%左右）。截至 2020 年底，全国建档立卡贫困劳动力务工总数 3 243 万人，是 2019 年建档立卡贫困劳动力务工总数的 110. 6%。

二、积极投入疫情防控阻击战

（一）迅速出台对冲政策。

2 月 5 日，会同教育部、财政部、交通运输部、卫生健康委等部门共同印发《关于做好疫情防控期间有关就业工作的通知》（人社部明电〔2020〕2 号），明确了重点企业开工吸纳就业补贴、加大失业保险稳岗返还力度、推广优化线上招聘服务等应对举措。2 月、3 月，连续召开人社系统应对新冠肺炎疫情做好就业工作电视电话会议、统筹推进疫情防控和稳就业工作电视电话会议，胡春华副总理出席会议并讲话，分析就业形势，部署做好当前和今后一个时期就业工作，要求全力以赴应对疫情，确保就业大局稳定。

（二）全力保障重点企业用工。

2020 年 2 月以来，面对防疫物资生产、群众生活必需等重点企业用工短缺和部分劳动者无法返岗的难题，建立 24 小时重点企业用工调度保障机制，疫情期间共帮助 10 146 家重点企业累计解决用工需求近 56 万人，为打赢疫情防控阻击战发挥了积极作用。6 月 12 日印发专门通知，将阶段性用工保障转向常态化用工服务，建立重点企业用工常态化服务机制，着力为重点企业提供全方位、多渠道、常态化的用工服务和指导，为促进经济社会发展做出积极贡献。7 月至 12 月底，累计帮助 10 436 家重点企业解决用工需求 91. 42 万人。

（三）推动劳动者有序返岗复工。

开通农民工“点对点”返岗复工服务小程序和用工对接服务平台，面向农民工和企业提供返岗需求登记服务，定点联系、实时对接，通过组织专车、专列、包机等多种方式，帮助农民工特别是贫困劳动力“出家门、上车门、进厂门”，各地累计运送 600 多万农民工安全有序返岗，其中贫困劳动力 152 万人。

（四）推进线上就业服务。

新冠肺炎疫情突发后，及时实施线上春风行动，将招聘、培训活动由线下转到线上，推广远程招工、视频招聘、在线培训，实现线上服务不打烊、网上招聘不停歇。3 月至 6 月，会同有关方面实施百日千万网络招聘专项行动，聚焦重点领域、重点地区、重点群体，分时段集中开设线上特色招聘专场，共举办线上招聘会 14 392 场，208 万家用人单位发布岗位信息 2 761 万人次，劳动者投递求职简历近 2 000 万份，并拓展了职业指导、技能培训、政策宣传等服务。

（五）实施对湖北定向就业援助。

4 月，会同财政部、民政部印发《关于加大湖北地区和湖北籍劳动者就业支持力度的通知》（人社厅发〔2020〕46号），明确开展劳务协作专项对接、向湖北高校及湖北籍高校毕业生发放一次性求职创业补贴等政策，切实维护湖北劳动者合法权益。3月至6月，组织天津、上海、江苏、浙江、福建、广东等东部省市，开展支援湖北劳动协作专项对接工作，共开展招聘会、对接仪式等活动194场（次），累计向湖北省提供就业岗位20.3万个、组织返岗复工250万人次。4月至6月，实施支持湖北“6+1”劳务协作专项行动，组织广东、江苏等东部6省与湖北开展定向劳务对接，组建专班、建立清单、举办云招聘活动，全力稳定和扩大湖北贫困劳动力外出务工规模。6月，开展湖北毕业生就业促进专项行动，以“情系荆楚　就有未来”为主题，集中开展线上送岗、线下招聘、职业指导等多元服务，促进湖北毕业生尽快就业。

三、如期完成就业扶贫硬任务

（一）强力部署推动。

人力资源社会保障部把就业扶贫作为打赢脱贫攻坚战的关键手段，作为“六稳”“六保”工作的重要内容，摆在突出位置，采取坚决有力举措，密集部署、强力推进，努力减轻疫情对贫困劳动力就业影响，全力做好贫困劳动力就业稳岗工作。3月、5月，两次会同国务院扶贫办召开全国就业扶贫电视电话会议，部署贫困劳动力外出务工和稳岗就业工作，明确提出当年外出务工规模不低于2019年的目标任务。7月至8月，会同国务院扶贫办组成15个联合调研组，赴15个省份开展实地调研，总结经验、发现解决问题，推进各地落实“一个超过、两个不少于”目标任务。8月，会同国务院扶贫办召开东西部扶贫协作稳岗就业工作座谈会，胡春华副总理出席并讲话，对做好贫困劳动力稳岗就业工作提出要求。9月，举办全国就业扶贫座谈会，传达学习东西部扶贫协作稳岗就业工作座谈会精神，交流经验，推动贯彻落实。

（二）完善政策举措。

2月，会同国务院扶贫办印发《关于应对新冠肺炎疫情进一步做好就业扶贫工作的通知》（人社部发〔2020〕12号），提出鼓励重点企业优先招录、安全有序组织外出返岗务工、促进就地就近转移就业、做好深度贫困地区就业帮扶等政策措施，努力减轻疫情对贫困劳动力就业增收的影响。4月，会同国家发展改革委、国务院扶贫办等印发《关于开展易地扶贫搬迁就业帮扶专项行动的通知》（人社厅发〔2020〕48号），集中向安置区投放岗位、开展就业服务，组织搬迁贫困劳动力外出务工、促进就地就近就业。5月，会同财政部、林草局等6部门制定印发《关于进一步用好公益性岗位发挥就业保障作用的通知》（人社部发〔2020〕38号），强化部门协同、拓展岗位领域、开发临时岗位、强化规范管理，进一步发挥公益性岗位就业保障作用。6月，会同财政部、国务院扶贫办印发《关于进一步做好就业扶贫工作的通知》（人社部发〔2020〕48号），明确目标任务，压实地方主体责任，强化考核评估，统筹使用财政专项扶贫资金、就业补助资金，支持贫困劳动力优先外出务工和稳岗就业，推动贫困劳动力稳在企业、稳在当地。

（三）强化就业服务。

结合贫困劳动力特点和疫情防控形势，开展精准对接。1月，会同国务院扶贫办、全国总工会、全国妇联、中国残联举办“2020年春风行动暨就业援助月”专项服务活动，以贫困劳动力等为重点，开展“六个一”系列活动，即开展一次摸底走访调查、组织一系列招聘服务活动、实施一轮政策宣传、推介一批就业创业项目、打出一套就业援助组合拳、举办一组典型事迹报告会。3月至6月，实施百日千万网络招聘专项行动，分别开设52个未摘帽贫困县和贫困劳动力两个专场，举办招聘会1 298场次，发布岗位230万人次。5月，全国助残日活动期间在全国组织开展贫困残疾人就业帮扶活动，通过情况摸查、政策宣传、就业服务和就业援助等举措，积极帮助贫困残疾人就地就近就业、居家灵活就业和依托电商等新业态就业创业，助力贫困残疾人就业脱贫。遴选全国就业扶贫基地，征集一批爱心企业，为贫困劳动力提供低门槛、有保障的就业机会。培树评选天镇保姆、吕梁山护工、紫阳修脚等40个有特色、有口碑、有规模的劳务品牌，以品牌发展促进岗位开发，提升务工质量。

（四）聚焦重点地区。

加大“三区三州”和52个未摘帽贫困县资金支持，中央就业补助资金对“三区三州”针对性下达38.7亿元，同比增长6%；支持52个挂牌督战贫困县17.8亿元，同比增长38.7%。会同国家发展改革委、国务院扶贫办开展就业帮扶专项行动，集中组织输出一批、促进就地就业一批、开展就业服务一批，帮助358万搬迁贫困劳动力实现就业。9月，在武汉召开稳就业相关工作座谈会，部署继续加大对湖北定向就业援助。5月至9月，实施数字平台经济促就业助脱贫行动，组织阿里、滴滴、京东、美团等数字平台企业，重点向易地扶贫安置区和52个未摘帽贫困县提供外卖骑手、物流仓管、家政服务、汽修服务、移动出行等岗位，提供居家就业机会，扶持创业、助农项目。

（五）强化宣传引导。

7月，会同国家广播电视总局、国务院扶贫办印发《关于开展“劳动最光荣、脱贫靠奋斗”就业扶贫主题宣传的通知》（人社厅函〔2020〕100号），推出一批就业脱贫群众、基层干部典型人物，弘扬自尊、自强、自立精神。10月，会同国务院扶贫办举办全国就业扶贫论坛，发布就业扶贫宣传片，邀请国际劳工组织总干事盖·莱德视频致辞，国家电网、全国扶贫职业技能大赛获奖选手分别宣读倡议书，组织现场交流经验、宣传典型、展示成效，进一步凝聚社会各界力量。11月，会同国务院扶贫办在国新办举办就业扶贫实施有关情况和主要成效新闻发布会，出版《就业扶贫　助力脱贫攻坚》画册，全景式展示就业扶贫成就，向全世界讲述中国就业扶贫故事。11月至12月，在人力资源社会保障部微信公众号陆续推送5期劳务品牌经验做法宣传稿，完成20个贫困地区劳务品牌的经验宣传。

四、深入实施就业优先政策

（一）扎实推进稳就业工作。

1月，报请国务院就业工作领导小组印发2020年度工作要点和重点任务安排，对全年就业工作进行部署。印发20期就业工作领导小组简报，及时反映各部门各地区稳就业保就业经验做法，凝聚工作合力。4月，会同财政部下达2020年中央财政就业补助资金547亿元，建立资金直达机制；会同财政部调整完善工业企业结构调整资金支持政策，允许各地将前期下达的150亿元用于稳就业保就业工作。5月，配合国务院办公厅对2019年落实就业创业政策措施工作力度大、促进重点群体就业创业等任务完成较好的江苏、河南、广东、广西、贵州等5个省份进行表扬激励。8月，召开全国部分省市稳就业工作座谈会，调度各地稳就业工作特色做法，听取各地对稳就业工作及编制“十四五”就业规划的意见建议，推动落实灵活就业及农民工就业创业政策。9月，先后召开稳就业相关工作座谈会、稳就业相关重点工作推进电视电话会议，部署推动长江禁捕退捕渔民安置保障、对湖北定向就业援助、高校毕业生就业等各项工作。10月，配合国办督查室筹备第七次国务院大督查稳定和扩大就业专项督查相关工作，深入查找困难问题和短板不足，指导做好整改，开展8个省市稳就业保民生典型经验做法的总结和宣传。12月，在云南召开就业工作座谈会，总结当年工作情况，部署做好2021年就业创业工作。

（二）完善就业优先政策制度体系。

3月，报请国办印发《关于应对新冠肺炎疫情影响强化稳就业举措的实施意见》（国办发〔2020〕6号），加大减负稳岗力度，创新实施一次性吸纳就业补贴、扩大高校毕业生基层就业规模等 28 项突破性政策，打出了减负、稳岗、扩就业的政策组合拳。5 月，会同财政部印发《关于实施企业稳岗扩岗专项支持计划的通知》（人社部发〔2020〕30 号），扩大企业新吸纳劳动者开展以工代训，中小微企业吸纳就业困难人员、零就业家庭成员、离校两年内高校毕业生等支持范围，帮助企业稳岗扩就业。6 月，整理汇编了就业工作领导小组各成员单位应对新冠肺炎疫情稳就业保就业政策，共收录 166 个文件。12 月，及时会同有关部门研究政策到期考虑，积极做好调整延续工作，保持政策供给总体稳定可持续。

五、全力推进高校毕业生就业工作

（一）加强工作部署推进。

2 月，李克强总理主持召开国务院常务会议，推出鼓励吸纳高校毕业生和农民工就业的措施。4 月，李克强总理主持召开国务院常务会议，要求落实落细当年新出台的支持企业政策措施，助力企业渡难关，采取有力有效举措促进高校毕业生就业。6 月，国务院召开全国普通高等学校毕业生就业创业工作电视电话会议，李克强总理作出重要批示，孙春兰、胡春华副总理出席会议并讲话，对做好 2020 年高校毕业生就业创业工作进行全面部署。11 月，会同教育部在北京举办高校毕业生就业工作培训班，提升公共就业人才服务机构和高校就业工作部门工作人员政策水平和服务能力，推动做好高校毕业生就业创业工作。12 月，联合教育部召开 2021 届全国普通高校毕业生就业创业工作网络视频会议，深入学习贯彻党的十九届五中全会精神，对做好 2021 届高校毕业生工作进行部署。

（二）促进市场化社会化就业。

会同有关部门落实完善一次性吸纳就业补贴等政策，鼓励中小微企业更多招用毕业生，推动国有企业扩大招聘高校毕业生规模。3 月，联合中央组织部印发《关于应对新冠肺炎疫情影响做好事业单位公开招聘高校毕业生工作的通知》（人社厅发〔2020〕27 号），加大事业单位面向高校毕业生的公开招聘力度，近两年事业单位空缺岗位主要用于专项招聘毕业生。5 月，联合教育部等四部门印发《关于做好 2020 年中小学幼儿园教师公开招聘有关工作的通知》（人社部发〔2020〕28 号），加大幼儿园教师补充力度，鼓励高校毕业生到艰苦边远地区中小学幼儿园任教。联合财政部出台《关于做好 2020 年高校毕业生“三支一扶”计划实施工作的通知》（人社厅发〔2020〕57 号），招募计划从 2.7 万人增加到 3.2 万人。联合科技部、教育部等六部门印发《关于鼓励科研项目开发科研助理岗位吸纳高校毕业生就业的通知》（国科发资〔2020〕132 号），推动承担国家科技计划（专项、基金等）科研项目的高校、科研院所和企业等单位开发科研助理岗位，积极吸纳高校毕业生参与科研相关工作。6 月，联合卫生健康委印发《关于做好 2020 年县级及基层医疗卫生机构公开招聘高校毕业生工作的通知》（人社部发〔2020〕50 号），加大县级及基层医疗卫生机构公开招聘力度，鼓励和引导高校毕业生投身艰苦边远地区卫生健康事业。联合中央组织部、民政部等七部门印发《关于引导和鼓励高校毕业生到城乡社区就业创业的通知》（人社部发〔2020〕53 号），拓宽高校毕业生城乡社区就业渠道，助推城乡社区治理体系和治理能力建设。7 月，联合教育部等七部门印发《关于进一步加强就业见习工作的通知》（人社部函〔2020〕66 号），扩大见习规模，提高见习质量，为青年提供充分的就业见习机会。9 月，会同中央组织部、教育部等七部门启动实施高校毕业生就业创业推进行动，对未就业毕业生开展集中服务，普遍落实实名帮扶举措，促进毕业生尽早就业。

（三）提供不断线就业服务。

2 月，联合教育部等五部门印发《关于做好疫情防控期间有关就业工作的通知》（人社部明电〔2020〕2 号），完善高校毕业生就业举措，推行网上面试、网上签约、网上报到，适当延长招聘时间、报到接收时间。7 月，向

2020届高校毕业生发出公开信，发布政策服务指引。联合教育部、国务院扶贫办印发《关于进一步加强贫困家庭高校毕业生就业帮扶工作的通知》（人社部函〔2020〕75号），对贫困家庭重点是建档立卡贫困家庭、零就业家庭毕业生实施政策倾斜和优先帮扶。9月，上线高校毕业生就业服务平台，提供常态化线上服务，同步上线未就业高校毕业生求职登记小程序，畅通未就业毕业生求助渠道。持续实施青年就业启航计划，对长期失业青年开展实践引导、分类指导和跟踪帮扶，促进尽快融入就业市场。

六、大力促进群体就业和推进公平就业

（一）稳妥做好长江禁捕退捕渔民转产安置工作。

会同农业农村部等部门制定安置保障实施方案，组建安置保障工作专班，上线退捕渔民安置保障实名制动态帮扶信息系统，将18万退捕渔民安置任务逐级分解到各地，并建立周调度制度。7月，会同国家发展改革委办公厅、财政部办公厅、农业农村部办公厅印发《关于做好长江禁捕退捕渔民安置保障集中攻坚专项工作的通知》（人社厅明电〔2020〕35号），部署开展退捕渔民安置保障集中攻坚专项工作，努力确保退捕渔民上岸就业有出路、长远生计有保障。11月，会同财政部办公厅、农业农村部办公厅印发《关于进一步加强长江禁捕退捕渔民转产就业重点帮扶工作的通知》（人社厅发〔2020〕109号），聚焦转产安置重点难点问题，进一步加强帮扶工作，确保工作取得实效。7月1日、11月11日，先后召开长江禁捕退捕渔民安置保障工作电视电话会议及现场推进会，研究退捕渔民安置保障工作的困难和问题，部署做好下一阶段重点工作。截至12月31日，有就业意愿的退捕渔民中，已实现就业12.92万人，转产就业率超过99%。

（二）统筹做好各类群体就业工作。

8月，会同国家发展改革委等十五部门出台《关于做好当前农民工就业创业工作的意见》（人社部发〔2020〕61号），提出拓宽外出就业渠道、促进就地就近就业、强化平等就业服务和权益保障、优先保障贫困劳动力稳岗就业4个方面政策措施，确保农民工就业形势总体平稳，困难农民工及时得到救助。会同中央统战部、中央政法委等部门做好新疆劳动力到内地务工服务工作，为新疆各民族劳动力到内地务工创造更多机会，为促进各民族交往交流交融、服务新疆长治久安发挥积极作用。与退役军人事务部、司法部、公安部、中国残联共同研究做好新时期退役军人、重点人群、残疾人、禁毒工作政策措施。做好外国人来华工作管理相关工作。落实《关于进一步规范招聘行为促进妇女就业的通知》（人社部发〔2019〕17号），保障女性平等就业权益，促进妇女就业。

七、深入推进创业带动就业和多渠道灵活就业

（一）启动全国创业孵化示范基地复评和推荐工作。

为进一步推进创业孵化基地建设工作，发挥示范引领作用，人力资源社会保障部印发《关于开展全国创业孵化示范基地复评和推荐工作的通知》（人社厅函〔2020〕137号）。按照通知要求，全国共报送了76家基地推荐材料。

（二）举办第四届“中国创翼”创业创新大赛暨全国就业创业服务经验交流活动。

11月10日至20日，人力资源社会保障部与江西省人民政府在景德镇市联合举办第四届“中国创翼”创业创新大赛暨就业创业服务经验交流活动。232个创业项目参与角逐，共有创业服务、就业服务、重点群体就业、灵活就业等方面的30多个典型经验参加就业创业服务主题展示。

（三）研究支持多渠道灵活就业政策措施。

在深入开展灵活就业相关研究基础上，起草支持多渠道灵活就业的意见，报经国务院常

务会议审议通过。文件坚持市场引领和政府引导并重、放开搞活和有序规范并举，提出了拓展灵活就业渠道、支持自主创业、加强灵活就业权益保障等一系列政策措施。

八、加强完善公共就业服务

（一）提供全方位公共就业服务。

人力资源社会保障部坚持以人民为中心的发展思想，牢固树立新发展理念，坚持就业优先政策，提供全方位公共就业服务。把握公共就业服务公益属性，保障各类服务对象获得机会均等的基本公共就业服务，全面提升公共就业服务质量、效率和群众满意度。到2020年底，55.1万个街道、乡镇建立了服务窗口（覆盖99%的街道和乡镇），9.7万个社区（占全部社区的92.1%）和大部分行政村聘请了专职或兼职的工作人员。2020年，各级公共就业和人才服务机构共办理登记求职3 187.9万人次，为5 353万家次用人单位提供了登记招聘服务，为1 949.3万人次提供了职业指导服务，为503.8万人次提供了创业服务。

（二）推进公共就业服务信息化工作。

人力资源社会保障部积极推进“互联网+公共就业服务”，指导各地加快应用大数据、云服务技术，联网发布就业创业政策信息和公共就业服务机构招聘、见习、培训等服务信息。全面推进信息数据向上集中，打造线上线下一体的多渠道服务平台，进一步增强公共就业创业服务供给能力和社会创新活力。持续加强中国公共招聘网建设工作，2020年日均发布招聘岗位信息21万条，全年累计发布岗位信息7 582万条，涉及招聘人数超14 456万，全年浏览量4 124万人次。

（三）扎实做好失业登记工作。

印发《关于进一步做好失业登记工作强化失业人员就业服务的通知》（人社厅发〔2020〕3号），明确了失业登记经办条件、程序等，梳理形成“申请—登记—服务—退出”闭环，特别是将失业登记年龄放宽至依法享受基本养老保险待遇。开通上线失业登记全国统一服务平台，打通失业人员向政府求助渠道，1 400多万劳动者通过该平台提出申请。

（四）开展公共就业服务专项活动。

针对各类劳动者和用人单位不同时段就业与招聘需求，人力资源社会保障部会同有关部门在全国组织开展了一系列就业服务专项活动。元旦、春节期间，会同国务院扶贫办、全国总工会、全国妇联、中国残联举办“2020年春风行动暨就业援助月”专项服务活动。新冠肺炎疫情发生后，及时将招聘、培训活动由线下转到线上，实现线上服务不打烊、网上招聘不停歇。4月和9月，组织大中城市联合招聘高校毕业生活动，开展网络招聘、现场招聘、跨区域巡回招聘等服务。5月，全国助残日活动期间，在全国范围内组织开展贫困残疾人就业帮扶活动。7月1日至31日，会同教育部、全国总工会、全国工商联组织开展了以“‘职’在民企，‘就’有未来”为主题的民营企业招聘月活动，组织31.31万家企业参加活动，提供岗位信息499.45万条，举办招聘活动11 098场次，其中线下活动5 208场次，69.63万名求职者与用人单位达成就业意向，发放政策宣传资料506.02万份，提供维权及法律援助10.79万人次。10月15日至11月14日，会同退役军人事务部、全国总工会、全国工商联组织开展了以“稳就业政策助力　保就业服务筑桥”为主题的金秋招聘月活动，组织23.2万家企业参加活动，举办招聘活动10 003场次，提供岗位信息585.4万条，85.1万名求职者与用人单位达成就业意向，发放政策宣传资料590.2万份，提供维权及法律援助12.1万人次。11月，启动高校毕业生就业云服务活动，聚焦毕业生求职和用人单位招聘需求，集中开展直播带岗、新职业推广等公益性线上活动。会同教育部、国资委启动第十届中央企业面向西藏青海新疆高校毕业生专场招聘活动，加大对少数民族高校毕业生就业帮扶力度。10月至12月，开展就业创业服务攻坚季行动，以“集中攻坚稳就业　精准服务保民生”为主题，以离校未就业高校毕业生、登记失业人员、农民工、建档立卡贫困劳动力等重点群体为服务对象，集中利用3个月的时间，进一步畅通失业登记和求职创业服务渠道，强化基本公共就业服务，提升重点群体差异化、精准化服务水平，着力促进重点群体就业创业，稳定就业基本盘。

九、做好就业形势监测和分析

（一）做好就业统计监测工作。

人力资源社会保障部继续做好城镇新增就业、失业人员再就业、困难人员就业数据月度统计汇总和城镇登记失业人员、城镇登记失业率数据季度统计汇总工作，定期进行数据分析，形成就业数据分析报告。加强就业统计制度建设，举办全国就业统计工作培训班。创新开展联通就业大数据监测，做好20省份2 000个行政村农村劳动力转移就业监测工作，分析农村劳动力外出、返乡人数变化情况。建立重点企业用工监测半月报制度，了解经济形势变化对企业用工影响情况。

（二）定期开展就业形势分析研判。

人力资源社会保障部依托部内及相关部门组织开展的多个项目，运用统计、调查、监测以及实地调研、课题研究等多种手段，从就业失业总体状况、劳动力市场运行、企业用工、重点群体就业等多个维度，分析研判就业形势。同时，针对疫情对就业影响、农民工就业、企业裁员等问题，撰写了专题报告报国务院领导，提出政策建议。

人力资源流动管理

2020年，人力资源流动管理工作以习近平新时代中国特色社会主义思想为指导，围绕中心、服务大局，坚持改革创新，狠抓工作落实，各项工作取得显著成效。

一、积极发挥职能作用助力疫情防控

疫情发生后，立足职能职责，及时制定实施人力资源市场、人力资源服务业、“三支一扶”计划等有关政策措施，加强对各地工作调度指导，为疫情防控、稳就业和复工复产提供有力的人力资源支撑。一是开展人力资源市场和人力资源服务机构“抗疫”行动。指导各地组织1.9万家人力资源服务机构举办3.6万场（次）网络招聘会，服务求职者4 362万人次、企业218万家次，提供岗位4 230万个。发动人力资源服务机构共调派1 850余人，积极参与抢建火神山、雷神山医院和方舱医院，为保障医疗救治条件提供人力资源支撑。开展“点对点”用工服务，输送务工人员885万余人，服务疫情防控重点单位8.4万家，为疫情防控重点单位提供就业岗位205万个。二是发挥“三支一扶”作用助力打赢疫情防控阻击战。动员全国5.5万名“三支一扶”人员积极投身疫情防控，特别是5 700余名支医人员积极主动直接投入当地疫情防控工作，扩大湖北招募规模至2 000人并纳入中央财政补助范围。

二、加强人力资源市场建设管理

以法制化建设和“放管服”改革为重点，持续优化人力资源市场环境，积极推进统一开放、竞争有序的人力资源市场建设。一是加强人力资源市场法规建设。制定出台《网络招聘服务管理规定》（人力资源和社会保障部令第44号），健全人力资源市场法规体系。这是改革开放以来我国网络招聘服务领域第一个部门规章。二是深入推进人力资源市场“放管服”改革。贯彻落实国务院“放管服”改革要求，在全国18个自贸区推行人力资源服务许可告知承诺制，简化许可流程，优化营商环境，激发市场活力。三是加大人力资源市场监管力度。强化事中事后监管，指导各地推行人力资源服务机构年度报告公示工作，组织开展国务院所属部门人力资源服务机构年度报告公示工作，开展清理整顿人力资源市场秩序专项执法行动，进一步规范人力资源市场秩序。四是强化市场服务功能。实施西部和东北地区人力资源市场建设援助计划，支持开展脱贫攻坚、就业扶贫专场招聘、从业人员培训、对口交流等16个项目，脱贫攻坚和稳就业项目超70%。举办全国人力资源市场高校毕业生就业服务周，集中开展网络招聘会、现场招聘会、就业创业指导、企业人力资源经理进校园、就业创业政策措施宣传等活动，为高校毕业生提供多样化的就业服务。组织开展人力资源市场供求信息监测分析，实施人力资源市场“一线观察”，为准确研判就业形势提供支撑。

三、加快发展人力资源服务业

2020年，人力资源服务业保持健康快速发展。全国各类人力资源服务机构达4.58万家，从业人员84.33万人，营业总收入2.03

万亿元，2020年共帮助2.9亿人次实现就业择业和流动，服务4 983万家次用人单位，为就业创业、人才开发和高质量发展做出积极贡献。一是创新开展人力资源服务行业促就业活动。落实国务院促进市场化社会化就业部署，印发《关于开展人力资源服务行业促就业行动的通知》（人社部发〔2020〕58号），首次组织开展人力资源服务行业促就业行动，开展联合招聘服务、重点行业企业就业服务、重点群体就业服务等10项就业服务活动。二是开展百日千万网络招聘专项行动——国家级人力资源服务产业园专场活动。组织19家国家级产业园打造对接供需充分、市场覆盖广泛、信息便捷可靠的优质平台，参加活动的各类人力资源服务机构近3 200家，提供岗位696万个，147万人达成就业意向。三是推进国家级人力资源服务产业园建设。落实《国家级人力资源服务产业园管理办法（试行）》，对国家级人力资源服务产业园发展情况进行综合评估。新建石家庄、沈阳、济南3家国家级产业园，产业园总数达到22家，促进行业集聚发展。四是组织人力资源服务行业首次亮相中国国际服务贸易交易会，充分展示我国人力资源服务行业发展新技术、新产品、新成果，取得良好效果。

四、着力引导鼓励高校毕业生到基层工作

扎实推进高校毕业生“三支一扶”计划组织实施工作，全面完成第三轮“三支一扶”计划。深化“最美基层高校毕业生”学习宣传活动。打造引导高校毕业生到基层工作的宣传品牌。一是开展“最美基层高校毕业生”学习宣传活动。印发学习宣传活动的通知，在中央电视台举办先进事迹发布仪式，制播专题片，编发先进事迹学习读本，制作《筑梦基层　绽放青春》宣传片。举办全国巡回演讲活动，组织10名“最美基层高校毕业生”在北京及湖北、广东、陕西、山东等地开展先进事迹宣讲活动，2 500余名师生现场参加，170余万人通过网络在线收听收看，引起社会热议，受到广大高校师生热烈欢迎，并将有关内容纳入高校思政课平台。二是实施2020年“三支一扶”计划。召开全国“三支一扶”工作视频会，中央财政新增5 000个招募名额，总规模达3.2万人，实际招募约4万人。三是实施“三支一扶”人员能力提升计划。克服疫情影响，创新培训方式，培训80期、8 000人次，其中脱贫攻坚主题50期，培训5 000人，有效提升“三支一扶”人员服务能力。四是加强总结宣传。开展第三轮总结评估工作，及时总结提炼好的经验做法，在《人民日报》、中央电视台等中央媒体刊登播放新闻20余次，在人民网“青春蓬勃力量”专栏报道参与疫情防控先进事迹。

五、推进人才流动公共服务体系建设

创新开展急需紧缺人才目录编制发布工作，更好发挥人才服务国家重大发展战略的支撑作用。一是围绕国家重大区域发展战略，开展雄安新区、长三角一体化、粤港澳大湾区急需紧缺人才目录编制工作，组织第二届雄安新区人才智力交流会，指导做好海南自贸港急需紧缺人才目录编制工作，引导人才合理流动和有效配置。二是落实中央《干部人事档案工作条例》，研究制定《流动人员人事档案管理服务规定》。三是加强行风建设，指导各地编制发布3 709家档案管理服务机构名录，全国人才公共服务机构保管档案8 836万份。四是加快档案信息化建设，推进省级经办软件试点，推进全国档案基础信息化建设，开展跨地区经办软件开发需求分析。

六、扎实助力脱贫攻坚

落实部党组关于人社扶贫的决策部署，创新发挥人力资源服务机构作用，实施“三支一扶”计划等政策措施，扎实助力脱贫攻坚。一是发挥“三支一扶”计划助力脱贫攻坚作用。进一步扩大招募规模，扶贫岗位超过30%，为“三区三州”、52个未摘帽贫困县招募5 300多名“三支一扶”人员并纳入中央财

政支持。二是开展人力资源服务机构助力脱贫攻坚行动。制定印发专门通知，聚焦贫困地区特别是“三区三州”等深度贫困地区和52个未摘帽贫困县，组织发动人力资源服务机构开展7项行动，举办扶贫专项招聘会或对接活动1.13万场，提供岗位309万个，达成就业意向75.6万人，取得扎实成效。三是全面完成定点扶贫任务。援建安徽省金寨县宋河村“网络户户通”；协调中林森旅集团设立金寨子公司，加快“天马旅游环线”开发；捐赠宋河教育基金、“农家书屋”图书；对山西省天镇县、安徽省金寨县“三支一扶”人员全额招募、全员培训；培训金寨县、天镇县基层干部人才。

职业能力建设

2020年是决胜全面建成小康社会和“十三五”圆满收官之年，是职业能力建设事业再上新台阶的关键之年。在党中央、国务院的高度重视和部党组的坚强领导下，在相关部门、行业企业、社会各界的共同努力下，职业能力建设工作深入贯彻落实习近平总书记对技能人才工作重要指示精神，聚焦加快培养大批高素质劳动者和高技能人才的目标，以加强党的政治建设为统领，以实施职业技能提升行动为抓手，以举办第一届全国职业技能大赛和筹办第46届世界技能大赛为契机，坚持能力导向、市场导向、问题导向，全面加强技能人才培养、使用、评价和激励等各项工作，职业技能提升行动超额完成1 700万人次的培训目标任务，技工院校招生160.1万人，职业技能等级认定试点稳步推进，新增高技能人才193.6万人，圆满完成年度各项任务。

一、召开全国职业能力建设工作会议，分析研判形势并精准部署任务

7月，全国职业能力建设工作会议以视频形式召开。会议深入学习贯彻习近平总书记关于技能人才工作重要指示精神，总结2019年全国职业能力建设工作，分析研判形势，狠抓2020年下半年工作落实，进一步推动职业能力建设工作改革发展。

会议指出，2019年，职业能力建设系统锐意进取、团结拼搏，为培养技能人才、促进就业和经济社会发展做出了积极贡献。2020年上半年，面对突如其来的新冠肺炎疫情，职业能力建设战线全体同志勇挑重担、改革创新，统筹做好疫情防控和各项业务工作。

会议强调，以习近平总书记对技能人才工作重要指示精神作为行动指南和根本遵循，增强责任感和使命感，聚焦加强职业技能培训促进就业和加快培养高技能人才工作目标，重点做好五方面工作：一是以稳定和扩大就业为导向，深入实施职业技能提升行动；二是加大政策创新力度，推动技工教育新发展；三是聚焦重点地区，全面做好技能扶贫各项工作；四是全面推行职业技能等级认定，深化职业资格制度改革；五是全力以赴做好职业技能竞赛工作。

二、持续做好技能人才工作

（一）加强技能人才工作政策高端引领。

研究制定《贯彻落实中央领导同志批示要求加快推进技能人才队伍建设工作方案》，确定技能人才队伍建设“1+N”政策框架并推动出台相关政策。开展“技能中国行动”方案课题研究，谋划“十四五”技能人才工作。与河北、吉林、新疆、山西、西藏以及交通运输部签署部省、部际共建技能人才工作专项协议（备忘录），推动技能人才改革先行先试。

（二）实施高技能人才振兴计划。

指导各地深入实施高技能人才振兴计划，加强高技能人才培训基地和技能大师工作室建设。会同财政部印发《关于2020年国家级高技能人才培训基地和国家级技能大师工作室项目单位备案的通知》（人社厅函〔2020〕176号），对129个国家级高技能人才培训基地和

173个国家级技能大师工作室进行备案。全年新增高技能人才193.6万人。

（三）加大技能人才表彰激励力度。

深入贯彻落实《关于提高技术工人待遇的意见》，不断增强技术工人荣誉感和获得感。春节前，部领导看望慰问高技能领军人才代表赵郁并听取对技能人才工作的意见建议。5月，印发《关于开展第十五届高技能人才评选表彰活动的通知》（人社部函〔2020〕41号），圆满完成评选表彰活动。选拔566名高技能人才享受国务院政府特殊津贴。组织40名高技能领军人才参加在福建省泉州市和厦门市举办的冬季休假活动。

（四）加强技能人才宣传力度。

以“贯彻落实十九届五中全会精神　壮大高技能人才队伍”为主题，在国新办举办专题新闻发布会，宣传我国高技能人才队伍建设成就。依托各类媒体对中华技能大奖获得者、世赛国赛金牌选手等高技能领军人才成长成才典型事迹进行深入宣传报道，着力营造尊重劳动、尊重知识、尊重人才、尊重创造的社会氛围，不断提升技能人才工作影响力。

三、大力发展技工教育

（一）统筹做好技工院校招生和疫情防控工作。

印发《关于做好2020年技工院校招生工作的通知》（人社部函〔2020〕52号），以“爱劳动、上技校、长技能、好就业”为主题，部署做好技工院校招生工作。2020年，全国技工院校招生160.1万人。指导各地统筹做好技工院校新冠肺炎疫情防控和春季、秋季学期技工教育工作，发布致全国技工院校学生的一封信，部署做好放假期间技工院校疫情防控工作，免费开放“技工教育网”平台功能和资源，助力技工院校实现“停课不停学”。

（二）推进构建德智体美劳全面培养的技工教育体系。

深入贯彻落实《中共中央　国务院关于全面加强新时代大中小学劳动教育的意见》精神，印发《关于加强技工院校劳动教育的实施意见》（人社部发〔2020〕27号），把劳动教育融入技工院校技能人才培养全过程，推进构建德智体美劳全面培养的技工教育体系。2020年春季、秋季学期开学前，在全国技工院校组织开展开学第一课活动，以树立正确的劳动价值观念等为主题，通过学校领导授课、班团会、优秀技能人才办讲座论坛等方式，引导学生深入体会劳动创造世界、劳动创造美好生活。

（三）部区共建推进技工教育发展。

与西藏自治区人民政府签订共同推进西藏技师学院建设备忘录，召开部区共同推进西藏技师学院建设联席会，加快推动备忘录举措落实。选派15名教师入藏支教。与新疆维吾尔自治区人民政府签订部区共同支持南疆技工院校建设工作备忘录，加大对南疆四地州33所县级技工院校帮扶力度。召开对口支持南疆技能人才发展工作推进会，组织北京、天津等9省市人力资源社会保障部门与新疆维吾尔自治区人力资源社会保障厅、南疆四地州政府进行集中对接，签署合作协议，进一步加大对南疆四地州技工院校支持帮扶力度。

（四）加强技工院校基础能力建设。

印发《关于发布〈全国技工院校专业目录（2018年修订）〉2020年度增补专业的通知》（人社部函〔2020〕32号），新增31个专业，新增列举11个专业方向，指导各地积极开设相关专业，规范专业设置。公布106种国家级技工教育和职业培训教材目录。举办第二届全国技工院校教师职业能力大赛，共有282名教师获奖。开展全国骨干技工院校校长高级研修活动，约150人参加培训。开展世界技能大赛成果转化研究，继续开发遴选技能人才培养标准和一体化课程规范。

（五）做好技工院校学生资助奖学工作。

印发《关于做好2020年技工院校学生资助工作的通知》（人社厅发〔2020〕20号），指导各地做好疫情防控期间和全年技工院校学生资助工作，保障家庭经济困难学生基本学习生活需要。全年共为249万名学生落实免学费，为52万名学生发放助学金，中央财政补助资金36亿元。4 598名技工院校学生获得2020年中等职业教育国家奖学金，奖学金标准为每人6 000元。印发《关于做好2020年度劳动出版“技能雏鹰”奖（助）学金评定发放工作的通知》（人社厅函〔2020〕28号），奖励200名品学兼优的技工院校在校学生，奖（助）学金标准为每人3 000元。

四、持续实施职业技能提升行动

2020年《政府工作报告》明确要求，2020年、2021年两年职业技能培训3 500万人次以上。全国人社系统强力推动，2020年开展补贴性职业技能培训2 700.5万人次、以工代训支持企业职工2 209.6万人，超额完成年度目标任务。职业技能提升行动对于提升劳动者职业技能水平和就业创业能力，稳定和促进就业，加强技能人才培养，推动高质量发展发挥了重要作用。

（一）大力开展线上培训，培育职业技能提升行动新动能。

面对新冠肺炎疫情对职业技能培训的冲击，积极部署推动各地创新培训方式，大力开展线上培训，形成了疫情防控常态化条件下的线上培训新热潮。2月，会同财政部出台线上培训支持政策，组织实施“互联网+职业技能培训计划”，面向全国公开征集遴选54家线上培训平台，并推荐各地免费使用。3月至6月，在全国集中开展“抗疫接力，技能就业，助力脱贫”为主题的百日免费线上技能培训行动，并向湖北等受疫情影响严重地区、深度贫困地区和挂牌督战贫困地区延长免费时间。这次集中行动累计投放课程资源11.4万个，实名注册学员超过1 300万人次，参与线上培训超过1 200万人次，学习时长近2亿小时。

（二）创新开展以工代训，扎实推进“六稳”“六保”落到实处。

针对受疫情影响面临严重困难的中小微企业和交通运输等行业，以援企稳岗保就业作为培训工作的目标，5月，与财政部出台实施稳岗返还和以工代训政策，重点支持中小微企业和外贸、住宿餐饮、文化旅游、交通运输、批发零售等行业的各类企业开展以工代训，为企业“留得青山，赢得未来”提供有力支持。通过召开视频会与专题调度会、调研指导和宣传引导等，大力推动以工代训政策落实落地。全国以工代训支持企业110.3万家，支持企业职工2 209.6万人，资金支出213.2亿元。

（三）组织实施专项培训计划，提高劳动者就业创业能力，促进“双创”蓬勃开展。

制定针对农民工、高校毕业生、就业困难人员等培训政策，组织实施农民工稳就业职业技能培训计划、百万青年技能培训行动。实施创业培训“马兰花计划”，支持推动大众创业、万众创新。组织开展长江流域退捕渔民职业技能培训，助力退捕渔民就业安置。大力开展中国特色企业新型学徒制培训，全年培养53.8万名学徒。启动康养职业技能培训计划，加强养老护理、家政服务等惠及百姓生活的急需紧缺职业培训。会同有关部门开展人工智能、装备制造等高技能人才培训，加强对高危行业的安全生产技能培训。制定激励政策，发动职业院校承担职业培训任务。

五、积极推动技能人才评价制度改革

（一）大力推行社会化职业技能等级认定。

大力推行社会化职业技能等级认定，推进企业自主认定。指导首批通过备案的社会培训评价组织开展评价试点工作，为中小微企业职工和社会人员提供职业技能评价服务。印发《关于支持企业大力开展技能人才评价工作的通知》（人社厅发〔2020〕104号），明确向用人主体放权，按照“谁用人、谁评价、谁发证、谁负责”的原则，支持各级各类企业自主开展技能人才评价工作，发放职业技能等级证书。截至2020年底，全国共有3 800余家企业、近900家社会培训评价组织完成职业技能等级认定备案，125万余人经评价合格，取得职业技能等级证书。出台《职业技能等级认定工作规程（试行）》《技能人才评价质量督导工作规程（试行）》《关于加强职业技能鉴定质量管理有关工作的通知》，做好技能人才评价规范管理和质量监管。

（二）稳妥做好退出国家职业资格目录相关工作。

完善国家职业资格目录，积极稳妥做好水平评价类技能人员职业资格退出国家职业资格目录工作。印发《关于做好人力资源社会保障部门职业资格实施机构职能调整有关工作的通知》（人社厅发〔2020〕49号），推动地方人社部门职业技能鉴定中心做好职能调整。在广泛征求意见的基础上，印发《关于做好水平评价类技能人员职业资格退出目录有关工作的通知》（人社厅发〔2020〕80号），明确提出水平评价类技能人员职业资格退出目录时间表及后续工作安排。会同有关部门做好拟调整为准入类职业资格涉及的法律法规制定和修改。截至2020年底，人社部门和有关部门组织实施的73项水平评价类技能人员职业资格已全部退出目录。

（三）推动两类人才职业发展贯通。

积极指导各地制定落实《关于在工程技术领域实现高技能人才与工程技术人才职业发展贯通的意见（试行）》（人社部发〔2018〕74号）具体方案，开展高技能人才与专业技术人才职业发展贯通试点工作。在总结工程技术领域试点工作基础上，制定出台《关于进一步加强高技能人才与专业技术人才职业发展贯通的实施意见》（人社部发〔2020〕96号），将贯通领域扩大为工程、农业、工艺美术、文物博物、实验技术、艺术、体育、技工院校教师等职称系列。同时，支持高技能人才取得经济、会计、统计、审计、翻译、出版、通信、计算机技术与软件等专业技术人员职业资格。

（四）加强技能人才评价基础工作。

完善新职业信息发布制度和职业分类动态调整机制。会同市场监管总局、国家统计局发布2批25个新职业，其中呼吸治疗师、网约配送员、装配式建筑施工员等从业人员在新冠肺炎疫情防控中发挥职业特长，为疫情防控做出了积极贡献。健全职业标准体系，指导用人单位、社会培训评价组织制定行业企业评价规范，推动成熟的评价规范上升为国家职业技能标准。会同农业农村部、公安部、工业和信息化部等部门发布56个国家职业技能标准，为指导技能人才培养培训、开展职业技能鉴定评价和规范从业人员行为提供基本依据。

六、蓬勃开展各级各类职业技能竞赛

（一）创新举办中华人民共和国职业技能大赛。

经国务院批准，从2020年起，创新举办中华人民共和国职业技能大赛。第一届大赛于12月10日至13日在广东省广州市举办。此次大赛是新中国成立以来，赛事规格最高、竞赛项目最多、参赛规模最大、技能水平最高、社会影响力最广泛的综合性国家职业技能大赛。党中央、国务院高度重视本届大赛，习近平总书记向大赛致贺信，李克强总理对大赛作出批示，胡春华副总理出席开幕式，宣读了习近平总书记的贺信和李克强总理的批示，并宣布开幕。大赛共设86个比赛项目，分世赛选拔项目和国赛精选项目。其中，世赛选拔项目与世界技能大赛比赛项目一致，共6大类63个；国赛精选项目23个。来自31个省（区、市）和新疆生产建设兵团及交通运输部、住房城乡建设部、中国机械工业联合会、中国轻工业联合会4个部门行业的36个代表团参赛。参赛选手共2 557名，来自全国1 041家单位。大赛亮点纷呈，社会反响热烈，6万人次现场观赛，1.7亿人次通过“云直播”的方式网上观赛。中央电视台“新闻联播”3次报道大赛相关情况，“焦点访谈”“新闻1+1”等多个栏目进行深入采访报道。

（二）统筹举办全国行业职业技能竞赛。

自2020年起，将“中国技能大赛”调整

为“全国行业职业技能竞赛”，当年全国行业职业技能竞赛共组织开展一类职业技能大赛10项、二类职业技能竞赛73项，涉及197个职业（工种），上千万人直接和间接参加了竞赛活动。此外，共举行5次“技能中国行”技能交流展示活动，分别走进山西大同、甘肃嘉峪关、西藏拉萨、新疆喀什和中核集团。

（三）组织开展全国扶贫职业技能大赛。

为推动贫困地区特别是深度贫困地区广大劳动者学习技能、掌握技能，实现以技能促就业、助脱贫，8月11日至13日，人力资源社会保障部联合国务院扶贫办在山西省大同市举办了全国扶贫职业技能大赛。此次大赛是我国第一次围绕扶贫主题、专门面向建档立卡贫困家庭劳动力举办的职业技能赛事，也是在疫情防控常态化阶段举办的第一个全国性职业技能竞赛活动。大赛共设电工、钳工、钢筋工、砌筑工、家政服务员、餐厅服务员、西式面点师、电子商务师8个比赛项目，来自全国30个省份建档立卡贫困家庭的341名选手参赛，其中，38名选手来自52个未摘帽贫困县。

（四）精心筹办第46届世界技能大赛。

5月27日，世界技能组织会旗登顶珠峰并在峰顶展示，寓意技能问鼎世界之巅，体现了勇攀高峰的拼搏精神与精益求精的工匠精神，在世界技能运动发展史上留下了精彩的“中国印记”。7月16日，胡春华副总理主持召开第46届世界技能大赛工作领导小组第二次全体会议，研究疫情期间世界技能大赛筹备工作应对策略，部署相关筹办工作。9月22日，组织开展第46届世界技能大赛倒计时一周年系列主题活动。11月，受新冠肺炎疫情影响，世界技能组织与我国及各成员反复研究，决定将第46届世界技能大赛推迟一年举办。

七、扎实推进技能扶贫工作

为进一步加大技能扶贫工作力度，印发《关于做好疫情防控常态化条件下技能扶贫工作的通知》（人社厅函〔2020〕81号），加大对52个未摘帽贫困县技能扶贫支持力度，指导地方根据有关规定提高贫困劳动力、农民工培训补贴标准和急需紧缺职业（工种）培训补贴标准。全年组织贫困劳动力参加补贴性职业技能培训约270万人次，技工院校招收贫困家庭学生8万多人，均提前完成年度目标任务。

（一）聚焦深度贫困地区加大工作力度。

建立动态协调机制，按月调度“三区三州”和52个未摘帽贫困县技能扶贫工作，及时掌握进展情况。指导“三区三州”等深度贫困地区开发并备案符合地方特色、适于培训就业的专项职业能力考核规范59个。举办新疆、西藏及“三区三州”等创业培训师资培训班，免费培训师资300余人。组织52个贫困县人员参加职业技能提升专题培训班，组织贫困地区技工院校校长参加全国骨干技工院校校长高级研修活动，组织“三区三州”等深度贫困地区技工院校教师参加和观摩全国技工院校教师职业能力大赛。在组织“技能中国行”活动的同时，举办了多场技能成才先进事迹报告会活动，推动贫困地区群众学习技能。深入推进技能脱贫千校行动，为贫困家庭子女就读技工院校提供支持。向52个未摘帽贫困县赠送世界技能大赛相关图书7 280册，平均每县140册。向安徽金寨技师学院、新疆和田技师学院、新疆喀什技师学院、西藏林芝市技工学校捐赠价值约125万元的图书。

（二）推动落实定点扶贫帮扶措施。

一是帮扶金寨技师学院建设。协调奇瑞汽车与学院签订校企合作备忘录，向学院捐赠价值50万元的实训设备；邀请专家指导产教融合项目发展设备验收；与常熟捷豹路虎公司、菜鸟驿站、北京火星时代等企业合作，为学生提供实习和培训机会。二是支持山西省天镇县开展技能培训。赠送200套家政服务员国家基本职业培训包。在天镇县设立全国扶贫职业技能大赛家政服务员项目分赛场，邀请20余名全国技术专家对基地建设和专业建设给予指导和帮扶。三是协调世界技能大赛中国集训队花艺项目和制冷空调项目专家组组长到金寨县漆店村，针对村里种植产业发展需求，进行实地工作指导。四是帮扶江西省宁都技工学校。协调湖北省 11 所技工院校对口帮扶援助，选派 4 名优秀教师到校挂职援教，多次组织专家到校对专业建设、一体化教学、技能大赛等进行指导。

专业技术人才工作

2020年，专业技术人才工作认真贯彻落实习近平总书记关于人才工作重要论述精神和党中央、国务院决策部署，坚持党管人才原则，坚持实施人才强国战略，围绕人力资源社会保障中心工作和人才工作总体部署，切实履行政府人才综合管理职能，实施更加积极、更加开放、更加有效的人才政策，深化人才体制机制改革，加强创新型人才队伍建设，强化服务保障，推动各项人才工作向前发展。

一、人才发展体制机制改革扎实推进

一是做好部人才综合工作。召开部人才工作领导小组会，深入学习贯彻习近平总书记关于人才工作重要论述，贯彻中央关于人才工作决策部署，分析人才工作面临的新形势新情况新问题，研究制定具体落实措施。制定印发部人才工作要点，编印部人才工作信息。二是服务国家发展大局。印发实施《人力资源社会保障部人才服务行动方案》，围绕人才培养、评价、激励、流动、使用等重点领域和关键环节，整合人社部门的人才政策、工程、服务资源，打好人才工作“组合拳”，系统支持高层次、高技能人才服务发展、服务大局。三是分类推进人才评价机制改革。贯彻落实《关于分类推进人才评价机制改革的指导意见》，督促有关行业部门加快推进科技、哲学社会科学、教育等重点领域人才评价机制改革，指导各地制定出台具体实施意见，加快建立健全以创新能力、质量、贡献为导向的人才评价体系。

二、高层次人才选拔培养深入实施

开展2020年享受政府特殊津贴人员选拔推荐工作，遴选确定4 998名高层次高技能人才享受政府特殊津贴。系统总结政府特殊津贴制度实施30周年成效经验，开展课题研究，广泛听取意见，研究改革完善举措。开展国家百千万人才工程人选选拔工作，新遴选产生406名国家级人选。举办“新能源产业技术发展”“量子科技学术前沿”两期专家创新大讲堂。深入开展专家服务脱贫攻坚工作，组织实施61个示范性专家服务团，新建11家国家级专家服务基地，为决胜脱贫攻坚提供人才智力支撑。积极宣传各类专家优秀典型事迹，编发《专技人才抗疫先锋》电子刊，宣传专技人才抗疫先进事迹；在《中国组织人事报》开设专题宣传奋战在脱贫攻坚一线的专家事迹。开展专家春节慰问、冬季海南休假活动。与科技部等5部门联合开展院士工作站规范管理工作。会同中央组织部、中国科协、共青团中央共同组织开展第16届青年科技奖评选工作，表彰100名优秀青年科技工作者。

三、职称制度改革稳步推进

一是持续推进职称制度改革。印发统计、档案、船舶、艺术、体育、审计、高等学校教师等7个系列改革指导意见。印发《关于进一步做好民营企业职称工作的通知》（人社厅发〔2020〕13号），拓宽非公领域专业技术人才职称评审渠道，为民营企业高质量发展提供人才支撑。印发《关于做好新冠肺炎疫情防控一线专业技术人员职称工作的通知》（人社厅发〔2020〕23号），将抗疫表现作为职称评审的重要依据，分批次为3万余名参与疫情防控的专业技术人才晋升职称。印发《关于进一步加强高技能人才与专业技术人才职业发展贯通的实施意见》（人社部发〔2020〕96号），推进职称制度与职业资格、职业技能等级制度有效衔接，搭建两类人才成长“立交桥”。完善职称管理配套政策，加强职称评审信息化建设。二是完善职业资格制度。印发经济专业人员、监理工程师职业资格制度文件。经国务院同意，会同教育部、司法部、农业农村部、文化旅游部、卫生健康委、国家知识产权局联合印发《关于应对新冠肺炎疫情影响实施部分职业资格“先上岗、再考证”阶段性措施的通知》（人社部发〔2020〕24号），促进高校毕业生就业。扩大考试报名证明事项告知承诺制试点范围。开展职业资格证书查询验证服务，推广职业资格电子证书。373万名专业技术人员考取职业资格证书。

四、留学人员回国工作不断加强

实施中国留学人员回国创业启动支持计划和高层次留学人才回国资助项目，遴选资助了121名高层次留学回国人才创新创业。实施海外赤子为国服务行动计划，支持开展了42项留学人员为国服务活动。指导和支持广州海交会、大连海创周、山东海洽会、南京留交会等人才项目对接交流活动。研究制定《留学人员创业园建设和服务规范》行业标准，推动全国留学人员创业园标准化、规范化建设，营造留学人员回国创业良好环境。

五、博士后工作持续创新发展

一是召开中国博士后制度实施35周年座谈会。中央电视台“朝闻天下”播出博士后制度35年成绩综述，新华社、《人民日报》等媒体进行了宣传。二是新设博士后科研工作站497个。全年进站27 965人，出站15 058人。三是博士后创新人才支持计划支持400人，博士后国际交流计划支持引进项目支持342人、派出项目支持118人、学术交流项目支持142人，中德博士后交流项目支持31人，香江学者计划支持59人，澳门青年学者计划支持30人。四是开展博士后科研流动站、工作站综合评估工作。对2017年以前设立的2 993个博士后科研流动站和3 172个博士后科研工作站进行评估，优秀的给予通报表扬，不合格的自动撤销设站资格。五是印发《关于进一步加强临床医学博士后研究工作的通知》。六是全年举办36期博士后学术交流活动，涉及理学、工学、农学、医学、哲学、社会科学等领域的30多个一级学科，来自全国700多家博士后设站单位的4 200余名博士后研究人员参加了活动，750余名知名专家应邀到会交流。

六、专业技术人员继续教育深入开展

实施专业技术人才知识更新工程，开展210期国家级高级研修项目，培养高层次专业技术人才1.3万人次；新设20家国家级专业技术人员继续教育基地；开展急需紧缺人才培养培训和岗位培训111万人次；做好工程实施十年总结评估工作，研究谋划新一轮知识更新工程。开展新疆、西藏少数民族专业技术人才特殊培养工作，为新疆培养400名、为西藏培养120名少数民族专业技术骨干，组织4批赴疆赴藏专家服务团活动。会同国家新闻出版署制定出台《出版专业技术人员继续教育规定》。研究开发智能制造、大数据、区块链工程技术人员等3个国家职业技术技能标准。

七、人才综合协调工作统筹推进

一是举办全国专业技术人才工作骨干培训班，加大对专业技术人才工作骨干的培训力度，提高人才工作者队伍的政治素质和业务水平。二是坚持党管人才原则，扎实做好政府人才综合管理工作。围绕实施创新驱动发展战略、全国科创中心建设、制造强国建设、交通强国建设与新材料、集成电路等国家重大战略和新兴产业发展，研究完善专门人才支持政策，做好国家重大战略人才支撑工作。

事业单位人事管理

2020年，事业单位人事管理工作以习近平新时代中国特色社会主义思想为指导，贯彻落实党的十九大和十九届二中、三中、四中、五中全会精神，以加强制度建设和队伍建设、推进国家治理体系和治理能力现代化为主线，以深化“放管服”改革、激发事业单位活力和调动事业单位工作人员积极性主动性创造性为重点，进一步深化事业单位人事制度改革，完善配套政策，规范人事管理。同时，按照中央有关要求积极应对新冠肺炎疫情影响，规范疫情防控期间事业单位人事管理工作，贯彻落实党中央、国务院“六稳”“六保”工作要求，扎实做好事业单位公开招聘高校毕业生工作，积极落实人社战疫十项行动要求，统筹推进关爱抗疫“一线”行动。

一、狠抓关爱抗疫“一线”行动落地落实

贯彻落实习近平总书记系列重要讲话和批示指示精神，落实人社战疫十项行动方案要求，及时部署组织开展关爱抗疫“一线”专项行动，有效激励一线医务人员在疫情防控中履职尽责、担当奉献。一是及时出台关爱一线医务人员政策措施。1月30日就及时出台了《关于切实做好新型冠状病毒感染的肺炎疫情防控期间事业单位人事管理工作有关问题的通知》（人社厅发〔2020〕8号），并制定工作指南，明确了政策，提出了要求，包括建立公开招聘绿色通道紧急补充急缺医务人员、对表现突出的一线医务人员优先晋升岗位等级、开展一线医务人员及相关疫情防控工作人员专项及时奖励等，引导激励一线医务人员奋勇抗疫。二是抓好政策指导和调度督导。研究制定《关爱抗疫“一线”行动工作任务分解责任清单》《关爱抗疫“一线”服务项目清单》《关爱抗疫“一线”行动实施方案》，并会同各相关司局指导各地抓好贯彻落实。全年开展4次全国集中调度督导。三是形成常态化关爱政策和长效工作机制。为适应疫情防控常态化形势要求，10月9日印发《关于做好关爱抗疫“一线”行动常态化工作的工作指南》，指导各地优化调整工作重点，进一步推动关爱政策落实到位。据不完全统计，疫情期间，一线医务人员及相关疫情防控工作人员中，优先晋升岗位等级的有10 981人；开展事业单位工作人员及时奖励，奖励集体905个、个人22 451名；各地通过公开招聘绿色通道，共拿出10 188个岗位紧急补充一线医务人员，有力地支援了抗疫一线。

二、扎实做好事业单位公开招聘高校毕业生工作

一是3月11日，人力资源社会保障部会同中央组织部印发《关于应对新冠肺炎疫情影响做好事业单位公开招聘高校毕业生工作的通知》（人社厅发〔2020〕27号），贯彻落实习近平总书记在统筹推进新冠肺炎疫情防控和经济社会发展工作部署会议上的重要讲话精神，要求各地加大事业单位面向高校毕业生的公开招聘力度，近两年事业单位空缺岗位主要用于专项招聘高校毕业生（含择业期内未落实工作单位的高校毕业生）。二是5月9日，会同教育部、中央编办、财政部印发《关于

做好2020年中小学幼儿园教师公开招聘有关工作的通知》（人社部发〔2020〕28号），贯彻习近平总书记在统筹推进新冠肺炎疫情防控和经济社会发展工作部署会议上的重要讲话精神，落实国务院常务会议关于促进高校毕业生就业的部署要求，加强教师队伍特别是基层中小学幼儿园教师队伍建设，推进教育事业发展。三是6月22日，会同国家卫生健康委印发《关于做好2020年县级及基层医疗卫生机构公开招聘高校毕业生工作的通知》（人社部发〔2020〕50号），要求各地充分认识当前高校毕业生就业和基层卫生人才队伍建设的重要性，稳存量、拓增量，多措并举促进高校毕业生就业，加大县级及基层医疗卫生机构公开招聘力度，为县级及基层医疗卫生机构增加有生力量。

三、贯彻落实《事业单位人事管理条例》

一是完善事业单位考核制度。会同中央组织部研究修订《事业单位工作人员考核规定》，树立重实干重实绩的用人导向。二是完善事业单位人事管理监督制度。落实党的十九届四中全会对坚持和完善中国特色社会主义制度、推进国家治理体系和治理能力现代化作出的重大决策部署，会同中央组织部研究拟定《事业单位人事管理监督规定》，对文件的适用、原则、监督方法方式、监督处理和纪律等内容作出规定，并于4月再次征求部分地方组织人事部门及中央部门和单位的意见，研究吸收各单位意见建议。三是研究修订《事业单位工作人员处分暂行规定》。贯彻落实《中华人民共和国公职人员政务处分法》，9月24日，在山西省太原市召开《事业单位工作人员处分暂行规定》修订工作座谈会，邀请17个省（区、市）人社厅（局）和5家中央单位人事部门负责此项工作的同志参加，研究暂行规定执行中存在的问题，讨论和提出修订暂行规定的有关内容建议。

四、进一步深化事业单位人事制度改革

一是研究拟订全国县以下事业单位管理岗位职员等级晋升制度意见。在试点基础上研究起草《关于县以下事业单位建立管理岗位职员等级晋升制度的意见》，经国务院同意后，由中央组织部、人力资源社会保障部联合上报中央全面深化改革委员会。二是开展哲学社会科学领域专业技术一级岗位设置试点工作。7月8日，召开试点工作部署会，在中央党校（国家行政学院）、中国社会科学院、北京大学、清华大学、人民大学、复旦大学等试点单位，开展为期一年的哲学社会科学领域专业技术一级岗位设置试点工作。三是配合中央编办等部门开展深化事业单位改革试点。印发试点政策口径，完成全部试点地区和试点部门试点方案批复工作，指导各试点地区和试点部门做好改革试点中的人员安置和人事管理工作。

五、进一步规范完善事业单位人事管理工作

一是持续加强人事扶贫。以52个未摘帽贫困县为重点，重点解决贫困地区基层事业单位“招人难、留人难”问题，落实“三放宽、一允许”“定向评价、定向使用”等人事扶贫倾斜性政策。同时，开展脱贫攻坚专项奖励，7月27日印发《关于在全国事业单位集中开展脱贫攻坚专项奖励工作的通知》（人社厅发〔2020〕83号），指导各地对在贯彻落实习近平总书记关于打赢脱贫攻坚战重要指示精神、党和国家关于脱贫攻坚重大战略部署中，表现突出、成绩显著的事业单位工作人员和集体实施专项奖励。各地上报嘉奖44 979个（个人37 017名，集体7 962个）、记功7 244个（个人5 405名，集体1 839个）、记大功596个（个人369名，集体227个）。二是规范开展处分申诉工作。开展事业单位工作人员处分申诉工作交流暨案例研讨。10月15日，在广东省广州市召开事业单位工作人员处分申诉工作交流暨案例研讨会，邀请15个省（区、

市）人社厅（局）和 6 家中央单位人事部门负责此项工作的同志参加，交流事业单位工作人员处分、申诉情况，研讨典型案例。三是研究人事管理相关工作。11 月 17 日，召开事业单位公开招聘工作座谈会，邀请 12 个省市人社厅（局）和 5 个部委相关司局的负责同志，座谈交流当前事业单位人事管理工作的形势任务和深化事业单位人事制度改革的意见建议，听取各地开展事业单位人事管理领域审批、备案事项专项清理工作情况，并研究修订事业单位公开招聘有关政策。

城镇职工养老保险

一、实施阶段性减免社会保险费政策取得显著成效

2020年，针对疫情影响，及时研究提出阶段性减免企业社会保险费的政策措施，经国务院同意，2月中旬，人力资源社会保障部会同有关部门及时印发《关于阶段性减免企业社会保险费的通知》（人社部发〔2020〕11号），6月又印发《关于延长阶段性减免企业社会保险费政策实施期限等问题的通知》（人社部发〔2020〕49号），对企业养老保险、失业保险、工伤保险缴费实行阶段性“免、减、缓”等政策。加强对各地实施工作的调度指导，推动各地政策快速落地见效，取得明显成效。截至12月底，全国三项社会保险费免、减、缓、降等政策合计减费1.54万亿元。

二、全国统筹工作取得积极进展

（一）全国统筹改革方案审议通过。

2月14日，人力资源社会保障部牵头起草的《企业职工基本养老保险全国统筹改革方案》经中央全面深化改革委员会审议通过。

（二）基金省级统收统支任务基本完成。

国务院明确要求规范省级统筹制度，2020年底前全面实现基金省级统收统支。在2019年底前13个省份完成的基础上，2020年其余19省份已全部发文规范省级统筹、启动基金省级统收统支，按时完成国务院交办的任务。同时，人力资源社会保障部会同财政部分批组织开展规范省级统筹制度逐省考核验收工作。

（三）基金中央调剂制度平稳运行。

2020年企业职工基本养老保险基金中央调剂比例提高到4%，加大对辽宁、黑龙江、青海等保发放困难省份的支持力度。全年中央调剂基金总规模7 400亿元，22个省份受益1 768亿元，截至12月中旬，全年中央调剂基金已按季度全部缴拨到位。

三、推动机关事业单位养老保险制度改革落地实施

做好改革进展情况分季度调度，通过会议等多种方式强化改革全面落地和待遇平稳衔接的工作要求，推动改革落地实施。截至2020年底，全国参加机关事业单位养老保险人数5 713万人，其中，参保职工3 735万人，离退休人员1 978万人。全国各地（含中央本级）均启动了新办法计发工作，30个省份按新办法计发比例超过50%。各地均启动实施中央单位属地参保工作，参保人员235.5万人。另外，会同有关部门明确了2020年个人账户记账利率等参数。贯彻落实中央重要改革精神，配合国家公务员职务职级并行制度、中央司法体制改革等，研究出台相关养老保险政策，保障相关改革顺利推进。

四、提高退休人员基本养老金水平

按照党中央、国务院部署，统一安排、同步调整企业和机关事业单位退休人员基本养老金，调整比例为2019年退休人员月人均基本养老金的5%，1.23亿退休人员受益。2020年调整退休人员基本养老金是在较大力度减免企业社会保险费情况下实施的，充分体现了党中央和国务院对广大退休人员的亲切关怀。

五、做好补充养老保险工作

（一）有序推进企业年金发展。

完善企业年金相关政策，鼓励各类具备条件的用人单位建立企业年金。修订完善企业年金方案范本，指导地方和用人单位规范核准和建立企业年金。指导地方研究探索自动加入机制，提高企业年金覆盖面。做好中央企业年金备案工作，全年共有 3 家集团公司建立年金计划，756 家下属企业加入集团年金计划或者变更了年金方案。截至 2020 年底，全国建立企业年金的用人单位 10.5 万家，参加职工 2 717.53 万人，积累基金 22 496.83 亿元，同比增长 9.4%、6.7%和 25%。

（二）研究规范发展第三支柱养老保险。

在借鉴国际和国内经验、反复研究论证的基础上，人力资源社会保障部会同相关部门明晰了规范发展第三支柱养老保险的基本思路，拟定了相关文件稿。

六、其他工作有效推进

配合财政部下达中央财政对地方养老保险基金补助共计 6 892 亿元。协调相关单位研究完善新时代军人养老保险制度，做好退役军人养老保障工作。配合做好京津冀一体化、推动雄安新区建设、粤港澳大湾区、海南自贸港有关养老保险方面的工作。

失业保险

2020年，在人力资源社会保障部党组的统一部署和坚强领导下，失业保险部门始终围绕党和国家中心大局创新工作，立足职责职能担当作为，在大疫大考中充分发挥功能作用，努力维护就业局势总体稳定，各项工作取得新进展，较好完成全年目标任务。

一、参保人数持续增长，基金发挥保障作用力度空前

失业保险参保继续呈增长态势，截至2020年末，全国有21 689.5万人参加失业保险，比上年末增加1 146.8万人。应对疫情出台一系列超常规支持举措，基金发挥保障作用力度空前。全年失业保险基金收入952亿元，同比减少26%；基金支出2 103亿元，同比增长58%，其中用于保障失业人员基本生活支出753.6亿元，同比增长43.6%；用于职业培训、职业介绍两项补贴支出1.9亿元，同比下降67.1%；用于其他各项预防失业促进就业支出1 347.5亿元，同比增长67.9%。基金当期赤字1 151亿元，累计结余降至3 354亿元，备付期限2.5年，基金运行总体平稳可持续。

二、扩大失业保险保障范围，进一步兜牢民生底线

落实习近平总书记关于扩大失业保险保障范围，确保失业人员应发尽发、应保尽保重要指示，人力资源社会保障部、财政部印发《关于扩大失业保险保障范围的通知》（人社部发〔2020〕40号），创新实施失业补助金、失业农民工临时生活补助政策，对领取失业保险金期满、主动离职等不符合领金条件的失业人员和参保不满1年的失业农民工给予基本生活保障，保障人数达历史峰值。2020年有1 337万人领取不同项目的失业保险待遇。其中，515万人领取到不同期限的失业保险金，同比增加76万人，月人均领取失业保险金1 506元，比上年平均水平增长8%；762万人领取失业补助金199亿元；54万失业农民工领取一次性生活补助28亿元，人均5 099元，比上年降低7.5%，6万人领取临时生活补助1亿元。

三、加大稳岗支持力度，维护就业局势总体稳定

落实习近平总书记关于抓好失业保险稳岗返还政策落地重要指示和国务院综合运用失业保险基金结余加大援企稳岗力度有关要求，出台稳岗返还新举措，降门槛、提标准、扩重点，支持企业纾困解难，减少失业。一是将中小微企业稳岗返还裁员率标准放宽到上年度全国城镇调查失业率控制目标5.5%，30人以下的企业放宽到20%。二是对不裁员或少裁员的中小微企业，返还标准由原来的企业及其职工上年度缴纳失业保险费的50%，最高可提至100%。三是对暂时生产经营困难且恢复有望、坚持不裁员少裁员的参保企业，适当放宽其稳岗返还政策认定标准，重点向受疫情影响的企业倾斜，返还标准可按不超过6个月的当地月人均失业保险金和参保职工人数确定，或按不超过3个月的企业及其职工应缴纳社会保

险费确定。四是加大对湖北省的倾斜支持，政策适用范围由小微企业扩大到所有企业。2020年向608万户企业发放稳岗返还1 042亿元，惠及职工1.56亿人，受益企业户数和金额分别是上年的5.3倍、1.9倍。此外，延续实施失业保险1%的低费率1年，叠加实施阶段性减免缓企业失业保险单位缴费，助力企业对冲疫情影响，缓解经营压力，全年共减收各类企业失业保险缴费1 509亿元；助力参保职工提升技能，有效应对失业风险，继续放宽技术技能补贴申领条件，全年共177.7万人次领取技能提升补贴28.5亿元，人均次领取1 605元，领取人次、补贴金额分别同比增长41%、43%，为政策实施以来最多的一年。

四、创新业务经办模式，推动服务提质增效

继续深化“放管服”改革，创新“三免”经办模式，积极推动失业保险领域更多事项提速办、简便办，加快政策红利释放。一是推动免跑即领。在国家社会保险公共服务平台上线运行失业保险金和失业补助金申领全国统一入口，指导全国所有地市实现线上申领。二是推动免申即享。简化中小微企业申报流程，部分信息化发达地区人社部门通过后台数据比对，直接对不裁员少裁员企业精准发放稳岗返还，免申请、免填表，变“企业找政策”为“政策找企业，资金找企业，服务找企业”。三是推动免证即办。全面简化失业保险金申领手续，取消证明材料、申领期限、捆绑条件、附加义务。

五、加强动态监测预警，提升风险防范能力

统筹失业风险监测研判，在疫情最严重时开发微信小程序，对6万户企业开展复工复产问卷调查，助力企业复工复产形势研判。每月动态监测全国6.5万户企业、2 900万个监测岗位变化情况，突出重点省份、重点行业监控，提高研判岗位变化趋势和失业风险的准确性与科学性。密切关注失业保险基金运行风险，指导基金备付期限偏低省份及时调整基金支出结构，用好调剂金，确保政策有序落地。

工 伤 保 险

2020年，工伤保险工作坚持以习近平新时代中国特色社会主义思想为指导，深入学习贯彻党的十九届五中全会精神，积极推进工伤保险省级统筹、工伤保险扩面工作，做好工伤保险降费工作，持续加强重要制度建设，各项工作取得积极进展。

一、推进工伤保险基金省级统筹工作

把推进工伤保险基金省级统筹作为重要政治任务，对表时限要求抓整改，加强分类指导，强化调度督导，压实地方责任，着力推动省级统筹落实落地。对省级统筹推进先进省份给予肯定和鼓励，引导其进一步提质增效；对基础薄弱的省份，开展专题调研，帮助查找问题、分析原因、明确目标；对进展缓慢的省份，加强重点调度，提出明确要求。截至2020年底，全国31个省（区、市）和新疆生产建设兵团均已出台相关文件，在制度上全面实现省级统筹。

二、推进工伤保险扩面工作

积极应对工作中的新变化、新挑战，坚守“先参保，后开工”的政策底线，稳步推进工程建设项目参保工作。截至2020年底，全国工伤保险参保人数达26 770万人，比上年底增加1 291万人，其中农民工参保人数8 934万人。

三、扎实做好降费工作

聚焦“六稳”“六保"，围绕中心、服务大局，主动担当、积极作为，实施阶段性“减免缓降”工伤保险费政策，2020年2月至12月，全国阶段性减免工伤保险费390.0亿元，缓缴工伤保险费11.5亿元。2020年1月至12月，全国阶段性降低工伤保险费减费额243.39亿元，为保住市场主体、稳住就业大局做出了应有贡献。

四、加强医护及相关人员工伤权益保障

1月23日，人力资源社会保障部会同财政部、国家卫生健康委联合印发《关于因履行工作职责感染新型冠状病毒肺炎的医护及相关工作人员有关保障问题的通知》（人社部函〔2020〕11号），明确医护及相关人员因工作原因感染新冠肺炎纳入工伤保险保障，为他们保驾护航，并积极指导地方进一步明确相关政策，做实做好工伤认定绿色通道，有效保障医护及相关人员的工伤权益。对疫情重灾区湖北省，建立工伤认定指导“直通车”，及时了解涉及疫情医护人员工伤认定情况。

五、稳步推进工伤预防工作

加强顶层设计，联合工业和信息化部、财政部、住房城乡建设部、交通运输部、国家卫生健康委、应急管理部、中华全国总工会制定印发《工伤预防五年行动计划（2021—2025年)》（人社部发〔2020〕90号），推进形成部门齐抓共管的工作机制，为“十四五”时期构建大预防工作格局破了题。

六、持续加强重要制度建设

（一）扎实推进平台网约劳动者职业伤害保障试点。

在多方调研、反复论证的基础上，起草形成《网约劳动者职业伤害保障办法（试行）(征求意见稿)》，拟与相关部门达成一致意见后，按程序报国务院同意后开展试点。

（二）加强劳动能力鉴定管理工作。

针对部分地区劳动能力鉴定工作暴露的风险和问题，联合国家卫生健康委、国家医疗保障局印发《关于进一步规范劳动能力鉴定工作的通知》（人社部发〔2020〕91 号），对实施鉴定机构、鉴定标准、鉴定依据作了规范。

城乡居民基本养老保险

一、城乡居民基本养老保险取得新进展

贯彻落实人力资源社会保障部、财政部《关于建立城乡居民基本养老保险待遇确定和基础养老金正常调整机制的指导意见》（人社部发〔2018〕21号）文件要求，指导各地制定出台城乡居民基本养老保险待遇确定和基础养老金正常调整机制政策文件，推动各地建立激励约束有效、筹资权责清晰、保障水平适度的城乡居民基本养老保险待遇确定和基础养老金正常调整机制。截至2020年底，全国31个省份和新疆生产建设兵团出台了政策文件。在建立年限养老金，65岁以上老人加发养老金，建立基础养老金调整机制、个人缴费档次和缴费补贴调整机制，开展基金委托投资等各方面落实文件精神，推动完善本地城乡居民基本养老保险制度，提高制度保障能力。内蒙古等21个省份制定了丧葬补助费政策和标准；山西等29个省份将最低缴费档次提高至200元以上，增强了制度筹资能力。2020年，城乡居民基本养老保险全国基础养老金最低标准提高到每人每月93元。北京、上海、江苏、浙江、福建、山东、湖南、广东、海南、重庆、陕西、宁夏12个省份在此基础上不同程度地提高了城乡居民基本养老保险省级基础养老金标准，提标金额为每人每月2元至85元。加强政策宣传，落实对困难人群代缴保费政策，将符合条件的贫困老人纳入城乡居民基本养老保险保障范围，引导广大城乡居民早参保、勤续保。2020年底，全国城乡居民基本养老保险参保人数54 244万人，比上年底净增978万人，其中60周岁以上实际领待人数16 068万人。当年，年人均缴费超过450元，比上年增加约100元；月人均养老金约170元，比上年增加约10元。

二、建档立卡贫困人口基本养老保险实现全覆盖

持续为参加城乡居民基本养老保险的低保对象、特困人员、建档立卡未标注脱贫的贫困人口代缴城乡居民养老保险费，为年满60周岁、未领取基本养老保险待遇的贫困老人直接发放城乡居民基本养老保险待遇。就进一步做好贫困人员基本养老保险应保尽保工作发出通知，重点解决外省户籍贫困人员参加城乡居民基本养老保险等问题。继续利用人力资源社会保障扶贫信息平台精准定位参保扩面重点人员，并新增跨省人员参保核实、参保扩面人员和未脱贫县核实台账、疑似问题数据单独台账等功能，支持地方开展跨省业务办理、重点人员和重点地区督办、问题数据二次核实工作，推动提高应保尽保工作质量。截至2020年底，共有6 098万符合条件的建档立卡贫困人口参加基本养老保险，基本实现应保尽保。全国共为3 856万贫困人口代缴城乡居民基本养老保险费43亿元，3 014万贫困老人享受城乡居民基本养老保险待遇，其中建档立卡贫困人口1 735万人。

三、被征地农民社会保障取得积极进展

积极配合国务院有关部门做好《中华人民共和国土地管理法实施条例》的修订工作。

指导山西省、广东省、甘肃省研究出台新的被征地农民参加基本养老保险补贴政策，全国已有 26 个省份按照社会保险法要求改革完善原有政策。在河北省石家庄市召开全国被征地农民社会保障工作座谈会，总结交流工作经验。继续做好被征地农民社会保障调度工作。截至 2020 年底，全国约有 6 300 多万被征地农民纳入被征地农民社会保障政策范围。

四、长江退捕渔民参加基本养老保险工作取得突出成效

人力资源社会保障部联合财政部、农业农村部印发文件，积极引导退捕渔民参加基本养老保险，将达到领取待遇年龄未参加基本养老保险的退捕渔民直接纳入城乡居民基本养老保险，实现应保尽保。督促地方出台养老保险补贴政策，明确补贴标准，给予参加城乡居民基本养老保险和以灵活就业人员身份参加职工基本养老保险的退捕渔民养老保险缴费补贴，补贴标准不低于当地被征地农民养老保险补贴水平。截至 2020 年底，已经实现长江重点水域符合条件的 17.18 万名退捕渔民全部参保，为 1.84 万名困难渔民代缴最低标准养老保险费，沿江 10 省市均出台了补贴标准明确的养老保险缴费补贴政策，为 10.17 万符合条件退捕渔民落实了养老保险缴费补贴，基本实现了符合条件的长江退捕渔民基本养老保险应保尽保，为长江退捕渔民老年基本生活提供了制度保障。

社会保险经办管理

2020年作为全面建成小康社会的决胜之年，也是“十三五”规划的收官之年，人力资源社会保障部全面贯彻落实全国人社工作会议和全国社保局长会议精神，统筹做好新冠肺炎疫情防控和社保经办管理服务工作，各项工作取得积极进展。

一、多措并举服务“六稳”“六保”大局

（一）“免减缓”政策落实到位。

为降低疫情影响、支持稳定就业和扩大就业，经党中央、国务院决策，人力资源社会保障部出台阶段性减免企业社保费政策，并及时出台配套办法，明确口径，确保政策落实到位。2020年1月至12月，企业养老、失业、工伤三项社会保险共为企业和个人减负15 423.1亿元，其中阶段性减免12 587.6亿元，降费率减收2 659.3亿元，有效促进了复工复产，助力市场主体纾困发展。

（二）各项社保待遇按时足额发放。

连续第16次调整企业退休人员养老金，第5次同步调整机关事业单位退休人员养老金，调整后的养老金于2020年10月底前全部发放。与财政部建立会商机制，确保养老金按时足额发放。职业年金待遇发放工作稳步推进。失业保险实施“扩围提标”系列政策，加大稳岗返还力度，向608.2万户企业发放稳岗返还1 042亿元，惠及职工1.6亿人。启动失业保险扩围攻坚专项行动，指导各地经办机构认真落实失业补助金、临时生活补助等政策，及时在国家社会保险公共服务平台开通失业保险金和失业补助金网上申领服务，确保所有参保失业人员及时得到生活保障。指导各地人社部门落实医护工作人员工伤认定政策，获取工伤认定、鉴定信息，按照特事特办、急事急办原则，开辟工伤待遇支付快捷通道，及时落实抗疫工作人员的工伤保障待遇。

（三）“不见面”经办服务提质增效。

及时出台《关于切实做好新型冠状病毒感染的肺炎疫情防控期间社会保险经办工作的通知》（人社厅明电〔2020〕7号），指导各地强化经办大厅防控措施，开展“不见面”服务，从“网上办”“掌上办”到“容缺办”“延期办”，将网上办事作为占主导地位的经办服务模式。同时，规范电子档案管理和应用，确保网上服务的安全、稳定、高效，进一步固化“不见面”服务模式。

二、各项重点目标任务如期落实完成

（一）精准施策打赢脱贫攻坚战。

继续落实好为建档立卡贫困人口代缴城乡居民基本养老保险费和待遇发放政策，持续推动未参保建档立卡贫困人员动态清零。积极落实户籍不在本省的建档立卡贫困人员参保政策，截至2020年底，共有6 098万建档立卡贫困人口参加基本养老保险，参保率持续稳定在99.99%以上。推进“三区三州”等深度贫困地区社保服务平台与国家平台对接，开通企业职工养老保险关系转移网上申请服务，重点指导调度全国52个未摘帽贫困县个人权益记录查询功能接入和养老保险关系转移工作情况，其中23名建档立卡贫困人员的转移业务已全部办结。

（二）全民参保计划取得新成果。

稳步推进全民参保扩面专项行动，针对未参保人员开展分类宣传和精准施策，推进建筑业按项目参保，重点做好建档立卡贫困人口、农民工、灵活就业人员、新业态从业人员和职业性尘肺病群体等的参保扩面工作。登记成果切实转化为扩面成效。截至2020年底，基本养老保险参保人数达到9.99亿人，工伤保险参保人数2.68亿人，失业保险参保人数2.17亿人，基本养老保险参保率达到90%以上，均提前完成“十三五”规划目标，基本实现法定人员全覆盖。

（三）社保基金运行总体平稳。

各项社会保险基金运行总体平稳，基金收支整体平衡，基本养老、失业和工伤保险基金总收入50 666亿元，总支出57 580亿元，累计结余达到62 879亿元。基金运行管理不断加强，认真做好年度基金预决算工作，落实加强基金中央调剂力度各项要求，持续开展基金运行监测分析，防范化解运行风险。养老保险基金投资运营工作顺利开展，投资规模持续扩大，投资收益稳步提升。划转国资工作全面推进，基金可持续能力进一步增强。

（四）企业职工基本养老保险全国统筹取得新进展。

严格考核验收省级统筹制度，指导各地推动省级统收统支，同时提高基金中央调剂比例，尤其对受疫情影响的困难省份增加二次调剂和定向支持，全年调剂总规模7 398亿元，净缴拨资金1 768亿元。持续推进全国统筹经办管理体系框架的建设研究，积极参与全国统筹基金管理办法和央地责任分担办法的起草，修订企业养老保险经办规程和养老保险个人账户管理办法，开展全国统筹经办管理服务体系和信息系统建设研究。

（五）全国统一的社会保险公共服务平台建设取得新成效。

按照《国务院关于加快推进全国一体化在线政务服务平台建设的指导意见》（国发〔2018〕27号）要求，指导各地细化建设方案，明确任务目标，健全工作机制，有序推进基层社会保险公共服务平台建设。优化国家社会保险公共服务平台功能，“成熟一项、上线一项”，现已开通包括社保关系转移、待遇资格认证、权益记录查询、失业待遇申领等9类28项全国统一的社保服务，服务事项覆盖各个险种，累计访问量超过15亿人次。

（六）社保费征收体制改革取得新突破。

与财政部、税务总局等部门保持常态化沟通。根据国务院领导同意的工作安排，自8月底起以部门协调机制办公室名义，指导北京、天津等14个地区有序开展系统改造、参保数据清洗、业务流程优化等各项准备工作；于10月30日集中发布划转公告，全国已基本实现企业社保费由税务部门征收，社会反响总体平稳，征收体制改革任务基本落实到位。

三、社保系统行风建设扎实深入推进

（一）便民服务再上新台阶。

人力资源社会保障部在全系统开展“人社服务快办行动”，总结“不见面”服务的经验做法，将“一件事”整合到一起，推动关联事项“打包办”、高频事项“提速办”、所有事项“简便办”。有序推进告知承诺制试点，持续推进“清、减、压”，形成一批可复制、可推广的地方经验。启动人社信息化便民服务创新提升行动，推进社保“全数据共享、全服务上网、全业务用卡”，提升社保经办信息化水平。坚持线上服务和线下渠道相结合，聚焦老年人、残疾人等特殊群体需求，改善办事体验。

（二）统一转移接续平台提升转移效能。

各地均已接入部社会保险关系转移系统，实现转移平台“全覆盖”。精减转移手续，依托国家平台提供转移申请服务，取消开具参保缴费凭证，实现转移办理“不用跑”。全面依托部转移平台开展企业职工养老保险关系转移经办工作，不再邮寄纸质材料，实现转移业务“全网办”。开展退役军人养老保险关系转移超期业务清理落实工作，妥善处理历史遗留问题，切实维护参保人员养老保险权益。

（三）领取社保待遇资格认证工作取得新进展。

提升资格认证准确度，健全完善资格认证新机制。组织开展领取待遇资格认证“回头看”工作，确保资格认证工作落实到位。持续推动信息比对认证，共下发出行数据等部级比对数据8 000多万条。完成异地资格认证系统升级改造，畅通部省数据传输通道。加快推进境外居住人员远程认证，提升境外居住人员资格认证便捷性。

四、推动社保宣传营造良好氛围

围绕党中央国务院和部党组重大决策部署，聚焦社保经办领域重点工作，扩大宣传声势。疫情期间，第一时间在门户网站发声，宣传社保经办“不见面”服务举措。征集“战疫社保人”先进事迹线索，通过人力资源社会保障部微信公众号、《中国劳动保障报》等平台开展广泛宣传。组织编写《踏遍千山万水　只为寻你而来——社会保险脱贫攻坚“动态清零”工作侧记》，总结社保扶贫经验，主流媒体集中转载700多篇。挖掘社保扶贫工作典型案例、社保扶贫干部事迹，制作扶贫专刊。积极对接中央媒体重大选题新闻报道工作，12月7日，中央电视台“新闻联播”《“十三五”，我们这五年》系列报道播发《我国建成世界上规模最大的社会保障体系》，全面展现五年来社保工作取得的成绩。

五、始终保持风险防控高压态势

始终把防风险作为贯穿全年工作的主线，始终保持风险防控的高压态势。加强基金运行监测，定期对基金运行情况进行专题分析和研判，指导地方多渠道筹措资金，修改完善预算法实施条例，防范化解基金管理风险。聚焦经办风险防控重点难点，梳理问题清单开展自查整改，开展针对性回访调研，织密织牢风险防控网。强化部门协作，会同司法部印发通知，推动建立省级罪犯信息共享及异地协查工作机制，与最高检、审计署加强沟通联系，形成风险防控合力。聚焦大额领待、重复领待、死亡冒领等风险开展数据稽核。部署开展服刑人员违规领待专项整治和养老保险待遇录取人员信息核定。总体来看，防范化解风险工作不断做实做细，继续筑牢不发生系统性风险的底线，形势总体平稳。

六、社保经办数字化转型迈出新步伐

持续推进社保数字化转型，依托数字赋能，引领社保经办服务深刻变革。数据共享机制进一步完善，与住房城乡建设部、国家移民局签订数据共享合作备忘录，与中央编办、中国人民银行等单位达成初步合作意向，向28个省市政府部门开放社保数据共享接口，配合中央纪委等单位完成约368万人的权益记录查询。切实提升联网数据质量，把业务生产数据、联网数据、统计数据纳入数据质量稽核范围，同时开发上线稽核考核系统，实现数据上传下发“秒达”，有力保证了数据传输的安全性、数据质量抽查的针对性和数据稽核的时效性。加大比对分析，通过部端数据筛查，下发稽核通知书，开展专项核实整改，数据稽核威力逐渐显现。强化统计精算，开展社会保险统计调查及分析，编制完成《中国社会保险经验生命表（2020）》，完善精算报告制度，加强精算分析，为政策改革与完善提供强大支撑。

中央国家机关事业单位养老保险经办管理

2020年是统筹做好新冠肺炎疫情防控和中央国家机关事业单位养老保险经办管理工作全面步入正轨的关键之年，也是加快推进经办服务模式转型升级的重要之年和脱贫攻坚决战决胜的收官之年。在人力资源社会保障部党组的正确领导下，在人力资源社会保障部内外有关单位的支持配合下，中央国家机关事业单位养老保险经办管理各项工作取得积极进展。

一、以“应保尽保”为重点，做好前台经办工作

积极做好疫情防控期间业务经办，疫情防控以来大厅共接待5 878人次，线上办理业务55 124笔。积极推动超编单位参保问题解决，42家超编单位经自身努力消化至不超编，并完成参保登记。开展“应保尽保”情况排查，基本摸清“应保”底数。截至年底，已办理参保登记并审核通过的单位1 801家，共计64.08万人，其中在职36.11万人，退休27.97万人。完成2020年度缴费工资申报核定工作。积极配合部有关部门推进中央单位社保卡发放工作。

二、以“关系转续”为重点，提升管理服务能力

经过几年努力，参加北京市企业养老保险的中央单位纳入央保工作取得重大突破，通过数据比对、基金测算、座谈调研、专题分析等方面的工作，为相关部门提供决策参考。制定试点方案，明确业务经办流程，为下一步全面推开打好基础。有序开展关系转续工作，办理及审核转入申请、登记业务5 012笔，完成关系转出功能测试，接入人力资源社会保障部企保转移平台。完成2020年个人账户利率维护、网厅个人权益查询功能和63万份个人权益记录单寄递工作。做好特殊单位业务经办。新增纸质归档业务材料338卷10.65万页，制定《央保中心电子档案管理暂行办法》并实施。牵头制定《关于机关事业单位养老保险参保人员赴国际组织任职期间国内养老保险有关问题的通知》。

三、以“准备期清算”为重点，加强基金收支管理

全力推进准备期结算。完成机构改革撤销单位人员分流信息情况统计，协商明确准备期基本养老保险结算规则，配合财政部进行数据审核查验，推进解决准备期遗留的各类问题。创新管理机制，规范财务工作秩序，做好会计核算、基金运行分析、基金预决算等工作。2020年基本险总收入268亿元，其中，征缴收入139亿元，同比增长3.7%，财政补助收入125亿元；总支出254亿元，同比增长14%；滚存结余96亿元。2020年职业年金总收入152亿元，支出6亿元，滚存结余435亿元。

四、以“委托投资”为重点，引领全国职业年金工作

完善职业年金管理制度，研究更新各计划资产管理方案，完善托管人、投管人年度考核办法。起草受托直投管理暂行办法，制定投资

监督业务操作规范，完善职业年金委托投资资金划拨流程。完成首次受托人绩效评估和受托管理合同续签工作。全面落实中央单位职业年金基金投资监督管理暂行办法，通过定期报告和投资监督系统动态追踪监督投资运营情况，严格落实各计划投资组合考核及资金分配方案。自2019年2月末启动投资运营以来，实现投资收益48.3亿元，累计收益率18.38%，其中2020年以来投资收益41.8亿元，收益率12.72%。

五、以“新办法计发”为重点，确保待遇按时足额发放

全面贯彻落实部领导关于新办法计发工作的系列指示要求，分步实施、分类推进，将符合条件的退休中人全部纳入新办法计发范围。实现了基本养老金和职业年金及时发、准确发、足额发。全面启动职业年金待遇发放，准确计算并完成职业年金待遇支付5.06亿元，支付人数50 882人。顺利完成2020年中央单位退休人员基本养老金调整工作，并严格按要求规范了列支渠道。

六、以“风险防控”为重点，做好稽核风控工作

建立中央国家机关养老保险管理中心内部稽核风控制度体系，印发《中央国家机关养老保险管理中心养老保险业务风险控制管理办法》《养老保险稽核办法》《养老保险反欺诈管理办法》《养老保险信用评价管理办法》《领取养老保险待遇资格认证管理办法》《清缴欠费管理办法》《中央国家机关养老保险管理中心内部审计管理办法》7个管理服务制度。利用树形结构开展数据核查，统筹推进业务风险排查，形成风险清单。稳步开展欠费梳理和清缴工作，2020年12月共追回欠费1.8亿元（其中基本险1.1亿元，职业年金0.7亿元）。启动实施社会保险待遇领取资格认证，强化和提升法务工作。

七、以“蓄势储能”为重点，积极筹备工伤保险经办

遵照部领导关于工伤保险筹备工作的指示要求，积极谋划、主动作为，深入地方开展工伤保险经办专题调研，提出充分翔实的工作意见。参与《公务员参加工伤保险管理办法》的制定，起草中央国家机关事业单位工伤保险实施细则和经办规程，收集梳理各省份劳动能力鉴定委员会办公室设置情况。与有关部门积极协商工伤保险联网结算、目录维护等有关工作，与医疗机构座谈交流，为启动中央单位工伤保险经办做好充分准备。

八、以“系统建设”为重点，为业务经办提供坚实保障

建立中央国家机关养老保险管理中心业务开发需求台账定期公布制度，使中心各处室信息交流更加顺畅，确保全中心系统开发统筹、有序推进。发布《信息系统开发程序测试规则》，制定了技术测试、用户测试报告的格式，规范了表述内容。从源头上分解任务，有效整合、汇总开发需求，推动开发高效运行。组织安全公司对系统外围进行全面检查，采取系统安全加固等措施。全力做好8月下旬至9月下旬的“hw行动”技防和人防工作，确保信息系统安全，内外部及现场均没有出现任何问题，经受住了考验。

九、以“行风建设”为重点，服务模式全面转型升级

做好经办大厅管理，落实防疫要求，持续优化窗口服务。大力提升信息化服务便民行动。坚决贯彻落实部领导“快上、大上、全面上，倾其所有”的指示要求，举全中心之力，坚持一盘棋整体推进，动员所有可动员的力量，革新经办服务模式，坚持问题导向和目标驱动，全力破解经办的堵点、难点问题，以信息系统建设为基础，努力实现一网通办。经过一年多的不懈努力，系统开发成功并如期上

线，展现了想群众之所想、急群众之所急的工作态度，为高质量管理服务工作奠定了坚实基础。

十、以“脱贫攻坚”为重点，提高站位抓扶贫

全面完成2020年定点扶贫任务，对口扶贫村连续3年在全乡年度考核中名列前茅并率先脱贫。在防疫物资最紧缺之时向扶贫村捐献了一批口罩和护目镜，并组织全体干部向扶贫村捐款支持防疫。继续支援34万株白茶树苗，培训农业技术人员60余人次。积极对接村级农副产品嫁接到“印象金寨农博馆”“实名农户”“工行融e购”等电商平台。开展“我为扶贫代言”朋友圈助销扶贫产品活动，在全中心推广销售湖北因疫情原因滞销的农副产品。5名青年干部驻村蹲点，为村小学捐赠文具，走访慰问贫困户。召开“决战脱贫攻坚”座谈会，制作扶贫成果宣传展板，组织参加“人社扶贫优秀成果”宣传活动。

社会保险基金监管

2020年，社会保险基金监管工作在部党组的正确领导下，紧紧围绕人力资源社会保障中心工作，提高站位、强化责任，锐意进取，有效应对新冠肺炎疫情和经济形势影响，圆满完成各项工作任务，取得新进展新突破，社保基金管理风险防控扎实推进，监督检查工作取得实效，基本养老保险基金委托投资规模持续扩大，职业年金运营管理起步平稳成效明显，人员能力建设质量持续提升。

一、坚持制度先行，夯实工作基础，社保基金监管制度体系进一步健全

一是修订印发《关于印发社会保险基金要情报告制度的通知》（人社部发〔2020〕21号），健全基金要情报告机制，及时掌握基金安全情况，强化基金安全评估和形势研判，提高基金风险防控和治理能力。

二是配合企业职工基本养老保险全国统筹，对14个省份开展书面调研，听取完善基金监督体制机制的意见建议。参与13个省份的养老保险省级统筹考核验收工作。

三是印发《关于调整年金基金投资范围的通知》（人社部发〔2020〕95号）及释义两个文件，进一步扩大年金基金投资范围，并统一企业年金和职业年金投资政策。

二、坚持纠建并举，注重问题导向，社保基金管理风险防控扎实推进

一是大力督促问题整改。印发《关于社保基金管理风险专项检查情况的通报》，督促山西、黑龙江、山东、福建、广西、海南6省份整改完成108个问题，追回基金5 072万元。印发《关于河北省社保局集中诊判情况的函》，督促河北省社保局对集中诊判发现的社保基金管理风险和问题进行整改。对河南省某县66人养老保险一次性补缴后异地转移关系问题开展实地调研督导，提出办理建议。

二是及时警示管理风险。探索事前风险警示的有效方式。结合重大要情，梳理出15项社保基金管理风险点和因病或非因工致残提前退休（职）劳动能力鉴定风险点，印发地方警示风险并提出具体应对措施，推进监督关口前移。

三是努力提升信息化水平。优化金保二期基金监督信息系统建设需求，修改调整预警指标和疑点指标等关键核查信息，完善调整系统架构和相关数据库，做好用户测试准备。

三、加强监督检查，保持高压态势，基金管理案件高发态势得到遏制

一是在全国部署开展“三个全面取消”工作自查。年初、年末两次调度进展情况，协调工、农、中、建4家银行对地方取消社银人工报盘和取消现金业务情况进行比对，发文通报“三个全面取消”完成情况，对进展滞后省份开展督导调研。取消现金业务基本完成，取消手工经办、取消社银人工报盘完成进度超过90%。

二是开展企业职工基本养老保险提前退休专项核查。筛查下发疑点数据18.56万条，地方核查发现问题3 002条。注重创新方式，抽调地方业务骨干集中办公，抽取5 000份地方

自查合规的档案进行部级核查，发现不合规提前退休人员 1 990 人。

三是在全国开展失业保险基金管理内控专项检查。分本级检查、省内抽查、部级抽查、问题整改 4 个阶段进行，组织 3 个检查组对天津、吉林、浙江、广东、云南、甘肃 6 个省市进行部级抽查。全国累计 12 008 人参加检查，本级检查涉及 4 175 个单位，对下抽查涉及 2 351 个单位，延伸抽查 7 326 个单位，发现违规问题 1 945 个，涉及基金 8. 39 亿元，已追回 3 340. 944 万元。

四、加强协调指导，完善工作措施，基本养老保险基金委托投资规模持续扩大

一是及早规划部署。会同财政部出台有关基本养老保险基金委托投资工作有关问题的通知，明确 2020 年度目标任务和工作重点。

二是全年督促启动。通过电话调度、约谈提醒、发函督办等方式，督促列入第三批名单的省（区、市）和新疆生产建设兵团按时启动城乡居民基本养老保险基金委托投资工作，鼓励有条件的省份扩大企业职工基本养老保险基金委托投资规模。截至 2020 年底，全国均已启动养老保险基金委托投资，委托规模 1. 24 万亿元，到账资金超过 1 万亿元。

三是依规加强监管。研究探索社保基金会机制体制改革。指导社保基金会合规增选托管银行，审慎开展股权投资。推动社保基金会和投资管理机构开展产品创新，努力实现长期稳定的投资收益。截至 2020 年底，累计投资收益额接近 2 000 亿元，年均收益率超过 6. 8%。

四是稳步推进国资划转。会同财政部继续推进划转部分国有资本充实社保基金，就央属军工企业划转工作提出意见建议，发文部署 26 家中央企业实施划转，指导各地按时完成划转工作。93 家中央企业和金融机构完成划转，划转规模约 1. 68 万亿元。

五、规范运营流程，提升服务能力，年金基金管理运营平稳成效明显

一是引导职业年金规范发展。深度指导央保中心等统筹区依规做好职业年金受托人考核、合同续签备案等工作。联合财政部赴上海调研，分别在北京和内蒙古召开座谈会，研究规范有序引导职业年金健康发展的思路。截至 2020 年底，全国除西藏外，其余 32 个统筹区均已启动职业年金市场化投资运营，基金规模 1. 29 万亿元，全年投资收益率超过 12%。

二是加大年金市场监管力度。联合银保监会查处首起企业年金基金风险案件，组织全行业开展风险自查，防范运营风险。查发并敦促非合格投资者持有养老金产品问题整改，指导多家大型央企在重组过程中做好企业年金计划资产平稳规范转移。起草《职业年金基金管理机构行为规范》。

三是加强年金政策研究协调。出台股票专项型养老金产品管理政策，支持年金基金把握市场机会。加大部门协调力度，解决年金机构参与公开募股（IPO）受限问题，积极争取年金基金 A 类打新资格。向国办报送《当前养老基金投资运营形势研判报告》。

四是规范年金信息报送工作。按季完成企业年金、职业年金数据统计工作，分别形成分析报告和数据摘要，依规披露信息。推进投资运营监管系统建设，实现年金数据线上报送，提升了数据统计分析的智能化水平。

五是统筹疫情防控和工作开展。落实部党组关于疫情期间采取多种措施减轻企业负担的统一要求，推行年金合同备案和信息报告“不见面”工作方式，改线下受理为网上受理，并建立微信群定期公示办理情况。截至 12 月底，部本级完成审核备案新建或变更单一企业/职业年金计划 89 个，集合计划 7 个，养老金产品 122 只（其中不予备案 1 只）。发布延期开展 2020 年企业年金基金管理资格延续工作的通告，借机整合评审批次，改每年评审为三年全行业评审一次，进一步提升评审工

作的公平性。

六、注重苦练内功，狠抓作风建设，内部建设质量持续提升

一是加强队伍建设。开展基金监管机构人员情况调查，指导地方落实机构改革精神，推动单设基金监管机构和增加专职人员。开展“社保基金监管机构人员标准化建设工作研究”课题项目，研究企业职工基本养老保险全国统筹背景下，全国基金监管机构科学设置、人员科学配备意见。

二是加大培训力度。2020 年克服疫情影响，落实人社干部培训规划，举办 3 个培训班、指导地方举办 6 个培训班，共培训系统人员近 1 300 人。严格持证上岗，为符合条件的参加部省两级培训的人员发放监督检查证，全年新增持证人员近 600 人。

三是抓实作风建设。梳理社保领域廉政风险点，剖析典型案例，落实人力资源社会保障部行风、廉政建设的部署要求，逢会必讲作风、必提廉政，全系统呈现出良好的精神面貌。

劳动关系

一、应对新冠肺炎疫情影响稳定劳动关系

先后出台《关于妥善处理新型冠状病毒感染的肺炎疫情防控期间劳动关系问题的通知》(人社厅明电〔2020〕5号),人力资源社会保障部、全国总工会、中国企业联合会/中国企业家协会、全国工商联《关于做好新型冠状病毒感染肺炎疫情防控期间稳定劳动关系支持企业复工复产的意见》(人社部发〔2020〕8号)等多个政策文件,明确有关劳动关系政策。广泛开展政策宣传,加大对企业和劳动者的政策咨询力度和用工指导服务,推动企业复工复产稳岗稳劳动关系。同时,国家协调劳动关系三方印发关于开展“和谐同行”千户企业培育行动的通知,部署地方三方开展服务企业共同行动,鼓励企业稳定劳动关系,动员职工共克时艰、共渡难关。

二、加强对企业用工指导服务

出台《关于做好共享用工指导和服务的通知》(人社厅发〔2020〕98号)和《关于订立电子劳动合同有关问题的函》(人社厅函〔2020〕33号)。指导企业稳妥做好化解过剩产能、“僵尸企业”处置、国有企业改革以及事业单位转企改制中的职工劳动关系处理等工作。推动互联网协会和龙头平台企业发布《平台企业关爱劳动者倡议书》。加强劳务派遣用工规范,加强事中事后监管。与国家煤矿安监局共同下发《关于进一步规范煤矿劳动用工促进煤矿安全生产的指导意见》(煤安监行管〔2020〕38号),规范煤矿企业劳务派遣用工。

三、继续加强企业工资宏观调控

指导各地稳慎调整最低工资标准。2020年,福建等3个地区调整了最低工资标准,平均调整幅度为9.1%。截至2020年底,全国月最低工资标准最高的是上海的2 480元,小时最低工资标准最高的是北京的24元。

企业薪酬调查持续开展,覆盖全国31个省(区、市)18个行业门类、约8万户企业。截至2020年底,全国已有30个省(区、市)建立了企业薪酬调查和信息发布制度。当年在国家层面首次并连续两次公开发布企业从业人员工资价位信息。内蒙古等27个地区通过不同方式发布了2020年的调查信息。

国有企业工资分配制度改革工作积极推进。按要求向党中央、国务院报送了2018年中央企业负责人薪酬分配情况报告。制定印发中央企业负责人2020年度基本年薪基数、2020年中央企业工资指导线和调控线等,指导各地各部门做好国有企业负责人薪酬审核和工资总额预算管理工作。制定出台中央企业境外工作补贴管理、国有企业负责人涉嫌违法违纪被调查期间薪酬支付问题、新冠肺炎疫情期间国有企业工资分配等政策意见。结合2019年国有企业工资内外收入监督检查情况,对30户中央企业下达了整改意见函。

四、加强劳动标准管理工作

指导广东、四川等地推进特殊工时管理改革试点工作。加强对地方特殊工时审批指导。

截至2020年末，经各级人力资源社会保障部门审批且在有效期内实行特殊工时制度的企业9.4万户，涉及职工1 500万人。进一步推动落实带薪年休假制度，指导各地继续做好带薪年休假制度落实工作。根据人力资源社会保障部2020年9月开展的人力资源社会保障基本情况调查，截至调查时有25.1%的职工享受了当年全部或部分带薪年休假（2020年因特殊原因统计时间从以往的11月调整至9月，有关数据发生较大变化）。

五、深入推进和谐劳动关系创建和深化构建和谐劳动关系综合配套改革试点

召开了国家协调劳动关系三方会议第25次会议。会同全国总工会、中国企联、全国工商联开展“和谐同行”千户企业培育共同行动。截至2020年末，各地共培育达标企业1 521户。编辑印发三方信息交流共5期。召开2次深化构建和谐劳动关系综合配套改革试点工作调度会，梳理总结试点地区在劳动关系风险监测预警和矛盾化解机制，构建和谐劳动关系基层党建引领、劳动关系公共服务等方面的创新举措，并在全国进行推广。批复并指导江苏昆山开展构建和谐劳动关系综合试验区建设，进一步探索完善协调劳动关系体制机制，推进劳动关系治理体系和治理能力现代化。

六、部署实施劳动关系“和谐同行”能力提升三年行动计划

会同国家协调劳动关系三方印发劳动关系“和谐同行”能力提升三年行动计划通知，部署实施和谐劳动关系百千万计划、重点企业用工指导计划和企业薪酬指引计划。举办全国劳动关系协调员示范培训班，提高治理能力和水平。

劳动人事争议调解仲裁

2020年，劳动人事争议调解仲裁工作在部党组坚强领导下，以习近平新时代中国特色社会主义思想为指导，全面贯彻落实党的十九大和十九届二中、三中、四中、五中全会精神，坚持和发展新时代“枫桥经验”，以进一步加强劳动人事争议处理效能建设为主线，以完善制度、创新机制、提升能力、夯实基础为重点，持续加强调解仲裁工作规范化、标准化、专业化和信息化建设，各项工作稳步推进，重点工作成效明显，有效应对争议大幅增长态势，维护了就业与劳动关系稳定，实现了政治效果、法律效果与社会效果相统一。

一、以强化风险防控为重点，妥善处理涉疫情争议案件

（一）开展动态监测预警。

实行争议案件重要事项24小时报告制度，以10个办案大省月度争议处理情况为样本，每月分析疫情对就业及劳动关系形势的影响，有针对性地开展预防预警工作。

（二）注重分析研判形势。

开展争议案件处理形势分析，全年共完成4期全国争议处理形势分析报告。召开全国争议处理形势分析会，要求各级调解仲裁机构做好争议案件发展趋势分析，健全动态监测和预警机制，层层压实责任，完善应对预案，深入排查化解风险隐患。

（三）加强政策制定。

参与制定涉疫情劳动关系处理相关政策，印发关于做好涉疫情劳动人事争议处理工作的通知、关于进一步加快处理涉疫情劳动人事争议案件的通知、涉疫情劳动人事争议处理相关法律政策适用指南，指导各地采取超常规措施，加速化解存量，有效遏制增量。

（四）举办涉疫情争议处理工作线上培训。

从加强风险防控、加大工作力度、发挥多元合力等方面对各地提出明确要求。解读涉疫情劳动人事争议处理工作政策，明确部分法律适用的政策要点、存在问题和处理依据。

二、以加大办案指导力度为抓手，维护劳动人事关系和谐与社会稳定

（一）依法高效处理争议案件。

2020年，指导各级调解仲裁机构共处理争议案件221.8万件，同比上升4.7%；涉及劳动者246.5万人，同比上升3.6%。调解成功率70.6%，仲裁结案率96.2%，仲裁终结率70.5%。全国争议处理形势总体平稳可控，没有发生因重大集体劳动人事争议案件引发的群体性事件和极端个案。

（二）强化裁审衔接。

协调最高人民法院在有关司法政策中明确，人民法院处理涉疫情案件应参照适用人力资源社会保障部政策文件，实现裁审衔接重要突破。会同最高人民法院联合印发第一批15个典型案例，统一了部分重要裁审法律适用标准；联合举办裁审衔接培训班。成立裁审衔接专项组，深入研究裁审程序和法律适用衔接问题。

（三）加强办案指导。

指导各地调解仲裁机构贯彻落实《保障农民工工资支付条例》，创新调解仲裁与劳动

保障监察机构联动机制。指导粤港澳大湾区调解仲裁工作，创新设立三地联合调解中心。答复北京市人社局关于裁决支付期间问题的请示，指导地方依法准确适用法律政策。指导地方稳妥处理集体劳动争议案件，切实维护后疫情时期社会稳定。

三、以加强基础保障为支撑，推动调解仲裁服务能力提升

（一）积极推动解决仲裁机构队伍建设关键问题。

承办全国政协重点提案办理协商会，会同中央组织部开展仲裁机构队伍建设调研并召开部分省市组织、人社部门座谈会，研究梳理仲裁院参公管理重要问题。指导各地落实加强调解仲裁行风建设通知要求，核查群众反映的行风问题。

（二）开展劳动关系“和谐同行”能力提升行动。

启动打造“百家金牌劳动人事争议调解组织”工作，指导各地充分发挥乡镇（街道）劳动保障所（中心）调解组织在争议调解中的主渠道作用，带动预防调解工作整体效能提升。

（三）加速推进“互联网+调解仲裁”。

在全国人社政务服务平台加载调解仲裁服务功能，在部分省份启动在线仲裁庭审平台建设试点。会同部有关职能单位深入研究部分地区反映的调解仲裁信息化问题，明确工作思路和主要任务。积极推广“互联网+调解”服务平台，努力让“当事人少跑腿、数据多跑路”。

（四）创新宣传方式。

与中国劳动保障报社联合举办劳动争议调解仲裁法实施12周年征文活动，累计收到各地稿件521篇，经综合评定确定优秀论文36篇。继续发挥“一网一刊一号”作用，在《中国劳动保障报》调解仲裁专版设立“观察者说”栏目，增强调解仲裁工作的前瞻性、理论性和指导性。策划开展国家扶贫日调解仲裁集中宣传活动。全年刊发《中国劳动保障报》调解仲裁专版24期，发布中国劳动人事争议调解仲裁微信公众号102期，调解仲裁宣传效应进一步增强。

四、以助力脱贫攻坚为目标，扎实做好就业扶贫和定点扶贫工作

（一）就业扶贫方面。

会同司法部、财政部共同制定《关于进一步加强劳动人事争议调解仲裁法律援助工作的意见》，明确要求为符合条件的劳动者特别是建档立卡贫困劳动者提供必要的法律援助服务。加大办案指导力度，妥善处理拖欠农民工工资争议案件。举办“三区三州”地区劳动人事争议调解员培训班，提升贫困地区调解员处理劳动人事争议的能力。指导全国各级调解仲裁机构贯彻落实《保障农民工工资支付条例》及《劳动人事争议仲裁办案规则》《关于实施“护薪”行动全力做好拖欠农民工工资争议处理工作的通知》等法规政策，畅通仲裁“绿色通道”，建立快立、快调、快审、快结的拖欠农民工工资争议处理长效机制。

（二）定点扶贫方面。

会同安徽省人社厅指导金寨县人社局开展仲裁院标准化建设。与姚冲村建立党建帮扶工作机制，帮助该村梳理脱贫攻坚支部工作法。深入扶贫村调研，邀请中国农科院专家实地指导果子园乡农产品种植，及时纠正违反自然规律突出问题，有效减少种植户经济损失。立足职能“送法入村”，为外出务工人员发放劳动维权手册，提供政策咨询服务。

事业单位工资福利离退休工作

2020年，事业单位工资福利离退休工作深入贯彻落实习近平新时代中国特色社会主义思想，认真领会党的十九大和十九届二中、三中、四中、五中全会精神，围绕贯彻党中央、国务院决策部署和部党组确定的重点工作安排，认真谋划“十四五”事业单位工资福利离退休工作思路，扎实推进各项工作，圆满完成全年任务。

一、应对抗击新冠肺炎疫情出台激励措施，继续推进公立医院薪酬制度改革，提升医疗卫生系统工作人员积极性

一是落实一线医务人员临时性工作补助，明确补助发放范围、发放办法等，配合有关部门提出政策答复口径，及时下达资金。二是会同财政部印发通知，指导各地及时核增医疗卫生机构一次性绩效工资总量；会同有关部门研究拟订中央部门所属医疗卫生机构落实相关政策的口径。三是经报国务院同意，提高卫生防疫津贴标准，疫情防控期间将发放范围扩大到全体一线医务人员。四是会同财政部印发文件，明确事业单位人员隔离、医学观察期间工资、福利待遇由其所属单位按出勤对待。五是会同国家卫生健康委印发通知，明确为一线医务人员增加不少于5天的带薪休假。六是会同有关部门，研究拟订深化公立医院薪酬制度改革指导意见。

二、服务教育强国战略，落实保障教师工资待遇，促进新时代教师队伍建设

一是按照国务院教育督导委员会通知要求，督促各省报送推进落实政策工作进展，及时掌握有关情况及问题。二是配合有关部门，对有关地区拖欠教师工资补贴等问题进行整改。三是配合有关部门，印发开展拖欠义务教育教师工资等问题摸查工作的通知，及时查缺补漏。四是支持职业教育发展，对承担社会培训任务较重的职业院校，指导地方及时核增绩效工资总量，以人社工作信息形式宣传广东、上海等地经验做法。

三、贯彻创新驱动发展战略，推进落实以增加知识价值为导向的收入分配政策，激发事业单位人才创新创造活力

一是指导落实事业单位高层次人才工资分配激励政策。二是研究拟订事业单位科研人员职务科技成果转化现金奖励纳入绩效工资管理政策。三是继续推进院士常态化退休工作，督促有关单位顺利完成当年到龄院士按时办理退休手续。

四、着眼事业单位改革全局，重点研究改革完善事业单位工资制度，发挥收入分配激励导向作用

一是集中力量，研究改革完善事业单位工资制度的总体思路和推进措施。二是研究制定消防员工资待遇、退休条件等政策，会同财政部印发消防员执行国家综合性消防救援队伍工资政策的有关通知。

农民工工作和发展家庭服务业促进就业工作

一、农民工工作

2020年是“十三五”规划的收官之年，面对新冠肺炎疫情带来的严峻挑战，在以习近平同志为核心的党中央坚强领导下，各地区和国务院农民工工作领导小组各成员单位认真贯彻党中央、国务院决策部署，坚定信心、保持定力，迎难而上、主动作为，各项工作取得积极成效。

（一）农民工就业局势保持总体稳定。

认真落实“六稳”“六保”工作任务要求，出台《关于做好当前农民工就业创业工作的意见》（人社部发〔2020〕61号），拓宽农民工外出就业渠道，支持多渠道灵活就业，促进农民工就地就近稳定就业。强化就业服务，全面落实农民工在就业地平等享受就业服务政策，持续开展线上春风行动、百日千万网络招聘等专项活动，及时发布岗位信息。大规模开展农民工职业技能培训，实施“互联网+职业技能培训计划”、农民工稳就业职业技能培训计划等，提高农民工技能提升补贴标准。2020年全国农民工总量2.86亿人，受疫情和劳动力供给减少影响，比2019年减少517万人，同比下降1.8%；农民工月均收入达到4 072元，同比增长2.8%。实施援企稳岗政策，减税降费、失业保险费稳岗返还、以工代训，有效降低中小微企业缴费负担。大力开展就业扶贫，把疫情对贫困劳动力就业的影响降到最低，2020年贫困劳动力务工规模达3 243万人，是2019年的110.6%。

（二）农民工返岗“点对点”服务行动有力抗击疫情。

针对新冠肺炎疫情导致的春节后农民工外出务工难等问题，人力资源社会保障部会同公安部、交通运输部、国家卫生健康委、国家铁路集团印发《关于做好农民工返岗复工“点对点”服务保障工作的通知》（人社部明电〔2020〕4号），通过组织专车、专列、包机运输服务，重点保障成规模、成批次外出的农民工安全有序返岗复工。牵头建立农民工返岗复工“点对点”服务协调机制，加强统筹协调，对突发情况和问题及时协同解决。开通线上服务系统，精准摸排农民工出行需求。会同有关部门保障重点企业农民工返岗复工“点对点”航空运输服务，以52个未摘帽贫困县等地区为重点优先为贫困劳动力提供服务，就离鄂离汉管控措施解除后的外出务工人员“点对点”服务保障提出要求。疫情期间，全国累计运送606.8万农民工返岗复工，其中贫困劳动力152万人，实现零交通事故和零新冠肺炎疫情感染，保障了长三角、珠三角、京津冀等重点地区及重点企业的用工需求，有力助推复工复产和经济社会平稳运行，社会反响良好。

（三）农民工劳动保障权益得到更好维护。

全面宣传贯彻《保障农民工工资支付条例》，健全劳动关系风险监测预警制度，在工程建设领域全面推行农民工工资专用账户管理、实名制管理、总承包企业代发工资等制度，加强欠薪失信联合惩戒，完善“黑名单”管理，欠薪问题多发高发态势得到有效遏制。实施全民参保计划，农民工参加城镇社会保险规模不断扩大。发挥失业保险保障作用，阶段性扩大农民工保障范围，允许农民工在就业地、参保地登记。积极推进建筑业按项目参加工伤保险工作，农民工集中的工程建设领域新开工项目工伤保险参保率达99%以上。农民工享受公共服务水平稳步提高，农民工随迁子女公办学校就读（含政府购买学位）比例不断增加，住房保障力度不断加大。加大文化服务供给，举办面向农民工的文艺演出活动。农民工进城落户门槛普遍降低，1亿非户籍人口在城市落户目标如期完成。

（四）农民工社会融合度不断提升。

加强农民工党团组织建设，推动农民工依法享有参政、议政、晋升等民主政治权利。创新入会方式，完善组织形式，不断扩大工会组织对农民工的有效覆盖。进一步完善关爱服务体系，农村留守儿童、留守妇女和留守老人关爱保护工作不断加强。指导各地开展多种形式的新市民培训，引导农民工参与社区治理服务，加强对农民工的人文关怀，推进农民工融入城镇、融入社区。

（五）农民工工作统筹协调力度不断加大。

积极发挥农民工办的综合协调作用，在加强综合施力、推进信息共享、完善协调机制等方面取得积极进展。开展2020年全国农民工工作督察，将农民工工作、根治欠薪及阶段性就业督察三项内容合一，由15个成员单位组成14个督察组对各地进行督察。开展全国优秀农民工和农民工工作先进集体表彰活动，会同成员单位表彰994名农民工和100个农民工工作先进集体。同时，在农民工信息系统建设、农民工返城返乡动态监测机制、农民工线上快速调查机制等基础性工作方面取得积极进展。

二、家庭服务业工作

围绕贯彻落实国务院办公厅《关于促进家政服务业提质扩容的意见》（国办发〔2019〕30号），积极推进人社领域家政服务提质扩容各项工作，支持家政服务企业发展，保障家政服务人员合法权益，积极扩大家政服务领域就业，提升家政服务人员职业技能，不断提高家政服务质量，改善广大家庭生活品质。

（一）应对疫情加强对企业政策支持。

认真落实国务院办公厅《关于应对新冠肺炎疫情影响强化稳就业举措的实施意见》（国办发〔2020〕6号），指导各地面向包括家政企业及其从业人员在内的企业及人员，加大政策支持力度，加强就业服务，为家政服务业提质扩容提供有力支持。放宽中小微企业裁员率标准，提高失业保险费返还标准，支持湖北加大稳岗返还力度，政策适用范围由小微企业扩大到包括家政企业在内的所有企业。

（二）深化家政服务劳务对接扶贫行动。

人力资源社会保障部与商务部、国务院扶贫办等部门联合印发《关于巩固拓展家政扶贫工作的通知》（商服贸函〔2020〕170号），推动中心城市与中西部地区贫困县开展家政服务劳务对接扶贫行动。各地人力资源社会保障部门通过省际省内对接、中心城市与贫困县对接、家政企业与贫困县对接等方式畅通协作机制，搭建平台联合开展招聘活动与交流合作，在交通、培训等方面出台相应支持政策，引导农村劳动力特别是建档立卡贫困劳动力到家政服务领域就业。2020年各级人社部门组织输出家政服务人员10.7万人，开展家政服务职业技能培训86.4万人次。

（三）加强家政服务职业化建设。

将家政服务纳入职业技能提升行动，人力资源社会保障部会同民政部等部门印发《关于实施康养职业技能培训计划的通知》（人社部发〔2020〕73号），指导各地人力资源社会保障部门积极开展家政、养老服务、托幼等职业技能培训，着力提升从业人员职业素质。在《全国技工院校专业目录》中设置家政服务专业，全国共有30余所技工院校开设家政服务专业。加强家庭服务业师资队伍建设，举办第4期全国家庭服务师资培训班。颁布《家政服务员国家职业技能标准》，鼓励地方组织开展包括家政服务在内的相关职业技能等级认定工作。

（四）推动员工制发展并加强企业薪酬指导。

指导规范员工制家政企业用工，发布“居民服务人员”从业人员工资价位信息，指导内蒙古、北京、广东等地发布区域“家政服务员”“养老护理员”职业薪酬信息，为家政企业和从业人员提供工资价位信息参考。

人力资源和社会保障法治建设

2020年，人力资源社会保障系统深入学习贯彻习近平法治思想和中央全面依法治国工作会议精神，认真落实全面依法治国各项工作任务，协调推进立法、执法、执法监督和法治宣传教育，全系统的法治意识得到明显提升，工作人员依法办事能力不断提高，人力资源和社会保障法治建设取得了新成效。

一、围绕中心工作推进立法

一是配合司法部做好《社会保险经办管理服务条例（草案）》修改审查工作，加强与国家医疗保障局的沟通，对草案作了修改完善。二是推进规章制定工作。出台《网络招聘服务管理规定》（人力资源和社会保障部令第44号），进一步规范网络招聘服务，为推进网络招聘服务业健康发展提供了依据。三是继续做好基本劳动标准法立法调查研究工作。四是做好有关妨碍统一市场和公平竞争、民法典、野生动物保护涉及的法规、规章和文件清理工作。

二、加强行政执法监督

一是及时妥善处理行政争议。部本级共处理行政复议申请240件（其中受理88件），办理行政应诉案件51件、检察院监督案件3件和国务院行政裁决案件3件。创新案件办理方式，通过沟通协调、释法说理，将大量案件化解在受理环节之前，实现案结事了。二是认真落实规范性文件合法性审核制度，共对60份行政规范性文件进行了合法性审核，为部党组当好法律参谋助手，为业务司局提供较高质量的法律服务。三是加强部公职律师队伍建设，充分发挥部公职律师作用，开展外聘法律顾问选聘工作，搭建部法律服务公共平台。

三、推动规范人社行政行为

一是按照国务院办公厅政府职能转变办公室要求，组织编制中央层面设定的行政许可事项清单，并提供人力资源社会保障部门加强事中事后监管情况总结。二是起草并上报人力资源社会保障部门实施的8项涉企经营许可事项许可申请条件、特殊程序环节、审批时限、许可证有效期限等材料。三是配合做好“证照分离”改革全覆盖、海南自由贸易港跨境服务贸易负面清单、市场准入负面清单等工作。四是推行行政执法“三项制度”，组织做好统一行政执法证件、人力资源和社会保障领域典型行政执法案例选编等工作。

四、深入开展法治宣传教育

一是创新形式，利用“学习强国”平台开展《保障农民工工资支付条例》、疫情防控政策措施的宣传。二是于8、9两月组织开展以“普及人社法规，稳定百姓就业”为主题的全国人力资源和社会保障法治知识网络竞赛活动，参与答题超过792万人次，取得了较好效果。三是按照全国普法办的部署，做好“七五”普法总结验收工作。四是组织做好“宪法宣传周”、民法典等主题普法活动。

五、其他工作有序推进

一是研究起草了人力资源社会保障部

2019年度贯彻落实《法治政府建设实施纲要（2015—2020年）》情况的报告，经部党组会讨论通过后上报党中央、国务院。二是制定《2020年人力资源和社会保障法治工作要点》。三是做好中央全面依法治国工作会议精神学习贯彻工作，配合中央依法治国办研究制定落实会议精神的任务分工。同时，按照第121次部党组会要求，抓紧梳理人社法治领域突出问题，并提出下一步工作措施和建议。四是配合做好高等教育法实施情况报告及审议意见有关工作。五是办理部外立法征求意见170件次。

劳动保障监察

2020年，劳动保障监察坚持稳中求进工作总基调，围绕根治欠薪工作主线，着力推动《保障农民工工资支付条例》（以下简称《条例》）落地见效，解决劳动保障领域违法问题，加快完善制度机制，推动构建源头预防、动态监管和失信惩戒相结合的监察执法体系，切实保障劳动者的合法权益，取得较好成效。

一、扎实推进根治欠薪工作

（一）推动《条例》实施，促进制度落地。

《条例》自2020年5月1日起正式施行，为保障农民工工资权益提供了坚强法治保障。人力资源社会保障部在国务院新闻办举行政策吹风会，介绍《条例》有关情况。配合司法部组织编写《条例》释义，深入解读立法原意。印发学习宣传《条例》通知，部署开展全国集中宣传。组织《条例》线上学习培训，累计培训7.6万人次。为促进《条例》更好实施，会同最高人民法院、银保监会印发《关于做好防止农民工工资专用账户资金和工资保证金被查封、冻结或者划拨有关工作的通知》（人社部发〔2020〕93号）；会同公安部印发《关于查询拖欠农民工工资案件相关当事人车辆登记情况的通知》（人社部发〔2020〕44号）；会同银保监会印发《关于人力资源社会保障行政部门查询相关单位银行账户有关问题的通知》（银保监发〔2020〕23号）；会同住房城乡建设部等部门出台《条例》行政执法指引。会同相关行业主管部门，指导各地在工程建设领域全面推行农民工工资专用账户管理、实名制管理、总承包企业代发工资等制度，落实工资保证金、应急周转金制度，有效提升《条例》规定各项制度的覆盖率。

（二）开展年度考核，层层压实责任。

根据《保障农民工工资支付工作考核办法》（国办发〔2017〕96号）要求，2020年8月至9月，人力资源社会保障部会同有关部门和单位对各省（区、市）政府及新疆生产建设兵团2019年度保障农民工工资支付工作进行了考核。考核结果由国务院根治拖欠农民工工资工作领导小组办公室向各省级政府通报，抄送中央组织部，对考核排名靠后地区进行实地督导，督促加强问题整改。考核进一步向市、县（区）两级深化，对制度落实不到位、欠薪问题比较突出的市、县（区）政府主要负责同志进行约谈，传导压力，压实属地责任。

（三）实行专项行动，整治突出问题。

2020年11月至2021年春节前，人力资源社会保障部在全国组织开展根治欠薪冬季专项行动，以招用农民工较多的工程建设领域和劳动密集型加工制造及受疫情影响严重的行业为重点，突出政府投资项目和国企项目欠薪问题，通过重大案件提级办理、领导干部带头接访、集中化解“执行难”等一系列更实举措，切实维护农民工工资权益。截至2020年底，各地在专项行动中查处案件2.2万件，为22.42万名农民工追发工资待遇22.48亿元。

（四）推进根治欠薪信息化建设。

2020年12月，开通“全国根治欠薪线索反映平台”，全面接收欠薪线索，实现全国欠薪维权“一网通办”。截至年底，平台接收欠薪线索7万余件，办结近万件。此外，根据《条例》有关规定，切实指导各地做好农民工工资支付监控预警平台建设，发挥信息化对根治欠薪工作的支撑作用。

二、加强劳动保障监察执法

（一）分类处置受疫情影响案件。

人力资源社会保障部积极应对新冠肺炎疫情对劳动关系领域的影响，指导各地健全劳动关系风险监测预警制度，完善突发群体性事件应急处置机制，加强劳动关系矛盾风险排查，及时发现、处置欠薪问题。对受疫情等因素影响，企业经营困难造成欠薪的，执法中把握好保市场主体和保障工资权益的关系，重在解决欠薪问题，少用慎用处罚惩戒。对一时难以支付的，发挥协调劳动关系三方作用，通过开展集体协商稳妥采取延期支付等措施，引导企业与农民工共渡难关。

（二）指导各地加强劳动保障监察日常执法。

全年全国各级劳动保障监察机构共查处各类劳动保障违法案件10.6万件，与上年同期相比下降5.2%，其中，查处工资类违法案件5.5万件，同比下降5.1%，查处社会保险类案件1.7万件，同比下降17.8%，查处劳动合同类案件0.7万件，同比下降11%。各地人社部门共为64.8万名劳动者追发工资等待遇65.2亿元，比上年同期分别下降22%和18%。

（三）组织开展清理整顿人力资源市场秩序专项检查活动。

2020年第二季度，会同国家市场监管总局组织开展清理整顿人力资源市场秩序专项检查活动，全国共出动执法人员11.9万人次，检查单位12.2万户次，其中，用人单位8.7万户，人力资源服务机构3.1万户，未经许可和登记从事职业中介活动的组织或者个人0.3万户。各地共查处违法案件2 788件，取缔非法职业介绍活动1 075件，查处涉疫情歧视性就业信息24件。

（四）加大案件督查督办力度。

截至年底，督办人力资源社会保障部门户网站“根治欠薪进行时”线索3 951件、国务院“互联网+督查”线索3 951件，办理领导批示案件133件，转办欠薪舆情437件。对重大欠薪舆情事件进行实地督查，并对一批案件进行问责或提出问责意见。

三、加大对违法行为惩戒力度

（一）加大重大违法行为社会公布力度。

人力资源社会保障部公布4批次重大拖欠劳动报酬违法行为案件，涉及40家企业；各地公布重大劳动保障违法行为1 804件。

（二）依法实施联合惩戒。

人力资源社会保障部发布2批次拖欠农民工工资“黑名单”信息80条，对欠薪单位及相关责任人实施联合惩戒。

（三）严厉打击恶意欠薪犯罪。

各地人力资源社会保障部门共向公安机关移送涉嫌拒不支付劳动报酬犯罪案件2 570件，公安机关立案1 960件。

国家表彰奖励工作

2020年，在人力资源社会保障部党组领导下，在党和国家功勋荣誉表彰工作委员会办公室具体指导下，国家表彰奖励工作认真贯彻习近平新时代中国特色社会主义思想与党的十九大和十九届二中、三中、四中、五中全会精神，坚持“围绕中心、服务大局”，圆满完成抗击新冠肺炎疫情等国家级表彰，依规做好部级表彰审批管理，加强表彰奖励获得者管理和待遇落实，推进表彰奖励制度建设，严厉打击违规评选评比表彰活动，较好地完成各项工作任务。

一、扎实完成各项国家级表彰工作

（一）圆满完成抗击新冠肺炎疫情国家级表彰工作。

2月23日，习近平总书记在统筹推进新冠肺炎疫情防控和经济社会发展工作部署会议上的重要讲话中指出，“党中央、国务院、中央军委，各级党委和政府，各地区各部门各方面，要根据情况分层分级予以表彰和嘉奖”。按照习近平总书记重要讲话精神，在充分调研基础上，4月，人力资源社会保障部会同中央组织部向党中央、国务院、中央军委报送工作建议方案。6月，党中央审议通过抗击新冠肺炎疫情国家级表彰奖励工作方案，决定以党中央、国务院、中央军委名义表彰1 500名先进个人和500个先进集体。中央办公厅、国务院办公厅、中央军委办公厅正式印发通知，部署推荐评选工作。根据工作分工，人力资源社会保障部承担全国抗击新冠肺炎疫情先进个人和先进集体评选表彰与大会筹备组织工作。推荐评选历经初审、复审两次审核，所在单位、省级、国家三次公示等推荐评选程序，最终以党中央、国务院、中央军委名义共表彰1 499名“全国抗击新冠肺炎疫情先进个人”和500个“全国抗击新冠肺炎疫情先进集体”。9月8日，党中央在北京隆重召开全国抗击新冠肺炎疫情表彰大会，习近平总书记在大会上作重要讲话。评选表彰活动在全社会引起了强烈反响，取得非常好的效果。

（二）高质量完成全国劳动模范和先进工作者表彰工作。

根据党中央安排，全国总工会、人力资源社会保障部、中央统战部负责2020年全国劳动模范和先进工作者评选表彰工作。1月16日，中央办公厅、国务院办公厅印发《关于做好2020年全国劳动模范和先进工作者评选表彰工作的通知》。按照分工，人力资源社会保障部负责牵头审核除统战人士以外的机关事业单位人选。最终以党中央、国务院名义，共授予1 689人“全国劳动模范”称号，授予804人“全国先进工作者”称号。11月24日，全国劳动模范和先进工作者表彰大会在北京隆重召开，习近平总书记出席大会并发表重要讲话，中央政治局常委同志出席会议。

二、稳步推进省部级表彰奖励各项工作

（一）持续做好省部级表彰奖励工作。

按照“坚持标准、从严掌握”原则，集中批复国家民委、退役军人事务部等8家中央单位的部级表彰奖励计划。会同最高人民法院、国家发展改革委等中央单位开展了11项

省部级表彰工作，严格履行评选程序，认真落实“两审三公示”制度，共评选表彰 1 801 名先进个人、920 个先进集体。会同最高人民法院、外交部、公安部等 7 家中央单位及时授予或追授先进模范 7 人。

按照党中央、国务院授予人力资源社会保障部撤销相关国家级表彰奖励获得者所获荣誉权限，依法撤销李伟等 5 人全国劳动模范（先进工作者）称号；撤销马文广等 5 人“北京奥运会、残奥会先进个人”称号；撤销山东省体育局、国家举重队“北京奥运会、残奥会先进集体”称号；撤销徐守光“全国供销合作社系统先进工作者”称号、吴宏伟“全国地矿系统劳动模范”称号、赵刚“全国特级优秀人民警察”称号、奇革命“全国档案系统先进工作者”称号等。

（二）加强对各地和中央各有关部门表彰奖励工作的指导。

10 月，在部九江培训中心举办国家表彰奖励工作业务培训班，来自中央办公厅、中央纪委监委、中央组织部、国务院办公厅等 75 家单位从事表彰奖励工作的 77 名同志参加。11 月，会同党和国家功勋荣誉表彰工作委员会办公室秘书组在河南省焦裕禄干部学院举办功勋荣誉表彰奖励工作业务培训班，来自 31 个省（区、市）及新疆生产建设兵团的 83 名同志参加。两次培训班就国家表彰奖励制度体系政策及实践、《评比达标表彰活动管理办法》解读、清理和规范创建示范活动、奖章设计管理和表彰奖励获得者休假疗养等内容进行专题讲解。12 月，在北京召开全国表彰奖励工作座谈会，对各地表彰奖励工作中遇到的重点难点问题进行解答，听取各地表彰奖励工作部门同志的意见建议，研究细化 2021 年度表彰奖励工作的主要措施。

（三）开展省部级以上表彰奖励获得者休假疗养活动。

11 月、12 月，在湖南、海南举办了两期省部级以上表彰奖励获得者休假疗养活动，邀请 28 个地区和国家卫生健康委等中央单位的 55 名长期在基层、一线和条件艰苦地区努力工作、贡献突出、具有广泛社会影响的省部级以上表彰奖励获得者参加，涉及全国抗击新冠肺炎疫情先进个人、全国抗震救灾先进个人、人民满意的公务员、优秀退伍军人、全国劳动模范等。休假疗养活动突出政治性和服务性，切实让先进模范感受到党和国家的关心关爱，不断增强使命感、激发荣誉感、强化责任感。

三、认真做好评比达标表彰系列工作

（一）严格履行评比达标表彰项目审批工作。

按照《评比达标表彰活动管理办法》要求，坚持总量控制、从严从紧方针，严格履行初审、传批、公示等程序。先后召开三次全国评比达标表彰工作协调小组办公室会议，分三批批复同意各地各部门 207 个省部级评比达标表彰项目。及时研究，报请党中央同意，分两批批复 28 个地方、22 个中央单位开展抗击新冠肺炎疫情表彰。加强对各地各部门开展评比达标表彰工作指导，做好保留项目的备案工作。

（二）从严从紧做好清理创建示范活动工作。

根据中共中央办公厅、国务院办公厅《关于清理规范创建示范活动的通知》和全国评比达标表彰工作协调小组《清理规范创建示范活动实施方案》要求，按照“分步实施”原则，对各地各部门上报的 2 378 个省部级项目从严从紧清理审核，逐项研究提出初审意见，于 3 月、9 月分两批向社会公布全国创建示范活动保留项目目录，共计 252 个项目，统一实行清单管理。从严审核新设项目，批复同意 2 项省部级创建示范。针对创建示范工作开展情况和存在的问题，会同中国人事科学研究院开展规范管理创建示范工作课题研究，赴相关地方和部门专题调研，形成包括两级审批、动态调整、综合考评、监督检查、惩戒问责等机制在内的《创建示范活动管理办法（草案）》初稿。

（三）加强评比达标表彰工作日常管理。

2月，在人力资源社会保障部门户网站设立“表彰奖励”专栏，公开《评比达标表彰活动管理办法》，公布全国评比达标表彰保留目录，公示项目新设、调整、变更相关情况，设置表彰奖励违规举报信箱，建立健全了违规设奖颁奖举报机制，对发现的违规评比达标表彰活动实行转办机制。2020年共调查核实并研究处理违规评选评比表彰活动33起。完善制度建设，会同中央宣传部、民政部相关单位研究起草《新闻媒体评比达标表彰管理办法》《社会组织评比达标表彰活动管理规定（修订稿）》等文件初稿。

规划统计

2020年，人力资源社会保障部门深入学习贯彻党的十九大和十九届二中、三中、四中、五中全会精神，坚持围绕中心、服务大局、主动作为、开拓创新，积极发挥规划引领、决策支撑、服务保障作用，规划统计工作取得新的进展。

一、规划工作

（一）组织开展“十四五”规划编制工作。

一是组织完成了人力资源社会保障部“十四五”规划10个重大课题和中财办交办的“十四五”规划建议6个重大课题研究，研究成果编印成册，供编制“十四五”规划时参考。

二是起草了人力资源社会保障事业发展“十四五”规划框架稿，对标对表中央五中全会审议通过的“十四五”规划建议，形成了人力资源社会保障事业发展“十四五”规划草案稿。组织召开部内主要司局和部分地区人社部门座谈会，听取意见建议，同时与国家规划纲要框架做好衔接。

三是组织开展了“十三五”规划总结评估工作。

（二）推进区域协调发展。

一是认真学习领会第三次中央新疆工作座谈会和中央第七次西藏工作座谈会精神，配合有关部门研究中央意见具体分工方案和实施意见。指导地方做好“十四五”对口支援规划编制工作。

二是贯彻落实习近平总书记对海南自由贸易港建设作出的重要指示和中央印发的《海南自由贸易港建设总体方案》，发挥本部职能优势，解放思想，倾力支持海南人社工作先行先试、改革创新。印发《关于支持海南自由贸易港人力资源和社会保障事业创新发展的实施意见》，确定18条支持海南自由贸易港建设的政策措施。

三是切实支持湖北抗疫期间人社工作，印发《应对新冠肺炎疫情影响定向援助湖北省人力资源和社会保障工作的意见》，提出包括稳就业、社保费减免和援企稳岗、人才队伍建设、公共服务等方面的21条政策措施，并定期调度进展情况。配合国家发展改革委研究《支持湖北省经济社会发展一揽子政策的意见》。

四是深入学习贯彻习近平总书记视察广东重要讲话和在深圳经济特区建立40周年庆祝大会上的重要讲话精神，协同推进粤港澳大湾区和深圳先行示范区建设，与广东省人民政府签署部省合作补充协议，支持深圳建设中国特色社会主义先行示范区和广州推动“四个出新出彩”实现老城市新活力中人社事业创新发展。

五是支持川渝两地人社部门积极融入成渝地区双城经济圈建设，配合编制《成渝地区双城经济圈建设规划纲要》。

二、统计工作

一是配合统计督察工作，深入学习贯彻中央关于统计改革发展决策部署。国家统计局第8统计督察组于8月25日至9月4日对人力资源社会保障部开展了防范和惩治统计造假弄虚作假督察工作，涉及部本级、浙江省及下辖2市4县人社部门。部党组传达学习习近平总书记关于统计工作重要讲话指示批示精神和中央《关于深化统计管理体制改革提高统计数据真实性的意见》《统计违纪违法责任人处分处理建议办法》《防范和惩治统计造假、弄虚作假督察工作规定》要求，人社系统组织学习国家统计局印发的统计工作重要文件选编，贯彻落实中央关于统计工作决策部署。

二是做好统计数据服务，发挥统计职能作用。疫情防控期间加强统筹协调，确保调查工作不断、统计时效不减、数据质量不降。发布2019年度人力资源和社会保障事业发展统计公报，编辑出版统计年鉴资料，及时公开月度主要数据，加强统计信息共享。

三是加强统计综合管理，开展专项统计调查和分析。组织开展人社政策满意度调查、人社基本情况统计调查（社区直报），会同中央组织部、统计局开展2019年度全国人才资源全口径统计工作。推动开展企业薪酬、失业动态监测、家庭服务业及部门服务业统计等专项调查，印发2020年度统计分析参考选题，围绕重点问题开展多项专题统计分析。组织编印统计分析报告和国际统计监测分析。

四是推进统计信息化，参与重大国情国力统计调查工作。推进金保工程二期综合调查统计系统开发，整理人力资源社会保障监测指挥平台数据展示系统统计数据，推动年鉴历史数据整理工作。支持配合做好第七次全国人口普查有关工作，开展人口普查专项调研，参加中国国际比较调查项目。

三、信息化工作

（一）金保工程二期项目建设持续加快推进。

2020年，金保工程二期（中央本级）项目建设继续加快推进。组织完成了就业管理信息系统应用软件开发等17个项目的验收工作，外部数据交换、社保业务稽核考核、社保精算管理、职称评审等一批系统上线运行，有效支撑了相关业务工作开展。完成部数据中心机房一层装修改造，扩充更新一批基础软硬件设备，数据中心承载能力显著提升。支援湖北建设“人社大数据支撑平台”。截至2020年底，工程已完成总投资的76%。推动地方金保工程二期立项工作，截至2020年底，完成安徽等16个省份金保工程二期可行性研究报告的审查并回复审查意见。

（二）人力资源社会保障监测指挥平台发挥重要支撑作用。

新冠肺炎疫情期间，人社监测指挥平台发挥了对部中心工作的重要支撑作用。实现各业务板块307项数据指标可视化集中展示，支持召开各类视频会议60余场，实现100多个人社窗口单位服务大厅实时监控。印发《人力资源社会保障监测指挥平台运行使用管理暂行办法》，建立平台数据更新机制。

（三）标准制定修订工作。

完成《劳动人事争议仲裁术语》国家标准的报批工作，发布《社会保险网上经办服务指南》等4项行业标准；启动19项国家及行业标准的制定修订工作。修订《人力资源和社会保障标准体系》。与国家发展改革委等部门编制《国家基本公共服务标准》，确定人社领域18个基本公共服务项目。

信息化建设

2020年，人力资源社会保障信息化工作以习近平新时代中国特色社会主义思想为指导，围绕人力资源社会保障中心工作，启动实施便民服务创新提升行动，全力推进人社服务“一网通办”，推广应用社会保障卡“一卡通”，积极开展人社大数据应用，保障重点改革任务落实到位，不断推进人社信息化建设，提升治理效能，在深化“放管服”改革，更好地保障和改善民生中，发挥了重要作用。

一、启动人社信息化便民服务创新提升行动，全面提高服务能力

11月，印发人社信息化便民服务创新提升行动方案，明确两年任务清单，聚焦企业和群众的办事堵点、难点和痛点，以“全数据共享、全服务上网、全业务用卡”为目标，通过信息化创新提升行动的落地实施，全面提升人社信息化便民服务水平。

二、建设全国性平台，广泛推动“一网通办”

为方便群众网上办事“畅行无阻、全网漫游”，开通了全国人社政务服务平台、国家社保公共服务平台、全国社保卡服务平台等全国性平台，推动线上服务向全国平台汇聚，并通过平台间的对接，形成跨平台联动、全国“一网通办”的服务格局。截至2020年12月底，全国人社政务服务平台、国家社保公共服务平台共开通失业登记、失业待遇申领、劳动争议调解、社保转移、养老待遇测算等47项全国性服务和306项地方属地化特色服务，累计访问量21.4亿人次，注册用户782.2万人。全国社保卡服务平台向群众提供40项全国性服务、700余项属地服务，全年累计服务次数超80亿次。2020年9月，国务院办公厅印发《关于加快推进政务服务“跨省通办”的指导意见》（国办发〔2020〕35号），就政务服务“跨省通办”作出部署。文件共明确了140项高频政务服务“跨省通办”事项，其中由人力资源社会保障部牵头落实的共33项，至2020年底应实现通办的16项均已实现。开通“就业在线”国家级招聘求职服务平台，汇聚各地、各类人力资源服务机构，实现招聘求职信息实时、全面汇聚、共享和发布，支持跨区域、跨层级开展招聘求职服务。同时，借助人社大数据和人社信用体系优势，对用人单位和求职者进行信用核验，营造真实可信的招聘求职环境。平台上线6个月累计发布373万岗位信息，访问量超过3 126万。

三、推进“不见面”服务，全面助力“六稳”“六保”

疫情防控期间，为保障复工复产企业用工，开通农民工返岗复工“点对点”用工对接平台、农民工出行服务小程序，全面摸排汇总有意愿外出农民工信息和企业需求，提供精准对接服务。依托中国公共招聘网，开通“全国一体化政务服务平台 & 人社部应对疫情做好返岗就业服务专题”，提供各地复工日历、线上就业服务、就业政策查询等服务，并与国家政务服务平台实现对接，方便企业和群众使用。依托全国人社政务服务平台、国家社

保公共服务平台、全国社保卡服务平台，相继开通网上办事大厅、小程序等服务渠道，进一步完善“掌上12333”移动应用，使群众可以通过网页端、移动端在线办理人社业务，基本形成多元化的线上服务体系。开展数据共享比对分析，实现跨地区“找人”，为开展防疫政策制定、稳岗返还、失业补助金、减免企业社保缴费等政策测算提供数据支撑。

指导各地人社电话咨询服务机构主动作为，创新服务方式，通过电话为企业和群众答疑解惑、宣传人社政策。在疫情最为严重的武汉，人社电话咨询服务机构克服困难，安排人员轮流上岗，坚持“7×8”不间断人工电话服务。疫情期间，近300个地市电话人工服务不间断，全年全国接听总量超1亿人次，综合接通率保持在80%以上。

四、打造社保卡品牌，大力推广居民服务“一卡通”

2020年8月20日，习近平总书记在合肥主持召开扎实推进长三角一体化发展座谈会上指出，“要探索以社会保障卡为载体建立居民服务‘一卡通’，在交通出行、旅游观光、文化体验等方面率先实现‘同城待遇’”。截至2020年底，全国持卡人数13.35亿人，超额完成“十三五”任务，电子社保卡累计签发超过3.67亿张，开通425个服务渠道，向群众提供就业创业、社会保险、人事人才、劳动关系、社保卡服务、专题服务等全国“一网通办”服务40项，属地服务700余项。社保卡在办事凭证用卡、待遇补贴进卡、就医结算持卡等方面持续扩大应用深度和广度，并向跨部门政务服务和智慧城市应用领域不断拓展。24个省份的部分地市通过社保卡发放惠民惠农财政补贴资金，28个省份的部分地市（228个）支持电子社保卡移动支付就医购药，16个省份的部分地市实现社保卡乘坐城市公共交通，15个省份的部分地市实现凭卡进图书馆、博物馆、公园、景区等，部分地区实现凭卡享受养老服务、残疾人服务、智慧城市服务等。山西、福建、四川、广西等12个省份的52个地市依托电子社保卡，开展职业技能电子培训券试点，推动职业技能提升行动深入实施。按照人社服务“快办行动”要求，实现社保卡服务事项的提速和打包一次办，已有31个省份支持立等可取即时发卡且区县覆盖率均超过70%，其中27个省份即时发卡实现区县全覆盖。社保卡已经成为群众享受政府公共服务的身份凭证和支付结算工具，成为政府治理的有效载体和智慧城市的服务品牌。

为落实国办老年人智能技术服务有关任务，印发《关于进一步优化人社公共服务切实解决老年人运用智能技术困难实施方案的通知》（人社部发〔2020〕94号），推进各级人社部门为老年人等群体提供智能技术、传统大厅两类服务渠道，实现主动、贴心服务。

五、扩展数据共享范围，深度挖掘人社数据价值

数据共享是实现“减证便民”、助力“放管服”改革向纵深推进的重要举措。人力资源社会保障部已初步建立跨部门、跨层级、跨业务的数据共享工作机制，与国务院有关部门、地方人社部门之间，以及部属单位间，开展数据共享、核查比对工作；完成与国家数据交换共享平台、国家政务服务平台及国家人口库的对接，为各地人社部门开通了数据共享通道服务，支持各地结合数据应用场景开展共享应用，与教育、公安、民政、卫健、扶贫等21个部门实现数据共享，为告知承诺制、扶贫、一网通办、优化营商环境等重点工作提供支持，同时支持外部门数据共享及应用，实现“双赢”共享；通过跨层级、跨部门的数据共享和比对核查，为失业补助金政策制定及实施、退捕渔民信息核实及参保情况、疫情下社保费减免、稳岗返还、违规提前退休、违规一次性补缴、死亡人员冒领、假人冒领、判刑收押人员、养老全国统筹等提供数据支持。通过实施数据共享管理办法、制定跨层级共享流程、出台数据安全管理规范等制度文件，指导

人社系统规范开展数据共享工作。

六、狠抓信息化应用，切实保障重点改革任务

适应企业职工基本养老保险全国统筹需要，推进全国统一的企业职工养老保险经办服务和监管系统建设，完成方案设计，并开展了原型验证。适应多层次、多支柱养老保险体系建设需要，推进个人养老金信息管理服务平台建设，开展与商业银行、金融行业监管平台等相关机构对接。适应机构改革需要，推进各地建设社会保险费信息共享平台，有力支持各省份完成社会保险费征缴职责向税务部门划转。借助信息化手段，建立了失业登记数据实时归集机制。开发上线退捕渔民安置保障实名制动态帮扶信息系统，助力长江流域禁渔禁捕工作。金保工程二期建设不断推进，就业、社保、劳动关系、人才人事四个核心业务系统进行试点运行，为下一步全面推广奠定了基础。建设人社扶贫信息平台，全力支撑人社系统扶贫工作。

七、加强网络安全工作，筑牢人社信息化安全屏障

指导各地积极开展电子政务外网建设，加快推进电子政务内网项目主体建设。人力资源社会保障部业务专网系统完成建设，提升基础支撑能力。电子政务内网通过各项安全检测，完成与中办国办网络互联互通，应用系统、安全系统对接等。参加公安部组织的网络安全活动，检验全行业网络安全事件应对能力，提高全行业安全防护和应急响应处理能力。

科学研究

2020年是极不平凡的一年。中国人事科学研究院、中国劳动和社会保障科学研究院紧紧围绕人力资源和社会保障中心工作，特别是围绕新冠肺炎疫情对经济社会发展及人力资源社会保障工作的影响、围绕脱贫攻坚等重点问题开展科研工作，为部党组和部内有关单位决策提供支持，部分科研成果获中央领导或部领导肯定性批示，得到学术界好评。

一、人事科学研究

中国人事科学研究院（以下简称人科院）全年完成科研项目近百项，发表学术论文百余篇，出版学术著作9部，提交专报32份。

（一）聚焦重点难点问题开展课题研究。

一是认真做好部级课题研究工作。承担的部级课题共8项，分别为职业资历认证认可机制研究、中美贸易摩擦对我国引才的影响研究、事业单位绩效工资总量管理制度研究、境外职业资格认证境内活动现状和对策研究、科研人员薪酬激励制度研究、平台经济中的劳动用工有关规制研究、重大突发事件应对中的社会力量动员与组织机制研究、完善人社工作职能体系与运行机制研究等。另承担3项部交办的课题研究任务。

二是积极承担部内有关单位的课题研究任务。承担部内有关单位委托的十几项课题研究，包括改革完善政府特殊津贴制度、干部教育培训师资队伍建设、《人力资源和社会保障事业发展“十三五”规划纲要》实施情况总结评估、人社基本公共服务标准化现状和对策、人社领域实施扩大内需战略相关工作、新形势下城乡居民养老保险参保问题、贫困县人才队伍建设关键问题和对策、国外职业资格监管、国外技能人才评价等。

三是为中央国家机关及其直属单位提供高端智库服务。受中央组织部、中央统战部、国家发展改革委、科技部、财政部、生态环境部、水利部、国家卫生健康委、国家市场监管总局等中央单位委托开展课题研究，研究内容涉及公务员与企业工作人员工资水平比较调查、少数民族干部队伍建设问题、国家及地方人才引进政策及其实施成效、水利高层次人才管理和交流服务平台运行管理机制、新时代宏观调控部门所属事业单位绩效管理体系建设、生态环境部所属研究机构人才发展规划及系列管理制度、科技部干部综合考核评价体系、国家卫生健康委所属机构人力资源管理体系建设、市场监管直属事业单位绩效工资与考核制度设计等。

四是为地方组织人社部门及有关企事业单位提供咨询服务。接受广西、青海、河北雄安新区、深圳、北京朝阳区等地方组织人社部门委托开展课题研究，内容主要涉及地方人社事业发展“十四五”规划、中长期人才发展规划、人力资源调查与分析、人才引进培育模式及政策、技术移民试点实施政策框架、人力资源服务产业园建设、人力资源服务业发展规划等。

五是组织全国人社系统所属研究机构开展合作课题研究。共有28家单位与人科院合作开展课题研究工作，主要涉及技能人才队伍建设现状调查、双创背景下返乡创业人员培训课程体系转型升级、新业态从业人员职业伤害保障问题、公益二类事业单位人员编制改革试点分析、乡村振兴战略下基层专业技术人才队伍建设、事业单位绩效工资增长决定机制、事业单位绩效工资内部分配影响因素、人社公共服务平台及信息化提升、贫困劳动力就业特点与趋势、应急管理状态下企业用工模式、人力资源服务共享用工模式等。

六是自主确定课题开展研究。全年共设立院级课题18项，内容涉及公务员制度建设、国家职业分类体系、国家奖励表彰制度、事业单位领导人员管理制度、科研事业单位人才激励政策、国外公立医院人事薪酬制度、科技成果转化中的收益分配、新经济形态下职业演进与新型劳动关系构建等。

七是报送“调研专报”及其他专题研究成果。共上报“调研专报”32篇，内容涉及人才引进、事业单位改革、收入分配、就业创业、人力资源市场、劳动保障监察、失业保险制度、人才统计分类、灵活用工、退休制度改革等方面。其中10余篇获部领导肯定性批示，“新冠肺炎疫情凸显我国公共卫生人才队伍建设短板亟须破解发展缓慢流失严重等难题”“美国遏制我国人才引进态势持续升级需实施更加积极开放的人才政策”“留学人员规模持续扩大回国意愿增强需进一步加大就业创业服务力度”等多篇被选为报送中办、国办的信息材料。上报《新疆企业人才与政策基本情况》《美国2018 SOC修订情况和经验借鉴》等多篇专题研究报告。同时，每月不定期向部内有关单位提供2~3条国际就业形势分析快报，累计推送信息20余条。

八是加强课题研究工作进度与成果质量的督促检查。全年组织召开了近10次课题选题立项、督促检查会议，严格立项审批，加强过程控制，督察研制进程，努力提高成果质量。

（二）构筑人事科学研究成果高端发布平台。

一是完成《中国人事科学》全年的编辑发行工作。2020年，《中国人事科学》编辑部收到来稿近千篇，刊载文章118篇，按时出版发行，并完成在知网等6个数据库平台的电子化出版，开通“中国人事科学”公众号。每期对外赠阅、发行5 300余册。严格遵守期刊编辑制度要求，明确编、审、校各环节的工作标准。与《中国人才》杂志进行互审互查。在出版社质量审查中，各期合格率100%。社会效益逐渐显现，2020年被国家科技期刊开放平台数据库收录，多家数据库平台的作者、读者群给予刊物高度认可。

二是做好《国际行政科学评论》（中文版）编译工作。人科院与国际行政科学学会续签《国际行政科学评论》（中文版）合作协议，与中国财政经济出版社签署出版协议，完成第84卷第1辑至第85卷第4辑共计8辑期刊的出版工作。严格遵守编译审校制度，组织39名人员进行期刊文章的翻译和审校工作，翻译总字数60余万字，审校总字数近80万字。将21个国家级、省级图书馆纳入期刊邮寄范围，向国内外372所知名高校图书馆以及200多位知名专家学者赠阅刊物。

（三）持续推出有较高水准的学术论著。

一是年度学术报告体系基本形成。在连续出版《中国人力资源发展报告》《中国人力资源市场分析报告》《中国事业单位发展报告》《中国企业人力资源发展报告》《全国人才与人事研究主题征文获奖作品集》《中国人事科学研究报告》等年度学术报告的同时，2020年又推出《中国培训发展报告（2020）》，年度学术报告体系不断完备，受到理论与实务界的广泛关注。

二是开展人事科学领域基础性研究。组织力量编写《中华人民共和国人事制度史（1949—2019）》《人事制度通论》等，与国家图书馆合作编纂《人事制度研究论文索引》等。

三是大力支持学术著作出版。出版《科研事业单位人事制度改革研究》《哲学与公共行政》《人力资源市场信息监测：逻辑、技术与策略》《文献计量视角下的全球基础研究人才发展报告（2019）》《职业管理制度研究》《事业单位工资制度建构与实践探索》《分类改革背景下的事业单位人事管理》《职业社会学》等学术著作。

四是学术论文推陈出新。全院人员在《中国人事科学》《中国行政管理》《光明日报》《中国组织人事报》《中国人才》等报纸期刊上发表百余篇文章，其中在核心期刊发表文章28篇。

（四）举办各类学术研讨活动。

一是加强国内学术交流。举办以人社基本公共服务标准化建设、公共危机应对与人力资源动员机制、海南自由贸易港高层次人才分类标准、事业单位绩效工资总量管理制度、人才引领雄安新区高质量发展、后疫情时代高校毕业生就业等为主题的多场小型学术研讨活动。举办第二届事业单位创新发展研讨峰会。与中国标准化研究院共同举办项目评审、人才评价、机构评估研讨会。与宁波市政府共同举办第六届中国（宁波）人力资源服务创新创业大赛、与西安市政府共同举办第三届中国（西安）丝路经济带人力资源研讨峰会、与重庆市委组织部和重庆市人力资源社会保障局共同举办第二届西部大开发中的人才发展峰会等。参与筹备第一届全国人力资源服务业发展大会、第四届“中国创翼”创业创新大赛暨就业创业服务经验交流活动。

二是加强国际学术交流。以网络会议形式开展国际学术交流，参加国际行政科学学会理事会会议及年会，并主办“现代治理：公共价值与技术变革”专场会，与中国行政管理学会共同组织这一主题的论文征集活动。召开亚欧公共行政联合专场会。参加亚洲公共行政网络指导委员会会议。

三是持续开展科研年会与主题征文。召开全国人事人才科研年会，进行科研工作交流，来自全国各个省份的73家人社厅局、人社系统研究机构等单位的100余人参会。举办2020年全国人事人才研究主题征文活动，共收到论文307篇，经专家评议和论文查重，最终评选出一、二、三等奖论文各16篇、24篇和41篇，优秀组织单位9家。

四是加强研究基地建设。按照省部合作协议，与海南省人才发展局共建海南自贸港人才研究院，与重庆市委组织部、重庆市人力资源社会保障局、重庆大学共建重庆人才发展研究院。

二、劳动和社会保障科学研究

中国劳动和社会保障科学研究院（以下简称劳动社保科研院）共承担各类课题项目191项，其中国家级课题2项、部级课题17项、部内有关单位委托课题35项、基本科研业务经费项目65项、地方和企业以及国际机构委托课题72项。

（一）深入开展新冠肺炎疫情影响及有关对策研究。

面对突如其来的疫情，注重统筹疫情防控与科研工作，成立就业、社保、劳动关系、工资收入、文献综述、问卷调查6个专题组，开展疫情对我国经济社会发展和人力资源社会保障工作影响等课题研究。完成“新冠肺炎疫情与非典疫情、国际金融危机对就业的影响与对策比较研究”和“贫困地区劳动力开发利用研究”。委托专业调查机构对20个省份40多个城市3 000多家企业和6 000多名劳动者进行问卷调查，分析疫情对主要产业和行业、疫情严重地区、财政和税收等国民经济发展的影响，对就业局势、社会保障状况、劳动关系状况、工资收入状况的影响。组织撰写的“新冠肺炎疫情对我国收入分配的影响及对策”上报中办国办并被采用。与部内有关单位合作开展疫情对农民工影响专题调研，发放7.8万份调研问卷，完成的“农民工问卷调查综合分析报告”得到国务院领导批示肯定。汇总分析国务院及人力资源社会保障部等有关部委、地方政府和人社部门出台的相关应急政策措施。翻（编）译国际组织相关报告，完成第一版“新冠肺炎疫情对全球就业的影响与对策”。

全年报送参阅的科研成果中，有37项获部领导批示，其中24项与疫情有关。有10项成果报送中办、国办供中央领导参阅，其中4篇同时被中办和国办采用。送部领导参阅的61期《劳动和社会保障政策研究》内刊中，有34篇与疫情有关。

（二）组织开展有关扶贫课题研究。

按照部扶贫工作要求，将人社扶贫长效机制研究作为重点，成立就业扶贫、技能扶贫、社保扶贫3个专题组，完成“建立人社扶贫长效机制研究报告”。按照部党组要求，组织开展“人社扶贫数据分析评估与可持续发展动态监测机制研究”，完成“深度贫困地区技能扶贫典型案例资料整理”。承担部机关党委牵头的“天镇县技能人才队伍建设情况研究”，形成《天镇县技工学校建设方案》，得到部领导肯定。完成部内有关单位委托的“人社扶贫与乡村振兴战略有关政策衔接研究”。与社科院共同完成“天镇县产业扶贫和人社扶贫研究报告”“金寨县产业扶贫研究报告”。承担或参与中国科协创新战略研究院“农民工收入与扶贫”研究工作、国家医保局“医保扶贫运行分析报告”，以及部内有关单位“贫困地区劳动力职业技能开发利用研究”。

（三）组织开展“十四五”规划相关研究。

先后开展了“十四五”时期人力资源社会保障事业国内发展环境、促进就业总体思路、职业技能培训发展战略、技工教育“十三五”规划评估及“十四五”规划编制、教育和人才战略、人力资源市场体系建设促进重点群体就业的重点举措、农民工规划、劳动关系总体思路、调解仲裁工作发展方向、国民收入分配规划、优化收入分配格局、健全再分配调节机制的基本思路和重点任务、垄断行业收入畸高问题治理规划、我国企业工资收入分配规划、人力资源社会保障公共服务体系建设思路、服务业发展战略等专题研究。此外，还承担或参与北京市东西城区、山西省、广西壮族自治区、成都市、深圳市、贵阳市和赣南原中央苏区、中国国际经济交流中心等有关“十四五”规划研究课题项目。

（四）开展就业创业政策研究。

开展国家社科基金重大课题“新就业形态的概念现状和治理研究”。“人工智能发展对制造业就业影响研究”获得国家社科基金批准立项。开展部科技项目“我国青年就业的新形势与政策建议”和适应高质量发展的人力资源市场监管、人力资源行业数字化转型发展、人力资源服务产业园评估指标体系、人力资源服务产业园评估等课题研究。

开展公共招聘信息采集及数据处理分析工作，为人力资源社会保障部实施“职等你来 就业同行”百日千万网络招聘专项行动、高校毕业生“就业在线”及“扶贫直通车”等栏目提供数据支撑。开展全国公共就业服务视觉识别系统研究、疫情对高校毕业生就业影响问题研究、疫情对家政服务人员就业影响研究、关于外籍家政人员的就业问题研究。与部内有关单位合作或接受委托，完成2020年一季度到三季度就业形势分析，开展全国各省份新增就业数据核查及2020届离校未就业大学生数据核查技术支持工作，进行电信、联通、铁路三家农民工就业的比对和流动分析。

按照部领导要求，撰写专稿向社会宣传解读部分职业资格“先上岗、再考证”有关政策举措。承担部内有关单位委托的国家级人力资源服务产业园评估，起草《人力资源服务机构管理规定（代拟稿）》；开展“技能中国行动”方案研究、《高技能人才队伍建设中长期规划（2010—2020年）》终期评估，撰写《中国技工院校发展报告（2019年）》和《关于设立国家技能日的必要性、可行性研究报告》；承担、协助或参与农民工职业技能培训、新时期农民工发展、疫情冲击下农民工就业面临的问题、农民工回流情况分析、家政服务产业发展与员工制家政服务企业等课题研究；开展短缺职业目录发布工作机制研究，组织起草工业机器人系统操作员职业标准；完成《2020年度事业单位和人员基本情况统计》

《2020年国际统计监测分析》；完成43篇国别及专项统计监测分析和《2019年度人力资源和社会保障事业发展统计公报》英文稿。

完成我国职业技能培训效果及监管政策、人口老龄化对人力资源质量与效能的影响、共享用工相关问题、促进更充分更高质量就业的失业保险政策体系、中国省级失业保险政策、县域人力资源服务业发展、新形势下人力资源市场监管模式、网约车新业态从业人员劳动权益保障问题、我国新就业形态公共就业服务与职业培训模式创新、劳动领域专题研讨调查及成果宣传、我国人力资源服务骨干企业认定标准、金砖国家青年就业、精准就业匹配关键技术、公共招聘网站信息采集分析等院基本科研业务费项目研究。

（五）开展社会保障政策研究。

承担中财办委托的“人口结构、经济结构、财政收支变化对社会保障体系提出的要求和产生的影响”研究。完成国家智库课题“我国城镇职工基本养老保险收支缺口预测研究”。

完成部科技办项目“企业职工基本养老保险基金中央调剂制度实施面临的问题与对策研究”。承担的其他研究课题涉及养老金制度结构调整、平台从业人员的失业保险、医疗保险按疾病诊断相关分组（DRGs）付费国家试点跟踪、《社会保险法》颁布十周年实施情况分析、工伤医疗服务与医疗保险合并管理、我国城乡居民基本养老保险个人账户政策、省级统筹下的社会保险经办管理服务体系建设等。

承担部内有关单位的课题，涉及养老保险基金全国统筹管理模式、基本养老保险跨制度关系转移（行业标准）、特殊工种提前退休政策调整、东部7省（市）扩大失业保险基金支出范围试点政策评估、失业动态监测数据指数化、失业保险联网数据分析、灵活就业人员失业保险政策、失业保险金申领经办服务满意度调查、社会保险术语失业保险部分、城乡居民基本养老保险支撑能力、新形势下征地社保筹资路径与补贴方式、工伤保险基金先行支付政策、灵活就业人员（非正式就业）职业伤害保障现状和政策、城乡居民基本养老保险扶贫机制研究、农民工社会保障问题等。

开展院基本科研业务费项目研究，涉及机关事业单位养老保险改革评估、养老保险个人账户计发除数的完善、失业保险基金省级统筹跟踪、失业保险不见面经办服务模式、医疗保障战略性购买的理论和实践、医疗保险基金风险平衡的理论、高血压过度诊疗与完善医保支付方式、工伤保险制度中长期发展思路、尘肺病保障问题的国际经验、城乡居民基本养老保险待遇确定和基础养老金正常调整机制实施成效评估、城乡居民基本养老保险个人账户问题等。

（六）开展劳动法治与劳动关系政策研究。

完成部级课题“老年人再就业劳动权益保障相关问题研究”。承担部内有关单位委托的课题，涉及劳动关系风险监测预警制度、应对重大疫情等突发事件情况下的劳动关系法律政策、企业职工档案制度、《保障农民工工资支付条例》的法律适用、社会治理视阈下拖欠农民工工资治理体系、改革开放以来我国劳动人事争议处理制度、完善劳动人事争议调解仲裁处理制度机制、员工制家政服务政策等，分析存在的突出问题并提出政策建议，参与有关文件的起草，编写培训教材。

承担中国电子和纺织供应链负责任劳动实践的现状、挑战及对策研究，完成运用技术手段提高欠薪治理效能的中国经验项目，提交相关报告。

开展院基本科研业务费项目的研究有：《保障农民工工资支付条例》实施跟踪、平台用工的最新趋势及其带来的挑战、新业态用工相关争议案例等。

（七）开展工资收入分配政策研究。

围绕国家设定的实现2020年基本无拖欠目标，开展国家社科基金课题“工资支付保障机制研究”。向中办提交提高居民收入专题研究报告“重点以劳动收入促进居民增收”。参与中财办交办的“改善国民收入分配与减少相对贫困问题研究”课题。组织实施部科技项目“国有科技型企业工资总额管控政策研究”。

开展部内有关单位委托的课题研究，涉及健全生产要素按贡献决定报酬机制、2019 年最低工资调整评估、2020 年制造业人工成本监测分析、上市公司高管薪酬分配数据分析（2019 年度）、新冠肺炎疫情对航空运输企业职工工资影响、新冠肺炎疫情对影视演艺企业职工工资影响、规范国有企业基本补贴和福利制度、国有企业市场化薪酬分配指引、特殊群体——环卫工人工资增长等方面。

完成 2020 年企业薪酬调查数据分析和信息发布专项工作，部分调查信息在部门户网站公布，部分非公开数据以部办公厅函的方式转中央组织部、财政部及地方人社系统参阅。主持起草《关于建立健全技能人才薪酬分配制度的意见》，撰写《2020 年度技能人才工资报告》。向部领导报送《关于我国技术工人工资增长的有关情况和政策建议》，为制定出台技能人才“1+N”系列政策文件提供参考。

组织开展的院基本科研业务费研究项目有：工资支付保障机制示范应用、健全完善国有企业科技人才薪酬激励机制、国有企业科技人才薪酬激励指引、环卫工人工资待遇及相关问题、劳动者假期制度及对企业成本的影响、我国上市公司收入分配关系评估（2019）、薪酬信息应用分析、典型国家（地区）最低工资法律、标准数据库建设（2020 年）等。

（八）开展国际和境外相关研究。

开展部科技办项目“一带一路框架下中方员工的权益保护及法律适用”课题研究。配合部内有关单位的工作，主要有 2019 年未批准公约情况的报告、改善女性收入质量的措施相关政策清单、我国履行相关国际劳工公约情况报告和相关未批准公约的进展、《全面与进步跨太平洋伙伴关系协定》（CPTTP）劳工条款相关报告、我国批准国际劳工第 102 号公约后续可行性研究。参与 G20 劳工部长会议工作组第六次会议和中欧投资协定谈判。负责医疗保险和生育保险批约研究，就相关内容与国家医保局进行协商会谈，协助国际劳工组织撰写生育医疗服务经济保护的国际概况报告（中国部分）。

承担国际劳工组织委托的“批准 ILO 第 29 号公约及议定书可行性分析”研究。与国际劳工组织合作，完成《中国电子和纺织供应链负责任劳动实践的现状、挑战及对策报告》。启动与国际劳工组织北京局合作项目“消除贫困与促进公平就业（以艾滋病感染者为例）”。承担中欧项目“社保覆盖面研究”。

完成“国外有关大学生劳动和社会保障的制度情况”和“香港就业和技能培训的相关做法及建议”报告。完成国外公务员工伤保障制度研究报告及 9 个国家和地区公务员工伤保障制度的资料收集，对我国公务员参加工伤保险制度资金收支规模进行测算，起草“国外工伤争议解决机制情况借鉴研究”报告。参与中欧社保项目“非标准就业人员社保覆盖面研究”。完成《国际人力资源社会保障主要指标 2020》中英文稿和“2020 年上半年疫情对美国就业的影响”分析报告。

组织开展的院基本科研业务费项目研究有：“一带一路”劳动保障规制研究之中国—尼日利亚劳动法对比研究、国外就业优先政策的内涵和实施机制、美国新就业形态的发展与应对、中外新就业形态比较研究——基础概念与发展趋势、欧盟新就业形态发展现状与挑战、金砖国家青年就业、美国联邦劳动法律信息库再扩容建设项目、域外劳动法律政策动态研究平台、日本非正规就业规制问题等。

（九）组织召开科研会议和编辑出版刊物。

召开“全国劳动和社会保障科研工作座谈会”，针对“十四五”时期人社事业发展需要，分析研判疫情防控常态化下如何进一步做好劳动和社会保障科研工作，为促进人社事业改革发展提供重要科研支撑。在全国扶贫日组织召开“人社扶贫政策研讨会”，认真研判人社扶贫工作面临的新形势、新问题、新挑战，围绕巩固打赢脱贫攻坚战成果与乡村振兴有效衔接、构建常态化制度化的人社扶贫长效机制开展交流研讨。召开一系列专题研讨会，就“十四五”时期就业、社会保障、劳动关系和工资收入分配形势与发展、疫情影响下人力资源管理创新发展、大数据人才及标准研发、短缺职业目录发布、推进 DRGs 试点管理规范、平台企业社会保险等专题进行研讨。此外，还召开了第十六届中国薪酬管理研讨会，结合贯彻落实党的十九届五中全会精神，研讨“十四五”时期企业工资收入分配改革。

编辑出版《中国就业发展报告（2020）》《中国薪酬发展报告（2020）》《中国人力资源服务产业园发展报告（2019—2020）》和《中国社会保障改革与发展》（仿蓝皮书）等一系列蓝皮书和《中国劳动和社会保障科学研究院工作年报（2019）》。编发《劳动和社会保障政策研究》（内刊）61 期。资助 5 项成果出版专著。在人力资源社会保障部、司法部（中国政府法制信息网）等官方网站和《中国劳动保障报》《中国劳动》《中国人力资源社会保障》等部内报纸杂志上刊发多篇文章。推进与汾酒集团、南水北调集团、太重集团、国家中医药管理局机关管理中心、中国教育出版传媒集团、时事报告社、中国共产党党史馆、中国足球发展基金会、西藏开投集团、安徽发行集团、内蒙古路桥集团等企事业单位项目合作，推进科研成果应用和务实转化。

（十）加强国际交流合作。

受疫情影响，采用线上方式举办和组织参加国际会议及论坛，全年有近 70 人次参加国际交流。推进 10 个国际合作项目顺利开展，完成对外宣传项目《中国的就业》译文审校。

组织参加线上国际会议。主要有金砖国家劳工就业部长会和劳工就业工作组会议，二十国集团劳工就业部长会议和 G20 就业工作组会议，APEC 人力资源开发工作组劳动和社会保护网络“新冠肺炎疫情特别会议”“人口转型的经济影响——亚洲与欧洲的案例”等。

举办线上国际会议。与国际劳工组织研究司联合举办“2020 中国劳动世界的未来”国际研讨会，来自中外近 100 名专家学者就彼此共同关注的热点问题进行交流，取得较好效果。与日本、韩国劳动研究机构联合举办第十八届东北亚劳动论坛。

推动执行国际合作项目。通过组织召开专项调度会等方式，推动与国际劳工组织总部及北京局、联合国开发计划署、联合国儿童基金会、英国政府等近 10 个合作项目的执行，包括中英养老保障二三支柱税优政策比较研究、社保覆盖面研究（提升中国机构能力，实现全民社保），亚洲开发银行、亚洲合作资金资助的乡村振兴背景下农民工返乡创新创业政策研究、中日韩合作机制下的“人口老龄化背景下的中日韩养老保障及管理服务交流”等。

干部教育培训与评比表彰和行风窗口建设

2020 年人社系统干部教育培训、评比表彰和行风窗口建设工作以习近平新时代中国特色社会主义思想为指导，全面贯彻党的十九大和十九届二中、三中、四中、五中全会精神，按照部党组统一部署，围绕中心，服务大局，科学应对疫情给工作带来的影响，积极适应、主动求变，科学谋划、重点实施，各项工作有序推进。

一、持续深入学习贯彻习近平新时代中国特色社会主义思想

坚持把学习贯彻习近平新时代中国特色社会主义思想作为首要政治任务，作为人社部门教育培训和人社干部学习的中心内容，不断在学懂弄通做实上下功夫，推动学习往深里走、往心里走、往实里走，切实增强干部“四个意识”，坚定“四个自信”，做到“两个维护”。重点组织开展党的十九届四中、五中全会精神教育培训。在常态化疫情防控情况下，为按时保质保量完成学习任务，认真谋划，制定学习方案，精选培训课程，为部属各单位配发学习光盘和学习教材，采取集中学习、个人自学、研读原著、交流研讨等多种方式开展学习，确保处以上干部学习时间不少于 3 天。在学习内容方面，重点深入学习领会习近平总书记关于坚持和完善中国特色社会主义制度、推进国家治理体系和治理能力现代化的重要论述，学习《习近平谈治国理政》第三卷、《习近平新时代中国特色社会主义思想学习纲要》《中共中央关于制定国民经济和社会发展第十四个五年规划和二〇三五年远景目标的建议》等重要著作和辅导材料，帮助干部进一步学习理解全会确定的各项目标任务，更加扎实把各项目标任务落实到位。

二、落实疫情防控要求，干部教育培训工作有序推进

突如其来的新冠肺炎疫情，给干部教育培训工作的整体安排和具体实施带来较大影响。对此，密切关注疫情防控形势变化，积极稳妥推进培训工作开展。一是明确防控要求，调整培训工作安排。在疫情防控形势基本稳定后，印发了 2020 年年度培训计划和《关于常态化疫情防控期间培训工作有关安排的通知》，指导部属各单位在举办培训班次时贯彻落实疫情防控工作要求，有针对性地组织举办重点培训班次，对贯彻落实重点任务急需的培训班次重点保障。全年部属各单位共举办培训班 75 期，完成全年计划的 60.5%。二是按照中央组织部干教局要求，总结梳理本部干部教育培训工作开展情况，报送了人力资源社会保障部贯彻落实《干部教育培训工作条例》和《2018—2022 年全国干部教育培训规划》情况的报告。三是及时调整调训安排，精心做好服务保障。按照中央组织部要求，先后 3 次调整领导干部调训和专题研修计划，其中部领导参加培训 3 人，司处级干部调训计划 11 人，专题研修计划 23 人。四是加强对部属教育培训机构开展培训的指导监督。在常态化疫情防控情况下，对部属培训机构收费性培训班次严格管理，实

行一班一方案、一班一审批。对职业培训项目严格备案计划，从严控制培训项目和班期数量。围绕“弘扬伟大抗疫精神”和“事业单位人事管理形势任务”，组织举办2期讲坛，部内500余人次参加，反响较好。按照中央组织部干教局要求，会同部相关单位开展“干部教育培训师资队伍建设”课题研究，及时报送了课题研究报告。支持8名干部参加在职学历教育。

三、贯彻落实青年干部综合素质提升工程，大力推进练兵比武

青年干部综合素质提升工程是贯彻落实部党组关于提高机关党的建设质量实施意见的重要内容，也是加强机关党的政治建设“6+2”措施的一项重点工作。先后组织召开青年干部座谈会和青年干部队伍建设专题会，部领导出席了会议，听取专题汇报，提出明确要求。在部内组织练兵比武活动，重点开展了以下3个方面的工作。

（一）科学制定实施方案。

多次进行专题研究，向部内相关单位学习借鉴全国人社系统窗口单位练兵比武和全国人社法治知识竞赛活动的经验做法，召开青年干部座谈会当面听取意见，同时还调研了解中央纪委开展干部全员培训考核的有关做法，经过反复研究推敲，确定了本部青年干部练兵比武活动实施方案，明确了开展范围、练兵内容、组织形式等，确保方案可操作、能实施，符合实际情况。

（二）分步推进稳步实施。

通过研究审定练兵试题、协调推进网上学习、印发简报促进交流、开展考核检验成效，每一个步骤都稳步实施，每一个环节都扎实推进，在全部上下形成了浓厚的学习氛围。在题库制定中，围绕党建基本理论、工作基本能力和业务基本知识等重要内容，从4 000多道题中挑选审定1 000道试题进行学习练兵，确保不同业务领域、不同工作岗位的干部都能够有收获、有提高。在日常学习中，与机关党委协调配合，研究计分排名等规则，将学习练兵“每日一练”作为“人社学与行”的专题内容，确保青年干部全员参与，不落一人。在全员考核中，组织精选300题考核重点，命制8套试卷，分别到各单位开展考核测试，既检验学习成效，又不给青年干部增加额外负担。各单位也在部里的统一安排之外，结合实际开展各具特色的学习练兵活动。有的单位组织开展公文材料怎么写、调查研究怎么做、会议培训怎么办等方面交流研讨；有的单位将练兵学习与重点政策学习相结合，研究现行制度运行情况，讲政策的历史沿革和脉络，让青年同志知其然知其所以然，摆脱“死记硬背”；有的单位司领导带头，带领全员学习，增强司内凝聚力，活跃工作氛围。在综合平时学习表现、“每日一练”学习成绩和全员考核测试的基础上，组织115名青年干部参加重点比武测试，经优中选优，评选33名同志为年度练兵比武“学习能手”，并通报表扬。

（三）青年干部教育培训更加突出针对性有效性。

针对青年干部与新入部人员的工作特点和实际情况，坚持举办青年干部培训班和新入部人员培训班。青年干部培训班73名同志参加，重点围绕学习习近平总书记关于社会主义社会建设重要论述、全面从严治党、“四史”和中国道路、国家总体安全观，以及提升执行能力和讲话稿起草等开展教学，不断深化青年干部对新思想的理解和认识，夯实党建基础知识，明确能力素质提升的目标和方向。79名同志参加新入部人员培训班，培训内容重点突出打牢基础、转变角色、尽快融入，请部内有经验的司处级干部辅导基本制度、工作程序和纪律要求，把青年干部“带进门”。加强交流座谈，倾听新入部干部的所思所想所盼，引导他们做讲政治、重品行、有本事、肯奉献、严要求的青年干部。

四、加强系统干部队伍建设，正向激励和暗访督查相结合

突出重点做好表彰奖励。在疫情防控的大背景下，重点研究面向湖北省人社系统开展及时性表彰。评选出武汉市 12333、黄冈市人社局和武汉市江夏区人社局刘纯烽、省厅办公室张伟等 4 个先进典型，授予表彰对象“全国人社系统先进集体”“全国人社系统先进工作者”荣誉称号，进一步激励人社系统广大干部职工干事创业的责任感使命感。同时，配合行风建设三年行动计划，开展了 2021 年优质服务窗口和个人评选表彰的立项申请工作。

组织相关单位结合出差、调研等工作灵活开展服务窗口调研暗访。聚焦 6 个专项整改问题、人社政务服务“好差评”、“人社服务快办行动”和失业保险扩围政策的落实情况，进行实地查看，跟随服务对象走流程，体验业务办理。全年共对 16 个省（区、市）22 个地市 58 家单位调研暗访，同时对监测指挥平台已开通的部本级 3 家单位和地方 5 家单位进行查看，促进了各地窗口服务质量与水平的提高。

行 风 建 设

2020年，全国人社系统坚持以习近平新时代中国特色社会主义思想为指导，紧紧围绕党中央、国务院决策部署，主动作为，积极创新，大力加强行风建设工作，取得明显成效。从国家统计局第三方调查情况看，人社服务满意度连续三年较大幅度提升，由2018年的73.7分，到2019年的78.5分，再到2020年的80.02分，到达满意区间。

一、持续推进“清事项、减材料、压时限”

（一）大力开展“人社服务快办行动”。

人力资源社会保障部深入贯彻落实党中央国务院关于深化“放管服”改革、优化营商环境的部署要求，印发《关于开展“人社服务快办行动”的通知》(人社部发〔2020〕26号)，聚焦企业群众反映的跑腿次数多、办结时限长、办事程序繁等问题。对31个省份和新疆生产建设兵团的162个部联系点，建立“每周一联系、每月一调度、每季一通报”机制，推动实现关联事项打包办、高频事项提速办、所有事项简便办、异地事项跨省办，方便企业群众“一门一窗一网一次”办理人社事项，带动人社服务效能整体提升。2020年，所有联系点均实施“一件事”打包办和10个以上高频事项提速办，其中，近一半联系点已全部实施10个“一件事”打包办，国务院确定的16项“跨省通办”事项已全部实现。

（二）推进证明事项告知承诺制。

落实国办要求，全面开展证明事项告知承诺制工作，在继续做好专业技术人员资格考试报名和社保经办18项人社服务证明事项告知承诺制实施工作的基础上，将全部专业技术人员资格考试报名（共56项）纳入证明事项告知承诺制范围。制定部本级全面推行告知承诺制实施方案，对部本级24个办事事项所涉89件次证明材料实施告知承诺制。

二、进一步加强标准化信息化建设

（一）开展人社领域基本公共服务标准化试点。

一是配合国家发展改革委完成《国家基本公共服务标准》编制工作，确定人社领域学有所教、劳有所得、老有所养、弱有所扶、优军服务保障5个方面、6大类、18个基本公共服务项目。二是起草人社基本公共服务标准化试点工作方案，对《国家基本公共服务标准》涉及人社领域的18个基本公共服务项目进行细化，梳理形成118项具体服务事项，并制定了试点评价体系。三是发布《社会保险网上经办服务指南》《公共就业和人才服务窗口服务人员行为规范》等4项行业标准，报批《劳动人事争议仲裁术语（报批稿）》国家标准。现行有效的国家标准60项、行业标准215项。围绕人社服务事项清单，开展了60余项标准的制定修订工作。

（二）启动实施人社信息化便民服务创新提升行动。

组建部信息化工作专班，印发人社信息化便民服务创新提升行动方案，明确两年任务清单，聚焦企业和群众的办事堵点、难点和痛点，以“全数据共享、全服务上网、全业务用卡”为目标，通过信息化创新提升行动的落地实施，全面提升人社信息化便民服务水平。

（三）大力推进人社服务“一网通办”。

一是用好全国人社政务服务平台，依托网上服务大厅、“掌上12333”移动App、12333小程序等服务渠道，开通47项全国性、跨地区服务及306项地方特色服务。二是用好国家社会保险公共服务平台。截至2020年底，已提供9类28项全国统一的社会保险网上服务，总访问量15亿人次。三是广泛开展“跨省通办”线上应用，人力资源社会保障部牵头的在线办理失业登记、申请失业保险待遇等16项政务服务事项实现“跨省通办”。四是建成部级12333电话咨询服务中心，2020年8月，部级12333电话咨询服务中心正式投入运行，面向社会公众提供行风监督举报和中央单位社保卡业务、全国信息平台技术咨询服务。

（四）积极开展部门内、跨部门、跨层级数据共享。

一是开展失业登记与参保比对、社保费免缴测算等200余次数据应用工作，为研判分析就业社保形势提供数据支持。二是协助10省份完成72次数据分析比对，为各地防疫政策制定、失业补助金测算等提供支持。三是与有关部门签订共享协议，按照共享协议开展数据比对。与公安部开展近3亿全量待遇人员身份信息核验工作，防范基金安全风险。与信用中国、国家信用信息共享平台实现网络联通，共享拖欠农民工工资黑名单信息。四是完成企业参保信息查询等4个接口的注册工作，全年通过国家共享交换平台、国家政务服务平台受理150余次共享请求。五是通过部级业务协同平台向人社系统内发布数据共享服务46项，28个省份已向部里提出63个批次，总计401次接口数据共享服务申请，累计调用量达5 974万次。六是按照国办政务服务数据目录梳理工作要求，完成人力资源社会保障部政务服务数据目录梳理。

三、不断提升窗口单位服务水平

（一）广泛开展练兵比武活动。

组织编制大纲和3 000多道试题，囊括人社业务全领域。组织开展“日日学、周周练、月月比”线上大练兵，61.5万人注册学习，基本实现窗口人员全覆盖，其中县级及以下占74%，体现了强基层、强基础的导向。11月27日，组织开展全国统一在线比试活动，759名选手参加比试，对全年练兵成效进行阶段性检验，培育一批练兵比武优秀团体和全国“人社知识通”。

（二）绘制全国人社政务服务电子地图。

印发《关于开展全国“人社政务服务电子地图”信息采集工作的通知》，制定工作方案，依托在线数据采集工具，组织统一规范采集20余万个人社政务服务网点的地址坐标、工作时间、服务范围等11个字段信息，绘制全国“人社政务服务电子地图”，企业群众可在手机上快速查询人社服务网点，精准定位、一键导航，方便群众办事。

（三）推动解决老年人在智能技术面前遇到的困难。

贯彻落实国务院办公厅《关于切实解决老年人运用智能技术困难的实施方案》（国办发〔2020〕45号）有关部署，人力资源社会保障部印发《关于进一步优化人社公共服务切实解决老年人运用智能技术困难实施方案的通知》（人社部发〔2020〕94号），推动实现人力资源社会保障领域传统服务方式与智能化服务创新并行、融合发展，从人力资源社会保障领域涉老高频服务事项梳理、完善服务政策和服务方式、加强传统服务兜底、优化智能化服务、加强宣传培训5个方面明确了7类涉老高频服务事项和20项具体工作。

四、协调推动人社战疫十项行动落实

贯彻落实部党组关于开展人社战疫十项行动的部署安排，配合部办公厅，充分发挥统筹协调作用，制定人社战疫十项行动任务清单和服务举措清单，按月调度进展。十项行动已全面完成，为企业减负担、让群众得实惠，社会反响良好。全力促进失业保险扩围政策和便民举措落实落地。落实中央领导同志批示要求，配合部有关职能单位对4项扩围政策和5项便民举措落实情况，面向所有省份和新疆生产建设兵团、全部334个地市和570多个县（区）进行拉网式核查体验，全力促进各项政策举措落实落地，做到“应保尽保”“应发尽发”。

五、建立行风建设机制制度

（一）持续强化常态化监督整改。

推进调研暗访制度化，将暗访作为人社部门联系基层和群众、改进工作作风的具体举措，会同部有关职能单位编制《人社服务窗口暗访工作手册》，采取口袋书、政务微信等形式发部属各单位在暗访工作中参考使用。2020年下半年在疫情防控形势稳定后，组织19个单位对19个省（区、市）108个窗口开展调研暗访。分办核处国务院大督查、行风建设投诉举报专区、窗口暗访等渠道收集的问题线索和意见建议，督促整改到位。实名通报3起负面典型案例，发挥警示教育作用。

（二）全面开展人社政务服务“好差评”。

按照国办要求，人力资源社会保障部办公厅印发《关于做好人力资源和社会保障政务服务“好差评”工作的通知》（人社厅发〔2020〕31号），在人社系统全面部署开展人社政务服务“好差评”工作，推动实现服务事项全覆盖、评价对象全覆盖、服务渠道全覆盖。通过开展人社政务服务“好差评”，准确了解企业和群众对人社政务服务的感受和诉求，有针对性地改进服务，推动人社窗口转变工作作风。截至2020年底，归集20个省份的评价数据，总计293.99万条，平均好评率99.8%。同时，开展人社实体窗口服务监测，11个省本级和105个地市的160个窗口年底前接入部监测指挥平台。

六、持续加强系统行风文化建设

（一）开展政策待遇“看得懂算得清”工作。

从群众最为关注的养老保险入手，持续开展政策待遇“看得懂算得清”工作。在此基础上，全面推动人社政策待遇“看得懂算得清”工作，促进人社政策公开透明。截至2020年底，已发布42期“看得懂算得清”政策解读，多期点击量达到“10万+”，受到了社会各界和新闻媒体的关注好评。在国家社会保险公共服务平台开展全国统一的社会保险权益记录查询、养老保险待遇测算服务。

（二）营造行风建设良好氛围。

在部属两报开展“人社服务标兵”“快办行动”和练兵比武等专题报道700余篇，编制《行风建设制度汇编》，推广地方典型经验做法。推出《点亮梦想》行风建设主题曲并发布“云快闪”视频，召开2次行风建设工作座谈会，举办5期行风建设培训班，进一步凝聚“管行业必须管行风”的共识，营造舆论氛围，树立良好形象。

人力资源社会保障扶贫

2020 年是决胜全面建成小康社会、决战脱贫攻坚之年。各级人力资源社会保障部门深入学习贯彻习近平总书记关于扶贫工作的重要论述，按照党中央、国务院决策部署，坚定正确政治方向，层层压实政治责任，统筹疫情防控和脱贫攻坚，抓实脱贫攻坚专项巡视及“回头看”整改，聚焦“三区三州”、52 个挂牌督战县（以下简称 52 个县），加大就业创业、技能培训、社会保险、人才人事等专项扶贫及定点扶贫工作力度，如期完成收官之年各项任务。

一、坚决贯彻落实中央脱贫攻坚决策部署，压紧压实主体责任

一是切实增强决战决胜的思想自觉政治自觉行动自觉。人力资源社会保障部党组深入学习习近平总书记在决战决胜脱贫攻坚座谈会、参加全国“两会”代表团审议和在陕西、山西等地考察时的重要指示精神，深刻领会、准确把握推进扶贫工作的一系列新要求。部主要负责同志主持召开 18 次党组会、部扶贫工作领导小组会或专题会议，研究部署人社扶贫攻坚重点工作，协调解决重点难点问题。部党组成员主持 42 次专题会议，研究推进分管领域扶贫工作。部机关广大党员干部积极参加“加强党的政治建设、强化政治机关意识”大学习大讨论、“决战决胜脱贫攻坚、全面建成小康社会”专题学习，以高度的政治自觉、强烈的政治担当、坚强的攻坚意识全力以赴落实人社扶贫攻坚各项工作。

二是健全工作机制。人力资源社会保障部党组认真落实主体责任，完善党组成员指导推动地方人社扶贫工作机制，重点督促有关省份加大对 52 个县人社扶贫政策、资金的支持力度。统筹疫情防控和脱贫攻坚，采取超常规举措，实施农民工返岗“点对点”服务行动、人社扶贫攻坚行动等“人社战疫十项行动”，努力把疫情影响降到最低。部扶贫办会同有关单位切实推动人社扶贫攻坚行动、欠发达地区劳动力技能开发等工作，协调解决重点难点问题，建立人社扶贫主要目标任务落实情况定期调度分析制度，对部属各单位开展人社扶贫工作年度考核，进一步推动责任落实。

三是强化脱贫攻坚专项巡视及“回头看”整改落实。切实把整改落实作为重大政治任务，统筹脱贫攻坚专项巡视及“回头看”指出的问题和提出的意见建议、成效考核发现的问题等，一体研究、一体部署，全力推进整改。部党组召开专题民主生活会，严肃认真开展批评与自我批评。部扶贫办建立健全整改工作双周调度、月报告、季督促、年总结制度，加强情况分析、信息通报和督促落实，克服了一些痛点、堵点问题，推动解决了一些长期想解决而难以解决的难题，有力带动了人社扶贫工作。

四是加大宣传力度。认真落实习近平总书记有关重要指示精神，着力加强人社扶贫政策及成效宣传。多渠道开展“点对点”劳务输出、稳岗就业、线上线下培训等专题宣传。全面总结人社扶贫工作的实践和经验做法，深度挖掘一批先进单位和实现就业脱贫的典型代表，开展“人社扶贫助力全面建成小康社会

优秀成果”宣介活动。组织中央主要媒体围绕人社扶贫开展集中宣传，《中国劳动保障报》《中国组织人事报》《中国社会保障》开设“走向我们的小康生活”“人社工作助推脱贫攻坚”等栏目，生动讲述人社扶贫故事，营造良好氛围。

二、实施就业扶贫促进稳定增收

围绕贫困劳动力外出务工和稳岗就业，建立应对新冠肺炎疫情影响分析机制，加大政策支持力度，加强调度督促，全力促进贫困劳动力就业增收。2020年全国务工贫困劳动力3 243万人，是2019年务工总数的110.6%。

一是全力抓好外出务工和稳岗就业。发挥东西部劳务协作机制作用，强化有组织劳务输出。有效应对疫情影响，把促进贫困劳动力外出务工摆在突出位置，建立跨地区、跨部门“点对点”返岗复工协作机制，开通企业用工对接服务平台，通过组织专车、专列、包机等多种方式，累计输送贫困劳动力152万人。出台进一步做好就业扶贫工作文件，提出支持政策，确保贫困劳动力稳在岗位、稳在企业、稳在当地。

二是大力拓宽就近就业空间。支持扶贫车间复工达产，扶贫龙头企业、扶贫车间共吸纳贫困劳动力就业132.7万人。支持创业带动就业，将个人创业担保贷款额度提高至20万元，培育贫困村创业致富带头人41.4万人，带动406万贫困人口增收。扩大光伏扶贫、保洁环卫、护路护林、防疫消杀等公益性岗位开发规模，兜底安置“无法外出、无业可就、无力脱贫”的贫困人口502.4万人。支持有条件的城市设立零工市场，支持投资拉动就业、以工代赈。做好返乡贫困劳动力有序承接，开展针对性帮扶，91%的返乡回流人员实现再就业。

三是加大重点地区倾斜支持。中央财政就业补助资金对“三区三州”针对性下达38.7亿元，同比增长6%；中央及省级支持52个县17.8亿元，同比增长38.7%，52个县贫困劳动力外出务工303万人，是2019年外出务工人数的119.8%。实施易地扶贫搬迁安置区就业帮扶专项行动，集中组织输出一批、促进就地就业一批、开展就业服务一批，促进搬迁劳动力转移就业358万人。

四是持续开展精准就业服务。把贫困劳动力作为春风行动、就业援助月、全国助残日等各类专项服务活动重点，优先推荐岗位、提供服务。在百日千万网络招聘专项行动中开设贫困劳动力专场，举办招聘会1 298场次，发布岗位230万人次，大力推广“就业扶贫直通车”平台，开通扶贫干部账号34万个，导入各地公共招聘网站发布的岗位信息116万条，打造扶贫干部帮扶就业机制。针对贫困劳动力，“就业在线”平台累计发布162万余条岗位信息，持续为贫困劳动力就业提供支持。实施人力资源服务机构助力脱贫攻坚行动，2020年各类人力资源服务机构举办扶贫专场招聘会1.13万场，累计提供岗位309万个，开展西部和东北地区人力资源市场建设援助计划，有效推动解决市场发展不平衡不充分问题。

三、推进技能扶贫促进技能就业

人力资源社会保障部积极应对疫情影响，大力开展线上培训，提高培训补贴标准，提升深度贫困地区职业培训供给能力，促进贫困劳动力和贫困家庭子女技能就业技能增收。2020年，培训贫困劳动力超过270万人次、技工院校招收贫困家庭学生超过8万人，为52.4万名就读技工院校涉农专业学生和非涉农专业家庭经济困难学生发放4.6亿国家助学金。

一是组织开展线上技能培训。会同财政部实施“互联网+职业技能培训计划”，出台线上培训支持政策，面向全国公开征集遴选50多家线上培训平台，推荐各地免费使用。组织实施以“抗疫接力，技能就业，助力脱贫”为主题的百日免费线上技能培训行动，并向湖北等受疫情影响严重地区、深度贫困地区和52个县加大培训资源免费开放力度，扩大课程免费范围，延长免费时间。

二是组织实施专项培训计划。指导各地提

高贫困劳动力、农民工和急需紧缺职业（工种）培训补贴标准，实施农民工稳就业职业技能培训计划、创业培训“马兰花”计划等，提高就业创业能力。开展以电子社会保障卡为主要载体的职业培训券试点工作，帮助劳动者免垫付享受职业技能培训服务。加大网约配送员、互联网营销师等适应贫困劳动力就业需要、促进扶贫产业发展的新职业发布力度。

三是深入推进技能脱贫千校行动。与西藏自治区人民政府、新疆维吾尔自治区人民政府分别签署《共同推进西藏技师学院建设备忘录》和《共同推进南疆四地州技工院校建设备忘录》。支持援建西藏技师学院，选派优秀教师进藏支教。为贫困家庭子女就读技工院校提供支持，落实免学杂费、书本费并给予生活补助政策，优先招生、优先选择专业、优先安排实习、优先推荐就业。

四是组织职业技能大赛。会同相关部门举办全国扶贫职业技能大赛，大赛共设 8 个比赛项目，来自建档立卡贫困家庭的 341 名选手参赛。举办中华人民共和国第一届职业技能大赛，设 86 个比赛项目，共有 2 500 多名选手参赛，其中来自建档立卡贫困家庭的选手 141 人。

四、巩固社保扶贫成果保障基本生活

把社保扶贫作为保障贫困人口基本生活的重要途径，着力巩固应保尽保成果，提高社会保险待遇水平。2020 年底，6 098 万原建档立卡贫困人口参加基本养老保险，基本实现应保尽保。

一是持续巩固应保尽保成果。在“参保代缴”“到龄必发”基础上，进一步完善政策措施，明确人户分离建档立卡贫困人员参加城乡居民基本养老保险的地方责任和办理流程。在人社扶贫信息平台基础上，新增参保扩面人员核实台账、52 个县核实台账、疑似问题数据单独台账等功能。定期对各地数据核实情况及动态清零工作开展调度，在基本实现贫困人口基本养老保险应保尽保基础上，聚焦重点地区、重点人群，进一步提高全覆盖数据质量。2020 年，全国共为 3 856 万贫困人口代缴城乡居民基本养老保险费 43 亿元，3 014 万贫困老人享受城乡居民基本养老保险待遇。

二是继续提高社会保险待遇水平。统一提高全国城乡居民基本养老保险基础养老金最低标准，北京等 12 个省份进一步提高了本地基础养老金标准。2020 年，全国城乡居民月人均养老金约 170 元，在解决贫困老人“两不愁”方面发挥了重要作用。有 10 个省份的失业保险金标准提高到当地最低工资标准的 90%，原“三区三州”深度贫困地区全部达到 90%，为保障贫困失业人员基本生活、减少因失业返贫致贫发挥了积极作用。

三是创新社保经办服务模式。与扶贫、民政、公安等部门建立信息共享机制，及时掌握、动态更新贫困人员数据，持续推进新增贫困人员参保。针对人户分离贫困人口参加城乡居民基本养老保险问题，基于人社扶贫信息平台新增跨省人员参保核实功能，建立认定地、户籍地协同办理参保手续的工作机制。指导各地广泛推行“不见面”服务，“一网通办”“掌上办”“网上办”成为经办服务主要方式，提升了经办服务便捷性、安全性。

五、加强人才人事扶贫建强人才队伍

以提升待遇和拓展发展空间为重点，对贫困地区实施倾斜性支持政策，促进人才招得来、留得住。2020 年，全国艰苦边远地区招聘事业单位工作人员 24.5 万余人，共有 2.1 万人通过“定向评价、定向使用”政策取得高级职称，全国选派“三支一扶”扶贫类服务人数 1.25 万人。

一是精准实施公开招聘支持性政策。会同相关部门做好基层教育、卫生等事业单位公开招聘高校毕业生工作，引导高校毕业生到艰苦边远地区和基层工作，既缓解贫困地区招人难问题，也提高基层队伍整体素质和教育卫生等公共服务的质量水平。

二是推进落实深度贫困地区职称评审和岗

位聘用倾斜性政策。将职称“定向评价、定向使用”政策适用范围由“三区三州”拓展到52个县，加强工作指导，各地均完成年度评审工作。

三是在全国事业单位集中开展脱贫攻坚专项奖励工作，对在脱贫攻坚工作中表现突出、成绩显著的事业单位工作人员和集体开展专项奖励工作。截至2020年底，各地区已评选出记大功个人226名，记大功集体144个。

四是发挥“三支一扶”计划助力脱贫攻坚作用。会同相关部门实施2020年高校毕业生“三支一扶”计划，对“三区三州”等深度贫困地区的4 369个招募需求实行计划单列，52个县的1 719个招募需求全部纳入中央财政补助名额，开展脱贫攻坚主题培训5 000人次。

五是组织专家人才助力脱贫攻坚。以52个县为重点，遴选103个以脱贫攻坚为主题的各类示范性专家服务团，新设立11家国家级专家服务基地，举办服务脱贫攻坚为主题的国家级高级研修班50期。为西藏、新疆两地培养520名少数民族专业技术人才骨干，新疆学员名额向南疆四地州倾斜，南疆学员占比35%以上。

六、开展定点扶贫助力脱贫摘帽

人力资源社会保障部把定点帮扶山西省天镇县、安徽省金寨县脱贫攻坚作为重大政治任务，拿出过硬办法，为两县高质量脱贫摘帽做出积极贡献。搭建线上求职招聘平台，引导无法外出务工劳动者8 200人就地就近就业。投资1 000万元建成天镇县人社扶贫技能培训基地，推动“天镇保姆”培训质量进一步提升。组织124名专家、博士后开展“送技下乡”科技服务活动。协调开展“昆山百家企业进金寨”投资考察等活动，从产业融合、农产品销售等6个方面开展合作，32家昆山模具企业落地金寨投资近10亿元，两地两家药企达成5 000万元的中药材采购意向，昆山农商银行向金寨县贫困村定向捐赠100万元用于建设学生宿舍楼。集中使用帮扶资金，支持金寨打造高标准扶贫示范茶园，扩大天镇红芸豆、优质黄芪等种植规模。加大消费扶贫力度，积极购买两县农产品，协调阿里巴巴通过淘宝直播等帮助金寨销售农产品2.2亿元。全年共向定点扶贫县投入帮扶资金1 548.8万元，引进帮扶资金1 165万元，培训基层干部1 087名，培训技术人员7 435名，购买农产品442.6万元，帮助销售农产品343万元。

新闻宣传政务信息报刊与出版

2020年，人力资源社会保障宣传工作坚持以习近平新时代中国特色社会主义思想为指导，认真贯彻落实党的十九大和十九届二中、三中、四中、五中全会精神及全国宣传部长会议精神，围绕中心，服务大局，聚焦人社重点工作和特色亮点，加强统筹调度和创新突破，深入开展正面宣传和舆论引导，为人社事业顺利推进营造了良好的舆论氛围。

一、主要工作情况

（一）加强宣传谋划和阵地管理。

一是加强系统宣传指导。树立人社系统宣传“一盘棋”意识，及时贯彻落实中央的精神和部党组的要求，召开全国人社宣传工作视频会议，印发《2020年人力资源和社会保障宣传工作要点》，举办全国人社宣传工作培训班，对全系统年度宣传工作进行整体部署和跟进指导，促进系统上下同频共振。二是加强宣传阵地管理。完善宣传管理制度，印发《关于进一步加强人社政策解读工作的意见》《部属报刊出版物阅评工作实施办法》，改进宣传工作季报，及时办理报刊出版年检和项目申报工作，严肃宣传出版和舆情工作纪律。三是加强宣传策划。主动跟进重大政策出台，主动跟进部专项工作开展，围绕人社战疫十大行动、保就业稳就业、人社扶贫、技能大赛等工作，组织中央主要媒体和部属单位召开15次专题策划会，研究制定系列宣传工作方案，是近年来专题宣传策划会最多的一年，为提升人社宣传时效性精准度打下坚实的基础。

（二）扎实做好人社战疫宣传。

一是全媒体及时发布权威信息。按照部党组的统一部署，围绕人社战疫各重点工作，协调部领导、有关司局负责同志接受中央主要媒体采访，组织《人民日报》和中央电视台等媒体重要版面、栏目及时开展政策解读，为人社战疫政策快速落地营造了良好舆论氛围。二是充分发挥部新媒体平台便捷高效宣传作用。部门户网站、政务微信第一时间开设人社“防疫便民”专栏，分业务和人群梳理政策措施，通过制作小视频和动漫、刊登政策图解等，全面展示应对疫情的各项政策措施，提高了政策宣传的针对性实效性。三是及时组织报道先进典型。充分运用系统网络宣传矩阵，每天调度地方疫情防控和复工复产经验做法，及时组织媒体转载推广。人民网、部属媒体分别推出“战疫中的基层高校毕业生”“战疫社保人”“战疫中的人社服务标兵”等先进典型，树立了人社战疫良好形象。

（三）推出一批有深度有分量的重点报道。

一是组织权威访谈。重点围绕就业工作形势和政策，协调部领导接受《人民日报》、新华社、中央电视台、《经济日报》“权威访谈”和人民网“两会”专题访谈，权威解读政策。其中，“权威访谈”被247家媒体集中转发报道，网络阅读量超过7 000万人次；人民网“两会”专题访谈，各媒体刊（播）发人社领域相关信息超过18.8万篇次，网民参与互动370.8万人次。二是提升政策影响力。围绕返乡入乡创业工作意见、实施企业稳岗扩岗专项支持计划、湖北高校毕业生就业促进行动、失业保险扩围行动、高校毕业生就业创业推进行动等重要政策出台，开展了系列政策宣传，形成系统上下动员、中央和地方各类媒体联动的宣传格局。其中，中央电视台连续推出“新闻联播”7条、《保就业在行动》系列报道2组，与中国网联合举办“快·就业——2020就业直通车”网络直播3期。组织系统政务新媒体制作推送稳就业新媒体产品370余条(篇)，刊发相关稿件7 700余篇，阅读量超过4 200万人次。三是扩大专项活动热度和社会参与度。围绕民营企业招聘月、第四届“中国创翼”创业创新大赛暨就业创业服务经验交流活动等系列就业创业专项活动，与活动承办地通力合作，统筹调动各类媒体积极性，向各地公共就业服务平台发放高校毕业生就业创业政策服务指南，各展所长，协调联动，在全社会掀起关心关注就业创业的热潮。

（四）大力宣传人社扶贫等重大活动成效。

一是多渠道多方式充分展示人社扶贫工作成效。紧扣“全面建成小康社会、决战脱贫攻坚”主题主线，加大扶贫宣传策划力度，通过专题专栏专版、制作动漫图解等，及时报道党中央重大决策部署、人社扶贫政策动态和人社扶贫助力全面建成小康社会优秀成果，中央电视台“新闻联播”“焦点访谈”和《人民日报》等先后8次报道地方人社扶贫政策成效，中国网和中央电视台制作15集《技能青春不设限》小视频，反映技能脱贫。二是全方位多角度立体化宣传第一届全国职业技能大赛等赛事盛况。在第一届全国职业技能大赛宣传中，100多家媒体在发挥传统优势基础上，充分利用各自网、微、端，通过网络直播、云观赛等丰富多彩的传播形式集中展示技能风采，形成参与媒体多、宣传形式新、传播渠道广、社会声势大、群众反响好的宣传效果。三是统筹深入开展各项专题宣传。突出抓好“人社服务快办行动”和人社服务标兵宣传，认真开展“最美基层高校毕业生”“专家服务团走基层”“治欠保支”“全民参保”等宣传，形成正能量充沛、亮点纷呈的宣传效果。

二、新闻发布

新闻发布工作取得积极成效。坚持以团结稳定鼓劲、正面宣传引导为主，积极围绕统筹疫情防控和经济社会发展、决战决胜脱贫攻坚等重大主题开展新闻发布，及时解读政策，全面准确发布数据，把成绩讲足讲透，积极回应关切，合理引导预期，2020年共举办新闻发布活动17场，取得较好效果。

（一）重大新闻发布活动成效明显。

2月，张义全副部长出席国务院应对新冠肺炎疫情联防联控机制举行的疫情防控最新进展及关爱医务人员举措新闻发布会，介绍关爱医务人员举措。游钧副部长出席国务院应对新冠肺炎疫情联防联控机制举行的新闻发布会，介绍阶段性减免企业社保费、统筹新冠肺炎疫情防控和经济社会发展工作、鼓励企业吸纳高校毕业生、农民工就业相关政策有关情况。3月，李忠副部长出席人力资源社会保障部专题发布会，介绍人力资源社会保障部门应对疫情相关工作进展情况。10月，李忠副部长出席国务院政策例行吹风会，介绍稳就业和减免社保费工作进展情况。11月，李忠副部长出席国务院新闻办公室就业扶贫新闻发布会，介绍就业扶贫实施有关工作情况和主要成效。12月，汤涛副部长出席国务院新闻办公室新闻发布会，介绍落实党的十九届五中全会精神，壮大高技能人才队伍有关情况。部领导出席重大新闻发布活动，突出宣传就业和社会保障事业发展成绩，合理引导预期，增强发展信心，回应社会关切。媒体报道充分，引起强烈反响，展示了人力资源社会保障部门良好形象。

（二）专题新闻发布工作有力有效。

围绕稳岗就业等主题及时组织专题新闻发布。2月，参加国务院应对新冠肺炎疫情联防联控机制举行的新闻发布会，介绍有序推动各类企业复工复产和稳岗就业工作有关情况。3月，举行专题新闻发布会，介绍人力资源社会保障部门支持保障服务疫情防控和做好稳就业等相关工作情况；参加国务院应对新冠肺炎疫情联防联控机制举行的新闻发布会，介绍农民工返岗复工“点对点”服务保障有关工作。4月，参加国务院应对新冠肺炎疫情联防联控机制举行的新闻发布会，介绍完善疫情期间困难群体的政策保障工作情况。部有关单位负责人权威解读政策，挖掘政策亮点，有针对性地回应热点问题，及时性、有效性较强。

（三）例行新闻发布工作扎实推进。

1月、4月、7月、10月分别举行季度例行新闻发布会，把握正确政治方向和舆论导向，围绕提振信心、稳定预期，加强宏观经济数据发布和政策解读。同时，创新新闻发布工作，邀请部有关单位负责人参加发布会，就舆论关注的克服疫情影响稳就业保民生、就业扶贫、阶段性减免企业社保费政策执行情况、养老金能否按时足额发放、职业技能提升行动、中华人民共和国第一届职业技能大赛、人社服务快办行动、电子社保卡怎么领和如何用等热点问题回答记者提问。发布会后，媒体对发布内容进行全方位、多角度挖掘，广泛凝聚了社会共识，为人力资源社会保障事业改革发展营造了良好舆论氛围。

三、政务信息

2020年，政务信息工作紧紧围绕党中央、国务院重大决策部署以及人力资源和社会保障年度重点工作，聚焦人社事业发展的重点、难点、热点、焦点问题，挖掘典型经验，着力发挥信息工作服务科学决策、维护部门良好形象、推动业务工作开展的重要作用，不断提高信息的针对性、准确性、时效性和质量。特别是在新冠肺炎疫情防控期间，围绕疫情给复工复产和就业、社会保障、劳动关系等带来的影响，进行深入分析，提出有针对性的意见建议，为领导同志了解实际情况和科学判断形势提供服务。人力资源社会保障部全年共向党中央、国务院报送《人力资源社会保障部简报》34期，《人力资源社会保障要情快报》35期，专报信息稿件415篇，被国务院办公厅评为信息工作先进单位。采用各地人力资源社会保障部门报送信息317条，编发《人力资源社会保障工作信息》49期。

（一）服务领导决策功能进一步加强。

围绕中央政治局常委会工作要点、《政府工作报告》等重要文件赋予人力资源社会保障部门的重点任务，围绕人力资源社会保障部年度工作要点，不断强化信息意识，确保就业、社会保障、人才人事、劳动关系等业务领域重点工作进展情况及时上报。全年编辑报送的政务信息主要包括高校毕业生就业、推进农民工返乡创业、就业扶贫、职业培训、落实社保降费率措施、治理拖欠农民工工资等人社重点工作推进情况，新业态与共享用工对就业、劳动关系和社会保障的影响等新问题新情况等。新冠肺炎疫情防控期间，围绕新冠肺炎疫情对就业、劳动关系和收入分配等的影响进行了深入分析，同时重点报送了疫情防控期间对重点行业、企业的帮扶，“点对点”助力农民工返岗复工，开展百日千万网络招聘专项行动为就业重点群体和用人单位提供全方位服务，实施企业稳岗扩岗专项支持计划等信息，为党中央、国务院提供了高效的政务信息服务和决策支持。

（二）信息渠道与信息质量进一步加强。

充分调动部内各单位的积极性主动性，注意从文件简报、调研报告、重大活动中挖掘信息点，注重发现和提炼带有普遍性、苗头性、倾向性的问题，着重从大量一手信息中归纳、综合具有较大参考价值的深层次信息。在筛选、综合、分析、编辑和审核把关等环节狠下功夫，对信息进行整体开发和综合利用。就部内各单位围绕不同角度、范围、群体等对就业、劳动关系等重点工作的分析进行对照，找出共性趋势，同时对重点群体重点领域进行个别分析，形成综合性报告，既准确反映全貌，又关注重点方面，为决策提供更加精确的信息。

（三）政务信息业务指导作用进一步加强。

精选专题，编辑专刊，就领导关心、社会关注的工作，如行风建设、就业扶贫等，在全系统印发多期专刊，发挥督促检查引领作用，实现了通过《人力资源社会保障工作信息》对全系统的业务指导，促进了业务工作顺利开展。加大采纳各地人社部门信息力度，紧盯人力资源和社会保障重点业务工作进展情况，及时推广地方好的经验好的做法，供各地在工作中借鉴参考。通过信息报送平台对各地信息报送工作进行指导，督促各地加强政务信息报送工作，较好发挥信息报送主渠道作用。

四、部属报刊

（一）中国人事报刊社。

坚持从严治社，坚持“两手抓”，加强选题策划，深化报道内容，推进媒体融合，打造精品力作，报刊质量不断提升，影响力不断扩大，经济实力进一步壮大，为组织人社工作改革发展营造了良好舆论氛围。

《中国组织人事报》坚持正确政治方向，全力服务组织人社大局。

一是持续深入宣传习近平新时代中国特色社会主义思想。及时报道习近平总书记重要指示批示，深入宣传习近平总书记关于党的建设、脱贫攻坚、疫情防控、保障和改善民生、人事人才工作等方面的重要论述，准确宣传解读党的十九届五中全会、全国“两会”以及全国组织部长会、人力资源社会保障工作会等重要会议精神。对习近平总书记相关重要讲话精神组织撰写本报评论或地方组织部长、人社厅局长署名文章进行解读，统一思想、凝聚共识。

二是认真做好统筹推进疫情防控和复工复产宣传。推出9期图解漫画生动活泼宣传人力资源社会保障部出台的政策措施，组织撰写10余篇综述反映组织人社系统党员干部抗击疫情助力复工复产的生动实践，撰写的《大战大考中书写人社答卷》重大述评得到广泛转载。

三是加大人社扶贫工作宣传力度。采写“打赢收官战　人社扶贫这样干”系列通讯，全面展示未摘帽地区奋力冲刺的火热现场，持续推出“人社工作助推脱贫攻坚”等栏目，刊发80余篇稿件深入反映各地人社部门的积极作为和务实措施。

四是持续开展人社系统行风建设宣传。推出多篇典型报道和综述，充分反映各地人社部门深化“放管服”改革，开展快办行动、练兵比武和窗口作风建设的生动实践。

五是积极报道职称、技能人才、“三支一扶”等重点工作。推出贫困地区职称评审“双定向”和艰苦边远地区事业单位公开招聘“三放宽”的典型报道和综述，重点报道了第一届全国职业技能大赛，突出报道博士后35周年成就，刊发各地实施职业技能提升行动、大规模开展职业技能培训等经验做法稿件40余篇。

六是发挥新媒体优势，扩大宣传效果。疫情期间，报纸公众号每天更新5次推送疫情防控动态消息；推出有奖征文专栏“奋斗在脱贫攻坚一线的第一书记”200期，讲述广大党员干部在脱贫一线的奋斗故事；推出五中全会精神解读、支持海南人社事业发展、一图读懂村“两委”换届工作总体要求等原创图解，连续推出第一届全国职业技能大赛13个原创作品，及时展现了大赛的火热现场和选手的风采；积极与学习强国等中央主流媒体合作交流，推荐重点稿件，提高影响力、传播力。

从2020年1月1日起，报纸顺利由周三刊改为周五刊，更好地为组织人社部门提供服务。全年共出版《中国组织人事报》243期，1 552版，发行近37万份。

《中国人才》突出特色，服务性和可读性得到有力提升。

一是坚持以习近平总书记关于人才工作的重要论述为统领，深入宣传中央关于人才工作的新思想新要求。在杂志醒目位置，刊发习近平总书记关于人才工作的新论述、新要求、新精神；持续办好“深入学习贯彻习近平新时代中国特色社会主义思想”栏目，刊发专家学者、组织部领导学习体会与思考文章。

二是重点宣传人才服务经济社会发展的举

措与成就。认真做好人才助力决胜全面小康、决战脱贫攻坚的宣传，反映福建、安徽、四川、陕西、贵州等省份为脱贫攻坚、全面小康奉献人才力量的生动实践；推出5期人才抗疫电子刊，及时反映广大人才投身疫情防控的感人事迹。

三是关注人才发展体制机制改革。推出“推进人才评价机制改革落地见效”“营造人才潜心基础研究的制度环境”“以制度创新促进科研诚信建设”等聚焦专题，反映各地各部门推进人才发展体制机制改革的新探索新成效。

四是加强对热点难点问题的分析研究。认真分析研判国际国内形势，针对人才关注的热点难点问题，组织专家和人才工作者共同探讨疫情之下如何为人才与企业做好服务、如何构建关键核心技术攻关新型举国体制、西部人才跳槽是放还是卡、如何利用互联网创新发展人才工作等问题，帮助大家明辨是非、厘清思路，为人才工作实践中的热点难点问题解疑释惑。

五是大力宣传爱国奋斗精神。刊发了一批反映专家人才事迹的报道，宣传他们弘扬爱国奋斗精神，在基层一线拼搏进取的风采。策划了“如何看待让人才‘名利双收’与激励人才‘爱国奋斗’的关系”话题讨论，帮助读者澄清对一些问题的模糊认识，激励广大知识分子建功立业新时代。2020年出版《中国人才》12期，发行近7万册。

（二）中国劳动保障报社。

围绕中心，服务大局，坚持正确政治方向和舆论导向，以党的建设为统领，以提高报道质量为核心，讲好新时代人社故事。

一是突出抓好重大新闻的报道工作。及时报道习近平总书记出席的活动、作出的重要指示、发表的重要讲话等。充分报道全国“两会”，浓墨重彩报道总书记参加人大、政协团组活动的情况以及在全国“两会”期间提出的新论述、新要求。推出全国“两会”特刊5期，用18个版面、10个主要栏目和95篇稿件图文并茂报道全国“两会”。报社网、微、端等7个新媒体平台共发送稿件490篇。《中国社会保障》杂志、《中国人力资源社会保障》杂志也都推出了全国“两会”专题报道。及时报道部党组各种重要会议和部领导重要活动。对于部里召开的重要会议和活动，做到及时报、不漏报。

二是大力做好人社“抗疫”报道。突如其来的新冠肺炎疫情给报刊宣传带来了前所未有的挑战，报社克服重重困难，员工始终坚守工作岗位，做到了报纸一天未停、一版不落，新媒体、刊物一期未断。充分利用报刊网、微、端各平台，第一时间报道党中央和习近平总书记关于抗击疫情的重要指示精神，传递党中央和习近平总书记对抗疫总体部署和对人民群众的关心关怀。第一时间报道部党组关于人社抗疫安排部署，向系统及时传递人社部声音。全面报道“人社抗疫十大行动”，展示人社人抗疫全景。先后开设“防控疫情·人社系统在行动”“全力打赢湖北保卫战”“聚焦安全有序返岗复工·‘点对点’服务”等29个栏目，专版专题报道了人社系统抗疫的措施和做法。深挖一线动人事迹，生动展示人社抗疫英雄形象。

三是全力做好全面建成小康社会特别是脱贫攻坚报道。加大人社扶贫宣传力度，制定详细宣传方案，开辟30多个专版专栏，联合部内相关单位进行全面深入的报道。在此基础上，派出了6个采访小组，深入52个督战县就人社扶贫工作进行集中采访报道。同时，积极宣传“十三五”成就、全面建成小康社会实效等。

四是加强了稳就业、减免缓、提技能等重点工作报道。积极开展稳就业报道，开设了多个专栏，全面报道促进就业工作的政策措施。开设“切实做好高校毕业生就业工作”等栏目，刊发“百日千万网络招聘专项行动”等促进就业工作举措。加大社会保障工作报道力度，全面及时跟踪报道国家出台的新政策新举措。围绕社保费减免缓，加大地方社保费减免政策报道力度。集中报道电子社保卡的应用情况，及时推出“十四五”社会保障形势与发展专题等。精心策划职业技能宣传报道，开设“技能提升在行动·亮点”栏目，报道各地强技能、稳员工举措。专题报道“三支一扶”计划、世界青年技能日主题活动。推出《技能提升正当时》特刊，用全彩的形式，对技能提升行动进行全方位解读和报道。大篇幅、全景式报道了第一届全国职业技能大赛和第46届世界技能大赛相关筹备工作。加大人社系统“快办行动”和练兵比武活动等报道力度。

五是加强政策法规解读。利用通俗易懂的语言将人社利民法规政策传递给广大民众，让好政策家喻户晓，推动好政策真正落地。策划10多个专版、约请20多位专家，多角度对《政府工作报告》进行解读。组织专家对“放管服”改革进展和《关于支持多渠道灵活就业的意见》等进行全面、通俗、详细的解读。报刊和新媒体就疫情期间各项人社政策及新业态发展、共享用工、民法典等重大热点话题进行重点宣传解读。

六是舆论引导力度不断加大。针对高校毕业生就业、“放管服”改革情况、全国扶贫日、“十三五”成就等方面内容，配发观点鲜明的评论文章80余篇，很好地引导社会舆论。尤其是评论第一届全国职业技能大赛的文章，体现出较高的立意、专业水准和文字水平，受到好评。

七是内参采写数量增加。为了给部党组提供更多的决策参考，也为更好地发挥报刊舆论监督作用，针对人社工作中遇到的敏感问题、难点问题，主动设置议题，选派骨干记者就新冠肺炎疫情对人社工作的影响，以及复工复产、企业经营状况和稳就业情况、广东的“三项工程”、浙江的“社银合作”等内容作了内参报道。

八是新媒体宣传再上新台阶。2020年，新媒体平台发稿上万条。其中，发布与复工复产有关的稿件5 000多篇。“看得懂，算得清”栏目累计刊发文章23篇。该栏目文章《失业保险金可以网上申领了》单篇阅读量达14.2万人次。辟谣文章《“个人参保”没有“单位参保”养老金多？养老金“5年进档”？真相来了》单篇阅读量达15万人次。各新媒体平台关注度不断攀升：部政务微信总用户数达361万，较上年同期增长89%；累计推送稿件1 650篇，15篇文章阅读数达到“10万+”，数百篇文章分别被中国政府网、新华社、人民网等转载。报社官微团队荣获国家互联网信息办公室和中国互联网发展基金会第五届“百名网络正能量榜样”称号。报社官微总关注人数达到25.3万人，比上年增加3万人，全年推送文章1 868条。学习强国“技能频道”策划30余个专题，编发5 000余篇图文视频稿件。“技能中国”关注人数接近20万人，比上年同期增长33%。完成第一届全国职业技能大赛标识征集活动。报社新浪微博粉丝数1.4万人，增幅达到16%，累计发稿1 810篇。“中国劳动人事争议调解仲裁”微信公众号关注人数达10万人，全年发布102期300余篇稿件。“中国社会保险”微信公众号全年推送430余条消息。截至2020年底，疫情期间推出的“夜读”栏目已推送300多期。全年制作短视频近70个，制作音频30多个，“社保扶贫”专刊搭载视频播放时长达60分钟。头条号、抖音号、西瓜视频、大鱼号等宣传矩阵成功运行，发布原创抖音作品70余件。“地坛之声”在线直播，每次直播时间长达3个小时，受到关注。9月开通的“人社法律服务”微信公众号运行良好。

九是广告发行等经营工作稳步提升。通过动员报社内外、系统内外各方面力量，齐心协力确保了报纸发行量在20万份以上，政策法规专刊发行3.5万份，《中国人力资源社会保障》杂志发行1.5万份，《中国社会保障》杂志发行15万份，完成了年度目标任务。广告、法律服务经营创收效益稳步提升。

五、出版工作

中国人力资源和社会保障出版集团坚决落实全国人社宣传工作会议精神，全面把握部属国有文化企业性质定位，把政治效益放在突出位置，科学统筹社会效益和经济效益的关系，坚持围绕中心、服务大局，坚持聚焦主业、守正创新、融合发展、提质增效，着力抓重点、补短板、强弱项、保增长，克服了疫情造成的不利影响，圆满完成了年度经营目标任务，销售业绩实现五年持续增长。2020 年实现销售码洋 6.70 亿元，销售实洋 4.47 亿元，相比上一年实现了较大幅度的增长，其他经营指标也均创新高。

（一）提高政治站位，扛起政治责任。

疫情期间，根据部提出的百日免费线上技能培训行动的要求，第一时间开放中国职业培训在线和中国技工教育网两大平台所有数字化资源和平台功能。在免费开放期间，中国职业培训在线平台累计访问量达到 5.4 亿人次，注册学员 200 万人，注册企业及机构 4.5 万家，累计学习时长超过 3 000 万小时。中国技工教育网为全国技工院校免费提供了包括防疫课程在内的 280 门数字课程，提供电子版教材服务，开展技工院校线上招生宣传活动，学生累计学习时长超过 200 万小时。同时，紧急承接疫情防控人社服务政策宣传视频制作任务，发布了系列宣传片，并配合做好“百日千万网络招聘专项行动”等相关视频宣传任务。及时策划出版《新型冠状病毒肺炎疫情下的心理危机干预》《用人单位复工复产劳动防疫手册》等抗疫图书，向各省份人社厅局、援鄂医疗队赠送近万册，为打赢疫情防控阻击战积极提供知识支撑。

按照人社定点扶贫、技能扶贫有关工作要求，及时制定脱贫攻坚专项工作方案，细化了扶贫职责分工。向山西省天镇县、安徽省金寨县投入帮扶资金 126 万元，捐赠图书、办公用品 65.63 万元，购买农产品 80.57 万元，全面做好定点扶贫工作。贯彻落实省部共建备忘录，向新疆和田技师学院和喀什技师学院分别捐赠学校教学用书和图书馆图书资料。免费举办金寨技师学院线上师资培训活动。组织年度劳动出版“技能雏鹰”奖学金和助学金评选活动。

（二）坚守专业出版，提升出版品质。

以“专业特色”为着力点，以“社会影响”为切入点，多出好书，塑造品牌。如期完成国家出版基金资助项目《中国收入分配与劳动力市场研究（全十二卷）》的出版工作，2 种图书入选中央宣传部对外出版项目，11 种图书入选国家新闻出版署农家书屋重点出版物推荐目录，11 种图书入选“十三五”职业教育国家规划教材书目，中国职业培训在线平台入选国家新闻出版署 2020 年度数字出版精品遴选推荐计划。出版集团科技和职业安全图书编辑室与相关员工分别获得科技部、中央宣传部、中国科协授予的“全国科普工作先进集体”和“全国科普工作先进工作者”荣誉称号。

推进考试类教材、教辅的开发、改版工作，加强考试类图书的市场影响力：完成企业人力资源管理师系列教材改版工作；出版经济师系列教材、教辅 68 种，其中 4 种高级经济师系列教材为新开发教材；出版注册消防工程师教材、教辅 27 种，消防设施操作员考试教材、教辅 9 种，注册安全工程师考试教辅 17 种。以习近平总书记对首届全国职业技能大赛指示精神为指导，围绕职业培训教材、技工教育教材精准发力，创新开发了劳动教育、通用素质课程系列教材，获得良好的市场反馈和经济效益。加快新兴专业教材开发速度，出版了新能源汽车、3D 打印等热门专业教材，无人机应用技术、人工智能技术应用等新专业教材已启动开发。策划出版了《电商直播专项能力教材》等紧跟市场热点的教材。

（三）跟随技术发展，加快推进数字化建设。

深入推进数字化转型升级，加强顶层设计和总体规划，完善数字化相关管理制度，加快出版与技术、内容、市场多重融合。深入推进中国职业培训在线和中国技工教育网两个平台建设，加大数字资源供给，满足了疫情期间线上培训爆发式增长的需求。中国职业培训在线平台新上线培训包数字课程包括 5 个职业，共 2 169 个微课，总时长近 15 000 分钟。中国技工教育网新建课程 2 万多门，发布公益数字资源 2 405 个。大力开发独立数字产品和师资培训课程，完成无人机、汽车维修、机械专业约 250 个微视频、电子教材制作，开发制作师资培训课程 128 门，共 295 学时。

（四）坚持市场导向，不断增强营销能力。

及时因变而变，在疫情期间，大力加强线上营销，与时俱进，通过不断创新迸发营销新活力。以微信、网站、小程序、网店等多种线上形式为主打造融媒体矩阵，全矩阵统一策划、共同发力、互相引流。包括在抖音平台定期发布作品，在天猫进行常态直播，建立微信视频号，策划新书宣传直播活动等，宣传和带货效应明显。进一步加强线下渠道建设，依托行政资源，通过服务参与地方工作带动销售，组织浙江、新疆等地线上教材工作会，在吉林、山东等省份召开线下教材工作会，为辽宁、河南、广西、湖南等省份教材检查工作提供方案和专家支持。加强子公司和分公司自身建设，下属四家分支机构整体销售规模达到 1. 6 亿元码洋，实洋 1. 1 亿元，同比分别增长 871 万元和 641 万元，实现销售业绩历史性突破。探索联合打盗模式，与区域加强合作，在广东、河南等省开展地毯式打盗；与律师事务所和执法机构加强合作，在信息共享、联合执法、大案联动等方面形成套路，提升打盗精准度和震慑力。

（五）抓好党建工作，进一步完善各项管理制度。

全面落实从严治党新要求，不断提高党建工作质量和水平，出版集团党委被人力资源社会保障部党组评为 2020 年“先进基层党组织”。切实加强干部队伍建设，努力提高工作科学化、规范化水平，综合性、基础性工作取得新成效。以出版质量为根本点，严格落实意识形态工作责任制和出版管理制度，严把图书选题策划、组稿、编前审读、编辑加工、三审三校等环节质量关，加大印前抽检力度，确保图书编校质量达到国家标准。不断完善生产流程管理，优化招标、定点管理制度，保证原料及服务供应商质量，进一步提高工作效率，控制生产成本。修订完善财务管理、综合管理等方面的各项管理制度，强化监督机制。加强职工服务保障方面的工作，及时解决职工关注关心的问题，保障出版集团事业健康可持续发展。

国际及与港澳台地区交流合作

2020年，人力资源社会保障部对外交流合作工作坚持服务国家总体外交和人力资源社会保障中心工作，努力克服新冠肺炎疫情带来的不利影响，及时转变工作方式，准确识变、科学应变、主动求变，各项工作都取得了积极进展。

一、积极参与国际组织和多边机制活动

应对新冠肺炎疫情给国际合作工作带来的变化，通过视频会议和邮件沟通等方式积极开展人社领域多边外事工作。张纪南同志先后出席二十国集团（G20）劳工就业部长特别会议、国际劳工组织（ILO）劳动世界峰会三方成员日会议和金砖国家劳工就业部长会，汤涛同志与世界技能组织（WSI）代理主席和首席执行官举行视频会谈，李忠同志出席二十国集团（G20）劳工就业部长会。以张纪南、汤涛、游钧同志名义分别致函有关国际组织和俄罗斯等国对口部门负责人，宣传中国人力资源社会保障领域应对疫情的做法。国际劳工组织总干事莱德在线出席李克强总理与主要国际经济机构负责人第五次“1+6”圆桌对话会，张纪南同志陪同出席。

二、积极拓展双边交流合作

张纪南同志会见塞尔维亚劳动、就业、退伍军人和社会事务部部长佐兰·乔尔杰维奇一行，就加强双方合作事宜进行交流。开展中英职业技能合作活动，举办中英大师课暨电子技术项目在线友谊赛。举办中韩职业培训国际研讨会。做好在白俄罗斯、俄罗斯远程翻译资格考试工作。加强政策宣传，推进青年国际实习计划实施，推动中国新加坡计划政府间协议生效，推动首位赴德青年实习生到任。新冠肺炎疫情发生后，协调驻外使领馆给实习生发放健康包，助力在外实习生安全回国。

三、主动开展多边技术合作

汤涛同志出席第11届东盟与中日韩劳工部长会并作主旨发言，分享中国应对新冠肺炎疫情的做法和经验，提出进一步加强合作的倡议。参加第45次亚太经合组织（APEC）人力资源开发工作组视频会，重点介绍我国多渠道促进就业、推动社会保险扩面等方面的经验做法，宣传中国人力资源社会保障改革发展成就。积极推动人力资源社会保障部与国际劳工组织南南合作项目实施，在线召开项目咨询委员会会议，与国际劳工组织和柬埔寨、老挝、缅甸对口部门对接需求，推动项目实施。

四、推进双边社会保障协定工作

游钧同志与来访的塞尔维亚劳动、就业、退伍军人和社会事务部部长佐兰·乔尔杰维奇签署《关于实施中华人民共和国政府和塞尔维亚共和国政府社会保障协定的行政协议》。会同外交部完成中塞社会保障协定和行政协议的生效手续。人力资源社会保障部与奥地利劳动、社会事务、卫生和消费者保护部在北京举行社会保障协定第4轮暨行政协议第1轮谈判，取得积极进展。

五、推进港澳台居民在内地（大陆）参加社会保险

2020年1月1日起，《香港澳门台湾居民在内地（大陆）参加社会保险暂行办法》（人力资源和社会保障部、国家医疗保障局令第41号，以下简称《办法》）正式施行。《办法》充分体现“一国两制”原则，明确港澳台居民与内地（大陆）居民在社会保险方面享受同等权利、履行同等义务。指导各地加强政策宣传解读，积极稳妥推进贯彻实施，取得良好效果。

社团活动

一、中国人才研究会

2020年，中国人才研究会在人力资源社会保障部党组的领导下，以贯彻落实习近平总书记关于人才工作系列重要讲话精神和国家中长期人才发展规划纲要为重点，积极开展学术研究、学术交流、组织建设、对外宣传工作，取得一定成绩。

（一）开展学术研究，取得较好成果。

围绕当前我国人才工作重点、热点和难点问题，整合科研力量，完善与各分支机构及高等院校、科研院所合作机制，联合开展课题研究。

起草《中国人才研究会2020年课题指南》，分发各省（区、市）人才研究会和中国人才研究会各分会、专业委员会及理事会员，并组织理事会员进行课题申报和评审立项工作。经组织专家对申报的60多个课题进行审定，有“习近平关于人才重要论述研究”“习近平军事人才观研究”“人才制度创新理论研究”“退役军人政策制度改革问题研究”“国际人才竞争中的猎青战略研究”“新时代我国人才风险防控研究”“面向2035年我国青年科技人才激励机制研究”“军事人才本体活力及开发”“新时代创新人才需求与激励研究”“人才发展主体性因素研究的多维视野”“留学人才问题理论与实践研究”“区块链技术发展及人才培养研究”“新时代军事人才战略管理研究”“军队科技人才政策体制机制创新研究”“新时代军事人才动力机制研究”“新时代职业技能人才开发培养模式、问题与对策研究”“转型升级背景下汽车企业技能人才队伍转型发展研究”“培育现代化农业人才的探索与研究”“地级市建立区域性专业化高水平人力资源研究机构的路径分析”“新时代人力资源市场建设与人力资源服务业问题研究”“新冠肺炎疫情后我国公共卫生人才队伍建设研究（抗疫背景下人才队伍建设研究）”“后新冠时代数字旅游人才发展研究”“推进乡村人才振兴问题研究”“基层党政人才激励与评价机制研究”“乡村振兴视角下农村实用人才队伍建设研究”“新时代人才发展社会环境问题研究”“高层次人才引聚和发展软（服务）环境研究”“新时代人力资源服务业人才创新发展研究”“新时代区域教育人才共享的制度构建研究”“知农爱农新型人才队伍建设机制研究”“乡村卫生人才队伍建设与发展研究”“资源型地区创新生态与创新人才研究”“关于社会工作人才队伍建设的调查研究”“推动区域高层次人才协同管理的财税政策改革研究”“我国职业人才培养与就业方向研究”“人才争夺战利弊及其对策研究”“县域人才发展的瓶颈与突围实践研究”“现代农业干部人才培养与使用问题研究”“县级高层次人才计划实施绩效评价与对策建议研究——以浙江海宁为例”“金融科技人才服务县域经济发展研究”“律师队伍现状调研与对策研究”“大数据背景下退役军人管理保障人才培养研究”“长三角职业人才培养的协同发展研究”“‘一带一路’倡议推进的人才队伍建设研究”“农村实用型人才培养新模式研究”“青年农民创业人才培训开发研究”等46个课题批准立项。

经全国哲学社会科学工作办公室（以下简称社科办）组织推荐，并经中央宣传部批准，中国人才研究会被纳入重点联系范围的全国性社科学术社团名单。根据社科办有关通知要求，中国人才研究会向社科办申请的“经济欠发达地区专业人才队伍建设与发展”研究课题于10月批准立项，制定研究实施方案，收集资料，进行文献梳理，并着手开展研究。

（二）举行系列活动，促进学术交流。

提升人才研究水平的途径是不断开展学术交流活动，2020年中国人才研究会与各专业委员会共同举办了4次学术交流活动。

7月25日，人才学专业委员会成立32周年，与华东师范大学、国家专业技术人员继续教育（华东师范大学）基地联合主办全国人才在线峰会。8月28日，汽车人才专业委员会在上海国际汽车城举办“2020理事会年会暨中国汽车人才高峰论坛”。10月20日，核工业人才专业委员会在深圳长湾领导力中心举办“2020年年会暨后疫情时代：核你一起，共创未来”高端论坛。10月26日，人才学专业委员会和中国政法大学在中国政法大学马克思主义学院举办人才学专业委员会2020年年会暨“新时代人才制度和政策创新”研讨会。

中央组织部和有关部委，地方党政领导与行政管理机关，从事人事科学研究的科研机构、高等院校、医疗机构、行业组织、现代科技企业与人力资源服务企业，以及部分研究会会员和地方人才学会等多方面的专家学者与实际工作者分别参加了相关活动。与会代表围绕会议主题，积极发言，交流互动，相互启发，取得良好效果，得到大家好评。

这一系列活动，通过学术研究、展示交流，对于全面落实《国家中长期人才发展规划纲要（2010—2020年）》、深化人才发展体制机制改革及分类推进人才评价机制改革、积极推动各项工作全面发展具有重要作用。在部门活动中，还设计安排了高端人才招聘、科技合作项目洽谈，直接为推动举办地创新转型发展提供了重要的人才保障和智力支持。

（三）加强组织建设，保障健康发展。

搞好组织建设是一个单位事业发展的保证。2020年中国人才研究会在组织建设上主要做了两项工作。一是在10月以通信方式召开第六届理事会第二次会员代表大会，表决通过《中国人才研究会章程》修订条款内容。二是在11月以通信方式召开第六届理事会第七次理事会议，讨论研究会的相关事宜。

（四）注重对外宣传，不断扩大影响。

人才研究成果的转化以及人才政策的有效落实，宣传工作是不可缺少的。2020年人才研究会充分利用网站，尤其是《中国人才研究》集刊加大对外宣传力度，与此同时，不断扩大分支机构的信息宣传，将分支机构的学术活动及时上网，形成宣传整体效应。

二、中国继续工程教育协会

2020年，中国继续工程教育协会坚持以习近平新时代中国特色社会主义思想为指导，全面贯彻党的十九大和十九届二中、三中、四中、五中全会精神，认真落实人力资源社会保障部党组决策部署，立足协会章程，围绕专业技术人员继续教育重点工作，积极参与实施国家专业技术人才知识更新工程，着力开展专业技术人员网络培训，进一步深化国际交流与合作，稳步推进协会脱钩改革。

（一）积极参与实施专业技术人才知识更新工程。

一是在人力资源社会保障部有关职能单位的指导和支持下，组织开展2020年知识更新工程高级研修项目选题征集、申报遴选、财务报销等具体实施工作。统筹疫情防控与高级研修项目组织实施，对接联系项目申报和承办单位，动态调度全年高级研修班实施进度。

二是协同北京理工大学、华北电力大学、首钢工学院等单位，获批举办“新能源汽车发展与应用”“应急管理能力和体系现代化建设”等7期国家级高级研修班，累计培训重点领域高层次专业技术人才450人次。

三是受人力资源社会保障部有关职能单位委托，开展专业技术人才知识更新工程十年实施总结评估课题工作，组织课题启动会、专家座谈会，赴地方和相关国家级基地开展专题调研，撰写知识更新工程十年总结评估课题报告，汇编知识更新工程十年总结材料，为新一轮知识更新工程设计规划和组织实施提供决策参考。

（二）持续推进专业技术人员网络培训。

一是推进国家级专业技术人员继续教育基地资源共享服务平台建设发展，以课程体系和重点领域培训项目建设为重点，完善平台板块和功能设计。在贵阳、宁波分别组织召开相关国家级继续教育基地负责人座谈会，研究推进基地资源共享服务平台工作，累计加入基地平台近 40 家，整合重点行业和领域专业课 1 600 门。

二是联合国家快速制造工程研究中心、全国商业消防与安全协会、中国钢结构协会和部分国家级继续教育基地，围绕智慧消防、智能建造、建筑信息模型等新职业和重点领域，开展急需紧缺和岗位专业技术人才在线培训，累计培训 1.5 万人次。对接人力资源社会保障部有关职能单位，积极参与专业技术类新职业标准开发和培养培训工作。

（三）稳步推进协会与行政机关脱钩改革工作。

稳步推进中国继续工程教育协会脱钩改革工作，与北京市人民政府外事办公室对接，完成协会外事脱钩；以通信形式召开协会六届四次理事会，审议协会部分负责人变动和公务员兼职协会常务理事、理事职务清理，完成人员脱钩。按人力资源社会保障部相关职能单位要求，按时报送协会脱钩工作总结和脱钩改革完成情况表，基本完成协会脱钩改革任务。

（四）深化继续教育国际交流与合作。

在线参加亚太工程教育协会第 30 次执委会、国际继续工程教育协会 2020 年执委会和理事会。

三、中国人才交流协会

2020 年，中国人才交流协会认真贯彻党的十九大与十九届二中、三中、四中、五中全会和习近平总书记系列重要讲话精神，深入落实《中共中央关于坚持和完善中国特色社会主义制度　推进国家治理体系和治理能力现代化若干重大问题的决定》《国家中长期人才发展规划纲要（2010—2020 年）》《人力资源服务业发展行动计划》《人力资源市场暂行条例》《关于进一步规范人力资源市场秩序的意见》等的要求，围绕中心，服务大局，坚持“抗疫情，稳脱钩，促发展”的工作主线，践行“服务会员、服务行业、服务政府、服务社会”的协会宗旨，充分发挥行业社会组织作用，适应人力资源服务业发展的新形势、新变革、新要求，发挥桥梁纽带作用，团结带领广大会员，积极抗击新冠肺炎疫情，开展公共就业人才服务，推动行业改革创新，加强行业交流合作，促进行业健康发展，协会的凝聚力和向心力不断增强，社会影响力和品牌效应逐步扩大。

（一）在抗击疫情方面，围绕人力资源社会保障部的部署安排，有效发挥协会服务社会作用，全力以赴做好疫情防控工作。

新冠肺炎疫情给人力资源服务行业和全社会造成了巨大影响，协会发动会员单位在恢复自身发展的基础上，积极助力疫情阻击战，彰显全国人力资源服务人的责任和担当。一是印发抗疫倡议书，春节假期期间，协会通过微信公众号、网站、《中国劳动保障报》向全行业发出倡议书，号召会员单位、人力资源服务行业协会、人力资源服务机构积极行动起来，做好六个方面工作，为打赢疫情防控阻击战做出积极贡献，得到了全行业的积极响应。二是收集宣传人力资源服务行业发倡议、送福利、献爱心助力疫情阻击战的先进事迹，通过《中国劳动保障报》和协会公众号、网站进行宣传，协会会员单位共捐款捐物 1 700 多万元。三是配合人力资源社会保障部有关单位做好

《关于切实做好新冠肺炎疫情防控期间人力资源服务有关工作的通知》（人社厅明电〔2020〕11号，以下简称《通知》）的宣传和贯彻落实工作，通过协会公众号和网站、部官方微信公众号、《中国组织人事报》、《中国劳动保障报》发出倡议，号召全行业按照《通知》要求，搞好人力资源服务活动，得到积极响应，协会收集汇总了38个单位落实《通知》要求的具体措施，进行了广泛宣传。

（二）在服务会员方面，围绕会员单位实际需求，有效发挥协会桥梁纽带作用，全心全意做好会员服务工作。

服务会员是协会的根本宗旨之一，协会立足会员需求，精准服务，不断提升服务质量和满意度。一是针对会员单位反映的新冠肺炎疫情期间派遣、外包企业社保补贴减免问题，积极向行政部门反映，协调解决人力资源服务外包和派遣企业疫情期间享受社保补贴减免政策事宜。二是搭建学习培训平台，承办人力资源社会保障部有关单位委托的人力资源服务业发展高级研修班，组织会员单位参加培训，帮助其提升服务能力和水平。三是组织会员单位参加人力资源服务活动，包括中国（浙江）人力资源服务业博览会、2020国际人力资源技术大会等活动，促进行业交流与合作。四是帮助会员单位解决发展中的问题，如帮助浙江省丽水市人社局、绍兴市人社局等单位对接行业专家资源、宣传推介会员单位、嫁接商机、支持举办人力资源服务活动等。

（三）在服务大局方面，围绕人力资源社会保障部工作重点，有效发挥协会参谋助手作用，配合做好相关工作。

主动贴近人力资源社会保障部重点工作，承担具体任务，做好各项服务工作。一是承办第一届全国人力资源服务业发展大会，作为大会承办单位之一，具体承接大会的人力资源服务对接洽谈会、博士后交流会2项活动的组织工作，按要求制定工作实施方案，积极参与大会筹备工作。二是受行政部门委托，承担了《中国人力资源服务业发展报告（2019—2020）》的组织编撰和发行工作，介绍行业新进展，总结行业新经验，分析行业新趋势，研讨行业新热点，促进行业创新发展。三是承办全国人力资源诚信服务示范机构评选工作，制定工作方案、标准、流程，遴选专家，认真做好评审工作，有效发挥行业协会作用，加强行业诚信建设，促进行业规范自律。经过初审、函审、现场审查和公示，共有148家单位被确定为“全国人力资源诚信服务示范机构”候选单位。四是受行政部门委托，承接了“中国青年赴德实习交流指南”“中国—意大利青年实习交流计划实施路径研究”两项课题研究工作。五是参与人力资源社会保障部脱贫攻坚工作。发挥人力资源服务机构在助力脱贫攻坚、提高劳务组织化程度中的作用，在金寨县组织开展“好工行动”。发动会员单位助力脱贫攻坚，协调丽水市讯唯电商公司，为对口扶贫的金寨县桃岭乡牌坊村电商公司提供5万元资金支持，并帮助其开展业务培训和运营指导。

（四）在服务就业创业方面，围绕重点群体需求，有效发挥会员单位作用，积极促进就业创业服务工作。

认真贯彻落实就业优先战略，充分发挥社会组织作用，凝聚行业力量，推动做好就业创业服务工作。一是积极参与“中国创翼”创业创新大赛，与人力资源社会保障部有关单位共同承办。大赛已成为全国人社系统深入推进“双创”工作、引导支持创业创新的标志性活动，得到了创业者和社会各界的广泛认同。二是搭建高校毕业生就业创业服务平台，与人力资源社会保障部有关单位共同承办大中城市联合招聘高校毕业生专场活动，请国网人才交流服务中心有限公司、重庆人才大市场等会员单位组织40多家国有企业到拉萨参加西藏高校毕业生专场招聘，为毕业生提供就业信息、就业指导和政策咨询等服务。三是配合行政部门组织“百日千万网络招聘专项行动”中的人力资源服务产业园区专场招聘活动，组织19家国家级产业园参加网络招聘。

（五）在服务活动方面，围绕行业高质量发展新要求，有效发挥行业协会作用，创新打造人力资源服务品牌活动。

为促进行业创新发展，与各地人社部门、行业协会以及人力资源服务机构共同开展人力资源服务活动，搭建平台，打造品牌，加强行业交流与合作。协会联合浙江省人社厅、绍兴市人民政府共同举办第九届全国中小城市人才服务工作座谈会，围绕“中小城市人力资源服务机构如何在促进就业中发挥更大作用、后疫情时代中小城市如何逆势发展”进行专题研讨，邀请中国人事科学研究院、中华国际科技交流基金会的专家进行专题演讲，邀请6个中小城市人社部门代表进行经验分享。这个座谈会已成为协会的服务品牌，受到会员和行业的广泛欢迎。在上海举办了中国高级人才寻访趋势大会，研究行业发展趋势，加强交流合作，取得积极成效。承办了河北省人才交流大会的猎头机构对接服务河北座谈会和高峰论坛。在上海举办产业园峰会，研究产业园发展中的重点、难点和热点问题，促进产业园高质量发展。在合肥召开长三角人力资源服务产业园协同创新网络工作会议。

（六）在标准建设方面，围绕促进行业规范有序发展，有效发挥标准“树标杆”“划底线”作用，着力推动人力资源服务标准化建设。

围绕人社系统行风建设和人力资源服务行业发展需要，充分发挥标准化的基础性、规范性和引领性作用，积极推进标准化建设。一是启动了协会团体标准建设工作，组建了协会团体标准化技术委员会，制定了《协会团标委管理办法（暂行）》《协会团标委委员管理办法（暂行）》，并在全国团体标准信息平台进行注册。二是启动了高级人才寻访行业三项团标的制定工作，发布了《高级人才寻访服务机构能力建设标准》《高级人才寻访服务机构运营操作流程规范》《高级人才寻访服务个人信息安全操作规范》三项团标。三是启动了《人力资源服务图形符号》团标制定工作。

（七）在内部建设方面，围绕协会发展建设新需要，有效发挥创新驱动作用，加强协会内部建设。

为适应改革发展需要，协会切实加强内部建设，提升服务能力和水平。一是大力发展会员，扩大协会的覆盖面和影响力。二是建立行业理论阵地，《中国人才资讯》紧紧围绕重点工作，不断改革创新，突出宣传重点，聚焦行业热点，挖掘发展难点，分享专家观点，进一步提高会刊质量和品质，搭建起会员与会员、会员与协会之间信息交流的平台，编辑发行5期《中国人才资讯》。三是改版升级协会网站和微信公众号，建立微信工作群，搭建网站、微信公众号宣传服务平台，充分利用网络和新媒体的优势，及时动态宣传协会活动和行业信息，畅通会员单位和协会之间信息沟通的渠道，提升协会信息化服务水平。四是加强分支机构建设，指导高级人才寻访专委会、产业园专委会人力资源外包服务专委会开展活动，指导国家机关人才分会、航天人才分会、汽车人力资源分会进行换届工作。

四、中国博士后科学基金会

2020年，全国博士后管理委员会在人力资源社会保障部党组的正确领导下，在各省（区、市）有关部门和博士后设站单位的共同努力下，认真贯彻习近平新时代中国特色社会主义思想和党的十九届四中、五中全会精神，学习落实习近平总书记关于人才工作的重要论述，推进全国人力资源社会保障工作会议部署，梳理总结中国博士后制度实施35年来的宝贵经验，紧紧围绕高层次专业技术人才队伍建设的需要，聚焦“高精尖缺”人才，主动适应新常态下博士后工作新需求，丰富服务内容，提高服务效能，开展人社扶贫和行风建设，推动博士后工作取得新成绩。

（一）中国博士后科学基金资助工作。

2020年，国家财政投入博士后科学基金9.173亿元，共开展面上资助两批次，新冠肺炎疫情防控专项资助一批次，特别资助两批次，开展“博士后创新人才支持计划”资助和博士后优秀学术专著出版资助各一批次，累计资助博士后研究人员 9 342 人，资助出版优秀学术专著 23 部。

年初，中国博士后科学基金会发布了《中国博士后科学基金资助指南（2020）》，明确 2020 年度博士后科学基金资助类型、申报条件、申报流程以及全年资助工作时间安排。完成第 67 批、第 68 批面上资助工作。申报面上资助的总人数 37 186 人，获资助 7 467 人，资助比例为 20.1%，资助总额 57 297 万元。完成新冠肺炎疫情防控专项资助工作。申报人员 593 人，获资助 266 人，资助总额 4 116 万元。完成第 2 批特别资助（站前）和第 13 批特别资助（站中）工作。第 2 批特别资助（站前）申报人数 1 585 人，获资助 394 人，资助比例为 24.9%；第 13 批特别资助（站中）申报人数 3 522 人，获资助 792 人，资助比例为 22.5%，资助总额 20 979 万元。经“博士后文库”编委会初审、“博士后文库”专家评审会议复审、科学出版社选题论证，2020 年度资助出版博士后优秀学术专著 23 部，资助总额 138 万元。

2020 年“博士后创新人才支持计划”（以下简称“博新计划”）资助 400 人，资助经费总额 9 200 万元。为促进“博新计划”人员间的学术交流，使“博新计划”服务国家重大发展战略，为“博新计划”人员打造高水平创新创业平台，举办了第三届“博新计划”前沿论坛，近 200 名入选人员参加。举办 2020 年中国博士后创新发展（横琴）峰会，来自全国近百所高校、科研院所的知名专家、博士后管理人员、博士后及部分企业高管 500 余人参加，开展“博新计划”十大成果评选工作。

依照《中国博士后科学基金资助规定》，在云南省开展博士后基金经费使用情况的检查工作。编印《2019 年度中国博士后科学基金资助者选介》，总结和宣传博士后科学基金资助成效，展示获资助优秀博士后的风采。

（二）中国博士后科学基金会理事会工作。

按照民政部要求，完成博士后科学基金会 2019 年度年检工作。根据《中国博士后科学基金会章程》，6 月 30 日召开了中国博士后科学基金会第六届理事会第七次、第八次会议。

（三）博士后日常管理和服务工作。

全年全国共进站博士后人员近 2.8 万人，出站博士后人员 1.5 万余人，在站博士后人数达到 8.9 万余人。其中，北京地区招收 6 124 人，招收人数在所有省份中占比最高，为 21.1%；理工类招收 18 594 人，在所有招收学科门类中占比达 66%；招收外籍博士后 1 101 人，比上一年度减少 42%，留学回国（含港澳台）博士后 2 563 人，比上一年度增长 16%。

年初，为积极有效应对新冠肺炎疫情，全国博士后进出站服务窗口快速发布了《关于调整全国博士后进出站服务窗口业务办理方式的通知》，采取“网上办、邮寄办、延期办”的措施，实行不接触办公，避免人员聚集，通过电话邮件接受咨询，通过快递方式递送材料，实现了博士后进出站工作安全、不中断。持续加强窗口行风建设工作，参与人力资源社会保障部“看得懂算得清”、疫情防控期间“放管服”等工作。积极发挥窗口宣传导向作用，组织在线新冠肺炎科学防护专家讲座，在中国博士后网站宣传参与抗击新冠肺炎疫情博士后人员事迹。

11 月，建设开发的新版中国博士后网站和中国博士后网上办公系统正式上线，实现了博士后进出站备案、博士后国（境）外交流项目、博士后工作综合评估等 6 项主要业务工作一网通办。全国博士后科研工作站专家评议会顺利召开，新设立博士后科研工作站 497 个。第 22 届全国高校博士后管理工作研究会成功举办，通过深入开展研讨，持续推进高校博士后管理和服务工作。

12 月，人力资源社会保障部、全国博士后管理委员会在北京召开中国博士后制度实施 35 周年座谈会，总结中国博士后制度实施以来的经验，对今后一个时期的工作提出要求，并通报了2020年度博士后工作综合评估结果。根据综合评估结果，434个流动站和221个工作站为优秀等级，1 721个流动站和1 217个工作站为良好等级，680个流动站和1 436个工作站为合格等级，128位博士后管理工作者为全国优秀博士后管理工作者。

2020年，国家财政投入博士后日常经费11.62亿元，全年拨付日常经费和资助近6 000人开展博士后研究工作。

（四）博士后国（境）外交流工作。

积极开展博士后国（境）外交流项目，资助博士后人员来华或赴国（境）外开展研究工作，全年共资助经费2.29亿元。其中，博士后国际交流计划派出项目资助118人，引进项目资助419人，学术交流项目资助142人；“香江学者计划”资助59人；“澳门青年学者计划”资助30人；“中德博士后交流项目”资助31人。组织各类活动配合博士后国（境）外交流项目的开展。组织召开“香江学者计划”实施10周年暨第五届“香江学者计划”学术年会、“博士后国际交流计划引进项目”学术研讨会暨联谊会成立大会。会同京港学术交流中心、澳门科学技术协进会分别编印了《香江学者计划服务手册》《澳门青年学者计划服务手册》。

（五）博士后学术、人才与科技服务。

2020年，继续与全国博士后管理委员会办公室、有关省（区、市）及部门共同主办，由有关博士后设站单位承办，在全国分专业领域开展了36场博士后学术交流活动。活动涉及理学、工学、农学、医学、哲学社会科学等领域的30多个一级学科，来自全国700余家博士后设站单位的3 500余名博士后研究人员参加了活动，近340名专家应邀到会交流。活动收到论文1 300余篇，评选优秀论文500余篇。

与全国博士后管理委员会办公室共同印发《关于举办2020年博士后科技服务基层活动通知》，全年组织15批次“中国博士后科技服务团”，深入“三区三州”深度贫困地区、集中连片特困地区和挂牌督战县等地开展科技服务，向安徽金寨、湖北襄阳、湖南吉首、广东珠海、广西崇左、海南海口、四川阿坝、贵州毕节、云南丽江、云南怒江、西藏拉萨、甘肃定西、甘肃陇南、青海海东和河南等地共派出博士后研究人员及有关专家290余人次，对接项目210余个。在河南和山东青岛、江苏泰州、广东佛山、广东江门等地，联合开展博士后人才引荐及创新创业系列活动。

编印《2019博士后人才科技服务掠影》《2019全国博士后学术交流活动巡礼》，展示博士后人员服务地方发展、助力脱贫攻坚、开展学术交流的身影。

（六）博士后联谊会活动。

指导北京博士后联谊会理事会换届及开展联谊会日常工作。举办“中国博士后科学基金申请讲座”等活动。

（七）其他工作。

会同事业单位人事服务中心在福建厦门、广西南宁、云南昆明、江苏苏州分别举办四期“全国博士后工作管理人员培训班”。近600家设站单位及地区博士后管理部门的管理人员1 000余人参加。管理和维护中国博士后网站及中国博士后科学基金会网站。编辑出版《中国博士后工作年报（2019）》。“中国博士后”微信公众号全年共推出113期，编辑出版《中国博士后》杂志6期。

五、中国劳动学会

2020年，中国劳动学会全体理事会员单位认真学习贯彻习近平新时代中国特色社会主义思想，深入调查劳动领域重大实践问题，积极研究劳动法规和政策措施，是凝聚劳动研究多方力量、建设国家劳动智库的一年，是活跃学术交流和创新企业劳动管理的一年，是搭建“政产学研”平台、吸纳优秀人才、提升学会影响力、开拓学会新局面的一年，更是在抗击疫情特殊时期中快速调查出成果、助力劳动者返岗复工的一年。

（一）围绕防疫复工主题助力复工复产。

一是开展农民工节后复工30家企业快速调查。新年伊始，新冠肺炎疫情突如其来，学会利用春节假期，选取30家企业开展调查，针对农民工节后复工，提出“错峰返城，分批复工”的政策建议，国务院领导批示，国务院内参刊登。国务院农民工办发出通知，新华社、人民网、《中国劳动保障报》、《工商时报》、《劳动午报》等主流媒体给予重点报道。

二是开展防疫与复工“百企”快速调查。2月至8月间，学会与新华社中国经济信息社新华信用、新华财经联合开展了“百企复工”快速调查。学会制造业委员会（筹备）、新型建筑业委员会（筹备）、现代服务业委员会（筹备）、高技能人才与职业开发委员会、企业人力资源管理与开发委员会、劳务经济与境内劳务派遣委员会、劳动大数据委员会根据复工行业特点，分别对相关行业企业进行了快速调查，及时了解一线最新情况，深入分析各行业变化新特点，提出有针对性、可操作性的政策建议。调查企业涵盖中西部地区、大中小微型企业、国有民营企业以及境外企业，其中制造业企业130多家、大型建筑企业26家、家庭服务业与传统服务业和现代服务业企业38家、中小企业200多家、全国性人力资源服务业企业24家、世界500强企业典型代表38家，涉及农民工约500万人。向国务院参事室、国家发展改革委、人力资源社会保障部、中国科协等有关部门提交快速调查研究报告14篇，《人民日报》内参、新华社内参和国务院研究室、参事室内参选编5份，得到国务院领导及人力资源社会保障部、国务院参事室的多次批示。课题组撰写的《疫情防控与农民工复工百企调查》获第四届“费孝通田野调查奖”一等奖。各主流媒体、权威媒体、新媒体从不同视角连续登载相关报道56次。中央电视台、《人民日报》、人民网、《光明日报》、新华社新华信用、新华财经、《人民政协报》、《中国劳动保障报》和《工商时报》等多家主流媒体、权威媒体，以及腾讯新闻、今日头条、抖音等新媒体都多次进行了深入报道。

三是接受中央电视台、新华社、人民网等多家主流媒体防疫与复工专访。先后两次接受中央电视台“新闻1+1”栏目对农民工节后返城和农民工如何稳就业主题专访。在《光明日报》“大讲堂”以《完善服务，畅通渠道，助力农民工复工》为题演讲。在《瞭望》新闻周刊撰文《稳住农民工就稳住中国保就业基本盘》。在线参加数场人民网“强国论坛”，分别就复工保就业、职业技能教育、人工智能与数字化发展等进行专题交流。就人工智能训练师新职业进行网络研讨交流。应邀在新华社“新华信用大讲堂”、中央电视台“中国经济大讲堂”及中央人民广播电台经济台进行《后疫情时代拓展防疫与复工双兼顾创新》的演讲。应邀就疫情下红木企业如何复工在“央视频”进行交流，阐述学会各项科学有序复工复产措施和政策建议。

四是组织和参与支援武汉复工复产视频会议。3月正值疫情严峻之时，学会薪酬委员会举办“助力武汉复工复产”连线武汉的网络研讨。4月参加中国劳动保障报社联合湖北省人才服务局主办的“地坛之声”——湖北复工复产中的人力资源社会保障在线共商会系列活动，通过视频会议形式，与湖北省人社系统代表、国家级产业园代表、当地政府代表、重点复工企业、人力资源服务机构代表展开深入对话，支援武汉提信心、促和谐、稳就业、保供需，早日实现科学有序复工复产。

五是人民网隆重播发中国劳动学会给劳动者“五一”特殊时期的网课。紧紧围绕2020年让亿万劳动者过一个有意义的特别“五一”劳动节主题，人民网“五一”期间连续三天播放“给劳动者的一堂课”。同时，在“五一”期间接受凤凰卫视“问答神州”栏目“防疫与复工”专访，取得了良好的社会效果。

六是成功召开“防疫与劳动创新”研讨会暨八届二次理事会。9月6日，中国劳动学会与中国劳动和社会保障科学研究院、中国劳动关系学院、中国人民大学劳动人事学院、首都经济贸易大学劳动经济学院、劳动经济学会在北京联合召开“防疫与劳动创新”研讨会，搭建劳动研究交流大平台，创新全国主要劳动研究机构联合矩阵。会上，“政产学研”领域知名专家就防疫常态化、促进经济稳定、稳就业保民生、构建和谐劳动关系等问题交流研讨。大会得到政府有关部门、各类企业、高等院校、科研机构及科研工作者的广泛关注和积极参与，征集抗疫劳动创新观点论文和创新经验投稿近200篇，推选并公布防疫与复工百篇优秀论文和防疫与复工百企优秀案例名单。八届二次理事会作年度工作报告，审议并通过增补副会长、理事提名名单。

（二）围绕脱贫攻坚主题开展多项工作。

一是正式启动“2020农民工口述脱贫行动”。在人力资源社会保障部有关单位的指导下，联合新华财经、人民网财经、中国劳动和社会保障科学研究院、中国劳动保障报社、中联口述历史整理研究中心等单位正式启动开展“2020农民工口述脱贫行动”优秀案例征集工作，通过不同年龄、行业、地区、文化层次、生活背景的农民工口述纪实脱贫故事，以“切片式”报告记录历史，反映我国脱贫攻坚伟大历程和深远影响。

二是应邀参与“中国农民工博物馆”筹备建设。与重庆人社局、建川博物馆签订战略合作协议，参与“中国农民工博物馆”筹备建设。组织高层次权威性专家审议修订博物馆陈列大纲，梳理实物展品收集主线和框架结构，并协助收集部分实物展品。通过文字、图片、实物等，全面生动展示中国特色农民工发展道路，反映农民工在党领导下的光辉发展历程及其所做出的卓越贡献。

（三）紧密关注防疫中新型用工。

与阿里巴巴集团联合组织“外卖骑手就业的社会价值与群体关怀”学术研讨，与美团合作开展网约配送员职业发展研究，联合召开“新业态发展与劳动保障研讨会”，与贝壳找房合作开展居住服务者就业研究。与红海人力集团合作开发编写劳务派遣管理员职业标准，并已经人力资源社会保障部门户网站发布。疫情防控向好时，及时开展实地调研，走访生产一线、车间班组，与用工企业、劳动者进行座谈，及时了解企业和职工反映的劳动管理中遇到的困难和诉求，研判劳动用工新情况、新趋势。

（四）全力开展课题研究和学术活动。

一是承担多项国家省部级重大课题研究。紧密围绕中央防疫与复工中心工作，承担国务院参事室、国家发展改革委、人力资源社会保障部、农业农村部、中国科协等部门委托和中标的研究课题，主要有农民工技能提升与精准脱贫、中国农民工薪酬状况调查、新形势下协调农民工劳动关系难点问题研究、“十四五”时期农民工发展总体思路研究、农民工高技能人才开发的有效途径研究等。企业人力资源管理与开发专业委员会、劳动保障监察专业委员会完成换届并举办“疫情影响下人力资源管理创新发展研讨会”“新时代劳动保障监察研讨活动”。薪酬专业委员会成功举办“第十六届中国薪酬管理论坛”，接受央广网专题采访关于事业单位工资薪酬改革问题，召开收入分配消费养老、应对人口老龄化专题研讨会，开展科技人才薪酬激励调查，收回企业问卷1 000多份，个人问卷近2 000份，收到良好的社会效果。劳动科学教育分会成功举办“后疫情时代的劳动科学展望”征文研讨活动。劳务经济与境内劳务派遣委员会成功举办“新经济业态下灵活就业人员用工和社保管理”研讨等活动，启动“灵活就业用工”课题研究。劳动大数据专业委员会利用大数据技术为人力资源社会保障部百日千万网络招聘活动、“就业扶贫直通车”、大学生“就业在线”活动提供实时动态岗位。

二是探索创新研究组织方式。学会整合有关优质资源，创新研究方式，成立“职教智汇”课题组，与退役军人事务部培训中心合作开展研试项目，探索新时期新技能培训与新就业形态相结合的人力资源开发模式，组织推动劳动者新职业新技能培训与新就业形态相结合的人才培养试点工作取得初步成果。

（五）开拓创新社团工作方式。

更新学会网站，开设微信公众号，将每月例会与集中办好年会有机结合，发挥秘书处和各委员会中青年专家担任秘书长、副秘书长的骨干作用，联合全国主要劳动研究机构，依托各行业龙头企业，发挥劳动科学平台优势，凝聚学会积极分子和理事会员单位力量。

2020年，面对疫情，学会向全体理事发出战疫情的倡议，广大理事会员单位积极响应党的号召，同心助力打赢疫情防控阻击战。疫情严峻时，学会平台上互助口罩等防疫物资，有序复工时，相互交流经验、互通信息。全体理事单位特别是广大党员理事坚决落实党中央的部署，认真做好疫情防控与复工复产工作。理事会员单位中，从生产疫情防控急需物资的企业、复工生产的企业，到保障城市副食品供应的企业、交通物流保障企业，都纷纷加入战疫情的行列中，以实际行动诠释了新时代用工企业的担当。

六、中国社会保险学会

（一）课题研究。

一是抓好重点课题研究。完成4项重点课题：“职工养老保险全国统筹的社保经办管理体制研究”“新业态从业人员社会保险研究”“我国职工基本养老保险养老金待遇确定机制研究”和“中国社会保险经验生命表（2020）编制研究”。

“职工养老保险全国统筹的社保经办管理体制研究”于5月结题。该项研究探寻了我国养老保险统筹与经办管理体制的沿革，梳理了社保经办管理体制的现状，揭示了社保经办管理体制现存的普遍矛盾和问题，比较了社保经办系统管理模式的利弊，阐释并分析了典型国家养老保险管理体制和我国创新养老保险经办管理体制的治理方向，提出了全国统筹养老保险经办管理体制改革方案和政策建议。

“新业态从业人员社会保险研究”于11月结题。该项研究系统梳理了新业态劳动关系和发展趋势，厘清了新业态典型特征和劳动关系现状，归纳了全国多个地区促进新业态从业人员参加社保的实践和探索，借鉴了国际劳工组织和典型国家应对新型劳动关系的经验，重点分析了新业态从业人员参加社会保险所面临的新问题和新挑战，回应了如何适应并包容新业态从业人员的新需求，提出了完善新业态从业人员社会保险的政策建议。

“我国职工基本养老保险养老金待遇确定机制研究”于11月结题。该项研究立足基本养老保险实际，梳理了我国基本养老保险待遇确定机制演进历程，重点研究和分析了基本养老保险待遇确定和调整环节存在的问题，借鉴了典型国家养老保险待遇确定机制的做法与经验。基于基本养老保险全国统筹的视角，从基本养老保险初始待遇确定机制和待遇调整机制改革等方面，较系统地提出了完善我国基本养老保险待遇确定机制的政策建议。

“中国社会保险经验生命表（2020）编制研究”于12月结题。该项研究分为《社保生命表研究分析报告》和《社保生命表编制报告》两个部分。第一部分依据社保生命表的数据，分析对现行养老保险及其他社会保险政策、标准的影响领域、方向和深度，提出完善制度、优化政策的建议。第二部分重点阐述编制社保生命表的数据采集、整理方法，技术路径和专业工具，与其他生命表对比分析的情形等，论证社保生命表编制的科学性，同时揭示数据体现的特征，为政策改进提供支持和启示。

这4项重点课题研究成果分别呈报国务院有关领导同志，报送人力资源社会保障部等国家有关部门负责同志，送阅人力资源社会保障部有关单位、有关地方人力资源社会保障部门及部分专家学者。

二是推进常规性课题研究。其中，“中国社会保险管理服务发展报告（2018—2019）”于12月完成。该报告是社会保险管理服务领域系列蓝皮书的第四部，继续采用“总论+主报告+专题报告+专论”的总体架构。报告记录了两年来我国社会保险管理服务工作的总体面貌，收录了基本数据和指标，反映了各地探索改革创新的主要经验，重点描述了社会保险管理服务重大问题研究进展和70年来探索与建立中国特色社会保险体系的艰辛历程、基本经验。

“企业年金和职业年金基金管理配套政策系列研究”的两个子课题（“集合计划管理模式优化研究”和“投管人行业性建议和规则研究”）分别于8月和12月完成。前一个课题收集整理了近年来集合计划管理数据信息等相关资料，梳理和分析了企业年金集合计划管理现状、存在的问题和原因，研究并阐述了如何在计划管理、投资选择、收益提升、风险管控等方面更好地发挥受托人作用以及优化改进集合计划受托管理模式；后一个课题主要是向市场传递养老金资金的正确投资理念，在年金市场中建立科学的考核评价体系，开展了测算模型设计、数据库架构搭建等工作。

此外，继续推进综合性公证养老服务研究、人社信用体系建设及社保数据社会化应用研究、成都市武侯区相互保险与长期护理保险结合创新研究等课题研究工作，启动河北省社会保险基金安全评估指标及结果科学性论证研究。

三是应对疫情合理安排课题工作。受疫情影响，课题研究工作与以往有所不同。疫情期间，更多的是采用线上方式开展课题研讨，各课题组多次召开视频会议，就课题内容和各阶段报告进行研究和讨论。由于疫情影响，人员流动受到一定限制，难以到现场调研，更多的是通过网络、电话等形式，将实地调研转到线上。同时，各课题组重新梳理研究程序，由简到难、由急到缓调整进度，对确需到现场获取一手材料的可暂缓开展，对已有翔实材料的研究先行开展，努力将疫情对课题研究的影响降到最低。

（二）学术活动。

国内疫情平稳后，重启学术交流活动。10月下旬，与河北省人力资源社会保障厅、河北雄安新区管理委员会共同举办了“雄安新区社会保障研讨会”。会议贯彻中央关于建设雄安新区的战略部署，立足当前，放眼长远，汇集众智，为创新雄安新区社会保障制度和完善全国社会保障体系出谋划策。人力资源社会保障部有关单位，北京、天津、河北、上海浦东新区、深圳经济特区、苏州工业园区等地方人力资源社会保障部门，以及中国社会科学院、清华大学、中国人民大学、浙江大学、西安交通大学等高校和科研机构的业内专家齐聚一堂，围绕雄安新区建设规划，就社会保障体系框架的构建、京津冀养老保险水平的调节和关系转接、医疗保障政策与管理、工伤保险政策与管理、被征地群众的社会保障政策、社会保障管理服务体系建设及运行机制等进行研讨与交流。会后，将与会人员发言材料编辑成集作为研讨成果，与有关方面分享。

各分支机构举办的线上或线下学术活动主要有：多层次多元化医疗保障经办体系建设研讨会、DRGs支付方式改革相配套的医保基金监管方式研讨会、青岛市长期护理保险地方标准研讨会、企业年金理事会和委托人专业组会议等。同时，应有关学术机构或单位的邀请，参与了多项学术研讨和交流活动。

（三）境外交往。

按计划，2020年由中国社会保险学会承办“第十二届养老保险研讨会”，但突如其来的疫情，使研讨会筹备工作受到严重影响。由于当时不确定因素较多，经征求香港退休计划协会、澳门社会保障学会和台湾退休基金协会意见，各方一致决定将研讨会推迟至2021年召开，仍由中国社会保险学会承办。为保持正常的学术交流，10月下旬，中国社会保险学会、香港退休计划协会、澳门社会保障学会、台湾退休基金协会以线上方式召开了“养老保险视频交流会”，分享一年来的工作和各地养老保险应对疫情的政策措施，并对2021年的研讨会提出意见和建议。

（四）党建工作。

坚持把党的政治建设放在首位，组织党员和全体工作人员深入学习贯彻习近平新时代中国特色社会主义思想，及时传达党中央和人力资源社会保障部党组的重要会议、文件、指示精神，教育党员和全体工作人员不断增强“四个意识”，坚定“四个自信”，带头做到“两个维护”。推进党风廉政建设，严格落实中央八项规定和人力资源社会保障部党组九项规定，持续整治“四风”，深化反腐倡廉教育。组织党员积极参加中国劳动和社会保障科学研究院第四党支部组织的日常学习、专题学习和相关培训活动，参加“三会一课”、专题组织生活会。

（五）其他工作。

支持和配合人力资源社会保障部第一巡视组开展工作，服从巡视安排，认真提供巡视组所需要的各种材料，组织全体工作人员与巡视组座谈。

承担企业年金数据统计工作，按季度编发全国企业年金基金业务数据摘要和行业信息披露工作情况简报。参与“养老保障基金投资运营监管系统”开发项目，组织系统测试、制定和完善操作规程、做好系统应用培训和答疑解惑等工作，保障系统（一期）上线运行。完善学会课题管理办法，按规定做好课题管理工作，对有关会员主持的研究课题给予支持。按照疫情防控要求，做好课题研究、学术活动的组织与管理。

七、中国职工教育和职业培训协会

2020年，面对疫情，中国职工教育和职业培训协会（以下简称中国职协）按照部党组的有关要求，在部有关单位的指导下，在会员单位的支持配合下，贯彻落实人力资源社会保障部关于职业培训和技能人才工作安排部署，克服种种不利因素，坚持做好以下工作任务。

（一）主动配合职业技能提升行动有关安排，积极开展督导宣传工作。

职业技能提升行动是党中央、国务院赋予人力资源社会保障部的重大技能人才培养工程、惠企利民工程。中国职协切实提高政治站位，积极投入部职业技能提升行动领导小组办公室工作。

组织31个省（区、市）和新疆生产建设兵团逐月精准填报职业技能提升行动各项数据，经过专班审核、汇总、分析，形成对账表和相关分析报告，经领导审核后报送国务院办公厅。根据行动出台的重要文件、重点活动和重要成果宣传要求，撰写20余篇新闻通稿，精准解读政策，发布成果。组织地方人社部门撰写反映地方工作进展情况、创新做法和典型经验的新闻稿件40余篇，通过编辑加工，推荐给中央媒体和部属媒体刊发。高质量办好部门户网站职业技能提升行动专栏，将其打造成反映职业技能提升行动内容最全面、更新最及时、随时可查询的信息平台，该专栏共发布1 800余篇文稿。7月15日至21日，利用12333人社系统政策咨询平台开展全国范围的职业技能提升行动咨询服务周活动，宣传技能提升行动政策，动员各方积极参与。组织中央和部属媒体赴四川和湖南开展技能扶贫“走基层”采访活动，深入报道技能提升行动帮助的贫困劳动者通过掌握一技之长实现就业创业摆脱贫困的生动实践。克服疫情影响，精心组织10期人社系统干部职业技能提升行动专题培训班，共培训干部1 000多人。通过精准化的政策解读和充分的面对面交流，让市县的人社干部准确掌握政策，解开思想疑惑，分享各地经验，有力推动工作。会同中国人力资源和社会保障出版集团拍摄了反映职业技能提升行动一周年成果的宣传片，制作了5集形象宣传职业技能提升专项政策系列动画短视频，通过抖音、快手等大众平台反复播放，有力扩展了职业技能提升行动的知名度和影响力。编印出版《中国培训》职业技能提升行动专刊、以工代训政策宣传折页、《中国就业专刊》等纸质宣传产品，免费赠送地方人社部门。

（二）紧紧围绕人社扶贫目标任务，助力技能扶贫工作。

围绕人力资源社会保障部脱贫攻坚整体工作部署，按照技能扶贫专项组具体工作要求，积极推动技能扶贫有关工作深入开展。

开展技工院校学生资助工作。按照人力资源社会保障部办公厅《关于做好2020年技工院校学生资助工作的通知》（人社厅发〔2020〕20号）的部署，于5月与11月分别与国务院扶贫办进行2次数据比对，提取在技工院校就读的建档立卡贫困家庭学生数据，作为认定家庭经济困难学生、实现精准资助的参考依据。根据比对结果，春季和秋季学期在技工院校就读的建档立卡贫困家庭学生分别为23万人和29万人。指导各地按照政策和制度要求，及时完成春秋两季新生学籍注册和审批工作，严格开展受助学生资格认定、免学费和助学金申报审批等工作。在信息系统中实行实名制用户管理，各级各类用户实行专人负责制，切实压实工作职责，进一步提高学生资助精准度。9月，根据人力资源社会保障部办公厅《关于开展全国技工院校学生资助管理专项核查工作的通知》（人社厅函〔2020〕138号）要求，组织各地开展全面核查，确保资助政策落实到位，重点核查大龄学生享受资助和学籍异动情况，防范资助资金风险。与教育部学生资助中心对实际申请免学费与助学金学生数据进行比对，并将比对结果印发各地进行核实处理。10月，在北京组织召开技工院校学生资助工作座谈会。

开展中职奖学金评审工作。5月与全国学生资助中心下达2020年奖学金分配名额，9月组织各地开展评审工作，经与教育、财政部门共同组织全国评审、集体决议，4 598名技工院校学生获得中等职业教育国家奖学金。对获得中职奖学金的贫困家庭学生事迹进行宣传。为做好宣传，2020年5月初，与教育部在《人民日报》对获得中职国家奖学金的110名学生代表进行宣传，其中包括10名技工院校学生；通过《中国劳动保障报》《中国培训》等报刊对100名技工院校获奖学生代表进行宣传；通过“技能中国”公众号连载了部分获奖学生事迹，引导青少年就读技工院校，学习技能。

（三）加强理论研究，开展课题研究工作。

完成交办的课题研究任务。配合行政部门制定政策，中国职协积极开展课题研究，撰写完成《以工代训补贴政策实施情况报告》《“十四五”时期建设高技能人才培训基地规划建议报告》，发挥了智囊作用。

承担制冷维修三工种职业技能题库建设策略课题研究工作。制冷工、制冷空调系统安装维修工、中央空调系统运行操作员三个工种的职业技能标准于2018年正式颁布。三工种的题库建设策略课题重点聚焦题库开发的指导思想、开发原则、开发的主要内容和题目编排形式、题目信息化管理等方面。通过实地走访和电话调查，中国职协了解了苏州大学、天津职业大学、金华技师学院、杭州技师学院、黄冈职业技术学院、格力电器集团公司等单位在制冷维修三工种职业技能题库建设方面的经验和做法，吸收有关成果，撰写了制冷维修三工种职业技能题库建设策略课题研究报告，为推动相关工种职业等级评价工作贡献了力量。

自选课题研究。根据会员单位需求，中国职协自主开展大学生就业方略、职业技能提升行动实施情况、技能提升行动宣传工作模式、高质量就业与大规模职业培训等方向的课题研究，撰写研究报告，开发宣讲课件。相关成果通过报刊发表和受邀到人社系统职业技能提升行动系列培训班，到地方人社部门、残疾人联合会、高等院校等单位宣讲的形式，在助力政策措施落实方面贡献了力量。

（四）充分发挥社团学术智库力量，组织专家持续推进制冷项目。

起草制冷职业技能标准政策研究项目专家咨询服务合同，召开办公会讨论通过并与专家签订正式合同。完成制冷维修相关职业国家职业技能标准和职业技能鉴定标准政策研究报告、项目进展报告并提交环境保护部对外合作与交流中心审核。组织专家召开制冷维修相关职业国家职业技能标准和职业技能鉴定标准政策研究项目评审会。完成中国制冷维修行业良好操作培训项目第二阶段中期总结报告，提交环境保护部对外合作与交流中心审核并验收通过。完成5家中国制冷维修行业良好操作培训项目第二阶段培训中心提交的中期报告的审核工作并将意见反馈环境保护部对外合作与交流中心。完成1家区域级制冷良好操作培训中心的实地考察调研工作。

（五）强化宣传引导，营造技能人才成长成才良好社会氛围。

充分发挥社会团体宣传平台重要作用，在巩固《中国培训》杂志作为职业能力建设领域一个重要宣传阵地的基础上，进一步提升稿件质量，集中报道典型人物和典型事迹，广泛宣传技能人才培养工作，提高杂志的理论性和可读性。注重发挥中国职协网站和微信公众号作用，及时准确传递重要工作和活动，推广经验做法，交流工作信息，推进改革创新，为营造技能人才队伍建设的良好氛围发挥舆论引导作用。

中国职协在各项活动中，坚持以习近平新时代中国特色社会主义思想为指导，扎实开展“不忘初心、牢记使命”主题教育，认真组织“两学一做”学习教育，全面落实“三会一课”制度，狠抓党风廉政建设，深入开展党员干部和职工队伍思想教育，不断增强“四个意识”，坚定“四个自信”，坚决做到“两个维护”，以党建工作保障和促进业务工作开展。

八、中国就业促进会

2020年是全面建成小康社会和“十三五”规划收官之年，也是全国人民共同抗击新冠肺炎疫情的攻坚之年。在这一年中，中国就业促进会（以下简称就促会）以党的十九届四中、五中全会精神为指引，在人力资源社会保障部的指导下，秉持服务大局促进就业宗旨，充分发挥参谋助手和桥梁纽带作用，积极助力抗疫复工稳就业保就业，取得积极成效。

（一）聚焦助力抗疫复工稳就业，积极建言献策。

一是及时提出复工复产与推行健康码有机结合的建议。围绕解决疫情防控与推进复工复产两难问题，及时研究报送关于推动复工复产与推行健康码有机结合的建议，并向广大会员发出倡议书，号召会员单位在复工复产中推广使用健康码。所提建议得到部党组高度重视，组织协调有关部门，联合发文部署安排，为推进安全有序复工复产发挥积极作用。

二是加强就业形势分析研判。受部有关单位委托，每季度以网络会议、特约稿件等方式组织专家学者对就业形势进行分析研判，剖析存在问题，提出稳就业保就业政策建议，并将研究成果及时报送部领导和有关业务司局，以及国务院有关部门，供决策参考并作为当下稳就业政策应出尽出的备件。研究所提建议得到部领导的高度重视，并多次作出重要批示。

三是开展当前就业痛点难点问题研究。受中国劳动和社会保障科学研究院委托，跟踪分析当前形势下推进稳就业保就业的痛点难点，特别是稳就业政策实施中的堵点断点，对进一步做好稳就业保就业工作建言献策，组织完成课题研究报告。同时，及时梳理总结稳就业政策要点和就业服务创新实招亮点，为推进政策理论研究和服务稳就业保就业工作提供参考借鉴。

四是发挥智库作用积极建言献策。先后提出跨地区人力资源供需对接突破属地化管理的断点、推动线上职业培训发展解决好与企业需求对接的痛点、重点地区及地域内重点行业企业政策再加码、构建新型职业培训供给平台解决供需对接瓶颈问题和加强新就业形态劳动者权益保障补齐短板等五项建议案，供制定政策参考。

五是运用互联网技术组织线上交流研讨。利用互联网信息技术，建立聚焦中国就业高峰论坛群、中外抗疫复工稳就业做法交流群等各类就业专项交流微信群，邀请中外知名专家持续关注宏观经济和就业发展变化，及时进行线上研讨交流，把脉形势走向，为做好稳就业工作积极建言。

（二）聚焦就业热点难点，强化政策理论研究。

一是作为第三方组织开展“十三五”促进就业规划评估工作。全面客观评价规划确定的发展目标、主要任务、重大工程项目、保障措施等落实情况，总结分析取得的成效及经验、存在的问题及原因，同时结合新时期国内外发展环境变化，对科学编制“十四五”规划、完善规划实施工作机制等提出对策建议。

二是开展构建职业培训供需平台和创新资金使用管理研究。为配合技能提升行动计划，与阿里研究院合作开展构建职业培训供需平台和创新资金使用管理研究课题。在组织平台企业网络调研，开展技术研讨交流，广泛征求意见基础上，组织完成研究报告，对推进职业培训供给侧改革提出可行性对策建议和解决方案，并将研究成果提供有关方面，作为推动工作的重要参考。

三是组织开展新形势下劳务品牌宣传与提升路径研究。在前期典型劳务品牌选树、实地调研和经验交流的基础上，组织开展问卷调查、专题研讨和分析研究，深入探讨劳务品牌内在发展规律，挖掘其内生需求，进一步提出劳务品牌在新时期提升的路径和加强宣传推广的建议。

四是组织调查中央及国有企业招聘应届高校毕业生情况。充分利用部委托央企招聘应届高校毕业生信息公开发布项目联络机制，摸查应届高校毕业生招聘情况，并对近两年数据进行处理分析，对央企招聘亮点难点进行汇总整理，撰写央企招聘调查分析报告，供行政部门决策参考。积极动员中央及国有企业参与高校毕业生专场招聘活动。

五是启动企业促进青年就业调查研究。以麦当劳为例组织调查和实证研究，分析当代青年就业特点，深入挖掘企业吸引、稳定和提升青年就业的深层次因素，找到青年、企业和政府之间推动青年人就业的契合点，研究提出促进青年就业的对策措施，已完成麦当劳中国全体员工数据调查工作，并撰写了数据分析报告。

（三）聚焦就业中心工作，加大宣传频度力度。

一是编写《抗疫复工进行时——亮点难点观点汇编》电子专刊。积极宣介国家稳就业新政策、地方落实政策推进复工复产新举措，及时反映基层部门、企业一线遇到的新问题和有关专家提出的对策建议，为行政决策和地方落实政策提供参考。全年共编发 17 期通信电子专刊。

二是编译《中国抗疫复工稳就业做法交流》中英文双语专刊。组织开展防疫复工稳就业中外做法线上交流，编译《中国抗疫复工稳就业做法交流》专刊，宣介中国抗疫复工稳就业做法和国内外最新研究成果，促进国内外经验做法交流和研究成果互通互鉴。全年共编发 12 期双语电子专刊。

三是全方位宣传抗疫复工稳就业新政实招。充分发挥就促会微信公众号、《中国就业》杂志及微信交流群作用，及时跟进报道抗疫复工稳就业保就业、脱贫攻坚等最新政策和成果经验。微信公众号发布增加频次力度，由每周 1 期增至 3 期，全年共发布 122 期约 760 余条信息。《中国就业》杂志开设专栏集中宣传，并积极组织完成行政部门交办的“职业技能提升行动特刊”出版任务，得到充分肯定。

四是编写《推进全方位公共就业服务最新实践》书稿。在不到两个月时间里完成了 32 个地方典型材料、各地抗击疫情公共就业服务创新做法等编辑整理和专家点评工作，为深化落实全方位公共就业服务总体部署，更好服务稳就业保就业提供参考借鉴。

五是组织就业相关书籍编写工作。完成庆祝新中国成立 70 周年外宣图书《中国的就业》和《聚焦中国就业》系列丛书编写工作，为宣介中国就业改革发展成就，推广地方就业创新亮点发挥积极作用。就促会编撰的《就业优先政策研究与探索》被选入中央党校学习的推荐参考书目。

六是组织开展年度中国就业十件大事和地方就业创新事件推荐评选活动。在地方推荐的基础上，结合就促会收集的有关资料，重点突出抗疫复工稳就业保就业，组织开展评选活动，反映年度抗疫复工稳就业保就业工作成果和突出亮点。继续组织发行2021年版就业创业指南宣传品，结合复工稳就业新政进行改版，助力脱贫攻坚和农村劳动者就业创业。

（四）聚焦就业新发展新变化，广泛搭建交流平台。

一是加强“一带一路”人力资源研究中心智库建设。启动“一带一路”人力资源高端智库，以“聚集专家凝聚共识建言献策助发展”为主题，围绕推动“一带一路”人力资源领域研究和人力资源建设进行研讨交流，增添活力。

二是加强中国新就业形态研究中心平台建设。利用与首都经济贸易大学等单位共建的新就业形态研究中心平台资源，组织召开新就业形态创新发展线上研讨会。积极参与中国科协、全国妇联、阿里研究院举办的数字经济与平台经济高峰论坛、新经济新就业新价值研讨和数字经济新就业研讨活动，为更好发挥新就业形态稳就业作用积极建言。

三是依托专业委员会开展就业促进专项活动。依托公共就业服务专业委员会与有关单位共同举办首届公共就业服务专项业务竞赛，推动全方位公共就业服务再上新台阶。依托创业专业委员会召开创业培训技术线上研讨会，围绕第三届创业培训讲师大赛及网创赛道对应课程升级等进行专题研讨。依托失业保险专业委员会，组织《“十三五”促进就业规划》总结评估数据资料收集整理工作。

四是多渠道发声助力稳就业工作。积极协助并参与中国劳动和社会保障科学研究院、中国人民大学、麦当劳、麦斯特人力资源有限公司、湖北省就促会、江苏省残联等单位举办的稳就业论坛、国际就业研讨、青年就业研讨、人力资源论坛、残疾人事业一体化发展等线上线下研讨活动，及时分享新成果新经验，并全力提供技术支持，为推进稳就业工作加油助力。

（五）聚焦社团规范管理，持续推进组织建设。

一是夯实制度建设。坚持会议制度，按时召开理事会，审议章程修订、人员调整等事项，及时通报交流工作。建立网络办公扩大会、秘书处防疫报备、网络例会制度，有序推进工作。研究制定合作活动管理、项目经费管理等办法，规范社团管理。按照有关要求，稳步推进与政府部门脱钩事项。

二是强化会员服务。加强与会员线上联系，及时传达就促会助力抗疫复工稳就业工作动态，动员引导广大会员发挥自身优势投入抗疫复工稳就业保就业工作，指导支持地方就促会和会员单位围绕稳就业保就业组织各类专项活动。

三是创新工作方式。为疫情防控建立网络办公机制，运用微信群组及时沟通信息调度工作，确保在做好疫情防控的同时稳步推进各项工作。发挥老同志“传帮带”优势，建立新老结合模式，由老同志指导把关，鼓励青年同志积极参与重大项目研究、就业书籍编写等工作，在实践中锻炼，既保证了质量又提升了青年同志的业务能力。

四是加强党建引领。充分发挥党支部战斗堡垒作用，通过网络“微”课堂，专题“云”研讨，组织参观交流等形式，引导秘书处同志积极投入抗疫复工稳就业保就业工作，推进党建与业务工作的深度融合。

五是助力就业扶贫。向贫困县村捐赠就业系列图书。邀请人力资源社会保障部定点扶贫单位参加就促会组织的研讨交流活动，并为其提供经费支持。利用《中国就业》杂志和就促会公众号开设就业扶贫专栏，并为定点扶贫单位免费刊登公益广告。

地方人力资源和社会保障工作

北 京 市

2020年，北京市人力资源社会保障系统以习近平新时代中国特色社会主义思想为指导，深入贯彻党的十九大和十九届二中、三中、四中、五中全会精神，深入贯彻习近平总书记对北京重要讲话精神，坚决贯彻落实党中央、国务院“六稳”“六保”决策部署及市委、市政府要求，围绕疫情防控和经济社会发展大局，践行以人民为中心的发展思想，坚持党建引领，稳中求进、改革创新，各项目标任务圆满完成，有力促进了首都高质量发展。

一、以空前力度应对空前冲击，全力以赴稳就业保就业，牢牢守住就业“基本盘”

（一）密集出台多项援企稳岗政策，全面稳企稳岗保就业。

坚持把保市场主体作为保就业关键，及时打出“减免缓返补”政策“组合拳”，全年“减免缓”三项社保费1 220.9亿元，核准返还失业保险费47.6亿元，发放岗位补贴、社保补贴等就业补贴72.7亿元。聚焦科技创新、城市运行保障、生活性服务业等重点领域，创新推出以训稳岗、以工代训举措，开展补贴性培训112.4万人次，全力帮助企业渡难关稳岗位。针对滞留湖北未返京人员，给予用人单位临时性岗位补贴。全年城镇新增就业26.1万人，四个季度城镇调查失业率分别为4.3%、4.8%、4.5%和4.1%，就业市场活跃度逐步回升，保持平稳运行。

（二）迅速搭建多个用工服务平台，全天候保障企业用工需求。

搭建就业超市急聘平台、共享用工平台、外来务工人员有序返岗共享服务平台、高校毕业生网上招聘平台，四网平台联动提供全天候线上服务，24小时调度保障重点企业用工。人社服务专员提供“一对一”服务。“点对点”组织农民工有序返京。推行“共享”用工服务模式，化解劳动力“闲置”和企业“缺口”问题。

（三）及时采取多种精准帮扶措施，全力守住重点群体就业底线。

出台《关于应对新冠肺炎疫情影响促进高校毕业生就业工作的若干措施》，创造性推出供需精准匹配的“京尤码”，促进高校毕业生市场化社会化就业，北京生源高校毕业生就业率达95.9%，有就业意愿的困难家庭高校毕业生全部就业。开发城市公共服务岗位，鼓励返乡下乡创业就业，实施就业基础薄弱村专项行动，扩大公益性岗位托底安置，帮扶14.1万名城乡就业困难人员就业，实现零就业家庭动态清零。

（四）持续强化线上线下多点发力，全链条优化就业服务。

升级“互联网+就业”服务，开展失业保险金申领、就业补贴审批等线上不打烊服务。制定人力资源市场政府规章，高标准建设国家级人力资源服务产业园区通州园、海淀园。成功举办第三届“创业北京”创业创新大赛，推荐5个项目参加第四届“中国创翼”创业创新大赛全国比赛。大学生创业板累计服务147家创业企业、注册资本超过12亿元。

（五）深度聚合多方数据资源，全方位开展就业形势监测预警。

制定“保居民就业”重点参考指标，集成政府和市场大数据，搭建“六位一体”就业形势监测体系，动态更新预警企业、即时服务企业、后备企业“三张清单”，制定防范和应对大规模裁员失业风险预案，守住不发生大规模失业底线。

二、坚持兜底线、织密网、建机制，积极稳妥深化改革，城乡统一、覆盖全民的社会保障体系更加健全

（一）深化改革，推进养老保险体系建设。

完成城乡居民养老保险基金市级统筹，社会保障率先实现城乡全面统筹、制度完全统一。深化机关事业单位养老保险制度改革，推进改革后退休人员待遇平稳衔接。

（二）助力“放管服”改革，打造高效便捷社保服务体系。

叠加实施降低社保费率政策和社保费“减免缓”政策，有力帮助市场主体渡过难关、持续发展。优化社保网上服务平台，新增退休核准、劳动能力视频鉴定等“网上办”服务功能，社会化管理退休人员累计达到210余万人。推出电子社保卡，申领933.2万人次。民生卡“多卡合一”建设取得新进展。

（三）健全待遇调整机制，稳步提高社保待遇水平。

完善退休人员基本养老金调整办法，实现企业和机关事业单位调整办法与印发文件“双统一”，挂钩调整因素与调整标准的“双统一”，确保养老金按时足额发放。应对疫情及时出台工伤快速认定及待遇快捷支付政策，推进工伤保险按项目参保扩面工作。各项社保待遇稳步提高。

（四）加强社保基金管理，确保安全平稳运行。

稳妥实施基金投资运营，与全国社保基金理事会签订委托投资合同，最大限度实现基金保值增值，社保制度运行物质基础更加坚实。持续加大风险防控和监督检查力度，在全市范围开展社会保险基金专项检查，重要事项延伸至企业。

（五）完成国企退休人员社会化管理改革任务。

在京央企、市属国有企业和区属国有企业共123.5万名退休人员实行属地社会化管理，全市企业退休人员社会化管理服务总量达210余万人。印发《关于聘用社会化管理服务专员的通知》，建立社会化管理服务专员管理制度。为迁安矿区退休人员就地提供与北京市无差别的社会化管理服务。

三、把准定位、乘势而上，不断健全人才人事体制机制，人才支撑作用日益凸显

（一）做好疫情防控人才服务与表彰。

出台一揽子服务疫情防控人才政策，在全国率先出台关心关爱医务人员和防疫工作者“北京方案”。组织完成国家级抗疫表彰评选推荐和市级抗疫表彰工作，推荐的73名先进个人、25个先进集体受到党中央、国务院表彰，以市委、市政府名义对抗疫1 001名先进个人、308个先进集体进行表彰。发放“中国人民志愿军抗美援朝出国作战70周年”纪念章6 978枚。

（二）强化专业技术人才队伍建设。

全面推进职称分系列改革，新增设人工智能、技术经纪等职称专业。在全国率先提出自然科学和哲学社会科学职称制度改革“北京办法”，实行科研人员自主评价和社会化评价的分类管理模式。新增设85家博士后科研工作站，市属博士后科研工作站达到437个、流动站51个，覆盖全市十大“高精尖”产业领域。

（三）加强技能人才队伍建设。

推行高技能人才清单式培养和企业新型学徒制，全面推行企业和技工院校技能等级认定，持续深化企校融合培养人才，开展第三方评价试点，加快培养紧缺急需技能人才。

（四）推进事业单位人事制度改革。

制定事业单位改革人员管理和安置措施。出台事业单位人员奖励办法，激励事业单位工作人员担当作为、干事创业。开展脱贫攻坚专项奖励，坚持向一线基层岗位倾斜，向脱贫攻坚任务重、难度大的贫困地区倾斜，向脱贫成效明显的地区倾斜。

（五）健全人力资源开发机制。

修订积分落户操作管理细则，6 032 人取得落户资格。编制《北京市新基建、新场景、新消费、新开放、新服务重点产业领域人力资源开发目录（2020 年版）》。全市专业技术人才和技能人才总量分别为 386.6 万、363 万，人才队伍素质和结构明显改善。全面放开外商投资人力资源服务准入限制，在全市范围内实施人力资源服务许可告知承诺审批制度改革，组织人力资源服务企业首次亮相中国国际服贸会。

四、完善调处和服务机制，持续加大治理力度，劳动关系保持和谐稳定

（一）全国率先施行电子劳动合同。

发布《关于推进电子劳动合同相关工作的实施意见》，首次为电子劳动合同建章立制，推动纸质劳动合同逐步进入电子化新时代。全年全市电子劳动合同总数达 44 万份，涉及企业 1 800 多户。指导北京人力资源行业协会建立电子劳动合同诚信联盟，积极发挥行业自律作用。

（二）建立全国首个劳动关系风险监测预警平台。

初步实现社情舆情实时监测、区域风险分布展示、分级预警、调度处置等功能，进一步强化劳动关系预警监测工作的“三全、三早、三对接”机制，即实现全时、全网、全库的企业监测，对风险企业的监测预警实现早发现、早预警、早处置，对接职工权益保护、转岗转业技能培训、再就业服务。全年共监测预警 2 116 家包括裁员降薪在内的风险隐患企业，有效实现防风险、保就业、保民生、保市场主体。

（三）在全国率先出台劳动保障轻微违法行为不予行政处罚清单。

出台《轻微违法行为不予行政处罚清单（第一版）》，对列入清单的 29 项行政处罚事项，符合轻微违法情形的，实行用人单位签署守法诚信承诺书、人社部门出具劳动保障监察建议书、制作不予行政处罚决定书“一案三书”监管，促使用人单位守法诚信。

（四）多元化解劳动人事争议。

完善劳动人事争议多元化解机制，联合市高院出台疫情期间劳动争议案件法律适用问题解答，发布涉疫情劳动争议仲裁十大典型案例。搭建“云仲裁庭”，推动“互联网+调解”。全市调解仲裁机构处理劳动人事争议 16.4 万件，其中仲裁立案 11 万余件。

（五）提升监察执法效能。

出台《关于健全完善保障农民工工资支付制度机制建设的意见》，推广建筑领域根治农民工欠薪“项目实施全流程、资金流动全环节、时间节点全周期”管理模式，全年为 6 212 名农民工追发工资近 1.2 亿元。

（六）完善企业工资收入分配调控机制。

推动国企工资决定机制改革，发布工资指导线、工资调控水平和调控目标，完善企业职工工资正常增长机制和工资支付保障长效机制。

五、不断强化工作统筹，积极转变工作方式，确保扶贫支援工作稳妥有序推进

（一）强化政策保障，为就业扶贫提供强力支撑。

与北京市扶贫支援办和河北、内蒙古人社厅及扶贫办分别或联合印发有关进一步做好京冀、京蒙劳务协作促进贫困劳动力稳就业工作的通知，从提高劳务协作组织化程度、加大稳就业政策支持力度、做好稳就业服务保障工作等方面明确政策措施。向河北、内蒙古的省市县镇四级就业服务部门发放就业扶贫三十问答宣传手册、百姓就业扶贫专刊，帮助扶贫干部和贫困人员认识、理解、运用北京市就业帮扶政策。

（二）克服疫情影响，做好“点对点”返岗复工。

印发《关于做好疫情防控期间人力社保扶贫协作工作的通知》《关于做好重点地区返岗复工劳务协作保障工作的通知》，成立农民工返京复工运输工作专班，与河北、内蒙古等14个劳务输出省份建立劳务协作机制。开展企业开复工调查和监测工作，建立岗位供给“清单”。密切与受援地对接交流，及时掌握贫困劳动力来京就业需求“清单”。协调公安、交通、卫生健康等部门，积极组织贫困劳动力“点对点”返岗复工。

（三）聚焦稳岗就业，持续提升就业服务水平。

开展“数字平台经济促就业助脱贫行动”，向各受援地推送就业岗位，为建档立卡贫困劳动力提供多渠道、多形式的灵活就业、居家就业、自主创业机会。印发《关于面向北京市扶贫协作地区开展毕业生就业帮扶的工作方案》，搭建京蒙、京冀交互毕业生招聘平台，组织线上招聘活动、线下精准帮扶，推送职业指导微课程，开展北京就业援藏网上招聘，促进贫困毕业生高质量就业。全年帮扶38.5万建档立卡贫困劳动力就业，超额完成就业扶贫任务。

（四）强化扶贫扶智，力争技能扶贫“全覆盖”。

组织内蒙古技能教师来京开展专项培训，助力提升受援地技能培训水平。印发《关于做好我市2020年技能脱贫千校行动工作的通知》，积极组织对口援助地区建档立卡贫困家庭学生来京就学。开设在线课程，持续开展对在校建档立卡贫困家庭学生的教学培养。开展博士后专家服务基层精准扶贫活动，组织专家赴河北就农业、林业、医疗卫生领域工作进行帮扶指导。印发《关于做好疫情防控常态化条件下技能扶贫帮扶工作的通知》，统筹推进技能扶贫工作，全市为对口援助地区举办技能培训班800余期，培训建档立卡贫困劳动力2.5万余人。

六、行风建设

（一）创新开展“局处长走流程”专项活动。

深入践行以人民为中心的发展思想，近60名局处级干部以企业和办事群众的身份，线上、线下全程体验人力社保业务办事流程，以群众“懂不懂”、流程“通不通”、体验“好不好”为标尺，深入查找经办服务中的“痛点”“堵点”，出台《关于进一步推荐便民服务持续优化营商环境的若干措施》。将流程相似、材料相近、结果关联的189项服务事项整合为24项“场景式服务”。

（二）持续推进优化营商环境工作。

拓宽线上线下服务渠道，高频事项全程网办、容缺受理。实施人力资源服务许可告知承诺审批制度改革，推动服务事项办理时限、申报材料在2019年“减半”基础上，分别再压减24%。实现流动人员人事档案数据信息互联共享，推行失业人员档案集中保管。圆满完成2020年中国营商环境评价迎评工作，“劳动力市场监管”和“人才流动便利度”指标营商环境评价全国排名第一。

北京市人力资源和社会保障局

天　津　市

2020年是极不平凡的一年，风险挑战前所未有。面对严峻复杂的国内外形势，特别是突如其来的新冠肺炎疫情的严重冲击，天津市人力资源社会保障部门始终坚持以习近平新时代中国特色社会主义思想为指导，全面贯彻党的十九大和十九届二中、三中、四中、五中全会精神，认真学习习近平总书记对天津工作“三个着力”重要要求和一系列重要指示批示精神，坚决落实人力资源社会保障部决策部署，践行新发展理念，坚持高质量发展，全力以赴战疫情、保民生、促发展、优服务、强基础，在大疫大考中交出了一份满意答卷，实现了“十三五”圆满收官。

一、就业局势总体稳定

坚持把稳就业作为重大政治任务，尤其在经济下行和新冠肺炎疫情冲击的双重压力下，积极主动应对，减负、稳岗、扩就业并举，全年新增就业37.1万人，四季度城镇调查失业率5.1%，超额完成全年目标任务，就业形势总体稳定。

（一）集成创新就业政策。

为应对疫情影响，密集出台了“稳就业32条”“强化稳就业举措76条”“高校毕业生就业40条”“帮扶困难村劳动力就业8条”“支持多渠道灵活就业22条”等一系列稳就业政策，围绕降低企业负担、稳定就业岗位、拓展就业渠道、保障重点群体就业、加强兜底帮扶等方面，构建了多层次、全覆盖的促进就业政策体系。

（二）全力稳定企业岗位。

迅速落实国家阶段性减免企业社保费政策，全年共为企业减免养老、失业、工伤三项社会保险费247.56亿元。实施失业保险稳岗返还，向5.45万户企业返还7.9亿元失业保险费。多渠道保障企业用工需求，建立24小时用工调度机制，为147家医疗物资生产等重点企业协调解决用工1.3万人，提供近万辆包车，运送16.3万劳动者有序返岗。

（三）帮扶重点群体就业。

围绕高校毕业生、退役军人、农民工、就业困难人员等重点群体，分类施策、托底帮扶。出台高校毕业生专项支持政策，强化高校毕业生就业工作合力，挤出1.1万个岗位定向招用应届高校毕业生，扎实开展实名制就业服务，帮扶就业2.3万人，组织1.4万人参加就业见习。加强就业困难群体帮扶，帮助8.9万失业人员再就业，帮助3.8万就业困难人员实现就业，零就业家庭保持动态清零。

（四）着力支持创新创业。

创新升级支持政策，加大政策支持力度和惠及面，举办首届“海河英才”创业大赛，进一步营造创业氛围。为3 006人发放创业担保贷款8.77亿元，发放贴息2 574.5万元，发放创业房租补贴3 667万元，创业孵化基地达50家。

二、人才引育成效明显

坚持完善引育体系、激发人才活力，为高质量发展提供人才支撑。

（一）持续推进“海河英才”行动计划。

优化技能型人才引进条件，大力引进高技能人才，为建设先进制造研发基地充实底盘，支持战略性新兴产业领军企业以“企业提名单、政府接单办”方式引进急需人才 7 000 余人。注重顶尖人才引育，87 人入选享受政府特贴人员名单，8 人入选国家百千万人才工程，23 人入选中国博士后国际交流计划引进项目，选拔“131”人才第一层次人选 100 名。制定实施“项目+团队”重点培养专项，选拔首批 160 个团队进行重点培养。截至 2020 年底，“海河英才”行动计划累计引进人才 35 万人，平均年龄 32 岁，本科以上学历超过 70%，其中，战略性新兴产业人才占比 25.2%。

（二）深化人才人事体制机制改革。

全面实行电子职称证书制度，在全国率先实现专业、层级全覆盖。出台经济、农业科技等 9 个系列职称改革实施意见。在全国率先组建民营企业职称评审委员会，实现单独评价、定向评价、一年多评，申报职称人数达 6 万人。全面推行电子职称证书，完成 40 多万人职称评审历史档案数字化建设。研究拟定关于完善高层次人才工资分配激励机制的实施意见、适合天津市疾控机构现状和发展的收入保障机制、消防员工资政策，规范和完善特定群体的工资分配制度。持续推进区属公立医院薪酬制度改革。

（三）不断提升人才团队服务质量。

选派 140 名业务骨干组建服务专员队伍，协调解决 1 300 余项市级重点“项目+团队”在人才落户、职称评定等方面需求。组织“海河英才服务月”活动，开展云聘会 123 场，发布岗位需求 7 万余个，走访 1 500 余家重点企业，解决各类问题 2 000 余个。设立企业家和创业人才人事档案专库，提供更加便捷的档案服务。帮助 8 家用人单位的 14 位高层次人才解决购房资格。新招募“三支一扶”大学生 206 人，组织在岗的 441 人参加线上培训。

三、社会保障稳步推进

健全覆盖全民的社会保障制度，人民群众获得感、幸福感、安全感持续增强。

（一）健全完善社保制度体系。

首批通过企业职工基本养老保险省级统筹验收，为实现全国统筹打下了较为扎实的工作基础。规范灵活就业人员养老保险补缴费政策，引导灵活就业人员按时缴费。实施社保扶贫，累计推动 7.03 万困难人员参加城乡居民基本养老保险。推动多层次养老保险制度建设，全市企业年金基金规模 144 亿元，职业年金基金规模 378 亿元，累计收益率 13.87%，年化收益率 11.78%。

（二）深入推进全民参保计划。

坚持市、区、街乡镇、社区（行政村）四级全民参保计划管理机制，深入开展资源排查，加强多部门信息共享，将纳税未参保企业、立项未参保建设项目、新增本市户籍未参保人员作为重点排查对象。截至 2020 年底，全市养老、工伤、失业参保人数分别达到 900.55 万人、405.63 万人、349.12 万人，同比增长 4.7%、1.4%、4.1%。

（三）持续提高群众待遇水平。

2020 年，全市 227.6 万退休人员提高基本养老金，人均增幅达到 5%。继续为城乡居民调整基础养老金，惠及全市 83.2 万老年人，基础养老金标准达到 312 元。失业保险金月人均增加 90 元。提高伤残津贴、供养亲属抚恤金等长期工伤待遇标准。

四、技能培训取得新进展

大力实施“海河工匠”建设，扎实推进职业技能提升行动，大规模开展职业技能培训，全年培训 37.6 万人次，超额完成年度目标任务。

（一）大力推进职业技能提升行动。

全力开展以工代训，将以工代训补贴范围拓展到参保企业、中小微企业吸纳离校未就业高校毕业生、就业困难人员等重点群体，助力企业复工复产和职工稳定就业。推进“互联网+职业培训”，依托人社部推荐的 1 家职业技能线上监管平台，以及面向社会遴选的 30

家职业技能线上培训平台，为广大培训机构和学员提供灵活的职业技能培训模式，促进培训供需双方的有效对接。

（二）深入实施“海河工匠”建设。

新认定203家企业培训中心，推动已建成的408家企业培训中心开展企业职工内训，提升企业职工职业技能水平。开展市级高技能人才培训基地和大师工作室认定工作，实施企业新型学徒制、项目定制培训，促进企业高技能人才培养。积极推进职业技能等级认定制度，支持企业自主开展技能等级认定，面向社会征集第三方技能等级评价机构，备案49家企业和10所技工院校开展职业技能等级认定。评选第二届“海河工匠”10名。

（三）广泛开展职业技能竞赛。

构建以“海河工匠杯”技能大赛为引领、行业和区域竞赛为主体、企业岗位练兵和技术比武为基础，社会广泛参与、财政资金适度保障的职业技能竞赛体系。组织首届“海河工匠杯”技能大赛，设置43个赛事、130个竞赛项目，组织2万余名能工巧匠参赛竞技，带动10万余名劳动者岗位练兵。设立69个第一届全国职业技能大赛天津集训基地，成立天津代表团参加第一届全国职业技能大赛参赛及技能交流展示等活动，取得2金、1铜、23个优胜奖成绩，8个项目选手进入第46届世界技能大赛中国集训队，创历届新高。成功申办第二届全国职业技能大赛。

五、劳动关系和谐稳定

坚持维护劳动者权益和促进企业发展同向发力、同步协调，依法维护双方权益，积极构建和谐劳动关系。

（一）持续开展根治欠薪攻坚行动。

出台《天津市关于根治拖欠农民工工资长效工作机制》，推进根治欠薪工作长效化制度化。查处违法案件425件，追发拖欠劳动者工资3 487万元。向社会公布14起重大欠薪违法行为，22家用人单位列入“黑名单”管理。在全国保障农民工工资支付考核中，天津市排名第9，由B级跨入A级行列。

（二）开展和谐劳动关系创建活动。

编发疫情防控期间劳动关系处理指南，引导企业与职工互谅互让、共担责任、共克时艰。建立重点关注企业清单，加强风险隐患监测，建立疫情防控劳动关系“日报告”“零报告”制度。开展和谐企业评选，新命名市级和谐企业18户，区级和谐企业279户。

（三）做好劳动人事争议案件化解。

全年仲裁机构共受理劳动人事争议案件2.7万件，涉及劳动者2.8万人，当期仲裁结案率90.6%，为劳动者挽回经济损失4.98亿元。一裁终局率62.5%，仲裁终结率84.8%，连续两年居全国第一，企业和劳动者权益得到“双维护”。

六、人社扶贫深入开展

2020年，实现扶贫协作地区建档立卡贫困户来津就业1 978名，就近就地就业28 126名，帮助34 889名贫困人口转移就业。中国天津人力资源开发服务中心获评全国脱贫攻坚先进集体称号。

（一）抓实就业扶贫。

按照国家“一个超过，两个不少于”的要求，顺利完成15万建档立卡贫困劳动力在津稳岗就业工作任务。在东西部扶贫协作和对口支援中，累计面向受援地建立劳务协作工作站50个、扶贫车间356个。成立市劳务协作服务工作总站，在全国率先建设支援地和受援地相统一的劳务供需信息平台，发布岗位信息8万余条，帮扶8.6万名贫困劳动力就业。

（二）抓好技能扶贫。

充分发挥技工教育服务脱贫攻坚的重要作用，支持受援地区初、高中毕业生就读天津市技工院校，农村地区学生以及涉农专业学生可享受免学费政策，贫困家庭学生可享受助学金政策，帮助青年学生掌握就业技能，促进就业。全年招收扶贫援助和对口支援地区学生23人在本市技工院校就读、26名学员进行职业技能培训。

（三）抓牢人才扶贫。

扎实做好专家智力扶贫工作，组织30余名专家赴河北承德市滦平县、甘肃定西市岷县等8个贫困县开展扶贫活动，服务2 000余人次，解决难题60余个，为贫困地区培训专业技术人才200人，受益群众近2 000人。

七、服务能力显著提升

坚持把改进和加强行风作为服务企业和群众的突破口，全力推进“一制三化”改革，不断优化营商环境，企业和群众办事更方便、更快捷。

（一）经办服务更便捷。

推进落实“人社服务快办行动”，实现8个业务场景“打包办”、20项高频业务“提速办”，办结时限平均提速60%以上。推行人社系统窗口服务“综合柜员制”，制定108条行风评价指标，推动窗口服务落细落地。推行不见面审批服务，对104项公共服务事项全部实行网上办。

（二）服务能力持续提升。

印发进一步改进市局属单位窗口作风建设工作方案，通过优化资源配置，提升服务效能。建立业务培训机制，将行风建设纳入各级各类培训体系。组织人社窗口单位业务技能练兵比武活动，举办全市练兵比武大赛，评选出团体奖8个，授予10名同志“人社知识通”称号。选树“人社服务标兵”97名、“人社窗口服务优秀单位”58个、行风建设优秀工作者37名，营造了学习先进、争当先进、赶超先进的浓厚氛围。

（三）信息化水平不断提升。

着力推进“互联网+人社”项目建设，推进完善人社互联网网厅。完善“金保工程”二期系统功能，升级完善失业保险申领、职称“电子证书”等新政策新业务模块，提升线上服务效率。拓展优化社保卡功能，推广应用电子社保卡，签发率超过30%。

天津市人力资源和社会保障局

河　北　省

2020年，河北省人力资源社会保障部门坚持以习近平新时代中国特色社会主义思想为指导，坚决贯彻习近平总书记重要指示批示精神，认真落实党中央、国务院和河北省委、省政府决策部署，坚决扛起统筹推进疫情防控和经济社会发展政治责任，扎实做好“六稳”工作，全面落实“六保”任务，统筹做好就业创业、社会保障、人事人才、工资收入分配、劳动关系协调等各项工作，圆满完成全年目标任务，为河北全面实现“三个圆满收官”做出积极贡献。

一、千方百计援企稳岗稳就业，全省就业局势保持总体稳定

全省城镇新增就业85.9万人，完成全年任务的101.1%；失业人员再就业25.9万人，完成全年任务的107.9%；困难人员实现就业10.7万人，完成全年任务的106.8%；零就业家庭动态为零。高校毕业生就业率达到95.7%。城镇登记失业率为3.46%，控制在4.5%以内的较低水平。

（一）重点群体就业水平保持平稳。

多渠道促进高校毕业生就业。认真落实促进2020届毕业生就业创业30条政策措施，拓宽就业渠道，扩大就业规模，推进工作落实。指导各地汇集优势力量，运用多种方式提供“一对一”跟踪式指导和服务，确保政策服务实现无缝连接。认真做好“三支一扶”招募工作，招募“三支一扶”大学生1 177名。多措并举做好农民工就业。充分发挥省级农民工返乡下乡创业园积极作用，不断推进各地创业园建设，落实农民工创业扶持政策。加强农村劳动力输出输入地劳动对接，有序引导农村劳动力转移就业，强化农民工平等就业服务，助力企业复工复产、稳在当地。拓宽渠道突出退役军人就业。建立实名制台账，精准掌握退役军人技能特长、培训需求、求职意向和返岗情况，集中举办退役军人网络招聘活动，有力促进退役军人就业。去产能企业职工得到妥善安置。加强组织领导，层层压实责任，强化就业帮扶，平稳有序推进去产能企业职工安置，全年完成去产能企业10 228名分流职工安置任务。

（二）创业带动就业效应持续显现。

深入实施推进大众创业活动，优化升级创业就业孵化基地150家，创建河北创业大学10家，推荐申报国家示范基地4家，积极打造优质创业品牌，增强创业带动就业倍增效应，营造大众创业良好氛围。成功举办“三创四建”展示交流活动，集中展示200多个科技含量较高的创业项目，宣传推广创业就业新成果新经验。加强创业担保贷款管理，完善政策措施，压实经办机构工作责任，强化贷后监督管理，全年发放创业担保贷款32.9亿元，扶持创业1.97万人，带动就业5.1万人。全年开展创业服务122.3万人次，在中国创翼全国赛中取得2金1银历史最好成绩。

（三）开展大规模职业技能培训。

深入实施技能提升行动，出台《河北省职业技能提升行动政策释义》《关于疫情期间实施职业技能提升行动有关问题的通知》等政策措施，进一步健全政策体系，明确培训项目对象、培训内容、补贴标准和资金拨付程序，实现培训范围最大化、培训内容规范化、培训方式多样化、培训手续便捷化，以及培训地点意愿化。实施百日线上培训专项行动，大力开展“互联网+培训”，开展进乡镇、进社区、进家庭等精准培训，采取录播、直播等形式，为培训对象提供“全天候”职业培训。对建档立卡贫困劳动力、就业困难人员、零就业家庭成员、“两后生”中农村学员和城市低保家庭学员，在培训期间给予一定的培训和生活费补贴。全年开展职业技能培训 95.7 万人次，完成全年目标任务的 159.5%。

（四）人力资源市场健康快速发展。

全面落实《人力资源市场暂行条例》，深入实施《人力资源服务业发展行动计划》，全省人力资源服务机构达到 2 244 家，从业人员近 1.8 万人，年营业收入 280.7 亿元，市场促进就业和配置人力资源的能力进一步增强。人力资源服务业蓬勃发展，石家庄人力资源服务产业园获批国家级产业园，新建省级人力资源服务产业园 2 家，成功举办全国人力资源服务大赛河北省选拔赛，推荐 3 名选手参加国家赛。落实京津冀人力资源服务区域协同地方标准，开展人力资源服务机构等级评定，不断提升河北人力资源服务机构规范化、标准化水平。

（五）就业创业服务水平进一步提升。

创新就业服务联动新模式。在河北公共招聘网设置重点群体求职专区，建立企事业单位招聘专栏，智能匹配供求信息，增设视频招聘、远程面试新功能，相关数据同步传输就业信息管理系统，实现就业信息动态管理。举办网络招聘新活动。开展线上“春风行动暨就业援助月”活动、“百日千万”网络招聘专项行动、高校毕业生专场招聘会等网络招聘活动，打造“就业服务不打烊、网上招聘不停歇”的全天候线上服务，全年举办线上招聘会 1 700 余场。

二、坚决落实国家社会保障改革部署，社会保障制度体系建设取得重大进展

2020 年，全省企业职工基本养老保险、失业保险、工伤保险参保人数分别达到 1 409.0 万人、691.5 万人、1 069.5 万人，全省城乡居民基本养老保险参保人数达到 3 546.1 万人。全面落实阶段性减免社保费政策，减免企业三项社会保险费 385.9 亿元，助力企业复工复产渡过难关。

（一）养老保险制度改革进一步深化。

企业职工基本养老保险制度改革成效显著。印发《关于进一步完善企业职工基本养老保险省级统筹制度的通知》，企业职工基本养老保险省级统筹制度不断完善，规范化水平持续提高，实现了基金省级统收统支，基金运行总体平稳，为实现全国统筹奠定了基础。机关事业单位基本养老保险制度改革加速推进。配套政策基本健全，“中人”按新办法计发工作全面展开，强化督导调度，摸清底数，分类施策，条件成熟一批、发放一批。按照人力资源社会保障部、财政部《关于职业年金启动投资运营前个人账户记账利率和投资运营收益率有关事项的通知》要求，结合河北实际，认真做好测算，积极推进职业年金投资运营。

（二）失业保险改革成效显著。

失业保险援企稳岗力度进一步加大。全面落实人力资源社会保障部相关政策，对冲疫情带来的不利影响，连续出台政策文件，加大稳岗返还力度，及时落实稳岗资金，在企业复工复产的关键时期发挥了积极作用。降低享受政策门槛，提高中小微企业返还比例，放宽困难企业认定条件，扩大政策受益面。全面推行稳岗返还网上经办，优化流程，精简材料，最大限度压缩办理时限。全年全省失业保险基金用于稳就业支出 25.6 亿元，惠及企业 45 994 户、职工 348.9 万人。扩大失业保险保障范围，落实落细政策措施。印发《关于扩大失业保险保障范围实施方案》，明确各设区市失业保险补助金标准，强化组织推动，优化经办

服务，加强政策宣传，强化调度督导。全年为企业减免失业保险费 14.8 亿元；累计为 13.2 万名失业人员发放失业保险金 8.97 亿元、缴纳医疗保险费 2.7 亿元，发放价格临时补贴 7 958.6 万元。

（三）工伤保险工作成效明显。

加强政策指导，做好疫情期间工伤保障，及时出台《关于应对新型冠状病毒感染肺炎工伤保险工作方案》，细化工作措施，开辟绿色通道，转变服务方式，确保疫情期间工伤保险各项业务有效开展。大力开展重点行业工伤保险扩面专项行动，重点在矿山、冶金和化工等行业开展专项扩面行动，同时抓住建筑业项目参保工作，推进新开工项目全部参保。深入实施《关于进一步规范与商业保险公司合作、提升工伤认定工作效能的指导意见》，全省工伤认定工作提质提速效果明显。

（四）社会保障待遇稳步提高。

养老金调整工作顺利完成，2020 年全省企业离退休人员月平均养老金为 2 909 元，其中退休人员 2 895 元。深入贯彻落实城乡居民养老保险待遇确定和基础养老金正常调整机制，城乡居民基础养老金最低标准由月人均 108 元提高到 113 元。认真落实人力资源社会保障部、财政部关于调整失业保险金标准的指导意见，失业保险金月人均标准提高到 1 390 元，增长 380 元，更好保障失业人员基本生活，兜牢民生底线。出台《关于完善工伤保险待遇调整机制有关问题的通知》，进一步建立健全工伤待遇调整机制。

（五）基金风险防控体系不断完善。

深化社会保险基金风险防控巩固年活动，健全完善内控机制，强化底线思维和风险意识，健全政策、经办、信息、监督“四位一体”风险防控体系，稳步推进社保基金监管工作上收一级管理，依托大数据智能监管平台实现全省社会保险基金监督人员动态管理，组织企业职工基本养老保险基金集中整治活动，全面开展全省社保待遇稽核和失业保险基金管理内控专项检查，强化技术防控，建立与公安、民政、卫生与健康、司法等部门信息共享机制，完善险种间信息比对机制，基金风险防控能力得到进一步提升。

三、深化人才发展体制机制改革，人才队伍建设不断加强

（一）人才政策改革深入推进。

人才助力产业发展三年行动计划圆满收官。创新工作机制，加强工作调度，33 项目标任务全面完成，人才助力产业发展取得积极成效。职称制度改革加快推进。研究制定 14 个序列职称改革实施方案，放宽艰苦边远地区职称申报门槛，引导人才向一线基层流动。全面开展企业技能人才自主评价工作，在全省推行企业备案制度。全面推行职业技能等级认定制度，健全企业技能人才自主评价机制，首批评选认定 100 多家社会培训评价组织，涵盖 168 个职业（工种）。

（二）专业技术人才和技能人才选拔培养力度进一步加强。

2020 年，“百千万人才工程”国家级人选入选 6 人，77 名专家入选享受国务院政府特殊津贴人员，评选“三三三人才工程”各层次人选 1 211 名，评选优秀专家出国培训人选 68 人，资助博士后人才 46 人、留学回国人才 84 人、人才培养工程项目 195 项。积极组织全省职业技能大赛，选拔优秀选手参加全国大赛，河北在第一届全国职业技能大赛和全国扶贫职业技能大赛上分别取得 1 金 1 银 2 铜和 1 金 2 铜的优异成绩。

（三）人才创新创业平台建设进一步加强。

评审高层次产业创业项目 15 个。新建博士后工作站分站 11 个、博士后科研工作站 22 个。指导设站单位招收博士后研究人员 120 名，为 90 名博士后办理出站手续。成功举办“第十一届中国河北高层次人才引进交流大会”“第十届河北省沿海经济带高层次人才交流大会”等系列引才活动。加强高技能人才培训基地建设，新建国家级高技能人才培训基地 7 个、省级高技能人才培训基地 10 个。加

快技能大师工作室建设，新建国家级技能大师工作室7个、省级技能大师工作室10个。

（四）事业单位人事管理工作规范有序开展。

印发《关于调整事业单位专业技术人员岗位聘用工作的通知》，统筹平衡事业单位管理、专业技术、工勤技能三类岗位聘用，进一步理顺岗位聘用工作职能。印发《关于开展事业单位特设岗位设置管理试点工作的通知》，在河北省体育局冬季运动管理中心、河北省疾病预防控制中心等单位开展特设岗位设置管理试点工作，引进急需紧缺高层次创新人才。印发《关于进一步支持和鼓励事业单位科研人员创新创业的通知》，进一步明确支持事业单位科研人员创新创业政策措施，激发专业技术人员创新活力和干事创业热情。研究制定事业单位转企改制人员安置和社会保障政策，配合事业单位改革研究制定人员安置配套政策，努力推动事业单位各项改革顺利推进。

（五）围绕大局做好表彰奖励工作。

以河北省委、省政府名义开展全省抗击新冠肺炎疫情评选表彰活动，在全社会弘扬伟大抗疫精神，得到省委、省政府和社会各界充分肯定。

四、注重发挥激励机制作用，工资收入分配制度改革稳步推进

义务教育教师待遇保障持续加强。细化明确各项待遇保障措施要求，按照国家规定的比较口径全省均已达标，实现确保义务教育教师工资待遇不低于或高于当地公务员平均工资收入的目标。医疗卫生机构薪酬分配政策体系得到完善。在持续推进公立医院薪酬制度改革的同时，围绕全面加强基层医疗卫生体制改革，多措并举重点解决基层医疗机构绩效工资总量不足和乡村医生待遇低的问题，有效调动基层医护人员特别是乡村医生的积极性。高层次人才薪酬激励机制不断完善。出台《关于进一步完善事业单位高层次人才工资分配激励机制的实施意见》，扩大高校、医院、科研院所薪酬分配自主权，鼓励对高层次人才实行年薪制、协议工资制、项目工资制等灵活多样薪酬分配办法。卫生防疫津贴发放办法进一步调整。提高标准扩大发放范围，特别是疫情防控期间发放范围扩大到全体一线医务人员，为广大医务人员抗击战胜疫情提供有力保障。企业工资分配宏观调控机制逐步健全。印发《河北省最低工资标准调整实施办法》，进一步完善了最低工资标准调整机制，增强了最低工资标准调整的科学性和规范性。开展企业薪酬调查和最低工资标准评估调研工作，进一步摸清全省最低工资标准执行情况。国有企业负责人薪酬制度改革和工资决定机制改革深入推进。

五、根治欠薪全面发力，劳动关系保持和谐稳定

（一）突出做好治欠保支工作。

全面落实《保障农民工工资支付条例》，制定《关于建立健全推进根治欠薪常态长效工作机制的意见》，会同相关部门全面做好保障农民工工资支付工作。出台根治欠薪长效机制、建筑工人实名制管理细则等政策文件，以政府投资工程、国企项目为重点，深入开展根治欠薪专项行动、“冬病夏治”专项行动、冬季专项行动等执法检查行动，全面排查化解欠薪问题，维护农民工合法劳动报酬，加大联合惩戒力度，全年立案数量、涉及人数和金额同比分别下降60%、25.2%、28.1%。

（二）积极构建和谐劳动关系。

开展集体协商共同约定行动，全省共签订集体合同20 621份，覆盖企业39 408家，覆盖职工253万人。开展“和谐同行”千户企业共同培育行动，构建和谐劳动关系三方机制不断加强。妥善处理疫情防控期间劳动关系问题，连续印发稳定劳动关系支持企业复工复产意见、疫情防控期间复工指南、加强企业职工权益保障等文件。进一步规范教育、卫生健康系统省属医院、高校劳动用工管理。

（三）认真做好人力资源社会保障领域风险防范化解工作。

持续加强各级仲裁院标准化、制度化、规范化建设，劳动人事争议调处效能不断提升。加强劳动人事矛盾隐患排查处理，大力提高劳动人事争议调解仲裁案件办理质量，全省共处理劳动人事争议案件 3.1 万件，涉及劳动者 3.5 万人，同比分别下降 9% 和 15.3%。深入开展人力资源社会保障领域信访矛盾隐患大排查、大起底、大化解专项行动，全省解决人力资源社会保障领域信访事项批次、涉及人数同比分别下降 15.3% 和 26.5%，为当好首都政治“护城河”做出了积极贡献。

六、主动服务“三件大事”，在保障国家重大战略和国家大事中彰显作为

加强京津冀人力资源社会保障协同合作，推动京津冀人力资源社会保障部门签署公共人才服务、异地人员领取社会保障待遇等协议，举办第八届“京津冀招才引智大会”等活动。全力支持雄安新区人力资源社会保障改革创新，加大雄安新区就业资金政策支持力度，指导新区做好被征地农民参保补贴、工伤保险等工作，与中国社会保险学会、雄安新区共同举办新区社会保障研讨会，帮助新区成立社会保障中心，编制发布 2020 年新区急需紧缺人才目录，举办第二届新区人才智力交流会，挂牌成立河北省人力资源市场雄安分市场、中国华北家庭服务业人力资源市场雄安分市场。持续做好冬奥会服务保障工作，深入实施冰雪产业技能人才培养储备计划，全年培训 1.5 万人。成功举办冬奥冰雪产业人才交流大会，推动冰雪产业从业人员参加工伤保险，加大事业单位招聘、专家人才评定、涉奥专家引进等支持力度，为冬奥会和冰雪产业发展提供有力支撑。

七、决战决胜脱贫攻坚，人力资源社会保障领域扶贫取得扎实成效

扎实做好就业扶贫，建立贫困劳动力“两表一册六清单”，推动就业扶贫实名制系统、求职招聘系统和脱贫攻坚综合信息系统“三网合一”，对贫困劳动力实现全实名管理服务。深入实施技能扶贫千校行动，全年共帮助贫困人口务工 83.4 万人，完成目标任务的 120%。有就业意愿的易地扶贫搬迁贫困劳动力全部实现就业，有贫困劳动力的搬迁家庭实现至少 1 人就业。精准做好社保扶贫，全省贫困人员参加城乡居民养老保险 289.9 万人，为符合代缴政策的 150.7 万人代缴社保费，符合待遇领取政策的 141.5 万人全部领取待遇，实现应保尽保。加强人事人才扶贫，组织开展专家服务基层助力脱贫攻坚等活动，对贫困地区事业单位招聘、职称评聘、“三支一扶”志愿者招募等给予政策倾斜，促进人才、智力、技术等要素向贫困地区流动。

八、深入推进系统行风建设，公共服务能力大幅提升

放管服改革持续发力。修订完善行政许可罚没事项目录清单、双随机一公开清单、执法事项清单，清理取消证明材料 63 项，人力资源社会保障领域营商环境不断优化。大力开展“人社服务快办行动”。实现 10 个场景“打包一次办”、100 个事项“提速办”、158 个事项“简便办”。加快推进人力资源社会保障信息化建设。上线运行职业技能培训、农民工信息系统等业务平台，大力推行“不见面”服务，140 个事项实现网上办，群众办事更加方便快捷。加快推进“互联网+人社”行动。大力推行网上招聘、“企业直通车”等“不见面”服务，累计发放社保卡 7 478 万张、电子社保卡 1 891 万张，人社服务事项网办率达到 95% 以上。

河北省人力资源和社会保障厅

山 西 省

2020 年，面对新冠肺炎疫情带来的严峻挑战，山西省人力资源社会保障部门坚持以习近平新时代中国特色社会主义思想为指导，深入贯彻党的十九大及十九届二中、三中、四中、五中全会和习近平总书记视察山西重要讲话重要指示精神，认真落实省委经济工作会议、省委十一届十次全会精神和省政府工作报告提出的目标任务，按照年初全国人力资源社会保障工作会议上提出的“稳、保、治、促、紧、优”的工作要求，进一步强化思想武装、坚定必胜信念、狠抓工作落实，扎实推进人社领域各项工作有力有序开展，为全省经济社会发展大局稳定提供了坚强保障。

一、积极应对疫情影响，全省就业形势总体稳定

省委省政府高度重视稳就业工作，省委三次召开专题会议、一次常委会议，听取稳就业工作情况汇报；省政府召开常务会议和全省稳就业保就业电视电话会议，对相关工作作出安排部署。省政府制定出台了一系列稳就业保居民就业政策举措，支持企业复工复产、加强高校毕业生就业、缓解小微企业和个体工商户房租压力、落实税收优惠、发展小店经济等，千方百计稳定和扩大就业。新冠肺炎疫情发生后，密集出台 63 个减负、稳岗、扩就业的政策文件，促进全省就业形势总体稳定。全年城镇新增就业 48. 8 万人，农村劳动力转移就业 37. 7 万人，城镇登记失业率 3. 1%。突出抓好重点群体就业，推进离校未就业高校毕业生实名制服务 12. 6 万人次。建立农民工“点对点”服务保障机制，返岗复工率达 97. 9%。零就业家庭实现动态清零。发放创业担保贷款 11. 89 亿元。公共就业人才服务机构累计提供就业岗位 129. 6 万个，经营性人力资源服务机构累计提供求职服务 133 万人次。举办第四届“中国创翼”创业创新大赛山西选拔赛暨 2020 年山西省星火项目创业大赛。开展“春风行动”“百日千万网络招聘行动”等专项招聘活动，举办“2020 山西 · 太原人才智力交流大会”。

二、积极稳妥深化改革，社会保障制度更加健全完善

落实习近平总书记视察山西关于“扎实做好保障和改善民生工作”重要指示精神，按照“标准适度、能兜住底、可承受、可持续”的原则，省市县财政每年安排 19 亿元，在全国率先建立城乡居民补充养老保险制度，平均待遇水平达 4 134 元/年，超过现行脱贫标准，惠及 1 600 万无子女或子女无赡养能力的低收入老年居民。企业基本养老保险省级统筹跨入全国第一方阵。实施“五统一、一调剂”的工伤保险省级统筹。连续 16 年提高退休人员基本养老金，月人均增加 175. 6 元，增幅 5%，惠及全省 273 万退休人员。城乡居民养老保险人均待遇提高到 131 元。印发《关于扩大失业保险保障范围实施方案的通知》，在全国率先积极推进失业保险扩围政策落实到位，按全国最高标准执行。阶段性实施失业保险有关政策，发放失业保险金 4. 35 亿元。首次统一提高工伤保险待遇水平，三项待遇月人均分别增加 145 元、95 元、36 元，惠及 4. 5

万人次。企业职工基本养老保险基金中央调剂净收益44.4亿元。职业年金基金市场化投资收益22.3亿元，收益率达10.6%。企业职工社会保险费顺利移交税务部门统一征收。基本养老、失业、工伤保险参保人数均超额完成全年任务。政策、经办、信息、监督“四位一体”的风险防控体系不断完善，社保基金领域“不能腐”的制度笼子进一步扎紧。

三、推动“人人持证、技能社会”建设，技能人才队伍进一步加强

2020年5月，习近平总书记到大同市坊城新村技能培训服务站进行考察。7月，省委召开专题会议，听取“人人持证、技能社会”全民技能提升工程和劳动力建档立卡情况汇报，对做好后续工作提出要求。11月，省委再次召开专题会议，听取“人人持证、技能社会”全民技能提升工程2021年工作谋划情况。省政府召开常务会议，要求把握好持证、结构、质量三个关键点，深化产教融合，推动职业教育、培训机构、实训基地实现相互贯通、结构优化和转型升级。8月，省政府与人社部签署《共同推进山西省“人人持证、技能社会”建设合作协议》，提出共同推进实施9项举措，推动“人人持证、技能社会”建设提质增效。将劳动力建档立卡作为精准培训、精准就业的有力抓手，广泛组织动员、精心部署实施，全省2 440万劳动力建档立卡全面完成，覆盖全省劳动力的管理信息系统基本建成。融合线上线下培训模式，确保培训“不断档”，线上实名注册91.7万人次，线下培训123万人次，同比提高17.4%。实行“培训合格证书+职业资格证书+职业技能等级证书”制度，全年发放各类技能等级证书32.4万人次，同比增长30.3%，培训后就业15.9万人次。向社会公布335家技能人才考核评价机构，在晋城、吕梁、大同三市开展电子培训券试点，同比提高17.4%。在吕梁等地推行“技能培训+劳务派遣+就业服务”一体化就业培训新模式。培育发展“吕梁山护工”“天镇保姆”等94个特色劳务品牌，提高了就业市场竞争力。加强境外、省外劳务输出，52名受训人员实现境外就业，对日劳务输出实现零突破，对沿海省份有组织劳务输出进行逆周期调节。充分发挥赛事引领作用，承办并参加全国扶贫职业技能大赛，参赛成绩优异，斩获1金1铜11优胜，总成绩排名全国第二。成功举办全省第二届职业技能大赛。

四、健全完善体制机制，人才人事工作全面加强

省委省政府实行更加积极、更加开放、更加有效的人才政策，明确要求“进一步加大人才引进力度”。推出人才新政12条，制定《山西省建设人才强省优化创新生态的若干举措》，发布人才政策和人才服务“两清单”，构建较强竞争力的人才制度优势。扩大事业单位用人自主权，改革高等院校、科研院所、公立医院人事管理模式，用人单位可在编制范围内自主实施公开招聘。高技能人才新增3.4万人，高技能人才培训基地、技能大师工作室分别新增9个、36个。5人入选国家“百千万人才工程”，62人入选享受国务院政府特殊津贴。新设立14个院士工作站、5个博士后科研工作站。培训高层次急需紧缺人才2 571人。修订18个职称系列（专业）评价标准，出台加强民营企业职称评审“14条措施”。持续实施“三支一扶”计划，首次设立45个研究生岗位，为基层输送各类人才613名。实施关爱抗疫一线行动，在工资福利、职称评审、岗位晋升等方面出台政策措施，激发医务人员的积极性主动性。落实临时工作补贴、防疫津贴、增核绩效工资总量等激励政策，出台职称评审和岗位聘用方面一系列关爱政策，惠及驰援湖北、武汉和全省抗疫一线医疗卫生人员约6 000人。抗击疫情24名先进个人和10个先进集体受到党中央、国务院和中央军委表彰，2 493名先进个人、60个先进集体受到省委省政府表彰奖励。脱贫攻坚55名先进个人、41个先进集体受到党中央国务院表彰。

五、加大风险防控和治理力度，劳动关系保持和谐稳定

持续推进根治欠薪攻坚行动，全面贯彻《保障农民工工资支付条例》，制定企业根治欠薪执行清单，采取“人盯人、人盯项目”工作法，对工程项目实行全流程闭环监管，将各项制度落实落地。畅通投诉举报渠道，将印有全省各级投诉举报电话的手册发放到每一名农民工手中。严格按照“三个清零”“四个兜底”查处欠薪案件，做到历史陈欠全部按期清零，新发案件全部动态清零，在国务院保障农民工工资支付工作考核中排名A级。核查各类欠薪线索1.3万余件，办结欠薪案件3 713件，为2.7万名农民工追发工资等待遇3.4亿元，向公安机关移送涉嫌拒不支付劳动报酬罪案件37起，将56个单位和个人列入欠薪“黑名单”，出台《关于做好新型冠状病毒疫情防控期间劳动关系有关工作的通知》等8个文件，加强对受疫情影响企业的劳动用工服务指导。实施网上劳动用工备案，对订立和履行电子化劳动合同行为进行规范。全省企业劳动合同签订率始终保持在90%以上，集体合同覆盖率达85%，基本实现了对用人单位签订、履行、解除、终止劳动合同实施全过程动态监管，规范劳动用工管理。完成419户厂办大集体企业改革任务，安置职工9.02万人。积极开展和谐劳动关系创建活动，完善劳动关系三方协调机制，开展“和谐同行”千户企业培育共同行动。全省各级调解仲裁机构努力排除疫情影响，快速化解争议存量，有效遏制增量，妥善处理争议案件，仲裁结案率达98.7%，有效处置群众诉求1.28万个。发布企业薪酬调查工资价位信息。稳步推进国有企业工资决定机制和国有企业负责人薪酬制度改革。山西省城镇居民人均可支配收入增长4.6%，快于经济增速一个百分点。

六、持之以恒聚力攻坚，人社扶贫圆满收官

组织贫困劳动力开展技能培训7.9万人次，山西省务工就业贫困人口91.8万人，比上年增长12.2%，累计帮助41.6万名贫困劳动力实现就业增收。为9 715名贫困劳动力提供返岗复工“点对点”服务，实施“一户一公岗”，托底安置6 225名贫困劳动力，为2.16万未脱贫劳动力提供公益性岗位兜底保障。为140.8万建档立卡贫困人口代缴社保费1.4亿元，实现建档立卡贫困人口的应保尽保。在全省100个800人以上的易地扶贫搬迁安置点建设“就业创业服务站”。支持10个深度贫困县落实“乡招村用”政策招聘44人，支持贫困县倾斜招募“三支一扶”人员318人。强化定点扶贫，五台县脱贫攻坚任务按期完成。

七、深化“放管服效”改革，行风建设不断加强

省委领导同志对省人社厅信息化建设工作予以充分肯定，对加强党建和行风建设取得的成效予以高度评价。建成全省统一的社会保险公共服务平台，企业基本养老保险实现省市县三级联网经办，城乡居民养老保险信息系统完成升级改造，省集中工伤保险信息系统上线运行。编制11个行政审批事项和157个公共服务事项办事指南。组织全省人社窗口单位1.6万余人参加“日日学、周周练、月月比”练兵比武。积极开展“人社服务快办行动”，10件企业群众眼里的“一件事”实现“打包办”，25个人社高频服务事项实现“提速办”，就业、社保领域推进告知承诺制实现“简便办”，11项行政审批事项、124项养老保险业务实现“网上办”。深入推进人社服务“好差评”，人社公共服务更加便捷高效。

山西省人力资源和社会保障厅

内蒙古自治区

2020年，面对服务发展、改善民生的艰巨任务，特别是新冠肺炎疫情的影响，全区各级人力资源社会保障部门坚持以习近平新时代中国特色社会主义思想为指导，坚决贯彻落实党中央、国务院和自治区党委、政府的决策部署，牢固树立以人民为中心的发展思想，统筹推进疫情防控和经济社会发展，扎实做好“六稳”工作，全面落实“六保”任务，把稳就业、保居民就业作为重中之重，协调推进社会保障、人才人事、劳动关系、人社扶贫、行风建设等工作，为“十三五”规划圆满收官、决胜全面建成小康社会做出了积极贡献。

一、就业局势总体稳定

2020年，内蒙古自治区就业形势是近年来最为复杂、最为严峻的一年，新冠肺炎疫情给就业工作带来了前所未有的挑战，既要稳住就业存量、防范失业风险，又要扩大增量、完成年度新增就业任务。作为就业工作的牵头单位，全区各级人社部门把稳就业、保居民就业作为重大政治责任，全面落实就业优先政策，坚持减负、稳岗、扩就业并举，密集出台稳就业政策，强化政策落实和就业服务，全区城镇新增就业23.22万人，完成国家下达目标19.8万人的117.3%；城镇登记失业率为3.8%，低于5.0%的年度控制目标，全区就业局势保持总体稳定、好于预期。

（一）就业政策体系更加完善。

出台了以疫情防控期间稳就业20条、应对疫情影响强化稳就业28条为统领，以强化就业服务、失业保险稳岗返还、组织农牧民工返岗复工、鼓励高校毕业生到基层一线就业等为抓手的“2+20”系列政策文件，充分发挥了促进就业、鼓励创业的政策效应。同时，强化政策落实和就业服务，加大调度频次，公布了政策清单和监督举报电话，以“集中攻坚稳就业、精准服务保民生”为主题，开展了就业创业服务攻坚季活动，推动政策落地见效，形成了政府高度重视、部门协力推进、全社会共促就业的合力。内蒙古自治区“‘公共就业服务+两举措’兜牢就业困难人员就业底线”的做法，入选人民网评选的落实“六保”任务优秀案例。

（二）援企稳岗效果更加明显。

实施社会保险费阶段性减免缓、失业保险稳岗返还等政策措施，全力稳企业、保就业。全年减免养老、工伤和失业三项社会保险单位缴费158.1亿元，惠及7.1万户企业。加大失业保险援企稳岗力度，进一步降低稳岗返还政策门槛，扩大中小微企业受益面，共为2.44万户企业返还失业保险费18.8亿元，惠及职工171.8万人，受益企业户数是2019年的6.3倍。

（三）重点群体就业帮扶更加有力。

围绕促进高校毕业生就业，深入实施就业创业促进计划、基层成长计划、就业见习计划和离校未就业高校毕业生百日攻坚行动，支持企业吸纳高校毕业生就业，加大基层就业岗位开发力度，扩大服务基层项目、机关事业单位考录招聘规模。2020年政府统筹的公务员考录、事业单位招聘等10个渠道提供岗位7.2万个，比上年增加2.7万个，高校毕业生实现就业或落实就业去向 13.96 万人，完成年度计划的 107%。促进农村牧区劳动力外出就业，加强跨区域劳务协作，积极支持农牧民就近就地转移就业，全年农村牧区劳动力转移就业 248.2 万人，完成年度目标任务 245 万人的 101%。强化就业困难人员兜底保障，帮扶就业困难人员就业 7.38 万人、失业人员再就业 10.45 万人，分别完成年度目标任务的 147.6% 和 209%。

（四）职业技能培训更加扎实。

健全职业技能培训政策和组织实施体系，深入推进职业技能提升行动，扩大培训补贴覆盖面，加大补贴政策普惠力度，大力实施“以工代训”，面向重点群体、重点行业组织专项培养行动，向社会公布政府补贴性培训机构 528 家和互联网培训平台 199 个，将政府补贴性培训全部向具备资质的培训机构开放。全年完成补贴性培训 81.3 万人次，拨付补贴资金 9.98 亿元，完成全年 25 万人次目标任务的 325.2%，其中“以工代训”培训 42.6 万人次。

（五）公共就业服务更加优化。

2020 年 2 月，及时启动线上招聘活动，畅通全区“1+12”人力资源网络招聘服务通道，开展了“百日千万”网络招聘专项行动和进企入园保障用工专项服务行动等，启用了集信息采集、就业对接、培训对接、跟踪服务为一体的内蒙古“四位一体”就业服务云平台，进一步为求职者和用人单位提供线上线下精准培训对接、人岗精准对接、劳动者就业权益保障等服务。全年全区共举办各类招聘会 596 场，达成意向 24.1 万人次。

二、社会保险运行平稳

坚持全覆盖、保基本、多层次、可持续方针，持续深化社会保障制度改革，织密兜牢社会保障“安全网”。

（一）社会保险覆盖面稳步扩大。

深入实施全民参保计划，开展养老保险扩面专项行动，推进建筑业和工程建设项目参加工伤保险“同舟计划”专项扩面行动，引导未参保企业、灵活就业人员、进城务工农牧民、新业态从业人员等重点群体参保。截至 2020 年底，全区参加城镇职工基本养老保险、失业保险、工伤保险人数分别达到 785.9 万人、276.5 万人、336 万人，均提前完成国家下达的年度扩面任务；城乡居民养老保险参保 784.7 万人，较上年末增加 16.5 万人。

（二）社会保障制度逐步健全。

围绕推进养老保险制度可持续发展，制定规范企业职工养老保险自治区级统筹制度的实施意见和考核奖惩办法，从养老保险政策、基金收支管理、预算管理、责任分担机制、信息系统、经办管理、激励约束机制等方面明确了要求，企业职工基本养老保险基金实现了自治区级统收统支。规范工伤保险自治区级统筹，制定《内蒙古自治区工伤保险自治区级统筹办法》，自 2020 年 7 月 1 日起正式实施。

（三）待遇水平持续提高。

退休人员养老金月人均提高 147.25 元，城乡居民基本养老保险基础养老金由 128 元提高至 133 元，提高了工伤职工伤残津贴、供养亲属抚恤金、生活护理费等标准。扩大失业保险保障范围，发放失业保险金 4.36 亿元、一次性生活补贴 2 599.3 万元、失业补助金 1.74 亿元。

（四）社保基金监管更加严密。

全面落实“三个全面取消”要求，启用了社银加密专线传输基本养老待遇发放和回盘数据，基本实现了待遇发放“离库不离线、中途不落地”。紧盯重点领域、关键环节和重点地区排查风险隐患，开展失业保险基金管理内控专项检查，累计实地稽核 3.8 万户、162 万人次，有效防范基金“跑冒滴漏”。

三、人才活力持续激发

坚持党管人才原则，积极发挥政府人才工作综合管理部门作用，围绕服务自治区走生态优先、绿色发展为导向的高质量发展新路子，深化人才发展体制机制改革，推动政策落地见效，促进人才创新创造活力充分释放。

（一）专业技术人才队伍建设取得新成效。

深化职称制度改革，进一步向脱贫攻坚一线、基层苏木乡镇、疫情防控一线人员倾斜。继续下放高级职称评审权限，高级职称自主评审单位达到76家。修订了工程、经济、会计、农牧业等11个专业系列职称评审条件。推荐入选国务院政府特殊津贴53人、国家百千万人才工程6人。深入实施专业技术人才知识更新培训项目，举办国家级、自治区级培训项目21期。开展了2020年度少数民族专业技术人才特殊培养计划。

（二）技能人才队伍建设取得新进展。

深入实施“百千万”高技能人才培养计划，推进国家级、自治区级高技能人才培训基地和技能大师工作室项目建设，全年新增2个国家级和10个自治区级高技能人才培训基地、5个国家级和10个自治区级技能大师工作室，给予项目资金支持2 150万元。新培养高技能人才2.98万人，超额完成2.35万人的年度目标任务。加大高技能人才表彰奖励力度，授予50人全区技术能手称号。扩大职业技能等级认定范围，新增职业技能等级认定机构136家。组织参加第一届全国职业技能大赛，共取得1枚铜牌、9个优胜奖的突破性成绩，实现了自治区在全国职业技能综合性大赛上“零”的突破。参加全国扶贫职业技能大赛，在钳工、家政服务员等项目中取得3个优胜奖。

（三）高层次人才工作取得新突破。

开展首届内蒙古自治区青年创新人才奖评选工作，评选出100名表彰人选。组织开展2020年度“草原英才”工程青年创新创业人才选拔工作，共评选出青年创新创业人才102名，给予科研及创业支持550万元。加大引才推介力度，建立高层次人才需求目录动态发布机制，与自治区党委组织部共同赴北京大学、清华大学开展“广纳英才·智汇草原”引才活动，通过绿色通道刚性引进高层次人才3 469人。同时，打造内蒙古人才信息库建设升级版，截至2020年底已入库单位2.82万个，专业技术人才和高技能人才181.9万人。强化人力资源市场建设，启动了2020年度自治区人力资源诚信服务示范机构评选工作，评选出25家具有示范引领作用的行业领军企业。

四、工资收入分配制度改革不断深化

完善事业单位工资收入分配制度，加强企业工资收入分配宏观指导调控。

（一）事业单位工资制度更加完善。

完成了自治区2020年义务教育学校教师平均工资收入水平与当地公务员平均工资收入水平比对工作。会同财政部门出台了《内蒙古自治区事业单位高层次人才工资分配激励机制实施意见》，高层次人才可实行年薪制、项目工资制、协议工资制等灵活多样的分配方式。公立医院薪酬制度改革覆盖范围进一步扩大。完善区直公益二类事业单位绩效工资制度，制定《关于区直公益二类事业单位绩效工资管理有关事项的通知》。

（二）企业工资宏观调控不断加强。

完成全部区直企业2018年度负责人薪酬实施方案的审核批复和薪酬信息公示工作，发布了2019年度区直企业负责人基本年薪基数。完成了对自治区国资委、宣传部、交通厅、水利厅、发改委、自然资源厅、财政厅出资监管企业工资总额管理办法的审核批复，指导盟市国资监管部门印发了工资总额管理办法。认真做好薪酬调查和信息发布工作，2020年度，将企业薪酬调查工作扩大到12个盟市7 400户企业近60万职工。

五、劳动关系和谐稳定

围绕化解劳动关系领域风险矛盾，完善风险监测和预警防控机制，加强劳动监察、劳动人事争议调解仲裁等工作，加大根治欠薪工作力度，有效维护了企业和劳动者合法权益。

（一）劳动关系协调机制积极推进。

加强劳动关系政策指导，全面落实劳动关系风险监测预警制度，开展了“和谐同行”千户企业培育共同行动，评选表彰了自治区和谐劳动关系单位与工业园区及创建和谐劳动关系先进工作者，截至 12 月底，全区已认定（动态管理）和谐劳动关系单位 1 907 户、工业园区 23 个。全面落实劳动合同制度，推动劳动用工备案，全区已备案企业 22.97 万户、涉及劳动者 229.7 万人。

（二）劳动保障监察执法成效明显。

针对受疫情影响可能导致欠薪问题的新情况，落实定期调度、通报制度，通过开展根治欠薪等专项整治行动，集中解决重点地区、重点行业、政府工程项目、欠薪积案等突出问题，各级劳动保障监察机构主动检查用人单位 3.02 万户，督促补签劳动合同 3.07 万人，通过立案或协调方式查处拖欠工资案件 794 件，为 9 531 名农牧民工追讨工资 1.06 亿元。全区劳动监察立案查处拖欠工资案件数、人数、金额同比分别下降 44%、15%和 18%。

（三）调解仲裁效能得到提升。

提升调解仲裁规范化、标准化、专业化、信息化建设水平，推进“互联网+调解仲裁”，全区各级调解仲裁机构共处理争议 2.29 万件，结案率 97.7%，调解成功率 65%，涉及劳动者 2.43 万人，均高于国家要求。

六、人社扶贫工作全面完成

把脱贫攻坚作为保障民生的重大政治任务，进一步提高政治站位，切实发挥人社部门的职能作用，助力打赢脱贫攻坚战，人社扶贫工作任务全面完成。

（一）就业扶贫工作扎实推进。

针对疫情对贫困劳动力就业的影响，对全区 85.9 万贫困人口、2.9 万边缘户和新致贫返贫人口进行全面摸底排查，做到“出现一人，帮扶一人，就业一人”。积极与北京人社部门对接，认真做好京蒙劳务协作。全区外出务工就业贫困劳动力 19.8 万人，是上年总数 17.2 万人的 115.1%；建档立卡贫困人口赴区外就业 27 210 人，是上年总数 16 807 人的 161.9%；赴京转移就业 1 803 人，完成任务 528 人的 341.5%，实现了国家确定的“一个超过、两个不少于”的目标。

（二）技能扶贫工作扎实推进。

加强贫困劳动力技能培训，建立技能扶贫培训需求调查台账、培训满意度调查台账和受理培训需求动态服务平台，精准识别有培训意愿的贫困劳动力 12 828 人，全部组织开展培训，实现了“应培尽培”。

（三）社保扶贫工作扎实推进。

严格落实“两个清零”政策，将代缴社保费范围由原来的建档立卡未标注脱贫人员扩大至所有建档立卡贫困人员，全区共为 41.73 万名建档立卡贫困人员代缴了社保费，为 34.3 万名符合条件的建档立卡贫困人员发放了待遇，代缴率、发放率均为 100%，并为符合条件的建档立卡“未脱贫”和“返贫”的 16 120 人全部发放了社保卡。

（四）人事人才扶贫工作扎实推进。

聚焦脱贫攻坚和乡村振兴，实施精准扶贫专家服务基层项目 64 期，选派 459 名区内外专家深入基层农牧一线、医院、科研机构、企业和专业合作组织开展服务活动，培训基层专业技术人才 2.35 万人次，诊治患者 1.1 万人次，现场指导基层技术骨干 1.1 万人次。

七、人社行风建设成效显著

始终把人民利益放在最高位置，聚焦群众办事堵点痛点难点，不断加强系统行风建设。提升人社信息化便民服务水平，全区人社系统 190 个服务事项中，实现网上办 152 个，网办率 80%；自治区本级 123 个服务事项可网办 117 个，网办率 95%；行政权力事项精简到 10 项，非行政许可审批事项全部取消。推进“减证便民”工作，取消证明事项 149 项，减少证明材料 226 类，办理时限压缩了 63%。积极沟通合作银行，将原来人社部门和银行机构两个部门分别负责的社保卡业务，通过集中统一的社保卡系统合并到银行柜台一次办理，全区建立社保卡“一站式”服务网点 2 035 家，缩短了群众办理业务的时间，第二代社保卡持卡人数达 2 136.1 万人。深入开展人社练兵比武活动，实施人社服务快办行动，行风建设向纵深推进，群众的满意度明显提升。

八、常态化疫情防控工作有序推进

强化医疗和防控人员工伤保障措施，开辟工伤保障绿色通道认定，及时发放临时性工作补助、卫生防疫津贴，对参加疫情防控的医务人员和防疫工作者给予补助，审核发放临时性工作补助。全力支持企业复工复产，建立和落实企业用工调度保障机制，帮助企业解决用工3.65万人。建立农牧民工返岗复工“点对点”服务协作机制，组织农牧民工分批安全有序返岗10 154人。为防止人员聚集，大力推行人社经办“不见面”服务，通过网上办、预约办、邮寄办等方式办理业务，为服务对象提供高效便捷服务。对防控疫情一线涌现出来的先进集体、先进个人进行及时表彰，研究批复盟市等及时性表彰奖励方案，向国家推荐表彰1个集体、7名个人。

内蒙古自治区人力资源和社会保障厅

辽 宁 省

2020年，辽宁省各级人力资源社会保障部门坚持以习近平新时代中国特色社会主义思想为指导，深入贯彻习近平总书记重要讲话和指示批示精神，认真落实党中央、国务院决策部署和省委、省政府工作要求，统筹推进疫情防控和经济社会发展，扎实做好“六稳”工作，全面落实“六保”任务，立足辽宁振兴大局，全面抓好人社领域各项工作，取得显著成效。

一、就业创业

（一）主要目标完成情况。

实施新一轮稳就业政策，制发《辽宁省人民政府关于深入实施就业优先政策进一步做好稳就业工作的若干意见》《辽宁省人民政府办公厅关于印发全力做好当前促进和扩大就业工作若干举措的通知》，打出降成本、稳岗位、扩就业、优服务组合拳，积极促进企业开复工、稳发展，城镇新增就业45.2万人，城镇登记失业率4.61%，城镇调查失业率5.8%，就业形势总体稳定。

（二）失业保险稳岗返还情况。

大力推行失业保险稳岗返还，延长政策期限，细化认定标准，降低政策门槛，提高返还标准，简化经办流程，加快审核速度，推行普通性稳岗返还“免申即享”，切实提升政策落实效果。全年累计为11.3万户企业核发稳岗返还资金44亿元，稳定就业岗位437.6万个，资金拨付绩效考核指标完成率126%。

（三）高校毕业生就业创业情况。

制发《辽宁省人民政府办公厅关于印发辽宁省进一步促进高校毕业生就业创业若干举措的通知》，开发就业岗位30.2万个，落实政策性岗位71 466个，举办2020届高校毕业生全国网络联合招聘、“走进江苏　走进高校”招聘活动、“百校千企”人才对接计划、暑假返乡高校毕业生招聘等线上线下招聘活动593场。高校毕业生免费专业转换及技能提升培训补贴标准从最高每月1 200元提高到2 000元，组织就业见习10 603人。

（四）创业带动就业情况。

开展创业带动就业专项行动，扩大创业担保贷款政策覆盖范围，审核发放创业担保贷款19亿元，扶持创业带头人1.1万人（其中农民工创业带头人1 163人），完成年计划的113.1%，各市均完成年度计划，创业带头人带动就业6.3万人。强化创业孵化平台建设，加大优秀孵化基地建设支持力度，191个创业孵化基地在孵企业6 352户，带动就业3.8万人。开展“中国创翼”创业创新大赛辽宁选拔赛等创业创新活动945场，参与企业1.1万家。

（五）职业技能培训情况。

实施职业技能提升行动，优化培训补贴政策，扩大政策惠及范围，面向企业返岗待岗职工、农村转移就业劳动者、失业人员、贫困劳动力等群体开展百日免费线上技能培训行动，落实以工代训培训补贴政策，培训315.9万人次，完成年计划的790%。职业技能提升专账资金使用22亿元，完成年计划的109.9%，其中，线上培训、以工代训补贴16.3亿元，涉及6.6万户企业、221.9万人次。开展企业新型学徒制培训1.6万人，完成年计划的178%。

（六）重点群体就业援助情况。

开展就业援助月、“春风行动”等活动，全力促进困难群体就业，登记失业人员实现再就业51.1万人，精准帮扶8.2万就业困难人员就业，零就业家庭实现就业7 245户、7 741人，保持动态清零。建立农民工返岗复工“点对点”服务保障机制，安排专机、专列、专车1 779台次，运送农民工3.8万人。加大农村劳动力就业服务力度，促进农村劳动力转移就业111.1万人。

（七）就业失业监测情况。

严防就业失业风险，加强5 500户重点企业、103户涉美贸易企业用工监测，监测企业职工数由145.8万人增加到196.9万人，占城镇企业就业总人数的比例由44%提高到60%。实时监测2020届高校毕业生就业状况，建立防范裁员失业风险总体预案及应对大规模裁员、失业人员就业帮扶、重点地区专项援助、停工欠薪裁员失业群体性突发事件处置“1+4”预案体系，全年没有发生规模性失业问题。

（八）就业服务情况。

疫情期间，建立重大项目重点企业24小时用工保障机制，为企业配备“就业服务专员”，开展“人社干部走企业解难题”活动，广泛征集、动态发布企业用工和人才需求信息，加强供需对接，做到“就业服务不打烊、网上招聘不停歇”。常态化疫情防控阶段，建立重大项目重点企业用工保障常态化服务机制，举办线上线下招聘会3 303场，提供岗位124.1万个，在线求职人数98.9万人，达成就业意向5.7万余人。

二、社会保障

（一）阶段性减免社会保险费情况。

全面落实阶段性减免社保费政策，对中小微企业免征2—12月养老、失业、工伤保险单位缴费部分，对各类大型企业、民办非企业单位、社会团体等各类社会组织2—6月三项社会保险单位缴费部分减半征收，支持企业开复工、稳发展。2—12月，累计减免社保费335.6亿元，其中，企业养老保险304.2亿元，失业保险10.8亿元，工伤保险20.6亿元。延长失业保险阶段性降费率政策执行期限，减征失业保险费12亿元。

（二）企业职工和城乡居民养老保险情况。

着力推动企业养老保险省级统筹，出台省级统筹实施方案，制发统一养老保险政策的若干意见，基金省级统收统支管理暂行办法、经办规程，开发集中统一的信息系统，实现政策、收支、预算、责任分担、信息系统、经办服务、激励约束“七个统一”，2020年7月1日正式启动实施基金省级统收统支。7月至12月，基金收入443.8亿元全部及时归集省级财政专户，基金支出1 354.6亿元全部实现省级统支。企业养老保险参保人数1 832.8万人，抚养比1.45∶1。企业养老保险基金当期收入2 465.9亿元，基金当期支出2 556.9亿元。城乡居民养老保险参保人数1 058.4万人，其中享受待遇445.4万人；基金当期收入84.6亿元，基金当期支出77.5亿元。

（三）机关事业单位养老保险情况。

深化机关事业单位养老保险制度改革，全力推进机关事业单位按新办法计发养老金，18.5万名符合计发条件的退休人员已按新办法计发养老金，平均完成率由上年底的40%提高到90%，达到人社部改革中期评估指标标准，位居全国前列。机关事业单位养老保险参保人数216.3万人，基金当期收入499.1亿元，基金当期支出513.6亿元。职业年金完成15期申购，累计向11家委托机构分配资金296.7亿元，收益29.6亿元，由托管银行统一发放职业年金待遇18.2万人、5.37亿元。

（四）失业保险情况。

扩大失业保险保障范围，落实失业补助金政策，推进失业保险“畅通领、安全办”，全面实现失业保险待遇网上申领，不见面办理，兜底保障参保失业人员基本生活，为33.5万人发放失业保险金、代缴基本医疗保险费和价格临时补贴等各类失业保险待遇 42.3 亿元，为 82.4 万人发放失业补助金 23.3 亿元。失业保险参保人数 677 万人，完成年计划的 101.7%。基金当期收入 35.2 亿元，基金当期支出 105.3 亿元。

（五）工伤保险情况。

完善工伤保险省级统筹，落实工伤保险基金省级调剂金制度，制发《辽宁省工伤保险基金省级调剂金使用管理办法》，建立缺口分担机制，实现“五统一、一调剂”管理，上解省级调剂金 7 711 万元，下拨 3 570 万元，省级调剂金当期结余 4 141 万元。出台工伤认定和劳动能力鉴定规范管理的 16 项具体措施，制定疫情防护医护人员及相关工作人员的工伤保障措施，开辟工伤保障绿色通道。工伤保险参保人数 807.1 万人，基金当期收入 24.6 亿元，基金当期支出 33.6 亿元。

（六）社会保险基金监管情况。

整合社保基金要情报告和社保基金监督检查报告，从县区到市到省自下而上层层比对验证。开展企业职工提前退休专项检查、失业保险基金管理内控专项检查，开展社保基金风险警示教育活动。加强年金运营管理和管理合同备案，建立年金投资运营台账、省管企业（职业）年金运营情况统计报表制度，监管范围内 24 家企业建立年金计划，基金规模 179.3 亿元。启动城乡居民养老保险基金委托投资，委托规模 14.05 亿元。

（七）社会保险经办管理服务情况。

提升社保卡发行、服务和应用能力，社保卡持卡人数达到 3 824.2 万，新增持卡人数 260 万。省立等可取的社保卡发卡网点超过 400 个。加强联网数据比对核查，已核实数据 15 289 条，采集 22.15 万条死亡人员信息，及时停发相关待遇。企业养老保险基金支出预算编制工作在全国 2019 年社会保险基金绩效考核评比中获得三等奖。依托省级公共就业服务平台开发统一失业保险经办信息系统，实现各项业务的网上受理。完善信息比对机制，确保失业保险基金安全运行。

三、人才人事

（一）专业技术人员队伍建设情况。

实施重大人才工程，完成年度省“百千万人才工程”人选的推荐评选工作，评选推荐百层次人选 135 人、千层次人选 296 人、万层次人选 950 人，7 人入选百千万人才工程国家级人选，新招收博士后研究人员 922 人。印发《辽宁省职称评审管理暂行办法》，加强高层次人才政策支撑。对抗疫一线卫生专业技术人员予以职称评聘政策倾斜，组织开展民营企业职称评审“直通车”服务，大力支持疫情防控重点科研攻关，为省疾控中心、省检验检测认证中心等单位特设高级专业技术岗位。开展第二批辽宁优秀企业家、辽宁杰出科技工作者选拔工作，落实第一批“全球拔尖青年人才奖励”人员奖励资金 910 万元。2020 年，新增专业技术人才 11.4 万人。

（二）高技能人才队伍建设情况。

实施高技能人才振兴计划，省新增高技能人才 6.5 万人。开展省级职业技能培训示范基地项目建设，建设国家级高技能人才培训基地 5 家、国家级技能大师工作室 4 家、省级技能大师工作站 20 家。完成第二批“辽宁工匠”评选并落实每人 10 万元一次性奖励，推荐 13 名高技能人才享受国务院政府特殊津贴，推荐 1 人参评中华技能大奖、5 人参评全国技术能手。参加第一届全国职业技能大赛，获得 1 枚金牌、2 枚银牌、20 个优胜奖，5 人进入第 46 届世界技能大赛国家集训队。

（三）人才引进情况。

开展重点产业、重大项目、骨干企业人才（项目）2020 年需求调查，征集 12 个重点产业领域 1 048 家单位的 17 662 个人才需求信息，以及 132 家单位的 160 个拟引进项目需求信息。落实用人单位自主权，支持用人单位通过高层次人才“绿色通道”招聘引进高层次人才。持续深入开展“双招双引”“百校千企”人才对接计划招聘活动。支持辽宁工程技术大学年度内引进 50 名博士，一次性聘任到副高级岗位。加强人力资源市场建设，推进《辽宁省人力资源市场条例》立法。2020 年，共招聘引进拥有博士学位或副高以上职称高层次人才 2 012 人。

（四）人事管理情况。

制定和完善事业单位工作人员奖励、培训、申诉等人事管理配套制度，支持和鼓励事业单位科研人员通过离岗创业等形式积极开展科技成果研发和转化等活动。为疫情防治相关医疗卫生机构等事业单位紧急补充医护人员开辟绿色通道。持续保障事业单位人事管理自主权，为省直事业单位办理人员交流、岗位聘用等 1.42 万人次。组织完成 1 300 名省直机关事业单位工勤技能人员技师及以下技术等级晋升考核工作。

（五）表彰任免情况。

加强评比达标表彰项目管理，新设立表彰项目 68 项，调整或变更 9 项，撤销 6 项，统筹做好评比达标表彰活动实施。完成“庆祝中华人民共和国成立 70 周年”纪念章发放收尾工作，开展“抗美援朝出国作战 70 周年纪念章”统计发放和全国扶贫攻坚总结表彰推荐评选工作。高标准完成抗击新冠肺炎疫情国家级表彰对象推荐工作，40 人荣获全国先进个人称号，10 个集体荣获全国先进集体称号。完成省政府领导人员行政职务任免 43 人次。

四、劳动关系

（一）和谐劳动关系建设情况。

规范协调劳动关系三方会议制度，开展辽宁省模范劳动关系和谐企业/工业园区认定工作。妥善处理疫情防控期间劳动合同、工资支付等热点难点问题，实现疫情防控和复工复产期间劳动关系总体和谐稳定。稳妥推进厂办大集体改革，14 个市基本完成本地厂办大集体改革职工身份认定和职工安置方案审核工作。加强劳务派遣单位管理，劳务派遣单位劳动合同签订率 99%。建立劳动关系风险监测预警制度，确定 1 000 户重点监测企业，防范化解劳动关系领域重大风险。

（二）根治农民工欠薪情况。

贯彻落实《保障农民工工资支付条例》，成立省根治欠薪工作专班，实行领导包案制度，开展化解案件“回头看”行动，严格执行“人盯人、人盯项目”制度，推动“三金”“三制”全覆盖，开展秋、冬季攻坚行动，发现欠薪问题及时运用“四清零、四兜底”办案机制化解，累计查处拖欠农民工工资案件 1 202 件，为 5.3 万名农民工追发工资待遇 15.7 亿元，存量和新发生欠薪案件实现动态清零。搭建辽宁省欠薪预警信息系统，初步实现了预警功能。进一步落实重大欠薪案件社会公布和欠薪“黑名单”制度，公布重大欠薪案件 40 件，列入“黑名单”28 个，对欠薪违法行为形成有力震慑。

（三）劳动保障监察执法情况。

加强劳动保障监察日常执法，积极探索柔性执法，主动巡视检查用人单位 2.01 万户，查处各类违法案件 6 127 件，各类违法案件结案率达到 100%。开展清理整顿人力资源市场秩序专项检查，检查各类用人单位 3 090 户，查处各类违法案件 170 件，责令改正 132 件，责令退赔劳动者中介服务费、押金或其他费用 6.86 万元，罚款 5 万元，关闭非法职业介绍活动 15 件。

（四）仲裁信访情况。

加强调解仲裁工作，规范仲裁员证发放管理并面向社会公开仲裁机构及仲裁员信息，建立调解仲裁法律援助机制、裁审衔接机制，实现“互联网+调解”全覆盖，立案受理劳动争议案件 30 162 件，上期累计未结案件 835 件，涉及劳动者 35 599 人；当期审结案件 29 872 件，涉案金额 7.6 亿元。各类调解组织受理劳动人事争议案件 10 608 件，调解结案 9 618 件，涉案金额 1.3 亿元。建立人社系统信访工作联席会议制度，完成信访矛盾减存控制三年攻坚工作任务，交办的 615 件和自排查的 87 件信访案件以及 11 件“三跨三分离”案件全部化解。

五、人社扶贫

（一）就业扶贫情况。

开展农村贫困劳动力调查、信息复核、外地户籍贫困劳动力就业情况调查，对处于贫困状态的1.42万人就业失业状态重新核查，对4 671名贫困劳动力逐一核实、核实率100%，建立就业扶贫数据库。通过“一对一”帮扶、发放求职补贴等方式帮助困难家庭毕业生特别是建档立卡贫困家庭毕业生就业，为15 241名困难家庭毕业生发放求职创业补贴1 524.1万元，2 863名建档立卡贫困家庭毕业生已实现就业2 707人。

（二）技能扶贫情况。

实施技能脱贫千校行动，为7 486名贫困家庭子女发放中等职业教育国家助学金约1 500万元，面向贫困劳动力和贫困家庭子女共开展各类补贴性职业技能培训7 574人次，完成年计划的252.5%。加强农村远程培训，依托国家和省（市）遴选公布的线上技能培训平台，重点对农村转移就业劳动者、失业人员、贫困劳动力等群体开展线上培训。开展进乡镇进社区进家庭“点对点”“一对一”精准培训、“大篷车”送技能下乡等活动，累计培训农村贫困劳动力12.3万余人次。

（三）社会保险扶贫情况。

强化贫困人员数据信息比对工作，完成190万建档立卡贫困人口、低保对象、特困人员的参保、入学、参军、服刑、户籍等信息核实比对，建立统一的低保特困人员信息平台，与扶贫、民政部门定期交换贫困人员数据，新增一个纳入一个、达龄一个发放一个。166.6万符合条件的建档立卡贫困人口、低保对象和特困人员参加基本养老保险，83万名老年贫困人员享受养老保险待遇，37.1万名贫困人员享受政府代缴养老保险费4 406万元。

（四）人事人才扶贫情况。

开展事业单位工作人员和集体脱贫攻坚专项奖励工作，开辟艰苦地区县以下事业单位人员招聘绿色通道。实施专业技术人才知识更新工程，注重加强贫困地区专业技术人才培养，举办涉农、脱贫攻坚类高级研修班3期，培训中高级专业技术人才165人。实施专家服务基层行动计划，注重向涉农领域和产业人才倾斜，联合省农科院深入阜新、朝阳等辽西北地区开展专家授课、农技知识培训，受益群众近2 000人。实施“三支一扶”计划工作，招募“三支一扶”计划人员320名，其中支农岗位140人、扶贫岗位135人。

六、行风建设

（一）“放管服”改革情况。

取消、下放、调整行政职权31项，承接人社部下放行政许可事项1项。动态梳理修订政务服务清单，建立证明事项告知承诺和容缺受理清单、高频事项清单和办事指南，开展“一网通办”百日攻坚行动，省人社厅政务服务事项办事指南全部在辽宁政务服务网公开，依申请行政事项全部进驻省政务服务中心，自建系统全部纳入省一体化服务平台，依申请公共服务事项100%实现网办，行政许可类政务服务事项承诺办理时限比法定时限平均压缩51.3%，专家论证等不计时环节100%制定承诺办事时限。

（二）练兵比武情况。

人社系统82万人次参与“日日学、周周练、月月比”在线学习答题，通过“千人”笔试、选拔笔试、晋级笔试以及市内赛、区域赛等形式，评选日日学之星3 856名、月月比满分之星692名、优秀团队40个、优秀个人37名，选树“人社知识通”52名。在全国人社窗口单位业务技能练兵比武活动中荣获团体三等奖，3名同志荣获“岗位练兵明星”。

（三）专项行动情况。

开展“人人都是营商环境、个个都是开放形象”活动，开展行风问题查改专项提升行动，组织“百人监督团”开展明察暗访，组织百名局长走流程，动态整改行风建设突出问题，省本级共受理626件行风问题，同比下降38.9%，办结率、满意率均达到98.6%。

开展12333电话咨询服务质量监控，12333为群众提供语音服务320.7万余次。开展人社服务优办快办行动暨标信建设专项提升行动，推行10个关联事项“打包办”、10个以上高频事项“提速办”，全系统已全部完成“提速办”目标任务，95.9%的窗口单位完成“打包办”任务。

辽宁省人力资源和社会保障厅

沈　阳　市

2020年是全面建成小康社会、实现第一个百年奋斗目标的决胜之年，也是“十三五”规划、打赢脱贫攻坚战的收官之年。沈阳市人力资源社会保障系统深入学习习近平新时代中国特色社会主义思想，在市委、市政府的正确领导下，统筹推进新冠肺炎疫情防控和经济社会发展，大力弘扬“强本领、树形象，抓落实、争一流”的人社精神，用“最暖的温度、最快的速度、最努力的态度”扎实做好“六稳”工作，落实“六保”任务，各项工作迈上新台阶、取得新业绩。

一、落实就业优先政策，就业创业形势稳定

全年城镇新增就业11.57万人，城镇登记失业率3.12%，城镇失业人员再就业10.21万人，帮扶就业困难人员实现就业1.51万人，扶持创业带头人2 780人，认定并帮助零就业家庭实现就业167人，引导高校毕业生等失业青年到企业参加就业见习新增6 638人，吸引储备高校毕业生13.3万人。出台《关于进一步强化稳就业举措的实施意见》，压实工作责任，设立监测点，对重点区域、群体、行业等进行持续动态监测。为8 643人发放首次购房补贴15 855万元；为12 994人次发放吸引人才就业创业租房补贴2 815万元，人才驿站接待求职毕业生入住1 733人（次）。开展“才领东北、筑梦盛京”招才引智系列活动，“云端揽英才、幸福在沈阳”大学生就业见习网络招聘活动，实现企业和求职者实时面试，达成就业意向超过1万人。举办第八届大中城市联合招聘高校毕业生“沈阳站”巡回招聘会，邀请全国356家企业参加，提供岗位1 308个，招聘7 756人。各类高校毕业生专项招聘活动发布就业岗位信息12.5万条，开发基层公共岗位2 000多个，2 137人上岗。推进线上“就业援助月”活动，提供用工信息对接、技能培训、自主创业等服务。开展2020年“春风行动”，线上提供用工信息、技能培训、自主创业等服务21 877人（次），农村劳动力转移就业4.32万人，有就业愿望和劳动能力的建档立卡贫困劳动力3 738人已全部实现就业。扶持创业带动就业，降低小微企业创业担保贷款申请条件及创业带头人认定门槛，全年发放创业担保贷款1 968笔、6.5亿元，带动就业15 129人；发放大学生创业场地补贴资金53万元、市优秀创业导师奖励资金36万元。优化就业公共服务，加快推动国家级人力资源产业园建设，签约入驻各类企业107家。开展就业技能培训9 832人（次），为农村劳动者等群体提供免费在线培训13 251人（次），为797人发放就业技能培训补贴资金166.52万元。开展“共同战‘疫’我们在行动”网络专项招聘活动，为1 208家企业发布5 196个岗位招聘信息，招聘用工3万余人。组织各类线下招聘活动246场，服务企业4 901家（次），提供就业岗位近7.5万个。

二、推进社保制度改革，社会保险体系完善

全年企业职工基本养老保险参保409.4万人、工伤保险参保181.2万人、失业保险参保

149.1 万人。加强基金支出管理，加大追缴冒领和重复领取养老金工作力度，确保 134 万名企业离退休人员养老金等各项社保待遇按时足额发放。完成企业和机关事业单位退休人员养老金待遇调整，企业退休人员养老金实现“16 连涨”，调整后月平均 2 902 元，人均增资 142 元；机关事业单位人均增资 178.8 元，调整后月平均 4 823.3 元。及时调整补发伤残津贴、生活护理费和供养亲属抚恤金三项待遇和城乡居民养老保险基础养老金部分。继续执行降低企业及机关事业单位养老保险单位费率比例由 20%降至 16%政策，工伤保险浮动费率政策继续执行至 2021 年 12 月 31 日，降低失业保险费率 1%（企业和个人各 0.5%）政策延长至 2022 年 8 月 31 日。办理 16 万笔社会保险费统筹部分退费业务，退付资金 3.27 亿元。4 次升级失业保险返还政策，向 4.4 万户企业发放稳岗返还 8.9 亿元，稳定就业岗位 126 万个。推行系统筛查和企业申报相结合的返还模式，变“人找政策”为“政策找人”，对所有符合普通性稳岗返还条件的企业实行“免申直返”，实现“不见面、免申请、秒返还”。阶段性减免社保费用 95.13 亿元，为 33.16 万名失业人员发放失业补助金 7.09 亿元。发放应急性稳岗返还资金 16 038 万元，惠及企业 138 户，稳定就业岗位 5.5 万个。工伤保险业务全面实现网上办理，打通便民服务“最后一公里”。

三、优化培养发展环境，人才人事工作扎实

落实人才政策，加强人才培养，深化人才引进，以“引博”工程为抓手，积极开展全国重点高校博士“沈阳行”活动，新引进博士（博士后）513 名（其中 66 人办理了事业单位聘用备案），资助博士 1 474 人，发放资助经费 1 845.6 万元。启动“候鸟型”人才工作站建设，推进柔性人才引进和保障机制创新。选拔辽宁省“百千万人才工程”人选，推荐优秀专业技术人才享受国务院政府特殊津贴，深入实施“兴辽英才计划”、高精尖优才集聚工程、中青年科技英才培养工程、紧缺急需人才集聚工程，2020 年末有“两院”院士 24 人、国家百千万人才工程人选 95 人、认定高层次人才 6 980 人。向企业和广大劳动者推送线上职业技能培训平台 60 余个，将企业“以工代训”培训补贴资金发放由“企业申报”改为“免申直补”。规范事业单位管理，印发《事业单位人事管理工作要点》，完成事业单位年度考核备案和 4 532 名管理岗位人员的普通管理岗位晋升备案，核准 47 家市直事业单位的岗位设置变更申请，组织 10 次事业单位公开招聘，聘用 3 463 人。出台《事业单位及时奖励实施方案》，并给予 3 名同志记功奖励，第一时间完成 22 名援鄂一线医务人员入编聘用备案手续。推进职称制度改革，开发沈阳市职称评审管理服务平台，加速信息化建设。鼓励企事业单位开展职称自主评审，从条件、程序等方面做好服务。完成 25 家事业单位专业技术岗位设置调整，办理 216 家事业单位 6 000 余名专业技术人员的聘用备案。完善收入分配制度，为 3 683 名抗疫一线医务人员发放临时性工作补助 2 676 万余元，增发绩效工资 2 125 万余元。推进中小学教师班主任津贴发放工作，向市直 18 家单位发放津贴 933 万余元，为 11 名同志和 6 名同志颁发“市长特别奖”和“市长奖”。

四、维护职工合法权益，劳动关系和谐稳定

维护劳动者合法权益，规范劳动用工秩序，查处各类劳动违法案件，妥善化解矛盾纠纷，创造公平正义的法治环境。推进劳动关系和谐，开展“集中要约行动”，有效集体合同数量 678 份，覆盖企业 1 126 户，涉及职工 75 241 人，集体合同备案率 100%。表彰“模范劳动关系和谐企业”82 家，新松机器人等 5 家驻沈企业获得全国模范劳动关系和谐企业称号。研发实名新签劳动合同就业人员信息库系统并推广使用，注册企业 37 582 家，网上

备案37.4万人。强化劳动保障监察，以落实“三金三制”为核心，不断完善保障农民工工资支付长效机制，检查用人单位7 457户，受理举报投诉并立案查处784件，为7 584名劳动者追发工资等待遇11 882万元。处理农民工欠薪案件321件，涉及人数17 546人，涉及金额5.73亿元。深化劳动争议化解，推进仲裁诉讼衔接机制建设，劳动仲裁案件调解成功率70.23%、仲裁结案率95.75%、仲裁终结率77.25%。

五、提升综合服务水平，营商环境持续升级

充分发挥职能作用，在制定政策、创新服务等方面出真招、见实效。狠抓“快办行动”，抢抓康平县纳入人社部快办行动联系点的机遇，上下联动，推动业务流程再造，给群众提供简便、高效的人社服务。以服务为民、优化流程、协同共享为原则抓好“一网通办”，全面提升政务服务事项实际网办率，提升了百姓获得感、幸福感。狠抓“练兵比武”，聚焦“理念、方法、手段、机制”四个创新，打磨窗口单位乃至全系统“敬业、精益、专注、创新”的工匠精神，皇姑区获得全省总决赛团体一等奖，12名选手获得全省“人社知识通”称号。抓好经办服务，全力推行“网上办”“掌上办”“电话办”“延期办”等“不见面”社保业务办理模式，推动“疫情防控”与“业务经办”协调发展。与工商银行合作实现手机App上线运行，满足退休人员“线上”办理银行卡号变更和养老金待遇查询等业务需求，为百姓带来更多便利。

六、坚持兜底社会保障，人社扶贫工作扎实

开展“就业援助月”和就业困难群体走访活动，走访30 262户、就业困难人员9 627人，向就业困难人员提供就业帮扶政策和就业岗位信息，通过招聘活动、兜底安置等方式帮扶就业。加强公益性岗位人员管理，为8 934名公益性岗位人员拨付补贴资金24 076万元，为4 498名困难家庭高校、中职毕业生发放求职创业补贴449.8万元，为660名湖北籍高校毕业生发放求职创业补贴66万元，帮扶86名困难家庭高校毕业生实现就业。开展建档立卡贫困劳动力就业状况排查、就业信息推送、培训项目推介等跟踪服务，实现3 738人就业。发展就业创业扶贫基地，印发《就业创业扶贫基地认定和专项奖补资金申请认定的实施细则》，4家就业创业扶贫基地吸纳建档立卡贫困劳动力63人，带动就业542人。做好疫情期间农民工返岗复工“点对点”服务保障，协调运送352车次、10 176名农民工返岗复工。发挥城乡居民基本养老保险在助力脱贫攻坚战中的惠普性作用，通过精准定位扶贫对象、加强政策宣传引导、主动上门提供服务等措施织密“社保扶贫网”。大力推动建档立卡贫困人员、低保对象、特困人员应保尽保，为35 482名贫困人员按时足额发放养老金待遇，确保60周岁以下符合条件贫困人员全部纳入参保范围和60周岁以上贫困人员全部享受基本养老保险待遇，实现了新增贫困人员动态清零。

七、持续狠抓作风转变，行风建设效果明显

人社系统党员干部始终坚持“围绕中心抓党建，抓好党建促发展”的理念，以巩固深化“不忘初心　牢记使命”主题教育成果为依托，深入贯彻全面从严治党要求，严格落实“两个责任”，扎实推进机关党的建设，实现了党建引领业务同频共振、同向合力、同步提升。深入学习中央重大会议精神和总书记系列重要讲话，全年开展党组理论中心组学习10次、先导讲坛9期。全面落实《党支部工作条例》，加强党支部标准化、规范化建设，开展基层党组织“服务年”、党员组织关系集中排查、党费收缴专项检查、基层党支部按期换届等重点工作。62名帮扶干部深入74家企业，处理企业群众诉求120余件。通过召开专

题会议、签订责任书、上警示教育党课等措施，抓好教育、问题、常态化、资金四个监督。对233个服务窗口实行周检查、季覆盖的作风纪律巡察，促进政务服务作风持续向好。印发《落实党委（党组）意识形态工作责任制的总体安排》，制定“正面清单”“负面清单”，开展意识形态工作专题培训3次、专题分析研判4次、专项督查2次，全年未发生意识形态领域重大问题。

沈阳市人力资源和社会保障局

大　连　市

2020年，大连市人力资源社会保障部门在市委、市政府的坚强领导下，切实提高政治站位，扎实做好“六稳”工作，全面落实“六保”任务，年度工作目标全面完成，为全市疫情防控和经济社会发展贡献了人社力量。

一、指标完成情况

全市城镇新增就业11.58万人，完成省指标8.4万人的137.9%；城镇登记失业率3.39%，低于省指标1.11%；城镇失业人员再就业14.12万人、就业困难人员就业1.27万人、扶持创业带头人1 624人、开展职业技能培训82.1万人次，分别完成省指标的172.2%、106.1%、101.5%和10倍以上；2019年离校未就业高校毕业生就业率100%，创历史纪录；2020年离校未就业高校毕业生就业率为97%；零就业家庭动态为零；东西部劳务协作组织转移来连稳定就业152人，就近就地就业2 810人，分别完成国家考核指标的360%和351%。

全市养老保险参保人数466.33万人，参保率超过99%。企业养老保险基金收入463.24亿元，支出401.41亿元，中央财政补贴后，收支基本平衡。

全市新增专业技术人才47 500人，新增高技能人才9 195人，引进具有博士学位或副高及以上职称人才507人，超额完成辽宁省考核全年指标任务。

全市劳动保障监察机构依法受理投诉举报案件3 139件，按期结案率100%；劳动监察“两网化”管理县（市）区三级网格覆盖率100%。处理劳动人事争议案件946件，按期结案率98.9%。

二、工作完成情况

（一）推动党的建设工作，全面落实从严治党。

加强政治理论学习。深入学习贯彻习近平总书记重要讲话和党的十九届四中全会、五中全会精神，党组中心组学习25次，中心组交流研讨3次，专题分析研判意识形态工作3次，推进党建工作和业务工作深度融合。全面落实基层党组织政治理论学习教育计划，每月进行通报。

加强党建工作总体部署。制定党组工作要点、党建暨党风廉政建设工作要点，深入开展“基层党建制度落实年”活动，党支部标准化规范化建设扎实推进。强化基层党组织战斗堡垒作用，全局365名党员参加社区疫情防控一线工作，1 250名党员干部捐款12.3万元，76名党员干部无偿献血支持疫情防控。

加强干部队伍建设。坚持党管干部原则和正确选人用人导向，晋升职级46人次，交流干部8人次。加大年轻干部培养，召开局党组年轻干部专题会暨年轻干部座谈会。

加强党风廉政建设。强化从严治党主体责任，严格落实“一岗双责”责任制，“三公开一监督”正风肃纪大数据监督平台上线运行，自觉接受社会广泛监督。扎实开展“中梗阻”问题专项整治。加大执纪审查问责力度，运用“第一种形态”诫勉谈话2人，提醒谈话5人，批评教育6人，给予党内严重警告处分1

人，给予党内警告处分 3 人。

（二）全面落实稳就业工作要求，着力维护全市就业局势稳定。

加强就业工作组织领导。市委、市政府高度重视“稳就业”“保就业”工作，多次召开会议部署工作任务。组建就业工作专班，对就业工作进行日调度、周通报、月分析、季总结。每周召开就业工作联合调度会议，从 2 月起每日调度就业指标等工作进度情况，连续 300 天监测企业用工需求，及时分析研判、调整就业政策措施。市人力资源社会保障局对疫情期间企业复工复产政策建议得到了国家重视。

不断完善就业优先政策。面对前所未有的疫情压力，出台 21 个降成本、减负担、稳岗位、促就业政策文件。在主要媒体宣传就业政策及工作 300 余次，采取百名人社干部走访 1 028 户企业、向 1.3 万户企业领导人发送一封信、点对点向 3.8 万户企业打电话等方式宣传，推动落实援企稳岗政策。在全省率先推出支持中小微企业线上职业培训政策，开展职业技能培训 82.1 万人次，培训数量全省排名第一；发放培训补贴资金 5.85 亿元。发放稳岗返还资金 9.93 亿元，稳定岗位 89 万个。惠企减负成效明显，企业称之为疫情期间最实惠的补贴政策，稳住了岗位，保住了就业基本盘。

着力保障重点群体就业。就业服务工作前移，选派 54 名人社干部分赴在连 27 所高校送政策、送岗位、送服务。全市 208 家事业单位公开招聘专项提供高校毕业生岗位 404 个，召开新闻发布会发布 885 个毕业生国企岗位信息，举办 9 场离校未就业高校毕业生公益性专场招聘会。运用大数据比对联系离校未就业毕业生，建立台账，提供“一对一”精准服务。发放就业困难人员灵活就业社保补贴 4 423.14 万元、公益性岗位补贴 6 783.28 万元。“一对一”帮扶 961 户因故可能返贫家庭，实现全部销号。

持续提供“店小二”式就业服务。在疫情防控关键时期，建立全市 24 小时重点企业用工调度保障机制，为 144 家企业组织农民工“点对点”返岗复工 4 387 人。针对防疫物资生产和关系民生的重点企业，开通“网上招聘直通车”。实行就业服务 10 项承诺，在全省率先实现失业保险业务全程网上办理。大连市就业社保服务能力满意度在全国排名第九。

（三）贯彻国家社会保险免减缓政策，不断完善社会保险制度体系。

养老保险制度全面覆盖。全民参保计划全面实施，企业职工养老保险基金实现省级统筹。完成 116.74 万名企业、机关事业单位退休人员基本养老金待遇调整工作，企业月平均养老金 2 961 元，机关事业单位月平均养老金 5 890 元。为 7.56 万户企业阶段性减免三项社会保险费 97.90 亿元。

工伤保险运行机制不断健全。工伤认定、劳动能力鉴定、待遇支付业务实现全链条衔接，工伤保险事项实现不见面办理。“一把手”日调度、分管局领导审阅签批工亡案件和疑难案件研讨机制不断健全，工伤保险工作得到省人社厅表扬。

持续做好失业保险工作。实施失业保险扩围政策，为 39.9 万名失业人员发放失业补助金 13.6 亿元，位居全省首位。完善失业保险金随最低工资标准同步调整和与物价增长联动机制，为 12.1 万失业人员发放失业金 9.8 亿元，为 104.1 万人次失业人员发放物价上涨临时补贴 8 199.5 万元。

（四）有序开展技术技能人才各类项目，平稳推进人才服务工作。

人才新政深入落实。落实人才发展体制机制改革任务，人社部门牵头承担和配合推进的 86 项重点任务顺利完成。深化职称制度改革和职业技能等级评价改革，31 个系列（专业）职称参评 8 700 余人，29 家企业、5 家技工院校入选省职业技能等级认定单位。市委、市政府印发加强技能人才工作和推行终身职业技能培训制度实施方案，劳动者终身培训政策体系不断健全完善。

技术技能人才引育用留项目扎实开展。争

取国家海外赤子为国服务行动计划等 3 个项目、资金 97 万元。“一事一议”为 4 家单位 46 名紧缺人才发放薪酬补贴 272 万元。全年资助领军人才 78 人、企业博士后 343 人，重点培训产业紧缺人才 1 500 多人，普惠培训专业技术人才 1.9 万余人，取得职业资格证书（职业技能等级）技能人才 1.95 万人次。推荐国务院政府特殊津贴专家 15 人、省优秀企业家 24 人、省杰出科技工作者 14 人、市特贴专家人选 50 人、市特聘专家人选 5 人，选树第二届“大连工匠”22 人。入选国家百千万人才工程人选 1 人、国家级博士后科研工作站 1 家、省青年英才储备计划 32 人、省技能大师工作室 3 家。人才队伍数量、质量不断提升。

人才公共服务不断完善。制定印发大连市加快发展人力资源服务业政策措施。印发中日（大连）地方发展合作示范区人力资源交流合作平台建设方案，为日资企业提供人力资源服务保障。围绕大连市氢能产业发展目标，制定氢能产业人才引进培养工作方案，“一对一”及时了解和解决氢能企业人才开发问题。

（五）扎实推进根治欠薪，妥善处理劳动关系。

劳动关系工作再上新台阶。指导企业妥善处理疫情防控期间劳动关系问题，做好甲骨文（中国）大连分公司裁员就业服务、法律援助等工作。发布企业人工成本信息和人力资源市场 446 个职业（工种）工资指导价位，指导企业落实最低工资标准等制度。市属 34 家国企工资决定机制改革稳步推进。联合开展“集体要约”行动、“双合同月”活动及“和谐同行”企业培育行动，出台模范劳动关系和谐企业和工业园区认定办法。培育劳动关系和谐企业 5 家，备案集体合同 5 340 份，涉及企业 7 313 家、职工 80.3 万人。

治欠保支强力推进。开展打击恶意欠薪、根治欠薪等系列专项行动，全年化解清理各类欠薪案件 626 件，涉及 12 172 人、2.7 亿元，当期新增欠薪案件保持动态清零。大连市根治欠薪工作得到省核验组充分肯定，入选全国党员干部现代远程教育专题录像教材。

信访调解仲裁等工作扎实推进。信访案件及时受理率、按期办结率均达 100%。创新建立劳动争议案件合作调解机制，创新发展“互联网+调解”平台，提供高效便捷调解服务。各级调解仲裁机构当期审结案件 8 665 件，结案率 95.0%。

（六）规范事业单位管理，发挥正向激励作用。

规范事业单位人事管理。制定事业单位公开招聘、选聘人员和行政机关补充工勤技能人员政策，组织开展教师、医护人员等岗位公开招聘工作，提供招聘岗位 2 634 个。完善事业单位高层次人才工资分配激励机制，及时落实疫情防控一线医务人员薪酬待遇。会同市委组织部制定园区改革配套政策，印发园区薪酬总额核定暂行办法和分配办法指导意见。

积极推进实绩考核和评比表彰工作。市直部门所属事业单位实绩考核工作稳步推进，评比达标表彰活动不断规范。大连市 4 位全国抗击新冠肺炎疫情先进个人、2 个全国抗击新冠肺炎疫情先进集体、1 个全国先进基层党组织获得国家表彰。组织 49 位市政府任命的国家工作人员进行宪法宣誓。

（七）人社扶贫方面工作情况。

在省委、省政府和市委、市政府的统一部署下，按照“六盘水所需，大连所能”的原则，两市各级人社部门密切协作，建立并完善了高层互访、信息共享、精准对接、服务保障、工作联动和监督考核“六大机制”，重点在精选就业岗位、做好就业稳定和服务保障、用好用活大连元素、强化工作督导等四个方面下功夫，不断细化工作举措，全力保障各项工作开展。2020 年积极应对疫情影响，按照“战疫不减力，战贫不停步”工作思路，采取调整计划、加快节奏、深入对接、压茬推进等超常规措施全力推进工作开展。3 月 12 日开通全省首架复工定制返岗航班，运载 78 名六盘水市贫困劳动力顺利抵连，解决了六盘水市贫困劳动力来连务工难题。在编制紧张、岗位有限的情况下，提供10个事业编制岗位，定向招聘六盘水市贫困家庭高校毕业生。在两市人社部门的共同努力下，全年共实现有组织转移来连186人，稳定就业152人，其中新增144人；支持就近就地就业2 810人，帮助转移到其他地区就业2 493人；开设劳务技能培训班40期，培训贫困劳动力1 830人；开展现场招聘和网络招聘会5场，推送就业岗位信息1.98万个，高质量完成了劳务协作各项工作任务，得到国务院扶贫办考核组“好”的评价。对口帮扶新疆石河子市、湖北兴山县、吉林通榆县和省内朝阳市劳务协作工作也取得积极成果。

（八）行风建设方面工作情况。

高度重视行风作风建设工作，成立专班开展练兵比武活动和人社服务快办工作，取得扎实成绩，全市人社系统行风建设取得显著成效。

推进打造组织放心的“人社铁军”、群众满意的惠民“店小二”专项行动，建立工作台账，细化200项落地措施实行挂图作战，通过月调度通报方式积极推进。开通行风投诉热线，每天安排1名副处级以上领导干部对全局各服务窗口进行巡查，发现问题及时督促整改。聘请以市人大代表、政协委员为主的行风建设社会监督员队伍开展明察暗访，进一步加强全系统行风建设工作。

根据人社部和省人社厅通知精神，结合实际开展了大连市人社窗口单位业务技能练兵比武活动，在上年工作的基础上，进一步下沉到全市各区市县，通过建设典型试题库，深入基层单位督导，开展在线学习，组织闭卷考试，举办全市现场赛、全省区域赛等一系列活动举措，全力推进各项练兵比武工作。掀起学政策、钻业务、练技能、强服务的热潮，进一步提升窗口单位的业务能力和服务质量。瓦房店代表队在闭卷笔试和全市现场赛一路胜出，在区域赛上以第一名成绩获得全省晋级赛资格，成为全省决赛的八支队伍之一。大连市获得2020年度全省练兵比武活动“特别贡献奖”，12人获得全省“人社知识通”荣誉称号，2人获人社部颁发的全省“岗位练兵明星”荣誉称号，圆满完成年度活动任务。

开展“人社服务快办”专项行动。制定印发工作方案，深入县区调研指导工作，通过周调度方式加强对全市人社系统各单位工作指导督促。确定瓦房店市人社局作为部级联系点，采取“三个整合一个下放”即机构整合、窗口整合、信息整合，权限下放到乡镇街道社区，实现多点办、就近办、快速办，打通服务“最后一公里”；依托开发的“瓦房店市人社打包一件事受理系统”，建立微信公众号和“二维码超市”，实行前台受理，后台审核，网上办理，率先完成10个一件事打包办和20个高频业务事项提速办，打造智慧化人社服务环境。9月，在瓦房店召开全市人社系统行风建设暨人社服务快办现场会，总结和推广瓦房店市人社局工作经验，持续推进全市快办行动工作有序开展。2020年市本级及各县区均完成人社部要求的10个一件事打包办和10个高频事项提速办的“双十”目标任务。

认真督办失业保险扩围工作。按照人社部、省人社厅工作要求，将失业保险扩围纳入行风建设督办范围，实行日调度、日报告，及时转办部、省核查发现的问题，助力失业保险扩围深入实施。

建设人社政务服务电子地图。组织全市人社系统各单位组建信息采集员队伍，经过统一组织在线培训和统筹协调推进，进行录入填报地图信息。实现企业群众在网页端、手机移动端通过高德地图实时检索大连市所有人社服务网点，查询地点、精准导航。

健全工作调度机制。为扎实做好行风建设工作，对全市人社系统各单位进行行风重点工作周调度和月调度，积极适应机构改革后承担人社业务工作单位分散到系统外等情况，提高行风建设工作凝聚力。

三、创新工作情况

大力推动精准用工招聘。开展重点行业企业、高校毕业生、技术技能人才等线上线下专场招聘会（活动）108场，服务招聘单位9 662家次，提供岗位23.4万个次。招聘会采取了新的“短平快”循环招聘模式，每2～3天即推出一场不同行业的招聘活动，极大提升了岗位对接效率。市人社局向人力资源社会保障部汇报时，得到部领导的赞扬。利用抖音、企业微信等线上平台开展7次“直播带岗进校园”“直播现场招聘会”等活动。大连市2020年高校毕业生云招聘获得国家公共就业服务专项业务竞赛活动优秀就业服务三等奖。

积极推进中日（大连）地方发展合作示范区人力资源交流合作平台建设。印发平台实施方案，成立专项工作小组，为在连日资企业提供精准高效的人力资源服务。为32家日资企业发布招聘信息1 000余次，推荐各类人才200余人次，上岗92人；为145家日资企业开展企业职工培训补贴、薪酬补贴等政策宣讲，发放培训补贴6 165万元；设立对日服务窗口，为日资企业提供社会保险业务“代办”和“帮办”等服务；1家日资企业成为首家在连审批设立的日资人力资源企业。

扎实做好博士后创新人才集聚工作。大连市经批准设立的国家级博士后工作站45个、辽宁省博士后创新实践基地38个，累计招收博士后472人，出站留连250人，占比53%。设站单位博士后获得专利289个，其中实用型专利53个、发明专利236个；发表论文1 220篇，其中SCI/EI/IST227篇、国内993篇；成果转化4.5亿元。工作站和基地已成为大连市产业创新、科技创新和人才创新的重要平台。

大连市人力资源和社会保障局

吉 林 省

2020 年是“十三五”收官之年，也是党和国家发展史上极不平凡的一年。一年来，吉林省人力资源社会保障系统在人力资源社会保障部及各级党委、政府的坚强领导下，坚持以习近平新时代中国特色社会主义思想为指导，全力投入抗疫斗争，全面落实“六稳”“六保”任务，奋力推动复工复产和经济社会发展，“一稳、两强、三提升、三大攻坚”的工作理念更加深入人心，年度各项目标任务圆满完成，改革创新取得新成效，为民服务实现新提升，为统筹吉林经济社会发展和助力疫情防控贡献了人社力量。

一、精准施策、助力防控，就业局势总体稳定

面对新冠肺炎疫情的冲击，采取超常举措，各项工作全面向“稳就业”聚焦发力，及时出台一系列稳就业、保居民就业的政策措施，全力稳住了就业基本盘，也为疫情防控和经济快速企稳回升起到了有力的支持作用。2020 年，全省城镇新增就业 30. 95 万人，超额完成指标任务。城镇失业人员再就业 9. 43 万人，就业困难人员实现就业 4. 90 万人，城镇登记失业率 3. 42%，农村劳动力转移就业 333. 94 万人。聚焦复工复产，建立了 24 小时重点企业用工调度保障机制，累计为 142 家企业解决用工 8 567 人。指导建立由人社部门牵头，公安、交通、卫健、铁路部门共同参与的农民工返岗复工“点对点”服务保障协作机制，组织专机 2 架、专列 2 列、专厢 42 次、专车 259 辆，“点对点、一站式”有组织批量输出农民工 1. 14 万人。举办线上线下招聘千余场次，提供岗位信息超百万。聚焦援企稳岗，顶格落实国家“减、免、缓、返、降”社会保障援企惠民一揽子政策，共为企业减负 239. 83 亿元，其中为 2. 5 万户企业发放稳岗补贴 32. 9 亿元，最大限度稳定了就业岗位。聚焦创新创业，发挥创业带动就业的倍增作用，发放创业担保贷款 32. 4 亿元，同比增长 47%。农民工等人员返乡创业 11. 78 万人。为支援防控一线，700 名援鄂医务人员和 1 567 名省内防疫一线专业技术人员享受到职称晋级、人事编制等激励政策。在全国率先制定颁布公共卫生辅助服务员省级职业技能培训方案及评价规范，为湖北、吉林两省累计培训约 17 万人。

二、兜住底线、保障民生，加快推进社会保险制度改革

社会保障制度改革进一步深化，基金可持续运行进一步加强，社保统筹层次全面提升，实现企业职工基本养老保险基金统收统支省级统筹，覆盖城乡居民的社会保障体系进一步完善。养老、失业、工伤保险统收统支省级统筹制度体系基本建立，调剂余缺保发放效能显著提升。2020 年，全省参加城镇职工基本养老保险 898. 23 万人，比上年增加 16. 12 万人，增长 1. 83%。其中，执行企业制度参保人数 763. 82 万人，执行机关事业单位制度参保人数 134. 41 万人。全省参加城乡居民基本养老保险 945. 57 万人，比上年增加 243. 51 万人，增长 34. 69%。全省参加失业保险 270. 68 万

人，共为3万人发放失业补助金和一次性生活补贴近7 000万元。全省参加工伤保险384.52万人，新开工工程建设项目工伤保险参保率100%。

三、深化改革、乘势而为，努力为吉林振兴发展提供人才支撑

坚持人才优先发展战略，制定实施了一批含金量高、操作性强的人才政策措施，人才发现、培养、使用、激励机制和人才服务格局日趋完善。狠抓人才18条政策落实，享受分类定级评审、子女入学、安家补贴、“吉享卡”、创新创业资金扶持等政策的高层次人才达到6 600余人次，人才外流形势得到缓解。引导人才向基层一线流动，一批乡镇中小学教师、卫生院人员获聘正高级职称。高位推动技能人才建设，省政府和人社部签订了支持技能人才队伍建设备忘录。职业技能提升行动三年计划深入实施，创新开展直播销售员职业技能培训。在第一届全国职业技能大赛上斩获2银、3铜和28个优胜奖，总分列全国第15位。探索开展企业人才培养项目，建设“吉林省人才培养基地”26个。2020年，专业技术人才、高技能人才分别达到141.7万人和60.1万人。全省新增高技能人才6 646人，其中新增技师和高级技师1 711人。技工院校招生25 868人，比上年增加2 418人，增长10.31%。开展补贴性职业技能培训63.24万人次，比上年增长37.41万人次，增长144.83%，其中新型学徒制培训22 897人，比上年增加11 598人，增长102.65%。

四、强化治理、健全机制，促进劳动关系和谐稳定

注重发挥薪酬激励作用，深入推进工资收入分配制度改革。继续推进国有企业负责人薪酬制度、国有企业工资决定机制、公立医院薪酬制度改革，合理有序的分配格局不断优化。劳动关系协调机制和政策法规进一步完善。定期开展劳动关系调查研究，加强劳动关系监测预警，健全完善劳动关系风险防范化解机制。深入开展“和谐同行”千户企业培育共同行动，积极构建劳动人事争议多元处理格局，有效化解疫情防控期间劳动关系问题，维护了劳动关系和谐稳定。深入推进根治欠薪工作，贯彻落实《保障农民工工资支付条例》，治欠保支工作协调议事机制和制度体系更加健全，强化案件督办、督查包保、警示问责、曝光约谈，劳动者权益得到有力维护。2020年，全省企业劳动合同签订率99.52%，劳动人事争议仲裁结案率96.67%，调解成功率61.65%，劳动保障监察举报投诉案件结案率100%，拖欠农民工工资举报投诉案件结案率100%。为9 897名劳动者追讨拖欠工资约1.49亿元。创新开展劳动关系法律政策宣传培训模式，在“吉林人社”微信公众号开通“劳动关系在线”培训专栏，《保障农民工工资支付条例》在线学习率居全国首位，2 000余名劳动关系协调员、劳动争议调解员仲裁员和劳动监察员完成线上培训。畅通劳动保障监察执法和案件督查督办渠道，切实打击用人单位违法行为，及时维护了劳动者合法权益。劳动关系信息化建设水平不断提高。高标准启动执法检查信息化监管平台建设，协调省政数局在省政府“祥云”上建设全省执法监察信息化监管，并免费提供服务器等设施设备，将实现全省工程建设领域项目实时监管，极大提高了治理欠薪的信息化水平。深入推进“互联网+调解仲裁”工作，先后立项开发建设了“两个平台三个系统”。仲裁办案系统上线运行以来，全省仲裁机构在线经办案件3万余件。

五、以人民为中心、尽力而为，社会治理能力不断提升

积极践行“以人民为中心”的发展思想，不断增强人民的获得感、幸福感和安全感。深入推进“简政放权”，公开人社部门权力事项65项，先后向市州下放1项行政许可和8项公共服务事权。加大职称评审放权力度，推行“评聘结合”等改革试点，200余家高校、医

院、企业等单位实现职称自主评聘。着力优化事业单位面向社会选人用人机制，用好用活“八种类型”公开招聘，事业单位用人自主权持续强化。深入推进信息化建设，建成人社一体化信息系统，10余项信息化建设成果处于全国领先水平，86%的网上经办事项实现“零跑动”、14%实现“只跑一次”。率先完成人社部“跨省通办”首批试点任务和省政务服务事项同源发布、办件数据归集等任务。落实“互联网+人社”2020行动计划，启动了“吉林智慧人社”，基本实现人社全业务网上办理，全年发放社会保障卡2 550.88万张（含一代卡），比上年增加16.73万张，覆盖全省绝大多数人口。

六、立足职能、精锐尽出，脱贫攻坚成果不断巩固

聚焦全部脱贫摘帽目标，“点”“面”发力，脱贫攻坚工作取得扎实成效。全省扶贫车间、就业扶贫基地等就业扶贫载体总数184个，贫困劳动力实现转移就业8.21万人，技能培训1.22万人，符合条件的建档立卡贫困人口全部参加城乡居民基本养老保险，实现了应保尽保、应享尽享、应代尽代。支持贫困地区事业单位招聘人才，组织开展了全省脱贫攻坚表彰活动。持续做好驻村帮扶工作，由省人社厅机关、省社会保险事业管理局、省就业服务局包保的5个贫困村均已实现整体脱贫，扶贫产业项目促增收效果明显。省人社厅本级连续四年被省委组织部和省扶贫办评为优秀等次，其中1名同志荣获“全国脱贫攻坚先进个人”，1名同志入选全省十名“最美第一书记”。为推动脱贫攻坚与乡村振兴有效衔接，按照省委要求，省人社厅结合业务职能，开展了关于乡村人才的调研与政策起草工作。

七、敢于担当、积极作为，政治机关属性不断彰显

始终把“两个维护”作为最高政治原则和根本政治规矩，强化“四个意识”、坚定“四个自信”，着力打造政治机关、模范机关。始终把党的建设摆在首位，巩固主题教育成果，持续推进党建质量提升工程，打造“合聚变”等党建品牌，狠抓机关文化建设。坚持党管干部原则，不断强化干部队伍政治素质培养和结果运用。通过实施“干部素质提升计划”，持续以“金业大讲堂”等形式开展政治理论培训。坚持重实干重实绩的用人导向，不断激发干部队伍活力动力，优化干部队伍结构，重点实施“干部素质提升计划”。逐步完善注重公平、刚柔并济、奖优罚劣的干部考核管理平台载体。结合各类评比表彰、考核等工作，建立“荣誉档案”，形成激励导向。落实和健全容错纠错机制，坚持有错必纠，体现人文关怀。省市县三级人社干部深入社区、车站等一线直接抗击疫情，展现了人社干部风采。全力支持配合驻厅纪检监察组开展工作，自觉接受监督。及时开展党风廉政教育，深化以案促改，主动把权力置于监督之下运行。开展巡视反馈问题“回头看”，确保巡视整改持续推进、取得实效。始终把调查研究作为根本，聚焦全省振兴发展大局，贯彻落实党的十九届五中全会精神，认真谋划全省人社事业“十四五”规划和吉林省人力资源开发促进产业发展“十四五”规划，组织了重大课题研究、论证，两个规划的科学性和可操作性进一步增强。始终把行风建设落在平常，大力推进“人社服务快办行动”，推动集成服务“打包办”、简约服务“提速办”，建立人社政务服务“好差评”制度。大力开展业务技能练兵比武活动，吉林省代表队荣获全国赛二等奖，1名同志被授予全国“人社知识通”称号。

吉林省人力资源和社会保障厅

长 春 市

2020年，长春市人力资源社会保障部门以习近平总书记重要讲话重要指示精神为统领，在长春市委、市政府的坚强领导下，自觉提高政治站位，强化责任担当，在持续做好新冠肺炎疫情防控的同时，全面落实“六稳”“六保”任务要求，把稳就业、保居民就业作为头等大事和首要任务，统筹推进社会保障、人才人事、劳动关系、人社扶贫、行风建设等工作，着力促改革、惠民生、防风险、保稳定，圆满完成年度目标任务，为全面建成小康社会和“十三五”规划圆满收官做出积极贡献。

一、就业局势保持稳定

城镇新增就业 12.2 万人，完成全年任务的163%，农村劳动力转移就业 109.5 万人次，零就业家庭保持动态为零，城镇登记失业率控制在 4%以内，各项就业指标均如期或超额完成。落实社会保险“减免缓返补”政策。累计为 12.1 万户参保单位减免返社会保险费 86.8 亿元，其中返还失业保险费 18 亿元，免减缓降工伤保险费 3.2 亿元。助企业复工复产。成立 4 个工作专班，建立 24 小时重点企业用工调度保障机制，组建 169 名人社服务专员队伍，为 365 家重点企业解决用工需求 9 200 人次。通过线上“春风行动”“公益网络招聘月”“百日千万”等活动，帮助 10 076 家企业线上发布岗位信息 18.6 万个，达成就业意向 12 507 人。保重点群体就业。开通 24 小时服务热线，畅通农民工“点对点、一站式”复工服务通道。探索建设农民工大数据综合服务平台，为农民工等群体提供精准服务。扎实开展就业扶贫，开发就业扶贫专岗 1 592 个，创建就业扶贫星火站 60 家，安置贫困劳动力 129 人，实现贫困劳动力转移就业 8 290 人，未脱贫劳动力全部清零。开发应届高校毕业生公益性岗位 4 000 个，公开招聘 329 名城镇公益性岗位人员充实基层公共服务平台力量。积极开展“互联网+创业”服务活动，评审创业培训机构 33 家，开展网创培训 7 557 人。创新开展疫情期间创业担保贷款线上审核工作，发放贷款 11.1 亿元。举办第三届长春国际创客节暨直播创业系列交流大会，开展“直播+城市”创新发展高端峰会等 9 项活动，线上线下参与观众达 331 万余人次。拓宽职业技能培训补贴范围。完成全年补贴性职业技能培训 25.4 万人次，发放职业技能提升补贴 2.75 亿元。开展“以工代训”工作，完成培训 87 363 人。率先在全国开展“公共卫生辅助服务员防疫专业”线上培训，经验在吉林省推广，被人社部确定为援助湖北省线上培训定点城市，帮助湖北省圆满完成 5 个班次 8.1 万余人次线上培训。开创高校毕业生免费“项目制”培训新模式。根据长春市产业所需，制定了 326 个补贴性职业培训工种标准，将毕业年度大学生及毕业 2 年未就业大学生纳入免费培训范围。发展人力资源服务业促就业。新增经营性人力资源服务机构 99 家，中国长春人力资源服务产业园入驻企业 46 家，实现营业额 5.3 亿元。

二、社会保障持续加强

社会保障覆盖面持续扩大。养老保险参保

总量达到470.4万人，累计发放养老金268.4亿元、失业保险金2亿元，实现社会保险应保尽保。社会保险兜底保障功能不断强化。将失业保险金标准上调至最低工资标准的90%，由每月1 513元上调到1 602元。对领取失业保险金期满仍未就业且距离法定退休年龄不足1年的人员，继续发放失业保险金直至法定退休年龄。社会保障工作模式不断创新。完善企业职工退休管理服务工作，每月定期为一汽集团开展退休审批上门服务。开通社保卡办理绿色通道，多网点设置制卡机，方便群众就医。疫情期间，简化工伤认定程序，延长工伤申请时限。构建工伤认定“1+2”政策制度框架，规范工伤认定程序，全年共完成认定工伤3 240件。在吉林省率先组建工伤预防专家库，提升工伤预防科学化、专业化、规范化水平。采取视频、预约、现场和绿色通道“3+1模式”，全年完成工伤鉴定1 857人、病退鉴定883人。在全国工伤预防研讨会上，长春市作为人社部指定的两个城市之一，对该模式进行了经验交流发言。

三、人才人事工作迈上新台阶

实施高校毕业生留长工程。出台实施《长春市促进应届高校毕业生来（留）长创业就业若干措施》和配套细则，推动党政机关、事业单位、国有企业带头留人。各城区、开发区和企业积极发挥自身优势，加大编制岗位供给，建立人才储备“蓄水池”。持续开展“采兰计划暨强师强医计划”系列专场招聘，开展“才聚长春”云聘行动和“百日冲刺”计划，促进高校毕业生应来尽来、应留尽留，留长数量较上年增加1.1万人。贯彻落实“人才新政”20条。市本级为9 066名人才兑现2019年度高端人才奖励、人才住房保障支持和引才激励项目奖补资金8 024万元，较上年增长111%。将长春市相关人才政策享受范围拓展到驻长国家级科研院所和“双一流”高校，重点加大高层次人才吸引力度。争取城市智能体建设试点，在2020年人才项目申报审核中，实现新成长技师、高级技师奖励项目、高校毕业生一次性安家费政策“快办”“秒兑”。加大技能人才激励。完成新增技师、高级技师558人次的技能人才补贴申报工作，兑付奖励资金131.5万元。评选大师工作室10个、师徒工作间9个、长春技能大奖10个、长春技术能手10个。参加第一届全国职业技能大赛，13个赛项获得全国名次，5个项目进入国家集训队，增材制造赛项选手为吉林省代表队夺得一枚银牌并获大赛“最佳选手奖”，取得了长春市乃至吉林省参加全国大赛以来的最好成绩。加强人才公共服务。长春人才市场在全国第一家恢复线下招聘服务，实行全年免费招聘，上线“长春人才市场抖音号”，开展招聘现场“直播带岗”活动。建立事业单位高层次人才工资分配激励机制，为入选省拔尖创新人才名单的市直事业单位人员调整工资待遇。稳步推进公立医院薪酬制度改革，扩大试点医院范围。积极推进保障义务教育教师工资待遇工作机制，实现长春市义务教育教师平均工资收入水平不低于当地公务员平均工资收入水平。首次采用远程视频答辩形式，完成全市2019年度中小学教师职称评聘、全市在乡镇及以下中小学校从教满30年中小学校高级职称认定等工作。对疫情防控一线人员出台发放临时性工作补助等关心关爱措施，组织开展异地健康疗养活动。发挥绩效考评和表彰激励作用，各类人才获得感、荣誉感不断增强。

四、行风建设持续推进

狠抓系统行风建设，扎实开展“人社服务快办行动”，推出11项线上“不见面”服务，建立“网上办”“掌上办”“社区办”等服务新措施，打造人社系统助企便民服务升级版。创新市场监管环境。以新型信用监管方式衔接“双随机”监管，在长春市人社领域全面推行劳动保障监察首检告知、首违警示、首罚警戒和承诺备案四项制度，率先实行清单式管理，累计承诺备案企业148家，首检告知实现全覆盖。推进政务环境建设。出台法治政府建设三项制度，清理和修订规范性文件17个，完成法制审核108件、合法性审查3件，工作规范化、标准化和法制化进一步加强。

五、劳动关系和谐稳定

统筹推进劳动关系协调工作。简化劳动用工信息备案流程，实现了劳动用工备案“只跑一次”“零跑动”。探索推进构建和谐劳动关系综合试验区建设工作。持续推进国有企业负责人薪酬制度改革，全面推进国有企业工资决定机制改革，高质量完成国家样本企业薪酬调查工作。就未成年人看护问题联合长春市劳动关系三方四家向长春市企业、广大职工发出“倡议书”，促进劳动关系和谐稳定。为农民工服务工作进一步加强。积极宣传和贯彻《保障农民工工资支付条例》，推动“e网”监管平台升级，推进长春市建筑领域项目纳入“e网”平台监管，强化治欠保支工作成果。“e网”平台已对长春市928个项目进行了建档监管，录入工人13万人，代发工资26.73亿元。扎实推进仲裁调解工作。稳步推进“要素式”办案、“一裁终局”和“不见面”审理方式，开展“互联网+调解平台”推广使用工作，建立135个基层调解组织，设立182名基层调解人员。编写《妥善处理疫情防控期间劳动争议实务参考》，实现劳动关系处理统一指导、统一标准、统一口径。

六、人社扶贫成效显著

精准推进部门行业扶贫。研究部署11项就业扶贫、技能扶贫工作任务。采取逐户上门、逐人登记的方式，对16 801名贫困劳动力培训、就业意愿开展调查并建立台账。录制农村实用技术技能培训课件12期，免费培训贫困劳动力55人。创建就业扶贫基地7个、就业扶贫车间7个，安置贫困劳动力42人。开发“三无”公益专岗695个，安置贫困劳动力695人，发放补贴110.8万元，未就业建档立卡贫困劳动力全部清零。挂牌督战综合保障扶贫。采取研究部署任务、深入一线督战、坚持动态管理等方式，全力完成“两不愁三保障”综合保障工作任务，建档立卡贫困人口无一人掉队、无一人返贫。持续开展定点帮扶。采取分红、发展庭院经济、棚膜种植和种植龙丰果等措施帮助贫困户增加收入，采取消费扶贫、以购代捐、电商合作等形式帮助包保村农产品打开销路，包保村已由后进村成为先进村，贫困户人均年收入增加到11 282元。

七、机关建设不断加强

聚焦“四个一流”目标，持续巩固党建工作成果，完善各项制度措施，党组班子团结和谐、务实奋进，机关上下风清气正、心齐气顺，干部队伍充满活力、干劲十足。全面落实意识形态工作责任制。成立长春市人社局宣传思想工作暨意识形态工作领导小组，制定印发意识形态及宣传思想工作要点，定期分析研判形势，加强宣传阵地监督管理，突出做好网络意识形态工作，积极防范和化解风险隐患，引导党员干部牢固树立“四个意识”、增强“四个自信”、做到“两个维护”。严格学习教育制度。坚持局党组理论中心组示范学，“人社大讲堂”深度学，“学习强国”掌上学，“新时代e支部”重点学，比武练兵赶超学，创新开展“两个重温”“青年党员干部微党课大赛”等活动，“党建文化长廊”被长春市直机关党工委选定为红色教育基地。狠抓党风廉政建设。落实全面从严治党主体责任，深入开展反腐倡廉教育活动，落实中央八项规定精神，扎实开展纠正“四风”自查自纠等专项整治，保持党风廉政建设和反腐败高压态势。加强基层组织建设。召开基层党组织书记述职述责会，开展优秀共产党员、优秀党务工作者、先进基层党组织评选表彰活动，打造仲裁院党支部等示范标杆党支部，带动局系统基层党支部升级提标。加强干部队伍建设。坚持严管与厚爱相结合，严把选人用人政治关、廉洁关、能力关，加强干部教育培训，提高干部能力素质，选拔确定72名同志为优秀年轻干部人选。264名党员干部参加“下社区、上一线”活动，印发抗疫典型宣传手册，对党员干部先进事迹集中宣传，实现党务、业务、队伍同步推进、同步提高。

长春市人力资源和社会保障局

黑龙江省

2020年，黑龙江省人力资源社会保障部门坚持以习近平新时代中国特色社会主义思想为指导，深入学习贯彻党的十九大和十九届二中、三中、四中、五中全会精神，全面落实全国人社工作会议精神和黑龙江省委、省政府决策部署，面对经济下行和新冠肺炎疫情冲击，以战时状态、战时思维、战时举措，坚决扛起稳就业、保民生重大政治责任，一手抓疫情防控，一手抓事业发展，圆满完成各项目标任务，人社事业发展呈现良好态势。

一、就业形势总体稳定

省人社厅坚持把“稳就业”作为第一位的工作和重大政治责任，充分发挥牵头抓总和省稳就业工作专班办公室综合协调作用，建立了稳就业“六大体系”，即就业工作支撑体系、就业政策协同体系、公共就业服务体系、统计分析预测体系、失业动态监测预警体系和劳动关系调处体系，上下联动、横向互动、合力推动“稳就业”的工作格局基本形成。2020年，全省累计实现城镇新增就业37.47万人，完成年计划的149.9%，城镇登记失业率3.37%，低于控制目标2.13个百分点。注重政策协同，打出减、免、缓、补等系列稳就业政策“组合拳”，共减免企业社保费171.9亿元，实施稳岗返还27.2亿元，稳定岗位177.3万个，减免社会保险费无须企业申请，全部实行批量处理，成为全国首批完成退费工作的4个省份之一。出台暂缓缴存农民工工资保证金政策，免缴1 324万元，缓缴1.9亿元，助力企业复产复工。注重释放动能，通过产业吸纳、新业态拉动、创业带动、消费促进等拓展就业空间，省百大项目吸纳就业60余万人。注重保障重点，推出支持中小微企业吸纳、设立就业缓冲带、“点对点”服务等措施，2020届离校未就业高校毕业生就业率达96.8%，全省农民外出务工总数600余万人，开发1.3万个临时性公益岗位，保持零就业家庭月动态为零。注重优化服务，开展“云聘会”和“百日免费线上技能培训”，5万人实现就业，培训13万人次。注重夯实基础，建立常态化就业数据归集体系，形成5大类、21项稳就业数据，32个中省直单位、13个市（地）常态化报送数据，为省委、省政府和各部门提供决策参考。

二、社会保险体系健全完善

省人社厅把保发放作为重大政治责任，确保各项社保待遇按时足额支付。全力保养老金发放，克服社保基金政策性减收压力，加强资金调度，强化内控管理，开展专项整治，全年争取中央调剂和补助资金1 403.9亿元，其中争取国家社保费减免专补资金298亿元，占全国专项补助资金总量的46%，确保了538.2万企业退休人员养老金按时足额发放。进一步提高社保待遇，坚持按国家上限调待，调待工作平稳有序，成为全国11个提前完成调待工作的省份之一，养老金实现“十六连增”，工伤保险待遇实现“十五连增”。推进失业保险提标扩围，将失业保险金由最低工资的80%提高到90%，扩大失业保险保障范围，发放失业保险金5.5亿元、失业补助金2.43亿元，失业保险政策受益率位列全国第9位。推动原机关事业单位养老保险试点规范衔接，指导各地将58.5万人转移到现行机关事业单位和企业养老保险制度，整体完成率87.6%，主体任务基本完成。加大专项治理力度，开展养老保险基金管理风险防控和违规领取城乡居民养老保险待遇“百日攻坚行动”专项整治，对骗保冒领坚持零容忍，共清理整治违规领取城乡居民养老保险待遇人员6.13万人，追缴违规领取资金5 420万元，确保基金安全运行。

三、人才人事工作取得新进展

实施关爱抗疫一线行动，完善薪酬待遇、职称评聘、公开招聘等政策措施，1.7万名一线医务人员获得补助，870人晋升岗位等级，专项招聘421名编外医护人员。大力弘扬伟大抗疫精神，高质量完成国家和黑龙江省抗疫表彰工作，35名个人、10个集体受到国家表彰，884名个人、299个集体受到省委、省政府表彰。开展人才流动专项调研，形成《黑龙江省人才流动情况调研报告》，初步建成“省人才数据库”“人才需求数据库”“农村实用人才数据库”3个基础数据库，基本摸清全省人才“家底”，总体掌握人才流动趋势。加强技能人才队伍建设，实施职业技能提升行动，推进高技能人才振兴计划，全省培训劳动者74.6万人次，技能人才达到208万，其中高技能人才65万。在全国技工院校教师技能大赛上，获得7个二等奖和2个三等奖；在第一届全国职业技能大赛上，取得1金1铜23个优胜奖的优异成绩，6名选手入选世界技能大赛国家集训队。加强专业技术人才培养，培养选拔国家百千万人才工程人选6人，在重点领域企业设立博士后科研工作站12个，引进4名知名大学毕业的海外留学生和外籍博士来黑龙江省开展博士后研究。主动对接重点产业、重大项目，举办“大数据开发应用”“生态旅游规划管理”等10期省级高级研修班，培训高级专技人才547人次。推进重点领域改革，立足职能、把握政策、坚守底线，配合推进事业单位改革试点、龙煤集团改革和农垦、森工改革等重点改革任务，指导协助处理好人事劳动关系、工资待遇衔接、社保转移接续等人员安置工作，得到省委、省政府充分肯定。

四、劳动关系总体和谐稳定

加强风险防控，建立全省劳动关系运行情况日报、周报制度，启动省市县三级劳动关系监测预警系统，发挥三方机制作用，制发政策指导手册，集中回应用工管理、工资支付等热点问题，受到企业好评。加大根治欠薪力度，召开专题会议、调度会议，实地调研指导，建立快速联动、讨薪信息日交换制度，先后开展制度落实攻坚行动、冬季专项行动和信访讨薪专项整治，为7 150名农民工解决欠薪9 085.9万元。推进服务关口前移，将绝大部分争议案件解决在萌芽状态，全年受理案件19 841件，结案率97.3%，调解成功率69.2%，对哈尔滨铁路局、交投集团等重点企业实施“点对点”服务，跟进化解纠纷，排除了隐患。

五、人社脱贫攻坚扎实推进

强化就业扶贫稳就业增收入，通过健全工作机制，加大政策供给，强化资金保障，开展“春风行动”“就业扶贫行动日”等系列专项帮扶活动，提前完成国家部署的“贫困劳动力就业人数超过去年水平”的目标任务。强化社保扶贫保生活兜底线，将建档立卡贫困人员纳入城乡居民养老保险保障范围，符合条件人员应保尽保、动态清零，实现建档立卡贫困人员社会保险费政府代缴率和贫困老人社会保险待遇享受率两个百分百。强化技能扶贫提素质强能力，开展精准免费培训，支持贫困家庭学生就读技工院校，积极采取订单培养等校企合作模式，强化技工院校助力脱贫作用。全省累计开展扶贫职业培训9.67万人次，技工院校招收贫困家庭学生2 505人。强化人才人事扶贫增活力促发展，持续加大人事人才政策支持力度，为贫困地区招聘事业单位工作人员

2 388 人，晋升基层高级职称 1 293 人，招募“三支一扶”人员 2 239 名，其中扶贫岗位占比 51.1%。累计开展 42 次专家助力脱贫攻坚服务活动，先后派出 550 余位专家实地服务基层。

六、坚持人民至上，人社公共服务水平持续提升

人社工作关系民生、连着民心、事关群众福祉。全省人社系统秉持为民情怀、坚持人民至上，聚焦企业和群众办事难点，以“钢牙啃硬骨头”的劲头，精准发力、重拳整顿，推动系统作风持续好转，营商环境进一步优化，公共服务水平明显提升，群众获得感、幸福感、安全感进一步增强。

一是提供优质高效便民服务。开展“不见面”服务，疫情期间，推出“不见面、网上办，有咨询、请致电，非必要、不窗口”等“不见面”服务举措，58 个服务事项实现“不见面”办理。统一办理规程和办事指南，175 项省本级政务服务事项中 169 项网上可办，网办率 96.6%。开展人社服务快办行动，大力压减办事要件、简化办理流程，清理不必要证明材料 165 项，简化办事流程 14 个，平均压缩办理时限 4 个工作日，实现 48 个事项零跑动，113 个事项最多跑一次，受到群众普遍好评。持续推进“综合柜员制”经办模式，企业基本养老保险基本实现“一窗通办”，推进信访、仲裁、监察等事项“多门”变“一门”。积极开展人社法治宣传，面向社会公众和全系统干部职工开展人社法治知识网络答题活动，荣获全国人力资源和社会保障法治知识网络竞赛优秀组织奖。

二是开展经办机构提升服务质量攻坚行动。压实主体责任，印发《黑龙江省人社系统经办机构提升服务质量攻坚行动实施方案》，成立工作专班，建立周报、专报和定期调度制度，实时掌握各地行动进度和实施效果，形成了领导力量集中、责任逐级落靠、上下联动推进的工作格局。聚焦问题推进，省级层面共梳理 7 方面 47 项问题，强力推进整改，形成示范引领。各市（地）结合本地实际，细化工作方案，梳理任务清单、问题清单，细化目标任务，明确整改时限，确保攻坚行动统分结合、因地制宜。加强督导检查，厅领导带队深入一线走流程、摸情况、抓督导，全系统厅（局）长“走流程”1 067 人次，业务部门负责人坐窗口 5 286 人次，开展明察暗访 387 次，处理责任人 8 人。

三是扎实推进练兵比武活动。建立专班推动，成立领导小组，以省人社厅党组名义向 13 个市地局长发出《大力开展练兵比武的一封信》，形成了上下联动合力推动练兵比武的强劲态势。广泛动员参赛，着眼推动窗口工作人员熟悉政策、深耕业务、苦练内功、转变作风，让群众受益、使群众满意，厅机关主动作表率，积极参加练兵，推进窗口单位工作人员全员参加练兵比武，避免出现“少数练、多数看”的现象，推动实现人社服务水平全面提升。赛事成效显著，聚焦全员练兵、筑牢业务能力、择优比武选才，全系统涌现一大批“人社知识通”，在 2020 年度全国人社系统练兵比武线上比试中，黑龙江省获团体一等奖，1 人荣获全国“人社知识通”称号，14 人获评“岗位练兵明星”。

黑龙江省人力资源和社会保障厅

哈尔滨市

2020年，面对新冠肺炎疫情带来的冲击和影响，全市人力资源社会保障系统坚决贯彻市委、市政府决策部署，紧紧围绕“民生为本、人才优先、服务发展”工作主线，不断强化首位意识、底线意识和紧迫意识，以坚决的态度、有力的举措，统筹推进稳就业保民生各项工作，为全市经济社会发展贡献了人社力量。

一、多措并举、构建合力，推动“稳就业”工作格局

全年全市城镇新增就业9.68万人，失业人员再就业6.4万人，就业困难人员就业2.3万人，分别完成全年目标的150%、152.55%和166.88%；年末城镇登记失业率3.5%，低于控制目标2个百分点。全市公共职业介绍机构累计办理求职登记24.4万人次，完成全年目标的110.86%；就业地图访问量240.5万人次，完成全年目标的171.8%；提供12.2万个招聘岗位，完成全年目标的135.6%。自主发布信息企业增加到2.42万家，完成全年目标的105.2%。

坚持专班牵动。充分发挥牵头抓总作用，协调成立市、区两级稳就业工作专班，落实信息收集、要情专报、定期调度机制，集中解决、专门解决、快速解决疫情期间复工复产、减负稳岗、扩大就业问题。坚持政策驱动。细化出台稳岗返还、创业担保贷款、扩大失业保险保障范围等政策文件，推进“免、减、退、补、延、担”等措施落地实施，先后为5万余户企业减免社保费56.99亿元，为1.7万户企业实施稳岗返还5.14亿元，为小微企业和个体工商户发放创业担保贷款3.3亿元，有力地支持企业纾难解困、减压减负。坚持产业拉动。通过产业吸纳、新业态拉动、创业带动等拓展就业空间，与80个省“百大项目”和290个市重点产业项目进行服务对接，开展送岗位、送培训、送服务活动，成功推荐用工2 228人。坚持重点带动。紧盯农民工、高校毕业生、就业困难人员等重点群体，通过产业链吸附、集体经济吸纳、“点对点”服务等措施，会同相关部门完成劳务输出156万人，稳定就业3.06万人，新增就业3 500人。通过鼓励自主创业、开展规模见习、支持企业吸纳，全年离校未就业高校毕业生实现就业1.68万人，就业率98.86%。通过深入开展就业援助活动、开发公益性岗位，认定就业困难人员3.27万人，实现就业2.34万人，零就业家庭保持动态为零。坚持服务推动。组织“春风行动”“民营企业招聘月”等线上线下招聘活动570余场，服务企业5 000余家，提供就业岗位15.4万个；市就业服务中心“职等你来”抖音直播带岗平台和尚志市“创贷1+1”项目荣获全国优秀就业服务成果三等奖。

指导各区、县（市）积极做好线上、线下失业管理登记，做到“就业创业证”应发尽发，全年发放47 244本。有效缓解受疫情影响的小微企业和个体工商户生产经营困难，为其复工复产、持续经营提供资金保障。发放公益性岗位补贴和社保补贴13 355万元，为63家中小微企业发放吸纳就业困难人员社保

补贴 1 095 万元，安置就业困难人员 8 527 人次，为 80 691 名灵活就业人员发放社保补贴 2 亿元。

在全市各区、县（市）建立由就业局（科）长参加的全市农民工返岗复工“点对点”服务保障联络员机制，确保安全、快捷、顺畅、及时地把返岗复工人员输送到用工岗位。全市外出务工返岗出行共计 145 133 人，其中农民工 117 936 人，贫困家庭 1 329 人，其他务工人员 25 868 人，共计使用专车 283 辆，专厢 13 节，运送 11 998 人，自行人数 133 162 人。

二、兜住底线、纾难解困，扩大社会保险覆盖范围

2020 年，全市养老、工伤、失业保险参保人数分别达到 170.1 万人、147.2 万人、101.21 万人。城乡居民养老保险参保人数为 235 万人。城镇职工参保当年新增 7.3 万人，增幅 4.5%，退休各类群体养老金按时定额发放。及时、精准、平稳完成企业退休人员基本养老金待遇标准调整工作，市本级 72.18 万人月均增资 133.23 元，全市（含三区九县）102.77 万人月均增资 130.92 元。企业退休人员月均养老金由 2 659.24 元增至 2 789.16 元，提高后的养老金于 7 月底前全部发放到位。提高失业保险待遇标准，市本级由 1 344 元/月上调为 1 512 元/月，增幅 12.5%，为 10.5 万人发放失业补助金 2.79 亿元，发放价格临时补贴 1 022 万元，惠及 13.19 万人次。稳步推进国有企业退休人员社会化管理，市人社局与国资委联合印发《哈尔滨市国有企业退休人员社会化管理档案整理要求及移交流程的通知》，有序开展各项社会保障业务衔接工作。组织街道、社区相关工作人员开展国有企业退休人员社会化管理保障业务培训，做到“办社保不求人”全覆盖。通过信访维稳工作体系，提前清除信访隐患，及时受理率达 100%。如市长热线、百姓谈等渠道移交问题 7 582 个，均及时回复办结。

疫情严控期间为避免人员聚集，保证办事群众人身安全，大力推广“不见面”服务，开通 6 大线上渠道提供全天候不断线经办服务，网办量同比上升 20%，日均处理业务量超过 4 600 笔。靶向推出的“哈尔滨社保通”程序填补多项网办空白，累计办理业务 10.2 万笔，经验做法在全省范围内推广。疫情防控常态化后面对窗口服务需求高峰，及时制定预案、开发程序，推出网上预约服务。调整大厅窗口设置，规划进出路线，确保预约服务有序进行，3.2 万笔急难业务通过预约方式顺利办结。通过市区通办快速去存量，以扩大网点、现场收件、“受办分离”等方式，快速分流、消化业务需求，因疫情严控期造成的 6 000 笔丧葬费存量业务在 20 个工作日内悉数完成。窗口采取弹性延时服务，市、区社保经办机构日均处理业务超 1 100 笔，确保“当日放号，当日办结”。绿色通道为防疫护航。针对哈尔滨市在疫情期间发生的两起工亡事故，主动沟通和服务，按照“特事特办”原则，快速支付待遇，实现工伤后 48 小时内完成待遇支付。全力保障医疗机构资金，减轻定点医院资金压力，确保工伤保险基金及时拨付到账。

三、创新举措、竭诚服务，人才队伍建设成果丰硕

秉承“一切为了人才，为了一切人才”的服务理念，加大引才、育才、留才、用才力度，打造优良的人才服务环境，提高人才公共服务质量。兑现各类政策补贴资金，全年使用人才资金 3 912 万元。引进各类人才 3.31 万人，培养高技能人才 6 406 人。新建省、市级高技能人才培训基地、技能大师工作室 10 个。

精确发力，全力抓好高校毕业生就业创业。落实高校毕业生就业创业政策，共计为 13 657 人发放各类就业补助资金 1 409.16 万元。开展离校未就业高校毕业生实名制登记工作，强化高校毕业生就业服务，与高校合作建立“人才工作站”，举办校园网络招聘活动 8 场，鼓励高校毕业生面向基层就业，大力实施

“三支一扶”计划，招募116名高校毕业生到农村基层工作。扩大就业见习规模和就业见习岗位，哈尔滨市本级见习基地415家，提供见习岗位8 000个。成功举办“第十一届哈尔滨大学生创业大赛”，吸引来自全国7个省（市）的37所高校参赛，共征集1 372个参赛项目。

多措并举，大力推进高层次人才开发配置。组建“人才服务专员”队伍，为哈尔滨市“4+4”现代产业体系中350家重点企业开展“零距离”“保姆式”服务；设立“人才服务岛”，为人才、企业提供专项政策服务。共计为730余家单位6 227人次发放各类人才发展资金4 086.99万元。为30家单位159名高层次人才提供140套人才公寓。为239名留学回国人员办理相关手续。

丰富载体，搭建好人力资源对接交流配置平台。积极开展多层次的招才引智活动，利用网站、小程序等网络载体开展线上、线下招聘活动，为企业和人才提供更加精准、便捷的线上招聘、求职、发布、咨询、洽谈、面试、签约等全链式专业化服务。共举办校园招聘、高层人才招聘、公益性招聘等线上、线下43场招聘活动，参会企业2 316家，提供岗位7 391个，意向性签约8 437人。开展人才调研工作，为进一步增强招才引智和人才服务工作的针对性和实效性，提供数据参考。

强化意识，提高人才公共服务质量。推行线下窗口“最多跑一次”服务模式。人性化开展服务窗口延时，全面实行限时办结，经办立结让服务跑出“加速度”。推行“预约办”，率先在全国设计开发了人才服务预约系统，集成申请退休、集体户口等15项业务提前预约、分时受理，并将窗口服务向百姓家附近延伸。率先在全省推行证书、协议、证明邮寄服务办理。为10.5万人次提供了档案接转、查阅借阅等服务。受理2 175人中高级职称初审（其中补申2019年度中高级职称161人），发放证书1 725本（其中邮寄证书648本）；受理242名流动人员退休手续（其中机关事业单位退休67人，企业退休169人，病退6人）；接转集体户口404人，集体户口总数5 353人；接转党员518人，在册党员1 863人。推行线上“互联网+人才”服务模式。将人才引进、人事档案接转、人才招聘、留学回国人员人事服务、大学生就业创业服务、高校毕业生报到等27项公共服务全部纳入网上办理，实现服务事项“网上服务覆盖率”100%。全年网办办件量3.8万件。扩大手机网办一键可“秒批”。在全省率先推行报到存档“掌上办”，取消高校毕业生报到时限限制，高校毕业季高峰期，网上办理高校毕业生报到8 922人。

周密安排，强化人事考试服务能力。全年组织实施全省公务员录用考试（哈尔滨考区）笔试、全市事业单位招聘考试、公开选调（招聘）考试以及各类专业技术资格考试等共计9项，考生84 646人。推行专业技术资格证书发放全邮寄服务，利用微信平台办理证书邮寄业务累计7 446本。

四、协同发力、构建和谐，劳动关系总体稳定

高度重视特殊时期劳动关系领域出现的突出问题，强化风险监测和研判，确保全市劳动关系总体和谐稳定。全年劳动用工网上备案企业50 085户，涉及职工1 033 025人。劳动合同签订率93%，集体合同签订率87.5%。

发挥三方作用，健全完善集体协商机制。强化劳动关系疏导。按照《关于成立哈尔滨市协调劳动关系三方委员会的通知》确定的职责，三方成员密切沟通协调，加强企业用工指导，跟踪解决企业用工过程中存在的困难并给予服务指导。及时排查、监测、研判疫情防控期间劳动关系风险隐患，严格落实劳动关系风险三级预警机制。宣传集体协商理念。借助QQ工作群、微信公众号等网络平台，采取发布三方指导意见、面向复工企业开展视频讲座等方式，向企业与职工宣传“有事好商量、遇事多商量”的协商理念，推动企业建立、完善和规范集体协商制度。创新集体协商方

式。指导企业通过推动网上要约、鼓励线上协商、创新审议方式等，探索电视电话、微信群、网络视频会议等线上方式在集体协商工作中的有效运用，指导企业方和职工方通过微信、邮箱、企业电子办公系统等线上方式启动协商要约，做好议题收集、议题整理、意见交换等工作。

迅速做出反应，稳定疫情防控期间劳动关系。疫情发生后，第一时间制定《关于劳动关系领域新型冠状病毒肺炎疫情防控期间工作预案》，并向所辖区、县（市）下发通知，对疫情期间劳动关系问题处理提出明确要求。各区、县（市）建立快速联动机制，充分发挥劳动关系三方协调机制作用，及时监测化解劳动关系风险隐患。组织各区、县（市）劳动关系、调解仲裁、劳动保障监察、信访工作等相关部门工作人员，参加全省“应对新冠肺炎疫情稳定劳动关系政策解读线上讲座”，确保涉及疫情期间的劳动关系政策解读准确、到位，防范劳动关系矛盾风险，促进全市劳动关系和谐稳定。

稳定劳动关系，积极防范规模性裁员风险。规范企业裁员行为。认真贯彻落实国务院《关于应对新冠肺炎疫情影响强化稳就业举措的实施意见》精神，指导企业尽量做到少裁员、不裁员、避免规模性（经济性）裁员，确需裁减人员的，按照规范程序要求操作，为稳定就业形势做好服务。强化政策引导。受疫情影响，长安福特、哈药集团、哈轴集团等大型企业实施规模性裁员或减员，对此采取提前介入化解矛盾的方式，避免职工批量推向社会、增加就业压力和职工生活困难，造成不稳定因素。严格把关。审核企业裁员方案，做好风险评估，使矛盾消化在企业内部，寻找适宜的裁员窗口期实施裁员方案，避免职工群体访事件的发生，维护了上千名职工的合法权益。

五、人社扶贫、压实责任，各项任务超额完成

2020年，人社扶贫取得实效。坚持把脱贫攻坚作为最大的政治责任，为决胜脱贫攻坚贡献人社力量。通过各类帮扶措施，实施贫困劳动力就业2.95万人，完成省下达2018年至2020年3年安置指标的532.7%。其中，通过扶贫车间、返乡创业带动就业、有组织劳务输出、公益性岗位等四个渠道安置1.23万人。全面完成年度扶贫代缴社保费工作，全市符合参保条件的6.37万名贫困人员全部应保尽保。因地、因人制宜开展建档立卡贫困劳动力技能培训，全年共培训4 895人，其中就业技能培训1 107人，实用技术培训3 595人，创业培训193人。

六、转变作风、夯实基础，系统行风建设不断优化

立足“正行风、树新风，打造群众满意的人社服务”，大力推行“不见面”服务、“办事不求人”举措和“人社服务快办行动”。市人社局所有政务服务事项全部纳入“办事不求人”清单。下放政务服务事项89个，精简要件30%，压缩办理时限20%，申领社保卡等10项业务实现“打包办”，企业不定时工作制和综合计算工时工作制审批等25项业务实现“提速办”。推出“哈尔滨市人社”微信公众号，优化“哈尔滨智慧人社App”，智慧城市“人社云”平台正式上线运行，95%以上服务事项实现网上经办，50%以上服务事项实现全流程“不见面”办理，线上服务平台日均办理业务1.5万余笔，全局233项政务服务事项均达到或接近全国最优标准。

推动“不忘初心，牢记使命”主题教育常态化、制度化，增强各级自我净化、自我完善、自我革新、自我提高的思想自觉和行动自觉。以迎接国务院督查、省委巡视、市委巡察工作为契机，坚持问题导向、目标导向、结果导向，从症结上、根源上剖析问题、查找原因，从工作上、机制上细化任务、落实整改，推动管党治党不断上新水平。常态开展岗位业务练兵，全国人社业务技能练兵比武在线平台注册率达98%以上，“日日学”名列全省第一，“周周练”参与率排名全省第三。招商工作效果显著，全年洽谈合作千万元以上产业项目3个。社保卡制发、12333服务热线、政务公开、社会综合治理、督查督办、法治政府建设、宣传报道、驻村扶贫、行政应议（应诉）和经费（资产）管理等工作落实有力。大力开展优秀基层党组织、优秀共产党员评选和“工匠精神”先进集体、先进个人选树活动，在系统上下有效形成“学典型、争先进、敢担当”的浓厚氛围。市就业服务中心被省委、省政府评为全省拥军优属先进单位。香坊区人社局张媛依同志代表黑龙江省参加全国公共就业服务专项业务竞赛，荣获“全国十佳基层公共就业服务人员”称号。

哈尔滨市人力资源和社会保障局

上 海 市

2020年，上海市人力资源社会保障工作坚持以习近平新时代中国特色社会主义思想为指导，深入贯彻落实习近平总书记考察上海和在浦东开发开放30周年庆祝大会上的重要讲话精神，认真学习贯彻党的十九届五中全会精神和十一届上海市委九次、十次全会要求，面对新冠肺炎疫情带来的严峻考验，坚持稳中求进工作总基调，全力以赴落实人社部和上海市委、市政府的决策部署，扎实做好“六稳”工作、积极落实“六保”任务，统筹推进常态化疫情防控和人社工作，全力深化改革、服务发展、保障民生、促进和谐，各项工作取得了显著成效。

一、奋勇攻坚克难，落实中央和市委市政府重大任务成效突出

（一）全力以赴抗击疫情，勇挑重担彰显人社担当。

及时成立上海市人力资源和社会保障局疫情防控工作领导小组，迅速部署推进各项疫情防控工作，出台落实一系列人社领域应对疫情支持保障政策措施，实施上海人社战疫十二项行动。制定实施关心关爱医护人员措施，妥善处理疫情防控期间劳动关系矛盾，全力以赴保障基本民生，严防严控人社系统疫情风险。精准施策保市场主体，努力克服基金收支压力，积极出台减轻企业负担措施，全年社保减负达1 285亿元。

（二）驰而不息高标准筹办第46届世界技能大赛，筹办工作取得阶段性重大进展。

按照习近平总书记“努力办成一届富有新意、影响广泛的世界技能大赛”重要指示精神，挂牌成立上海世赛事务执行局，与人社部、世界技能组织保持畅通联系，召开视频会议262次。出席世界技能组织视频大会，开展第46届世赛倒计时活动。持续推进世界技能博物馆改建工程和展品征集工作。有序做好场地经理招募培训、宣传推广、世赛场地规划、商业赞助等重点工作。

（三）落实市委市政府人才战略部署，人才引进政策进一步优化。

贯彻国家重大战略高层次人才支撑计划和新时代上海人才引领发展战略，聚焦扩大引才总量、集聚青年人才、提速经办服务，修订上海市引进人才直接落户、居住证转办常住户口、留学回国人员申办常住户口等三项政策。加大重点区域、重点产业人才政策支持力度，细化落实上海自贸区临港新片区12条人才支持政策，聚焦张江科学城实行一系列特殊支持举措，做好高层次人才服务保障工作。

（四）扎实推进长三角人社一体化发展，重点任务实现新突破。

加快推进人社领域长三角一体化发展19项重点任务，实施长三角地区企业复工复产复市就业招工协调合作机制，加强长三角职业技能培训合作，探索推进长三角示范区内人才互认互准，推进示范区内以社会保障卡为载体的“一卡通”服务管理，提升长三角一体化经办服务水平。

（五）坚定不移抓好对口支援工作，助力脱贫攻坚交出圆满答卷。

积极推进云南省、贵州省遵义市的对口就

业扶贫工作，超额完成中西部贫困劳动力实现在沪稳定就业任务。有序开展定向援助湖北“6+1”劳务协作行动，精准施策帮助湖北籍贫困劳动力返沪返岗。持续做好与西藏、新疆等对口支援地区的就业培训扶贫、人事人才扶贫。

二、坚持守牢底线，就业局势总体稳定向好

（一）深入实施就业优先政策，稳就业举措全面强化。

充分发挥上海市就业工作领导小组各成员单位职能，凝聚合力抓就业。制定落实关于进一步做好稳就业促发展工作的实施意见，全面强化稳就业举措。召开上海市稳就业工作会议。组织开展三轮稳就业政策落实专项督查，推动政策加快落实落地。推出惠企就业政策“点单式申请”平台，受到国务院第七次大督查通报表扬。完善就业监测体系，加大企业用工保障力度。全年新增就业岗位57.04万个；年底城镇登记失业人数为13.54万。

（二）聚集重点精准施策，重点群体就业有力有效。

实施鼓励用人单位招用高校毕业生补贴政策，发放求职创业补贴。拓宽事业单位招聘渠道，面向应届高校毕业生的岗位同比增加62.5个百分点。落实百日千万网络招聘活动，稳步开展线下招聘活动，高校毕业生就业率持续保持在较高水平。全年帮助9 956名长期失业青年实现就业创业，超额完成市政府实事项目。取消灵活就业登记行业限制。加强对零就业家庭和就业困难人员的就业援助，兜牢就业底线。全力完成长江退捕渔民就业保障安置任务。

（三）坚持创业带动就业，创新创业环境不断优化。

落实创业带动就业专项行动，完善创业担保贷款政策，创业担保贷款总额创新高。组织开展新一轮特色创业型社区创建评估，创建特色创业型社区30个。做好创业孵化示范基地评审和院校创业指导站评估工作，继续推进创业者公共实训基地分基地建设，创业服务载体更加多元，功能进一步强化。全年帮扶引领成功创业12 546人，其中青年9 414人。

（四）完善技能培训体系，培训规模和质量进一步提升。

全面推广线上线下深度融合的培训模式，积极出台线上职业培训补贴政策，实施“以工代训”补贴政策。出台“互联网+培训”政策，加大新生代农民工、失业人员、退役军人等重点群体职业技能培训力度，继续全面推广企业新型学徒制。全年完成补贴性职业培训176.25万人次，其中农民工补贴性职业培训95.7万人次；开展职业技能鉴定21.27万人次，鉴定发证12.6万本，企业新型学徒制累计培训18 151人。

三、积极抢抓机遇，人才人事工作水平不断提高

（一）只争朝夕加快延揽人才，海内外人才集聚力度不断加大。

充分发挥梯度化引才政策体系的综合作用，继续做好多层次多渠道人才引进工作。深入推进“海外人才集聚工程2.0”，举办“留·在上海”系列活动，发布海外人才“4+1”新政。举办中国上海人力资源服务产业园十周年纪念系列活动，探索实施上海市人力资源服务“伯乐”奖励计划。指导各区开展专用落户额度自主审批工作。

（二）大力推进人才评价改革，专业技术人才队伍建设取得新进展。

坚持分行业推进职称制度改革，继续深入推进集成电路、人工智能、生物医药等重点领域、新兴领域职称评价改革。搭建职称宣传“云平台”。试点推进高技能人才和工程技术人才评价贯通。进一步拓展市级继续教育基地覆盖领域。开展2020年度各类人才计划选拔、推荐、资助工作。修订完善上海市博士后管理和“超级博士后”激励工作办法。出台进一步支持和鼓励事业单位科研人员创新创业的实

施办法。

（三）深入开展技能人才队伍建设，高技能人才培养成效显著。

推行企业职业技能等级认定，累计备案64家认定评价机构。制定上海市职业院校实施育训结合激励计划指导意见，落实与职业院校培训工作考核挂钩的绩效工资奖励办法。加强养老护理员队伍建设，探索建立养老护理员职业化、专业化发展的新机制。积极做好第一届全国职业技能大赛的参赛和展示工作，上海选手获得10金、10银、7铜的优异成绩，名列全国第三。举办第二届“四大品牌”职业技能大赛。开展高技能人才培养基地认定、资助和绩效评估。年末高技能人才占技能劳动者的比重达到35.03%。

（四）积极完善管理机制，事业单位管理水平不断提高。

进一步优化上海市事业单位专业技术岗位设置管理，岗位结构比例更加合理。稳妥组织疫情防控期间各类人事考试、干部培训和职业技能鉴定工作。制定实施2020年事业单位绩效工资总量调整方案，对疾控、公共卫生等事业单位实施绩效工资倾斜政策。

（五）有序开展评选表彰活动，凝心聚力效应进一步彰显。

圆满完成抗击新冠肺炎疫情国家级表彰推荐和上海市评选表彰工作，伟大抗疫精神得到大力弘扬。落实上海市“中国人民志愿军抗美援朝出国作战70周年”纪念章颁发工作。制定上海市评比达标表彰活动管理实施细则，做好各类评比达标表彰项目的推荐评选，开展2020年度上海市评比达标表彰项目申报、审核，清理规范各类创建示范活动。

四、聚焦基本民生，社会保障体系更加健全完善

（一）积极推进体制机制建设，社会保障制度化水平不断提升。

继续深化机关事业单位养老保险制度改革，稳妥实施2020年企业补充计发办法。制定做好上海市工程建设项目参加工伤保险工作、工伤保险辅助器具配置机构评估办法。贯彻落实《土地管理法》，切实保障被征地人员权益，助力重大建设工程项目加快落实落地。持续推进城乡居民养老保险扶贫，全面完成社会保险扶贫任务。做好中央在沪机关事业单位属地参保、退役士兵补缴社保费工作。

（二）努力克服困难挑战，各项民生保障待遇稳步提高。

优化工作机制，统筹调整不同群体民生保障待遇。根据中央统一部署率先增加各类养老人员基本养老金。失业保险金、工伤保险待遇标准和特殊群体生活困难补助等民生保障待遇标准稳步提高。发布企业技能人才市场工资价位，制定养老护理员薪酬等级体系方案，出台支持新冠肺炎疫情防控做好上海市国有企业工资分配工作的意见，调整社区工作者和政府聘用辅助人员薪酬水平。

（三）全面强化监测分析，社保基金管理更加规范有序。

做好社会保险基金预决算管理、审计、监督等工作，强化基金收支分析、预警监测和安全评估，有力防范和化解基金风险，确保社保基金安全。加强职业年金基金的管理，建立科学合理的受托人绩效考核体系。有序推进社保费和残保金征收职责划转工作。配合做好划转部分国有资本充实社保基金相关工作。

五、强化源头治理，劳动关系保持总体和谐稳定

（一）扎实推进劳动保障监察，根治欠薪工作取得积极进展。

全面贯彻落实《保障农民工工资支付条例》，开展保障农民工工资支付工作冬季专项行动，在国务院组织的工作考核中连续第三年获得A级等次。坚持劳动保障监察品牌建设，形成“一区投诉举报，全市联网处理”以及监察、仲裁“一口受理”的工作格局，推进以信用为基础的事中事后监管新模式。全市劳动保障监察机构共受理举报投诉2.1万件，查

处违法案件 1.15 万件；处置劳动关系群体性突发事件 140 起；欠薪保障金垫付 204 户企业共 6 224.49 万元。

（二）坚持正面引领，和谐劳动关系创建持续加强。

大力推进和谐劳动关系创建活动，授予 2019 年度 2 287 家企业和谐劳动关系达标企业称号。完善劳动关系三方协调机制，加强对重点企业劳动关系指导和服务。建立市区两级劳动关系矛盾防范化解会商机制、区级劳动关系矛盾应急处置机制、劳动关系工作关口前移机制，聚合多方之力预防化解矛盾，全年未发生影响全局的劳动关系矛盾事件。

（三）加强协调指导，调解仲裁工作机制进一步健全。

推动“互联网+调解仲裁”，全面推广线上调解，探索实践在线庭审等“非接触、不见面”的矛盾处置模式。加强机制创新，在上海全市层面成立首个基层“调裁审”三庭合一的劳动争议解决平台、首个快递物流行业劳动争议调解委员会和首个劳动人事仲裁系统市人大常委会基层立法联系点。上海市调解仲裁机构共受理案件 16.85 万件，共办结案件 16.75 万件，结案率为 93.92%。

六、全面深化改革，人社治理能力和水平不断提升

（一）大力推进信息化建设，人社“一网通办”取得积极成效。

成立上海市人力资源和社会保障局信息化领导小组，统筹推进“一网通办”和信息化建设。全力推动高频服务事项“不见面办理”，减少了 23 项材料提交，实现了“零材料”“零跑动”。落实政务系统、移动端应用整合和专网“三整合”工作，提前完成了人社 383 个网点的全部切换。全年人社“一网通办”办理总量合计 2 435.8 万件，月均超 200 万件；向上海市大数据中心归集数据 8.6 亿条，“上海人社”App 总功能数达到 236 个，累计下载 1 032.73 万；完成企业职工退休“一件事”。

（二）全面落实依法行政，人社管理服务效能持续提升。

制定实施优化营商环境 11 条举措，着力推动人社领域优化营商环境工作。积极开展行政应诉“三合一”活动，建立法治建设情况通报工作机制。建立上海市人力资源和社会保障局行政审批事项受理大厅，实现人社业务线下“一口受理”“只进一扇门，最多跑一次”。加强就业创业服务专家团建设，依托“乐业上海”“海纳百创”微信号，拓展线上服务功能。优化完善社保业务容缺经办、证明事项告知承诺制，持续优化社保资格认证服务。推进人才引进经办服务提速增效，落实留学人才服务专项行动。

（三）持续强化全面从严治党，自身能力建设全面加强。

深入广泛开展“四史”学习教育，引导党员干部在学思践悟中汲取精神力量、践行初心使命。组建上海市人力资源和社会保障局直属机关党委、直属机关纪委，启动党支部示范点创建，推动基层党建高质量创新发展。加强廉政风险防控机制建设，落实落细“好差评”，扎实推进“人社服务快办行动”。强化制度供给和执行，制定完善全面从严治党主体责任方案等 40 多项制度。实施重大政策落实情况跟踪反馈机制，成立决策咨询专家组。加强高素质人社干部队伍建设，为开创上海人社事业高质量发展新篇章做出了积极贡献。

上海市人力资源和社会保障局

江　苏　省

2020年，面对外部形势的复杂变化、新冠肺炎疫情的严重冲击，江苏省各级人力资源社会保障部门在习近平新时代中国特色社会主义思想的科学指引下，坚决贯彻落实中央和部、省决策部署，聚焦“六稳”“六保”，迅速组织实施“战疫情利企惠民十大行动”，统筹推进改革发展稳定各项工作，在大战大考中经受住了重大考验，为经济社会发展大局做出了重要贡献。

一、顶压前行、主动作为，力促就业局势总体稳定

始终把稳就业、保居民就业作为第一位工作和最大政治责任，深入落实“苏政50条”“惠企22条”等一揽子政策，及时出台进一步做好稳就业工作实施意见等硬核举措，全力对冲疫情影响，就业形势总体稳定、好于预期。2020年，全省城镇新增就业132.77万人，占全国的11.2%；城镇登记失业率、调查失业率分别为3.2%、4.5%，均低于全国水平，就业工作再次受到国务院办公厅表扬激励。针对员工返岗难，迅速建立24小时重点企业用工调度和农民工复工返岗“点对点”保障机制，率先开展跨省劳务援鄂，为3 884户企业直达送工8.36万人，有关做法被国务院农民工工作领导小组作为典型经验宣传。针对企业稳岗难，及时打出“免减缓返补”政策组合拳，创新出台“四大行业”应急稳岗返还措施，全年减免社保费1 467.5亿元，发放稳岗和就业补贴近130亿元，为市场主体纾困解难，夯实稳就业基础。针对重点群体就业难，迅速出台“促进高校毕业生就业创业11条”，年末高校毕业生总体就业率达93.05%，其中人社部门负责的离校未就业高校毕业生就业率96.99%；实施退捕渔民安置保障攻坚行动，转产就业和养老保险参保率均达100%；想方设法保障失业人员基本生活，推动失业保险扩围提标，发放失业保险金61.36亿元、失业补助金6.21亿元，分别惠及66.14万人、33.05万人。针对供需匹配难，创新打造全国首个“直播带岗”公共招聘平台，集中资源开展“百日百万网络招聘”，发布招聘岗位122万个，吸引72.8万人次在线求职。组织百日免费线上技能培训，创新实施以工代训政策，开展补贴性职业技能培训659万人次，累计使用资金42亿元，形成了“有技能、好就业，高技能、就业好”的良性循环。深入实施全民创业行动计划，遴选备案54家省级创业示范基地和497个江苏省大学生优秀创业项目，举办“创响江苏”品牌赛事活动，支持成功创业36.01万人，带动就业138.59万人。79名优秀农民工和5个农民工工作先进集体获国家表彰，受表彰人数和单位均位居全国前列，农民工工作受到国务院督察组充分肯定。

二、蹄疾步稳、深化改革，力促社保体系不断健全

始终坚持公平性、适应流动性、保证可持续性，全面落实国家社保顶层设计，推动制度改革持续深化。规范企业职工基本养老保险省级统筹制度，制定省级统筹基金管理暂行办法、督查激励实施办法等配套措施，下拨省级

调剂金 270.86 亿元，全额弥补 26 个市县基金缺口，确保企业退休人员养老金按时足额发放和制度健康平稳运行，相关制度设计获省法治建设创新奖。推进机关事业单位养老保险制度改革，出台公务员职务职级并行后养老保险有关问题指导意见等政策文件，2019 年底前退休“中人”待遇总体落地、职业年金待遇应发尽发。建立工伤保险省级统筹制度，创新出台超过法定退休年龄人员和实习生参加工伤保险办法，扎实做好工伤预防宣传培训，积极强化疫情防控一线医务人员工伤保障。实施全民参保计划，扎实开展工伤保险“同舟计划”，全省城乡基本养老、失业、工伤保险参保人数分别达 5 962.2 万人、1 887.0 万人、2 130.8 万人。围绕国家统一部署，完善企业职工基本养老金计发政策，做好退休人员养老金调整工作。全面落实城乡居民基本养老保险待遇确定和基础养老金正常调整机制，基础养老金省定最低标准提高到每人每月 160 元。失业保险金人均每月达 1 605 元。扎实推进被征地农民社会保障工作，被征地农民社会保障基本实现应保尽保，获省领导批示肯定。开展企业职工基本养老、城乡居民基本养老保险基金委托投资，全省职业年金投资净资产 1 065.92 亿元，其中投资收益 100.94 亿元。加强基金监管，推进社保基金第三方审计，基金安全得到有效保障。

三、找准定位、服务发展，力促人才工作创新突破

建强用好人才战略资源，推进人才人事机制改革，全省专技人才和高技能人才分别达 884 万人、455 万人。加强高层次人才队伍建设，出台博士后工作高质量发展意见，面向全球发布 6 003 个博士后招收需求，新浪微博点击量过亿；新增 46 家国家级博士后科研工作站，居全国第一。选拔国务院政府特殊津贴专家 106 名、省突出贡献专家 199 名。建设首批 18 家“留学人员之家”，新增留学回国人员超过 1 万人。提升技能人才素质，广泛开展百万技能人才技能竞赛岗位练兵活动，成功举办第五届江苏技能状元大赛，参加第一届全国职业技能大赛获 12 金 10 银 5 铜，获省政府主要领导批示肯定。深化技工院校内涵建设，出台省重点技师学院评估标准，新建 4 所省重点技师学院。首创乡土人才职称评价制度，评审产生 362 名正高级、高级乡村振兴技艺师。扩大乡土人才影响，举办首届中国江苏乡土人才“三带两助”建设成果展暨“长三角乡土人才发展论坛”，新增 456 名“教授级”乡土人才、200 名“三带”名人、507 名“三带”能手、1 089 名“三带”新秀。深化人才人事制度改革，1 044 名高层次和急需紧缺人才通过考核认定获高级职称，备案 1 449 家职业技能等级认定机构。创建全省首批 12 家“G42+”重点民营企业人才人事综合改革示范基地。制定实施事业单位人员公开招聘办法，出台基层事业单位专业技术人员“三定向”政策，省属事业单位招聘 625 人，全省基层医疗卫生机构共招聘 5 511 名卫生人才。优化人才服务，建成投用“江苏人才信息港”，编制发布海外人才、韩资企业人才等重点领域人才需求目录，举办“四对接”“百名海外博士江苏行”“中国江苏人才创新创业大赛”等活动。首批 50 名人力资源服务业领军人才班学员顺利结业，新建 3 家省级人力资源服务产业园，全省 9 825 家人力资源服务机构年营业收入超 1 850 亿元。接收西藏籍高校毕业生来苏安置就业；安排 10 所技工院校帮扶新疆克州，获人社部领导批示肯定。抓好抗疫关爱政策落实，率先出台职称评定、记功奖励等激励政策，全省表彰先进集体 1 600 个、先进个人 5 270 名，记大功 32 人、记功 747 人、嘉奖 2 622 人，145 名医护人员被直接认定高级职称、2 278 名医护人员享受职称政策倾斜。人才继续教育培训和机关事业单位工考工作扎实开展，安全顺利组织 163 万人次人事考试。

四、健全机制、系统治理，力促劳动关系总体和谐

始终把推进劳动关系治理能力现代化建设摆在突出位置，源头防控、多元化解、动态监管、应急处置的体制机制建立健全。巩固劳动关系和谐稳定的态势，聚焦“和谐劳动关系省”目标，开展全省“和谐同行”千户企业培育共同行动，推进全国和谐劳动关系综合试验区建设、国家级深化构建和谐劳动关系综合配套改革试点，累计建成省级和谐劳动关系综合试验区 24 家、示范园区 106 家，全省规模以上企业劳动合同签订率保持在 98% 以上，已建工会企业集体合同签订率保持在 95% 以上。指导企业依法妥善处理疫情期间劳动关系，出台稳定劳动关系支持企业复工复产的意见，健全劳动人事争议多元联动调解机制，实施“稳就业促发展构和谐”集体协商计划，发布“共克时艰保发展　携手共商促和谐”集体协商十大典型案例，推动企业稳岗保薪，积极防范规模裁员风险。遏制拖欠农民工工资问题，强力组织实施根治欠薪专项行动，全力推进工资支付管理、执法联动等长效机制落地，累计为 5.95 万名劳动者追发工资等待遇 4.89 亿元，连续三年在国家保障农民工工资支付工作考核中获评 A 级并位列前茅。规范工资收入分配，加强企业薪酬调查和信息发布，深化国有企业工资决定机制和负责人薪酬制度改革。深入推进公立医院薪酬制度改革，积极落实义务教育教师工资待遇，完善落实乡镇工作补贴政策，全面落实疫情防控期间一线医务人员临时性工作补助、生活补贴、卫生防疫津贴、一次性慰问金、免费健康休养和绩效工资等保障政策，符合行业特点的工资收入分配制度更加健全。

五、精准施策、优化服务，力促行风政风持续向好

坚持问题导向，深化改革攻坚，全力打造群众满意的人社服务，在省人大常委会组织的优化营商环境、社会救助、民生实事等工作评议中，均获得“好”的等次。围绕“放管服”改革，率先统一审批服务事项清单和办事指南，实现全省各级人社部门 338 项审批服务名称、服务依据、办理流程规范统一。积极开展综合柜员制改革和证明事项告知承诺制试点，深入推动人社政策待遇“看得懂、算得清”活动，大力实施“人社服务快办行动”，着力打造“宽进、快办、严管、便民、公开”的人社服务新模式。围绕信息化支撑，举全系统之力，精心打造全省五级人社部门、四大业务板块互联互通的一体化信息平台，省本级和泰州市成功上线，获年度“云计算最佳实践奖”。累计发行社保卡 9 069.2 万张、电子社保卡 2 140.8 万张，12333 综合咨询服务满意度达 92.3 分。围绕专业化建设，高标准高质量加强干部培养使用和监督管理，着力建设高素质人社干部队伍。组织动员全省 4 万余名干部职工参加练兵比武，在全国统一在线比试中获一等奖，12 名选手获全国“人社知识通”称号。围绕便利化服务，修订实施人社基层平台建设标准和服务规范，全省标准化街镇、村居平台建成率均达 100%。积极应对疫情影响，优化“不见面”服务，人社公共服务可及性、便捷性显著提升。与此同时，法治人社、规划财务、政务公开、新闻宣传、调研统计、信访维稳、老干部服务等工作迈出新步伐。

六、巩固成果、深化协作，力促扶贫工作提质增效

努力克服疫情影响，全面开展助力脱贫攻坚和乡村振兴行动。着力强化就业扶贫，全力稳定和扩大低收入农户劳动力就业规模。出台《关于建立就业扶贫长效化工作机制的实施意见》，积极拓宽就业渠道，加强供需精准对接，落实常住地困难人员认定及就业服务制度，新增帮扶低收入农户劳动力就业创业 4.72 万人。扎实开展社保扶贫，继续落实城乡居民养老保险参保登记、代缴保险费、发放养老金“三个100%”举措，为73.18万低收入人口等困难群体代缴城乡居民基本养老保险费1.39亿元，全省享受待遇困难群体累计71.59万人。健全失业保险待遇正常调整机制，有效防范工伤致贫和失业返贫风险。深入落实人才扶贫，组建成立省专家和博士后、技能人才大师和乡土人才大师三支服务团，开展助推乡村振兴服务基层活动。选拔400名优秀高校毕业生赴基层从事“三支一扶”志愿服务。持续推进技能扶贫，开展技能脱贫专项行动，增强经济薄弱地区职业培训供给能力，积极推广“线上培训”和“家门口培训”，加大培训补贴政策扶持力度，以培训提技能，以技能促就业。继续落实面向低收入农户家庭学生技工院校免学费、助学金、生活费补贴等政策。立足服务全国脱贫攻坚大局，重点推进东西部扶贫协作。圆满完成对口帮扶任务，建立健全“先摸底、再计划、后推送”岗位征集发布制度，加强供求信息对接精准度，着重解决赴苏返岗交通不畅等困难，会同相关部门提供“点对点”服务保障，面向对口地区开通专机10班、专列11趟、专车210辆，为全省1 267户企业直达送工8 384人，全年新增7 758名对口地区贫困劳动力赴苏就业。选派1 626名专技人才赴对口地区支教、支医、支农，帮助当地培养急需紧缺和专业人才。率先开展苏鄂劳务协作，推进实施“6+1”扶贫专项行动，明确黄石、孝感、咸宁三地为重点挂钩地区，推送岗位1.33万个，助力恢复和稳定湖北外出务工人员特别是贫困劳动力就业规模。延伸拓展省际合作范围，落实与河南、湖南、四川、安徽等省的政府合作备忘录及劳务合作协议，将在苏贫困劳动力纳入就业援助体系和属地化管理，共计吸纳88万名中西部贫困劳动力在苏就业。

江苏省人力资源和社会保障厅

南 京 市

2020年，面对复杂严峻的内外形势和新冠肺炎疫情的严重冲击，南京市人力资源社会保障部门以习近平新时代中国特色社会主义思想为指引，深入学习贯彻习近平总书记视察江苏重要讲话指示精神和部、省市各级部署要求，立足职能积极应对疫情大考，聚焦“六稳”“六保”，强化使命担当，全力以赴稳就业、保民生、促发展、防风险，年度目标任务全面完成，为疫情防控和经济社会发展、高水平全面建成小康社会、建设“创新名城、美丽古都”与“强富美高”新南京做出积极贡献。

一、克难前行重稳保，就业创业逆势实现新高

坚持将稳保就业作为重大政治责任，大力实施就业优先战略，积极应对创新做好就业创业工作，全市就业态势稳定向好。2020年城镇新增就业34.3万人，实现再就业11.7万人，城镇登记失业率实现1.71%的历年最低。

（一）保市场主体援企稳岗成效显著。

落实援企惠企各项政策举措，为15.3万家企业发放失业保险稳岗返还13.7亿元，减免征收17.9万家企业职工基本养老、失业、工伤保险单位缴费229亿元，继续执行降低社保费率政策累计减收95.7亿元，审核发放吸纳就业各类奖补7.4亿元。精准对接服务企业用工，持续开展稳就业保用工专项行动，市、区人社部门派“助企专员”走访企业近万家，安排专机专车专列“点对点”接回返岗员工数万人，全年举办线上线下招聘超1 600场，发布岗位需求逾70万个。

（二）精准施策推进重点群体就业。

升级实施“宁聚计划”，开展“七彩云”系列活动深化“云对接”服务，筹集22.5万个岗位专项用于支持高校毕业生就业，累计为18.8万人发放租房补贴16.9亿元。开展线上“春风行动暨就业援助月”，对农村转移劳动力、残疾人、长江流域退捕渔民等实行重点帮扶，援助困难人员就业1.99万人，实现再就业11.72万人。高质量接受全国农民工工作督察，获评全国农民工工作先进集体。

（三）扶持创业带动就业活力迸发。

加大资金、场地、税收、投融资等全链条扶持，遴选203个优秀大学生创业项目资助3 730万元，创业担保贷款“绿色通道”扩至42所在宁高校和16个园区。精心举办第八届“赢在南京”青创大赛、“宁聚助创行”等活动，南京市在第六届中国“互联网+”大学生创新创业大赛中获16金13银，金奖数超全省3/4，居全国同类城市前列。建强载体平台，市级创业园和孵化基地达138家、留创园21家，培育自主创业者4.6万人，扶持大学生创业6 787人再创新高。

（四）源头防范化解失业风险不放松。

深入实施职业技能提升行动，聚焦产业导向和劳动者需求，加大培训补贴力度，政府补贴培训职业工种由原66个扩至708个。拓展岗前培训、以工代训等普惠性培训，率先实施企业执行职工教育经费税前扣除奖励政策，全年政府补贴性培训124.9万人次、发放补贴7.6亿元。精准实施监测预警和分析研判，切

实兜牢防失业底线。

二、兜牢底线惠民生，社会保障功能更加完善

围绕“兜底线、织密网、建机制”，不断优化政策服务，强化兜底保障功能，群众获得感幸福感安全感进一步提升。

（一）健全社保制度体系。

全面实施城乡居民基本养老保险市级统筹，扎实推进机关事业单位养老保险制度改革，1.6万名“中人”待遇发放到位。聚焦村干部等重点群体，不断扩大年金制度覆盖范围，新增备案63家，累计达412家。对接做好工伤保险、企业职工养老保险省级统筹相关工作，确保平稳实施。紧抓四大重点领域加强工伤预防宣传培训，“三位一体”工伤保险体系不断深化。

（二）扎实推进扩面提标。

深入开展社会保险扩面征缴专项行动，职工五险累计参保1 814.1万人次，其中职工养老、失业、工伤参保1 007.2万人次，较上年末增长71.1万人次。持续推进“同舟计划”，全市新开工建设项目工伤保险参保率100%。实施社保精准扶贫，7.4万名困难人员享受居民养老待遇或政府代缴养老保险费。适时提高退休人员、特殊群体、城乡居民等社保待遇，完成工伤保险、失业保险待遇定期调整，企业退休人员月人均养老金达3 188元，继续居全省首位。

（三）持续提升服务效能。

拓展“互联网+”应用，多项业务实现一城通办、一站办理和“不见面”服务，成为全国首批国家社保服务平台办理养老保险转移接续业务上线城市。试点“银发专窗”，帮助老年群体消除智能服务障碍。深入开展社保稽核，持续加强基金风险防控，执行社保“免减缓降”政策情况下确保基金顶压平稳运行。统筹做好包括国企在内的企业退休人员社会化管理服务，完成第六轮健康体检42.5万人。

三、创新施策聚英才，构筑人才高地捷报频传

紧扣“创新名城、美丽古都”建设，实施更加积极开放、精准有效的人才政策服务，引才“强磁场”加速形成。

（一）更大力度创新政策制度。

倾力“宁聚”青年优才，创新出台“宁聚新十条”，深入实施“十万研究生宁聚行动”，新增就业参保大学生40.2万人，实现高位连增；累计开发见习岗位11万个、参加见习8.9万人。深化职称制度改革，新增专业技术人才8.2万人。探索建立“师带徒”“导师制”等新型学徒制度，备案通过28家企业共1 070名学员参训。创新出台事业单位特设岗位管理试行意见，扩大“编制+员额”岗位试点范围，完善制度设计支持按需引才。

（二）更实举措拓展引培渠道。

优化实施人才举荐制，有序推进高层次人才举荐委员会换届工作。加强海外人才引进服务，新增留学回国人员4 257人。完善专家选拔推荐，产生享受国务院政府特殊津贴人员14名、省有突出贡献中青年专家20名。更大力度引进领军人才和高端团队，累计遴选产生41家市级、100家区级企业专家工作室。“南京人才驿站”拓展3个海内外站点，为全市企业引进硕博人才近400人。

（三）更富实效建强载体平台。

博站准博站建设高质量推进，新增11家国家级博站，新招收博士后1 342人。扎实推进高技能人才队伍建设，新建3个省级、7个市级技能大师工作室。第一届全国职业技能大赛上南京市荣获1金1银。全力整顿规范技工院校办学发展，全市新增高技能人才1.19万人，总量达49.1万人。精心举办第三届乡土人才传统技艺技能大赛，新增省级乡土人才传承示范基地2家。

（四）更高标准优化发展生态。

编制发布《南京市2020年重点产业紧缺人才需求目录》，引导人才按需流动。成功举

办2020南京国际人力资源交流峰会，开展清理整顿人力资源市场秩序专项行动，引导有序健康发展。迅速落实防疫一线人员记功奖励、补助发放、工伤待遇等抗疫关爱政策，精心组织实施各级疫情防控表彰等工作。稳妥做好保障义务教育教师待遇落实、事业单位绩效工资总量调控等工作，落实防疫要求安全实施23项、21.6万人次、46.8万科次人事考试。

四、标本兼治促和谐，劳动关系共治多元推进

源头预防和执法维权并重，促进劳动者权益维护和企业发展实现共赢，全市劳动合同备案人数达329.4万人，规模以上企业劳动合同签订率近100%。

（一）推动劳动关系协商共建。

应对疫情及时研拟发布相关认定处置口径，充分发挥协调劳动关系三方机制作用，引导企业与职工协商沟通、共克时艰。深化和谐劳动关系创建，白下高新园建成省级和谐劳动关系示范园区，新增3家省级和谐劳动关系企业、90家市级和谐劳动关系示范企业。强化劳动关系监测预警，源头防范化解风险隐患。完善企业薪酬调查发布，深入开展制造业人工成本监测试点，稳慎发布人力资源市场工资价位及行业人工成本信息，工资分配宏观调控更具科学性实效性。

（二）推动劳动维权常态长效。

突出制度保障、刚性落实，狠抓根治欠薪，创新实行“四函两单”制度，开设“阳光护薪”二维码手机端举报投诉平台，实体运行“两办一班”持续攻坚化解欠薪矛盾。以《保障农民工工资支付条例》宣贯为抓手，常态化开展专项整治行动，主动监察检查用人单位7 741户，为1.5万劳动者追回薪酬1.3亿元，省对市保障农民工工资支付工作考核连续三年获得A级等次，再次代表江苏接受国考为获评A级做出贡献。

（三）推动劳动争议多元调处。

创新劳动人事争议协商调解路径，做强做优网上调解“便利店”，运用网上立案、在线调解、视频接访等方式提供便捷、高效、安全的劳动维权服务。在构建运行“三纵三横调解网络”基础上，联合政法、司法、工会等大力推进“五位一体”联合调处中心建设发展，仲裁调解成功率88%，仲裁结案率100%，劳动人事争议化解共建共治共享新格局日益形成。

五、精准对接提质效，深化帮扶助力脱贫攻坚

立足职能持续深化对口劳务协作，精准对接商洛、西宁实际需求，创新举措，强化协作，坚持扶贫与扶志、扶智相结合，助力脱贫增收取得实效。2020年实现建档立卡贫困劳动力来宁转移就业937人，贫困劳动力就近就地就业3 349人。

（一）完善人社领域对口协作机制。

始终将对口劳务协作作为重要政治责任，摆在突出位置，坚持主动对接，实施制度化安排、项目化管理、长效化推进。坚持一把手负责制，局主要领导牵头谋划年度帮扶计划，定期研究工作推进情况，推动建立常态化工作联络机制，宁商、宁西人社部门分别互访15次和3次，实地接洽推进对口帮扶工作，协作地域覆盖商洛7区县、西宁3县，协作内容拓展至培训合作、人才交流、创业服务、技能实训基地建设、网络招聘平台共建等方面。

（二）开辟劳务协作绿色通道。

根据当地建档立卡贫困人口信息和就业意向，针对性采集用工信息进行定向匹配，充分发挥人力资源服务机构及市场优势，坚持多管齐下，创新通过远程面试、信息发布等信息化、智能化线上招聘服务模式，实现务工信息和岗位信息的瞬时传递与精准匹配，2020年筹集2万余个适合贫困劳动力速上岗、见效快的岗位信息定向推送。全市建立10家“劳务协作服务站”，当地来宁务工人员全面纳入新南京人服务中心体系，同等享受面上公共就业服务，指导用工企业帮扶两市务工人员落实本

地就医、社保、子女就读等政策。有效应对疫情冲击影响，针对贫困劳动力集中统一外出的采取专车、专机、专列等方式“点对点”接返当地务工人员数百人。

（三）持续挖潜脱贫内生动力。

坚持重点突破，加大创业支持力度，共建“商洛市公益性创业创新孵化服务中心”，共有68家创业企业入驻孵化，吸纳就业人员800余人，已有18家成功孵化出园。针对性强化职业技能培训，结合商洛、西宁市情精准施训，举办劳务协作培训班41期，培训贫困人口1 265人，帮助提升就业能力和职业转换能力。

（四）对接做好人才选派和智力扶贫。

坚持扶贫扶智，精心做好“三支”人才选派工作，强化干部人才双向挂职交流培训，精心选派180名专业技术人才赴两市支教支医支农。加强南京与两市人才智力项目对接，组织开展“创聚赤子心·海汇新动力”南京投融资对接会，精选20个优秀创业项目向当地政府和企业进行推介，为助推当地引进高层次创业人才项目搭建对接平台。

六、建强平台优供给，系统行风建设提质增效

以深化系统行风建设为抓手，深入推进减证便民、拓服创优、限时提效三项行动，进一步简流程、优服务，增强为民服务行动力，不断提升南京人社服务品质和群众满意度。

（一）打造南京人社“宁满意”品牌。

推进人社公共服务均等化，全市街道（镇）、社区（村）标准化平台建成运行率100%。主动融入长江经济带发展、长三角一体化等重大战略机遇，召开南京都市圈人社局长第二次联席会议，聚焦“共建、共享、一体化”拓展人社各领域跨区域合作，有力助推区域协同发展。及时公布《应对疫情公共服务有妙招，南京人社网办事项“路路通”》66项办事路径，确保疫情期间服务“不打烊”。

（二）加快推进“人社服务快办行动”。

深化人社领域“放管服”改革，清单内事项网办率98.9%，审批时间平均压降至一天以内，近90%的审批结果快递送达。深度运用129个服务企业微信群，与数万家入群企业实时互动、对接提供服务，完善12333电话咨询、实体、网络“三位一体”服务平台，实现覆盖城乡的信息网络全联通，12333咨询服务满意度保持在90%以上。加快推进第三代社保卡和电子卡建设，积极拓展市民卡应用助力“新消费”，全市社保卡持卡人数逾1 200万。

（三）持续改进作风优化行风。

强化落实“先解决问题再说”机制，按照“首问负责、指定负责、兜底负责”的基本原则，全面掌握、妥善处理群众诉求，展现人社良好形象。以“日日学、周周练、月月比”活动为重要抓手，坚持全市覆盖、全员参与、全面练兵，制度化、常态化开展业务技能学习，促进系统全员素质能力提升。用好“学习强国”“学用新思想”等平台，继续深入开展“人社学思行”活动，不断增强干事创业本领。南京市代表队在系统大比武中再获佳绩，一名选手代表江苏省参加全国比赛并荣获全国“人社知识通”称号。

（四）锻造高素质干部队伍。

切实用习近平新时代中国特色社会主义思想领航定向，持续跟进学习贯彻习近平总书记关于统筹疫情防控和经济社会发展等系列重要论述，巩固深化“不忘初心、牢记使命”主题教育成果，推进常态化制度化建设，着力锻造一支忠诚干净担当的高素质党员干部职工队伍。持之以恒推进全面从严治党，严格落实党风廉政建设主体责任和监督责任，加强勤廉警示教育，切实提高党员干部思想认识和行动自觉。坚决运用执纪利剑问责查处，有效清除腐败存量，为事业发展营造“朗朗乾坤”。

南京市人力资源和社会保障局

浙　江　省

2020年是新中国历史上极不平凡的一年，面对繁重的改革发展任务和复杂的国内国际形势，特别是新冠肺炎疫情的严重冲击，全省人力资源社会保障系统坚持以习近平新时代中国特色社会主义思想为指导，认真贯彻落实中央和省委、省政府关于统筹推进疫情防控和经济社会发展的决策部署，围绕“六稳”“六保”目标任务，扎实开展“三服务”活动，准确研判形势，果断采取行动，在危机中开新局、在担当中展作为，全省人力资源社会保障事业取得显著成效。

一、就业创业

把稳就业保就业放在首要位置，保持就业局势总体平稳。积极应对疫情带来的严峻挑战，千方百计稳定和扩大就业，着力防范化解规模性失业风险。全省城镇新增就业111.8万人，城镇调查失业率4.3%。出台《关于进一步做好稳就业工作的实施意见》。开展“百日千万网络招聘行动”，组织高校毕业生参加见习3万人。通过“先上岗、再考证”等措施，积极做好疫情期间事业单位公开招聘高校毕业生工作。各地积极开展劳动力余缺调剂，探索“共享用工”模式，开发“人力宝直聘”“海兼职”等平台，有效缓解劳动力余缺矛盾。加大创业扶持力度，发放创业担保贷款33.8亿元，扶持创业4.1万人。实施扩大失业保险保障范围政策，向38万参保失业人员发放失业保险金和15万人发放失业补助金。同时，深入开展东西部扶贫劳务协作，开发爱心岗位6.2万个，1.2万名建档立卡人员来浙就业，超额完成国家下达的目标任务，为决战决胜脱贫攻坚贡献了浙江力量。省就业管理中心和宁波市就业管理中心被评为全国脱贫攻坚先进集体。

二、复工复产

针对疫情导致的省外员工返岗难问题，坚决贯彻落实省委、省政府“两手硬、两战赢”决策部署，第一时间牵头成立企业员工返岗专班，深入开展“十省百市千县”省际劳务合作，与劳务输出大省签订劳务合作协议，全省派出361个工作组1 600余人赴输出地对接工作，全力打通健康码互认、交通运输、员工组织等难点堵点，多措并举组织员工有序返岗，全力保障企业复工复产。在全国率先开通专列和包机，通过专车、专列、包机等方式接返外省员工98万人，居全国第一。同时，充分发挥市场力量，采取“政府+人力资源服务机构+企业”形式，发动全省3 000多家人力资源服务机构开展线上线下用工服务，助力企业复工复产，圆满完成复工企业用工保障阶段性目标任务。

三、人才人事

以新时代浙江工匠培育工程为抓手，全面提升技能人才队伍建设水平。出台《关于实施新时代浙江工匠培育工程的意见》。实施职业技能提升行动，支持鼓励企业开展线上技能培训，出台以工代训政策，帮助企业稳定岗位。全年开展职业技能培训168.6万人次。积极推进企业、社会培训评价组织开展技能等级认定试点，共888家职业技能等级认定机构开展试点，11.2万人取得技能等级证书，居全国第三。全省新增高技能人才23.64万人。新设立技师学院6所，筹建技师学院2所，全省招生5.6万人，同比增长13%，在校生数达到17.4万人，创历史新高。成功举办以“时代点燃梦想，技能改变人生”为主题的首届浙江技能大赛，进一步营造了技能成才、技能报国的浓厚社会氛围。本省选手在第一届全国职业技能大赛中获得5金7银7铜的优异成绩，团体总成绩位居全国第四。创新方式引育人才，加大人才供给支撑。抢抓窗口机遇，大规模开展“云招聘”“云路演”“云签约”“云评审”“云分享”活动。完成浙江引才云一期建设，打造权威人才需求信息发布主渠道。全年引进各类人才126万人，其中大学生115万人。牵线嘉兴市与北京理工大学合作共建高能级人才平台。全年新设立企业博士后工作站171家，新增博士后1 612人。出台《浙江省职称评审管理实施办法》，进一步推进工程领域职称社会化评价改革，推进企业科研人员自主评聘改革试点。出台《事业单位工作人员培训实施办法》。人力资源服务业加快发展，全年实现营收1 852亿元，发布全国首个行业发展白皮书，制定行政许可承诺办法和产业园创建评估办法。同时，制定义务教育教师工资收入与公务员比较口径，实现不低于当地公务员平均工资水平。认真做好疫情防控一线医务人员待遇保障和抗击疫情表彰奖励工作，落实一线医务人员提前晋升专业技术岗位等激励政策。

四、社会保障

着力完善政策制度，促进社会保障可持续发展。按照中央关于改革和完善基本养老保险制度的总体部署，省政府出台《关于规范企业职工基本养老保险省级统筹制度的实施意见》。依法规范被征地农民参加基本养老保险工作，在省委省政府的高度重视和高位部署推动下，严格按照国家规定，科学制定政策，坚持专班运作、系统联动、连续作战，以高度的政治自觉和行动自觉，在最短时间内推动被征地农民参保政策平稳落地，确保了社会面的整体稳定。同时，积极打好社保减负组合拳，全年共为企业减负1 176亿元。按照国家部署调整全省退休人员基本养老金水平，调整城乡居民基本养老保险基础养老金最低标准，每月提高10元达到每月165元。首次开展工伤保险基金省级调剂，出台《关于创建工伤预防常态化工作机制的指导意见》。开展职业年金基金市场化投资运营和城乡居民基本养老保险基金委托投资。上线社保省集中系统，为全面实施省级统筹提供信息化支撑。开展全省失业保险基金管理内控专项检查，全面实施社保基金第三方审计和基金安全评估。

五、劳动关系

以防范化解矛盾纠纷为重点，维护劳动关系和谐稳定。坚持“双维护”原则，加强疫情期间劳动关系指导协调，明确疫情防控期间劳动关系相关政策解答口径，合理平衡企业和职工双方的权益。制定出台《浙江省共享用工培育规范指引》。认真总结浙江省贯彻习近平总书记关于农民工工作“八个有”的经验做法，扎实做好为农民工服务工作。深化“浙江无欠薪”行动，建设企业工资支付监管平台，在1万多个在建工程建设项目中推广应用。全省90个县（市、区）全部达到“无欠薪”标准，在2017—2019年国务院对省级政府年度保障农民工工资支付工作考核中连续三年位居第一。积极稳妥处置众泰汽车股份有限公司欠薪等重大事件。充分发挥浙江劳动人事争议调解仲裁网络平台优势，引导劳动者在线维权，稳妥处理劳动纠纷，90%的案件在仲裁阶段案结事了。

六、服务能力

扎实开展人社服务快办行动，强化系统行风建设，组织开展窗口业务技能大练兵大比武活动，荣获全国人社窗口单位业务技能统一在线比试团体一等奖。以“最多跑一次”改革为牵引，加快推进数字化转型。全面梳理制定全省人社政务服务事项清单（2020年版），开展政务服务2.0建设。实施“对标争先、改革创新”行动，坚持省市联动，推动人社重点领域和关键环节改革任务落地见效。推动群众企业“一件事”改革，制定出台12个“一件事”办理规范。会同省委组织部，牵头实施事业单位工作人员职业生涯全周期管理“一件事”改革，相关经验做法被人力资源社会保障部发文推广。大力开展人社系统“减窗行动”，全省系统人工办事窗口数量同比减少57%。制定《银行办理社保经办业务服务指引》地方标准，进一步规范“社银合作”。

浙江省人力资源和社会保障厅

杭 州 市

2020年，杭州市人力资源社会保障部门积极应对新冠肺炎疫情，围绕“六稳”“六保”目标任务，全力稳就业、保民生、促发展、防风险，有力发挥保障民生和服务发展的功能，为全面小康和“十三五”圆满收官、夺取疫情防控和经济社会发展“两战两赢”做出了积极贡献。

一、就业创业

（一）就业形势保持稳定。

全市城镇新增就业69.05万人，应届高校毕业生就业13.1万余人，其中研究生学历毕业生2.1万人，城镇失业人员再就业4.51万人，其中帮扶就业困难人员实现就业2.39万人，失业保险参保净增36.81万人，年末城镇登记失业率2.42%。

（二）实施稳就业保就业政策。

4月，市人社局会同市财政局、经信局、商务局、交通运输局印发《关于进一步落实复工企业用工保障促进就业相关政策的通知》，12月，会同市财政局、商务局、民政局、农业农村局印发《关于进一步做好稳就业保就业工作的通知》，应对新冠肺炎疫情，落实稳就业、保就业政策，促进企业复工复产。发挥失业保险稳就业作用，对不裁员或少裁员的参保企业落实失业保险稳岗返还政策，向16.48万家企业返还社保费28.8亿元。实施杭州市新引进应届高学历毕业生本科1万元、硕士3万元、博士5万元的一次性生活补贴政策，全年发放补贴12.8万余人、发放金额17.96亿余元。实施高校毕业生求职创业补贴政策，全年发放补贴12 518人、补贴金额3 542.55万元。扩大大学生见习训练规模，新增见习基地115家，组织见习训练大学生7 894人。

（三）引导创业带动就业。

杭州市政府办公厅出台《杭向未来·大学生创业创新三年行动计划（2020—2022年)》，设立6月13日为全国首个大学生“双创日”。全年全市无偿资助大学生创业项目561个、资助金额5 193万元，35岁以下大学生新创办企业3 594家、带动就业1.5万人，选拔杭州大学生杰出创业人才培育计划培育对象20人，开展大学生创业见习工作。举办第七届中国杭州大学生创业大赛，全球461所高校3 743个项目报名参赛。举办2020杭州国际众创大会、2020杭州国际创业马拉松等活动，开展创业培训9 126人，其中网络创业培训5 531人，发放创业担保贷款7.02亿元。扩大创业陪跑空间覆盖面，新认定市级“创业陪跑空间”7个。

二、社会保障

（一）社会保险参保增加。

截至2020年底，全市职工基本养老保险、工伤保险、失业保险参保人数分别达716.97万人、633.36万人、523.46万人，比上年末分别新增参保49.05万人、76.69万人和36.81万人，全市基本养老保险参保率98.95%，基本实现“人人享有社会保障”。

（二）社会保障体系完善。

8月，市人社局、市财政局联合印发《关

于建立城乡居民基本养老保险待遇确定和基础养老金正常调整机制的通知》，从完善待遇确定机制、建立基础养老金正常调整机制、建立个人缴费档次调整机制、建立缴费补贴调整机制、做好个人账户基金保值增值等5个方面，调整完善城乡居民养老保险制度，推动城乡居民基本养老保险待遇水平随经济发展而逐步提高。11月，会同市财政局、应急管理局、税务局联合出台《关于印发杭州市工伤保险费率浮动实施办法的通知》，进一步完善工伤保险费率决定机制，发挥工伤保险费率的杠杆作用，促进用人单位做好工伤预防工作。工伤保险行业浮动费率按照国家规定标准确定，一类行业分为三个档次，即在基准费率的基础上，可向上浮动至120%、150%，二类至八类行业分为五个档次，即在基准费率的基础上，可分别向上浮动至120%、150%或向下浮动至80%、50%。临安区完成社保融杭三年过渡，实现与市区统一政策目标。企业退休人员社会化管理进一步深化，完成在杭央企和省属企业退休人员移交杭州市实行社会化管理工作。

（三）社会保险待遇水平提高。

继续提高企业退休人员养老金待遇，惠及全市企业退休人员153.6万人，其中，市区（不含临安区）企业退休人员128.71万人，月人均调整额度151.09元，调整后平均基本养老金水平3 272.86元/月。调整城乡居民基本养老保险基础养老金标准，其中市区由每人每月240元提高到260元，临安区由每人每月220元调整到260元。市区第八轮企业退休人员健康体检顺利实施，标准提高到400元。

（四）社会保险降费减负。

落实阶段性减免企业社保费及社保费缓缴政策，为企业特别是中小微企业抗击疫情、助力复工复产、稳企业稳就业提供政策支持，保障用人单位和参保群众社保权益不因疫情受到减损，全市共减免企业社保费369.17亿元，惠及39.74万户缴费单位，税务部门审批企业社保缓缴申请2.02万户次，社保费缓缴总额20亿元。

（五）社会保险经办管理水平提升。

8月，杭州市社会保险信息系统纳入浙江省集中统一管理，社会保险业务切换使用省集中统一的社会保险信息系统，实现统一信息系统、统一经办服务和统一基金财务管理，推动跨层级、跨地区、跨部门信息共享和业务协同。“社银合作”全面推进，全市7家合作银行共有服务网点707个，提供33个社保常用事项办理服务，可办事项率超过80%。加强社保基金监管，开展社保基金管理风险专项检查、失业保险基金管理内控专项检查、企业职工基本养老保险提前退休问题专项核查、全市社保经办机构工作人员及其直系亲属参保和待遇享受情况排查，加强经办风险防控。

三、人才人事

（一）人才政策环境持续优化。

2月，市委办公厅、市政府办公厅出台《关于服务保障“抓防控促发展”落实“人才生态37条”的补充意见》，提出实施新引进应届大学生租房补贴、支持高层次人才优先购房、提高高层次人才购房补贴标准、提高市本级公共租赁住房货币补贴标准、加强人才专项租赁住房建设力度、实施高层次人才专项奖励、加强抗疫人才招引服务等7项政策。12月，市人才管理服务中心联合市统计局编制发布《杭州市新制造产业紧缺人才需求目录》，聚焦新制造产业的高端装备、生物医药、节能环保、数字安防、新能源新材料五大重点发展领域，调查发布紧缺专业人才岗位需求情况。开展高层次人才分类认定工作，新认定高层次人才22 883人，其中，A类4人、B类208人、C类654人、D类2 230人、E类19 787人。出台新一轮加快发展人力资源服务业实施细则。举办承办第三届“发现驱动·智创未来”杭州人力资源服务和产品创新项目路演、第三届中国杭州国际人力资源峰会、第八届中国（浙江）人力资源服务博览会、第三届新视界·百猎峰会等品牌活动，开展百家人力资源服务机构助力复工复产活动。全市共集聚人力资源服务机构931家，提供各类人力资源服务5 700万人次，帮助实现就业和流动538万人次。

（二）海外引才质量提升。

3—11月，举办“创客天下·杭向未来2020杭州海外高层次人才创新创业大赛”，分设留学人员项目和外国人项目两个专场，1 456个项目进入海选，其中外国（非华裔）人才项目408个，至年末11个项目在杭签约落户。11月，举办“2020杭州国际人才交流与项目合作大会”，39个外国高端机构和120名外国人才现场参会，会上欧盟研究与创新中心的中欧科技创新合作平台和世界银行、中国互联网金融协会的世界银行全球数字金融中心正式在杭揭牌，西安电子科技大学杭州研究院签约落地，全市累计签约项目401个、总额93.54亿元。杭州人才净流入率、互联网人才净流入率保持全国第一，连续10年入选“外籍人才眼中最具吸引力的十大城市”。全市评审资助留学人员在杭创新创业项目42个，资助资金合计1 988万元；4人入选2020年中国留学人员回国创业启动支持计划，获资助110万元；5个项目入选2020年度省“钱江人才计划”C、D类项目择优资助，获资助25万元。

（三）人才培养培育加大力度。

实施“131”中青年人才培养计划（2016—2020），以高层次人才为重点加快专业技术人才队伍建设，结合杭州市重点发展产业领域选聘钱江特聘专家101名，入选享受国务院政府特殊津贴专家13名，选拔产生50名享受杭州市政府特殊津贴人员。新设立国家级博士后科研工作站8家，省级博士后科研工作站35家，引进博士后研究人员530人。深入实施“名城工匠”培养生态建设，发布《杭州市技能类紧缺职业（工种）目录（2020版）》，培养高技能人才4.42万人，开展职业技能培训22.99万人次。新建省级技能大师工作室5家、市级技能大师工作室25家，组织市、区（县市）级技能竞赛194场，带动岗位练兵11万人次。扩建国家级培训基地建设项目1个。完善公共实训基地体系，全年实训、鉴定14.87万人次天，其中高级工及以上实训3.2万人次天。

（四）事业单位人事管理和工资福利工作进一步推进。

开展事业单位统一公开招聘，全年公开招聘事业单位工作人员9 283人。依托浙江省事业单位人事工资管理服务系统，构建事业单位工作人员职业生涯全周期管理“一件事”平台，将出入编、社保、医保、公积金、市民卡等业务经办环节集成“一件事”，实现“一张表单申请、一个平台联办、一次不跑办成”，全年办件量32 294件。根据疫情防控形势落实发放临时性工作补助、调整卫生防疫津贴标准、核增一次性绩效工资等关心关爱医务人员工资待遇政策。进一步明确义务教育教师和公务员工资待遇计算比较口径，推动落实教师法定工资待遇。

四、劳动关系

（一）夯实和谐劳动关系建设。

认真贯彻落实国家、省关于妥善处理新冠肺炎疫情防控期间劳动关系的部署要求，统一政策口径，维护疫情防控期间劳动关系和谐稳定。实施并完成“构建和谐劳动关系三年行动计划（2018—2020年）”，深化区域性（园区）和谐劳动关系创建活动，协调劳动关系三方机制建设进一步加强。继续在钱塘新区企业和全市外商投资企业开展特殊工时审批清单式改革，探索逐步扩大试点范围。改革优化劳务派遣审批服务，劳务派遣行政许可按属地原则进行管辖分工，提高行政审批便利度。开展劳务派遣年度经营情况报告核验、劳务派遣用工情况双随机检查，不断规范劳务派遣用工行为。

（二）完善企业工资收入分配。

完善全市改革国有企业工资决定机制，继续深化国有企业工资分配制度改革。开展工资集体协商“集中要约行动”，推进行业性、区域性工资集体协商，全市签订工资专项集体合同3.35万余份，涵盖企业6.83万余家，覆盖职工286万余人。实施企业薪酬调查，对全市3 173家样本企业进行抽样调查，发布2020年杭州市劳动力市场工资指导价位，为各地企业开展工资集体协商、合理确定职工工资收入提供参考。公布2019年杭州市区全社会单位在岗职工（含劳务派遣）年平均工资为82 009元，与上年的73 678元相比，增加8 331元，增长11.3%，扣除价格因素，实际增长8.0%。

（三）加大劳动保障监察力度。

全年全市各级劳动保障监察机构监察检查用人单位15.56万余户（次），协调处置各类劳动保障违法案件6 951件，其中，立案查处各类劳动保障违法案件479件，结案率100%。实施“杭州无欠薪”专项治理行动，推动根治农民工欠薪工作，探索建立建筑行业制度规范、交叉检查、审计检查、飞行检查、智慧监察“五治”模式，全年为2 049名劳动者追发工资待遇3 932.97万余元，人社部门向公安机关移送涉嫌拒不支付劳动报酬犯罪案件26件，其中立案14件。组织开展人力资源市场秩序整治、根治欠薪夏季行动、在建工程项目“无欠薪”六项制度落实情况“飞行检查”、根治欠薪冬季专项行动等专项治理行动4次，检查用人单位7 814户，针对性集中整治、规范劳动用工秩序。

（四）推进基层劳动纠纷多元化解。

开展基层劳动纠纷综合治理，实现劳动纠纷多元化解机制乡镇（街道）全覆盖。在全省率先试点建设人社领域群众诉求“一窗式”即接即办处理机制，市级层面在市社会治理综合服务中心设立“劳动纠纷处理”窗口，各区、县（市）将信访、仲裁、劳动保障监察等力量融合入驻社会矛盾纠纷调处化解中心，乡镇街道统一设立无差别全科受理窗口，实现“一窗式”即接即办机制全覆盖。全市处理劳动人事争议案件19 377件。

五、行风建设

（一）开展行风查纠整治。

加强系统行风建设，开展行风问题警示教育和行风建设专项督查，以窗口工作人员服务态度、服务效率、服务能力为重点，督促落实首问责任制、一次性告知制等服务制度。坚持“依法行政、提质增效”，紧抓窗口人员作风效能建设，落实“一口对外”“限时办结”“首问责任制”等举措。组织全市人社系统窗口单位业务技能练兵比武活动，提升技能练兵比武质量。强化行政执法监督，开展全市人社系统行政执法制度监督检查，组织行政执法案卷评查，抽查案卷251个。修订《杭州市人力资源和社会保障行政处罚裁量适用办法》，动态调整和规范行政处罚裁量权。开展行政执法证件清理，做好行政执法主体确认，机关在编人员持证率达97.18%。

（二）加快数字化转型。

深入推进“人社服务快办行动”，加快数字化转型，全面提升网上政务服务能力，126个政务服务事项100%实现跑零次、网上办、掌上办，个体劳动者就业等12个跨部门“一件事”实现联办，企业“五险一金”缴存登记等9个高频事项在“亲清平台”实现联办、简办、秒办，“企退人员节日慰问费发放”在“民生直达平台”实现无须申请、自动审核、即时到账。清理各类证明材料113项，证明材料压缩比为96%。推进民生事项延伸至乡镇（街道）、银行网点就近办，全市707个银行网点可办理人社业务。加速“减窗行动”，全市人工办事窗口由501个减至226个，减少55%。推出社保“易窗”智能服务平台，具有智能咨询、互动交流、业务画像、在线窗口、决策支持等功能，业务范围涵盖所有社保可办事项，实现70%以上的咨询服务由人工智能完成，累计访问接待25万余人次。开展流动人员人事档案管理服务跨区域办理改革试点，杭州市、金华市两地于2020年6月30日起实现跨区域通办流动人员人事档案管理服务事项。

六、人社扶贫

（一）开展东西部对口帮扶协作。

2020年，市人社局继续实施《杭州市东西部扶贫劳务协作三年行动计划（2018—2020年）》，制定推进千人转移就业、千人技能培训、千名创客培育、千名铁军攻坚等东西部扶贫劳务协作“四千行动”，与对口地区签订劳务合作协议27份，召开劳务协作会议63场。应对疫情协调相关部门开展扶贫专列接返工作，首趟湖北恩施扶贫专列搭载1 071名恩施籍务工人员于3月19日抵杭，获《人民日报》、新华社、中央电视台等60余家媒体报道。全年在对口帮扶地区举办专场招聘会51场，424家次杭州企业累计提供扶贫就业岗位5.6万个。发挥黔东南州驻杭“1+16”、恩施州“1+8”劳务协作工作站优势，为贫困人口来杭就业提供政策指导、权益维护等服务。择优评选10家就业扶贫“爱心企业”，给予每家5万元的一次性奖补。与对口地区共同推进“教育+就业”精准扶贫模式，继续招收200名恩施籍建档立卡贫困生到杭州第一技师学院、轻工技师学院就读，杭州帮扶资金给予每位学生每年1万元生活补助。2020年，贵州省建档立卡贫困人员在杭稳定就业9 112人、新增就业3 019人，其中黔东南州在杭稳定就业3 885人、新增就业2 002人；湖北省建档立卡贫困人员在杭稳定就业9 512人、新增就业1 600人，其中恩施州在杭稳定就业2 150人、新增就业829人。杭州市劳务协作做法2次在国务院扶贫办《扶贫信息》推广。

（二）推进人社领域各项扶贫工作。

实施2020杭州就业援助精准服务计划，开展私人定制服务周、重点对象公益周等活动，帮助就业困难人员实现就业。全市全年发放用工社保补贴、自主创业社保补贴、公益性岗位补贴、灵活就业社保补贴等各类补贴11.32亿元，惠及各类就业人员13.66万人。实施“淳安县界首乡就业帮扶计划”，帮助就业不充分地区实现多渠道就业。

推进贫困人员参加城乡居民基本养老保险应保尽保，对贫困人员参加城乡居民基本养老保险个人缴费按当地最低档次缴费标准给予全额补贴；对残疾人参加城乡居民基本养老保险个人缴费按当地最低档次缴费标准给予部分或全额补贴；对超龄贫困人员不用缴费，可以直接领取城乡居民基本养老保险基础养老金。建立城乡居民基本养老保险待遇确定和基础养老金正常调整机制，对65周岁以上的参保老年人，在原基础养老金标准的基础上根据年龄分别增加10元、15元、20元；对贫困人员最低档次缴费全额补贴提高到300元。

促进人才政策向西部区、县（市）倾斜，在萧山区、余杭区、富阳区、临安区、桐庐县、淳安县、建德市四区三县（市）工作的A、B、C类人才可以在市区落户、安排子女入学，对四区三县（市）符合市级无偿资助条件的大学生创业项目，在享受当地项目无偿资助的基础上，由市财政再按当地财政项目无偿资助额50%的标准给予追加资助，应届大学毕业生在富阳区、临安区、桐庐县、淳安县、建德市等西部区、县（市）工作满3年后，在享受一次性生活补贴政策的基础上，再给予本科1万元、硕士3万元、博士5万元的生活补贴，引导推动人才向西部区、县（市）流动。

杭州市人力资源和社会保障局

宁 波 市

2020年，宁波市人力资源社会保障系统坚持以习近平新时代中国特色社会主义思想为指导，深入学习贯彻习近平总书记考察浙江、宁波重要讲话精神，严格贯彻国家、省人社工作部署和市委、市政府做好浙江建设“重要窗口”模范生要求，扎实做好“六稳”“六保”工作，持续深化“4+人社”建设，全力促进复工复产，圆满完成了各项任务。

一、就业创业

深入实施“甬上乐业”计划，以“援企稳岗促发展”“重点扶持促就业”“夯实基础强服务”三大行动为抓手，大力支持和促进各类群体就业创业。

（一）稳妥实施援企稳岗专项行动。

围绕减轻企业负担和激励企业招工用工，积极落实疫情期间助力企业复工复产系列政策。失业保险援企稳岗“零申报”快速发放补贴做法受到人力资源社会保障部新闻发布会公开点赞并在全国失业保险工作座谈会上作经验介绍。全国率先落地社保费返还政策，共发放稳岗返还13.79亿元，惠及企业9.11万家。“甬上乐业”——2020宁波就业创业服务交流大会，深化校企合作精准对接，市县联动组织开展“春风行动”、就业援助月、就业创业服务月等专项活动，切实把就业创业相关政策措施落实到位。全年城镇新增就业20.95万人，同比增长9.87%；就业登记人数480.29万人，同比增长14.01%；城镇登记失业率2.22%，持续保持低位。

（二）持续优化就业创业服务机制。

深化高质量就业社区（村）和创业型区县（市）建设，加强对口支援劳务协作，创新实践“公共就业创业服务+”新模式，着力打造宁波市就业创业资源对接平台，创新实践“十省百市千县”劳务协作机制，提升全方位公共就业创业服务水平。截至年底，全国建档立卡人员在甬就业和居住达到31.5万人，大幅超额完成国家对口扶贫任务指标。全市发放创业者社会保险补贴8 524万元，扶持创业实体8 524家，同比增长80%，发放创业担保贷款8.05亿元，连续八年发放额度领跑全省。市县联动开展“赴外招”专项行动，派出100个“人社小分队”共372人分赴安徽、河南、贵州等12省、55市、67县开展驻点劳务协作。

（三）深入开展就业监测分析研判。

建立2 000家就业登记重点企业督查机制，结合工作专班下沉服务，确保“家家尽登记、日日有更新”。结合疫情形势发展和企业用工需求情况变化，开展全方位、多层次的数据统计分析和就业形势研判，注重加强部门信息共享和市县资源整合，针对重点时段、重点行业、重点企业进行用工监测分析。建设完善就业创业动态监测系统，进一步提升样本结构合理性，利用移动等三大运营商数据加强比对分析，加快相关数据应用和信息整合共享，推进自主创业、灵活就业等人员就业登记工作。坚持落实市级相关部门就业形势分析研判会商制度，持续提升分析研判的精准性和实效性。

二、社会保障

进一步完善社保制度体系，推进企业职工

基本养老保险基金省级统收统支，覆盖面持续扩大，减负降费力度空前，待遇水平稳步提高，经办服务更加高效。

（一）稳步推进参保、待遇发放及社保减负工作。

截至年底，全市户籍人员养老保险参保率达到99.37%。企业职工基本养老保险、工伤保险、失业保险参保分别达487.4万人、415.6万人、318.4万人，比上年末分别净增19.2万人、40.1万人、21.2万人。全市建设施工企业以项目参加工伤保险95.6万人。完成全市125.68万企业退休人员年度基本养老金调整，发放1.65亿元，人均调增131.12元/月，人均增幅为5.27%。为纳入省系统的8.08万机关事业单位退休人员调待2 246.28万元。全市工伤认定6 335件，受理劳动能力鉴定申请21 135人。省内率先落地阶段性减免企业社保费政策，全年共为28.03万家企业减免社保费202.47亿元，其中养老保险160.5亿元、医疗保险28.54亿元、失业保险5.89亿元、工伤保险7.54亿元，为4 313家企业办理缓缴社保费11.12亿元。减负案例入围宁波市第三届“十佳以案释法典型案例”评选并获提名奖。

（二）积极推进经办数字化转型和省级统筹任务。

通过市大数据共享平台，社保共享接口全年被外单位调用2 052万次，提供各类社保数据23.7亿条，调用其他单位接口1 090万次。对五县（市）开展事项梳理和风险点采集复评，形成全市社保风控地图，做法被《中国劳动保障报》专栏报道。建成企业退休人员居家养老服务平台，养老保险待遇资格认证实现“无感智办”。贯彻落实省、市专班安排部署，在全省率先完成12 812整改人员全部清零，快速平稳完成既定目标任务，按照省人社厅部署推进社会保险信息系统省级集中工作。

（三）着力打造优质服务品牌。

疫情期间主动调整窗口服务方式，大力推行“六个办”（网上办、掌上办、自助办、预约办、咨询办、邮寄办）为主的“不见面”服务，启用窗口自助服务体验区，深化窗口“一区三岗”建设。在全市范围集中开展政策待遇“看得懂、算得清”咨询服务日活动，完成116家省部属企业7 070名退休人员移交社区管理服务工作。

（四）不断推进社保卡集成应用。

已全面开通102项社保卡人社领域应用，非人社领域应用开通和资金发放项目均超50项。在全国探索以社保卡“特约商户”模式推进社保卡的多领域应用。

三、人才人事

（一）加大人才引进力度。

截至年底，宁波市人才总量达285.5万人，新增各类人才22.4万人。新引进海外人才2 401人，总量达1.8万人；新增博士1 372人，总量达9 265人；新增博士后科研工作站35家，累计224家。

（二）推进国家级产业园落户。

12月24日，浙江省人力资源社会保障厅发文批复，同意在宁波成立全国首家专业性人力资源服务产业园——浙江省（宁波）数字外贸人力资源服务产业园。

（三）持续开展创新创业大赛。

11月6日，由人力资源社会保障部人力资源流动管理司指导，中国人事科学研究院和宁波市人民政府联合主办的2020中国（宁波）人力资源服务创新创业大赛总决赛成功举办。这项赛事始于2015年，每年举办一次，已连续举办六届。

（四）推进技能人才培养。

组织实施宁波新时代工匠培育工程。全市技能人才总量达到180.15万人，当年新增16.52万人；高技能人才55.1万人，当年新增6.7万人，高技能人才占技能人才总量达到30.6%。新建技能大师工作室10家。全年完成技能人才培训32.69万人。

（五）深化人事管理改革。

会同市委组织部制定《宁波市事业单位

工作人员交流办法（试行）》和《宁波市事业单位工作人员培训管理实施细则》，规范人员交流、培训工作。促进事业单位人员创业创新和公立医院薪酬改革，指导宁波大学、宁波农科院等高校科研院所开展高层次人才激励、科研经费奖励、科技成果转化奖励等“X 项目”的实施工作。各区县（市）均实现义务教育教师平均工资水平不低于当地公务员平均工资水平。

（六）提升公共服务能力。

全力推进事业单位工作人员职业生涯全周期管理“一件事”改革，在全省较早建成依托“浙政钉”的市县一体管理服务平台，首批通过省联合验收组云验收，全年累计办件量达 2 万人次。开展人事工资管理服务系统省级应用工作，核实全市 3 145 家事业单位，13.7 万名人员基础数据按时入库，完成事业单位人事干部操作培训，确保系统省集中应用的平稳过渡。

（七）加强行政队伍建设。

2020 年，组织公开招聘 282 家次，发布公开招聘计划 6 213 人，公示拟聘用 4 784 人，其中市本级 128 家次事业单位发布招聘计划 2 403 人，公示拟聘用 1 276 人。连续第三年开展面向应届优秀高校毕业生选聘高层次紧缺人才活动，推出选聘计划 239 人，235 名高层次紧缺人才进入考察体检环节。开展选人用人督查，全面核查 2014 年 7 月以来事业单位交流调动人员，纠正了事业人员三龄两历未核定、重要档案材料缺件、归档不及时等问题。举办第二期事业单位领导人员专题进修班，《宁波市开展事业单位领导人员集中轮训的实践与思考》经验做法编入《中国事业单位发展报告 2020》。

（八）落实疫情防控关心关爱政策。

给予宁波市援助武汉应对新冠肺炎疫情医疗队等 6 家单位和集体记功奖励、34 家单位和集体嘉奖。对 2 名防控一线医学专家晋升专业技术二级岗，为 211 名一线医务人员优先晋升岗位等级。核增 702 名年度考核优秀指标，12 名编外援鄂医疗队员通过公开招聘进入事业单位。发放援鄂医疗队员和疫情防治一线医务人员临时性补助，落实一线医务人员的防疫津贴、援鄂人员薪酬水平提高 2 倍等各项待遇措施。制定疫情防控中承担重要职能、风险程度高的医疗卫生机构和公共卫生事业单位核增一次性绩效工资总量办法。

四、劳动关系

（一）扎实推进和谐劳动关系构建。

面对疫情，市人社局成立人社政策会商组，坚持每日会商，统一全市政策口径（累积发布 4 个政策口径共 32 条）。协调劳动关系三方四家分别行动，指导服务区县市和劳动关系双方做好疫情防控、劳动关系、复工等工作。向全市广大企业和职工发出《坚定信心携手同行共同维护全市劳动关系和谐稳定》的倡议书，共同维护劳动关系和谐稳定，坚决打赢疫情防控阻击战。印发《关于做好当前稳定劳动关系工作的通知》，推出宣传稳定劳动关系十项工作举措。《中国劳动保障报》刊登了宁波市稳定疫情期间劳动关系的做法。同时，“调处十法”作为先进经验被国家协调劳动关系三方会议办公室、浙江省委办公厅等相关刊物刊载推广。制定《关于印发宁波市“和谐同行”劳动关系能力提升三年（2020—2022 年）行动计划的通知》，正式启动宁波市“和谐同行”劳动关系能力提升三年行动。

市本级和鄞州区劳动人事争议仲裁院作为试点机构顺利完成浙江省“三标”试点任务。通过“互联网+调解仲裁”的模式打破现有调解仲裁的时空壁垒，增强全市调解仲裁工作效能。将劳动纠纷多元化解工作模式向村（社区）、工业园区推进延伸，村和社区建成劳动争议调解中心，验收成立 3 家乡镇（街道）基层派出庭。全市全年两级仲裁机构共立案受理案件 11 677 件（其中人事争议 24 件），同比下降 3.9%，涉及劳动者 15 332 人，同比下降 11.9%。共审结案件 12 573 件（包括上年结转 1 309 件），结案率为 97.1%，调解率为

74.9%，涉案金额3.83亿元。

（二）深入推进国有企业工资改革。

制定《关于做好市属企业2019年度工资总额执行情况报送有关工作的通知》。调研区县（市）国有企业工资决定机制改革推进情况，指导督促各地加快改革步伐。举办全市劳动关系条线业务培训，解读国有企业工资决定机制改革有关精神和实务，提升经办人员的能力水平。督促主管部门（监管部门）做好所属国有企业2019年度工资总额预算执行情况清算工作。印发《关于做好2020年国有企业工资决定机制有关工作的通知》，提出2020年度国有企业工资指导线及工资增长调控目标较上年不作调整，并要求各单位对照企业在疫情防控中具体表现，加大奖惩力度，并在工资总额分配中予以体现。

（三）稳步推进“宁波无欠薪”行动。

全市各级劳动保障监察机构继续按照《“宁波无欠薪”创建三年行动（2017—2019）方案》要求，发挥市根治欠薪工作领导小组办公室的牵头协调作用，联合住建、水利、交通等成员单位，持续深化制造业企业、工程建设领域和企业欠薪失信行为专项治理，深入实施工程建设领域实名管理制度、工资专用账户制度等“六项制度”，全市各级劳动保障监察机构共处置各类工资纠纷4 678件，为1.35万名劳动者追回被拖欠工资1.36亿元，其中立案查处的欠薪案件82件，涉及劳动者1 359人，涉及金额1 579.7万元，同比下降11.1%、25.2%和20.7%，拖欠农民工工资问题得到有力遏制。全市未发生因欠薪而引发影响社会稳定的重大群体性事件、越级上访事件和极端恶性事件。

五、人社扶贫

认真落实对口支援整体联动、劳务协作、专家精准帮扶支援、技能人才培训协作、人力资源协作和劳动保障监察协作等六项工作机制。全国在宁波就业和居住的建档立卡贫困劳动力31.5万人，全年吸纳对口地区建档立卡人员来甬稳定就业3 710人。“进得来、稳得住、融得入”做法被全国政协汪洋主席给予肯定批示：“在东部稳岗、防止和减少回流，宁波的做法应推广。”宁波市作为东部城市代表多次在全国、全省就业扶贫会议上作经验交流，作为东部城市唯一代表受邀参加国新办新闻发布会介绍宁波就业扶贫工作经验。

宁波市共向贵州黔西南州、吉林延边州选派1~12个月的专技人才746人（2020年新增668人）。其中，选派12个月以上的72人（黔西南州32人、延边州40人），7~12个月的166人（黔西南州103人、延边州63人），1~6个月的508人（黔西南州334人、延边州174人）。2020年宁波市专家对口帮扶黔西南行、延边行、丽水行项目入选人社部专家服务脱贫攻坚工作项目，成为全国61个专家服务脱贫攻坚工作项目之一。全年共选派18位专家赴延边州、10位专家赴黔西南州开展“专家人才对口帮扶行”系列活动。赴受援地开设岗前技能培训班158次，培训8 930人次，其中建档立卡6 968人，技工学校定向招收建档立卡家庭学生59人。宁波技师学院选派专业教师赴安龙县技工学校开展专业师资培训52人，继续做好贵州“对口协作安龙班”“对口协作黔西南班”67名学生的教育培养，并组织开展黔西南学生专项职业能力提升培训。特别是安龙班的韦顺水同学成功斩获第46届世界技能大赛贵州省选拔赛塑料模具工程项目第一名，被央视《朝闻天下》专题报道。快速协调处理涉及对口支援地区务工人员欠薪案件3起，为8名务工人员追发被拖欠工资13.6万元。承办黔西南州劳动关系专题培训班教学任务，通过组织观摩在建项目“无欠薪”创建各项制度落实、实地考察基层劳动监察网格化监管平台，进一步加深两地劳动保障监察工作交流。

社会保险方面完成社会保险精准扶贫三年行动计划收官工作，摸清23万贫困人员、4 000多名困境儿童参保情况，完成省、市贫困人员参保审计，三年来累计将3.3万名未参保困难群众纳入养老保险覆盖范围。

六、行风建设

（一）抓标准提效能。

开展人社“智办”改革。推出“全程网办”“智能审批”“四零秒办”“无感智办”四类线上办理服务，11 项政策事项通过“甬易办”平台实现“无感智办”，“智办”改革入选 2020 年宁波市改革创新最佳实践案例。开展人社“快办”行动。实施“一件事”集成改革，推出个人创业、高校毕业生就业等 7 个“一件事”，迭代升级办退休、领失业保险金等 5 个“一件事”，进一步实现减依据 52.34%、减材料 56.25%、减时限 66.18%、减表单 75%。开展“减窗”行动。全市人社系统政务服务大厅人工窗口数量比上年减少 50%以上。新冠肺炎疫情发生后，推出网上办、掌上办等“六办”为主的“不见面”服务，网上经办量同比提升 72%。

（二）强素质树形象。

开展清廉人社进窗口活动。落实局领导窗口“坐堂”和处级以上干部服务大厅值班制度，实施政务服务“好差评”、首问负责制、一次性告知制、限时办结制和责任追究制。开展“日日学、周周练、月月比”和窗口业务操作比武活动。组队参加浙江省 2020 年度人社系统业务技能练兵比武竞赛，蝉联团体一等奖并获优秀组织奖。举办 2020 年度全市人社系统窗口业务技能操作比武，全市 10 个区县（市）和 5 个功能区人社部门分别组队参加，并决出团体一、二、三等奖。

宁波市人力资源和社会保障局

安 徽 省

2020年，安徽省各级人力资源社会保障部门面对突如其来的新冠肺炎疫情、经济下行压力加大、特大洪涝灾害等严峻考验，坚持以习近平新时代中国特色社会主义思想为指导，深入贯彻习近平总书记考察安徽重要讲话指示精神，认真落实人社部和省委、省政府决策部署，抗疫情、稳就业、降费率、强人才、治欠薪、防风险，圆满完成各项工作任务，在大战大考中交出一份人民满意的答卷。

一、积极应对疫情挑战，城乡就业局势总体平稳

（一）大力实施就业优先政策。

坚决抓好稳就业、保居民就业，省政府印发《稳就业工作方案（保居民就业工作方案）》《关于支持多渠道灵活就业的实施意见》，制定出台应对新冠肺炎疫情影响强化稳就业工作、做好疫情防控期间高校毕业生就业工作等28项突破性政策。创新推出中小微企业失业保险费返还“免报直发”模式，向13.2万户企业返还11.1亿元，向388户重点企业（困难企业）发放稳岗返还资金1.4亿元。创新推出“共享用工”模式，全省累计调剂用工4 500余人。全省城镇新增就业66.3万人，完成计划的105.2%。城镇调查失业率5.4%，连续5个季度居中部省份最低。城镇登记失业率2.8%，低于预期控制目标。

（二）统筹抓好高校毕业生等重点群体就业。

通过“免申即享”模式，创新为1 335名湖北籍2020届高校毕业生发放求职创业补贴200多万元。累计组织3.3万人参加就业见习，创新开发机关事业单位就业见习岗位1 030个。组织实施2020年“三支一扶”计划，新招募1 311名高校毕业生到基层工作。全省34.8万名2020届高校毕业生总体就业率达95.6%。推进退捕渔民安置保障百日攻坚行动，全省30 421名退捕渔民实现“一人一卡”，动态转产就业和参保率均达100%。开展跨省劳务对接和“点对点”送工上岗合作，组织引导938.6万名农民工返岗复工。实施退役军人就业起航行动，组织开展“退役军人就业服务月”活动，促进退役军人尽快实现就业创业。

（三）充分发挥人力资源市场调节就业作用。

全省1 241家人力资源服务机构全年举办各类现场招聘会1.5万场，提供招聘岗位480万个，服务用人单位73.3万家次，服务各类劳动者2 415.5万人次，帮助实现就业和流动1 045.2万人次。印发《安徽省人力资源服务产业园管理办法（试行）》，建成安徽芜湖人力资源服务产业园和安徽皖南旅游人才市场。指导中国合肥人力资源服务产业园做好产业集聚，入驻企业达95家，服务用人单位5.1万家次，服务各类劳动者187万人次，帮助实现就业和流动33.7万人次，实现产值106.2亿元，纳税2.7亿元。

（四）切实提升公共就业服务水平。

组织开展“四进一促”稳就业活动，组织全省人社系统干部职工2.9万人次，深入园区、高校、企业、社区（村），宣传落实就业

政策。精心开展“百日千万网络招聘专项行动”，常态化开展“2+N”现场招聘，全省发布线上招聘会 11 824 场，举办线下招聘会 9 786 场，15.9 万家用人单位提供就业岗位 390 万个。认真组织开展全省公共就业服务专项业务竞赛活动，全面提升公共就业服务能力。在全国公共就业服务专项业务竞赛上，3 名选手分别荣获“全国十佳”职业指导人员、“全国十佳”基层公共就业服务人员和“星级”职业指导人员称号，在全国优秀就业服务项目、成果、案例竞赛上，获一等奖 1 个、二等奖 3 个、三等奖 2 个。

（五）深入实施“创业江淮”行动计划。

全年组织创业培训 9 万余人次，举办 12 期“创业江淮 · 未来新徽商”特训营，发放创业担保贷款 105 亿元，新建青年创业园 6 个，新备案省级农民工返乡创业示范园 59 个，建设省级以上创业孵化载体 600 多个，为创业主体减免房租 7 485 万元，发放兑现电子创业券 2 000 万元，全省月均诞生市场主体 8 万多户。创新开展“互联网+创业服务”公益直播活动，超过 6 万人次观看。成功举办第三届“赢在江淮”全省创业大赛，共有 2 100 多个项目报名参赛。参加第四届“中国创翼”全国创业创新大赛，2 个项目荣获三等奖。

二、坚决兜牢民生底线，社会保障体系不断健全

（一）着力深化社会保障制度改革。

实施企业职工基本养老保险省级统筹制度，顺利通过国家实地考核验收，出台预算管理办法、责任分担办法等配套政策，实现基金省级统收统支，各市归集到省基金 912.4 亿元，累计拨付 823.1 亿元。扎实推进机关事业单位养老保险制度改革，全省改革后退休人员待遇重新核算进度居全国前列，职业年金实现参保缴费、基金投资、个人账户管理和待遇支付的全流程规范化管理。出台《安徽省工伤保险省级调剂金管理办法》，拓宽省级调剂金上解渠道。全面落实阶段性社会保险费减免缓政策，全年累计减征养老、工伤、失业 3 项保险费用 501.5 亿元。

（二）积极扩大社会保障覆盖范围。

深入实施全民参保计划，引导鼓励中小微企业从业人员、新业态就业人员、农民工等群体参加城镇职工养老保险。落实各项社会保险参保补贴政策，推动就业困难人员、下岗失业人员、残疾人员等群体持续参保缴费。积极推动农民工按项目参加工伤保险，参保人数达 129.39 万人。全省职工基本养老、城乡居民养老、失业、工伤保险参保人数分别达到 1 283.55 万人、3 490.09 万人、564.24 万人、683.86 万人，完成全年计划的 105.12%、100.87%、107.27%、102.84%。

（三）切实保障社会保障待遇水平。

组织实施调整企业和机关事业单位退休人员基本养老金工作，全省 356.3 万名退休人员年增加收入 59 亿元。全年发放职业年金待遇 3.34 亿元。全省共为 914.78 万名城乡居民发放养老金 148.08 亿元，发放率达 100%。调整工伤保险省级调剂金上解比例，下拨 6 市省级调剂金 2.54 亿元。全面开通失业保险待遇网上申领平台，累计向 27.97 万名失业人员发放失业保险金（失业补助金）11 亿元，保障人数同比增加 91.4%。全省分 3 批归集划转城乡居民养老保险委托基金 128 亿元，投资运营规模不断扩大。

（四）不断提升社会保障经办能力。

持续推进社保服务“网上办”“掌上办”“电话办”等便捷方式，实行企业开办“一网通办”同步社保登记和简易注销举措。全年完成劳动能力鉴定 2.7 万人、鉴定完成率 98%。切实加强社保基金监管，开展城乡居民养老保险基金专项检查。出台省集中社会保险信息管理系统用户权限管理办法，梳理排查 74 个风险控制点。制定全省社保数据稽核规程和数据质量稽核工作方案，进一步规范稽核行为。开展养老保险待遇领取风险排查，依托“皖事通”开展远程自助认证服务。

三、服务经济社会发展，“两高”人才队伍切实壮大

（一）深入实施新时代“江淮英才”计划。

省委、省政府授予潘建伟等6人“安徽省突出贡献人才”称号。7人获批“百千万人才工程”国家级人选，73人获批享受国务院政府特殊津贴，100人获批享受省政府特殊津贴。发放江淮优才卡68张。全面下放卫生系列副高级职称评审权限，直接认定抗疫一线的50名同志高一级职称。获批国家级博士后科研工作站17家，新设省级博士后科研工作站60家，全年招收博士后918人。新建4家省级留学人员创业园。创新出台《关于发挥人力资源服务机构作用促进市场化引进人才工作的意见》，企事业单位引进急需紧缺高端人才310人。选派169名各类高层次专家服务基层，培训专业技术人才和农村实用人才6 826人次。全省专业技术人才、高层次人才分别达435万人、45万人，分别较“十二五”末增长45.5%、45.2%。

（二）大力推进技工大省建设。

深入实施职业技能提升行动，制定进一步推进企业新型学徒制、实施援企稳岗以工代训等政策。实施百日免费线上技能培训行动，将企业新录用人员岗前技能培训补贴标准从人均不低于800元提高到1 000元。开展补贴性职业技能培训98.7万人次，完成计划的141%。在第一届全国职业技能大赛上获得2金1银1铜和44个优胜奖，金牌数居全国第8位，团体总分居全国第11位，省政府专此发来表扬信。全省技能人才、高技能人才分别新增44万人、15.2万人，完成计划的146.67%、190%。全省技能人才、高技能人才分别达574.3万人、164万人，较“十二五”末增长40.9%、47.3%。

（三）切实加强事业单位人事管理。

率先出台新冠肺炎疫情防控期间事业单位人事管理工作激励政策，紧急开辟招聘医护人员绿色通道，全省开展紧急招聘疫情防控医疗卫生人员30余批次，招聘人员358名。全年搭建4次考试平台开展招聘，全省各级事业单位完成招聘人数23 795人，其中专项招聘高校毕业生14 265人，有效缓解高校毕业生就业压力。落实高校用人自主权，优化高校进人环境，省属高校引进博士以上高层次人才1 274人。首次在全省范围内集中开展事业单位脱贫攻坚专项奖励，共计给予个人或集体嘉奖2 426个、记功223个、记大功9个。

（四）积极履行事业单位工资管理职能。

及时审核19 923名抗疫医务人员临时性工作补助6 122万元，审核一次性慰问补助4 874人共计2 924万元。提高卫生防疫津贴标准，认真做好新冠肺炎疫情期间医疗卫生机构一次性核增绩效工资总量审核工作。巩固中小学教师待遇优先保障工作，确保中小学教师平均工资收入水平不低于当地公务员平均工资收入水平。推进高层次人才工资激励政策落实落地。

（五）认真做好表彰奖励工作。

全省35名个人、10个集体获得抗击新冠肺炎疫情国家级表彰，70名先进个人、52个先进集体获得脱贫攻坚国家级表彰。组织发放“中国人民志愿军抗美援朝出国作战70周年”纪念章11 565枚。全省共表彰抗击新冠肺炎疫情1 313名先进个人、471个先进集体，表彰防汛救灾先进集体150个、先进个人450名。组织开展抗疫及时性表彰，各市、县（区）党委、政府表彰先进个人305名、先进集体111个，表彰省卫健系统先进个人203名、先进集体51个。

四、着力强化风险防控，劳动关系持续和谐稳定

（一）深入实施根治欠薪行动。

省政府召开2次常务会议，集体学习《保障农民工工资支付条例》，审议通过贯彻落实《条例》的实施意见。开展清理整顿人力资源市场秩序专项行动、劳动保障书面审查及诚信评价工作，5家人力资源服务机构入选

全国人力资源诚信服务示范机构，公布20起劳动保障违法典型案件和50条拖欠农民工工资“黑名单”信息。创新推行以银行保函等形式缴存农民工工资保证金，在全国率先出台人力资源社会保障行政执法装备配备标准。全省共检查各类用人单位2.3万户，查处工资类案件1 542件，涉及劳动者2.96万人，清理拖欠劳动者工资1.87亿元，未发生重大群体性事件。

（二）积极构建和谐劳动关系。

制定出台《安徽省劳动关系风险监测预警暂行办法》《应对企业规模裁员工作预案》等，明确新冠肺炎疫情劳动关系问题处理政策解答口径，开发劳动关系风险监测预警信息系统。深入推进“构建和谐劳动关系综合试验区”建设，评定“和谐劳动关系示范企业”省级310家、市级3 000家，“和谐劳动关系示范工业园区”省级15家、市级30家。率先实现省级以上工业园区和谐劳动关系创建达标全覆盖，涉及130家工业园区、12.99万户企业。强化企业工资收入分配监管，组织开展省属国企负责人薪酬制度改革政策监督检查。

（三）着力提升劳动人事争议处理效能。

召开省劳动人事争议仲裁委员会第一次全体会议，制定出台《安徽省劳动人事争议仲裁委员会工作规则》。建立裁审衔接、多元化解、法律援助等机制，开展仲裁工作质量评学、培树金牌调解组织等工作。在全国先行开展仲裁院标准化建设，建成111个标准化仲裁院。稳慎处理电力、驾培行业重大集体争议案件，推动全省仲裁机构不断提高仲裁公信力。全年共处理劳动人事争议41 780件，涉及劳动者4.6万人，涉案金额11.6亿元。全年仲裁结案率达98.6%，调解成功率69.7%，仲裁终结率75.6%，案件上线率90%以上。

（四）扎实做好农民工工作。

建立完善全省农民工工作协调机制、长三角等区域劳务协作机制、农民工返岗复工“点对点”服务协调机制，报送的政务信息《安徽农民工在跨省复工复产过程中面临的困难问题和建议》获国务院领导批示。促进家政服务提质扩容，全年培训家政从业者16.5万人次，同比增长68%。全省家政服务企业超过4 200家，从业人员超过30万。加快设立县级省外皖籍农民工服务站（点），全省新设县级驻外站点28个，累计设立驻外站点36个。全省39名优秀农民工、4个农民工工作先进集体受到全国表彰。

五、尽锐出战人社扶贫，收官之年任务圆满完成

（一）深入实施就业扶贫。

推进“三业一岗”就业扶贫模式，实施“四帮四促”就业帮扶措施，开展就业创业服务攻坚季行动、聚焦问题补短板全面推进就业脱贫集中攻坚行动、易地扶贫搬迁就业帮扶专项行动等，举办沿淮行蓄洪区、大别山等革命老区定向招工专场招聘会597场次，引导179.1万名贫困劳动力返岗复工，实现逆势增长。创新“扶贫车间+居家就业”模式，971个扶贫车间吸纳贫困人口1.2万人，带贫率36.7%。规范开发扶贫公益性岗位，安置贫困劳动力26.89万人。

（二）有序开展技能扶贫。

实施技能培训提升工程，印发《就业技能培训工种增补目录及补贴标准（2020年）》，开展技能脱贫培训3.9万人次，完成年度任务的220%。全省技工院校招收建档立卡贫困家庭学生6 579人名，同比增长22%。推动大别山革命老区技能培训能力提升，建设国家级、省级高技能人才培训基地各1个，省级示范性公共实训基地1个，省级技能大师工作室5个。在西藏山南和安徽蚌埠分别举办1期免费就业技能培训班和创业培训班，签订《共同推进和田地区技工院校建设合作协议》。

（三）扎实推动社保扶贫。

全省15个市扩大社保代缴范围，近一半县（市、区）提高了代缴标准。协调扶贫、公安、教育、社保等部门数据共享，组织各地对385.3万名年满16周岁贫困人员基本数据，

包括在校学生、户籍不在当地等12类贫困人员信息，进行逐一核验修正、建立台账，精准掌握贫困人员的身份信息、户籍信息和参保信息。2020年为全省261.9万建档立卡贫困人口等5类群体代缴社保费3.9亿元。

（四）稳步推进人事人才扶贫。

加大对贫困地区专技人才职称评聘的倾斜力度，指导省农业农村厅修订职称评审标准条件。培训“三农”脱贫攻坚人才近1 000人次，组织实施4个脱贫攻坚项目的专业技术人才高级研修班。搭建农民专业合作社与农业专家交流平台，选派40多名专家赴重点地区开展技术指导。落实艰苦边远地区县乡事业单位公开招聘优惠政策，完成招聘8 538人。招募特岗教师3 000名，定向培养乡村教师3 873名，培养农村订单定向医学生专科298人、本科260人。

（五）持续巩固定点脱贫成效。

牵头召开省直单位定点帮扶金安区现场工作推进会，积极协调帮扶成员单位加强与金安区的扶贫项目开发合作，协同推进定点帮扶工作。开展“下沉一线促脱贫”“走访帮扶办实事”和国家扶贫日专题活动，筹集217万元资金助力金安区和宣郢村脱贫。推动金安区为44 789名贫困人口代缴社保费925.8万元，为宣郢村141名贫困人口代缴社保费2.82万元。实施9期专家技术帮扶金安区和宣郢村活动，开展技术交流、现场指导367场。动员帮扶成员单位支持金安区灾后恢复重建，带头募捐60万元。

六、全面深化党的建设，综合基础工作切实加强

（一）着力加强政治机关建设。

坚持全面从严治党，扎实开展“创建模范人社机关”活动，巩固拓展“不忘初心、牢记使命”主题教育成果。实施基层党建“领航计划”，强化流动人才党员教育管理服务，先后在全国人社系统党风廉政建设工作电视电话会、省学习贯彻全国党政领导班子建设规划纲要座谈会等会议上作经验交流发言。深化“三个以案警示教育”，编印《全省人社系统警示教育案例汇编》。坚持党管意识形态不动摇，省人社厅举办新闻发布会7场，在省级以上媒体刊发稿件900余篇，“安徽人社”新媒体影响力逐步彰显，人社领域网络舆情基本稳定。

（二）积极推动人社法治建设。

扎实开展法治政府建设示范创建活动，组织全省人社系统年度法治建设督查和“七五”普法规划落实情况终期评估，如期完成《法治政府建设实施纲要（2015—2020年）》4项重点任务。创新法律顾问制度，制定厅公平竞争审查制度实施细则，合法性审核厅重大事项和行政规范性文件66件，组织3次规范性文件清理，共废止厅发行政规范性文件27件。组织开展人社法治知识网络竞赛活动，全省累计参与答题266 738人次，排名全国第8位。

（三）统筹推进长三角一体化、城镇居民增收等工作。

认真贯彻习近平总书记在合肥扎实推进长三角一体化发展座谈会上的讲话精神，参与制定长三角一体化发展年度工作要点、重点任务清单。积极谋划“十四五”长三角合作，参与编制长三角公共服务便利共享规划。出台支持多渠道灵活就业、提高退休职工养老保险金水平等促进增收政策举措，健全增收因素梳理会商等工作机制。2020年城镇常住居民人均可支配收入3.94万元，同比增长5.1%，高于全国平均水平1.6个百分点，居全国第5位。完成“十三五”全省人力资源社会保障事业发展规划评估，组织开展“十四五”规划编制工作。

（四）持续深化人社行风建设。

统筹推进行风建设十大专项活动，开展“人社服务快办行动”，建设“5A”式人社服务体系，96%的个人事项实现全程网办。组织系统干部职工参加练兵比武活动，参学人数居全国第3位，荣获全国线上练兵比武团体一等奖。全国人社系统行风建设考核满意度为

82.86分，居全国第6位。成功举办全省练兵比武晋级赛和总决赛。推进以社保卡为载体建立居民服务“一卡通”，拟定省居民服务“一卡通”工作方案，拓展社保卡应用领域。全省社保卡持卡人数达5 954万人，覆盖94%的常住人口，电子社保卡签发超2 000万张，服务窗口达2 444个。

（五）加快实施“两化”建设。

深入实施“放管服”改革，推进标准化、信息化建设，持续推进“省集中”建设。推广人社服务“一网一门一次”，推进“减证便民”，推行政务服务“不见面”审批，合并省政务服务平台重复运行事项48个，移交职能划出事项15个，取消证明材料190件、申请材料106件，26项证明事项全面实行告知承诺制。完善全省人社统一公共服务平台功能，汇聚各类服务事项398项，全年办件量552.7万个。开通12333“居家远程电话服务”，保障人社服务24小时不打烊，全年受理来电451.2万个，同比增长36.4%。

2020年，安徽省人社厅就业促进和失业保险处被党中央、国务院表彰为“全国脱贫攻坚先进集体”，农民工处被国务院农民工工作领导小组表彰为“全国农民工工作先进集体”，在国家长江禁捕退捕工作考核中被评为优秀。省人社厅被省委、省政府表彰为“全省抗击新冠肺炎疫情先进单位”，被省政府表彰为“就业工作先进集体”，被人社部评为“第一届全国职业技能大赛突出贡献单位”。在第四届“中国创翼”创业创新大赛中，被人社部授予“优秀组织奖”。在全国人社窗口单位业务技能练兵比武中获得团体一等奖，全国人社系统练兵比武参学人数居第3位。

安徽省人力资源和社会保障厅

福 建 省

一、就业创业

（一）就业创业政策支持。

2020年，全省实现城镇新增就业54.62万人，完成任务的109.24%；失业人员再就业24万人，完成任务的240%；就业困难人员实现就业3.34万人，完成任务的139.17%；期末登记失业率3.82%，保持在5%控制目标以内，就业局势保持总体稳定。聚焦稳就业、保居民就业目标，出台《进一步做好稳就业保就业工作若干措施》《关于支持企业疫情防控期间复工稳岗的通知》《关于进一步推动返乡入乡创业工作实施意见》等，强化落实更加积极就业政策举措。全省新增发放创业担保贷款7.3亿元，比上年增长70%；全省共受理企业以工代训申请12.71万人，发放补贴2.45亿元。统筹推进疫情防控稳就业，开展共享用工调剂，全省专列、专车、专线接回返闽返岗农民工7.84万人，包机数量全国第一。

（二）高校毕业生就业创业。

实施“十个一批”扩岗行动，鼓励高校毕业生多渠道就业、创新创业。引导高校毕业生面向基层就业，招募635名省级“三支一扶”高校毕业生，市级“三支一扶”计划招募319人，欠发达地区计划和社区计划各招募300人。加强毕业生就业公共服务，资助公益性专场招聘会63场，提供需求岗位35.21万个，开展线上招聘会263场次，发布需求岗位37.02万个。推进离校未就业毕业生实名制就业服务，登记2020届离校未就业高校毕业生67 714人，登记就业率97.37%。开展就业“红娘”帮扶行动，帮助709名困难毕业生就业。发放毕业生求职创业补贴3 617.4万元，惠及18 087名2020届高校毕业生；扶持110个毕业生创业项目，资助总额500万元；为1 866名2020届湖北籍毕业生发放求职创业补贴373.2万元。

（三）职业技能培训。

落实《福建省职业技能提升行动实施方案（2019—2021年）》，全年共开展各类补贴性培训77.89万人次，超额完成30万人次的年度任务目标数。2019年以来，完成培训108.85万人次，提前一年完成三年培训75万人次总目标。组织实施毕业年度高校毕业生、农民工、青年等重点群体技能培训以及各行业技能培训。开发补贴性职业培训管理平台，在全省范围运行。

二、社会保障

（一）企业职工基本养老保险。

截至年底，全省企业职工基本养老保险参保1 053.7万人，其中在职894.36万人、退休159.34万人。当年企业职工基本养老保险基金收入554.79亿元（含中央调剂金），其中基本养老保险费收入391.99亿元；企业职工基本养老保险基金支出786.84亿元（含中央调剂金），其中基本养老金支出514.27亿元。连续22年为企业退休人员增加养老金，全省共有149.1万名企业退休人员受益。完善企业职工基本养老保险省级统筹制度，对接全国统筹，执行基金中央调剂制度。顶格落实阶段性减免企业社会保险费政策，2—12月全省减免企业养老保险费241.63亿元。

（二）机关事业单位养老保险。

截至年底，全省机关事业单位养老保险参保人数146.67万人，其中在职97.24万人，退休49.43万人。全年机关事业单位养老保险基金收入321.43亿元，其中基本养老保险费收入189.22亿元；机关事业单位养老保险基金支出355.43亿元，其中基本养老金支出312.55亿元；职业年金累计结余320.93亿元。连续5年与企业退休人员同步调整养老金，49.45万名机关事业单位退休人员受益。持续推进机关事业单位养老保险制度改革，“中人”待遇重算工作已基本实现能算尽算。稳步推进职业年金投资运营，截至年底累计投入市场化运营266.75亿元。

（三）城乡居民基本养老保险。

截至年底，全省城乡居民基本养老保险参保1 588.16万人，同比增加34.04万人，增长2.19%，参保率99.2%。提高城乡居民基本养老保险养老金标准，省定基础养老金最低标准从每人每月123元调高至130元，比国家标准高37元。全年全省城乡居民基本养老保险基金收入130.83亿元，其中财政补助资金收入96.71亿元；基金支出95.30亿元；基金当期结余35.53亿元，累计结余230.99亿元，其中个人账户基金结余227.61亿元，上解委托投资基金累计50亿元。

（四）失业保险。

截至年底，全省失业保险参保664.41万人，同比增加53.79万人，增长8.81%。当年领取失业保险金人数6.33万人，同比增加0.43万人，增长7.28%，全省月人均领取失业保险金标准1 328.31元。加大援企稳岗力度，全年共发放失业保险稳岗返还46.26亿元、惠及企业22.63万家。

（五）工伤保险。

截至年底，全省工伤保险参保人数为936.85万人，同比增加45.7万人，增长5.13%。持续推进建筑业按项目参加工伤保险工作，推动公路、水利、水运、电力和机场等建设工程领域参保扩面。印发《关于调整全省工伤职工住院伙食补助费和异地就医（配置辅助器具）交通食宿费标准的通知》和《关于调整全省工伤保险定期待遇的通知》，提高工伤保险待遇水平。

（六）社会保险基金监督。

出台《关于建立健全查处涉嫌欺诈骗取社会保险金违法行为常态化工作机制的通知》，完善社会保险基金监督政策。在全国率先出台了《关于加强职业年金基金监管的通知》，省职业年金正式开展运营。履行城乡居民养老保险委托投资合同约定，完成第二批资金17.3亿元划转工作。

三、人才队伍

（一）高层次人才选拔与培养。

推进高层次人才和青年优秀人才选拔，全省74人入选享受国务院政府特殊津贴专家，其中专业技术人才64人、高技能人才10人；12人入选百千万人才工程国家级人选；选拔第一批“雏鹰计划”青年拔尖人才47人，下拨首期补助资金4 700万元。全省新增25家博士后工作站；开展博士后综合评估，4个博士后科研流动站、5个博士后科研工作站被评为“优秀”；引进招收博士后321人，省级资助480万元，全省在站博士后1 144人；实施“海峡博士后交流资助计划”，引进招收5人，资助经费308万元。

（二）人才智力引进。

实施《福建省高层次人才认定和支持办法（试行）》等引才政策，全年全省新增省引进高层次人才（ABC类）944人，工科青年人才支持对象2 037人。举办“人才福建周”活动，接洽高校毕业生2 760人次，达成初步意向550人次。开展“智惠八闽”专家服务乡村振兴专项行动，组织12批130多人次专家深入基层开展帮扶活动。开展“师带徒”医疗帮扶，组织25位北京名医与三明161名培养对象结对云帮扶；累计建立名医工作室82个，培养基层医疗骨干336人。开展“师带徒”引凤计划，吸引100多位高层次人才落地对接，带动意向投资6 000万元。开展“海归英才八闽行”活动，对接帮扶基层，该活动入选“2020年海外赤子为国服务行动计划”。

（三）技能人才队伍建设。

全年全省共组织19.48万人次参加职业技能鉴定及技能等级认定，获证人数15.50万人，其中国家职业资格三级（高级工）以上取证约2.70万人（高级工22 730人、技师3 665人、高级技师604人）；全省共有10.24万人次参加专项职业能力考核，8.18万人取得专项职业能力考核证书。全省新增10家企业、31家职业院校（技工院校）、10家社会培训评价组织为职业技能等级认定试点单位。全省新增建设国家级高技能人才培训基地6个、国家级技能大师工作室7个、省级技能大师工作室100个。共942名台湾同胞通过直接采认取得相应国家职业技能资格，“直接采认台湾地区部分技能人员资格”被国务院列为在全国范围内复制推广的改革事项。率先开展对台职业技能等级认定试点工作，61名台湾同胞获得职业技能等级认定证书。在第一届全国职业技能大赛中，福建省选手共获得2个银牌、1个铜牌、30个优胜奖，16个项目入围全国集训队，被人社部授予“突出贡献奖”。2020年全省技工院校招生人数48 060人，完成全年计划的123.23%，全省开展学徒制培训人数9 522人，完成全年计划的119.03%。推动技工院校改革创新，省人社厅与省电子信息集团共建福建技师学院—电子信息产业学院，首批招生近千人。

（四）专业技术人才队伍建设。

截至年底，福建省专业技术人才达282万人，其中高级专业技术人才28万人；全省民营企业通过“补充渠道”评审取得职称人数90 963人，其中高级4 598人、中级37 330人、初级49 035人。推动职称评审工作创新，设置快递工程师专业并开展评审；开展大数据和机电元器件等新专业职称评审试点工作，评审通过大数据专业职称337人；“航空维修产业职称评审”被列为国务院第六批自由贸易试验区改革试点经验复制推广。积极推进直接采认台湾地区专业技术职业资格及自主聘任台湾地区人才工作，率先出台台湾地区医师、牙医师、导游、不动产估价师、不动产经纪人、土地登记代理人、会计师、记账士、机动车维修等职业资格直接采认专业技术职业资格办法，首次实现在闽台湾居民在线职称答辩，累计评聘和采认台湾地区教师、医师、工程、农业等专业技术资格792人。推动开展专业技术人才继续教育工作，举办专业技术人才知识更新工程国家级高级研修班4期，实施全省高级研修项目计划93个，其中示范班50个；厦门大学入选第十批国家级专业技术人员继续教育基地。

（五）人才服务。

组织举办专家休假活动2期，其中1期为疫情防控医务专家休假。发放高层次人才生活津贴5 350人次、5 164.48万元，国务院政府特殊津贴1 456人次、519.42万元；发放高层次人才安家补助712人、22 093.75万元，工科类青年专业人才安家补助3 841人、19 864.51万元；发放省引才奖励953人、3 304.52万元。开展2018—2019年度专家服务基地建设情况考核评估工作，评定优秀等次基地15家、良好等次基地21家。遴选首批省级人才驿站示范站10个。

（六）人力资源市场建设。

持续深化闽台人力资源服务交流合作，新设立2家台资独资人力资源机构（累计13家），新开园1家泉台人力资源服务产业园。加强人力资源服务业人才队伍建设，举办第一届福建省人力资源服务大赛。加强信息化建设，实施流动人员人事档案社会化服务。

四、人事管理

（一）职称制度改革。

省人社厅会同财政、工信、农业、档案等系列主管部门推进会计、经济、工程技术等系列职称制度改革。出台深化农业技术人员职称制度改革的实施方案，发布正高级经济师及文物博物、档案专业技术职务任职资格评审工作的实施意见。

（二）事业单位招聘。

2020年，完成省直、中直事业单位招聘1 972人；省人社厅会同省教育厅组织开展全省中小学幼儿园新任教师公开招聘工作，招聘教师13 000人；指导疫情防控相关医疗卫生机构等事业单位紧急补充医护人员等疫情防控工作人员290人；组织开展福建省面向昌都籍高校毕业生公开招聘工作；严格审批程序，为省属事业单位调配人员约500人次。

（三）事业单位人事管理。

落实《事业单位人事管理回避规定》，进一步完善事业单位岗位管理制度和人员聘用制度。落实、出台疫情防控一线医务人员职称评聘政策，全省援鄂医务人员优先晋升岗位等级468人，记功奖励医务人员244人，直接申报高一级职称评审49人，提前一年参加全国卫生初、中级考试180人。贯彻落实《关于进一步支持和鼓励事业单位科研人员创新创业的指导意见》，全省登记备案离岗创业事业单位工作人员100多人。开展全省事业单位扶贫攻坚专项奖励工作，全省嘉奖人员1 000名、集体100个，记功人员100名、集体20个，记大功人员15名、集体3个。

（四）事业单位工资分配。

贯彻落实疫情防控期间保护关心爱护一线医务人员相关政策措施。调整野外地质勘探队、测绘队工作人员基本工资标准。做好省属事业单位绩效工资总量、省属公立医院工资总额核定工作。完成省级国家综合性消防救援队伍消防员工资套改。配合省教育厅做好义务教育教师平均工资水平比较及待遇保障政策落实情况督导督查。

五、劳动关系

（一）和谐劳动关系创建。

截至年底，全省各类企业劳动合同签订率达97.54%，集体合同签订率达88.56%。开展以“同舟共济、共克时艰、提质增效、和谐发展”为主题的集体协商“特别要约”行动，举办福建省首届集体协商竞赛活动。实施福建省劳动关系“和谐同行”能力提升三年行动计划。印发《福建省女职工权益保护专项集体合同》参考文本、《疫情期间用工政策指南》，指导企业稳定和谐劳动关系。开展千企万人劳动关系专项监测，建立劳动关系异常情况报告制度和分析研判制度，加强矛盾风险预警处置。探索和谐劳动关系新模式，福州市开展全国构建和谐劳动关系综合配套改革试点，厦门市思明区、湖里区和晋江市、石狮市完成省级和谐劳动关系综合试验区建设。截至年底，全省共有全国劳动关系和谐工业园区6个、和谐企业40家，省级劳动关系和谐工业园区73个、和谐企业1 430家、和谐乡镇32个、和谐街道23个。

（二）劳动人事争议调解仲裁。

2020年，全省调解仲裁机构共处理争议案件4.67万件，涉及劳动者5.94万人，涉案金额12.71亿元；仲裁当期结案率93.10%，一裁终局率46.97%；调解组织调解成功率68.40%。出台《关于处理新冠肺炎疫情引发的劳动争议案件若干问题的指导意见》《关于进一步做好防范虚假劳动人事争议仲裁工作的通知》等，全省推行使用“互联网+调解”服务平台，探索开展“云普法”“云调解”“云仲裁”，探索与法律援助中心、律师事务所等机构建立调解协作机制。实施打造金牌劳动人事争议调解组织三年行动，推进调解仲裁法律援助工作站建设，为农民工、工伤职工、“三期”女职工等重点服务对象开辟“绿色通道”。

（三）劳动保障监察。

2020年，全省各级劳动保障监察机构共检查用人单位18 275户，督促补签劳动合同1.66万人，协调处理案件13 491件，办结案件534件，为6 243名劳动者追发工资等待遇6 895.85万元。全面组织实施《保障农民工工资支付条例》，开展讨薪纠纷警情联动处置，加强欠薪失信联合惩戒。开展疫情期间助力复工复产清理整顿人力资源市场秩序、夏季高温天气劳动保护和根治欠薪冬季专项执法行动。福建省根治欠薪工作在国务院对省级政府考核中取得全国第五名的历史最好成绩。

（四）劳动能力鉴定。

2020 年，全省完成劳动能力鉴定 20 736 人，其中因工伤残鉴定 19 604 人，非因工因病鉴定 1 132 人。在厦门、泉州开展省级“就近鉴定”便民服务 6 场次 110 人，开展“上门鉴定”便民服务 3 场次 3 人。印发《福建省劳动能力鉴定档案管理办法》，福建省成为劳动能力鉴定档案先行纳入档案行业管理的省份。

（五）企业工资分配宏观调控。

福建省委十届十次全会通过《全方位推动高质量发展超越促进居民增收行动计划》，明确实施城镇职工、农民、困难群体、高端人才增收计划，拓宽居民工资性、经营性、财产性、转移性收入增收渠道。印发《国有企业负责人涉嫌违纪违法被调查期间薪酬支付问题有关意见的通知》等文件，严格规范组织任命的企业负责人薪酬分配。推进国有企业工资决定机制改革，全面完成省直部门改革实施办法审核工作。开展国有企业工资内外收入情况调研。完成全省 8 000 多家企业、91 万名职工薪酬数据调查，首次对外发布省级薪酬调查数据，获人社部相关职能司局表扬和信息刊登推广。持续推动部级企业人工成本监测试点，指导各地发布企业薪酬调查信息和国有企业工资增长指导线，其中省属国有企业工资指导线基准线为 4%、下线为 2.5%。

六、人社扶贫

（一）就业扶贫。

截至 12 月底，全省建档立卡贫困人口中，劳动年龄段内有劳动能力 21.34 万人。其中，有就业意向 15.21 万人，全部实现转移就业；有培训意愿 6.62 万人，全部接受培训；公益性岗位安置建档立卡贫困人口 1.33 万人。实施“6+1”劳务协作行动，建立重点地区劳务输出调度保障机制，将湖北和本省对口帮扶的“一区一市一州”（宁夏回族自治区、甘肃定西市、甘肃临夏州）、52 个未摘帽贫困县等地列入重点就业帮扶地区，吸纳中西部贫困劳动力在闽就业 68.15 万人，其中转移 1 351 名宁夏籍建档立卡贫困劳动力来闽就业。

（二）基本养老保险扶贫。

2020 年 6 月底，全省实现建档立卡贫困人口、低保对象、特困人员基本养老保险应保尽保、应发尽发、应代缴尽代缴。下半年转入贫困人员基本养老保险参保“动态清零”阶段。截至年底，全省贫困人员参加基本养老保险 72.07 万人，共完成贫困人员保费代缴 40.86 万人、8 152.26 万元，贫困人员领取养老待遇 25.01 万人，完成基本养老保险扶贫“清零”任务。

七、行风建设

深化“放管服”改革，以“人社服务快办行动”为抓手，推进人社服务打包办、提速办、简便办、网上办，截至年底省本级已在服务窗口实现“八个一件事”打包办理。开展人社政务服务“好差评”工作，畅通政务服务评价渠道，归集政务服务评价数据，加强差评整改，全省系统年度人社政务服务好评率 98%以上。持续深化业务技能练兵比武活动，全省人社干部职工在线学习答题 70 多万人次，逐级开展比武活动，培养一大批“人社知识通”和人社业务能手。成功举办全省人社系统窗口单位业务技能练兵比武大赛，11 个地市 33 名选手同台献技，大赛首次向公众直播，当天 12 万观众在线观看。举办全省人社系统业务技能在线比试，200 名业务骨干参加。组织参加全国人社系统窗口单位练兵比武统一比试，福建省代表队荣获团体二等奖，一人被评为全国“人社知识通”。开展全省“人社政务服务电子地图”信息采集工作，更新全省11 000多家人社窗口单位电子地图信息。深化行风监督，组织开展明察暗访活动，暗访33个单位，反馈通报问题，推进问题整改。全省人社政风行风持续向好，群众满意率不断提高。

福建省人力资源和社会保障厅

厦 门 市

2020年，面对突如其来的新冠肺炎疫情，厦门市人力资源社会保障部门紧紧围绕工作大局，坚持稳中求进工作总基调，深入贯彻新发展理念，统筹推进新冠肺炎疫情防控和经济社会发展，扎实做好“六稳”工作，全面落实“六保”任务，全方位推动高质量发展超越，圆满完成了年初制定的各项业务指标。

一、精准服务企业复工复产

（一）精准出台政策措施。

出台稳就业保用工若干措施，从企业用工、引进人才、稳岗援企、技能培训、劳动关系、社会保障、减降成本等多方面精准施策。率先“全程网办”发放失业保险稳岗补贴、稳岗返还14.48亿元，减降企业社保成本135.04亿元，被福建省审计厅作为正面典型案例进行通报。实施企业间劳动力余缺调剂、组建“省外员工返厦返岗调度中心”等多项战疫举措，被国务院办公厅通报表扬，并在全国就业工作座谈会上作经验交流。截至12月末，全市登记用工企业19.48万家，就业登记在岗职工251.2万人（其中来厦务工人员177.29万人），分别同比增加21.3%、10.06%。

（二）深入推进和谐劳动关系创建活动。

开展“和谐同行”企业培育行动，对99家市级以上劳动关系和谐企业给予信用“红名单”等正向激励。推行以服务为导向的柔性执法获新华社刊文点赞。全年检查用人单位1 866户次，受理投诉举报1 787件，处理工资纠纷补发2 781万余元，违法欠薪案件数、涉及金额、涉及人数指标与上年同期相比实现了“三个下降”。处理劳动人事争议12 520件，较上年同期减少1.91%。根治欠薪工作福建省考核连续三年获得A级第一名。根治欠薪主动创稳“五个一”工作机制（成立一支党员突击队、建立一套工作指南、创建一批保障农民工工资支付工作示范工程建设项目、畅通一条维权渠道、研发一个预警系统）、“建立共管账户保障农民工工资支付”等作为先进经验和创新举措在福建省推广。开展2019年劳动保障守法诚信公益性信用评价工作，将A级守信红名单633家和C级严重失信黑名单23家推送至市公共信用平台，开展守信联合激励和失信联合惩戒。

（三）做好企业工资收入分配工作。

开展企业薪酬调查，发布企业工资增长指导线以及420个工种（职位）工资指导价位，并对其中202个工种按不同专业（技术）等级发布相应的工资指导价位。及时发布人力资源市场工资价位、企业人工成本构成情况等企业薪酬调查信息，为企业合理确定职工工资增长水平提供依据和参考。稳妥实施国有企业负责人薪酬制度改革。

二、精准帮扶重点群体就业创业

（一）就业形势保持稳定。

促进就业目标全面完成，全年城镇新增就业35.6万人，年末城镇登记失业率3.84%。国家市场监督管理总局公布全国公共服务质量监测结果，厦门市公共就业以90.15的得分居全国第一。

（二）突出抓好困难群体就业。

全面推行就业困难群体实名制管理服务，明确就业困难人员7种退出方式。全年新增登记就业困难人员4 327人，兑现各类促进就业创业优惠政策4.31亿元。全市349个社区83.7%达到充分就业社区，其中国家级3个、省级45个。发放毕业生求职创业补贴4 969人993.8万元、1 694家次单位3 873人次待就业毕业生见习补贴1 165.29万元。2020届实名登记离校未就业毕业生实现帮扶就业3 459人，平均登记就业率83.31%。

（三）切实保障失业人员待遇。

扩大失业保险保障范围，全年发放失业补助金6 212人1 233.65万元，临时生活补助6 300人869.04万元，临时价格补贴3.67万人3 109.86万元。发放本市失业人员失业保险金3.81万人3.54亿元、外来失业员工一次性生活补助金8.55万人5 687.08万元，提升企业职工职业技能补贴5.43万人7 859.68万元。

（四）加强创业基地建设。

授牌49家创业大本营，予以政策扶持。举办第四届“中国创翼”创业创新大赛厦门市选拔赛，在福建省级选拔赛中取得2个一等奖、2个二等奖、1个三等奖、2个优秀奖、1个优秀组织奖的好成绩。

（五）持续对口支援和精准扶贫。

全年市、区两级财政共拨付资金7 025.25万元。各类机构和个人共为甘肃省临夏州捐款捐物折合人民币8 721.93万元，21名干部、360名专技人才赴临夏州开展扶贫协作工作，11名人社干部到对口县市挂职。通过“点对点”输转，推送岗位信息26 109个次，开展招聘90场次。全年输转临夏州建档立卡5 408人，其中稳定就业满3个月以上3 461人。开展贫困人口建档立卡培训141期4 662人，创业致富带头人培训22期609人。厦门技师学院录取55名临夏州建档立卡贫困家庭应往届“两后生”，补助食宿交通资金132.46万元。事业单位定向招收临夏州建档立卡贫困高校毕业生20人，定向招聘西藏籍高校毕业生7名。国务院扶贫办宣传推广《“输转厦门+就近就地”两手抓“复工稳工+就业脱贫”两不误》《厦门携手临夏“放心”政策稳就业，助推高质量脱贫》经验。

三、精准做好引才留才工作

（一）实施“三个六”引才工作。

深入实施高校毕业生“十个一批”扩岗行动，加大本地高校毕业生留用政策优惠力度。全年引育高层次人才626名、柔性引进各类人才8 098名、接收院校毕业生入厦61 785人，圆满完成引才“三个六”任务。多项举措获得学习强国、《福建日报》、今日头条及《中国人才》等主流媒体报道。

（二）发挥政策激励作用。

全年引进留学人才1 686人，同比增长11%，其中博士224人，占13.29%，硕士1 136人，占67.38%。核发高层次留学人员生活津贴122人次129万元，科研资助项目10个75万元。核发新引进毕业生补贴4 860人次14 379万元，人数同比增长38.89%。

（三）持续深化职称制度改革。

全年共评审、确认中高级职称7 532人，其中中级5 546人、高级1 986人，制发中高级职称证书5 730本。“航空维修产业职称评审”“直接采认台湾地区部分技能人员职业资格”被列为国务院第六批自由贸易试验区改革试点经验在全国复制推广。率先开展大数据和机电元器件两个新增专业的职称改革试点，机电元器件专业已有97人取得职称，大数据专业已有337人取得中、初级职称。首创对持有台湾地区“劳动力发展署技能检定中心”核发的中餐烹调、西餐烹调、美容、女子美容等职业甲、乙、丙级技术士证书，可直接采认为大陆相对应的职业资格。

（四）有序做好博士后及各项专家服务工作。

新设博士后科研工作站6家，全市现有博士后科研工作站34家、省级创新实践基地4

家。核发博士后补助经费 169.1 万元，博士后工作站建站补贴 400 万元；183 位国务院政府特殊津贴专家补贴 110.79 万元；92 位福建省高层次引进人才津贴 28.15 万元。

四、精准提升产业工人技能

（一）推进职业技能培训市场化、社会化改革。

实现补贴培训项目向具备法定办学资质且设立在厦的各类职业技能培训机构全开放。全年备案公布 49 家参与政府补贴项目的培训机构（包括职业院校、技工院校、民办培训学校等）。

（二）技能培训政策支持企业职工技能提升。

支持企业开展线上稳岗技能培训和简易岗前技能培训，核发补贴 37.1 万人 12 666.96 万元。开展新吸纳劳动者和停工停产困难企业稳岗以工代训，核发 175 家企业 341 人补贴 51.15 万元。全面实施企校合作学徒制培养，20 家企业组织 24 个班级开展 9 个专业“企校合作学徒制”项目，培养学徒 1 033 人。

（三）技能人才评价服务和衔接工作。

做好水平评价类技能人员职业资格退出目录有关工作，全年开展 7 044 人次专项职业能力考核，核发专项职业能力合格证书 4 981 本。5 家单位 11 个项目入选第 46 届世界技能大赛福建集训基地名单，其中重点项目 3 个（电子技术、汽车技术、精细木工）。组织 25 个项目 27 名选手代表福建省参加第一届全国职业技能大赛，8 个项目入选国家集训队，占福建代表团入围数的一半，10 个项目获得全国优胜奖，支持福建省取得历史最佳参赛成绩。

五、精准推进民生保障建设

（一）全力推进全民参保工作。

2020 年末，基本养老、工伤、失业保险参保人数分别达到 344.95 万人、259.33 万人和 258.37 万人，分别比上年末增长 7.73%、7.18%、7.36%。连续五年保持基本养老保险综合参保率福建省第一。机关事业单位和企业退休人员平均养老金增幅约 5%，城乡居民养老保险基础养老金增加到 310 元。连续第 16 次提高工伤保险定期待遇。推进划转部分国有资本充实社保基金。

（二）社会保障能力增强。

平稳有序推进养老、工伤保险省级统筹和全国统筹。率先出台工伤康复管理办法，确定了“先康复、后鉴定”的原则，规范了工伤康复准入、准出的评估机制。完成省、部属国有企业退休人员移交，全市纳入退休人员社会化管理服务 38.88 万人，社会化管理率达 99.99%，实现在厦各类退休退养人员社会化管理服务全覆盖。发行应用第三代社会保障卡（市民卡），全年已申领换发卡 160 多万人，其中退休人员 23.71 万人。签发电子社保卡 147 万张。

（三）加强社会保险基金监管。

调整市社会保险监督委组成人员，构建起跨部门、融行政监督与社会监督于一体的社会保险基金高位监督平台。联合打击骗保行为，追回多领、冒领养老金抚恤金 27 人 16.81 万元。

六、精准服务事业单位人事管理

（一）关爱援鄂医务人员。

落实 19 名编外医务人员简化招聘进入事业单位、109 人优先晋升岗位等级。核发 24 家医疗机构 1 900 余名医务人员临时性工作补助、卫生防疫津贴、一次性核增绩效工资 5 365 万元。

（二）加强事业单位管理。

开展事业单位市、区联合招聘工作，116 家单位推出 256 个岗位计划招聘 282 人，250 名拟聘人员进入（完成）公示环节、207 人办结调动（接收）手续。下放“核增职务变动、核增岗位工资变动”等 13 项审核、拟聘用人员审核、岗位聘任（解聘）审核等权限，简化人员调动（接收）核准手续流程（含人事档案审核），停止办理聘用制干部续聘审核手续。配合完成经营管理类事业单位改制工作。

七、精准推进系统行风建设

（一）深化“放管服”改革。

动态调整权责清单事项 24 项次。推行“不见面”审批，依申请事项 100%进驻省网办事大厅。149 个事项网上申报率 100%，依申请事项“一趟不用跑”占比 66%。审批服务窗口受理业务 50.06 万件，即时办理率 87%，办结率 100%。整合关联事项“一件事”套餐 10 项，快办事项 21 项。

（二）开展窗口单位业务技能练兵比武。

参与人社部阅慧 App 在线学习答题，厦门市学习和答题成绩居福建省首位。组织参加业务技能练兵比武福建省赛，厦门市参赛选手荣获团体三等奖和全省“人社知识通”“岗位练兵明星”等奖项。

（三）不断完善 12333 服务。

12333 咨询服务在全国率先实现居家远程办公，疫情期间为市民提供不间断的服务。全年共受理市民咨询电话 353.82 万人次，平均每日受理 9 667 人次。

厦门市人力资源和社会保障局

江 西 省

2020年，江西省人力资源社会保障部门坚持以习近平新时代中国特色社会主义思想为指导，深入学习贯彻党的十九大和十九届二中、三中、四中、五中全会精神，按照党中央、国务院战略部署，聚焦“作示范、勇争先”目标定位和“五个推进”更高要求，统筹新冠肺炎疫情防控和经济社会发展，扎实做好“六稳”工作，全面落实“六保”任务，促改革、惠民生、防风险、保稳定，在大战大考中全省人力资源社会保障事业平稳健康发展。

一、就业局势保持稳定

（一）全面完成就业目标任务。

全省实现城镇新增就业46.17万人，完成年计划的124.8%；城镇失业人员再就业17.67万人，完成年计划的147.3%；就业困难人员就业4.67万人，完成年计划的155.6%；新增转移农村劳动力58.86万人，完成年计划的117.7%，其中省内转移40.41万人，完成年计划的115.5%；调查失业率从一季度的6.2%回落到四季度的5.4%。

（二）大力开展援企稳岗。

围绕落实“保就业、保基本生活、保市场主体”目标任务，印发了《江西省人民政府办公厅关于做好疫情防控期间有关就业工作的通知》《关于贯彻〈国务院办公厅关于应对新冠肺炎疫情影响强化稳就业举措的实施意见〉的通知》《江西省人力资源社会保障厅等五部门关于做好失业保险支持企业发展稳定就业岗位有关工作的通知》等政策文件，制定出台进一步落实“保居民就业、保基本民生、保市场主体”任务23条措施，千方百计稳定和扩大就业。全年全省共为2.12万家企业发放一般企业稳岗返还资金5.23亿元，惠及职工136.60万人；为691家企业发放困难企业稳岗返还资金9.76亿元，惠及职工13.79万人。全省开展企业职工岗位技能培训73.52万人，完成年计划的408.5%，创业培训16.66万人，完成年计划的138.8%。全省累计开展政府补贴性培训117.92万人次，完成年度目标任务的168.48%，使用专账资金培训102.05万人次；使用职业技能提升行动专账资金11.62亿元，完成年度目标任务的168.45%，为3.06万名参保职工落实技能提升补贴5 029.05万元。全省共为3.61万名失业人员发放失业保险金2.53亿元；为8.60万名失业人员发放失业补助金1.92亿元。

（三）精准帮扶重点群体。

开展高校毕业生就业“百日冲刺”行动，扩大国有企事业单位招聘规模、扩大基层项目招募规模、扩大研究生及专升本招生规模，同时鼓励中小微企业吸纳一批、引导基层就业一批、事业单位招聘一批、就业见习稳住一批、技能培训提升一批。积极组织发放高校毕业生一次性求职补贴，全省共为4.83万名六类困难应届高校毕业生（含湖北籍毕业生2 271人）发放补贴4 827万元，较上年增长18.48%。全年全省共组织1.37万名离校未就业高校毕业生和16~24岁失业青年参加就业见习。帮助7.74万余名离校未就业高校毕业生实现就业，帮扶5万余名退捕渔民转产就业，分流安置 1 738 名化解过剩产能企业职工，零就业家庭保持动态清零。做好“三支一扶”人员招募工作，全年招募 2 081 人，招募岗位持续向贫困地区和扶贫岗位倾斜。

（四）发挥创业带动就业作用。

加大创业孵化基地工作力度。全省共建有创业孵化基地 249 个，较上年净增 23 个，入驻实体净增 1 400 余家，带动就业人数净增近 5 000 人。全省新增发放创业担保贷款 192.7 亿元，同比增长 24.4%，完成全年民生工程任务的 175.18%；通过创业担保贷款直接扶持个人创业 13.78 万人次，带动就业 51.43 万人次，还款率为 99.95%。截至年底，全省累计发放创业担保贷款 1 401 亿元，累计扶持个人创业 127 万人次，带动就业 496 万人次，各项指标继续位居全国前列。中央电视台《新闻联播》报道江西省创业担保贷款助力复工复产十条政策。组织开展创业培训师资班 17 期，培训创业培训讲师 487 人。组织开展第二届“江西省青年创业风云人物”评选活动，评选出第二届“江西省青年创业风云人物”10 名，提名奖 9 名。

（五）提高公共就业服务质量。

会同相关部门开展“春风行动暨就业援助月”“百千万网络招聘行动”“百万大招工活动”“民营企业招聘周”等活动。仅春风行动暨就业援助月活动期间，全省就开展各类招聘活动 4 202 场次，服务 900 多万人；百千万网络招聘行动期间，发布岗位需求 80.3 万人次；通过开发区百万大招工活动，帮助全省 103 个开发区新招工 116.5 万人，有效缓解开发区企业用工难题。

二、社会保障体系持续完善

（一）落实社会保险减负政策。

3 月，会同有关部门印发《关于阶段性减免企业社会保险费的通知》，明确了阶段性减免企业社会保险费实施办法。积极做好政策宣传解读和贯彻实施工作，召开新闻发布会，通过主流媒体及时向社会传达宣传通知精神。7 月，又会同有关部门印发《关于延长阶段性减免企业社会保险费政策实施期限的通知》，明确延长阶段性减免企业社会保险费政策的执行期限、困难企业缓缴社会保险费执行期限和减轻企业和参保人员缴费负担等具体政策，进一步缓解企业负担。通过落实降低社会保险费率和减免政策，全年共为企业和个人减负 256 亿元。

（二）深化社会保险制度改革。

1 月，会同有关部门印发《关于 2019 年机关事业单位退休人员养老保险待遇平稳衔接有关问题的通知》，明确了本省 2019 年机关事业单位退休人员养老保险待遇平稳衔接办法。配合省委宣传部等部门印发《5 家省属转企改制院团原退休人员纳入机关事业单位养老保险相关工作协调会议纪要》，妥善解决转企院团原退休人员纳入机关事业单位养老保险等历史遗留问题。会同有关部门印发《关于法官检察官单独职务序列改革实施后养老保险有关问题的通知》，确保单独职务序列改革前后法官、检察官的养老保险平稳衔接。会同省委组织部、省财政厅印发《关于公务员实行职务与职级并行制度后养老保险有关问题的通知》，落实职级公务员的养老保险待遇。会同省财政厅、省总工会印发《关于统一全省企业职工和退休人员因病或非因工死亡抚恤金标准的通知》，统一全省企业职工和退休人员因病或非因工死亡抚恤金标准。建立健全江西省长江流域退捕渔民养老保险政策制度，先后印发《江西省重点水域退捕渔民养老保障指导意见及转产就业指导意见》《关于优化简化全省重点水域退捕渔民养老保险经办服务和补助发放流程的通知》及《关于切实做好重点水域退捕渔民养老保险工作的通知》等政策文件，明确了保障范围、政府补助及养老保障办法。截至年底，全省境内水域 6.3 万名符合条件的退捕渔民全部参加基本养老保险，有 1.5 万名困难渔民享受政府代缴社保费参加城乡居民养老保险。自 1 月 1 日起，全省工伤保险基金实行省级统筹调剂、设区市统收统支、设区市和县（市、区）分级经办，全面建立工伤保险参保范围和参保对象统一、工伤保险费率政策和缴费标准统一、工伤认定和劳动能力鉴定办法统一、工伤保险待遇支付标准统一、工伤保险经办流程和信息系统统一的工伤保险基金省级统筹制度。

（三）超额完成社会保险目标任务。

截至年底，全省城镇职工养老保险、城乡居民养老保险、失业保险和工伤保险参保人数分别达到 1 167.42 万人、2 077.99 万人、291.86 万人、557.98 万人，分别完成全年目标任务的 106.13%、115.44%、100.64%、114.81%。全省城镇职工基本养老保险、城乡居民养老保险、失业保险、工伤保险基金全年总收入分别为 1 072.26 亿元、130.58 亿元、12.38、15.21 亿元。城乡居民养老保险扩面参保成效明显，中央电视台《新闻联播》介绍江西省社保机构为老人办理城乡居民养老保险的工作典型。

（四）稳步提高社会保险待遇水平。

根据国家统一部署，连续第 16 年提高企业退休人员基本养老金水平，也是继 2016 年之后连续第 5 年统一安排、同步调整企业和机关事业单位退休人员基本养老金，全省 348 万余名退休人员受益。自 7 月 1 日起，全省城乡居民养老保险基础养老金最低标准提高 5 元至 110 元/人·月。连续 16 年提高因工致残人员伤残津贴、生活护理费、供养亲属抚恤金等定期待遇，其中，伤残津贴一级伤残人员每人每月增加 154 元，二级伤残人员每人每月增加 145 元，三级伤残人员每人每月增加 137 元，四级伤残人员每人每月增加 128 元。一次性工亡补助金提高到 84.72 万元。

（五）大力维护社会保险基金安全。

启动打击社会保险领域欺诈骗保专项治理行动。出台稽核规程，开展数据稽核。委托第三方对省本级社保基金进行内部审计，共发现财务、业务等方面问题 11 个并认真推进完成整改。认真做好职业年金基金投资运营工作，制定职业年金基金管理运营流程，完善绩效考核评估办法，开展受托人绩效考核工作，严格规范经办管理，确保职业年金基金投资运营安全平稳。截至 12 月底，全省职业年金基金资产净值 261.15 亿元，其中本金 238.06 亿元，累计投资收益 30.61 亿元（累计投资收益率 16.64%），累计支付待遇 7.52 亿元。推动城乡居民基本养老保险投资运营工作，提升基金保值增值能力。7 月，联合财政厅印发《江西省城乡居民基本养老保险基金委托投资运营工作方案》，确定将不少于 100 亿元用于委托投资，有力地促进了基金保值增值。12 月，省政府与全国社会保障基金理事会正式签订 5 年期承诺保底的委托投资合同，首批委托资金 54 亿元已于 12 月 25 日划转到位。

（六）不断提升社会保险经办水平。

全面落实“不见面”服务，推出省社会保险网上办事大厅实现社保服务事项网上可办，推出江西人社 App、支付宝生活号、微信公众号等三种服务渠道，并对接省“赣服通”实现个人服务事项掌上可办，将高频事项在省本级自助一体机上上线，实现查询和证明打印类事项自助可办，极大方便了办事群众。大力开展“快办行动”，以部门数据共享服务为依托，取消无谓证明和办事材料 20 余项，压减办理时限。对暂时无法共享的资料，签订个人诚信承诺书办理，助力“只跑一次或一次不跑”。通过系统省级集中，全面实现全省社保信息通查、权益通打、资格通认、关系通转，形成全省社保“四办”“四通”服务新格局。创新社保待遇领取资格认证方式，全面取消领取社保待遇资格集中认证，主动对接“赣通码”开展“码上认证”，通过退休人员参保信息与“赣通码”扫码登记、打卡记录等数据比对，71 万退休人员足不出户即可“无感免认证”，对于特殊人群实行上门服务认证。成立第一届江西省社会保险精算工作骨干团队，共计 19 名成员，提升社保精算工作水平。出台八项窗口便民服务措施，开展延时错时预约服务，方便群众办理业务。开设人社业务引导咨询专岗并由领导带班值班，解决群众办事难问题。认真做好新冠疫情期间工伤认定和劳动能力鉴定工作，开通疫情防控工伤认定和待遇支付绿色通道。修订了《江西省工伤保险业务经办规程》，统一规范工伤保险业务经办流程，加强经办风险管控。

三、人才人事工作不断提升

（一）推动专技人才队伍建设。

截至年底，全省专业技术人才达到299万人。选拔产生65名享受国务院政府特殊津贴专家和96名享受省政府特殊津贴专家，6人入选国家级百千万人才工程、141人入选省级百千万人才工程。克服疫情不利影响，全省刚性引进博士以上高层次人才1 320人，其中赣籍人才384人。全省累计招收博士后研究人员近1 400人，累计完成博士后科研项目1 800项，博士后科研项目累计转化经济效益22亿元。全省共有博士后科研流动站34个、工作站108个、博士后创新实践基地102个。组织举办了3期国家级专业技术人才高研班和17期省级高级研修班，共有1 400多名相关专业领域的专业技术人才参加了研修学习。举办“才聚江西　智荟赣鄱”系列高层次人才引进活动，共举办线上引才对接活动13场，组团赴东北、西北、西南等10所985、211高校举办江西专场引才活动。开展全省重点产业链人才需求情况调查摸底，举办有色金属、航空、电子信息等重点产业链专场招聘活动。按照省委人才办工作安排，广泛邀约国内外高端人才，牵头组织筹建江西省高层次人才联谊会，共邀请团体会员46个、个人会员632人，其中院士60人。12月11日召开了联谊会成立大会，通过了章程，选举产生了第一届理事会和会长、副会长。

（二）大力发展技能人才。

截至年底，全省共有技能人才494.4万人，其中高级工以上技能人才149.2万人。技能人才中，中华技能大奖获得者6人、全国技术能手103人，享受国务院政府特殊津贴52人、享受省政府津贴46人。全省共有32家公共实训基地，1 018家民办职业培训机构，建有国家级高技能人才培训基地30家、国家级技能大师工作室40家、省级高技能人才培训基地77家、省级技能大师工作室163家，建成7个项目的世界技能大赛中国集训基地。在第一届全国职业技能大赛上，江西代表团斩获1块金牌（飞机维修）、4块银牌（家具制作、云计算、制冷与空调、网站设计）、3块铜牌（电子技术、餐厅服务、汽车喷漆）、44个优胜奖，有26个项目入围第46届世赛中国集训队，较上届入围世赛集训队增加10个项目。承办了全国陶瓷行业技能竞赛、全国美容美发行业技能竞赛。全年共举办省级一类竞赛2项、共42个职业，二类竞赛24项、共80个职业，三类竞赛20项、约150个职业，带动岗位练兵70万人。

（三）加快技工教育发展。

省政府办公厅印发了《关于加快技工教育发展加强技能人才队伍建设的若干意见》，在技工院校布局、管理体制、师资队伍建设、技能人才培养等方面提出一系列具体举措。联合省财政厅印发《关于实施技工就业促进计划有关工作的通知》，对留赣就业的全日制中级工班、高级工班、预备技师班毕业生分别按照6 000元/人、10 000元/人、12 000元/人的标准，从就业资金中给予技工院校一次性培养补助。壮大技工院校规模，新设立高级技工学校4所、普通技工学校5所，全省技工院校93所，在校生17.6万人，新招生7.3万人，招生人数和在校生人数分别位居全国第6和第7位。强化内涵建设，促进教师职业水平提升，推进一体化课程教学改革，开展全省技工院校一体化师资培训。举办首届全省技工院校教师职业能力大赛，组织参加全国技工院校教师职业能力大赛，获得6个二等奖、3个三等奖，省人社厅获优秀组织奖。提升办学与产业发展融合度，举办全省技工院校校企合作对接会。争取到当年现代职业教育质量提升计划专项资金11 970万元，省实训基地建设项目资金4 000万元。

（四）平稳有序开展人事考试和职业技能鉴定。

全年共组织实施公务员考录、中小学教师招聘、军转干部考试和“三支一扶”、专业技术资格等各类人事考试54项，参考人数67.58万人，考试总科次132.08万科次；共精准编排考场座位132.08万余科次，组织网上报名53次，其中省内12次。全年全省完成职业技能考核鉴定11.82万人次，核发职业资格证书10.4万人次，其中高级工以上鉴定2.1万人次，核发职业资格证书1.86万人次。

（五）促进人力资源服务业发展。

出台《江西省省级人力资源服务孵化基地评估认定暂行办法》，评估认定首个省级人力资源服务孵化基地，新评定省级人力资源服务产业园2个。截至年底，全省共有产业园11个，其中国家级1个、省级7个、市级1个、县（区）级2个，共入驻人力资源服务机构870家，累计营业收入425亿元，累计服务各类人员1 469万人次。12月16日，在南昌成功举办第三届中国（江西）人力资源服务创新发展论坛暨首届人力资源服务业“前湖论坛”，900余人参加现场活动，110万人次在线观看。举办了3期省内重点产业企业高管研修班、1期全省人力资源服务机构高管研修班。推动行业协会建设，成立江西省人力资源发展协会和赣州人力资源发展协会。制定《江西省人力资源服务机构诚信等级评定办法》，推动行业诚信体系建设，评定11家年度“诚信服务示范机构”和12家年度“AAA级诚信服务机构”。全省人力资源服务机构达到2 276家，较上年底增加640家；从业人员2.68万人，同比增长12.1%；全年营业收入突破530亿元，服务用人单位数45万家，服务人员数1 150万人次，帮助实现就业和流动人数279万人次。

（六）持续深化职称制度改革。

分系列印发工程、农业、统计、哲学社会科学、经济、文物博物等系列和专业的职称制度改革实施意见。出台《关于在工程技术领域实现高技能人才与工程技术人才职业发展贯通的实施意见》，打通了工程技术领域高能人才的职称申报渠道。新增下放59所院校、江西文化演艺发展集团有限责任公司和赣州市妇幼保健院等单位职称自主评审权，进一步发挥用人单位在职称评审中的主导作用。全省高校教师职称全部实现自主制定评审标准、自主设置评审机构、自主开展评审工作、自主使用评审结果。已向全省105所高校、8所医院、17家企业、4家科研院所等134家单位下放职称评审权，向11个设区市下放了中小学教师、卫生副高级职称评审权。做好抗疫一线专业技术人员服务工作，完善抗疫一线专业技术人员优惠政策，梳理出全省近1.3万余名一线医务人员名单，完成援鄂医务人员高级职称集中优先评审，首批154名援鄂医务人员通过评审优先获得高级职称。

（七）深化事业单位人事制度改革。

出台《事业单位工作人员奖励规定》贯彻落实意见，明确事业单位工作人员奖励标准，鼓励引导全省广大事业单位工作人员担当作为、干事创业。出台《进一步支持和鼓励事业单位科研人员创新创业的实施意见》，加大政策支持力度，简化审批程序，进一步推动事业单位科研人员创新创业高质量发展。出台《江西省事业单位专业技术二级岗位管理办法》，下放评审权限，优化竞聘条件，进一步赋予事业单位用人自主权。针对疫情防控一线医务人员制定出台了及时奖励、岗位聘用等一系列关心关爱措施。

（八）积极做好表彰奖励工作。

省委、省政府制定《江西省评比达标表彰活动管理实施细则》，全面梳理表彰奖励工作流程，明确细化工作标准、程序和要求。牵头做好全国抗击新冠肺炎疫情表彰评选推荐工作，全省35名个人被评为全国抗击新冠肺炎疫情先进个人，10个单位被评为全国抗击新冠肺炎疫情先进集体。组织开展江西省抗击新冠肺炎疫情先进个人、先进集体表彰活动，省委、省政府隆重召开表彰大会，全省807名个人、300个集体受到表彰。会同省卫健委做好抗击新冠肺炎疫情及时性表彰工作，同时配合省委组织部、省总工会等省直单位做好全省人民满意的公务员和公务员集体、全国及全省劳动模范和先进工作者等国家级、省部级表彰评选推荐工作。

（九）完善事业单位工资政策。

制定出台《关于深化事业单位高层次人才工资分配激励机制改革的实施意见》，并按照文件精神对南昌大学、南昌航空大学、华东交通大学、江西中医药大学43名高层次人才实行70万~200万元年薪制。落实职业教育改革有关政策，对江西交通职业技术学院等7所职业院校因开展校企合作等工作单独核增绩效工资总量。优化绩效工资总量申报核定办法，印发《关于2020年省直事业单位绩效工资总量申报核定有关事项的通知》，对公益一类、公益二类、生产经营类事业单位绩效工资总量实行分类核定和限高管理，完成了497家省直事业单位绩效工资总量核定工作。省政府办公厅印发通知，落实义务教育教师工资待遇保障政策要求，并明确落实义务教育教师工资待遇的责任主体。

四、劳动关系和谐稳定

（一）不断深化企业工资收入分配改革。

印发《关于完善国有企业工资分配制度支持企业发展的意见》，鼓励国有企业积极应对新冠肺炎疫情影响，完善支持国有企业改革发展的工资分配政策。开展国有企业在岗职工工资统计调查，2020年度省属国有企业负责人薪酬基本年薪计算基数为10.35万元，比上年增长7.6%。顺利完成全省企业薪酬调查工作，共调查全省10 775户企业73万职工薪酬数据。向社会公开发布全省各类职业（工种）、各等级专业技术人员和技能人员的工资价位，初次就业大学生工资价位。

（二）构建和谐劳动关系。

圆满完成“和谐劳动·幸福江西”三年行动计划，全省劳动关系保持总体和谐稳定。申报景德镇市为全国深化构建和谐劳动关系综合配套改革试点城市，指导和推动景德镇市紧紧围绕创新协调劳动关系体制机制、方式方法，以点带面顺利推进试点工作，形成景德镇市、万载县和昌南工业园区“一市一县一园区”构建和谐劳动关系综合试验区建设格局。及时发布疫情期间劳动关系政策解答口径，指导企业妥善处理疫情期间劳动关系。启动劳动关系“和谐同行”能力提升三年行动计划，在全省范围实施“和谐劳动关系十百千万计划”“重点企业用工指导计划”和“企业薪酬指引计划”。推进女职工权益保护工作，出台《江西省女职工权益保护专项集体合同》（示范文本），有关宣传报道被《中国妇女报》评为2020年十大女性新闻。

（三）扎实推进劳动人事争议调解仲裁工作。

加强调解仲裁工作规范化、标准化、专业化、信息化建设，及时高效处理各类劳动人事争议。全年全省劳动人事争议调解仲裁机构共依法受理劳动人事争议案件25 274件，同比增长11.9%；结案24 971件（含上期结存案件469件），仲裁结案率为96.3%，调解成功率为70.7%，终局裁决率为45%，仲裁终结率为72.6%；调处10人以上集体案件179件，涉农民工案件4 890件。

（四）加大劳动保障监察执法力度。

贯彻落实《保障农民工工资支付条例》，维护农民工劳动报酬权益。组织开展根治欠薪冬季专项行动、清理整顿人力资源市场秩序专项检查和劳动保障年度书面审查工作。落实“六稳”“六保”，全省实行银行保函项目数606个，以银行保函替代企业现金缴纳农民工工资保证金金额19.24亿元；实行商业履约保函项目数1 128个，以商业履约保函替代企业现金缴纳农民工工资保证金金额12.21亿元。加大对欠薪违法行为的惩处力度。全年全省劳动保障监察机构共检查用人单位2.38万户，依法为2.28万名劳动者追回工资待遇2.45亿元。向社会公布重大劳动保障违法行为31件，截至年底，现存拖欠农民工工资黑名单管理对象10个，当年新纳入6个，向公安机关移送涉嫌拒不支付劳动报酬犯罪案件66件，公安机关立案侦查40件。

五、人社扶贫成效显著

（一）积极推进就业扶贫。

进一步完善就业扶贫培训、扶贫车间动态监测和后续帮扶、公益性岗位开发管理等政策，推行就业扶贫“三三六”工作法，创新推出“一库一码一平台”，实施就业扶贫拓展扩面行动。建立贫困劳动力“个人信息档案”，关联录入全省171.39万贫困劳动力在就业扶持、政策享受和社保待遇等方面的相关信息，并实行实名制动态管理。研发“江西就业扶贫码”微信小程序，按照“一人一码”和精准化、个性化、差异化、地域化要求，向贫困劳动力推送“政策包”和“服务包”。全省已有99.94%的贫困劳动力登录使用了“就业扶贫码”，累计扫码用码达到489.42万人次。累计推送招工信息8 774条、培训计划1 515条、招聘会信息487条，提供招聘岗位20.3万个。截至年底，全省贫困劳动力总量171.7万人，已就业务工131.5万人，占76.6%，贫困劳动力外出就业“一个超过、两个不少于”目标任务顺利完成。

（二）深入推进技能扶贫。

深入推进技能扶贫千校行动，做好技能扶贫工作。2020年，全省技工院校新招收建档立卡贫困家庭学生4 829名，建档立卡贫困家庭在校学生达11 484名，全面落实国家助学金、免学费政策。组织全省技工院校开展当年学生资助申报工作，共申报助学金5.32万人次、涉及补助资金5 319.4万元，免学费23.9万人次、涉及补助资金24 174.45万元。202名学生获得2020年度国家各类奖学金和助学金。8月，人社部、国务院扶贫办在山西大同举办全国扶贫职业技能大赛，江西省派出16名选手参加全部8个项目的比赛，获餐厅服务项目金牌和6个优胜奖。

（三）全面推进社保扶贫。

扎实完成贫困人员应保尽保、应代尽代、应发尽发工作，在全国首家出台社保扶贫延续政策，印发《关于进一步做好贫困人员基本养老保险应保尽保工作的通知》，将贫困人员参加城乡居民养老保险应代尽代制度制定为长效机制，将政策延续至“十四五”期末，在巩固现有成果的基础上，保持社保扶贫政策的连续性和稳定性。全省符合参加城乡居民养老保险条件的建档立卡贫困人员、低保对象和特困人员等贫困群体共有292.58万人，已全部参加城乡居民养老保险。全省应代缴城乡居民养老保险费的建档立卡贫困人员、低保对象和特困人员等贫困群体共有206.13万人，已全部完成代缴，本年度代缴金额2.1亿元，累计代缴金额8.1亿元。应享受城乡居民养老保险待遇的建档立卡贫困人员、低保对象和特困人员等贫困群体共有86.46万人，已全部发放到位。联合财政、民政、扶贫、税务、人民银行等部门印发《关于进一步做好企业职工基本养老保险助保贷款工作的通知》，将助保贷款申领年限放宽到距退休年龄8年内的企业职工养老保险个体参保人员，将财政全额补贴贷款利息范围扩大到城镇特困人员、建档立卡贫困户等所有贫困人员群体和国有集体企业下岗失业人员，探索推行网上免材料申办。截至年底，全省累计办理“助保贷款”14 778人次，累计发放贷款5.1亿元，政府贴息资金2 269.6万元，为6 403名困难助保对象办理了领取养老金手续。

（四）扎实推进人才智力扶贫。

落实“四放宽、二改进”政策措施，为25个贫困县招聘教师6 796人、招募“三支一扶”人员599人，开展事业单位脱贫攻坚专项奖励，鼓励优秀人才到艰苦边远地区县乡事业单位干事创业。制定出台《2020年全省人力资源服务机构助力脱贫攻坚行动实施方案》，明确开展七大专项行动，充分发挥人力资源服务机构专业优势，为决战决胜脱贫攻坚提供人力资源服务支撑。省内人力资源服务机构组织贫困劳动力劳务输出16.5万人，举办扶贫专场招聘会1 176场次，开展“三送”活动1 213次，发放宣传资料176万余份，培训贫困劳动力4.1万人次。

六、行风建设全面推进

（一）“首位工程”取得重大成效。

深入实施人社公共服务体系建设“首位工程”，基本建成全省标准统一、方便快捷、群众满意的人社公共服务体系，更好地服务经济社会发展。率先编制全省统一行政权力清单（43项）和公共服务事项清单（197项），完成195项服务事项“八统一”标准化梳理，申请材料精简48%、流程环节精简14%、办理时限压缩43%、办事表单精简23%。实现同一事项在全省不同地域无差别受理、同标准办理。

（二）信息化建设全面加快。

上线运行省级集中的“江西人社一体化综合信息系统”，集成接入就业、社保等一批业务信息系统，统一共享公安、民政、教育等11个部门61类数据和人社内部46类数据，以及11类全国人社数据，实现系统集成、业务集合、数据集中，统一对接部省平台，统一共享人社内外部数据，推动134个事项一体化系统经办，实现“单点登录、全网通行”。

（三）便民服务深入推进。

在线下，打破业务专窗和本地事本地办传统模式，大力推行人社“综合窗口”服务模式，统一设置165个人社“一窗受理”综合窗口（窗口端）。在线上，开通“江西人社公共服务平台”（网端），在江西人社网上办事大厅提供113项网办业务，在“赣服通”和“江西人社”App、微信公众号分别提供60多项个人掌办业务，建设24小时自助服务区，向自助终端部署58项服务，初步构建了窗口端、网端、掌端、自助端一体经办的多元化服务渠道，实现“不进人社门、办好人社事”目标。截至年底，一体化系统累计办理服务事项139万件。大力推进社会保障卡居民服务“一卡通”，累计制发实体卡4 630万张、签发电子社保卡2 683万张，签发比例位居全国第一，人社领域102项应用目录全部开通，初步实现政务服务、医疗保障、政府补贴等七大领域的“一卡通”。12333全年累计接听电话932.7万人次，全省平均综合接通率达81.19%。

（四）系统行风持续好转。

积极推进人社服务快办行动，全面推行人社服务“好差评”，常态化开展岗位技能练兵比武，深入推进优质服务窗口创建，选树“全国人社服务标兵”，有力提升了人力资源社会保障部门的良好形象。

江西省人力资源和社会保障厅

山 东 省

2020年，面对新冠肺炎疫情严重冲击和严峻复杂形势，山东省人力资源社会保障系统在省委、省政府的坚强领导下，坚持以习近平新时代中国特色社会主义思想为指引，积极担当作为，奋勇攻坚克难，心无旁骛防疫情、强应急、保复工、助企业、惠民生、促发展、保稳定，在大战大考中贡献了力量，经受了考验，交出了一份亮丽答卷。

一、突出就业优先，奋力稳住就业基本盘

把稳就业、保就业作为重大政治责任，落实就业优先政策，居民就业总体稳定，好于预期，实现城镇新增就业122.7万人，超额完成110万人的“高”目标。

（一）就业政策实现集成创新。

在全国率先出台应对疫情稳就业24条，制定保居民就业34条、“三保”10条、灵活就业20条等“硬核”举措。

（二）重点群体就业得到保障。

实施高校毕业生留鲁来鲁就业创业推进行动。鼓励农民工就近就地就业、返乡创业，80名农民工和5个集体获得全国表彰。失业人员再就业48万人，就业困难人员就业7.5万人，零就业家庭实现动态清零。

（三）创业扶持升级加力。

实施齐鲁乡创、创业金服、创业引领三项计划，发放一次性创业补贴、创业岗位开发补贴16.2亿元，是2019年的2倍。发放创业担保贷款308.73亿元，总量、增量均居全国第一，累计发放总量突破1 000亿元。培育20个省级创业创新示范综合体、18个省级创业型城市（县区）和54个省级创业型街道（乡镇），举办第五届山东省创业大赛，评选山东省“十大返乡创业农民工”和“十大大学生创业之星”，大众创业、万众创新的氛围更加浓厚。

（四）人力资源服务业快速发展。

实施人力资源服务行业促就业行动，组织国家级、省级人力资源服务产业园和1 042家人力资源服务机构，集中开展网络招聘活动，为2万家用人单位发布岗位需求27万个，累计接收求职信息32.3万人，达成用人意向5.2万人。成功举办“首届全省人力资源服务大赛”“中国人力资本论坛（烟台站）”“东方智慧视域下的现代人力资源管理暨第二十四届世界管理与东方管理论坛”“鲁鄂人力资源服务业合作交流活动”等多场行业论坛峰会和合作交流活动，推动行业发展。新增青岛西海岸、渤海、菏泽人力资源服务产业园，省级园区实现16市全覆盖。

（五）职业技能提升行动深入实施。

首创线上培训阶段性补贴政策，开展行业性专项培训，实现补贴性培训288万人次。实施企业稳岗扩岗专项支持计划“以工代训”政策，发放补贴13.2亿元，稳定就业岗位128.3万个。

（六）风险防范持续筑牢。

加强就业形势监测预警，制定失业风险防范“1+1+4”工作预案，安排就业风险储备金。提高失业保险金标准，发放失业保险金34.5亿元，为失业人员代缴医疗保险费5.3亿元。阶段性扩大失业保险保障范围，发放失

业补助金16.4亿元。

二、聚力兜底保障，织密编牢社会保障安全网

（一）参保人数和待遇水平实现双提升。

职工养老、居民养老、工伤、失业保险参保分别增至3 046万人、4 590万人、1 822万人、1 466万人；社保卡持卡9 559万人，电子社保卡累计签发2 736万张。提高退休人员养老金，总体调整5%；提高居民基础养老金最低标准，每人每月达到142元，增长20.3%；提高工伤保险待遇，一至四级伤残津贴分别增加200元、185元、170元、160元；提高失业保险金标准至当地最低工资标准的90%，各项社保待遇实现按时足额发放。

（二）社保制度改革持续深化。

启动实施企业养老保险基金省级统收统支，有效均衡各地负担。启动中央驻鲁机关事业单位养老保险制度改革。放宽高级专家延退条件，174名专家实现延退。完善工伤保险省级统筹，健全建筑业按项目参保长效机制，新开工和在建项目实现工伤保险全覆盖。收回到期企业养老保险委托运营基金，5年累计收益达35%以上，积极开展居民养老保险基金委托投资工作。职业年金投资运营成效显著，基金规模达到870.32亿元，其中累计收益额110.92亿元。在全国率先实现职业年金线上跨省和跨制度转移接续。

（三）经办服务水平优化提升。

优化社保经办流程，企业养老保险转移实现省内只转关系不转基金，办理时限压缩67%，退休审批时限压缩到20个工作日，逐步实现“一链办理”。按照国家部署，2月份起落实阶段性减免企业社会保险费政策。出台山东省贯彻意见并根据省级统收统支要求，制定详细的减免社保费业务经办流程和操作指南，实现业务经办全省统一。7月，国家和山东省出台延长阶段性减免企业社保费政策实施期限文件后，积极调整信息系统，确保减免政策持续平稳实施。全省完成72万户企业减免社保费737.8亿元，其中免征69.3万户中小微企业社保费667.7亿元。按照全国部分省份社会保险费征收体制改革工作推进视频会精神，确定山东省“以核定划转为过渡，以全责划转为目标，分步稳妥有序实施”的划转工作方案。11月，山东省按照“社保（医保）核定、税务征收”模式完成企业社会保险费征收职责划转工作。12月，山东省委、省政府领导同志同意山东省税务局“暂停全责移交”意见，在全国确定社保费征缴模式转型方案之前，维持“社保（医保）核定、税务征收”模式不变。

三、强化人才引领，扎实推进人才人事工作

坚持引育并举，高层次、高技能人才队伍不断壮大。实施“人才兴鲁”行动，强化人才培养、激励、引进、使用和服务，大力锻造高质量发展的人才引擎。深化制度创新，事业单位人事制度和职称制度改革不断深化。瞄准体制机制障碍改革攻坚，加快向用人单位放权、为人才发展松绑，不断激发创新创业创造活力。

（一）高层次人才引育取得新突破。

出台吸引集聚优秀高校毕业生政策措施，完善“山东—名校人才直通车”制度，“双一流”高校毕业生留鲁来鲁就业2.3万人，实现倍增目标。成功举办第十一届海洽会暨首届人才发展大会，洽谈合作高层次人才8 896人，达成意向3 101项。新增享受国务院政府特殊津贴人员125人，入选国家百千万人才工程12人，位列全国各省第二位。成功举办博士后制度实施35周年系列纪念活动，新增博士后科研工作站45个、博士后1 308人。

（二）技能人才发展深入推进。

率先实施企业技能人才自主评价，408家企业自主评价技能人才11万人，并兑现待遇。设立企业特级技师岗位，按正高级工程师兑现待遇。实现工程技术领域职业技能与职称“贯通互评”。技工教育办学规模持续扩大，

招生人数再创历史新高，新设立3所技师学院，增量全国第一。在第一届全国职业技能大赛上荣获3金5银11铜，奖牌数居全国第四。

（三）人才发展环境不断优化。

推动出台《山东省人才发展促进条例》。配合编制“十强”产业急需紧缺人才目录，指导用人单位精准引才。完善人才服务绿色通道，为943名高层次人才发放山东惠才卡，累计发放5 994张。为两院院士等高层次专家配备健康顾问、法律顾问357人。在全国率先发布《人事考试考务服务规范》地方标准。

（四）事业单位人事制度改革扎实推进。

简化省属高校、科研院所高层次人才引进程序，优化行业岗位设置结构比例标准，提高专业技术中高级岗位设置结构比例和正高级占比，优化统筹使用中初级岗位。改革专业技术“二级岗”评聘工作，有序推进事业单位改革试点、开发区人才体制机制改革。落实以增加知识价值为导向的收入分配政策，建立创新人才薪酬激励机制。完善符合高校特点的绩效工资分配办法。保障医务人员待遇，加强公共卫生人才队伍建设。

（五）职称制度改革成效显著。

动态调整职称评价标准条件，制定修订31个系列的评价标准。建立健全基层职称、直评直聘、新型职业农民等三项制度，已有1.9万人获得基层高级职称，2万余名乡镇人员“直评”中高级职称，2 224名新型职业农民获得职称。扩大卫生职称“双自主”改革试点，试点医疗卫生机构达到55家。推动开展工业互联网、船舶与海洋工程装备技术、智能制造等特色专业职称评审，引导人才投身“四新经济”。

（六）表彰奖励工作开创新局。

充分发挥表彰奖励正向激励作用。及时做好抗击新冠肺炎疫情表彰工作，大力弘扬伟大抗疫精神，山东省委、省政府表彰299个集体，898名个人；会同山东省委组织部、山东省卫生健康委表彰698个集体，1 599名个人。紧紧围绕山东省“八大战略”和山东省委、省政府重点任务，报经党中央、国务院批准，设立“山东省优秀企业家”“山东省攻坚克难奖、勇于创新奖”等8个省级表彰项目；报经山东省委、省政府同意，批准开展20个省级工作部门、32个市级党委政府、141个县级党委政府表彰项目。

四、注重系统治理，劳动关系保持和谐稳定

坚持未雨绸缪，加强源头治理、依法治理，完善劳动关系风险防控措施，织密劳动关系“防护网”。

（一）劳动关系协调工作稳步推进。

及时精准出台政策，开展劳动关系调研服务，积极稳定疫情期间劳动关系。率先发布《省级劳动关系和谐工业园区评价标准》。在全省范围分步开展电子劳动合同试点。在济宁市开展深化构建和谐劳动关系综合配套改革试点。开展“和谐同行”企业培育共同行动。做好化解过剩产能、僵尸企业处置涉及职工安置工作。精准发布技能岗位和岗位等级工资价位，稳妥推进国有企业薪酬制度改革。

（二）根治欠薪工作力度持续加大。

修订《山东省劳动和社会保障监察条例》，推动简政放权、执法权下移。率先制定《保障农民工工资支付条例》行政处罚裁量基准，完善农民工工资支付监管平台功能，1.52万个工程项目纳入平台监管。严厉打击欠薪行为，公布重大欠薪违法行为78件，将25个企业和自然人列入“黑名单”，共为2.6万名劳动者追发工资等待遇3.83亿元。

（三）劳动人事争议调解仲裁质效不断提升。

深化仲裁要素式办案改革，推进“互联网+调解”服务平台应用，设立农民工工资争议速裁庭。全省各级调解仲裁机构受理劳动人事争议案件12.24万件，涉及劳动者13.19万人，金额24.33亿元。

五、助力脱贫攻坚，出色完成人社扶贫任务

加大贫困劳动力就业帮扶，务工就业贫困劳动力达40.6万人，吸纳中西部省份贫困劳动力就业20.8万人。加强社保扶贫，297.5万名贫困人口实现应保尽保。免费培训贫困劳动力6 584人次，技工院校招收贫困家庭学生5 877人。组织800多位高端专家服务基层脱贫攻坚，解决基层技术难题2 100余项。深化鲁渝劳务扶贫协作，组织918名渝籍贫困人员来鲁就业。率先与湖北启动“6+1”劳务协作，在鲁务工的湖北籍贫困劳动力达1.47万人。

六、强化行风建设，人社服务质效明显提升

深化“放管服”改革，下放65项行政处罚、4项行政许可，扩大“双随机、一公开”监管范围。以制度创新、流程再造为抓手，加快数字政府“四个一”建设，开展人社服务快办行动，将政务服务事项全部纳入省一体化在线政务服务平台，将34个高频民生事项搬到“爱山东”App，群众办事实现一网办、掌上办。开展人社政策畅通行，一体推进政策宣传解读落实，有效释放政策红利。建立人社政务服务“好差评”制度，完善“窗口吹哨、处室报到”机制。组织岗位技能练兵比武，在全国比赛中荣获一等奖。

山东省人力资源和社会保障厅

济　南　市

2020年，济南市人力资源社会保障部门坚持以习近平新时代中国特色社会主义思想为指引，认真贯彻党的十九大和十九届二中、三中、四中、五中全会精神，扎实落实人力资源社会保障部、山东省人力资源社会保障厅部署，紧紧围绕市委、市政府有关要求，坚决克服新冠肺炎疫情影响，聚焦聚力“六稳”“六保”，在抢抓机遇中干事创业、在逆势困境中攻坚克难、在迎接挑战中砥砺奋进，全力以赴稳就业、多措并举保民生、千方百计促发展，全力打赢保障改善民生攻坚战，为统筹推进疫情防控和经济社会发展做出了积极贡献，实现了“十三五”圆满收官。

一、就业创业

（一）加强就业政策扶持。

始终把就业放在突出位置，推进实施更加积极的就业政策。全年实现城镇新增就业16.3万人，城镇登记失业率2.03%。及时出台《济南市人民政府关于积极应对新冠肺炎疫情进一步做好稳就业工作的实施意见》《关于印发济南市应对疫情落实稳就业政策实施细则的通知》等一系列稳定扩大就业政策措施，先后召开7次市政府新闻发布会广为告知，多措并举推动落实。全年发放创业担保贷款22.9亿元，落实创业补贴4.2亿元，扶持小微企业和个体工商户3万余家，发放金额和扶持企业数均位居全省第一。发放一次性用工补贴、吸纳就业补贴、职业介绍补贴等4.2亿元，有力支持企业发展和稳岗扩岗保就业。完善困难人员就业援助政策，延长岗位补贴和社保补贴享受期限，累计援助就业困难人员3.3万人，发放社会保险补贴1.2亿元。

（二）搭建求职招聘平台。

开展线上“春风行动”和“选择济南 共赢未来”网络招聘会、“百日千万网络招聘行动”等一系列招聘活动365场，参加招聘企业1.8万家，发布用工岗位46万个。在“齐鲁壹点”“爱济南”等新闻客户端开辟了就业招聘专栏，创新建立济南云人才市场，为广大求职者和企业搭建了更多更好的求职招聘平台。

（三）积极开展用工服务。

为重点企业、重点项目设立320名用工服务专员，为7 082家企业解决用工6.1万人次。开通务工人员返岗复工“点对点”服务，免费包机、包车、包专列三管齐下，实现“出家门、进厂门”，累计开行包车2 255车次、包机2班次、包专列1车次，保障4.1万名外来务工人员返济复工。《人民日报》、新华社、中央广播电视总台等中央媒体对济南市“稳就业”“保就业”的做法给予宣传报道。

（四）抓好农民工精细化服务。

牢记习近平总书记“坚持下去，在实践中完善起来”重要指示，依托市、区县、街镇、村居、企业五级农民工服务平台和农民工网上服务（维权）平台，解决农民工现实难题，开展“情系农民工”系列活动，让农民工更好融入城市。《人民日报》头版头条以《济南，让农民工更好融入城市》为题，报道了济南市贯彻落实总书记指示要求、实施农民工精细化服务的成果成效。

二、社会保险

（一）扩大规模。

按照“兜底线、织密网、建机制”的要求，努力构建覆盖全民、城乡统筹、权责清晰、保障适度、可持续的多层次社会保障体系。实施全民参保扩面行动，全市职工养老保险、失业保险、工伤保险、居民养老保险参保人数分别达到437.3万、223.6万、278.6万、302.7万，社会保障网越织越密，基本实现法定人群全覆盖。

（二）提高待遇。

连续16年提高企业退休人员基本养老金待遇，月人均达到3 070.1元；居民养老保险基础养老金待遇第9次调整，从每人每月120元提升至147元；失业保险金标准提高至最低工资标准的90%，实现了14连涨；提高工伤职工伙食补贴和1至4级工伤职工定期待遇标准，人均增长200元以上。

（三）减轻负担。

打好社会保险费“减、免、降、返”组合拳，减轻企业和职工负担163.6亿元，其中：为企业减免养老、失业、工伤三项社保费119.9亿元；养老保险单位缴费比例降至16%，为企业减负20.6亿元；落实阶段性降低失业、工伤保险费率政策，为企业和职工减负近10亿元；落实缴费基数口径调整政策，为企业和职工减负6.8亿元；为6.5万家企业返还失业保险费6.4亿元，返还金额全省第一。

（四）强化监管。

依托社会保险基金网络监管系统，开发“区块链”社会保险待遇直发平台，实现“数据离库不离线、中途不落地”。聘请第三方单位组成联合检查组，在全市范围内开展社会保险基金内控专项检查，核查重复领取、死亡冒领疑点人员532名，追回社会保险基金447.1万元，确保社会保险基金运行安全。

三、人才工作

（一）狠抓政策落地。

大力推动“人才新政30条”“双创19条”等政策落地见效，做好高层次人才分类认定、生活和租房补贴审核发放、人才精准服务体系建设等工作，全市高层次人才分类认定审核通过1.9万人，高层次人才生活和租房补贴审核通过6 926人，各类人才充分享受到政策红利。

（二）狠抓招才引智。

开展“才聚泉城”引才活动，举办首届省会经济圈校企地合作论坛暨知名高校硕博人才聚泉城活动，与90家“双一流”重点高校签订合作协议，持续推送“十大千亿产业职位”“名企专场职位”等专场40期，引进高层次人才4 221人，其中“双一流”高校毕业生2 160人，引才人数位居全省前列。全市人才总量突破200万。《中国城市人才吸引力排名2020》显示，济南市人才吸引力指数位居全国第八、全省第一。

（三）狠抓人才培育。

新增百千万人才工程国家级人选1人、享受政府特殊津贴人员12人、国家博士后科研工作站3家。举办国家级高级研修班1期、省级高级研修班3期，围绕“疫情防控”“黄河战略”“工业互联网”“品牌强农”等主题，培训领军型专业技术人才1 000余人。贯彻落实终身职业技能培训制度，深入推进职业技能提升行动，共培训44万人次，培训人数居全省第一，济南市“以工代训”经验做法，被国务院总理李克强、副总理胡春华批示肯定。大力实施“金蓝领”工程、企业新型学徒制培养等项目，着力推进校企联合培养。23名优秀技能人才入选国家级、省级重点人才工程。市属技工院校达28所、在校生5.4万人，学校数量、在校生规模均居全省第一。成功举办济南市第六届职业技能大赛。全市技能人才总量达到132万，其中，高技能人才38万。

（四）狠抓精准服务。

在全国率先开启人才“一键式”服务新模式，构建绿色通道、服务专员、服务窗口、服务金卡四位一体的精准服务体系，打造最优人才发展生态，让各类人才在济工作更加安心、生活更为舒心、发展更有信心。泉城人才服务金卡持卡人员达到2 034人，落实绿色通道服务2 375人次，为1.4万名人才发放补贴1.7亿元。全面推行博士后管理服务信息化，将驻济央属、省属博士后工作平台纳入系统管理，济南市管理服务的博士后平台共计146家，数量位居全省首位。

（五）狠抓产业发展。

加强人力资源服务产业园建设，推动济南人力资源服务产业园争创国家级人力资源服务产业园，发展壮大本土人力资源服务机构，引进成立高端人才猎头公司和人才中介服务机构170家，全市经营性人力资源服务企业、劳务派遣企业数量超过600家，营业收入近300亿元。新引进留学人员创业企业21家，注册资金近2亿元。

四、人事管理

（一）深化事业单位人事管理改革。

坚持以改革创新为抓手，着力推进招聘、福利、职称等各项工作，顺利完成济莱事业单位人员融合、济南高新区人员分流安置工作，确保事业单位有序高效运转。通过简化程序、采取直接面试的方式为济南市公立医院和学校引进博士研究生、副高级职称人员24人。推进事业单位优秀人才引进计划，引进重点高校优秀毕业生294人。对市属事业单位引进的高层次人才，在职称评聘方面建立绿色通道，在科研经费、安家补助、工资福利待遇等方面享受省属事业单位同等待遇。允许偏远地区基层事业单位在招聘时限制本区县或临近区县户籍，鼓励引进本土人才。全市事业单位公开招聘3 000余人。坚决克服疫情压力，严肃考风考纪，优化考试服务，严格组织人事考试43项，涉及考生35万人，做到零失误、零投诉。

（二）深化工资福利和表彰奖励改革。

完成市直462家事业单位绩效工资总量核定工作。落实关心关爱抗疫人员工资福利政策措施，为1 352名一线抗疫人员核增一次性绩效工资总量、发放临时性工作补助，防疫补贴最高标准提高到每人每月560元。探索实施创新人才薪酬激励政策，配合市卫健委对市疾控中心等承担疫情防控任务的公共医疗卫生机构实施绩效工资倾斜，全市69家事业单位享受绩效工资总量倾斜、1 977名高校院所工作人员实行协议工资制或项目工资制。为37家市直属学校校长和副职管理团队核定职级绩效工资1 242.9万元。出台《关于开发区人员薪酬待遇的指导意见》，实现开发区薪酬管理由“铁工资”向“活薪酬”转变。开展高级专家延长退休年龄试点，完成济南市2例延长退休年龄审批工作。落实义务教育教师工资待遇，确保义务教育教师工资收入不低于同地区同级别公务员水平。在全省率先完成消防员工资套改，确保全市689名消防员年底前工资待遇发放到位。进一步规范表彰奖励项目管理，开展市级表彰项目3个、区县级表彰项目14个，完成表彰疫情防控工作先进集体和先进个人有关工作。

（三）深化职称制度改革。

基层事业单位高级岗位比例由5%提高到10%，数量由2 307个增加到3 221个。开通高层次人才高级职称评审“直通车”，79名高层次人才直接聘用到高级岗位。开辟非公经济组织职称评审绿色通道，民营、私营等非公经济组织工程技术人员，可直接参加中、高级工程师职称评审，申报人数突破10 000人。实施职称直评直聘政策，3 500余名乡村人才通过直评直聘申报高一级职称。全面实施“定向评价、定向使用”基层职称制度，410名专业技术人才取得了基层职称。建立职业农民职称制度，67名农村专业能手取得了中级职称，填补了农民不能评职称的历史空白。全市专业技术人才总量达49万人，高级职称人才9.8万人。

五、劳动关系

（一）加强调控协调。

全市共有劳动用工备案单位4.7万家，涉及职工115万人，建筑业备案单位4 000余家，涉及农民工38.3万人。开展企业薪酬统计调查，调查样本企业1 719家，涉及职工18.4万人。评选命名“济南市劳动关系和谐企业”67家、“济南市劳动关系和谐工业园区”1家。

（二）加强调解仲裁。

创建“调裁审援”一体化工作模式，设立拖欠农民工工资争议速裁庭，推进“互联网+调解仲裁”，全市仲裁机构共立案受理12 335件，结案率达100%；调解结案6 313件，调解成功率为72.6%，为劳动者挽回经济损失3.3亿元。

（三）加强执法监察。

扎实推进劳动保障监察大数据系统建设，健全完善劳动保障一体执法体系，全面推行劳动保障守法诚信等级评价。全市1 065个在建工程项目全部纳入省农民工监管平台，开通市、区县两级网上投诉通道，发放30余万张农民工维权卡。开展根治欠薪攻坚行动，检查用人单位837家，涉及职工6.2万人，立案984件，为1 145名劳动者追发工资835万元，298家企业被通报责令整改，12家企业（个人）被列入“黑名单”或实施信用扣分，依法维护广大农民工的合法权益，在省保障农民工工资支付考核中取得A级等次。

六、公共服务

（一）“智慧人社”成效显著。

“不见面、零跑腿、居家办、附近办”的人力资源社会保障线上公共服务体系基本建成，170项业务实现“网上办”、72项实现“掌上办”、43项实现“秒批秒办”、90项纳入自助终端服务范围。新冠肺炎疫情期间，累计提供服务400多万人次，“不见面”“零跑腿”服务率达到99%以上。充分利用大数据、人工智能技术，建设社保待遇无感知认证系统，方便182万老年人开展待遇资格认证；稳岗补贴、养老金计算器、人才服务金卡等服务实现政策找人、待遇找人。

（二）系统行风明显加强。

强力推进“减证便民”，依托数据共享取消37项证明材料，缩短54项业务办理时限共计956个工作日。开展人社政策畅通行，有效释放政策红利。全面推进人社政务服务“好差评”工作。全年受理答复12345市民热线10.4万件，服务满意率99%。组织全市人社系统岗位练兵比武，5人代表山东省参加全国练兵比武，并获一等奖。

（三）平台建设全面提升。

组织开展窗口单位质效提升深化行动，修订“温暖人社”建设标准，落实各项服务规范，向部分区县拨付提升改造奖补资金130万元。组织开展对12个区县人社服务大厅和163个街镇人社服务平台的考核工作，拨付考核奖补资金1 505.5万元。高质量举办全市人社系统基层平台负责人培训班，持续提升业务经办能力。

七、人社扶贫

（一）推进就业扶贫。

组织开展线上线下“春风行动”招聘会182场，提供岗位25.9万个。举办就业扶贫招聘会30余场，提供岗位1.7万个，提供就业服务2.8万人次。制定出台就业扶贫车间、就业扶贫基地系列奖补政策，设立产品加工、生态养殖、家纺纺织等22家就业扶贫车间、9家就业扶贫基地，累计带动贫困劳动力400余人实现就业。开发农村公益性岗位安置816人，促进农村贫困劳动力和农村零转移就业家庭人员实现就近就业。为15名自主创业的贫困人员发放个体工商户一次性创业补贴5.8万元。建立55家市、区（县）级创业孵化基地，优先推荐有创业意愿的贫困人员到创业孵化基地创业。为吸纳贫困人员的单位和个人发放创业扶贫担保贷款600余万元。

（二）推进技能扶贫。

落实贫困家庭适龄学生“五免一享”帮扶，为22所驻济技工院校1 422名学生落实费用1 494.24万元，其中免学费989.26万元、免住宿费61.98万元、免教材费136.30万元、国家助学金306.70万元。累计为936人次贫困劳动力提供技能培训和创业培训。

（三）推进社保扶贫。

为35 588名符合条件的贫困人口代缴居民养老保险费382.06万元，为符合要求的1 329名贫困人口、1 101名低保对象、182名特困人员发放了居民养老待遇，做到应保尽保、应发尽发。

（四）推进人才扶贫。

建立首批11家乡村振兴专家服务基地，统筹推进脱贫攻坚和乡村振兴有机衔接。扩大高校毕业生“三支一扶”招募规模，招募123名优秀高校毕业生到基层乡镇扶贫和支农等。

（五）推进对口劳务扶贫。

做好对口湘西州劳务扶贫协作工作，组织专场招聘会13场，济南市参会企业33家，提供岗位2 200个，现场达成就业意向554人。湘西州759名贫困劳动力在济南实现就业。湖南阳光阿娅职业培训学校落户湘西州后，培训各类学员2 000余人，其中贫困劳动力420人。选送76名贫困家庭学生到蓝翔技师学院本部就读。选派优秀教师赴湘西送技能进村进乡进镇，联合培训农村劳动力1 000余人。积极对接重庆武隆区劳务扶贫协作工作，武隆籍转移来济就业105人，就近就地就业243人，发放转移就业补助31.7万元、交通补贴10.5万元，技能培训333人次。开展省内对口临沂劳务扶贫协作工作，以线上“互联网+就业”招聘模式，开展线上专场招聘活动，帮助贫困人口实现转移就业增收脱贫。

济南市人力资源和社会保障局

青　岛　市

2020年是全面建成小康社会和脱贫攻坚的决战决胜之年，是“十三五”规划的收官之年。青岛市人力资源社会保障工作坚持以习近平新时代中国特色社会主义思想为指导，全面落实党中央和省委、市委决策部署，以改革谋突破、以创新增活力、以开放促发展，加强制度供给、深化流程再造，努力克服新冠肺炎疫情不利影响，扎实做好“六稳”工作、全面落实“六保”任务，不断提升服务质效，持续增强人民群众获得感、幸福感和安全感。

一、就业创业形势稳中向好

围绕“稳企业、稳岗位、稳就业”建机制、出政策、优服务，就业形势保持稳定。全年城镇新增就业 44.75 万人，同比增长 7.49%；城镇登记失业率 3.03%，控制在 4% 目标以内。获评“2020 年度最佳促进就业城市”。

（一）实施政策落地行动。

面对前所未有的疫情压力，市政府及相关部门出台《关于积极应对新冠肺炎疫情做好稳就业工作的实施意见》《青岛市保居民就业工作方案》等 20 个规范性文件，实施支持中小企业发展稳就业政策，构建应对疫情稳就业政策体系，保持就业形势总体稳定。创新性落实创业扶持政策，通过扩大覆盖范围、降低申请门槛、提高贷款额度、允许合理展期、简化审批程序等方式，提升创业担保贷款政策扶持力度，发放创业担保贷款 4.57 亿元，惠及创业者和企业 1 920 人（家）。贯彻落实《中共青岛市委关于加快建设创业城市的十条意见》精神，成立青岛创业城市服务办公室，全力推进创业城市建设。

（二）实施援企稳岗行动。

积极发挥人社系统职能作用，通过“政策找企”“全程网办”方式，为 7.6 万户企业发放稳岗返还资金 4.19 亿元，稳定岗位 204.5 万个。建立重点企业、重大项目用工保障制度，搭建企业用工线上对接和“点对点”运输两个平台，帮助企业对接岗位需求 10.8 万个、接运返岗复工人员 4.5 万名。开展“365 天不落幕”的线上系列招聘活动，发布企业用工需求 41.5 万个次。探索实行“共享计划”，组织搭建“线上调剂员工”“网络共享线上用工”“共享小技师”三个平台，实现企业临时用工需求与灵活务工人员、三产闲置人员对接。

（三）实施就业帮扶行动。

促进重点群体就业，出台大学生落户新政，将驻青高校在校大学生、国内高校毕业学年和在国（境）外留学毕业学年在校大学生纳入“先落户后就业”政策实施范畴。加强政策推送，联合智联招聘等机构举办高校大学生就业创业政策“空中直播”活动，68.4 万人实时在线观看互动。实行农民工就近就地就业计划，建立劳动用工网格化服务制度和市、镇、村三级联动机制，全市农村劳动力转移就业 12.26 万人。落实困难人员就业援助计划，为 7.4 万名失业人员发放失业保险金、补助金和临时价格补贴 8.3 亿元。

（四）实施技能提升行动。

大力弘扬工匠精神，着力打造工匠之城。

落实“互联网+职业技能培训计划”，开展“百日免费线上技能培训行动”，组织企业和劳动者通过线上培训平台进行自主培训。加快工业互联网领域应用型人才培养，组织工业互联网职业技能提升培训。全面落实职业培训补贴等政策，打通线上线下培训补贴衔接政策。全年开展职业技能培训23.5万人次，技术技能提升10.36万人次。

二、社会保障水平稳步提升

持续扩大社保覆盖面，2020年度全市企业职工养老、失业和工伤保险参保缴费人数分别达到288.87万人、243.42万人和276.05万人。全市964个新开工建设项目全部纳入工伤保险范围，参保率达到100%。

（一）扎实落实企业社保费阶段性减免政策。

按照国家、省、市“六稳”工作部署，迅速落实企业社保费免、减、缓三项措施，加强信息数据比对核准，做好企业划型和系统调试，开发快捷查询模式，实现政策兑现由“等申报”变为“送上门”，为25.1万户企业减免养老、工伤、失业保险等各类费用155.4亿元，帮助企业渡过难关。

（二）全力保障各项社保待遇按时足额发放。

持续推进养老保险待遇领取资格大数据静默认证，在公安、民政、医疗等部门数据源基数上，扩充电子社保卡、“琴岛通”等新数据源，静默认证率从92.6%提升至93.9%，200余万社保待遇领取人员享受“零打扰”认证服务。疫情期间对未按期认证职工继续发放待遇，全年按时足额支付各项社保待遇508.9亿元。连续16年提高企业退休人员基本养老金，惠及全市95万名企业退休人员。

（三）积极构建智慧社保经办服务体系。

全面推行“不见面”服务方式，优化网办流程，研究推开“网上帮办”模式，185项业务实现网上办理，网办率达到98%以上；社保缴费等60余项业务实现“掌上”办理，40余项常规业务延伸到50个银行网点办理。创新打造“社银智能便民服务终端”，通过交通银行等四家合作银行400余个营业网点提供智能柜台服务，利用24小时自助银行智能化一体机和合作银行App提供社保卡及相关信息查询等服务业务。

三、人才队伍建设持续加强

聚焦产业链、资金链、人才链、技术链“四链合一”，打造适应人才发展的良好生态，全年引进聚集各类人才25.41万人。连续9年获评“外籍人才眼中最具吸引力的中国城市”，连续两年入选“中国最佳引才城市”。

（一）强力推出人才与产业融合举措。

出台《关于建立招才引智与招商引资联动机制的通知》，促进“双招双引”同向发力、同频共振，推动人才与产业精准对接。围绕助力青岛打造“世界工业互联网之都”，出台《关于加快打造工业互联网人才集聚高地的若干措施》，实施“十百千万”工业互联网人才工程，推进工业互联网专业和实训基地建设。年度18家工业互联网培训承接单位和8家实训基地获批设立。编制发布《重点产业（工业互联网、智慧城市）紧缺人才需求目录》，引导各类人才按需流动和高效配置。出台《青岛市人才分类评价实施办法》，积极开展市场化人才评价，探索“以赛选才”“按薪定才”“以绩推才”等评价方式，促进产才深度融合。

（二）创新举办人才招引系列品牌活动。

首次采取“线上+线下”方式同步举办第二十届“蓝洽会”，达成对接意向86个。承办人社部“中国博士后制度实施35周年”系列纪念活动，搭建起青岛企业与全国优秀博士后人才合作“快车道”，博士后项目落地或达成合作意向近100个。启动中国·山东（青岛）博士后创新创业成果大赛，来自15个国家和国内23个省市的880个项目参赛。举办“青有独钟·智汇岛城”人才政策进高校暨招才引智名校行、百所高校千名博士青岛行全球推介会，137 家“双一流”高校、70 家省内重点院校和 46 家技工院校毕业生观看直播，累计点击量突破 61.2 万人次。

（三）统筹推进人才工作国际化和区域一体化。

出台《关于加快中国—上海合作组织地方经贸合作示范区、中国（山东）自由贸易试验区青岛片区人才集聚发展的若干政策措施》，推进上合人力资源产业园和上合人才研修院建设，打造国际人力资源合作新平台。与澳门科技大学签约建立全面战略合作关系，吸引更多高端人才和优质创新创业资源参与青岛建设。加快落实市委“建立胶东经济圈公共就业与人才服务联盟”重要部署，创新推出“胶东 5 市人社局+省人社厅”的“5+1”运行模式，联合烟潍威日四市组织召开联盟筹备会议和第一次联席会议，携手制定联盟章程、组织架构、议事规则，成立就业创业、人才人事等“五个业务专班”，实施联席会议决策等“六项运行机制”，共同签署《联盟一体化战略合作框架协议》，以“项目制+清单制+责任制”方式，共商共建 6 个板块 24 项一体化合作事项。

（四）持续深化事业单位改革。

推动事业单位人事管理制度改革，下放部分事业单位人事管理权限，完善事业单位“1+N”招聘模式（1 即统一公开招聘，N 即多元化公开招聘），调整优化职称评审权限和服务，搞活事业单位岗位设置和人员聘用。2020 年全市教育系统自主招聘 2 957 人。推进公共卫生机构薪酬制度改革，市疾病预防控制中心、市中心血站等改革试点单位人均绩效工资提高 2.5 万元/年。推行功能区体制机制改革，创新“管委会+公司”的管理模式，优化设计功能区薪酬和社会保险体系。

（五）扎实推进乡村人才振兴。

开展乡村人才培育培训，年度培训新型职业农民 2.05 万人，完成农村转移就业劳动者职业技能培训 2.38 万人。举办首届乡土技艺大赛，“以赛代评”选拔乡土技能和涉农“绿领”人才 100 余名。实施乡村振兴人才定向培养计划，全市 15 所技工院校招收农村技校生 0.9 万人。深化返乡入乡就业创业促进行动，实施新一轮创业扶持政策，发放扶持资金 3 372.5 万元、扶持 3 233 人。创新乡村人才评价方式，推行乡镇专技人才“双直”“双定”基层高级职称、新型职业农民职称评审制度，年度评审基层中小学教师高级职称 509 人、基层卫生正高级职称 24 人、首批新型职业农民职称 319 人。试点乡村人才要素市场化配置工作，在莱西市召开试点工作现场会。

四、劳动关系保持和谐稳定

劳动人事争议调解仲裁效能稳步提升，劳动监察执法力度不断加大，全年共受理各类劳动人事争议 1.98 万起，主动检查用人单位 7 345 家，为 28 477 名劳动者追回各类经济损失 3.59 亿元。

（一）加强风险防控政策指导。

第一时间研究出台疫情防控期间劳动关系问题政策，回应群众关切积极公布有关劳动关系问题政策解读，明确劳动关系双方的权利义务和相关劳动关系纠纷的处理说明。发布《疫情防控期间劳动用工法律风险防控提示》，开展“疫情期间劳动争议防控法律政策宣讲”“劳动争议预防政策讲解”等线上远程视频培训。落实百名仲裁员服务千家重点企业制度，为 3 500 余家重点企业主动提供咨询服务。

（二）推进构建和谐劳动关系。

完善劳动关系三方协调机制，着力构建多元处理格局，增强联防联控合力。推出劳动关系和谐企业地方评价标准和正向激励政策，引入第三方专家评价和职工满意度评价，提高和谐劳动关系企业评价的公正性、吸引力和认同感。针对网络平台等新业态用工出台规范性意见，确立经营者和从业人员的法律关系，明确双方权利义务。建立新业态企业、商协会组织、上合示范区等行业性、区域性劳动争议预防调解联盟 21 家，促进中小企业自主预防和化解用工争议。

（三）加大劳动维权力度。

全市纳入监管平台的1 172个已开工工程项目中，实现考勤设备联通率100%，农民工工资专用账户在线开设率100%，为61.9万人次农民工代发工资33.3亿元。开展根治欠薪行动，设立“局长维权电话”，建立拖欠农民工工资争议速裁庭和联调工作站，健全完善治理拖欠农民工工资长效机制，有效维护农民工合法权益。为1 453名农民工追回拖欠工资1 890.4万元。向社会公布35家重大劳动保障违法企业名单，强化劳动违法失信惩戒机制。

五、人社扶贫任务圆满完成

深入贯彻习近平总书记关于脱贫攻坚一系列重要讲话精神，认真落实脱贫攻坚主体责任，凝心聚力、攻坚克难，切实发挥就业扶贫增收入、技能扶贫强素质、社保扶贫保生活、人才扶贫助发展的作用，不折不扣完成脱贫攻坚目标任务。

（一）强化就业扶贫。

发挥扶贫公益岗位托底保障效能，累计开发提供扶贫公益岗位2 961个。提升扶贫就业项目吸纳能力，鼓励吸纳更多贫困劳动力就近就地务工就业，全市累计发展就业扶贫项目58个。开展“送岗进村”“送岗入户”结对帮扶活动，举办“送岗下乡”“招聘大篷车”等扶贫专项招聘，提高就业帮扶质量，累计帮扶贫困劳动力就业5 152人。

（二）强化技能扶贫。

实施线上职业培训，疫情期间鼓励贫困劳动力自主选择职业技能培训平台居家进行线上培训，按规定给予相关补贴。实施技工院校服务脱贫攻坚行动和技能扶贫专项行动，发布技能扶贫招生专业目录，对有培训要求的贫困劳动力进行免费技能培训，全市技工院校累计招收贫困家庭学生413名，全部落实“五免一享”政策。实施培训补贴政策，加快落实鼓励生产经营主体以工代训吸纳就业和贫困劳动力培训期间生活费补贴制度，符合条件的单位和贫困劳动力应享尽享。

（三）强化社保扶贫。

落实农村贫困人口、低保特困人员社保兜底政策，继续对贫困人口参加居民养老保险个人缴纳部分按规定标准给予补贴，实现贫困人口100%参保。健全贫困人口居民养老保险费代缴和享受待遇情况台账，确保其按时领取居民养老保险待遇。全市累计投入居民养老保险财政代缴补贴资金1 569万元，为贫困人口、低保对象、特困人员发放居民养老保险待遇3.7亿元。

（四）强化人才扶贫。

做好“三支一扶”等基层服务项目招聘工作，鼓励和引导高校毕业生到基层就业，缓解基层人才紧缺问题。年度定向招募服务乡村基层高校毕业生“三支一扶”人员114名。强化贫困家庭高校毕业生就业扶贫，帮助贫困家庭毕业生尽早实现就业。开展专家基层扶贫服务活动，运用现场指导、技术培训、巡回义诊、问题研讨等方式，助力扶贫脱贫。确定第六批科技特派员263名，组织涉农科技人员到一线开展帮扶2 000人次。大力支持扶贫地区乡村教师人才队伍建设。

（五）强化对口扶贫。

实施“1+10”就业扶贫政策，对每“1”名扶贫协作地区贫困劳动力来青，给予就业补贴、创业扶持、培训帮扶等“10”项就业创业培训政策。开展劳务对接，成立青岛—安顺、青岛—陇南劳务协作工作站，累计帮扶安顺、陇南贫困劳动力3 187人来青就业。开展技能培训对接，累计培训扶贫协作地区贫困劳动力11 969人次；深化家庭服务扶贫协作，累计培训家庭服务业经理人120名。开展人才对接，面向协作地区高校毕业生出台定向招聘政策，2020年全市74家国有企业、11家事业单位向扶贫协作地区开展定向招聘。开展专家智力支持对接，选派26名技术（技师）人才赴安顺、陇南开展“送智力、送技术、送技能、送装备”帮扶活动，在安顺建立畜牧、医疗两家扶农助医专家工作站，助力当地贫困劳动力实现脱贫。“青岛专家走进贵州安顺精准扶贫活动”，入选国家2020年专家服务脱贫攻坚工作项目。

六、系统行风建设深入推进

始终坚持以人民为中心的发展思想，把推进系统行风建设作为提升人社全面工作的关键一环，作为“一把手”工程抓紧抓实抓出成效。

（一）着力加强检查监督。

专门成立行风办，组织对区（市）基层和局窗口单位工作纪律、服务质量等进行明察暗访、督导检查。坚持严字当头、敢抓敢管，注重抓早抓小、抓在经常，对有苗头性、倾向性问题的干部职工及时进行诫勉谈话、批评教育，对问题线索严肃进行查处。引进社会监督，聘请29名社会监督员参与人社政策制定、招考招聘等重要活动，以有力地监督问责强化行业担当、促进行风提升。

（二）注重强化典型引领。

在全市人社系统开展“树新风、当先锋，争做人民群众满意的人社工作者”活动，以窗口单位为重点，狠抓各项工作制度、工作流程和工作纪律落实，培树更多的优质服务窗口品牌，使窗口单位成为人社系统的亮丽名片。市12333民生服务中心党支部获评青岛市“抗击疫情”先进基层党组织。发挥先进典型的示范引领作用，选树27名服务标兵，开展先进事迹巡回宣讲，有效提振全系统干部职工为民服务、争先创优的精气神，引导系统全体人员在各项工作中走在前、创一流。

（三）扎实解决群众实际问题。

深入推进“我爱青岛、我有不满、我要说话”活动，依托政务热线、信访系统、网络媒体等平台全方位多渠道倾听民声。全年12333民生服务热线人工接听受理84.3万件次，共办理“三我”活动群众诉求260件、12345政务热线90 911件、政府信箱4 382件、网络舆情918件，按期解决率100%。开展人社政策法规“云课堂”在线宣讲活动20期，培训31.68万余人次，在线解答问题2 061个。在门户网站设置“互动交流”栏目，常态化开展“在线问政”47场，答复网民提问、咨询2 082人次，有效解答率100%，确保群众反映咨询的问题“件件有落实、事事有回音”，以务实举措赢得服务对象点赞。

青岛市人力资源和社会保障局

河　南　省

2020年，河南省人力资源社会保障系统以习近平新时代中国特色社会主义思想为引领，在省委、省政府的坚强领导下，在人力资源社会保障部的有力指导下，坚持稳中求进工作总基调，全面贯彻新发展理念，全力推进人力资源社会保障事业高质量发展，各项工作取得显著成绩。

一、着力促进就业创业

完善就业优先政策。省委、省政府连续第4年将城镇新增就业列入全省重点民生实事，省委、省政府领导同志先后到省人社厅、产业园区等地调研指导就业工作。省人社厅提请省政府出台稳就业“28条”、高校毕业生就业“18条”等一系列举措，修订公益性岗位管理办法，完善就业见习政策、失业登记办法，动态调整就业困难人员认定标准，打造就业优先政策“升级版”。全年全省城镇新增就业122.59万人，新增农村劳动力转移就业45.81万人，失业人员再就业36.85万人，就业困难人员实现就业12.22万人。城镇登记失业率和城镇调查失业率均控制在预期目标范围内。

多渠道促进高校毕业生就业。应对创历史新高的66万高校毕业生就业压力，实施促进企业吸纳30万人就业、通过机关事业单位录（聘）用和扩招入伍等实现20万人就业、支持自主创业灵活就业促进10万人就业“321”计划，开展万名大学生就业见习、“三支一扶”等基层服务项目招募、公共就业服务机构大规模招聘等“七个专项行动”，促进60.72万名高校毕业生就业，总体就业水平与上年相当。

促进创业带动就业。加大创业担保贷款支持力度，发放创业担保贷款144.05亿元，支持9.99万人自主创业。举办第四届“豫创天下”创业创新大赛，推选出的项目在“中国创翼”创业创新大赛中首次夺得一等奖。大力促进返乡留乡创业，评选返乡创业示范园区27个、示范项目50个、助力脱贫攻坚优秀项目102个。新增农民工返乡创业16.4万人、带动就业74.68万人。省政府在平舆县召开全省返乡创业工作会，对进一步提升返乡创业水平、服务高质量发展作出安排部署。

优化公共就业服务。全面开通网上就业创业服务，做到服务不停歇不打烊。全省公共服务机构共组织线上、线下招聘会1 908场，提供各类岗位242万个。深入开展“豫见·苏州”等重点城市人力资源服务企业精准对接活动，充分发挥市场作用，进一步提高人力资源配置效率。

二、着力完善社会保险制度

扩大参保范围。持续推进全民参保计划，全省基本养老保险、失业保险、工伤保险参保人数分别达到7 504.67万人、885.87万人、999.98万人。社会保障卡持卡人数达1.067亿人。

推进重点改革。规范完善企业职工基本养老保险省级统筹制度，2020年10月1日起实现基金省级统收统支。加快推进失业保险省级统筹。全面实施工伤保险省级统筹，全省工伤保险信息化系统全部上线运行。稳步推进机关事业单位养老保险制度改革，启动实施基本养老金计发基数过渡。大力推动企业年金、职业年金改革发展，企业年金、职业年金资产总规模分别达到 310.36 亿元、433.1 亿元。基本完成划拨部分国有资本充实社保基金工作，经核定全省将划转国有资本及权益 478.9 亿元。

提高待遇水平。顶格利用国家政策，按 5%的总体幅度为 503.22 万名企业和机关事业单位退休人员调增基本养老金，月人均提高 143.5 元。为 1 559 万名老年城乡居民调增基础养老金，年人均增加 60 元。

维护基金安全。督促各地建立“四位一体”风险防控体系，落实“三个全面取消”。完善基金管理政策措施，建立行政执法与刑事司法相衔接的协作机制，开展全省企业职工提前退休问题核查和失业保险基金管理内控检查，依法依规追回违规支付的社会保险基金。职业年金投资运营平稳，达到预期收益。

三、着力加强人事人才工作

不断营造人才发展良好环境。全面推行职称在线申报评审，制定支持民营企业、基层一线专业技术人才职称申报评审倾斜政策，全省高级职称评审通过 5 万余人。完善事业单位高层次人才工资分配激励机制。落实义务教育教师工资待遇，确保不低于当地公务员平均工资水平。圆满完成 42 项人事考试任务。

持续壮大技能人才队伍。深入实施全民技能振兴工程，开展职业技能提升行动，完成各类职业技能培训 398.08 万人次，其中补贴性培训 346.68 万人次，新培养高技能人才 18.35 万人。组织参加第一届全国职业技能大赛，河南省代表团总分成绩全国排名第六、中西部地区第一。

高质量实施各类人才工程。加大享受国务院和省政府特殊津贴人员、百千万人才工程国家级人选、省杰出专业技术人才、中原基础研究领军人才等高层次人才选拔力度，500 余名高端人才脱颖而出。组织专业技术人员继续教育 193.9 万人次。评聘专业技术二级岗位 265 人，认定高层次人才 2 290 人，新招收博士后 839 人。

优化事业单位人事管理服务。健全事业单位岗位动态调整机制，落实基层事业单位人员岗位聘用倾斜政策。指导生产经营活动事业单位转企改革和垂直系统人员上划。开发上线事业单位人事管理综合信息平台，实现业务全流程、全链条网上办理。

开展中国·河南招才引智创新发展大会“2020 招才引智专项行动”。围绕本省重大国家战略和重点任务，灵活谋划线上、线下招才引智专题活动。组织 2 场主场活动、8 场省外专场活动、15 场网上活动、14 场省辖市活动，带动各地持续举办各类招才引智活动超过 100 场，延揽各类人才 3.9 万人，签约人才合作项目 519 个。

四、着力促进劳动关系和谐稳定

切实做好劳动关系调处。开展“和谐同行”千户企业培育行动，培育 118 家劳动关系和谐企业。持续推进劳动合同制度，全省企业劳动合同签订率 97.7%。基本完成 2019 年国有企业负责人薪酬备案工作，全面建立国有企业工资效益联动机制。高质量完成企业薪酬调查和制造业人工成本监测任务，首次实现省、市两级分级发布薪酬调查信息。

持续巩固根治欠薪成效。大力宣传实施《保障农民工工资支付条例》，推广应用河南省农民工工资支付监管系统。开展 2019 年度全省保障农民工工资支付工作考核和根治欠薪冬季专项行动，立案查处工资类案件 3 293 件，涉及农民工 3.28 万人、工资 2.99 亿元，欠薪案件、人数和金额同比下降 22.84%、24.77%和 26.83%，基本实现“两清零”。

扎实推进调解仲裁工作。全面实施争议处理效能提升行动，实现全省 182 个仲裁院信息化建设全覆盖，2 417 个乡镇（街道）调解组织建设进一步规范，“互联网+调解”服务平台使用率达到 98%以上。共受理劳动争议案件 4 万余件，涉及劳动者 4.6 万人，金额

13.13亿元，确保了疫情下劳动人事争议处理形势总体平稳。

五、着力发挥职能作用战疫情促发展

保障重点企业用工。疫情防控一级应急响应期间，建立省、市、县三级企业复工复产用工保障专班，紧急为医疗耗材和生活生产企业恢复产能、达产扩能组织用工，全力保障疫情防控关键物资供应。用不足一个月的时间，为富士康紧急招募员工20万人，手机生产出口逆势增长，受到中办国办现场调查组充分肯定。

助力千万农民工返岗复工。面对疫情期间农民工“出不来、走不通、进不去”的困境，与浙江、广东、江苏等重点输入省份签订省际合作备忘录，创新实施输出有组织、健康有监测、承运有防护、送达有交接、全程可追溯的“四有一可”输送模式，帮助1 373万名农民工返岗复工。“四有一可”模式得到国务院有关领导的批示肯定，人社部在全国介绍推广。

帮助企业纾困发展。落实社会保险惠企政策，全年为企业减征养老、失业、工伤三项社会保险费563.89亿元，惠及企业21.9万家；全省累计支出稳岗返还资金64.24亿元，惠及职工259.08万人，企业3.57万户。据7月份全省抽样调查，企业综合享受社保政策覆盖面达到87.1%，位居各类惠企政策第一位，受到广泛好评。

保障失业人员基本生活。在全国率先出台扩大失业保险保障范围政策，做到应保尽保、应扩尽扩。全年累计为68.17万名失业人员发放失业补助金24.23亿元，受益人数居全国前列。

支持一线人员抗疫。为一线抗疫人员开辟工伤认定快速赔付绿色通道，制定职称申报评审倾斜政策，突破岗位结构比例为一线医疗单位有关人员办理岗位晋升聘用备案手续，及时兑现临时性工作补助。组织开展疫情防控表彰奖励，河南省45位个人和15个集体受到国家表彰，948位个人和300个集体受到省级表彰。

六、着力推进人社扶贫

2020年，新增贫困劳动力就业15.31万人。就业扶贫尽锐攻坚，全省贫困劳动力就业人数由2015年的73.02万人，增加到205.42万人，实现应就业尽就业。实现公益性岗位年龄上限、岗位期限、工伤保障“三个突破”，累计开发扶贫公益性岗位67.92万个，2020年新增35.92万人。技能扶贫下足功夫，2015年底因缺技能致贫的36.11万人全部归零，181.37万名贫困劳动力参加了各类免费培训，实现应培训尽培训。社保扶贫精准施策，贫困人口参加城乡居民养老保险375.67万人。累计为211.47万贫困人员代缴社保费4.34亿元，有131.39万贫困老人领取养老金，其中未缴费直接领取待遇11.42万人。

七、着力加强自身建设

推进简政放权。取消证明材料125项，18个事项实行告知承诺制，实现一张身份证办理人社重点民生事项21项。向郑州、洛阳下放民办职业培训学校设立审批等4项行政职权。全面下放工伤认定、劳动能力鉴定等职权，向14家民营企业、5家行业协会下放工程系列中级职称评审权。

提高办事效能。细化拆分省市县三级政务服务事项279项，实现服务精细化、要素模板化、指南标准化、办事场景化。省本级事项100%实现“一网通办”前提下“最多跑一次”，98.3%实现不见面审批。行政许可办理时限压缩95%，即办件占比由5.8%提高到63%。开展“人社服务快办行动”，推进10个关联事项“打包办”、11个高频事项“提速办”、所有事项“简便办”、社银合作“就近办”。

提升人社系统干部能力。加强干部学习管理，统筹开展线上线下教育培训，及时督促广大干部职工利用业余时间进行自主学习。在浙江大学成功举办首届“全省人社系统干部能力提升高级研修班”，取得良好效果。推动练兵比武常态化，全省超过4.5万名干部职工参与人社部“日日学、周周练、月月比”活动，累计学习答题超过300万人次。人社部统计公布的9项评价指标中，其中3项排名全国第一，活动综合成绩位居全国前列。

依法行政、信访维稳、平安建设、规划财务、内部审计、老干部服务、政务信息、政务公开、调研科研、新闻宣传、意识形态、后勤服务、园区建设等工作全面推进，取得了新的成绩。

河南省人力资源和社会保障厅

湖　北　省

2020年是极不平凡、极不容易、极为难忘的一年。一年来，在省委、省政府的坚强领导和人力资源社会保障部的大力指导帮助下，湖北省人力资源社会保障系统勠力同心、勇毅前行，全面对接落实人力资源社会保障部援助湖北一揽子政策，全力以赴战疫情、保民生、促发展、优服务，在大战大考中彰显了人社担当，在以变应变中促进了人社事业发展。

一、就业形势总体稳定好于预期

2020年，湖北省深入贯彻“六稳”“六保”决策部署，积极应对新冠肺炎疫情影响，全面落实就业优先政策，全力以赴减负稳岗扩就业保民生，全省就业局势持续趋稳、稳中向好。全年全省新增就业75.18万人，超出目标任务67%；城镇登记失业率3.35%，牢牢控制在合理区间。

（一）强化就业优先政策。

省政府出台《关于应对新冠肺炎疫情影响全力以赴做好稳就业工作若干措施的通知》《应对新冠肺炎疫情影响促进普通高校毕业生就业创业若干措施》《关于鼓励和支持多渠道灵活就业的实施意见》。省就业工作领导小组建立稳就业调度机制，各部门密集实施支持贫困劳动力、退捕渔民、退役军人、残疾人等重点群体就业政策，全力强化稳就业政策支撑。

（二）促进重点群体就业。

积极应对疫情影响，全力推进稳就业、促创业工作。疫情期间，快速建立24小时用工调度保障机制，协助578家“停不得”企业解决用工3.37万人。组织“百日千万网络招聘”等线上招聘活动，举办招聘会666场，提供就业岗位近159万个。主动对接，组织专列、专车“点对点”精准输送70.5万人外出务工，累计带动717万人跨区域返岗就业。深入实施“我选湖北”计划，33.13万名大学生在鄂实习实训；会同有关部门向全体2020届高校毕业生发放一次性求职创业补贴6.15亿元。鼓励企业吸纳毕业年度高校毕业生，推动扩大公务员、事业单位、“三支一扶”等政策性招录招聘规模，会同教育、工商联、团委等部门组织高校毕业生专场招聘活动，主动致函17省市对接高校毕业生就业。举办“我选湖北”大学生求职大赛，1.5万余人参与；推进湖北省青年见习三年行动计划，组织19 045人参加就业见习。实施退捕渔民安置保障集中攻坚，开展“送政策上船、接渔民上岗”专项活动，退捕渔民转产就业率超过99.9%。强化公益性岗位兜底保障功能，全省公益性岗位在岗安置就业困难人员达10.43万人。

（三）大力推进创业带动就业。

连续第九年实施湖北省大学生创业扶持项目，举办“创业湖北”大学生创业大赛，对1 150个项目给予2万~20万元无偿扶持，扶持项目为历年最多。发放创业担保贷款116.26亿元，同比增长160.4%，首次突破百亿元，创历史新高。举办第四届“中国创翼”创业创新大赛湖北赛事，9个项目入选国赛，2个项目获优秀创业创新项目。审核认定2019年度省级大学生创业孵化示范基地15家，落实补贴资金910万元。超额完成“返乡创业三年行动计划”，三年来累计新增农民工等人员返乡创业 16.26 万人、带动就业 55.82 万人。继续联合湖北电视台举办“创业青年说”电视栏目，推出《餐饮进行时》等抗疫特别节目。

（四）扩大失业保险保障范围。

实施最大力度稳岗返还，对参保企业全覆盖，全年返还失业保险费 34.16 亿元，发放企业 16.29 万家次，稳定岗位 659.89 万个次，享受企业家数和稳定岗位数均远超上年规模。国务院将“湖北省加大稳岗返还力度降门槛简程序惠企业稳就业”作为第七次大督查发现的典型经验做法予以表扬通报。提高失业保险金标准，启动失业补助金发放，为 13.91 万人发放失业保险金 11.54 亿元，为 11.7 万人发放失业补助金 3.17 亿元。

（五）推动人力资源服务业发展。

《湖北省人力资源市场条例》经省人大常委会审议高票通过。在全省范围内部署开展人力资源服务许可告知承诺制试点，开展清理整顿人力资源市场秩序专项行动。人力资源服务业规模不断壮大，全省人力资源服务机构总数达到 2 202 家，从业人员 4 万人。组织各地人力资源服务机构积极参加诚信示范创建活动，评选出 166 家 2019 年度诚信服务示范机构。大力开展人力资源服务业招商引资活动，任仕达、万宝盛华大中华等一批国际知名企业签约入驻湖北，中智、上海外服、英格玛等国内领先企业纷纷加大对湖北投资力度。

（六）加快发展家庭服务业促就业。

协调落实国家家政服务业提质扩容行动方案涉及人社部门的任务，指导完成“母婴护理员（月嫂）培训规范”和“医院病患陪护服务通用规范”两项标准的研制工作，指导武汉市开展家庭服务业调查工作，采取线上、电话等方式安全有效地完成调查工作任务。与上海、浙江、福建等省市签订家政服务劳务对接扶贫行动协议，积极推动省内外家庭服务劳务协作工作。

二、社会保障制度改革持续深化

2020 年，全省基本养老、失业、工伤保险参保人数分别为 4 114.95 万人、651.31 万人、745.79 万人，社保待遇按时足额发放。全省社会保障卡持卡人数达到 6 085.1 万人，电子社保卡累计签发 2 178 万张。

（一）完善社保政策体系。

省政府印发《关于完善企业职工基本养老保险省级统筹制度的通知》，省人社厅会同相关部门出台基金缺口分担机制、调整征缴收入预算级次等配套文件。建成省集中企业职工养老、工伤、失业“三险合一”信息系统；先期建成统收统支子系统，12 月 25 日正式运行。制定调整退休人员养老金方案，实现企业“十六连调”、机关事业单位同步“五连调”；按照国家统一部署提高城乡居民养老保险基础养老金标准，达到每人每月 108 元。及时将医护及相关工作人员因履行工作职责，感染新冠肺炎或因感染新冠肺炎死亡的纳入工伤认定范畴，对卫健部门制定的《新型冠状病毒感染的肺炎诊疗方案》所涵盖的药品和诊疗项目以及有关住院服务设施费用全部临时纳入工伤保险基金支付范围，有效保障了医护及相关工作人员工伤保险待遇。

（二）推进机关事业单位养老保险改革。

持续做好参保服务，加快推进未参保单位完成参保。落实原有试点衔接，细化衔接至企业职工养老保险具体办法。配合机关事业单位编制、人事、工资等改革，研究制定公务员职务与职级并行、员额制法官检察官等养老保险政策配套。

（三）推进社保基金风险防控管理。

不断完善“四位一体”社保基金管理风险防控工作机制，狠抓“三个全面取消”，从源头防控基金管理风险。组织开展全省失业保险基金专项检查和企业职工养老保险提前退休问题专项核查，堵塞管理漏洞，促进规范管理。进一步加强职业年金基金监管。依法依规查处社保基金案件。

三、人才体制机制不断健全

（一）深化人事制度改革。

会同省委组织部印发《对新冠肺炎疫情防控一线专技人员实行人事人才倾斜政策措施的通知》，关心关爱一线专技人员。充分利用人社部定向帮扶湖北政策，会同省委组织部印发《应对新冠肺炎疫情影响做好全省事业单位公开招聘高校毕业生工作的通知》，全省事业单位共招聘3.1万人。会同教育、卫健部门推进“县管校聘”“乡管村用”改革，建立统一招聘平台，专项招聘中小学教师1.4万人、基层医疗卫生人才6 000人。

（二）逐步完善事业单位工资收入分配制度。

及时出台政策，推动一线抗疫人员待遇落实。继续推进公立医院薪酬制度改革，全省29家试点医院平稳实施新的薪酬制度。落实省委、省政府关于公共卫生体系建设“补短板”改革要求，牵头研究对疾控机构、院前急救单位和基层卫生机构实行“一类保障、二类管理”的具体措施，及时出台试点指导意见。推动“职业教育赋能提质专项行动计划”实施，牵头研究对承训机构的工资倾斜政策，出台单列核增绩效工资总量办法。

（二）健全完善技能人才政策体系。

深入实施职业技能提升行动，在全省统一开展“对接服务企业”“以工代训百日攻坚”和“职业技能提升攻坚”等专项行动，推动企业技能培训全覆盖，全省完成各类补贴性培训134.3万人次。举办第二届湖北工匠表彰大会，选拔表彰10名湖北工匠、20名湖北省技能大师、69名湖北技术能手。积极做好第46届世赛和第一届全国职业技能大赛参赛工作，组织各类省内职业技能竞赛活动。深化技能人才评价制度改革，全省32家在鄂央企、24家省企已开展了职业技能等级认定工作，已核发等级证书1.3万多本。

（四）高层次人才队伍建设不断加强。

开展百千万人才工程国家级人选选拔推荐工作，5人获批百千万人才工程国家级人选，并授予“有突出贡献中青年专家”荣誉称号。积极实施博士后人才倍增计划，加强博士后创新平台建设，新增16个博士后科研工作站、1个博士后创新实践基地。加强博士后创新人才、卓越人才培养，累计培养人数突破1万人，首次“博聚楚天”线上引博活动引起10万人次关注。成功开展国家高层次人才服务行、院士专家企业行、博士后科技服务团地方行、“智慧之光”专家创新创业成果转化对接等活动，服务创新创业。报请省政府表彰30名杰出专业技术人才、优秀留学回国人员和优秀博士后。

（五）职称制度改革纵深推进。

助力全省疫情防控，制定印发《关于做好我省新冠肺炎疫情防控一线专业技术人员职称工作的通知》。助力脱贫攻坚，会同省教育厅出台《关于开展乡村教师专业技术职务任职资格定向申报评审工作的通知》。助力经济社会发展，会同省工商联出台《湖北省经济专业（民营企业生产经营管理人才）高级职务任职资格申报评审条件（试行）》。深入推进职称制度与职业资格制度有效衔接，制定印发《关于建立第二批专业技术类职业资格与职称对应关系的通知》。加快分类推进人才评价机制改革，修订完成并发布了经济、农业、快递工程、中小学教师等16个系列（专业）条件标准，累计完成36个条件标准的修订工作。

（六）提升人事工作管理服务水平。

高标准完成“共和国勋章”和国家荣誉称号提名推荐、中国人民志愿军出国作战70周年纪念章颁发、抗击新冠肺炎疫情国家级评选推荐等重大功勋荣誉表彰工作，高质量完成全省抗疫表彰工作和及时表彰奖励，高规格开展全省事业单位脱贫攻坚专项奖励。同时，把风险防范和质量管控贯穿始终，在疫情防控常态化下平稳顺利完成65项人事考试任务。

四、劳动关系总体和谐稳定

（一）健全劳动关系协商协调机制。

以省三方委名义出台《关于进一步加强协调劳动关系三方机制建设的通知》，会同省三方四家出台《关于建立健全劳动关系风险监测预警制度的实施意见》，建立健全劳动关系风险舆情监测、定期研判、三级预警、分类处置的体制机制。指导改革改制国有企业和转企改革经营类事业单位依法依规做好职工安置工作。印发《企业规模裁员合规工作手册》和《企业规模性裁员应对预案》，规范企业裁员行为。致函北京等七省市人社部门协调建立劳动保障监察执法协调联动机制。

（二）调解仲裁工作效能不断提升。

推进办案改革，在 17 个市州各选取一个仲裁机构试行要素式办案模式，通过精简办案程序等提高仲裁结案效率，2020 年全省各级调解仲裁机构共受理案件 37 162 件，办结 36 062 件，仲裁结案率达到 92.12%，调解成功率达到 68.37%，超额完成年度目标任务。有效防控系统风险，实行调解仲裁案件数据月报制、重点市州案件数据周报制，重大集体争议即时报送。扎实推进预防调解，主动下沉企业帮扶，开展“千名仲裁员服务万企”活动，指导企业做好劳动用工管理和矛盾纠纷自主化解等，避免矛盾纠纷演化为仲裁案件。加强网上调解服务，积极引导当事人通过网上平台先行调解。

（三）全力治理拖欠农民工工资问题。

全面贯彻实施《保障农民工工资支付条例》，提请省政府出台《湖北省保障农民工工资支付办法》。部署开展根治欠薪冬季专项行动，全年办结工资类案件 2 417 件，为 3.3 万劳动者追发工资 3.7 亿元，实现“三下降”“三个不发生”目标。在国务院保障农民工工资支付工作考核中，湖北省再次被评定为 A 类，全国排名第四。研究制定《湖北省用人单位劳动保障守法诚信等级评价办法（试行）》，出台《省根治拖欠农民工工资工作领导小组关于构建以信用为基础的新型监管机制保障农民工工资支付的实施意见》，完善创新劳动保障守法诚信评价体系，构建以信用为基础的新型劳动保障监察监管机制。组织开展清理整顿人力资源市场秩序专项检查，集中纠正和查处劳动用工违法行为。

（四）深入开展“为农民工办实事”活动。

疫情蔓延后，第一时间联合省卫健委、省农业农村厅发布《倡议书》，向农民工群体宣传疫情防控知识。将国家和本省出台的相关政策、办理途径进行集成，编制了《外出务工人员就业社保和疫情防控等服务手册》，通过省内外主流媒体广泛宣传，帮助广大农民工更好办理疫情期间劳动维权、网上招聘、社保等事项。参与返岗就业联动机制，着力帮助湖北农民工外出就业。在春节前夕，分赴全省五个地市对 100 名农民工代表进行慰问。协调相关单位组织开行“暖冬行动”农民工返乡专列。会同文化部门成功举办了湖北省慰问农民工及子女专场文艺演出等活动。

五、人社扶贫各项任务全面完成

（一）大力推进就业扶贫。

同步推进扶贫“6+1”劳务协作、省内“三级劳务协作”和东西部扶贫劳务协作，优先组织贫困人员外出务工，全省外出务工贫困劳动力 204.8 万人。实施“三支一扶”招募计划重点向扶贫地区、疫情严重地区、服务期满直接考核聘用地区和扶贫岗位与支医岗位倾斜，重点扶贫地区招募计划占全省 62%。

（二）拓展社保扶贫功能。

紧盯跨省户籍、失踪失联、因疫致贫返贫等重点群体，加强动态管理，确保应核尽核、应代尽代、应保尽保、应发尽发。2020 年，全省 462.7 万建档立卡贫困人员参加基本养老保险，其中 149.7 万人享受基本养老保险待遇，共为 158.66 万人代缴社保费 1.78 亿元。湖北省战疫战贫两手抓的做法得到人社部充分肯定，在全国社保扶贫工作总结会上作典型发言。发挥兜底保障作用，强力推进退捕渔民参保，全省已核实 31 724 人符合基本养老保险参保条件，参保率达 100%，其中 5 413 人享受待遇。

（三）强化人才扶贫引导。

建立完善“两后生”基础台账，督促市州加强技能扶贫工作。推进落实《关于鼓励引导人才向艰苦地区和基层一线流动的若干措施》，将奉献岗位计划从贫困地区向基层一线拓展。会同省委组织部、省扶贫办印发《关于加强东西部扶贫协作干部人才激励保障的通知》，表彰 100 名东西部扶贫协作优秀干部人才。实现全省 1.9 万名建档立卡“两后生”应培尽培。

六、行风建设成效显著

推动“23 ℃人社服务”标准落实落细，不断解决老年人运用智能技术困难等问题。深入开展“人社惠民政策进万家”活动。高标准举办全省人社系统窗口单位业务技能练兵比武，常态化推进“日日学、周周练、月月比”，在全系统掀起比学赶超干的浓厚氛围，积极参加全国人社系统窗口单位业务技能在线比武并荣获二等奖。深入推进人社领域“放管服”改革，完成了“证照分离”试点改革工作任务，确定了向街道赋权事项和乡村两级政务服务事项清单，完善了在政务服务网发布事项的各类要素。认真组织实施“人社服务快办行动”，全省 40 个以上市县实现了 5 个以上“一件事”打包办，80 个以上市县实现了 10 个以上的高频服务事项提速办。推进 14 个自建业务系统与省统一受理平台对接并上线运行，推动“我要开劳务派遣公司”主体服务在全省实现了“一事联办”，人社系统“一网通办”取得明显进展，始终走在省直前列。全省 12333 共接听电话 387 万人次，无一例投诉，其中省本级满意度超过 95%。武汉市 12333 被人社部表彰为“抗击新冠肺炎疫情突出贡献集体”。

湖北省人力资源和社会保障厅

武 汉 市

2020 年，面对突如其来的新冠肺炎疫情，武汉市人力资源社会保障系统坚守抗疫前线，发扬抗疫精神，坚持人民至上，更加突出民生保障，更好落实人才激励，统筹推进疫情防控和人社事业发展，交出了一份合格的特别答卷。武汉市人力资源社会保障局被武汉市委、市政府评为 2020 年度综合考评立功单位。

一、抗击疫情彰显担当

（一）圆满完成战疫任务。

组织全市滞留在外人员返汉 46.4 万人、集中安置滞汉外地人员 6 020 人。帮助复工复产企业解决返汉返岗人员 13 万余人。“点对点”组织运送约 40 万名外出务工人员返岗返工。组织市人社局机关党员干部 1.8 万人次下沉社区参与疫情防控。

（二）激励关爱一线人员。

制定岗位晋升、职称评审和人才项目申报等 6 大方面 12 条倾斜政策，及时落实疫情防控一线人员人事人才激励措施。开展疫情防控一线人员职称专项评审，560 人获评卫生高级职称。推荐 1 个医疗卫生项目获人社部“赤子计划”特别资助。组织推荐表彰，武汉市张定宇同志被授予“人民英雄”国家荣誉称号，1 347 人、496 个集体分获全国、湖北省、武汉市抗击新冠肺炎疫情先进个人、先进集体称号。

（三）完善提供战时服务。

创新办法措施，有序提供网络“云招聘”、社保业务“不见面”办理、免费线上技能培训等公共服务，引导劳动者通过“线上”或“不见面”方式反映和解决问题，在全省率先恢复 12333 人工热线服务，确保人社服务不掉线、不断档。

二、就业形势总体平稳

（一）坚持实施就业优先政策。

制定出台促进高校毕业生、农村劳动力、就业困难人员、长江退捕渔民等重点群体就业的专项政策文件和配套措施办法，形成武汉市稳就业“1+5+N”政策体系，为全市稳就业工作提供坚强政策保障，有力对冲了疫情影响，竭力保持就业形势总体平稳。2020 年全市城镇新增就业 22.8 万人，同比微降 5.9%；城镇登记失业率 3.04%，同比上升 1 个百分点，但均好于预期。

（二）狠抓高校毕业生就业创业。

提请市政府成立武汉市高校毕业生留汉就业创业工作领导小组，先后印发 2 个专项政策文件。编发《高校毕业生留汉就业创业服务指南（2020 版）》。全年新增留汉大学生就业创业 30.2 万人，同比增加 18.9%。线上线下相结合举办各类招聘活动。为近 31 万名高校毕业生发放一次性求职创业补贴 4.3 亿元。1 089 个大学生创业项目共获省、市级扶持资金 3 246 万元。新建大学生实习实训基地 302 家、就业见习基地 102 家，组织大学生实习实训 18.8 万人。落实 300 名“三支一扶”招募计划。

（三）促进重点群体就近就业。

开展“网上春风行动”“保居民就业”等招聘活动，为 127.9 万名武汉户籍外出务工农村劳动力购买人身意外伤害保险，1 397 名就业服务专员对口帮扶就业困难人员，帮扶就业困难人员实现就业 3.1 万人、失业人员再就业 2.8 万人，扶持创业 3.4 万人。

（四）推动人力资源服务业发展。

出台《武汉市人力资源服务业发展资金使用管理办法》。举办首届武汉人力资源服务业创新创业大赛。颁发武汉市首张外资企业《人力资源服务许可证》。建设 3 家市级人力资源服务产业园。20 家企业获评首批市级人力资源服务业领军企业、20 人获评首批市级人力资源服务业领军人才。85 家企业获评首批市级人力资源服务诚信示范机构。

（五）落实援企稳岗政策。

阶段性免征企业养老、失业、工伤三项社会保险费 211 亿元，阶段性降低社保费率政策为企业减负 93.2 亿元，为 118 户困难企业缓缴社会保险费 1 671.5 万元，向企业发放失业保险稳岗返还资金 15 亿元，384 个项目缓缴工资保证金 3.2 亿元，有力减轻企业负担。

（六）加强失业风险监测应对。

防范应对大规模裁员和失业风险，建立重点区域失业风险应对工作机制，制定援助预案和责任清单，指导各区做好企业裁员工作。强化就业形势分析研判，发布 2020 年度分析报告。

三、强化社会保障功能

（一）完善社保政策制度。

实现企业职工基本养老保险市级统筹，实施经营性事业单位转企改制后参保和乡改人员养老保险衔接、原参加企保的机关事业单位和人员转入新制度参保等工作。2019 年度机关事业单位退休“中人”待遇按新办法计发。推动建立城乡居民养老保险金正常调整机制。出台《武汉市工伤康复管理暂行办法》，初步构建工伤预防、工伤补偿、工伤康复“三位一体”工伤保险制度体系。做好工伤认定及待遇保障、工伤预防和鉴定工作。持续推进全民参保登记，全市养老、工伤、失业保险扩面新增 54.2 万人次，完成目标任务 30 万人次的 180%。

（二）提高社保待遇水平。

企业退休人员养老金人均月增 168 元。落实失业保险提标扩围政策，中心城区、新城区失业保险金标准分别提高至 1 575 元、1 350 元。阶段性提高价格临时补贴标准和实施失业补助金政策，稳妥做好失业补助金申领发放工作，支付失业人员各项待遇 12 亿元，兜牢困难群众生活底线。

（三）做好社保经办服务。

社保经办业务全面推行“不见面”服务、网上办理，深化“全月办理制”“预约办”等改革。企业职工养老保险新增退休人员实施社保卡发放养老金。开展免费换发三代社保卡工作。

（四）加强基金监督管理。

出台《关于加强社会保险基金管理风险防控工作的实施意见》，推进“四位一体”风险防控措施落实。开展社保基金专项检查，推动问题整改。加强社会保险数据质量稽核。

四、激发人才队伍活力

（一）培育激励专技人才。

向第四批 25 家企业发放“千企万人”引才奖励 760 万元。推荐 2 个项目被列入人社部 2020 年“海外赤子为国服务计划”资助项目。新获批国家博士后科研工作站 10 家，发放博士后津贴 106.8 万元、院士工作津贴 461 万元。20 人入选享受国务院政府特殊津贴名单，在全国副省级城市中位于前列。174 人入选省、市级专家和各类人才项目。武汉市农科院获批国家级专家服务基地。出台深化职称制度改革实施方案，推进卫生、教育等领域职称制度改革工作，全面推行职业资格考试报名证明事项告知承诺制。

（二）建强技能人才队伍。

深入实施职业技能提升行动，出台“十条”技能培训支持政策，统筹推进十大项目，完成补贴性培训 41.5 万人。新建 6 家市级技能大师工作室，遴选产生94名武汉市技术能手。5人入选“湖北工匠”，9人入选“湖北省技能大师”，27人入选“湖北省技术能手”。积极备赛第46届世界技能大赛，武汉市选手荣获湖北省选拔赛29个赛项的第一名，占总共61个赛项的47.5%。开展职业技能等级认定工作。

（三）深化人事制度改革。

实施公益二类事业单位人事制度改革试点中期评估，配合实施“区管校聘”改革。探索开展社区党组织书记实行事业单位管理试点。选聘产生专业技术二级岗位人员69名。畅通事业单位科研人员双向流通渠道，为72人办理离岗创业手续。2020年事业单位公开招聘3 392人。推动非营利性服务业工资总额增长工作，推进公立医院、公益二类事业单位、基层医疗卫生机构薪酬制度改革试点，健全义务教育教师工资待遇保障措施。人事考试整体安全。

（四）开展评比达标表彰。

组织开展市、区级抗击新冠肺炎疫情表彰工作，成功召开全市抗击新冠肺炎疫情表彰大会。武汉市推荐的黄旭华院士获颁“共和国勋章”。完成2020年度全市表彰项目申报落实、“中国人民志愿军抗美援朝出国作战70周年”纪念章颁发等工作。

五、劳动关系保持稳定

（一）加大劳动关系协调力度。

在全国率先出台关于做好疫情防控期间劳动关系指导的系列文件，广泛开展政策宣传和服务，加强对企业劳动关系的指导。开展企业集体协商“要约行动”“‘和谐同行’千户企业培育共同行动”等活动。发布2019年企业薪酬调查信息和工资指导价位，继续推进国有企业工资决定机制改革和国有企业负责人薪酬制度改革。全市劳动人事争议仲裁结案率88.9%、调解成功率68%，劳动保障监察举报投诉案件法定期限内结案率100%。全市劳动关系总体稳定。

（二）强力推进根治欠薪。

积极宣传落实《保障农民工工资支付条例》，着力创建“无欠薪城区”。以建设领域为重点，持续开展根治欠薪百日攻坚、冬季攻坚、欠薪问题排查整治等专项行动，推进在建工程项目落实农民工用工实名制、工资专用账户、施工总承包单位代发工资等制度。建成市级和14个区级保障农民工工资支付监控预警平台指挥中心，1 600多个建设工程项目有关情况接入平台系统，覆盖率100%。

（三）加强劳动执法仲裁。

推进执法关口前移，全市累计检查用人单位7.4万户，涉及劳动者179.7万人。立案查处各类违法案件1 753件，向公安机关移送涉嫌拒不支付劳动报酬罪案件62件，为1.8万名劳动者追发工资等待遇2.1亿余元，其中为9 656名农民工追发拖欠工资1.6亿元。加大对失信主体惩戒力度，将29家欠薪失信主体纳入欠薪“黑名单”管理，向社会公布欠薪等重大劳动保障违法行为12起。开展“双随机一公开”执法检查、清理整顿人力资源市场秩序专项执法行动。

六、专项任务圆满完成

（一）抓好人社精准扶贫。

推进就业扶贫，全市外出务工贫困劳动力2.3万余人。为4.3万余名建档立卡贫困人员代缴城乡居民养老保险费1 301万元。做好对口帮扶和驻村帮扶工作，扶贫成效不断巩固。

（二）妥善安置退捕渔民。

全市建档立卡退捕渔民1 151人，其中有就业能力和就业意愿的782人已实现就业780人，就业率99.7%，符合参保条件的1 141人已全部参加基本养老保险，发放社保缴费补贴6 426.4万元，组织参加各类职业技能培训。

（三）落实系列支持政策。

推动涉及人社领域的中央一揽子支持政策、人社部定向援助湖北措施和国家部委支持事项在武汉市落实落地，成功争取中央就业补助资金、职工养老保险中央调剂金、“三支一扶”等政策支持。

七、系统行风持续提升

（一）强化系统行风建设。

以武汉市政务服务十优十差“双评议”活动引领人社系统作风建设，落实“23 ℃人社服务”标准，在全市人社系统开展“学标准、优服务、惠民生”主题活动，市人社局在湖北省人社系统练兵比武竞赛中获得团体第一名的成绩。大力培育优良窗口作风，持续开展巡查督查，推动问题整改。

（二）深化人社“放管服”改革。

深化“四办”改革，对标优化 112 项政务服务事项，推动 15 个政务服务事项“全市通办”、21 个事项“一张身份证办成事”改革，10 项热门业务在“鄂汇办”应用小程序上线、33 项高频服务事项实行 24 小时自助服务。推进“互联网+人社”，强化信息化支撑，通过湖北省政务服务网、武汉人社应用小程序 App、支付宝、微信公众号等渠道，全面实现社保待遇认证实时在线认证。持续优化营商环境，当好“店小二”，市人社局牵头的劳动力市场监管指标处于全国前列。

（三）做好法治人社工作。

坚持依法行政，落实法治建设第一责任人责任，全系统法律顾问全覆盖，无重大违法行政决策。推进机关负责人出庭应诉，2020 年市人社局机关负责人出庭应诉率 78.6%。开展“人社惠民政策进万家”活动，多渠道宣传人社政策。做好网上群众工作，确保重点信访群体稳定可控。提供 12333 自助语音服务。

武汉市人力资源和社会保障局

湖　南　省

2020年，面对错综复杂的国际形势、艰巨繁重的改革发展稳定任务，特别是突如其来的新冠肺炎疫情，湖南省人力资源社会保障部门以习近平新时代中国特色社会主义思想为指导，全面贯彻党的十九大和十九届二中、三中、四中、五中全会精神，在党中央、国务院和省委、省政府正确领导下，主动作为、攻坚克难，一手抓疫情防控，一手抓复工复产，扎实做好“六稳”工作、落实“六保”任务，坚决打好疫情防控阻击战、脱贫攻坚战，圆满完成各项目标任务，全省人社事业迈上新台阶。

一、就业创业

（一）聚焦政策发力。

先后出台应对疫情做好稳就业工作16条、稳企稳岗稳就业10条、高校毕业生就业创业工作10条、促进农民工就地就近就业8条等政策文件，将就业工作纳入省政府真抓实干督查激励措施；“政府补贴性职业技能培训”项目纳入省重点民生实事，全年培训138.8万人次。全省城镇新增就业72.4万人，完成年度目标任务的103.5%；城镇调查失业率5.4%，运行在合理区间。

（二）聚焦复工复产。

建立重点企业24小时用工调度保障机制，紧急上线“湘就业”公众号，累计发布岗位1.2万个，帮扶1 930家重点企业招工13.5万人。组织返岗直通专列专车7 986次，输送22.7万农民工“出家门进厂门”，助推924万春节返乡农民工安全有序返岗。

（三）聚焦降费减负。

在全国率先出台实施社会保险费“免减缓”政策，全年共阶段性减免企业三项社会保险费274亿元，其中养老保险229亿元、工伤保险21亿元、失业保险24亿元。共发放稳岗返还资金19.1亿元，惠及5.5万家参保单位346.2万人。

（四）聚焦重点群体。

开展高校毕业生就业促进、农民工全面返岗、贫困劳动力就业清零、退捕渔民安置保障、困难人员托底帮扶“五大行动”，实施“点亮万家灯火”“同心战疫、在线湘约”“集中送岗位进校园”系列专项行动，落实“一日一课·两营三行动三活动”帮扶措施，突出做好重点群体就业服务工作。全年新发放创业担保贷款52亿元，扶持创业3.1万人；为4.4万名应届高校毕业生发放求职创业补贴6 558.5万元，离校未就业高校毕业生就业率达97.9%；新增农村劳动力转移就业45.9万人，转移就业总规模达1 638.8万人；有就业意愿的退捕渔民转产就业率达99.9%；帮助困难人员就业13.8万人，零就业家庭实现动态清零。

二、社会保障

（一）参保扩面有序推进。

全省基本养老保险参保5 195.9万人，其中企业职工养老保险1 449.2万人、机关事业单位养老保险275.6万人、城乡居民养老保险3 471.1万人，失业保险参保640.9万人，工伤保险参保820.5万人。社会保障卡持卡人数

5 883.6 万人，占常住人口的 85.3%，签发电子社会保障卡 1 215.7 万张。全年新增城乡居民养老保险参保登记 232.9 万人，实现法定参保人群全覆盖。符合条件的退捕渔民全部参加基本养老保险，落实养老保险补贴资金 9.7 亿元。

（二）社保改革不断深入。

圆满完成 605 家经营类事业单位改革，核销事业编制 1.7 万个，安置涉改职工 3.3 万人。工伤保险省级统筹等改革制度正式实施。企业职工养老保险省级统筹通过国家首批验收、走在全国前列，社保费征收职责划转税务部门改革任务整体完成，失业保险金实现全域网上申领。

（三）待遇水平持续提高。

全省退休人员养老金月人均增加 139 元，城乡居民基础养老金最低标准提高至每人每月 113 元，按时足额发放率和社会化发放率始终保持 100%。失业保险扩围成效明显，失业保险金提高到最低工资标准的 90%、人均达 1 314 元/月，全省共发放失业保险金 13.6 亿元、失业补助金 4 亿元，惠及 41 万人。开展 100 亿城乡居民养老保险基金委托投资运营，推动划转部分国有资本补充社保基金。

三、人才人事

（一）强化高技能人才培育。

组织参加第一届全国职业技能大赛，取得 1 金 1 银 2 铜和 41 个优胜奖，奖牌数和进入国家集训队人数创历史新高。健全高技能人才多元评价机制，组织技能人才评价 51.6 万人次，取证 46 万人次。实施高技能人才振兴计划，完成国家级高技能人才培训基地和技能大师工作室评选，向国家推荐优秀高技能人才 15 名，技能人才总量达 516 万人。着力提升技工院校办学水平，推进产教融合、校企合作，全年招生 5.5 万人，完成人社部下达目标任务的 131%。

（二）强化高层次专技人才服务。

紧扣“四个 100”重大产业项目和市州特色优势产业，遴选 116 名高层次科技创新人才。全省享受国务院政府特殊津贴专家 2 258 人，享受省政府特殊津贴专家 400 人。博士后科研站点达 299 个，新评高级职称约 1.8 万人，在册院士 79 人，确定 233 名专业技术二级岗位拟聘人选，专技人才总量约 355 万人。

（三）强化基层人才引聚。

出台《关于加强基层事业单位人事人才工作的若干意见》，深入推进中小学、医卫基层职称制度改革，落实艰苦边远地区津贴，完善乡镇工作补贴、农村基层教卫人才津贴等政策。开展“海纳英才·智汇潇湘”系列引才活动，继续实施“三支一扶”计划，组织援藏专技人才开展对口支援。平稳完成公务员招录和各类职业资格考试，服务考生 120 万人次。

四、劳动关系

（一）全心全意抓服务。

启动劳动关系“和谐同行”能力提升三年行动计划，开展“共建共治共享、携手和谐同行”劳动关系能力提升主题活动，对 3 673 家企业开展薪酬调查。建立农民工服务保障社会协作机制，创新打造“湘融湘爱”品牌，积极推进农民工权益关爱和市民化融合“两个行动”，优化农民工服务事项 2 700 余项，帮助农民工处理权益事项 3 500 余件。

（二）全力以赴防风险。

落实劳动关系风险防控预警机制，开展涉疫劳动风险隐患集中排查，明确疫情期间工资支付、劳动关系等 7 个方面处理意见。《湖南省女职工劳动保护特别规定》正式施行，女职工的合法权益更有保障。

（三）全省联动治欠薪。

全国首创将根治拖欠农民工工资工作纳入省政府真抓实干督查激励措施。全省共立案查处工资类违法案件 972 件，案件数同比下降 28.7%；为 2.76 万名劳动者追发工资待遇 2.6 亿元，人数和金额同比分别下降 3.5%、3.7%。基本建成全省统一的农民工工资支付监控预警平台，覆盖项目约 5 000 个、采集农民工信息 183 万人。

（四）全程调处促和谐。

创新打造劳动人事争议巡回仲裁庭，加强仲裁标准化建设。全年全省共受理劳动人事争议案件 4.84 万件，涉案金额 13.5 亿元，涉及劳动者 5.38 万人，仲裁结案率 97%，调解成功率 72%。

五、人社扶贫

（一）全力推进就业扶贫。

以巩固就业扶贫成效专项行动为抓手，推动 232.48 万贫困劳动力实现就业。与广东、福建、浙江等地签订劳务协作协议，建立劳务协作对接机制 876 个。全省就业扶贫车间逆势增加到 5 089 家，吸纳 24.2 万人就业，其中贫困人口 5.3 万人；建成就业扶贫基地 1 174 个，定向招聘 3.2 万名贫困人口就业。开发公益性岗位兜底安置贫困人口就业 15.71 万人。将符合条件的贫困劳动力纳入职业培训补贴范围，完成贫困劳动力培训 14.5 万人。累计为贫困劳动力提供职业指导 108.7 万人次、职业介绍 162.6 万人次，帮扶就业 39.9 万人。

（二）全力推进社保扶贫。

严格筛查符合代缴标准人员，落实好建档立卡未标注脱贫的贫困人口、低保对象、特困人员、重度残疾人员以及其他缴费困难人员的代缴政策，为 200 万人代缴城乡居民养老保险费 1.94 亿元，167.48 万贫困人员待遇实现应发尽发。

（三）全力推进驻村帮扶。

全省人社系统扶贫联系点全部摘帽脱贫，省人社厅对口帮扶村贫困人口年人均收入达到 10 670 元，村集体经济收入 10 万元，群众满意度长期保持在 99%以上，贫困发生率、“两不愁三保障”等问题全面清零。人社行业扶贫工作被评为优秀，湘西州人社局被评为全国脱贫攻坚先进集体。

六、行风建设

（一）政务服务更加高效。

以群众满意度为标准，主动查摆工作中的痛点堵点，加大“清减压”力度，为企业松绑、为群众解难。梳理人社清单 207 项，制定人社服务快办行动计划，完成“三张清单”梳理工作，编制需求清单 1 078 条、供给清单 118 条。

（二）法治体系更加健全。

率先开展规范性文件全面清理，文件数量精减 66%，同时重新确认 245 件文件效力，人社政策体系实现“瘦身”和“健身”。创新法治宣传手段，编制政策电子书，发布“人社抗疫政策礼包”。有效发挥层级监督作用，行政复议案件受理率、法定期限内结案率实现“两个百分百”。

（三）信息手段更加便民。

持续深化“互联网+人社”应用，推动服务事项“自助办”“掌上办”“指尖办”，率先实现 13 项社保参保证明自助打印，“智慧人社”注册用户数破 1 500 万，年均开展待遇领取非现场认证近 800 万人次。社会保障卡实现群众自主选择银行、制发卡立等可取、数据实时同步。

七、党的建设

（一）牢固树立政治意识。

立足“人社部门首先是政治机关”这一基本定位，旗帜鲜明讲政治，坚决贯彻党中央、国务院和省委、省政府的重大决策部署，主动把人社工作放到大局中定位、谋划和推进。组织全省人社系统深入贯彻习近平总书记系列重要讲话精神、党的十九届五中全会精神，做到第一时间学习传达、第一时间跟进落实。

（二）层层压实政治责任。

把抓好党建作为最大政绩，加大组织交流学习力度，系统谋划全省人社党建工作。认真贯彻新时代党的建设总要求，全面落实《新形势下党内政治生活的若干准则》，省厅机关启动“五型双一流”建设，一体推进“三表率一模范”和省文明标兵单位创建。

（三）严格执行政治纪律。

认真贯彻中央八项规定精神及其实施细则和省委实施办法，坚持挺纪在前，加强党纪党规教育和警示教育，营造风清气正政治生态。

八、绩效表彰

（一）评优表彰工作。

全面清理评比达标表彰项目，出台管理细则，规范程序要求。落实中央和省委、省政府战疫战贫工作部署，积极做好全国和全省抗击新冠肺炎疫情表彰工作。全省获评全国抗疫先进个人45名、先进集体15个；获评全国优秀农民工37名，农民工工作先进集体4个。省委、省政府表彰全省抗疫先进个人950名、先进集体300个，其中全省人社系统有5名个人和5个集体受到表彰。

（二）绩效考核工作。

深化省直单位绩效评估改革，实行等次评价，突出高质量发展的实绩导向，进一步促进了省委、省政府重大决策部署的落实。

（三）民生实事工作。

坚持人民至上，扎实推进2020年重点民生实事项目，12件实事22项指标圆满完成。以人民为中心，创新征集甄选2021年实事项目，通过网上征集、基层座谈、现场论证、在线投票等，全面提升群众参与程度。

湖南省人力资源和社会保障厅

广　东　省

2020年，广东省人力资源社会保障系统面对复杂的外部环境和严峻的新冠肺炎疫情挑战，坚持以习近平新时代中国特色社会主义思想为指导，深入贯彻习近平总书记对广东重要讲话和重要指示批示精神，全面落实省委、省政府“1+1+9”工作部署，坚持人才是第一资源、民生是第一追求，主动担当、攻坚克难，统筹推进疫情防控和人社事业高质量发展，民生保障水平稳步提升，人才队伍不断发展壮大，有力促进了全省经济社会发展。

一、服务大局

（一）助力打赢疫情防控人民战争取得重大成果。

一是强化企业复工复产用工保障。迅速建立24小时重点企业用工调度、网络招聘供需对接机制，加大市级用工调剂、省内劳动力开发、省际劳务协作力度，开行全国首趟湖北出鄂返岗专列，组织包机5架次、专列73趟、专车6 795班次，“点对点、一站式”接回外省务工人员27.6万名，带动近1 000万人安全有序返粤返岗。二是全力支持企业渡过难关。深入开展“送政策、送资金、送技工”活动，全年为306.8万家企业减免延缓社保费1 970.6亿元，向129.75万家企业发放失业保险稳岗返还133.38亿元，向4万多家企业发放以工代训资金39.1亿元，组织16.4万名技工院校学生顶岗实习。三是加大抗疫一线人员关心关爱力度。出台激励医务防疫人员担当作为措施、疫情期间劳动关系处置指引。完成2 707名医务人员职称晋升、902名驰援湖北医务人员入编。推荐国家级抗疫表彰对象61名，表彰省级对象1 302名，钟南山院士被授予“共和国勋章”。指导各地各单位及时落实一线医务防疫人员临时性工作补助、卫生防疫津贴、援鄂医务人员薪酬水平提高2倍、单列核增绩效工资总量等系列政策，会同有关部门核发14.5万人次一线医务防疫人员临时性工作补助等合计3.2亿元、补助援鄂医院相关经费1.13亿元。

（二）创新推动“双区”建设取得新突破。

一是高标准落实《省部战略合作协议》。完善港澳人员参保政策等20项任务落实落地，签署补充协议支持深圳先行先试，出台支持深圳、广州人社事业优先发展政策措施。二是高水平促进港澳青年创业就业。推进“1+12+N”港澳青年创新创业基地建设，重点建设基地已开园11家，累计孵化港澳项目765个、累计吸纳港澳青年就业1 125人。制定实施粤港澳大湾区（内地）事业单位公开招聘港澳居民管理办法。三是高质量推进“人才通”“社保通”工程。推动港澳人才在湾区资格认可和便利执业，推进大湾区（广东）人才港建设。实现社保卡加载金融功能跨境使用，港澳居民在粤参保17.7万人次。

二、就业创业

（一）完善就业优先政策。

实施2.0版“促进就业九条”，打出减负稳岗扩就业“组合拳”，建立完善防范和应对大规模裁员和失业风险机制，主动推送政策和资金等。全省城镇新增就业133.7万人，完成年度目标的111%，城镇调查失业率全年平均5.45%，控制在目标范围以内。

（二）抓好重点群体就业。

实施高校毕业生就业攻坚行动，扩大政策性岗位供给，加大离校未就业高校毕业生实名制就业服务力度，组织“高校毕业生就业服务月”、离校未就业高校毕业生“1+5+12+N”就业冲刺行动等专项活动，在全省创新设立1 000个公共就业创业服务岗位优先吸纳建档立卡贫困家庭高校毕业生就业。全省应届高校毕业生总体就业率、离校未就业高校毕业生就业率分别超97%和90%，建档立卡贫困家庭毕业生100%就业。建立就业分流机制和岗位储备库，促进建档立卡贫困劳动力稳在岗位、稳在企业、稳在当地，省内未就业贫困劳动力动态归零，对口帮扶4省区建档立卡贫困劳动力稳定就业率达到90%以上。

（三）深入推进职业技能提升行动。

开展企业职工适岗职业技能培训，企业职工适岗培训累计备案434.57万人次，已完成培训286.28万人。在广州、深圳、佛山、惠州和东莞等5个城市开展新就业形态技能提升和就业促进项目试点工作。实施职业技能提升行动十项工程。

（四）推动“粤菜师傅”“广东技工”“南粤家政”三项工程带动就业创业。

“粤菜师傅”工程创新实施，培训7.1万人次，带动20万人实现就业创业。开发专项职业能力考核规范15个，编印教材10本。建设国家级大师工作室5个。“广东技工”工程进展良好，建设10所高水平技师学院。推进技师学院纳入高等学校序列。圆满举行首届全省技能大赛，组织获奖选手与龙头企业对接。“南粤家政”工程大力推进，省委、省政府办公厅出台“南粤家政”高质量发展意见。认定13家省级龙头企业和18家诚信示范企业，扶持建设一批综合服务示范基地和基层服务站等平台，构建优质家政服务圈。开发编印了16个职业技能培训课程标准和10本培训教材。开展“南粤家政”培训33.86万人次，带动就业创业和稳定就业逾51万人次。

（五）拓展创业就业新空间。

广东人社部门促进创业13.4万人，超额完成全年目标。一是完善创业政策体系和政策落实机制。促进一次性创业资助、租金补贴、创业带动就业补贴等创业扶持政策提标扩面；优化调整创业担保贷款政策，新发放创业担保贷款36.52亿元，同比增长66%。二是进一步完善创业孵化载体建设体系。全省建设认定创业孵化基地（含返乡创业孵化基地）超600家，累计认定省级示范性创业孵化基地38家、国家级4家。三是开展初创企业经营者能力提升培训，每人资助1万元。四是大力支持灵活就业，率先出台《广东省灵活就业人员服务管理办法》。

（六）全方位强化公共就业服务。

一是纵横一体联动开展战“疫”公益联盟行动、区域结对行动、广东省急需紧缺人才百校万企公益招聘系列行动、“筑梦广东人力同行”高校毕业生专场招聘活动、职业指导下基层活动。联盟行动服务企业28 156家，服务求职人数31.6万人。全省142家机构开展招聘活动200余场，参与企业8.5万家，发布职位96.37万个。二是全力推进人力资源服务业高质量发展。首次发布《广东省2019年人力资源服务业发展报告》。编制《粤港澳大湾区（内地）急需紧缺人才目录》，涵盖57 720个急需紧缺人才岗位、403类专业。省委办公厅、省政府办公厅出台《促进劳动力和人才社会性流动体制机制改革的实施意见》。评定出5家省级人力资源服务产业园，正式运营的人力资源服务产业园12家。三是全面完成“三支一扶”计划招募工作。全年共招募3 000名高校毕业生到基层从事“三支一扶”工作，同比增长50%。四是加快推进“互联网+就业服务”。五是做好异地务工人员服务管理统筹协调工作。全力配合做好全国农民工工作督察组在粤督察。

三、社会保障

（一）稳步提升民生保障水平。

深化社保体制机制改革，实现城乡居民养老保险基金市级管理，完成退休人员基本养老金年度调整工作。修订一次性失业保险金计发标准。企业退休人员基本养老金、城乡居民养老保险基础养老金最低标准、失业保险金、工伤伤残津贴分别提高至 2 665 元、180 元、1 691 元和 4 353 元。深化机关事业单位养老保险制度改革，推动职业年金 1 224 亿元投资运营。全年城乡居保参保 2 657. 16 万人，领取养老待遇 900. 51 万人，基本实现应保尽保。

（二）建立更加完善的养老保险制度体系。

进一步规范企业养老保险省级统筹制度，经省政府同意印发《广东省规范企业职工养老保险省级统筹工作方案》和《广东省规范企业职工基本养老保险省级统筹制度实施意见》。印发病残津贴经办规程，开展退役士兵补缴工作。贯彻落实国家关于社保费减免政策，拟订职工养老保险费率政策，单位缴费比例统一至 14%。完善机关事业单位养老保险政策。深入贯彻落实《广东省城乡居民基本养老保险实施办法》。落实城乡居民养老保险基金市级管理改革，全省各地级以上市实现全市制度标准、基金管理、基金征收、待遇支出、经办管理、信息系统“六统一”的基金管理模式。完善被征地农民养老保险政策，切实落实征地社保资金。推动困难群体城乡居民养老保险应保尽保，扎实开展困难群体城乡居民养老保险精准扶贫工作，建立部门信息共享核查机制，开展专项督导检查，开辟特殊通道为重度精神病患者和重度残疾等特殊人群办理参保代缴，落实困难群体应保尽保、应代缴尽代缴、待遇应发尽发，如期完成精准扶贫任务。

（三）推进工伤保险高质量发展。

实施职业病重点行业工伤保险扩面专项行动，工伤保险参保人数 3 867 万人，完成计划的 104. 7%，新开工建设项目的参保率约 99%。强化预防和康复防范因伤致贫。精准开展工伤预防，推行双向互动式培训，工伤发生率从 0. 47%降至 0. 3%。健全工伤康复早期介入机制，建立康复权益告知和协调员制度，经康复后再就业率达 82%。出台《关于单位从业的超过法定退休年龄人员等特定人员参加工伤保险的办法（试行）》，将灵活就业特定人员、新业态从业人员纳入工伤保险参保范围。调整广东工伤保险长期待遇发放标准，伤残津贴、生活护理费、供养亲属抚恤金标准平均增长分别为 9. 5%、12. 1%、12. 1%，调整后人均水平分别为 4 353 元、3 724 元、1 757 元。建立健全工伤康复精准发动机制，推动工伤康复高质量发展。制定工伤保险医疗服务协议管理办法，建立与医疗保险医疗服务管理联动机制，推动 586 家协议机构工伤医疗（康复）费用联网结算。

（四）扩大失业保险参保覆盖面。

全年失业保险参保人数 3 603. 4 万人，稳居全国第一位。共发放失业保险金及代缴医疗保险费 57. 09 亿元，惠及 70. 51 万人，其中为 52. 57 万失业人员累计按月发放失业保险金 40. 79 亿元、缴纳医疗保险费 6. 09 亿元；为 17. 94 万外省户籍失业人员累计发放一次性失业保险金 10. 21 亿元。把失业人员保障底线兜起来，努力扩大失业保险保障范围，做到应发尽发、应保尽保。2020 年，共审核通过失业补助金申请 128. 46 万人，发放失业补助金 20. 96 亿元，惠及 99. 29 万人，人数全国最多。失业保险技能提升补贴 4. 60 万人次。

（五）进一步提升社会保险领域公共服务水平。

持续推进全省事项标准化建设。规范经办服务管理，提升业务网办水平。建立“寓认证于无形”的认证服务体系，全面取消集中认证，实现以信息比对为主的认证模式。扩大服务供给覆盖面，全面贯通省、市、县、镇、村五级网络，继续加大社银合作力度，1 611 个镇级公共服务平台与合作金融机构 1 407 个网点形成互补。世行贷款广东社保一体化和农民工培训项目按期完工。

（六）加强社会保险基金监督。

出台社会保险基金非现场监督指引，实行“订单式”监督检查，建立健全基金监督工作清单，编制社会保险行政部门的基金监督履职明细清单，修订省级统筹基金安全考核指标，不断完善社保基金监督体系。与省公安厅联合印发《广东省查处侵害社会保险基金行为办法》。与省财政厅联合印发《广东省职业年金基金监管试行办法》，建立职业年金基金监管制度。开展失业保险基金管理内控和人社领域财政补贴专项检查，发现违规问题108个，追回损失的基金（资金）1 492.17万元。全年各级人社部门开展2 875次基金监督检查，处理13 956个问题，追回被贪污、欺诈、非法获取的社保基金5 351.01万元，9名违规人员受处分。

四、人才人事

（一）进一步扩大增强人才培养体系。

全省专技人才共730万人，其中高层次人才83万人；技能人才总量达1 332万人，其中高技能人才445万人。圆满承办第一届全国职业技能大赛，广东94名选手获得32金13银11铜27个优胜奖的优异成绩，金牌数、奖牌数和团体总分均居全国第一。实现招生“五年连增”，广东省146所技工院校共招生21.5万人，超额完成19.5万的招生任务。扎实推进“乡村工匠”工程落地。广泛开展大规模职业培训，开展各类补贴性培训575万人次，支出专账资金63亿元，超额完成人社部下达的培训100万人次、专账支出51.2亿元的目标任务。

（二）加强高技能人才培养。

一是加强高技能培训平台建设，深化技能人才评价制度改革和技能人员职业资格改革。新增国家级高技能人才培训基地、大师工作室各8个。稳步做好职业资格退出目录与技能等级认定有序衔接。全年鉴定70.2万人次，获证39.3万人次。二是贯通高技能人才与工程技术人才职业发展通道。在工程技术领域机电、轻工、食品、电力等4个专业试点高技能人才参加工程技术职称评审。三是全面推广职业技能等级认定，开展企业、技工院校、社会培训评价组织试点工作，已有71家企业、47家技工院校（按院校合并后计算）和17家社会培训评价组织通过备案评审。四是大力提升办学层次，新增1所技师学院、4所省重点技校，开展师资培训97期3 730人次。五是加强教材管理和研究、教学管理和专业建设，完成209个广东特色专业开发和137所技工院校836个“僵尸”专业清理工作，开设全日制技师班试点，深入推进技工院校一体化课程教学改革。

（三）深化人才发展体制机制改革。

一是推动专技人才工作继续走在全国前列。专技人才和高层次人才比上年分别新增60万人、4万人。享受政府特殊津贴专家4 962人，百千万人才工程国家级人选169人。国家级专业技术人员继续教育基地4家，举办专业技术人员国家级高级研修项目4期、省级高级研修项目7期，培训高层次专业技术人才和高级管理人才660人次，推动广东技术师范大学成功入选第十批国家级专业技术人员继续教育基地。二是博士博士后青年人才建设实现全国领先。截至年底共设立博士后科研流动站178家，博士后科研工作站417家，博士后创新实践基地386家，博士工作站656家，全年新增博士后4 215人。博士博士后青年人才建设工作经验得到上级领导的充分肯定。海外优秀青年人才引进计划主要吸纳世界排名前200名高校毕业的博士生来粤从事博士后研究工作，已累计入选645人。进一步提高博士博士后国际化水平，实施广东省青年优秀科研人才博士后项目，每年资助100名优秀在站博士后到国（境）外高校、科研机构、企业的优势学科领域，合作开展博士后研究工作。三是人才评价和职称制度改革取得重大突破。出台《广东省职称评审管理服务实施办法》等“1+5”政策文件，对近30年来的职称政策进行全面调整优化，基本构建起职称评审管理服务制度体系。制定《广东省农业农村专业人才职称评价改革实施方案》“1+3”政策文件，形成乡村振兴专业人才“两纵一横”职称评价政策体系。深入推进广东省各系列职称制度改革，全年共制定出台8个系列职称改革实施方案和评价标准条件，以及高级社会工作者、二级注册造价师职业资格的评价实施办法。实施科技型企业家高级职称评审直通车制度，175人获得高级职称。继续加大“放管服”改革力度，向东莞市、佛山市分别下放卫生系列、机电工程专业副高职称评审权。

（四）推进事业单位人事管理。

一是加强人事计划管理，统筹下达2020年度省直机关事业单位增人计划10 909名、中央驻粤机关事业单位增人计划4 921名。协调解决非统发人员信息审核中的历史遗留问题，对接服务省直机关事业单位养老保险参保登记。规范事业单位人员调配工作，率先实现省级人才引进入户全流程网办秒批。二是组织事业单位公开招聘，开展事业单位招聘高校应届毕业生工作，共发布62 775个岗位招聘应届高校毕业生，同比增加85%，占全年发布招聘岗位总量的78.47%。统筹80个岗位专项招聘西藏籍少数民族高校毕业生，并在西藏林芝创新建设事业单位公开招聘远程考试平台。三是组织开展深化事业单位改革试点工作，实施事业单位人事综合管理工作。推进技工院校机构整合和党委领导的校长负责制试点，完善省管领导行政任免机制。开展全省事业单位工作人员任职及履职回避情况清查，查处整改20余例。开展全省事业单位人事管理领域审批事项专项清理工作，将人事综合管理审批程序全部调整为事后备案。受理事业单位工作人员再申诉案件16宗，审结14宗，受理及审结案件数量居全国省级事业单位人事综合管理部门第一。四是健全完善省直事业单位绩效考核制度，对850多家事业单位实施分类别分部门考核，实现考核激励正循环。持续优化薪酬激励分配举措，完善绩效工资总量核定管理办法，简化优化审核备案程序，将调控线内核定权限下放主管部门。持续深化高层次人才工资分配激励，落实科技成果转化，实施成效进一步凸显，有力推动人才创新创造和科研成果转化。

（五）做好人事考试工作。

统筹做好考试安全和疫情防控工作，建立由组织、人社、网信、教育、卫健、公安、工信7部门组成的全省人事考试协同联动工作机制，共组织各类人事考试86项，累计服务考生237.3万人次，较上年增加11.6万人次。其中，公务员类考试76.7万人次，专业技术资格类考试159.6万人次、394.7万科次，全年新增合格人员20.3万人。创新开展人事考试服务，推动考试业务一网通办，在全国率先上线专业技术人员职业资格电子证书系统。

五、劳动关系

（一）多措并举巩固劳动关系。

一是构筑稳定劳动关系新体系。出台疫情防控期间劳动关系处置导则等18份政策文件，编印《涉疫情劳动关系热点政策30问》及其他政策宣传材料10多万份（册），推送劳动关系政策入厂、入村、入户。二是开辟防范化解劳动纠纷新路径。健全形势分析研判预警机制。依法规范企业规模裁员，全年一次性裁员企业2 124家、同比上升167.8%，涉及员工17 694人、同比下降27.2%，未发生因裁员处置不当而引发的群体性事件。三是形成劳动关系治理新格局。持续推进和谐创建工程，以支持深圳市盐田区开展部级深化构建和谐劳动关系综合配套改革试点为牵引，深入推进广州花都等5个省市共建和谐劳动关系综合试验区优化升级，形成“四个突出” “五种模式” “四个率先”的广东和谐创建经验特色。四是开展环卫工人待遇专题调研。

（二）推动企业工资收入分配改革。

一是聚焦薪酬改革调控，创建要素市场化配置新机制。圆满完成人社部3 164户样本企业、省本级1万户定点企业薪酬调查，定期形成企业人工成本监测季度信息专报。二是推进国有企业工资决定机制改革和企业收入分配制度改革，进一步健全企业工资决定机制，完善要素市场化配置。贯彻落实支持疫情防控做好国有企业工资分配的意见。三是推进深圳市稳慎有序开展特殊工时管理改革试点，探索建立适应新技术、新业态、新产业、新模式发展需要的特殊工时管理制度。

（三）规范劳务派遣用工。

出台《关于进一步规范劳务派遣管理的指导意见》，开发并在全省推广使用运行劳务派遣管理信息系统，实现劳务派遣行政许可各项业务全程网上办理，加强对派遣公司劳动用工的动态监控。印发加强劳动合同管理通知，不断扩大劳动合同覆盖范围，全省劳动合同签订率达99%。

（四）创新劳动人事争议处理方式。

全年调解仲裁系统仲裁结案16.88万件，仲裁结案率达到96.45%，涉案金额67.33亿元；调解结案23.70万件，调解成功率达到74.43%，涉案金额37.52亿元。一是加强源头化解争议。加强对“共享用工”等新业态用工的提前介入指导，在全国率先推出适用于实体经济企业的官方版“共享用工”互助调剂模式。二是打造广东特色调解模式。受疫情影响，当事人线上线下申请调解的案件出现大幅增长，共受理调解案件26.19万件，涉及劳动者43.62万人，同比分别上升37.01%、16.55%。全力推动劳动人事争议专业性调解的社会化发展，推进基层调解工作标准化、规范化、专业化、信息化建设，指导各地根据本地特点打造各具特色的调解工作模式。三是提升劳动人事争议处理质效。全年仲裁立案受理案件涉及劳动者24.34万人。实行分类处理、繁简分流，畅通农民工工资争议案件“绿色通道”。加强调裁审衔接，出台《关于审理涉新冠肺炎疫情劳动人事争议案件若干问题的解答》，统一涉疫情22个劳动人事争议案件的审理标准。四是形成共建共治共享的劳动争议社会治理格局。建立仲裁员定点联系调解组织制度，在案件多发高发地区的调解组织设立派驻仲裁庭。创新跨境治理，粤港澳大湾区劳动争议联合调解中心广州（琶洲）速调快裁服务站正式揭牌运营。

（五）加强欠薪治理和劳动监察日常监管。

一是逐步形成“不能欠”的制度体系。贯彻实施《保障农民工工资支付条例》，推进工程建设领域用工实名制管理、工资专用账户管理、工资保证金等制度落实落地。二是有效形成“不敢欠”的震慑态势，向公安机关移送拒不支付劳动报酬案件432宗，向社会公布重大违法企业364户（次）。三是努力构建“不想欠”的社会环境，对150多万户企业开展劳动保障守法诚信等级评价。四是加强劳动监察日常监管。强化劳动纠纷隐患排查和预防预警，联合行业监管部门建立健全实地巡查和信息化手段相结合的排查机制，对欠薪等矛盾风险隐患实行领导包案化解制度，将问题解决在萌芽状态。全省劳动保障监察机构共协调处理劳动纠纷案件30 447件。

（六）大力加强网上信访改革。

全年接待处理群众信访23.6万批次31万人次，其中集体访2 925批次33 549人次；省本级接待处理群众信访1 694批次4 598人次，其中集体访29批次397人次。办理网上信访件16 626件，同比上升125%，占省本级信访总量94%，100%办结。全省人社系统确认收到交办重复信访事项636宗，已化解325宗，化解率51%，提前超额完成年底前化解40%的预定目标。

六、人社扶贫

一是深入实施人社精准扶贫。创建扶贫安置基地60多家，建成扶贫车间、扶贫工作坊1 103个，50.8万农村贫困劳动力全部实现就业，累计技能培训43万人次。截至年底，推动困难群体参加城乡居民养老保险236万人，为160.4万名建档立卡贫困人员、低保对象、特困人员、重度残疾人和精神智力残疾人等困难群体代缴城乡居民养老保险费2.5亿元，领取待遇人员 76 万人。二是深入实施省际劳务协作。开展东西扶贫协作和对口支援 6 省区“一省一策”帮扶，将三项工程导入省际扶贫，新增转移广东省就业 9.1 万人。三是筹资聚财，助推三项工程服务脱贫攻坚。共筹集资金 11.6 亿元，将三项工程嵌入脱贫攻坚中组织实施，为全省脱贫攻坚工作贡献应有之力；贫困劳动力在粤务工人数超过全国总量 1/3，为全国脱贫攻坚大局做出了应有贡献。全年东西部协作地区贫困劳动力新增转移广东省就业 16.6 万人，实现 387 万外省在粤贫困劳动力“三稳”，超 41 万省内贫困劳动力稳定就业。四是深入实施“农村电商”工程。开展“百园万站”行动，扶持创建产业园 10 个、基层示范站 1 002 个，开展“农村电商”培训 5.24 万人次。五是精心组织实施精准技能扶贫工程。有效落实学生资助政策，分别下达中职免学费、国家助学金补助资金 10.3 亿元和 3 907.6 万元，分别对 39.8 万名和 2.7 万名技工院校学生给予补贴，遴选 682 名技校优秀学生申报中等职业教育国家奖学金。加强东西部协作扶贫，招收广西建档立卡农村贫困生 1 238 名，8 省区受援地“两后生”2 143 名，对口帮扶省（区）数、在校外省贫困生数均居全国第一。

七、行风建设

一是着力加强推进行风建设工作。召开全省人社系统党风廉政建设暨行风建设工作会议，就做好行风建设三年行动收官作部署，要求全省各地对照行动方案，查漏补缺，不断提升公共服务均等化、普惠化、便捷化水平。积极推进集中式服务标准化大厅建设，通过业务进驻行政服务中心、整合人社服务场所等方式，打造标准化“一门式”服务场所，推动人社服务“多门”变“一门”。大力推广综合柜员制服务，逐步实现“一门式一窗式”办理。2020 年省政府推进“百项梳堵行动”中涉及人社业务的 11 项堵点都得到快速有效解决，明察暗访中发现的 295 个问题基本整改到位。二是深入推进行风建设“一号工程”。实体政务大厅和网上服务大厅建设扎实推进，全省行政许可事项 100% 实现全流程网办，169 个事项实行“提速办”“简便办”。集中式一体化信息系统全面启用，省智慧人社中心建成投入使用。人社事项进驻省政务服务网 239 项，上线“粤省事”160 项、“粤商通”19 项。三是开展行风建设监督。明察暗访各级人社部门办事窗口单位行风建设，对“练兵比武”大赛进行现场督导，着力推进人社行政许可“放管服”、政务服务事项“清减压”工作，最大限度实现人社服务简政、便民、优化，推动人社行风明显好转。

广东省人力资源和社会保障厅

广 州 市

2020年，广州市人力资源社会保障系统坚持以习近平新时代中国特色社会主义思想为指导，深入贯彻习近平总书记关于统筹推进疫情防控和经济社会发展重要讲话和重要指示批示精神，认真学习贯彻习近平总书记出席深圳经济特区建立40周年庆祝大会和视察广东重要讲话和重要指示精神，在市委、市政府坚强领导下，在人力资源社会保障部、广东省人力资源社会保障厅的正确指导下，以新担当新作为奋力推动人社工作落地见效，为广州加快实现老城市新活力、以“四个出新出彩”引领各项工作全面出新出彩，在全省全面建设社会主义现代化国家新征程中走在全国前列、在创造新的辉煌的总定位总目标中勇当排头兵做出了应有贡献。

一、劳动就业

（一）就业。

坚持就业优先战略，扎实做好稳就业工作，就业形势持续保持稳定，超额完成各项就业工作目标任务。全市城镇新增就业29.5万人，失业人员再就业15.46万人，帮扶6.85万名就业困难人员实现就业，城镇登记失业率为2.53%，控制在3.5%的目标以内。全年共促进创业4.29万人，带动就业13.67万人。落实“暖企15条”“稳增长48条”和促进就业2.0版等系列政策，全力稳就业、保民生。发放就业补助资金14.27亿元，惠及重点就业援助群体69.85万人次，工业奖补资金1.85亿元，惠及11.8万人次。落实以工代训政策，全年共补贴企业70.06万人次，补贴金额10.85亿元。全年共举办线上线下招聘会1 309场次，岗位数累计249.12万个，开展“点对点”专车专列集中接返176批次超过1.27万名外地务工人员。积极打造服务高校毕业生的“一网一平台”，实施高校毕业生就业攻坚行动等，扩大机关事业单位和国有、民营企业招用规模，提供社会化岗位52.94万个。培育认定28家大学生创业孵化基地、31个广州市院校“就业创业e站”，为高校毕业生提供创业“一条龙”服务。实施就业困难人员实名服务台账和分级帮扶工作机制，开展“就业服务进家到户、就业岗位进街到村，零距离服务、零距离就业”的“双到双零”就业服务，零就业家庭实现动态清零管理。支持多渠道灵活就业，发放灵活就业补贴25.33万人次，同比增加38.72%。

着眼满足人民群众美好生活需要，把提升技能作为促进就业的关键一招，以“小切口”推动解决就业“大问题”，大力推动实施“粤菜师傅”“广东技工”“南粤家政”三项工程羊城行动。高质量实施“粤菜师傅”羊城行动，持续夯实培育平台，在14所市属职业、技工院校开设粤菜烹饪专业，16家培训机构开办粤菜烹饪工种，编制20个传统广府菜菜品标准，培训粤菜师傅1.64万人次，资助5 534名粤菜师傅提升技能，2名粤菜师傅烹饪大师被认定为第七批市级非物质文化遗产代表性项目代表性传承人。深入实施“南粤家政”羊城行动，打造15分钟优质家政服务圈爱心工程，大力推进家政服务综合平台建设，推行持“安心服务证”上岗，全年培训家政从业人员 7.1 万人次，全省“南粤家政”工程现场推进会在广州市召开，广州经验在全省推广。大力实施职业技能提升行动，完成技能培训 118.96 万人次，超额完成省 40 万目标任务；获批设立“世界技能大赛中国（广州）研究中心”；深化技工院校内涵发展，推动教育供给和产业需求精准对接，公办技师学院毕业生就业率达 99%。

（二）劳动关系。

积极应对严峻复杂的国际形势以及新冠肺炎疫情的影响，多措并举稳定劳动关系。及时出台《关于疫情防控期间劳动关系问题有关问答》，明确疫情防控期间工资、休假等劳动关系政策，建立风险防范化解、稳定劳动关系、加强集体协商的指导意见，及时解决企业和职工诉求。发布《企业裁员工作指引》，规范企业裁员行为，实施裁员报告备案网上办理，及时做好就业创业服务、职业技能培训、后续配套服务、失业生活保障等工作，确保劳动者权益有维护、就业有出路、生活有保障。牵头指导“五类企业”做好提前复工报备工作，保障疫情防控期间经济社会稳定。全年劳动争议调解立案 6.37 万件，其中全市三方联调中心调处 11 357 件。全面开展劳动关系和谐单位创建活动，累计创建和谐企业 3 783 家，花都区获得“广东省和谐劳动关系示范区”称号。全市仲裁结案率 97.16%、调解成功率 76.16%、仲裁终结率 77.25%，超额完成了人力资源社会保障部和省人力资源社会保障厅下达的指标任务。率先实现互联网远程劳动仲裁庭审，共线上调处争议案件 4 334 件。

（三）劳动保障监察。

扎实开展劳动保障监察工作，在广东省 2019 年度保障农民工工资支付考核中获得 A 级。完善欠薪治理工作格局，成立市根治拖欠农民工工资工作领导小组，强化保障农民工工资支付工作考核。加大执法力度，深入开展根治欠薪专项行动，加强清理整顿人力资源市场秩序等部门联合专项执法。截至年底，全市劳动保障监察机构为 1.26 万名劳动者追回工资 1.33 亿元。

（四）职业技能培训和竞赛。

全面实施职业技能提升行动，全年共完成各类补贴性职业技能培训 118.96 万人次。积极落实创业培训补贴政策，开展创业培训 3 728 人次，培训创业培训师资 207 名。第一届全国职业技能大赛于 12 月 10 日至 13 日在广州琶洲国际会展中心举行。大赛共设 86 个项目，其中第 46 届世界技能大赛项目 63 个，国赛精选项目 23 个。广州市 53 名选手参赛，共获得金牌 13 枚、银牌 6 枚、铜牌 5 枚和优胜奖 18 个，金牌数占全省的 40.6%、全国的 15.1%。在 12 月举办的第三届粤港澳大湾区“粤菜师傅”技能大赛中，广州派出的 8 名选手共获得 2 项一等奖、1 项二等奖、2 项三等奖以及 3 项优胜奖。2020 年，广州市还开展了第七届产业人员职业技能竞赛等多项赛事，通过竞赛活动，带动岗位练兵 30 万人次。

二、社会保障

（一）养老保险。

积极落实国家和省的各项养老保险制度，持续扩大养老保险覆盖面。严格按照国家统筹疫情防控与经济社会发展要求，迅速落实社保费阶段性减免等惠企暖企政策，共为 62.76 万家企业减免养老保险费 441 亿元。全面落实低保、特困等 6 类困难群体基本养老保险应保尽保、应发尽发的目标，完成脱贫攻坚的社保兜底任务。严格执行企业职工养老保险中央调剂金制度和省级统筹制度，平稳实施机关事业单位养老保险制度改革，稳步推进城乡居民养老保险工作。做好全市企业和机关事业单位退休人员养老保险待遇的同步调整工作，企业退休人员人均基本养老金提高到 3 726 元/月，城乡居民基础养老金标准进一步提高至 237 元/月。截至 12 月，全市企业职工参保人数（不含离退休）673.6 万人，离退休人数 108.74 万人；城乡居民养老保险参保人数 140.99 万人，其中领取待遇人数 58.14 万人。

（二）工伤保险。

提高工伤残疾退休人员的退休待遇，人均伤残津贴为 5 511.74 元/月，工亡一次性补助金标准 84.718 万元（不含供养亲属抚恤金）。严格按照国家统筹疫情防控与经济社会发展要求，迅速落实社保费阶段性减免等政策，共为企业减免工伤保险费 4.77 亿元；实施阶段性下调工伤保险费率政策，为企业减负 16.97 亿元。落实中央关爱一线防控医护及相关人员政策，对感染新型冠状病毒肺炎的医护及相关人员开通工伤认定绿色通道，通过推行“明白纸”办事指南，推行“不见面”办理方式，运用“容缺后补”操作，确保工伤认定的即时受理、即时审核、即时认定和从速办理。建立省市区纵向协同机制，实时沟通、无缝对接，确保工伤认定结论第一时间送达到待遇核定支付部门。省市区联动两小时内快速办妥因公殉职支援湖北荆州医疗队员的工伤认定和待遇发放工作，受到省政府主要领导的高度肯定。推进广州市工伤预防专项试点工作，积极开展工伤保险集中宣传活动。截至 12 月，全市工伤保险参保人数 682.93 万人。

（三）失业保险。

对符合不裁员少裁员等条件的参保企业，继续实施援企稳岗返还政策，返还其上年度实际缴纳失业保险费的 50%。根据国家和省“对不裁员或少裁员的中小微企业，返还标准最高可提至企业及其职工上年度缴纳失业保险费的 100%”的规定，对符合领取条件的中小微企业，按上年度缴纳失业保险费的 100%的标准返还，在原已返还 50%的基础上，再返还 50%。全年共计发放失业保险稳岗返还 36.43 万家，返还资金 29.90 亿元。按照国家和省的统一部署扩大失业保险保障范围，及时为有关失业人员提供保障，市人社局和市财政局联合转发省人社厅、省财政厅《关于扩大失业保险保障范围的通知》，累计发放失业补助金 195 503 人，金额 5.72 亿元。全年共为企业减免失业保险费 11.52 亿元，继续执行失业保险降费率和浮动费率政策为企业减负 36.38 亿元。截至 12 月，全市失业保险参保缴费人数 691.82 万人。

（四）退休人员社会化管理。

截至 12 月，全市有 109.75 万企业退休人员纳入社区管理，“人员、档案、党组织关系”三个移交指标均达 100%。通过社保系统代发放春节、中秋节日慰问金 164.87 万人次，6 259.07 万元。全市探访慰问孤寡、特困、重病等十类社会化管理人员 10.03 万人次，发放慰问品及慰问金合计 976.72 万元，发放新中国建立前参加工作退休老工人的困难生活补贴 189.3 万元。

三、人才人事

全面建设人才集聚新高地，全力推动人才发展体制机制改革，优化人才发展环境，集聚创新创业人才。优化提升产业领军人才“1+4”政策，深入实施高层次人才认定、服务保障、培养资助方案，实施“岭南英杰工程”，全面下放人才绿卡行政审核事权，落实粤港澳大湾区个人所得税优惠财政补贴政策。完成 2020 年度政府特殊津贴人选选拔推荐工作，评选支持创新领军人才 20 名、产业发展和创新人才 3 000 名。截至 12 月，全市专业技术人才总量达 195 万人，其中高级专业技术资格 23.4 万人；技能人才总量 275 万人，其中高技能人才 92.4 万人；在穗院士 115 人（含柔性引进），其中全职工作院士 56 人；享受国务院政府特殊津贴人员 426 人；通过认定高层次人才 1 207 名（其中杰出专家 122 人、优秀专家 481 人、青年后备人才 604 人），选拔“岭南英杰”后备人才 104 名，累计发放人才绿卡 7 623 张。

（一）人才引进。

全年市属单位引进在职人才入户 54 926 人，广州市荣获“最佳引才城市奖”。积极应对疫情防控形势，出台全面实施在职人才引进和高校毕业生接收入户全流程网办的通知，实现办事群众“零跑动”。全面深化“放管服”改革，在全国首创引进在职人才入户“移动端申报+全流程网办”新模式。积极落实市十件民生实事，印发实施引进人才入户管理办法。放宽“双一流”高校大学本科学历人才入户社保年限，简化应届高校毕业生入户流程。加大人才引进入户工作监督力度，年内开展4次专题培训，组织开展重点区专题督导检查，及时发现处理申请人虚假申报材料等问题。

（二）事业单位人事管理。

贯彻落实国家、省关于深化事业单位人事制度改革的决策部署，统筹推进全市事业单位人事制度改革向纵深发展。根据深化市级事业单位改革工作方案，市人社局、市委编办、市财政局印发《关于进一步明确市直机关后勤服务人员管理有关问题的意见》，市人社局和市医疗保障局印发《关于补充调整〈关于市属事业单位分类改革后人事和社会保险若干问题的处理意见〉有关条款的通知》，完善了市级事业单位深化改革后人事和社会保险的政策体系。落实国家、省相关部署，发动全市事业单位加大面向高校毕业生的招聘力度，联合市委组织部、市委编办印发《关于组织参加广东省事业单位集中招聘2020年高校应届毕业生工作的通知》。为加快人才强市建设，拓宽事业单位人员招聘渠道，市委组织部会同市人社局发出通知，试行在本市选调生招录中同步开展事业单位人员招聘工作。同时，就进一步加强和规范事业单位专业技术二级和技术工一级岗位管理工作提出明确要求。继续贯彻落实国家、省、市关于加快发展现代技工（职业）教育有关精神，指导西南大学、华南师范大学、广州大学和市属技工职业院校完成2020年定向培养职业教育硕士的招生、录取和协议签订工作，确定了第一批培养对象，有序开展试点工作。

（三）专业技术人才管理。

大力推动博士博士后培养平台建设，全年新增6个国家博士后工作站、4个博士后工作站分站、15个省博士工作站、9个省级博士后创新实践基地、16个市级博士后创新实践基地。截至2020年底，全市有博士后科研流动站5个、博士后工作站（分站）107个、省博士工作站57个、省级博士后创新实践基地63个、市级博士后创新实践基地114个，全年新进站博士后241人，在站博士后839人。在全国博士后评估工作中，7个设站单位获评优秀等级，29个设站单位获评良好等级。组织实施2020年度“菁英计划”留学项目，35人入选。

推进职称评审“放管服”改革，在广汽集团、广州建筑集团、广州地铁集团、广州港集团开展企业主体人才系列职称自主评审试点。优化港澳专业人才职称评审机制，构建开放的粤港澳职称评价机制，在市、各区、南方人才市场设立港澳台人才职称申报点，职称评审实现全流程网办。南沙区开展首次工程系列建筑、交通专业副高级以下职称评审。落实疫情防控一线专业技术人员职称评审倾斜政策，参加疫情防控的卫生专技人员中207人获评正高职称，593人获评副高职称。完善评委会设置，新增组建经济、化工、机电、通信4个专业正高级评委会以及林业专业副高级评委会，全市共设立高、中级评委会110个（含自主评审），其中高评委52个，中评委58个，在库专家1.6万余人。

（四）高校毕业生接收和就业管理。

2020届广州生源高校毕业生52 309人，就业率95.85%，同比增长0.48个百分点，就业困难家庭高校毕业生161人，就业率100%，全市高校毕业生就业形势保持稳定。全年举办各类“阳光就业”系列招聘活动265场，参会单位2 770家次，累计提供就业岗位近10.73万个。其中3月1日至10月31日连续245天全天候不间断举行网络招聘活动，网站点击浏览量约39万次。市人力资源社会保障局联合相关职能部门进校园现场招聘活动20场，累计参会单位2 246家次，提供招聘岗位约7.9万个。线上发布324家国有企业公开招聘信息超过2 000条。举办“阳光就业·事业扬帆”就业创业指导进校园活动76场，超过

1 万人次收听。出台《广州市院校就业创业 e 站评估办法》，认定 31 所广州市院校就业创业 e 站。组织举办 2020 年第九届“赢在广州”暨粤港澳大湾区大学生创业大赛，近百所省内和港澳地区高校举办校内选拔赛，海选项目超过 1 万个。继续设立港澳赛区，共有来自 7 所高校的 25 个港澳大学生创业项目参赛。大赛最终选拔优秀创业项目 46 个。

（五）随军家属就业安置。

针对接收单位涉及机构改革情况，与组织、编制等部门加强沟通对接，争取相关部门有力支持，全年安置随军家属 425 人，安置数量再创历史新高。严密组织随军家属就业安置见面会，共 161 家用人单位提供 1 351 个就业岗位，参会人数 1 013 人次，通过见面会达成就业意向 223 人。召开解决花都区驻军随军家属就业安置历史遗留问题专题部署会，彻底解决该区历史遗留问题。加大培训力度，多次赴驻穗部队上门培训和政策宣讲，举办 2 期就业创业指导培训班，132 名随军家属参加。

（六）技工教育。

2020 年，全市有技工院校 27 所，1 个职业技术教学研究机构，其中技师学院 7 所、高级技校 3 所，全日制在校生 11.2 万人，152 名学生获得国家奖学金，高级工班以上学生占比 71%，毕业生平均就业率 97.97%，年社会职业培训 12.62 万人次。建有世界技能大赛中国研究中心 1 个、课程研究中心 1 个、技工院校师资培训基地 1 个，国家级“大师工作室”5 个，国家级“高技能人才培训基地”6 个，世界技能大赛中国集训基地 16 个。全市技工院校重点专业和特色专业 57 个。

穗港技能人才交流合作持续深化，经主动沟通协调，市人社局克服疫情影响，于 12 月 21 日与香港机电工程署续签深化机电人才发展合作备忘录，在技能培训、共建基地、院校合作、业界交流等方面全面强化合作，开启穗港技能人才交流合作新篇章。

四、人社扶贫

广州市立足人才、就业、人力资源服务、技能培训、优质技校资源等优势，聚焦建档立卡贫困劳动力，以有力措施推进对口帮扶贵州省毕节市、黔南州工作。市人社局牵头建立工作机制，市、区两级人社部门分别与毕节、黔南对口帮扶地区签订稳岗就业协议，成立对口帮扶劳务协作工作专班，完善组织架构，细化分解任务。主要负责同志前往对口帮扶地区对接相关工作，推动两地各项劳务协作措施落地落细落实。实施“点对点”服务助力转移就业，疫情期间设立毕节、黔南就业服务专线，开通“点对点”专车专列，全年组织 46 批次毕节市、黔南州专车（专列）共 8 300 人返粤，3 174 名务工人员返穗返岗，其中建档立卡贫困劳动力约 1 300 人。组织优质企业举办现场和网络招聘会，安排专车直接输送招聘人员到企业，真正做到“上车出门、下车进厂”。组织 1 185 家次企业采取现场和网络方式开展招聘活动 73 场次，提供招聘就业岗位 6.3 万个，向毕节、黔南及辖下各县推送岗位 7.8 万个，全年帮助建档立卡贫困劳动力转移广东就业 11 431 人（毕节 4 955 人，黔南 6 476 人），比上年增长 24.36%。高度关切因疫情影响务工人员回流问题，建立动态台账，及时了解回流人员的具体情况及就业需求，有针对性地推荐就业岗位促进返岗就业，回流人员重新就业比例达到 96%，全年发放贫困劳动力补贴 1 781.95 万元，惠及企业 282 家，惠及贫困劳动力 1 719 人。发挥“粤菜师傅”“广东技工”“南粤家政”三项工程扶贫优势，组织开展联合办学，为两地培训师资力量。全年举办劳务协作培训班 441 期 21 529 人，比上年增长 19.71%。主动对接对口帮扶地区，通过选派优质师资力量、提供培训教材、划拨培训经费等方式联合当地人社部门举办技能培训，提供针对性岗位信息，助力贫困劳动力培训后成功就业。智力帮扶强发力，组织 21 名来自现代农业生产、医疗卫生、高校教育教学等领域的优秀专家开展为期4天的智力帮扶活动，助力实现互利共赢、共同发展。

五、行风建设

继续将行风建设作为“一号工程”抓紧抓实，召开全市人力资源社会保障系统行风建设工作暨练兵比武动员视频会议，印发《2020年广州市人社系统行风建设工作要点》，以“马上就办、真抓实干”为总要求，从全面推进服务标准化建设、加强窗口单位队伍建设等6个方面21项工作任务入手，坚决打好三年行动收官战。广泛开展窗口业务技能练兵比武活动，在全市人社系统掀起“学政策、钻业务、提技能、强服务”的岗位练兵热潮，选拔队伍参加全省练兵比武比赛，在初赛中以全省总分第一成绩晋级决赛，在决赛中以总分第二获全省“团体二等奖”，并获“优秀组织奖”。持续推进“放管服”改革，将16项公共服务事项下放至各区实施，更新印发内部管理事项清单，进一步推进面向机关事业单位及其工作人员办理的业务事项标准化、规范化。全力推进优化营商环境工作，印发关于贯彻落实广州市对标国际先进水平、全面优化营商环境的若干措施，协调完成优化营商环境“开办企业”指标中涉人社业务任务，实现社保登记、就业登记在开办企业时一网通办、一站联办。持续提升人社服务水平，完成省市梳理的涉人社业务的35项堵点痛点问题的疏导化解工作；开展“人社服务快办行动”，扎实推进人社服务快办、秒办、一次办；将社保销户等业务纳入自然人“身后事一站式”办理，切实解决多项业务“多环节、多处跑、多次跑”问题；扎实推进办事材料“四免”工作，通过信息共享手段再次压缩办事材料数量，创新服务模式，提升政务服务能力。

广州市人力资源和社会保障局

深 圳 市

2020年是极不平凡的一年，面对严峻复杂的外部形势、艰巨繁重的改革发展稳定任务、突如其来的新冠肺炎疫情，深圳市人力资源社会保障系统在上级人力资源社会保障部门指导支持和市委、市政府坚强领导下，准确判断形势，精心谋划部署，果断采取行动，沉着应对挑战，稳就业保民生、减负担保企业、防风险保稳定、促创新谋发展，积极服务全国全省全市发展大局，在大战大考中，经受了考验，贡献了力量，展现了风采，各项事业发展迈上了新的台阶，为深圳经济特区建立40周年交出了一份优异答卷。

一、突出政治引领，学深悟透知行合一，党的领导和党的建设全面加强

（一）党的领导和党的建设全面加强。

始终把学习贯彻习近平新时代中国特色社会主义思想作为头等大事和首要政治任务抓紧抓实。高质量完成“深圳经济特区建立40周年创新创业人物和先进模范人物（40人）”评选表彰工作，全面激发改革开放再出发激情。以优良党风带动政风，推动作风建设与业务工作有机融合。

（二）学习贯彻科学理论走深走实。

认真开展“大学习、深调研、真落实”，开展党组“第一议题”学习38次、党组中心组理论学习8次。开展22个课题调研，推出一批高质量有深度的调研成果。狠抓督查督办推动工作落实，4项重点改革任务、81项重点工作任务顺利完成。

（三）夯实基层党建基础。

树立大抓基层、大抓支部的鲜明导向，推动基层党组织全面进步、全面过硬。强化党员身份意识和责任意识。围绕模范机关创建总体要求，有序推进教育动员、查摆问题、整改落实各项工作。梳理排查632个廉政风险点，构建以岗位为点、以程序为线、以制度为面的廉政风险防控体系。

二、坚决落实“双统筹”，非常之时采取非常之举，人社“战疫”行动成效卓著

（一）全情投入战疫情。

面对突发疫情，深圳市人社系统上下闻令而动，第一时间投入疫情防控阻击战，统筹推进疫情防控和经济社会发展，减负、稳岗、扩就业并举，有效应对了疫情带来的空前冲击，切实稳住了市场主体，稳住了就业。

（二）抢抓时机保用工。

迅速成立工作专班，局领导分工包干、一线指挥，建立重点企业用工保障机制。组织发动人力资源服务机构、公共就业服务机构，通过“市内跨园区、跨行业余缺调剂”，组织技工院校学生到企业顶岗实习，迅速为以盒马鲜生、迈瑞医疗为代表的五类重点企业补充用工4 200人，保障市民的“菜篮子”和全市医疗物资供应。成立6个由局领导任组长的劳务协作包干组，分赴6个劳务输出大省开展劳务对接，用“点对点”方式接回务工人员2.6万人。湖北解封后，快速接回8 473名务工人员。各项保用工举措有力缓解疫情早期的“用工荒”，保障了深圳产业链供应链稳定。

（三）精准施策保主体。

通过“减免缓返补”政策为企业减负

661.4亿元，约占广东全省三分之一，“真金白银”直达市场主体，对企业渡难关、稳岗位发挥了显著作用。其中，为88万家企业单位减免养老、工伤、失业三项社保费475.8亿元，为38.3万家企业单位延缴社保费92.4亿元。向54万户次企业发放失业保险稳岗返还58.6亿元，惠及员工1 134万人次。发放技能培训补贴34.6亿元，其中培训类补贴6.6亿元，以工代训补贴28亿元，已培训157万人次。以上政策实施力度分别位列全国大中城市第三、第一、第一。

（四）关爱激励强保障。

开通绿色通道，落实待遇政策，加强对疫情防控一线人员的关心关爱，向一线医务人员发放临时性工作补助9 721万元。统筹做好抗击新冠肺炎疫情表彰工作，推荐国家级抗疫表彰对象5个、省级对象130个，隆重召开深圳市抗疫表彰大会，表彰市级对象800个。

三、深入推进政务服务改革，凝心聚力驰而不息，打造政务服务的“深圳人社样本”

（一）深入推进政务服务改革。

持续发力优化服务理念、方法、机制，形成闭环式全程服务、体系化联动服务、滴灌式精准服务，用“最简的手续、最快的速度、最低的成本”把服务企业和群众的事办好。

（二）“智慧人社”全国引领示范。

在全国率先推行“信用审批”新模式，打造“秒批+信用审批”双轮驱动的人社高效服务新格局。全局190个依申请事项全部实现全流程网上办理。其中，172个实现“不见面审批”，73个实现“马上办”，45个实现“秒批（办）”。

（三）人社快办行动迅速落地。

全面铺开“打包办”，超额完成“提速办”，持续推进“简便办”，已实现10个“人社一件事”打包办理，所有依申请事项办理时限压缩至法定时限的50%，取消非必要材料97项，32个事项实现“零材料”申报。

（四）便民服务全面提质增效。

全面实行“网上办、移动办”“就近办、便捷办”，建立统一的社保经办平台，社保业务进驻45个基层服务大厅，增加劳动能力现场鉴定服务点，构建“同城通办、智慧社保”经办新模式。

四、坚持就业优先政策，聚力攻坚尽锐出战，就业基本盘得以有力稳固

（一）就业基本盘得以有力稳固。

全市就业局势保持总体稳定，全年城镇新增就业17.3万人，城镇登记失业率2.49%；就业人口规模达1 222.4万人（以失业保险参保人数为统计口径），同比增长4.8%，为历史高位。全市外来劳动力983万人，为全国全省稳就业大局做出重要贡献。

（二）优化完善就业政策体系。

出台《深圳市进一步稳定和促进就业若干政策措施》的促进就业“新21条”，以更大力度实施好就业优先政策。对接收港澳台青年实习的用人单位给予实习补助，加强港澳青年创新创业基地建设。全市已形成较为完备的就业促进政策体系，就业人员不分户籍享受均等化公共就业服务。

（三）加大创业担保贷款力度。

创业担保贷款范围及条件在广东全省最优，贷款基金规模扩大至17亿元，创新引入市场化融资担保机构，发放贷款3亿元，有效解决初创企业融资难、融资贵问题。

（四）精准帮扶重点群体就业。

实施国企引领、事业单位公开招聘等9大专项行动和高校毕业生网络招聘专项活动，有力拓宽高校毕业生就业渠道，事业单位、国有企业吸纳应届毕业生1.3万人。深圳市共接收应届毕业生7.7万人。推行失业登记网上申请和承诺制办理，对就业困难人员开展“一对一”帮扶。

五、积极稳妥深化改革，用心用情兜牢底线，民生保障水平稳步提升

（一）社会保障水平显著提高。

深圳市养老、失业、工伤三险参保3 733.8万人，同比增长4.7%，其中养老保险1 269.7万人、失业保险1 222.4万人、工伤保险1 241.7万人，分别同比增长4.5%、4.8%、4.7%；基金累计结余5 809.8亿元。

（二）社会保障体系不断健全。

港澳台居民纳入社会保障制度覆盖范围，在深圳工作和生活的港澳台居民享有社保“市民待遇”。符合条件的外籍高层次人才可通过延缴等方式在深圳市享受养老保险待遇。在全国率先出台工伤预防专家管理办法、工程建设领域按项目参加工伤保险浮动费率管理制度，并与公安机关建立工伤保险协作机制，《工人日报》专版进行宣传报道。

（三）失业保险保障范围有效扩大。

向27.5万人发放阶段性失业补助金8.6亿元，位列全国大中城市第一。向21万人次发放价格临时补贴1.2亿元，向54.2万人次支付失业保险金10.7亿元，更好保障失业人员基本生活。

（四）社保待遇水平稳步提升。

企业退休人员基本养老金实现十六年连涨，2020年7月调整后人均基本养老金3 996元/月；失业保险金1 980元/月；工伤保险伤残津贴4 886元/月；均居全国大中城市前列。

（五）积极落实中央调剂和省级统筹。

向广东省上解企业养老保险基金（含中央调剂金）587.5亿元，特别是在疫情期间紧急上解企业养老保险省级统筹调拨金548亿元，有力保障广东全省待遇支出和阶段性减免社保费政策落实。上解省级工伤保险基金19.1亿元。

六、服务支撑产业链创新链，固根基扬优势，人才发展体制机制不断优化

（一）人才队伍规模持续扩大。

深圳市专业技术人才总量198.1万人，技能人才总量396万人，其中高技能人才138.6万人，占技能人才比例为35%；2020年引进国内人才18.6万人，引进海外留学人员2.1万人。

（二）持续优化人才政策体系。

深圳市产业发展与创新人才奖进一步向实体经济、创新人才倾斜。实施境外高端紧缺人才个税优惠政策，支持粤港澳大湾区建设，发放补贴9.8亿元。中央赋予深圳设立企业博士后工作站分站事权正式落地，成为深圳市公共服务体制领域首个综合改革试点落地事项。深圳市在站博士后4 461人，累计招收博士后9 500人，居全国大中城市前列。

（三）不断完善人才人事管理服务机制。

推进粤港澳大湾区职业资格认可先行先试，推动境外专业人才执业便利化。完善事业单位人事管理政策，制定事业单位人才紧缺岗位和特殊岗位目录。顺利承接广东省下放事业单位专业技术二级岗位设置和聘用权限，拓宽高级专业技术人员晋升通道。推进高校和公立医院人事薪酬制度改革。完善中小学校长职级待遇。深化中小学教师职称制度改革。首次开展社会组织承接职称评审遴选，选出55家社会组织开展334个专业的职称评审。

（四）全力打造人才创新平台载体。

中国深圳创新创业大赛国际赛成为创新创业圈的“奥林匹克”，累计吸引全球89个国家的6 182个项目报名参赛，得到人力资源社会保障部领导的高度肯定。人才一体化综合服务平台顺利上线运行，为深圳市人才提供全方位、一站式服务。成功举办第二十二届中国国际高新技术成果交易会人才与智力交流会。建成“一园四区、多点支撑”的国家级人力资源服务产业园，全年营收约700亿元。

（五）突出强化技能人才培养选拔。

提请深圳市委、市政府高规格成立“粤菜师傅”“广东技工”“南粤家政”三项工程领导小组，出台三个高质量发展工作方案，开展“粤菜师傅”培训 9 162 人次、“南粤家政”培训 4.3 万人次。率先利用大数据技术建立第三方实时培训监管平台，人力资源社会保障部在全国予以推广。28 家大型优秀企业、11 家社会培训评价组织备案成为职业技能等级认定机构，机构数量、发证数量均居广东省首位。企业新型学徒制培养规模广东省第一。以世界技能大赛为引领推动技工教育发展，深圳市 10 名选手参加第一届全国职业技能大赛的 10 个世赛项目，荣获 5 金、2 银、1 铜和 2 优胜（其中深圳技师学院获得 4 金 1 银），全部入选国家集训队。首次成功推荐 1 名教师获聘世界技能大赛项目国际竞赛经理。深圳第二高级技工学校升格为深圳鹏城技师学院。深圳市技工院校毕业生就业率保持在 97%以上。

七、健全风险防控机制，共建共治强化合力，劳动关系保持总体和谐稳定

（一）劳动关系总体和谐稳定。

把握劳动纠纷新形势，成立市级劳动关系治理领导小组，健全市、区、街道联动机制，组织开展打击拒不支付劳动报酬犯罪专项行动、根治欠薪冬季专项行动、清理整顿人力资源市场秩序专项行动等执法检查活动，全市各区守土有责、守土尽责，有效构建起“不敢欠、不能欠、不想欠”的治理体系。30 人以上劳动纠纷逐年下降且均得到妥善处置，劳动关系总体和谐稳定，为深圳市稳定大局做出积极贡献。

（二）大力推进劳动关系领域改革创新。

2020 年薪酬调查（涉及 4 000 家企业、50 万名员工）新增发布重点民生领域工资指导价位等创新做法获人力资源社会保障部高度肯定。推进和谐劳动关系促进条例修订工作，提出《劳动合同法》调整修改建议。稳慎推进特殊工时改革试点。推广盐田、坪山构建和谐劳动关系创新经验，盐田改革试点成果得到人力资源社会保障部充分肯定。

（三）全面强化劳动用工指导服务。

新冠肺炎疫情初期，及时出台劳动关系处置、综合计算工时、用工余缺调剂等政策指导文件。开展新业态用工调研，提出规范互联网平台企业劳动用工保障从业人员权益的指导意见。编制劳动争议调解地方标准。

（四）切实维护劳动者合法权益。

2019 年度保障农民工工资支付广东省省考获第 1 名，评为 A 级。各级调解组织共调解劳动争议 3.9 万件，调解达成协议或和解的 3.4 万件。劳动争议仲裁案件累计结案率 96.3%，创历年新高。

八、坚定信心，压茬推进人社扶贫，在脱贫攻坚全面胜利中贡献人社力量

（一）大力促进就业扶贫稳岗增收。

在全国首创贫困劳动力社保补贴政策，率先探索参照就业困难人员标准，对招用贫困劳动力企业发放社保稳岗补贴，对吸纳全国范围内贫困劳动力且实现稳定就业 6 个月以上的企业，按每人 5 000 元标准给予一次性就业补贴。2020 年审核受理贫困劳动力一次性就业补贴 4.2 万人，发放 2 178 万元。提高劳务协作组织化程度，建立常态化岗位发布机制，扎实开展线上线下招聘活动，吸引贫困劳动力来深就业。开展对口广西百色、河池劳务协作，解决 9.9 万名贫困劳动力就业。积极开展贫困劳动力稳岗服务，运用大数据精准摸排外省在深圳贫困劳动力，将 47 万名贫困劳动力纳入跟踪服务范围。

（二）深入实施智力帮扶脱贫致富。

多渠道推动贫困劳动力在深圳实现高质量就业增收脱贫，推进贫困劳动力技能培训和贫困家庭子女技工教育。2016 年至 2020 年招收对口帮扶贫困生 2 009 人，累计补贴 1.7 亿元，实现“培训一人、就业一人、脱贫一户”。国务院扶贫办专报刊发深圳帮扶贫困劳动力稳定就业典型经验。支持和鼓励贫困劳动

力参加技能培训，加大职业技能培训补贴力度，贫困劳动力获得国家职业资格证等证书的，按规定给予1 000~7 700元不等的培训鉴定补贴和最高不超过500元的生活费补助。2016年至今，累计培训在深贫困劳动力8 482人。

（三）持续推进社保扶贫兜牢底线。

聚焦特殊贫困人口精准发力，进一步织密扎牢社会保障“安全网”。自2018年1月1日起，将低保对象、特困人员、重度残疾人和精神智力残疾人等困难群体纳入深圳市居民基本养老保险扶贫范围，做到“困难群体新增一个，社会保险保障一个”，保证应保未保人员“动态清零”。截至2020年底，深圳符合条件的困难群体全部纳入居民养老保险范围，实现了代缴率、发放率两个100%。

（四）发挥人才扶贫智力支撑作用。

鼓励各类人才为贫困地区提供人才服务和智力支持。鼓励专业技术人员通过挂职、兼职、在岗创业、离岗创业等方式返乡服务，助力实施人才扶贫行动计划。重点推动与贵州省毕节市、黑龙江省哈尔滨市的人才帮扶和人才合作，签订深化对口帮扶机制和合作交流模式的工作协议，在人力资源开发、人力资源产业园建设、技能大师工作室以及人才交流等方面加大帮扶及合作力度。

九、聚焦群众满意，锻造人社新形象，打好行风建设三年行动“收官战”

（一）狠抓党风政风行风建设。

印发行风建设工作要点，推出加强行风建设19条措施，打好行风建设三年行动“收官战”。克服疫情影响，在全国率先恢复考试、劳动能力鉴定业务，安全有序提供社保、技能鉴定等各项人社公共服务。选派党员干部参加社区防控和企业复工复产工作。积极推行重点企业“共产党员专员服务”，选派157名党员干部全脱产开展用工服务专项工作。参加人社系统业务技能练兵比武“日日学、周周练、月月比”活动，深圳市人力资源和社会保障局在2020年广东省人社系统练兵比武活动全省赛中获得三等奖。

（二）深化业务标准化和信息化建设。

全面推广“综合柜员制”，制定《人才园窗口业务受理标准》，打造业务受理标准化体系，明确前后台受审界限，消除窗口自由裁量权。畅通业务办理进度查询、“好差评”和线上线下咨询渠道，确保前台统一受理、后台分类审批、结果及时反馈、服务有效监督。率先推动实现电子社保卡、医保电子凭证、电子健康码“三码融合”，打造“市民码”示范样板。深圳市金融社保卡发行量超1 900万张，电子社保卡签发量超800万张，覆盖深圳市72家医院和653家社康中心。

（三）不断推出人社服务便利化举措。

设立华为、富士康、前海、西丽大学城4个人才服务工作站，以“常规服务+主题专场服务”形式为人才和用人单位提供人社公共服务事项办理和个性化服务，人才服务工作站成为人社政策宣传与落地、听民情达民意的前沿阵地。在全国率先推出“人社服务地图”，在一张图上直观呈现全市人社服务网点、自助终端和可办理业务事项分布，为市民提供在线预约、电话咨询、导航等服务，使人社业务“易懂、易索、易办、易得”，获人力资源社会保障部行风办高度肯定，为全国推行“人社政务服务电子地图”提供参考范例。

（四）推动窗口服务质量持续向好。

以党建引领窗口建设，成立深圳人才园政务服务项目党支部，发起党员倡议，开展“五四”青年节主题活动及主题党日活动，组织党员志愿者深入企业一线宣讲人社政策，激发奋斗担当的思想自觉和行动自觉。继续聘请第三方专业机构对窗口工作作风及服务质量进行暗访、监测，及时通报发现问题，集中统一整治，开展靶向监督，推动行风持续向好。

深圳市人力资源和社会保障局

广西壮族自治区

2020年，广西壮族自治区人力资源社会保障部门以习近平新时代中国特色社会主义思想为指导，贯彻党的十九大和十九届二中、三中、四中、五中全会精神，坚决落实人力资源社会保障部和自治区党委、自治区人民政府的部署，聚焦就业重点、突出社会保障、推进人才制度改革、疏通劳动关系堵点、全面推进扶贫攻坚、狠抓行风建设，全力应对新冠肺炎疫情冲击，圆满完成全年各项任务目标，为促进广西经济社会发展、维护社会稳定做出了积极贡献。

一、就业形势保持总体稳定

（一）就业工作目标任务全面完成。

始终把促进就业作为重大政治责任和自治区人社系统第一要务，贯彻落实就业优先政策，积极应对新冠肺炎疫情挑战，圆满完成就业工作目标任务。全年城镇新增就业365 244人，失业人员再就业102 359人，就业困难人员实现就业63 044人，分别完成中央下达年度任务的146.09%、157.48%、394.03%。年末城镇登记失业率2.77%，比目标控制数5.5%低2.73个百分点。

（二）就业优先政策进一步完善。

疫情发生以来，推动出台自治区人社厅等5部门《关于应对新型冠状病毒感染的肺炎疫情做好就业和社会保障有关工作的通知》和自治区就业工作领导小组办公室《关于印发广西应对新冠肺炎疫情影响强化稳就业举措实施方案的通知》《关于支持多渠道灵活就业的若干措施的通知》，以及《广西壮族自治区就业补助资金管理办法》等30多个政策文件，筑牢政策根基，进一步强化稳就业举措，积极应对疫情对就业局势的冲击。

（三）重点群体就业平稳有序。

加强对高校毕业生就业工作的帮扶，在全区范围内开展“百日千万网络招聘专项活动”“广西2020届高校毕业生线上招聘季”等系列活动526场次，累计组织4万家用人单位提供高校毕业生岗位超过100万个。举办各类线上线下就业指导活动103场，指导大学生32.6万人次。就业见习基地累计提供就业见习岗位4.45万个，吸纳1.37万名毕业生参加就业见习。对11万2020届广西离校未就业高校毕业生开展实名登记和就业帮扶工作，截至12月末，应届广西离校未就业高校毕业生就业率93.91%。制定疫情防护措施，确保农民工“点对点”返岗复工安全有序，共组织专列、专车等4 151次，累计护送15.2万人返岗复工，实现“零感染”“零事故”。扶持农民工创业就业，出台“点对点”服务经费保障文件，为活动提供资金支持。进一步放宽农民工创业就业奖补申领条件并提高奖补标准，全年累计发放各项农民工创业就业补贴及扶持资金2.2亿元，惠及农民工43.7万人。38个自治区级农民工创业园入驻企业1 094家，其中农民工创办企业772家，提供就业岗位63 872个，吸纳就业37 550人，辐射带动就业11.6万人。

（四）职业技能培训不断加强。

组织开展各类补贴性职业技能培训163.5万人次，发放职业培训补贴14.6亿元。创新

“双千结对”岗位技能培训模式，组织千家企业与培训机构（技工学校）建立岗位培训合作机制，对企业职工实施精准岗位技能培训。2020年，共有6 112个区内企业与培训机构建立“双千结对”合作关系，组织培训企业职工109.9万人次，发放补贴8.8亿元。落实“以工代训”政策，支持企业复工复产促进稳岗稳就业，全年开展“以工代训”54.7万人，涉及企业2.2万家。开展职业技能“电子培训券”试点工作，支持院校应届毕业生通过学习技能促进就业。

（五）就业监测体系更加完善。

疫情发生以来，着重加强对重点地区、重点群体、重点行业的就业监测，持续监测就业、失业关键性指标的变动情况。密切关注城镇调查失业率和登记失业率、领取失业保险金人数、人力资源市场供求状况、自治区内6 000家重点企业用工变化、1 500个行政村和广东省500家企业广西籍外出务工人员返乡回流情况。

（六）公共就业服务水平进一步提升。

先后组织开展春风行动暨就业援助月、民营企业招聘周、民营企业招聘月、百日千万网络招聘、就业扶贫行动日、民营企业家日、金秋招聘月等系列专项活动，累计举办各类招聘会1 993场，提供就业岗位280.7万个，为用人单位和劳动者搭建了高效的“面对面”对接平台。建立24小时重点企业用工调度保障机制，设立353名人社服务专员，联系服务重点企业6 000多家，累计帮助解决用工24.9万人。举办广西校企信息发布会，收集自治区内295所高校和中等职业学校毕业生信息45万条，整理1 287家企业用工信息、提供就业岗位8.6万个。

二、社会保障体系不断完善

（一）社会保障政策不断完善。

制定、落实阶段性减免缓缴企业社会保险费和减免费政策延期政策：2020年2月1日至12月31日，免征中小微企业等三项社会保险单位缴费部分；2020年2月1日至6月30日，减半征收各类大型企业等其他类型单位的三项社会保险单位缴费部分；至2020年12月底受疫情影响，申请缓缴前连续3个月亏损的企业，可申请缓缴三项社会保险费。截至12月底，累计减免企业养老保险费188.1亿元，惠及企业16.9万户、职工310万人；减免企业失业保险费5.8亿元，惠及企业16.5万户、职工306万人；减免企业工伤保险费4.5亿元，惠及企业16.7万户、职工325万人；缓缴企业养老保险费28亿元，惠及企业2 343户；缓缴企业失业保险费1.4亿元，惠及企业2 340户；缓缴企业工伤保险费0.3亿元，惠及企业2 302户。

（二）社会参保覆盖面持续扩大。

大力实施全民参保计划，参保扩面效果明显。2020年，全自治区参加城镇职工养老保险919.5万人、城乡居民养老保险2 437.7万人、失业保险410.6万人、工伤保险485.6万人，分别完成目标任务的104.37%、122.19%、111.87%、110.11%。社保卡累计持卡人数达4 988.7万人，完成目标任务的103.35%。

（三）社会保险待遇水平不断提高。

按照国家统一部署，同步调整增加机关事业单位退休人员和企业退休人员基本养老金，共有263.6万名退休人员参加本次调整，月人均增加156.9元。从5月1日起失业保险金最低标准提高至最低工资标准一类的90%，调整后月人均领取失业保险金提高到1 659.7元。工伤保险伤残津贴、供养亲属抚恤金和工伤保险基金补差月标准分别增加200元、60元和70元，生活完全、大部分和部分不能自理的生活护理费分别调整到每人每月3 187元、2 549元和1 912元，实现“六连升”。

（四）基金运行风险防控进一步加强。

协调落实自治区社保中心与自治区财政厅每月对账制度，做好基金运行情况的预测分析和预案管理。配合做好中央财政转移支付资金、中央调剂金拨付和自治区全区调剂工作，确保养老金按时足额发放。社会保险基金监督制度不断健全，修订实施了《广西壮族自治区社会保险基金监督举报奖励办法》，基金监督行政执法力度不断加大。社会保险基金保值增值成效明显。

三、人才队伍建设持续推进

（一）专业技术人才队伍建设不断加强。

2020年，自治区有专业技术人才230万人，其中高级职称27万人。新增国家“百千万人才工程”人选6名，政府特殊津贴人选47名，博士后科研工作站5家，国家级专业技术人员继续教育基地1个，国家级专家服务基地1个。新遴选广西博士后创新实践基地10家，自治区级专业技术人员继续教育基地6家。新评选第六批推动广西·中关村创业创新人才基地建设，柔性新引进高层次人才20位。举办第五届海内外高端人才创新创业成果展，参展专家数、观展人数、开展对接数及落地专家数创新高。开展重点领域急需紧缺人才招聘活动，编制《中国（广西）自由贸易试验区重点产业急需紧缺人才目录》，发布自贸区11个产业共190个急需紧缺岗位。完善专业技术人员继续教育学时登记系统，启动学时登记。组织实施国家级高级研修项目4个，自治区级研修培训项目12个，广西中青年高层次专家能力提升培训班3期。组织自治区专业技术人员参加公需科目必修课的学习考试，首次新增公需科目选修课，全年参加学习考试超过100万人次。完善职称评审体制机制，开展高级职称自主评审试点，下放高级职称评审权限，全年新评审取得职称9.4万人，其中高级职称3.7万人。实施疫情防控一线医护人员职称激励政策，防疫一线人员评审通过职称1 289人，其中通过直接评审绿色通道获得高级职称211人。出台挂牌督战县职称“定向评价、定向使用”政策，首次开展“定向评价、定向使用”职称评审，申报人数达3 625人，通过2 432人。

（二）技能人才队伍建设持续推进。

2020年，广西新增高技能人才27 354人，其中新增技师、高级技师3 576人；新增高技能人才培训基地15个（国家级5个，自治区级10个），技能大师工作室15个（国家级5个，自治区级10个），自治区级世界技能大赛项目集训基地5个；新增7名高技能人才获得国务院政府特殊津贴，185人获得“广西技术能手”称号。7月15日，承办2020年世界青年技能日全国主场宣传活动，发放全国首批职业技能电子培训券，与会领导现场见证5家企业、培训机构和人社部门签订“双千结对”岗位技能培训合作协议。

（三）事业单位人事管理稳步推进。

积极推进人事管理政策向防疫一线倾斜。直接考核聘用支援湖北一线优秀编外医务人员499人，通过绿色通道招聘防疫一线医务人员265人。自治区人社厅印发《关于在科研行业事业单位开展岗位结构比例自主设置试点工作的通知》，开展科研行业事业单位岗位结构比例自主设置试点工作。完成专业技术二级岗位申报评议工作，新增专业技术二级岗位人员82人。自治区委组织部和自治区人社厅印发《关于贯彻落实〈事业单位工作人员奖励规定〉有关事项的通知》，在广西3.6万家事业单位开展了疫情防控及时奖励和脱贫攻坚专项奖励，约1 200个集体1.3万名个人获奖励。

（四）事业单位收入分配工作稳步推进。

优先保障义务教育教师、医务人员和基层乡镇事业单位工作人员工资待遇，深入推进高校科研院所人才薪酬制度改革试点工作，创新高层次人才薪酬制度和绩效工资管理政策。实施待遇保障向疫情防控一线工作人员倾斜政策，落实中央和自治区有关疫情防控工作人员临时性工作补助和卫生防疫津贴等相关政策。建立完善以增加知识价值为导向的激励机制，制定出台科研、教学人员在科研、教学活动中按规定列支的报酬以及取得科研、教学成果给予奖励的具体操作办法。创新事业单位工作人员因公牺牲抚恤政策，实施事业单位工作人员因公牺牲一次性补助金，建立事业单位工作人员因公牺牲认定工作机制。

四、劳动关系保持和谐稳定

（一）劳动关系协调工作稳步推进。

及时落实、出台政策稳定新冠肺炎疫情期间劳动关系，开展企业薪酬调查、调整最低工资标准、指导国有企业收入分配以深化企业工资收入分配制度改革，充分发挥协调劳动关系三方机制作用，支持企业与劳动者加强协商，采取调整薪酬、轮岗轮休、灵活工时等方式稳定就业岗位。

（二）劳动人事争议调解仲裁持续推动。

加强劳动人事争议调解仲裁工作法制化建设，推进自治区《人事劳动争议调解仲裁条例》出台。探索多方大调解工作模式，建立各类多方大调解中心25个，将争议柔性化解在萌芽状态，维护劳动关系和谐稳定。创新仲裁办案模式，通过完善要素式办案、设立速裁庭、规范仲裁案件编号等工作机制，不断提高办案效率。完善劳动人事争议多元处理机制，加强仲裁与法律援助衔接、裁审衔接工作力度，调解仲裁质效显著提升。

（三）根治拖欠农民工工资工作稳步推进。

全年主动检查用人单位约5万户次，办结劳动保障监察违法案件114件，为872名劳动者追发工资等待遇659万元，立案查处工资类案件数、涉及人数及金额同比分别下降52.88%、60.36%和78.98%。督促用人单位为658名劳动者补签劳动合同，为38名劳动者补缴社会保险费9.7万元，共向司法机关移送案件14件，其中涉嫌拒不支付劳动报酬案件13件，公安机关立案11件。依据《保障农民工工资支付条例》，对欠薪案件和线索快立快处，露头就打，采取灵活务实的方法，及时解决劳动者合法诉求。健全劳动保障监察举报投诉案件预警平台，对预警单位实行“网格化”管理，全年产生预警单位信息40 956条，排查化解39 929条，排查化解率达97.49%。完善工程建设务工人员信息化管理平台和监管平台，动态实时准确掌握广西住建、交通、水利、电网、广电网络等行业工程建设项目保障农民工工资支付各项制度落实情况，共采集29 900个工程建设项目、10 132家施工企业、207.5万名农民工信息，监控发放农民工工资404亿元。持续推进劳动保障监察诚信体系建设，实行正向激励和反向制约，对中国建筑第八工程局有限公司等8家诚信施工企业实行缴存农民工工资保证金优惠政策，向社会公布重大劳动保障违法行为15件，将10家用人单位列入拖欠农民工工资“黑名单”。

五、人社扶贫工作圆满收官

（一）扎实推进人才扶贫。

加强政策倾斜，自治区人社厅印发《关于事业单位公开招聘进一步助推脱贫攻坚和高校毕业生就业若干措施的通知》，允许贫困地区县乡事业单位定向招聘本地户籍或生源，允许各级事业单位定向招聘“建档立卡”贫困户家庭毕业生，允许8个挂牌督战县乡镇事业单位采取直接考核方式招聘大学专科以上学历或具有相关从业资格证书的毕业生。全年广西艰苦边远地区公开招聘工作人员2.6万人。

（二）加大就业扶贫力度。

建设更多扶贫车间，开发更多公益性岗位，优先吸纳贫困劳动力就近就地就业，截至年底，广西实有运营的就业扶贫车间3 754家，带动就业27.2万人，其中贫困劳动力4.7万人。通过各类公益性岗位安置贫困劳动力23.7万人。外出务工就业的贫困劳动力达268.2万人。广西易地扶贫搬迁有劳动能力且有就业意愿的贫困户16.1万户，已实现一户至少一人就业。加强培训后就业服务，全年共培训贫困家庭劳动者及家庭子女20.5万人次，发放培训补贴和生活费补贴2.1亿元。

（三）深入开展社保扶贫。

全面推进贫困人员城乡居民养老保险应保尽保，实施特殊困难群体代缴社保费政策，对符合条件的参保人员按月足额发放养老金。截至12月底，符合条件建档立卡贫困人员

453.6万人，参保率100%，其中60周岁以上符合条件的95.7万人全部领取养老保险待遇，圆满完成社保扶贫两个百分百目标任务。对符合条件的贫困人员代缴城乡居民养老保险费，截至年底，各级政府为325万贫困人员共代缴社保费3.2亿元，代缴率100%。

六、行风建设深入开展

围绕“正行风、树新风、打造群众满意的人社服务”总体目标，打基础、强队伍、优服务、抓重点、破难点、出亮点。印发《2020年广西人力资源社会保障系统行风建设工作要点》和自治区人社厅办公室《关于进一步加强行风建设工作的通知》等政策文件，进一步夯实行风建设工作基础。高标准推进“人社服务快办行动”，实现12个企业、群众眼里的“一件事”打包办理，20个高频事项比规定时限提速50%以上，217个行政审批和公共服务事项全部实行“八统一”，“快办行动”开展以来广西政务服务综合好评率达99.98%。推动5市32个窗口单位实体大厅接入人社部监测指挥平台，实现实时监测调度。

广西壮族自治区人力资源和社会保障厅

海　南　省

2020年，海南省人力资源社会保障部门深入学习贯彻习近平新时代中国特色社会主义思想，坚持以人民为中心，坚决落实省委、省政府决策部署，认真贯彻落实全国人力资源社会保障工作会议精神和人力资源社会保障工作要点，提高政治站位，坚决听从指挥，立足部门职责，积极服务保障新冠肺炎疫情防控、脱贫攻坚、自贸港建设等重大任务，积极推进人力资源社会保障事业发展，圆满完成“十三五”时期各项目标任务，为海南全面深化改革开放和民生事业发展提供了有力支持和坚实保障。

一、以超常规举措应对疫情冲击，稳住就业基本盘

认真落实中央和省委、省政府统筹推进疫情防控和经济社会发展工作部署，紧紧围绕“六稳”“六保”要求，高效调度、精准施策、强化服务，帮扶企业，稳定就业，全省就业工作取得较好成效，为海南自贸港建设实现良好开局扛起就业担当。全年全省城镇新增就业14.4万人，失业人员再就业3.15万人，农民工外出务工145.8万人，贫困劳动力实现外出务工28.26万人，高校毕业生就业4.47万人，均完成年度任务。

（一）积极完善就业创业政策体系。

先后出台《吸引留住高校毕业生建设海南自由贸易港的若干政策措施》《关于实施企业稳岗专项支持计划的通知》《扩大返乡留乡农民工就地就近就业规模细化实施方案》《关于支持部分高校试点开发公共服务管理岗位吸纳高校毕业生就业的通知》《关于做好强制隔离戒毒人员职业技能培训和就业工作的通知》《海南省创业担保贷款管理办法（试行）》等政策文件，进一步加快恢复和稳定就业。

（二）全面推动复工复产。

成立海南省重点项目用工调配中心，建立24小时用工调度保障机制，涉及74个省重点项目和44个医用物资生产配送企业。有效应对疫情冲击，发放复工复产各项补贴近8.9万人次，涉及金额1.03亿元；开发疫情防控临时性公益性岗位1.13万个。提供“就业直通车”“复工专机”等农民工返岗“点对点”服务，累计专车输送129批次4 042人，包机输送4架次358人。落实人社部关于失业保险“畅通领、安全办”的要求，放宽失业保险金发放条件，取消60日申领期限的限制，取消提供劳动合同资料，实现凭借身份证或者社保卡即可申领失业保险金，全省发放失业保险金5.58亿元，惠及5.44万人。扩大失业保险保障范围，将领取失业保险金期满仍未就业的失业人员、不符合领取失业保险金条件的参保失业人员纳入保障范围，共向3.03万人发放失业补助金1.03亿元。

（三）保障农民工等重点群体就业创业。

建立联通大数据农民工外出务工监测月报制度，加大对农民工到省重点项目、重点企业务工的政策支持力度，提供点对点对接服务保障。举办海南省“春风行动暨就业援助月”网络招聘会、海南省“百日服务攻坚、千万岗位推送”大型公益网络招聘会等6场网络招聘会，吸引用人单位1 127家，提供就业岗

位 27 074 个，参会求职者 29 859 人次。出台吸引留住高校毕业生的政策措施，举办 2020 年海南自贸港创业大赛，支持省内各高校试点开发 1 000 个公共服务管理岗位安置就业困难高校毕业生就业，支持高校完成“三支一扶”计划招募 300 名高校毕业生到农村基层从事支教、支农、支医和扶贫服务。开展贫困劳动力外出务工专项行动，依托全省就业扶贫信息系统有针对性提供就业指导服务，组织贫困劳动力参加培训 11.12 万人次，实现有劳动力的“零务工”家庭动态清零。

二、持续深化制度改革，进一步健全社会保障体系

（一）组织实施全民参保扩面专项行动。

印发《海南省 2020 年全民参保计划实施方案》，督促应参保未参保用人单位及其职工及时参保，引导和鼓励城乡居民，尤其是贫困人员、灵活就业人员、新业态从业人员等群体参保，全面推进全民参保政策措施的落实。进一步优化参保方式方法，建立完善跨部门数据动态管理机制。全省全年参加养老保险 630.16 万人、工伤保险 170.06 万人、失业保险 194.66 万人，顺利完成“十三五”规划目标。

（二）深化社保制度改革。

出台实施企业职工养老保险省级统筹和城乡居民养老保险“两个机制”政策，印发城乡居民养老保险若干问题的通知，将缴费方式调整为一年内可以多次缴费，将待遇确定方式调整为与每个人的缴费年限和缴费水平挂上钩，将调待方式调整为待遇领取人员每年按照新的农村居民可支配收入水平重新计发一次待遇，将个人账户养老金利息调整为按委托投资实际收益率计息，增加个人账户资金积累，推动制度可持续发展。推进海南城乡居民基本养老保险基金委托投资工作，首批委托投资基金 70.31 亿元于 8 月 31 日正式委托投资。完善企业职工养老保险制度，实行基金全省统收统支。海南社保医保经办机构创新人才社保医保关系转移“一次申请、全程代办”制度，实行全程代办、实施容缺办理、创新协同经办，经办时间缩减 90%以上。

（三）加大社保惠企惠民力度。

联合省财政厅等部门印发《海南省贯彻落实国家阶段性减免企业社会保险费实施办法的通知》《海南省贯彻落实国家延长阶段性减免企业社会保险费政策实施办法的通知》，全年共为 9 万余家企业减免养老保险费 79.51 亿元、工伤保险费 1.24 亿元、失业保险费 2.53 亿元。继续延长工伤、失业保险阶段性降费率政策实施期限至 2021 年 4 月 30 日。先后印发《优化失业保险稳岗返还经办服务支持企业共渡难关五条措施的通知》等文件，扩大中小微企业政策受益面、提高返还标准，延长困难企业稳岗返还实施时限，为 24 065 户不裁员或少裁员的参保企业发放失业保险稳岗返还 4.99 亿元，为上年全年的 9.24 倍，惠及职工 76.81 万人。调整城乡居民养老保险基础养老金水平，从 2020 年 3 月起，每人每月地方基础养老金增加 5 元；从 7 月 1 日起落实国家要求，将中央基础养老金增加 5 元。省人社厅会同省财政厅印发《关于扩大失业保险保障范围的通知》，阶段性实施失业补助金政策，全年发放失业补助金 1.03 亿元。两厅还印发《关于工伤保险伤残津贴、供养亲属抚恤金等有关待遇调整和确定机制的通知》，稳步提升工伤保险待遇水平。

（四）加强社保基金风险防控。

扎实做好“三个全面取消”工作，组织省市（县）人社局和社保经办机构逐项开展自查，排查覆盖省市县级经办机构和各个险种。印发《关于开展基金风险防控检查问题整改及对照自查工作的通知》，要求全省各级社会保险行政部门及经办机构实行清单管理，业务部门加强检查督查，确保问题整改到位。开展违规一次性补缴专项检查，对违规补缴社会养老保险的人员进行逐一核查。完善失业保险经办信息系统，构建全省统一的失业保险基金会计电算化平台。建立全省社会保险费补缴

月报告制度，对补缴人数较多的市县进行风险警告，加强社会保险费补缴的监督。组织全省开展“基金风险警示教育月”活动，通过开展警示教育、案件剖析、问题自查、完善制度和落实整改等措施，进一步夯实基金风险防控基础，确保基金运行安全和社保事业健康持续发展。

三、推进人事人才工作，激发人才活力

（一）完善事业单位人事制度。

试行事业单位协议工资制、年薪制、项目工资制等首创性、差异化制度和聘用外国人管理办法。印发《关于支持海南大学“双一流”建设的若干措施的意见》，支持海南大学实施自主公共招聘、自主制定岗位设置方案等12项措施，助推其建设“双一流”大学。出台《关于进一步规范事业单位公开招聘的指导意见》，健全事业单位“严抓严管、长抓长严”的长效管理机制。提高中小学、高校等单位专业技术岗位结构比例。印发《关于开展事业单位人事管理领域审批、备案事项专项清理工作的通知》，进一步规范事业单位人事管理领域审批、备案行为，精简审批备案材料，优化工作流程，提高服务效率。指导推动海南省人民医院委托智联招聘组织开展全球招聘，首次采用网上笔试的形式招聘事业单位编制内人员。

（二）加大引才力度。

联合组织部门联合开展全球人才招聘活动，共发布6.5万个招聘岗位，正式签约5万余人（其中外籍人才384人）。先后开展7场金秋人才对接活动，组织重点企事业单位赴上海、重庆、广州、郑州、武汉等地开展招聘活动，进一步巩固扩大招才成果。组织开展校企对接、琼籍人才座谈、琼籍毕业生交流等，委托专业服务机构对参会人才进行重点跟踪与岗位推介，逐步建立人才储备库。

（三）加强技能人才培育。

全年全省开展补贴性职业培训27.7万人次，较上年12.07万人次增长129%，新增技能人才42 230人，较上年增长149%；新增高技能人才4 789人，增长131%。扩大职业技能提升行动覆盖范围，将离校两年内未就业高校毕业生、生态移民及易地扶贫搬迁人员等群体参加培训纳入专账资金支出范围。推行企业新型学徒制，全年开展企业新型学徒制培训3 672人次。组织海南省代表队参加第一届全国职业技能大赛，获得2枚银牌、1枚铜牌和27个优胜奖，9人入选“全国技术能手”、13人入选第46届世界技能大赛国家集训队，海南省代表团获得“优秀组织奖”。统筹全省职业技能竞赛，会同省级有关行业主管部门和部分市县政府联合举办43个职业工种的职业技能竞赛，选拔中级工以上技能人才1 005人。稳定技工院校招生规模，加强技工院校管理，全省技工院校秋季招生11 427人。全面推行职业技能等级认定制度、职业技能鉴定考核机构审批转备案，全省26家企业、技工院校和行业协会开展了职业技能等级认定，59家鉴定机构完成了备案。围绕自贸港建设和劳动力就业市场需要，调整增加网络直播销售等25个专项职业能力考核项目。

四、主动防范化解劳动领域风险，构建和谐劳动关系

（一）完善机制体制建设。

印发《关于办理用人单位侵害劳动者社会保险权益案件暂行办法》，进一步对办理案件的职责、程序和内容加以明确。建立劳动关系领域舆情信息和重大事件沟通协调机制，完善突发事件应急处置预案。出台《关于做好新型冠状病毒感染肺炎疫情防控期间稳定劳动关系支持企业复工复产的实施意见》，提出12项措施支持企业复工复产，引导企业与职工共担责任共渡难关。编写《海南省新冠肺炎疫情防控期间劳动关系处置导则》，权威解读疫情期间劳动关系政策，指导市县人社部门妥善解决相关问题。发布2019年度企业薪酬调查信息，指导企业合理确定职工工资水平，为企业薪酬决策和薪酬设计提供参考。印发《海

南省拖欠农民工工资重大案件挂牌督办办法的通知》，明确重大案件范围、职责和程序。印发《劳动保障监察执法事项指导目录》，指导市县制定综合行政执法事项清单，共录入224项作为劳动监察执法事项，理顺权责关系。健全劳动人事争议裁审衔接和仲裁机构考评机制，办案效能不断提升，仲裁结案率达90.7%。印发《海南省人力资源和社会保障领域行政处罚自由裁量基准》，规范行政执法自由裁量权，促进依法行政、合理行政，维护公民、法人和其他组织的合法权益。

（二）推动根治欠薪五项制度全覆盖。

开展春节前根治欠薪调研工作，重点解决涉及拖欠农民工工资疑难案件，实现根治欠薪五项制度全覆盖，欠薪案件“两清零”。加大《保障农民工工资支付条例》宣传贯彻力度，开展专项检查考核，建成省劳动保障监察智慧平台，通过实地督导、定期通报、约谈等方式确保了全省在建项目（含新开工项目）保障农民工工资支付五项制度基本实现全覆盖。

（三）加大劳动保障监察行政执法维权力度。

印发《海南省清理整顿人力资源市场秩序专项执法行动实施方案的通知》，联合省市场监督管理局在全省开展清理整顿人力资源市场秩序专项执法行动，共检查人力资源服务机构170家和用人单位296家。从2020年11月6日至2021年春节前，在全省组织开展根治欠薪冬季专项行动，共检查用人单位3 513户，涉及职工21.68万人，其中农民工19.53万人。加大涉嫌拒不支付劳动报酬案件查处力度，全年全省各级人社部门向公安机关依法移送案件40件，公安机关立案33件，检察机关提起公诉21件，法院判决18件。定期组织开展守法诚信等级评价，加大重大案件社会公布力度，加强拖欠农民工工资“黑名单”管理和失信联合惩戒。全年向社会公布四批11件重大劳动保障违法行为案件，并将13家涉案单位列入“黑名单”管理。全年全省各级劳动保障监察机构立案查处107件，涉及人数1 344人，追发金额2 903.41万元；协调解决1 463件，为7 969名农民工追回工资1.38亿元。

五、发挥职能作用，狠抓人社扶贫

（一）以就业创业带动贫困劳动力增收。

积极开展贫困劳动力务工专项行动，推动贫困劳动力外出务工28.26万人，同比增长14.62%。组织开展就业扶贫招聘、宣讲、“点对点”劳务输出等活动，实现零就业贫困家庭动态清零。新建就业扶贫基地44家，新建就业扶贫车间22家；新增就业扶贫公益专岗安置就业12 329人，同比增长488%。

（二）落实社保扶贫政策。

为保障贫困户基本生活，通过完善社保扶贫数据动态调整机制、积极开展宣传推广和大数据比对及上门核查，积极落实为建档立卡贫困人口、低保对象、特困人员等“三类贫困人员”代缴城乡居民基本养老保险费和发放待遇政策，全年共为44.63万贫困人员代缴社保费，代缴金额9 079.59万元；共为符合享受养老待遇的12.35万贫困人员发放养老金，发放金额2.8亿元，全省贫困人员参保率、社保费代缴率和待遇发放率均达100%。

（三）扎实开展技能扶贫。

贯彻落实省打赢脱贫攻坚战指挥部印发的《海南省组织贫困劳动力积极务工专项行动工作方案》，大力组织开展贫困劳动力培训，全年共培训11.12万人次，较上年增加6.02万人次，增长118%。

六、开展专项行动，加强行风建设

（一）组织开展窗口单位业务技能练兵比武活动。

持续开展“日日学、周周练、月月比”线上业务练兵活动，截至年底，全省全年上线学习4.2万人次。组织开展练兵比武省内赛，27支市县区代表队共108人参赛，6个代表队获团体奖，6名选手获个人奖，并获评2020年海南省“人社知识通”。

（二）深入推进“人社服务快办行动”。

重点围绕10个企业群众眼里的“一件事”开展打包办理。将20个企业群众高频办理事项的办理时限压缩50%，其中职工正常退休、城镇职工基本养老保险关系转移接续申请、劳动能力再次鉴定申请受理环节、失业保险金申领、稳岗返还（稳岗补贴）申领、技能提升补贴申领（失业人员）、失业登记、就业登记、《就业创业证》申领等9项已完成流程及政策支持，另外涉及就业的11个事项的业务实现“当场办理”。

七、提升公共服务能力，优化营商环境

（一）深入推进“放管服”改革。

对审批流程、办事指南进行优化，先后3次修订人社事项综合窗口受理手册，精简审批流程36项，修改办事指南176处。大幅压缩办件时间，所有办件时间在原来基础上进一步压缩20%。梳理省人力资源社会保障厅“互联网+监管”实施目录清单。推动人社领域“一网通办”“跨省通办”，印发《海南省人社领域加快推进政务服务“跨省通办”实施方案》，依托全国一体化政务服务平台和各级政务服务机构，推动21项人社人才政务服务事项“跨省通办”。组织开展一体化在线政务服务平台人社领域电子证照归集工作，社会保障卡、报到证、就业创业证已实现依托一体化平台电子证照共享互认。将省厅本级24项行政审批服务事项纳入海南省政务中心一体化平台，做到“应进尽进”和网络化、流程化办理。

（二）推行社会保障卡一卡通。

压缩批量制卡周期至30个工作日，全面开通社保卡网上申领服务，在各市县开设74个即时制卡网点，96台一卡通自助智能机布放至街道、社区等基层平台，为群众就近提供“立等可取”服务，66.7%的社保卡通过即时制卡渠道申领。拓展一卡通应用，统筹推进社会保障、政务服务、智慧城市等领域的线上线下一卡通服务，并在全国首创酒店住宿、户籍办理、旅游年卡等应用模式，通过社保卡发放98.5%以上社保（含医保）待遇；130多项财政惠民补贴资金通过社保卡发放，惠及274万人；在琼海、洋浦酒店试点酒店住宿登记应用；21.12万人通过社保卡提取住房公积金50.83亿元；在海口试点公交出行；发行社保卡一卡通旅游年卡3.2万张，拉动旅游6.75万人次；各项公共服务应用、便民应用成效初步显现。2020年海南社保卡新增发行101.88万张，全省持卡人数达933.79万人，覆盖常住人口的92.63%，基本实现“人手一卡”。全省社保卡激活率达78.23%，电子社保卡签发量282.88万，较上年同期增长468.83%。

（三）推动行业标准化、信息化建设。

与省社会保险服务中心在基础平台建设、数据共享应用、线上服务等方面开展合作，初步形成共建共享长效机制。梳理制定线上服务事项清单，依托人社网上业务大厅，新增130项全省“一网通办”服务。完成与人社部人社政务服务平台、社保公共服务平台、社保卡服务平台对接，开通失业登记、失业保险金申领等全国统一服务。

海南省人力资源和社会保障厅

重 庆 市

2020年，重庆人力资源社会保障系统以习近平新时代中国特色社会主义思想为指导，在人力资源社会保障部的精心指导和市委、市政府的坚强领导下，坚持稳中求进工作总基调，扎实做好“六稳”工作，全面落实“六保”任务，战疫战贫战洪水，复产复工稳就业，全力守住民生底线，积极服务发展大局。

一、疫情大考交出人社“好答卷”

疫情就是命令，防控就是责任。面对突如其来的新冠肺炎疫情，全市人社部门干部职工坚决贯彻党中央和市委、市政府决策部署，讲政治、顾大局，不畏苦、不畏难，展现了人社精神和人社担当。

一是全力战疫情。系统上下建立内控外防工作机制，领导示范、党员带头，所有干部在岗在线在状态，在确保各项工作顺畅有序基础上，实现“零感染”。出台基层抗疫一线人员公开招聘、职称评审、岗位晋升、奖励表彰倾斜政策，让援鄂医疗队等抗疫工作者感受到实实在在的温暖关怀。成功牵头组织召开全市抗击新冠肺炎疫情表彰大会，受到市委、市政府充分肯定。

二是全力保复工。在复工复产按下快进键时，全市人社部门立即从二线冲向一线，努力把时间抢回来，把进度赶回来，把损失补回来，圆满完成了市委、市政府交办的农民工安全有序返岗和企业用工保障任务。市局和各区县建立返岗复工工作专班，实现“蜂窝煤”无缝对接。创新实施农民工返岗复工“六步工作法”，特别是区县基层干部职工，奋战在一线，拼搏在一线，实现全市近600万农民工“应出尽出”。市政府下达的阶段性招工任务圆满完成，实现复工复产用工需求“应保尽保”。精准帮扶10余万湖北返渝农民工和湖北籍人员顺利就业。

三是全力助发展。出台社保费“减降缓补”、金融支持、财税纾困等支持企业复工复产和稳就业60余条“政策包”，为近20万户单位减免社保费223.5亿元，发放稳岗返还17.7亿元，落实社保补贴等资金17亿元，稳住了市场主体。出台失业保险扩围等政策，兜牢了保障底线。

二、人社扶贫打赢收官“大决战”

在脱贫攻坚决战决胜的收官之年，全市人社部门建立“市局党组成员包片区+33个处室（单位）包区县”人社扶贫工作机制，抽专人，组专班，“一对一”联系督导，蹲点区县共同迎检，顺利完成国务院、中央巡视组、国务院扶贫办、人社部等一系列考核检查，在2020年终“最后一考”中，圆满完成人社脱贫攻坚各项任务。全力推进就业扶贫增收入、技能扶贫强素质、社保扶贫保生活、人才人事扶贫促发展、对口扶贫增实效，全市76.2万有就业能力、就业意愿贫困劳动力实现就业“应转尽转”。重庆转移贫困劳动力赴山东稳定就业2 232人，山东累计帮助在渝贫困劳动力就地就近就业8 583人，分别完成两省市协议目标任务的215%和210%。累计组织贫困人员参加职业技能培训超过24万人次。实现全市建档立卡贫困人员基本养老保险“应保尽保”、待遇“应发尽发”、代缴“应缴尽缴”三个100%。出台边远贫困地区事业单位人员招聘倾斜、高定工资和专技人才职称倾斜政策，新招募597名“三支一扶”大学生到基层就业，通过出政策、出人才、出资金，推动人社扶贫取得实效。

三、川渝合作跑出人社“加速度”

2020年是成渝地区双城经济圈建设的开局之年，两地人社部门思想一盘棋，理念一体化，共唱“双城记”。

一是面上统筹发力。成立工作专班，建立“1+N”合作模式，重庆市局与四川省厅“云签约”，双方确定的80项年度重点工作任务基本完成，相关处室（单位）和区县积极主动加强与四川对接，签订协议77个，川渝合作“好戏连台”。

二是点上攻坚突破。聚焦两地合作重点和群众关心的热点，重点攻坚，逐项突破，24项“跨省通办”事项全面完成，人社信息化“两地通”、招聘求职“一点通”、养老保险待遇资格“就地认”、人才流动档案办理“零跑路”、社保卡“就近办”等“五件大事”全面落地，两地互签电子社保卡2.4万余张、互办养老待遇资格认证7 800余次。

三是合作全面开花。加强就业协作，成立就业创业协同发展联盟，联合开展高校毕业生专场招聘会、大学生创业创新大赛，共同开展“春风行动暨就业援助月”线上招聘，发布岗位188万个，达成就业意向40万人次。成功举办首届西部农民工返乡创业大赛，第十四个重庆农民工日活动吸引约50万农民工参与。加强人力资源协作，成立人力资源服务产业园联盟，联动成都、走进内江、携手宜宾，形成了区域人力资源服务产业发展合力。加强人才合作交流，推进两地博士后学术交流和专家资源共享，打造“才兴川渝”引才品牌、“智汇巴蜀”赛事品牌，组织210名专家为200多个基层发展项目提供智力支持，10所学校成立技工教育川渝联盟。全面建立两地人事工资、考试、劳动监察等协作机制，各领域合作“遍地开花”。

四、民生保障提升群众“幸福感”

立足人社领域全部工作涉及人、大部分工作涉及民生的部门定位，扎实做好“六稳”工作，落实“六保”任务，筑牢民生底线。

一是顶压前行稳就业。通过建立“人社+教育+其他市级部门+高校+区县”五方联动机制、开展“重庆英才·职等您来”公共就业人才网络直播招聘、实施“互联网+职业技能提升行动”等创新举措，千方百计“稳就业”和“保居民就业”，全市就业形势逐月回稳，好于预期。全年城镇新增就业65.6万人，城镇调查失业率控制在5.7%；建成市级创业孵化基地102家，市级农民工返乡创业园区44家；网络直播招聘25期，吸引845万人次在线观看，实现就业5.7万人，受到各方好评。特别是退捕渔民转产安置工作，面对时间紧、任务重的压力，市级、区县共同发力，实现退捕渔民转产安置、技能培训、养老保险、兜底保障“4个100%”。

二是持续巩固强社保。统筹城乡、覆盖全民的社保体系不断完善发展，基本实现法定人群全覆盖，截至2020年底，全市城乡养老、失业和工伤保险参保人数分别达到2 370万人、548万人和727万人，城乡养老保险参保率稳定在95%以上，新开工工程建设项目工伤保险参保率98%。连续16年调整增加企业退休人员基本养老金，连续5年同步调整机关事业单位养老保险待遇，惠及全市406万退休人员。

三是多方合力促和谐。三方组织实现区、县级全覆盖，和谐劳动关系示范企业扩大至1 700余户，3个和谐劳动关系综合试验区全面完成创建，九龙坡被选为全国8个综合配套改革试点地区之一。制定“和谐同行”三年行动计划，完成15个区县人社创新执法优化服务试验区建设，开展企业劳动保障守法诚信等级评价1万余家。深入实施根治欠薪“夏季行动”和“冬季专项行动”，确保农民工工资按时足额发放，维护了社会稳定大局。重庆市保障农民工工资支付工作在2018年、2019年国家考核中连续两年位列西部第1名，2020年进入全国前10名A级等次。

五、人才人事激发发展“新动能”

围绕强化经济社会发展的人才支撑，政策、措施、服务多向发力，全力打造“近者悦、远者来”人才发展环境。全市专业技术人才总量190万人，高、中级占比首次达到50%；技能人才387万，其中高技能人才占比近1/3。全市人力资源服务机构达1 860家，营业收入357亿元。

一是完善人才激励系列政策。制定“塔尖”“塔基”政策，出台支持大数据智能化产业人才发展和英才计划激励措施，评选重庆英才401名、团队67个，再创新高。出台博士后事业创新发展“黄金18条”，新招收博士后806人，首次实现“次年翻倍”，提前14个月完成“倍增计划”。推进事业单位岗位聘用考核试点，优化高校岗位结构比例，推动义务教育学校“县管校聘”改革落地。通过公开招聘、考核招聘等方式招聘人员1.5万人。深化事业单位绩效工资、公立医院薪酬制度改革，保障义务教育教师工资待遇。出台推动乡村人才振兴19项具体措施，助推乡村振兴战略实施。

二是强化人才引育。高质量举办重庆英才大会，引进优秀紧缺人才1 821名、项目267个，同比增长3倍和1.2倍。新增入选国家级人才首次实现两位数增长；享受国务院政府特殊津贴专家59名，为十年来之最。新增入选国家级“留创计划”项目5个，建成国家级职业训练院3个，中国（重庆）康养高技能人才培训基地暨老年养护中心、世界技能大赛重庆研修中心成功挂牌，重庆代表团参加第一届全国职业技能大赛获得4金4银4铜41优胜的佳绩，进入全国第一方阵。

三是持续优化人才服务。出台重庆英才服务管理办法，人才“一站式”服务平台全市覆盖，发放人才服务证3 600余张，受理各类人才服务近6万人次。推动用人单位技能人才自主评价和社会化职业技能等级认定，遴选备案认定机构81家。组建56个“订单式”专家服务团、近400名专家服务基层。出台《重庆市人力资源市场条例》，中国重庆人力资源产业园年营业收入突破100亿元。西部（重庆）科学城园区顺利开园。农民工博物馆建设顺利推进，区县广泛发动、热情参与、全面助力。

六、人社公共服务搭建便民“连心桥”

以大平台带动大服务，大数据提升高效能，不断提升人社公共服务能力和水平。

一是建强服务平台。全面打造办事大厅、门户网站、“重庆掌上12333”App等线上线下联动服务体系，建成市级人社政务服务大厅，150项市级政务服务事项和7件行政许可事项纳入政务服务中心办理。

二是锤炼系统作风。“人社服务快办行动”实现10项“打包办”和12项“提速办”。“清减压”深入推进，公布取消各类证明材料195项，办事材料平均精简比例达60%以上、压缩办理时限80%以上。常态化开展人社局长走流程、业务技能练兵比武，正行风、树新风。

三是提升服务效能。签发电子社保卡788万张，与市级部门共享数据资源近2 000万次，64项人社公共服务接入“渝快办”，132项公共服务清单事项和50项高频服务事项实现网办或免办，“一次不跑”和“只跑一次”事项达90%以上，群众满意度不断提升。

重庆市人力资源和社会保障局

四　川　省

2020年，面对新冠肺炎疫情带来的严峻挑战，在省委、省政府坚强领导下，全省人力资源社会保障系统坚定以习近平新时代中国特色社会主义思想为指导，认真贯彻落实党中央决策部署，统筹推进疫情防控和经济社会发展，取得明显成效，人社工作做出应有的贡献。

一、坚决扛起政治责任，千方百计稳就业保就业

坚持把稳就业作为第一位工作，实施稳就业攻坚行动，打出一系列稳就业保就业政策组合拳。全省城镇新增就业96.2万人，完成国家年度计划的137%、省年度计划的113.2%，就业局势保持总体稳定。一是多措并举保市场主体。坚持以保企业稳就业为核心，出台缓解中小企业生产经营困难人社10条政策措施，建立24小时重点企业用工调度保障和重点企业用工常态化服务机制，全力援企稳岗保就业。二是精准施策保重点群体。实施就业创业推进行动，全省高校毕业生初次就业率85.9%。统筹做好退役军人、残疾人等困难群体就业，动态消除零就业家庭，累计帮扶30.9万失业人员再就业。三是培育产业保服务载体。制定出台加快发展人力资源服务业的意见、支持和促进人力资源服务业发展15条措施，打造成德眉资人力资源协同发展示范区，“一核两翼”区域发展格局基本形成。扎实开展各类招聘活动1万余场次，为企业解决用工需求218.2万人。四是提升技能助力稳岗扩岗。深入开展职业技能提升行动，大力推进以工代训、以训提能、以训稳岗，全省累计开展补贴性培训161.9万人次，惠及企业5 806家、职工43.6万名。五是全力抓好退捕渔民安置保障。成立工作专班，妥善安置退捕渔民，转产转业安置退捕渔民1.3万人，有劳动能力和就业意愿的人100%安置，退捕渔民养老保险实现应保尽保。

二、坚决兜牢民生底线，持续深化社保制度改革

坚持兜底线、织密网、建机制，稳步推进社保制度改革。截至12月底，全省参加养老保险、失业保险、工伤保险人数分别为6 054万、1 047万、1 320万，社保卡持卡人数达9 042.7万人，均提前完成“十三五”目标任务。一是全力落实社保减负政策。全面实施阶段性减免企业社会保险费，进一步放宽中小微企业申领失业保险稳岗返还条件，最大限度减轻企业负担、支持企业复工复产。全年累计为全省52万户企业减免三项社保费516亿元，发放失业保险稳岗返还资金70亿元。二是稳慎推进社保制度改革。大力推进社保费征收体制改革，在全国率先全面实现“全地区、全险种、全流程”划转。加快推进社保省级统筹，建成全省统一的社会保险信息系统，出台《四川省工伤保险条例》，工伤保险基金实现省级统筹，养老保险基金实现省级统收统支。三是切实保障社保待遇水平。分批有序推进“中人”待遇兑现，首批5.5万名退休“中人”待遇兑现工作全面落地。完成2020年养老金待遇调整工作，实现企业退休人员基本养

老金“十六连涨”和企业、机关事业单位退休人员基本养老金“五联调”，失业保险、工伤保险待遇稳步提升。加强职业年金基金市场化投资运营，投资规模达770亿元，投资收益71亿元，收益率达11.7%。

三、紧扣高质量发展需要，稳步推进人才人事工作

坚持问题导向、需求导向和市场导向，充分释放人才创新创造活力。全省技能人才总量突破1 000万人，专业技术人才总量达371万人。一是做好专技人才服务工作。按照全省“5+1”现代工业、“10+3”现代农业、“4+6”现代服务业体系建设要求，增设国土工程、大数据和人工智能、人力资源管理等相关职称专业。组织开展“百千万人才工程”国家级人选、政府特殊津贴人员等选拔推荐工作。二是促进技能人才加快发展。深入实施高技能人才振兴计划和天府工匠培养工程，大力发展技工教育，积极推进职业体系建设，全面推行技能等级认定制度，着力打造四川技能大赛品牌，技能成才良好氛围愈加浓厚。四川省组团参加第一届全国职业技能大赛，获金牌数、奖牌数和团体总分均居西部省份第一。三是加强事业单位人事管理。稳慎推进事业单位人事制度改革，完善事业单位高层次人才工资分配激励机制，做好义务教育教师待遇保障工作，开展完善省属高校绩效工资政策试点，着力提升事业单位人事管理科学化水平。四是加大疫情防控人员关心关爱。针对疫情防控一线人员，及时兑现临时性工作补助、卫生防疫津贴，核增医疗卫生机构一次性绩效工资总量，制定实施人才推荐选拔、职称评审、岗位聘用等倾斜激励政策，做好抗疫表彰奖励。五是安全科学组织人事考试。首次实施公务员招录分级分类考试，首次应用区块链技术助力人事考试安全，全年共组织各类专业技术资格和录用考试296.2万人次，未出现一例安全责任事故。

四、创新工作体制机制，全面构建和谐劳动关系

及时跟进研究新经济新业态发展变化带来的新型劳动关系形势趋势变化，更加注重处理好劳动者权益和用工企业的利益平衡，及时防范和化解劳动关系矛盾。一是妥善处理疫情期间劳动关系。在全国创新开展稳定劳动关系“春风行动”，通过政策宣传解读、动态预警监测、多元协商化解等方式，切实把矛盾纠纷、风险隐患化解在萌芽状态。二是扎实开展根治欠薪专项行动。深入开展贯彻落实《保障农民工工资支付条例》系列活动，组织开展根治欠薪、清理整顿人力资源市场秩序等专项行动，累计检查用人单位1.97万户，查办违法案件536件，涉及人数1.24万人，全省欠薪案件数、涉及人数同比下降37%、14%。农民工工资支付全国考核排名大幅上升。农民工欠薪治理创新做法在全国作经验交流。三是劳动人事争议仲裁效能不断提升。全年共处理劳动人事争议案件5.15万件，涉及劳动者6.67万人，涉案金额20.6亿元，仲裁结案率95.2%。

五、坚持用心用情用力，扎实做好农民工服务保障工作

坚持把服务保障农民工工作作为战略性工程来抓。一是多措并举稳定农民工就业。聚焦农民工返岗难题，在全国率先建立省际供需对接、健康互认、专车直达服务机制，打通农民工返岗复工“堵点”，农村劳动力转移就业规模达2 573.4万人，实现劳务收入5 673.6亿元。二是大力引导农民工返乡创业。持续抓好返乡创业22条措施落实，评选表彰200名省级返乡创业明星和100个明星企业，全省累计新增返乡创业农民工10.9万人，同比增长101%；新增创办企业3.2万个，同比增长45.6%。三是着力开发培养农民工人才。坚持线上线下、省内省外多轨运行，全省开展劳务品牌和返乡创业带头人培训26.6万人次，同

比增长33%。大力实施优秀农民工回引培养工程，全省已选任1.2万名农民工担任村支书。加大优秀农民工定向招考力度，全省共招录500余名农民工进入乡镇公务员队伍和事业单位。四是不断提升服务保障水平。省委、省政府每年召开全省农民工工作电视电话会议，积极做好四川农民工服务平台运维，组建农民工返乡创业和法律维权服务团，常态化举办农民工运动会等活动，四川农民工博物馆建设加快推进。农民工服务保障经验做法被国办刊发全国推广。

六、持续深入推进人社扶贫，决战决胜脱贫攻坚

一是开展就业扶贫挂牌督战。成立贫困劳动力务工就业服务专班，进驻凉山州7个未摘帽贫困县，实地开展挂牌督战和就业帮扶。对受疫情影响无法返岗、无业可就、无力脱贫的贫困劳动力，开发临时公益性岗位托底安置。二是全力推进社保扶贫。落实城乡居民养老保险代缴和待遇发放政策，345.4万名符合代缴条件、332.8万名符合待遇领取条件的贫困人员实现应缴尽缴、应发尽发、应保尽保。三是大力抓好人才扶贫。加大贫困县事业单位人事管理、职称及职业资格政策倾斜力度，深入实施专家智力服务基层行动，精准助推贫困地区产业发展。四是扎实推进技能扶贫。深入实施深度贫困地区贫困劳动力技能培训全覆盖行动和技能脱贫千校行动，培训贫困劳动力20.5万人次。

七、纵深推进“温暖人社”建设，不断提升人社公共服务水平

坚持群众需求导向，以建设群众满意的人社公共服务体系为依托，扎实开展练兵比武活动，全面实施“综合柜员制”，推行多样化便民服务，实现群众“就近办、网上办、一次办、马上办”，系统行风建设成效明显，群众满意度大幅提升。一是实施人社服务快办行动。制定出台《四川“人社服务快办行动”实施方案》，积极推进关联事项“打包办”、高频事项“提速办”、所有事项“简便办”、全域服务“规范办”，实现12个“一件事”打包办理，20个高频服务事项提速50%，125项证明材料全部精简到位。二是提升人社信息化支撑能力。建成省级政务云人社数据中心，加快推进省集中业务平台建设，强化线上线下融合发展，通过网络、手机、自助终端等信息化方式提供服务1.4亿人次。人社信息化应用入选全国2020年数字化转型十大优秀案例。强化社保卡发行应用，持卡人数达9 042.7万人，电子社保卡签发1 930万张，惠农惠民“一卡通”深入推进。三是全面提升人社专业化水平。认真开展窗口单位练兵比武，全省系统窗口单位近5万名干部职工，积极参与“日日学、周周练、月月比”活动。人社系统练兵比武连续两年获全国总冠军。组织开展作风纪律专项整治行动，梳理十类典型问题，提出十大整改举措，督促各地对标对表，全力抓好整改落实。

八、推进川渝人社合作，助力成渝地区双城经济圈建设

签署川渝人社合作协议，制定年度重点任务清单，推动80项重点任务落实落地。聚焦高频人社公共服务事项，率先推进完成人社信息化“两地通”、招聘求职“一点通”、养老保险待遇资格“就地认”、流动人才档案办理“零跑路”、社保卡“就近办”五件大事。全省共签署各类专项协议57个，联合举办大学生创业创新大赛等活动48场，举办网络招聘24场，两地养老保险待遇领取资格互认互办共计3 983人，办理流动人才档案共计8.7万人次。

四川省人力资源和社会保障厅

成　都　市

2020年，成都市人力资源社会保障部门坚持以习近平新时代中国特色社会主义思想为指导，坚决贯彻落实党中央、国务院和人力资源社会保障部、省委省政府、市委市政府系列决策部署，聚焦做好“六稳”工作、落实“六保”任务，全面推进新冠肺炎疫情防控和惠民生、促发展各项工作，为疫情防控和经济社会发展贡献了人社力量。

一、就业创业

（一）人力资源市场体系建设。

一是推进中国成都人力资源服务产业园建设。加快园区核心楼宇硬件装修改造、基础设施设备完善升级、服务功能区域优化提升等硬件基础设施建设。指导园区建设人力资源协同发展联盟，与产业功能区、市属国有企业及部分重点企业举办人力资源服务对接活动，成功举办成渝地区双城经济圈人力资源服务产业园联盟大会。截至年底，园区已建成15.75万平方米服务载体，签约入驻知名机构211家。园区9家企业获评四川省5A级人力资源企业称号。

二是健全人力资源服务体系。完善现场招聘活动、网上人力资源市场（成都公共招聘网）和各类招聘会“三位一体”服务机制，推动人力资源市场线上线下深度融合。创新推动人力资源企业与产业园区共建“人力资源发展共同体”，支持人力资源服务企业做大做强。组织人力资源服务企业与全市66个产业园举办人力资源协同发展大会，建立人力资源协同发展联盟，直接签订协议，开展项目合作。

三是编制发布《人力资源服务企业（机构）服务和产品清单》《产业园区企业人力资源服务需求项目清单》，促进人力资源服务企业与重点企业精准对接。整合人力资源企业岗位资源优势，为求职者提供更便捷高效、更精准丰富的求职服务。牵头搭建“类京东、类天猫”网络招聘权威平台——“天府招聘云”，为经营性人力资源服务机构提供免费入驻服务，为用人单位和求职者搭建更便捷的网络对接平台。截至年底，已有112家机构参与，发布单位2 457家，发布职位12 440个，需求人数99 800人。

四是发挥资源优势助力复工复产。成立人力资源服务重点企业工作专班，创新设立双员制工作机制，帮助企业尽快恢复正常生产经营，共为237家人力资源服务企业进行政策宣讲和解读。联合智联招聘、前程无忧、58同城等线上知名人力资源服务机构发起了“众志成城，抗击疫情”防控物资企业公益招聘活动，为全市128家重点企业提供24小时用工调度保障服务，帮助重点企业累计召回一线生产员工114 877名、招募新员工712名，保障了企业应急生产用工需求。

（二）高校毕业生就业创业。

一是出台相关政策。印发《成都市促进2020年高校毕业生就业创业十条措施》《关于印发我市中小微企业和社会组织招用毕业年度高校毕业生一次性吸纳就业补贴实施细则的通知》《关于印发我市民营企业吸纳应届高校毕业生享受社会保险补贴和岗位补贴实施细则的通知》等政策文件，畅通企业吸纳、基层就业、自主创业、扩大招录招聘等渠道，为高校毕业生提供2.38万个政策性就业岗位。全年全市共吸纳高校毕业生来蓉就业创业7.82万人。

二是推进“创业苗圃+孵化器+加速器+产业园区”梯级孵化体系建设。截至年底，全市建立了51个配套功能完善、产业特色鲜明的青年（大学生）创业园区，共落实场地342.37万平方米。其中，3家国家级创业孵化示范基地，19家省级高校毕业生创业示范园，29家市级大学生创业孵化示范基地。

（三）人才招聘活动。

一是为抗击疫情提供服务。按规模、抢时效，组织开展“同舟共济、人才战‘疫’”等9场网络招聘活动，开辟疫情防控物资生产及重点企业紧急招聘专区，提供公益招聘求职服务，吸引、邀约用人单位1万余家次，3月23日起率先在国内恢复现场招聘活动。

二是促进高校毕业生和青年群体就业。组织召开万人以上规模大型人才招聘会4场，组织参会单位1 630家、提供岗位6.7万个，求职人才超5万人，规模、频次均属国内前列。全年共举办各类招聘活动255场，服务用人单位1.2万家，提供岗位50.7万个，服务求职者63.5万人。畅通多元招聘渠道，指导全市两级人才中心举办“蓉漂”青年人才线上线下专场招聘活动105场。

三是助力成渝地区双城经济圈建设。在成渝两地人才招聘信息联网、人才档案信息互查、流动党员培训共办和联合开展现场招聘及人才引进等方面落地做实。搭建“天府招聘云”人力资源服务机构协同招聘网络平台，吸纳成德眉资及重庆等地各类人力资源服务机构120余家。承担2021成都大运会执委会面向社会公开招聘专业人才的招考组织、岗前培训、人事代理、劳务派遣等相关人才服务工作，首批次社会招聘人才已正式到岗。

四是开展线上线下求职招聘“春风行动”，组建工作专班驻中江县，组织273名中江籍农民工到成都就业。成立“成都—广元”劳务合作专班，常态性做好广元务工人员来蓉就业全方位服务。举办专场招聘会157场，为全市131家重点企业保障用工35.68万人，开行务工直达包车652趟，专车专列运送返蓉务工人员92.8万人次。

二、社会保险

（一）养老保险。

一是适度稳步提高养老保险待遇水平。7月30日，顺利完成全市企业和机关事业单位退休人员基本养老金同步调整工作，惠及全市210.79名机关企事业单位退休人员，人均月增资127.19元，增幅5.03%；从7月1日起，城乡居民基本养老保险人均月基础养老金补贴提高到110元，对年满65周岁及以上待遇领取人员实施加发基础养老金政策。

二是稳慎推进机关事业单位养老保险改革。按照全省统一部署，于9月30日完成2014—2015年退休“中人”按新标准兑现待遇工作，于10月28日将2014—2015年退休“中人”历年预发待遇和核定待遇结算差额部分补发到位，这些年份退休的“中人”待遇兑现工作平稳实施。

（二）失业保险。

一是助力企业脱困发展。贯彻落实经营困难且恢复有望企业稳岗返还政策，加快普惠性稳岗返还政策的落实，帮助解决企业面临的实际困难，优化办理程序、简化办事流程，通过一对一、点对点等服务方式，变“企业找政策”为“政策找企业”，确保符合条件的企业应享尽享，全力助企稳发展。全年共向23.43万户企业发放稳岗返还36.50亿元，惠及职工526.34万人。其中，普惠性稳岗返还23.14万户，17.43亿元，惠及职工503.51万人；经营困难且恢复有望企业0.29万户，19.07亿元，惠及职工22.83万人。

二是落实延续发放失业保险金政策。对领取失业保险金期满后仍未就业，且距离法定退休年龄不足1年的失业人员继续发放失业保险金至法定退休年龄。采取线上线下同步办理，手机App自助申领、经办窗口办理等多渠道方式，全力保障失业补助金申领及发放。落实技能提升补贴政策，做好技能提升补贴核发工作，向符合条件的企业职工发放补贴。全年向77.67万人发放失业补助金26.42亿元，向25.62万人发放失业保险金24.27亿元，代缴医保费7.34亿元。其中城镇失业人员11万人，失业保险金9.56亿元，代缴医保费3.04亿元；被征地农民14.62万人，失业保险金14.71亿元，代缴医保费4.30亿元。向7.23万人发放技能提升补贴1.09亿元。

（三）工伤保险。

一是贯彻落实保护关心爱护医护人员的措施。印发《关于做好因履行工作职责感染新型冠状病毒肺炎的医护及相关工作人员有关保障问题的通知》，对参与新冠肺炎疫情防控处置的医护、防疫等有关工作人员因履行工作职责而感染的，及时认定工伤。对于感染新型冠状病毒肺炎的工伤职工救治使用的国家卫生健康委《新型冠状病毒感染的肺炎诊疗方案》所涵盖的药品和诊疗项目以及使用有关住院服务设施费用，纳入工伤保险基金支付范围。安排专人负责疫情期间的工伤保险政策宣传。

二是深入开展工伤预防工作。出台《成都市2020年工伤预防项目实施计划》，按照“循序渐进、先易后难、突出重点”的原则和“启动准备、组织实施、总结评估”三阶段方式推进工伤预防开展，将职业性尘肺病重点行业、危险化学品生产经营储存企业、建筑施工及劳务外包企业等作为工伤预防的主要对象纳入重点计划范围。全年全市工伤保险（含建筑业）参保683.81万人，基金收入5.01亿元，累计结余28.81亿元。认定工伤15 834件，采取网上不接触式受理944件。工伤类劳动能力鉴定13 122件，支付10.64万人次的工伤保险待遇9.84亿元。全年共免征和减征工伤保险费11.65亿元，减轻了39.67万户（包括按项目参保的建筑企业1 550户）参保单位经济负担。

（四）社会保险基金监管。

一是完善基金监督机制。制定《2020年社会保险基金监督工作常态化措施》和《关于做好疫情防控形势下社会保险基金管理风险防控工作方案》，整合政策、经办、信息、监督多方力量，构建社会保险基金“大监督”体系，形成社保基金风险防控齐抓共管格局。

二是扎实做好日常监督。全市基金监督机构通过基金监管系统发现并下发预警信息4 879条，整改4 007条，整改率82%。其中，涉及违规基金110.07万元，追回违规基金100.06万元，基金追回率91%。

三是开展专项核查和专项治理行动。专项核查包括取消社银人工报盘、取消手工经办、取消现金收支；专项治理包括失业保险基金管理内控专项检查、企业职工基本养老保险提前退休问题专项检查。由此进一步堵塞基金管理上的漏洞，提升安全效能。

四是提升社保基金监督信息化水平。在全国副省级城市率先研究开发了具有地方特色的社会保险基金监督管理信息系统。

三、人事与人才管理

（一）事业单位人事管理。

一是深化事业单位人事制度改革。建立全市事业单位工作人员奖励机制，制定出台《关于贯彻落实〈事业单位工作人员奖励规定〉的通知》。指导全市事业单位开展脱贫攻坚和防汛减灾专项奖励工作。起草《成都市员额制教师管理办法（试行）》。制定《关于贯彻落实〈关于进一步支持和鼓励事业单位科研人员创新创业的指导意见〉的通知》，进一步明确条件范围，规范程序要求和人事管理。开展事业单位及工作人员人事管理回避专项清理，从源头上规范事业单位用人和工作人员履职行为。

二是做好公开招聘工作。5月，组织开展全市事业单位综合类、卫生类、教育类岗位公开招聘工作，面向社会提供招聘岗位3 344个。积极贯彻落实国家和省、市有关促进高校毕业生就业政策措施精神，提供专项招聘应届高校毕业生数量 1 323 个。

三是实施事业单位集中赴外引才活动。10 月至 11 月，赴重庆等地举办 2020“蓉漂人才荟”高层次急需紧缺人才、教育人才、卫生人才等系列招聘活动。市属 28 家事业单位、20 个区（市）县参加招聘活动，提供 2 100 余个优质岗位。

（二）事业单位工资管理。

一是核定事业单位绩效工资总额。完成市属 275 个事业单位 2020 年度绩效工资总额核定，平均水平较上年增幅达 4.44%（一类事业单位增幅 2.6%，二类事业单位增幅 7.34%），实现市本级事业单位绩效工资总额连续五年动态调整。

二是深化公立医院薪酬制度改革。在总结 2018 年、2019 年改革试点经验的基础上，将改革扩大到市本级所有公立医院，让更多医疗机构享受到了改革的红利。成都市公立医院绩效工资人均水平在 2015 年的基础上增幅达 60%以上。

三是保障义务教育教师工资待遇。贯彻落实国家、省、市教育大会精神和国家、省义务教育教师待遇督导工作要求，按照相关政策规定依法保障教师工资待遇。2020 年，市属义务教育学校教师平均工资水平已实现不低于当地公务员平均工资水平，人均增资 19 598 元。

（三）专业技术人才引进。

一是创新人才信息发布制度。编制发布《成都市人才开发指引（2020）》（成都人才白皮书），梳理“5+5+1”重点产业细分领域 453 类岗位需求清单，促进人才与产业发展、城市战略协同契合。编制发布《2019 年成都市人才资源状况报告》（成都人才蓝皮书），提升人才政策与城市战略、产业发展和科学育人工作的衔接水平，为加快推动城市高质量发展提供重要支撑。

二是支持鼓励企业引进专业技术人才。组织企业开展 2019 年度引进培育急需紧缺专业技术人才奖励补贴申报工作，给予 154 人引进人才安家补贴、148 人引进人才奖励、8 家企业引才补贴、440 人专业技术职称提升奖励，补贴金额共计 1 374 万余元，涵盖全市电子信息、生物医药、装备制造等重点产业领域 142 家企业。制定《2020 成都市赴外引进紧缺急需人才招聘活动工作方案》，启动“2020 成都市引进紧缺急需人才重庆地区网络云招聘会”，发布成都市 90 余家优质企事业单位岗位需求 1 480 个。组织 25 家用人单位赴清华大学招才。全市引进急需紧缺专业技术人才 1 310 人。

（四）技能人才培养。

一是组织开展 2020 年市级技能大师工作室和企业建立首席技师制度补贴资金申报工作。向社会公布了 36 家单位为市级技能大师工作室，14 家企业为支持建立首席技师制度单位。

二是全面推进企业职工培训工作。印发《关于印发企业职工培训实施细则的通知》，进一步明确并规范了企业职工岗前培训、就业困难人员以工代训、企业新型学徒制培训、企业高技能人才培训、企业职工项目制培训等补贴培训项目实施细则。发动区（市）县广泛向企业宣讲政策，引导更多企业参与线上培训，扩大线上培训企业覆盖面，提升培训助推产业发展的作用。

四、劳动关系

（一）和谐劳动关系构建。

一是创新建立构建和谐劳动关系长效推动模式。在全国率先建立“构建和谐劳动关系宣传月”和每两年开展一次的“五级联动争创模范劳动关系和谐单位”长效推动机制，全市形成构建和谐劳动关系“1319”（1 个国家级、3 个省级综合配套改革试点区带动其他 19 个区市县）创新推动模式，全年共计评价出 A 级至 5A 级模范劳动关系和谐单位 2 750 个。

二是创新形成构建和谐劳动关系公共服务标准体系。围绕企业和劳动者两个主体，以构建和谐劳动关系的实际需求为导向开发并提供公共服务产品，形成与劳动关系直接和间接相关的“主要和关联公共服务产品”两个板块，包括“基础、高端和特色公共服务产品”三个层次的总体构思，形成全市可操作的构建和谐劳动关系公共服务的“2123”标准体系。

三是创新建立劳动纠纷“一站式”多元化解联处机制。结合《成都市构建和谐劳动关系公共服务标准体系》的推广实施，创新在市本级和各区（市）县建立劳动纠纷“一站式”联处中心，充分利用信息化手段，发挥政法、法院、人社、司法行政等部门和工会职能作用，形成功能齐备、规范有序、方便快捷，分层次、多途径、高效率的多元化解服务体系。

（二）劳动争议仲裁。

梳理解读疫情期间中央、省、市发布的劳动关系领域规范性文件，印发《成都市疫情防控期间仲裁办案法律指南》。与市中院联合印发《关于新型冠状病毒肺炎疫情防控期间劳动人事争议有关问题的纪要（2020 年第一期)》，统一疫情期间劳动争议裁审标准。全年全市各劳动人事争议调解组织共受理争议 13 143 件，涉及劳动者 26 134 人，调解结案 10 490 件。全市各仲裁院共受理案件 30 677 件，结转上期末未结案件 1 493 件，涉及劳动者 31 942 人，当期结案 29 992 件，涉及金额 123 620. 28 万元。

（三）劳动保障监察。

一是开展清理整顿人力资源市场秩序专项执法行动。围绕做好高校毕业生、农民工等重点群体就业工作，以严厉打击就业歧视和扰乱人力资源服务秩序的违法行为为重点，结合援企、稳岗、扩就业等政策措施，检查人力资源服务机构 116 户，对 12 户存在招工信息发布不准确，收取押金、求职费，扣押身份证等违法违规行为，责令其整改，取缔 2 户无证无照劳务中介机构。

二是深入推进“无欠薪”治理工作。按照人社部、省人社厅要求，结合成都实际，拟制《2020 年成都市根治拖欠农民工工作要点》，进一步夯实治欠保支工作基础。全年全市劳动保障监察受理案件 12 161 件，结案 12 022 件，结案率 98. 8%；为 17 003 名农民工追讨工资 2. 32 亿元；向社会公布案件 21 件，列入“黑名单”22 家，移交公安 54 件。

三是开展根治欠薪专项行动。先后开展根治欠薪春季、秋季、冬季专项行动，以工程建设领域为重点，排查欠薪隐患，督促企业完善工资支付各项制度。检查在建工程项目 127 个，发现并督促企业支付 2 060 名农民工工资等待遇 1 929 万元。

五、公共服务

一是推动构建全国领先的人社智能治理体系、智控风险体系、智联业务体系、智惠群众体系。初步建成泛连、开放、融合、联动、智能、在线、可视、安全的成都人社智慧治理中心。基于大数据技术建成数据资产管理平台，汇聚管理 85 类数据资源、474 亿条数据。建设智慧治理规则库，形成 69 个通用规则、143 个业务逻辑规则、94 个转换规则。打破传统业务边界，打造 9 个业务主题、16 个综合主题、9 个大数据主题和 2 个专题分析，形成 22 个人社算法模型。

二是加速推进全国统一的社会保障卡发行应用。截至年底，全市社会保障卡累计发行 1 692. 83 万张，第三代社会保障卡发行量位居全国第一；电子社保卡累计签发 734. 10 万张，签发量位居全国城市第三。建成社会保障卡服务网点 3 397 个，其中人社网点 1 943 个，银行网点 1 454 个，省内异地服务网点 480 个。全面实施省市县 134 项惠民惠农财政补贴资金项目社会保障卡“一卡通”发放监管，精准发放资金累计 100. 43 亿，惠及群众 388. 51 万人。

六、人社扶贫

一是巩固提升本市就业扶贫工作。出台《关于决战决胜脱贫攻坚加强就业扶贫工作的通知》，对简阳市 4.1 万名贫困劳动力进行就业实名制信息化动态管理，引导带动贫困劳动力转移就业 25 689 人，基本实现应转尽转。开发长期公益性岗位托底安置 680 余人次、临时性短期公益性岗位 2 046 个，公益性岗位补贴 600 余万元。开展贫困家庭劳动力技能培训 637 人，发放培训补贴 96.36 万元。扶持贫困劳动力创业 8 人，累计发放创业补贴 11 万元。企业（农合社）吸纳贫困劳动力 55 人，累计发放吸纳奖补 5.5 万元，新增 2 家企业入选省级就业扶贫基地。

二是开展省内对口就业扶贫。采取岗位对接、技能培训等方式深入开展对口就业帮扶，助推甘孜、阿坝、凉山贫困群众脱贫奔康。选派 7 名工作人员赴凉山州深度贫困县，帮助当地贫困劳动力到成都就业。举办成都—凉山州、成都—甘孜州、成都—阿坝州等多场大型网络招聘会，提供岗位 10 万余个，在丹巴县举行就业精准帮扶系列活动，提供岗位 1 万余个。

三是力保各项扶贫代缴政策落地落实。按照省、市社保扶贫总体部署要求，继续深化扶贫、民政、财政、公安等相关部门沟通协作，按照“不漏一人”原则实施建档立卡贫困人口、低保对象、特困人员等贫困人员城乡居民养老保险政府代缴，始终坚持“动态上传、动态办理、动态标注”，对新增贫困人员和既有贫困人员中新增到龄人员，确保新增一人纳入一人、到龄一人纳入一人。

七、行风建设

一是认真组织窗口单位业务技能练兵比武活动。制发《2020 年度成都市人力资源和社会保障系统窗口单位业务技能练兵比武活动实施方案》，通过官方网站、新媒体集群等线上渠道和“三会一课”、主题党日活动等线下渠道积极宣传练兵比武活动，掀起“再学政策、再精业务、再优服务”热潮。经过层层选拔，成都代表团在全省人社系统总决赛中勇摘桂冠，并代表四川省蝉联全国人社系统总冠军，其中 7 人获评全国“人社知识通”称号。

二是纵深推进行风建设。积极回应群众诉求，强化问效问责。秉持“人社工作为人民”的服务理念强化系统行风建设，推进“互联网+人社”工作，梳理公布“仅跑一次”事项清单，推行“一网一门一次”经办服务，全面开展线上线下人社服务“好差评”，切实提升人社服务效能。聚焦疫情防控、“六稳”“六保”和群众急难愁盼，组织推进作风纪律专项整顿、行风建设明察暗访，督促党员干部担当作为。全年开展明察暗访 25 次、重点工作督导 5 次，发现纠正 4 大类 28 个问题。

三是开展作风纪律专项整治。9 月至 12 月，在全市人社系统集中开展作风纪律专项整治工作。通过聚焦不同程度存在的宗旨意识淡薄、办事效率低下等 10 类典型问题，抓好对照检查、问题整改等 10 项工作举措落实，推动全系统干部职工成为德才兼备、求真务实、优质服务、公平正义的表率。

成都市人力资源和社会保障局

贵　州　省

2020年，贵州省人力资源社会保障工作始终坚持以习近平新时代中国特色社会主义思想为指导，全面贯彻落实党中央、国务院以及人力资源社会保障部和省委、省政府的决策部署，以脱贫攻坚为引领，坚持稳中求进总基调，积极应对新冠肺炎疫情带来的不利影响，扎实做好“六稳”工作，全面落实“六保”任务，切实保障和改善民生。

一、全力抗疫情保民生

省政府办公厅制定印发《关于印发〈扶持企业复工复产促进农民工返岗就业政策二十四条〉的通知》，省人社厅、省财政厅、省税务局印发《关于阶段性减免企业社会保险费的通知》等纾困惠企政策文件。全年累计“减免缓”社会保险费186.3亿元（其中，减免145.75亿元、缓缴40.55亿元），稳岗返还8.49亿元，惠及5.3万户企业165.15万人。

制定印发《关于进一步做好疫情防控一线医务人员和防控工作者激励保障工作若干措施》《关于全面落实进一步保护关心爱护医务人员若干措施的通知》《关于新冠肺炎疫情防控期间医疗卫生机构医务人员有关工资问题的通知》《关于进一步做好支持援鄂医疗队员有关工作的通知》等突破性政策文件，全力做好抗疫一线人员关心关爱工作。发放1 320名援鄂医疗队队员临时性工作补助3 161.04万元、6 974名省内一线医务人员临时性工作补助1 391.02万元。为抗疫牺牲的2名同志进行工伤认定，兑现待遇共计163万元。对1 609名新冠肺炎疫情防控援鄂人员进行记功奖励。做好109名援鄂医疗队医务人员及家属一对一联络服务保障工作。开通绿色招聘通道紧急招聘一线医务人员675人。为1 200余名抗疫一线医务人员发放省级人才服务绿卡。推荐10个集体、25名个人获国家抗击新冠肺炎疫情表彰。召开全省抗击新冠肺炎疫情表彰大会，全省299个集体、513名个人获表彰。

二、全力打好脱贫攻坚收官战

就业扶贫。5月7日，省委召开全省劳务就业扶贫工作会议，出台《关于进一步加强劳务就业扶贫工作的实施意见》，建立劳务就业扶贫大数据平台，统筹落实“八个一批”任务，推广黔西南州稳住外出农民工稳就业、从江开发公益性岗位安置就业、望谟“蜂王行动”带动就业等典型经验，千方百计开发就业岗位，全力做好劳务就业扶贫工作。2020年，劳务就业扶贫大数据平台录入开发就业岗位64.04万个，促进贫困劳动力实现就业29.34万人次。全省建档立卡贫困劳动力外出务工320万人。城乡公益性岗位在岗18.88万人，其中，城镇公益性岗位在岗5.59万人，乡村公益性岗位在岗13.29万人。

技能扶贫。实施农民全员培训三年行动计划和职业技能提升行动，推广威宁“三白基地+培训基地+就业基地”典型经验，全面开展感恩培训、政策培训、技能培训、方法培训、示范培训等短训实训、线上培训和以工代训，完成农村劳动力技能培训87.19万人次。

社保扶贫。截至2020年，累计将5.26万名年满60周岁以上贫困人员直接纳入参保范围，按月发放养老待遇。支持建档立卡贫困人口等困难群体参加社会保险，全省符合参保条件的建档立卡贫困人员参加基本养老保险551.6万人，其中60周岁以上已享受待遇116.3万人，基本实现应保尽保、养老金应发尽发。全年全省为104.18万建档立卡贫困人口、低保对象、特困人员等困难群体代缴社会保险费7 801.84万元。社保扶贫工作得到人社部充分肯定，在全国社保扶贫工作总结大会上作交流发言。

人才扶贫。实施向基层一线倾斜的人事政策，落实基层事业单位人员“三放宽一允许”招聘政策，出台政策支持鼓励有关人员到贫困地区领办创办龙头企业或合作社。截至2020年，全省共有398人到贫困地区领办创办龙头企业或合作社，累计投入资金4.1亿元，撬动产业项目资金20.5亿元，带动建档立卡贫困户就业7 133人。充分发挥职称评价“指挥棒”作用，在“9+3”［9个未摘帽的深度贫困县和3个剩余贫困人口超过1万人的已摘帽县（区）］地区实施职称评审定向评价、定向使用制度，全年“9+3”地区专技人员申报“双定”副高职称评审1 130人，评审通过957人。

挂牌督战。印发《贵州省人社扶贫挂牌督战实施方案》，由省厅领导领衔，组成6个督战工作队，先后深入“9+3”贫困县（区）开展督战活动83次，走访乡镇（街道）160个、村居（安置点）243个、群众457户，查找问题163个。76名干部赴脱贫攻坚一线挂职结束后，接续选派13名优秀干部驻扎“9+3”县（区）脱贫攻坚一线，推动“9+3”县（区）如期打赢脱贫攻坚收官战。

三、稳就业保就业工作

出台《省人民政府关于印发贵州省进一步稳定和促进就业若干政策措施的通知》《关于促进劳动力和人才社会性流动体制机制改革的实施意见》《关于实施企业稳岗扩岗专项支持的实施意见》《关于做好公益性岗位开发管理有关工作的实施意见》等政策文件，千方百计做好“稳就业”“保就业”工作，全省就业局势保持总体稳定。全年实现城镇新增就业61.64万人，促进失业人员再就业14.37万人，就业困难人员就业7.59万人，城镇登记失业率为3.75%，城镇调查失业率为5.7%。争取中央转移支付就业补助资金24.9亿元，较上年增长36.5%，使用当年中央转移支付就业补助资金23.23亿元、抗疫特别国债资金7.93亿元。

全力做好农民工返岗复工。通过专列、专车、专机等方式组织农民工集中返岗41.17万人次。深化东西部劳务协作机制，签订返岗备忘录和劳务协作协议253份，互建劳务协作站（点）168个。全省农村劳动力在外务工890万人，其中省外575.6万人、省内314.4万人。

全力帮扶特殊困难群体。印发《扩大失业保险保障范围的通知》，扩大失业保险金发放范围，审核通过申领失业补助金（含临时生活补贴）20.31万人，发放失业补助金（含临时生活补贴）4.62亿元。调整失业保险金标准，月人均领取1 432元增加到1 611元。安置退捕渔民2 160人，有就业意愿劳动力全部实现转产就业，符合参保条件的退捕渔民全部纳入现有社保政策进行兜底保障。

全力抓好就业创业服务。组织开展“春风行动暨就业援助月”“百日千万网络招聘专项行动”等专项活动。新增发放创业担保贷款34.53亿元，新增扶持创业2.56万人，带动就业7.26万人。新增发放自主创业补贴6 630.2万元，扶持1.35万人创业。新增发放创业场所租赁补贴2.15亿元，扶持2.91万人次创业。累计认定创业孵化基地148家，其中，全国创业孵化示范基地4家、省级创业孵化示范基地53家。举办第四届“中国创翼”创业创新大赛贵州省选拔赛，推荐7个项目参加全国赛，3个项目获优秀奖，贵州省人力资源社会保障厅获“优秀组织奖”。

高校毕业生就业工作。紧扣《促进2020

年高校毕业生就业创业十条措施》，落实高校毕业生就业创业优惠政策，全面做好高校毕业生就业创业服务工作。2020 年，全省未就业高校毕业生实名登记总数为 11.19 万人，已促进就业 10.51 万人，实名登记就业率 93.92%。积极引导和鼓励高校毕业生面向基层就业，"三支一扶"招募高校毕业生到岗 973 人，"三支一扶"助推脱贫攻坚做法在全国工作会议上作经验交流。实施万名青年就业见习计划，印发《贵州省就业见习管理暂行办法》《关于进一步加强就业见习工作的通知》，见习规模不断扩大，见习政策不断完善，见习管理更加规范，全省就业见习实际到岗 17 029 人，完成目标任务的 170%。全省各级各类事业单位共安排 3.3 万个岗位面向社会招聘高校毕业生，同比增长 165%。将高校毕业生求职创业补贴标准从 1 000 元提升至 1 500 元，并将孤儿高校毕业生和湖北籍高校毕业生纳入新增补发范围，共发放求职创业补贴 1.55 亿元，惠及毕业生 10.77 万人。鼓励高校毕业生自主创业，通过对创业毕业生提供创业培训，落实创业担保贷款、创业补贴等，扶持创业 5 033 人，带动就业 14 747 人。

四、职业技能培训工作

制定印发《省人民政府关于推行终身职业技能培训制度的实施意见》《关于聚焦产业发展支持龙头企业、合作社、扶贫车间开展职业技能培训工作的通知》《统筹推进 2020 年度农民全员培训和职业技能提升行动全面构建劳动者终身职业培训制度的实施方案》等政策文件，持续推进农民全员培训三年行动计划，大力开展感恩培训、政策培训、技能培训、方法培训、示范培训等短训实训，全省累计完成职业技能提升培训 108.22 万人次，完成年度 50 万人次任务的 216.44%。

在全国率先出台《关于印发支持各类重点企业开展职工线上培训促进复工复产的实施方案》，制定印发《关于实施企业稳岗扩岗专项支持计划的实施意见》等，扩大以工代训范围，大规模开展以工代训，支持各类企业稳岗扩岗。大力支持技工院校扩大招生规模，2020 年，技工院校完成招生 3.93 万人，全省技工院校在校生 9.13 万人，落实技工教育资金 2.31 亿元。累计投入培训资金 12.01 亿元，其中技能提升行动专账资金 9.15 亿元，完成人社部下达目标任务 6.8 亿元的 134.56%，在全国位居前列。职业技能提升行动专项资金支出进度在全国位列第 4 位，获人社部肯定表扬，并在全国作经验交流。建设 2020 年度报备国家级高技能人才培训基地 3 个、国家级技能大师工作室 10 个，建设省级高技能人才培训基地 5 个、省级技能大师工作室 25 个。

选派 97 名选手参加第一届全国职业技能大赛全部 86 个比赛项目，19 个项目 21 名选手获大赛优胜奖，其中 5 名选手入选第 46 届世界技能大赛中国集训队，汽车喷漆项目和塑料磨具工程项目各有一名选手获得荣誉称号，贵州代表团获"突出贡献奖"，团体总分位列全国第 17 位，实现贵州历史性新突破。组织 9 个未摘帽贫困县 16 名建档立卡贫困选手参加全国扶贫职业技能大赛全部 8 个比赛项目，获 1 枚铜牌和 6 个优胜奖，贵州代表队获"优秀组织奖"，成为获得奖牌和优秀组织奖的 14 支代表队之一，实现贵州在国家级职业技能大赛上奖牌"零"的突破。组织参加全国行业职业技能竞赛，获得 1 个一等奖、2 个二等奖、4 个三等奖的历史最好成绩。组队参加第二届全国技工院校教师职业能力大赛，参加全部 10 个项目均获奖，其中，2 人荣获二等奖、8 人荣获三等奖。

五、社会保障工作

持续推进全民参保计划。截至年底，全省城镇职工基本养老保险、城乡居民基本养老保险、失业保险、工伤保险参保人数分别达 713.98 万人、1 904.49 万人、297.93 万人、463.78 万人，超额完成人社部下达的扩面目标任务。养老、失业、工伤三项社会保障基金及职业年金总收入 849.54 亿元（其中，征缴收入 563.83 亿元），总支出 791.15 亿元，累计结余 1 309.31 亿元。

稳步推进社会保险制度改革。制定出台《关于完善企业职工基本养老保险制度有关问题的通知》等文件，企业职工基本养老保险制度不断健全。企业职工基本养老保险省级统筹通过国家实地考核验收，成为全国最早实现省级统筹的省份之一，并在全国作经验交流。印发《关于全省机关和参照公务员法管理单位参加工伤保险有关问题的通知》，将机关公务员和参照公务员法管理的单位工作人员纳入工伤保险制度保障范围。

持续提升待遇水平。连续第 16 年调整企业退休人员基本养老金，同步调整机关事业单位退休人员基本养老金，月人均增加 157 元，全省 155 万人受益。城乡居民基本养老保险基础养老金每人每月增加 5 元，达到每人每月 98 元，全省 496 万人受益。

推动基金保值增值。省人社厅、省财政厅印发《关于进一步加强职业年金基金收支运营管理有关问题的通知》，推动职业年金入市投资运营，截至 12 月，划拨机关事业单位职业年金基金 183.43 亿元纳入投资运营，累计收益率为 1.79%。制定印发《贵州省城乡居民基本养老保险基金委托投资工作实施方案》，启动城乡居民基本养老保险基金委托投资工作。

六、人才人事工作

截至年底，贵州省人才资源总量突破 530 万人，较“十二五”时期增长 47%。创新举办第八届线上线下贵州人才博览会，组织全省 1 870 余家企事业单位提供 3.13 万个人才需求开展线上集中引才，求职简历投递 32.7 万人次，同比增长 387.95%，截至 12 月底，引进落地 2 534 人（其中，博士 63 名、硕士 1 577 名）。深入实施“百千万人才引进计划”，评选引进第六批省“百人领军人才”“千人创新创业人才”11 人，选拔推荐两人入选国家百千万人才工程。

指导帮助贵州大学成功获批建设国家级专家服务基地，连续 3 年获人社部审批建设国家级专家服务基地，累计建成国家级专家服务基地 3 个。组织评选享受省政府特殊津贴人选 88 人，推荐享受国务院政府特殊津贴建议人选 39 人。评选推荐 11 家单位申报新建博士后科研工作站。黔南民族师范学院入选第十批国家级专业技术人员继续教育基地，省级专业技术人员继续教育基地达到 30 家。开通贵州省“96567”人才服务热线，办理高层次人才“人才服务绿卡”1 043 张，启动“优才卡”发放工作。

全面深化职称评审“放管服”改革，修订 12 个职称系列申报评审条件，研究制定《贵州省机关事业单位工勤人员职业技能等级考评办法（试行）》等，全省共有 3.2 万人获职业资格证书，其中高级工以上 6 690 人。印发《贵州省职称评审委员会备案管理暂行办法》，对职称评审委员会备案的条件、实施和监督管理等作出具体规定。高校自主评审单位增加到 24 家，将工程系列正高级职称评审权限下放到各省直行业主管部门，将“绿色通道”高级职称评审权限下放到省直行业主管部门和市州，将技工院校教师副高及正高级评审权限分类下放到有承接能力的技师院校。完成全省 138 个高级、164 个中级评审委员会目录清单（2020 版）制定工作。

制定印发《贵州省事业单位工作人员奖励实施细则》《关于贯彻落实〈事业单位工作人员培训规定〉的通知》《关于贯彻落实〈事业单位人事管理回避规定〉的通知》《关于进一步规范事业单位岗位管理和公开招聘备案工作的通知》《关于进一步完善省直事业单位人员调配工作有关事项的工作提示》等文件，对事业单位公开招聘人员实行聘用备案管理，进一步优化调配工作流程，精简申报材料，提高行政效能，推进事业单位人事管理工作科学化、制度化、规范化。2020 年，共办理省直事业单位 147 家 637 人调动手续，完成 15 家单位 836 人划转手续，办理省本级 83 家事业单位新进人员 1 695 人聘用手续，办理 27 家单位接收安置退役士兵 50 人。

结合贵州省情，落实并完善高层次人才收入分配激励机制。深入推进教育、卫生行业各项工资政策落实落地，全力推进保障义务教育教师工资待遇工作，深入开展公立医院薪酬制度改革试点工作。

七、和谐劳动关系建设工作

制定印发《关于贯彻落实〈保障农民工工资支付条例〉做好相关工作的通知》《贯彻落实〈保障农民工工资支付条例〉职责清单》等措施文件，全面做好《保障农民工工资支付条例》的宣传贯彻工作。创新农民工维权方式，整合信访、劳动监察、调解仲裁三方力量统筹设立“农民工维权岗”461 个，为农民工举报、投诉、调解、仲裁提供“一站式”服务。建立劳动用工大数据综合服务平台，对农民工工资实行动态监测预警和智慧监管，累计纳入平台监管项目 11 480 个，农民工 181. 65 万人，其中在建项目 2 143 个、在岗农民工 51. 2 万人。2020 年，共为 10. 87 万人次劳动者追发工资等待遇 13. 59 亿元，向司法机关移送拒不支付劳动报酬案件 236 件。实施“根治欠薪冬季专项行动”，当年发生欠薪的政府性项目共计 522 个，涉及拖欠金额 6. 29 亿元 3. 27 万人，全部完成清零任务。

扎实推进劳动人事争议案件调解仲裁，设立法律援助工作站 83 个，全年全省劳动人事争议调解、仲裁当期立案 30 079 件，调解、审结结案 30 012 件，仲裁结案率为 98. 36%，仲裁终结率为 71. 44%，调解成功率为 67. 25%。加大“互联网+调解”服务平台的推广应用，累计在全国在线调解服务平台录入乡镇（街道）调解组织 1 752 个，录入基层调解员 2 291 人，实现在线调解劳动人事争议案件 1 409 件。

积极应对疫情对劳动关系的影响，不断完善劳动关系风险防范的形势分析、监测预警、应急处置机制，指导企业依法妥善处理劳动关系，积极防范规模性裁员风险。深入推进收入分配制度改革，稳步推进国有企业工资决定机制和企业负责人薪酬制度改革，企业集体合同制度和工资集体协商制度有序推进。

八、行风建设工作

制定印发《2020 年行风建设工作要点》《贵州省人力资源和社会保障厅关于进一步加强全省人社系统行风建设的通知》等，对系统行风建设工作进行全面安排部署。全面推进人社服务“放管服”改革，调整公布《全省人社系统政务服务事项清单及办理标准（2020 版）》，削减办理材料 53 项，压缩办理时限 30%，对 13 个备案事项办理流程进行调整优化。38 个事项纳入“全省通办、一次办成”改革，63 个事项纳入“一窗通办”改革，推动 10 个事项“打包办”，17 个事项“提速办”，搭建全省统一的政务服务平台。分别明确 2 个市级和县级人社局作为“人社服务快办行动”联系点，明确 5 个市（州）人社服务大厅作为首批接入人社部检测平台联系点。全面做好人社服务“好差评”工作。

积极开展业务技能练兵比武活动，“日日学、周周练、月月比”参与 17. 8 万人次，组织完善答题系统题库 3 000 余道题，在全厅招募演员拍摄案例分析题，顺利完成省级练兵比武活动。常态化开展人社窗口明察暗访活动，针对暗访发现的问题，督促立即进行整改，并印发暗访情况通报，全省人社系统行风明显改善。

九、信息化建设工作

以“数字人社”纲要为指导，全面推进“智慧人社云”建设，建立了建档立卡贫困劳动力、易地扶贫搬迁劳动力摸排系统和劳务就业扶贫大数据平台，为打赢人社扶贫攻坚战提供了有力保障。按照“一网一云一平台”要求，全面开展各项重点项目建设，完成人才人事综合业务管理服务平台建设，补齐了贵州人力资源信息化建设短板。推进人社数据库建设，加强数据资源集中整合应用，公共服务水平进一步提升。深入开展网络安全工作，完成网络安全等级保护定级和备案。全力做好社会保障卡发行应用工作，社会保障卡累计持卡3 355万人，电子社保卡签发320余万人。

贵州省人力资源和社会保障厅

云 南 省

一、就业创业

（一）农村劳动力转移就业。

及时组建省、州、县三级人社部门“抗疫情、稳就业”指挥部，上下齐心，勠力推进。发动4.6万人全面摸清劳动力信息，组建3 286人的“人社服务专员”对接企业用工需求，用好线上、线下渠道组织招聘活动，协调专车14 108辆、专列120列、包机37架次，“一站式”转移输送62.16万人，派出69个稳就业工作组赴长三角、珠三角地区靠前稳岗，建立省内用工调剂机制调余补缺，抓实转移就业全链条工作。通过一年的接续奋战，全省实现农村劳动力转移就业1 515.52万人，比上年多290多万人，转移就业率达70.2%，创下历史新高。

（二）城镇新增就业。

先后出台20余份援企稳岗保就业文件，实施45项减负、稳岗、扩就业的突破性政策，积极争取中央就业补助资金倾斜支持，总量达25.27亿元，强化工作支撑。坚持积极引导就业，大力支持创业，鼓励灵活就业，重点帮扶就业，多渠道保障就业稳定，全省实现城镇新增就业49.35万人，帮助城镇失业人员再就业14.75万人，帮助就业困难人员就业11.27万人，均超额完成年度目标任务。全省2020届高校毕业生综合就业率逆势上扬，达到94.3%，同比增长0.9个百分点。有就业意愿的长江禁捕退捕渔民100%实现就业。全省就业局势的稳定，成为确保经济社会稳定的“压舱石”，得到省委、省政府和各级党委、政府的充分肯定。

（三）创业帮扶。

认真贯彻落实国家就业优先政策及实施创新驱动发展的工作要求，从完善扶持创业政策措施、狠抓“贷免扶补”创业担保贷款政策落实、搭建创业孵化平台、加强创业服务力度着手，认真做好创业帮扶创业服务各项工作。组织开展“中国创翼”“春城创业汇”“赢在昭通”等各类创业大赛活动，为创业者搭建创业项目推荐平台。在第四届“中国创翼”创业创新大赛云南省选拔赛暨第二届“创翼云南”创业大赛中，1 227个参赛项目实现带动就业近1.9万余人，平均每个参赛项目带动就业10人以上，进入省级决赛的60个项目累计经营收入达到3.3亿元，上缴税收1 000余万元。在“中国创翼”大赛中，云南省人社厅被评为优秀组织奖，10个项目获得全国“创翼之星”奖。

（四）职业技能培训。

落实疫情防控要求，迅速实施“互联网+职业技能培训”和“百日线上免费技能培训行动”，探索大型企业自主培训、中小微企业集中培训、追踪服务“走出去”培训等模式，实现“线上”“线下”培训互补、同抓、共促。坚持精准施策、精准推进、精准落地，进一步强化政策支持，完善培训目录，扩大保障范围，严格质效监管，全年累计完成职业技能提升培训160.67万人次，其中实施“互联网+职业技能培训计划”培训18.15万人次，分别完成年度目标的267.7%、302.5%。

二、社会保险

（一）落实降费政策。

按照国家部署，2月28日，经省政府同意，联合省财政厅、省税务局制定出台《云南省阶段性减免企业社会保险费实施意见》，实施“免、减、缓、延”惠企政策措施。7月3日，印发《关于延长阶段性减免企业社会保险费政策实施期限等问题的通知》，将免征中小微企业社保费政策实施期限延长到2020年12月，继续执行2019年缴费基数下限，允许灵活就业人员自愿缓缴2020年养老保险费。

全年累计减免社保费161.07亿元，缓缴、延缴社保费49.29亿元，发放稳岗返还资金13.77亿元，阶段性降低社保费95.84亿元。

（二）社保改革。

建立基本养老保险基本政策、基金收支管理、预算管理、责任分担等“七个统一”制度，狠抓管理规范、流程协同和责任落实，2020年7月1日起开始实行企业职工养老保险基金省级统收统支。建立工伤保险基金“五统一、一调剂”管理体制，完善调剂金、储备金、浮动费率管理办法，2020年10月1日起实现工伤保险基金省级统筹。稳步推进机关事业单位工作人员养老保险制度改革，全面启动部队文职人员参保缴费工作，基本完成2014年10月至2017年退休中人待遇计发清算工作，顺利完成职业年金数据迁移和资金按期归集，截至12月，累计归集资金310.89亿元，收益10.56亿元。

（三）参保扩面。

持续推动参保扩面，截至12月底，全省基本养老、工伤、失业保险参保人数达3 957.72万人，分别比上年多91.6万、60.3万、18.22万，其中城镇职工基本养老保险701.34万人、城乡居民基本养老保险2 450.18万人、失业保险307.39万人、工伤保险498.81万人，基本实现各类人群全覆盖。建筑业新开工建设项目工伤保险参保率99.65%。

（四）待遇调整。

采取动用省级调剂金、加大财政补助等方式，全年全省共兑现支付养老、工伤保险待遇896.44亿元。全面完成退休人员养老金调整兑现任务，惠及全省约181.1万人，企业退休人员月人均养老金达到2 990元，比上年增加177元。调整提高工伤保险三项长期待遇标准，调整后，伤残津贴月人均2 978元，生活护理费月人均2 002元，供养亲属抚恤金月人均1 464元。从7月1日起，全省失业保险金标准统一调整提高至当低最低工资标准的90%，全省月失业保险金平均标准由1 129元/人增长到1 356元/人，平均增长227元，增幅20.11%。全省共计发放失业保险金、补助金25.86亿元，为78.8万人次失业人员发放价格临时补贴1.85亿元。

（五）监管运营。

严格落实“三个全面取消”，加强经办管理、专项检查和基金风险评估。6月适时启动了全省职业年金投资运营工作，首期投资250亿元，促进保值增值。据12月基金月报，全年全省养老、工伤、失业保险基金运行平稳。全省企业职工养老保险基金收入509.11亿元、基金支出485.74亿元；机关事业单位养老保险基金收入341.27亿元、基金支出318.82亿元；城乡居民养老保险基金收入286.53亿元、基金支出82.55亿元；工伤保险基金收入9.06亿元、基金支出16.02亿元；失业保险基金收入17.87亿元、基金支出40.62亿元。年末，基金累计结余1 985.53亿元。职业年金基金收入94.69亿元、支出1.2亿元，累计结余349.91亿元。

三、人事人才

（一）深化改革。

建立改革任务完成情况月报制度，深入清理影响灵活就业的政策，扎实推进机关事业单位人员养老保险制度改革、部队文职人员参保缴费、机关事业单位中人待遇平稳衔接等工作。积极推进生产经营类事业单位改革、检验检测机构整合改革和全省性行业协会商会脱钩改革，出台企业在职参保人员死亡丧葬抚恤待遇政策。推进职称制度改革，加强职称申报评审管理制度建设，规范职称评审，下放特殊人才职称评审权限，开展中国（云南）自由贸易试验区国际职业资格认可试点。深化医疗卫生行业薪酬制度改革，会同省财政、卫生健康主管部门印发《云南省改革完善公立医院绩效工资总量核定办法（试行）的通知》《关于进一步完善全省公共卫生事业单位绩效工资管理的通知》。落实完善事业单位高层次人才工资分配激励机制，出台《关于贯彻落实完善事业单位高层次人才工资分配激励机制的实施意见》《关于贯彻落实赋予科研机构和人员更大自主权有关文件精神的通知》等文件。积极推进企业工资分配宏观调控工作，印发《关于转发支持新冠肺炎疫情防控做好国有企业工资分配工作意见文件的通知》，出台支持、激励和引导国有企业服从服务大局，主动承担社会责任，积极投入疫情防控工作的系列工资支持政策。参照国家企业薪酬调查模式，建立覆盖全省16个州市、20个国民经济行业门类、7 000余户企业、30余万名劳动者的云南省企业薪酬调查制度，在全省全面开展企业薪酬调查工作。省人社厅牵头的12项改革任务，具备条件的5项全部完成。

（二）人才队伍。

技能人才方面，举办第一届全国职业技能大赛云南选拔赛等6项重大省级赛事，评出83名云南首席技师，全年全省新增高技能人才7.96万人。专技人才方面，完成20多万名专业技术人员职业资格考试，7人入选“国家百千万人才工程”、58人享受国务院政府特殊津贴、120人获省有突出贡献优秀专业技术人才称号、100人享受省政府特殊津贴，评选产生300名“青年拔尖人才”，9名专技人才和2名高技能人才获评“兴滇人才奖”，1.99万人取得高级职称。成功举办第五届云南国际人才交流会。开展各类柔性引才活动12次，邀请111名专家深入14个县（市、区）和2个园区开展智力支持。举办新基建院士网络论坛，实施6个专家服务基层项目，发布鼓励专技人员到基层服务岗位5 349个，鼓励人才服务发展、服务基层。

（三）服务激励。

设立“绿色通道”招聘758名医护人员，严格落实疫情防治人员薪酬待遇保障政策，及时为全省1个集体、73名个人记功，嘉奖40个集体、2 412名个人。新设国家级博士后站5家、省级博士后站10家、专家基层科研工作站50家、“云南省园区人才服务工作站”2个，协调落实人才优待制度。

四、劳动关系

紧扣“到2020年努力实现基本无拖欠”的要求，集中开展《保障农民工工资支付条例》“进企业、进工地、进基层”宣传活动，出台涉疫情劳动关系处理政策，持续加强对1 500余户企业劳动关系风险监测，发起“要约行动”“和谐共生”等活动，柔性化解矛盾纠纷。扎实开展根治欠薪夏季专项行动、冬季攻坚行动，累计检查在建项目10 041个（次），清欠农民工工资1.25亿元、惠及1.1万人。加大日常监察执法力度，截至12月底，办理劳动保障违法案件2 888件，向公安机关移送涉嫌拒不支付劳动报酬犯罪案件92件；全省共处理劳动人事争议案件25 204件，涉及金额6.96亿元；受理办结行政复议案件89件。组织开展省对州市2019年度保障农民工工资支付考核，迎接全国农民工工作第七督察组对云南的督察工作。

五、人社扶贫

（一）就业扶贫。

扎实开展“零就业家庭清零行动”“就业扶贫百日提升行动”，为每名贫困劳动力提供不少于3个岗位信息，落实奖补政策，全省贫困劳动力转移就业318.19万人，其中省外就业101.90万人、省内就业216.29万人。全面完成了“一个超过、两个不少于”（即贫困劳动力外出务工人数要超过上年，东部地区吸纳贫困劳动力务工总数不少于上年，中西部地区外出务工贫困劳动力总数不少于上年）脱贫攻坚成效考核目标任务。

（二）技能扶贫。

大力实施技能扶贫专项行动，优化补贴政策，深度贫困县贫困劳动力每人每年可享受两次职业培训补贴，补贴标准可在省厅确定的基础上再上浮30%，并给予每人每天60元的培训生活费补助和20元的交通费补助。在全国率先出台文件，鼓励劳动者自主选择职业培训项目，对完成培训并取得国家职业资格证书的，可按相关规定给予本人职业培训补贴。按照“缺什么补什么”“需要什么培训什么”的原则，劳动者根据自身情况进行“菜单式”选择，强化订单、定向、定岗培训，加强培训后的转移服务对接，全省35所技工院校与27个深度贫困县建立培训对接机制，增强帮扶地区造血功能。

（三）社保扶贫。

通过挂牌督战、宣传引导、精准比对、限时清零、巩固提升，全面完成了社保扶贫任务。全省546.26万符合条件的建档立卡贫困人口100%参保，262.69万贫困人员基本养老保险费100%由地方政府代缴、总额达2.67亿元，104.80万60周岁以上建档立卡贫困老人100%按时足额领取养老待遇。

（四）人才扶贫。

实行向艰苦边远贫困地区和基层一线倾斜的人才政策，实施怒江州、迪庆州及6个挂牌督战县职称“定向评价、定向使用”和职业资格考试单独划线，通过“三支一扶”计划招募700人。争取到6个专家服务项目、1个国家级专家服务基地，在全省129个县市区设立了296个专家基层科研工作站，覆盖全部贫困县。

六、公共服务

以“五级十二同”为目标，厘清各级权限，编制政务服务事项实施清单，基本实现全省人社服务办事无差别、服务均等化。完善行政许可事项清单，取消和下放5项行政审批事项；动态调整省本级权责清单，进一步精简12项，最终保留70项。实现8个事项“跨省通办”，82个事项“省内通办”，省本级政务服务事项网上可办率达95%。进一步优化办事流程，承诺时限压缩率达53%，免交纸质申请材料事项占比68%，全程网办事项占比42%，最多跑一次事项占比83%。扎实开展“人社服务快办行动”，实现打包一件事570项，提速事项1 468项。推行社保“不见面”服务，做到社保减免直接办、资金发放主动办、日常业务网上办、待遇落实快捷办，促进惠企惠民政策落到实处。印发《厅重大行政决策程序规定》，从严落实重大行政决策公众参与、专家论证、风险评估、合法性审查、集体讨论决定和责任追究制度，累计对36份文件进行合法性审查，上报涉233件法规文件清理意见，协调法律顾问开展法律服务80余次。深入开展法治人社宣传，圆满迎接省“七五”普法检查验收第六组赴省厅开展检查验收。组织开展“日日学、周周练、月月比”业务技能练兵比武活动，把社会评价与自我改进结合起来，持续抓作风、正行风，重视政务咨询服务，12333电话咨询服务总量达88.7万次，群众满意率99.8%。在省民营企业对30个政府职能部门进行的评议中，省人社厅连续2年位列第6名。

云南省人力资源和社会保障厅

西藏自治区

2020年，西藏自治区城镇新增就业5.6万人，城镇登记失业率控制在4%以内；农牧民转移就业61万人，实现劳务收入47.1亿元；27 769名应届高校毕业生已就业27 495人，就业率为99.01%。开展各类职业技能培训13.23万人次，其中以工代训3.04万人、企业新型学徒制1 728人。全区几项社会保险参保达到287.99万人，其中企业职工基本养老保险25.35万人（含离退休40 621人）、机关事业单位养老保险27.02万人（含离退休61 059人）、城乡居民基本养老保险168.42万人（含待遇领取25.38万人）、失业保险27万人、工伤保险40.2万人。采集329.33万人的社保卡数据，累计制发卡318.64万张，社保功能激活311.11万张，金融功能激活240.65万张，签发电子社保卡28.7万张，社保卡替换医保卡15.98万张。全区企业劳动合同签订率约为95%，其中国有企业劳动合同签订率达到100%，劳动保障监察举报投诉案件结案率98%以上，劳动人事争议仲裁结案率99%。

一、稳定就业局势，强化就业创业工作

（一）高校毕业生就业实现逆势增长。

做实做细高校毕业生就业信息登记工作，提前把2020年应届高校毕业生数据录入实名信息系统，依托实名信息系统，加强就业帮扶工作，按照“一对一、多对一、一对多”要求，将23 080名区内生源高校毕业生全部分解到干部个人，由18 106名干部进行面对面帮扶。坚持内挖潜力、外拓渠道，全力加强高校毕业生就业岗位收集，累计收集6.5万个岗位，分三批向社会公布岗位计划，同时分类归集岗位，实行“N+3”岗位信息推送模式，即向未就业高校毕业生多次提供3个以上匹配度高的岗位信息，多角度提升岗位针对性和匹配度。加大线上线下招聘工作力度，不间断组织实施金融、民航、交通、能源等领域优质岗位等专场网络招聘会和定期举办每周精品招聘会、各类大小型招聘会等，拓宽高校毕业生就业渠道。积极协调援藏省市和中央企业，提供2.4万个岗位（其中事业单位岗位1 353个），面向西藏籍高校毕业生招聘。

（二）农牧民转移就业实现逆势增长。

大力推动农牧民转移就业组织化程度，全区基本建立了市、县、乡、村四级劳务输出组织，实有各类劳动输出组织7 088个，有组织转移就业31.7万人。加快推进农牧民转移就业基地的备案挂牌工作，全区农牧民转移就业基地已认定652个，吸纳农牧民就业6.9万人。贯彻落实好“政府投资400万元以下的项目交由农牧民施工企业（队）建设”要求，全区政府投资400万元以下项目开复工3 024个，交由农牧民施工企业建设项目2 114个，占开复工项目的69.9%。深化跨区域劳务协作，及时向援藏省市和央企、周边省市发函争取岗位支持，并将收集到的岗位信息及时分解压实至相关地市专项推进。积极探索跨区域劳务协作，实现区外转移就业5 862人。

（三）全力做好零就业家庭动态消零工作。

建立健全零就业家庭登记台账管理制度，认真做好认定和统计工作，做到底数清、情况

明，在职业技能培训、职业介绍、公益性岗位安置等方面优先帮扶零就业家庭人员，确保完成动态消零目标。全区消除零就业家庭 3 950 户，实现就业 4 439 人。

（四）精准开展各类技能培训。

出台《关于印发“以工代训”服务流程和补贴标准的通知》《关于做好职业技能提升行动专账资金使用管理工作的通知》《关于发布 2020 年自治区职业技能培训补贴目录的通知》等配套文件，印发《职业技能提升“千人计划”行动实施方案》，分解下达各专项培训计划，定期开展职业技能提升行动情况调度，全区共开展各类技能培训 13. 23 万人次，支出培训资金 3. 12 亿元。

（五）提升技能人才培养能力。

培育发展 2 家优秀民办职业技能培训学校为技工学校，认定 3 家地市公共职业技能实训基地为技工学校，同步出台《关于促进西藏技工学校发展的若干意见》和《西藏技工院校管理办法（试行）》，以建立和发展两条主线，加强技工教育发展顶层设计，初步形成了符合西藏实际的技工教育发展政策体系。严格落实民办职业技能培训学校年检制度，对全区 115 家（不含新建学校）职业技能培训学校开展年检，通过 105 家，责令限期整改 6 家，依法取缔办学资质 4 家。

（六）加快西藏技师学院招生办学工作。

通过中职对口招生、退役士兵专向招生等渠道，招生 650 人。以市场需求为导向，以贫困农牧民、未就业毕业生为重点，通过校企合作“请进来、送出去”方式开展“订单定向”技能培训 1 500 人。加大与四川德阳安装技师学院、四川水利水电技师学院和河南化工技师学院等合作力度，联合培养 408 名学生。与 11 家企业签订校企合作协议，共建学生实训基地和人才培养中心。

（七）积极组织各类招聘活动。

全年全区共举办各类招聘会 315 场次，共计 3 157 家企业提供 4. 8 万余个岗位。同时，加强与各地市沟通衔接，开发了 754 个岗位门槛低、薪资待遇高、技能要求低的拉萨就业岗位赴林芝市、昌都市和那曲市开展专场招聘会。

二、提升社保水平，全力做好各项参保工作

（一）大力推进全民参保计划。

完成 306. 35 万条全民参保全量数据上传工作，实现了与业务系统对接，做到数据动态更新。积极做好社保扶贫工作，完成人社扶贫信息平台建档立卡贫困人员 705 916 名的核实工作，实现应保尽保、应发尽发。

（二）做好退休人员基本养老金调整工作。

完成全区 100 220 名退休人员养老金调整补发工作，退休人员月平均基本养老金调整后达到 9 246 元，人均增加 424 元。其中，企业参加调整退休人员共 39 829 人，调整后月人均基本养老金水平为 5 217 元，月人均增加 339 元，调整比例为 6. 95%；机关事业单位参加调整退休人员共 60 391 人，调整后月人均基本养老金水平为 11 904 元，月人均增加 480 元，调整比例为 4. 21%。

（三）完成城乡居民养老保险待遇领取人员基础养老金提标工作。

从 2020 年 7 月 1 日起提高城乡居民基本养老保险基础养老金最低标准，由每人每月 180 元提高到 185 元，提标为国家最低基础养老金部分，由原来的 88 元提高到 93 元，提标所需资金，由中央财政给予全额补助。

（四）加强机关事业单位养老保险清算和划转企业社会保险费征收职责。

累计完成 5 742 家单位资金清算工作，完成清算单位总数的 90%。加强与税务部门对接，2020 年 10 月底，向税务部门传输 12 676 家，937 147 条参保缴费数据。

（五）完善职工养老保险政策。

会同区直有关部门印发《公务员实行职务与职级并行制度后养老保险有关问题的通知》和《关于法官检察官单独职务序列改革试点实施后养老保险有关问题的通知》，明确

了公务员职务与职级并行制度实施后和单独职务序列改革后法官、检察官养老保险有关问题。

（六）做好社保基金监管工作。

开展监管系统测试运行疑点信息筛查、全区失业保险基金管理内控专项检查和全区企业职工基本养老保险提前退休问题专项核查等工作，进一步强化基金风险防控。

三、持续深化改革，规范人才人事工作

（一）扎实做好艰苦边远地区和基层一线专技人才工作。

积极争取国家支持，划定高级会计师等职（执）业资格考试区内合格标准，梳理汇总护士等7个职（执）业资格单独划线相关数据。2019年以来，全区共有689名专技人员通过“三区三州”单独划线取得职业资格，其中艰苦边远地区和基层一线专业技术人员287人。

（二）做好高校毕业生公开招聘权限下放。

积极指导各地市按程序开展公开招聘工作，发布全区事业单位公开招聘高校毕业生岗位计划5 960个，其中区直事业单位623个、教育系统3 745个、地市和县乡其他事业单位1 592个，确定拟聘用人员5 640人。

（三）加快事业单位岗位设置和职称制度改革。

调整批复区经信厅、文物局、市场监管局、卫健委等20余家所属事业单位岗位设置方案，累计完成147家区直事业单位岗位设置方案核准，核准岗位总量1.3万个。指导各地市推进事业单位岗位设置工作，共完成4 163家事业单位岗位设置方案核准，核准岗位总量73 855个。督促指导25家自治区主管部门出台自治区标准，已完成8大系列16个行业领域的职称评价标准和评审办法修订完善工作。

（四）加快西藏特培。

完成西藏特培第3批第1期学员的考核工作，制定第3批第2期工作计划，选拔推荐108名西藏特培人员，重点向医药卫生、农牧科技、工程等领域和基层一线专技人员倾斜。向人社部申报推荐“高寒高海拔地区清洁能源供热技术高级研修班”等7个国家级高研班项目，重点向医疗卫生和脱贫攻坚领域倾斜，获批2项。选拔推荐10名百千万人才工程国家级人选，已获批3人。

（五）加大“三支一扶”人员招募和人力资源市场管理。

积极协调国家有关部门，落实2020年“三支一扶”招募名额1 000名，已全部完成派遣工作，通过“三支一扶”更多更好解决西藏籍高校毕业生就业问题。新审批2家人力资源服务机构。协调相关部门开展人力资源市场专项执法行动。

（六）认真开展免费医学生分配派遣和人才引进。

收集当年分配派遣农村订单定向免费医学生155人。根据编办下达的212名人才引进计划的控编通知单，及时向各地市和有关区直部门下达人才引进计划批复，全年共引进55人，派遣定向生287人。

（七）大力开展清理规范评比达标表彰项目工作。

开展清理规范评比达标表彰项目工作，保留9个、增设30个、调整变更21个、合并5个、撤销21个，并按程序报国家表彰奖励办审批或备案。梳理汇总自治区2020年评比达标表彰项目计划并督促主办单位按时限要求开展。

四、着力根治欠薪，保持劳动关系和谐稳定

（一）加强根治欠薪工作。

对各地市实行月调度、月通报，定期研究部署，形成了根治欠薪横向到边、纵向到底的“网格化”治理格局。完成国务院2019年省级政府保障农民工工资支付考核工作台账和自查报告，组织实施全区2019年度保障农民工工资支付考核等级评定。全面落实农民工实名制管理、农民工专用账户、农民工工资保证金、施工总承包企业工资银行代发、农民工工

资保证金等系列预防欠薪保障措施。劳动者实名制登记人数 18.43 万余人，录入实名制项目数 2 363 个，设立专用账户 3 450 个，通过银行代发农民工工资 41.03 亿元，落实应急周转金 6.67 亿元，缴存农民工工资保证金 26.65 亿元。检查用人单位 6 583 家，查处欠薪案件 958 起，为 7 815 名农民工追发工资 1.2 亿元，移送涉嫌拒不支付劳动报酬罪案件 23 件。

（二）强化裁审对接。

制定印发《西藏自治区劳动人事争议仲裁导诉服务制度》《劳动人事争议仲裁举证告知制度》《劳动人事争议仲裁公开审理制度》，全区共受理劳动人事争议案件 1 241 件，涉及劳动者 6 769 人，涉案金额 1.7 亿元，结案 1 237 件，其中调解结案 963 件，裁决结案 192 件，其他处理方式 82 件。

（三）加强区管国有企业薪酬工作。

认定 2018 年和 2019 年区管国有企业负责人基本年薪基数，开展 2016—2018 年度企业负责人薪酬审核兑现工作。安排部署 2020 年区管国有企业负责人薪酬制度改革工作。完成各地市 1 800 余家企业薪酬调查和基本信息上报工作，首次发布自治区企业薪酬调查信息，对外公布拉萨市 70 个、日喀则市 53 个职业小类劳动者工资价位。

五、决战脱贫攻坚，巩固提升人社扶贫成果

（一）加强人社扶贫顶层设计和贫困人口就业培训。

制定 2020 年人社扶贫工作方案，提出 6 个方面 25 项巩固提升措施。将已脱贫人口和边缘户群众纳入贫困人口培训就业范围，并按月调度相关情况，督促各地市不断推进深度贫困地区培训就业、资金使用等工作，全年实现贫困人口转移就业 16.7 万人，劳务收入 14.5 亿元，共培训贫困户和边缘户群众 3 万人。

（二）加强易地扶贫搬迁工作。

配合区发改委做好易地扶贫搬迁安置点群众后续扶持政策意见起草完善工作，牵头建立 3 000 人以上易地扶贫搬迁安置点联络员制度，定期调度森布日等极高海拔生态搬迁点的后续扶贫工作。

（三）加强脱贫攻坚巡视整改。

对照中央脱贫攻坚专项巡视“回头看”和 2019 年脱贫攻坚成效考核等各类脱贫攻坚巡视发现的问题，自治区人社厅党组制定了《关于脱贫攻坚巡视检查发现问题的整改方案》，明确了厅班子成员、厅属各整改单位、各地市人社部门责任，一项一项列出问题清单，一条一条细化整改措施，一件一件明确整改责任，将整改任务落实到具体的责任单位和责任人，明确整改时限。各级各类脱贫攻坚巡视整改问题已基本整改完成，并将长期坚持。

（四）加强贫困人口参保。

在全区范围内统一使用人社部扶贫信息平台推进建档立卡贫困人口应保尽保工作，推进边境地区农牧民参保人员精准扩面，继续推进城乡居民基本养老保险待遇确定和基础养老金正常调整机制，对 65 周岁以上老人采取适当倾斜政策。

（五）加强贫困地区专技人才支持。

制定针对贫困地区人才队伍建设更加倾斜的政策，进一步明确对高海拔、边远地区全部事业单位以及全区县乡事业单位专技人员实行“定向评价、定向使用”职称评审，完善职称评审细则，对护士执业资格、执业药师等单独划定考试合格标准。

（六）开展人社脱贫攻坚检查。

自治区人社厅领导先后带队深入驻村点督导检查脱贫攻坚工作进展，厅系统 216 名同志与 5 个驻村点 124 户群众结成帮扶对子，送去慰问物品及慰问金合计 10.4 万元。厅系统各群团组织累计投入 51.11 万元用于购买扶贫产品。

六、加强行风建设，打造阳光人社服务模式

（一）开展行风建设练兵活动。

将提高专业化水平作为最基础的行风。在

全系统上下组织开展“行风建设专题培训”和“业务能力大练兵”活动，让提升学习本领和专业水平成为全系统行风建设的一种常态，进一步提升人社工作的专业化水平。按照行风建设总体要求，组织全系统干部职工扎实开展“日日学、周周练、月月比”活动，不断强化为民服务能力。组织全区25名人社干部职工参加11月27日的全国统一在线比试活动。开展“第二届西藏自治区人社窗口单位业务技能练兵比武区内赛”，择优从各地市参赛队员中挑选6名同志备战2021年举办的区域赛和全国赛。

（二）建立阳光人社服务模式。

将提供阳光般的服务作为最关键的行风。制定完善了《西藏人力资源和社会保障系统窗口服务行为规范》，以20项行为规范要求各级窗口服务经办人员，做到服务语言文明，表达清晰准确，语气亲切温和，手势姿态具有亲和力，大力提倡人人多一分主动、多一分热情、多一分关怀，有效提升各级人社部门窗口形象和服务质量。对清单内事项的经办工作规程进行集中梳理，明确了自治区的“双十”目标。在“打包办”方面，重点围绕10个企业群众眼里的“一件事”，推进每个“一件事”所涉相关服务事项打包办理，进一步整合材料、优化流程，逐步实现每个打包“一件事”所涉经办机构均能按统一标准受理，后台并联办理，及时反馈办理结果。申领工亡人员有关待遇、退休人员过世、企业招用员工、事业单位聘用工作人员、创业、企业与员工解除终止劳动合同、职工退休等事项均已实现了一次性办理。在“提速办”方面，重点围绕排查出的堵点难点问题推进提速办，简化优化服务流程，压缩办理时限，推广证明事项告知承诺制。全面推进城镇职工基本养老保险关系转移接续的提速办，积极与部社保经办转移接续平台对接，已完成全区本地业务流程完善，将经办时间从45个工作日提速到15个工作日。

（三）推进智慧人社建设。

长期以来，西藏人社信息化建设基础差、底子薄、层次低的局面一直没有得到有效扭转。自治区人社部门认真贯彻落实人社部关于加快标准化信息化建设的部署要求，立足后发优势，将推进“互联网+政务服务”作为基础建设的“头号工程”，以制作发行社会保障卡为主要抓手，设计开发西藏全民参保登记信息系统，建成自治区级集中的社会保障卡持卡人员基础信息库，累计采集数据326万余条，累计制发第三代社会保障卡311万张，启动签发全国统一标准的电子社保卡，以社保卡为载体实现人社服务的集成化发展。同时，依托信息化建设，全面提升服务效能和水平，完成了全区原有分散落后的人社信息系统的彻底改造和新建，人社主要业务信息系统全部迁移至全区政务云，占全区政务云全部启用资源的65%，政务服务事项153项，已全部在自治区政务平台发布，清单内事项网上可办率自治区级达到100%。在区、市、县全面重点推进线上线下一体化的综合柜员制服务，清单内事项实现“小综窗”办理47项、“大综窗”办理29项，服务清单全面向社会公开，各级人社服务效能不断提升，有力兑现了“便捷、优质、高效”的服务承诺。

西藏自治区人力资源和社会保障厅

陕 西 省

2020年，陕西省人力资源社会保障部门坚持以习近平新时代中国特色社会主义思想为指导，深入学习贯彻党的十九届四中、五中全会和习近平总书记来陕考察重要讲话精神，认真落实省委十三届七次、八次全会精神，坚持稳中求进工作总基调，统筹做好疫情防控和人社工作，扎实做好“六稳”工作，落实“六保”任务，全面完成各项工作任务。

一、就业创业

（一）全力以赴稳就业。

把稳就业作为破解诸多难题的总抓手，由省长担任省稳就业工作专班组长。切实树立稳就业就是稳经济基本盘，保居民就业就是保社会基本面意识，全力推进各项就业政策落实落细落地。先后实施稳就业22条、促进高校毕业生就业创业十大行动、支持多渠道灵活就业11条意见、农民工就业创业13条意见、社保降费等减负、稳岗、扩就业政策。全年全省城镇新增就业43.2万人，完成全年目标任务的113.7%；城镇登记失业率3.63%，控制在4.5%的目标以内，就业局势保持总体稳定。

（二）“降返补”政策助企纾困成效明显。

顶格落实“减免缓”政策。开展“减负稳岗千企万户行”活动，全年减免企业三项社保费248.3亿元，其中企业基本养老保险减免225.2亿元、失业保险9.6亿元、工伤保险13.5亿元，中小微企业占86%，支持中小微企业稳定就业。重点群体实现多渠道就业和兜底保障。实施农民工返岗复工帮扶计划，服务保障292.5万农民工返岗复工，其中“点对点”输送11.6万人。在2020年3月20日国务院统筹推进疫情防控和稳就业工作电视电话会议上，陕西省作了交流发言。实施促进高校毕业生就业创业十大行动，提供岗位11.2万个，已全部到岗，其中事业单位招聘招募3.3万人，较上年增长24%。登记2020届离校未就业高校毕业生10.5万人，通过跟踪服务帮助8.9万人实现就业和参加就业见习，占有就业意愿毕业生的92.8%。帮扶6.2万城镇就业困难人员实现就业，认定并消除“零就业”家庭466户。大力支持创业带动就业。加大创业担保贷款政策扶持力度，支持重点群体创业就业，全省新增发放创业担保贷款61.2亿元，完成年度目标的135.9%，同比增长26.3%，直接扶持3.2万人，带动10.6万人就业。推荐2个省级创业孵化示范基地参加全国创业孵化示范基地评选。新认定省级创业孵化示范基地7个、返乡创业示范园区2个。实施百县千镇标准化创业中心建设，累计建成标准化创业中心1 118个（县级115个、镇级1 003个）。举办全省创业创新大赛，组织优秀项目参加“中国创翼”创业创新全国大赛，16个项目获人社部表彰奖励，陕西省获“优秀组织奖”。

（三）优化提升服务促进就业。

贯彻劳动力和人才社会性流动体制机制改革意见，会同省委组织部等部门分解任务，夯实工作责任，实施就业优先政策，体现公平公正，灵活就业人员在就业地可参加城镇职工养老保险，常住人口与户籍人口同等享受基本公共服务，拓宽技术技能人才上升渠道。开展2020年春风行动、“百日千万网络招聘专项行动”等各类线上线下专场招聘活动 2 352 场，提供就业岗位 196 万个，服务求职者 132 万人次。建立重点企业用工常态化服务机制，帮助 295 家重点企业解决用工 12 303 人。依托三大通信运营商，阶段性开展农民工回流监测分析，为决策提供数据支撑。初步建成“实名制”动态就业服务系统，包括覆盖城乡 2 304 万名劳动力基础数据库、动态分布监测模型和“秦云就业”微信小程序三个部分，提供问政策、找工作、查社保、保权益等 16 类 162 项服务，个人注册 230.8 万人，单位注册 1.9 万户，提供服务 360 万人次。

二、社会保障

（一）深化养老、失业、工伤保险省级统筹。

落实好国家“七统一”要求，企业职工养老保险省级统筹通过国家首批验收。加快推进失业保险省级统筹，提升工伤保险省级统筹管理水平。全面推进全民参保计划，推动道路交通运输从业人员参加工伤保险，5.8 万人纳入制度保障范围。截至年末，全省参加企业职工基本养老保险 966.9 万人、机关事业单位养老保险 190.1 万人、城乡居民基本养老保险 1 785.2 万人、失业保险 439.9 万人、工伤保险 602.3 万人，较上年底分别增加 70 万人、6.2 万人、19.6 万人、13.5 万人、24.9 万人。

（二）稳步提高社保待遇。

连续第五年同步调整企业、机关事业单位退休人员基本养老金，企业退休人员月人均养老金达 2 996 元。实施城乡居民基本养老保险待遇确定和基础养老金正常调整机制，提高基础养老金最低标准，对 65 岁以上老年居民加发养老金，年平均待遇水平达 1 800 元，惠及全省 533 万老年居民。失业保险稳岗返还发放 79.7 亿元，涉及企业 45 781 户、职工 281.2 万人。各项待遇确保按时足额发放，做到“不拖一天、不漏一人、不欠一分”。

（三）提升经办服务效能确保基金安全。

推送“不见面”社保经办服务，全省养老保险网上服务平台开通率、使用率均超过 96%，“陕西养老保险”手机 App 注册 1 243 万人，参保、缴费、转移、认证等 8 项功能实现全天候“网上办、掌上办”，城镇企业职工养老保险跨省转移接续实现全程“线上办理”，全年转移 8.2 万人、基金 29.3 亿元。强化社保基金监管，开展失业保险专项检查、企业职工提前退休审批等专项核查。积极协调查处涉嫌欺诈社会保险犯罪的有关问题，追回涉案基金 278 万余元。

三、人才人事

（一）持续深化人才发展体制机制改革。

持续推进职称制度和人才分类评价改革，出台哲学社会科学、农业、经济、统计、档案等 12 个主体系列改革实施意见，职称层级全部设到正高级，进一步建立健全了符合本省各领域专业技术人才职业特点的职称评价制度。实施职业技能提升行动。大规模开展职业技能提升行动，建立培训补贴标准体系，广泛开展线上培训，重点围绕新吸纳劳动者的企业、受疫情影响严重行业企业、停产停业中小微企业等职工开展以工代训，全年培训 126.5 万人次，支出资金 14 亿元。突出发挥“招工即招生、入企即入校、企校双师联合培养”企业新型学徒制培训特色，组织企业与技工院校、培训机构密切协作，全年培训 1.5 万人，支出补贴资金 0.5 亿元。深入推进技能人才评价制度改革，变政府评价认定为社会化认定，坚持“谁用人、谁评价，谁发证、谁负责”原则，由企业、院校、社会组织等市场主体承担职业技能等级认定工作。陕西获得第一届全国职业技能大赛“优秀组织奖”、全国人工智能应用技术技能大赛“优秀组织奖”。

（二）持续深化人才服务。

实施各类人才工程项目，68 人入选国务院政府特殊津贴专家，9 人入选“百千万工程”国家级人选，40 人入选陕西省“特支计划”；16 家单位获批国家博士后科研流动（工作）站，及时兑现 2020 年度博士后项目资助资金 2 866 万元，40 人入选 2020 年度国家博士后创新人才支持计划、国际交流计划等。实施陕西省留学回国人员项目，资助 18 名留学回国人员 120 万元。对本省参加疫情防控的一线卫生专业技术人员和科研攻关人员职称评审开辟绿色通道，全省共有 619 人通过倾斜政策晋升了高级职称，5 名受全国表彰的援鄂医务人员直接考核晋升高级职称，社会反响良好。

（三）加强事业单位人事管理改革。

总结紫阳县试点工作经验，梳理基层事业单位管理人员任职备案、岗位聘用情况，提出《陕西省县以下事业单位管理岗位职员等级晋升工作实施方案》，为建立晋升机制奠定基础。加大事业单位招聘高校毕业生力度。对省属事业单位引进博士学历高层次人才，采取面试考察的方式自主招聘，招聘博士 835 人。

（四）发挥评比表彰激励作用。

优化调整变更 10 个省级和 15 个省级以下表彰项目。高规格做好抗疫国家级及省级表彰工作，陕西省 25 名个人和 10 个单位被评为全国抗击新冠肺炎疫情先进个人和先进集体，受到党中央和国务院表彰，449 名先进个人、158 个先进集体受到陕西省委、省政府表彰。全年共开展各类省级及省级以下评比表彰 37 次，表彰各类先进集体 909 个、先进个人 2 324 名，有效发挥了先进典型的正向激励作用。

四、劳动关系

（一）积极构建和谐劳动关系。

深化和谐劳动关系创建活动。建立健全疫情防控期间稳定劳动关系政策体系，开展集体协商“要约行动”，制定《疫情期间企业集体协商工作指南》，组织实施 2020 年“和谐同行”企业培育共同行动，制定《陕西省劳动关系和谐企业建设规范》地方标准，帮助企业构建和谐劳动关系。推进国有企业工资决定机制改革。指导企业主管部门严格执行工资效益联动机制，强化工资总额管理。开展企业薪酬调查，发布 46 个职业、37 个技能岗位和不同岗位等级从业人员工资价位，为企业工资分配提供参考。

（二）加大劳动保障监察执法力度。

深入学习宣传贯彻《保障农民工工资支付条例》。推广农民工工资支付监控预警平台，深入开展根治欠薪冬季攻坚行动和欠薪隐患排查化解专项行动。全年查处案件 1 857 件，为 1.1 万名劳动者追发工资等待遇 1.4 亿元，其中为 8 962 名农民工追发工资等待遇 1.3 亿元。向社会公布重大欠薪违法行为 82 件，认定拖欠农民工工资“黑名单”信息 37 条，向公安机关移送涉嫌拒不支付劳动报酬犯罪案件 115 件。

（三）全面推进调解仲裁效能建设。

统筹做好调解仲裁和农民工融合工作。加快推动“互联网+调解仲裁”建设，年度仲裁结案率 98.2%。实地开展农民工融合调研评估，形成《陕西省农民工社会融合评估报告》。积极实施家政服务人员职业能力提升行动，全年共培训 4.7 万人次，完成目标任务的 371.3%。

五、人社扶贫

将就业扶贫作为就业工作第一优先序列，实施“点对点”集中接送等“五个一批”措施，帮助贫困劳动力返岗复工 131.1 万人。实施未脱贫未就业劳动力帮扶等 4 项行动，培育社区工厂等就地就近就业新载体，建设村级劳务公司等“家门口”职介机构完善劳务输出新平台，培训 8.1 万人次。增强就业硬实力，“一对一”精准帮扶，全省有劳动力的 112.2 万户贫困户外出务工 210.2 万人，保持“零就业”贫困户动态清零。4 月，习近平总书记来陕考察时对“山上兴产业、山下建社区、社区办工厂”就业扶贫工作思路予以高度评价。省委、省政府主要领导对精准帮扶未脱贫的 7 224 名贫困劳动力就业予以充分肯定。积极参加全国扶贫职业技能大赛，陕西省被人社部评为“优秀组织奖”。切实履行省级单位驻丹凤县“两联一包”扶贫团牵头单位职责，助力丹凤县脱贫摘帽。扎实推进阳阴村驻村帮扶工作，落实“产业扶贫、易地搬迁、危房改造、就业创业、生态补偿、医疗救助、教育支持、兜底保障”等“八个一批”政策措施，231户贫困户全部脱贫退出。

六、行风建设

坚决贯彻落实党中央建设人民满意的服务型政府决策部署，确立“三基本两提升”，即“基本概念界定清楚、基本数据比对清楚、基本政策落实清楚，提升工作能力、提升工作效能”的工作要求，不断优化提升服务水平。规范人力资源市场中介服务，在全省开展清理整顿人力资源市场秩序专项执法行动，为劳动者就业营造良好的社会环境，受到人社部、市场监管总局通报表扬。编制人社服务事项清单和办事指南，确定六类162项事项，实现了全省范围人社服务事项“五级十一同”。清理证明事项133项，实行告知承诺制事项18项，25项高频事项提速60%，11个“一件事”打包办系统上线试运行。“两提升一保障”工作经验入选国务院“放管服”典型案例。在47个省政府工作部门2020年度全省政务公开第三方评估中，省人社厅被评为“优秀等次”。组织开展业务技能练兵比武系列活动，充分展现人社窗口精神风貌，获全国团体二等奖。始终坚持把政治纪律和政治规矩挺在前面，持之以恒正风肃纪。扎实开展赵正永案“以案促改”工作。紧盯形式主义、官僚主义新动向新表现，持续整治“四风”问题。扎实做好脱贫攻坚专项巡视“回头看”反馈问题整改落实工作。认真履行意识形态领导责任制。突出抓好人社战疫宣传，扎实开展“十三五”陕西人社成就巡礼系列宣传，推动社会主义核心价值观“进机关”，开展向“三秦楷模”和全省优秀共产党员学习活动。扎实开展机关党建“灯下黑”专项整治，推进整改落实。认真贯彻落实习近平法治思想，依法行政效能稳步提升。组织开展省厅执法人员向宪法宣誓仪式。严格落实重大行政决策程序制度，加强行政规范性文件合法性审核和报备，行政执法三项制度评估在陕西45个省级部门中排名第四。依法依规办理复议应诉案件，被省司法厅评为全省行政复议“先进集体”。组织17.9万人次参加人社法治知识线上竞赛，被人社部评为“优秀组织奖”。主动接受人大监督和政协民主监督，被省人大常委会办公厅评为2020年度代表建议办理工作“先进单位”。

陕西省人力资源和社会保障厅

西　安　市

2020年是西安人社事业发展中极不平凡的一年。面对一系列重大挑战和持续压力，西安市人力资源社会保障系统按照人力资源社会保障部、陕西省人力资源社会保障厅的部署要求，在市委、市政府的坚强领导下，深入学习贯彻习近平总书记来陕考察重要讲话精神，坚定不移贯彻新发展理念，贯通落实“五项要求”“五个扎实”，坚持稳中求进工作总基调，扎实做好“六稳”工作，全面落实“六保”任务，砥砺奋进、攻坚克难，重大政策密集出台、重点工作成效显著、重要指标均居全省前列，在大战大考中经受了考验、贡献了力量。

一、促进就业创业成效明显

坚持把稳就业、保就业作为重大政治责任，打出了援企、稳岗、扩就业“组合拳”，就业局势总体稳定、好于预期。全年城镇新增就业15.3万人，城镇登记失业率3.64%，高标准完成目标任务。

一是面对疫情，迅速反应。市政府出台《有效应对疫情促进经济平稳发展的若干措施》，制定21条“真金白银”奖补政策帮助企业纾困。市人社局会同财政部门印发《西安市应对新冠肺炎疫情加强企业用工保障的十条措施》等10余项政策助力复工复产。建立企业用工24小时调度机制和农民工返岗复工点对点保障机制，帮助73家重点企业解决用工缺口2 405人，“点对点”输送10 289名农民工返城复工，38.9万名春节前返乡农民工“应返尽返”。

二是聚焦重点，精准帮扶。简化优化高校毕业生报到服务，取消高校毕业生毕业报到备案手续，全面发放“乐业卡”，强化高校毕业生在西安就业创业服务。紧盯高校毕业生、农民工、就业困难人员等重点群体，通过扩大基层项目招录、拓宽就业见习渠道等形式稳就业，特别是明确了事业单位空岗的70%，用于招聘应届毕业生和上两届未就业高校毕业生。全年共招聘事业单位工作人员9 499人，同比增长135%；结合基础教育提升工作，招聘教师7 783人，同比增加202.37%。组织“就业援助月”“春风行动”“民营企业招聘周”“百日千万网络招聘专项行动”等公共就业服务活动，组织17 337家企业开展线上线下招聘活动362场次，累计发布岗位数76万个，达成就业意向12.2万人。

三是发挥优势，优化服务。用足就业服务、职业培训两大手段，实行不见面、不断线、不打烊线上服务，建立24小时重点企业用工保障机制，助力复工复产。大力开展职业技能提升行动，开展各类补贴性技能培训118.48万人次，全面提升劳动者就业能力。3月26日，在全国率先举办疫情发生后的首场现场招聘会。6月15日，市人社局与华商传媒联合举办的“2020牵手行动‘职’为你华商记者直播带‘岗’”首场开播，在长达2个小时的直播中，累计有178.2万人次观看，人数最多时11.9万人同时在线观看，这是在疫情常态化防控下保就业、引人才、促发展的创新之举。全年组织直播带岗活动22场，帮助近万人实现上岗就业。

四是创业引领，带动就业。持续发挥政

策、资金作用，加强创业孵化载体建设，组织入驻基地企业享受创业辅导、项目孵化、融资对接、项目申报、技术共享等扶持政策服务。新建创业孵化基地59家，其中国家级基地5家、省级基地23家，总面积202万平方米，在孵数量3 404户。持续加大资金扶持力度，调整完善创业担保贷款政策，将创业担保贷款向各类创业者延伸，实现全覆盖。2020年，发放创业担保贷款10.4亿元。积极发挥大学生创业贷款担保基金引导作用，直接扶持1 108人创业，贷款金额3.9亿元。组织开展创业创新大赛和就业创业高校行、“雁归西安”返乡入乡创业暨就业扶贫专项活动等，实施就业创业政策“进校园、进社区、进企业、进乡村”。创业带动就业倍增效应持续显现，累计带动就业超过9万人。

五是政策保障，帮扶困难。为2 386名农民工发放临时生活补助314.4万元。加强西安、苏州两市劳务协作对口帮扶关系，开展涉贫区县、开发区与重点企业精准对接，及时定向推送政策、岗位，帮扶11.97万贫困劳动力实现就业。

六是资金供应，拓宽渠道。积极发挥就业资金在促进重点群体就业创业工作中的支撑作用，全年累计投入就业补助资金10.7亿元。

二、社会保障水平稳步提升

坚持以人民为中心的发展思想，认真落实“兜底线、织密网、建机制”要求，积极稳妥推进社会保障各项政策落实，扎实提高社会保障水平。全市参加基本养老保险768.98万人、失业保险240.75万人、工伤保险280.19万人。

一是应对疫情，惠民助企。市人社局会同财政局、税务局及时印发《关于失业保险基金支持疫情防控稳定就业岗位有关问题的通知》，顶格落实失业保险稳岗返还政策和社会保险费减免政策。对受疫情影响，坚持不裁员或少裁员，采取轮班工作、协商薪酬及待岗等方式稳定岗位，申请时失业保险参保人数比2019年度平均参保人数减少未超过50%且符合条件依法在西安市参保的企业，给予失业保险稳岗返还。同时，为确保稳岗返还政策落地见效，市人社局第一时间开发“网上申报”平台，完善网上审批系统，健全联审机制，实现全程网办，推行“不见面服务”。截至年底，共减免企业养老、失业、工伤三项社会保险费142.5亿元，拨付稳岗返还资金54.8亿元。

二是落实政策，全力扩围。积极落实阶段性失业补助金和临时生活补助政策，取消申领失业保险金期限规定，简化申领资料，延长大龄失业人员续领失业保险金政策，启动社会保障标准与物价上涨挂钩联动机制。精简申报材料、扩大申领渠道，失业人员只需凭身份证、银行卡或社保卡，即可通过线下或线上6种方式申领。加强政策宣传，创新宣传方式，政策落实呈现“申领人数多、审核通过率高、政策宣传效果好”的良好局面。全市全年为4万余名失业人员累计发放失业保险金及生活补助3.7亿元，为1.36万名失业人员累计发放价格临时补贴105.45万元。

三是确保待遇，稳步落实。全市退休人员基本养老金增长5%，城乡居民基础养老金提高到每月177.5元，一次性工亡补助金标准调整为847 180元，伤残津贴、护理费、抚恤金等标准同步提高。高效推进疫情期间工伤认定，市人社局牵头成立西安市关爱医护人员及其家属专班，全力做好2 996名一线抗疫医务人员、453名支援武汉医务人员和5 388名家属关心关爱工作。

四是简政放权，不断扩面。推进工伤认定“放管服”改革，从9月1日起，对全市工伤认定业务重新调整，用人单位或职工的工伤认定申请按照属地管辖原则由各区县（部分开发区）负责，并将非工作时间、非工作场所内的因履行工作职责遭受打击报复纳入认定范畴。同时，不断扩大工伤保险覆盖面，将灵活用工的货车司机等从业人员纳入工伤保险参保范围。截至12月底，1 488户交通运输企业

20 283 人参加工伤保险。

三、人才人事机制不断健全

按照“扩量、提质、激活”的思路，统筹推进各类人才引进、培养、激励等工作。引进专业技术人才 4.79 万人，新建博士后创新基地 12 家、技能大师工作室 5 个、高技能人才培训基地 5 个，评选表彰 210 名高技能人才技术能手和标兵。被省政府表彰为“全省义务教育基本均衡发展先进单位”，被市委、市政府表彰为“西安市建设教育强市先进单位”。

一是出台政策，推进实施。制定《吸引集聚硕博研究生若干措施》《中小学教师职称评审办法》等系列举措，编制《6+5+6+1 现代产业急需紧缺岗位人才需求目录》，首期发布西安市 12 大产业、192 个急需紧缺岗位。组织“高层次人才网络洽谈会”“重点行业精准对接会”等“云”招聘活动。开通基层一线医护人员职称评审“绿色通道”，予以政策倾斜。突出“产业需求”，在短视频等新兴产业领域设立职称评审专业，做到“不拘一格”评价使用人才。修订《西安市中小学教师职称（职务）评审办法（试行）》，下放中、初级评审权，组建 135 个中级评审会。选择部分大型龙头企业，下放高（中）级职称评审权，不断增强用人单位干事创业自主性。下放市高校对应届毕业生的直通认定权，全年大学毕业生直通人才认定 9 496 人。依托“博士后创新基地”，瞄准本市重点区域、“电子信息、新材料、新能源和生物医药”等重点产业与重点项目，从源头介入，新建博士后创新基地 12 家，引进博士 15 名，资助 16 个项目。聚焦航空航天、高端装备、电子信息等领域，选拔培养 2020 年度“百千万”人才工程国家级人选 6 人、享受政府特殊津贴人员 11 人。认定 D 类、E 类人才 34 630 人，其中 D 类 3 578 人。

二是积极主动，注重成效。压茬推进事业单位人事管理工作，在全国率先启动招聘工作、率先组织笔试面试、率先开展进校园活动，组织教师专场招聘活动 11 场次。同时，组织教育类、医疗类事业单位赴北京、长春、上海、重庆等 9 个城市引进人才，成功举办政策宣讲会 2 场次，上万学生参加招聘活动，提前签约 1 500 余名教育、卫生高层次人才。进一步完善医疗卫生事业单位绩效工资管理工作，对市级医疗卫生机构中的差额单位 2019 年度绩效工资总量分别按同类事业单位基准量的 1.68~6.5 倍标准进行调整提高，对市疾控中心、急救中心和市本级承担疫情防控定点医院任务的 6 家医疗卫生事业单位在核定 2020 年绩效工资总量时予以不低于 10% 的倾斜，激励效果明显增强。

三是培育市场，发挥作用。积极培育壮大人力资源市场，进一步简政放权，新审批人力资源服务许可 609 家、备案 744 家，总数突破 2 000 家，从业人员 1.5 万余人，全年行业营收 285 亿元，人力资源产业规模进一步壮大。高标准承办第三届中国（西安）丝路经济带人力资源发展高峰会，宣传推介西安市人力资源服务业发展情况，发布西安市“6561”急需紧缺人才目录，部分省份人社部门负责同志、国内具有影响力的人力资源服务行业协会、国内外知名人力资源服务机构和大型企业负责人、知名高校及业内专家学者 300 余人参加。

四、和谐劳动关系持续稳固

紧紧抓住涉企涉疫劳动合同、工资待遇、根治欠薪等关键问题，牢固树立忧患意识和底线思维，加强跟踪研判，化解风险隐患，劳动关系更加和谐稳定。持续做好 500 户企业失业动态监测工作，积极防范规模性裁员风险。稳步推进市属国有企业工资决定机制和企业负责人薪酬制度改革。全年审结劳动人事争议案件 1.88 万件，仲裁结案率 98.38%，调解成功率 65.49%。大力开展根治欠薪行动，查处欠薪案件 998 起，为 1.95 万名劳动者兑付工资 2.3 亿元，26 个欠薪责任主体纳入拖欠农民工工资“黑名单”。全年全市未发生因拖欠农民工工资引发的50人以上群体性事件或极端事件。

疫情发生后，及时出台妥善处理疫情期间劳动关系问题和稳定劳动关系文件，发布用工指南，发出“团结一致、坚定信心、同舟共济、共克时艰”倡议书。推进集体协商，开展“和谐同行”企业培育行动。印发《关于做好疫情防控期间企业集体协商工作的通知》，发布集体协商工作指导及要约书等样式，指导企业通过集体协商共助劳动关系和谐稳定。推进“和谐同行”行动，选取28家企业点对点培育。构建企业工资宏观调控体系。开展制造业人工成本监测和2020年企业薪酬调查工作，为薪酬调查信息发布夯实数据基础。简化劳务派遣许可服务，及时调整延期许可的办理时限，延长年度报告报送时间。

五、人社扶贫工作扎实推进

坚持把就业扶贫作为重中之重，58 728户建档立卡贫困户实现至少“一户一人”就业，全市建档立卡贫困人口参加养老保险19.31万人。精准帮扶未脱贫未就业人员389人，开发6 029个公益性岗位安置贫困劳动力就业。深入推进苏陕协作，举办苏州、常州企业联合网络招聘会。创建信用乡村12个，培育就业扶贫基地31家，建设社区工厂23家。“零就业家庭”实现动态清零。

六、系统行风建设不断加强

始终把“打造群众满意的人社服务”作为奋斗目标，以人社服务“快办行动”为抓手，持续深化“放管服”改革，不断提高人社领域公共服务水平。梳理发布181项人社政务服务事项，11个“打包办”事项上线试运行，24个“提速办”事项全面提速，走在了全省前列。持续推进“一网通办”，“网上可办”事项和自建办事大厅均实现“好差评”常态化管理。严密组织人社系统窗口单位业务技能练兵比武活动，“比、学、赶、帮、超”的氛围更加浓厚。12333咨询服务热线人工接听134.83万人次。

西安市人力资源和社会保障局

甘 肃 省

一、就业创业

2020 年，全省城镇新增就业 35.68 万人，完成年度任务的 104.9%。城镇登记失业率 3.27%，控制在 4.5%的年度目标以内。输转城乡富余劳动力 526.9 万人，超额完成年度任务，实现劳务收入 1 317.6 亿元，完成年度任务的 112%。应届高校毕业生就业率 92.5%。

（一）完善就业政策体系。

面对突如其来的新冠肺炎疫情和经济下行压力影响，坚决落实中央和省委、省政府“六稳”“六保”决策部署，制定出台《关于积极应对新冠肺炎疫情影响切实做好稳就业工作若干措施的通知》《保居民就业方案》《甘肃省人民政府办公厅关于进一步支持多渠道灵活就业的通知》等含金量高、针对性强的政策措施，全省就业局势保持总体稳定。

（二）减负稳岗政策有序落实。

全面落实社保费“免减缓返”政策，累计为企业减免、缓交、返还资金 97.11 亿元，有效减轻了企业负担，为稳定就业岗位发挥了积极作用。发放鼓励企业吸纳就业奖补和务工补贴 13.1 亿元，受益生产经营主体 2 687 个，受益务工人员 88.03 万人次。

（三）重点群体就业不断推进。

统筹实施“三支一扶”“特岗教师”“西部计划基层服务”项目，共招募基层服务人员 7 477 名。引导万名高校毕业生到企业就业。推动事业单位专项招聘高校毕业生 9 993 人。加大青年就业见习工作力度，实际到岗 1.17 万人。向 6.1 万名困难家庭毕业生发放求职创业补贴 0.61 亿元。举办针对退役军人及现役军人家属、女性、残疾人的线上线下专场招聘会 9 场，提供就业岗位 5.7 万个。加大对就业困难人员帮扶力度，帮助 14.68 万名失业人员和 5.2 万名就业困难人员就业。推进失业保险扩围，强化失业人员生活保障，发放失业补助金 2.3 亿元。

（四）创业带动就业成效显著。

落实创业担保贷款贴息新政策，全省发放创业担保贷款 118.65 亿元，是上年的 3.64 倍，吸纳带动就业 21.54 万人。新认定省级创业就业孵化示范基地 11 家，累计建成 138 家，其中国家级创业孵化示范基地 3 家。开展第四届“中国创翼”创业创新大赛甘肃省选拔赛，推荐 5 个优秀项目参加全国比赛，并获得二等奖、三等奖各 1 个，其他 3 个项目获得“创翼之星”称号。

（五）公共就业服务不断优化。

举办“百日千万”网络招聘专项行动 271 场，共发布用工岗位 50 万个，达成用人意向 8 万人。开展民营企业招聘月活动，共举办招聘活动 257 次，提供就业岗位 9.5 万个，签订意向性就业协议 2 万份。优化 12333 人社服务热线功能，累计提供咨询服务 120 万人次。

二、城镇居民收入

2020 年，全省城镇居民人均可支配收入达 33 822 元，同比增长 4.6%，全省城镇居民收入增长与经济增长基本同步。

（一）完善事业单位工资分配制度。

全面落实新冠肺炎疫情防控期间疫情防控

一线医务人员薪酬待遇。出台《关于优化省属事业单位绩效工资管理有关问题的通知》，优化省属事业单位绩效工资管理。推进试点提高中央在甘高校科研院所科技人员工资待遇工作。全面落实中央关于提高义务教育教师工资待遇各项政策。调整部分县区艰苦边远地区津贴类别，机关单位工作人员和事业单位工作人员月人均增资80元。

（二）着力增加转移性收入。

提高全省城镇机关企事业单位退休人员的养老金标准，平均约提高5%，企业退休人员月人均增加养老金约144元，机关事业单位退休人员月人均增加养老金约194元。

（三）推动经营净收入和财产净收入稳定增长。

大力发展特色服务业，优化发展环境，激活创业主体，带动居民经营净收入增长；加强体制机制改革，激发创新活力，充分利用各类资源、资产和资金，增加居民财产净收入。比照2018年、2019年经营净收入和财产净收入平均增幅，全年增加城镇居民收入约65亿元。

三、人社扶贫

（一）精准对接促进向外输转。

疫情发生后，联合公安、交通、卫健等部门，“点对点、一站式”运送务工人员11万人。与15个省份建立劳务协作机制，坚持稳东扩西双管齐下，努力将本省贫困劳动力稳在企业、稳在岗位、稳在务工地。与北京市人社局签订《京甘家政服务劳务协作协议》，向京甘15所家政服务基地授牌，建立长期稳定的合作关系。加强与对口帮扶的天津和青岛、厦门、福州等城市的合作，向东部四市输转贫困劳动力1.03万人，东部四市帮助就近就地就业贫困劳动力6.13万人，帮助输出到第三地就业贫困劳动力5.99万人，超额完成东西部扶贫协作目标任务。

（二）深挖潜力就近就地开发岗位。

鼓励各类市场主体建设扶贫车间2 546家，吸纳劳动力就业10.3万人，其中贫困劳动力超过4.2万人。进一步加强对公益性岗位的规范化管理，全省累计开发乡村公益性岗位10.3万个，特别是新增设爱心理发员岗位1.17万个，专门为本村60岁以上的老年人、农村特困供养人员、残疾人等免费提供理发服务。

（三）创新方式推动技能培训提质增效。

开展“嵌入式”、订单式培训，探索运用“电子培训券”，努力提升培训质量，全省完成精准扶贫劳动力培训42.98万人，完成年计划的165.3%，其中建档立卡劳动力22.38万人，完成年计划的248.7%。

（四）全面完成人社扶贫任务。

印发《2020年全省社会保险扶贫工作推进方案》，推进各类困难群体参加城乡居民基本养老保险，全省实际参保550.18万人，其中代缴社保费434.65万人（含建档立卡贫困人口340.42万人），实际享受待遇115.54万人。紧贴贫困地区人才需求，先后组织9个专家服务团、90余名省内外专家赴贫困地区开展服务活动。

甘肃省就业扶贫工作先后5次在全国有关会上交流经验，并作为全国人社系统唯一代表在国务院新闻发布会上介绍经验。

四、社会保障

2020年，全省基本养老保险、失业保险、工伤保险分别参保1 872.68万人、187.36万人、264.6万人。社会保险基金累计结余710.64亿元。企业职工养老保险省级统筹顺利推进，以基金统收统支为核心的“七统一”基本完成。及时调整提高养老金待遇水平，企业职工人均基本养老金达到2 835元/月，城乡居民基础养老金月最低标准达到108元。职业年金投资运行工作全面启动，在嘉峪关、酒泉、武威市开展试点，首批投资运营资金2.2亿元。工伤保险实现调剂金模式省级统筹，年调剂基金1.02亿元；继续提高全省工伤人员伤残津贴、生活护理费和工亡职工供养亲属抚恤金三项待遇水平，调整后伤残津贴月人均达到 3 068 元，生活护理费人均达到 2 580 元，供养亲属抚恤金达到 1 413 元；工伤医疗救治和经济补偿、工伤预防、职业康复“三位一体”的工伤保险体系基本形成。失业保险办理全面实现“即来即办”“应享尽享”；全省失业保险金发放标准最高达到 1 458 元/月，最低标准为 1 323 元/月，平均标准为 1 390 元/月，失业人员领取失业金期间死亡一次性丧葬补助金和抚恤金提高到 7 352 元和 3 676 元；全省落实失业补助金 8.2 万人。

五、人才人事

（一）加快发展技能人才。

研究起草《甘肃省技能人才队伍建设规划（2021—2023 年）》，明确了今后三年技能人才发展的目标任务。建成国家和省级技能大师工作室、省级高技能人才培训基地 21 个。积极参加第一届全国职业技能大赛，5 个项目入选国家集训队，12 个项目获优胜奖，1 名选手获“西部之星”荣誉称号。积极推进职业资格制度改革，分批取消 45 个技能人员水平类职业资格。组织实施国家和省级高级研修班 7 项，培训专业技术人才 500 余人。

（二）努力提高人才引进服务水平。

紧盯兰白科技创新区、兰州新区、“一带一路”产业园、陇东能源等重要战略实施和重大项目建设，为引进经济、科技、文化、农业等方面高层次人才提供优质服务。推荐 2 人入选“百千万人才工程”、42 人为享受政府特殊津贴专家候选人，授予 100 人“甘肃省优秀专家”称号，确定领军人才新选拔人选 130 人，完成聘期考核工作，推荐 58 名博士后科研人员获 508 万元资金支持。全面推行陇原人才服务卡制度，从就医保障、安家补贴、子女入学等 9 个方面为高层次人才开辟绿色通道。发布事业单位招聘公告 254 期，招聘结果备案 7 889 人。

（三）深化事业单位人事改革。

在事业单位工资分配方面，实行“四下放、两提高”，下放了事业单位绩效工资分配权限、总量审核权限、符合国家政策规定的高出部分审核权限、绩效工资管理权限，提高了公立医院绩效工资在个人收入中的比重和公立医院人员支出占业务支出的比重。在事业单位岗位设置方面，实行“两单列、一特设”，对入选国家级本省人才计划的高层次人才、工作 30 年以上的乡村教师和艰苦边远地区乡村专业技术人才聘为高级职称的单列岗位，对引进的高层次人才、急需紧缺人才和符合条件的高技能人才设置特设岗位。全省事业单位专业技术正高级岗位在 2019 年 5 747 个基础上增加了 4 009 个，增量占比达到 77%。持续开展特殊人才职称评审，214 人获得高级职称。表彰工作规范化水平不断提升，全年共组织国家级表彰人选推荐 2 项、国家部委表彰人选推荐 11 项，会同主办（承办）部门组织开展省级表彰项目 6 项、省级工作部门表彰项目 20 项。各项考试任务圆满完成，共组织人事考试 49 次，报考人数达 46.77 万人。

六、劳动关系

（一）根治欠薪取得积极成效。

认真组织宣传贯彻《保障农民工工资支付条例》，深入推进无欠薪攻坚年行动。开发使用“陇明公”省级工资支付管理公共服务平台，对“五项制度”落实等情况进行动态监管和分析研判，实施“冬病夏治”，对苗头性问题早预防、早发现、早处置，实现案件“两清零”。2020 年全省各级人社部门共检查用人单位 1.78 万户，受理拖欠农民工工资案件 352 件，结案率 100%，共为 3 625 名农民工追回工资 4 429.19 万元。全省在建工程项目总包代发工资、农民工实名制管理、工资保证金、农民工工资专用账户管理、劳动合同签订等“五项制度”覆盖率达到 99% 以上，未发生 50 人以上因欠薪引发的群体性事件和极端事件。

（二）和谐劳动关系更加巩固。

严格规范省国有企业管理人员薪酬水平，深化协调劳动关系三方协商协调机制改革。劳动人事争议案件调解仲裁依法开展，全省共受理劳动人事争议仲裁案件 7 574 件，案件结案率达 98.9%，调解率达 61.9%。人社信访工作水平不断提升，省级共受理信访事项 799 件，办结率 93.5%。

七、行风建设

（一）聚焦问题狠抓作风转变。

认真汲取制约高层次人才引进被问责的教训，统筹推进“作风建设年”活动、扶贫领域腐败和作风问题专项治理、人社系统行风建设，着力破解惯性思维和习惯做法，着力锤炼塑造“强本领、树形象，抓落实、争一流”人社部门精神，实现了由“权力部门”向“民生部门”、由“审批部门”向“服务部门”的蜕变，全省人社系统作风实现根本好转。

（二）高质量推进信息化建设。

有序推进“一网通办”工作，升级改造人社网上办事大厅，实现“统一用户登录、统一事项名称、统一办件反馈”，全年网上办事大厅省本级共开通 128 个行政审批和公共服务类事项网上办理，各市州子站共开通 449 个事项，省本级受理办件 2 235 件，各市州受理办件 3.8 万件。推进社保卡“一卡通”应用，初步形成社保卡线上线下一体化服务模式，社保卡广泛发行应用，全省持卡人数 2 647.26 万人，累计签发电子社保卡 409.6 万张，提前完成年度发卡任务。“甘肃人社微信大厅”上线运行，实现就业创业、社会保险等 5 大项人社服务移动端办理，截至年底，关注度超过 30 万人次，累计服务 217.47 万人。

（三）高水平提升人社服务质效。

积极推动高频政务服务事项“跨省通办”“一件事一次办”，在甘肃政务服务网设置专栏并在省社保经办大厅设置办事专窗。持续推进人社“不来即享”服务，厅系统 67 项公共服务事项实现“不来即享”，32 项事项实现“最多跑一次”。实施政务服务事项“好差评”，113 项依托全省一体化在线政务平台开展线上评价。组织全省人社系统练兵比武活动，切实提升综合业务能力素质，窗口单位展现出新形象、新气象。坚持上门服务，深入省直行政事业单位、高校、医院、企业等行业部门，送政策、送服务，询工作、解难题，先后收到省外省内、各行各业单位及个人感谢信 40 多份。

八、全面从严治党

始终坚持旗帜鲜明讲政治，突出人社部门政治属性，把加强党的政治建设摆在首位，严守党的政治纪律和政治规矩，坚决维护习近平总书记党中央的核心、全党的核心地位，坚决维护党中央权威和集中统一领导，一以贯之地把习近平总书记对甘肃重要讲话和指示精神作为全部工作的统揽和主线，坚决贯彻执行中央和省委省政府各项决策部署，坚定不移沿着正确政治方向前进。坚持把方向、管大局、保落实，有效发挥党组领导作用，不断提升管党治党能力和水平。选优配强基层党组织领导班子，引导各党支部把党建工作做实做细做规范。严格规范选人用人，促进干部队伍素质提升。持续推动作风转变，制定印发一系列规章制度，持续推进工作规范化水平提升。认真履行党风廉政建设责任制，厅党组带头遵守廉洁自律各项规定，督促全体党员干部严守政治纪律和政治规矩，坚决做到令行禁止，永葆清廉本色。

甘肃省人力资源和社会保障厅

青　海　省

2020年，青海省人力资源社会保障系统坚持以习近平新时代中国特色社会主义思想为指导，认真贯彻党的十九大和十九届二中、三中、四中、五中全会精神，全面落实省委十三届五次、六次、七次、八次全会决策部署，围绕省委、省政府关于新冠肺炎疫情防控、复工复产、“六稳”“六保”等方面的一系列重点工作，促发展、保稳定、惠民生，全力推进就业创业、社会保障、人才人事、劳动关系、人社扶贫、行风建设等重点工作，各项重点目标任务全面超额完成，人社事业改革发展取得显著成效。

一、就业创业

2020年，面对一季度主要就业指标大幅下滑，就业形势复杂严峻的不利局面，全面贯彻落实省委、省政府工作部署，坚决扛起稳就业、保居民就业政治责任，聚焦“减负、稳岗、扩就业”，全省城镇新增就业6.18万人，完成年度目标任务5.9万人的105%，农牧区劳动力转移就业111.58万人次，完成年度目标任务105万人次的106%，高校毕业生就业率达到89.4%，高于年度目标任务4.4个百分点，城镇登记失业率为2.1%，控制在3.5%的年度目标以内，组织开展补贴性职业技能提升培训12.7万人次，完成年度目标任务10万人次的127%。通过着力于“四个强化、一个加快”，稳定向好的就业局势成为全省经济社会发展的重要支撑。

（一）强化政策保障和支撑。

精准对接国家层面的安排部署，紧密结合青海省疫情防控和就业形势变化，及时健全完善稳就业政策体系，先后在帮助企业纾危解困和促进各类群体就业创业方面制定出台了20余份含金量高、针对性强的政策文件，打出了疫情防控常态化形势下稳就业政策“组合拳”。

（二）强化重点群体就业帮扶。

畅通拓宽高校毕业生求职创业渠道，通过推行实名制登记管理、加大考录招聘力度、提供创业担保贷款、实施“三支一扶”计划、增设高校毕业生就业见习基地、发放一次性求职创业补贴等有力措施，应届高校毕业生就业率稳步攀升。落实就业困难人员跟踪帮扶机制，确保零就业家庭动态“清零”，全省城镇失业人员实现再就业3.7万人，完成年度目标任务的148%，城镇就业困难人员实现就业5 532人，完成年度目标任务的184.4%。

（三）强化职业技能培训。

针对受疫情影响全省职业技能培训起步晚、进展慢的问题，组织各地、各有关部门发起职业技能提升攻坚战，组成8个专项督导组深入两市六州和基层一线进行集中督导，分片包干、集中攻坚，全省接受技能培训人数大幅跃升，劳动者就业技能显著提高。

（四）强化公共就业服务。

以送政策、送岗位、送培训、送补贴的稳就业“四送”专项行动为主线，针对各类企业、用工单位和城乡劳动者精准开展就业服务，先后举办线上线下专场招聘会482场，提供14.58万个岗位，累计兑现各类就业补助资金9.06亿元。疫情发生后，建立省市县三级

24 小时重点企业用工调度保障机制，“点对点”精准搭建就业平台，为 44 家重点企业 1 075 个急缺用工岗位提供了招聘服务，全省各地通过包车、包机以及多渠道服务引导，组织 12.85 万名农民工返岗复工。通过不懈努力，至二季度末，全省城镇新增就业较一季度增加 2.60 万人，增幅达 262%，农牧区劳动力转移就业较一季度增加 57.43 万人次，增幅达 266%；至三季度末，全省城镇新增就业较上半年增加 2.03 万人，增幅达 56.5%，农牧区劳动力转移就业较上半年增加 28.86 万人次，增幅达 36.52%，扭转了不利局面、稳住了就业局势。青海省“综合施策促进就业形势稳定向好”的做法被国务院办公厅列为典型经验予以通报表扬。

（五）加快发展人力资源服务业。

通过贯彻落实《人力资源市场暂行条例》，深化“放管服”改革，加强市场监管、优化市场环境等措施，人力资源服务业得到快速发展，行业规模迅速扩大。2020 年底，全省经营性人力资源服务机构达到 136 家，从业人员 1 345 人，年营业收入首次突破 10 亿元，约为 80 万人（次）提供人力资源服务，帮助约 10 万人（次）实现就业和流动。

二、社会保障

直面“减收保支”双重压力，充分发挥社会保险的“稳定器”作用。全省基本养老保险参保 420.49 万人，完成目标任务 418 万人的 100.6%；失业保险参保 46.5 万人，完成目标任务 45 万人的 103.3%；工伤保险参保 85.9 万人，完成目标任务 75 万人的 114.5%。为全省 46.55 万名退休人员调整了基本养老金，人均增长 218 元。通过着眼全省经济社会发展大局和民生保障，重点在“一助力、三提高”上下功夫，日益紧密的社保“安全网”牢牢兜住了民生底线。

（一）“减免返缓降”助力企业渡过难关。

在企业职工养老保险基金收不抵支、缺口较大的严峻局面下，不折不扣、全面落实“减免返缓降”各项社保减负政策，以实实在在的举措助力企业渡过难关。“减”半征收全省大型企业、民办非企业单位、社会团体等各类社会组织三项社会保险 2—6 月的单位缴费部分，全年减收 1 853 户企业社保费 6.27 亿元。“免”征全省中小微企业、以单位方式参保的个体工商户三项社会保险 2—12 月的单位缴费部分，全年免收 5.16 万户企业社保费 21.76 亿元。持续落实失业保险稳岗“返”还政策，放宽中小微企业裁员率标准，扩大政策受益面，全年向 5 817 户参保企业发放失业保险稳岗返还资金 5.73 亿元，惠及职工 30.53 万人，其中向 97 户困难企业发放稳岗返还资金 4.18 亿元，占返还资金总额的 73%。青海省稳岗返还促进复工复产的做法被中央电视台《新闻联播》报道。对于受新冠肺炎疫情影响的困难参保企业，将养老、工伤、失业保险费征收期延“缓”到 2020 年底，全年为符合条件的困难企业缓缴社保费 7 783.2 万元。延长阶段性“降”低失业、工伤保险费率实施期限至 2021 年 4 月 30 日，年内共减轻各类参保企业失业、工伤保险缴费负担 6.17 亿元。

（二）持续提高参保率、保障标准和失业人员保障水平。

统筹推进参保扩面任务，养老、工伤、失业三项保险参保人数逐年提高，覆盖面进一步扩大。稳步提高社保待遇，分别连续第 16 年、连续第 5 年提高企业和机关事业单位退休人员基本养老金水平以及第 8 次提高城乡居民基础养老金水平，第 13 次提高失业人员待遇水平，第 11 次调整提高工伤保险待遇。提高失业人员兜底保障能力，全年发放失业保险金 5 530 万元，惠及 7 020 名失业人员；发放价格临时补贴 700.63 万元，惠及生活困难人员 3.25 万人次；深入实施失业保险扩围政策，累计发放失业补助金 1 838.5 万元，惠及 4 606 人。积极推进城乡居民基本养老保险基金和职业年金投资运营，实现社保基金的保值增值。

三、人才人事

精准聚焦“第一资源”，招聘事业单位工作人员 4 158 人，完成年度目标任务 3 200 人的 130%。省级事业单位引进高层次人才 144 名。技能人才队伍稳步壮大。通过着眼“三个突出一个加强”，进一步健全完善人才培养、使用、评价、激励机制，持续优化的服务管理为全省各项事业发展提供了智力保障。

（一）突出关爱医务人员。

第一时间出台关心关爱医务人员激励措施，对援鄂医疗团队、卫生专业技术人才以及全省参与疫情防控处置的医务人员，在工资待遇、职称申报评审、人才项目选拔、岗位聘任、表彰奖励、工伤保险等方面给予倾斜关爱。年内有 16 人取得高级职称、3 人推荐为政府特殊津贴专家、84 人直接纳入事业单位编内人员，累计向医务人员发放临时性工作补贴 1 370 万元，提高卫生防疫津贴标准，人均月增资 370 元，为符合倾斜条件的医务人员晋升了职称。精心组织抗疫表彰奖励系列工作，党中央、国务院表彰青海省 5 个先进集体和 17 名先进个人。组织召开全省抗疫表彰大会，149 个先进集体、300 名个人得到表彰奖励。

（二）突出人才引育并举。

依托“智汇三江源·助力新青海”人才项目洽谈会共引进人才项目 12 项，会同省人才办赴省外知名院校引进了一批高层次急需紧缺人才。第二批“青海学者”、政府特殊津贴专家、青海省优秀专家等高层次人才推荐评审产生“青海学者”5 名、政府特殊津贴专家 26 名、青海省优秀专家 30 名。加快青年创新人才引育平台建设，全省博士后科研站点总数达到 11 家。分类推进职称制度改革，完成经济类、哲社类等 12 个系列（专业）职称制度改革任务，扩大职称“定向评价、定向使用”政策范围，将西宁大通、湟源县和湟中区以及海东所属各县以下农林牧水事业单位纳入实施范围，年内 373 人通过“双定向”取得中高级职称。制定援青专业技术人员职称评审专项政策，33 名援青人员取得高级以上职称。

（三）突出优化事业单位服务管理。

分类推进事业单位人事制度改革，创新事业单位招聘方式，规范完善人员聘用和岗位管理等制度，有效提升事业单位人事管理科学化、规范化、制度化水平。将中小学教师招聘权限交给省教育行政主管部门单独组织实施。单独核定基层职称“双定向”高、中级岗位比例。以促进城乡公共服务均衡发展为目的，建立县域内高级岗位动态管理统筹使用机制。积极配合教育、卫生等行业主管部门开展“县管校聘”“县管乡用”制度改革，适度推进事业单位人员管用分离，促进人才资源合理配置。先后完成省交通运输厅、省水利厅等 20 家省级主管部门所属事业单位机构改革后的岗位设置方案备案及人员分流安置等工作。省人力资源社会保障厅出台《关于进一步支持和鼓励全省事业单位科研人员创新创业的若干措施》，充分落实科研单位相关科研自主权，促进科技成果转化。有序完成公立医院改革、教育教学改革、市州公务用车改革以及祁连山国家公园体制改革等相关改革任务。

（四）加强技能人才队伍建设。

积极开展“‘昆仑英才’计划高技能人才培养工程”，建成 2 个省级高技能人才培训基地、4 个省级技能大师工作室，遴选 10 名青海省企业单位首席技师。建立职业技能等级认定制度，在企业、技工院校全面推行职业技能等级认定工作，全年共完成各级各类职业技能鉴定 23 454 人，获证 20 730 人，指导各类企业等用人单位试点机构完成企业职工技能等级认定 3 898 人，获证 2 413 人。组织参加国家级职业技能大赛，指导做好全国扶贫职业技能大赛、第一届全国职业技能大赛、第二届全国技工院校教师职业能力大赛等国赛选手选拔、选手集训、参赛工作，推荐优秀选手参加决赛，在全国扶贫职业技能大赛中取得 1 个优秀奖，在第一届全国职业技能大赛中取得 1 个优胜奖，在第二届全国技工院校教师职业能力大赛中取得 5 个 3 等奖的优异成绩。

四、劳动关系

聚力推进“根治欠薪”，劳动保障监察举报投诉案件结案率和农民工工资举报投诉案件结案率均达到100%，分别超过年度目标任务4个和2个百分点。全省企业劳动合同签订率95%，完成年度目标任务的100%。劳动人事争议仲裁结案率98%，超过年度目标任务3个百分点。不断改善的劳动关系有力促进了全社会和谐稳定。

（一）扎实推进“根治欠薪”。

以学习贯彻《保障农民工工资支付条例》为抓手，着力强化常态化监督检查、媒体曝光和“黑名单”管理力度。全年共协调及立案受理拖欠农民工工资案件905件，为1.24万名农民工追发工资1.5亿元，公布拒不支付农民工工资典型案例20起，将6家严重失信企业及1名自然人列入“黑名单”实施联合惩戒，移送公安机关立案处理涉嫌“拒不支付劳动报酬罪”案件29起，欠薪案件数、涉案人数和金额持续下降。省促进就业和根治欠薪工作领导小组对核评为C级的玉树州政府负责人进行了约谈。国务院保障农民工工资支付考核组对青海省工作给予肯定。同时，集中开展清理整顿人力资源市场秩序专项行动，共检查单位873户，查处清理了一批侵害劳动者和用人单位合法权益的违法行为。

（二）稳慎处理劳动关系问题。

从稳定用工关系、稳定工资待遇、减轻企业负担、提升服务水平等方面出台多项具体措施。召开劳动关系三方协调机制第十九次会议，建立劳动关系风险监测预警制度，进一步规范企业用工管理，强化风险应对，积极排查化解。各级各相关部门及时回应指导并协调解决劳动关系处理和政策落实事项500余件次，处理劳动人事争议案件2 175件，有效保持了特殊时期劳动人事关系和谐稳定。强化企业工资宏观管理，国有企业工资决定机制改革、国有企业负责人薪酬制度改革等任务有效落实。

五、人社扶贫

全力抓好人社系统“五大巩固提升”“补针点睛”和“苦干六十天、圆满收好官”行动，持续有力的攻坚行动进一步深化了人社扶贫成果。青海人社扶贫5个典型案例入选全国人社扶贫优秀成果，省人社厅第三次获评“省级行业扶贫先进单位”。

（一）就业扶贫。

出台支持受疫情影响贫困劳动力就业系列政策，建立稳岗就业工作机制，各县区人社部门全部建立已就业贫困劳动力清单、有意愿外出务工人员清单、贫困劳动力就业信息月监测制度和后续帮扶工作档案。全年贫困劳动力实现就业17.8万人，完成年度目标任务16.8万人的106%；易地搬迁地区转移就业已脱贫劳动力2.16万人次，东西部扶贫协作任务超额完成。西宁、海东市共组织370名建档立卡贫困家庭劳动力赴江苏省务工就业，完成年度目标任务330人的112%。

（二）技能扶贫。

以落实终身职业技能培训为抓手，坚持就业导向，突出问题导向，大力开展职业技能提升行动，不断加大技能扶贫工作力度，努力做到“应培尽培、能培尽培”，提高培训后就业率，促进贫困劳动力实现技能就业、稳定就业、就业增收脱贫。年内，全省人社部门组织贫困劳动力技能培训1.7万人次。

（三）社保扶贫。

加强社保兜底保障，推动贫困人员应保尽保，逐步提高待遇水平，确保贫困人员老有所养，工伤、失业有保障。年内，36.55万名符合条件的建档立卡贫困人口全部纳入基本养老保险范围，为25.72万人次贫困人员和低保、特困人员代缴养老保险费2 679.62万元，为6.57万名60岁以上贫困老人发放养老金1.5亿元。为藏区六州975户企业发放稳岗返还资金1.84亿元，惠及职工5.4万人；发放职业技能提升补贴41.1万元，惠及职工301人次；为2 482名失业人员发放失业保险金1 703万元，为73名农民工发放一次性生活补助96.07万元。全力推进农民工集中的建筑项目参加工伤保险工作，参保农民工达到19.05万人，筑牢农民工因工致残致贫返贫防线。

（四）人才扶贫。

持续加大基层人才支持力度，严格落实基层和艰苦边远地区事业单位招聘“三放宽、一允许”和基层职称评聘“双定向”“两拓展、一保障”等倾斜政策，稳定了基层工作力量。认真落实艰苦边远地区乡村教师生活补助、乡镇工作补贴、高海拔折算工龄补贴等政策，有力保障了贫困地区工作人员的待遇。开展事业单位脱贫攻坚专项奖励，全省各级事业单位共评选出嘉奖873个、记功211个、记大功25个。

六、行风建设

青海省将“放管服”改革与行风建设深度融合，结合省内实际，自定目标，自加压力，重点在标准化、便捷化和专业化上下功夫，持续深化“放管服”改革，便捷高效的人社服务进一步增强了群众的获得感。

（一）标准化。

印发《全省人社系统行风建设和“放管服”改革若干重点工作推进方案》，省、市州、县区、乡镇四级实现清单、流程、经办、编码四统一。加强人社基础设施建设，已基本实现市州级创业孵化基地和公共职业技能实训基地全覆盖。

（二）便捷化。

持续开展人社服务“快办行动”，制定发布“不见面”清单、“一次办”清单、“取消证明材料”清单、“告知承诺制”清单、“需提供证明材料”清单等5张便民服务清单，实现“一般事项不见面、复杂事项一次办、无谓材料不用交”，省级人社服务事项网上可办率将达到100%。相关做法被省委、省政府、省委深改委内参转发推广。

（三）专业化。

以“人员大培训、岗位大练兵、环境大整治”、作风突出问题集中专项整治行动为抓手，在全省专业技术人员中开展“三学、三补、两助力”大培训大练兵活动，首推继续教育“学、帮、研、创、绩”一体化概念，促进学习与服务接轨，培训专业技术人员6万人次。在全省企业职工中发起“大培训、大练兵、大竞赛”活动，开展企业职工培训5 087人次，并举办省第十六届职工职业技能大赛，专业技术人员和企业职工综合能力进一步加强。在系统内发起窗口单位岗位练兵比武活动，组织人社窗口单位干部职工开展“三强化、三持续、一竞赛”，开展“日日学、周周练、月月比”活动，培训系统干部1 709名，能力素质明显提升。持续开展各级各类窗口单位明察暗访，在省级窗口实行“好差评”制度，窗口单位作风明显改善。

青海省人力资源和社会保障厅

宁夏回族自治区

2020年，宁夏人力资源社会保障系统以习近平新时代中国特色社会主义思想为指导，深入学习贯彻党的十九届五中全会精神和习近平总书记视察宁夏重要讲话精神，坚决落实自治区党委、政府和人力资源社会保障部工作部署，在新冠肺炎疫情形势下坚持以人民为中心的发展思想，同心战疫情、优先稳就业、协力惠民生，各项目标任务圆满完成，人社扶贫精准有效、党建工作扎实推进，为自治区经济社会发展做出积极贡献。

一、就业创业

把稳就业保居民就业作为首要任务，全力做好减负、稳岗、扩就业工作，攻坚克难，就业形势总体稳定。进一步细化政策促进就业，推动出台应对疫情稳就业保居民就业“13条”“18条”、促进高校毕业生就业“12条”等政策。实施职业技能提升行动、“铁杆庄稼保”、重点企业用工调度保障、就业创业服务攻坚季行动等系列措施，全年城镇新增就业7.3万人，完成年度目标任务的101.4%；城镇登记失业率3.92%，低于国家控制目标。

（一）援企稳岗。

顶格执行社保费减免缓返补政策，实施企业稳岗扩岗专项支持计划，为212家重要医用物资企业、重要原辅材料生产企业解决用工4 772人；为4 909家企业拨付稳岗返还3.88亿元，惠及39.78万人；为参保单位减免三项社保费47.63亿元，稳定4.21万户企业、102.6万就业岗位。

（二）重点群体就业。

实施高校毕业生就业促进行动和离校未就业百日攻坚行动，高校毕业生就业率达90%。强化闽宁等省际劳务协作，建立“点对点”服务机制，拓宽家门口就业渠道，农村劳动力转移就业80.27万人，完成年度目标任务的114.7%。“铁杆庄稼保”为农村劳动力转移就业撑起了“安全网”，全年参保38.6万人，完成目标任务的110.3%，17人得到325万元的保险理赔。实施就业援助专项行动，8 858名城镇就业困难人员实现就业，5.33万名城镇失业人员实现再就业，692户“零就业”家庭实现动态清零，为8.46万名失业人员发放失业补助金2.92亿元，失业补助金政策受益率居全国前列。

（三）创业带动就业。

全面落实创业担保贷款新政策，搭建集政策扶持、创业指导、创业培训为一体的开放式综合服务平台，开展创业孵化提升行动，鼓励和引导高校毕业生、返乡入乡人员、建档立卡户等重点群体创业。新认定自治区级创业孵化示范基地10家，评选优秀大学生创业项目57个，发放创业担保贷款18.13亿元，新培育创业实体1.27万个，创造新岗位3万个，创业带动就业6.57万人。

（四）职业技能培训。

围绕企业职工、就业重点群体和贫困劳动力，大力实施职业技能提升行动、“互联网+职业技能培训计划”和百日免费线上技能培训，抢抓时间开展线下职业技能培训。拓宽以工代训范围，加大以工代训力度，提高企业培训补贴标准，促进企业以训代岗、以训稳岗，人岗匹配促进参训者长技能、好就业。全年开展职业技能培训24.4万人次，支持1 271家企业开展以工代训8.7万人，发放补贴资金1.21亿元。

（五）公共就业服务。

加快推进就业创业服务信息平台建设，制定防范应对大规模裁员和失业风险“1+4”预案，动态监测504家企业职工就业，精准实施就业援助服务。成立银川人力资源服务产业园，举办深度贫困地区人力资源服务培训。开展“就业服务不打烊、网上招聘不停歇”线上春风行动和百日千万网络招聘活动，发布59.3万个招聘岗位信息，举办招聘会379场。加强“点对点”服务保障，帮助1.48万农民工返岗就业。

二、社会保障

深入实施全民参保计划。充分挖掘扩面资源，深化登记成果转化应用，全区城镇职工养老（含机关事业单位）、失业、工伤、城乡居民养老保险参保分别达到240.11万人、102.73万人、132.56万人、238.65万人，同比分别增长5.96%、5.51%、10.86%、22.6%。建档立卡贫困人口基本养老保险参保54.96万人，实现应保尽保。新建项目工伤保险参保率100%，高于目标任务10个百分点。

（一）养老保险。

企业职工基本养老保险省级统筹首批通过国家考核验收。制定基本养老金计发基数过渡办法，实施公务员职务与职级并行制度、员额制法官检察官等特殊群体退休后养老待遇计发标准，兑现2019年“中人”退休待遇，推进机关事业单位养老保险制度改革落地和退休人员养老金平稳过渡。调整被征地农民养老保险政策，规范征地农民养老保险缴费办法、参保方式。提高社保待遇水平，城乡居民基本养老保险最低缴费档次由100元调整为200元，为47.95万城乡居民每人每月调增基础养老金10元，66.25万机关企事业单位退休人员月人均养老金调增5%。落实社保阶段性降费和减免政策，为参保单位和参保个人减负107.47亿元。

（二）工伤保险、失业保险。

出台新冠肺炎疫情防控期间工伤保障政策，简化工伤认定和待遇支付程序，率先建立先救治再结算机制为援鄂战疫人员保驾护航。加强工伤保险医疗服务和就医管理，率先在全国实现工伤保险医疗费区内异地就医即时结算。进一步规范工伤康复，制发4类80项工伤保险辅助器具配置目录。失业保险金标准提前一年由75%提高至90%，工伤保险伤残津贴、供养亲属抚恤金标准进一步提高。

（三）社保基金监管。

出台国有资本充实社保基金实施方案和职业年金基金受托人考核管理办法，落实企业职工养老保险基金中央调剂制度，启动基本养老保险基金投资运营，职业年金投资收益率明显提高。开展社保经办“三个全面取消”，加强社会保险基金风险内控和专项检查，追回少缴社会保险费150.63万元、冒领养老金617.61万元。

（四）社保经办。

社会保险公共服务平台成功接入全国统一平台，如期完成37家集团公司178家企业10.25万国有行业企业退休人员人事档案移交托管任务，进一步提升社会化管理服务水平。落实社保经办领域利企便民31条措施，企业开办与社保登记同步“秒批”，92%的社保业务实现网上办理，13项社保业务高频办理事项下沉基层实行全区通办。自治区金融管理局调查307家中小微企业，反映社保费减免在惠企政策中实施效果最好，减免社保费“四不”做法创新措施得到充分肯定。全面推进社保卡在政府公共服务领域应用，开通电子社保卡114个签发渠道，累计发行社保卡706.79万张，签发电子社保卡248万张，基本实现人社业务和涉农惠农资金发放“一卡通”。

三、人才工作

坚持问题导向、需求导向、市场导向，创新推动高层次和高技能人才发展机制和环境。

出台引进人才突出贡献奖励办法和专业技术人才知识更新计划管理办法。出台人才小高地考核评估办法、青年拔尖人才考核办法，落实分类推进人才评价机制改革指导意见和特殊人才评审办法。

（一）职称制度改革。

修订完成自然科研、实验、中小学教师、经济等系列职称评审标准，设置实验、工艺美术、技工学校、经济等系列正高级职称，推行职称网络申报评审和职称电子证书管理。向高等院校全面下放职称评审权限，对在疫情防控工作一线做出贡献的医疗卫生及其他领域专业技术人员评审职称给予政策倾斜。

（二）重大人才工程。

选拔国务院特殊津贴推荐人选 28 名，入选国家百千万人才工程人数西部领先。选拔享受自治区政府特殊津贴专家 40 名、“塞上英才”9 名、“自治区技术能手”15 名。加强人才载体建设与动态管理，新建高技能人才培训基地和技能大师工作室 10 个，新建人才小高地 13 个、博士后科研工作站 2 个、继续教育基地 2 个，取消 18 个院士工作站资格。

（三）人才智力引进。

举办“2020 年宁夏企事业单位急需紧缺人才网络招聘会”，选拔青年拔尖人才 124 名、选送中青年人才赴外深造 36 名，兑现 1 253 名全日制博士、275 名重点院校重点学科毕业硕士工作补助和安家费 7 768.56 万元。为首批 1 872 名高层次人才发放“宁夏高层次人才电子证书”，争取国家留学人员回国创业启动项目和高层次留学人才回国资助项目各 1 项，协调专家服务基层 101 场次。

（四）人才培养培训。

组织高级研修、急需紧缺人才和岗位骨干人才培训项目 62 期，培训 6 000 余人。组织专业技术人才参加网络培训超过 10 万人。深化技工教育发展和技能人才培养，技工院校招生同比增长 130%，新培养高技能人才 4 903 人。举办宁夏电气设备安装工职业技能竞赛、第三届宁夏巾帼创业创新大赛、首届人力资源服务业大赛，选派优秀选手参加全国扶贫技能、职业技能等赛事活动，培养锻炼了一批优秀技能人才骨干。加强技能评价，抓实职业能力鉴定和专项考核，5.84 万人取得职业资格证书，2.04 万人通过专项职业能力考核。

四、人事管理

坚持将规范管理作为目标要求，继续推进人事薪酬制度改革，不断加强事业单位规范化管理。

（一）推进事业单位人事管理工作。

出台事业单位工作人员奖励实施细则、特设岗位管理办法以及创新创业升级版政策。健全基层事业单位岗位管理制度，提高专业技术中高级岗位结构比例，单独核增定向评价高级专业技术岗位，引导人才向基层流动。深入推进高校人员总量管理、媒体深度融合发展改革，有效激发了事业单位内生动力和创新活力。实施关心关爱疫情防控一线医务人员及时奖励、岗位晋升、考核等激励政策，开展事业单位脱贫攻坚领域专项奖励，为成绩突出的 9 家事业单位和 9 名个人记大功。创新招聘政策，对高层次、高职称、高技能人才和急需紧缺人才，可不受时间限制实行自主公开招聘，为各级各类事业单位公开招聘工作人员 4 626 名，支持宁夏大学等 48 家事业单位自主公开招聘 426 人。评聘全区事业单位专业技术二级岗位 39 人。

（二）深化事业单位和企业工资制度改革。

完善事业单位高层次人才工资分配激励机制，聘用的高层次人才可参考人才市场价格合理确定薪酬水平，实行年薪制、协议工资、项目工资等灵活多样的分配方式。调增乡镇补贴标准，乡镇机关事业单位工作人员收入高于县直机关同职级人员 20% 以上。事业单位工作人员参照公务员平时考核奖平均水平，在绩效工资总量内按季发放平时考核奖。实行事业编警务人员绩效工资制度，妥善解决警察同岗不同待遇问题。提高卫生防疫津贴标准，为参与疫情防控的医疗卫生机构核增一次性绩效工资总量。援鄂医疗队员、自治区第四人民医院隔离病区医务人员薪酬水平提高2倍，组织区直事业单位疫情防控先进个人健康休养。深入推进国有企业工资决定机制改革，完善区属国有企业工资总额信息披露办法，建立规范的企业薪酬调查信息发布体系，引导国有企业形成市场化的工资增长机制，分地市发布2019年人力资源市场价位和2020年国有企业工资指导线。

（三）落实人事管理工作。

健全完善人事考试疫情防控措施，升级公务员面试评分系统和人事考试网上巡查指挥系统，组织完成55项人事考试，服务考生29.3万人次。

（四）加强表彰奖励管理。

全面清理规范各类评比达标表彰及示范创建活动，取消82项自治区级以下创建示范活动，压减率达68.3%。推选国家级抗击新冠肺炎疫情先进集体5个、先进个人20名，提请自治区通报表扬抗击新冠肺炎疫情先进个人544名、先进集体144个。

五、劳动关系

（一）构建和谐劳动关系。

完善劳动关系制度，出台全区稳企稳岗稳定劳动关系政策12条和构建和谐劳动关系措施17条，建立劳动关系三级风险监测预警制度，印发《企业规模性裁员指导手册》，保障疫情防控期间职工合法权益。深入开展规范小微企业劳动用工管理专项行动和集体协商“稳就业促发展构和谐”行动，全年补签劳动合同6.3万份，其中小微企业补签近2万份。扎实开展“四为”温暖行动，将服务直接延伸到各类企业，帮助企业解决实际困难。大力实施“网上办”“打包办”“随时办”，进一步优化网上11项服务功能，全年网上办件量达54.5万件，其中网上签订劳动合同32.2万件，解除22.3万件。

（二）保障农民工工资支付。

全面贯彻《保障农民工工资支付条例》，对全区354个重点工程项目实施重点监控，实施了根治欠薪夏季执法检查和冬季专项行动，开展了保障农民工工资支付互观互检暨明察暗访活动和全区建筑项目规范化现场观摩会，从严治理欠薪违法问题，“两清零”工作目标按期完成。积极推进“双随机一公开”制度落实，组织开展企业劳动保障守法诚信等级评价和行政执法工作。强化劳动保障监察信息化建设，全区“智慧监察”平台陆续上线试行。发挥惩戒震慑作用，向社会公布重大劳动保障违法行为10件、纳入“黑名单”2件。全年受理劳动保障监察举报投诉209件，为2 176名劳动者追回工资2 056.4万元，劳动者举报投诉案件数、拖欠工资金额及人数同比分别下降45.9%、37.1%、36.4%。

（三）劳动人事争议调解仲裁。

规范劳动人事争议调解仲裁工作，畅通农民工等困难群体劳动争议处理“绿色通道”，推进“互联网+调解”便利服务，85%的乡镇（街道）调解组织实现网上调解服务。完善仲裁制度机制，创新办案方式、优化办案流程，全区共受理劳动人事争议案件7 370件，结案率、调解成功率达到90.7%、62.6%。

六、人社扶贫

坚持将脱贫富民作为责任担当，全面开展“四查四补”，持续深化就业扶贫、技能扶贫、社保扶贫、人才扶贫和定点扶贫。

（一）精准就业扶贫。

全面落实就业扶贫政策，购买农村公益性岗位1.19万个，39万农村转移劳动力参加“铁杆庄稼保”。深化闽宁劳务协作，向福建输送建档立卡贫困人员2 001人。实施就业扶贫“百千万”行动，扶贫示范基地达到283个，发放支持建档立卡户创业担保贷款6 436.3万元，帮助建档立卡贫困劳动力实现就业24.5万人，其中专机、专车输送3 505人。

（二）精准技能扶贫。

落实打赢脱贫攻坚战三年行动职业技能培

训计划，开展精准脱贫技能培训 3.94 万人，完成年度任务的 179%。组织中式烹调师、家居清洁等 38 个职业（工种）7 448 名建档立卡贫困家庭劳动力参加职业技能鉴定或专项职业能力考核，7 002 人取得证书。

（三）精准社保扶贫。

坚持脱贫不脱政策，54.96 万建档立卡贫困人员参加城乡居民基本养老保险，建档立卡人员养老保险参保率、养老金发放率、保费代缴率均为 100%。

（四）精准人才扶贫。

支持西吉县采取面试、组织考察等方式招聘脱贫攻坚急需紧缺专业人才。宁南九县区 5 500 余名基层专业技术人员在职称“定向评价、定向使用”中受益。《人民日报》、新华网专门介绍“三支一扶”向西海固倾斜做法。

（五）精准定点扶贫。

定点帮扶的西吉县田坪乡燕李村、赵坪村创新实施的“全赠半返”“返租代养”养羊扶贫产业不断壮大，实现贫困家庭和农村集体经济“双增收”。“扶贫羊”成为脱贫群众增收的“羊银行”，被人社部评为“人社扶贫助力全面建成小康社会优秀成果”。

七、行风建设

不断深化“放管服”改革，建立全区人社系统“四级四同”政务服务事项目录 300 项，实行“一窗受理、集成服务”审批服务。实施人社政务服务快办行动，区本级 93.7% 服务事项可网上不见面办理，17 项可“跨省通办”，办理时限压减 54.6%，办理环节压减 34.4%，135 项可一次办好、立等可取。持续推进行风建设，深化整治形式主义官僚主义突出问题为基层减负。加强窗口单位作风建设和经办队伍建设，鼓励干部职工争做“人社知识通”和“岗位练兵明星”。宁夏代表队分别获得全国人社窗口单位业务技能练兵比武团体三等奖、全国“普及人社法规、稳定百姓就业”人社法治知识网络竞赛优秀组织奖。自治区人社厅在全区信访业务大比武中获得团体二等奖。大力提升公共服务平台功能，实施“互联网+人社”2020 行动计划，加快推进“金保工程”二期项目和公共就业服务信息系统建设，80%以上的单位（企业）“足不出户”全程网办、合一通办劳动合同备案、就业失业登记和参保登记、缴费核定等业务，73%的退休人员通过“我的宁夏”“掌上 12333”等进行养老保险待遇领取资格“不见面”认证。进一步推进社保卡在政府公共服务领域的应用，社保数字化转型、电子社保卡建设应用、一体化在线服务和社保公共服务平台建设、社保待遇全区集中统一发放、社保业务经办“八办并举”创新做法得到人社部肯定。畅通民意反映渠道，12333 接听咨询电话 94 万多人次，群众反映事项全部及时回应。

八、党的建设

强化思想理论武装，把学习习近平总书记视察宁夏重要讲话精神等党的创新理论和党章党规作为重要政治任务，坚持个人自学、示范领学、集体研学、平台促学相结合，切实增强“四个意识”、坚定“四个自信”、做到“两个维护”。履行党建主体责任，深入实施“三强九严”工程，持续打造“10 个 1 工作包”党建载体，签订《党建承诺书》《廉政责任书》，落实发、装、理、验“四步工作法”，开展日常督查、互观互检、述职评议和集体谈话。严守政治纪律规矩，按规定定期向上级组织报告党建、党风廉政建设及意识形态工作情况。加强马克思主义民族观宗教观教育，引导教育党员干部守好“三条生命线”。激励党员担当作为，坚持用制度规定严管、正面典型引领、先进文化滋养，通过评优评先、优秀党员风采展示，开展“党员大学习”“信仰与忠诚”“梦想与奋斗”等主题活动，激励党员干部担当新使命、弘扬正能量。

宁夏回族自治区人力资源和社会保障厅

新疆维吾尔自治区

2020年，新疆维吾尔自治区各级人力资源社会保障部门坚决贯彻落实党中央统筹做好新冠肺炎疫情防控和经济社会发展决策部署，贯彻落实自治区党委“1+3”工作部署，做好“六稳”工作、落实“六保”任务，持之以恒抓好脱贫攻坚和促进就业两件大事，不断健全完善社会保障制度，持续推进人才人事体制机制创新，切实促进劳动关系和谐稳定，不断加强系统行风建设，努力提升信息化便民服务质量，全区人社工作在大战大考中经受了考验、贡献了力量、凝聚了人心、展示了风貌。

一、始终坚持就业第一，稳就业保就业成效更加明显

面对疫情严重冲击，全区各级人社部门坚决贯彻落实党中央稳就业、保就业决策部署，制定实施一系列针对性政策措施，有力推动减负稳岗扩就业，有序推动复工复产，稳定就业局势，保障基本民生。2020年，全区实现城镇新增就业35.1万人，完成年度目标任务的100.29%。城镇调查失业率由5.2%的年度最高点降到年底的4.6%。零就业家庭保持动态清零。开展各类职业培训123.14万人次，完成年度目标任务的111.95%。

（一）针对企业稳岗难，及时打出“免减缓返补”政策组合拳。

切实把保市场主体、纾困中小微企业作为稳就业的重要基础，迅速出台“减负稳岗扩就业”政策措施。全年减免企业三项社会保险费135.98亿元，返还8.14万户企业失业保险费8.31亿元，核准1 676家困难企业缓缴社保费12.42亿元，“免减缓返补”政策组合拳共为企业减负近200亿元，帮助企业稳住岗位，稳住就业基本盘。

（二）尽锐出战聚力攻坚，超常规推动就业扶贫。

把就业扶贫作为重中之重，推动实现有就业能力就业意愿的贫困劳动力就业全覆盖。在疫情形势极其复杂严峻的情况下，就业扶贫成为打赢脱贫攻坚战的最可靠保证，得到了自治区党委主要领导的表扬和社会各界的充分肯定。

（三）聚焦重点群体就业，稳定就业基本面。

实施线上服务促就业、就业见习能力提升、困难毕业生就业帮扶、高校毕业生创业支持、国有企业专项招聘“五大行动”，扎实做好高校毕业生就业工作。区属（含新疆生产建设兵团）应届普通高校毕业生10.22万人，实现就业9.1万人，就业率89.05%。返疆内地高校新疆籍毕业生2.62万人，实现就业2.33万人，就业率88.93%。持续实施就业困难人员“一对一”帮扶和零就业家庭24小时动态清零工作机制，全年共消除零就业家庭149户，帮扶零就业家庭成员实现就业191人。

（四）关注重点行业，推动创业带动就业。

将受疫情影响较大的批发零售、住宿餐饮、文化旅游等行业个体工商户纳入支持范围。新增创业7.39万人，完成年度目标任务的246.33%；带动就业13.43万人，完成年度目标任务的149.22%。

（五）及时调整完善政策，加大职业技能培训力度。

组团参加第一届全国职业技能大赛，获得3个优胜奖，1个“代表队最佳奖”和1个“西部之星奖”，3名选手入选第46届世界技能大赛国家集训队，库车大馕制作技艺获得“中华绝技”全国第12名。

（六）线上线下相结合，创新提升公共就业服务能力。

全区建成村级就业和社会保障工作站11 735个，覆盖率达99.8%，配置专（兼）职工作人员（信息员）14 612名，实现了常态化疫情防控形势下就业服务不间断。全年组织开展线上线下招聘活动1 047场次，发布就业岗位24.8万余个，实现就业7.9万余人。全区新增人力资源服务机构465家，新建2家自治区级人力资源服务产业园，服务用人单位75 716家次，帮助实现就业和流动767 320人次。

二、始终瞄准民生福祉，社会保障体系更加健全

深入实施社保惠民工程，织密扎牢社会保障民生安全网，不断增强各族群众获得感、幸福感、安全感。

（一）全面实施全民参保计划。

重点针对贫困人口、60岁以上未享受待遇人员、企业人员、农民工等不同群体，积极落实社保惠民政策。全区三项社会保险参保1 964.01万人次，比上年增加73.98万人次，城镇职工、失业、工伤三项保险参保人数分别完成年度目标任务的103.08%、104.78%、107.06%。

（二）深入推进社保制度改革。

持续深化机关事业单位养老保险制度改革，实现改革后退休人员基本养老金按新办法计发并全部发放到位。进一步完善企业职工基本养老保险自治区级统筹，实现制度政策、基金收支、基金预算、责任分担、信息系统、经办服务、激励约束“七统一”。启动实施工伤保险省级统筹，实现基金统收统支、业务全程系统办理，增强了基金共济能力。

（三）社保扶贫成效显著。

全区贫困人员参保223.86万人，参保率100%；60周岁以上贫困人员享受待遇46.11万人，待遇享受率100%。全面落实贫困人员城乡居民养老保险政府代缴政策和享受待遇政策，全年累计为147.74万贫困人员代缴城乡居民养老保险费9 763.08万元。

（四）不断提高各项社会保险待遇。

连续16年调整提高企业退休人员基本养老金水平，连续5年同步调整提高机关事业单位和企业退休人员基本养老金，惠及148.16万人。将自治区城乡居民基本养老保险基础养老金标准调整提高到145元，全区119.56万60岁以上城乡居民受益。按月发放失业农民工临时生活补助，全年累计发放失业补助金1.24亿元，惠及困难群体3.5万人。连续16年调整工伤（亡）职工工伤保险待遇，全区7 300余人受益。

（五）基金监管更加规范。

开展企业职工基本养老保险提前退休审批和失业保险基金管理内控专项检查。实施3年66亿元城乡居民养老保险基金委托投资运营，推动基金保值增值。

（六）经办服务管理机制更加完善。

全区城乡居民养老保险和区本级社保“信息系统三版”上线运行，社税共享平台建设全面完成，社保费征收职责顺利划转税务部门。全区累计发行社会保障卡2 085.1万张，覆盖所有参保人员和建档立卡贫困人员，53个县市实现了通过社保卡发放惠民惠农补贴。

三、始终围绕发展大局，人才人事制度改革更加有力

紧紧围绕“放管服”改革，健全完善人才人事制度，人才队伍建设取得新突破。

（一）持续深化事业单位人事制度改革。

积极应对疫情影响，采取线上、线下、校园招聘等灵活方式开展招聘，保持各环节不停滞、不中断。缩减前置程序和纸面材料，岗位设置和公开招聘程序更加简化，时间更加灵活，效率大幅提高。全年共发布4.78万个事业单位招聘岗位，完成招聘4.25万人（含特岗教师）。按照自治区经营类事业单位改革部署，配合完成了24家经营类事业单位改革方案制定工作。深化事业单位人员调配制度改革，下放同一主管部门事业单位系统内人员调动权限，平稳有序推动人员调配由审批制向备案制管理转变。

（二）持续深化职称制度改革。

按行业、专业，将职称评审权限全部下放至自治区各行业主管部门、所有高等院校，以及条件成熟的7个地州市及人才密集程度高的2个企业、2个协会。向南疆四地州下放所有专业所有层级职称评审权，落实职称“定向评价、定向使用”支持政策。在全区范围内启用专业技术人员职称电子证书，全区18.2万人次下载打印，实现“数据多跑路，群众不跑腿”不见面服务。

（三）持续深化技能水平评价制度改革。

支持具备条件的用人单位、技工院校和社会培训评价组织规范开展社会化、市场化评价，颁发技能等级证书。全区备案职业技能等级评价机构110家，核发技能等级证书35 874本，推动技能水平由职业资格鉴定向技能等级认定转变。

（四）持续深化工资分配激励制度改革。

完善高层次人才绩效考核和分配办法，优化收入分配结构。全面推进公立医院薪酬制度改革，推动薪酬总量核定常态化、动态化。

（五）持续加强高层次人才引进培养、选拔推荐工作。

国家“百千万人才工程”入选3人，享受国务院政府特殊津贴54人，全年招收博士后研究人员109人，新设博士后科研工作站20个，高层次人才规模不断扩大。

（六）持续加强专业技术人才队伍培养力度。

选拔推荐400名少数民族科技骨干进行特殊培养，其中南疆四地州134人，占总人数31%、占地州市人数40.2%，比上年增加了2.1倍。组织开展2期少数民族特培专家服务团活动。举办“新型冠状病毒肺炎的中西医结合防治和医院应急管理”等8个国家级人才工作项目，培养基层专业技术骨干、农技人员1 580余名，形成了大抓基层的培养导向。

（七）持续加强技能人才队伍建设。

全区技工院校招生3.4万人，在校生9万人。全年评审认定自治区级高技能人才培训基地5个、技能大师工作室10个。评审认定“新疆馕师”高技能人才200名，“新疆馕师”高技能人才培训基地、技能大师工作室、实训基地和培训评价机构共120个。

四、始终突出防范风险，劳动关系更加和谐稳定

认真排查消除劳动关系矛盾风险，稳妥做好常态化疫情防控形势下的劳动关系工作。全年劳动合同签订率96%，未发生规模性裁员。

（一）努力维护劳动关系稳定。

制定疫情防控期间劳动关系政策解答口径、劳动关系政策汇编、涉疫情劳动关系群体性突发事件处置预案和企业规模裁员工作预案，稳妥处置部分企业批量解除劳动关系等问题。

（二）加大收入分配调节力度。

建立区、地、县三级薪酬调查信息发布制度，完成了2 166户企业薪酬调查任务，发布了14个地州242个行业、2 854个工种的劳动力市场工资指导价位。按照2019年确定的区属国有企业负责人基本年薪基数，指导各国有企业做好薪酬兑现工作，企业薪酬收入秩序得到进一步规范。

（三）加强劳动监察执法。

将根治欠薪作为重要的民生工作和重大的政治任务，纳入民生领域损害群众利益突出问题进行专项整治。全面贯彻落实《保障农民工工资支付条例》，依法开展根治欠薪工作。全区各级劳动保障监察机构共立案查处违法行

为2 141件，责令用人单位补签劳动合同3.13万人，追发劳动者工资等待遇3.83亿元，督促用人单位缴纳社会保险费443.92万元，向社会公布重大劳动保障违法行为25件，推送拖欠农民工工资“黑名单”17件，有力震慑了违法行为。

（四）妥善处理劳动人事争议纠纷。

加强劳动人事争议风险防控，及时出台涉疫情劳动人事争议处理工作指导性文件，发布典型案例10个，推行“互联网+调解”等不见面服务举措。各级调解仲裁机构共处理劳动人事争议案件15 579件，其中，涉疫情争议案件223件，调解成功率达60.1%，仲裁结案率97%，有力维护劳动人事关系和谐稳定。

五、始终强化服务理念，人社行风持续改善

坚持把做好常态化疫情防控形势下人社服务工作作为检验干部队伍坚守初心、担当作为的试金石，着力提高人社服务能力和服务水平。

（一）开展“人社服务快办行动”。

完成自治区人社厅网上办事大厅、专业技术人才职称评审、新疆智慧人社等与“好差评”系统的对接，自觉接受社会和办事群众监督。94项公共服务事项实现全程网办，16项“跨省通办”事项已全部实现网上办理，极大方便了办事群众。104项实现办事“最多跑一次”，各类不见面服务快速推进，为企业、群众办事提供便利。

（二）切实抓好窗口单位服务能力建设。

持续深入开展练兵比武活动，全区人社系统9 000余人参加在线学习，在线答题15 000余人次，3名学员被人社部评为“岗位练兵明星”。

（三）完善“新疆人社12333电话咨询”服务功能。

全年咨询呼入总量148.78万次，累计处理在线咨询、建议意见、业务转办3万余件。

通过持续发力，全系统行风建设取得明显成效，全系统干部队伍能力作风明显提升。

新疆维吾尔自治区人力资源和社会保障厅

新疆生产建设兵团

一、就业创业

2020年，新疆生产建设兵团实现城镇新增就业8.4万人，完成全年目标的104.5%；援助就业困难人员就业1.0万人，完成全年目标的110%；城镇登记失业率2.65%。

充分发挥就业补助资金作用，全面落实吸纳就业补贴、见习补贴、社保补贴等政策，累计支出就业补助资金9.1亿元。持续优化创业担保贷款申请审批流程，全年累计为1 361户小微企业、个体工商户及其他劳动者发放创业担保贷款2.5亿元。挂牌石河子市高新区创业孵化基地等3个兵团级创业孵化示范基地，奖补资金900万元。

印发《关于进一步做好当前和今后一段时期稳就业工作的实施意见》，将中小微企业补贴标准从上年度实际缴纳失业保险费的50%、南疆师市从60%统一提高到100%。对参加失业保险并足额缴纳失业保险费12个月以上，裁员率不高于5.5%、员工人数30人（含）以下的裁员率不超过参保职工总数20%的中小微企业，给予稳岗补贴。印发《认真贯彻落实全国“两会”精神做好常态化疫情防控形势下保障和改善民生工作方案的通知》，将一师、三师、十四师所有企业返还标准提高至100%，全年共为5 474户企业发放稳岗补贴1.7亿元。

组织开展以百日千万网络招聘专项行动，民营企业招聘月活动，金秋招聘月活动，第七届、第八届全国大中城市联合招聘活动和就业扶贫日行动等主题专场或网络招聘活动，共举办招聘会338场次，其中线上招聘179场次，为3 528家企业发布用工岗位需求29 517个。

2020届兵团所属高校毕业生共计13 833人，就业率90.02%。帮扶2 454名返回兵团的高校未就业毕业生实现就业，就业率91.91%。做好接收南疆四地州建档立卡劳动力在南疆四个师市稳定就业工作。2020年12月，开展了“关心关爱农民工在线行动”，与兵团辖区内11.6万名农民工通话联系，基本实现全覆盖。

二、社会保障

全年共为9 726家企业减免养老、失业、工伤三项社会保险费14.0亿元，其中为118家大型企业减半征收三项社会保险费9 784万元，为9 608户中小微企业减免三项社会保险费13.0亿元。为76家企业缓缴社会保险费5 711万元。

先后实现基本养老保险、失业保险、工伤保险基金统收统支。1月，印发《关于完善企业职工基本养老保险兵团级统筹制度的实施方案》，将各师市基金累计结余18.8亿元上解至兵团养老保险财政专户。5月，印发《兵团失业保险基金兵团级统筹实施方案》，7月正式启动失业保险基金兵团级统筹，将各师市基金累计结余7.8亿元上解至兵团失业保险财政专户。按照《兵团工伤保险基金兵团级统筹实施意见》的规定，自2020年1月起建立统一浮动费率机制，并将各师市基金累计结余2.0亿元上解至兵团工伤保险财政专户。

9月，启动实施城乡居民养老保险基金委

托投资工作，合同期限5年，首批资金为2016年底前历年累计结余和2017年至2019年当期新增结余的90%，2020年以后按当年基金收支结余80%据实安排。

7月1日起，将城乡居民基本养老保险基础养老金最低标准由每人每月140元提高至145元。按照“三个全面取消”要求，实现社银直连发放。制定兵团社会保险业务经办岗位权限动态管理办法，严格执行“分级审核”，“权限不相容”。制定基金会计对账管理办法，进一步规范和加强银行账户、会计核算管理。规范视同缴费年限认定、企业职工退休审批、一次性补缴社保费等业务流程。印发兵团工伤保险就医与医疗费用管理办法、兵团工伤保险医疗机构协议管理办法、兵团工伤保险协议医疗机构考核办法，规范工伤保险经办管理。定期开展季度基金运行预警分析，建立兵师社保经办机构业务经办月度自查和抽查工作机制，健全政策、经办、信息、监督“四位一体”基金管理风险防控体系。

2020年，兵团二代社会保障卡累计发放271万张，做到了企业、机关、居民养老保险和失业、工伤保险待遇进卡，兵团减负资金通过社保卡发放。电子社保卡完成签发106万张，超额完成人社部既定目标，在应用功能中提升了“自助办”和“指尖办”。

兵团12333电话咨询人工接听电话3万人次，更加畅通了广大职工群众咨询投诉渠道。支持“不见面”业务办理，推进全人社业务综合柜员制系统建设。支持了工资审批、职称评审等业务的网上经办。推进劳动用工备案和劳动人事仲裁系统建设。完善兵税社保信息共享平台，完成社会保险费征管职责划转系统对接。完成系统安全保护定级测评工作，及时处理安全隐患和抵御网络攻击，确保系统平稳运行。

三、人才人事

实现职称评审“一网通办”，发放电子证书7 959份。实行“定向评价、定向使用”的职称评审政策，南疆1 549名专业技术人员通过评审取得高一级职称。事业单位自主开展工作人员招聘工作，组织网上笔试51次、网上面试56次，全年累计招聘各类事业单位工作人员4 278人。组织开展了专家慰问工作，春节前夕由兵团领导带队走访慰问9位专家代表，全兵团共慰问专家510人。组织推荐11名少数民族科技骨干赴疆内外高校、科研院所进行特殊培养和实践锻炼。组织开展2020年百千万人才工程国家级人选选拔工作，2人入选。组织开展2020年享受政府特殊津贴人员选拔工作，25名享受国务院政府特殊津贴专家获批。为116名终身享受国务院政府特殊津贴的专家发放83.9万元的津贴。开展自治区天山英才计划第三期（2021—2023年）培养人选推荐选拔工作，18人入选。积极落实援疆专业技术人才职称评审政策，65名援疆专业技术人才晋升高一级职称。兵团专业技术人才公共服务平台丰富了278项继续教育学习内容，72 435名专业技术人员参加学习。

组织27名选手、12名裁判参加第一届全国职业技能大赛，在27个比赛项目中兵团参加了焊接、机电一体化（集体项目）、制冷与空调等17个世赛选拔项目，烘焙、网络系统管理等10个国赛精选项目，4名选手进入大赛前15名，获得优胜奖。组织开展第四届“中国创翼”创业创新大赛兵团选拔赛，参赛项目208个，推荐乐柠小镇教育综合体和字里（中国）参赛项目获得“创翼之星”荣誉称号，“黄沙结硕果”项目获得全国创业创新优秀项目奖，兵团代表队获得优秀组织奖。

兵团首家人力资源服务产业园在第八师石河子市挂牌，入驻机构20家，其中1家为国内行业领军企业。完成“三支一扶”选拔招募1 071人，其中就业和社会保障298人、支医252人、扶贫181人、支农122人、支教105人、水利9人、其他104人。

建立85家职业技能等级认定评价机构，其中用人单位33家、社会培训评价组织47家、技工院校5家，可开展认定职业（工种）

340个。全面推行职业技能等级认定工作，全年开展职业技能等级认定39 333人次，颁发34 019本职业技能等级证书。

四、劳动关系

稳步推进国有企业工资收入分配改革，核定下发2019年兵团本级国有企业负责人基本年薪基数，加强兵团本级监管国有企业负责人薪酬分配备案工作，督促兵团国有企业及时将2019年度工资总额信息进行披露和报告。加强劳动人事争议调解仲裁效能建设，与法院联合发布第一批劳动人事争议典型案例，与司法局联合开展劳动人事争议调解仲裁法律援助工作。大力推行仲裁要素式办案模式，推广“互联网+调解”服务平台，推动仲裁专递和接受微信电话咨询等“不见面”服务。全年共受理劳动人事争议3 591件，仲裁结案率97.0%、调解成功率66.1%，其中，涉疫情劳动人事争议28件已全部办结。

加强涉疫情劳动关系政策指导，及时转发11个涉疫情劳动关系政策文件，印制《新冠肺炎疫情防控期间劳动关系政策文件（摘要）汇编》，组织2次涉疫情劳动关系政策在线解读、培训200余人次。落实劳动关系风险防控，修订完善《兵团劳动关系群体性突发性事件预防和应急处置预案》，坚持每季度进行劳动关系形势分析研判，组织师市和协调劳动关系三方开展半年劳动关系形势分析，先后开展三次劳动关系运行监测调查。发挥三方机制作用，召开兵团协调劳动关系三方委员会会议，完善委员会工作制度，推动重点任务分工方案落实。联合开展集体协商“百日要约行动”，共签订集体劳动合同303份，覆盖企业278家、职工5.3万人。制定印发《兵团劳动关系“和谐同行”能力提升三年行动计划实施方案》，发挥三方合力，持续提升劳动关系公共服务能力和基层调解仲裁工作效能。

2020年6月至7月底，国务院根治拖欠农民工工资工作领导小组对兵团2019年度保障农民工工资支付工作进行了考核。2020年12月底，国务院根治拖欠农民工工资工作领导小组通报各地2020年度保障农民工工资支付工作考核情况，兵团被评为B级。

五、人社扶贫

建立农民工返岗复工“点对点”用工对接服务保障机制，农民工返岗输出比例达到93.2%。采取包机、专列等形式，帮助滞留疆外的5 969名职工及家属返岗复工；组织172辆专车，帮助喀什、和田等地3 401名建档立卡贫困劳动力返岗复工。充分发挥社保扶贫兜底作用，落实为贫困人员代缴城乡居民养老保险费和将符合条件的贫困人员纳入政策范围。实现参保、代缴、发放“三个”100%，即贫困人员参保率100%，财政代缴率100%，符合条件的按月发放城乡居民基本养老保险待遇100%。实施2项国家级专家服务基层项目，投入经费20万元，累计培训800余名专业技术人员。在全兵团事业单位集中开展脱贫攻坚专项奖励工作，共嘉奖个人419人、集体60个，记功个人52人、集体31个，记大功个人25人、集体16个。组织开展了2个国家级高级研修项目，投入经费32万元，培训兵团高级专业技术人才120名。

六、行风建设

兵团将练兵比武作为行风建设的重要抓手，在全系统树立“内强素质、外树形象，强化能力、提升服务”的鲜明导向。依托“日日学、周周练、月月比”群众性岗位练兵比武活动平台，营造全员岗位练兵的良好氛围，在全国比赛中荣获二等奖。在全国人社法治知识网络竞赛活动中，兵团共组织16.5万人次答题，参与率全国排名第一。兵团人社局政策法规研究处被司法部评为全国法治政府建设工作先进单位。

新疆生产建设兵团人力资源和社会保障局

工作卷

人力资源和社会保障统计资料

（一）综　　合

表 1-1　　国内生产总值增长及构成

年份	国内生产总值	第一产业	第二产业	第三产业
一、绝对数（亿元）				
2000	100 280	14 717	45 665	39 898
2001	110 863	15 503	49 661	45 700
2002	121 717	16 190	54 106	51 422
2003	137 422	16 970	62 697	57 754
2004	161 840	20 904	74 287	66 649
2005	187 319	21 807	88 084	77 428
2006	219 439	23 317	104 362	91 760
2007	270 092	27 674	126 631	115 788
2008	319 245	32 464	149 953	136 828
2009	348 518	33 584	160 169	154 765
2010	412 119	38 431	191 627	182 062
2011	487 940	44 781	227 035	216 124
2012	538 580	49 085	244 639	244 856
2013	592 963	53 028	261 952	277 984
2014	643 563	55 626	277 283	310 654
2015	688 858	57 775	281 339	349 745
2016	746 395	60 139	295 428	390 828
2017	832 036	62 100	331 580	438 356
2018	919 281	64 745	364 835	489 701
2019	986 515	70 474	380 671	535 371
2020	1 015 986	77 754	384 255	553 977
二、比上年增长（%）				
2000	8. 5	2. 3	9. 5	9. 8
2001	8. 3	2. 6	8. 5	10. 3
2002	9. 1	2. 7	9. 9	10. 5
2003	10. 0	2. 4	12. 7	9. 5
2004	10. 1	6. 1	11. 1	10. 1
2005	11. 4	5. 1	12. 1	12. 4
2006	12. 7	4. 8	13. 5	14. 1
2007	14. 2	3. 5	15. 1	16. 1
2008	9. 7	5. 2	9. 8	10. 5
2009	9. 4	4. 0	10. 3	9. 6
2010	10. 6	4. 3	12. 7	9. 7

续表

年份	国内生产总值	第一产业	第二产业	第三产业
2011	9.6	4.2	10.7	9.5
2012	7.9	4.5	8.4	8.0
2013	7.8	3.8	8.0	8.3
2014	7.4	4.1	7.2	8.3
2015	7.0	3.9	5.9	8.8
2016	6.8	3.3	6.0	8.1
2017	6.9	4.0	5.9	8.3
2018	6.7	3.5	5.8	8.0
2019	6.0	3.1	4.9	7.2
2020	2.3	3.0	2.6	2.1
三、构成（%）				
2000	100.0	14.7	45.5	39.8
2001	100.0	14.0	44.8	41.2
2002	100.0	13.3	44.5	42.2
2003	100.0	12.3	45.6	42.0
2004	100.0	12.9	45.9	41.2
2005	100.0	11.6	47.0	41.3
2006	100.0	10.6	47.6	41.8
2007	100.0	10.2	46.9	42.9
2008	100.0	10.2	47.0	42.9
2009	100.0	9.6	46.0	44.4
2010	100.0	9.3	46.5	44.2
2011	100.0	9.2	46.5	44.3
2012	100.0	9.1	45.4	45.5
2013	100.0	8.9	44.2	46.9
2014	100.0	8.6	43.1	48.3
2015	100.0	8.4	40.8	50.8
2016	100.0	8.1	39.6	52.4
2017	100.0	7.5	39.9	52.7
2018	100.0	7.0	39.7	53.3
2019	100.0	7.1	38.6	54.3
2020	100.0	7.7	37.8	54.5

注：按第四次经济普查数据，对 2007 年及以后的数据进行了修订。

表 1-2　　全国分城乡就业人员年末人数及构成　　单位：万人

年份	就业人数			构成（%）		
	合计	城镇	乡村	合计	城镇	乡村
1998	70 637	21 616	49 021	100	30. 6	69. 4
1999	71 394	22 412	48 982	100	31. 4	68. 6
2000	72 085	23 151	48 934	100	32. 1	67. 9
2001	72 797	24 123	48 674	100	33. 1	66. 9
2002	73 280	25 159	48 121	100	34. 3	65. 7
2003	73 736	26 230	47 506	100	35. 6	64. 4
2004	74 264	27 293	46 971	100	36. 8	63. 2
2005	74 647	28 389	46 258	100	38. 0	62. 0
2006	74 978	29 630	45 348	100	39. 5	60. 5
2007	75 321	30 953	44 368	100	41. 1	58. 9
2008	75 564	32 103	43 461	100	42. 5	57. 5
2009	75 828	33 322	42 506	100	43. 9	56. 1
2010	76 105	34 687	41 418	100	45. 6	54. 4
2011	76 196	36 003	40 193	100	47. 3	52. 7
2012	76 254	37 287	38 967	100	48. 9	51. 1
2013	76 301	38 527	37 774	100	50. 5	49. 5
2014	76 349	39 703	36 646	100	52. 0	48. 0
2015	76 320	40 916	35 404	100	53. 6	46. 4
2016	76 245	42 051	34 194	100	55. 2	44. 8
2017	76 058	43 208	32 850	100	56. 8	43. 2
2018	75 782	44 292	31 490	100	58. 4	41. 6
2019	75 447	45 249	30 198	100	60. 0	40. 0
2020	75 064	46 271	28 793	100	61. 6	38. 4

注：1990 年及以后的数据根据劳动力调查、人口普查推算，2011—2019 年数据是根据第七次人口普查的修订数（下表同）。

表 1-3　　全国分产业就业人员年末人数及构成　　单位：万人

年份	就业人数				构成（%）			
	合计	第一产业	第二产业	第三产业	合计	第一产业	第二产业	第三产业
1998	70 637	35 177	16 600	18 860	100	49. 8	23. 5	26. 7
1999	71 394	35 768	16 421	19 205	100	50. 1	23. 0	26. 9
2000	72 085	36 043	16 219	19 823	100	50. 0	22. 5	27. 5
2001	72 797	36 399	16 234	20 165	100	50. 0	22. 3	27. 7
2002	73 280	36 640	15 682	20 958	100	50. 0	21. 4	28. 6
2003	73 736	36 204	15 927	21 605	100	49. 1	21. 6	29. 3
2004	74 264	34 830	16 709	22 725	100	46. 9	22. 5	30. 6
2005	74 647	33 442	17 766	23 439	100	44. 8	23. 8	31. 4
2006	74 978	31 941	18 894	24 143	100	42. 6	25. 2	32. 2
2007	75 321	30 731	20 186	24 404	100	40. 8	26. 8	32. 4
2008	75 564	29 923	20 553	25 087	100	39. 6	27. 2	33. 2
2009	75 828	28 890	21 080	25 857	100	38. 1	27. 8	34. 1
2010	76 105	27 931	21 842	26 332	100	36. 7	28. 7	34. 6
2011	76 196	26 472	22 539	27 185	100	34. 7	29. 6	35. 7
2012	76 254	25 535	23 226	27 493	100	33. 5	30. 4	36. 1
2013	76 301	23 838	23 142	29 321	100	31. 3	30. 3	38. 4
2014	76 349	22 372	23 057	30 920	100	29. 3	30. 2	40. 5
2015	76 320	21 418	22 644	32 258	100	28. 0	29. 7	42. 3
2016	76 245	20 908	22 295	33 042	100	27. 4	29. 3	43. 3
2017	76 058	20 295	21 762	34 001	100	26. 7	28. 6	44. 7
2018	75 782	19 515	21 356	34 911	100	25. 7	28. 2	46. 1
2019	75 447	18 652	21 234	35 561	100	24. 7	28. 2	47. 1
2020	75 064	17 715	21 543	35 806	100	23. 6	28. 7	47. 7

表 1-4　　分登记注册类型城镇单位就业人员构成　　单位：万人

年份	合计	国有单位	集体单位	股份合作单位
1998	21 616	9 058	1 963	136
1999	22 412	8 572	1 712	144
2000	23 151	8 102	1 499	155
2001	24 123	7 640	1 291	153
2002	25 159	7 163	1 122	161
2003	26 230	6 876	1 000	173
2004	27 293	6 710	897	192
2005	28 389	6 488	810	188
2006	29 630	6 430	764	178
2007	30 953	6 424	718	170
2008	32 103	6 447	662	164
2009	33 322	6 420	618	160
2010	34 687	6 516	597	156
2011	35 914	6 704	603	149
2012	37 102	6 839	590	149
2013	38 240	6 365	566	108
2014	39 310	6 312	537	103
2015	40 410	6 208	481	92
2016	41 428	6 170	453	86
2017	42 462	6 064	406	77
2018	43 419	5 740	347	66
2019	44 247	5 473	296	60
2020	46 271	5 563	271	69

年份	联营单位	有限责任公司	股份有限公司	港澳台商投资单位
1998	48	484	410	294
1999	46	603	420	306
2000	42	687	457	310
2001	45	841	483	326
2002	45	1 083	538	367
2003	44	1 261	592	409
2004	44	1 436	625	470
2005	45	1 750	699	557
2006	45	1 920	741	611
2007	43	2 075	788	680
2008	43	2 194	840	679
2009	37	2 433	956	721
2010	36	2 613	1 024	770

续表

年份	联营单位	有限责任公司	股份有限公司	港澳台商投资单位
2011	37	3 269	1 183	932
2012	39	3 787	1 243	969
2013	25	6 069	1 721	1 397
2014	22	6 315	1 751	1 393
2015	20	6 389	1 798	1 344
2016	18	6 381	1 824	1 305
2017	13	6 367	1 846	1 290
2018	12	6 570	1 875	1 153
2019	12	6 608	1 879	1 157
2020	25	6 542	1 837	1 159

年份	外商投资单位	私营个体及其他		
		私营企业	个体	其他
1998	293	973	2 259	5 689
1999	306	1 053	2 414	6 817
2000	332	1 268	2 136	8 134
2001	345	1 527	2 131	9 299
2002	391	1 999	2 269	9 907
2003	454	2 545	2 377	10 338
2004	563	2 994	2 521	10 680
2005	688	3 458	2 778	10 749
2006	796	3 954	3 012	10 950
2007	903	4 581	3 310	11 038
2008	943	5 124	3 609	11 177
2009	978	5 544	4 245	10 960
2010	1 053	6 071	4 467	11 097
2011	1 217	6 912	5 227	9 362
2012	1 246	7 557	5 643	8 666
2013	1 566	8 242	6 142	5 747
2014	1 562	9 857	7 009	4 167
2015	1 446	11 180	7 800	3 368
2016	1 361	12 083	8 627	2 830
2017	1 291	13 327	9 348	2 143
2018	1 212	13 952	10 440	1 754
2019	1 203	14 567	11 692	827
2020	1 216	29 232		

注：自 2020 年起国家市场监督管理总局不再单独统计私营个体就业人员数据。

表 1-5　分登记注册类型城镇单位就业人员年末人数　单位：万人

年份	合计	在岗职工	国有单位	在岗职工
1998	12 696	12 337	9 058	8 809
1999	12 130	11 773	8 572	8 336
2000	11 612	11 259	8 102	7 878
2001	11 166	10 792	7 640	7 409
2002	10 985	10 558	7 163	6 924
2003	10 970	10 492	6 876	6 621
2004	11 099	10 576	6 710	6 438
2005	11 404	10 850	6 488	6 232
2006	11 713	11 160	6 430	6 170
2007	12 024	11 427	6 424	6 148
2008	12 193	11 515	6 447	6 126
2009	12 573	11 824	6 420	6 078
2010	13 052	12 251	6 516	6 145
2011	14 413	13 681	6 704	6 362
2012	15 236	14 403	6 839	6 467
2013	18 108	17 057	6 365	6 012
2014	18 278	17 212	6 312	5 956
2015	18 062	16 977	6 208	5 856
2016	17 888	16 768	6 170	5 811
2017	17 644	16 508	6 064	5 708
2018	17 258	16 070	5 740	5 389
2019	17 162	15 938	5 473	5 146
2020	17 039	15 887	5 563	5 282

年份	城镇集体单位	在岗职工	其他单位	在岗职工
1998	1 963	1 900	1 675	1 628
1999	1 712	1 652	1 846	1 785
2000	1 499	1 447	2 011	1 935
2001	1 291	1 241	2 235	2 142
2002	1 122	1 071	2 700	2 563
2003	1 000	951	3 094	2 920
2004	897	851	3 492	3 287
2005	810	769	4 106	3 849
2006	764	726	4 519	4 264
2007	718	684	4 882	4 595
2008	662	623	5 084	4 766
2009	618	578	5 535	5 168
2010	597	558	5 938	5 548
2011	603	562	7 106	6 757
2012	590	549	7 808	7 387
2013	566	522	11 177	10 523
2014	537	494	11 429	10 762
2015	481	444	11 373	10 677
2016	453	418	11 265	10 539
2017	406	374	11 174	10 426
2018	347	318	11 171	10 363
2019	296	270	11 393	10 522
2020	271	250	11 205	10 355

注：本表 2010 年及以后在岗职工人数包含单位使用的劳务派遣人员数。

表 1-6　　分行业城镇单位在岗职工年末人数（1995—2002 年）　　单位：万人

年份	合计	农、林、牧、渔业	采掘业	制造业	电力、煤气及水的生产和供应业	建筑业	地质勘查业、水利管理业	交通运输、仓储及邮电通信业
1995	14 908	660	914	5 439	257	1 053	134	824
1996	14 845	617	886	5 293	272	1 035	128	830
1997	14 668	612	851	5 083	282	1 004	128	824
1998	12 337	546	702	3 769	281	846	115	701
1999	11 773	519	650	3 496	283	778	110	682
2000	11 259	494	581	3 240	282	744	109	659
2001	10 792	458	544	3 010	284	733	104	629
2002	10 558	430	537	2 907	285	756	96	613

年份	批发和零售贸易、餐饮业	金融、保险业	房地产业	社会服务业	卫生、体育和社会福利业	教育、文化艺术和广播电影电视业	科学研究和综合技术服务业	国家机关、政党机关和社会团体	其他
1995	1 828	273	77	449	438	1 291	178	1 027	66
1996	1 807	288	82	458	451	1 345	176	1 075	103
1997	1 774	298	84	480	464	1 403	179	1 080	125
1998	1 256	301	89	451	469	1 451	168	1 084	108
1999	1 110	300	90	453	473	1 480	165	1 088	96
2000	977	294	93	457	476	1 500	164	1 091	99
2001	840	292	97	463	481	1 512	154	1 088	104
2002	733	287	107	483	480	1 517	151	1 056	120

表 1-7　　分行业城镇单位在岗职工年末人数（2003—2011 年）　　单位：万人

年份	合计	农、林、牧、渔业	采矿业	制造业	电力、燃气及水的生产和供应业	建筑业	交通运输、仓储和邮政业	信息传输、计算机服务和软件业	批发和零售业	住宿和餐饮业
2003	10 492	460	481	2 899	292	774	610	104	592	159
2004	10 576	438	491	2 960	294	778	598	111	551	163
2005	10 850	414	498	3 096	294	854	579	117	508	167
2006	11 161	402	518	3 250	296	910	579	125	486	170
2007	11 427	386	524	3 358	298	962	584	137	479	172
2008	11 515	362	526	3 329	297	971	583	144	487	178
2009	11 824	328	539	3 380	297	1 050	589	158	493	185
2010	12 251	328	546	3 519	299	1 133	582	168	506	191
2011	13 681	311	600	4 022	324	1 519	642	208	622	228

年份	金融业	房地产业	租赁和商务服务业	科学研究、技术服务和地质勘查业	水利、环境和公共设施管理业	居民服务和其他服务业	教育	卫生、社会保障和社会福利业	文化、体育和娱乐业	公共管理和社会组织
2003	286	108	168	206	164	47	1 402	472	122	1 146
2004	287	120	176	208	165	47	1 425	477	118	1 170
2005	295	133	199	213	170	47	1 445	491	117	1 213
2006	300	140	215	220	176	50	1 466	506	117	1 235
2007	311	151	223	228	181	51	1 484	522	119	1 260
2008	326	157	247	240	179	50	1 491	536	119	1 292
2009	347	175	263	255	184	55	1 502	564	122	1 337
2010	370	195	281	273	193	56	1 527	595	124	1 365
2011	417	233	273	282	203	57	1 563	644	128	1 406

表 1-8　　分行业城镇单位在岗职工年末人数（2012—2020 年）　　单位：万人

年份	合计	农、林、牧、渔业	采矿业	制造业	电力、热力、燃气及水生产和供应业	建筑业	批发和零售业	交通运输、仓储和邮政业	住宿和餐饮业	信息传输、软件和信息技术服务业
2012	14 403	291	618	4 192	334	1 739	683	648	246	218
2013	17 057	256	622	5 166	389	2 513	854	816	282	319
2014	17 212	252	583	5 152	389	2 518	850	830	268	327
2015	16 977	240	534	4 980	382	2 416	843	823	256	340
2016	16 768	230	477	4 805	377	2 354	834	819	250	355
2017	16 508	219	443	4 553	367	2 284	805	812	240	385
2018	16 070	159	404	4 104	358	2 338	783	792	234	412
2019	15 938	118	359	3 765	363	1 952	794	791	228	437
2020	15 887	77	344	3 743	371	1 875	759	792	223	473

年份	金融业	房地产业	租赁和商务服务业	科学研究和技术服务业	水利、环境和公共设施管理业	居民服务、修理和其他服务业	教育	卫生和社会工作	文化、体育和娱乐业	公共管理、社会保障和社会组织
2012	441	258	278	313	213	59	131	1 594	1 467	681
2013	447	352	399	368	226	69	138	1 623	1 491	727
2014	467	379	426	386	232	72	137	1 657	1 518	765
2015	478	394	450	389	233	70	140	1 665	1 550	794
2016	498	407	463	398	229	71	142	1 657	1 584	819
2017	501	419	495	400	230	73	143	1 656	1 632	850
2018	494	441	492	391	224	72	1 658	865	137	1 713
2019	539	486	618	414	212	81	1 822	955	142	1 864
2020	526	502	601	413	218	78	1 874	1 002	142	1 874

表 1-9　　分登记注册类型城镇单位在岗职工平均工资及增长情况　　单位：元

年份	平均工资				比上年增长（%）
	合计	国有单位	城镇集体单位	其他单位	
1998	7 479	7 668	5 331	8 972	15.6
1999	8 346	8 543	5 774	9 829	11.6
2000	9 371	9 552	6 262	10 984	12.3
2001	10 870	11 178	6 867	12 140	16.0
2002	12 422	12 869	7 667	13 212	14.3
2003	14 040	14 577	8 678	14 574	13.0
2004	16 024	16 729	9 814	16 259	14.1
2005	18 364	19 313	11 283	18 244	14.6
2006	21 001	22 112	13 014	20 755	14.4
2007	24 932	26 620	15 595	24 058	18.7
2008	29 229	31 005	18 338	28 387	17.2
2009	32 736	35 053	20 958	31 319	12.0
2010	37 147	39 471	24 430	35 843	13.5
2011	42 452	44 695	29 261	41 449	14.3
2012	47 593	49 750	34 431	46 682	12.1
2013	52 388	54 225	39 669	51 972	10.1
2014	57 361	58 992	43 631	57 092	9.5
2015	63 241	67 415	47 638	61 611	10.3
2016	68 993	74 990	51 708	66 371	9.1
2017	76 121	84 043	56 762	72 459	10.3
2018	84 744	92 988	62 501	81 139	11.3
2019	93 383	102 709	64 499	89 570	10.2
2020	100 512	111 587	70 439	95 568	7.6

表 1-10　　城镇非私营单位在岗职工平均工资　　单位：元

年份	合计	企业				政府					
						事业	机关	事业	机关	事业	机关
		小计	国有	集体	其他	小计		国有		集体	
1998	7 479	7 405	7 644	5 264	8 970	7 620	7 740	7 689	7 746	6 206	6 675
1999	8 346	8 168	8 350	5 670	9 828	8 665	8 925	8 748	8 930	6 970	7 827
2000	9 371	9 189	9 324	6 144	10 985	9 634	10 020	9 749	10 025	7 388	8 718
2001	10 870	10 453	10 619	6 667	12 136	11 491	12 125	11 640	12 136	8 518	8 960
2002	12 422	11 873	12 109	7 426	13 206	13 246	14 005	13 438	14 020	9 399	9 302
2003	14 040	13 578	14 028	8 401	14 575	14 564	15 736	14 770	15 757	10 448	9 742
2004	16 024	15 559	16 336	9 513	16 255	16 489	17 869	16 690	17 887	11 773	12 101
2005	18 364	17 853	19 069	10 909	18 242	18 720	20 828	18 926	20 840	13 602	15 365
2006	21 001	20 555	22 246	12 547	20 756	21 259	23 360	21 466	23 370	15 887	17 897
2007	24 932	24 046	26 284	14 882	24 053	25 805	28 763	26 029	28 773	19 828	21 803
2008	29 229	28 359	30 780	17 616	28 388	29 758	33 869	30 004	33 878	22 682	25 298
2009	32 736	31 622	34 778	20 041	31 362	34 053	37 397	34 276	37 410	26 900	30 394
2010	37 147	36 256	39 938	23 338	35 891	38 411	40 512	38 626	40 561	31 260	31 338
2011	42 452	42 020	46 288	28 115	41 550	43 254	44 303	43 522	44 388	36 378	39 612
2012	47 593	47 284	51 698	33 274	46 780	48 426	48 513	48 683	48 608	41 400	39 608
2013	52 388	52 270	56 962	38 322	52 032	53 291	51 894	53 463	51 905	47 439	41 020
2014	57 361	57 359	62 236	42 036	57 164	58 125	55 939	58 304	55 962	52 246	41 702
2015	63 241	61 904	67 303	45 857	61 655	67 828	65 829	68 197	65 853	56 629	49 879
2016	68 993	66 580	71 533	49 100	66 437	76 216	75 124	76 655	75 172	63 818	52 920
2017	76 121	72 703	78 275	53 267	72 525	85 450	85 304	86 016	85 358	70 894	59 609
2018	84 744	81 065	85 237	57 188	81 209	94 688	94 259	95 019	94 329	81 606	67 804
2019	93 383	89 505	91 670	53 667	90 032	105 845	101 554	106 148	101 608	98 185	84 178
2020	100 512	95 840	102 066	56 481	96 060	113 196		113 227		106 620	

续表

年份	政府		民间非营利组织				其他			
	事业	机关								
	其他		小计	国有	集体	其他	小计	国有	集体	其他
1998	10 858									
1999	10 913									
2000	10 560									
2001	14 628									
2002	15 568									
2003	15 147									
2004	17 335									
2005	18 621									
2006	20 668									
2007	25 048									
2008	28 205									
2009	31 924	26 434	29 529	49 985	24 868	26 439	24 249	38 003	16 991	21 532
2010	36 661	26 214	33 750	54 207	27 953	30 867	26 264	37 897	18 222	24 708
2011	37 218	30 197	37 015	57 700	29 235	34 741	30 663	42 019	24 550	28 505
2012	43 097	29 971	42 887	67 214	39 755	40 635	35 421	46 635	29 206	33 225
2013	51 914	47 424	46 849	67 401	43 004	44 792	44 167	58 328	35 120	38 828
2014	56 344	42 494	49 530	69 474	45 816	47 834	53 341	72 950	39 144	43 661
2015	60 720	50 654	53 477	60 775	53 823	52 414	58 923	64 220	43 570	57 340
2016	66 278	48 145	57 995	66 405	60 678	56 662	63 333	76 424	52 067	56 227
2017	69 895	53 159	71 802	101 446	59 121	70 038	69 569	86 467	52 717	59 385
2018	92 998	68 532	70 270	105 366	67 247	66 193	75 671	98 450	57 901	62 833
2019	102 744	94 519	58 917	77 024	58 231	57 647	86 761	117 646	50 805	65 863
2020	119 182		60 713	71 729	56 553	59 419	98 790	120 520	61 427	78 993

注：从 2009 年起新增列民间非营利组织和其他两个分类，以前年度民间非营利组织和其他单位按照登记注册情况并入了机关、事业和企业单位。自 2020 年起，机关和事业合并为政府。

表 1-11　　分行业城镇单位在岗职工平均工资（1995—2002 年）　　单位：元

年份	合计	农、林、牧、渔业	采掘业	制造业	电力、煤气及水的生产和供应业	建筑业	地质勘查业、水利管理业	交通运输、仓储及邮电通信业
1995	5 500	3 522	5 757	5 169	7 843	5 785	5 962	6 948
1996	6 210	4 050	6 482	5 642	8 816	6 249	6 581	7 870
1997	6 470	4 311	6 833	5 933	9 649	6 655	7 160	8 600
1998	7 479	4 528	7 242	7 064	10 478	7 456	7 951	9 808
1999	8 346	4 832	7 521	7 794	11 513	7 982	8 821	10 991
2000	9 371	5 184	8 340	8 750	12 830	8 735	9 622	12 319
2001	10 870	5 741	9 586	9 774	14 590	9 484	10 957	14 167
2002	12 422	6 398	11 017	11 001	16 440	10 279	12 303	16 044

年份	批发和零售贸易、餐饮业	金融、保险业	房地产业	社会服务业	卫生、体育和社会福利业	教育、文化艺术和广播电影电视业	科学研究和综合技术服务业	国家机关、政党机关和社会团体	其他
1995	4 248	7 376	7 330	5 982	5 860	5 435	6 846	5 526	6 295
1996	4 661	8 406	8 337	6 778	6 790	6 144	8 048	6 340	7 184
1997	4 845	9 734	9 190	7 553	7 599	6 759	9 049	6 981	6 838
1998	5 865	10 633	10 302	8 333	8 493	7 474	10 241	7 773	8 481
1999	6 417	12 046	11 505	9 263	9 664	8 510	11 601	8 978	10 068
2000	7 190	13 478	12 616	10 339	10 930	9 482	13 620	10 043	11 098
2001	8 192	16 277	14 096	11 869	12 933	11 452	16 437	12 142	12 590
2002	9 398	19 135	15 501	13 499	14 795	13 290	19 113	13 975	14 215

注：本表和表 1-12、表 1-13 为城镇非私营单位在岗职工平均工资。

表 1-12　分行业城镇单位在岗职工平均工资（2003—2011 年）　单位：元

年份	合计	农、林、牧、渔业	采矿业	制造业	电力、燃气及水的生产和供应业	建筑业	交通运输、仓储和邮政业	信息传输、计算机服务和软件业	批发和零售业	住宿和餐饮业
2003	14 040	6 969	13 682	12 496	18 752	11 478	15 973	32 244	10 939	11 083
2004	16 024	7 611	16 874	14 033	21 805	12 770	18 381	34 988	12 923	12 535
2005	18 364	8 309	20 626	15 757	25 073	14 338	21 352	40 558	15 241	13 857
2006	21 001	9 430	24 335	17 966	28 765	16 406	24 623	44 763	17 736	15 206
2007	24 932	11 086	28 377	20 884	33 809	18 758	28 434	49 225	20 888	17 041
2008	29 229	12 958	34 405	24 192	39 204	21 527	32 796	56 642	25 538	19 481
2009	32 736	14 911	38 224	26 599	42 668	24 625	36 224	59 919	29 031	21 193
2010	37 147	17 345	44 496	30 700	48 323	28 127	41 536	66 598	33 520	23 812
2011	42 452	20 393	52 569	36 494	53 723	32 657	47 646	70 619	40 295	27 847

年份	金融业	房地产业	租赁和商务服务业	科学研究、技术服务和地质勘查业	水利、环境和公共设施管理业	居民服务和其他服务业	教育	卫生、社会保障和社会福利业	文化、体育和娱乐业	公共管理和社会组织
2003	22 457	17 182	16 501	20 636	12 095	12 900	14 399	16 352	17 268	15 533
2004	26 982	18 712	18 131	23 593	13 336	14 152	16 277	18 617	20 730	17 609
2005	32 228	20 581	20 992	27 434	14 753	16 642	18 470	21 048	22 885	20 505
2006	39 280	22 578	23 648	31 909	16 140	18 935	21 134	23 898	26 126	22 883
2007	49 435	26 425	26 965	38 879	19 064	21 550	26 162	28 258	30 662	28 171
2008	61 841	30 327	31 735	46 003	22 182	23 801	30 185	32 714	34 494	32 955
2009	70 265	32 591	34 318	50 866	24 551	25 704	35 042	36 380	38 319	36 268
2010	80 772	36 392	38 502	57 316	27 229	28 665	39 624	41 132	42 245	39 329
2011	91 364	43 345	45 900	65 238	30 750	33 713	43 907	47 258	48 711	43 214

表 1-13　分行业城镇单位在岗职工平均工资（2012—2020 年）　单位：元

年份	合计	农、林、牧、渔业	采矿业	制造业	电力、热力、燃气及水生产和供应业	建筑业	批发和零售业	交通运输、仓储和邮政业	住宿和餐饮业	信息传输、软件业和信息技术服务业
2012	47 593	23 419	57 471	41 483	59 215	37 284	46 165	53 923	31 898	80 402
2013	52 388	26 557	60 787	46 290	68 552	42 839	50 264	58 869	34 990	91 404
2014	57 361	29 058	62 172	51 225	74 893	46 661	55 870	64 376	38 232	101 434
2015	63 241	32 971	59 920	55 192	80 528	49 767	60 449	69 772	41 773	112 935
2016	68 993	34 746	61 229	59 346	85 260	52 805	65 381	74 638	44 306	123 447
2017	76 121	38 139	70 300	64 402	91 749	56 384	71 640	81 332	47 456	134 278
2018	84 744	38 392	82 371	72 081	101 869	61 498	81 204	89 568	51 751	149 440
2019	93 383	40 877	92 300	78 114	109 480	66 794	89 649	98 131	54 664	164 621
2020	100 512	50 900	97 875	82 784	118 341	71 390	96 862	101 684	53 057	180 062

年份	金融业	房地产业	租赁和商务服务业	科学研究和技术服务业	水利、环境和公共设施管理业	居民服务、修理和其他服务业	教育	卫生和社会工作	文化、体育和娱乐业	公共管理、社会保障和社会组织
2012	100 690	47 327	52 315	70 441	34 584	35 586	48 566	53 753	54 414	47 471
2013	112 330	51 887	62 260	77 921	38 595	38 888	52 882	59 371	60 486	50 723
2014	122 049	56 543	66 421	83 671	42 001	42 266	57 709	64 804	65 646	54 745
2015	132 788	61 381	71 410	90 786	47 046	45 524	68 090	73 444	74 301	64 431
2016	140 421	66 736	76 123	98 153	51 950	48 206	76 242	82 031	81 187	73 403
2017	150 426	70 608	80 925	109 595	56 698	51 464	85 472	91 838	88 974	83 321
2018	162 897	76 841	85 682	125 740	61 212	56 781	94 819	100 583	99 635	91 363
2019	176 083	81 750	88 830	135 604	66 340	61 435	100 343	111 564	108 542	98 500
2020	189 694	85 413	94 241	141 935	68 425	61 816	109 209	118 104	112 909	108 053

表 1-14　　分地区城镇单位就业人员在岗职工平均工资

（2020 年）　　单位：元

地区	合计	企业	政府	民间非营利组织	其他
全国	**100 512**	**95 840**	**113 196**	**60 713**	**98 790**
北京	185 026	179 988	213 611	96 903	163 325
天津	118 918	111 124	152 017	65 869	60 425
河北	79 964	78 805	82 025	50 014	83 698
山西	77 364	78 755	76 272	40 140	51 367
内蒙古	87 916	90 105	85 510	79 856	75 284
辽宁	82 223	79 447	89 173	41 304	83 380
吉林	81 050	81 294	81 857	47 830	67 607
黑龙江	78 972	78 134	80 893	48 334	57 914
上海	174 678	174 450	206 493	76 390	148 515
江苏	106 034	94 499	155 955	68 428	143 569
浙江	111 722	96 417	168 815	75 397	131 933
安徽	89 381	79 468	113 873	58 374	99 782
福建	91 072	81 752	121 090	62 291	95 200
江西	80 503	71 696	98 082	51 581	99 244
山东	90 661	82 733	109 542	55 929	100 880
河南	71 351	66 840	81 347	51 026	78 600
湖北	87 782	81 974	101 610	52 162	112 995
湖南	82 356	77 287	91 377	49 811	60 319
广东	110 324	100 231	158 436	63 804	98 225
广西	86 111	80 290	94 562	41 767	77 924
海南	89 642	82 398	105 498	53 595	51 448
重庆	98 380	87 535	124 551	69 169	141 410
四川	91 928	83 497	109 634	54 656	94 162
贵州	94 276	89 738	99 758	69 487	109 244
云南	98 287	85 268	113 705	53 362	101 659
西藏	126 226	99 288	147 170	120 499	131 849
陕西	87 054	88 947	85 899	49 070	93 491
甘肃	83 392	76 549	91 923	44 004	78 473
青海	104 157	93 744	116 381	52 325	76 549
宁夏	101 827	96 571	109 654	49 910	107 622
新疆	88 782	91 252	87 128	44 312	62 868

注：本表为城镇非私营单位在岗职工平均工资。

表 1-15　居民消费价格指数和商品零售价格指数

（以上年为 100）

年份	全国居民消费价格指数	城市	商品零售价格指数	城市
1998	99.2	99.4	97.4	97.4
1999	98.6	98.7	97.0	97.0
2000	100.4	100.8	98.5	98.5
2001	100.7	100.7	99.2	98.9
2002	99.2	99.0	98.7	98.5
2003	101.2	100.9	99.9	99.6
2004	103.9	103.3	102.8	102.1
2005	101.8	101.6	100.8	100.5
2006	101.5	101.5	101.0	100.9
2007	104.8	104.5	103.8	103.3
2008	105.9	105.6	105.9	105.5
2009	99.3	99.1	98.8	98.7
2010	103.3	103.2	103.1	102.8
2011	105.4	105.3	104.9	104.7
2012	102.6	102.7	102.0	101.9
2013	102.6	102.6	101.4	101.3
2014	102.0	102.1	101.0	101.0
2015	101.4	101.5	100.1	100.0
2016	102.0	102.1	100.7	100.7
2017	101.6	101.7	101.1	101.1
2018	102.1	102.1	101.9	101.9
2019	102.9	102.8	102.0	101.9
2020	102.5	102.3	101.4	101.3

表 1-16　　城乡居民收入及增长情况　　单位：元

年份	城镇居民人均可支配收入	农村居民人均纯收入	扣除物价因素比上年实际增长（%）	
			城镇居民人均可支配收入	农村居民人均纯收入
1998	5 425	—	5.8	—
1999	5 854	—	9.3	—
2000	6 280	—	6.4	—
2001	6 860	—	8.2	—
2002	7 703	—	13.4	—
2003	8 472	—	9.0	—
2004	9 422	—	7.7	—
2005	10 493	—	9.6	—
2006	11 760	—	10.4	—
2007	13 786	—	12.2	—
2008	15 781	—	8.4	—
2009	17 175	—	9.8	—
2010	19 109	—	7.8	—
2011	21 810	—	8.4	—
2012	24 565	—	9.6	—
2013	26 467	9 430	7.0	—
2014	28 844	10 489	6.8	9.2
2015	31 195	11 422	6.6	7.5
2016	33 616	12 363	5.6	6.2
2017	36 396	13 432	6.5	7.3
2018	39 251	14 617	5.6	6.6
2019	42 359	16 021	5.0	6.2
2020	43 834	17 131	1.2	3.8

注：从 2013 年起，国家统计局开展了城乡一体化住户收支与生活状况调查，2013 年及以后年份的数据来源于此调查，与 2013 年前的分城镇和农村住户调查的调查范围、调查方法、指标口径有所不同。

（二）就业与失业

表 2-1　　分地区城镇非私营单位就业人员年末人数

（2020 年）　　单位：万人

地区	合计	企业	政府	民间非营利组织	其他
全国	**17 039.1**	**11 880.6**	**4 919.0**	**221.4**	**18.1**
北京	739.9	601.9	128.4	9.6	0.1
天津	255.3	203.7	49.4	2.1	0.1
河北	561.2	324.5	232.4	4.1	0.3
山西	442.6	286.8	149.2	6.4	0.2
内蒙古	270.6	146.3	122.3	1.8	0.2
辽宁	476.8	316.0	155.0	5.1	0.7
吉林	257.8	155.4	98.4	3.5	0.5
黑龙江	316.4	192.2	121.5	2.6	0.1
上海	645.6	546.3	75.0	24.0	0.3
江苏	1 342.5	1 078.1	250.0	12.7	1.6
浙江	1 025.8	793.2	216.9	15.4	0.4
安徽	565.6	403.3	155.8	6.1	0.5
福建	605.9	460.9	139.8	4.8	0.3
江西	451.5	300.4	146.7	3.5	0.9
山东	1 098.3	756.6	327.3	13.7	0.7
河南	964.9	644.4	306.8	11.9	1.8
湖北	631.2	427.5	193.8	9.2	0.8
湖南	604.9	371.0	224.7	8.8	0.5
广东	2 085.3	1 676.9	372.8	32.0	3.6
广西	410.4	226.4	178.2	5.7	0.1
海南	108.5	69.5	36.4	2.5	0.1
重庆	370.8	267.2	102.1	1.0	0.5
四川	861.8	568.5	281.4	10.9	1.0
贵州	335.3	175.9	157.1	2.0	0.2
云南	358.2	181.7	169.8	6.0	0.6
西藏	41.7	18.2	23.3	0.1	0.04
陕西	489.6	319.6	158.5	10.6	0.9
甘肃	262.2	143.0	116.7	2.2	0.2
青海	66.4	34.6	31.4	0.4	0.0
宁夏	69.1	38.8	29.8	0.4	0.1
新疆	323.0	151.9	168.1	2.3	0.7

表 2-2　分地区城镇非私营单位在岗职工年末人数

（2020 年）

单位：万人

地区	合计	企业	政府	民间非营利组织	其他
全国	**15 887.2**	**10 980.7**	**4 679.9**	**209.2**	**17.3**
北京	687.4	556.1	123.2	7.9	0.1
天津	235.8	186.3	47.5	1.9	0.1
河北	525.1	297.6	223.3	3.9	0.3
山西	416.7	266.6	143.9	6.0	0.2
内蒙古	256.5	136.4	118.1	1.7	0.2
辽宁	446.7	294.2	146.9	4.9	0.7
吉林	238.0	141.6	92.7	3.2	0.4
黑龙江	285.9	169.4	113.9	2.5	0.06
上海	604.5	510.3	72.3	21.7	0.3
江苏	1 263.5	1 013.7	236.2	12.0	1.5
浙江	966.4	745.2	206.2	14.7	0.4
安徽	508.8	353.9	148.6	5.9	0.4
福建	550.1	414.2	131.0	4.6	0.3
江西	412.3	268.7	139.3	3.4	0.8
山东	1 027.8	697.0	317.1	13.1	0.7
河南	921.9	611.7	296.9	11.6	1.8
湖北	587.8	394.8	183.5	8.8	0.8
湖南	554.2	330.4	214.9	8.5	0.5
广东	1 988.9	1 591.1	363.2	31.2	3.4
广西	379.4	204.9	168.9	5.4	0.1
海南	100.9	63.8	34.6	2.5	0.1
重庆	336.5	237.3	97.7	0.9	0.5
四川	799.2	521.1	266.8	10.3	1.0
贵州	303.4	161.2	140.2	1.8	0.2
云南	327.3	165.8	155.5	5.5	0.6
西藏	38.8	17.0	21.7	0.1	0.04
陕西	451.0	290.3	149.6	10.2	0.8
甘肃	238.6	126.1	110.2	2.1	0.2
青海	63.6	33.2	30.0	0.4	0.0
宁夏	64.9	36.9	27.5	0.4	0.1
新疆	305.4	144.2	158.4	2.2	0.7

表 2-3　　历年全国城镇登记失业人数及登记失业率

年份	城镇登记失业人数（万人）	城镇登记失业率（%）
1997	577	3. 1
1998	571	3. 1
1999	575	3. 1
2000	595	3. 1
2001	681	3. 6
2002	770	4. 0
2003	800	4. 3
2004	827	4. 2
2005	839	4. 2
2006	847	4. 1
2007	830	4. 0
2008	886	4. 2
2009	921	4. 3
2010	908	4. 1
2011	922	4. 1
2012	917	4. 1
2013	926	4. 1
2014	952	4. 1
2015	966	4. 1
2016	982	4. 0
2017	972	3. 9
2018	974	3. 8
2019	945	3. 6
2020	1 160	4. 2

表 2-4　　分地区城镇登记失业人数及登记失业率

（2020 年）

地区	城镇登记失业人数（万人）	城镇登记失业率（%）
北京	29.0	2.6
天津	27.0	3.6
河北	38.5	3.5
山西	27.7	3.1
内蒙古	30.0	3.8
辽宁	50.7	4.6
吉林	20.6	3.4
黑龙江	31.0	3.4
上海	19.7	3.7
江苏	36.7	3.2
浙江	42.1	2.8
安徽	30.0	2.8
福建	35.7	3.8
江西	29.9	3.2
山东	46.7	3.1
河南	62.2	3.2
湖北	55.3	3.4
湖南	31.4	2.7
广东	73.9	2.5
广西	22.9	2.8
海南	7.9	2.8
重庆	29.6	4.5
四川	54.4	3.6
贵州	19.5	3.8
云南	31.9	3.9
西藏	2.1	2.9
陕西	24.5	3.6
甘肃	12.2	3.3
青海	3.1	2.1
宁夏	5.6	3.9
新疆	9.4	2.4
新疆兵团	4.0	2.7

表 2-5　　分地区城镇登记失业基本情况

（2020 年）　　单位：万人

地区	上年末结转登记失业人数	本年新登记的失业人数			本年失业人员就业人数
			女性	就业转失业人数	
北京	7.4	34.2	14.1	24.7	18.0
天津	26.1	5.8	1.8	4.0	6.3
河北	36.0	35.2	14.4	11.1	33.4
山西	21.3	18.8	8.0	4.9	12.2
内蒙古	28.1	30.1	13.7	8.6	22.1
辽宁	45.6	74.0	30.7	46.1	58.8
吉林	23.9	25.6	12.4	7.8	17.4
黑龙江	34.2	22.9	9.8	7.6	22.4
上海	19.3	21.1	9.2	9.9	16.8
江苏	35.1	128.5	61.2	89.1	125.6
浙江	34.4	62.6	23.3	29.3	38.6
安徽	26.7	29.7	14.3	8.4	26.0
福建	16.8	37.9	20.0	24.2	17.6
江西	27.5	18.4	9.1	3.5	14.9
山东	44.2	66.3	31.8	38.6	61.4
河南	49.4	23.9	12.4	12.1	13.9
湖北	37.6	73.8	34.1	19.7	39.5
湖南	31.1	39.5	20.8	8.0	35.5
广东	36.9	173.8	73.8	70.8	100.9
广西	19.7	19.5	10.8	6.3	13.2
海南	5.6	4.7	2.1	2.9	2.2
重庆	17.5	45.4	25.2	14.8	23.1
四川	50.6	38.0	18.5	13.7	29.4
贵州	15.3	20.4	8.6	5.1	16.2
云南	22.9	68.9	30.4	18.7	57.9
西藏	2.2	1.2	0.4	0.04	1.3
陕西	23.8	14.2	6.4	1.3	12.5
甘肃	10.6	25.9	13.1	13.4	21.8
青海	3.1	7.4	3.9	2.7	6.4
宁夏	5.0	9.1	4.6	4.3	8.6
新疆	8.4	29.9	14.6	3.9	28.5
新疆兵团	3.7	5.5	3.1	2.7	5.3

续表

地区	本年末登记失业人数	女性	长期失业者	城镇登记失业率（%）
北京	29.0	8.3	5.0	2.6
天津	27.0	12.3	22.8	3.6
河北	38.5	16.7	1.7	3.5
山西	27.7	8.5	0.7	3.1
内蒙古	30.0	15.7	6.5	3.8
辽宁	50.7	24.1	43.0	4.6
吉林	20.6	10.0	10.1	3.4
黑龙江	31.0	14.4	1.9	3.4
上海	19.7	5.5	3.2	3.7
江苏	36.7	14.5	6.7	3.2
浙江	42.1	19.1	12.3	2.8
安徽	30.0	8.9	1.2	2.8
福建	35.7	18.2	7.1	3.8
江西	29.9	13.7	0.7	3.2
山东	46.7	21.2	11.7	3.1
河南	62.2	30.0	46.7	3.2
湖北	55.3	28.8	36.9	3.4
湖南	31.4	16.1	1.0	2.7
广东	73.9	28.6	4.3	2.5
广西	22.9	12.6	1.2	2.8
海南	7.9	3.8	0.5	2.8
重庆	29.6	15.2	3.8	4.5
四川	54.4	26.0	20.0	3.6
贵州	19.5	8.6	1.6	3.8
云南	31.9	14.3	2.3	3.9
西藏	2.1	1.1	0.02	2.9
陕西	24.5	8.3	2.2	3.6
甘肃	12.2	6.2	8.5	3.3
青海	3.1	1.6	2.1	2.1
宁夏	5.6	2.9	0.04	3.9
新疆	9.4	4.8	0.2	2.4
新疆兵团	4.0	2.9	0.04	2.7

（三）技工教育、职业培训与技能鉴定

表 3-1 **历年技工院校综合情况**

年份	技工院校个数（个）	招生人数（万人）	在校学生人数（万人）	毕业生人数（万人）	在职教职工人数（万人）
一、绝对数					
1998	4 362	59.5	181.3	69.5	29.0
1999	4 098	51.5	156.1	66.2	26.9
2000	3 792	50.4	140.1	64.6	24.0
2001	3 470	55.1	134.7	47.7	22.0
2002	3 075	73.3	153.0	45.4	20.3
2003	2 970	91.6	193.1	45.3	20.2
2004	2 884	109.7	234.4	53.5	20.4
2005	2 855	118.4	275.3	69.0	20.4
2006	2 880	134.8	320.8	86.4	21.5
2007	2 995	158.5	367.1	99.7	24.0
2008	3 075	161.4	397.5	109.0	24.7
2009	3 064	156.4	414.3	115.2	25.8
2010	2 998	158.6	421.0	121.3	26.5
2011	2 914	163.5	429.4	118.9	26.5
2012	2 892	156.8	422.8	120.2	26.7
2013	2 882	133.5	386.6	116.9	26.9
2014	2 818	124.4	339.0	106.8	26.5
2015	2 545	121.4	321.5	94.6	26.0
2016	2 526	127.2	323.2	93.1	26.5
2017	2 490	130.9	338.2	90.5	26.9
2018	2 379	128.5	341.6	90.3	26.7
2019	2 392	143.0	360.3	98.4	27.2
2020	2 423	160.1	395.5	101.4	27.9
二、比上年增长（%）					
1998	-0.8	-19.0	-6.1	-0.7	-6.5
1999	-6.1	-13.3	-13.9	-4.6	-7.1
2000	-7.5	-2.3	-10.2	-2.5	-11.0
2001	-8.5	9.4	-3.8	-26.1	-8.3

续表

年份	技工院校个数（个）	招生人数（万人）	在校学生人数（万人）	毕业生人数（万人）	在职教职工人数（万人）
2002	−11.4	33.0	13.6	−4.9	−7.4
2003	−3.4	24.9	26.2	−0.2	−0.7
2004	−2.9	19.8	21.4	18.1	1.0
2005	−1.0	7.9	17.4	29.0	0.0
2006	0.9	13.9	16.5	25.2	5.4
2007	4.0	17.6	14.4	15.4	11.6
2008	2.7	1.8	8.3	9.3	2.9
2009	−0.4	−3.1	4.2	5.7	4.6
2010	−2.2	1.4	1.6	5.4	2.6
2011	−2.8	3.1	2.0	−2.0	0.0
2012	−0.8	−4.1	−1.5	1.1	0.8
2013	−0.3	−14.8	−8.6	−2.8	0.9
2014	−2.2	−6.8	−12.3	−8.6	−1.6
2015	−9.7	−2.4	−5.2	−11.4	−1.8
2016	−0.7	4.7	0.5	−1.6	1.8
2017	−1.4	2.9	4.7	−2.8	1.3
2018	−3.9	8.4	6.1	8.1	1.2
2019	0.5	11.2	5.5	9.0	1.9
2020	1.3	12.0	9.8	3.0	2.8

年份	文化技术理论课教师（万人）	生产实习指导教师（万人）	兼职教师人数（万人）	培训社会人员人次数（万人次）	培训社会人员结业人数（万人）
一、绝对数					
1998	11.0	3.8	2.7	165.1	
1999	11.2	3.8	2.9	149.1	144.6
2000	10.5	3.5	2.7	158.5	156.7
2001	10.0	3.4	2.6	151.7	163.9
2002	9.5	3.2	2.6	208.6	196.9
2003	9.6	3.4	3.0	226.9	223.7
2004	9.6	3.8	2.9	265.6	257.5
2005	9.7	3.8	3.2	273.3	270.1
2006	10.4	4.2	3.6	337.7	330.2
2007	11.2	5.0	3.8	380.7	369.8
2008	12.2	5.4	4.1	400.0	389.8
2009	12.5	6.0	4.3	484.1	382.9

续表

年份	文化技术理论课教师（万人）	生产实习指导教师（万人）	兼职教师人数（万人）	培训社会人员人次数（万人次）	培训社会人员结业人数（万人）
2010	12.7	6.3	4.4	468.4	371.3
2011	12.9	6.3	4.3	527.5	416.1
2012	13.0	6.6	4.3	551.3	441.6
2013	13.4	6.5	4.1	525.3	397.1
2014	13.2	6.2	4.2	508.5	372.3
2015	13.2	6.0	4.1	476.6	378.9
2016	13.7	6.0	4.3	451.6	349.9
2017	14.0	5.9	4.4	456.4	326.1
2018	14.2	5.6	4.4	420.6	301.6
2019	14.4	5.7	4.4	432.3	308.8
2020	15.3	5.6	4.5	485.8	345.8
二、比上年增长（%）					
1998	-4.6	-4.0	0.8	20.0	
1999	1.9	-0.1	9.5	-9.7	16.5
2000	-6.9	-6.7	-6.3	6.3	8.4
2001	-4.9	-3.7	-4.1	-4.3	4.6
2002	-5.0	-6.8	-2.4	37.6	20.2
2003	1.5	7.3	17.4	37.6	20.2
2004	0.0	11.8	-3.3	17.1	15.1
2005	1.0	0.0	10.3	2.9	4.9
2006	7.2	10.5	12.5	23.6	22.3
2007	7.7	19.0	5.6	12.7	12.0
2008	8.9	8.0	7.9	5.1	5.4
2009	2.8	11.6	5.2	21.0	-1.8
2010	1.2	4.3	1.0	-3.2	-3.0
2011	1.8	-0.4	-1.7	12.6	12.1
2012	0.3	6.1	0.6	4.5	6.1
2013	3.4	-2.1	-5.7	-4.7	-10.1
2014	-1.3	-4.3	2.8	-3.2	-6.2
2015	-0.3	-4.2	-2.5	-6.3	1.8
2016	3.5	0.3	5.7	-5.2	-7.6
2017	2.6	-1.9	2.6	1.1	-6.8
2018	1.2	-4.1	-0.6	-7.9	-7.5
2019	1.3	1.5	-0.02	2.8	2.4
2020	6.6	-2.6	2.9	12.4	12.0

表 3-2　　**分地区技工院校综合情况**

（2020 年）　　单位：人

地区	技工院校个数（个）	职业培训定点培训机构数	在职教职工人数	女性	文化技术理论课教师	高级讲师	讲师	助理讲师
全国	**2 423**	**1 170**	**279 290**	**135 541**	**153 120**	**39 891**	**52 691**	**37 844**
北京	26	9	3 087	1 509	1 256	378	376	256
天津	22	10	2 549	1 282	1 219	400	500	273
河北	195	71	14 446	7 696	8 399	2 764	3 064	1 736
山西	87	44	9 003	4 866	4 330	1 103	1 591	1 040
内蒙古	61	31	7 163	3 926	4 361	1 482	1 652	749
辽宁	102	24	7 416	3 618	4 148	1 225	1 388	633
吉林	63	21	3 542	1 857	1 943	565	661	461
黑龙江	130	56	9 081	4 530	4 912	1 636	1 556	1 026
上海								
江苏	113	65	19 519	9 730	10 347	3 102	3 592	2 140
浙江	83	54	13 452	6 593	8 272	2 490	2 920	1 925
安徽	93	40	10 615	4 879	6 697	2 059	2 138	1 609
福建	62	26	5 118	2 563	2 644	707	596	518
江西	93	37	12 052	5 776	6 841	1 674	2 363	1 538
山东	181	98	29 943	13 885	18 506	4 891	7 143	4 701
河南	95	67	12 925	6 140	6 842	1 568	2 342	2 422
湖北	105	74	8 862	4 041	5 091	1 377	1 805	1 272
湖南	147	44	9 942	4 650	5 505	1 245	1 753	1 431
广东	146	53	31 697	15 057	16 155	2 901	5 805	4 272
广西	42	32	6 755	3 200	3 351	635	1 225	941
海南	11	8	1 673	714	971	302	383	198
重庆	51	18	4 333	2 146	2 028	501	734	589
四川	96	47	12 144	5 956	6 207	1 531	2 101	1 608
贵州	57	40	6 078	2 740	3 440	715	1 030	1 080
云南	35	26	5 298	2 386	3 386	1 160	1 122	993
西藏	4	2	360	81	133	23	39	10
陕西	136	53	12 247	5 863	4 996	1 130	1 535	1 302
甘肃	38	16	3 220	1 489	1 688	396	525	467
青海	14	9	1 147	462	627	238	167	129
宁夏	22	13	2 274	1 265	1 354	358	354	264
新疆	113	82	13 349	6 641	7 471	1 335	2 231	2 261

续表

地区	生产实习指导教师	高级实习指导教师	一级实习指导教师	二级实习指导教师	三级实习指导教师	技师、高级技师	一体化教师	兼职教师人数
全国	**55 563**	**7 688**	**10 300**	**7 966**	**4 690**	**17 315**	**81 283**	**45 142**
北京	428	90	78	63	4	158	818	1 066
天津	432	123	130	96	10	5	856	226
河北	2 681	445	599	449	188	860	3 904	2 098
山西	1 533	221	304	240	186	488	2 140	2 377
内蒙古	1 099	210	182	137	185	323	1 781	976
辽宁	1 036	185	244	156	45	278	1 117	1 569
吉林	650	78	49	54	44	270	970	1 154
黑龙江	1 393	208	197	147	119	459	2 344	1 709
上海								
江苏	4 632	627	802	646	298	1 679	6 471	2 769
浙江	2 621	486	614	529	172	694	4 996	1 944
安徽	2 081	287	365	308	270	594	3 126	1 930
福建	1 176	163	249	176	82	242	1 591	1 040
江西	2 546	193	361	365	315	912	2 771	2 036
山东	5 067	981	1 008	701	341	1 524	10 560	3 851
河南	3 105	446	640	539	223	940	4 342	2 271
湖北	1 986	405	420	268	143	434	1 810	1 366
湖南	2 351	281	383	310	202	879	2 749	1 723
广东	7 854	599	1 565	1 120	564	2 624	11 538	3 162
广西	1 711	168	352	218	114	518	1 331	822
海南	341	77	54	52	15	119	833	179
重庆	799	99	135	135	121	229	1 413	1 006
四川	2 497	267	329	238	320	873	3 172	1 828
贵州	986	70	96	131	103	382	1 783	1 440
云南	913	196	199	219	68	162	1 814	1 430
西藏	36	4	5			14	6	66
陕西	2 591	371	512	394	359	678	1 992	2 257
甘肃	721	90	67	88	60	152	738	638
青海	293	52	92	46	6	81	350	174
宁夏	346	50	24	26	25	117	727	500
新疆	1 658	216	245	115	108	627	3 240	1 535

续表

地区	招生人数	高级班学生	农业户口学生	在校学生人数	女生	高级班学生	毕业生人数	获得中级职业资格	获得高级职业资格
全国	**1 600 551**	**442 278**	**1 259 488**	**3 955 306**	**1 274 479**	**1 251 017**	**1 014 070**	**405 787**	**192 239**
北京	10 313	1 957	5 633	27 363	8 759	5 611	9 417	4 765	2 781
天津	8 626	2 229	6 873	20 252	4 523	3 762	9 036	4 955	1 240
河北	63 247	4 469	56 696	149 675	42 879	11 341	42 713	19 458	6 113
山西	35 163	7 724	27 235	89 966	28 008	24 595	27 883	15 700	5 216
内蒙古	6 971	1 755	5 367	17 693	4 673	3 721	4 605	2 047	233
辽宁	26 826	2 711	20 480	66 613	20 262	8 370	20 609	4 463	1 376
吉林	25 868	5 709	17 487	60 768	18 694	13 830	14 500	3 629	1 519
黑龙江	56 455	8 557	34 150	96 771	39 871	17 846	18 750	3 774	2 698
上海									
江苏	103 898	35 736	63 765	255 949	89 999	70 530	80 568	46 269	21 355
浙江	56 389	22 924	40 613	173 716	54 556	77 043	35 267	20 647	11 658
安徽	84 683	27 913	71 067	184 756	68 648	59 061	35 929	15 318	2 613
福建	48 060	7 825	34 236	102 125	36 707	15 642	26 370	19 222	4 514
江西	73 299	10 985	62 832	175 313	64 584	24 353	44 477	18 827	1 413
山东	173 803	33 980	149 950	405 418	140 766	115 550	95 962	23 851	23 167
河南	115 965	39 490	95 935	315 146	92 837	123 362	95 568	34 702	17 017
湖北	35 798	3 690	25 890	91 552	29 532	10 524	21 866	8 691	987
湖南	55 039	15 663	49 215	139 036	39 907	47 328	34 237	10 001	4 331
广东	212 581	92 457	168 985	602 694	191 855	289 140	148 364	48 980	20 966
广西	62 358	22 219	55 135	132 625	40 816	34 702	38 524	20 707	5 201
海南	11 427	2 696	7 297	27 946	6 773	8 108	6 039	2 628	1 037
重庆	42 768	10 176	25 297	99 046	30 540	31 787	24 542	14 926	6 099
四川	63 194	10 166	50 865	148 400	52 095	30 647	38 653	15 899	8 671
贵州	39 284	2 706	35 817	91 324	27 509	4 996	20 068	7 348	945
云南	64 506	31 498	47 033	160 145	45 150	101 031	34 596	8 756	17 264
西藏	3 294	855	2 562	3 318	387	861	2 321	144	19
陕西	62 538	27 106	51 255	179 674	55 164	91 202	50 090	17 568	21 106
甘肃	14 587	820	11 172	36 422	10 652	3 666	9 054	4 514	973
青海	368	128	226	1 354	178	507	574		
宁夏	6 347	565	4 235	11 403	4 316	1 846	3 084	2 337	747
新疆	36 896	7 569	32 185	88 843	23 839	20 055	20 404	5 661	980

表 3-3　　**分地区技工院校培训情况**

（2020 年）

单位：人

地区	招生院校数（个）	培训社会人员数（人次）	按培训对象分组				就业人数	
			失业人员	劳动预备制人员	在职职工	农村劳动者		高级班学生
全国	**1 867**	**4 857 649**	**163 597**	**148 174**	**2 915 230**	**919 829**	**985 711**	**313 808**
北京	19	114 104	622		111 412	1 129	9 378	2 761
天津	17	20 164	125	2 128	17 322	432	8 960	1 565
河北	109	128 414	9 648	4 463	59 520	39 192	41 971	7 585
山西	59	225 056	2 740	2 324	179 760	31 764	27 092	6 841
内蒙古	39	44 624	2 963	313	20 237	4 216	4 238	307
辽宁	59	94 335	1 507	1 767	78 724	3 512	19 308	2 541
吉林	58	54 324	5 356	412	37 824	9 608	14 028	2 755
黑龙江	87	132 889	11 778	424	62 400	48 840	18 487	3 233
上海								
江苏	98	414 800	14 118	16 973	323 624	14 898	79 053	22 169
浙江	76	389 993	10 359	10 051	238 339	37 048	34 921	11 699
安徽	73	251 989	19 913	21 893	151 756	49 818	35 118	7 763
福建	42	111 671	5 933	3 653	54 070	30 609	26 010	5 795
江西	79	81 620	2 740	2 876	59 622	7 654	43 697	6 605
山东	168	412 504	11 942	12 889	266 276	45 766	94 576	38 294
河南	90	297 137	7 968	4 198	190 052	43 442	94 153	30 320
湖北	74	104 770	5 571	4 694	54 027	25 594	21 581	5 315
湖南	78	176 654	3 756	2 129	104 250	52 265	33 565	13 138
广东	138	307 609	10 341	11 373	217 122	21 415	141 116	64 447
广西	40	160 068	2 481	9 352	98 702	23 933	36 480	9 572
海南	10	32 722	433	411	12 288	8 375	5 847	1 810
重庆	37	167 065	9 827	5 319	116 727	16 702	24 238	5 708
四川	71	130 122	3 913	1 683	75 034	21 362	37 988	12 316
贵州	46	83 175	2 352	15 007	29 431	32 009	19 199	1 477
云南	33	295 444	2 718	1 231	107 353	49 844	33 853	20 075
西藏	4	5 329	1 176		1 177	2 156	1 401	43
陕西	127	180 414	1 585	3 039	133 757	29 097	47 069	25 088
甘肃	37	76 070	1 594	182	56 728	16 013	8 830	1 167
青海	6	30 363	160	151	5 516	7 825	574	371
宁夏	12	10 818	866		5 612	2 716	3 055	600
新疆	81	323 402	9 112	9 239	46 568	242 595	19 925	2 448

续表

地区	培训社会人员结业人数	按获取证书分组			
		初级职业资格	中级职业资格	高级职业资格	技师和高级技师资格
全国	**3 457 667**	**685 744**	**420 251**	**145 297**	**50 497**
北京	96 496	10 524	6 322	8 483	3 753
天津	19 583	1 257	2 124	888	72
河北	105 366	39 315	9 874	2 529	1 039
山西	222 246	18 916	22 374	4 590	2 577
内蒙古	33 132	2 821	3 223	1 008	176
辽宁	45 089	5 147	3 120	1 749	151
吉林	44 836	3 039	4 210	1 417	22
黑龙江	111 142	25 599	3 156	284	40
上海					
江苏	273 986	57 996	59 110	23 052	5 219
浙江	289 947	43 343	28 151	26 422	5 685
安徽	238 262	55 454	75 714	3 808	1 111
福建	70 031	10 282	11 179	4 218	583
江西	41 853	12 213	12 416	5 047	1 208
山东	227 610	50 317	33 646	10 576	11 464
河南	240 467	38 545	15 359	6 575	3 932
湖北	79 941	13 078	10 668	2 013	388
湖南	63 371	15 584	9 666	3 316	970
广东	221 409	16 071	17 522	6 526	871
广西	109 959	19 536	8 543	2 799	1 030
海南	25 970	5 138	1 622	81	25
重庆	92 690	25 981	22 340	4 587	647
四川	125 603	18 276	19 072	3 613	1 842
贵州	51 945	8 709	2 747	616	188
云南	153 229	35 776	7 303	5 173	3 877
西藏	3 331	2 316	144	19	
陕西	97 924	10 276	7 894	7 656	1 265
甘肃	36 508	11 708	4 408	939	289
青海	23 573	1 362	2 407	447	107
宁夏	7 666	805	1 322	745	779
新疆	304 502	126 360	14 615	6 121	1 187

表 3-4 **分地区就业训练中心综合情况**

（2020 年）

单位：人

地区	就业训练中心个数（个）	在职教职工总人数	教师	兼职教师人数	培训人数	结业人数	就业人数
全国	**2 622**	**32 226**	**18 838**	**16 793**	**2 663 211**	**2 233 581**	**1 119 525**
北京	5	169	103	112	7 896	3 559	1 487
天津	8	39	11	7	688	335	
河北	805	10 277	5 969	4 026	419 438	353 484	59 147
山西	55	631	143	341	50 056	48 283	17 193
内蒙古	50	204	101	160	11 272	10 786	6 037
辽宁	19	315	225	204	59 439	58 831	55 643
吉林	6	91	58	59	1 351	1 290	430
黑龙江	43	522	313	123	62 547	60 353	32 395
上海							
江苏	77	884	422	822	152 225	133 220	67 767
浙江	12	630	442	363	43 512	42 524	10 653
安徽	16	193	142	60	11 503	11 077	9 920
福建	10	18		15	14 643	9 925	7 827
江西	117	919	460	737	118 206	109 146	47 254
山东	711	9 406	5 987	5 019	468 756	377 826	233 028
河南	159	2 236	1 243	1 003	319 371	271 847	139 599
湖北	97	1 234	616	988	349 125	325 413	172 402
湖南	64	561	238	349	73 891	72 088	39 912
广东	63	1 396	688	445	179 703	152 670	118 772
广西	11	193	115	86	7 036	5 936	4 373
海南							
重庆	12	81	41	129	6 511	6 412	1 863
四川	85	345	164	581	26 871	26 422	10 686
贵州	3	3		6	76	76	76
云南							
西藏							
陕西	117	1 431	1 099	856	232 692	111 601	52 057
甘肃	44	129	75	4	6 954	3 742	3 632
青海							
宁夏							
新疆	33	319	183	298	39 449	36 735	27 372

表 3-5　　分地区民办职业培训机构综合情况

（2020 年）　　单位：人

地区	职业培训机构个数（个）	在职教职工人数		兼职教师	培训人数	结业人数	就业人数
			教师				
全国	**25 851**	**382 501**	**219 910**	**170 788**	**18 121 122**	**14 857 865**	**9 245 261**
北京	363	4 441	2 412	2 191	204 131	174 418	77 662
天津	586	6 045	3 541	3 753	156 432	133 100	40 405
河北	1 203	18 018	10 045	8 207	641 590	519 582	226 699
山西	729	12 650	6 721	5 551	434 876	413 224	162 328
内蒙古	655	7 417	4 645	4 222	239 466	208 541	157 880
辽宁	908	7 351	4 289	3 756	256 375	197 636	121 776
吉林	683	7 307	4 270	5 540	326 563	256 458	95 026
黑龙江	574	6 320	4 178	2 898	218 189	146 122	105 844
上海	502	47 932	19 971	2 977	1 797 103	601 295	1 768 436
江苏	1 529	17 039	10 736	9 277	962 946	825 124	429 958
浙江	1 200	12 086	6 233	8 200	911 252	762 881	383 009
安徽	1 144	12 413	6 980	7 041	522 449	486 700	371 705
福建	526	4 767	2 442	3 378	214 842	172 503	125 885
江西	1 000	11 385	6 794	5 082	490 970	425 217	317 278
山东	2 158	22 773	13 822	10 267	930 081	808 213	434 137
河南	1 633	25 563	15 325	9 525	1 428 232	1 198 537	654 131
湖北	895	13 385	8 244	4 442	502 451	437 475	274 860
湖南	1 062	13 867	8 128	6 354	707 415	569 732	304 967
广东	1 469	15 659	8 808	6 738	925 611	711 521	433 596
广西	509	9 461	5 619	5 687	470 093	394 867	263 600
海南	155	4 726	2 048	2 594	240 172	233 915	12 355
重庆	681	8 944	4 476	6 407	1 338 357	1 300 581	438 197
四川	1 456	22 206	13 444	9 518	1 027 397	932 491	503 885
贵州	508	9 213	5 543	5 028	502 906	479 637	324 477
云南	750	17 814	12 866	11 815	1 275 606	1 237 417	468 839
西藏	127	3 290	2 402	1 514	83 766	82 842	43 936
陕西	934	14 055	8 898	4 516	369 483	308 805	185 003
甘肃	732	9 980	5 912	4 429	419 309	402 394	183 470
青海	218	3 214	2 126	1 557	109 904	86 866	76 333
宁夏	355	5 983	4 212	2 623	176 363	142 442	110 120
新疆	607	7 197	4 780	5 701	236 792	207 329	149 464

表 3-6

分地区职业技能鉴定综合情况

（2020 年）

地区	年末职业技能鉴定机构数（个）	鉴定所数	鉴定站数	其他
全国	**8 205**	**5 387**	**2 700**	**118**
行业合计	**2 190**		**2 190**	
地方合计	**6 015**	**5 387**	**510**	**118**
北京	43	43		
天津	128	93	24	11
河北	99	99		
山西	162	162		
内蒙古	147	123	24	
辽宁	154	134	20	
吉林	42	42		
黑龙江	49	36	13	
上海	89	89		
江苏	514	514		
浙江	252	252		
安徽	345	345		
福建	420	420		
江西	368	290		78
山东	201	188	13	
河南	404	301	88	15
湖北	222	220	2	
湖南	329	314	15	
广东	362	362		
广西	98	83	2	13
海南	52	33	19	
重庆	72	72		
四川	554	484	70	
贵州	170	123	47	
云南	191	182	9	
西藏	20	6	14	
陕西	195	96	99	
甘肃	46	46		
青海	80	34	45	1
宁夏	75	70	5	
新疆	92	92		
新疆兵团	40	39	1	

续表

地区	年末考评人员人数（人）	本年鉴定考核人数（人）		
			初级	中级
全国	**155 935**	**10 704 734**	**3 733 911**	**4 543 395**
行业合计	**37 158**	**1 843 272**	**315 020**	**515 194**
地方合计	**118 777**	**8 861 462**	**3 418 891**	**4 028 201**
北京	1 904	21 831	10 306	6 776
天津	1 114	73 735	6 911	46 933
河北	1 599	466 187	238 013	178 067
山西	3 954	203 858	125 865	63 126
内蒙古	1 811	120 847	30 219	60 587
辽宁	911	173 135	57 157	89 550
吉林	1 265	42 096	9 611	27 222
黑龙江	1 290	104 499	38 393	57 746
上海	2 669	154 494	58 010	39 308
江苏	3 877	832 882	217 690	431 083
浙江	5 895	637 628	139 068	299 510
安徽	10 209	605 942	145 276	328 814
福建	5 349	184 874	35 800	109 713
江西	7 902	118 167	17 847	79 297
山东	1 460	1 106 757	395 586	558 649
河南	5 973	563 922	236 346	218 179
湖北	1 336	178 492	42 796	74 880
湖南	2 122	484 737	276 175	190 958
广东	11 468	484 351	161 186	248 856
广西	3 877	395 662	259 941	112 981
海南	321	46 435	29 786	13 468
重庆	4 046	284 156	112 069	154 378
四川	12 172	455 298	166 377	258 651
贵州	1 928	99 253	25 607	53 554
云南	4 108	525 841	298 163	166 655
西藏	120	21 935	19 294	1 028
陕西	3 903	49 726	7 615	23 195
甘肃	2 314	176 710	95 747	71 708
青海	126	23 454	15 218	7 824
宁夏	3 325	65 802	33 512	26 393
新疆	8 214	131 445	97 611	21 319
新疆兵团	1 915	27 311	15 696	7 793

续表

地区				本年获取证书人数（人）	
	高级	技师	高级技师		初级
全国	**2 130 435**	**208 112**	**88 881**	**8 659 731**	**3 278 478**
行业合计	**988 655**	**17 261**	**7 142**	**972 562**	**205 346**
地方合计	**1 141 780**	**190 851**	**81 739**	**7 687 169**	**3 073 132**
北京	1 590	2 564	595	16 673	8 904
天津	11 344	4 271	4 276	67 389	6 349
河北	43 449	4 282	2 376	421 691	212 442
山西	10 002	3 827	1 038	187 045	117 548
内蒙古	18 332	9 616	2 093	108 942	28 361
辽宁	15 266	5 957	5 205	149 323	51 241
吉林	3 471	1 368	424	35 878	7 774
黑龙江	6 038	2 049	273	94 221	34 680
上海	45 413	8 571	3 192	77 436	34 016
江苏	165 994	14 723	3 392	731 378	199 492
浙江	165 393	22 996	10 661	516 660	116 178
安徽	120 451	10 072	1 329	526 162	126 754
福建	31 189	7 134	1 038	148 464	28 890
江西	18 581	1 855	587	103 988	16 728
山东	125 733	17 387	9 402	1 001 969	356 925
河南	99 210	8 007	2 180	508 776	219 684
湖北	28 198	15 362	17 256	163 253	41 512
湖南	13 438	2 697	1 469	435 247	256 889
广东	54 937	14 377	4 995	317 115	118 370
广西	19 964	2 138	638	356 222	239 800
海南	2 831	260	90	38 433	26 416
重庆	12 576	4 043	1 090	262 302	106 890
四川	22 552	5 817	1 901	408 104	152 499
贵州	17 320	2 301	471	89 099	23 943
云南	52 078	7 891	1 054	487 532	281 702
西藏	1 603	9	1	19 346	17 157
陕西	12 521	4 829	1 566	33 112	6 004
甘肃	7 386	1 550	319	160 943	87 933
青海	270	117	25	20 730	13 647
宁夏	4 943	789	165	56 489	30 270
新疆	6 248	3 730	2 537	118 132	89 550
新疆兵团	3 459	262	101	25 115	14 584

续表

地区	中级	高级	技师	高级技师
全国	**3 862 870**	**1 323 861**	**134 474**	**60 048**
行业合计	**375 404**	**377 040**	**9 289**	**5 483**
地方合计	**3 487 466**	**946 821**	**125 185**	**54 565**
北京	4 634	1 415	1 361	359
天津	45 200	10 908	2 384	2 548
河北	164 337	40 621	3 354	937
山西	57 148	8 294	3 239	816
内蒙古	55 246	15 604	7 966	1 765
辽宁	78 419	12 456	3 769	3 438
吉林	23 263	3 175	1 273	393
黑龙江	52 508	5 200	1 621	212
上海	22 107	17 740	2 704	869
江苏	379 804	138 911	10 683	2 488
浙江	242 075	136 999	15 590	5 818
安徽	288 783	103 550	6 336	739
福建	94 036	21 550	3 418	570
江西	68 672	16 775	1 352	461
山东	512 611	111 530	13 452	7 451
河南	191 644	89 392	6 102	1 954
湖北	71 721	25 364	11 067	13 589
湖南	164 786	10 524	1 977	1 071
广东	153 343	37 079	6 056	2 267
广西	96 799	17 671	1 439	513
海南	9 664	2 191	120	42
重庆	143 795	9 790	1 216	611
四川	229 831	20 080	4 308	1 386
贵州	48 562	15 036	1 197	361
云南	151 347	46 233	7 289	961
西藏	814	1 365	9	1
陕西	16 863	8 557	1 261	427
甘肃	65 156	6 630	996	228
青海	6 786	169	105	23
宁夏	22 035	3 594	462	128
新疆	18 096	5 595	2 841	2 050
新疆兵团	7 381	2 823	238	89

（四）劳动关系与监察

表 4-1　　历年劳动人事争议仲裁案件处理情况　　单位：件

项目	1998 年	1999 年	2000 年	2001 年	2002 年	2003 年
上期未结案件数	3 475	3 840	6 374	8 739	12 472	16 276
案件受理情况						
当期案件受理数	93 649	120 191	135 206	154 621	184 116	226 391
集体劳动争议案件数	6 767	9 043	8 247	9 847	11 024	10 823
劳动者申诉案件数	84 829	114 152	120 043	146 781	172 253	215 512
劳动者当事人数（人）	358 531	473 957	422 617	467 150	608 396	801 042
集体劳动争议劳动者当事人数	251 268	319 445	259 445	286 680	374 956	514 573
争议原因						
劳动报酬				45 172	59 144	76 774
社会保险				31 158	56 558	76 181
变更劳动合同	2 840	3 469	3 829	4 254	3 765	5 494
解除劳动合同	13 069	18 108	21 149	29 038	30 940	40 017
终止劳动合同	4 752	8 031	10 816	10 298	12 908	12 043
其他	9 515	8 626	12 549			
案件处理情况						
结案数	92 288	121 289	130 688	150 279	178 744	223 503
处理方式						
仲裁调解	31 483	39 550	41 877	42 933	50 925	67 765
仲裁裁决	25 389	34 712	54 142	77 250	77 340	95 774
其他方式	35 155	47 027	34 669	35 096	50 479	59 954
处理结果						
用人单位胜诉	11 937	15 674	13 699	31 544	27 017	34 272
劳动者胜诉	48 650	63 030	70 544	71 739	84 432	109 556
双方部分胜诉及其他	27 365	37 459	37 247	46 996	67 295	79 475
案外调解案件数				63 939	77 342	58 451

续表

项目	2004 年	2005 年	2006 年	2007 年	2008 年	2009 年
上期末结案件数	17 117	17 829	22 165	25 424	33 084	83 709
案件受理情况						
当期案件受理数	260 471	313 773	317 162	350 182	693 465	684 379
集体劳动争议案件数	19 241	16 217	13 977	12 784	21 880	13 779
劳动者申诉案件数	249 335	293 710	301 233	325 590	650 077	627 530
劳动者当事人数（人）	764 981	744 195	679 312	653 472	1 214 328	1 016 922
集体劳动争议劳动者当事人数	477 992	409 819	348 714	271 777	502 713	299 601
争议原因						
劳动报酬	85 132	103 183	103 887	108 953	225 061	247 330
社会保险	88 119	97 519	100 342	97 731		
变更劳动合同	4 465	7 567	3 456	4 695		
解除劳动合同	42 881	54 858	55 502	67 565	139 702	43 876
终止劳动合同	14 140	14 015	12 366	12 696		
案件处理情况						
结案数	258 678	306 027	310 780	340 030	622 719	689 714
处理方式						
仲裁调解	83 400	104 308	104 435	119 436	221 284	251 463
仲裁裁决	110 708	131 745	141 465	149 013	274 543	290 971
其他方式	64 550	69 974	64 880	71 581	126 892	147 280
处理结果						
用人单位胜诉	35 679	39 401	39 251	49 211	80 462	95 470
劳动者胜诉	123 268	145 352	146 028	156 955	276 793	255 119
双方部分胜诉及其他	94 041	121 274	125 501	133 864	265 464	339 125
案外调解案件数	70 840	93 561	130 321	151 902	237 283	185 598

续表

项目	2010 年	2011 年	2012 年	2013 年	2014 年	2015 年
上期未结案件数	77 926	42 308	36 151	34 478	31 796	39 580
案件受理情况						
当期案件受理数	600 865	589 244	641 202	665 760	715 163	813 859
集体劳动争议案件数	9 314	6 592	7 252	6 783	8 041	10 466
劳动者申诉案件数	558 853	568 768	620 849	641 932	690 418	784 229
劳动者当事人数（人）	815 121	779 490	882 487	888 430	997 807	1 159 687
集体劳动争议劳动者当事人数	211 755	174 785	231 894	218 521	267 165	341 588
争议原因						
劳动报酬	209 968	200 550	225 981	223 351	258 716	321 179
社会保险		149 944	159 649	165 665	160 961	158 002
变更劳动合同						
解除劳动合同	31 915	118 684	129 108	147 977	155 870	182 396
终止劳动合同						
案件处理情况						
结案数	634 041	592 823	643 292	669 062	711 044	812 461
处理方式						
仲裁调解	250 131	278 873	302 552	311 806	321 598	362 814
仲裁裁决	266 506	244 942	268 530	283 341	313 175	368 409
其他方式	117 404	69 008	72 210	73 915	76 271	81 238
处理结果						
用人单位胜诉	85 028	74 189	79 187	82 519	82 541	90 785
劳动者胜诉	229 448	195 680	213 453	217 551	250 284	287 544
双方部分胜诉及其他	319 565	322 954	350 652	368 992	378 219	434 132
案外调解案件数	163 997	194 338	212 937	215 595	227 447	258 114

续表

项目	2016 年	2017 年	2018 年	2019 年	2020 年
上期未结案件数	37 977	38 545	35 506	48 661	49 723
案件受理情况					
当期案件受理数	828 410	785 323	894 053	1 069 638	1 094 788
集体劳动争议案件数	9 745	7 513	8 699	9 235	8 321
劳动者申诉案件数	801 190	762 572	869 421	1 021 334	1 041 567
劳动者当事人数（人）	1 112 408	979 016	1 110 175	1 274 124	1 283 491
集体劳动争议劳动者当事人数	289 924	203 963	234 943	220 174	200 824
争议原因					
劳动报酬	345 685	331 463	380 751	446 572	462 729
社会保险	145 671	135 211	144 533	149 966	136 496
变更劳动合同					
解除劳动合同	188 642	169 456	195 063	259 550	280 058
终止劳动合同					
案件处理情况					
结案数	827 717	790 448	884 223	1 068 413	1 100 681
处理方式					
仲裁调解	389 109	390 278	458 353	552 584	599 797
仲裁裁决	366 742	336 073	357 666	430 309	430 863
其他方式	71 866	64 097	68 204	85 520	70 021
处理结果					
用人单位胜诉	92 405	89 928	93 823	112 747	112 053
劳动者胜诉	285 824	259 898	276 642	314 097	310 819
双方部分胜诉及其他	369 429	440 622	513 758	641 569	677 809
案外调解案件数	240 101	208 491	214 288	242 479	255 328

注：从 2011 年起，将解除和终止劳动合同两项合并统计，解除劳动合同数为解除、终止劳动合同数之和。

表 4-2　　分地区劳动人事争议仲裁案件处理情况

（2020 年）　　单位：件

地区	上期未结案件数	案件受理情况				
		当期案件受理数	集体劳动争议案件	劳动者申诉案件	劳动者当事人数（人）	集体劳动争议劳动者当事人数
全国	**49 723**	**1 094 788**	**8 321**	**1 041 567**	**1 283 491**	**200 824**
北京	4 580	110 488	698	109 034	110 488	12 327
天津	2 820	27 057	104	24 769	28 337	2 348
河北	471	23 459	76	22 549	26 093	1 462
山西	121	9 498	20	8 506	10 929	1 062
内蒙古	315	15 367	64	14 205	16 456	1 492
辽宁	835	30 162	272	27 779	35 599	5 204
吉林	80	9 071	37	6 737	10 780	778
黑龙江	1 251	19 841	39	18 906	21 696	1 134
上海	4 094	62 754	249	61 935	70 015	5 073
江苏	1 694	93 689	701	88 010	103 377	16 982
浙江	4 152	67 207	468	66 757	81 626	11 976
安徽	633	30 183	120	24 140	33 667	2 253
福建	2 476	30 135	451	28 748	41 100	9 851
江西	469	15 447	63	14 806	18 203	2 347
山东	2 090	88 058	207	87 631	95 955	4 066
河南	583	24 294	110	21 857	27 312	1 969
湖北	1 986	37 162	144	35 545	40 192	4 213
湖南	483	26 214	75	25 178	29 184	1 738
广东	11 486	163 568	3 485	159 121	243 364	82 547
广西	899	24 181	36	23 760	24 247	1 162
海南	708	7 079	37	6 338	7 206	708
重庆	2 374	33 097	37	32 980	34 557	618
四川	1 858	51 460	331	48 630	66 674	15 930
贵州	301	20 374	30	19 468	21 456	1 128
云南	142	18 270	142	17 689	18 270	3 710
西藏	20	498	18	493	1 081	576
陕西	883	27 241	97	20 894	29 092	1 925
甘肃	247	7 401	23	6 633	9 702	1 836
青海	21	1 673	4	1 651	1 988	97
宁夏	719	7 370	102	7 107	9 082	1 682
新疆	844	10 559	74	8 337	13 113	1 973
新疆兵团	88	1 931	7	1 374	2 650	657

续表

地区	案件受理情况			
	按争议类型分			
	劳动报酬	社会保险待遇	其中：工伤保险	解除、终止劳动合同
全国	**462 729**	**136 496**	**96 973**	**280 058**
北京	60 243	1 843	881	26 123
天津	14 417	1 044	993	4 401
河北	9 617	3 825	1 753	4 741
山西	3 234	2 156	1 723	1 742
内蒙古	7 639	2 449	1 007	2 830
辽宁	17 000	2 813	1 693	5 272
吉林	3 677	936	430	1 355
黑龙江	9 133	3 011	1 757	364
上海	22 263	2 490	2 164	27 667
江苏	38 352	13 814	12 772	32 331
浙江	26 622	15 033	12 122	13 730
安徽	11 149	7 393	4 592	5 619
福建	13 154	4 639	4 172	6 216
江西	4 314	3 104	2 545	4 839
山东	39 331	6 602	5 821	24 133
河南	9 143	4 775	1 953	4 559
湖北	12 710	4 989	2 387	12 173
湖南	8 369	6 820	4 866	5 236
广东	68 288	12 618	11 870	54 231
广西	12 546	1 360	825	5 032
海南	2 204	120	95	1 282
重庆	13 438	5 619	5 113	7 058
四川	20 709	6 730	5 185	12 019
贵州	6 813	5 338	4 397	3 759
云南	5 564	5 298	1 601	2 661
西藏	192	62	60	98
陕西	10 645	6 222	1 401	6 725
甘肃	3 016	1 121	610	1 020
青海	856	273	231	431
宁夏	2 618	1 841	839	1 516
新疆	4 353	1 944	973	780
新疆兵团	1 120	214	142	115

续表

地区	案件处理情况							案外调解案件数
	结案数	处理方式			处理结果			
		仲裁调解	仲裁裁决	其他方式	用人单位胜诉	劳动者胜诉	双方部分胜诉及其他	
全国	**1 100 681**	**599 797**	**430 863**	**70 021**	**112 053**	**310 819**	**677 809**	**255 328**
北京	111 704	58 589	45 208	7 907	18 358	17 227	76 119	15 541
天津	27 058	16 100	10 958		2 730	4 620	19 708	1 970
河北	21 409	12 481	8 142	786	1 911	9 753	9 745	4 182
山西	9 496	5 923	3 342	231	1 095	5 185	3 216	3 063
内蒙古	15 316	7 726	6 546	1 044	1 117	6 751	7 448	3 618
辽宁	29 872	14 902	14 234	736	2 780	14 175	12 917	6 207
吉林	8 847	3 975	4 214	658	431	5 410	3 006	4 212
黑龙江	20 529	10 919	9 016	594	1 886	6 105	12 538	3 595
上海	62 783	34 307	25 946	2 530	12 962	5 911	43 910	9 913
江苏	93 220	59 428	26 083	7 709	8 740	33 042	51 438	32 344
浙江	68 749	40 558	13 837	14 354	3 494	17 549	47 706	752
安徽	30 392	18 834	10 492	1 066	3 281	11 841	15 270	5 996
福建	30 349	18 144	10 484	1 721	2 333	7 648	20 368	4 214
江西	15 324	8 403	6 033	888	1 480	5 877	7 967	3 195
山东	88 591	53 261	33 400	1 930	7 439	24 931	56 221	15 722
河南	24 200	13 034	9 387	1 779	1 611	9 922	12 667	7 984
湖北	36 062	20 423	14 891	748	2 044	10 690	23 328	6 456
湖南	26 065	14 142	10 406	1 517	1 194	15 619	9 252	15 646
广东	168 845	80 443	80 487	7 915	15 810	31 171	121 864	57 329
广西	24 416	10 138	13 048	1 230	2 341	6 980	15 095	10 936
海南	7 213	2 333	3 973	907	928	1 616	4 669	1 489
重庆	33 242	17 276	11 769	4 197	3 223	3 917	26 102	211
四川	50 764	27 370	19 647	3 747	5 393	17 867	27 504	15 987
贵州	20 336	10 710	9 109	517	2 039	7 298	10 999	5 671
云南	18 215	10 895	6 366	954	1 440	7 532	9 243	5 329
西藏	514	253	192	69	22	224	268	721
陕西	27 607	14 625	11 123	1 859	2 653	8 562	16 392	6 194
甘肃	7 496	3 984	3 200	312	798	3 717	2 981	2 379
青海	1 675	980	524	171	166	780	729	69
宁夏	7 340	3 529	3 052	759	610	3 629	3 101	2 106
新疆	11 088	5 294	4 802	992	1 551	4 581	4 956	1 221
新疆兵团	1 964	818	952	194	193	689	1 082	1 076

表 4–3 **劳动保障监察情况**

（2020 年）

监察案件情况（件）	2020 年	监察执法效果情况	2020 年
结案数	105 816	**主动监察**	
案件分类		检查单位数（万户）	112.2
内部劳动保障规章制度	1 112	涉及劳动者人数（万人）	4 383.6
订立和解除劳动合同	6 622	投诉结案数（件）	84 909
女职工特殊劳动保护	15	举报结案数（件）	21 222
未成年工特殊劳动保护	85	审查用人单位报送的书面材料涉及用人单位数（万户）	133.5
工作时间和休息休假	4 883	补签劳动合同（万人）	58.5
支付工资和最低工资标准	54 799	**追发劳动者工资等待遇**	
参加社会保险和缴纳社会保险费	16 531	涉及劳动者人数（万人）	64.8
职业介绍	353	金额（亿元）	65.2
职业技能培训和职业技能考核	74	**督促缴纳社会保险费**	
其他	24 672	单位数（万户）	1.3
案件处理情况		金额（万元）	40 641.2
责令限期改正	41 521	督促办理社会保险登记单位数（户）	4 206
行政处理决定	4 346	取缔非法职业中介机构（户）	1 290
行政处罚决定	4 581	清退风险抵押金金额（万元）	220.8
警告	1 010	审查用人单位规章数（万件）	37.6
罚款	3 933	纠正用人单位违法规章数（万件）	2.2
其他行政处罚	58	向社会公布重大违法行为数（件）	2 456

（五）社会保障

表 5-1　　**历年全国社会保险基金收支及累计结余**　　单位：亿元

年份	合计	基本养老保险	失业保险	工伤保险	基本医疗保险	生育保险
基金收入						
1995	1 006.0	950.1	35.3	8.1	9.7	2.9
2000	2 644.9	2 278.5	160.4	24.8	170.0	11.2
2001	3 101.9	2 489.0	187.3	28.3	383.6	13.7
2002	4 048.7	3 171.5	215.6	32.0	607.8	21.8
2003	4 882.9	3 680.0	249.5	37.6	890.0	25.8
2004	5 780.3	4 258.4	290.8	58.3	1 140.5	32.1
2005	6 975.2	5 093.3	340.3	92.5	1 405.3	43.8
2006	8 643.2	6 309.8	402.4	121.8	1 747.1	62.1
2007	10 812.3	7 834.2	471.7	165.6	2 257.2	83.6
2008	13 696.1	9 740.2	585.1	216.7	3 040.4	113.7
2009	16 115.6	11 490.8	580.4	240.1	3 671.9	132.4
2010	19 276.1	13 872.9	649.8	284.9	4 308.9	159.6
2011	25 153.3	18 004.8	923.1	466.4	5 539.2	219.8
2012	30 738.8	21 830.2	1 138.9	526.7	6 938.7	304.2
2013	35 252.9	24 732.6	1 288.9	614.8	8 248.3	368.4
2014	39 827.7	27 619.9	1 379.8	694.8	9 687.2	446.1
2015	46 012.1	32 195.5	1 367.8	754.2	11 192.9	501.7
2016	53 562.7	37 990.8	1 228.9	736.9	13 084.3	521.9
2017	67 154.2	46 613.8	1 112.6	853.8	17 931.6	642.5
2018	79 254.7	55 005.3	1 171.1	913.0	21 384.2	781.1
2019	83 550.4	57 025.9	1 284.2	819.4	24 420.9	
2020	75 512.5	49 228.6	951.5	486.3	24 846.1	
基金支出						
1995	877.1	847.6	18.9	1.8	7.3	1.6
2000	2 385.6	2 115.5	123.4	13.8	124.5	8.3
2001	2 748.0	2 321.3	156.6	16.5	244.1	9.6
2002	3 471.5	2 842.9	186.6	19.9	409.4	12.8
2003	4 016.4	3 122.1	199.8	27.1	653.9	13.5
2004	4 627.4	3 502.1	211.3	33.3	862.2	18.8
2005	5 400.8	4 040.3	206.9	47.5	1 078.7	27.4
2006	6 477.4	4 896.7	198.0	68.5	1 276.7	37.5
2007	7 887.9	5 964.9	217.7	87.9	1 561.8	55.6
2008	9 925.1	7 389.6	253.5	126.9	2 083.6	71.5
2009	12 302.6	8 894.4	366.8	155.7	2 797.4	88.3

续表

年份	合计	基本养老保险	失业保险	工伤保险	基本医疗保险	生育保险
2010	15 018.9	10 755.3	423.3	192.4	3 538.1	109.9
2011	18 652.9	13 363.2	432.8	286.4	4 431.4	139.2
2012	23 331.3	16 711.5	450.6	406.3	5 543.6	219.3
2013	27 916.3	19 818.7	531.6	482.1	6 801.0	282.8
2014	33 002.7	23 325.8	614.7	560.5	8 133.6	368.1
2015	38 988.1	27 929.4	736.4	598.7	9 312.1	411.5
2016	46 888.4	34 004.3	976.1	610.3	10 767.1	530.6
2017	57 145.0	40 423.8	893.8	662.3	14 421.7	743.5
2018	67 792.5	47 550.4	915.3	742.0	17 822.5	762.4
2019	75 346.6	52 342.3	1 333.2	816.9	20 854.2	
2020	78 611.8	54 656.5	2 103.0	820.3	21 032.1	
累计结余						
1995	516.8	429.8	68.4	12.7	3.1	2.7
2000	1 327.5	947.1	195.9	57.9	109.8	16.8
2001	1 622.8	1 054.1	226.2	68.9	253.0	20.6
2002	2 423.4	1 608.0	253.8	81.1	450.7	29.7
2003	3 313.8	2 206.5	303.5	91.2	670.6	42.0
2004	4 493.4	2 975.0	385.8	118.6	957.9	55.9
2005	6 073.7	4 041.0	519.0	163.5	1 278.1	72.1
2006	8 255.9	5 488.9	724.8	192.9	1 752.4	96.9
2007	11 236.6	7 391.4	979.1	262.6	2 476.9	126.6
2008	15 225.6	9 931.0	1 310.1	384.6	3 431.7	168.2
2009	19 006.5	12 526.1	1 523.6	468.8	4 275.9	212.1
2010	23 407.5	15 787.8	1 749.8	561.4	5 047.1	261.4
2011	30 233.1	20 727.8	2 240.2	742.6	6 180.0	342.5
2012	38 106.6	26 243.5	2 929.0	861.9	7 644.5	427.6
2013	45 588.1	31 274.8	3 685.9	996.2	9 116.5	514.7
2014	52 462.3	35 644.5	4 451.5	1 128.8	10 644.8	592.7
2015	59 532.5	39 937.1	5 083.0	1 285.3	12 542.8	684.4
2016	66 349.7	43 965.2	5 333.3	1 410.9	14 964.3	675.9
2017	77 311.6	50 202.2	5 552.4	1 606.9	19 385.6	564.5
2018	89 775.1	58 151.6	5 817.0	1 784.9	23 439.9	581.7
2019	96 977.8	62 872.6	4 625.4	1 783.2	27 696.7	
2020	94 378.7	58 075.2	3 354.1	1 449.3	31 500.0	

注：

1. 从 2008 年起，工伤保险基金累计结余中含储备金。
2. 从 2010 年起，基本养老保险基金中含城乡居民社会养老保险基金。
3. 从 2019 年起，基本医疗保险基金中含生育保险基金。

表 5-2　　历年全国基本养老保险基金收支及累计结余　　单位：亿元

指标	1995 年	2000 年	2001 年	2002 年	2003 年	2004 年	2005 年	2006 年
一、基金收入	950.1	2 278.1	2 489.0	3 171.5	3 680.0	4 258.4	5 093.3	6 309.7
（一）城镇职工	950.1	2 278.1	2 489.0	3 171.5	3 680.0	42 58.4	5 093.3	6 309.7
1. 企业	950.1	2 088.3	2 235.1	2 783.6	3 209.4	3 728.5	4 491.7	5 632.5
2. 事业、机关		189.8	253.0	387.8	470.6	529.9	601.6	677.2
（二）城乡居民								
二、基金支出	847.6	2 115.5	2 321.3	2 842.9	3 122.1	3 502.1	4 040.3	4 896.7
（一）城镇职工	847.6	2 115.5	2 321.3	2 842.9	3 122.1	3 502.1	4 040.3	4 896.7
1. 企业	847.6	1 970.0	2 116.5	2 502.8	2 716.2	3 031.2	3 495.3	4 287.3
2. 事业、机关		145.4	204.4	340.1	405.9	470.9	545.0	609.4
（二）城乡居民								
三、累计结余	429.8	947.1	1 054.1	1 608.0	2 206.5	2 975.0	4 041.0	5 488.9
（一）城镇职工	429.8	947.1	1 054.1	1 608.0	2 206.5	2 975.0	4 041.0	5 488.9
1. 企业	429.8	761.0	818.6	1 243.5	1 764.8	2 499.3	3 506.7	4 869.1
2. 事业、机关		186.1	233.2	364.5	441.7	475.7	534.3	619.8
（二）城乡居民								

指标	2007 年	2008 年	2009 年	2010 年	2011 年	2012 年	2013 年	2014 年
一、基金收入	7 834.2	9 740.2	11 490.8	13 872.9	18 004.8	21 830.2	24 732.6	27 619.9
（一）城镇职工	7 834.2	9 740.2	11 490.8	13 419.5	16 894.7	20 001.0	22 680.4	25 309.7
1. 企业	7 010.6	8 800.1	10 420.6	12 218.4	15 484.8	18 363.0	20 848.7	23 305.4
2. 事业、机关	823.6	940.1	1 070.3	1 201.1	1 409.9	1 638.0	1 831.7	2 004.2
（二）城乡居民				453.4	1 110.1	1 829.2	2 052.3	2 310.2
二、基金支出	5 964.9	7 389.6	8 894.4	10 755.3	13 363.2	16 711.5	19 818.7	23 325.8
（一）城镇职工	5 964.9	7 389.6	8 894.4	10 554.9	12 764.9	15 561.8	18 470.4	21 754.7
1. 企业	5 153.6	6 507.6	7 886.6	9 409.9	11 425.7	14 008.5	16 741.5	19 847.2
2. 事业、机关	811.3	882.0	1 007.8	1 145.0	1 339.3	1 553.3	1 729.0	1 907.4
（二）城乡居民				200.4	598.3	1 149.7	1 348.3	1 571.2

续表

指标	2007 年	2008 年	2009 年	2010 年	2011 年	2012 年	2013 年	2014 年
三、累计结余	7 391.4	9 931.0	12 526.1	15 787.8	20 727.8	26 243.5	31 274.8	35 644.5
（一）城镇职工	7 391.4	9 931.0	12 526.1	15 365.3	19 496.6	23 941.3	28 269.2	31 800.0
1. 企业	6 758.2	9 241.0	11 774.3	14 547.2	18 608.1	22 968.0	27 192.3	30 626.3
2. 事业、机关	633.2	690.0	751.8	818.1	888.5	973.3	1 076.9	1 173.7
（二）城乡居民				422.5	1 231.2	2 302.2	3 005.7	3 844.6

指标	2015 年	2016 年	2017 年	2018 年	2019 年	2020 年
一、基金收入	32 195.5	37 990.8	46 613.8	55 005.3	57 025.9	49 228.6
（一）城镇职工	29 340.9	35 057.5	43 309.6	51 167.6	52 918.8	44 375.7
1. 企业	26 613.2	28 692.6	32 929.8	37 392.1	38 101.9	30 180.4
2. 事业、机关	2 727.7	6 364.9	10 379.7	13 775.5	14 816.9	14 195.3
（二）城乡居民	2 854.6	2 933.3	3 304.2	3 837.7	4 107.0	4 852.9
二、基金支出	27 929.4	34 004.3	40 423.8	47 550.4	52 342.3	54 656.5
（一）城镇职工	25 812.7	31 853.8	38 051.5	44 644.9	49 228.0	51 301.4
1. 企业	23 140.9	25 865.1	28 541.1	31 500.6	34 655.3	37 612.3
2. 事业、机关	2 671.8	5 988.7	9 510.4	13 144.3	14 572.8	13 689.1
（二）城乡居民	2 116.7	2 150.5	2 372.2	2 905.5	3 114.3	3 355.1
三、累计结余	39 937.1	43 965.2	50 202.2	58 151.6	62 872.6	58 075.2
（一）城镇职工	35 344.8	38 580.0	43 884.6	50 901.3	54 623.3	48 316.6
1. 企业	34 115.2	36 970.3	41 385.2	47 761.2	51 221.2	44 401.7
2. 事业、机关	1 229.6	1 609.8	2 499.3	3 140.0	3 402.2	3 914.9
（二）城乡居民	4 592.3	5 385.2	6 317.6	7 250.3	8 249.2	9 758.6

注：从 2010 年起，基本养老保险中含城乡居民基本养老保险。

表 5-3　　历年全国参加城镇职工基本养老保险职工及离退休人数　　单位：万人

年份	职工		离退休人员	
	合计	企业	合计	企业
1990	5 200. 7	5 200. 7	965. 3	965. 3
1991	5 653. 7	5 653. 7	1 086. 6	1 086. 6
1992	7 774. 7	7 774. 7	1 681. 5	1 681. 5
1993	8 008. 2	8 008. 2	1 839. 4	1 839. 4
1994	8 494. 1	8 494. 1	2 079. 4	2 079. 4
1995	8 737. 8	8 737. 8	2 241. 2	2 241. 2
1996	8 758. 4	8 758. 4	2 358. 3	2 358. 3
1997	8 670. 9	8 670. 9	2 533. 0	2 533. 0
1998	8 475. 8	8 475. 8	2 727. 3	2 727. 3
1999	9 501. 8	8 859. 2	2 983. 6	2 863. 8
2000	10 447. 5	9 469. 9	3 169. 9	3 016. 5
2001	10 801. 9	9 733. 0	3 380. 6	3 171. 3
2002	11 128. 8	9 929. 4	3 607. 8	3 349. 2
2003	11 646. 5	10 324. 5	3 860. 2	3 556. 9
2004	12 250. 3	10 903. 9	4 102. 6	3 775. 0
2005	13 120. 4	11 710. 6	4 367. 5	4 005. 2
2006	14 130. 9	12 618. 0	4 635. 4	4 238. 6
2007	15 183. 2	13 690. 6	4 953. 7	4 544. 0
2008	16 587. 5	15 083. 4	5 303. 6	4 868. 0
2009	17 743. 0	16 219. 0	5 806. 9	5 348. 0
2010	19 402. 3	17 822. 7	6 305. 0	5 811. 6
2011	21 565. 0	19 970. 0	6 826. 2	6 314. 0
2012	22 981. 1	21 360. 9	7 445. 7	6 910. 9
2013	24 177. 3	22 564. 7	8 041. 0	7 484. 8
2014	25 531. 0	23 932. 3	8 593. 4	8 013. 6
2015	26 219. 2	24 586. 8	9 141. 9	8 536. 5
2016	27 826. 3	25 239. 6	10 103. 4	9 023. 9
2017	29 267. 6	25 856. 3	11 025. 7	9 460. 4
2018	30 104. 0	26 502. 6	11 797. 7	9 980. 5
2019	31 177. 5	27 508. 7	12 310. 4	10 396. 3
2020	32 858. 7	29 123. 6	12 762. 3	10 784. 2

表 5-4　　历年全国基本养老保险待遇水平　　单位：元/月

年份	平均离退休费							
	全部离退休人员				统筹范围内离退休人员			
	合计	企业	机关	事业	合计	企业	机关	事业
1998	495	455	656	624	413	413	—	—
1999	548	495	746	723	503	494	721	725
2000	595	526	835	827	559	544	947	871
2001	643	548	1 018	944	576	556	940	894
2002	734	636	1 147	1 068	648	618	1 077	1 031
2003	784	663	1 277	1 173	674	640	1 124	1 091
2004	810	673	1 378	1 243	705	667	1 223	1 154
2005	889	734	1 534	1 369	758	716	1 257	1 208
2006	—	—	—	—	873	832	1 364	1 290
2007	—	—	—	—	1 002	947	1 711	1 576
2008	—	—	—	—	1 168	1 121	1 822	1 663
2009	—	—	—	—	1 294	1 246	1 959	1 816
2010	—	—	—	—	1 426	1 380	2 055	1 929
2011	—	—	—	—	1 574	1 528	2 241	2 105
2012	—	—	—	—	1 750	1 700	2 352	2 380
2013	—	—	—	—	1 917	1 869	2 587	2 544
2014	—	—	—	—	2 105	2 061	2 668	2 695
2015	—	—	—	—	2 318	2 251	3 251	3 240
2016	—	—	—	—	2 519	2 373	3 858	3 921
2017	—	—	—	—	2 719	2 500	4 204	
2018	—	—	—	—	2 936	2 607	4 796	
2019					3 115	2 729	5 198	
2020					3 248	2 858	5 370	

续表

年份	平均退休费							
	全部退休人员				统筹范围内退休人员			
	合计	企业	机关	事业	合计	企业	机关	事业
1998	528	442	606	603	—	—	—	—
1999	606	481	707	702	—	—	—	—
2000	655	512	788	805	—	—	—	—
2001	689	531	964	921	—	—	—	—
2002	706	615	1 095	1 014	627	599	1 022	1 009
2003	757	644	1 221	1 151	654	621	1 069	1 069
2004	782	653	1 328	1 220	683	646	1 162	1 129
2005	861	714	1 469	1 346	737	698	1 196	1 180
2006	—	—	—	—	853	815	1 294	1 262
2007	—	—	—	—	977	925	1 639	1 543
2008	—	—	—	—	1 145	1 100	1 740	1 628
2009	—	—	—	—	1 270	1 225	1 876	1 778
2010	—	—	—	—	1 405	1 362	1 982	1 895
2011	—	—	—	—	1 555	1 511	2 167	2 073
2012	—	—	—	—	1 733	1 686	2 271	2 347
2013	—	—	—	—	1 902	1 856	2 514	2 514
2014	—	—	—	—	2 091	2 050	2 592	2 665
2015	—	—	—	—	2 304	2 240	3 193	3 210
2016	—	—	—	—	2 508	2 362	3 846	3 911
2017	—	—	—	—	2 710	2 490	4 199	
2018	—	—	—	—	2 928	2 597	4 794	
2019					3 106	2 719	5 196	
2020					3 241	2 850	5 368	

注：2016 年各地启动机关事业单位养老保险制度，参保人群扩大，按政策规定参保人员范围重新界定，与往年略有不同。自 2017 年起，本表反映执行机关事业单位养老保险制度数据。

表 5-5　　历年分地区城镇职工基本养老保险参保人数　　单位：万人

地区	2001年		2002年		2003年		2004年		2005年	
	合计	离退休人员	合计	离退休人员	合计	离退休人员	合计	离退休人员	合计	离退休人员
全国	**14 182.5**	**3 380.6**	**14 736.6**	**3 607.8**	**15 506.7**	**3 860.2**	**16 352.9**	**4 102.6**	**17 487.9**	**4 367.5**
中央国家机关										
北京	425.9	124.3	436.2	133.2	448.5	141.5	459.7	148.6	520.0	155.2
天津	281.4	85.2	296.0	91.4	283.3	97.6	298.1	102.9	308.3	107.7
河北	641.4	145.3	643.5	154.0	665.5	163.6	683.4	172.0	707.9	184.2
山西	365.6	81.8	361.8	85.4	364.4	88.1	376.7	93.3	383.4	98.2
内蒙古	290.6	65.3	292.9	70.8	300.9	72.6	318.8	82.0	338.9	86.1
辽宁	1 022.7	288.9	1 039.2	302.2	1 070.4	315.5	1 101.0	333.8	1 193.6	360.8
吉林	389.1	99.6	397.7	104.9	427.0	115.5	439.0	123.1	455.9	131.0
黑龙江	692.5	178.5	689.8	187.4	714.3	196.0	738.1	207.3	768.9	223.2
上海	683.5	239.9	699.8	246.9	715.6	254.6	770.9	265.3	830.0	290.7
江苏	888.1	212.7	1 063.5	252.9	1 135.2	271.4	1 214.1	288.8	1 345.6	307.9
浙江	610.4	125.1	701.1	132.6	801.2	144.2	888.0	152.4	962.3	160.9
安徽	432.7	98.5	432.3	102.8	456.6	113.6	463.9	118.8	471.7	124.8
福建	242.0	58.4	285.1	61.6	364.2	79.4	377.5	83.7	409.6	88.9
江西	328.8	78.2	339.8	82.6	355.9	93.4	371.8	99.9	387.4	105.5
山东	1 022.6	191.3	1 043.0	205.3	1 135.9	219.3	1 218.7	232.2	1 302.4	248.6
河南	736.6	141.9	757.8	161.5	751.1	171.0	781.1	181.1	814.0	194.2
湖北	612.1	137.7	628.8	147.2	732.4	177.9	780.5	195.4	804.0	206.4
湖南	603.4	148.0	616.5	157.7	636.2	167.5	691.7	185.4	718.6	195.2
广东	1 370.3	187.0	1 405.4	193.5	1 482.2	203.8	1 588.8	220.4	1 796.1	231.2
广西	248.9	58.7	257.2	63.5	264.8	66.3	279.3	70.2	288.6	73.3
海南	108.2	30.5	111.2	31.9	116.7	33.6	120.0	35.2	120.9	36.5
重庆	270.3	82.3	280.3	87.8	280.0	92.4	283.9	96.8	290.2	100.5
四川	578.9	169.4	589.2	178.1	605.5	187.5	668.0	202.7	793.4	230.7
贵州	159.0	42.4	168.9	44.9	168.0	48.0	174.9	50.0	183.7	51.7
云南	243.1	69.6	252.1	74.1	257.3	77.8	255.3	79.4	258.7	81.9
西藏	7.1	2.6	7.0	2.6	7.3	2.8	7.6	3.0	7.7	3.1

续表

地区	2001年		2002年		2003年		2004年		2005年	
	合计	离退休人员	合计	离退休人员	合计	离退休人员	合计	离退休人员	合计	离退休人员
陕西	345.4	83.4	352.0	90.8	362.4	97.4	369.3	102.5	376.1	107.8
甘肃	188.4	45.3	188.0	48.1	192.0	51.2	194.5	53.5	197.3	55.1
青海	51.9	14.9	54.2	15.0	56.4	15.9	58.5	16.5	60.0	16.9
宁夏	57.9	13.2	59.0	13.7	60.7	14.3	62.5	15.2	67.5	16.1
新疆	258.4	77.6	262.1	79.6	269.3	83.0	294.8	87.3	302.1	89.0
中国人民银行	19.8	3.1	19.8	3.3	19.8	3.4	17.1	3.5	17.1	3.7
中国农业发展银行	5.4	0.2	5.5	0.3	5.6	0.4	5.8	0.4	5.7	0.5

地区	2006年		2007年		2008年		2009年		2010年	
	合计	离退休人员	合计	离退休人员	合计	离退休人员	合计	离退休人员	合计	离退休人员
全国	**18 766.3**	**4 635.4**	**20 136.9**	**4 953.7**	**21 891.1**	**5 303.6**	**23 549.9**	**5 806.9**	**25 707.3**	**6 305.0**
中央国家机关										
北京	603.6	160.9	671.0	171.2	757.2	180.1	826.7	188.2	981.3	195.5
天津	328.2	112.7	344.8	119.2	376.5	129.3	401.5	136.5	431.5	143.6
河北	747.5	196.0	795.6	210.2	862.5	222.7	919.5	238.0	988.4	259.5
山西	486.9	112.7	506.7	120.2	539.4	128.0	563.8	136.6	591.0	147.3
内蒙古	356.6	91.1	370.9	96.6	389.5	102.9	410.8	112.8	430.7	119.2
辽宁	1 248.8	383.0	1 299.7	408.1	1 406.2	429.9	1 457.4	449.4	1 496.9	472.7
吉林	480.2	138.9	501.7	147.8	525.3	155.4	554.3	171.1	599.5	206.6
黑龙江	801.0	236.5	826.8	253.0	857.8	276.0	920.3	333.7	952.2	363.0
上海	891.7	314.4	932.4	340.5	967.7	357.8	1 001.1	376.0	1 049.5	392.2

续表

地区	2006年		2007年		2008年		2009年		2010年	
	合计	离退休人员	合计	离退休人员	合计	离退休人员	合计	离退休人员	合计	离退休人员
江苏	1 469.8	328.1	1 602.3	353.3	1 751.6	378.6	1 883.1	415.4	2 033.0	449.1
浙江	1 052.6	170.9	1 167.1	182.3	1 386.9	194.8	1 527.4	209.6	1 702.2	223.6
安徽	495.2	133.8	530.3	144.8	578.4	158.1	628.2	169.5	669.5	177.5
福建	456.1	93.6	512.8	98.1	557.2	102.6	585.9	108.1	635.5	113.5
江西	415.0	111.6	475.0	118.5	550.3	128.5	581.9	135.9	607.6	145.5
山东	1 368.0	261.7	1 457.1	282.2	1 565.9	305.0	1 661.0	326.0	1 773.0	345.1
河南	863.8	208.2	912.9	224.7	972.0	239.1	1 019.1	254.5	1 079.3	270.3
湖北	850.8	220.5	886.8	235.3	932.3	252.0	982.0	273.6	1 039.8	301.6
湖南	751.6	209.9	784.0	227.3	829.1	235.3	879.1	246.1	938.9	265.4
广东	1 972.3	243.5	2 226.8	257.2	2 444.3	273.0	2 716.4	294.2	3 215.2	339.6
广西	302.7	77.1	325.5	82.2	368.1	95.0	411.3	118.0	449.3	138.1
海南	132.0	38.0	141.7	39.7	156.2	42.0	168.1	43.2	180.8	45.4
重庆	317.3	107.9	344.8	112.7	406.1	130.7	492.8	176.5	584.4	192.5
四川	842.7	244.9	917.4	269.4	1 017.9	306.7	1 176.2	393.5	1 300.9	439.0
贵州	193.2	54.1	205.9	56.5	215.9	59.3	235.6	63.5	257.3	67.0
云南	267.4	83.8	279.4	87.6	293.7	89.3	306.5	90.2	317.4	92.3
西藏	7.6	3.1	8.1	3.0	8.5	3.1	9.2	3.1	9.9	3.2
陕西	391.5	111.4	408.1	117.4	433.4	124.4	458.8	131.0	550.4	150.3
甘肃	201.2	57.7	208.4	60.6	221.0	64.0	230.9	67.5	242.5	71.3
青海	62.5	17.4	65.2	18.0	68.3	18.6	71.3	19.3	74.4	20.0
宁夏	72.3	16.7	77.0	17.7	82.6	18.8	89.4	20.0	107.8	30.5
新疆	313.3	90.9	327.7	93.7	346.3	97.6	356.9	100.6	393.8	119.2
中国人民银行	17.2	3.9	17.3	4.1	17.5	4.2	17.5	4.4	17.7	4.6
中国农业发展银行	5.6	0.5	5.6	0.6	5.6	0.7	5.6	0.7	5.7	0.8

续表

地区	2011年		2012年		2013年		2014年		2015年	
	合计	离退休人员	合计	离退休人员	合计	离退休人员	合计	离退休人员	合计	离退休人员
全国	**28 391.3**	**6 826.2**	**30 426.8**	**7 445.7**	**32 218.4**	**8 041.0**	**34 124.4**	**8 593.4**	**35 361.2**	**9 141.9**
中央国家机关										
北京	1 089.4	201.2	1 206.4	210.7	1 311.3	220.0	1 392.6	228.9	1 424.2	236.7
天津	458.7	148.8	490.3	156.9	520.7	168.4	545.4	175.3	565.2	180.9
河北	1 059.8	285.3	1 125.6	312.3	1 194.7	335.1	1 262.0	353.6	1 320.5	368.5
山西	623.8	158.9	648.7	168.9	672.4	180.5	692.0	190.9	714.3	201.4
内蒙古	452.4	136.6	471.9	153.0	496.5	172.7	524.9	192.7	579.0	208.1
辽宁	1 556.6	486.5	1 609.2	510.4	1 729.5	557.8	1 769.2	601.9	1 780.2	640.5
吉林	617.5	221.1	632.2	234.6	655.2	248.4	676.7	261.1	693.6	273.7
黑龙江	981.0	380.0	1 013.0	401.6	1 062.1	422.2	1 090.1	443.4	1 118.0	471.1
上海	1 382.7	406.5	1 416.9	423.8	1 429.9	437.5	1 457.4	452.4	1 493.8	465.4
江苏	2 223.9	483.1	2 427.5	547.0	2 582.1	594.3	2 691.9	637.6	2 779.9	681.1
浙江	1 919.2	253.4	2 183.3	347.8	2 375.4	398.9	2 548.0	468.8	2 504.3	570.3
安徽	729.3	191.5	783.8	205.4	811.3	219.1	829.2	232.3	857.5	246.7
福建	695.1	118.2	756.5	125.5	812.8	133.2	848.3	140.2	883.7	147.1
江西	653.0	168.7	707.4	189.1	754.2	207.0	783.9	221.1	823.1	235.2
山东	1 907.1	373.1	2 063.2	416.3	2 259.6	459.2	2 370.2	511.5	2 477.5	554.4
河南	1 168.4	287.9	1 270.6	306.0	1 350.0	325.6	1 431.6	342.3	1 508.7	359.8
湖北	1 113.4	341.7	1 171.4	367.3	1 219.4	395.9	1 266.2	419.2	1 315.5	440.6
湖南	988.2	277.9	1 048.0	300.4	1 091.7	329.5	1 118.9	349.0	1 160.1	369.0
广东	3 800.7	372.6	4 034.1	390.2	4 183.0	421.3	4 809.5	445.9	5 086.5	473.3
广西	483.8	151.5	512.7	163.6	538.4	172.6	557.6	180.3	576.6	186.9
海南	199.9	47.8	214.2	52.5	231.5	57.1	242.3	59.9	249.8	62.0
重庆	647.6	220.1	716.9	247.0	773.1	275.4	825.5	293.3	849.3	304.9
四川	1 494.2	495.4	1 615.4	541.7	1 720.3	596.2	1 839.7	648.1	1 939.0	688.9
贵州	282.1	71.3	309.4	77.7	337.3	82.6	361.5	87.1	392.1	94.8
云南	342.8	104.2	364.5	110.7	384.3	115.7	397.9	118.7	412.9	121.8

续表

地区	2011年		2012年		2013年		2014年		2015年	
	合计	离退休人员	合计	离退休人员	合计	离退休人员	合计	离退休人员	合计	离退休人员
西藏	11.2	3.2	13.3	3.5	14.0	3.5	15.2	3.7	16.2	3.8
陕西	588.6	155.5	643.5	177.1	685.0	191.9	716.5	200.3	751.7	207.5
甘肃	263.0	85.1	277.4	93.7	288.4	99.9	298.8	105.0	306.2	109.2
青海	81.5	25.2	86.0	26.2	90.3	27.6	94.6	28.8	100.1	30.1
宁夏	121.4	36.4	131.2	39.9	143.8	41.9	151.4	44.2	157.5	46.4
新疆	431.5	131.9	458.8	139.0	476.3	143.8	490.8	149.1	499.4	154.8
中国人民银行	17.8	4.8	17.9	5.0	18.0	5.2	18.0	5.5	18.1	5.8
中国农业发展银行	5.8	1.0	5.9	1.0	6.0	1.1	6.5	1.3	6.7	1.4

地区	2016年		2017年		2018年		2019年		2020年	
	合计	离退休人员	合计	离退休人员	合计	离退休人员	合计	离退休人员	合计	离退休人员
全国	**37 929.7**	**10 103.4**	**40 293.3**	**11 025.7**	**41 901.6**	**11 797.7**	**43 487.9**	**12 310.4**	**45 621.1**	**12 762.3**
中央国家机关					55.6	24.4	59.2	26.1	61.7	25.5
北京	1 546.6	275.4	1 604.5	283.1	1 685.8	293.5	1 748.2	302.6	1 777.8	311.4
天津	639.0	208.6	655.0	213.8	683.2	221.0	695.6	226.3	730.8	234.4
河北	1 403.1	391.3	1 535.8	433.8	1 586.1	455.4	1 654.5	466.7	1 737.9	480.1
山西	760.2	216.6	798.7	243.0	837.6	262.2	871.5	273.6	932.9	278.2
内蒙古	655.0	236.5	694.3	257.1	733.5	284.6	763.4	298.8	785.9	311.3
辽宁	1 800.3	679.7	1 949.8	754.4	1 994.8	789.6	2 026.2	816.0	2 049.0	839.7
吉林	706.8	286.7	814.5	332.2	862.4	356.6	882.1	375.9	898.2	385.8
黑龙江	1 144.1	488.5	1 206.1	523.9	1 308.5	576.7	1 364.9	599.8	1 411.4	621.0
上海	1 527.1	476.3	1 548.2	489.2	1 573.4	502.0	1 589.6	511.9	1 616.7	521.8
江苏	2 861.5	724.2	3 034.5	796.1	3 225.6	871.2	3 417.4	918.1	3 557.9	964.5

续表

地区	2016年		2017年		2018年		2019年		2020年	
	合计	离退休人员	合计	离退休人员	合计	离退休人员	合计	离退休人员	合计	离退休人员
浙江	2 506.9	663.9	2 712.4	747.5	2 883.4	806.8	3 031.7	856.9	3 211.1	897.2
安徽	892.2	257.9	1 077.0	322.9	1 141.7	342.9	1 217.0	356.7	1 283.5	369.1
福建	979.8	174.0	1 022.1	182.0	1 074.3	190.6	1 137.3	199.1	1 200.6	209.0
江西	957.3	284.6	1 005.2	307.7	1 052.8	333.1	1 096.9	348.4	1 167.4	360.7
山东	2 576.4	607.4	2 660.9	638.8	2 762.7	677.1	2 868.0	711.2	3 046.3	754.1
河南	1 848.4	450.3	1 897.6	460.0	2 006.5	486.4	2 133.8	505.6	2 248.5	524.4
湖北	1 355.0	458.0	1 546.6	526.1	1 601.6	554.1	1 684.8	584.3	1 744.7	596.8
湖南	1 186.7	362.9	1 279.3	422.7	1 402.4	454.5	1 557.8	486.0	1 724.8	502.7
广东	5 392.4	524.6	5 287.1	569.0	4 919.7	636.6	4 633.4	671.2	4 873.1	711.1
广西	751.9	240.7	777.8	251.9	825.9	260.3	869.5	268.4	919.5	274.6
海南	224.9	66.5	240.9	68.9	258.0	70.5	281.0	72.7	305.3	74.3
重庆	952.2	346.3	989.2	360.8	1 051.2	388.7	1 127.7	406.6	1 203.4	421.9
四川	2 157.6	777.8	2 335.1	816.0	2 543.7	881.6	2 700.3	915.7	2 830.1	947.5
贵州	423.6	99.6	588.2	141.3	639.8	149.7	677.5	155.8	714.0	160.5
云南	581.8	168.0	591.5	171.3	616.2	176.0	649.9	181.5	701.3	185.6
西藏	21.1	6.0	42.9	9.2	46.2	9.6	48.2	10.0	52.6	10.4
陕西	790.8	213.6	953.3	246.4	992.0	258.2	1 080.7	264.1	1 157.6	272.9
甘肃	315.0	114.1	429.8	141.6	454.7	155.4	469.4	159.6	484.5	164.7
青海	132.3	41.4	138.3	42.8	145.1	44.7	152.8	46.7	158.2	48.5
宁夏	189.3	57.8	205.2	60.2	216.1	63.6	226.6	66.0	240.1	68.6
新疆	625.0	196.5	646.4	204.3	695.3	211.0	744.2	219.0	767.1	224.3
中国人民银行	18.2	6.1	18.2	6.1	18.6	6.8	19.0	7.1	19.2	7.4
中国农业发展银行	6.9	1.6	6.9	1.6	7.4	2.1	7.6	2.3	8.1	2.4

表 5-6　　分地区城镇职工基本养老保险情况

（2020 年）　　单位：万人，亿元

地区	参保职工年末人数	企业	参保离退休人员年末人数	基金收支情况 基金收入	基金支出	累计结余
全国	**32 858.7**	**29 123.6**	**12 762.3**	**44 375.7**	**51 301.4**	**48 316.6**
中央国家机关	36.1		25.5	268.2	254.5	95.5
北京	1 466.4	1 405.0	311.4	2 160.6	1 953.3	5 763.3
天津	496.5	451.2	234.4	854.5	1 061.2	358.6
河北	1 257.8	1 038.7	480.1	1 683.6	1 981.6	641.6
山西	654.7	539.3	278.2	1 111.9	1 290.6	1 505.4
内蒙古	474.6	383.3	311.3	997.4	1 271.2	407.8
辽宁	1 209.3	1 085.6	839.7	2 149.9	3 072.9	226.3
吉林	512.4	430.6	385.8	957.3	1 263.2	341.2
黑龙江	790.3	683.9	621.0	1 629.3	2 240.1	-368.9
上海	1 094.9	1 028.5	521.8	2 036.7	2 982.4	1 214.1
江苏	2 593.4	2 411.9	964.5	3 018.2	3 566.4	4 231.8
浙江	2 313.9	2 161.0	897.2	2 397.4	3 415.6	2 457.8
安徽	914.4	794.7	369.1	1 313.6	1 364.2	1 863.3
福建	991.6	894.4	209.0	790.8	888.3	710.2
江西	806.7	696.9	360.7	1 032.5	1 172.8	724.0
山东	2 292.1	2 031.0	754.1	2 491.2	3 162.1	1 475.7
河南	1 724.1	1 460.8	524.4	1 689.5	1 950.0	1 078.7
湖北	1 147.9	1 015.3	596.8	2 024.7	2 265.5	963.2
湖南	1 222.1	1 039.0	502.7	1 733.8	1 731.3	1 864.9
广东	4 161.9	3 931.8	711.1	3 858.1	3 313.6	12 338.3
广西	644.9	526.5	274.6	982.5	1 117.9	631.3
海南	231.1	207.1	74.3	266.3	300.3	248.8
重庆	781.5	708.8	421.9	1 212.5	1 295.1	1 025.9
四川	1 882.6	1 685.1	947.5	2 662.3	3 105.0	3 367.4
贵州	553.5	446.3	160.5	668.0	683.7	878.4
云南	515.8	388.2	185.6	819.9	804.6	1 340.5
西藏	42.2	21.3	10.4	132.1	118.2	185.1
陕西	884.7	754.3	272.9	1 221.5	1 281.8	747.7
甘肃	319.8	229.6	164.7	558.6	671.3	376.6
青海	109.7	89.0	48.5	237.6	279.5	23.3
宁夏	171.6	151.2	68.6	264.7	289.0	241.9
新疆	542.8	433.4	224.3	1 087.9	1 083.7	1 330.3
中国人民银行	11.8		7.4	41.4	53.6	-2.6
中国农业发展银行	5.7		2.4	19.8	16.9	28.0
中央调剂金账户				1.1		1.1

表 5-7　　历年全国养老金社会化发放人数　　单位：万人

年份	社会化发放人数	纳入社区管理的企业退休人员人数	纳入社区管理的企业退休人员比例（%）
2005	4 001.0	2 655.2	68.3
2006	4 232.0	2 832.8	68.8
2007	4 535.8	3 136.0	71.2
2008	4 829.1	3 461.0	73.2
2009	5 303.3	3 879.0	75.2
2010	5 805.8	4 344.0	76.2
2011	5 367.0	4 725.0	77.3
2012	6 865.5	5 328.0	78.3
2013	7 201.0	5 620.0	79.1
2014	8 093.2	6 038.0	80.2
2015	8 383.9	6 597.0	81.1
2016	8 620.5	7 086.0	82.0
2017	9 142.9	7 589.0	83.0
2018	9 693.2	8 045.3	83.0
2019	10 759.4	7 992.1	76.9
2020	11 325.9	8 240.1	76.5

注：社会化发放人数是指企业、企业化管理的事业单位及其他参保人员中的离退休人员。2019 年对该指标的释义进行了修改：指由社会保险经办机构委托社会服务机构发放、直接发放基本养老金的离退休（职）人数。

表 5-8　　分地区养老金社会化发放人数

（2020 年）　　单位：万人

地区	社会化发放人数
全国	**11 325.9**
北京	274.9
天津	202.3
河北	359.5
山西	212.6
内蒙古	309.6
辽宁	839.7
吉林	333.2
黑龙江	538.1
上海	468.3
江苏	824.0
浙江	828.3
安徽	361.1
福建	159.3
江西	360.5
山东	624.3
河南	400.8
湖北	513.0
湖南	391.2
广东	618.2
广西	274.6
海南	74.3
重庆	380.0
四川	943.0
贵州	160.5
云南	182.0
西藏	10.4
陕西	212.6
甘肃	131.5
青海	48.5
宁夏	68.6
新疆	151.6
新疆兵团	69.5

表 5-9　　历年分地区基本医疗保险参保人数　　单位：万人

地区	2001年		2002年		2003年		2004年		2005年	
	合计	退休人员	合计	退休人员	合计	退休人员	合计	退休人员	合计	退休人员
全国	**7 285.9**	**1 815.2**	**9 401.2**	**2 475.4**	**10 901.7**	**2 926.8**	**12 403.6**	**3 359.2**	**13 782.9**	**3 761.2**
北京	240.7	89.4	321.1	113.2	436.1	134.7	483.9	141.7	574.8	155.1
天津	139.6	46.8	250.2	103.8	254.7	108.5	263.0	104.8	299.1	118.3
河北	282.5	61.5	330.4	73.0	383.2	84.7	472.5	108.9	562.1	139.6
山西	157.3	34.4	216.7	49.5	245.5	51.3	295.5	63.9	324.9	73.0
内蒙古	196.9	45.5	221.7	54.2	252.3	66.1	274.2	78.1	292.0	86.0
辽宁	313.6	90.4	619.0	188.7	697.7	217.2	783.7	247.3	864.2	280.0
吉林	124.2	27.8	176.9	39.8	230.8	55.3	270.0	67.5	283.0	73.9
黑龙江	308.3	89.2	392.8	108.2	435.2	122.1	544.1	151.7	602.9	170.4
上海	680.5	238.9	694.8	245.9	709.6	250.6	714.1	260.9	728.6	275.9
江苏	456.0	113.5	690.9	183.2	815.0	227.6	976.7	261.6	1 124.1	303.0
浙江	352.7	100.0	423.4	117.0	510.3	139.5	569.2	150.3	639.6	163.1
安徽	232.8	53.6	273.4	65.6	318.2	79.8	362.2	97.7	387.1	112.7
福建	171.0	38.3	230.0	54.7	247.8	61.8	285.9	69.5	333.0	77.2
江西	71.6	12.2	106.6	22.7	188.2	45.7	250.4	65.8	276.7	75.0
山东	490.2	86.0	625.6	119.5	691.1	138.0	771.9	153.5	861.5	176.7
河南	460.3	94.8	537.4	115.2	567.9	126.9	590.0	136.8	641.5	154.1
湖北	255.4	54.5	338.1	80.6	416.6	110.1	466.8	132.5	502.0	147.2
湖南	351.6	83.7	398.1	108.3	423.5	116.1	477.0	133.9	503.4	146.6
广东	544.8	84.4	717.7	118.8	877.0	146.4	1 034.2	168.9	1 235.3	180.3
广西	150.1	33.4	201.8	54.1	235.0	66.1	272.2	77.8	285.9	82.3
海南	40.9	8.5	52.6	11.5	63.1	15.4	78.6	22.3	87.2	24.5
重庆	36.8	9.7	58.7	18.0	121.8	41.7	206.3	76.2	237.7	91.9
四川	437.6	128.3	480.6	150.1	531.2	173.8	587.6	196.5	647.0	220.2
贵州	31.1	6.9	94.6	26.6	134.1	38.2	152.6	44.0	180.5	51.5
云南	185.7	45.6	238.4	65.0	281.5	81.4	302.3	89.6	320.7	95.5
西藏					6.0	1.8	7.1	2.8	15.2	4.8
陕西	231.4	49.4	261.8	65.1	301.0	77.4	325.6	86.8	348.8	101.3
甘肃	109.9	23.6	124.1	26.0	146.0	32.8	165.8	40.6	176.6	46.2
青海	38.3	12.6	51.1	16.3	56.4	17.8	60.2	19.5	62.0	20.4
宁夏	17.2	4.0	36.8	10.1	48.1	12.7	55.6	14.6	64.5	17.2
新疆	177.0	48.1	235.7	70.6	276.7	85.3	304.4	93.2	321.1	97.5

续表

地区	2006年		2007年		2008年		2009年		2010年	
	合计	退休人员	合计	退休人员	合计	退休人员	合计	退休人员	合计	退休人员
全国	**15 731.9**	**4 151.5**	**22 311.4**	**4 600.0**	**31 821.7**	**5 007.9**	**40 147.0**	**5 526.9**	**43 262.9**	**5 943.5**
北京	679.5	163.9	929.4	172.9	1 017.1	182.4	1 083.9	191.8	1 207.3	215.1
天津	344.2	126.0	403.8	133.2	484.5	141.8	605.3	150.6	960.9	157.5
河北	615.9	158.6	746.3	183.9	1 083.1	199.5	1 421.1	219.7	1 518.1	238.0
山西	353.8	82.2	460.6	98.3	593.9	108.8	879.0	128.5	923.5	140.0
内蒙古	316.2	93.1	451.6	103.8	612.5	108.6	805.3	117.8	886.4	124.7
辽宁	959.3	307.4	1 200.2	346.5	1 507.5	386.5	1 895.6	444.5	2 056.2	464.1
吉林	376.3	101.2	767.2	118.2	937.4	131.8	1 242.8	147.4	1 333.8	179.9
黑龙江	708.2	192.9	826.7	202.3	1 056.3	216.0	1 544.3	256.5	1 560.8	278.4
上海	1 023.3	291.0	1 096.8	306.4	1 355.2	320.9	1 583.8	372.5	1 665.2	388.8
江苏	1 274.3	338.5	2 136.6	365.4	2 837.6	390.3	3 031.0	418.6	3 249.4	443.2
浙江	730.6	172.9	946.2	185.5	1 322.6	198.3	1 784.4	211.8	1 963.8	226.8
安徽	441.2	124.7	953.3	137.1	1 323.8	148.1	1 435.8	160.4	1 529.3	169.3
福建	370.1	85.2	477.4	91.0	796.5	101.4	1 137.2	114.7	1 200.6	120.7
江西	313.3	86.5	784.7	121.6	1 207.1	149.4	1 300.4	151.6	1 326.4	166.5
山东	996.1	199.9	1 292.3	227.8	1 847.0	256.2	2 540.2	287.8	2 770.6	316.7
河南	704.1	173.3	897.7	197.4	1 549.4	220.8	1 970.1	243.7	2 043.7	258.7
湖北	565.3	166.6	870.5	196.3	1 435.7	210.9	1 811.7	236.2	1 860.0	239.8
湖南	560.5	162.4	724.5	181.9	1 321.6	206.5	1 831.9	225.6	1 894.5	236.9
广东	1 421.1	197.9	2 281.6	218.0	3 551.8	240.3	4 568.5	259.4	5 043.2	314.5
广西	302.0	88.7	361.4	99.2	568.2	103.8	850.0	110.6	935.2	123.0
海南	91.0	25.6	155.3	29.9	249.7	34.0	283.8	41.5	323.3	43.2
重庆	257.5	97.4	327.5	104.7	550.6	115.1	769.5	120.8	830.8	125.6
四川	734.5	247.8	1 020.0	270.6	1 413.8	296.7	1 912.7	317.3	2 063.1	348.3
贵州	199.2	57.8	293.8	66.1	404.3	73.0	567.0	85.1	602.5	88.2
云南	331.5	98.8	400.3	101.8	618.2	103.6	762.5	118.3	820.5	121.4
西藏	16.5	5.0	19.2	5.8	32.4	5.3	36.0	6.4	38.6	6.6
陕西	377.1	111.4	459.3	123.2	717.3	132.8	890.0	145.2	947.2	151.2
甘肃	195.8	51.7	449.5	61.6	522.2	68.8	557.4	77.7	588.8	85.9
青海	64.5	22.0	95.8	23.0	93.6	24.5	104.8	24.6	140.3	25.2
宁夏	73.1	19.9	114.0	21.4	158.7	22.7	186.0	23.8	188.3	26.4
新疆	335.8	101.2	367.9	105.1	652.1	109.0	755.0	114.7	790.5	119.0

续表

地区	2011年		2012年		2013年		2014年		2015年	
	合计	退休人员	合计	退休人员	合计	退休人员	合计	退休人员	合计	退休人员
全国	**47 343.2**	**6 278.6**	**53 641.3**	**6 624.2**	**57 072.6**	**6 941.8**	**59 746.9**	**7 254.8**	**66 581.6**	**7 531.2**
北京	1 347.8	232.8	1 431.6	239.1	1 514.9	249.8	1 604.3	260.1	1 656.6	269.5
天津	972.8	162.5	981.3	168.9	1 001.5	177.3	1 023.6	183.6	1 054.1	190.4
河北	1 562.2	248.2	1 644.4	261.5	1 674.5	275.6	1 697.5	286.3	1 663.7	300.3
山西	1 005.1	150.8	1 055.9	157.2	1 086.3	166.9	1 101.2	175.5	1 113.8	179.4
内蒙古	907.3	124.3	967.7	132.4	986.2	134.5	998.1	138.6	1 008.1	141.4
辽宁	2 120.1	494.1	2 251.9	524.8	2 333.3	546.9	2 387.2	576.7	2 396.2	597.7
吉林	1 350.6	188.2	1 370.0	194.0	1 378.6	197.5	1 380.0	197.5	1 380.6	199.7
黑龙江	1 578.0	293.6	1 580.3	309.6	1 580.4	311.6	1 586.4	324.3	1 594.8	330.1
上海	1 591.8	404.1	1 638.6	421.5	1 650.5	438.4	1 678.5	453.2	1 719.2	465.8
江苏	3 500.5	470.9	3 608.8	508.9	3 427.6	543.6	3 797.5	577.0	4 014.3	610.8
浙江	2 244.1	243.3	2 806.8	277.1	4 121.1	299.5	4 847.6	324.1	4 964.1	353.7
安徽	1 612.9	181.9	1 660.0	191.5	1 660.8	203.3	1 756.4	211.9	1 737.6	221.1
福建	1 217.2	126.2	1 262.9	130.2	1 283.8	136.4	1 293.0	143.0	1 301.2	146.8
江西	1 329.7	170.9	1 438.6	180.4	1 476.6	189.8	1 494.2	197.7	1 530.4	201.3
山东	2 947.8	337.5	3 101.2	365.6	3 647.9	391.7	3 988.0	411.4	9 235.8	439.9
河南	2 122.3	272.2	2 222.2	293.2	2 297.2	313.4	2 340.0	327.2	2 344.9	336.6
湖北	1 932.5	254.6	1 960.3	264.7	1 960.6	280.7	1 968.0	286.9	1 972.1	296.3
湖南	1 941.2	242.9	2 341.9	248.8	2 316.2	257.5	2 300.7	261.8	2 662.3	267.1
广东	6 767.1	340.5	8 421.8	362.8	9 179.8	383.8	9 804.2	420.9	10 136.0	439.7
广西	981.3	128.8	1 011.5	133.6	1 031.0	137.8	1 067.3	143.8	1 077.6	148.8
海南	352.4	45.3	378.5	47.5	406.5	50.6	386.8	53.7	389.8	55.6
重庆	1 324.8	133.1	3 219.1	147.9	3 234.8	158.9	3 256.8	167.0	3 266.3	174.0
四川	2 248.4	366.0	2 383.8	381.8	2 486.0	394.5	2 576.5	407.5	2 650.7	418.8
贵州	629.0	93.3	648.3	96.3	672.1	98.1	687.1	99.9	955.5	105.2
云南	865.8	126.6	882.4	129.5	1 118.8	133.3	1 135.9	138.6	1 140.8	140.7
西藏	43.7	6.6	50.1	7.1	54.8	7.2	58.9	7.8	61.8	8.1
陕西	1 090.4	172.8	1 118.8	175.8	1 244.3	181.7	1 246.2	184.4	1 247.3	187.4
甘肃	590.8	88.2	616.5	87.7	622.8	90.2	630.6	96.2	635.0	99.8
青海	151.6	25.9	172.3	26.7	181.3	27.6	190.4	29.1	195.2	30.4
宁夏	188.8	27.1	561.8	28.5	565.5	29.5	578.6	31.0	584.8	32.2
新疆	825.2	125.2	851.9	129.6	877.1	134.3	885.1	138.2	891.0	142.6

续表

地区	2016年		2017年		2018年		2019年		2020年	
	合计	退休人员	合计	退休人员	合计	退休人员	合计	退休人员	合计	退休人员
全国	**74 391.6**	**7 811.6**	**117 681.4**	**8 034.3**	**134 458.6**	**8 373.3**	**135 407.4**	**8 700.4**	**136 131.1**	**9 026.3**
北京	1 708.8	277.8	1 771.4	286.2	2 018.1	296.9	2 082.7	306.1	2 139.9	315.0
天津	1 066.8	195.4	1 088.5	201.0	1 116.7	207.5	1 137.0	212.1	1 164.1	217.9
河北	6 672.1	306.2	6 883.1	312.4	6 914.3	324.7	6 937.7	337.3	6 938.8	348.3
山西	1 121.2	185.4	3 215.3	189.2	3 266.9	207.2	3 266.4	219.7	3 245.1	228.1
内蒙古	1 019.8	146.1	2 161.5	148.4	2 164.4	153.6	2 178.4	170.5	2 183.9	184.3
辽宁	2 376.0	612.9	2 277.5	608.4	3 968.8	622.8	3 894.7	641.0	3 867.5	651.1
吉林	1 380.9	204.8	1 380.9	207.6	2 607.3	209.9	2 548.1	192.3	2 461.9	200.3
黑龙江	1 599.9	354.0	2 892.6	350.6	2 908.6	358.2	2 837.1	377.1	2 827.0	391.8
上海	1 806.7	477.0	1 839.8	489.7	1 866.1	502.7	1 889.1	512.4	1 943.2	522.3
江苏	3 984.4	641.2	7 619.1	679.8	7 721.7	723.1	7 848.8	764.5	7 967.7	805.6
浙江	4 993.3	383.2	5 251.6	414.5	5 368.7	446.4	5 461.5	476.5	5 556.5	507.3
安徽	1 621.5	231.1	2 108.1	237.7	6 105.1	247.3	6 731.5	255.3	6 704.6	267.3
福建	1 297.9	150.2	3 768.6	155.1	3 804.7	161.0	3 788.1	162.6	3 840.5	171.1
江西	1 807.0	202.8	4 762.4	191.8	4 797.5	197.3	4 782.4	207.0	4 780.0	213.1
山东	9 188.8	465.6	9 295.7	486.3	9 437.1	512.0	9 569.6	549.5	9 697.8	588.0
河南	2 360.7	344.6	10 410.7	344.4	10 435.7	361.3	10 289.8	375.1	10 349.5	389.2
湖北	1 981.8	300.5	5 622.2	316.2	5 586.2	321.9	5 562.6	331.4	5 583.0	339.2
湖南	2 646.1	272.5	6 906.3	285.4	6 838.0	292.6	6 716.1	299.0	6 731.8	308.2
广东	10 150.2	460.6	10 365.1	479.1	10 615.8	505.3	10 783.5	525.6	10 991.4	547.7
广西	1 096.4	155.0	5 173.3	160.2	5 136.7	167.5	5 207.2	176.0	5 217.2	177.6
海南	387.2	57.1	419.5	60.4	915.4	62.9	920.6	64.7	934.0	66.5
重庆	3 259.3	179.5	3 248.5	184.9	3 265.3	192.4	3 272.1	200.3	3 266.7	205.8
四川	5 056.8	439.4	7 714.8	458.4	8 637.1	481.4	8 616.9	498.7	8 591.7	511.7
贵州	973.6	108.3	1 001.3	111.5	4 233.6	115.7	4 186.7	119.7	4 194.4	123.2
云南	1 163.6	144.5	4 463.8	147.3	4 520.9	150.3	4 533.4	154.6	4 581.3	157.7
西藏	65.4	8.6	69.9	9.1	342.7	9.8	347.1	11.2	342.8	11.1
陕西	1 248.0	188.5	1 251.0	190.5	3 885.9	197.6	3 960.8	204.4	3 899.7	209.6
甘肃	643.3	106.0	2 512.2	108.0	2 546.7	110.8	2 572.9	114.1	2 590.4	119.9
青海	196.7	31.8	549.0	32.8	555.3	34.2	557.9	35.7	563.3	37.2
宁夏	594.0	33.0	618.2	34.6	626.2	36.3	633.7	38.0	658.8	39.5
新疆	923.2	148.0	1 039.6	152.7	2 250.9	162.7	2 293.1	168.1	2 316.8	170.7

表 5-10　　分地区职工基本医疗保险参保人数

（2020 年）　　单位：万人

地区	年末参保人数	职工	退休人员
全国	**34 455.1**	**25 428.8**	**9 026.3**
北京	1 741.6	1 426.6	315.0
天津	618.4	400.5	217.9
河北	1 135.5	787.2	348.3
山西	716.4	488.2	228.1
内蒙古	553.0	368.6	184.3
辽宁	1 588.4	937.2	651.1
吉林	529.8	329.5	200.3
黑龙江	876.4	484.6	391.8
上海	1 587.2	1 064.9	522.3
江苏	3 102.3	2 296.6	805.6
浙江	2 579.5	2 072.2	507.3
安徽	951.6	684.3	267.3
福建	893.1	722.0	171.1
江西	599.0	385.9	213.1
山东	2 323.3	1 735.3	588.0
河南	1 336.5	947.3	389.2
湖北	1 136.9	797.8	339.2
湖南	989.8	681.6	308.2
广东	4 578.1	4 030.5	547.7
广西	656.2	478.6	177.6
海南	250.1	183.6	66.5
重庆	767.0	561.2	205.8
四川	1 875.9	1 364.3	511.7
贵州	475.5	352.3	123.2
云南	548.4	390.8	157.7
西藏	50.4	39.4	11.1
陕西	742.2	532.7	209.6
甘肃	361.9	242.0	119.9
青海	108.5	71.4	37.2
宁夏	153.0	113.5	39.5
新疆	629.1	458.4	170.7

表 5-11　　分地区基本医疗保险参保人数

（2020 年）　　单位：万人

地区	合计	职工	城乡居民
全国	**136 131. 1**	**34 455. 1**	**101 676. 0**
北京	2 139. 9	1 741. 6	398. 3
天津	1 164. 1	618. 4	545. 7
河北	6 938. 8	1 135. 5	5 803. 3
山西	3 245. 1	716. 4	2 528. 7
内蒙古	2 183. 9	553. 0	1 630. 9
辽宁	3 867. 5	1 588. 4	2 279. 1
吉林	2 461. 9	529. 8	1 932. 1
黑龙江	2 827. 0	876. 4	1 950. 6
上海	1 943. 2	1 587. 2	356. 0
江苏	7 967. 7	3 102. 3	4 865. 5
浙江	5 556. 5	2 579. 5	2 977. 0
安徽	6 704. 6	951. 6	5 753. 0
福建	3 840. 5	893. 1	2 947. 3
江西	4 780. 0	599. 0	4 180. 9
山东	9 697. 8	2 323. 3	7 374. 5
河南	10 349. 5	1 336. 5	9 013. 0
湖北	5 583. 0	1 136. 9	4 446. 0
湖南	6 731. 8	989. 8	5 742. 0
广东	10 991. 4	4 578. 1	6 413. 3
广西	5 217. 2	656. 2	4 561. 0
海南	934. 0	250. 1	683. 9
重庆	3 266. 7	767. 0	2 499. 8
四川	8 591. 7	1 875. 9	6 715. 7
贵州	4 194. 4	475. 5	3 718. 9
云南	4 581. 3	548. 4	4 032. 8
西藏	342. 8	50. 4	292. 3
陕西	3 899. 7	742. 2	3 157. 5
甘肃	2 590. 4	361. 9	2 228. 5
青海	563. 3	108. 5	454. 7
宁夏	658. 8	153. 0	505. 8
新疆	2 316. 8	629. 1	1 687. 6

表 5-12　　分地区基本医疗保险基金收支情况

（2020 年）　　单位：亿元

地区	基金收入			基金支出			累计结余		
	合计	职工	居民	合计	职工	居民	合计	职工	居民
全国	**24 846.1**	**15 731.6**	**9 114.5**	**21 032.1**	**12 867.0**	**8 165.1**	**31 500.0**	**25 423.5**	**6 076.5**
北京	1 491.3	1 380.5	110.8	1 246.3	1 167.0	79.3	1 353.7	1 299.4	54.3
天津	370.4	324.3	46.1	340.4	294.7	45.7	413.1	311.7	101.4
河北	998.4	511.8	486.5	868.9	410.6	458.3	1 183.4	922.1	261.3
山西	497.9	278.4	219.4	438.2	233.6	204.6	567.6	432.0	135.6
内蒙古	396.8	257.0	139.8	310.1	197.0	113.0	506.6	408.7	97.8
辽宁	757.7	544.1	213.6	626.9	474.6	152.3	769.7	569.8	199.9
吉林	353.1	193.2	159.9	273.8	156.2	117.6	480.6	363.4	117.1
黑龙江	545.5	370.0	175.6	414.7	284.1	130.6	708.2	517.9	190.3
上海	1 318.0	1 223.1	95.0	1 041.8	959.9	81.9	3 207.5	3 183.6	23.9
江苏	1 798.5	1 297.8	500.8	1 584.9	1 106.2	478.7	2 303.5	2 049.3	254.2
浙江	1 697.8	1 221.1	476.7	1 343.0	938.5	404.5	2 462.7	2 223.7	239.0
安徽	803.1	326.8	476.3	735.4	286.6	448.8	778.6	542.6	236.0
福建	624.8	377.7	247.1	554.5	314.6	239.9	866.9	764.0	102.9
江西	623.8	248.3	375.5	555.8	202.5	353.3	675.6	389.2	286.4
山东	1 585.1	939.8	645.3	1 457.1	868.4	588.7	1 665.7	1 229.8	435.9
河南	1 224.4	520.5	703.8	1 106.6	426.7	679.9	1 053.5	758.9	294.5
湖北	943.9	579.7	364.1	780.2	433.3	346.8	933.7	656.5	277.2
湖南	894.9	416.2	478.7	800.1	339.9	460.2	910.7	662.1	248.6
广东	2 205.6	1 647.2	558.4	1 870.0	1 380.0	490.0	3 664.6	3 180.9	483.7
广西	680.9	282.3	398.7	607.4	233.6	373.8	860.2	449.9	410.3
海南	152.5	95.4	57.1	130.3	77.4	52.9	222.1	177.7	44.4
重庆	539.9	327.3	212.6	469.7	273.8	196.0	515.0	334.4	180.5
四川	1 356.5	779.4	577.2	1 107.5	584.9	522.6	1 943.1	1 461.6	481.5
贵州	534.3	220.5	313.7	431.1	174.4	256.6	548.3	305.6	242.7
云南	685.2	341.0	344.2	571.1	259.9	311.2	733.7	524.3	209.4
西藏	66.4	44.8	21.6	32.9	22.0	10.9	147.7	137.0	10.7
陕西	630.7	343.8	286.9	469.6	264.2	205.4	704.8	541.6	163.2
甘肃	343.3	159.5	183.9	283.9	125.0	159.0	292.5	202.8	89.7
青海	126.1	83.3	42.8	96.8	64.6	32.2	186.3	140.7	45.6
宁夏	121.3	75.1	46.3	99.5	60.3	39.2	152.0	117.4	34.6
新疆	477.9	321.8	156.1	383.7	252.8	130.9	688.6	564.6	123.9

注：基本医疗保险基金收支结余中含生育保险基金。

表 5-13　　历年分地区失业保险参保人数　　单位：万人

地区	2001 年		2002 年		2003 年		2004 年		2005 年	
	年末参保人数	年末领取失业保险金人数	年末参保人数	年末领取失业保险金人数	年末参保人数	年末领取失业保险金人数	年末参保人数	年末领取失业保险金人数	年末参保人数	年末领取失业保险金人数
全国	**10 355**	**312**	**10 182**	**440**	**10 373**	**415**	**10 584**	**419**	**10 648**	**362**
北京	287.2	5.5	299.6	4.8	306.6	5.2	308.2	3.8	357.5	3.5
天津	214.3	10.8	196.3	12.4	193.5	9.4	195.1	5.1	197.5	3.8
河北	513.2	7.3	488.6	7.2	484.2	8.3	479.0	11.0	461.2	13.3
山西	286.0	5.9	278.9	4.5	284.1	5.7	286.5	5.4	288.5	4.8
内蒙古	217.7	5.4	219.7	7.1	221.6	5.7	222.3	5.8	222.2	4.9
辽宁	656.7	20.3	591.2	82.2	622.2	67.0	616.2	81.7	607.7	46.5
吉林	283.8	13.2	284.0	15.6	292.9	16.2	282.2	12.2	199.4	7.5
黑龙江	532.6	12.5	466.0	19.6	479.0	12.6	475.8	9.7	459.6	10.3
上海	430.7	13.1	436.0	14.4	441.1	14.0	487.8	15.9	466.1	17.8
江苏	766.5	39.5	735.6	49.7	761.6	48.9	797.1	43.6	838.3	30.2
浙江	391.1	33.0	390.0	27.5	396.8	17.4	428.4	11.3	444.7	7.2
安徽	375.2	11.5	378.8	17.5	380.8	23.4	371.1	26.4	360.3	24.3
福建	239.6	9.6	249.5	11.1	266.4	10.0	266.4	9.5	266.6	8.6
江西	235.9	2.1	226.7	3.9	215.5	5.9	226.6	7.2	230.7	6.0
山东	700.2	20.5	701.2	30.1	719.1	30.1	747.5	30.6	771.1	32.2
河南	676.1	10.0	670.4	16.8	680.0	18.7	681.6	22.3	681.9	29.2
湖北	420.8	26.1	416.1	25.1	390.1	18.7	391.3	17.0	391.5	14.8
湖南	352.0	4.4	326.6	7.9	347.5	10.5	380.5	9.8	382.7	11.3
广东	819.5	21.2	890.2	26.2	954.1	25.9	1 005.8	23.4	1 099.1	20.4
广西	217.7	5.0	215.5	7.6	219.1	8.9	226.4	9.8	219.9	9.4
海南	56.1	0.7	60.2	1.7	57.7	1.8	57.9	2.1	56.7	2.0
重庆	210.0	7.7	205.3	9.1	199.5	8.1	193.4	9.2	188.2	6.4
四川	412.2	11.9	402.9	14.0	400.0	12.6	398.6	12.6	380.5	15.6
贵州	136.4	1.2	132.2	1.6	128.0	1.3	129.9	1.2	129.3	1.3
云南	190.7	3.6	183.2	4.6	183.0	6.6	173.2	10.5	180.3	9.1
西藏	6.3		7.1		7.1		6.7		6.7	
陕西	304.9	3.5	315.7	7.3	323.3	8.2	325.5	7.2	326.7	8.6
甘肃	162.7	1.1	161.0	2.7	162.1	3.8	161.0	4.3	160.0	5.4
青海	35.7	1.4	32.2	1.0	33.2	1.3	33.1	1.2	33.2	1.1
宁夏	34.7	0.7	35.7	0.8	36.3	1.0	36.4	1.2	37.2	1.2
新疆	188.2	3.9	185.2	5.7	186.5	7.4	192.4	7.7	202.4	5.6

续表

地区	2006年		2007年		2008年		2009年		2010年	
	年末参保人数	年末领取失业保险金人数	年末参保人数	年末领取失业保险金人数	年末参保人数	年末领取失业保险金人数	年末参保人数	年末领取失业保险金人数	年末参保人数	年末领取失业保险金人数
全国	**11 187**	**327**	**11 645**	**286**	**12 400**	**261**	**12 715**	**235**	**13 376**	**209**
北京	482.2	3.1	535.3	3.0	614.3	2.6	675.7	1.8	774.2	1.6
天津	216.7	3.6	221.5	3.3	232.5	3.2	239.2	3.1	246.1	3.5
河北	470.8	13.4	473.3	11.6	481.7	9.8	484.4	10.4	493.4	9.0
山西	296.0	5.2	299.0	6.0	312.2	7.3	293.3	6.1	305.7	4.6
内蒙古	223.5	5.0	223.7	4.7	225.5	3.1	229.7	2.5	230.9	2.1
辽宁	614.1	25.9	622.1	19.6	622.7	15.7	625.3	13.4	626.9	11.4
吉林	224.4	10.2	228.7	13.9	233.7	16.5	241.4	14.3	245.1	7.8
黑龙江	457.5	17.8	464.1	15.3	467.6	10.3	471.3	9.3	472.9	8.8
上海	476.4	18.5	491.5	14.9	511.8	14.0	523.5	14.6	556.2	11.6
江苏	901.1	22.7	968.5	21.2	1 052.2	21.5	1 079.1	19.7	1 153.8	19.7
浙江	504.4	6.5	584.7	6.3	731.1	6.3	784.5	5.5	875.0	5.8
安徽	362.6	17.9	364.5	14.1	373.1	12.8	377.8	10.5	384.0	7.8
福建	293.1	6.8	318.2	5.7	338.7	4.6	348.1	3.6	374.2	3.2
江西	241.0	4.9	251.5	5.3	266.3	3.4	275.5	3.4	265.3	8.2
山东	789.7	30.3	814.9	27.8	864.1	24.9	899.5	23.0	931.2	20.7
河南	682.8	28.0	682.9	21.6	683.4	18.4	690.2	16.7	696.7	14.7
湖北	395.5	12.0	405.7	8.9	422.9	7.4	440.3	7.0	469.7	6.4
湖南	386.3	10.2	389.0	8.6	390.1	8.3	392.0	8.3	399.5	6.9
广东	1 208.2	16.7	1 295.5	14.3	1 471.9	13.7	1 470.7	12.8	1 627.3	10.6
广西	222.3	8.1	223.8	7.2	234.6	8.0	237.0	7.6	238.4	6.2
海南	59.1	2.3	66.2	2.5	84.7	3.3	97.5	2.8	112.5	1.6
重庆	193.0	4.8	196.7	4.1	210.1	4.4	215.9	4.7	237.4	3.7
四川	400.0	16.3	418.2	11.3	436.9	12.2	463.5	10.0	464.7	9.1
贵州	131.1	1.5	134.5	1.4	141.4	1.3	144.6	1.1	152.5	1.2
云南	183.0	6.4	185.8	4.3	191.9	3.7	198.7	3.5	209.6	3.2
西藏	7.5		7.2	0.0	7.8	0.0	8.8	0.0	9.3	0.0
陕西	326.5	14.1	327.2	13.6	329.3	9.1	331.0	9.3	331.6	7.5
甘肃	160.5	7.5	161.8	7.1	162.6	5.6	164.1	3.7	164.2	2.4
青海	34.0	1.0	34.7	2.1	35.4	2.3	36.0	1.0	36.6	0.4
宁夏	38.3	1.2	40.1	1.5	44.4	1.4	44.9	1.1	47.6	1.0
新疆	205.4	4.8	213.6	4.7	224.8	6.1	231.8	4.9	242.9	8.3

续表

地区	2011年		2012年		2013年		2014年		2015年	
	年末参保人数	年末领取失业保险金人数	年末参保人数	年末领取失业保险金人数	年末参保人数	年末领取失业保险金人数	年末参保人数	年末领取失业保险金人数	年末参保人数	年末领取失业保险金人数
全国	**14 317**	**197**	**15 225**	**204**	**16 417**	**197**	**17 043**	**207**	**17 326**	**227**
北京	881.0	2.0	1 006.7	2.3	1 025.1	2.4	1 057.1	3.0	1 082.3	3.4
天津	258.8	2.8	268.7	2.0	278.7	2.0	287.6	2.6	295.3	7.1
河北	498.7	8.4	501.7	7.9	505.0	7.1	508.7	7.1	511.0	8.0
山西	309.4	4.3	391.0	3.8	400.7	3.1	407.7	3.0	411.3	3.1
内蒙古	232.5	2.5	232.8	2.5	233.4	2.3	236.3	2.4	242.1	2.9
辽宁	632.3	9.7	660.7	7.4	663.2	7.6	664.3	8.5	665.3	9.7
吉林	247.2	5.1	251.5	4.6	258.8	6.0	258.7	2.2	261.2	2.2
黑龙江	474.5	7.1	476.2	7.7	477.4	7.1	478.4	4.8	312.8	3.7
上海	604.2	11.2	617.4	10.9	625.7	9.9	634.1	9.8	641.8	9.5
江苏	1 238.2	29.9	1 332.2	32.7	1 389.3	29.9	1 442.7	32.1	1 490.9	34.2
浙江	980.6	7.4	1 065.6	7.0	1 144.3	7.8	1 210.3	8.2	1 260.2	9.0
安徽	397.7	6.7	402.2	6.1	409.0	6.1	422.0	6.5	436.6	7.7
福建	430.9	3.6	459.1	4.6	496.7	4.2	524.1	4.5	546.3	5.0
江西	263.5	5.4	272.2	3.3	271.1	1.5	271.8	1.3	281.5	1.4
山东	964.9	19.8	1 009.8	19.1	1 089.6	17.8	1 154.3	19.9	1 203.8	21.6
河南	701.2	13.3	724.2	11.4	741.3	10.5	773.3	10.2	783.3	8.3
湖北	498.2	5.1	508.6	4.8	511.3	5.2	519.0	5.6	528.4	6.0
湖南	415.6	7.0	449.9	6.0	461.7	6.1	509.5	6.9	521.2	6.7
广东	1 875.4	10.5	2 008.7	9.8	2 702.2	8.8	2 840.2	10.9	2 930.1	13.9
广西	240.8	5.2	243.4	5.5	253.4	5.6	259.0	6.1	273.2	6.2
海南	126.0	1.8	139.5	1.8	150.8	2.1	157.5	2.0	164.8	2.0
重庆	268.6	2.9	323.5	2.8	389.7	3.4	439.1	2.8	439.5	3.5
四川	536.8	8.1	585.5	24.5	613.5	24.1	635.8	29.8	661.0	33.2
贵州	160.5	1.1	173.5	1.0	185.2	1.3	191.9	1.5	205.3	1.7
云南	216.8	3.3	224.7	3.8	232.5	4.5	236.9	5.3	243.3	5.9
西藏	9.6	0.0	10.6		11.0	0.002	12.5	0.004	11.4	0.01
陕西	332.2	4.5	339.1	3.5	339.7	3.2	344.3	2.9	347.7	3.0
甘肃	163.8	1.5	163.6	1.2	163.1	1.0	162.4	1.0	162.8	1.0
青海	37.3	0.6	37.9	0.7	38.5	0.5	39.3	0.4	40.1	0.4
宁夏	60.0	1.2	70.5	1.1	71.3	1.1	73.5	1.3	76.6	1.3
新疆	260.2	5.0	273.7	4.2	283.9	4.8	290.2	4.7	294.9	4.9

续表

地区	2016年		2017年		2018年		2019年		2020年	
	年末参保人数	年末领取失业保险金人数	年末参保人数	年末领取失业保险金人数	年末参保人数	年末领取失业保险金人数	年末参保人数	年末领取失业保险金人数	年末参保人数	年末领取失业保险金人数
全国	**18 089**	**230**	**18 784**	**220**	**19 643**	**223**	**20 543**	**228**	**21 689**	**270**
北京	1 115.0	3.7	1 170.9	3.9	1 240.7	3.8	1 294.8	4.0	1 318.4	9.6
天津	302.5	7.4	311.3	8.4	323.4	6.9	335.5	6.6	349.1	6.6
河北	515.9	7.9	529.7	7.2	546.0	6.8	554.1	6.7	691.5	6.8
山西	415.2	3.0	420.6	3.0	431.1	2.9	443.9	3.1	469.4	3.2
内蒙古	241.1	3.0	247.1	2.5	255.5	2.5	267.4	2.3	276.5	2.7
辽宁	665.4	10.7	679.9	10.5	679.6	11.2	668.2	12.6	677.0	18.4
吉林	262.0	2.7	263.7	2.8	269.5	2.4	273.6	2.5	270.7	2.4
黑龙江	313.2	3.9	315.1	4.1	318.0	3.5	324.0	3.3	326.1	3.5
上海	947.3	10.5	961.8	11.1	977.2	10.8	984.9	10.6	987.6	31.5
江苏	1 538.1	34.0	1 583.0	32.1	1 671.3	30.4	1 794.2	30.6	1 887.0	33.2
浙江	1 317.0	9.0	1 380.9	8.9	1 478.4	13.0	1 561.7	13.6	1 687.8	16.9
安徽	448.5	8.8	472.4	8.1	505.5	7.5	518.8	7.2	564.2	7.5
福建	575.5	5.2	612.3	4.9	570.3	5.0	610.6	5.9	664.4	6.3
江西	282.6	1.6	286.3	1.7	288.0	1.7	289.7	1.6	291.9	1.8
山东	1 222.9	22.0	1 268.3	20.1	1 318.5	18.7	1 366.0	17.7	1 466.1	19.3
河南	788.1	7.6	805.6	7.5	819.9	7.2	837.3	6.8	885.9	9.4
湖北	541.9	6.9	561.3	6.4	590.8	6.1	619.5	6.2	651.3	7.5
湖南	537.5	7.0	563.7	6.8	584.2	5.9	606.6	6.3	640.9	7.8
广东	3 020.1	15.4	3 163.7	14.6	3 361.7	16.2	3 498.8	17.5	3 603.4	26.4
广西	283.7	5.9	302.1	5.4	323.5	5.5	363.0	5.5	410.6	6.7
海南	170.2	2.2	168.1	2.2	173.4	2.3	178.6	2.6	194.6	3.1
重庆	447.1	4.2	466.3	3.9	489.8	3.4	515.0	5.6	548.5	6.4
四川	702.0	29.8	776.7	27.4	875.1	33.2	953.5	32.7	1 045.7	11.8
贵州	218.1	2.4	235.7	2.2	257.3	2.3	276.1	2.7	297.9	4.2
云南	251.2	5.6	259.8	5.1	273.1	4.9	289.2	5.1	307.4	6.6
西藏	15.19	0.003	15.2	0.002	17.7	0.004	25.3	0.006	26.7	0.1
陕西	352.2	2.8	356.5	2.9	372.4	2.9	426.4	3.2	439.9	3.9
甘肃	164.3	1.1	165.4	0.9	168.3	1.0	173.0	0.8	187.4	0.8
青海	40.8	0.4	41.5	0.3	42.3	0.3	43.8	0.3	46.5	0.4
宁夏	95.6	1.3	88.5	1.2	92.0	1.2	97.4	1.6	102.7	1.5
新疆	298.7	4.5	310.8	4.0	328.8	3.4	352.1	3.1	372.4	3.9

表 5-14　　**分地区失业保险基金收支情况**

（2020 年）　　单位：亿元

地区	基金收入	基金支出	累计结余
全国	**951.5**	**2 103.0**	**3 354.1**
北京	75.3	159.1	141.7
天津	25.0	33.4	48.5
河北	26.9	41.1	132.0
山西	23.2	34.9	152.3
内蒙古	17.7	23.0	113.9
辽宁	36.6	110.1	160.2
吉林	12.8	39.7	83.1
黑龙江	17.2	37.4	108.3
上海	77.5	141.8	28.3
江苏	88.9	189.0	249.6
浙江	72.8	154.3	166.9
安徽	28.8	39.8	73.7
福建	18.7	66.9	98.9
江西	13.9	21.1	68.6
山东	58.3	134.0	176.5
河南	32.6	90.6	99.0
湖北	23.5	53.4	132.6
湖南	20.7	36.1	108.0
广东	80.6	238.6	473.0
广西	20.4	47.8	89.0
海南	6.6	14.2	22.5
重庆	17.6	46.5	32.7
四川	53.9	134.4	174.1
贵州	15.0	24.5	63.9
云南	17.9	40.6	97.0
西藏	3.9	0.5	22.0
陕西	23.8	90.7	51.1
甘肃	11.7	17.6	69.5
青海	3.8	9.3	17.5
宁夏	5.2	10.3	27.5
新疆	20.5	22.3	72.2

表 5-15　　历年分地区工伤保险基本情况　　单位：万人

地区	2001 年		2002 年		2003 年		2004 年		2005 年	
	参保人数	享受待遇人数	参保人数	享受待遇人数	参保人数	享受待遇人数	参保人数	享受待遇人数	参保人数	享受待遇人数
全国	**4 345**	**19**	**4 406**	**27**	**4 575**	**33**	**6 845**	**52**	**8 478**	**65**
北京	204.7	0.1	221.1	0.7	242.9	1.2	258.9	2.5	303.9	3.0
天津							147.2	0.1	162.9	0.9
河北	163.1	0.8	146.7	0.4	145.7	0.4	273.9	0.9	361.4	1.3
山西	71.8	0.0	46.3	0.1	48.4	0.0	104.0	0.1	151.4	0.5
内蒙古	26.7	0.5	23.8	0.2	31.8	0.3	85.0	0.5	110.2	0.7
辽宁	390.6	5.0	390.5	6.0	345.8	7.3	404.2	8.2	474.6	9.1
吉林	30.7	1.1	36.6	1.5	37.1	1.2	114.3	3.1	136.7	2.2
黑龙江	104.4	0.1	119.0	0.9	130.9	1.1	202.7	4.3	257.5	3.8
上海							488.3	0.1	523.7	0.5
江苏	473.9	0.7	480.0	1.3	503.0	1.7	577.2	2.7	680.2	3.7
浙江	219.7	0.6	226.0	1.0	287.7	1.4	360.4	2.7	453.1	4.8
安徽	73.4	0.2	69.8	0.3	68.0	0.4	102.0	0.5	148.2	1.7
福建	159.0	0.2	170.7	0.3	172.3	0.6	205.4	0.8	239.1	1.3
江西	137.8	0.2	129.3	0.2	129.7	0.3	134.7	0.4	153.6	0.8
山东	285.5	0.6	277.7	1.1	281.8	1.5	476.7	4.7	578.7	5.7
河南	196.0	0.5	218.8	0.7	210.6	0.5	324.7	1.1	404.0	1.5
湖北	182.3	1.3	183.2	1.7	189.2	1.4	187.2	1.8	230.3	1.1
湖南					8.6	0.0	203.3	0.3	228.2	0.7
广东	990.1	5.2	1 049.9	8.0	1 120.0	9.7	1 215.1	11.3	1 605.1	12.9
广西	124.1	0.1	117.3	0.2	120.3	0.3	133.5	0.7	144.4	0.8
海南	69.5	0.0	68.9	0.1	68.2	0.1	64.5	0.1	68.9	0.1
重庆	25.0	0.1	29.7	0.1	26.5	0.2	122.6	0.4	154.1	1.2
四川	179.3	0.5	167.4	0.6	161.4	1.2	195.6	1.6	270.5	2.0
贵州	1.7	0.0	1.3	0.0	1.3	0.0	1.2	0.0	65.8	0.1
云南	97.3	0.6	89.0	0.9	84.1	1.2	150.9	1.1	166.9	1.2
西藏									1.9	
陕西	24.5	0.1	25.6	0.0	35.1	0.1	115.1	0.7	149.2	1.8
甘肃	9.5	0.0	8.7	0.0	8.0	0.0	42.0	0.1	70.1	0.4
青海	7.1	0.0	6.6	0.0	6.6	0.0	15.7	0.1	20.5	0.3
宁夏	11.4	0.0	16.0	0.0	15.2	0.1	19.1	0.3	23.5	0.3
新疆	86.3	0.1	86.0	0.1	94.6	0.5	119.5	0.7	139.1	0.9

续表

地区	2006年		2007年		2008年		2009年		2010年	
	参保人数	享受待遇人数	参保人数	享受待遇人数	参保人数	享受待遇人数	参保人数	享受待遇人数	参保人数	享受待遇人数
全国	**10 268**	**78**	**12 173**	**96**	**13 787**	**118**	**14 896**	**130**	**16 161**	**147**
北京	465.3	1.5	609.2	1.6	666.5	1.8	747.1	4.1	823.8	4.4
天津	209.7	1.7	257.2	2.3	274.9	2.7	292.2	3.1	304.5	4.1
河北	402.4	2.4	481.3	6.0	520.8	5.3	559.3	6.0	594.4	7.5
山西	201.4	3.3	229.1	3.9	261.0	4.6	280.7	4.3	292.4	4.9
内蒙古	131.6	0.8	163.6	1.3	185.4	1.4	199.1	1.6	207.5	1.8
辽宁	510.0	8.5	572.3	9.1	659.6	8.5	695.8	9.0	730.0	10.0
吉林	174.7	3.0	206.8	2.6	234.9	4.1	272.2	3.0	300.5	3.7
黑龙江	303.0	3.9	351.7	4.9	390.9	4.5	401.8	5.6	415.1	6.2
上海	817.7	0.7	884.4	0.9	950.4	1.2	934.0	1.3	961.0	1.7
江苏	812.7	5.6	921.0	6.6	1 056.6	8.4	1 118.1	9.3	1 205.5	9.8
浙江	603.9	7.4	1 002.9	11.2	1 261.8	16.9	1 331.1	18.0	1 475.1	20.2
安徽	200.2	2.0	248.7	2.2	292.9	2.9	320.6	3.9	351.1	4.4
福建	261.0	1.5	294.8	1.9	346.1	2.2	379.3	2.3	417.7	2.4
江西	207.9	1.5	251.3	1.7	313.6	2.0	340.2	1.9	371.7	2.7
山东	647.3	5.8	745.0	7.0	865.0	8.8	1 064.6	9.2	1 211.2	10.2
河南	421.0	1.7	448.3	2.6	500.2	3.1	521.0	3.2	551.7	3.0
湖北	275.5	1.5	327.5	2.0	360.9	2.4	410.7	2.7	444.0	3.1
湖南	280.1	2.0	342.4	2.6	403.5	3.9	472.1	5.3	516.0	7.4
广东	1 868.2	13.5	2 113.9	13.8	2 302.3	15.2	2 435.5	15.0	2 657.8	14.7
广西	161.1	0.8	182.4	0.9	204.9	1.1	221.7	1.2	235.7	1.4
海南	71.5	0.2	78.4	0.2	86.1	0.2	90.1	0.3	95.8	0.3
重庆	165.4	1.8	181.1	1.6	208.2	4.2	226.5	4.7	266.0	5.6
四川	304.9	2.3	397.3	3.2	464.6	4.6	515.8	6.1	583.8	6.0
贵州	90.5	0.6	110.5	0.9	129.0	1.1	143.3	1.4	162.2	1.9
云南	173.8	1.1	188.5	1.6	202.5	2.3	215.1	2.4	227.4	4.6
西藏	2.3	0.0	3.7	0.0	5.9	0.0	8.3		8.8	0.0
陕西	210.3	0.7	232.0	1.0	247.6	1.4	264.9	1.4	278.6	1.6
甘肃	86.3	0.3	98.2	0.4	108.9	0.8	119.7	0.8	130.1	1.1
青海	23.1	0.4	25.3	0.4	29.9	0.5	40.1	0.5	43.2	0.5
宁夏	24.2	0.3	30.5	0.1	37.5	0.2	42.4	0.2	48.9	0.3
新疆	161.3	1.2	194.1	1.4	214.5	1.6	232.3	1.9	249.3	2.0

续表

地区	2011 年		2012 年		2013 年		2014 年		2015 年	
	参保人数	享受待遇人数	参保人数	享受待遇人数	参保人数	享受待遇人数	参保人数	享受待遇人数	参保人数	享受待遇人数
全国	**17 696**	**163**	**19 010**	**191**	**19 917**	**195**	**20 639**	**198**	**21 432**	**202**
北京	862.4	4.7	897.2	4.8	920.3	4.8	961.0	5.0	1 020.1	4.7
天津	320.4	3.8	330.1	3.4	335.1	3.3	345.2	3.3	385.6	3.4
河北	640.4	8.6	694.8	9.1	737.0	10.5	778.7	10.4	809.7	9.6
山西	337.6	5.5	529.6	8.4	550.0	9.7	563.1	11.1	573.1	10.1
内蒙古	225.3	3.2	248.9	2.5	277.4	2.2	289.9	2.3	297.1	2.4
辽宁	779.1	11.3	819.1	14.0	856.7	13.2	903.1	13.2	918.6	13.8
吉林	331.6	3.3	359.4	4.2	392.1	5.3	415.6	4.6	435.6	11.3
黑龙江	450.0	8.2	470.6	6.8	493.1	7.2	505.5	6.3	512.0	6.5
上海	939.5	2.5	898.9	6.1	904.1	6.6	920.5	6.9	932.9	7.0
江苏	1 327.0	10.7	1 420.7	12.3	1 487.3	13.6	1 540.1	14.3	1 594.1	14.7
浙江	1 610.8	22.2	1 731.7	23.8	1 826.1	22.6	1 899.4	22.6	1 930.1	20.4
安徽	422.0	5.6	457.9	8.8	473.2	8.1	508.3	8.3	528.9	8.3
福建	496.9	2.8	540.9	3.4	607.5	3.5	627.3	3.9	691.0	3.9
江西	387.9	3.0	410.9	5.5	431.5	4.5	461.2	4.7	500.6	4.6
山东	1 276.1	10.8	1 339.6	11.9	1 371.9	11.2	1 421.5	11.8	1 473.5	11.1
河南	655.5	3.5	720.6	4.8	773.1	4.6	805.7	4.6	856.7	5.0
湖北	481.0	4.5	522.6	4.0	556.9	5.7	576.7	4.9	640.1	4.9
湖南	635.5	7.0	693.8	7.8	731.2	8.3	747.9	8.7	778.0	9.3
广东	2 847.8	15.4	2 962.8	16.7	3 057.3	16.7	3 092.6	17.1	3 122.7	16.8
广西	272.5	1.5	312.4	1.8	325.6	1.9	338.2	1.8	360.5	1.9
海南	104.0	0.3	119.5	0.4	123.4	0.3	126.1	0.3	131.5	0.3
重庆	337.1	6.2	374.9	8.0	406.8	8.0	426.1	8.1	428.5	7.5
四川	650.8	6.5	689.4	8.0	690.1	8.3	709.7	8.6	753.2	7.9
贵州	194.0	2.2	238.2	2.7	260.4	2.3	275.4	2.3	290.2	2.8
云南	243.4	3.6	295.3	4.0	334.3	4.4	341.7	4.0	368.1	4.3
西藏	11.8	0.0	14.2	0.1	14.8	0.0	24.3	0.1	26.9	0.1
陕西	326.8	1.9	350.4	2.2	378.1	3.0	404.0	2.9	427.3	3.0
甘肃	150.2	1.4	158.5	1.8	167.7	1.8	175.1	2.2	182.6	2.3
青海	45.6	0.5	49.2	0.6	52.3	0.6	54.7	0.6	58.0	0.5
宁夏	58.3	0.3	63.9	0.4	72.7	0.5	82.2	0.5	80.8	0.6
新疆	274.6	2.0	294.1	2.4	309.5	2.5	318.2	2.8	324.4	2.9

续表

地区	2016年		2017年		2018年		2019年		2020年	
	参保人数	享受待遇人数	参保人数	享受待遇人数	参保人数	享受待遇人数	参保人数	享受待遇人数	参保人数	享受待遇人数
全国	**21 889**	**196**	**22 724**	**193**	**23 874**	**199**	**25 478**	**194**	**26 763**	**188**
北京	1 060.2	4.6	1 117.9	4.4	1 187.0	4.4	1 242.2	4.4	1 267.2	3.9
天津	388.1	3.4	395.3	3.6	398.5	3.7	400.2	4.0	405.6	3.8
河北	840.0	9.8	860.7	10.0	880.3	10.3	951.4	10.0	1 069.4	9.7
山西	576.0	11.4	582.6	6.3	596.6	6.8	624.2	7.4	629.5	7.6
内蒙古	303.2	2.7	307.8	2.4	325.5	2.4	338.2	2.4	336.0	3.3
辽宁	886.6	13.8	862.1	13.8	841.1	13.7	816.8	13.1	807.1	12.9
吉林	440.7	4.9	441.4	5.1	441.4	3.9	445.9	3.9	384.5	6.4
黑龙江	522.2	6.5	519.1	6.2	520.1	6.9	464.1	5.9	442.6	4.6
上海	943.5	6.5	958.1	6.4	972.9	6.5	1 084.1	6.4	1 082.2	5.7
江苏	1 633.9	15.1	1 690.2	14.3	1 777.5	14.8	2 016.3	15.1	2 130.8	14.7
浙江	1 880.7	18.7	1 977.2	19.4	2 087.8	21.6	2 257.4	22.2	2 546.1	17.2
安徽	544.6	8.7	565.5	10.5	603.5	11.3	639.1	7.0	683.9	6.8
福建	733.8	4.2	798.7	4.3	853.9	4.7	891.1	4.8	936.8	4.8
江西	502.1	4.5	517.1	5.1	534.6	5.2	539.4	4.2	558.0	4.7
山东	1 510.9	11.1	1 569.1	11.1	1 633.0	11.4	1 710.7	11.9	1 822.1	12.4
河南	877.0	4.8	900.9	5.4	926.3	5.6	966.2	4.6	1 000.0	4.7
湖北	651.1	7.9	656.6	6.5	675.6	5.3	717.3	5.0	745.8	4.5
湖南	773.3	11.1	782.8	11.9	793.8	13.2	807.6	13.4	820.5	12.3
广东	3 246.2	14.5	3 402.0	14.5	3 592.5	14.5	3 815.8	15.6	3 866.7	14.7
广西	374.1	1.8	388.8	1.6	412.6	1.7	442.2	1.8	485.6	2.0
海南	137.4	0.3	141.4	0.4	152.9	0.4	159.6	0.4	170.1	0.4
重庆	454.9	7.0	504.6	6.7	577.1	6.4	661.7	6.2	729.9	6.0
四川	799.1	7.6	876.0	7.6	1 012.6	8.2	1 177.1	8.6	1 320.1	7.9
贵州	305.0	2.5	332.5	2.4	355.8	2.4	408.5	2.6	463.8	3.4
云南	372.8	3.7	383.7	4.4	403.3	4.3	438.5	4.9	498.8	4.9
西藏	26.9	0.1	33.4	0.1	35.7	0.1	36.8	0.1	40.2	0.1
陕西	441.6	3.0	459.3	2.8	528.0	3.1	577.4	3.0	604.2	3.2
甘肃	188.4	2.5	198.6	1.9	219.4	2.0	244.1	1.5	264.6	1.5
青海	59.8	0.5	64.9	0.5	69.2	0.5	74.0	0.5	85.9	0.7
宁夏	83.5	0.5	90.3	0.5	93.3	0.6	119.6	0.6	132.6	0.6
新疆	331.9	2.4	345.1	2.5	372.4	2.4	410.2	2.6	432.8	2.1

注：新疆数据含新疆兵团。

表 5-16　分地区工伤保险基金收支情况

（2020 年）

单位：亿元

地区	基金收入	基金支出	累计结余	储备金结存
全国	**486.3**	**820.3**	**1 449.3**	**174.2**
北京	21.3	37.9	41.4	30.6
天津	5.9	12.1	11.4	0.8
河北	31.3	48.2	35.6	5.5
山西	23.0	39.3	41.2	6.3
内蒙古	7.9	13.2	40.4	
辽宁	23.8	32.6	42.8	9.3
吉林	7.2	9.6	35.2	4.2
黑龙江	20.4	23.0	28.7	
上海	19.4	37.4	43.8	11.1
江苏	36.0	76.2	121.2	3.2
浙江	38.8	62.3	77.1	13.7
安徽	15.1	24.6	37.5	
福建	10.4	24.2	49.0	
江西	15.2	16.8	53.2	4.6
山东	29.9	55.8	93.8	
河南	16.1	25.7	60.6	13.4
湖北	9.1	18.6	39.8	3.1
湖南	31.1	39.6	87.3	10.9
广东	29.3	72.0	232.1	20.8
广西	6.8	9.9	48.0	6.9
海南	1.7	2.0	18.2	2.4
重庆	12.3	20.2	4.5	
四川	23.4	34.3	73.0	4.2
贵州	9.3	17.9	12.3	5.4
云南	9.1	16.0	21.1	0.03
西藏	1.5	1.3	6.8	
陕西	10.9	16.8	35.5	8.8
甘肃	6.5	9.3	15.6	0.8
青海	2.3	3.7	10.4	5.8
宁夏	2.6	5.1	9.2	1.0
新疆	7.3	12.2	17.3	1.2
新疆兵团	1.5	2.5	5.1	0.1

注：工伤保险累计结余中含储备金。

表 5-17 **分地区工伤认定情况**

（2020 年）

单位：人

地区	认定工伤人数	视同工伤人数	不予认定工伤人数	当期不予受理申请人数
全国	**1 107 576**	**12 097**	**20 102**	**6 690**
北京	18 622	472	255	57
天津	19 652	179	264	38
河北	49 324	698	1 028	110
山西	28 766	505	300	97
内蒙古	10 732	268	371	92
辽宁	33 367	514	501	106
吉林	8 668	252	88	28
黑龙江	11 863	369	106	84
上海	39 485	375	625	99
江苏	125 494	737	1 950	707
浙江	161 114	453	512	589
安徽	38 565	284	559	115
福建	37 339	260	490	171
江西	27 063	231	603	260
山东	68 576	926	847	234
河南	25 607	643	557	133
湖北	28 725	486	795	92
湖南	51 929	384	1 087	100
广东	129 519	1 280	3 636	651
广西	14 820	284	562	69
海南	2 750	60	162	52
重庆	38 098	184	780	1 961
四川	45 810	386	1 385	198
贵州	23 485	231	475	193
云南	17 808	342	555	93
西藏	784	30	16	10
陕西	20 338	342	341	136
甘肃	7 901	191	196	53
青海	3 116	59	111	11
宁夏	6 715	83	385	35
新疆	9 485	490	430	90
新疆兵团	2 056	99	130	26

表 5-18　　分地区劳动能力鉴定情况

（2020 年）　　单位：人

地区	申请鉴定人数						评定伤残等级人数				存在生活自理障碍人数
	小计	初次申请	再次申请	改变结论	复查申请	改变结论	小计	一至四级	五至六级	七至十级	
全国	**719 541**	**699 299**	**15 302**	**2 835**	**4 940**	**1 646**	**604 159**	**10 714**	**10 629**	**582 816**	**5 786**
北京	13 686	13 295	88	2	303	261	11 501	413	237	10 851	128
天津	9 998	9 763	157	34	78	22	9 372	105	156	9 111	70
河北	46 828	46 155	366	69	307	51	22 091	347	389	21 355	170
山西	20 307	19 786	329	90	192	124	17 670	1 086	633	15 951	487
内蒙古	7 460	7 035	334	91	91	49	6 686	634	234	5 818	142
辽宁	17 504	16 657	278	25	569	108	15 006	319	301	14 386	178
吉林	5 537	5 354	132	32	51	15	4 885	82	157	4 646	46
黑龙江	8 746	8 222	336	47	188	100	7 102	375	269	6 458	95
上海	33 491	32 865	551	60	75	33	30 345	184	234	29 927	133
江苏	89 498	88 176	941	38	381	41	81 708	611	870	80 227	363
浙江	105 108	102 389	2 690	526	29	11	96 716	507	1 094	95 115	375
安徽	24 847	23 842	888	186	117	38	21 918	328	396	21 194	176
福建	21 285	20 238	842	223	205	190	16 611	699	471	15 441	152
江西	13 717	12 968	628	81	121	86	11 936	274	185	11 477	176
山东	38 895	37 459	1 127	109	309	89	30 986	697	760	29 529	353
河南	17 862	17 327	417	156	118	37	12 098	384	434	11 280	211
湖北	13 123	12 459	531	109	133	22	11 412	203	239	10 970	116
湖南	37 044	36 342	527	174	175	79	27 080	486	279	26 315	703
广东	73 897	72 511	1 231	117	155	56	64 339	536	892	62 911	320
广西	6 778	6 608	160	32	10	6	5 549	117	128	5 304	84
海南	637	622	13	6	2	1	606	22	33	551	17
重庆	23 948	22 813	780	143	355	0	21 424	341	231	20 852	215
四川	33 044	31 465	1 000	260	579	78	25 913	756	730	24 427	500
贵州	17 465	17 177	234	68	54	30	16 531	254	231	16 046	137
云南	7 653	7 527	95	15	31	16	7 350	207	327	6 816	71
西藏	742	727	13	6	2	1	495	9	10	476	19
陕西	12 429	12 215	169	14	45	13	11 061	294	309	10 458	138
甘肃	4 092	3 931	83	27	78	50	3 769	180	142	3 447	55
青海	1 586	1 550	27	14	9	9	1 522	39	42	1 441	19
宁夏	4 368	4 208	108	25	52	2	4 038	111	87	3 840	39
新疆	6 812	6 484	214	48	114	22	5 431	89	114	5 228	81
新疆兵团	1 154	1 129	13	8	12	6	1 008	25	15	968	17

表 5-19　　　　历年分地区生育保险基本情况　　　　单位：万人，万人次

地区	2001 年		2002 年		2003 年		2004 年		2005 年	
	参保人数	享受待遇人次	参保人数	享受待遇人次	参保人数	享受待遇人次	参保人数	享受待遇人次	参保人数	享受待遇人次
全国	**3 455**	**24**	**3 488**	**28**	**3 655**	**36**	**4 384**	**46**	**5 408**	**62**
北京									226.1	1.1
天津									157.4	0.6
河北	131.5	0.8	95.4	0.7	94.1	0.4	114.1	0.4	215.9	0.8
山西	108.0	0.3	84.3	0.3	84.3	0.2	93.2	0.2	95.6	0.3
内蒙古	27.9	0.3	23.4	0.1	40.3	0.2	66.7	0.4	105.8	1.5
辽宁	227.8	1.2	216.1	1.2	199.1	1.5	215.9	2.1	220.1	2.7
吉林	24.0	0.1	32.7	0.1	34.0	0.1	35.1	0.2	35.3	0.8
黑龙江	68.2	0.2	153.2	1.2	167.5	2.7	187.3	3.5	156.6	2.9
上海	443.7	0.1	452.9	3.7	461.1	4.1	505.6	4.9	539.3	5.8
江苏	483.5	4.6	486.1	4.1	504.1	7.2	552.7	9.2	630.9	11.2
浙江	187.6	1.7	193.7	1.9	215.0	2.1	239.8	3.0	284.9	3.7
安徽	23.4	0.1	23.6	0.2	23.9	0.2	37.6	0.2	53.5	0.5
福建	118.2	0.9	123.7	1.0	139.4	1.4	146.5	1.7	161.8	2.1
江西	120.2	0.8	109.4	0.7	108.7	0.6	107.6	0.5	117.8	0.8
山东	331.8	3.4	322.8	3.8	336.5	4.1	390.8	4.7	461.2	5.5
河南	196.4	1.1	205.9	1.1	199.2	1.1	201.2	1.5	228.4	1.5
湖北	182.1	1.1	182.7	0.8	182.1	0.6	179.9	0.6	175.9	0.6
湖南	3.7	0.01	3.4	0.05	3.3	0.04	212.9	0.5	250.2	3.2
广东	250.1	2.4	258.7	2.5	330.8	3.0	376.7	3.6	419.4	4.2
广西	113.5	1.2	106.8	1.1	111.1	1.2	134.8	1.6	141.4	1.9
海南	10.8	0.1	23.2	0.2	28.4	0.2	31.7	0.4	34.9	0.5
重庆	23.6	0.2	19.9	0.1	16.5	0.1	12.9	0.03		
四川	178.1	1.6	166.4	1.2	165.1	1.3	187.4	1.4	212.5	1.4
贵州	1.1	0.002	0.9	0.01	0.9	0.0	2.3	0.01	52.1	0.0
云南	96.1	1.2	86.9	1.0	82.8	1.4	142.3	2.3	156.1	2.5
西藏										
陕西	4.6	0.1	5.4	0.1	14.6	0.1	36.2	0.2	43.1	0.8
甘肃	5.0	0.03	5.1	0.04	6.8	0.04	31.0	0.1	40.0	0.3
青海	6.6	0.1	4.3	0.05	5.2	0.1	5.8	0.1	6.5	0.1
宁夏	8.7	0.1	15.0	0.2	15.1	0.2	18.4	0.2	21.6	0.2
新疆	78.9	1.0	86.4	1.0	85.7	2.0	117.4	2.5	164.1	4.7

续表

地区	2006年		2007年		2008年		2009年		2010年	
	参保人数	享受待遇人次	参保人数	享受待遇人次	参保人数	享受待遇人次	参保人数	享受待遇人次	参保人数	享受待遇人次
全国	**6 459**	**108**	**7 775**	**113**	**9 254**	**140**	**10 876**	**174**	**12 336**	**211**
北京	263.3	6.7	290.6	9.8	324.1	11.8	346.8	12.8	372.2	12.6
天津	180.1	7.7	194.0	3.9	196.5	4.7	204.6	4.8	212.0	5.6
河北	264.2	1.7	338.5	2.5	408.5	5.2	489.9	6.7	561.5	5.2
山西	98.1	0.4	104.4	0.3	148.3	0.7	185.8	0.9	211.6	1.7
内蒙古	122.1	2.1	139.1	1.7	154.6	1.6	182.9	2.0	233.9	2.2
辽宁	378.7	4.9	423.0	13.2	460.2	11.7	531.2	13.5	593.0	13.5
吉林	117.7	0.6	173.6	1.6	227.9	2.5	289.9	4.6	310.5	5.6
黑龙江	172.7	3.1	216.8	3.1	241.9	3.2	270.0	3.3	290.1	3.4
上海	555.1	16.8	592.0	7.3	609.9	7.1	625.1	6.5	657.3	7.7
江苏	711.5	12.8	794.1	14.5	907.2	19.5	962.5	23.3	1 086.4	24.4
浙江	382.7	6.9	505.0	6.1	690.0	8.1	750.7	10.4	863.7	12.4
安徽	78.6	1.0	175.6	1.9	231.0	3.5	303.6	4.6	346.9	5.0
福建	173.5	2.0	250.4	2.7	273.9	3.2	317.8	4.5	374.4	4.9
江西	123.2	1.1	137.8	0.8	156.6	0.6	163.0	0.7	170.0	1.0
山东	488.8	10.0	563.3	8.2	638.0	10.3	703.0	14.4	774.1	18.0
河南	238.4	2.0	279.1	2.2	313.4	2.8	379.8	4.0	412.9	5.3
湖北	194.5	0.8	224.6	1.1	278.0	2.9	357.1	6.5	381.8	11.0
湖南	308.5	5.2	369.3	5.6	431.5	6.2	502.4	9.0	527.1	12.1
广东	464.8	4.8	659.1	6.6	1 011.2	9.7	1 586.3	12.5	2 038.5	24.3
广西	145.2	1.9	163.5	2.3	176.5	3.0	199.0	3.2	218.5	3.6
海南	40.6	0.7	66.7	0.8	79.8	1.1	85.0	1.2	92.6	1.5
重庆	96.8	0.6	116.9	2.2	141.6	2.6	155.5	3.7	175.7	4.9
四川	274.1	1.9	323.3	3.6	373.0	4.4	426.4	5.8	484.2	5.9
贵州	72.1	0.7	89.1	1.2	135.9	1.8	152.5	1.9	164.3	2.3
云南	159.5	2.6	165.1	2.2	168.4	2.6	181.1	2.8	210.2	4.0
西藏			9.4	0.0	12.4	0.1	14.2	0.2	14.8	0.3
陕西	86.3	0.5	120.9	0.9	147.6	1.6	164.4	2.1	180.1	2.4
甘肃	47.0	0.4	53.3	0.7	59.1	0.6	71.2	0.7	82.0	1.0
青海	7.2	0.2	6.2	0.2	6.3	0.1	6.3	0.1	6.4	0.1
宁夏	18.1	0.4	19.2	0.4	25.1	0.4	30.7	0.5	39.8	0.6
新疆	195.6	7.5	211.6	5.6	225.4	6.4	236.8	6.6	249.4	8.4

续表

地区	2011年		2012年		2013年		2014年		2015年	
	参保人数	享受待遇人次	参保人数	享受待遇人次	参保人数	享受待遇人次	参保人数	享受待遇人次	参保人数	享受待遇人次
全国	**13 892**	**265**	**15 429**	**353**	**16 392**	**522**	**17 039**	**613**	**17 771**	**642**
北京	395.3	14.9	844.7	27.9	883.2	41.1	915.6	53.2	941.6	52.8
天津	234.6	6.6	242.7	8.0	249.1	24.8	260.7	22.2	269.7	19.4
河北	593.1	5.5	634.8	9.7	667.6	15.7	684.0	22.5	713.0	18.5
山西	253.7	2.1	407.6	3.1	445.6	5.2	454.2	7.4	456.5	8.0
内蒙古	263.3	4.8	274.8	4.3	285.0	6.5	293.7	8.0	302.6	7.8
辽宁	664.7	15.1	713.9	19.4	752.3	25.9	783.9	28.5	789.3	29.6
吉林	335.9	6.7	350.4	9.4	365.9	11.2	367.0	14.0	367.5	14.0
黑龙江	350.1	3.6	353.1	4.2	355.1	6.9	356.1	7.8	357.1	6.4
上海	703.1	8.8	711.5	11.7	713.9	22.0	717.5	24.0	735.4	22.9
江苏	1 199.2	44.2	1 276.2	55.5	1 355.6	78.7	1 374.6	93.6	1 471.7	95.3
浙江	979.8	14.9	1 084.8	19.4	1 173.2	39.9	1 248.9	46.1	1 285.2	51.0
安徽	400.1	6.3	430.1	9.0	458.5	10.6	482.8	13.6	499.3	15.9
福建	451.9	5.7	484.3	8.2	539.6	12.1	556.7	12.8	598.3	14.0
江西	200.1	0.8	204.2	2.0	217.8	2.5	241.1	3.3	251.3	4.7
山东	857.8	19.7	919.0	19.9	974.4	47.1	1 046.5	56.2	1 111.3	48.1
河南	460.7	6.3	520.3	12.0	569.6	13.6	590.2	15.7	609.5	16.5
湖北	420.9	13.6	452.9	18.8	465.3	18.5	480.6	19.9	500.2	22.3
湖南	538.8	15.3	546.0	14.8	536.0	14.8	537.6	17.0	544.0	20.5
广东	2 339.7	32.6	2 484.9	40.1	2 711.6	45.0	2 801.3	50.8	3 081.8	67.0
广西	243.8	3.9	254.7	5.1	270.2	7.7	280.2	8.6	307.9	9.6
海南	100.7	2.2	116.0	3.2	120.2	4.0	122.0	3.8	127.1	4.7
重庆	216.6	5.4	253.5	8.2	280.4	10.2	347.5	12.5	354.3	18.3
四川	601.7	6.8	654.4	12.5	689.1	18.0	730.4	21.7	670.3	24.8
贵州	198.1	2.6	221.6	3.1	238.7	4.4	248.8	6.4	263.6	7.5
云南	216.5	3.5	239.2	4.6	270.9	11.2	279.3	13.2	289.8	12.0
西藏	16.1	0.3	18.2	0.4	20.7	0.5	22.8	0.5	23.8	0.7
陕西	211.6	2.8	223.7	3.1	240.3	4.3	250.8	5.3	265.3	6.4
甘肃	110.1	1.7	129.5	2.5	135.1	3.2	143.7	3.9	154.1	3.5
青海	6.7	0.2	33.8	0.3	42.8	1.7	45.8	3.4	48.0	5.0
宁夏	59.3	1.0	66.4	1.9	68.4	3.7	71.3	4.9	73.7	2.6
新疆	268.1	7.0	281.6	10.3	296.1	11.1	303.0	12.7	307.9	12.4

续表

地区	2016年		2017年		2018年		2019年		2020年	
	参保人数	享受待遇人次	参保人数	享受待遇人次	参保人数	享受待遇人次	参保人数	享受待遇人次	参保人数	享受待遇人次
全国	**18 451**	**914**	**19 300**	**1 113**	**20 434**	**1 089**	**21 417**	**1 136**	**23 567**	**1 167**
北京	981.0	51.9	1 035.2	68.6	1 104.0	61.4	1 164.4	61.2	1 341.1	53.3
天津	285.0	28.1	296.9	27.4	330.4	25.0	341.3	24.5	353.5	22.0
河北	710.3	33.8	737.8	36.3	774.2	31.4	811.0	35.5	875.2	32.2
山西	458.5	8.9	464.2	14.2	481.9	14.2	489.6	15.7	476.7	16.1
内蒙古	305.3	8.5	307.6	11.5	319.5	11.0	320.6	11.0	334.8	11.8
辽宁	790.1	31.7	782.4	44.2	777.8	40.5	789.4	43.5	792.2	47.8
吉林	367.8	17.1	370.1	17.1	370.3	15.3	326.3	22.3	326.8	25.7
黑龙江	358.0	9.4	355.1	8.9	350.2	8.4	343.5	9.1	397.7	11.9
上海	956.1	28.2	972.0	36.4	984.9	32.2	989.6	32.4	1 008.8	28.0
江苏	1 510.3	170.3	1 582.0	167.1	1 694.5	166.8	1 868.8	143.5	1 987.1	127.4
浙江	1 294.4	62.1	1 393.0	77.2	1 477.3	72.3	1 561.1	71.6	2 066.8	137.9
安徽	517.6	21.8	554.1	23.5	586.3	25.8	622.3	27.9	652.9	41.2
福建	625.8	20.9	634.5	27.5	651.9	24.0	621.7	21.0	676.6	20.5
江西	258.9	7.8	279.3	13.5	290.1	10.9	303.3	12.6	372.2	12.5
山东	1 139.1	73.4	1 186.6	90.9	1 235.4	81.6	1 298.8	81.2	1 534.3	79.3
河南	646.8	24.5	692.7	30.5	755.4	29.3	765.3	31.6	872.1	25.2
湖北	511.9	30.2	522.1	35.2	540.0	36.1	577.7	38.5	645.9	35.9
湖南	542.9	27.4	561.9	34.0	571.8	31.2	600.4	32.0	633.8	30.5
广东	3 161.9	117.8	3 300.9	169.6	3 495.3	189.3	3 669.4	217.2	3 799.8	201.0
广西	319.6	13.0	338.6	20.4	366.2	19.1	405.9	18.8	477.2	16.6
海南	136.5	6.0	140.3	8.8	152.6	7.0	168.8	10.7	183.2	10.7
重庆	365.7	24.3	411.3	26.6	439.5	26.9	466.9	29.4	505.8	26.9
四川	713.1	31.8	776.3	34.3	878.2	34.1	954.9	36.8	1 129.1	35.4
贵州	286.3	10.8	304.0	20.5	325.9	23.5	349.6	28.1	383.7	33.6
云南	295.9	16.2	307.9	22.2	339.5	17.3	356.0	18.3	375.0	22.3
西藏	24.9	0.9	29.1	1.4	32.4	2.0	34.3	3.6	37.3	3.6
陕西	283.4	9.1	328.7	12.6	401.9	14.3	454.5	16.8	519.0	16.7
甘肃	162.7	6.8	175.3	7.7	202.9	13.5	221.8	14.2	234.0	14.5
青海	49.7	3.7	50.0	3.8	58.1	4.0	61.8	4.6	64.2	4.9
宁夏	76.5	4.4	81.7	6.2	88.1	5.7	94.7	7.1	105.4	6.6
新疆	315.0	13.0	328.4	14.6	357.5	14.4	383.6	15.9	405.6	14.7

表 5-20　分地区城乡居民基本养老保险情况

（2020 年）

地区	参保人数（万人）	实际领取待遇人数（万人）	基金收支情况（亿元）		
			基金收入	基金支出	累计结余
全国	**54 243.8**	**16 068.2**	**4 852.9**	**3 355.1**	**9 758.6**
北京	200.8	92.4	68.9	64.3	170.0
天津	169.7	84.1	66.2	49.1	296.4
河北	3 546.1	1 078.0	238.5	162.2	485.0
山西	1 638.0	422.3	103.7	67.8	269.8
内蒙古	784.7	245.2	82.5	59.6	124.2
辽宁	1 058.4	428.3	84.8	76.5	88.2
吉林	723.8	261.9	51.8	38.6	85.7
黑龙江	908.7	256.1	63.2	46.6	116.3
上海	76.2	52.3	92.9	84.0	89.4
江苏	2 400.4	1 095.4	452.6	354.2	788.3
浙江	1 143.9	529.5	296.3	200.3	250.5
安徽	3 490.1	914.8	254.0	147.1	588.6
福建	1 588.2	488.6	130.8	95.3	231.0
江西	2 078.0	499.0	130.6	78.5	305.4
山东	4 590.4	1 555.3	505.5	340.3	1 290.7
河南	5 255.9	1 410.7	300.3	214.8	641.1
湖北	2 368.6	719.3	205.9	134.5	445.2
湖南	3 471.1	843.4	190.1	142.9	411.0
广东	2 655.3	900.6	283.1	265.3	475.1
广西	2 437.7	581.3	138.6	94.8	234.1
海南	324.8	77.1	32.2	20.3	113.5
重庆	1 166.8	347.7	79.6	61.7	171.7
四川	3 224.2	1 111.5	313.9	212.5	632.5
贵州	1 904.5	463.7	80.4	62.1	154.0
云南	2 450.2	538.5	276.1	82.6	487.3
西藏	168.4	25.7	11.7	6.7	33.9

续表

地区	参保人数（万人）	实际领取待遇人数（万人）	基金收支情况（亿元）		
			基金收入	基金支出	累计结余
陕西	1 785.2	535.2	137.4	94.4	300.1
甘肃	1 388.2	312.7	94.1	49.4	250.0
青海	262.3	38.3	24.5	11.7	59.7
宁夏	238.6	41.5	17.2	11.3	43.0
新疆	744.7	117.7	45.7	25.5	127.1

2020 年 7 月 28 日，人力资源社会保障部党组书记、部长张纪南主持召开全国人社工作调度推进会并讲话。

2020 年 8 月 11 日至 12 日，人力资源社会保障部党组书记、部长张纪南在山西省大同市云州区坊城新村调研人社扶贫工作。

2020 年 9 月 10 日，人力资源社会保障部党组书记、部长张纪南在湖北省武汉市调研人社支持湖北疫情防控和疫后重振工作。

2020 年 7 月 18 日，人力资源社会保障部党组书记、部长张纪南在广东省清远市调研就业和技能人才培养情况。

2020年11月5日，人力资源社会保障部党组书记、部长张纪南在北京市朝阳区劳动人事争议仲裁院调研。

2020年11月9日，人力资源社会保障部党组书记、部长张纪南参加联系党支部党日活动。

2020 年 1 月 6 日，人力资源社会保障部党组书记、部长张纪南会见塞尔维亚劳动、就业、退伍军人和社会事务部部长佐兰・乔尔杰维奇。

2020 年 4 月 23 日，人力资源社会保障部党组书记、部长张纪南出席二十国集团劳工就业部长特别会议。

2020 年 4 月 10 日，中央纪委国家监委驻人力资源社会保障部纪检监察组组长、人力资源社会保障部党组成员耿文清出席人力资源社会保障部 2020 年推进定点扶贫工作电视电话会议。

2020 年 3 月 2 日，中央纪委国家监委驻人力资源社会保障部纪检监察组组长、人力资源社会保障部党组成员耿文清在社会保险事业管理中心和中央国家机关养老保险管理中心巡视检查疫情防控与业务工作。

2020 年 7 月 29 日，人力资源社会保障部党组成员、副部长汤涛出席上海 2021 年第 46 届世界技能大赛事务执行局成立大会。

2020 年 3 月 14 日至 20 日，人力资源社会保障部党组成员、副部长汤涛带队赴吉林省开展复工复产调研。

2020 年 3 月 25 日，人力资源社会保障部党组成员、副部长游钧出席国务院政策例行吹风会，介绍应对新冠肺炎疫情影响强化稳就业举措有关情况，并答记者问。

2020 年 10 月 28 日，人力资源社会保障部党组成员、副部长游钧在云南省怒江傈僳族自治州调研社会保险扶贫工作。

2020 年 11 月 24 日至 25 日，中央纪委国家监委驻人力资源社会保障部纪检监察组组长、人力资源社会保障部党组成员张敏出席人力资源社会保障部年终务虚会。

2020 年 10 月 21 日，中央纪委国家监委驻人力资源社会保障部纪检监察组组长、人力资源社会保障部党组成员张敏在安徽省金寨县同科生物科技有限公司调研。

2020 年 1 月 19 日，人力资源社会保障部党组成员、副部长张义全出席 2019 年“双十佳”特色工作展示交流会。

2020 年 9 月 15 日至 16 日，人力资源社会保障部党组成员、副部长张义全在广西壮族自治区开展人社扶贫工作调研。

2020 年 8 月 7 日，人力资源社会保障部党组成员、副部长李忠出席国务院政策例行吹风会，介绍支持多渠道灵活就业和农民工就业创业举措有关情况，并答记者问。

2020 年 8 月 24 日至 28 日，人力资源社会保障部党组成员、副部长李忠在广东省广州市、惠州市开展全国农民工工作督察和就业形势调研。

2020 年 8 月 29 日，人力资源社会保障部与西藏自治区人民政府关于共同推进西藏技师学院建设备忘录签约仪式在北京举行。

2020 年 10 月 15 日，人力资源社会保障部领导接见人社扶贫助力全面建成小康社会优秀成果宣介活动地方代表。

2020 年 11 月 17 日，人力资源社会保障部党组中心组学习贯彻党的十九届五中全会精神（扩大）会召开。

2020 年 12 月 10 日，第一届全国职业技能大赛在广东省广州市开幕。

《中国人力资源和社会保障年鉴》
编辑委员会成员

《中国人力资源和社会保障年鉴》
编辑部成员

编 辑 说 明

一、《中国人力资源和社会保障年鉴（2021）》是关于人力资源和社会保障工作的专业性史料工具书。本年鉴收录了2020年度我国人力资源社会保障工作重要文献、资料和数据，记录了2020年度我国人力资源社会保障事业发展概况，客观反映了人力资源社会保障工作改革发展成就、经验以及今后需要继续研究解决的问题。本年鉴是对党政机关领导干部和各部门工作人员、人力资源社会保障系统工作者、企业领导和人力资源管理者，以及人力资源社会保障科研理论工作者有价值的参考用书和工具书。

二、本年鉴分文献卷、工作卷两卷。文献卷包括人力资源和社会保障重要文献、人力资源和社会保障大事记。工作卷包括人力资源和社会保障工作概览、全国人力资源和社会保障工作、地方人力资源和社会保障工作、人力资源和社会保障统计资料。

三、本年鉴中，全国人力资源和社会保障工作分为28个部分：就业工作、人力资源流动管理、职业能力建设、专业技术人才工作、事业单位人事管理、城镇职工养老保险、失业保险、工伤保险、城乡居民基本养老保险、社会保险经办管理、中央国家机关事业单位养老保险经办管理、社会保险基金监管、劳动关系、劳动人事争议调解仲裁、事业单位工资福利离退休工作、农民工工作和发展家庭服务业促进就业工作、人力资源和社会保障法治建设、劳动保障监察、国家表彰奖励工作、规划统计、信息化建设、科学研究、干部教育培训与评比表彰和行风窗口建设、行风建设、人力资源社会保障扶贫、新闻宣传政务信息报刊与出版、国际及与港澳台地区交流合作、社团活动；地方人力资源和社会保障工作47篇。

《中国人力资源和社会保障年鉴（2021）》的编辑出版是在全国人力资源社会保障系统的共同努力下完成的。在此，向所有参加编辑出版工作的领导和同志表示衷心的感谢。

《中国人力资源和社会保障年鉴》编辑部

2021年12月

目　录

文献卷

人力资源和社会保障重要文献

一、党和国家领导人关于人力资源和社会保障工作的活动和重要指示批示

二、中共中央、国务院文件

三、人力资源和社会保障部领导的讲话和文章

五、联合发文

人力资源和社会保障大事记

工作卷

人力资源和社会保障工作概览

全国人力资源和社会保障工作

地方人力资源和社会保障工作

人力资源和社会保障统计资料

文献卷

人力资源和社会保障重要文献

一、党和国家领导人关于人力资源和社会保障工作的活动和重要指示批示

习近平：在中央政治局常委会会议研究应对新型冠状病毒肺炎疫情工作时的讲话（节选）

积极推动企业复工复产。要在做好防控工作的前提下，全力支持和组织推动各类生产企业复工复产，保持产业链总体稳定。要加大金融支持力度，保障企业合理资金需求，防止出现资金链断裂。特别是对重要物资生产企业、短期受疫情冲击较大企业，要在贷款利率、期限等方面给予特殊优惠政策。要加大企业复产用工保障力度，组织重点行业农民工及时返岗复工，用好用足援企稳岗政策，解决好相关企业用工难、用工贵问题，最大限度稳定企业用工。（2020 年 2 月 3 日，《求是》杂志 2020 年第 4 期）

习近平在北京市调研指导新型冠状病毒肺炎疫情防控工作时强调以更坚定的信心更顽强的意志更果断的措施坚决打赢疫情防控的人民战争总体战阻击战（节选）

中共中央总书记、国家主席、中央军委主席习近平10日在北京调研指导新型冠状病毒肺炎疫情防控工作时强调，当前疫情形势仍然十分严峻，各级党委和政府要坚决贯彻党中央关于疫情防控各项决策部署，坚决贯彻坚定信心、同舟共济、科学防治、精准施策的总要求，再接再厉、英勇斗争，以更坚定的信心、更顽强的意志、更果断的措施，紧紧依靠人民群众，坚决把疫情扩散蔓延势头遏制住，坚决打赢疫情防控的人民战争、总体战、阻击战。

习近平指出，要统筹推进经济社会发展各项任务，在全力以赴抓好疫情防控同时，统筹做好“六稳”工作。要坚定信心，看到我国经济长期向好的基本面没有变，疫情的冲击只是短期的，不要被问题和困难吓倒。要加强经济运行调度，尽可能降低疫情对经济的影响，努力完成今年经济社会发展各项目标任务。要抓好在建项目复工和新项目开工。要稳定居民消费，发展网络消费，扩大健康类消费。要积极推动企事业单位复工复产，对受疫情影响较大企业，要在金融、用工等方面加大支持力度，帮助渡过难关。越是发生疫情，越要注意做好保障和改善民生工作，特别是要高度关注就业问题，防止出现大规模裁员。（新华社北京2020年2月10日电）

习近平：在统筹推进新冠肺炎疫情防控和经济社会发展工作部署会议上的讲话（节选）

要关心关爱一线医务人员，落实防护物资、生活物资保障和防护措施，统筹安排轮休，加强心理疏导，落实工资待遇、临时性工作补助、卫生防疫津贴待遇，完善激励机制，帮助他们解除后顾之忧，使他们始终保持昂扬斗志、旺盛精力，持续健康投入抗疫斗争。要切实加强防止医院感染工作，做好医务人员科学防护和培训，对已被感染的医务人员全部免费治疗，尽最大努力减少牺牲。对参加一线战斗的医务人员，要尽快出台关心关爱的政策举措，及时安排免费体检，将来要增加带薪休假时间，并将抗疫表现列入职称评定指标之中。

经济社会是一个动态循环系统，不能长时间停摆。在确保疫情防控到位的前提下，推动非疫情防控重点地区企事业单位复工复产，恢复生产生活秩序，关系到为疫情防控提供有力物质保障，关系到民生保障和社会稳定，关系到实现全年经济社会发展目标任务，关系到全面建成小康社会和完成“十三五”规划，关系到我国对外开放和世界经济稳定。

积极的财政政策要更加积极有为，已经出台的财政贴息、大规模降费、缓缴税款等政策要尽快落实到企业。要继续研究出台阶段性、有针对性的减税降费政策，加大对一些行业复工复产的支持力度，帮助中小微企业渡过难关。要集中使用部分中央部门存量资金，统筹用于疫情防控、保障重点支出。一些地方财政受疫情影响较大，要加大转移支付力度，确保基层保工资、保运转、保基本民生。

全面强化稳就业举措。要实施好就业优先政策，根据就业形势变化调整政策力度，减负、稳岗、扩就业并举，抓好社保费阶段性减免、失业保险稳岗返还、就业补贴等政策落地，针对部分企业缺工严重、稳岗压力大和重点群体就业难等突出矛盾，因地因企因人分类帮扶，提高政策精准性。要鼓励低风险地区的农民工尽快返岗复工，采取“点对点、一站式”直达运输服务。要支持多渠道灵活就业，解决个体工商户尽快恢复营业问题。要加快推动线上登记失业和申领失业保险金，确保失业人员应发尽发、应保尽保。要注重高校毕业生就业工作，统筹做好毕业、招聘、考录等相关工作，让他们顺利毕业、尽早就业。

坚决完成脱贫攻坚任务。今年脱贫攻坚要全面收官，原本就有不少硬仗要打，现在还要努力克服疫情的影响，必须再加把劲，狠抓攻坚工作落实。劳务输出地和输入地要精准对接，帮助贫困劳动力有序返岗，支持扶贫龙头企业、扶贫车间尽快复工，吸纳当地就业。（新华社北京 2020 年 2 月 23 日电）

习近平：在决战决胜脱贫攻坚座谈会上的讲话（节选）

要优先支持贫困劳动力务工就业，在企业复工复产、重大项目开工、物流体系建设等方面优先组织和使用贫困劳动力，鼓励企业更多招用贫困地区特别是建档立卡贫困家庭人员，通过东西部扶贫协作“点对点”帮助贫困劳动力尽快有序返岗。要分类施策，对没有疫情的地区要加大务工人员送接工作力度。

要加大就业扶贫力度，加强劳务输出地和输入地精准对接，稳岗拓岗，支持扶贫龙头企业、扶贫车间尽快复工，提升带贫能力，利用公益岗位提供更多就近就地就业机会。要加大产业扶贫力度，种养业发展有自己的规律，周期较长，要注重长期培育和支持。这几年，扶贫小额信贷对支持贫困群众发展生产发挥了重要作用，要继续坚持。要加大易地扶贫搬迁后续扶持力度。全国易地扶贫搬迁960多万贫困人口，中西部地区还同步搬迁500万非贫困人口，相当于一个中等国家的人口规模。现在搬得出的问题基本解决了，下一步的重点是稳得住、有就业、逐步能致富。（新华社北京2020年3月6日电）

习近平在湖北省考察新冠肺炎疫情防控工作（节选）

在抗击新冠肺炎疫情的关键时刻，中共中央总书记、国家主席、中央军委主席习近平10日专门赴湖北省武汉市考察疫情防控工作。

习近平强调，一线的医务工作者最辛苦，承受着难以想象的身体和心理压力，许多同志脸上和手上被磨出了血，令人感动，是新时代最可爱的人。我向你们表示崇高的敬意！习近平叮嘱广大医务人员加强自我防护、抓住机会休息，既敢于斗争、又善于斗争。有关部门要落实好防护物资、生活物资保障，落实好工资待遇、临时性工资补助、卫生防疫津贴待遇，尽快出台关心关爱一线医务人员的政策措施，帮助大家解除后顾之忧，确保大家以饱满的精神状态投入到工作中。

习近平指出，这次疫情，短期内会给湖北经济社会发展带来阵痛，但不会影响经济稳中向好、长期向好的基本面。要在加强防控的前提下，采取差异化策略，适时启动分区分级、分类分时、有条件的复工复产。要落实落细国家出台的一系列支持政策，有针对性地开展援企、稳岗、扩就业等工作，强化“六稳”举措，统筹抓好春耕生产、农民就业增收等工作，坚决抓好脱贫攻坚各项任务。中央和国家机关各部委要继续加大对湖北的支持力度，帮助湖北解决实际困难和具体问题，早日全面步入正常轨道。（新华社武汉2020年3月10日电）

习近平在浙江考察时强调 统筹推进疫情防控和经济社会发展工作 奋力实现今年经济社会发展目标任务（节选）

中共中央总书记、国家主席、中央军委主席习近平近日在浙江考察时强调，要全面贯彻党中央各项决策部署，做好统筹推进新冠肺炎疫情防控和经济社会发展工作，坚持稳中求进工作总基调，坚持新发展理念，坚持以“八八战略”为统领，干在实处、走在前列、勇立潮头，精准落实疫情防控和复工复产各项举措，奋力实现今年经济社会发展目标任务，努力成为新时代全面展示中国特色社会主义制度优越性的重要窗口。

习近平指出，大家克服疫情影响，及时返岗复工，既是为企业好、为国家好，也是为自己好。企业正常生产就能保障国家经济正常运行，就能给大家创造就业机会，大家有收入，家里就有了保障。习近平强调，我国中小企业有灵气、有活力，善于迎难而上、自强不息，在党和政府以及社会各方面支持下，一定能够渡过难关，迎来更好发展。（新华社杭州 2020 年 4 月 1 日电）

习近平在陕西考察时强调
扎实做好“六稳”工作落实“六保”任务
奋力谱写陕西新时代追赶超越新篇章（节选）

中共中央总书记、国家主席、中央军委主席习近平近日在陕西考察时强调，要全面落实党中央决策部署，坚持稳中求进工作总基调，坚持新发展理念，扎实做好稳就业、稳金融、稳外贸、稳外资、稳投资、稳预期工作，全面落实保居民就业、保基本民生、保市场主体、保粮食能源安全、保产业链供应链稳定、保基层运转任务，努力克服新冠肺炎疫情带来的不利影响，确保完成决战决胜脱贫攻坚目标任务，全面建成小康社会，奋力谱写陕西新时代追赶超越新篇章。

习近平强调，今年是脱贫攻坚决战决胜之年，解决好贫困群众就业问题非常重要。各级党委和政府要加大扶持力度，通过各种方法保障贫困群众就业。

易地搬迁是解决一方水土养不好一方人、实现贫困群众跨越式发展的根本途径，也是打赢脱贫攻坚战的重要途径。搬得出的问题基本解决后，后续扶持最关键的是就业。乐业才能安居。解决好就业问题，才能确保搬迁群众稳得住、逐步能致富，防止返贫。

要做好高校毕业生、农民工、退役军人等重点群体就业工作，多渠道促进就业创业。（新华社西安 2020 年 4 月 23 日电）

习近平在山西考察时强调 全面建成小康社会 乘势而上书写新时代中国特色社会主义新篇章（节选）

中共中央总书记、国家主席、中央军委主席习近平近日在山西考察时强调，要全面贯彻党的十九大和十九届二中、三中、四中全会精神，坚持稳中求进工作总基调，坚持新发展理念，坚持以供给侧结构性改革为主线，扎实做好“六稳”工作，全面落实“六保”任务，努力克服新冠肺炎疫情带来的不利影响，在高质量转型发展上迈出更大步伐，确保完成决战决胜脱贫攻坚目标任务，全面建成小康社会，乘势而上书写山西践行新时代中国特色社会主义的新篇章。

习近平指出，要坚持以人民为中心的发展思想，扎实做好保障和改善民生工作，实实在在帮助群众解决实际困难，兜住民生底线，落实就业优先战略和积极的就业政策，突出做好高校毕业生、退役军人、农民工、城镇困难人员等重点群体就业工作，加快补齐这次疫情暴露出的公共卫生体系方面的短板弱项，推动社会治理重心向基层下移。（新华社太原2020年5月12日电）

习近平参加湖北代表团审议（节选）

中共中央总书记、国家主席、中央军委主席习近平24日下午在参加十三届全国人大三次会议湖北代表团审议时强调，防范化解重大疫情和突发公共卫生风险，事关国家安全和发展，事关社会政治大局稳定。要坚持整体谋划、系统重塑、全面提升，改革疾病预防控制体系，提升疫情监测预警和应急响应能力，健全重大疫情救治体系，完善公共卫生应急法律法规，深入开展爱国卫生运动，着力从体制机制层面理顺关系、强化责任。

习近平强调，当前，摆在湖北面前的紧要任务，就是全力做好统筹疫情防控和经济社会发展工作。要全力做好常态化疫情防控工作，坚持常态化精准防控和局部应急处置有机结合，加强社区精准防控，扩大检测范围，不断巩固疫情防控成果。要加快复工复产、复商复市，围绕重点产业链、龙头企业、重大投资项目精准施策，着力帮助解决产业链协同复工复产中的各种堵点、难点问题，帮助解决企业特别是中小微企业面临的实际困难，抓紧出台和落实各项刺激消费的措施，千方百计把疫情造成的损失降到最低。要切实做好“六保”工作，做好高校毕业生、农民工等重点群体就业，做好保基本民生工作，帮助群众解决社保、医保、就学等方面的实际困难，落实好特殊困难群众兜底保障工作，坚决完成剩余贫困人口脱贫任务，防止因疫致贫或返贫。（新华社北京2020年5月24日电）

习近平在宁夏考察时强调
决胜全面建成小康社会决战脱贫攻坚
继续建设经济繁荣民族团结环境优美
人民富裕的美丽新宁夏（节选）

中共中央总书记、国家主席、中央军委主席习近平近日在宁夏考察时强调，要全面落实党中央决策部署，坚持稳中求进工作总基调，坚持新发展理念，落实全国“两会”工作部署，坚决打好三大攻坚战，扎实做好“六稳”工作，全面落实“六保”任务，努力克服新冠肺炎疫情带来的不利影响，优先稳就业保民生，决胜全面建成小康社会，决战脱贫攻坚，继续建设经济繁荣、民族团结、环境优美、人民富裕的美丽新宁夏。

他指出，兴办扶贫车间目的是扶贫，要坚持扶贫性质，向困难群众倾斜，多招收困难群众就业。乡亲们在家门口就业，虽然收入不比进城务工高，但省去了住宿、伙食、交通等费用，还能照顾家庭，一举多得。企业参与兴办扶贫车间，体现了先富带后富，很有意义。

习近平强调，要坚持以人民为中心的发展思想，切实解决好群众的操心事、烦心事、揪心事，扎实做好下岗失业人员、高校毕业生、农民工、退役军人等重点群体就业工作。（新华社银川2020年6月10日电）

习近平：在企业家座谈会上的讲话（节选）

党中央明确提出要扎实做好“六稳”工作、落实“六保”任务，各地区各部门出台了一系列保护支持市场主体的政策措施。下一步，要加大政策支持力度，激发市场主体活力，使广大市场主体不仅能够正常生存，而且能够实现更大发展。

高度重视支持个体工商户发展。我国有8 200多万个体工商户，带动就业人口超过2亿，是数量最多的市场主体，是群众生活最直接的服务者，当前面临的实际困难也最多。要积极帮助个体工商户解决租金、税费、社保、融资等方面难题，提供更直接更有效的政策帮扶。

当前，就业压力加大，部分劳动者面临失业风险。关爱员工是企业家履行社会责任的一个重要方面，要努力稳定就业岗位，关心员工健康，同员工携手渡过难关。（新华社北京2020年7月21日电）

习近平在吉林考察时强调 坚持新发展理念深入实施东北振兴战略 加快推动新时代吉林全面振兴全方位振兴 （节选）

中共中央总书记、国家主席、中央军委主席习近平近日在吉林考察时强调，要切实落实党中央决策部署，坚持稳中求进工作总基调，坚持新发展理念，坚决打好三大攻坚战，扎实做好“六稳”工作，全面落实“六保”任务，深入实施东北振兴战略，决胜全面建成小康社会、决战脱贫攻坚，在服务党和国家工作全局中体现新担当，在走出一条质量更高、效益更好、结构更优、优势充分释放的发展新路上实现新突破，在加快推动新时代吉林全面振兴、全方位振兴的征程上展现新作为。

习近平强调，各级党委和政府要高度重视高校毕业生就业问题，高校毕业生要转变择业就业观念，只要有志向就会有事业，只要有本事就会有舞台。希望大家找准定位，踏踏实实实现人生理想。

要始终把人民安居乐业、安危冷暖放在心上，千方百计稳定现有就业，积极增加新的就业，促进失业人员再就业，突出做好高校毕业生、退役军人、农民工和城镇困难人员等重点群体就业工作。（新华社长春 2020 年 7 月 24 日电）

习近平在中央政治局第二十二次集体学习时强调 统一思想坚定信心鼓足干劲抓紧工作 奋力推进国防和军队现代化建设（节选）

中共中央政治局7月30日下午就加强国防和军队现代化建设举行第二十二次集体学习。中共中央总书记习近平在主持学习时强调，强国必须强军，军强才能国安。

习近平强调，要坚持全党全国一盘棋，军地合力推进国防和军队现代化。中央和国家机关、地方各级党委和政府要强化国防意识，认真落实担负的有关工作，在国防科技创新、国防工程建设、国防和军队改革等方面给予大力支持，在军人家属随军就业、子女入学入托、优抚政策落实和退役军人保障等方面积极排忧解难。军队要同中央和国家机关搞好沟通协调，共同把国防和军队建设推向前进。（新华社北京2020年7月31日电）

习近平在安徽考察时强调
坚持改革开放坚持高质量发展
在加快建设美好安徽上取得新的更大进展
（节选）

中共中央总书记、国家主席、中央军委主席习近平近日在安徽考察时强调，要贯彻落实好党中央决策部署，贯彻新发展理念，坚持稳中求进工作总基调，坚持改革开放，坚持高质量发展，深化供给侧结构性改革，打好三大攻坚战，做好“六稳”工作，落实“六保”任务，决胜全面建成小康社会、决战脱贫攻坚，在构建以国内大循环为主体、国内国际双循环相互促进的新发展格局中实现更大作为，在加快建设美好安徽上取得新的更大进展。

习近平强调，要牢固树立以人民为中心的发展思想，扎实推进民生工程，出台更多援企、减负、稳岗、扩就业的支持性措施，突出做好高校毕业生、农民工、退役军人、受灾群众等重点人群就业工作，落实好纾困惠企政策，保护和激发市场主体活力。（新华社合肥2020年8月21日电）

习近平：在经济社会领域专家座谈会上的讲话（节选）

以共建共治共享拓展社会发展新局面。事实证明，发展起来以后的问题不比不发展时少。我国社会结构正在发生深刻变化，互联网深刻改变人类交往方式，社会观念、社会心理、社会行为发生深刻变化。“十四五”时期如何适应社会结构、社会关系、社会行为方式、社会心理等深刻变化，实现更加充分、更高质量的就业，健全全覆盖、可持续的社保体系，强化公共卫生和疾控体系，促进人口长期均衡发展，加强社会治理，化解社会矛盾，维护社会稳定，都需要认真研究并作出工作部署。（新华社北京2020年8月24日电）

习近平：全面贯彻新时代党的治藏方略 建设团结富裕文明和谐美丽的 社会主义现代化新西藏（节选）

中央第七次西藏工作座谈会 8 月 28 日至 29 日在北京召开。中共中央总书记、国家主席、中央军委主席习近平出席会议并发表重要讲话。

要在巩固脱贫成果方面下更大功夫、想更多办法、给予更多后续帮扶支持，同乡村振兴有效衔接，尤其是同日常生活息息相关的交通设施、就医就学、养老社保等要全覆盖。要围绕川藏铁路建设等项目，推动建设一批重大基础设施、公共服务设施，建设更多团结线、幸福路。要培育扶持吸纳就业的能力，提供更多就业机会，推动多渠道市场就业。要培养更多理工农医等紧缺人才，着眼经济社会发展和未来市场需求办好职业教育，科学设置学科，提高层次和水平，培养更多专业技能型实用人才。（新华社北京 2020 年 8 月 29 日电）

习近平在湖南考察时强调　在推动高质量发展上闯出新路子　谱写新时代中国特色社会主义湖南新篇章（节选）

中共中央总书记、国家主席、中央军委主席习近平近日在湖南考察时强调，要落实党中央决策部署，坚持稳中求进工作总基调，贯彻新发展理念，坚持以供给侧结构性改革为主线，决胜全面建成小康社会、决战脱贫攻坚，扎实做好“六稳”工作，全面落实“六保”任务，着力打造国家重要先进制造业、具有核心竞争力的科技创新、内陆地区改革开放的高地，在推动高质量发展上闯出新路子，在构建新发展格局中展现新作为，在推动中部地区崛起和长江经济带发展中彰显新担当，奋力谱写新时代坚持和发展中国特色社会主义的湖南新篇章。

习近平指出，要坚持以人民为中心的发展思想，着力办好群众各项“急难愁盼”问题。要落实就业优先政策，突出做好高校毕业生、退役军人、农民工、城镇困难人员等重点群体就业工作。（新华社长沙 2020 年 9 月 18 日电）

习近平：在教育文化卫生体育领域专家代表座谈会上的讲话（节选）

人力资源是构建新发展格局的重要依托。要优化同新发展格局相适应的教育结构、学科专业结构、人才培养结构。要完善全民终身学习推进机制，构建方式更加灵活、资源更加丰富、学习更加便捷的终身学习体系。要大力发展职业教育和培训，有效提升劳动者技能和收入水平，通过实现更加充分、更高质量的就业扩大中等收入群体，释放内需潜力。（新华社北京 2020 年 9 月 22 日电）

习近平：坚持依法治疆团结稳疆文化润疆富民兴疆长期建疆　努力建设新时代中国特色社会主义新疆（节选）

第三次中央新疆工作座谈会9月25日至26日在北京召开。中共中央总书记、国家主席、中央军委主席习近平出席会议并发表重要讲话。

习近平强调，要统筹疫情防控和经济社会发展，做好“六稳”工作、落实“六保”任务，持之以恒抓好脱贫攻坚和促进就业两件大事。要健全完善防止返贫监测和帮扶制度机制，接续推进全面脱贫与乡村振兴有机衔接，着重增强内生发展动力和发展活力，确保脱贫后能发展、可持续。要加大政策支持力度，创新体制机制，坚持就近就地就业和有序转移输出就业有机结合。要大力推动南疆经济社会发展和民生改善。要多层次、全方位、立体式讲好新疆故事，理直气壮宣传新疆社会稳定的大好局势、人民安居乐业的幸福生活。（新华社北京2020年9月26日电）

习近平：在联合国大会纪念北京世界妇女大会 25 周年高级别会议上的讲话（节选）

我们要把保障妇女和女童权益置于公共卫生和复工复产计划重要地位，特别是拓宽妇女就业渠道，打击侵犯妇女权益的行为。

男女平等是中国的基本国策。中国建立了包括 100 多部法律法规在内的全面保障妇女权益法律体系，被世界卫生组织列为妇幼健康高绩效的 10 个国家之一，基本消除义务教育性别差距，全社会就业人员女性占比超过四成，互联网领域创业者中女性更是超过一半。（新华社北京 2020 年 10 月 1 日电）

习近平：在全国劳动模范和先进工作者表彰大会上的讲话（节选）

劳动模范是民族的精英、人民的楷模，是共和国的功臣。我国是人民当家作主的社会主义国家，党和国家始终坚持全心全意依靠工人阶级方针，始终高度重视工人阶级和广大劳动群众在党和国家事业发展中的重要地位，始终高度重视发挥劳动模范和先进工作者的重要作用。

大力弘扬劳模精神、劳动精神、工匠精神。“不惰者，众善之师也。”在长期实践中，我们培育形成了爱岗敬业、争创一流、艰苦奋斗、勇于创新、淡泊名利、甘于奉献的劳模精神，崇尚劳动、热爱劳动、辛勤劳动、诚实劳动的劳动精神，执着专注、精益求精、一丝不苟、追求卓越的工匠精神。劳模精神、劳动精神、工匠精神是以爱国主义为核心的民族精神和以改革创新为核心的时代精神的生动体现，是鼓舞全党全国各族人民风雨无阻、勇敢前进的强大精神动力。

劳动是一切幸福的源泉。新形势下，我国工人阶级和广大劳动群众要继续学先进赶先进，自觉践行社会主义核心价值观，用劳动模范和先进工作者的崇高精神和高尚品格鞭策自己，焕发劳动热情，厚植工匠文化，恪守职业道德，将辛勤劳动、诚实劳动、创造性劳动作为自觉行为。各级党委和政府要尊重劳模、关爱劳模，贯彻好尊重劳动、尊重知识、尊重人才、尊重创造方针，完善劳模政策，提升劳模地位，落实劳模待遇，推动更多劳动模范和先进工作者竞相涌现。全社会要崇尚劳动、见贤思齐，加大对劳动模范和先进工作者的宣传力度，讲好劳模故事、讲好劳动故事、讲好工匠故事，弘扬劳动最光荣、劳动最崇高、劳动最伟大、劳动最美丽的社会风尚。要开展以劳动创造幸福为主题的宣传教育，把劳动教育纳入人才培养全过程，贯通大中小学各学段和家庭、学校、社会各方面，教育引导青少年树立以辛勤劳动为荣、以好逸恶劳为耻的劳动观，培养一代又一代热爱劳动、勤于劳动、善于劳动的高素质劳动者。

充分发挥工人阶级和广大劳动群众主力军作用。人民是历史的创造者。工人阶级是我国的领导阶级，是先进生产力和生产关系的代表，是坚持和发展中国特色社会主义的主力军。全面建设社会主义现代化国家，符合全国各族人民根本利益和共同愿望，我国工人阶级和广大劳动群众要坚定不移听党话、矢志不渝跟党走，当好主人翁，建功新时代。

要立足党和国家各项事业发展全局，立足党中央对改革发展稳定各项工作的决策部署，围绕国家重大战略、重大工程、重大项目、重点产业，广泛深入持久开展劳动和技能竞赛，积极参加群众性创新活动，汇聚起众志成城的磅礴力量。要增强历史使命感和责任感，深刻认识国家好、民族好大家才会好，正确处理个人和集体、当前和长远、局部和整体的利益关系，自觉维护大局、服务大局，最大限度增加和谐因素、最大限度减少不和谐因素。要深刻认识团结就是力量、团结才能前进的道理，发扬团结协作、互助友爱的精神，加强工人阶级的团结，加强工人阶级同其他劳动群众的团结，坚定战胜各种困难的信心和决心，始终做党执政的坚实依靠力量。

努力建设高素质劳动大军。劳动者素质对一个国家、一个民族发展至关重要。当今世界，综合国力的竞争归根到底是人才的竞争、劳动者素质的竞争。我国工人阶级和广大劳动群众要树立终身学习的理念，养成善于学习、勤于思考的习惯，实现学以养德、学以增智、学以致用。要适应新一轮科技革命和产业变革的需要，密切关注行业、产业前沿知识和技术进展，勤学苦练、深入钻研，不断提高技术技能水平。要完善现代职业教育制度，创新各层次各类型职业教育模式，为劳动者成长创造良好条件。技术工人是支撑中国制造、中国创造的重要基础。要完善和落实技术工人培养、使用、评价、考核机制，提高技能人才待遇水平，畅通技能人才职业发展通道，完善技能人才激励政策，激励更多劳动者特别是青年人走技能成才、技能报国之路，培养更多高技能人才和大国工匠。要增强创新意识、培养创新思维，展示锐意创新的勇气、敢为人先的锐气、蓬勃向上的朝气。要推进产业工人队伍建设改革，落实产业工人思想引领、建功立业、素质提升、地位提高、队伍壮大等改革措施，造就一支有理想守信念、懂技术会创新、敢担当讲奉献的宏大产业工人队伍。

切实实现好、维护好、发展好劳动者合法权益。让人民群众过上更加幸福的好日子是我们党始终不渝的奋斗目标，实现共同富裕是中国共产党领导和我国社会主义制度的本质要求。要坚持以人民为中心的发展思想，维护好工人阶级和广大劳动群众合法权益，解决好就业、教育、社保、医疗、住房、养老、食品安全、生产安全、生态环境、社会治安等问题，不断提升工人阶级和广大劳动群众的获得感、幸福感、安全感。要把稳就业工作摆在更加突出的位置，不断提高劳动者收入水平，构建多层次社会保障体系，改善劳动安全卫生条件，使广大劳动者共建共享改革发展成果，以更有效的举措不断推进共同富裕。要适应新技术新业态新模式的迅猛发展，采取多种手段，维护好快递员、网约工、货车司机等就业群体的合法权益。要建立健全困难群众帮扶工作机制，把党和政府的关怀送到困难群众心坎上，让他们感受到社会主义大家庭的温暖。要坚持从群众多样化需求出发开展工作，打通服务群众的新途径，使服务更直接、更深入、更贴近工人阶级和广大劳动群众，以服务群众实效打动人心、温暖人心、影响人心、赢得人心。要健全党政主导的维权服务机制，完善政府、工会、企业共同参与的协商协调机制，健全劳动法律法规体系，为维护工人阶级和广大劳动群众合法权益提供法律和制度保障。（新华社北京2020年11月24日电）

习近平致信祝贺首届全国职业技能大赛举办强调
大力弘扬劳模精神劳动精神工匠精神
培养更多高技能人才和大国工匠
李克强作出批示

中华人民共和国第一届职业技能大赛10日在广东省广州市开幕。中共中央总书记、国家主席、中央军委主席习近平发来贺信，向大赛的举办表示热烈的祝贺，向参赛选手和广大技能人才致以诚挚的问候。

习近平在贺信中指出，技术工人队伍是支撑中国制造、中国创造的重要力量。职业技能竞赛为广大技能人才提供了展示精湛技能、相互切磋技艺的平台，对壮大技术工人队伍、推动经济社会发展具有积极作用。希望广大参赛选手奋勇拼搏、争创佳绩，展现新时代技能人才的风采。

习近平强调，各级党委和政府要高度重视技能人才工作，大力弘扬劳模精神、劳动精神、工匠精神，激励更多劳动者特别是青年一代走技能成才、技能报国之路，培养更多高技能人才和大国工匠，为全面建设社会主义现代化国家提供有力人才保障。

中共中央政治局常委、国务院总理李克强作出批示指出，提高职业技能是促进中国制造和服务迈向中高端的重要基础。要坚持以习近平新时代中国特色社会主义思想为指导，深入贯彻党中央、国务院决策部署，进一步完善技能人才培训培养体系，积极营造有利于技能人才脱颖而出的良好环境，深入开展大众创业万众创新，引导推动更多青年热爱钻研技能、追求提高技能，打造高素质技能人才队伍，培养更多大国工匠，让更多有志者人生出彩，为促进就业创业创新、推动经济高质量发展提供强有力支撑。

开幕式上，中共中央政治局委员、国务院副总理胡春华宣读了习近平的贺信和李克强的批示，并宣布开幕。中共中央政治局委员、广东省委书记李希致欢迎辞。

经国务院批准，人力资源和社会保障部从2020年起举办全国职业技能大赛。首届大赛以“新时代　新技能　新梦想”为主题，设86个比赛项目，共有2 500多名选手、2 300多名裁判人员参赛，是新中国成立以来规格最高、项目最多、规模最大、水平最高的综合性国家职业技能赛事。（新华社广州2020年12月10日电）

习近平在中央农村工作会议上强调 坚持把解决好“三农”问题作为全党工作重中之重 促进农业高质高效乡村宜居宜业农民富裕富足 李克强主持 栗战书汪洋王沪宁赵乐际韩正出席（节选）

中央农村工作会议12月28日至29日在北京举行。中共中央总书记、国家主席、中央军委主席习近平出席会议并发表重要讲话强调，在向第二个百年奋斗目标迈进的历史关口，巩固和拓展脱贫攻坚成果，全面推进乡村振兴，加快农业农村现代化，是需要全党高度重视的一个关系大局的重大问题。

习近平强调，脱贫攻坚取得胜利后，要全面推进乡村振兴，这是“三农”工作重心的历史性转移。要坚决守住脱贫攻坚成果，做好巩固拓展脱贫攻坚成果同乡村振兴有效衔接，工作不留空档，政策不留空白。要健全防止返贫动态监测和帮扶机制，对易返贫致贫人口实施常态化监测，重点监测收入水平变化和“两不愁三保障”巩固情况，继续精准施策。对脱贫地区产业帮扶还要继续，补上技术、设施、营销等短板，促进产业提档升级。要强化易地搬迁后续扶持，多渠道促进就业，加强配套基础设施和公共服务，搞好社会管理，确保搬迁群众稳得住、有就业、逐步能致富。党中央决定，脱贫攻坚目标任务完成后，对摆脱贫困的县，从脱贫之日起设立5年过渡期。过渡期内要保持主要帮扶政策总体稳定。对现有帮扶政策逐项分类优化调整，合理把握调整节奏、力度、时限，逐步实现由集中资源支持脱贫攻坚向全面推进乡村振兴平稳过渡。（新华社北京2020年12月29日电）

李克强在第十三届全国人民代表大会第三次会议上作政府工作报告（节选）

综合研判形势，我们对疫情前考虑的预期目标作了适当调整。今年要优先稳就业保民生，坚决打赢脱贫攻坚战，努力实现全面建成小康社会目标任务；城镇新增就业900万人以上，城镇调查失业率6%左右，城镇登记失业率5.5%左右；居民消费价格涨幅3.5%左右；进出口促稳提质，国际收支基本平衡；居民收入增长与经济增长基本同步；现行标准下农村贫困人口全部脱贫、贫困县全部摘帽；重大金融风险有效防控；单位国内生产总值能耗和主要污染物排放量继续下降，努力完成"十三五"规划目标任务。

需要说明的是，我们没有提出全年经济增速具体目标，主要因为全球疫情和经贸形势不确定性很大，我国发展面临一些难以预料的影响因素。这样做，有利于引导各方面集中精力抓好"六稳"、"六保"。"六保"是今年"六稳"工作的着力点。守住"六保"底线，就能稳住经济基本盘；以保促稳、稳中求进，就能为全面建成小康社会夯实基础。要看到，无论是保住就业民生、实现脱贫目标，还是防范化解风险，都要有经济增长支撑，稳定经济运行事关全局。要用改革开放办法，稳就业、保民生、促消费，拉动市场、稳定增长，走出一条有效应对冲击、实现良性循环的新路子。

就业优先政策要全面强化。财政、货币和投资等政策要聚力支持稳就业。努力稳定现有就业，积极增加新的就业，促进失业人员再就业。各地要清理取消对就业的不合理限制，促就业举措要应出尽出，拓岗位办法要能用尽用。

保障就业和民生，必须稳住上亿市场主体，尽力帮助企业特别是中小微企业、个体工商户渡过难关。

加大减税降费力度。强化阶段性政策，与制度性安排相结合，放水养鱼，助力市场主体纾困发展。继续执行去年出台的下调增值税税率和企业养老保险费率政策，新增减税降费约5 000亿元。前期出台6月前到期的减税降费政策，包括免征中小微企业养老、失业和工伤保险单位缴费，减免小规模纳税人增值税，免征公共交通运输、餐饮住宿、旅游娱乐、文化体育等服务增值税，减免民航发展基金、港口建设费，执行期限全部延长到今年年底。小微企业、个体工商户所得税缴纳一律延缓到明年。预计全年为企业新增减负超过2.5万亿元。要坚决把减税降费政策落到企业，留得青山，赢得未来。

千方百计稳定和扩大就业。加强对重点行业、重点群体就业支持。今年高校毕业生达874万人，要促进市场化社会化就业，高校和属地政府都要提供不断线的就业服务，扩大基层服务项目招聘。做好退役军人安置和就业保障。实行农民工在就业地平等享受就业服务政策。帮扶残疾人、零就业家庭等困难群体就业。我国包括零工在内的灵活就业人员数以亿计，今年对低收入人员实行社保费自愿缓缴政策，涉及就业的行政事业性收费全部取消，合理设定流动摊贩经营场所。资助以训稳岗拓岗，加强面向市场的技能培训，鼓励以工代训，共建共享生产性实训基地，今明两年职业技能培训 3 500 万人次以上，高职院校扩招 200 万人，要使更多劳动者长技能、好就业。

深入推进大众创业万众创新。发展创业投资和股权投资，增加创业担保贷款。深化新一轮全面创新改革试验，新建一批双创示范基地，坚持包容审慎监管，发展平台经济、共享经济，更大激发社会创造力。

坚决打赢脱贫攻坚战。加大剩余贫困县和贫困村攻坚力度，对外出务工劳动力，要在就业地稳岗就业。开展消费扶贫行动，支持扶贫产业恢复发展。加强易地扶贫搬迁后续扶持。深化东西部扶贫协作和中央单位定点扶贫。强化对特殊贫困人口兜底保障。搞好脱贫攻坚普查。继续执行对摘帽县的主要扶持政策。接续推进脱贫与乡村振兴有效衔接，全力让脱贫群众迈向富裕。

拓展农民就业增收渠道。支持农民就近就业创业，促进一二三产业融合发展，扩大以工代赈规模，让返乡农民工能打工、有收入。加强农民职业技能培训。依法根治拖欠农民工工资问题。扶持适度规模经营主体，加强农户社会化服务。支持农产品深加工。完善乡村产业发展用地保障政策。增强集体经济实力。增加专项债券投入，支持现代农业设施、饮水安全工程和人居环境整治，持续改善农民生产生活条件。

加大基本民生保障力度。上调退休人员基本养老金，提高城乡居民基础养老金最低标准。实现企业职工基本养老保险基金省级统收统支，提高中央调剂比例。全国近 3 亿人领取养老金，必须确保按时足额发放。落实退役军人优抚政策。做好因公殉职人员抚恤。扩大失业保险保障范围，将参保不足 1 年的农民工等失业人员都纳入常住地保障。完善社会救助制度。扩大低保保障范围，对城乡困难家庭应保尽保，将符合条件的城镇失业和返乡人员及时纳入低保。对因灾因病因残遭遇暂时困难的人员，都要实施救助。要切实保障所有困难群众基本生活，保民生也必将助力更多失业人员再就业敢创业。（新华社北京 2020 年 5 月 29 日电）

李克强：在国家科学技术奖励大会上的讲话（节选）

要以习近平新时代中国特色社会主义思想为指导，按照党中央、国务院决策部署，抢抓世界新一轮科技革命和产业变革机遇，把我国丰富人力人才资源优势、超大规模市场优势和显著制度优势紧密结合起来，深入实施创新驱动发展战略，加快促进科技与经济深度融合，为保持经济运行在合理区间、推动高质量发展提供强大动力。

要进一步改革完善科技成果和人才评价办法，人才不论年龄资历、背景出身，都应一视同仁、凭本事说话，让金子都能发光。注重质量，让科技含量高、综合效益好的优秀成果脱颖而出。青年人最具创新潜能，要为35岁以下科研人员挑大梁、担重任创造更多机会，在重大科技项目中设立青年专项，在科研实践中锻炼青年人才，使我国科技事业青蓝相继、人才辈出。（新华社北京2020年1月10日电）

李克强：千方百计加快恢复和稳定就业为就业创业、灵活就业提供更多机会

统筹推进疫情防控和稳就业工作电视电话会议3月20日在京召开。会议深入学习贯彻习近平总书记重要指示精神，认真落实李克强总理重要批示要求，分析就业形势，部署做好当前和今后一个时期稳就业工作。

中共中央政治局常委、国务院总理李克强作出重要批示。批示指出：就业事关基本民生、经济发展和社会稳定大局。受新冠肺炎疫情影响，今年稳就业任务十分艰巨繁重。各地区、各部门要坚持以习近平新时代中国特色社会主义思想为指导，认真贯彻党中央、国务院决策部署，统筹推进疫情防控和经济社会发展工作，将稳就业放在做好“六稳”工作首位，更大力度实施就业优先政策。要压实各方责任，减负、稳岗、扩就业等多措并举，最大限度用好减税降费、金融支持、援企稳岗等政策，积极帮助中小微企业渡过难关，推进企业复工复产，加快重大投资项目开复工，千方百计加快恢复和稳定就业。突出抓好重点群体就业工作，加强高校毕业生就业服务，更有针对性拓展就业空间；着力促进农民工就业，优先支持贫困劳动力就业；加大职业技能培训力度，做好对就业困难人员、疫情严重地区劳动者就业帮扶，保障失业人员基本生活。继续推进简政放权、放管结合、优化服务改革，发挥大众创业万众创新积极作用，大力支持“互联网+”、平台经济等发展，为就业创业、灵活就业提供更多机会，努力完成全年就业目标任务。

国务院副总理、国务院就业工作领导小组组长胡春华出席会议并讲话。他强调，要深入学习贯彻习近平总书记重要指示精神，认真落实李克强总理重要批示要求，按照党中央、国务院决策部署，在抓好疫情防控的同时，全力以赴做好各项就业工作，切实维护就业大局稳定。

胡春华指出，就业是民生之本和社会稳定的根基，面对严峻复杂形势，各地区、各有关部门必须将稳就业放在做好“六稳”工作首位，树立鲜明的支持就业导向，努力把疫情对就业的影响降到最低。要尽快取消妨碍复工复产的不合理规定，以省域为单元推动经济社会秩序恢复，推动更多企业复工复产达产，加强对劳动者返岗复工和防护工作的指导，落实落细为企业减负的政策举措。要扎实做好农民工返岗服务，促进尽快返岗，优先保障农村贫困劳动力就业，拓宽就近就业创业渠道。要着力抓好高校毕业生就业工作，优化招聘录用等就业服务，提供更多适合大学生的就业岗位，扩大就业见习规模，支持大学生通过创业实现就业。要充分发挥失业保险基金的兜底保障作用，强化基金保障基本生活的功能，对就业困难人员给予托底帮扶。要严格落实责任，及时出台配套政策，推动各项政策尽快落地见效，努力稳定就业局势。（新华社北京2020年3月20日电）

李克强主持召开部分省市经济形势视频座谈会（节选）

4月23日，中共中央政治局常委、国务院总理李克强主持召开部分省市经济形势视频座谈会，推动做好当前经济社会发展工作。

李克强说，保住亿万市场主体，经济回升就有动力，就业就有支撑。要落实和及时完善税费减免、金融支持、降低成本等助企纾困政策，各地也要加大支持力度，帮助企业特别是中小微企业和个体工商户渡过难关，加快全面复工复产，保住更多就业岗位，为高校毕业生、农民工、退役军人等重点群体就业提供支撑。

李克强十分关心基本民生保障。他说，经济形势不好的时候，最容易受冲击的就是困难群体。不管财力多么吃紧，都要保障好他们的基本生活。要增加对基层转移支付，确保完成决战决胜脱贫攻坚目标任务，大幅扩围失业保障，实现低保和社会救助应保尽保，用好价格临时补贴机制，力保基本民生。（新华社北京2020年4月24日电）

李克强在参加广西代表团审议时强调扎实做好“六稳”“六保”工作努力完成全年经济社会发展主要目标任务（节选）

中共中央政治局常委、国务院总理李克强23日上午来到他所在的十三届全国人大三次会议广西代表团，参加审议政府工作报告。

李克强说，今年我国发展面临的困难挑战前所未有。要坚持以习近平新时代中国特色社会主义思想为指导，立足办好自己的事，统筹推进疫情防控和经济社会发展，扎实做好“六稳”工作，全面落实“六保”任务，努力走出一条有效应对冲击、实现良性循环的新路子。稳住经济基本盘，尤其要稳就业、保民生、保市场主体。各级政府都要把“六保”放在突出位置，今年扩大财政赤字、发行抗疫特别国债等增加的财政资金，要全部用到市县基层，为稳就业保民生提供支撑。稳就业必须保市场主体。助企纾困政策要落实到位，尤其要帮扶吸纳就业多的中小微企业、个体工商户渡过难关。支持小商小贩、小店小铺等灵活就业，以众多微就业支撑大民生。（新华社北京2020年5月23日电）

李克强总理出席记者会并回答中外记者提问（节选）

十三届全国人大三次会议28日下午在人民大会堂举行记者会，国务院总理李克强应大会发言人张业遂的邀请出席记者会，并回答中外记者提问。

这次规模性政策筹措的资金分两大块：一块是新增财政赤字和发行抗疫特别国债，共两万亿元。还有另外更大的一块，就是减免社保费，有的国家叫工薪税，并动用失业保险结存，推动国有商业银行让利、自然垄断性企业降价以降低企业的经营成本。这一块加起来大概是前一块的两倍。我们是要将这些资金用于保就业、保民生和保市场主体，支撑居民的收入。这些资金和我们现在全部居民收入40多万亿元的总盘子相比，比例达两位数。

更重要的是钱往哪里去？我们这次为企业纾困和激发市场活力的规模性政策，主要是用来稳就业、保民生，使居民有消费能力，这有利于促消费、拉动市场，可以说是一条市场化改革的路子。

今年我们确定城镇新增就业900万人以上，的确比去年低，实现这个目标要有一定的经济增长作支撑。我们把城镇调查失业率定为6%左右，今年4月份城镇调查失业率已经是6%了，我们这样做也是实事求是。

就业是最大的民生，对于一个家庭来说是天大的事情。这几天我看中国政府网上的留言，大概三分之一都是谈就业的。其中有一位农民工说他50多岁了，在外打工30多年，每年如此，但今年还没有找到工作，全家都陷入困境。还有一些个体工商户，已经歇业几个月了。一些外贸企业现在没有订单，影响员工就业。对他们的困难，我们要给予救助，但是从根本上说，还是要帮助他们就业。中国有9亿劳动力，没有就业，就只是9亿张吃饭的口；有了就业，就是9亿双可以创造巨大财富的手。

为了稳住现有就业岗位，可以说政策是能用尽用，投入的钱也是最多的。我们规模性政策的资金，允许基层用于减税降费，而且允许用于为企业减房租、贴利息。采取这样的措施就是要把企业稳下来，岗位保得住，而且要公平合理。我们还要采取资助企业以训稳岗的政策，今明两年将有3 500万人次通过失业保险结存资金来进行岗位培训，给他们缓冲的机会。即便失业了，也要努力让他们短时期内有再就业的机会。

同时还要创造更多新的就业岗位。现在新业态蓬勃发展，大概有1亿人就业。我们的零工经济也有2亿人就业。不仅要采取更多扶持政策，而且要打破那些不合理的条条框框，让更多新就业岗位成长起来。去年我们平均每天净增企业超过1万户，今年也要按这个目标去努力。

人民群众有无穷创造力。回想改革开放之初，大批知青返城，就一个“大碗茶”解决了多少人的就业！两周前，我看到报道，西部有个城市，按照当地的规范，设置了3.6万个流动商贩的摊位，结果一夜之间有10万人就业。中国人民是勤劳的，中国的市场也在不断开拓和升级。当然，对重点人群就业，我们有重点扶持政策。今年大学毕业生创新高，达到874万人，要让他们成为“不断线的风筝”，今明两年都要持续提供就业服务。对农民工，不论是在常住地还是返乡，都要给他们提供就业服务平台。对退役军人，要切实把安置政策落实好。

我们首先是要让市场主体活下来。政策的真金白银主要是为市场主体纾困，激发市场活力。真金白银要确保落到企业和个体工商户身上。这次政府工作报告说，要留得青山，赢得未来。我们现在有1.2亿市场主体，他们就是青山，留住他们，就会赢得未来。

中国是一个人口众多的发展中国家，我们人均年可支配收入是3万元人民币，但是有6亿中低收入及以下人群，他们平均每个月的收入也就1 000元左右，1 000元在一个中等城市可能租房都困难，现在又碰到疫情。疫情过后，民生为要。怎么样保障困难群众和受疫情影响的新的困难群众的基本民生，我们应该把这项工作放在极为重要的位置。我们采取的纾困政策，有相当一部分就是用于保障基本民生的。

今年要如期完成脱贫攻坚任务，这是以习近平同志为核心的党中央向全社会作出的庄严承诺。按原本的账还有500多万贫困人口，受这次疫情冲击，可能会有一些人返贫，脱贫的任务更重了。我们会多策并举，特别是要采取措施把脱贫的底线兜住，我们有把握完成今年决胜脱贫攻坚的任务。

各级政府都要以人民利益为上，以万家疾苦为重。每出一策，都要考虑是否有利于千家万户、有利于民生。今年我们在应对疫情冲击过程中，要特别认真细致地考虑把各方面困难人群保障起来，扩大低保和失业保障的范围。现在低保、失业保障、特困救助等人员大概一年6 000万人左右，我们预计今年人数会增加较多。保障和救助资金是足够的，把他们保障住是有能力的。我们要求一定要把账算细，把钱用到刀刃上，使民生得到切实保障。全国还有近3亿领养老金的人员，今年我们提高了养老金的标准，说到就要做到。

实干为要，行胜于言。我们现在的社保基金结存和储备足以保证养老金按时足额发放，但工作不能出任何纰漏。在这个事上出纰漏，就会让人们对未来没有信心。中华民族有尊老传统，我们要让社会各方面都感到希望。要统筹把各项保障落实到位，这也会有力支撑民心安定，推动经济发展。民为邦本，本固邦宁。这方面的工作不是一件事，而是多件事，我们都要做好、做到位。相信中国人民的生活会更好。（新华社北京2020年5月28日电）

李克强对全国普通高等学校毕业生就业创业工作电视电话会议作出重要批示

全国普通高等学校毕业生就业创业工作电视电话会议6月3日在京召开。中共中央政治局常委、国务院总理李克强作出重要批示。批示指出：高校毕业生就业创业，关系千万家庭幸福，关系财富创造、高质量发展。今年高校毕业生就业面临严峻形势，任务更为艰巨。各地区、各部门要坚持以习近平新时代中国特色社会主义思想为指导，贯彻党中央、国务院决策部署，全面强化就业优先政策，层层压实责任，抓实抓细促进高校毕业生就业这一重中之重。要加紧落实稳企业稳岗位各项举措，采取更多市场化办法拓宽毕业生就业渠道。持续深化“放管服”改革，加大“双创”支持力度，推动新产业新业态更大发展，为毕业生创业和灵活就业搭建更广平台。扎实做好职业培训和就业见习，加大对疫情严重地区和就业困难毕业生的倾斜帮扶，为暂时未就业的毕业生提供不断线的就业服务。千方百计保持高校毕业生就业局势总体平稳，促进经济发展和社会大局稳定。（新华社北京2020年6月3日电）

李克强主持召开稳外贸工作座谈会时强调持续扩大对外开放努力稳住外贸外资基本盘　韩正出席（节选）

6月28日，中共中央政治局常委、国务院总理李克强主持召开稳外贸工作座谈会。

李克强指出，要按照保就业保民生保市场主体的要求，抓紧抓实抓好政府工作报告提出的各项助企纾困政策，在积极扩大内需的同时，研究出台稳外贸稳外资的新措施，尤其要加大支持力度保住中小微企业和劳动密集型企业，并助力大型骨干外贸企业破解难题，更好支撑就业稳定。（新华社北京2020年6月28日电）

李克强主持召开经济形势专家和企业家座谈会强调 增强政策实施时效 加大改革开放力度 激发市场主体活力 稳住经济基本盘 韩正出席（节选）

7月13日，中共中央政治局常委、国务院总理李克强主持召开经济形势专家和企业家座谈会，分析研究当前经济运行情况，听取对下一步经济工作的意见建议。

李克强说，要增强宏观政策实施的时效性，着力保就业保民生保市场主体。坚持并全面落实积极的财政政策、稳健的货币政策和就业优先政策，对企业更大规模减税降费让利。今年通过改革建立了新增财政资金直达基层的机制，要确保尽快见效、惠企利民；保持流动性合理充裕，进一步推动缓解企业特别是中小微企业融资难融资贵问题，运用现代技术手段发展普惠金融，做到既有效增加信贷投放量又明显降低综合融资成本。多措并举帮助大学毕业生、返乡农民工等重点群体就业，对劳动密集型企业实施差异化的税费、金融支持政策，鼓励吸纳更多就业。（新华社北京2020年7月13日电）

李克强：在国务院第三次廉政工作会议上的讲话（节选）

我国有上亿市场主体，保住市场主体，就能实现今年城镇新增就业900万人以上的预期目标。我们出台了减税降费一揽子政策，预计全年可为企业新增减税降费超过2.5万亿元，各级政府要把该减的税坚决减到位，该降的费坚决降到位。对一些需要申请才能享受的政策，比如困难企业缓缴社保费等，要简化手续、提供便利，决不允许趁机设租寻租。

要加快落实稳就业保民生支持政策，兜牢困难群众民生底线。就业是最大的民生。今年高校毕业生达874万人，受疫情影响，还有大量农民工外出后又返乡，下半年就业形势十分严峻。必须狠抓稳就业各项举措落实，拓宽就业渠道，各地要担负起稳就业的属地责任。一些对就业的不合理限制背后可能隐藏着寻租行为，要坚决清理和纠正；涉及灵活就业的行政事业性收费，要抓紧取消。

脱贫是全面建成小康社会必须完成的硬任务。今年中央财政扶贫资金增加500亿元，地方财政专项扶贫资金、东西部扶贫协作资金、定点扶贫帮扶资金、金融扶贫资金等，也都只增不减，关键是要管好用好。要加强资金使用监管、提高使用效率，对吃拿卡要、侵占挪用的要从严查处，对搞数字脱贫、虚假脱贫的要严肃问责，确保如期打赢脱贫攻坚战。

越是困难，越要保障好基本民生。保证养老金按时足额发放是地方政府的责任，首先要自己想办法，确有较大困难的，中央给予适当支持。要完善医保支付机制，依法加强使用监管，严厉打击欺诈骗保行为。要扩大失业保险和低保保障范围，严格把握政策标准，推进经办服务阳光便民，对困难群众做到应保尽保。（新华社北京2020年8月30日电）

李克强：在全国深化“放管服”改革优化营商环境电视电话会议上的讲话（节选）

就业稳是经济运行在合理区间和稳住经济基本盘的重要标志。有就业就有收入，就能创造财富、改善民生、扩大消费。新增市场主体主要是中小微企业和个体工商户，他们提供了量大面广的就业岗位。据国家统计局统计，2013 年以来，城镇私营企业和个体就业增加了 1 亿人以上。对于我们这样一个 14 亿人口大国，实现比较充分就业，是十分不容易的。今年城镇新增就业要达到 900 万人以上，仍然要靠上亿市场主体，特别是大量的中小微企业、个体工商户，保住上亿市场主体，就能实现这一目标。

当前我国发展面临前所未有挑战。这次疫情对经济的冲击，与以往经济金融危机明显不同，首当其冲的是中小微企业、个体工商户，进而对就业稳定、低收入群众基本民生带来很大影响。在这样严峻形势下，我们必须优先稳就业保民生，坚决打赢脱贫攻坚战。怎么稳就业、保民生？前提还是要稳住上亿市场主体，只要帮助他们渡过难关，我们就能站稳脚跟、留得青山、赢得未来。要扎实做好“六稳”工作，全面落实“六保”任务。做到“六保”特别是“前三保”，保住就业、保住民生、保住市场主体，就能稳住经济基本盘、保住基本民生。有了这个基础，就能向更高目标去努力。

保就业、保民生、保市场主体主要靠市县基层落实，减税降费特别是减免社保费主要也是地方政府承担。

不仅如此，养老保险中央调剂基金等 1.77 万亿元直接用于民生的资金，也参照直达机制监控管理。为用好管好直达资金，我们建立了全覆盖、全链条、全过程的监控系统，动态跟踪资金分配、拨付和使用情况，确保资金流向明确、账实相符。基层同志反映，今年的资金下达速度空前，为地方保就业、保民生、保市场主体提供了支撑。市场主体也表示，今年对减税降费感受最深，特别是社保费降得多，有力支持了企业稳定岗位和生存发展。直达机制作为一个应急性举措、阶段性办法，在实施过程中可以积累一些经验，好的可行的做法将来也可以研究作为制度性安排。

在就业政策方面，要破除影响就业特别是新就业形态的各种不合理限制。今年就业压力异常突出，稳就业是“六稳”“六保”的首要任务。在保市场主体的基础上，要最大限度挖掘就业潜力。我国各类灵活就业有 2 亿人左右，成为吸纳就业的“蓄水池”，但部分行业还有不少限制，一些政策规定与灵活就业方式不匹配、不衔接。稳定和扩大就业，要转变观念，顺应就业结构变化的大趋势，加快调整相关准入标准、职业资格、社会保障、人事管理等政策，使之能够适应并促进多元化的新就业形态。要把灵活就业、共享用工岗位信息纳入公共就业服务范围，地方政府要结合实际对设立劳务市场或零工市场给予支持、提供便利。通过改革释放就业潜力，覆盖面大、成本低、效果好，能使经济增长带动更多就业、实现比较充分就业的目标。

我国有 2.8 亿人处于“人户分离”状态，其中很多人都是在外务工，风风雨雨、很不容易。人员异地工作生活、企业跨区经营活动日益频繁，群众和企业办事多地来回跑，花费了大量时间、精力和成本。要从人民群众需求出发，加快政务数据共享，推进标准化建设和电子证照跨省互认，从教育、社保、医疗、养老、婚育和企业登记、经营许可办理等领域入手，加快推进政务服务“跨省通办”，今年要有所突破，明年年底前要基本实现高频事项全覆盖。这也有利于各类要素自由流动、建立全国统一大市场。当然，数据共享要保障数据安全、保护隐私，防止滥用或泄露。

要将基本民生保障政策及时覆盖所有困难群众，进一步简化社保参保、转移接续等手续，扩大养老、医疗、失业等保险覆盖面。建立困难群众主动发现机制，变“人找政策”为“政策找人”，借助大数据筛选等办法，使符合条件的困难群众及时得到保障。（新华社北京 2020 年 9 月 29 日电）

李克强对第五届新农民新业态创业创新大会作出重要批示强调进一步优化农村创业创新环境加快培育农村发展新动能持续拓展农民就业空间和增收渠道

第五届新农民新业态创业创新大会9月24日在江苏省南京市召开，中共中央政治局常委、国务院总理李克强作出重要批示。批示指出：农村创业创新是增加农民就业和收入、繁荣乡村产业的重要途径。近年来，我国农村创业创新蓬勃兴起，新型农民不断成长，新业态大量催生，为增进农民福祉、打赢脱贫攻坚战、推动全面建成小康社会发挥了重要作用。各地区各相关部门做了大量工作。要坚持以习近平新时代中国特色社会主义思想为指导，认真贯彻党中央、国务院决策部署，以实施乡村振兴战略和创新驱动发展战略为引领，围绕做好“六稳”工作、落实“六保”任务，深入推进“放管服”改革和大众创业万众创新，强化政策扶持和指导服务，进一步优化农村创业创新环境，吸引各类人才返乡入乡创业创新，促进农民就地就近创业就业，加快培育农村发展新动能，持续拓展农民就业空间和增收渠道，为推动农业农村现代化提供更有力支撑。（新华社南京2020年9月24日电）

李克强主持召开经济形势部分地方政府主要负责人视频座谈会时强调 巩固经济稳定恢复增长态势 确保完成全年发展目标任务 韩正出席（节选）

10 月 12 日，中共中央政治局常委、国务院总理李克强主持召开部分地方政府主要负责人视频座谈会，研究分析经济形势，推动做好下一步经济社会发展工作。

李克强强调，要毫不放松抓好基本民生重点工作。多措并举推动高校毕业生、农民工等重点群体就业。确保退休人员养老金按时足额发放，落实好失业、低保等保障政策，兜牢受疫情、洪涝灾害影响的特殊困难群体基本生活底线。统筹煤电油气供应，保障群众温暖过冬。强化责任，扎实做好安全生产工作。（新华社北京 2020 年 10 月 12 日电）

韩正：务求长江流域禁捕取得扎实成效（节选）

中共中央政治局常委、国务院副总理韩正28日在北京出席长江流域重点水域禁捕和退捕渔民安置保障工作推进电视电话会议并讲话。

韩正强调，长江“十年禁渔”是以习近平同志为核心的党中央作出的重大决策，是扭转长江生态环境恶化趋势的关键之举。要切实把思想认识和行动统一到党中央、国务院决策部署上来，提高政治站位，坚持问题导向，务求取得扎实成效，形成示范效应，推动长江共抓大保护和长江经济带绿色发展行稳致远。

要抓好退捕渔民转产安置和生计保障这个根本，多措并举拓宽退捕渔民转产就业渠道，积极探索做好退捕渔民社会保障、搬迁安置等工作。（新华社北京2020年6月29日电）

孙春兰在广东调研时强调 深化创新创业教育改革 更好服务高质量发展和现代化建设（节选）

中共中央政治局委员、国务院副总理孙春兰18日至19日在广东调研并出席第六届中国国际“互联网+”大学生创新创业大赛有关活动。她强调，要深入学习贯彻党的十九届五中全会精神和习近平总书记关于教育的重要论述，深化创新创业教育改革，建设高质量教育体系，培养德智体美劳全面发展的社会主义建设者和接班人，更好服务高质量发展和现代化建设。

孙春兰强调，创新创业教育是提高人才培养质量、提升大学生就业能力、更好服务经济社会发展的重要途径。高校要服务科技创新和国家发展需要，将创新精神、创业能力的培养作为专业教育目标体系的重要方面，推动高校学科专业优化调整和人才培养模式创新，促进创新创业教育与专业教育深度融合，培养学生的文明素养、社会责任意识、实践本领。要深化教学研究和教法改革，加强校企、校地、校际合作，丰富校外实习、实训、实践资源，更大限度激发每个学生的潜能潜质。各地各有关部门要积极支持大学生创新创业项目，加强产学研结合，在场地、税收等方面提供更多帮助，减轻初创企业压力，使其更好地融入市场、实现发展。（新华社广州2020年11月19日电）

胡春华强调全力以赴应对疫情做好就业工作

全国人力资源社会保障系统应对新冠肺炎疫情做好就业工作电视电话会议13日在京召开。中共中央政治局委员、国务院副总理胡春华出席会议并讲话。他强调，要坚决贯彻习近平总书记重要讲话和中共中央政治局常委会会议精神，认真落实国务院常务会议部署要求，全力以赴应对疫情做好就业工作，确保就业大局稳定。

胡春华指出，做好当前就业工作对于保障企业用工、促进生产恢复、保障和改善民生、稳定社会预期都具有十分重要的意义。要在确保做好防疫工作、分区分级制定差异化防控策略的基础上，推动安全有序返岗复工，全力保障重点企业用工，引导劳动者有序返岗。要做好对劳动者的防疫保护，加强对抗疫一线人员的支持保障，做好开复工企业员工的安全防护。要大力支持企业稳岗，推动已出台措施落地见效，发挥技能培训的作用，推动共建和谐劳动关系，防止出现大规模裁员。要做好困难群体就业帮扶，强化失业保险保生活功能，积极扶持就业创业。

胡春华强调，做好今年就业工作，既事关全年经济社会发展目标任务，也事关决胜全面建成小康社会和打赢脱贫攻坚战。要以更大力度实施好就业优先政策，加强就业形势跟踪分析，突出抓好高校毕业生、农民工等重点群体就业，努力完成全年就业目标任务。（新华社北京2020年2月13日电）

胡春华强调　充分利用网络招聘形式 全力促进就业大局稳定

中共中央政治局委员、国务院就业工作领导小组组长胡春华25日赴人力资源社会保障部调研“百日千万网络招聘专项行动”开展情况。他强调，要深入学习贯彻习近平总书记重要指示精神，按照党中央、国务院决策部署，把稳就业放在“六稳”工作首位，利用网络招聘等多种形式帮助更多劳动者实现就业，全力促进就业大局稳定。

胡春华听取了“百日千万网络招聘”平台运行情况汇报，分别与江苏省、重庆市和智联招聘、58同城公司视频连线，详细了解企业开复工、劳动力对接、网络招聘等情况，特别是高校毕业生、农民工等重点群体的就业情况和面临的突出问题。

胡春华指出，受疫情等因素影响，今年就业形势十分严峻复杂，稳就业任务艰巨繁重。各地、各有关部门要在加大援企稳岗和就业困难人员兜底帮扶力度的同时，鼓励各类用人单位提供更多不同类型的岗位。要针对高校毕业生、农民工、贫困劳动力等各类劳动者的就业需求和用人单位需要，开展以线上为主的岗位征集、特色专场招聘、职业指导、职业技能培训等服务，弥补线下招聘的缺失，为劳动者和用人单位搭建便捷的对接渠道。要发挥公共就业人才服务机构和市场机构作用，实现岗位信息共享、线上线下联动、服务优势互补，切实促进稳就业、惠民生。（新华社北京2020年3月25日电）

胡春华强调　较真碰硬狠抓问题整改确保决战决胜脱贫攻坚（节选）

脱贫攻坚成效考核和专项巡视“回头看”发现问题整改工作电视电话会议2日在京召开。中共中央政治局委员、国务院扶贫开发领导小组组长胡春华出席会议并讲话。他强调，要深入贯彻习近平总书记重要讲话精神，按照党中央、国务院决策部署，较真碰硬整改问题，加快补齐脱贫攻坚短板弱项，坚决夺取脱贫攻坚战全面胜利。

要着力巩固提升“两不愁三保障”质量水平，坚持不懈加强产业、就业、易地扶贫搬迁等帮扶，持续促进贫困地区加快发展和贫困群众增收。

胡春华强调，要努力克服疫情给脱贫攻坚带来的新困难新挑战，全面推进扶贫项目开工复工，优先支持贫困劳动力外出务工，强化对扶贫产业政策支持，开展消费扶贫行动，保障受疫情影响群众基本生活，防止因疫返贫致贫。（新华社北京2020年4月2日电）

胡春华强调　切实加大对城镇困难群众就业援助力度（节选）

中共中央政治局委员、国务院副总理胡春华5日在重庆调研就业工作。他强调，要深入贯彻习近平总书记重要指示批示精神，按照党中央、国务院决策部署，把就业工作放在做好“六稳”工作、落实“六保”任务首位，全面落实就业优先政策，强化对城镇困难群众就业援助，兜牢基本民生底线。

胡春华指出，受疫情冲击等影响，今年我国就业形势十分严峻，必须强化底线思维，千方百计稳定和扩大就业，确保就业和社会大局稳定。要更大力度帮扶城镇困难群众就业，鼓励自谋职业、自主创业，支持多渠道灵活就业，加大对企业招用困难人员的政策扶持，切实保障失业人员基本生活。要加强就业市场供需对接，充分发挥各级各类人力资源服务机构作用，多形式开展线上线下招聘活动，送岗位进基层进社区，便捷政策享受、失业登记、职业介绍等就业服务。要扎实推进职业技能提升行动，扩大技工院校招生规模，面向农民工、贫困劳动力等开展专项培训，创新以工代训等培训方式，实现就业稳定和技能提升双赢。（新华社重庆2020年7月5日电）

胡春华主持召开第46届世界技能大赛工作领导小组第二次全体会议

第46届世界技能大赛工作领导小组第二次全体会议16日在京召开。国务院副总理、领导小组组长胡春华主持会议并讲话。他强调，要认真贯彻落实习近平总书记重要指示批示精神，按照党中央、国务院决策部署，在常态化疫情防控下扎实推进各项筹办工作，努力办成一届富有新意、影响广泛的世界技能大赛。

胡春华指出，办好第46届世界技能大赛，对于促进劳动者技能提升、推动经济高质量发展具有重要意义。要围绕既定目标，充分考虑疫情影响，抓紧分类完善筹办方案，突出抓好技能大赛、技能大会和技能博览会等重大活动，高质量推进世界技能博物馆建设，切实做好场地规划、服务保障等相关工作。要精心组织国内技能比赛，坚持科学化、规范化、专业化，发展成为培养技能人才的重要抓手。要加强宣传和推广，吸引人们关注世赛、关注技能，营造全社会重视技能、尊重技能人才的良好氛围。要坚持开源节流、节俭高效办赛办会，尽量减少不必要支出。

胡春华强调，有关部门要加大政策支持和通关便利化等服务，为筹办工作提供有力支持。上海市作为主办城市，要突出重点，抓紧抓实抓细重大活动筹划、服务保障和疫情防控等各项工作，确保世界技能大赛取得圆满成功。（新华社北京2020年7月16日电）

胡春华强调　支持多渠道灵活就业更好服务稳就业大局（节选）

中共中央政治局委员、国务院副总理胡春华近日在北京调研灵活就业工作。他强调，要深入学习贯彻习近平总书记重要指示批示精神，按照党中央、国务院决策部署，把稳就业放在做好“六稳”工作、落实“六保”任务的首要位置，全面强化就业优先政策，加大对多渠道灵活就业的支持，更好服务于稳就业大局。

胡春华到互联网平台企业，实地考察招聘服务大数据平台、在线招聘直播等情况，并与部分人力资源服务机构、互联网平台企业座谈，详细了解市场招聘需求、灵活就业发展等情况，认真听取对稳定和扩大就业、改进就业服务等方面的意见建议。

胡春华指出，灵活就业对于稳就业、保民生意义重大。面对当前严峻的就业形势，要把支持灵活就业作为稳就业的重要抓手，进一步加大政策支持力度，努力创造更多就业岗位，促进劳动者特别是农村贫困人口和城镇低收入群体多渠道灵活就业。要充分发挥各类人力资源服务机构、互联网平台企业的作用，善于运用大数据、云计算、人工智能等信息技术手段，改进就业服务，促进供需有效对接，切实促进就业稳定、缓解就业结构性矛盾。要适应灵活就业不断扩大趋势，研究制定相关劳动和社会保障政策，鼓励地方、企业大胆探索，为灵活就业营造良好发展环境。（新华社北京2020年7月28日电）

胡春华强调 不折不扣完成贫困劳动力稳岗就业任务（节选）

东西部扶贫协作稳岗就业工作座谈会27日在广州召开。中共中央政治局委员、国务院扶贫开发领导小组组长胡春华出席会议并讲话。他强调，要深入贯彻习近平总书记重要指示精神，落实党中央、国务院决策部署，进一步加大东西部扶贫协作力度，全面落实贫困劳动力就业优先政策，不折不扣完成贫困劳动力稳岗就业目标任务。

胡春华指出，贫困劳动力稳岗就业是决战决胜脱贫攻坚必须抓紧抓好的关键之举，决不能掉以轻心、松劲懈怠。要坚持“稳”字当头，确保已经就业的外出贫困劳动力实现稳定就业。东部省市要全面落实好贫困劳动力稳岗就业任务，强化援企稳岗和就业奖补等举措，加强就业困难人员服务保障，切实把贫困劳动力稳在岗位、稳在就业地。中西部省区市要主动做好跨省务工劳务对接，多措并举稳住省内就业，加强返乡人员安置帮扶，履行好贫困劳动力稳岗就业主体责任。

胡春华强调，促进贫困劳动力稳岗就业任务重、难度大，各地要坚持五级书记一起抓，统筹做好疫情防控和就业帮扶。各有关部门要加强统筹协调，督导做好信息和工作对接，形成工作合力。（新华社广州2020年8月27日电）

胡春华在湖北实地督导长江禁渔工作（节选）

中共中央政治局委员、国务院副总理胡春华12至13日在湖北省实地督导长江禁渔工作。他强调，要深入贯彻习近平总书记重要指示精神，按照党中央、国务院决策部署，坚决有力落实长江禁渔各项工作部署，不折不扣如期完成既定目标任务。

胡春华指出，长江“十年禁渔”是以习近平同志为核心的党中央从战略全局高度和长远发展角度作出的重大决策，沿江各省市要切实担负起主体责任，加大工作力度，确保取得扎实成效。要在精准建档立卡基础上，妥善做好退捕渔民补偿安置，及时足额发放补偿资金，多渠道促进稳定就业，立足实际加强社会保障。（新华社武汉2020年10月13日电）

胡春华强调　扎实做好易地扶贫搬迁后续扶持工作（节选）

全国易地扶贫搬迁后续扶持工作现场会22日在宁夏银川召开。中共中央政治局委员、国务院扶贫开发领导小组组长胡春华出席会议并讲话。他强调，要深入贯彻习近平总书记重要指示精神，按照党中央、国务院决策部署，扎实做好易地扶贫搬迁后续扶持各项工作，确保搬迁群众稳得住、有就业、逐步能致富。

胡春华指出，作为脱贫攻坚战的标志性工程，易地扶贫搬迁建设任务的全面完成是具有里程碑意义的巨大成就。完成搬迁建设任务只是第一步，后续扶持是更重要、更艰巨的长期任务，要切实把工作重心全部转到后续扶持上来，坚决夺取易地扶贫搬迁的最终胜利。

胡春华强调，要确保过渡期内政策支持力度只增不减，进一步完善后续扶持政策体系。要突出抓好就业帮扶，切实组织好外出务工，加快发展产业园区扩大就地就业容量，盘活用好迁出地农业农村资源，加强社会保障兜底。（新华社银川2020年10月22日电）

二、中共中央、国务院文件

中共中央 国务院关于抓好“三农”领域重点工作确保如期实现全面小康的意见（节选）

（2020年1月2日）

一、坚决打赢脱贫攻坚战

（一）全面完成脱贫任务。脱贫攻坚已经取得决定性成就，绝大多数贫困人口已经脱贫，现在到了攻城拔寨、全面收官的阶段。要坚持精准扶贫，以更加有力的举措、更加精细的工作，在普遍实现“两不愁”基础上，全面解决“三保障”和饮水安全问题，确保剩余贫困人口如期脱贫。进一步聚焦“三区三州”等深度贫困地区，瞄准突出问题和薄弱环节集中发力，狠抓政策落实。对深度贫困地区贫困人口多、贫困发生率高、脱贫难度大的县和行政村，要组织精锐力量强力帮扶、挂牌督战。对特殊贫困群体，要落实落细低保、医保、养老保险、特困人员救助供养、临时救助等综合社会保障政策，实现应保尽保。各级财政要继续增加专项扶贫资金，中央财政新增部分主要用于“三区三州”等深度贫困地区。优化城乡建设用地增减挂钩、扶贫小额信贷等支持政策。深入推进抓党建促脱贫攻坚。

（十一）加强农村社会保障。适当提高城乡居民基本医疗保险财政补助和个人缴费标准。提高城乡居民基本医保、大病保险、医疗救助经办服务水平，地级市域范围内实现“一站式服务、一窗口办理、一单制结算”。加强农村低保对象动态精准管理，合理提高低保等社会救助水平。完善农村留守儿童和妇女、老年人关爱服务体系。发展农村互助式养老，多形式建设日间照料中心，改善失能老年人和重度残疾人护理服务。

（十八）稳定农民工就业。落实涉企减税降费等支持政策，加大援企稳岗工作力度，放宽失业保险稳岗返还申领条件，提高农民工技能提升补贴标准。农民工失业后，可在常住地进行失业登记，享受均等化公共就业服务。出台并落实保障农民工工资支付条例。以政府投资项目和工程建设领域为重点，开展农民工工资支付情况排查整顿，执行拖欠农民工工资“黑名单”制度，落实根治欠薪各项举措。实施家政服务、养老护理、医院看护、餐饮烹饪、电子商务等技能培训，打造区域性劳务品牌。鼓励地方设立乡村保洁员、水管员、护路员、生态护林员等公益性岗位。开展新业态从业人员职业伤害保障试点。深入实施农村创新创业带头人培育行动，将符合条件的返乡创业农民工纳入一次性创业补贴范围。

（二十五）推动人才下乡。培养更多知农爱农、扎根乡村的人才，推动更多科技成果应用到田间地头。畅通各类人才下乡渠道，支持大学生、退役军人、企业家等到农村干事创业。整合利用农业广播学校、农业科研院所、涉农院校、农业龙头企业等各类资源，加快构建高素质农民教育培训体系。落实县域内人才统筹培养使用制度。有组织地动员城市科研人员、工程师、规划师、建筑师、教师、医生下乡服务。城市中小学教师、医生晋升高级职称前，原则上要有1年以上农村基层工作服务经历。优化涉农学科专业设置，探索对急需紧缺涉农专业实行“提前批次”录取。抓紧出台推进乡村人才振兴的意见。

中共中央　国务院关于构建更加完善的要素市场化配置体制机制的意见（节选）

（2020年3月30日）

三、引导劳动力要素合理畅通有序流动

（七）深化户籍制度改革。推动超大、特大城市调整完善积分落户政策，探索推动在长三角、珠三角等城市群率先实现户籍准入年限同城化累计互认。放开放宽除个别超大城市外的城市落户限制，试行以经常居住地登记户口制度。建立城镇教育、就业创业、医疗卫生等基本公共服务与常住人口挂钩机制，推动公共资源按常住人口规模配置。

（八）畅通劳动力和人才社会性流动渠道。健全统一规范的人力资源市场体系，加快建立协调衔接的劳动力、人才流动政策体系和交流合作机制。营造公平就业环境，依法纠正身份、性别等就业歧视现象，保障城乡劳动者享有平等就业权利。进一步畅通企业、社会组织人员进入党政机关、国有企事业单位渠道。优化国有企事业单位面向社会选人用人机制，深入推行国有企业分级分类公开招聘。加强就业援助，实施优先扶持和重点帮助。完善人事档案管理服务，加快提升人事档案信息化水平。

（九）完善技术技能评价制度。创新评价标准，以职业能力为核心制定职业标准，进一步打破户籍、地域、身份、档案、人事关系等制约，畅通非公有制经济组织、社会组织、自由职业专业技术人员职称申报渠道。加快建立劳动者终身职业技能培训制度。推进社会化职称评审。完善技术工人评价选拔制度。探索实现职业技能等级证书和学历证书互通衔接。加强公共卫生队伍建设，健全执业人员培养、准入、使用、待遇保障、考核评价和激励机制。

（十）加大人才引进力度。畅通海外科学家来华工作通道。在职业资格认定认可、子女教育、商业医疗保险以及在中国境内停留、居留等方面，为外籍高层次人才来华创新创业提供便利。

中共中央　国务院关于新时代加快完善社会主义市场经济体制的意见（节选）

（2020 年 5 月 11 日）

六、坚持和完善民生保障制度，促进社会公平正义

坚持按劳分配为主体、多种分配方式并存，优化收入分配格局，健全可持续的多层次社会保障体系，让改革发展成果更多更公平惠及全体人民。

（一）健全体现效率、促进公平的收入分配制度。坚持多劳多得，着重保护劳动所得，增加劳动者特别是一线劳动者劳动报酬，提高劳动报酬在初次分配中的比重，在经济增长的同时实现居民收入同步增长，在劳动生产率提高的同时实现劳动报酬同步提高。健全劳动、资本、土地、知识、技术、管理、数据等生产要素由市场评价贡献、按贡献决定报酬的机制。完善企业薪酬调查和信息发布制度，健全最低工资标准调整机制。推进高校、科研院所薪酬制度改革，扩大工资分配自主权。鼓励企事业单位对科研人员等实行灵活多样的分配形式。健全以税收、社会保障、转移支付等为主要手段的再分配调节机制。完善第三次分配机制，发展慈善等社会公益事业。多措并举促进城乡居民增收，缩小收入分配差距，扩大中等收入群体。

（二）完善覆盖全民的社会保障体系。健全统筹城乡、可持续的基本养老保险制度、基本医疗保险制度，稳步提高保障水平。实施企业职工基本养老保险基金中央调剂制度，尽快实现养老保险全国统筹，促进基本养老保险基金长期平衡。全面推开中央和地方划转部分国有资本充实社保基金工作。大力发展企业年金、职业年金、个人储蓄性养老保险和商业养老保险。深化医药卫生体制改革，完善统一的城乡居民医保和大病保险制度，健全基本医保筹资和待遇调整机制，持续推进医保支付方式改革，加快落实异地就医结算制度。完善失业保险制度。开展新业态从业人员职业伤害保障试点。统筹完善社会救助、社会福利、慈善事业、优抚安置等制度。加强社会救助资源统筹，完善基本民生保障兜底机制。加快建立多主体供给、多渠道保障、租购并举的住房制度，改革住房公积金制度。

中共中央　国务院关于新时代推进西部大开发形成新格局的指导意见（节选）

（2020年5月17日）

（二十一）着力强化公共就业创业服务。完善城乡劳动者终身职业技能培训政策和组织实施体系。强化就业和国家通用语言培训。加大对高校毕业生在西部地区就业的扶持力度。积极引导农村劳动力转移就业和农民工返乡创业就业。妥善做好化解过剩产能中的职工分流安置工作。加大力度支持灵活就业和新就业形态。

（二十四）完善多层次广覆盖的社会保障体系。加快推进养老保险省级统筹，推进落实城乡居民基本养老保险待遇确定和基础养老金正常调整机制。合理确定基本医疗保险保障水平，完善医疗保险关系转移接续措施。完善失业保险制度，逐步提高失业保障水平。科学制定低保标准，逐步拓展低保覆盖范围。建设统一的社会保险公共服务平台，推广以社会保障卡为载体的“一卡通”服务管理模式。

（三十四）人才政策。努力造就忠诚干净担当的西部地区高素质干部队伍，注重选拔符合西部地区需要的专业化人才，建立健全有利于吸引、激励和留住人才的体制机制。落实完善工资待遇倾斜政策，结合事业单位改革，鼓励引导机关事业单位人员特别是基层公务员、教师、医护人员、科技人员等扎根西部。鼓励符合条件的企业实施股权激励、分红等中长期激励。允许国有企事业单位专业技术和管理人才按有关规定在西部地区兼职并取得合法报酬。允许退休公职人员按有关规定在西部地区创业。

中共中央关于制定国民经济和社会发展第十四个五年规划和二〇三五年远景目标的建议

（2020 年 10 月 29 日）

“十四五”时期是我国全面建成小康社会、实现第一个百年奋斗目标之后，乘势而上开启全面建设社会主义现代化国家新征程、向第二个百年奋斗目标进军的第一个五年。中国共产党第十九届中央委员会第五次全体会议深入分析国际国内形势，就制定国民经济和社会发展“十四五”规划和二〇三五年远景目标提出以下建议。

一、全面建成小康社会，开启全面建设社会主义现代化国家新征程

1. 决胜全面建成小康社会取得决定性成就。“十三五”时期是全面建成小康社会决胜阶段。面对错综复杂的国际形势、艰巨繁重的国内改革发展稳定任务特别是新冠肺炎疫情严重冲击，以习近平同志为核心的党中央不忘初心、牢记使命，团结带领全党全国各族人民砥砺前行、开拓创新，奋发有为推进党和国家各项事业。全面深化改革取得重大突破，全面依法治国取得重大进展，全面从严治党取得重大成果，国家治理体系和治理能力现代化加快推进，中国共产党领导和我国社会主义制度优势进一步彰显；经济实力、科技实力、综合国力跃上新的大台阶，经济运行总体平稳，经济结构持续优化，预计二〇二〇年国内生产总值突破一百万亿元；脱贫攻坚成果举世瞩目，五千五百七十五万农村贫困人口实现脱贫；粮食年产量连续五年稳定在一万三千亿斤以上；污染防治力度加大，生态环境明显改善；对外开放持续扩大，共建“一带一路”成果丰硕；人民生活水平显著提高，高等教育进入普及化阶段，城镇新增就业超过六千万人，建成世界上规模最大的社会保障体系，基本医疗保险覆盖超过十三亿人，基本养老保险覆盖近十亿人，新冠肺炎疫情防控取得重大战略成果；文化事业和文化产业繁荣发展；国防和军队建设水平大幅提升，军队组织形态实现重大变革；国家安全全面加强，社会保持和谐稳定。“十三五”规划目标任务即将完成，全面建成小康社会胜利在望，中华民族伟大复兴向前迈出了新的一大步，社会主义中国以更加雄伟的身姿屹立于世界东方。全党全国各族人民要再接再厉、一鼓作气，确保如期打赢脱贫攻坚战，确保如期全面建成小康社会、实现第一个百年奋斗目标，为开启全面建设社会主义现代化国家新征程奠定坚实基础。

2. 我国发展环境面临深刻复杂变化。当前和今后一个时期，我国发展仍然处于重要战略机遇期，但机遇和挑战都有新的发展变化。当今世界正经历百年未有之大变局，新一轮科技革命和产业变革深入发展，国际力量对比深刻调整，和平与发展仍然是时代主题，人类命运共同体理念深入人心，同时国际环境日趋复杂，不稳定性不确定性明显增加，新冠肺炎疫

情影响广泛深远，经济全球化遭遇逆流，世界进入动荡变革期，单边主义、保护主义、霸权主义对世界和平与发展构成威胁。我国已转向高质量发展阶段，制度优势显著，治理效能提升，经济长期向好，物质基础雄厚，人力资源丰富，市场空间广阔，发展韧性强劲，社会大局稳定，继续发展具有多方面优势和条件，同时我国发展不平衡不充分问题仍然突出，重点领域关键环节改革任务仍然艰巨，创新能力不适应高质量发展要求，农业基础还不稳固，城乡区域发展和收入分配差距较大，生态环保任重道远，民生保障存在短板，社会治理还有弱项。全党要统筹中华民族伟大复兴战略全局和世界百年未有之大变局，深刻认识我国社会主要矛盾变化带来的新特征新要求，深刻认识错综复杂的国际环境带来的新矛盾新挑战，增强机遇意识和风险意识，立足社会主义初级阶段基本国情，保持战略定力，办好自己的事，认识和把握发展规律，发扬斗争精神，树立底线思维，准确识变、科学应变、主动求变，善于在危机中育先机、于变局中开新局，抓住机遇，应对挑战，趋利避害，奋勇前进。

3. 到二〇三五年基本实现社会主义现代化远景目标。党的十九大对实现第二个百年奋斗目标作出分两个阶段推进的战略安排，即到二〇三五年基本实现社会主义现代化，到本世纪中叶把我国建成富强民主文明和谐美丽的社会主义现代化强国。展望二〇三五年，我国经济实力、科技实力、综合国力将大幅跃升，经济总量和城乡居民人均收入将再迈上新的大台阶，关键核心技术实现重大突破，进入创新型国家前列；基本实现新型工业化、信息化、城镇化、农业现代化，建成现代化经济体系；基本实现国家治理体系和治理能力现代化，人民平等参与、平等发展权利得到充分保障，基本建成法治国家、法治政府、法治社会；建成文化强国、教育强国、人才强国、体育强国、健康中国，国民素质和社会文明程度达到新高度，国家文化软实力显著增强；广泛形成绿色生产生活方式，碳排放达峰后稳中有降，生态环境根本好转，美丽中国建设目标基本实现；形成对外开放新格局，参与国际经济合作和竞争新优势明显增强；人均国内生产总值达到中等发达国家水平，中等收入群体显著扩大，基本公共服务实现均等化，城乡区域发展差距和居民生活水平差距显著缩小；平安中国建设达到更高水平，基本实现国防和军队现代化；人民生活更加美好，人的全面发展、全体人民共同富裕取得更为明显的实质性进展。

二、“十四五”时期经济社会发展指导方针和主要目标

4. “十四五”时期经济社会发展指导思想。高举中国特色社会主义伟大旗帜，深入贯彻党的十九大和十九届二中、三中、四中、五中全会精神，坚持以马克思列宁主义、毛泽东思想、邓小平理论、“三个代表”重要思想、科学发展观、习近平新时代中国特色社会主义思想为指导，全面贯彻党的基本理论、基本路线、基本方略，统筹推进经济建设、政治建设、文化建设、社会建设、生态文明建设的总体布局，协调推进全面建设社会主义现代化国家、全面深化改革、全面依法治国、全面从严治党的战略布局，坚定不移贯彻创新、协调、绿色、开放、共享的新发展理念，坚持稳中求进工作总基调，以推动高质量发展为主题，以深化供给侧结构性改革为主线，以改革创新为根本动力，以满足人民日益增长的美好生活需要为根本目的，统筹发展和安全，加快建设现代化经济体系，加快构建以国内大循环为主体、国内国际双循环相互促进的新发展格局，推进国家治理体系和治理能力现代化，实现经济行稳致远、社会安定和谐，为全面建设社会主义现代化国家开好局、起好步。

5. “十四五”时期经济社会发展必须遵循的原则。

——坚持党的全面领导。坚持和完善党领导经济社会发展的体制机制，坚持和完善中国特色社会主义制度，不断提高贯彻新发展理念、构建新发展格局能力和水平，为实现高质

量发展提供根本保证。

——坚持以人民为中心。坚持人民主体地位，坚持共同富裕方向，始终做到发展为了人民、发展依靠人民、发展成果由人民共享，维护人民根本利益，激发全体人民积极性、主动性、创造性，促进社会公平，增进民生福祉，不断实现人民对美好生活的向往。

——坚持新发展理念。把新发展理念贯穿发展全过程和各领域，构建新发展格局，切实转变发展方式，推动质量变革、效率变革、动力变革，实现更高质量、更有效率、更加公平、更可持续、更为安全的发展。

——坚持深化改革开放。坚定不移推进改革，坚定不移扩大开放，加强国家治理体系和治理能力现代化建设，破除制约高质量发展、高品质生活的体制机制障碍，强化有利于提高资源配置效率、有利于调动全社会积极性的重大改革开放举措，持续增强发展动力和活力。

——坚持系统观念。加强前瞻性思考、全局性谋划、战略性布局、整体性推进，统筹国内国际两个大局，办好发展安全两件大事，坚持全国一盘棋，更好发挥中央、地方和各方面积极性，着力固根基、扬优势、补短板、强弱项，注重防范化解重大风险挑战，实现发展质量、结构、规模、速度、效益、安全相统一。

6. “十四五”时期经济社会发展主要目标。锚定二〇三五年远景目标，综合考虑国内外发展趋势和我国发展条件，坚持目标导向和问题导向相结合，坚持守正和创新相统一，今后五年经济社会发展要努力实现以下主要目标。

——经济发展取得新成效。发展是解决我国一切问题的基础和关键，发展必须坚持新发展理念，在质量效益明显提升的基础上实现经济持续健康发展，增长潜力充分发挥，国内市场更加强大，经济结构更加优化，创新能力显著提升，产业基础高级化、产业链现代化水平明显提高，农业基础更加稳固，城乡区域发展协调性明显增强，现代化经济体系建设取得重大进展。

——改革开放迈出新步伐。社会主义市场经济体制更加完善，高标准市场体系基本建成，市场主体更加充满活力，产权制度改革和要素市场化配置改革取得重大进展，公平竞争制度更加健全，更高水平开放型经济新体制基本形成。

——社会文明程度得到新提高。社会主义核心价值观深入人心，人民思想道德素质、科学文化素质和身心健康素质明显提高，公共文化服务体系和文化产业体系更加健全，人民精神文化生活日益丰富，中华文化影响力进一步提升，中华民族凝聚力进一步增强。

——生态文明建设实现新进步。国土空间开发保护格局得到优化，生产生活方式绿色转型成效显著，能源资源配置更加合理、利用效率大幅提高，主要污染物排放总量持续减少，生态环境持续改善，生态安全屏障更加牢固，城乡人居环境明显改善。

——民生福祉达到新水平。实现更加充分更高质量就业，居民收入增长和经济增长基本同步，分配结构明显改善，基本公共服务均等化水平明显提高，全民受教育程度不断提升，多层次社会保障体系更加健全，卫生健康体系更加完善，脱贫攻坚成果巩固拓展，乡村振兴战略全面推进。

——国家治理效能得到新提升。社会主义民主法治更加健全，社会公平正义进一步彰显，国家行政体系更加完善，政府作用更好发挥，行政效率和公信力显著提升，社会治理特别是基层治理水平明显提高，防范化解重大风险体制机制不断健全，突发公共事件应急能力显著增强，自然灾害防御水平明显提升，发展安全保障更加有力，国防和军队现代化迈出重大步伐。

三、坚持创新驱动发展，全面塑造发展新优势

坚持创新在我国现代化建设全局中的核心地位，把科技自立自强作为国家发展的战略支撑，面向世界科技前沿、面向经济主战场、面

向国家重大需求、面向人民生命健康，深入实施科教兴国战略、人才强国战略、创新驱动发展战略，完善国家创新体系，加快建设科技强国。

7. 强化国家战略科技力量。制定科技强国行动纲要，健全社会主义市场经济条件下新型举国体制，打好关键核心技术攻坚战，提高创新链整体效能。加强基础研究、注重原始创新，优化学科布局和研发布局，推进学科交叉融合，完善共性基础技术供给体系。瞄准人工智能、量子信息、集成电路、生命健康、脑科学、生物育种、空天科技、深地深海等前沿领域，实施一批具有前瞻性、战略性的国家重大科技项目。制定实施战略性科学计划和科学工程，推进科研院所、高校、企业科研力量优化配置和资源共享。推进国家实验室建设，重组国家重点实验室体系。布局建设综合性国家科学中心和区域性创新高地，支持北京、上海、粤港澳大湾区形成国际科技创新中心。构建国家科研论文和科技信息高端交流平台。

8. 提升企业技术创新能力。强化企业创新主体地位，促进各类创新要素向企业集聚。推进产学研深度融合，支持企业牵头组建创新联合体，承担国家重大科技项目。发挥企业家在技术创新中的重要作用，鼓励企业加大研发投入，对企业投入基础研究实行税收优惠。发挥大企业引领支撑作用，支持创新型中小微企业成长为创新重要发源地，加强共性技术平台建设，推动产业链上中下游、大中小企业融通创新。

9. 激发人才创新活力。贯彻尊重劳动、尊重知识、尊重人才、尊重创造方针，深化人才发展体制机制改革，全方位培养、引进、用好人才，造就更多国际一流的科技领军人才和创新团队，培养具有国际竞争力的青年科技人才后备军。健全以创新能力、质量、实效、贡献为导向的科技人才评价体系。加强学风建设，坚守学术诚信。深化院士制度改革。健全创新激励和保障机制，构建充分体现知识、技术等创新要素价值的收益分配机制，完善科研人员职务发明成果权益分享机制。加强创新型、应用型、技能型人才培养，实施知识更新工程、技能提升行动，壮大高水平工程师和高技能人才队伍。支持发展高水平研究型大学，加强基础研究人才培养。实行更加开放的人才政策，构筑集聚国内外优秀人才的科研创新高地。

10. 完善科技创新体制机制。深入推进科技体制改革，完善国家科技治理体系，优化国家科技规划体系和运行机制，推动重点领域项目、基地、人才、资金一体化配置。改进科技项目组织管理方式，实行“揭榜挂帅”等制度。完善科技评价机制，优化科技奖励项目。加快科研院所改革，扩大科研自主权。加强知识产权保护，大幅提高科技成果转移转化成效。加大研发投入，健全政府投入为主、社会多渠道投入机制，加大对基础前沿研究支持。完善金融支持创新体系，促进新技术产业化规模化应用。弘扬科学精神和工匠精神，加强科普工作，营造崇尚创新的社会氛围。健全科技伦理体系。促进科技开放合作，研究设立面向全球的科学研究基金。

四、加快发展现代产业体系，推动经济体系优化升级

坚持把发展经济着力点放在实体经济上，坚定不移建设制造强国、质量强国、网络强国、数字中国，推进产业基础高级化、产业链现代化，提高经济质量效益和核心竞争力。

11. 提升产业链供应链现代化水平。保持制造业比重基本稳定，巩固壮大实体经济根基。坚持自主可控、安全高效，分行业做好供应链战略设计和精准施策，推动全产业链优化升级。锻造产业链供应链长板，立足我国产业规模优势、配套优势和部分领域先发优势，打造新兴产业链，推动传统产业高端化、智能化、绿色化，发展服务型制造。完善国家质量基础设施，加强标准、计量、专利等体系和能力建设，深入开展质量提升行动。促进产业在国内有序转移，优化区域产业链布局，支持老

工业基地转型发展。补齐产业链供应链短板，实施产业基础再造工程，加大重要产品和关键核心技术攻关力度，发展先进适用技术，推动产业链供应链多元化。优化产业链供应链发展环境，强化要素支撑。加强国际产业安全合作，形成具有更强创新力、更高附加值、更安全可靠的产业链供应链。

12. 发展战略性新兴产业。加快壮大新一代信息技术、生物技术、新能源、新材料、高端装备、新能源汽车、绿色环保以及航空航天、海洋装备等产业。推动互联网、大数据、人工智能等同各产业深度融合，推动先进制造业集群发展，构建一批各具特色、优势互补、结构合理的战略性新兴产业增长引擎，培育新技术、新产品、新业态、新模式。促进平台经济、共享经济健康发展。鼓励企业兼并重组，防止低水平重复建设。

13. 加快发展现代服务业。推动生产性服务业向专业化和价值链高端延伸，推动各类市场主体参与服务供给，加快发展研发设计、现代物流、法律服务等服务业，推动现代服务业同先进制造业、现代农业深度融合，加快推进服务业数字化。推动生活性服务业向高品质和多样化升级，加快发展健康、养老、育幼、文化、旅游、体育、家政、物业等服务业，加强公益性、基础性服务业供给。推进服务业标准化、品牌化建设。

14. 统筹推进基础设施建设。构建系统完备、高效实用、智能绿色、安全可靠的现代化基础设施体系。系统布局新型基础设施，加快第五代移动通信、工业互联网、大数据中心等建设。加快建设交通强国，完善综合运输大通道、综合交通枢纽和物流网络，加快城市群和都市圈轨道交通网络化，提高农村和边境地区交通通达深度。推进能源革命，完善能源产供储销体系，加强国内油气勘探开发，加快油气储备设施建设，加快全国干线油气管道建设，建设智慧能源系统，优化电力生产和输送通道布局，提升新能源消纳和存储能力，提升向边远地区输配电能力。加强水利基础设施建设，提升水资源优化配置和水旱灾害防御能力。

15. 加快数字化发展。发展数字经济，推进数字产业化和产业数字化，推动数字经济和实体经济深度融合，打造具有国际竞争力的数字产业集群。加强数字社会、数字政府建设，提升公共服务、社会治理等数字化智能化水平。建立数据资源产权、交易流通、跨境传输和安全保护等基础制度和标准规范，推动数据资源开发利用。扩大基础公共信息数据有序开放，建设国家数据统一共享开放平台。保障国家数据安全，加强个人信息保护。提升全民数字技能，实现信息服务全覆盖。积极参与数字领域国际规则和标准制定。

五、形成强大国内市场，构建新发展格局

坚持扩大内需这个战略基点，加快培育完整内需体系，把实施扩大内需战略同深化供给侧结构性改革有机结合起来，以创新驱动、高质量供给引领和创造新需求。

16. 畅通国内大循环。依托强大国内市场，贯通生产、分配、流通、消费各环节，打破行业垄断和地方保护，形成国民经济良性循环。优化供给结构，改善供给质量，提升供给体系对国内需求的适配性。推动金融、房地产同实体经济均衡发展，实现上下游、产供销有效衔接，促进农业、制造业、服务业、能源资源等产业门类关系协调。破除妨碍生产要素市场化配置和商品服务流通的体制机制障碍，降低全社会交易成本。完善扩大内需的政策支撑体系，形成需求牵引供给、供给创造需求的更高水平动态平衡。

17. 促进国内国际双循环。立足国内大循环，发挥比较优势，协同推进强大国内市场和贸易强国建设，以国内大循环吸引全球资源要素，充分利用国内国际两个市场两种资源，积极促进内需和外需、进口和出口、引进外资和对外投资协调发展，促进国际收支基本平衡。完善内外贸一体化调控体系，促进内外贸法律法规、监管体制、经营资质、质量标准、检验检疫、认证认可等相衔接，推进同线同标同

质。优化国内国际市场布局、商品结构、贸易方式，提升出口质量，增加优质产品进口，实施贸易投资融合工程，构建现代物流体系。

18. 全面促进消费。增强消费对经济发展的基础性作用，顺应消费升级趋势，提升传统消费，培育新型消费，适当增加公共消费。以质量品牌为重点，促进消费向绿色、健康、安全发展，鼓励消费新模式新业态发展。推动汽车等消费品由购买管理向使用管理转变，促进住房消费健康发展。健全现代流通体系，发展无接触交易服务，降低企业流通成本，促进线上线下消费融合发展，开拓城乡消费市场。发展服务消费，放宽服务消费领域市场准入。完善节假日制度，落实带薪休假制度，扩大节假日消费。培育国际消费中心城市。改善消费环境，强化消费者权益保护。

19. 拓展投资空间。优化投资结构，保持投资合理增长，发挥投资对优化供给结构的关键作用。加快补齐基础设施、市政工程、农业农村、公共安全、生态环保、公共卫生、物资储备、防灾减灾、民生保障等领域短板，推动企业设备更新和技术改造，扩大战略性新兴产业投资。推进新型基础设施、新型城镇化、交通水利等重大工程建设，支持有利于城乡区域协调发展的重大项目建设。实施川藏铁路、西部陆海新通道、国家水网、雅鲁藏布江下游水电开发、星际探测、北斗产业化等重大工程，推进重大科研设施、重大生态系统保护修复、公共卫生应急保障、重大引调水、防洪减灾、送电输气、沿边沿江沿海交通等一批强基础、增功能、利长远的重大项目建设。发挥政府投资撬动作用，激发民间投资活力，形成市场主导的投资内生增长机制。

六、全面深化改革，构建高水平社会主义市场经济体制

坚持和完善社会主义基本经济制度，充分发挥市场在资源配置中的决定性作用，更好发挥政府作用，推动有效市场和有为政府更好结合。

20. 激发各类市场主体活力。毫不动摇巩固和发展公有制经济，毫不动摇鼓励、支持、引导非公有制经济发展。深化国资国企改革，做强做优做大国有资本和国有企业。加快国有经济布局优化和结构调整，发挥国有经济战略支撑作用。加快完善中国特色现代企业制度，深化国有企业混合所有制改革。健全管资本为主的国有资产监管体制，深化国有资本投资、运营公司改革。推进能源、铁路、电信、公用事业等行业竞争性环节市场化改革。优化民营经济发展环境，构建亲清政商关系，促进非公有制经济健康发展和非公有制经济人士健康成长，依法平等保护民营企业产权和企业家权益，破除制约民营企业发展的各种壁垒，完善促进中小微企业和个体工商户发展的法律环境和政策体系。弘扬企业家精神，加快建设世界一流企业。

21. 完善宏观经济治理。健全以国家发展规划为战略导向，以财政政策和货币政策为主要手段，就业、产业、投资、消费、环保、区域等政策紧密配合，目标优化、分工合理、高效协同的宏观经济治理体系。完善宏观经济政策制定和执行机制，重视预期管理，提高调控的科学性。加强国际宏观经济政策协调，搞好跨周期政策设计，提高逆周期调节能力，促进经济总量平衡、结构优化、内外均衡。加强宏观经济治理数据库等建设，提升大数据等现代技术手段辅助治理能力。推进统计现代化改革。

22. 建立现代财税金融体制。加强财政资源统筹，加强中期财政规划管理，增强国家重大战略任务财力保障。深化预算管理制度改革，强化对预算编制的宏观指导。推进财政支出标准化，强化预算约束和绩效管理。明确中央和地方政府事权与支出责任，健全省以下财政体制，增强基层公共服务保障能力。完善现代税收制度，健全地方税、直接税体系，优化税制结构，适当提高直接税比重，深化税收征管制度改革。健全政府债务管理制度。建设现代中央银行制度，完善货币供应调控机制，稳妥推进数字货币研发，健全市场化利率形成和传导机制。构建金融有效支持实体经济的体制机制，提升金融科技水平，增强金融普惠性。深化国有商业银行改革，支持中小银行和农村信用社持续健康发展，改革优化政策性金融。全面实行股票发行注册制，建立常态化退市机制，提高直接融资比重。推进金融双向开放。完善现代金融监管体系，提高金融监管透明度和法治化水平，完善存款保险制度，健全金融风险预防、预警、处置、问责制度体系，对违法违规行为零容忍。

23. 建设高标准市场体系。健全市场体系基础制度，坚持平等准入、公正监管、开放有序、诚信守法，形成高效规范、公平竞争的国内统一市场。实施高标准市场体系建设行动。健全产权执法司法保护制度。实施统一的市场准入负面清单制度。继续放宽准入限制。健全公平竞争审查机制，加强反垄断和反不正当竞争执法司法，提升市场综合监管能力。深化土地管理制度改革。推进土地、劳动力、资本、技术、数据等要素市场化改革。健全要素市场运行机制，完善要素交易规则和服务体系。

24. 加快转变政府职能。建设职责明确、依法行政的政府治理体系。深化简政放权、放管结合、优化服务改革，全面实行政府权责清单制度。持续优化市场化法治化国际化营商环境。实施涉企经营许可事项清单管理，加强事中事后监管，对新产业新业态实行包容审慎监管。健全重大政策事前评估和事后评价制度，畅通参与政策制定的渠道，提高决策科学化、民主化、法治化水平。推进政务服务标准化、规范化、便利化，深化政务公开。深化行业协会、商会和中介机构改革。

七、优先发展农业农村，全面推进乡村振兴

坚持把解决好“三农”问题作为全党工作重中之重，走中国特色社会主义乡村振兴道路，全面实施乡村振兴战略，强化以工补农、以城带乡，推动形成工农互促、城乡互补、协调发展、共同繁荣的新型工农城乡关系，加快农业农村现代化。

25. 提高农业质量效益和竞争力。适应确保国计民生要求，以保障国家粮食安全为底线，健全农业支持保护制度。坚持最严格的耕地保护制度，深入实施藏粮于地、藏粮于技战略，加大农业水利设施建设力度，实施高标准农田建设工程，强化农业科技和装备支撑，提高农业良种化水平，健全动物防疫和农作物病虫害防治体系，建设智慧农业。强化绿色导向、标准引领和质量安全监管，建设农业现代化示范区。推动农业供给侧结构性改革，优化农业生产结构和区域布局，加强粮食生产功能区、重要农产品生产保护区和特色农产品优势区建设，推进优质粮食工程。完善粮食主产区利益补偿机制。保障粮、棉、油、糖、肉等重要农产品供给安全，提升收储调控能力。开展粮食节约行动。发展县域经济，推动农村一二三产业融合发展，丰富乡村经济业态，拓展农民增收空间。

26. 实施乡村建设行动。把乡村建设摆在社会主义现代化建设的重要位置。强化县城综合服务能力，把乡镇建成服务农民的区域中心。统筹县域城镇和村庄规划建设，保护传统村落和乡村风貌。完善乡村水、电、路、气、通信、广播电视、物流等基础设施，提升农房建设质量。因地制宜推进农村改厕、生活垃圾处理和污水治理，实施河湖水系综合整治，改善农村人居环境。提高农民科技文化素质，推动乡村人才振兴。

27. 深化农村改革。健全城乡融合发展机制，推动城乡要素平等交换、双向流动，增强农业农村发展活力。落实第二轮土地承包到期后再延长三十年政策，加快培育农民合作社、家庭农场等新型农业经营主体，健全农业专业化社会化服务体系，发展多种形式适度规模经营，实现小农户和现代农业有机衔接。健全城乡统一的建设用地市场，积极探索实施农村集体经营性建设用地入市制度。建立土地征收公共利益用地认定机制，缩小土地征收范围。探

索宅基地所有权、资格权、使用权分置实现形式。保障进城落户农民土地承包权、宅基地使用权、集体收益分配权，鼓励依法自愿有偿转让。深化农村集体产权制度改革，发展新型农村集体经济。健全农村金融服务体系，发展农业保险。

28. 实现巩固拓展脱贫攻坚成果同乡村振兴有效衔接。建立农村低收入人口和欠发达地区帮扶机制，保持财政投入力度总体稳定，接续推进脱贫地区发展。健全防止返贫监测和帮扶机制，做好易地扶贫搬迁后续帮扶工作，加强扶贫项目资金资产管理和监督，推动特色产业可持续发展。健全农村社会保障和救助制度。在西部地区脱贫县中集中支持一批乡村振兴重点帮扶县，增强其巩固脱贫成果及内生发展能力。坚持和完善东西部协作和对口支援、社会力量参与帮扶等机制。

八、优化国土空间布局，推进区域协调发展和新型城镇化

坚持实施区域重大战略、区域协调发展战略、主体功能区战略，健全区域协调发展体制机制，完善新型城镇化战略，构建高质量发展的国土空间布局和支撑体系。

29. 构建国土空间开发保护新格局。立足资源环境承载能力，发挥各地比较优势，逐步形成城市化地区、农产品主产区、生态功能区三大空间格局，优化重大基础设施、重大生产力和公共资源布局。支持城市化地区高效集聚经济和人口、保护基本农田和生态空间，支持农产品主产区增强农业生产能力，支持生态功能区把发展重点放到保护生态环境、提供生态产品上，支持生态功能区的人口逐步有序转移，形成主体功能明显、优势互补、高质量发展的国土空间开发保护新格局。

30. 推动区域协调发展。推动西部大开发形成新格局，推动东北振兴取得新突破，促进中部地区加快崛起，鼓励东部地区加快推进现代化。支持革命老区、民族地区加快发展，加强边疆地区建设，推进兴边富民、稳边固边。推进京津冀协同发展、长江经济带发展、粤港澳大湾区建设、长三角一体化发展，打造创新平台和新增长极。推动黄河流域生态保护和高质量发展。高标准、高质量建设雄安新区。坚持陆海统筹，发展海洋经济，建设海洋强国。健全区域战略统筹、市场一体化发展、区域合作互助、区际利益补偿等机制，更好促进发达地区和欠发达地区、东中西部和东北地区共同发展。完善转移支付制度，加大对欠发达地区财力支持，逐步实现基本公共服务均等化。

31. 推进以人为核心的新型城镇化。实施城市更新行动，推进城市生态修复、功能完善工程，统筹城市规划、建设、管理，合理确定城市规模、人口密度、空间结构，促进大中小城市和小城镇协调发展。强化历史文化保护、塑造城市风貌，加强城镇老旧小区改造和社区建设，增强城市防洪排涝能力，建设海绵城市、韧性城市。提高城市治理水平，加强特大城市治理中的风险防控。坚持房子是用来住的、不是用来炒的定位，租购并举、因城施策，促进房地产市场平稳健康发展。有效增加保障性住房供给，完善土地出让收入分配机制，探索支持利用集体建设用地按照规划建设租赁住房，完善长租房政策，扩大保障性租赁住房供给。深化户籍制度改革，完善财政转移支付和城镇新增建设用地规模与农业转移人口市民化挂钩政策，强化基本公共服务保障，加快农业转移人口市民化。优化行政区划设置，发挥中心城市和城市群带动作用，建设现代化都市圈。推进成渝地区双城经济圈建设。推进以县城为重要载体的城镇化建设。

九、繁荣发展文化事业和文化产业，提高国家文化软实力

坚持马克思主义在意识形态领域的指导地位，坚定文化自信，坚持以社会主义核心价值观引领文化建设，加强社会主义精神文明建设，围绕举旗帜、聚民心、育新人、兴文化、展形象的使命任务，促进满足人民文化需求和增强人民精神力量相统一，推进社会主义文化

强国建设。

32. 提高社会文明程度。推动形成适应新时代要求的思想观念、精神面貌、文明风尚、行为规范。深入开展习近平新时代中国特色社会主义思想学习教育，推进马克思主义理论研究和建设工程。推动理想信念教育常态化制度化，加强党史、新中国史、改革开放史、社会主义发展史教育，加强爱国主义、集体主义、社会主义教育，弘扬党和人民在各个历史时期奋斗中形成的伟大精神，推进公民道德建设，实施文明创建工程，拓展新时代文明实践中心建设。健全志愿服务体系，广泛开展志愿服务关爱行动。弘扬诚信文化，推进诚信建设。提倡艰苦奋斗、勤俭节约，开展以劳动创造幸福为主题的宣传教育。加强家庭、家教、家风建设。加强网络文明建设，发展积极健康的网络文化。

33. 提升公共文化服务水平。全面繁荣新闻出版、广播影视、文学艺术、哲学社会科学事业。实施文艺作品质量提升工程，加强现实题材创作生产，不断推出反映时代新气象、讴歌人民新创造的文艺精品。推进媒体深度融合，实施全媒体传播工程，做强新型主流媒体，建强用好县级融媒体中心。推进城乡公共文化服务体系一体建设，创新实施文化惠民工程，广泛开展群众性文化活动，推动公共文化数字化建设。加强国家重大文化设施和文化项目建设，推进国家版本馆、国家文献储备库、智慧广电等工程。传承弘扬中华优秀传统文化，加强文物古籍保护、研究、利用，强化重要文化和自然遗产、非物质文化遗产系统性保护，加强各民族优秀传统手工艺保护和传承，建设长城、大运河、长征、黄河等国家文化公园。广泛开展全民健身运动，增强人民体质。筹办好北京冬奥会、冬残奥会。

34. 健全现代文化产业体系。坚持把社会效益放在首位、社会效益和经济效益相统一，深化文化体制改革，完善文化产业规划和政策，加强文化市场体系建设，扩大优质文化产品供给。实施文化产业数字化战略，加快发展新型文化企业、文化业态、文化消费模式。规范发展文化产业园区，推动区域文化产业带建设。推动文化和旅游融合发展，建设一批富有文化底蕴的世界级旅游景区和度假区，打造一批文化特色鲜明的国家级旅游休闲城市和街区，发展红色旅游和乡村旅游。以讲好中国故事为着力点，创新推进国际传播，加强对外文化交流和多层次文明对话。

十、推动绿色发展，促进人与自然和谐共生

坚持绿水青山就是金山银山理念，坚持尊重自然、顺应自然、保护自然，坚持节约优先、保护优先、自然恢复为主，守住自然生态安全边界。深入实施可持续发展战略，完善生态文明领域统筹协调机制，构建生态文明体系，促进经济社会发展全面绿色转型，建设人与自然和谐共生的现代化。

35. 加快推动绿色低碳发展。强化国土空间规划和用途管控，落实生态保护、基本农田、城镇开发等空间管控边界，减少人类活动对自然空间的占用。强化绿色发展的法律和政策保障，发展绿色金融，支持绿色技术创新，推进清洁生产，发展环保产业，推进重点行业和重要领域绿色化改造。推动能源清洁低碳安全高效利用。发展绿色建筑。开展绿色生活创建活动。降低碳排放强度，支持有条件的地方率先达到碳排放峰值，制定二〇三〇年前碳排放达峰行动方案。

36. 持续改善环境质量。增强全社会生态环保意识，深入打好污染防治攻坚战。继续开展污染防治行动，建立地上地下、陆海统筹的生态环境治理制度。强化多污染物协同控制和区域协同治理，加强细颗粒物和臭氧协同控制，基本消除重污染天气。治理城乡生活环境，推进城镇污水管网全覆盖，基本消除城市黑臭水体。推进化肥农药减量化和土壤污染治理，加强白色污染治理。加强危险废物医疗废物收集处理。完成重点地区危险化学品生产企业搬迁改造。重视新污染物治理。全面实行排污许可制，推进排污权、用能权、用水权、碳排放权市场化交易。完善环境保护、节能减排约束性指标管理。完善中央生态环境保护督察制度。积极参与和引领应对气候变化等生态环保国际合作。

37. 提升生态系统质量和稳定性。坚持山水林田湖草系统治理，构建以国家公园为主体的自然保护地体系。实施生物多样性保护重大工程。加强外来物种管控。强化河湖长制，加强大江大河和重要湖泊湿地生态保护治理，实施好长江十年禁渔。科学推进荒漠化、石漠化、水土流失综合治理，开展大规模国土绿化行动，推行林长制。推行草原森林河流湖泊休养生息，加强黑土地保护，健全耕地休耕轮作制度。加强全球气候变暖对我国承受力脆弱地区影响的观测，完善自然保护地、生态保护红线监管制度，开展生态系统保护成效监测评估。

38. 全面提高资源利用效率。健全自然资源资产产权制度和法律法规，加强自然资源调查评价监测和确权登记，建立生态产品价值实现机制，完善市场化、多元化生态补偿，推进资源总量管理、科学配置、全面节约、循环利用。实施国家节水行动，建立水资源刚性约束制度。提高海洋资源、矿产资源开发保护水平。完善资源价格形成机制。推行垃圾分类和减量化、资源化。加快构建废旧物资循环利用体系。

十一、实行高水平对外开放，开拓合作共赢新局面

坚持实施更大范围、更宽领域、更深层次对外开放，依托我国大市场优势，促进国际合作，实现互利共赢。

39. 建设更高水平开放型经济新体制。全面提高对外开放水平，推动贸易和投资自由化便利化，推进贸易创新发展，增强对外贸易综合竞争力。完善外商投资准入前国民待遇加负面清单管理制度，有序扩大服务业对外开放，依法保护外资企业合法权益，健全促进和保障境外投资的法律、政策和服务体系，坚定维护中国企业海外合法权益，实现高质量引进来和高水平走出去。完善自由贸易试验区布局，赋予其更大改革自主权，稳步推进海南自由贸易港建设，建设对外开放新高地。稳慎推进人民币国际化，坚持市场驱动和企业自主选择，营造以人民币自由使用为基础的新型互利合作关系。发挥好中国国际进口博览会等重要展会平台作用。

40. 推动共建“一带一路”高质量发展。坚持共商共建共享原则，秉持绿色、开放、廉洁理念，深化务实合作，加强安全保障，促进共同发展。推进基础设施互联互通，拓展第三方市场合作。构筑互利共赢的产业链供应链合作体系，深化国际产能合作，扩大双向贸易和投资。坚持以企业为主体，以市场为导向，遵循国际惯例和债务可持续原则，健全多元化投融资体系。推进战略、规划、机制对接，加强政策、规则、标准联通。深化公共卫生、数字经济、绿色发展、科技教育合作，促进人文交流。

41. 积极参与全球经济治理体系改革。坚持平等协商、互利共赢，推动二十国集团等发挥国际经济合作功能。维护多边贸易体制，积极参与世界贸易组织改革，推动完善更加公正合理的全球经济治理体系。积极参与多双边区域投资贸易合作机制，推动新兴领域经济治理规则制定，提高参与国际金融治理能力。实施自由贸易区提升战略，构建面向全球的高标准自由贸易区网络。

十二、改善人民生活品质，提高社会建设水平

坚持把实现好、维护好、发展好最广大人民根本利益作为发展的出发点和落脚点，尽力而为、量力而行，健全基本公共服务体系，完善共建共治共享的社会治理制度，扎实推动共同富裕，不断增强人民群众获得感、幸福感、安全感，促进人的全面发展和社会全面进步。

42. 提高人民收入水平。坚持按劳分配为主体、多种分配方式并存，提高劳动报酬在初次分配中的比重，完善工资制度，健全工资合理增长机制，着力提高低收入群体收入，扩大中等收入群体。完善按要素分配政策制度，健全各类生产要素由市场决定报酬的机制，探索通过土地、资本等要素使用权、收益权增加中低收入群体要素收入。多渠道增加城乡居民财产性收入。完善再分配机制，加大税收、社保、转移支付等调节力度和精准性，合理调节过高收入，取缔非法收入。发挥第三次分配作用，发展慈善事业，改善收入和财富分配格局。

43. 强化就业优先政策。千方百计稳定和扩大就业，坚持经济发展就业导向，扩大就业容量，提升就业质量，促进充分就业，保障劳动者待遇和权益。健全就业公共服务体系、劳动关系协调机制、终身职业技能培训制度。更加注重缓解结构性就业矛盾，加快提升劳动者技能素质，完善重点群体就业支持体系，统筹城乡就业政策体系。扩大公益性岗位安置，帮扶残疾人、零就业家庭成员就业。完善促进创业带动就业、多渠道灵活就业的保障制度，支持和规范发展新就业形态，健全就业需求调查和失业监测预警机制。

44. 建设高质量教育体系。全面贯彻党的教育方针，坚持立德树人，加强师德师风建设，培养德智体美劳全面发展的社会主义建设者和接班人。健全学校家庭社会协同育人机制，提升教师教书育人能力素质，增强学生文明素养、社会责任意识、实践本领，重视青少年身体素质和心理健康教育。坚持教育公益性原则，深化教育改革，促进教育公平，推动义务教育均衡发展和城乡一体化，完善普惠性学前教育和特殊教育、专门教育保障机制，鼓励高中阶段学校多样化发展。加大人力资本投入，增强职业技术教育适应性，深化职普融通、产教融合、校企合作，探索中国特色学徒制，大力培养技术技能人才。提高高等教育质量，分类建设一流大学和一流学科，加快培养理工农医类专业紧缺人才。提高民族地区教育质量和水平，加大国家通用语言文字推广力度。支持和规范民办教育发展，规范校外培训机构。发挥在线教育优势，完善终身学习体系，建设学习型社会。

45. 健全多层次社会保障体系。健全覆盖全民、统筹城乡、公平统一、可持续的多层次社会保障体系。推进社保转移接续，健全基本养老、基本医疗保险筹资和待遇调整机制。实现基本养老保险全国统筹，实施渐进式延迟法定退休年龄。发展多层次、多支柱养老保险体系。推动基本医疗保险、失业保险、工伤保险省级统筹，健全重大疾病医疗保险和救助制度，落实异地就医结算，稳步建立长期护理保险制度，积极发展商业医疗保险。健全灵活就业人员社保制度。健全退役军人工作体系和保障制度。健全分层分类的社会救助体系。坚持男女平等基本国策，保障妇女儿童合法权益。健全老年人、残疾人关爱服务体系和设施，完善帮扶残疾人、孤儿等社会福利制度。完善全国统一的社会保险公共服务平台。

46. 全面推进健康中国建设。把保障人民健康放在优先发展的战略位置，坚持预防为主的方针，深入实施健康中国行动，完善国民健康促进政策，织牢国家公共卫生防护网，为人民提供全方位全周期健康服务。改革疾病预防控制体系，强化监测预警、风险评估、流行病学调查、检验检测、应急处置等职能。建立稳定的公共卫生事业投入机制，加强人才队伍建设，改善疾控基础条件，完善公共卫生服务项目，强化基层公共卫生体系。落实医疗机构公共卫生责任，创新医防协同机制。完善突发公共卫生事件监测预警处置机制，健全医疗救治、科技支撑、物资保障体系，提高应对突发公共卫生事件能力。坚持基本医疗卫生事业公益属性，深化医药卫生体制改革，加快优质医疗资源扩容和区域均衡布局，加快建设分级诊疗体系，加强公立医院建设和管理考核，推进国家组织药品和耗材集中采购使用改革，发展高端医疗设备。支持社会办医，推广远程医疗。坚持中西医并重，大力发展中医药事业。

提升健康教育、慢病管理和残疾康复服务质量，重视精神卫生和心理健康。深入开展爱国卫生运动，促进全民养成文明健康生活方式。完善全民健身公共服务体系。加快发展健康产业。

47. 实施积极应对人口老龄化国家战略。制定人口长期发展战略，优化生育政策，增强生育政策包容性，提高优生优育服务水平，发展普惠托育服务体系，降低生育、养育、教育成本，促进人口长期均衡发展，提高人口素质。积极开发老龄人力资源，发展银发经济。推动养老事业和养老产业协同发展，健全基本养老服务体系，发展普惠型养老服务和互助性养老，支持家庭承担养老功能，培育养老新业态，构建居家社区机构相协调、医养康养相结合的养老服务体系，健全养老服务综合监管制度。

48. 加强和创新社会治理。完善社会治理体系，健全党组织领导的自治、法治、德治相结合的城乡基层治理体系，完善基层民主协商制度，实现政府治理同社会调节、居民自治良性互动，建设人人有责、人人尽责、人人享有的社会治理共同体。发挥群团组织和社会组织在社会治理中的作用，畅通和规范市场主体、新社会阶层、社会工作者和志愿者等参与社会治理的途径。推动社会治理重心向基层下移，向基层放权赋能，加强城乡社区治理和服务体系建设，减轻基层特别是村级组织负担，加强基层社会治理队伍建设，构建网格化管理、精细化服务、信息化支撑、开放共享的基层管理服务平台。加强和创新市域社会治理，推进市域社会治理现代化。

十三、统筹发展和安全，建设更高水平的平安中国

坚持总体国家安全观，实施国家安全战略，维护和塑造国家安全，统筹传统安全和非传统安全，把安全发展贯穿国家发展各领域和全过程，防范和化解影响我国现代化进程的各种风险，筑牢国家安全屏障。

49. 加强国家安全体系和能力建设。完善集中统一、高效权威的国家安全领导体制，健全国家安全法治体系、战略体系、政策体系、人才体系和运行机制，完善重要领域国家安全立法、制度、政策。健全国家安全审查和监管制度，加强国家安全执法。加强国家安全宣传教育，增强全民国家安全意识，巩固国家安全人民防线。坚定维护国家政权安全、制度安全、意识形态安全，全面加强网络安全保障体系和能力建设。严密防范和严厉打击敌对势力渗透、破坏、颠覆、分裂活动。

50. 确保国家经济安全。加强经济安全风险预警、防控机制和能力建设，实现重要产业、基础设施、战略资源、重大科技等关键领域安全可控。实施产业竞争力调查和评价工程，增强产业体系抗冲击能力。确保粮食安全，保障能源和战略性矿产资源安全。维护水利、电力、供水、油气、交通、通信、网络、金融等重要基础设施安全，提高水资源集约安全利用水平。维护金融安全，守住不发生系统性风险底线。确保生态安全，加强核安全监管，维护新型领域安全。构建海外利益保护和风险预警防范体系。

51. 保障人民生命安全。坚持人民至上、生命至上，把保护人民生命安全摆在首位，全面提高公共安全保障能力。完善和落实安全生产责任制，加强安全生产监管执法，有效遏制危险化学品、矿山、建筑施工、交通等重特大安全事故。强化生物安全保护，提高食品药品等关系人民健康产品和服务的安全保障水平。提升洪涝干旱、森林草原火灾、地质灾害、地震等自然灾害防御工程标准，加快江河控制性工程建设，加快病险水库除险加固，全面推进堤防和蓄滞洪区建设。完善国家应急管理体系，加强应急物资保障体系建设，发展巨灾保险，提高防灾、减灾、抗灾、救灾能力。

52. 维护社会稳定和安全。正确处理新形势下人民内部矛盾，坚持和发展新时代“枫桥经验”，畅通和规范群众诉求表达、利益协调、权益保障通道，完善信访制度，完善各类

调解联动工作体系，构建源头防控、排查梳理、纠纷化解、应急处置的社会矛盾综合治理机制。健全社会心理服务体系和危机干预机制。坚持专群结合、群防群治，加强社会治安防控体系建设，坚决防范和打击暴力恐怖、黑恶势力、新型网络犯罪和跨国犯罪，保持社会和谐稳定。

十四、加快国防和军队现代化，实现富国和强军相统一

贯彻习近平强军思想，贯彻新时代军事战略方针，坚持党对人民军队的绝对领导，坚持政治建军、改革强军、科技强军、人才强军、依法治军，加快机械化信息化智能化融合发展，全面加强练兵备战，提高捍卫国家主权、安全、发展利益的战略能力，确保二〇二七年实现建军百年奋斗目标。

53. 提高国防和军队现代化质量效益。加快军事理论现代化，与时俱进创新战争和战略指导，健全新时代军事战略体系，发展先进作战理论。加快军队组织形态现代化，深化国防和军队改革，推进军事管理革命，加快军兵种和武警部队转型建设，壮大战略力量和新域新质作战力量，打造高水平战略威慑和联合作战体系，加强军事力量联合训练、联合保障、联合运用。加快军事人员现代化，贯彻新时代军事教育方针，完善三位一体新型军事人才培养体系，锻造高素质专业化军事人才方阵。加快武器装备现代化，聚力国防科技自主创新、原始创新，加速战略性前沿性颠覆性技术发展，加速武器装备升级换代和智能化武器装备发展。

54. 促进国防实力和经济实力同步提升。同国家现代化发展相协调，搞好战略层面筹划，深化资源要素共享，强化政策制度协调，构建一体化国家战略体系和能力。推动重点区域、重点领域、新兴领域协调发展，集中力量实施国防领域重大工程。优化国防科技工业布局，加快标准化通用化进程。完善国防动员体系，健全强边固防机制，强化全民国防教育，巩固军政军民团结。

十五、全党全国各族人民团结起来，为实现“十四五”规划和二〇三五年远景目标而奋斗

实现“十四五”规划和二〇三五年远景目标，必须坚持党的全面领导，充分调动一切积极因素，广泛团结一切可以团结的力量，形成推动发展的强大合力。

55. 加强党中央集中统一领导。贯彻党把方向、谋大局、定政策、促改革的要求，推动全党深入学习贯彻习近平新时代中国特色社会主义思想，增强“四个意识”、坚定“四个自信”、做到“两个维护”，完善上下贯通、执行有力的组织体系，确保党中央决策部署有效落实。落实全面从严治党主体责任、监督责任，提高党的建设质量。深入总结和学习运用中国共产党一百年的宝贵经验，教育引导广大党员、干部坚持共产主义远大理想和中国特色社会主义共同理想，不忘初心、牢记使命，为党和人民事业不懈奋斗。全面贯彻新时代党的组织路线，加强干部队伍建设，落实好干部标准，提高各级领导班子和干部适应新时代新要求抓改革、促发展、保稳定水平和专业化能力，加强对敢担当善作为干部的激励保护，以正确用人导向引领干事创业导向。完善人才工作体系，培养造就大批德才兼备的高素质人才。把严的主基调长期坚持下去，不断增强党自我净化、自我完善、自我革新、自我提高能力。锲而不舍落实中央八项规定精神，持续纠治形式主义、官僚主义，切实为基层减负。完善党和国家监督体系，加强政治监督，强化对公权力运行的制约和监督。坚持无禁区、全覆盖、零容忍，一体推进不敢腐、不能腐、不想腐，营造风清气正的良好政治生态。

56. 推进社会主义政治建设。坚持党的领导、人民当家作主、依法治国有机统一，推进中国特色社会主义政治制度自我完善和发展。坚持和完善人民代表大会制度，加强人大对“一府一委两院”的监督，保障人民依法通过各种途径和形式管理国家事务、管理经济文化事业、管理社会事务。坚持和完善中国共产党领导的多党合作和政治协商制度，加强人民政协专门协商机构建设，发挥社会主义协商民主独特优势，提高建言资政和凝聚共识水平。坚持和完善民族区域自治制度，全面贯彻党的民族政策，铸牢中华民族共同体意识，促进各民族共同团结奋斗、共同繁荣发展。全面贯彻党的宗教工作基本方针，积极引导宗教与社会主义社会相适应。健全基层群众自治制度，增强群众自我管理、自我服务、自我教育、自我监督实效。发挥工会、共青团、妇联等人民团体作用，把各自联系的群众紧紧凝聚在党的周围。完善大统战工作格局，促进政党关系、民族关系、宗教关系、阶层关系、海内外同胞关系和谐，巩固和发展大团结大联合局面。全面贯彻党的侨务政策，凝聚侨心、服务大局。坚持法治国家、法治政府、法治社会一体建设，完善以宪法为核心的中国特色社会主义法律体系，加强重点领域、新兴领域、涉外领域立法，提高依法行政水平，完善监察权、审判权、检察权运行和监督机制，促进司法公正，深入开展法治宣传教育，有效发挥法治固根本、稳预期、利长远的保障作用，推进法治中国建设。促进人权事业全面发展。

57. 保持香港、澳门长期繁荣稳定。全面准确贯彻“一国两制”、“港人治港”、“澳人治澳”、高度自治的方针，坚持依法治港治澳，维护宪法和基本法确定的特别行政区宪制秩序，落实中央对特别行政区全面管治权，落实特别行政区维护国家安全的法律制度和执行机制，维护国家主权、安全、发展利益和特别行政区社会大局稳定。支持特别行政区巩固提升竞争优势，建设国际创新科技中心，打造“一带一路”功能平台，实现经济多元可持续发展。支持香港、澳门更好融入国家发展大局，高质量建设粤港澳大湾区，完善便利港澳居民在内地发展政策措施。增强港澳同胞国家意识和爱国精神。支持香港、澳门同各国各地区开展交流合作。坚决防范和遏制外部势力干预港澳事务。

58. 推进两岸关系和平发展和祖国统一。坚持一个中国原则和“九二共识”，以两岸同胞福祉为依归，推动两岸关系和平发展、融合发展，加强两岸产业合作，打造两岸共同市场，壮大中华民族经济，共同弘扬中华文化。完善保障台湾同胞福祉和在大陆享受同等待遇的制度和政策，支持台商台企参与“一带一路”建设和国家区域协调发展战略，支持符合条件的台资企业在大陆上市，支持福建探索海峡两岸融合发展新路。加强两岸基层和青少年交流。高度警惕和坚决遏制“台独”分裂活动。

59. 积极营造良好外部环境。高举和平、发展、合作、共赢旗帜，坚持独立自主的和平外交政策，推进各领域各层级对外交往，推动构建新型国际关系和人类命运共同体。推进大国协调和合作，深化同周边国家关系，加强同发展中国家团结合作，积极发展全球伙伴关系。坚持多边主义和共商共建共享原则，积极参与全球治理体系改革和建设，加强涉外法治体系建设，加强国际法运用，维护以联合国为核心的国际体系和以国际法为基础的国际秩序，共同应对全球性挑战。积极参与重大传染病防控国际合作，推动构建人类卫生健康共同体。

60. 健全规划制定和落实机制。按照本次全会精神，制定国家和地方“十四五”规划纲要和专项规划，形成定位准确、边界清晰、功能互补、统一衔接的国家规划体系。健全政策协调和工作协同机制，完善规划实施监测评估机制，确保党中央关于“十四五”发展的决策部署落到实处。

实现“十四五”规划和二〇三五年远景目标，意义重大，任务艰巨，前景光明。全党全国各族人民要紧密团结在以习近平同志为核心的党中央周围，同心同德，顽强奋斗，夺取全面建设社会主义现代化国家新胜利！

国务院关于落实《政府工作报告》重点工作部门分工的意见

国发〔2020〕6号

各省、自治区、直辖市人民政府，国务院各部委、各直属机构：

为全面贯彻党的十九大和十九届二中、三中、四中全会精神，深入落实中央经济工作会议精神和十三届全国人大三次会议通过的《政府工作报告》部署，做好今年政府工作，实现经济社会发展目标任务，现就《政府工作报告》确定的重点工作，提出部门分工意见如下：

一、落实2020年发展主要目标和下一阶段工作总体部署

（一）总体要求和主要预期目标。

1. 在以习近平同志为核心的党中央坚强领导下，以习近平新时代中国特色社会主义思想为指导，全面贯彻党的十九大和十九届二中、三中、四中全会精神，坚决贯彻党的基本理论、基本路线、基本方略，增强“四个意识”、坚定“四个自信”、做到“两个维护”，紧扣全面建成小康社会目标任务，统筹推进疫情防控和经济社会发展工作，在疫情防控常态化前提下，坚持稳中求进工作总基调，坚持新发展理念，坚持以供给侧结构性改革为主线，坚持以改革开放为动力推动高质量发展，坚决打好三大攻坚战，加大“六稳”工作力度，保居民就业、保基本民生、保市场主体、保粮食能源安全、保产业链供应链稳定、保基层运转，坚定实施扩大内需战略，维护经济发展和社会稳定大局，确保完成决战决胜脱贫攻坚目标任务，全面建成小康社会。（国务院各部门分别负责，年内持续推进）

2. 优先稳就业保民生，坚决打赢脱贫攻坚战，努力实现全面建成小康社会目标任务；城镇新增就业900万人以上，城镇调查失业率6%左右，城镇登记失业率5.5%左右；居民消费价格涨幅3.5%左右；进出口促稳提质，国际收支基本平衡；居民收入增长与经济增长基本同步；现行标准下农村贫困人口全部脱贫、贫困县全部摘帽；重大金融风险有效防控；单位国内生产总值能耗和主要污染物排放量继续下降，努力完成“十三五”规划目标任务。（国家发展改革委、财政部、人力资源社会保障部、生态环境部、商务部、人民银行、海关总署、银保监会、证监会、国家外汇局、国务院扶贫办等按职责分工负责，12月底前完成）

（二）积极的财政政策要更加积极有为。

3. 今年赤字率拟按3.6%以上安排，财政赤字规模比去年增加1万亿元，同时发行1万亿元抗疫特别国债。上述2万亿元全部转给地方，建立特殊转移支付机制，资金直达市县基层、直接惠企利民，主要用于保就业、保基本民生、保市场主体，包括支持减税降费、减租降息、扩大消费和投资等，强化公共财政属性，决不允许截留挪用。要大力优化财政支出

结构，基本民生支出只增不减，重点领域支出要切实保障，一般性支出要坚决压减，严禁新建楼堂馆所，严禁铺张浪费。各级政府必须真正过紧日子，中央政府要带头，中央本级支出安排负增长，其中非急需非刚性支出压减50%以上。各类结余、沉淀资金要应收尽收、重新安排。要大力提质增效，各项支出务必精打细算，一定要把每一笔钱都用在刀刃上、紧要处，一定要让市场主体和人民群众有真真切切的感受。（财政部牵头，国家发展改革委、人力资源社会保障部、人民银行、税务总局等按职责分工负责，12月底前完成）

（三）稳健的货币政策要更加灵活适度。

4. 综合运用降准降息、再贷款等手段，引导广义货币供应量和社会融资规模增速明显高于去年。保持人民币汇率在合理均衡水平上基本稳定。（人民银行、国家外汇局牵头，年内持续推进）创新直达实体经济的货币政策工具，务必推动企业便利获得贷款，推动利率持续下行。（人民银行、银保监会、国家发展改革委、财政部等按职责分工负责，年内持续推进）

（四）就业优先政策要全面强化。

5. 财政、货币和投资等政策要聚力支持稳就业。努力稳定现有就业，积极增加新的就业，促进失业人员再就业。各地要清理取消对就业的不合理限制，促就业举措要应出尽出，拓岗位办法要能用尽用。（人力资源社会保障部、国家发展改革委、财政部、人民银行等按职责分工负责，年内持续推进）

（五）继续打好三大攻坚战。

6. 脱贫是全面建成小康社会必须完成的硬任务，要坚持现行脱贫标准，增加扶贫投入，强化扶贫举措落实，确保剩余贫困人口全部脱贫，健全和执行好返贫人口监测帮扶机制，巩固脱贫成果。（国务院扶贫办牵头，年内持续推进）

7. 要打好蓝天、碧水、净土保卫战，实现污染防治攻坚战阶段性目标。（生态环境部牵头，年内持续推进）

8. 加强金融等领域重大风险防控，坚决守住不发生系统性风险底线。（人民银行、银保监会、证监会、国家发展改革委、财政部、国家外汇局等按职责分工负责，年内持续推进）

二、加大宏观政策实施力度，着力稳企业保就业

（六）加大减税降费力度。

9. 强化阶段性政策，与制度性安排相结合，放水养鱼，助力市场主体纾困发展。继续执行去年出台的下调增值税税率和企业养老保险费率政策，新增减税降费约5 000亿元。前期出台6月前到期的减税降费政策，包括免征中小微企业养老、失业和工伤保险单位缴费，减免小规模纳税人增值税，免征公共交通运输、餐饮住宿、旅游娱乐、文化体育等服务增值税，减免民航发展基金、港口建设费，执行期限全部延长到今年年底。小微企业、个体工商户所得税缴纳一律延缓到明年。预计全年为企业新增减负超过2.5万亿元。要坚决把减税降费政策落到企业，尽力帮助企业特别是中小微企业、个体工商户渡过难关。（财政部、国家发展改革委、工业和信息化部、人力资源社会保障部、住房城乡建设部、交通运输部、商务部、文化和旅游部、税务总局、市场监管总局、国家医保局、中国民航局等按职责分工负责，年内持续推进）

（七）推动降低企业生产经营成本。

10. 降低工商业电价5%政策延长到今年年底。宽带和专线平均资费降低15%。减免国有房产租金，鼓励各类业主减免或缓收房租，并予政策支持。坚决整治涉企违规收费。（国家发展改革委、工业和信息化部、财政部、住房城乡建设部、国务院国资委、市场监管总局等按职责分工负责，6月底前出台相关政策，年内持续推进）

（八）强化对稳企业的金融支持。

11. 中小微企业贷款延期还本付息政策再延长至明年3月底，对普惠型小微企业贷款应延尽延，对其他困难企业贷款协商延期。（人民银行、银保监会牵头，6月底前出台相关政策，年内持续推进）完善考核激励机制，鼓励银行敢贷、愿贷、能贷，大幅增加小微企业信用贷、首贷、无还本续贷，利用金融科技和大数据降低服务成本，提高服务精准性。（人民银行、银保监会、国家发展改革委牵头，6月底前出台相关政策，年内持续推进）大幅拓展政府性融资担保覆盖面并明显降低费率。（财政部、银保监会牵头，年内持续推进）大型商业银行普惠型小微企业贷款增速要高于40%。（银保监会、人民银行牵头，12月底前完成）促进涉企信用信息共享。（国家发展改革委、人民银行、市场监管总局等按职责分工负责，年内持续推进）支持企业扩大债券融资。（人民银行、国家发展改革委、证监会等按职责分工负责，8月底前出台相关政策，年内持续推进）加强监管，防止资金“空转”套利，打击恶意逃废债。金融机构与贷款企业共生共荣，鼓励银行合理让利。（国家发展改革委、财政部、人民银行、银保监会、证监会等按职责分工负责，年内持续推进）为保市场主体，一定要让中小微企业贷款可获得性明显提高，一定要让综合融资成本明显下降。（人民银行、银保监会、财政部等按职责分工负责，适时出台相关政策，年内持续推进）

（九）千方百计稳定和扩大就业。

12. 加强对重点行业、重点群体就业支持。（人力资源社会保障部牵头，年内持续推进）今年高校毕业生达874万人，要促进市场化社会化就业，高校和属地政府都要提供不断线的就业服务，扩大基层服务项目招聘。（人力资源社会保障部、教育部、财政部等按职责分工负责，年内持续推进）做好退役军人安置和就业保障。（退役军人部牵头，年内持续推进）实行农民工在就业地平等享受就业服务政策。（人力资源社会保障部牵头，年内持续推进）帮扶残疾人、零就业家庭等困难群体就业。（人力资源社会保障部、中国残联等按职责分工负责，年内持续推进）今年对低收入人员实行社保费自愿缓缴政策，涉及就业的行政事业性收费全部取消，合理设定流动摊贩经营场所。（人力资源社会保障部、财政部、国家发展改革委、住房城乡建设部、税务总局等按职责分工负责，7月底前出台相关政策）资助以训稳岗拓岗，加强面向市场的技能培训，鼓励以工代训，共建共享生产性实训基地，今明两年职业技能培训3 500万人次以上，高职院校扩招200万人，要使更多劳动者长技能、好就业。（人力资源社会保障部、教育部、国家发展改革委、财政部等按职责分工负责，12月底前完成当年任务）

三、依靠改革激发市场主体活力，增强发展新动能

（十）深化“放管服”改革。

13. 在常态化疫情防控下，要调整措施、简化手续，促进全面复工复产、复市复业。（国家发展改革委、国务院办公厅牵头，有关部门按职责分工负责，年内持续推进）推动更多服务事项一网通办。（国务院办公厅牵头，有关部门按职责分工负责，年内持续推进）做到企业开办全程网上办理。放宽小微企业、个体工商户登记经营场所限制，便利各类创业者注册经营、及时享受扶持政策。（市场监管总局牵头，12月底前完成）支持大中小企业融通发展。（工业和信息化部牵头，年内持续推进）完善社会信用体系。（国家发展改革委、人民银行牵头，适时出台相关政策，年内持续推进）以公正监管维护公平竞争，持续打造市场化、法治化、国际化营商环境。（国务院办公厅、国家发展改革委、司法部、财政部、住房城乡建设部、市场监管总局等按职责分工负责，年内持续推进）

（十一）推进要素市场化配置改革。

14. 推动中小银行补充资本和完善治理，更好服务中小微企业。（银保监会、财政部、人民银行、证监会等按职责分工负责，适时出台相关政策，年内持续推进）改革创业板并试点注册制，发展多层次资本市场。（证监会牵头，6月底前出台相关政策，年内落地）强化保险保障功能。（银保监会牵头，年内持续推进）赋予省级政府建设用地更大自主权。（自然资源部牵头，6月底前完成）促进人才流动。（人力资源社会保障部牵头，年内持续推进）培育技术和数据市场，激活各类要素潜能。（国家发展改革委、科技部、工业和信息化部等按职责分工负责，年内持续推进）

（十二）提升国资国企改革成效。

15. 实施国企改革三年行动。（国务院国资委牵头，10月底前出台相关政策）健全现代企业制度，完善国资监管体制。（国务院国资委、财政部等按职责分工负责，年内持续推进）深化混合所有制改革。（国家发展改革委、国务院国资委牵头，年内持续推进）基本完成剥离办社会职能和解决历史遗留问题。（国务院国资委牵头，12月底前完成）国企要聚焦主责主业，健全市场化经营机制，提高核心竞争力。（国务院国资委牵头，年内持续推进）

（十三）优化民营经济发展环境。

16. 保障民营企业平等获取生产要素和政策支持，清理废除与企业性质挂钩的不合理规定。构建亲清政商关系，促进非公有制经济健康发展。（国家发展改革委、工业和信息化部、财政部、市场监管总局、全国工商联等按职责分工负责，年内持续推进）限期完成清偿政府机构、国有企业拖欠民营和中小企业款项的任务。（工业和信息化部牵头，有关部门按职责分工负责，逐月调度通报清欠情况）

（十四）推动制造业升级和新兴产业发展。

17. 支持制造业高质量发展。（工业和信息化部、国家发展改革委等按职责分工负责，年内持续推进）大幅增加制造业中长期贷款。（人民银行、银保监会、国家发展改革委牵头，年内持续推进）发展工业互联网，推进智能制造，培育新兴产业集群。发展研发设计、现代物流、检验检测认证等生产性服务业。电商网购、在线服务等新业态在抗疫中发挥了重要作用，要继续出台支持政策，全面推进"互联网+"，打造数字经济新优势。（国家发展改革委、工业和信息化部、商务部、国家邮政局等按职责分工负责，9月底前出台相关政策，年内持续推进）

（十五）提高科技创新支撑能力。

18. 稳定支持基础研究和应用基础研究，引导企业增加研发投入，促进产学研融通创新。加快建设国家实验室，重组国家重点实验室体系，发展社会研发机构，加强关键核心技术攻关。发展民生科技。深化国际科技合作。改革科技成果转化机制，畅通创新链，营造鼓励创新、宽容失败的科研环境。实行重点项目攻关"揭榜挂帅"，谁能干就让谁干。（科技部、国家发展改革委、工业和信息化部、教育部、财政部、外交部、国家卫生健康委、农业农村部、国务院国资委、中科院、工程院、国家能源局、国家国防科工局等按职责分工负责，年内持续推进）加强知识产权保护。（国家知识产权局牵头，年内持续推进）

（十六）深入推进大众创业万众创新。

19. 发展创业投资和股权投资，增加创业担保贷款。（国家发展改革委、财政部、人力资源社会保障部、人民银行、银保监会、证监会等按职责分工负责，年内持续推进）深化新一轮全面创新改革试验。（国家发展改革委、科技部牵头，年内持续推进）新建一批双创示范基地。（国家发展改革委牵头，年内持续推进）坚持包容审慎监管，发展平台经济、共享经济，更大激发社会创造力。（国务院办公厅、国家发展改革委、科技部、工业和信息化部、商务部、市场监管总局等按职责分工负责，年内持续推进）

四、实施扩大内需战略，推动经济发展方式加快转变

（十七）推动消费回升。

20. 通过稳就业促增收保民生，提高居民消费意愿和能力。（国家发展改革委、人力资源社会保障部、民政部、商务部、国家医保局等按职责分工负责，年内持续推进）支持餐饮、商场、文化、旅游、家政等生活服务业恢复发展，推动线上线下融合。促进汽车消费，大力解决停车难问题。发展养老、托幼服务。发展大健康产业。改造提升步行街。支持电商、快递进农村，拓展农村消费。要多措并举扩消费，适应群众多元化需求。（国家发展改革委、教育部、科技部、工业和信息化部、民政部、财政部、住房城乡建设部、农业农村部、商务部、文化和旅游部、国家卫生健康委、市场监管总局、体育总局、国家医保局、国家邮政局、国家中医药局、国家药监局、全国老龄办、全国妇联等按职责分工负责，年内持续推进）

（十八）扩大有效投资。

21. 今年拟安排地方政府专项债券 3.75 万亿元，比去年增加 1.6 万亿元，提高专项债券可用作项目资本金的比例，中央预算内投资安排 6 000 亿元。重点支持既促消费惠民生又调结构增后劲的“两新一重”建设，主要是：加强新型基础设施建设，发展新一代信息网络，拓展5G应用，建设数据中心，增加充电桩、换电站等设施，推广新能源汽车，激发新消费需求、助力产业升级。加强新型城镇化建设，大力提升县城公共设施和服务能力，以适应农民日益增加的到县城就业安家需求。新开工改造城镇老旧小区 3.9 万个，支持管网改造、加装电梯等，发展居家养老、用餐、保洁等多样社区服务。加强交通、水利等重大工程建设。增加国家铁路建设资本金 1 000 亿元。健全市场化投融资机制，支持民营企业平等参与。要优选项目，不留后遗症，让投资持续发挥效益。（国家发展改革委、财政部、工业和信息化部、住房城乡建设部、交通运输部、水利部、农业农村部、民政部、商务部、国家卫生健康委、人民银行、银保监会、国家能源局、中国国家铁路集团有限公司、开发银行、进出口银行、农业发展银行等按职责分工负责，年内持续推进）

（十九）深入推进新型城镇化。

22. 发挥中心城市和城市群综合带动作用，培育产业、增加就业。（国家发展改革委牵头，年内持续推进）坚持房子是用来住的、不是用来炒的定位，因城施策，促进房地产市场平稳健康发展。完善便民、无障碍设施，让城市更宜业宜居。（住房城乡建设部牵头，年内持续推进）

（二十）加快落实区域发展战略。

23. 继续推动西部大开发、东北全面振兴、中部地区崛起、东部率先发展。深入推进京津冀协同发展、粤港澳大湾区建设、长三角一体化发展。推进长江经济带共抓大保护。编制黄河流域生态保护和高质量发展规划纲要。推动成渝地区双城经济圈建设。促进革命老区、民族地区、边疆地区、贫困地区加快发展。发展海洋经济。（国家发展改革委牵头，年内持续推进）

24. 实施好支持湖北发展一揽子政策，支持保就业、保民生、保运转，促进经济社会秩序全面恢复。（国家发展改革委牵头，年内持续推进）

（二十一）提高生态环境治理成效。

25. 突出依法、科学、精准治污。深化重点地区大气污染治理攻坚。（生态环境部牵头，年内持续推进）加强污水、垃圾处置设施建设，推进生活垃圾分类。（国家发展改革委、住房城乡建设部、生态环境部等按职责分工负责，年内持续推进）加快人口密集区危化品生产企业搬迁改造。（工业和信息化部牵头，年内持续推进）壮大节能环保产业。（国家发展改革委、工业和信息化部、生态环境部等按职责分工负责，年内持续推进）

26. 严惩非法捕杀、交易、食用野生动物行为。（国家林草局、农业农村部、市场监管总局、公安部、海关总署等按职责分工负责，年内持续推进）实施重要生态系统保护和修复重大工程，促进生态文明建设。（国家发展改革委、财政部、自然资源部、生态环境部、国家林草局等按职责分工负责，年内持续推进）

（二十二）保障能源安全。

27. 推动煤炭清洁高效利用，发展可再生能源，完善石油、天然气、电力产供销体系，提升能源储备能力。（国家发展改革委、财政部、国家能源局牵头，年内持续推进）

五、确保实现脱贫攻坚目标，促进农业丰收农民增收

（二十三）坚决打赢脱贫攻坚战。

28. 加大剩余贫困县和贫困村攻坚力度，对外出务工劳动力，要在就业地稳岗就业。开展消费扶贫行动，支持扶贫产业恢复发展。继续执行对摘帽县的主要扶持政策。接续推进脱贫与乡村振兴有效衔接，全力让脱贫群众迈向富裕。（国务院扶贫办、国家发展改革委、人力资源社会保障部、农业农村部、人民银行、开发银行、农业发展银行等按职责分工负责，年内持续推进）加强易地扶贫搬迁后续扶持。（国家发展改革委、国务院扶贫办牵头，年内持续推进）深化东西部扶贫协作和中央单位定点扶贫。（国务院扶贫办牵头，年内持续推进）强化对特殊贫困人口兜底保障。（民政部牵头，年内持续推进）搞好脱贫攻坚普查。（国家统计局、国务院扶贫办牵头，7 月开始对第 1 批普查对象进行现场登记）

（二十四）着力抓好农业生产。

29. 稳定粮食播种面积和产量，提高复种指数，提高稻谷最低收购价，增加产粮大县奖励，大力防治重大病虫害。支持大豆等油料生产。（农业农村部、国家发展改革委、财政部等按职责分工负责，12 月底前完成）惩处违法违规侵占耕地行为。（自然资源部、农业农村部等按职责分工负责，年内持续推进）新建高标准农田 8 000 万亩。培育推广优良品种。（农业农村部牵头，12 月底前完成）完善农机补贴政策。（农业农村部、财政部等按职责分工负责，年内持续推进）深化农村改革。（农业农村部牵头，年内持续推进）加强非洲猪瘟等疫病防控，恢复生猪生产，发展畜禽水产养殖。（农业农村部牵头，年内持续推进）健全农产品流通体系。（商务部、国家发展改革委、农业农村部等按职责分工负责，年内持续推进）压实“米袋子”省长负责制和“菜篮子”市长负责制。14 亿中国人的饭碗，务必牢牢端在自己手中。（国家发展改革委、农业农村部、国家粮食和储备局等按职责分工负责，12 月底前完成）

（二十五）拓展农民就业增收渠道。

30. 支持农民就近就业创业，促进一二三产业融合发展，扩大以工代赈规模，让返乡农民工能打工、有收入。加强农民职业技能培训。依法根治拖欠农民工工资问题。（国家发展改革委、财政部、人力资源社会保障部、农业农村部等按职责分工负责，年内持续推进）扶持适度规模经营主体，加强农户社会化服务。（农业农村部牵头，年内持续推进）支持农产品深加工。（工业和信息化部、农业农村部等按职责分工负责，年内持续推进）完善乡村产业发展用地保障政策。（自然资源部、农业农村部牵头，年内持续推进）增强集体经济实力。（农业农村部牵头，年内持续推进）增加专项债券投入，支持现代农业设施、饮水安全工程和人居环境整治，持续改善农民生产生活条件。（国家发展改革委、财政部、农业农村部、水利部、住房城乡建设部、生态环境部、农业发展银行等按职责分工负责，12 月底前完成）

六、推进更高水平对外开放，稳住外贸外资基本盘

（二十六）稳定产业链供应链。

31. 面对外部环境变化，要坚定不移扩大对外开放，稳定产业链供应链，以开放促改革促发展。（国家发展改革委、商务部牵头，年内持续推进）

（二十七）促进外贸基本稳定。

32. 围绕支持企业增订单稳岗位保就业，加大信贷投放，扩大出口信用保险覆盖面，降低进出口合规成本，支持出口产品转内销。（商务部、财政部、人民银行、银保监会、进出口银行等按职责分工负责，6月底前出台相关政策，年内持续推进）加快跨境电商等新业态发展，提升国际货运能力。（商务部、国家发展改革委、交通运输部、海关总署、国家邮政局等按职责分工负责，9月底前出台相关政策，年内持续推进）推进新一轮服务贸易创新发展试点。（商务部牵头，8月底前完成）筹办好第三届进博会，积极扩大进口，发展更高水平面向世界的大市场。（商务部牵头，11月底前完成）

（二十八）积极利用外资。

33. 大幅缩减外资准入负面清单。（国家发展改革委、商务部等按职责分工负责，6月底前完成）出台跨境服务贸易负面清单。（商务部牵头，12月底前完成）深化经济特区改革开放。（国家发展改革委牵头，年内持续推进）赋予自贸试验区更大改革开放自主权。（商务部牵头，年内持续推进）在中西部地区增设自贸试验区、综合保税区，增加服务业扩大开放综合试点。（商务部、海关总署等按职责分工负责，12月底前完成）加快海南自由贸易港建设。（国家发展改革委牵头，商务部等有关部门按职责分工负责，年内持续推进）营造内外资企业一视同仁、公平竞争的市场环境。（国家发展改革委、商务部、市场监管总局等按职责分工负责，年内持续推进）

（二十九）高质量共建“一带一路”。

34. 坚持共商共建共享，遵循市场原则和国际通行规则，发挥企业主体作用，开展互惠互利合作。引导对外投资健康发展。（国家发展改革委、商务部、外交部等按职责分工负责，年内持续推进）

（三十）推动贸易和投资自由化便利化。

35. 坚定维护多边贸易体制，积极参与世贸组织改革。推动签署区域全面经济伙伴关系协定，推进中日韩等自贸谈判。（商务部牵头，年内持续推进）共同落实中美第一阶段经贸协议。（财政部、国家发展改革委、农业农村部、商务部、人民银行、海关总署等按职责分工负责，年内持续推进）致力于加强与各国经贸合作，实现互利共赢。（商务部牵头，年内持续推进）

七、围绕保障和改善民生，推动社会事业改革发展

（三十一）加强公共卫生体系建设。

36. 坚持生命至上，改革疾病预防控制体制，加强传染病防治能力建设，完善传染病直报和预警系统，坚持及时公开透明发布疫情信息。（国家卫生健康委牵头，12月底前出台相关政策）用好抗疫特别国债，加大疫苗、药物和快速检测技术研发投入，增加防疫救治医疗设施，增加移动实验室，强化应急物资保障，强化基层卫生防疫。加快公共卫生人才队伍建设。（国家发展改革委、教育部、科技部、工业和信息化部、财政部、人力资源社会保障部、交通运输部、商务部、国家卫生健康委、市场监管总局、国家中医药局、国家药监局等按职责分工负责，年内持续推进）深入开展爱国卫生运动。普及卫生健康知识，倡导健康文明生活方式。（国家卫生健康委牵头，教育部、民政部、生态环境部、住房城乡建设部、农业农村部、市场监管总局等按职责分工负责，10月底前出台相关政策）要大幅提升防控能力，坚决防止疫情反弹，坚决守护人民健康。（国家卫生健康委牵头，年内持续推进）

（三十二）提高基本医疗服务水平。

37. 居民医保人均财政补助标准增加30元。（财政部、国家医保局牵头，7月底前出台相关政策）开展门诊费用跨省直接结算试点。（国家医保局牵头，年内持续推进）对受疫情影响的医疗机构给予扶持。（国家发展改革委、财政部、人力资源社会保障部、国家卫生健康委、国家医保局等按职责分工负责，年内持续推进）深化公立医院综合改革。（国家卫生健康委、财政部牵头，12月底前出台相关政策）建设区域医疗中心。（国家发展改革委、国家卫生健康委、国家中医药局牵头，年内持续推进）发展“互联网+医疗健康”。提

高城乡社区医疗服务能力。推进分级诊疗。构建和谐医患关系。（国家卫生健康委牵头，年内持续推进）促进中医药振兴发展，加强中西医结合。（国家卫生健康委、国家中医药局、国家发展改革委牵头，教育部、科技部、财政部、农业农村部、国家医保局、国家药监局等按职责分工负责，7月底前出台相关政策，年内持续推进）严格食品药品监管，确保安全。（市场监管总局、国家药监局、海关总署等按职责分工负责，年内持续推进）

（三十三）推动教育公平发展和质量提升。

38. 坚持立德树人。有序组织中小学教育教学和中高考工作。加强乡镇寄宿制学校、乡村小规模学校和县城学校建设。完善随迁子女义务教育入学政策。办好特殊教育、继续教育，支持和规范民办教育。发展普惠性学前教育，帮助民办幼儿园纾困。推动高等教育内涵式发展，推进一流大学和一流学科建设，支持中西部高校发展。扩大高校面向农村和贫困地区招生规模。发展职业教育。加强教师队伍建设。推进教育信息化。要稳定教育投入，优化投入结构，缩小城乡、区域、校际差距，让教育资源惠及所有家庭和孩子，让他们有更光明未来。（教育部牵头，国家发展改革委、工业和信息化部、司法部、财政部、人力资源社会保障部、中国残联等按职责分工负责，年内持续推进）

（三十四）加大基本民生保障力度。

39. 上调退休人员基本养老金，提高城乡居民基础养老金最低标准。实现企业职工基本养老保险基金省级统收统支，提高中央调剂比例。全国近3亿人领取养老金，必须确保按时足额发放。扩大失业保险保障范围，将参保不足1年的农民工等失业人员都纳入常住地保障。（人力资源社会保障部、财政部牵头，7月底前出台相关政策）落实退役军人优抚政策。（退役军人部牵头，12月底前出台相关政策）做好因公殉职人员抚恤。（人力资源社会保障部、财政部、退役军人部等按职责分工负责，年内持续推进）

40. 完善社会救助制度。扩大低保保障范围，对城乡困难家庭应保尽保，将符合条件的城镇失业和返乡人员及时纳入低保。对因灾因病因残遭遇暂时困难的人员，都要实施救助。要切实保障所有困难群众基本生活，保民生也必将助力更多失业人员再就业敢创业。（民政部牵头，财政部、人力资源社会保障部、中国残联等按职责分工负责，6月底前出台相关政策，年内持续推进）

（三十五）丰富群众精神文化生活。

41. 培育和践行社会主义核心价值观，发展哲学社会科学、新闻出版、广播影视等事业。加强文物保护利用和非物质文化遗产传承。（文化和旅游部、广电总局、国家文物局等按职责分工负责，年内持续推进）加强公共文化服务，倡导全民健身和全民阅读，使全社会充满活力、向上向善。（文化和旅游部、体育总局等按职责分工负责，年内持续推进）筹办北京冬奥会、冬残奥会。（有关部门按职责分工负责，年内持续推进）

（三十六）加强和创新社会治理。

42. 健全社区管理和服务机制。加强乡村治理。支持社会组织、人道救助、志愿服务、慈善事业等健康发展。保障妇女、儿童、老人、残疾人合法权益。（民政部、国务院妇儿工委办公室、全国老龄办、全国妇联、中国残联、中国红十字会总会等按职责分工负责，年内持续推进）完善信访制度，化解信访突出矛盾。（国家信访局牵头，有关部门按职责分工负责，年内持续推进）加强法律援助，及时解决群众合理诉求，妥善化解矛盾纠纷。（司法部牵头，年内持续推进）开展第七次全国人口普查。（国家统计局牵头，普查标准时点是2020年11月1日零时）加强国家安全能力建设。（安全部牵头，年内持续推进）完善社会治安防控体系，依法打击各类犯罪，建设更高水平的平安中国。（公安部牵头，年内持续推进）

（三十七）强化安全生产责任。

43. 加强洪涝、火灾、地震等灾害防御，做好气象服务，提高应急管理、抢险救援和防灾减灾能力。实施安全生产专项整治。坚决遏制重特大事故发生。（应急部、工业和信息化部、公安部、自然资源部、生态环境部、住房城乡建设部、交通运输部、水利部、中国地震局、中国气象局、国家粮食和储备局、国家林草局等按职责分工负责，年内持续推进）

八、加强政府自身建设，做好“十四五”规划编制

（三十八）坚持依法行政，建设廉洁政府。

44. 各级政府要自觉在思想上政治上行动上同以习近平同志为核心的党中央保持高度一致，践行以人民为中心的发展思想，落实全面从严治党要求，坚持依法行政，建设法治政府，坚持政务公开，提高治理能力。要依法接受同级人大及其常委会的监督，自觉接受人民政协的民主监督，主动接受社会和舆论监督。发挥好工会、共青团、妇联等群团组织作用。政府工作人员要自觉接受法律、监察和人民监督。加强廉洁政府建设，坚决惩治腐败。（国务院各部门分别负责，年内持续推进）强化审计监督。（审计署牵头，年内持续推进）

（三十九）突出求真务实，主动担当作为。

45. 各级政府要始终坚持实事求是，牢牢把握社会主义初级阶段这个基本国情，遵循客观规律，一切从实际出发，立足办好自己的事。要大力纠治“四风”，力戒形式主义、官僚主义，把广大基层干部干事创业的手脚从形式主义的束缚中解脱出来，为担当者担当，让履职者尽责。要紧紧依靠人民群众，尊重基层首创精神，以更大力度推进改革开放，激发社会活力，凝聚亿万群众的智慧和力量。广大干部应临难不避、实干为要，凝心聚力抓发展、保民生。（国务院各部门分别负责，年内持续推进）

（四十）做好“十四五”规划编制工作。

46. 今年要编制好“十四五”规划，为开启第二个百年奋斗目标新征程擘画蓝图。（国家发展改革委牵头，年内持续推进）

九、做好民族、宗教、侨务、国防、港澳台、外交工作

（四十一）全面贯彻党的民族政策和宗教工作基本方针，认真落实侨务政策。

47. 要坚持和完善民族区域自治制度，支持少数民族和民族地区加快发展，铸牢中华民族共同体意识。（国家民委牵头，年内持续推进）全面贯彻党的宗教工作基本方针，发挥宗教界人士和信教群众在促进经济社会发展中的积极作用。（有关部门按职责分工负责，年内持续推进）要发挥好侨胞侨眷的独特优势，不断增强中华儿女凝聚力，同心共创辉煌。（有关部门按职责分工负责，年内持续推进）

（四十二）扎实推进国防和军队建设。

48. 要深入贯彻习近平强军思想，深入贯彻新时代军事战略方针，坚持政治建军、改革强军、科技强军、人才强军、依法治军。坚持党对人民军队的绝对领导，严格落实军委主席负责制。全力加强练兵备战，坚定维护国家主权、安全、发展利益。打好军队建设发展“十三五”规划落实攻坚战，编制军队建设“十四五”规划。深化国防和军队改革，提高后勤和装备保障能力。完善国防动员体系，始终让军政军民团结坚如磐石。（有关部门按职责分工负责，年内持续推进）推动国防科技创新发展。（国家国防科工局等按职责分工负责，年内持续推进）

（四十三）全面准确贯彻“一国两制”、“港人治港”、“澳人治澳”、高度自治的方针。

49. 建立健全特别行政区维护国家安全的法律制度和执行机制，落实特区政府的宪制责任。支持港澳发展经济、改善民生，更好融入国家发展大局，保持香港、澳门长期繁荣稳定。（国务院港澳办牵头，年内持续推进）

（四十四）坚持对台工作大政方针。

50. 坚持一个中国原则，在“九二共识”

基础上推动两岸关系和平发展。坚决反对和遏制“台独”分裂行径。完善促进两岸交流合作、深化两岸融合发展、保障台湾同胞福祉的制度安排和政策措施，团结广大台湾同胞共同反对“台独”、促进统一，开创民族复兴的美好未来。（有关部门按职责分工负责，年内持续推进）

（四十五）坚定不移走和平发展道路。

51. 同各国携手共进，应对公共卫生危机、经济严重衰退等全球性挑战。加强防疫合作，促进世界经济稳定，推进全球治理，维护以联合国为核心的国际体系和以国际法为基础的国际秩序，推动构建人类命运共同体。坚定不移走和平发展道路，在扩大开放中深化与各国友好合作。（外交部、科技部、商务部、国家卫生健康委、国际发展合作署、国家中医药局、国家药监局等按职责分工负责，年内持续推进）

今年是决胜全面小康、决战脱贫攻坚的收官之年，也是实现“两个一百年”奋斗目标的历史交汇之年。我们要更加紧密地团结在以习近平同志为核心的党中央周围，高举中国特色社会主义伟大旗帜，以习近平新时代中国特色社会主义思想为指导，认真贯彻党中央、国务院决策部署，迎难而上，锐意进取，统筹推进疫情防控和经济社会发展，努力完成全年目标任务。一是加强组织领导。各部门主要负责同志要切实履职尽责，抓紧组织制定本部门贯彻实施方案，于6月20日前报国务院。要对照分工逐项建立工作台账，明确时间表、责任人和成果形式，确保各项任务有措施、可量化、能落实。二是强化协同配合。各部门要切实加大工作力度，加快工作进度，任务牵头部门和协办部门要立足大局，协同配合，形成合力，不推诿扯皮。三是注重统筹兼顾。各部门要加强形势研判，统筹国内和国际，兼顾当前和长远，坚定发展信心，增强发展动力。要深入实际、深入基层、深入群众，及时推动解决实际困难和问题，根据形势变化调整完善政策。四是抓好督查督办。各部门要增强责任感和紧迫感，主动担当、积极作为，狠抓工作落实，做好日常跟踪督办。要切实加强对各地的指导服务，减轻基层负担。各省（自治区、直辖市）人民政府要主动对接国务院有关部门，结合本地实际进一步明确工作重点，细化措施，抓好落实。国务院办公厅建立《政府工作报告》督查总台账，定期对账督办，对进度慢、办事敷衍、成效不明显的开展专项督查，对不作为、乱作为的坚决追责问责，切实推动各项重点工作落地见效。

2020年6月6日

中央应对新型冠状病毒感染肺炎疫情工作领导小组关于全面落实进一步保护关心爱护医务人员若干措施的通知

国发明电〔2020〕5号

各省、自治区、直辖市人民政府，国务院各部委、各直属机构：

新冠肺炎疫情发生以来，全国广大医务人员义无反顾冲上疫情防控第一线，同时间赛跑，与病魔较量，顽强拼搏、日夜奋战，以对党和人民高度负责的精神，为保护人民生命健康作出重大贡献。医务人员是战胜疫情的中坚力量，当前全国疫情防控进入关键时期，医务人员工作任务重、感染风险高、工作压力大，各地各有关部门务必高度重视对他们的保护、关心、爱护，加强各方面支持保障，解除他们的后顾之忧，使他们始终保持强大战斗力、昂扬斗志、旺盛精力，持续健康、心无旁骛投入战胜疫情斗争。现提出以下措施：

一、提高疫情防治人员薪酬待遇。各地要按规定向参与疫情防治的医务人员发放临时性工作补助、核增一次性绩效工资总量、对卫生防疫人员落实卫生防疫津贴政策。在此基础上，疫情防控期间，将湖北省（含援鄂医疗队，下同）一线医务人员临时性工作补助相应标准提高1倍，并确保发放到位，中央财政对湖北省全额补助；及时核增医疗卫生机构一次性绩效工资总量，将湖北省一线医务人员薪酬水平提高2倍；扩大卫生防疫津贴发放范围，确保覆盖全体一线医务人员，所需经费按现行渠道解决。

二、做好工伤认定和待遇保障。各地要做好因履行工作职责感染新冠肺炎医务人员的工伤认定，开辟绿色通道、简化理赔程序，保障医务人员及时享受工伤保险待遇。

三、实施职称评聘倾斜措施。参加疫情防治的一线医务人员在职称评聘中优先申报、优先参评、优先聘任。医务人员参加疫情防治经历可视同为一年基层工作经历。参加疫情防治的一线医务人员晋升职称、晋升岗位等级不受本单位岗位结构比例限制。

四、落实一线医务人员生活保障。加强生活服务和后勤保障，为一线医务人员提供基础性疾病药物、卫生用品以及干净、营养、便捷的就餐服务。征用医院周边有条件的宾馆、招待所等固定场所，为一线医务人员提供舒适的生活休息环境和与家人隔离的必要条件。采取专车接送解决定点医院一线医务人员通勤问题。

五、加强医务人员个人防护。全力救治受感染的医务人员。加强对疫情防护物资的统筹调配，医用防护用品要重点向疫情防控一线投放使用，特别是要全力保障定点救治医院和发热门诊、集中隔离观察点等一线医务人员防护物资需求，最大限度减少院内感染。

六、确保轮换休整到位。合理安排一线医务人员轮休，做好轮休医务人员隔离保障，对长时间高负荷工作人员安排强制休息。提前做好一线医务人员后备力量储备，及时排查轮换因身体、心理等原因不适合继续在一线的医务人员。疫情结束后，及时组织一次免费健康体检和疗养休养，并适当增加休息和带薪休假时间。

七、及时做好心理调适疏导。加强对一线医务人员的心理干预和疏导，开展心理健康评估，强化心理援助措施，减轻医务人员心理压力。一线医务人员所在单位党组织要通过谈心谈话、关怀问候等方式，密切关注医务人员思想动态、情绪变化，做到心理问题早发现、早干预、早疏导。

八、切实落实有困难家庭的照顾帮扶。深入了解一线医务人员特别是援鄂医疗队队员家庭实际困难，建立台账，分类施策，切实解决一线医务人员后顾之忧。开通一线医务人员家属就医绿色通道，建立社区干部联系帮扶一线医务人员家庭制度，帮助解决老幼照护等实际困难。对于一线医务人员子女教育给予更多帮助关爱。

九、创造更加安全的执业环境。严格落实各项安全防范措施，加大力量投入，完善问责机制，维护医疗秩序，保障医务人员合法权益。对于伤害医务人员的，坚决依法严肃查处。

十、开展烈士褒扬和先进表彰。依法做好因疫情防控牺牲殉职人员的烈士评定和褒扬工作，全面做好抚恤优待。利用多种形式、渠道加大对医务人员职业精神的宣传力度。根据国家有关规定，开展医务人员及时奖励，对涌现出的先进典型进行及时表彰。对于获得表彰以及被认定为烈士的医务人员的子女，在入学升学方面按规定享受相关待遇。

地方各级党委和政府要按照党中央、国务院决策部署，坚决落实好以上政策措施，以高度负责的态度、务实到位的举措，切实保护关心爱护医务人员，为坚决打赢疫情防控阻击战提供有力保障。各级疫情防控工作领导小组要加强调度和督查，确保各项关心关爱政策落实到位。各级卫生健康部门要牵头逐一落实一线医务人员关心关爱政策措施，协调落实医务人员有关政策措施的资金保障，统筹用好党费、专项资金等各种渠道。各级人力资源社会保障部门要牵头进行政策统筹，分类研究提出具体建议，就相关政策形成具体化、易操作、可落地的措施和方案。各级财政部门要做好资金保障。各地医疗卫生机构要强化主体责任，结合实际做好相关保障工作，准确提供一线医务人员信息，确保精准、无遗漏。

2020 年 2 月 22 日

中央应对新型冠状病毒感染肺炎疫情工作领导小组关于全面落实疫情防控一线城乡社区工作者关心关爱措施的通知

国发明电〔2020〕8号

各省、自治区、直辖市党委和人民政府，新疆生产建设兵团，中央和国家机关有关部门：

新冠肺炎疫情发生以来，广大城乡社区工作者贯彻落实党中央、国务院决策部署，坚守岗位、日夜值守，英勇奋战在疫情防控一线，为遏制疫情扩散蔓延作出了重要贡献。习近平总书记多次作出重要指示，强调要关心关爱城乡社区工作者。李克强总理作出批示，要求对社区工作者防控工作给予保障。为激励广大城乡社区工作者不畏艰险、勇往直前，坚决打赢疫情防控人民战争、总体战、阻击战，现提出以下措施：

一、对城乡社区工作者适当发放工作补助。各地要采取措施，关心关爱参加疫情防控的社区（村）“两委”成员、社区（村）专职工作人员等一线城乡社区工作者。在落实好城乡社区工作者现有报酬保障政策基础上，在疫情防控期间地方可对一线城乡社区工作者给予适当工作补助，补助标准由省级人民政府根据疫情防控任务指导市县制定，所需资金由地方财政承担。

二、切实做好城乡社区工作者职业伤害保障。城乡社区工作者在疫情防控期间发生事故伤害或患病，符合《工伤保险条例》认定情形的，应依法认定为工伤，已经参加工伤保险的，发生的相关费用按照《工伤保险条例》相关规定支付；未参加工伤保险的，由用人单位按照法定标准支付，财政补助单位因此发生的费用，由同级财政予以补助。对于因履行职责感染新冠肺炎或病亡的城乡社区工作者，符合《人力资源社会保障部　财政部　国家卫生健康委关于因履行工作职责感染新型冠状病毒肺炎的医护及相关工作人员有关保障问题的通知》（人社部函〔2020〕11号）规定的，可按规定享受相关待遇。

三、改善城乡社区工作者防护条件。各地要按规定落实社区防控工作经费，改善一线城乡社区工作者防护条件，落实属地原则强化社区防控工作物资保障，根据当地疫情防控需要，合理配发口罩、防护服、消毒水、非接触式体温计等卫生防护器材和防控器具。组织开展面向城乡社区工作者的医疗卫生知识、疫情防控知识培训，提高其做好社区防控工作的能力。

四、切实为城乡社区工作者减负减压。严肃查处疫情防控中的形式主义、官僚主义问题，坚决制止多头重复向基层派任务、要表格，除党中央、国务院已有明确要求的外，原则上不得向社区摊派工作任务，确因疫情防控工作特殊需要的，须经省级人民政府批准。除因社区疫情防控需要出具的居住证明和居家医学观察期满证明外，不得以疫情防控为由要求城乡社区组织出具其他证明。进一步充实城乡社区疫情防控力量，抽调机关和企事业单位党员干部下沉支援社区疫情防控一线，组织和发挥好社区服务机构、志愿者作用。加快构建社区防控工作信息化支撑体系，运用现代信息技术提高社区防控工作效能，减轻城乡社区工作者工作压力。

五、保障城乡社区工作者身心健康。各地要协调安排好疫情防控期间一线城乡社区工作者就餐、休息场所等生活保障。在保证社区防控人员力量的前提下，合理调度疫情防控一线城乡社区工作者，采取轮休、补休等方式，保证城乡社区工作者及时得到必要休整。对长时间高负荷工作人员安排强制休息，防止带病上岗。疫情结束后，要及时安排健康体检和心理减压；有条件的地方，可安排休假疗养。

六、加强城乡社区工作者关爱慰问。做好疫情防控一线城乡社区工作者特别是感染新冠肺炎、因公受伤、突发疾病城乡社区工作者和因公死亡城乡社区工作者的家属的走访慰问工作，最大限度帮助其解决实际困难。对奋战一线、无法照顾家庭的城乡社区工作者，要组织社区服务机构和志愿者对其家属给予更多帮助关爱。

七、开展城乡社区工作者表彰褒扬。注重在疫情防控一线考察识别城乡社区工作者，对表现突出的要大力褒奖、大胆使用，在招录（聘）公务员或事业单位工作人员、选拔街道（乡镇）干部时在同等条件下优先考虑。根据国家有关规定，对涌现出的先进典型进行表彰。对疫情防控期间因公殉职的城乡社区工作者追授“全国优秀城乡社区工作者”。依照有关法规做好因疫情防控牺牲殉职城乡社区工作者的烈士评定和褒扬工作，全面做好抚恤优待。获得表彰以及被认定为烈士的城乡社区工作者的子女，在入学升学方面按规定享受相关待遇。

八、加大城乡社区工作者先进典型宣传力度。充分发挥报刊、广播、电视等新闻媒体和网络新媒体作用，大力宣传报道在社区防控工作中表现突出的城乡社区工作者的感人事迹，营造全社会关心、支持、参与城乡社区疫情防控的正确舆论导向和良好社会氛围。疫情结束后，依托“最美城乡社区工作者”宣传推选活动，发现、选树和宣传一批城乡社区工作者先进典型。

各地、各部门要按照党中央、国务院决策部署，坚决落实好上述政策措施，以高度负责的态度、务实有效的举措，切实关心关爱城乡社区工作者，为守严守牢疫情联防联控、群防群控的社区防线提供有力保障。地方各级疫情防控工作领导小组要加强调度和督查，确保各项关心关爱政策措施落实到位；民政部门要牵头协调落实好关心关爱一线城乡社区工作者的政策措施，组织、宣传、发展改革、工业和信息化、财政、人力资源社会保障、卫生健康、退役军人等部门要按照职责做好相关政策措施和资金保障落实工作。

2020年3月3日

国务院应对新型冠状病毒感染肺炎疫情联防联控机制关于聚焦一线贯彻落实保护关心爱护医务人员措施的通知

国发明电〔2020〕10号

各省、自治区、直辖市人民政府，国务院各部委、各直属机构：

近日，中央应对新型冠状病毒感染肺炎疫情工作领导小组印发《关于全面落实进一步保护关心爱护医务人员若干措施的通知》（国发明电〔2020〕5号），国务院办公厅转发卫生健康委、人力资源社会保障部、财政部《关于改善一线医务人员工作条件切实关心医务人员身心健康的若干措施》（国办发〔2020〕4号），国务院应对新型冠状病毒感染肺炎疫情联防联控机制多次研究部署，就疫情防控期间强化一线医务人员保护关心爱护措施提出明确要求，为广大一线医务人员全身心投入疫情防控工作提供了坚强保障、注入了强大动力、给予了关怀激励。但一些地方在执行和落实中，存在对象不精准、执行不严格、工作不规范、落实不到位等问题。为确保党中央、国务院保护关心爱护一线医务人员政策措施落到实处，现就有关事项通知如下：

一、关于保护关心爱护措施向一线医务人员倾斜。一线医务人员是指疫情防控期间按照政府统一部署、卫生健康部门调派或医疗卫生机构要求，直接参与新冠肺炎防疫和救治一线工作，且与确诊或疑似病例直接接触的接诊、筛查、检查、检测、转运、治疗、护理、流行病学调查、医学观察，以及直接进行病例标本采集、病原检测、病理检查、病理解剖的医疗卫生专业技术人员。一线医务人员以实际参加现场调查处置、患者救治等工作情况为准，不受编制、身份等限制。临时性工作补助、一次性慰问补助、卫生防疫津贴等要及时发放，要向一线医务人员特别是救治重症患者的医务人员倾斜，不得按行政级别确定发放标准。

二、关于临时性工作补助的计算和发放。按照人力资源社会保障部、财政部《关于建立传染病疫情防治人员临时性工作补助的通知》（人社部规〔2016〕4号）规定，一线医务人员领取临时性工作补助的天数，按其直接接触确诊或疑似病例、标本（含尸体解剖）的天数计算。对在重症危重症患者病区工作的一线医务人员，按实际工作天数的1.5倍计算应发工作天数。对在集中隔离观察点工作的一线医务人员，按发现确诊病例的当日计算工作天数。执行一档标准的一线医务人员，包括在卫生健康部门确定的定点医院、方舱医院的隔离区或其他收治确诊病例的医疗卫生机构的隔离区直接参与患者救治的医务人员，直接进行病例标本采集、病原检测和病理检查的医疗卫生专业技术人员，以及在湖北省内发热门诊工作的一线医务人员。其他一线医务人员执行二档标准。

三、关于及时发放卫生防疫津贴。卫生防

疫津贴执行标准和发放办法，按照人力资源社会保障部、财政部《关于调整卫生防疫津贴标准的通知》（人社部发〔2020〕13 号）规定执行。卫生防疫津贴执行范围，在疫情防控期间扩大到全体一线医务人员，在疫情结束后恢复至文件规定范围。

四、关于轮休、隔离不影响正常工资福利待遇。严格落实人力资源社会保障部、财政部《关于新型冠状病毒肺炎疫情防控期间事业单位人员有关工资待遇问题的通知》（人社部发〔2020〕9 号）规定，一线医务人员在轮休、隔离期间，工资福利待遇按出勤对待，原正常发放的基本工资、岗位津贴（含卫生防疫津贴）、绩效工资继续执行。不得将一线医务人员轮休、隔离天数计入本人带薪年休假假期，不得向轮休的一线医务人员安排工作任务。

五、关于做好饮食营养等保障。对轮休、隔离的一线医务人员，各地卫生健康部门要牵头做好生活保障，为其配送必要的饮食、营养品和生活必需品。对过于劳累导致患病的一线医务人员，要开通就医绿色通道，保证其及时就医。加强对一线医务人员的人文关怀，尽量不安排双职工的医务人员同时到一线工作。做好援鄂医疗队及其他一线医务人员家属关心慰问工作，及时帮助解决生活、就医、照料等方面实际困难，切实解决他们的后顾之忧。

六、关于压实贯彻落实责任和强化监督检查。各地医疗卫生机构是贯彻落实保护关心爱护一线医务人员措施的责任主体，主要负责人是抓好落实的第一责任人，要健全规章制度，认真建立工作台账，据实按日记录、按月汇总上报应当领取临时性工作补助人员的名单、档次和天数，同时要纠正不必要的填表报数，减轻一线医务人员负担。各地卫生健康、人力资源社会保障、财政部门要按照职责分工，加强协同配合和工作指导，强化资金监管和督促落实。各地要坚持问题导向和结果导向，及时回应群众关切，协调解决政策措施贯彻落实中的苗头性、倾向性问题，坚决杜绝形式主义、官僚主义；发放临时性工作补助、卫生防疫津贴要严格进行登记、审核、报批，及时公示公开，主动接受监督，确保发放工作公平公正有序开展；要加大监督检查力度，不得扩大泛化一线医务人员范围，对有章不循、巧立名目、截留侵占、虚报冒领、违规发放、挤占挪用的，依纪依法严肃追究相关人员责任。

2020 年 3 月 11 日

国务院办公厅转发国家卫生健康委、人力资源社会保障部、财政部关于改善一线医务人员工作条件切实关心医务人员身心健康若干措施的通知

国办发〔2020〕4号

各省、自治区、直辖市人民政府，国务院各部委、各直属机构：

国家卫生健康委、人力资源社会保障部、财政部《关于改善一线医务人员工作条件切实关心医务人员身心健康的若干措施》已经国务院同意，现转发给你们，请认真贯彻执行。

2020年2月10日

关于改善一线医务人员工作条件切实关心医务人员身心健康的若干措施

国家卫生健康委　人力资源社会保障部　财政部

新冠肺炎疫情发生以来，广大医务人员积极响应党中央号召，不顾个人安危，迎难而上，英勇奋战在抗击疫情的最前线，为保护人民生命健康作出了重大贡献，用实际行动践行了“敬佑生命、救死扶伤、甘于奉献、大爱无疆”的崇高精神。当前，全国疫情防控进入关键时期，医务人员面临着工作任务重、感染风险高、工作和休息条件有限、心理压力大等困难。保护关爱医务人员是打赢疫情防控阻击战的重要保障，为改善一线医务人员工作条件，切实关心医务人员身心健康，使他们更好地投入疫情防控工作，现提出以下工作措施：

一、改善医务人员工作和休息条件

加强医疗卫生机构硬件设施改造，加强医务人员职业暴露的防护设施建设和设备配置，使收治病人的医疗卫生机构满足传染病诊疗和防控要求。要重点改造医生办公室、值班室和

休息室，营造有利于医务人员工作的良好环境。要为医务人员提供良好后勤服务，保障医务人员充足的睡眠和饮食。县级以上地方人民政府可依法征用医院周边酒店作为医务人员休息场所，以满足一线医务人员单人单间休息条件，并对基本生活用品保证供应。

二、维护医务人员身心健康

（一）要合理安排医务人员作息时间。根据疫情防控实际，科学测算医务人员工作负荷，合理配置医务人员，既满足医疗服务需求，又保障医务人员休息时间。对于因执行疫情防控不能休假的医务人员，在防控任务结束后，由所在医疗卫生机构优先安排补休。允许需要紧急补充医护人员等疫情防控工作人员的相关医疗卫生机构简化招聘程序。

（二）加强医务人员个人防护，最大限度减少院内感染。要尽一切可能配齐防护物资和防护设备，防护用品调配要向临床一线倾斜。

（三）组织做好一线医务人员健康体检，发现医务人员感染及时隔离，尽最大可能减少医务人员之间、医务人员与病人之间交叉感染。

（四）加强医务人员心理危机干预和心理疏导。开展医务人员心理健康评估，强化心理援助措施，有针对性地开展干预和心理疏导，减轻医务人员心理压力。

三、落实医务人员待遇

（一）各地要按照《人力资源社会保障部　财政部关于建立传染病疫情防治人员临时性工作补助的通知》（人社部规〔2016〕4号）和《财政部　国家卫生健康委关于新型冠状病毒感染肺炎疫情防控有关经费保障政策的通知》（财社〔2020〕2号）有关要求，统计疫情防控一线医务人员和防疫工作者工作情况，由同级卫生健康部门会同人力资源社会保障、财政部门按月审核，报经国家卫生健康委审核并报人力资源社会保障部、财政部审定后，由同级财政部门在次月垫付临时性工作补助经费，中央财政据实结算。

（二）各级人力资源社会保障、财政部门要会同卫生健康部门，在同级政府领导下，根据实际情况，因地制宜及时向防控任务重、风险程度高的医疗卫生机构核增不纳入基数的一次性绩效工资总量，并指导有关单位搞好内部分配，向加班加点特别是作出突出贡献的一线人员倾斜。

（三）各地要落实好《人力资源社会保障部　财政部　国家卫生健康委关于因履行工作职责感染新型冠状病毒肺炎的医护及相关工作人员有关保障问题的通知》（人社部函〔2020〕11号），开通工伤认定绿色通道，切实保障好医务人员合法权益。

四、提高卫生防疫津贴标准

为进一步保障新冠肺炎疫情防疫人员权益，根据《国务院办公厅关于加强传染病防治人员安全防护的意见》（国办发〔2015〕1号），出台提高卫生防疫津贴标准的政策。各地要按照政策规定及时抓好落实，特别是对参与新冠肺炎疫情防疫人员，要及时足额发放到位。

五、加强对医务人员的人文关怀

各地要动员组织社会力量，发动志愿者或专门人员，对一线医务人员展开慰问，定期了解他们的需求和困难，建立台账，积极协调解决。加大对参与疫情防控工作医务人员的关怀力度，为一线医务人员和家属建立沟通联络渠道，尽量不安排双职工的医务人员同时到一线工作，对家有老人和孩子需要照顾的医务人员要尽可能创造条件使其兼顾家庭。要安排志愿者或专门人员对有家庭困难的一线医务人员家属进行对口帮扶。

六、创造更加安全的执业环境

严格落实国家卫生健康委、最高人民法院、最高人民检察院、公安部《关于做好新型冠状病毒肺炎疫情防控期间保障医务人员安全维护良好医疗秩序的通知》（国卫医函〔2020〕43号）的各项安全防范措施，加大警力投入，完善问责机制，对发现有歧视孤立一线医务人员及其家属行为的，要及时进行批评教育，情节严重的依法予以处理。对在疫情防控工作中伤害医务人员的，要坚决依法严肃查处，维护正常医疗卫生秩序。

七、弘扬职业精神做好先进表彰工作

利用多种形式加大对医务人员职业精神的宣传力度，深入挖掘宣传在抗击疫情工作中作出突出贡献的医务团队和个人，共同营造尊医重卫的良好氛围。将医务人员在重大自然灾害或突发公共卫生事件中的表现作为职称评审中医德医风考核的重要内容。可根据《事业单位工作人员奖励规定》开展及时奖励，并结合疫情防控工作进展，做好对作出突出贡献的医务团队和个人的及时性表彰工作，为做好疫情防控工作增强信心、凝聚力量。

各地卫生健康、人力资源社会保障和财政等相关部门要按照党中央、国务院决策部署，密切配合，全力做好各项工作，以高度负责的态度、务实到位的举措，切实改善一线医务人员工作条件，关心医务人员身心健康，保障医务人员权益，为坚决打赢疫情防控阻击战提供有力保障。

国务院办公厅关于应对新冠肺炎疫情影响强化稳就业举措的实施意见

国办发〔2020〕6号

各省、自治区、直辖市人民政府，国务院各部委、各直属机构：

为深入贯彻习近平总书记关于统筹推进新冠肺炎疫情防控和经济社会发展工作的重要指示精神，加快恢复和稳定就业，经国务院同意，现提出如下意见：

一、更好实施就业优先政策

（一）推动企业复工复产。坚持分区分级精准防控，提高复工复产服务便利度，取消不合理审批，坚决纠正限制劳动者返岗的不合理规定。加快重大工程项目、出口重点企业开复工，以制造业、建筑业、物流业、公共服务业和农业生产等为突破口，全力以赴推动重点行业和低风险地区就业，循序渐进带动其他行业和地区就业。协调解决复工复产企业日常防护物资需求，督促其落实工作场所、食堂宿舍等防控措施。（发展改革委、工业和信息化部、交通运输部、卫生健康委按职责分工负责）

（二）加大减负稳岗力度。加快实施阶段性、有针对性的减税降费政策。加大失业保险稳岗返还，对不裁员或少裁员的中小微企业，返还标准最高可提至企业及其职工上年度缴纳失业保险费的100%，湖北省可放宽到所有企业；对暂时生产经营困难且恢复有望、坚持不裁员或少裁员的参保企业，适当放宽其稳岗返还政策认定标准，重点向受疫情影响企业倾斜，返还标准可按不超过6个月的当地月人均失业保险金和参保职工人数确定，或按不超过3个月的企业及其职工应缴纳社会保险费确定。2020年6月底前，允许工程建设项目暂缓缴存农民工工资保证金，支付记录良好的企业可免缴。切实落实企业吸纳重点群体就业的定额税收减免、担保贷款及贴息、就业补贴等政策。加快实施阶段性减免、缓缴社会保险费政策，减免期间企业吸纳就业困难人员的社会保险补贴期限可顺延。（财政部、人力资源社会保障部、住房城乡建设部、交通运输部、水利部、人民银行、税务总局按职责分工负责）

（三）提升投资和产业带动就业能力。实施重大产业就业影响评估，明确重要产业规划带动就业目标，优先投资就业带动能力强、有利于农村劳动力就地就近就业和高校毕业生就业的产业。加快制定和完善引导相关产业向中西部地区转移的政策措施。对部分带动就业能力强、环境影响可控的项目，制定环评审批正面清单，加大环评“放管服”改革力度，审慎采取查封扣押、限产停产等措施。（发展改革委、人力资源社会保障部、生态环境部、商务部按职责分工负责）

（四）优化自主创业环境。深化“证照分离”改革，推进“照后减证”和简化审批，简化住所（经营场所）登记手续，申请人提交场所合法使用证明即可登记。充分发挥创业投资促进“双创”和增加就业的独特作用，对带动就业能力强的创业投资企业予以引导基金扶持、政府项目对接等政策支持。加大创业担保贷款支持力度，扩大政策覆盖范围，优先支持受疫情影响的重点群体，对优质创业项目免除反担保要求。政府投资开发的孵化基地等创业载体应安排一定比例场地，免费向高校毕业生、农民工等重点群体提供。各类城市创优评先项目应将带动就业能力强的“小店经济”、步行街发展状况作为重要条件。（发展改革委、工业和信息化部、财政部、人力资源社会保障部、商务部、人民银行、市场监管总局、银保监会、全国妇联按职责分工负责）

（五）支持多渠道灵活就业。合理设定无固定经营场所摊贩管理模式，预留自由市场、摊点群等经营网点。支持劳动者依托平台就业，平台就业人员购置生产经营必需工具的，可申请创业担保贷款及贴息；引导平台企业放宽入驻条件、降低管理服务费，与平台就业人员就劳动报酬、工作时间、劳动保护等建立制度化、常态化沟通协调机制。取消灵活就业人员参加企业职工基本养老保险的省内城乡户籍限制，对就业困难人员、离校2年内未就业高校毕业生灵活就业后缴纳社会保险费的，按规定给予一定的社会保险补贴。（财政部、人力资源社会保障部、自然资源部、人民银行、市场监管总局按职责分工负责）

二、引导农民工安全有序转移就业

（六）引导有序外出就业。强化重点企业用工调度保障、农民工“点对点、一站式”返岗复工服务，推广健康信息互认等机制，提升对成规模集中返岗劳动者的输送保障能力。引导劳动者有序求职就业，及时收集发布用工信息，加强输出地和输入地信息对接，鼓励低风险地区农民工尽快返岗复工。对组织集中返岗、劳务输出涉及的交通运输、卫生防疫等给予支持。对人力资源服务机构、劳务经纪人开展跨区域有组织劳务输出的，给予就业创业服务补助。（公安部、财政部、人力资源社会保障部、交通运输部、卫生健康委按职责分工负责）

（七）支持就地就近就业。抓好春季农业生产，大力发展新型农业经营主体，组织暂时无法外出的农民工投入春耕备耕，从事特色养殖、精深加工、生态旅游等行业。在县城和中心镇建设一批城镇基础设施、公共服务设施，加强农业基础设施建设，实施农村人居环境改善工程，开展以工代赈工程建设，优先吸纳农村贫困劳动力和低收入群体就业。（发展改革委、人力资源社会保障部、交通运输部、农业农村部、卫生健康委按职责分工负责）

（八）优先支持贫困劳动力就业。企业复工复产、重大项目开工、物流体系建设等优先组织和使用贫困劳动力，鼓励企业更多招用贫困劳动力。支持扶贫龙头企业、扶贫车间尽快复工。利用公益性岗位提供更多就地就近就业机会，优先对贫困劳动力托底安置。加大对“三区三州”等深度贫困地区、52个未摘帽贫困县、易地扶贫搬迁大型安置区的支持力度。对吸纳贫困劳动力就业规模大的，各地可通过财政专项扶贫资金给予一次性奖励。（发展改革委、财政部、人力资源社会保障部、农业农村部、扶贫办按职责分工负责）

三、拓宽高校毕业生就业渠道

（九）扩大企业吸纳规模。对中小微企业招用毕业年度高校毕业生并签订1年以上劳动合同的，给予一次性吸纳就业补贴。国有企业今明两年连续扩大高校毕业生招聘规模，不得随意毁约，不得将本单位实习期限作为招聘入职的前提条件。（财政部、人力资源社会保障部、国资委、烟草局、邮政局等部门和企业按职责分工负责）

（十）扩大基层就业规模。各级事业单位空缺岗位今明两年提高专项招聘高校毕业生的比例。开发城乡社区等基层公共管理和社会服务岗位。扩大“三支一扶”计划等基层服务项目招募规模。出台改革措施，允许部分专业高校毕业生免试取得相关职业资格证书。畅通

民营企业专业技术职称评审渠道。（教育部、民政部、财政部、人力资源社会保障部、农业农村部按职责分工负责）

（十一）扩大招生入伍规模。扩大2020年硕士研究生招生和普通高校专升本招生规模。扩大大学生应征入伍规模，健全参军入伍激励政策，大力提高应届毕业生征集比例。（发展改革委、教育部、财政部、退役军人部、中央军委政治工作部、中央军委国防动员部按职责分工负责）

（十二）扩大就业见习规模。支持企业、政府投资项目、科研项目设立见习岗位。对因疫情影响见习暂时中断的，相应延长见习单位补贴期限。对见习期未满与高校毕业生签订劳动合同的，给予见习单位剩余期限见习补贴。（财政部、人力资源社会保障部、商务部、国资委、共青团中央按职责分工负责）

（十三）适当延迟录用接收。引导用人单位推迟面试体检和签约录取时间。对延迟离校的应届毕业生，相应延长报到接收、档案转递、落户办理时限。离校未就业毕业生可根据本人意愿，将户口、档案在学校保留2年或转入生源地公共就业人才服务机构，以应届毕业生身份参加用人单位考试、录用，落实工作单位后参照应届毕业生办理相关手续。（教育部、人力资源社会保障部、国资委按职责分工负责）

四、加强困难人员兜底保障

（十四）保障失业人员基本生活。畅通失业保险金申领渠道，放宽失业保险申领期限，2020年4月底前实现线上申领失业保险金。对领取失业保险金期满仍未就业的失业人员、不符合领取失业保险金条件的参保失业人员，发放6个月的失业补助金，标准不高于当地失业保险金的80%。对生活困难的失业人员及家庭，按规定及时纳入最低生活保障、临时救助等社会救助范围。（民政部、财政部、人力资源社会保障部按职责分工负责）

（十五）强化困难人员就业援助。动态调整就业困难人员认定标准，及时将受疫情影响人员纳入就业援助范围，确保零就业家庭动态清零。对通过市场渠道确实难以就业的，利用公益性岗位托底安置。开发一批消杀防疫、保洁环卫等临时性公益岗位，根据工作任务和工作时间，给予一定的岗位补贴和社会保险补贴，补贴期限最长不超过6个月，所需资金可从就业补助资金中列支。（财政部、人力资源社会保障部、中国残联按职责分工负责）

（十六）加大对湖北等疫情严重地区就业支持。建立农资点对点保障运输绿色通道，支持湖北省组织农业生产。对湖北高校及湖北籍2020届高校毕业生给予一次性求职创业补贴，湖北省各级事业单位可面向湖北高校及湖北籍高校毕业生开展专项招聘，高校毕业生基层服务项目向湖北省倾斜。做好湖北省疫情解除后的就业工作，加大资金、政策、项目倾斜，开展专场招聘和专项帮扶。维护就业公平，坚决纠正针对疫情严重地区劳动者的就业歧视。（发展改革委、教育部、工业和信息化部、财政部、人力资源社会保障部、农业农村部按职责分工负责）

五、完善职业培训和就业服务

（十七）大规模开展职业技能培训。加大失业人员、农民工等职业技能培训力度，实施农民工等重点群体专项培训，适当延长培训时间。对企业组织职工参加线上线下培训，组织新招用农民工、高校毕业生参加岗前培训的，给予职业培训补贴。动态发布新职业，组织制定急需紧缺职业技能标准。（财政部、人力资源社会保障部按职责分工负责）

（十八）优化就业服务。2020年3月底前开放线上失业登记。推进在线办理就业服务和补贴申领。持续开展线上招聘服务，发挥公共就业服务机构、高校就业指导机构、经营性人力资源服务机构作用，加大岗位信息、职业指导、网上面试等服务供给。对大龄和低技能劳动者，通过电话、短信等方式推送岗位信息，提供求职、应聘等专门服务。低风险地区可有序开展小型专项供需对接活动。优化用工指导服务，鼓励困难企业与职工协商采取调整薪酬、轮岗轮休、灵活安排工作时间等方式稳定岗位，依法规范裁员行为。（教育部、财政部、人力资源社会保障部、全国总工会、全国工商联按职责分工负责）

六、压实就业工作责任

（十九）强化组织领导。各地区各有关部门要在确保疫情防控到位的前提下，毫不放松抓紧抓实抓细稳就业各项工作。县级以上地方政府要加快建立由政府负责人牵头的就业工作领导机制，压实工作责任，细化实化扶持政策。各有关部门要同向发力，围绕稳就业需要，落实完善政策措施，形成工作合力。要健全公共就业服务体系，加强基层公共就业服务能力建设，提升基本公共就业服务水平。（各有关部门和单位、各省级人民政府按职责分工负责）

（二十）加强资金保障。加大就业补助资金和稳岗补贴投入力度。支持市县政府根据稳就业工作推进和政策实施需要，统筹用好就业创业、职业培训、风险储备等方面资金。失业保险基金结余大的地区，要加速稳岗返还、保生活政策落地见效。（财政部、人力资源社会保障部、各省级人民政府按职责分工负责）

（二十一）强化表扬激励。持续开展就业工作表扬激励，完善激励办法，对落实稳就业政策措施工作力度大、促进重点群体就业创业等任务完成较好的地方，及时予以资金支持等方面的表扬激励。（人力资源社会保障部、财政部牵头，各有关部门和单位、各省级人民政府按职责分工负责）

（二十二）加强督促落实。细化分解目标任务，在相关督查工作中将稳就业作为重要内容，重点督促政策服务落地及重点群体就业、资金保障落实等。对不履行促进就业职责，产生严重后果或造成恶劣社会影响的，依法依规严肃问责。完善劳动力调查，研究建立省级调查失业率按月统计发布制度，启动就业岗位调查，做好化解失业风险的政策储备和应对预案。（人力资源社会保障部、统计局牵头，各有关部门和单位、各省级人民政府按职责分工负责）

上述新增补贴政策，受理截止期限为2020年12月31日。各地区各有关部门要抓紧政策实施，发挥政策最大效应，工作中遇到的重要情况和重大问题及时报告国务院。

2020年3月18日

国务院办公厅关于进一步优化营商环境更好服务市场主体的实施意见

国办发〔2020〕24号

各省、自治区、直辖市人民政府，国务院各部委、各直属机构：

党中央、国务院高度重视深化“放管服”改革优化营商环境工作。近年来，我国营商环境明显改善，但仍存在一些短板和薄弱环节，特别是受新冠肺炎疫情等影响，企业困难凸显，亟需进一步聚焦市场主体关切，对标国际先进水平，既立足当前又着眼长远，更多采取改革的办法破解企业生产经营中的堵点痛点，强化为市场主体服务，加快打造市场化法治化国际化营商环境，这是做好“六稳”工作、落实“六保”任务的重要抓手。为持续深化“放管服”改革优化营商环境，更大激发市场活力，增强发展内生动力，经国务院同意，现提出以下意见。

一、持续提升投资建设便利度

（一）优化再造投资项目前期审批流程。从办成项目前期“一件事”出发，健全部门协同工作机制，加强项目立项与用地、规划等建设条件衔接，推动有条件的地方对项目可行性研究、用地预审、选址、环境影响评价、安全评价、水土保持评价、压覆重要矿产资源评估等事项，实行项目单位编报一套材料，政府部门统一受理、同步评估、同步审批、统一反馈，加快项目落地。优化全国投资项目在线审批监管平台审批流程，实现批复文件等在线打印。（国家发展改革委牵头，国务院相关部门及各地区按职责分工负责）

（二）进一步提升工程建设项目审批效率。全面推行工程建设项目分级分类管理，在确保安全前提下，对社会投资的小型低风险新建、改扩建项目，由政府部门发布统一的企业开工条件，企业取得用地、满足开工条件后作出相关承诺，政府部门直接发放相关证书，项目即可开工。加快推动工程建设项目全流程在线审批，推进工程建设项目审批管理系统与投资审批、规划、消防等管理系统数据实时共享，实现信息一次填报、材料一次上传、相关评审意见和审批结果即时推送。2020年底前将工程建设项目审批涉及的行政许可、备案、评估评审、中介服务、市政公用服务等纳入线上平台，公开办理标准和费用。（住房城乡建设部牵头，国务院相关部门及各地区按职责分工负责）

（三）深入推进“多规合一”。抓紧统筹各类空间性规划，积极推进各类相关规划数据衔接或整合，推动尽快消除规划冲突和“矛盾图斑”。统一测绘技术标准和规则，在用地、规划、施工、验收、不动产登记等各阶段，实现测绘成果共享互认，避免重复测绘。（自然资源部牵头，住房城乡建设部等国务院相关部门及各地区按职责分工负责）

二、进一步简化企业生产经营审批和条件

（四）进一步降低市场准入门槛。围绕工程建设、教育、医疗、体育等领域，集中清理有关部门和地方在市场准入方面对企业资质、资金、股比、人员、场所等设置的不合理条件，列出台账并逐项明确解决措施、责任主体和完成时限。研究对诊所设置、诊所执业实行备案管理，扩大医疗服务供给。对于海事劳工证书，推动由政府部门直接受理申请、开展检查和签发，不再要求企业为此接受船检机构检查，且不收取企业办证费用。通过在线审批等方式简化跨地区巡回演出审批程序。（国家发展改革委、教育部、住房城乡建设部、交通运输部、商务部、文化和旅游部、国家卫生健康委、体育总局等国务院相关部门及各地区按职责分工负责）

（五）精简优化工业产品生产流通等环节管理措施。2020 年底前将保留的重要工业产品生产许可证管理权限全部下放给省级人民政府市场监督管理部门。加强机动车生产、销售、登记、维修、保险、报废等信息的共享和应用，提升机动车流通透明度。督促地方取消对二手车经销企业登记注册地设置的不合理规定，简化二手车经销企业购入机动车交易登记手续。2020 年底前优化新能源汽车免征车辆购置税的车型目录和享受车船税减免优惠的车型目录发布程序，实现与道路机动车辆生产企业及产品公告“一次申报、一并审查、一批发布”，企业依据产品公告即可享受相关税收减免政策。（工业和信息化部、公安部、财政部、交通运输部、商务部、税务总局、市场监管总局、银保监会等国务院相关部门按职责分工负责）

（六）降低小微企业等经营成本。支持地方开展“一照多址”改革，简化企业设立分支机构的登记手续。在确保食品安全前提下，鼓励有条件的地方合理放宽对连锁便利店制售食品在食品处理区面积等方面的审批要求，探索将食品经营许可（仅销售预包装食品）改为备案，合理制定并公布商户牌匾、照明设施等标准。鼓励引导平台企业适当降低向小微商户收取的平台佣金等服务费用和条码支付、互联网支付等手续费，严禁平台企业滥用市场支配地位收取不公平的高价服务费。在保障劳动者职业健康前提下，对职业病危害一般的用人单位适当降低职业病危害因素检测频次。在工程建设、政府采购等领域，推行以保险、保函等替代现金缴纳涉企保证金，减轻企业现金流压力。（市场监管总局、中央网信办、工业和信息化部、财政部、住房城乡建设部、交通运输部、水利部、国家卫生健康委、人民银行、银保监会等相关部门及各地区按职责分工负责）

三、优化外贸外资企业经营环境

（七）进一步提高进出口通关效率。推行进出口货物“提前申报”，企业提前办理申报手续，海关在货物运抵海关监管作业场所后即办理货物查验、放行手续。优化进口“两步申报”通关模式，企业进行“概要申报”且海关完成风险排查处置后，即允许企业将货物提离。在符合条件的监管作业场所开展进口货物“船边直提”和出口货物“抵港直装”试点。推行查验作业全程监控和留痕，允许有条件的地方实行企业自主选择是否陪同查验，减轻企业负担。严禁口岸为压缩通关时间简单采取单日限流、控制报关等不合理措施。（海关总署牵头，国务院相关部门及各地区按职责分工负责）

（八）拓展国际贸易“单一窗口”功能。加快“单一窗口”功能由口岸通关执法向口岸物流、贸易服务等全链条拓展，实现港口、船代、理货等收费标准线上公开、在线查询。除涉密等特殊情况外，进出口环节涉及的监管证件原则上都应通过“单一窗口”一口受理，由相关部门在后台分别办理并实施监管，推动实现企业在线缴费、自主打印证件。（海关总署牵头，生态环境部、交通运输部、农业农村部、商务部、市场监管总局、国家药监局等国

务院相关部门及各地区按职责分工负责）

（九）进一步减少外资外贸企业投资经营限制。支持外贸企业出口产品转内销，推行以外贸企业自我声明等方式替代相关国内认证，对已经取得相关国际认证且认证标准不低于国内标准的产品，允许外贸企业作出符合国内标准的书面承诺后直接上市销售，并加强事中事后监管。授权全国所有地级及以上城市开展外商投资企业注册登记。（商务部、市场监管总局等国务院相关部门及各地区按职责分工负责）

四、进一步降低就业创业门槛

（十）优化部分行业从业条件。推动取消除道路危险货物运输以外的道路货物运输驾驶员从业资格考试，并将相关考试培训内容纳入相应等级机动车驾驶证培训，驾驶员凭培训结业证书和机动车驾驶证申领道路货物运输驾驶员从业资格证。改革执业兽医资格考试制度，便利兽医相关专业高校在校生报名参加考试。加快推动劳动者入职体检结果互认，减轻求职者负担。（人力资源社会保障部、交通运输部、农业农村部等国务院相关部门及各地区按职责分工负责）

（十一）促进人才流动和灵活就业。2021年6月底前实现专业技术人才职称信息跨地区在线核验，鼓励地区间职称互认。引导有需求的企业开展“共享用工”，通过用工余缺调剂提高人力资源配置效率。统一失业保险转移办理流程，简化失业保险申领程序。各地要落实属地管理责任，在保障安全卫生、不损害公共利益等条件下，坚持放管结合，合理设定流动摊贩经营场所。（人力资源社会保障部、市场监管总局、住房城乡建设部等国务院相关部门及各地区按职责分工负责）

（十二）完善对新业态的包容审慎监管。加快评估已出台的新业态准入和监管政策，坚决清理各类不合理管理措施。在保证医疗安全和质量前提下，进一步放宽互联网诊疗范围，将符合条件的互联网医疗服务纳入医保报销范围，制定公布全国统一的互联网医疗审批标准，加快创新型医疗器械审评审批并推进临床应用。统一智能网联汽车自动驾驶功能测试标准，推动实现封闭场地测试结果全国通用互认，督促封闭场地向社会公开测试服务项目及收费标准，简化测试通知书申领及异地换发手续，对测试通知书到期但车辆状态未改变的无需重复测试、直接延长期限。降低导航电子地图制作测绘资质申请条件，压减资质延续和信息变更的办理时间。（工业和信息化部、公安部、自然资源部、交通运输部、国家卫生健康委、国家医保局、国家药监局等国务院相关部门及各地区按职责分工负责）

（十三）增加新业态应用场景等供给。围绕城市治理、公共服务、政务服务等领域，鼓励地方通过搭建供需对接平台等为新技术、新产品提供更多应用场景。在条件成熟的特定路段及有需求的机场、港口、园区等区域探索开展智能网联汽车示范应用。建立健全政府及公共服务机构数据开放共享规则，推动公共交通、路政管理、医疗卫生、养老等公共服务领域和政府部门数据有序开放。（国家发展改革委牵头，中央网信办、工业和信息化部、公安部、民政部、住房城乡建设部、交通运输部、国家卫生健康委等相关部门及各地区按职责分工负责）

五、提升涉企服务质量和效率

（十四）推进企业开办经营便利化。全面推行企业开办全程网上办，提升企业名称自主申报系统核名智能化水平，在税务、人力资源社会保障、公积金、商业银行等服务领域加快实现电子营业执照、电子印章应用。放宽小微企业、个体工商户登记经营场所限制。探索推进“一业一证”改革，将一个行业准入涉及的多张许可证整合为一张许可证，实现“一证准营”、跨地互认通用。梳理各类强制登报公告事项，研究推动予以取消或调整为网上免费公告。加快推进政务服务事项跨省通办。（市场监管总局、国务院办公厅、司法部、人

力资源社会保障部、住房城乡建设部、人民银行、税务总局、银保监会、证监会等国务院相关部门及各地区按职责分工负责）

（十五）持续提升纳税服务水平。2020 年底前基本实现增值税专用发票电子化，主要涉税服务事项基本实现网上办理。简化增值税等税收优惠政策申报程序，原则上不再设置审批环节。强化税务、海关、人民银行等部门数据共享，加快出口退税进度，推行无纸化单证备案。（税务总局牵头，人民银行、海关总署等国务院相关部门按职责分工负责）

（十六）进一步提高商标注册效率。提高商标网上服务系统数据更新频率，提升系统智能检索功能，推动实现商标图形在线自动比对。进一步压缩商标异议、驳回复审的审查审理周期，及时反馈审查审理结果。2020 年底前将商标注册平均审查周期压缩至 4 个月以内。（国家知识产权局负责）

（十七）优化动产担保融资服务。鼓励引导商业银行支持中小企业以应收账款、生产设备、产品、车辆、船舶、知识产权等动产和权利进行担保融资。推动建立以担保人名称为索引的电子数据库，实现对担保品登记状态信息的在线查询、修改或撤销。（人民银行牵头，国家发展改革委、公安部、交通运输部、市场监管总局、银保监会、国家知识产权局等国务院相关部门按职责分工负责）

六、完善优化营商环境长效机制

（十八）建立健全政策评估制度。研究制定建立健全政策评估制度的指导意见，以政策效果评估为重点，建立对重大政策开展事前、事后评估的长效机制，推进政策评估工作制度化、规范化，使政策更加科学精准、务实管用。（国务院办公厅牵头，各地区、各部门负责）

（十九）建立常态化政企沟通联系机制。加强与企业和行业协会商会的常态化联系，完善企业服务体系，加快建立营商环境诉求受理和分级办理“一张网”，更多采取“企业点菜”方式推进“放管服”改革。加快推进政务服务热线整合，进一步规范政务服务热线受理、转办、督办、反馈、评价流程，及时回应企业和群众诉求。（国务院办公厅牵头，国务院相关部门和单位及各地区按职责分工负责）

（二十）抓好惠企政策兑现。各地要梳理公布惠企政策清单，根据企业所属行业、规模等主动精准推送政策，县级政府出台惠企措施时要公布相关负责人及联系方式，实行政策兑现“落实到人”。鼓励推行惠企政策“免申即享”，通过政府部门信息共享等方式，实现符合条件的企业免予申报、直接享受政策。对确需企业提出申请的惠企政策，要合理设置并公开申请条件，简化申报手续，加快实现一次申报、全程网办、快速兑现。（各地区、各部门负责）

各地区、各部门要认真贯彻落实本意见提出的各项任务和要求，围绕市场主体需求，研究推出更多务实管用的改革举措，相关落实情况年底前报国务院。有关改革事项涉及法律法规调整的，要按照重大改革于法有据的要求，抓紧推动相关法律法规的立改废释。国务院办公厅要加强对深化“放管服”改革和优化营商环境工作的业务指导，强化统筹协调和督促落实，确保改革措施落地见效。

2020 年 7 月 15 日

国务院办公厅关于提升大众创业万众创新示范基地带动作用进一步促改革稳就业强动能的实施意见

国办发〔2020〕26号

各省、自治区、直辖市人民政府，国务院各部委、各直属机构：

大众创业万众创新示范基地启动建设以来，创新资源不断集聚，创业活力持续提升，平台能力显著增强，有力带动了创新创业深入发展。为进一步提升双创示范基地对促改革、稳就业、强动能的带动作用，促进双创更加蓬勃发展，更大程度激发市场活力和社会创造力，经国务院同意，现提出以下意见。

一、总体要求

以习近平新时代中国特色社会主义思想为指导，全面贯彻党的十九大和十九届二中、三中、四中全会精神，认真落实党中央、国务院关于统筹推进新冠肺炎疫情防控和经济社会发展工作的决策部署，深入实施创新驱动发展战略，聚焦系统集成协同高效的改革创新，聚焦更充分更高质量就业，聚焦持续增强经济发展新动能，强化政策协同，增强发展后劲，以新动能支撑保就业保市场主体，尤其是支持高校毕业生、返乡农民工等重点群体创业就业，努力把双创示范基地打造成为创业就业的重要载体、融通创新的引领标杆、精益创业的集聚平台、全球化创业的重要节点、全面创新改革的示范样本，推动我国创新创业高质量发展。

二、积极应对疫情影响，巩固壮大创新创业内生活力

（一）落实创业企业纾困政策。切实落实阶段性减免企业社会保险费、缓缴住房公积金等减负政策，根据所在统筹地区政策做好阶段性减征职工基本医疗保险费工作，落实好小规模纳税人增值税减免等优惠政策。落实承租国有房屋房租减免政策，确保惠及最终承租人。鼓励双创示范基地通过延长孵化期限、实施房租补贴等方式，降低初创企业经营负担。优先对受疫情影响较大但发展潜力好的创新型企业加大金融支持力度，简化贷款审批流程，提高信用贷款、中长期贷款比重。（有关部门按职责分工负责）

（二）强化双创复工达产服务。进一步提升双创示范基地服务信息化、便利化水平，充分发挥双创支撑平台、工业互联网平台、电子商务平台等作用，推广“一键申领、网上兑现”、“企业网上跑、政府现场办”等经验，多渠道为企业解决物流、资金、用工等问题，补齐供应链短板，推动全产业链协同。鼓励双创示范基地积极探索应对疫情影响的新业态新模式。政府投资开发的孵化基地等创业载体安排一定比例场地，免费向下岗失业人员、高校毕业生、农民工等群体提供。引导平台企业降

低个体经营者相关服务费，支持开展线上创业。（地方各级人民政府负责）

（三）增强协同创新发展合力。充分发挥双创示范基地大企业带动作用，协助中小企业开展应收账款融资，帮助产业链上下游企业和相关创新主体解决生产经营难题。在符合条件的示范基地加快推广全面创新改革试验经验，探索实施政银保联动授信担保、建立风险缓释资金池等改革举措，为中小企业应对疫情影响提供有效金融支持。（地方各级人民政府负责）

三、发挥多元主体带动作用，打造创业就业重要载体

（四）实施社会服务创业带动就业示范行动。顺应消费需求升级和服务便利化要求，重点围绕托育、养老、家政、乡村旅游等领域，组织有条件的企业、区域示范基地与互联网平台企业联合开展创业培训、供需衔接、信息共享和能力建设，打造社会服务创业带动就业标杆项目，及时复制推广经验成果，吸引社会资本发展社会服务新业态新模式，拓展更大就业空间。（国家发展改革委牵头负责）

（五）增强创业带动就业能力。加大创业带动就业支持力度，出台支持灵活就业的具体举措。（人力资源社会保障部牵头负责）盘活闲置厂房、低效利用土地等，加强对创业带动就业重点项目的支持。（地方各级人民政府负责）加强创业培训与创业担保贷款等支持政策的协同联动，提升创业担保贷款贴息等扶持政策的针对性和及时性。支持有条件的区域示范基地建设产教融合实训基地、人力资源服务产业园，加快发展面向重点群体的专业化创业服务载体。（国家发展改革委、人力资源社会保障部、财政部、人民银行按职责分工负责）

（六）加强返乡入乡创业政策保障。优先支持区域示范基地实施返乡创业示范项目。发挥互联网平台企业带动作用，引导社会资本和大学生创客、返乡能人等入乡开展“互联网+乡村旅游”、农村电商等创业项目。（国家发展改革委、文化和旅游部、商务部按职责分工负责）完善支持返乡入乡创业的引人育人留人政策，加大对乡村创业带头人的创业培训力度，培育一批能工巧匠型创业领军人才。对首次创业并正常经营1年以上的返乡入乡创业人员，可给予一次性创业补贴。对符合条件的返乡入乡创业人员按规定给予创业担保贷款贴息和培训补贴。（财政部、人力资源社会保障部、农业农村部、人民银行按职责分工负责）对返乡创业失败后就业和生活遇到困难的人员，及时提供就业服务、就业援助和社会救助。（人力资源社会保障部牵头负责）

（七）提升高校学生创新创业能力。支持高校示范基地打造并在线开放一批创新创业教育优质课程，加强创业实践和动手能力培养，依托高校示范基地开展双创园建设，促进科技成果转化与创新创业实践紧密结合。推动高校示范基地和企业示范基地深度合作，建立创业导师共享机制。支持区域示范基地与高校、企业共建面向特色产业的实训场景，加快培养满足社会需求的实用型技能人才。促进大学生加强数理化和生物等基础理论研究，夯实国家创新能力基础。（教育部牵头负责）实施双创示范基地“校企行”专项行动，充分释放岗位需求，支持将具备持续创新能力和发展潜力的高校毕业生创业团队纳入企业示范基地人才储备和合作计划，通过职业微展示、创业合伙人招募等新方式，拓宽创业带动就业的渠道。（国家发展改革委、国务院国资委、教育部、人力资源社会保障部按职责分工负责）

（八）发挥大企业创业就业带动作用。支持大企业与地方政府、高校共建创业孵化园区，鼓励有条件的双创示范基地开展产教融合型企业建设试点。（国家发展改革委牵头负责）对中央企业示范基地内创业带动就业效果明显的新增企业，探索不纳入压减净增法人数量。（国务院国资委牵头负责）发展“互联网平台+创业单元”、“大企业+创业单元”等模式，依托企业和平台加强创新创业要素保障。（工业和信息化部、国家发展改革委牵头

负责）

四、提升协同联动发展水平，树立融通创新引领标杆

（九）构建大中小企业融通创新生态。鼓励企业示范基地结合产业优势建设大中小企业融通发展平台，向中小企业开放资源、开放场景、开放应用、开放创新需求，支持将中小企业首创高科技产品纳入大企业采购体系。（国家发展改革委、工业和信息化部、国务院国资委牵头负责）细化政府采购政策，加大对中小企业的采购支持力度。（财政部牵头负责）鼓励双创示范基地聚焦核心芯片、医疗设备等关键环节和短板领域，建立大中小企业协同技术研发与产业化的合作机制，带动壮大高新技术企业、科技型中小企业规模。（国家发展改革委、科技部、工业和信息化部按职责分工负责）瞄准专业细分领域，培育专精特新"小巨人"企业、制造业单项冠军企业。（工业和信息化部牵头负责）

（十）构筑产学研融通创新创业体系。加强双创示范基地"校+园+企"创新创业合作，建设专业化的科技成果转化服务平台，增强中试服务和产业孵化能力。（地方各级人民政府负责）鼓励企业示范基地牵头构建以市场为导向、产学研深度融合的创新联合体。（国家发展改革委、科技部、工业和信息化部、国务院国资委按职责分工负责）不断优化科技企业孵化器、大学科技园和众创空间及其在孵企业的认定或备案条件，加大对具备条件的创业服务机构的支持力度。（科技部、教育部牵头负责）中央预算内投资安排专项资金支持双创示范基地建设，降低对双创示范基地相关支持项目的固定资产投资比例要求。（国家发展改革委、科技部牵头负责）支持有条件的双创示范基地建设学科交叉和协同创新科研基地。（教育部牵头负责）优先在双创示范基地建设企业技术中心等创新平台。（国家发展改革委牵头负责）

（十一）加强不同类型双创示范基地协同联动。搭建双创示范基地跨区域合作交流平台，推广跨区域孵化"飞地模式"，探索在孵项目跨区域梯次流动衔接的合作机制，在资源共享、产业协同、知识产权保护和运营等方面开展跨区域融通合作。推动建设孵化器、加速器、产业园区相互接续的创业服务体系。（地方各级人民政府负责）中央预算内资金优先支持区域一体化创新创业服务平台建设。（国家发展改革委牵头负责）优化长三角、京津冀和西部示范基地联盟，支持建立中部、南部示范基地联盟。（国家发展改革委牵头负责）

五、加强创新创业金融支持，着力破解融资难题

（十二）深化金融服务创新创业示范。支持双创示范基地与金融机构建立长期稳定合作关系，共同参与孵化园区、科技企业孵化器、专业化众创空间等创新创业服务载体建设。（科技部、人民银行、银保监会、证监会按职责分工负责）鼓励以双创示范基地为载体开展政银企合作，探索多样化的科技金融服务。鼓励金融机构与双创示范基地合作开展设备融资租赁等金融服务。（人民银行、银保监会、证监会按职责分工负责）支持双创示范基地内符合条件的企业发行双创孵化专项债券、创业投资基金类债券、创新创业公司债券和双创债务融资工具。支持在双创示范基地开展与创业相关的保险业务。（国家发展改革委、人民银行、证监会、银保监会按职责分工负责）支持将双创示范基地企业信息纳入全国知识产权质押信息平台。在有条件的区域示范基地设立知识产权质押融资风险补偿基金，对无可抵押资产、无现金流、无订单的初创企业知识产权质押融资实施风险补偿。（国家发展改革委、人民银行、银保监会、国家知识产权局按职责分工负责）

（十三）完善创新创业创投生态链。鼓励国家出资的创业投资引导基金、产业投资基金等与双创示范基地深度合作，加强新兴领域创业投资服务，提升项目路演、投融资对接、信

息交流等市场化专业化服务水平。（国家发展改革委、财政部、工业和信息化部、科技部按职责分工负责）支持金融机构在依法合规、风险可控前提下，与科研院所示范基地和区域示范基地按照市场化原则合作建立创业投资基金、产业投资基金，支持成立公益性天使投资人联盟等平台组织，加大对细分领域初创期、种子期项目的投入。（国家发展改革委、科技部、人民银行、证监会、银保监会按职责分工负责）

六、深化对外开放合作，构筑全球化创业重要节点

（十四）做强开放创业孵化载体。鼓励有条件的双创示范基地建设国际创业孵化器，与知名高校、跨国公司、中介机构等联合打造离岸创新创业基地，提升海外创业项目转化效率。支持设立海外创业投资基金，为优质创新创业项目提供资金支持。（科技部、证监会、中国科协按职责分工负责）

（十五）搭建多双边创业合作平台。优先将双创示范基地纳入多双边创新创业合作机制，支持承办大型国际创新创业大赛和论坛活动。支持双创示范基地建立国际合作产业园、海外创新中心。加强与国际重点城市的创新创业政策沟通、资源融通和链接。支持双创示范基地依托双创周"海外活动周"等举办创新创业重点活动，对接国际创新资源。加强与海外孵化器、国际创业组织和服务机构合作，为本土中小企业"走出去"拓展合作提供支撑。（国家发展改革委、科技部、中国科协按职责分工负责）

七、推进全面创新改革试点，激发创新创业创造动力

（十六）探索完善包容创新监管机制。支持双创示范基地深化商事制度改革，营造良好营商环境。（市场监管总局牵头负责）在省级政府事权范围内，支持区域示范基地在完善创业带动就业保障体系、建立新业态发展"监管沙盒"、推动各类主体融通创新、健全对创业失败者容错机制等方面开展试点，加快构建创新引领、协同发展的创新创业创造生态。（有关省级人民政府统筹组织遴选方案）

（十七）深化双创体制改革创新试点。支持企业示范基地重点在建立大企业牵头的创新联合体、完善中央企业衍生混合所有制初创企业配套支持政策等方面开展试点，加快形成企业主体、市场导向的融通创新体系。支持企业示范基地率先试点改革国有投资监管考评制度，建立可操作的创新创业容错机制。支持在具有较高风险和不确定性的业务领域实施员工跟投机制，探索"事业合伙人"方式，形成骨干员工和企业的利益共同体。（国务院国资委牵头统筹组织遴选方案）

（十八）创新促进科技成果转化机制。支持高校和科研院所示范基地在建设现代科研院所、推动高校创新创业与科技成果转化相结合、推进职务科技成果所有权或长期使用权改革、优化科技成果转化决策流程、完善产学研深度融合的新机制、建立专业化技术转移机构等方面开展试点，为加快科技成果转移转化提供制度保障。（科技部、教育部、中科院等按职责分工统筹组织遴选方案）

各地区、各部门要认真贯彻落实党中央、国务院决策部署，抓好本意见的贯彻落实。发展改革委要会同有关部门加强协调指导，完善双创示范基地运行监测和第三方评估，健全长效管理运行机制，遴选一批体制改革有突破、持续创业氛围浓、融通创新带动强的区域、企业、高校和科研院所，新建一批示范基地。对示范成效明显、带动能力强的双创示范基地要给予适当表彰激励，对示范成效差的要及时调整退出。

2020年7月23日

国务院办公厅关于支持多渠道灵活就业的意见

国办发〔2020〕27号

各省、自治区、直辖市人民政府，国务院各部委、各直属机构：

个体经营、非全日制以及新就业形态等灵活多样的就业方式，是劳动者就业增收的重要途径，对拓宽就业新渠道、培育发展新动能具有重要作用。为全面强化稳就业举措，落实保居民就业任务，经国务院同意，现就支持多渠道灵活就业提出以下意见。

一、总体要求

以习近平新时代中国特色社会主义思想为指导，全面贯彻党的十九大和十九届二中、三中、四中全会精神，坚持以人民为中心的发展思想，把支持灵活就业作为稳就业和保居民就业的重要举措，坚持市场引领和政府引导并重、放开搞活和规范有序并举，顺势而为、补齐短板，因地制宜、因城施策，清理取消对灵活就业的不合理限制，强化政策服务供给，创造更多灵活就业机会，激发劳动者创业活力和创新潜能，鼓励自谋职业、自主创业，全力以赴稳定就业大局。

二、拓宽灵活就业发展渠道

（一）鼓励个体经营发展。持续深化商事制度改革，提供便捷高效的咨询、注册服务。引导劳动者以市场为导向，依法自主选择经营范围。鼓励劳动者创办投资小、见效快、易转型、风险小的小规模经济实体。支持发展各类特色小店，完善基础设施，增加商业资源供给。对下岗失业人员、高校毕业生、农民工、就业困难人员等重点群体从事个体经营的，按规定给予创业担保贷款、税收优惠、创业补贴等政策支持。（财政部、人力资源社会保障部、商务部、人民银行、税务总局、市场监管总局等按职责分工负责）

（二）增加非全日制就业机会。落实财政、金融等针对性扶持政策，推动非全日制劳动者较为集中的保洁绿化、批发零售、建筑装修等行业提质扩容。增强养老、托幼、心理疏导和社会工作等社区服务业的吸纳就业能力。加强对非全日制劳动者的政策支持，对就业困难人员、离校2年内未就业高校毕业生从事非全日制等工作的，按规定给予社会保险补贴。（民政部、财政部、人力资源社会保障部、住房城乡建设部、商务部、人民银行等按职责分工负责）

（三）支持发展新就业形态。实施包容审慎监管，促进数字经济、平台经济健康发展，加快推动网络零售、移动出行、线上教育培训、互联网医疗、在线娱乐等行业发展，为劳动者居家就业、远程办公、兼职就业创造条件。合理设定互联网平台经济及其他新业态新模式监管规则，鼓励互联网平台企业、中介服务机构等降低服务费、加盟管理费等费用，创造更多灵活就业岗位，吸纳更多劳动者就业。（国家发展改革委、教育部、工业和信息化部、人力资源社会保障部、交通运输部、商务部、文化和旅游部、国家卫生健康委、市场监

管总局等按职责分工负责）

三、优化自主创业环境

（四）加强审批管理服务。开通行业准入办理绿色通道，对需要办理相关行业准入许可的，实行多部门联合办公、一站式审批。在政府指定的场所和时间内销售农副产品、日常生活用品，或者个人利用自己的技能从事依法无须取得许可的便民劳务活动，无须办理营业执照。加大“放管服”改革力度，引导劳动者规范有序经营。（市场监管总局和地方各级人民政府按职责分工负责）

（五）取消部分收费。取消涉及灵活就业的行政事业性收费，对经批准占道经营的免征城市道路占用费。建立公开投诉举报渠道，依法查处违规收费行为。（财政部、住房城乡建设部、市场监管总局和地方各级人民政府按职责分工负责）

（六）提供低成本场地支持。落实阶段性减免国有房产租金政策，鼓励各类业主减免或缓收房租，帮助个体经营者等灵活就业人员减轻房租负担。有条件的地方可将社区综合服务设施闲置空间、非必要办公空间改造为免费经营场地，优先向下岗失业人员、高校毕业生、农民工、就业困难人员提供。（国家发展改革委、民政部、住房城乡建设部和地方各级人民政府按职责分工负责）

四、加大对灵活就业保障支持

（七）推动新职业发布和应用。密切跟踪经济社会发展、互联网技术应用和职业活动新变化，广泛征求社会各方面对新职业的意见建议，动态发布社会需要的新职业、更新职业分类，引导直播销售、网约配送、社群健康等更多新就业形态发展。及时制定新职业标准，推出新职业培训课程。完善统计监测制度，探索建立新就业形态统计监测指标。（人力资源社会保障部、国家统计局等负责。列第一位者为牵头单位，下同）

（八）开展针对性培训。将有创业意愿的灵活就业人员纳入创业培训范围，组织开展开办店铺、市场分析、经营策略等方面的创业培训，促进提升创业能力和创业成功率。支持各类院校、培训机构、互联网平台企业，更多组织开展养老、托幼、家政、餐饮、维修、美容美发等技能培训和新兴产业、先进制造业、现代服务业等领域新职业技能培训，推进线上线下结合，灵活安排培训时间和培训方式，按规定落实职业培训补贴和培训期间生活费补贴，增强劳动者就业能力。（人力资源社会保障部、教育部、财政部等负责）

（九）优化人力资源服务。把灵活就业岗位供求信息纳入公共就业服务范围，开设灵活就业专区专栏，免费发布供求信息，按需组织专场招聘，送岗位进基层进社区，提供职业指导等服务。指导企业规范开展用工余缺调剂，帮助有“共享用工”需求的企业精准、高效匹配人力资源。有条件的城市可选择交通便利、人员求职集中的地点设立劳务市场或零工市场，组织劳务对接洽谈，加强疫情防控、秩序维护和安全管理。鼓励各类人力资源服务机构为灵活就业人员提供规范有序的求职招聘、技能培训、人力资源外包等专业化服务，按规定给予就业创业服务补助。（人力资源社会保障部、财政部等负责）

（十）维护劳动保障权益。研究制定平台就业劳动保障政策，明确互联网平台企业在劳动者权益保护方面的责任，引导互联网平台企业、关联企业与劳动者协商确定劳动报酬、休息休假、职业安全保障等事项，引导产业（行业、地方）工会与行业协会或行业企业代表协商制定行业劳动定额标准、工时标准、奖惩办法等行业规范。依法纠正拖欠劳动报酬等违法违规行为。持续深入推进工程建设领域农民工按项目参加工伤保险，有针对性地做好工伤预防工作。（人力资源社会保障部、应急部、全国总工会等按职责分工负责）

（十一）加大对困难灵活就业人员帮扶力度。2020 年缴纳基本养老保险费确有困难的灵活就业人员，可按规定自愿暂缓缴费。对符合条件的灵活就业人员，及时按规定纳入最低生活保障、临时救助范围。（民政部、财政部、人力资源社会保障部、税务总局等按职责分工负责）

五、切实加强组织实施

（十二）强化组织领导。地方各级人民政府特别是市、县级人民政府要切实履行稳就业主体责任，把支持多渠道灵活就业作为就业工作重要内容，结合实际创新工作举措，加强规范引导，完善监督管理，促进灵活就业健康发展。各级人民政府要统筹用好就业补助资金和其他稳就业、保就业的资金，保障灵活就业扶持政策落实。各有关部门要同向发力、分工合作，坚持问题导向，完善政策措施，共同破解工作难题。（各有关部门、单位和地方各级人民政府按职责分工负责）

（十三）加强激励督导。各地区各有关部门要加强督促检查和政策实施情况评估，狠抓政策落实，简化手续，提高效率，确保灵活就业人员便捷享受各项支持政策和就业创业服务。将支持多渠道灵活就业有关工作纳入文明城市创建和测评内容。对灵活就业政策落实好、发展环境优、工作成效显著的城市，优先纳入创业型城市创建范围。（中央文明办、人力资源社会保障部和地方各级人民政府按职责分工负责）

（十四）注重舆论引导。充分利用各种宣传渠道和媒介，大力宣传支持灵活就业的政策措施和典型做法，宣传自主就业创业和灵活就业的典型事迹。建立舆情监测和处置机制，积极主动回应社会关切，营造良好舆论氛围。（各有关部门、单位和地方各级人民政府按职责分工负责）

2020 年 7 月 28 日

国务院办公厅关于以新业态新模式引领新型消费加快发展的意见

国办发〔2020〕32号

各省、自治区、直辖市人民政府，国务院各部委、各直属机构：

近年来，我国以网络购物、移动支付、线上线下融合等新业态新模式为特征的新型消费迅速发展，特别是今年新冠肺炎疫情发生以来，传统接触式线下消费受到影响，新型消费发挥了重要作用，有效保障了居民日常生活需要，推动了国内消费恢复，促进了经济企稳回升。但也要看到，新型消费领域发展还存在基础设施不足、服务能力偏弱、监管规范滞后等突出短板和问题。在常态化疫情防控条件下，为着力补齐新型消费短板、以新业态新模式为引领加快新型消费发展，经国务院同意，现提出以下意见。

一、总体要求

（一）指导思想。

在以习近平同志为核心的党中央坚强领导下，以习近平新时代中国特色社会主义思想为指导，全面贯彻党的十九大和十九届二中、三中、四中全会精神，坚持稳中求进工作总基调，坚持新发展理念，坚持以供给侧结构性改革为主线，坚持以改革开放为动力推动高质量发展，扎实做好“六稳”工作，全面落实“六保”任务，坚定实施扩大内需战略，以新业态新模式为引领，加快推动新型消费扩容提质，坚持问题导向和目标导向，补齐基础设施和服务能力短板，规范创新监管方式，持续激发消费活力，促进线上线下消费深度融合，努力实现新型消费加快发展，推动形成以国内大循环为主体、国内国际双循环相互促进的新发展格局。

（二）基本原则。

坚持创新驱动、融合发展。深入实施创新驱动发展战略，推动技术、管理、商业模式等各类创新，加快培育新业态新模式，推动互联网和各类消费业态紧密融合，加快线上线下消费双向深度融合，促进新型消费蓬勃发展。

坚持问题导向、补齐短板。针对新型消费基础设施不足、服务能力偏弱等问题，充分调动中央和地方两个积极性，进一步加大软硬件建设力度，加强新装备新设备生产应用，优化新型消费网络节点布局，加快补齐发展短板。

坚持深化改革、优化环境。以深化“放管服”改革、优化营商环境推动新型消费加快发展，打破制约发展的体制机制障碍，顺应新型消费发展规律创新经济治理模式，系统性优化制度体系和发展环境，最大限度激发市场活力。

坚持市场主导、政府促进。使市场在资源配置中起决定性作用，以市场需求为导向，顺应居民消费升级趋势，培育壮大各类新型消费市场主体，提升新型消费竞争力。更好发挥政府作用，为新型消费发展提供全方位制度和政策支撑。

（三）主要目标。

经过3~5年努力，促进新型消费发展的体制机制和政策体系更加完善，通过进一步优化新业态新模式引领新型消费发展的环境、进一步提升新型消费产品的供给质量、进一步增强新型消费对扩内需稳就业的支撑，到2025年，培育形成一批新型消费示范城市和领先企业，实物商品网上零售额占社会消费品零售总额比重显著提高，“互联网+服务”等消费新业态新模式得到普及并趋于成熟。

二、加力推动线上线下消费有机融合

（四）进一步培育壮大各类消费新业态新模式。建立健全“互联网+服务”、电子商务公共服务平台，加快社会服务在线对接、线上线下深度融合。有序发展在线教育，推广大规模在线开放课程等网络学习模式，推动各类数字教育资源共建共享。积极发展互联网健康医疗服务，大力推进分时段预约诊疗、互联网诊疗、电子处方流转、药品网络销售等服务。深入发展在线文娱，鼓励传统线下文化娱乐业态线上化，支持互联网企业打造数字精品内容创作和新兴数字资源传播平台。鼓励发展智慧旅游，提升旅游消费智能化、便利化水平。大力发展智能体育，培育在线健身等体育消费新业态。进一步支持依托互联网的外卖配送、网约车、即时递送、住宿共享等新业态发展。加快智慧广电生态体系建设，培育打造5G条件下更高技术格式、更新应用场景、更美视听体验的高新视频新业态，形成多元化的商业模式。创新无接触式消费模式，探索发展智慧超市、智慧商店、智慧餐厅等新零售业态。推广电子合同、电子文件等无纸化在线应用。（国家发展改革委、教育部、工业和信息化部、交通运输部、商务部、文化和旅游部、国家卫生健康委、广电总局、体育总局、国家邮政局、国家药监局等部门按职责分工负责）

（五）推动线上线下融合消费双向提速。支持互联网平台企业向线下延伸拓展，加快传统线下业态数字化改造和转型升级，发展个性化定制、柔性化生产，推动线上线下消费高效融合、大中小企业协同联动、上下游全链条一体发展。引导实体企业更多开发数字化产品和服务，鼓励实体商业通过直播电子商务、社交营销开启“云逛街”等新模式。加快推广农产品“生鲜电子商务+冷链宅配”、“中央厨房+食材冷链配送”等服务新模式。组织开展形式多样的网络促销活动，促进品牌消费、品质消费。（国家发展改革委、工业和信息化部、住房城乡建设部、农业农村部、商务部、国家邮政局等部门按职责分工负责）

（六）鼓励企业依托新型消费拓展国际市场。推动电子商务、数字服务等企业“走出去”，加快建设国际寄递物流服务体系，统筹推进国际物流供应链建设，开拓国际市场特别是“一带一路”沿线业务，培育一批具有全球资源配置能力的国际一流平台企业和物流供应链企业。充分依托新型消费带动传统商品市场拓展对外贸易、促进区域产业集聚。持续提高通关便利化水平，优化申报流程。探索新型消费贸易流通项下逐步推广人民币结算。鼓励企业以多种形式实现境外本土化经营，降低物流成本，构建营销渠道。（国家发展改革委、交通运输部、商务部、人民银行、海关总署、税务总局、国家邮政局、国家外汇局等部门按职责分工负责）

三、加快新型消费基础设施和服务保障能力建设

（七）加强信息网络基础设施建设。进一步加大5G网络、数据中心、工业互联网、物联网等新型基础设施建设力度，优先覆盖核心商圈、重点产业园区、重要交通枢纽、主要应用场景等。打造低时延、高可靠、广覆盖的新一代通信网络。加快建设千兆城市。推动车联网部署应用。推动城市信息模型（CIM）基础平台建设，支持城市规划建设管理多场景应用，促进城市基础设施数字化和城市建设数据汇聚。加大相关设施安全保障力度。（国家发

展改革委、工业和信息化部、自然资源部、住房城乡建设部等部门按职责分工负责）

（八）完善商贸流通基础设施网络。建立健全数字化商品流通体系，在新兴城市、重点乡镇和中西部地区加快布局数字化消费网络，降低物流综合成本。提升电商、快递进农村综合水平，推动农村商贸流通转型升级。补齐农产品冷链物流设施短板，加快农产品分拨、包装、预冷等集配装备和分拨仓、前置仓等仓储设施建设。推进快递服务站、智能快件箱（信包箱）、无人售货机、智能垃圾回收机等智能终端设施建设和资源共享。推进供应链创新应用，开展农商互联农产品供应链建设，提升农产品流通现代化水平。鼓励传统流通企业向供应链服务企业转型。（国家发展改革委、住房城乡建设部、交通运输部、农业农村部、商务部、国家邮政局等部门按职责分工负责）

（九）大力推动智能化技术集成创新应用。在有效防控风险的前提下，推进大数据、云计算、人工智能、区块链等技术发展融合，加快区块链在商品溯源、跨境汇款、供应链金融和电子票据等数字化场景应用，推动更多企业“上云上平台”。积极开展消费服务领域人工智能应用，丰富5G技术应用场景，加快研发可穿戴设备、移动智能终端、智能家居、超高清及高新视频终端、智能教学助手、智能学伴、医疗电子、医疗机器人等智能化产品，增强新型消费技术支撑。（国家发展改革委、工业和信息化部、人民银行、广电总局、银保监会等部门按职责分工负责）

（十）安全有序推进数据商用。在健全安全保障体系的基础上，依法加强信息数据资源服务和监管。加大整合开发力度，探索数据流通规则制度，有效破除数据壁垒和“孤岛”，打通传输应用堵点，提升消费信息数据共享商用水平，更好为企业提供算力资源支持和优惠服务。探索发展消费大数据服务。（国家发展改革委、工业和信息化部、国家统计局等部门按职责分工负责）

（十一）规划建设新型消费网络节点。围绕国家重大区域发展战略打造新型消费增长极，培育建设国际消费中心城市，着力建设辐射带动能力强、资源整合有优势的区域消费中心，加强中小型消费城市梯队建设。规划建设城乡融合新型消费网络节点，积极发展“智慧街区”、“智慧商圈”。深化步行街改造提升工作，鼓励有条件的街区加快数字化改造，提供全方位数字生活新服务。优化百货商场、购物中心、便利店、农贸市场等城乡商业网点布局，引导行业适度集中。完善社区便民消费设施，加快规划建设便民生活服务圈、城市社区邻里中心和农村社区综合性服务网点。（国家发展改革委、工业和信息化部、自然资源部、住房城乡建设部、农业农村部、商务部等部门按职责分工负责）

四、优化新型消费发展环境

（十二）加强相关法规制度建设。出台互联网上网服务管理政策，规范行业发展。顺应新型消费发展规律，加快出台电子商务、共享经济等领域相关配套规章制度，研究制定分行业分领域的管理办法，有序做好与其他相关政策法规的衔接。推动及时调整不适应新型消费发展的法律法规与政策规定。（国家发展改革委、工业和信息化部、司法部、商务部、市场监管总局等部门按职责分工负责）

（十三）深化包容审慎和协同监管。按照包容审慎和协同监管原则，为新型消费营造规范适度的发展环境。强化消费信用体系建设，构建以信用为基础的新型监管机制。完善跨部门协同监管机制，实现线上线下协调互补、市场监管与行业监管联接互动，加大对销售假冒伪劣商品、侵犯知识产权、虚假宣传、价格欺诈、泄露隐私等行为的打击力度，着力营造安全放心诚信消费环境，促进新型消费健康发展。（国家发展改革委、工业和信息化部、商务部、市场监管总局等部门按职责分工负责）

（十四）健全服务标准体系。推进新型消

费标准化建设，支持和鼓励平台企业、行业组织、研究机构等研究制定支撑新型消费的服务标准，健全市场监测、用户权益保护、重要产品追溯等机制，提升行业发展质量和水平。（国家发展改革委、工业和信息化部、商务部、市场监管总局等部门按职责分工负责）

（十五）简化优化证照办理。进一步优化零售新业态新模式营商环境，探索实行“一照多址”。各地对新申请食品经营（仅限从事预包装食品销售）的，可试点推行告知承诺制。各地可结合实际，在保障食品安全的前提下，扩大推行告知承诺制的范围。（市场监管总局牵头，国家发展改革委等部门按职责分工负责）

五、加大新型消费政策支持力度

（十六）强化财政支持。各级财政通过现有资金渠道、按照市场化方式支持新型消费发展，促进相关综合服务和配套基础设施建设。研究进一步对新型消费领域企业优化税收征管措施，更好发挥减税降费政策效应。（国家发展改革委、工业和信息化部、财政部、人力资源社会保障部、税务总局等部门按职责分工负责）

（十七）优化金融服务。深化政银企合作，拓展新型消费领域投融资渠道。鼓励金融机构按照市场化原则，在风险可控前提下，结合新型消费领域相关企业经营特点，积极开发金融产品和服务。优化与新型消费相关的支付环境，鼓励银行等各类型支付清算服务主体降低手续费用，降低商家、消费者支付成本，推动银行卡、移动支付在便民消费领域广泛应用。完善跨境支付监管制度，稳妥推进跨境移动支付应用，提升境外人员境内支付规范化便利化水平。支持符合条件的企业通过发行新股、发行公司债券、“新三板”挂牌等方式融资。发展股权投资基金，推动生产要素向更具前景、更具活力的新型消费领域转移和集聚。（国家发展改革委、财政部、人民银行、银保监会、证监会等部门按职责分工负责）

（十八）完善劳动保障政策。鼓励发展新就业形态，支持灵活就业，加快完善相关劳动保障制度。指导企业规范开展用工余缺调剂，帮助有“共享用工”需求的企业精准、高效匹配人力资源。促进新业态新模式从业人员参加社会保险，提高参保率。坚持失业保险基金优先保生活，通过发放失业保险金、一次性生活补助等多措并举，加快构建城乡参保失业人员应发尽发、应保尽保长效机制。（国家发展改革委、财政部、人力资源社会保障部、国家医保局等部门按职责分工负责）

六、强化组织保障

（十九）加强组织领导。充分发挥完善促进消费体制机制部际联席会议制度作用，加强组织领导和统筹协调，国家发展改革委牵头组织实施，强化部门协同和上下联动，加快研究制定以新业态新模式引领新型消费加快发展的具体实施方案和配套措施，明确责任主体、时间表和路线图，形成政策合力。（国家发展改革委等各有关部门按职责分工负责）

（二十）强化监测评估。加强新型消费统计监测，聚合各类平台企业消费数据，强化传统数据与大数据比对分析，及时反映消费现状和发展趋势，提高政策调控的前瞻性和有效性。完善政策实施评估体系，综合运用第三方评估、社会监督评价等多种方式，科学评估实施效果，确保各项举措落到实处。（国家发展改革委、商务部、市场监管总局、国家统计局等部门按职责分工负责）

（二十一）注重宣传引导。创新宣传方式，丰富宣传手段，加强支持新型消费发展相关政策宣传解读和经验推广，倡导健康、智慧、便捷、共享的消费理念，营造有利于新型消费良性发展的舆论氛围。（国家发展改革委、商务部、市场监管总局、广电总局、国务院新闻办等部门按职责分工负责）

各地区、各有关部门要以习近平新时代中国特色社会主义思想为指导，增强“四个意识”、坚定“四个自信”、做到“两个维护”，坚决贯彻党中央、国务院决策部署，充分认识培育壮大新业态新模式、加快发展新型消费的重要意义，认真落实本意见各项要求，细化实化政策措施，优化制度环境，强化要素保障，持续扩大国内需求，扩大最终消费，为居民消费升级创造条件。

2020 年 9 月 16 日

国务院办公厅关于加快推进政务服务“跨省通办”的指导意见

国办发〔2020〕35号

各省、自治区、直辖市人民政府，国务院各部委、各直属机构：

推进政务服务“跨省通办”，是转变政府职能、提升政务服务能力的重要途径，是畅通国民经济循环、促进要素自由流动的重要支撑，对于提升国家治理体系和治理能力现代化水平具有重要作用。近年来，党中央、国务院陆续出台审批服务便民化、“互联网+政务服务”、优化营商环境等一系列政策文件，全国一体化政务服务平台初步建成并发挥作用，政务服务“一网通办”深入推进，各地区各部门积极开展政务服务改革探索和创新实践，政务服务便捷度和群众获得感显著提升。但企业（包括个体工商户、农民专业合作社，下同）和群众异地办事仍面临不少堵点难点问题，“多地跑”、“折返跑”等现象仍然存在。为深化“放管服”改革，进一步优化政务服务，经国务院同意，现就加快推进政务服务“跨省通办”提出以下意见。

一、总体要求

（一）指导思想。

以习近平新时代中国特色社会主义思想为指导，全面贯彻落实党的十九大和十九届二中、三中、四中全会精神，按照党中央、国务院决策部署，坚持以人民为中心的发展思想，坚持新发展理念，适应统筹推进疫情防控和经济社会发展形势要求，有效服务人口流动、生产要素自由流动和产业链高效协同，纵深推进“放管服”改革，优化政务服务，完善事中事后监管，加快推动政务服务从政府部门供给导向向企业和群众需求导向转变，依托全国一体化政务服务平台和各级政务服务机构，着力打通业务链条和数据共享堵点，推动更多政务服务事项“跨省通办”，为建设人民满意的服务型政府提供有力保障。

（二）基本原则。

坚持需求导向。聚焦企业和群众普遍关切的异地办事事项，围绕保障改善民生、促进就业创业和便利企业跨地区生产经营，促进政务服务供给与企业、群众需求有效对接，推动政务服务绩效由企业和群众评判。

坚持改革创新。紧扣政务服务“跨省通办”全环节，创新工作理念和制度机制，充分运用大数据、人工智能、区块链等新技术手段，优化再造业务流程，强化业务协同，打破地域阻隔和部门壁垒，促进条块联通和上下联动。

坚持便民高效。优化服务方式，丰富办事渠道，大力推进政务服务“跨省通办”减时间、减环节、减材料、减跑动，实现企业和群众异地办事“马上办、网上办、就近办、一地办”。

坚持依法监管。加强政务服务“跨省通

办”业务流程改革后的事中事后监管，防止出现监管真空，推行“互联网+监管”和信用监管，确保事有人管、责有人负，实现无缝衔接，对失信和欺诈行为“零容忍”，保障市场主体公平参与市场竞争，切实维护人民群众合法权益。

（三）工作目标。

从高频政务服务事项入手，2020 年底前实现第一批事项“跨省通办”，2021 年底前基本实现高频政务服务事项“跨省通办”，同步建立清单化管理制度和更新机制，逐步纳入其他办事事项，有效满足各类市场主体和广大人民群众异地办事需求。

二、重点任务

（一）聚焦保障改善民生，推动个人服务高频事项“跨省通办”。围绕教育、就业、社保、医疗、养老、居住、婚育、出行等与群众生活密切相关的异地办事需求，推动社会保障卡申领、异地就医登记备案和结算、养老保险关系转移接续、户口迁移、住房公积金转移接续、就业创业、婚姻登记、生育登记等事项加快实现“跨省通办”，便利群众异地办事，提升人民群众获得感。

（二）聚焦助力惠企利企，推动企业生产经营高频事项“跨省通办”。围绕生产要素自由流动、企业跨地区生产经营、产业链供应链协同和建立全国统一大市场，推动企业等各类市场主体登记注册和涉企经营许可等事项“跨省通办”，简化优化各类跨地区投资项目审批、工程建设项目审批等流程手续，方便企业开展生产经营活动，提升跨区域政务服务水平，激发市场主体活力。

（三）鼓励区域“跨省通办”先行探索和“省内通办”拓展深化。在全国高频政务服务“跨省通办”事项清单基础上，支持京津冀、粤港澳大湾区、长三角、成渝等地区，进一步拓展“跨省通办”范围和深度，为区域协调发展提供支撑保障。支持劳动力输出输入、东西部协作等省区市点对点开展“跨省通办”。支持各地区拓展深化，推动更多政务服务事项“省内通办”。有关行业主管部门要加强对本行业承担公共服务职能企事业单位的指导、监督，鼓励将有需求、有条件的服务事项纳入“跨省通办”范围。

三、优化政务服务“跨省通办”业务模式

（一）深化“全程网办”。除法律法规规定必须到现场办理的事项外，按照“应上尽上”的原则，政务服务事项全部纳入全国一体化政务服务平台，提供申请受理、审查决定、颁证送达等全流程全环节网上服务，实现申请人“单点登录、全国漫游、无感切换”，由业务属地为申请人远程办理。进一步改革制约全流程网上办理的规章制度和业务流程，不得强制要求申请人到现场办理。政府部门核发的证照批文，能通过数据共享查询、核验的，不再要求申请人到现场核验原件。

（二）拓展“异地代收代办”。对法律法规明确要求必须到现场办理的政务服务事项，在不改变各省区市原有办理事权的基础上，通过“收受分离”模式，打破事项办理的属地化管理限制，申请人可在政务服务大厅设置的“跨省通办”窗口提交申请材料，窗口收件后对申请材料进行形式审查、身份核验，通过邮件寄递至业务属地部门完成办理，业务属地部门寄递纸质结果或网络送达办理结果。同步建立异地收件、问题处理、监督管理、责任追溯机制，明确收件地和办理地的工作职责、业务流转程序等，确保收件、办理两地权责清晰、高效协同。支持各地进一步深化“异地受理、无差别办理”服务。

（三）优化“多地联办”。对需要申请人分别到不同地方现场办理的政务服务事项，减少申请人办理手续和跑动次数，改革原有业务规则，整合申请人多地办理流程，改由一地受理申请、各地政府部门内部协同，申请材料和档案材料通过全国一体化政务服务平台共享，实现申请人只需到一地即可完成办理。建立多地协同办理工作机制，明确办理流程和责任。

四、加强政务服务“跨省通办”服务支撑

（一）加强全国一体化政务服务平台“跨省通办”服务能力。在国家政务服务平台建设全国“跨省通办”专区，作为全国“跨省通办”服务总入口，建立个人和企业专属空间，精准推送“跨省通办”服务。充分发挥全国一体化政务服务平台公共入口、公共通道、公共支撑作用，完善统一身份认证、电子证照、电子印章等支撑能力，推动高频电子证照标准化和跨区域互认共享。国务院各部门要按照全国一体化政务服务平台统一标准和要求，建设完善“跨省通办”相关业务系统，与国家政务服务平台全面对接、深度融合，并通过全国一体化政务服务平台，加快推动本部门垂直业务系统与地方政务服务平台互联互通、协同办理，面向各级政府部门提供跨区域查询和在线核验服务。进一步加强市县政务服务平台建设，加快实现网上政务服务省、市、县、乡镇（街道）、村（社区）五级全覆盖，提升基层在线服务能力。加强全国一体化政务服务平台移动端建设和应用，推动“跨省通办”事项“掌上办”、“指尖办”。

（二）提升“跨省通办”数据共享支撑能力。建立权威高效的数据共享协调机制，明确数据共享供需对接、规范使用、争议处理、安全管理、监督考核、技术支撑等制度流程，满足“跨省通办”数据需求。除现行法律法规另有规定或涉及国家秘密和安全等外，一律面向各级政府部门提供履行职责需要的数据共享服务。依托全国一体化政务服务平台统一受理“跨省通办”数据共享需求并提供服务，加强数据共享运行监测，提升数据质量和协同效率，保障数据的及时性、准确性和安全性。结合推进政务服务“跨省通办”，将更多直接关系企业和群众办事、应用频次高的数据纳入共享范围，依法有序推进政务数据向公证处等公共服务机构共享。

（三）统一“跨省通办”业务规则和标准。各地区各部门要按照“应减尽减”的原则，优化调整“跨省通办”事项业务规则，明确申请条件、申报方式、受理模式、审核程序、办理时限、发证方式、收费标准等内容，统一办理流程和办事指南。提升政务服务事项标准化程度，基于国家政务服务平台政务服务事项基本目录，持续推进名称、编码、依据、类型等基本要素“四级四同”，完善业务分类、办理层级、前置环节等业务要素，推动事项办理规范化运行，实现同一事项在不同地域无差别受理、同标准办理。

（四）加强政务服务机构“跨省通办”能力建设。强化政务服务机构“跨省通办”管理和服务功能，优化政务服务资源配置，原则上县级以上政务服务大厅要设置“跨省通办”窗口、政务服务平台要按照全国一体化政务服务平台相关标准规范设置“跨省通办”专区，配备相应的设备和人员，有条件的地方可延伸到乡镇（街道）、村（社区）和园区。加强政务服务队伍建设，开展窗口人员“跨省通办”业务培训，提高“跨省通办”服务能力和水平。为“跨省通办”提供便利快捷的物流和支付渠道。依托全国一体化政务服务平台，推动政务服务大厅和政务服务平台对接融合，为企业和群众提供线上线下多样化办事渠道，满足不同群体的差异化需求。

五、保障措施

（一）加强组织领导和统筹协调。国务院办公厅负责全国政务服务“跨省通办”的统筹协调，组织编制并发布全国高频政务服务“跨省通办”事项清单，建立工作台账，明确责任单位、时间表、路线图，协调解决有关重大问题。各地区各部门要高度重视，切实加强组织领导，层层压实责任，强化经费保障，在推进政务服务“跨省通办”的同时，加快实现相关高频政务服务事项“省内通办”，确保改革任务尽快落地见效。国务院各部门要按照职责分工，加大对主管行业领域政务服务“跨省通办”的政策、业务、系统、数据支持力度，加强部门间协同配合。

（二）加强法治保障和政策支持。聚焦政务服务“跨省通办”流程优化再造面临的政策制度障碍，及时清理和修改完善与政务服务“跨省通办”中“全程网办”、“异地代收代办”、“多地联办”等不相适应的有关法规规章和规范性文件，细化制定相关配套政策和规则标准。针对政务服务“跨省通办”后可能出现的新情况新问题，及时调整完善监管政策。数据共享要注重保护国家秘密、商业秘密和个人隐私，防止滥用或泄露。

（三）加强督促指导和服务评价。国务院办公厅加强对各地区各部门政务服务“跨省通办”工作的跟踪督促和业务指导，及时推动优化调整相关政策。对改革措施不到位、工作落实不到位、企业和群众反映问题仍然突出的，给予通报批评等处理。推进政务服务“跨省通办”的“好差评”工作，完善评价规则，加强评价结果运用，改进提升政务服务质量。

（四）加强宣传推广和解读引导。各地区各部门要统筹政务服务与政务公开，及时公开政务服务“跨省通办”工作进展及成效。中国政府网、各地区各部门政府网站及政务新媒体要做好有关政策汇聚、宣传解读、服务推广和精准推送。要通过全国一体化政务服务平台“好差评”系统、各级政府门户网站、“12345”热线等倾听收集企业和群众意见建议，及时解决突出问题。

各地区各部门要根据本意见抓紧制定具体工作方案，明确责任单位和进度安排，加强衔接配合，认真抓好落实。有关情况及时报送国务院办公厅。

附件：全国高频政务服务“跨省通办”事项清单

2020年9月24日

附件

全国高频政务服务“跨省通办”事项清单
（共140项）

一、2020年底前实现“跨省通办”的事项（58项）

序号	“跨省通办”事项	应用场景	牵头单位	配合单位
1	学历公证	申请人可异地申请博士研究生、硕士研究生、大学本科、大学专科学历公证，不受户籍地或学校所在地限制	司法部	教育部
2	学位公证	申请人可异地申请博士、硕士、学士学位公证，不受户籍地或学校所在地限制	司法部	教育部
3	机动车驾驶证公证	申请人可异地申请机动车驾驶证公证，不受户籍地或驾驶证领取地限制	司法部	公安部

续表

序号	“跨省通办”事项	应用场景	牵头单位	配合单位
4	应届毕业生法律职业资格认定（享受放宽条件政策的除外）	申请人可选择在居住地、户籍地或工作地申请授予法律职业资格，不受考试报名地限制	司法部	
5	失业登记	申请人可在居住地、工作地、参保地或户籍地申请失业登记，不受地域限制	人力资源社会保障部	
6	社会保险个人权益记录单查询打印（养老保险、工伤保险、失业保险等）	申请人可异地查询、打印本人名下各地、各年度社会保险个人权益记录单，不受地域限制	人力资源社会保障部	
7	企业职工基本养老保险关系转移接续	申请人可向转入地申请，转入地与转出地协同办理企业职工基本养老保险关系转移接续，申请人不再需要到转出地办理（不符合转出条件的除外）	人力资源社会保障部	
8	城乡居民基本养老保险关系转移接续	申请人可向转入地申请，转入地与转出地协同办理城乡居民基本养老保险关系转移接续，申请人不再需要到转出地办理（不符合转出条件的除外）	人力资源社会保障部	
9	机关事业单位基本养老保险关系转移接续（含职业年金）	申请人可向转入地申请，转入地与转出地协同办理机关事业单位基本养老保险关系转移接续（含职业年金），申请人不再需要到转出地办理（不符合转出条件的除外）	人力资源社会保障部	
10	机关事业单位基本养老保险与企业职工基本养老保险互转	申请人可向转入地申请，转入地与转出地协同办理机关事业单位基本养老保险与企业职工基本养老保险互转，申请人不再需要到转出地办理（不符合转出条件的除外）	人力资源社会保障部	
11	企业职工基本养老保险与城乡居民基本养老保险互转	申请人可向转入地申请，转入地与转出地协同办理企业职工基本养老保险与城乡居民基本养老保险互转，申请人不再需要到转出地办理（不符合转出条件的除外）	人力资源社会保障部	
12	退役军人养老保险关系转移接续	申请人可向转入地申请，转入地与军队经办机构协同办理退役军人养老保险关系转移接续	人力资源社会保障部	
13	领取养老金人员待遇资格认证	领取养老金的申请人，可异地自助办理领取待遇资格认证，不受地域限制	人力资源社会保障部	
14	养老保险供养亲属领取待遇资格认证	申请人属于养老保险供养亲属的，可异地自助办理领取待遇资格认证（生存认证），不受地域限制	人力资源社会保障部	

续表

序号	“跨省通办”事项	应用场景	牵头单位	配合单位
15	电子社会保障卡申领	申请人可网上申领电子社会保障卡，不受发卡地限制	人力资源社会保障部	
16	失业保险金申领	申请人可异地申领失业保险金，不受地域限制	人力资源社会保障部	
17	就业创业证查询、核验	申请人可异地查询或核验本人就业创业证信息，不受地域限制	人力资源社会保障部	
18	技工院校毕业证书查询、核验	申请人可异地查询或核验本人技工院校毕业证书信息，不受地域限制	人力资源社会保障部	
19	技能人员职业资格证书查询、核验	申请人可异地查询或核验本人技能人员职业资格证书信息，不受地域限制	人力资源社会保障部	
20	专业技术人员职业资格证书查询、核验	申请人可异地查询或核验本人专业技术人员职业资格证书信息，不受地域限制	人力资源社会保障部	
21	商品房预售、抵押涉及的不动产预告登记（省会城市及计划单列市）	申请人可异地网上申请商品房预售、抵押涉及的不动产预告登记，不受商品房所在地限制	自然资源部	公安部、民政部、国家卫生健康委、市场监管总局
22	不动产登记资料查询（省会城市及计划单列市）	申请人可异地网上查询不动产登记资料，不受不动产登记地限制	自然资源部	最高人民法院、公安部、民政部、司法部、国家卫生健康委、市场监管总局
23	不动产抵押登记（省会城市及计划单列市）	申请人可异地网上申请不动产抵押登记，不受不动产登记地限制	自然资源部	公安部、民政部、国家卫生健康委、市场监管总局
24	排污许可	申请人可异地网上提交申请材料，由排污企业所在地生态环境部门审核并发证	生态环境部	
25	个人住房公积金缴存贷款等信息查询	申请人可异地查询个人住房公积金缴存贷款等信息，不受住房公积金缴存地限制	住房城乡建设部	
26	出具贷款职工住房公积金缴存使用证明	申请人在非住房公积金缴存地贷款购房，可向购房地住房公积金管理中心申请出具贷款职工住房公积金缴存使用证明，不受住房公积金缴存地限制	住房城乡建设部	
27	正常退休提取住房公积金	申请人正常退休，可异地提取住房公积金，不受住房公积金缴存地限制	住房城乡建设部	公安部、人力资源社会保障部
28	小型非营运二手车交易登记	申请人异地交易小型非营运二手车，车辆转入地可为小型非营运二手车交易开具发票并办理转移登记手续	商务部	公安部、税务总局

续表

序号	“跨省通办”事项	应用场景	牵头单位	配合单位
29	义诊活动备案	申请人可异地网上提交义诊活动备案申请，不受义诊组织所在地限制	国家卫生健康委	
30	消毒产品卫生安全评价报告备案	申请人可异地网上申请消毒产品卫生安全评价报告备案，不受企业所在地限制	国家卫生健康委	
31	内资企业及分支机构设立登记	申请人可异地网上申请内资企业及分支机构设立登记，不受企业住所地限制	市场监管总局	
32	内资企业及分支机构变更登记	申请人可异地网上申请内资企业及分支机构变更登记，不受企业登记地限制	市场监管总局	
33	内资企业及分支机构注销登记	申请人可异地网上申请内资企业及分支机构注销登记，不受企业登记地限制	市场监管总局	
34	外资企业及分支机构设立登记	申请人可异地网上申请外资企业及分支机构设立登记，不受企业住所地限制	市场监管总局	商务部
35	外资企业及分支机构变更登记	申请人可异地网上申请外资企业及分支机构变更登记，不受企业登记地限制	市场监管总局	商务部
36	外资企业及分支机构注销登记	申请人可异地网上申请外资企业及分支机构注销登记，不受企业登记地限制	市场监管总局	商务部
37	个体工商户设立登记	申请人可异地网上申请个体工商户设立登记，不受住所地限制	市场监管总局	
38	个体工商户变更登记	申请人可异地网上申请个体工商户变更登记，不受登记地限制	市场监管总局	
39	个体工商户注销登记	申请人可异地网上申请个体工商户注销登记，不受登记地限制	市场监管总局	
40	农民专业合作社设立登记	申请人可异地网上申请农民专业合作社设立登记，不受住所地限制	市场监管总局	
41	农民专业合作社变更登记	申请人可异地网上申请农民专业合作社变更登记，不受登记地限制	市场监管总局	
42	农民专业合作社注销登记	申请人可异地网上申请农民专业合作社注销登记，不受登记地限制	市场监管总局	
43	营业执照遗失补领、换发	申请人营业执照遗失的，可异地网上申请补领、换发，不受登记地限制	市场监管总局	

续表

序号	“跨省通办”事项	应用场景	牵头单位	配合单位
44	特种设备检验、检测人员资格认定	申请人可异地申请特种设备检验、检测人员资格认定，不受地域限制	市场监管总局	
45	国产保健食品备案	申请人可异地申请国产保健食品备案，不受企业所在地限制	市场监管总局	
46	特种设备检验检测机构核准	申请人可异地向规定的许可机关申请特种设备检验检测机构核准，不受所在地限制	市场监管总局	
47	特种设备生产单位许可	申请人可异地向规定的许可机关申请特种设备生产单位许可，不受所在地限制	市场监管总局	
48	医保电子凭证申领	申请人可网上申领医保电子凭证，不受地域限制	国家医保局	
49	航空安全员资格认定	申请人可异地申请办理航空安全员执照，不受提交申请地点限制	中国民航局	
50	申请撤销提供邮政普遍服务的邮政营业场所	申请人可异地申请撤销提供邮政普遍服务的邮政营业场所，不受提交申请地点限制，不影响法定经营地域	国家邮政局	
51	邮政企业申请停止办理或者限制办理邮政普遍服务和邮政特殊服务业务审批	申请人可异地申请停止办理或者限制办理邮政普遍服务业务、邮政特殊服务业务，不受提交申请地点限制，不影响法定经营地域	国家邮政局	
52	快递业务经营许可	申请人可异地申请经营快递业务，不受提交申请地点限制，不影响法定经营地域	国家邮政局	
53	国产药品再注册	申请人可异地向注册地省级药品监管部门申请办理国产药品再注册，不受所在地限制	国家药监局	
54	不涉及技术内容的国产药品变更备案	申请人可异地向注册地省级药品监管部门申请不涉及技术内容的国产药品变更备案，不受所在地限制	国家药监局	
55	执业药师注册	申请人可异地向注册地管理机构申请执业药师注册，不受所在地限制	国家药监局	人力资源社会保障部
56	执业药师延续注册	申请人可异地向注册地管理机构申请执业药师延续注册，不受所在地限制	国家药监局	人力资源社会保障部
57	执业药师变更注册	申请人可异地向注册地管理机构申请执业药师变更注册，不受所在地限制	国家药监局	人力资源社会保障部
58	执业药师注销注册	申请人可异地向注册地管理机构申请执业药师注销注册，不受所在地限制	国家药监局	人力资源社会保障部

二、2021年底前实现"跨省通办"的事项（74项）

序号	"跨省通办"事项	应用场景	牵头单位	配合单位
1	开具有无犯罪记录证明	申请人可异地申请开具有无犯罪记录证明，不受户籍地限制	公安部	
2	开具户籍类证明	因家庭矛盾等原因无法取得居民户口簿的，申请人可异地申请开具户籍类证明，由户籍地公安部门开具相关证明，不受户籍地限制	公安部	
3	工作调动户口迁移	申请人因工作调动需要迁移户口的，只需在迁入地申请，迁入地和迁出地公安部门协同办理户口迁移，申请人不再需要到转出地办理相关手续	公安部	教育部、人力资源社会保障部
4	大中专院校录取学生户口迁移	申请人因大中专院校录取需要迁移户口的，只需在迁入地申请，迁入地和迁出地公安部门协同办理户口迁移，申请人不再需要到转出地办理相关手续	公安部	教育部、人力资源社会保障部
5	大中专学生毕业户口迁移	申请人因大中专毕业后需要迁移户口的，只需在迁入地申请，迁入地和迁出地公安部门协同办理户口迁移，申请人不再需要到转出地办理相关手续	公安部	教育部、人力资源社会保障部
6	夫妻投靠户口迁移	申请人因投靠配偶需要迁移户口的，只需在迁入地申请，迁入地和迁出地公安部门协同办理户口迁移，申请人不再需要到转出地办理相关手续	公安部	民政部
7	父母投靠子女户口迁移	申请人因投靠子女需要迁移户口的，只需在迁入地申请，迁入地和迁出地公安部门协同办理户口迁移，申请人不再需要到转出地办理相关手续	公安部	民政部
8	孤儿救助资格认定	申请人可异地申请孤儿救助资格认定，不受户籍地限制	民政部	
9	事实无人抚养儿童认定	申请人可异地申请事实无人抚养儿童认定，不受户籍地限制	民政部	
10	困难残疾人生活补贴和重度残疾人护理补贴资格认定	申请人可异地申请困难残疾人生活补贴和重度残疾人护理补贴资格认定，不受户籍地限制	民政部	中国残联
11	法律职业资格认定（享受放宽条件政策的除外）	申请人可选择在居住地、户籍地或工作地申请授予法律职业资格，不受考试报名地限制	司法部	
12	纳税状况公证	申请人可异地申请办理纳税状况公证，不受缴税地限制	司法部	税务总局

续表

序号	“跨省通办”事项	应用场景	牵头单位	配合单位
13	职业年金个人权益记录单查询打印	申请人可异地查询、打印职业年金个人权益记录单，不受地域限制	人力资源社会保障部	
14	个人社保参保证明查询打印	申请人可异地查询、打印个人社保参保证明信息，不受地域限制	人力资源社会保障部	
15	单位社保参保证明查询打印	申请人可异地查询、打印单位社保参保证明信息，不受地域限制	人力资源社会保障部	
16	失业保险关系转移接续	申请人可向转入地申请，转入地与转出地经办机构协同办理失业保险关系转移接续，申请人不再需要到转出地办理（不符合转出条件的除外）	人力资源社会保障部	
17	领取一级至四级伤残职工工伤保险长期待遇资格认证	申请人可异地自助办理一级至四级伤残职工工伤保险长期待遇资格认证（生存认证），不受地域限制	人力资源社会保障部	
18	领取因工死亡职工供养亲属待遇资格认证	申请人可异地自助办理因工死亡职工供养亲属待遇资格认证（生存认证），不受地域限制	人力资源社会保障部	
19	工伤事故备案	申请人异地发生工伤事故后，可异地向参保地社保经办机构及时报告工伤事故情况，不受地域限制	人力资源社会保障部	
20	工伤异地居住（就医）申请	申请人需要在异地就医的，可申请工伤异地居住（就医）备案，不再需要到参保地办理	人力资源社会保障部	国家医保局
21	社会保障卡申领	申请人可异地申领社会保障卡，不受发卡地限制	人力资源社会保障部	
22	社会保障卡启用	申请人可异地启用社会保障卡社会保障功能，不受发卡地限制	人力资源社会保障部	
23	社会保障卡补领、换领、换发	申请人可异地申请社会保障卡补领、换领、换发，不受发卡地限制	人力资源社会保障部	
24	社会保障卡临时挂失	申请人可异地办理社会保障卡临时挂失，不受发卡地限制	人力资源社会保障部	
25	职业技能等级证书查询、核验	申请人可异地查询或核验本人职业技能等级证书信息，不受地域限制	人力资源社会保障部	
26	流动人员人事档案接收、转递	申请人可向人事档案转入地申请，转入地与转出地协同办理流动人员人事档案接收、转递，申请人不再需要到转出地办理相关手续	人力资源社会保障部	
27	商品房预售、抵押涉及的不动产预告登记	申请人可异地网上申请商品房预售、抵押涉及的不动产预告登记，不受商品房所在地限制	自然资源部	公安部、民政部、国家卫生健康委、市场监管总局

续表

序号	“跨省通办”事项	应用场景	牵头单位	配合单位
28	不动产登记资料查询	申请人可异地网上查询不动产登记资料，不受不动产登记地限制	自然资源部	最高人民法院、公安部、民政部、司法部、国家卫生健康委、市场监管总局
29	不动产抵押登记	申请人可异地网上申请不动产抵押登记，不受不动产登记地限制	自然资源部	公安部、民政部、国家卫生健康委、市场监管总局
30	测绘作业证办理	申请人可异地申请办理测绘作业证，不受测绘作业地限制	自然资源部	
31	新设探矿权登记	申请人可异地申请新设探矿权登记，不受地域限制	自然资源部	
32	探矿权保留登记	申请人可异地申请探矿权保留登记，不受地域限制	自然资源部	
33	探矿权延续登记	申请人可异地申请探矿权延续登记，不受地域限制	自然资源部	
34	探矿权变更登记	申请人可异地申请探矿权变更登记，不受地域限制	自然资源部	
35	探矿权注销登记	申请人可异地申请探矿权注销登记，不受地域限制	自然资源部	
36	新设采矿权登记	申请人可异地申请新设采矿权登记，不受地域限制	自然资源部	
37	采矿权变更登记	申请人可异地申请采矿权变更登记，不受地域限制	自然资源部	
38	采矿权抵押备案	申请人可异地申请采矿权抵押备案，不受地域限制	自然资源部	
39	采矿权延续登记	申请人可异地申请采矿权延续登记，不受地域限制	自然资源部	
40	采矿权注销登记	申请人可异地申请采矿权注销登记，不受地域限制	自然资源部	
41	测绘成果目录汇交	汇交人可网上汇交测绘成果目录，不受地域限制	自然资源部	
42	建立相对独立平面坐标系统审批	申请人可异地申请建立相对独立平面坐标系统审批，不受地域限制	自然资源部	
43	住房公积金单位登记开户	申请人可异地向注册地住房公积金管理中心申请住房公积金单位登记开户，不受地域限制	住房城乡建设部	公安部、人力资源社会保障部、市场监管总局
44	住房公积金单位及个人缴存信息变更	申请人可异地向缴存地住房公积金管理中心申请变更单位及个人住房公积金缴存信息，不受地域限制	住房城乡建设部	公安部、人力资源社会保障部、市场监管总局

续表

序号	“跨省通办”事项	应用场景	牵头单位	配合单位
45	购房提取住房公积金	申请人在非缴存地购房的，可向购房地住房公积金管理中心提出申请，从缴存地住房公积金管理中心提取住房公积金	住房城乡建设部	公安部、民政部、人力资源社会保障部、自然资源部、税务总局、中国人民银行
46	开具住房公积金个人住房贷款全部还清证明	申请人可异地向贷款地住房公积金管理中心申请开具住房公积金个人住房贷款全部还清证明，不受地域限制	住房城乡建设部	
47	提前还清住房公积金贷款	申请人可异地向贷款地住房公积金管理中心申请提前还清住房公积金贷款，不受地域限制	住房城乡建设部	
48	道路客运驾驶员从业资格证换证	申请人可异地申请道路客运驾驶员从业资格证换证，不受地域限制	交通运输部	
49	生育登记（一孩/二孩）	申请人可异地网上申请生育登记（一孩/二孩），不受户籍地限制	国家卫生健康委	
50	再生育审批（三孩及以上）	申请人可异地网上申请再生育审批（三孩及以上），不受户籍地限制（西藏的完成时间可适当延后）	国家卫生健康委	
51	医疗广告审查	申请人可异地网上申请发布医疗广告，不受企业所在地限制	国家卫生健康委	
52	工业产品生产许可证发证	申请人可异地申请工业产品生产许可证，不受企业所在地限制	市场监管总局	
53	工业产品生产许可证注销	申请人可异地申请工业产品生产许可证注销，不受企业所在地限制	市场监管总局	
54	保健食品广告审查	申请人可异地网上申请保健食品广告审查，不受申请人所在地限制	市场监管总局	
55	特殊医学用途配方食品广告审查	申请人可异地网上申请特殊医学用途配方食品广告审查，不受申请人所在地限制	市场监管总局	
56	计量器具型式批准（国产计量器具）	申请人可异地申请计量器具型式批准（国产计量器具），不受企业所在地限制	市场监管总局	
57	医疗器械广告审查	申请人可异地网上申请医疗器械广告审查，不受申请人所在地限制	市场监管总局	
58	基本医疗保险参保信息变更	申请人可异地申请变更基本医疗保险参保信息，不受参保地限制	国家医保局	公安部、民政部、人力资源社会保障部、税务总局
59	城乡居民基本医疗保险参保登记	申请人可异地申请城乡居民基本医疗保险参保登记，不受参保地限制	国家医保局	公安部、民政部、人力资源社会保障部、税务总局

续表

序号	“跨省通办”事项	应用场景	牵头单位	配合单位
60	基本医疗保险关系转移接续	申请人可在转入地申请，转入地与转出地经办机构协同办理基本医疗保险关系转移接续，申请人不再需要到转出地办理相关手续	国家医保局	公安部、人力资源社会保障部、税务总局
61	异地就医结算备案	申请人可跨省申请异地就医结算备案，不受参保地限制	国家医保局	公安部
62	门诊费用跨省直接结算	申请人在异地门诊就医时可凭社会保障卡、身份证或医保电子凭证直接结算医疗费用	国家医保局	
63	医保定点医疗机构基础信息变更	申请人可异地申请医保定点医疗机构基础信息变更，不受医保定点医疗机构所在地限制	国家医保局	国家卫生健康委、国家药监局
64	非《进出口野生动植物种商品目录》物种证明核发	申请人可异地申请非《进出口野生动植物种商品目录》物种证明核发，不受地域限制	国家林草局	海关总署
65	经营邮政通信业务审批	申请人可异地申请办理经营邮政通信业务审批，不受提交申请地点限制，不影响法定经营地域	国家邮政局	
66	仿印邮票图案及其制品审批	申请人因工作需要，可异地申请办理仿印邮票图案及其制品审批，不受提交申请地点限制	国家邮政局	
67	申请停止使用邮资凭证审批	申请人可异地申请办理停止使用邮资凭证审批，不受提交申请地点限制	国家邮政局	
68	残疾人证新办	申请人可异地申请新办残疾人证，不受户籍地限制	中国残联	公安部、国家卫生健康委
69	残疾人证换领	申请人可异地申请换领残疾人证，不受户籍地限制	中国残联	公安部
70	残疾人证迁移	申请人可异地申请迁移残疾人证，不受户籍地限制	中国残联	公安部
71	残疾人证挂失补办	申请人可异地申请挂失补办残疾人证，不受户籍地限制	中国残联	公安部
72	残疾人证注销	申请人可异地申请注销残疾人证，不受户籍地限制	中国残联	公安部
73	残疾类别/等级变更	申请人可异地申请变更残疾类别/等级，不受户籍地限制	中国残联	公安部、国家卫生健康委
74	全国残疾人按比例就业情况联网认证	申请人可异地申请“安排残疾人就业比例”认证，不受地域限制	中国残联	人力资源社会保障部、税务总局、国家医保局

三、2021 年以后实现“跨省通办”的事项（8 项）

序号	“跨省通办”事项	应用场景	牵头单位	完成时限
1	新生儿入户	申请人可异地向新生儿（其父母为境内人士，父母同民族，婚内、境内生育小孩，父母非集体户，且随父亲或母亲报出生）出生地公安部门申请办理新生儿入户，不受父母户籍地限制	公安部	2021 年在京津冀、长三角等地区开展“跨省通办”试点，在总结试点经验基础上逐步推开
2	首次申领居民身份证（监护人代办的除外）	申请人可异地首次申领居民身份证，由所在地公安部门线下取指纹和拍照，不受户籍地限制	公安部	2021 年在京津冀、长三角等地区开展“跨省通办”试点，在总结试点经验基础上逐步推开
3	结婚登记	申请人可在所在地婚姻登记机关办理结婚登记，不受户籍地限制	民政部	2020 年至 2022 年 10 月进行“省内通办”试点，2022 年 10 月至 2024 年底进行“跨省通办”试点，力争 2025 年底前在县级以上婚姻登记机关全面实行全国“跨省通办”
4	离婚登记	申请人可在所在地婚姻登记机关办理离婚登记，不受户籍地限制	民政部	在开展结婚登记“跨省通办”试点基础上，条件成熟时实施离婚登记“跨省通办”试点
5	灵活就业人员申请企业职工基本养老保险参保登记	申请人可异地申请企业职工基本养老保险参保登记，不受地域限制	人力资源社会保障部	2022 年 6 月底前
6	社会保险参保缴费记录查询	申请人可异地查询本人在各地的每月社会保险参保缴费记录，不受地域限制	人力资源社会保障部	2022 年 6 月底前
7	工伤职工异地就医结算	申请人可持社会保障卡直接结算工伤医疗费、辅助器具配置费、工伤康复费	人力资源社会保障部（配合单位：国家医保局）	2022 年底前
8	生育保险待遇核定与支付	申请人可异地申请报销生育医疗费用，申领生育津贴，不受参保地限制	国家医保局	2022 年底前

注：1. 根据企业、群众需求和业务工作实际，可通过“全程网办”、“异地代收代办”、“多地联办”等一种方式或多种方式组合，实现政务服务事项“跨省通办”。

2. 对 2021 年以后实现“跨省通办”的事项，请相关部门于每年 12 月底前将工作进展情况报送国务院办公厅。

国务院办公厅关于印发全国深化“放管服”改革优化营商环境电视电话会议重点任务分工方案的通知

国办发〔2020〕43号

各省、自治区、直辖市人民政府，国务院各部委、各直属机构：

《全国深化“放管服”改革优化营商环境电视电话会议重点任务分工方案》已经国务院同意，现印发给你们，请结合实际认真贯彻落实。

2020年11月1日

全国深化“放管服”改革优化营商环境电视电话会议重点任务分工方案

党中央、国务院高度重视深化“放管服”改革优化营商环境工作。2020年9月11日，李克强总理在全国深化“放管服”改革优化营商环境电视电话会议上发表重要讲话，部署进一步深化“放管服”改革，加快打造市场化法治化国际化营商环境，不断激发市场主体活力和发展内生动力。为确保会议确定的重点任务落到实处，现制定如下分工方案。

一、把实施好宏观政策和深化“放管服”改革结合起来，提高宏观政策实施的时效性和精准性

（一）研究将财政资金直达机制实施中的好做法制度化，落实减税降费政策，为保就业、保民生、保市场主体提供支撑。（财政部、国家发展改革委、工业和信息化部、民政部、人力资源社会保障部、交通运输部、人民银行、税务总局、市场监管总局、银保监会等国务院相关部门及各地区按职责分工负责）

具体措施：

1. 及时总结财政资金直达基层的经验做法，进一步完善财政资金直达机制，优化完善直达资金监控系统功能，督促各地区加强直达资金日常监控，确保资金落实到位、规范使用。（财政部牵头，国务院相关部门及各地区按职责分工负责）

2. 简化税费优惠政策适用程序，利用大数据等技术甄别符合条件的纳税人、缴费人，精准推送优惠政策信息。督促中央执收单位和各地区加强非税收入退付管理，确保取消、停征、免征及降低征收标准的收费基金项目及时落实到相关企业和个人。（财政部、税务总局牵头，国务院相关部门及各地区按职责分工负责）

3. 2020年底前开展涉企收费专项治理，对公用事业、港口物流等领域涉企收费开展检查，整治部分园区、楼宇、商业综合体等转供电主体违法加价等行为，坚决避免减税降费红利被截留。（市场监管总局牵头，国家发展改革委、住房城乡建设部、交通运输部、海关总署等国务院相关部门及各地区按职责分工负责）

4. 清理规范中小企业融资中的不合理附加费用，整治银行强制搭售产品、超公示标准收费、收费与服务项目不符等违规行为。加强银行服务项目和收费公示，建立健全银行业违规收费投诉举报机制。（银保监会及各地区按职责分工负责）

5. 2020年底前组织开展行业协会商会收费情况全面自查，2021年3月底前对行业协会商会乱收费自查、退还违法违规所得等情况开展检查，确保乱收费问题整改到位。（市场监管总局、民政部牵头，国务院相关部门及各地区按职责分工负责）

（二）让企业特别是中小微企业融资更加便利、更加优惠，推动国有大型商业银行创新对中小微企业的信贷服务模式，利用大数据等技术解决“首贷难”、“续贷难”等问题。督促金融机构优化普惠型小微企业贷款延期操作程序，做到应延尽延，并引导金融机构适当降低利率水平。加强水电气、纳税、社保等信用信息归集共享，为增加普惠金融服务创造条件。（人民银行、银保监会牵头，国家发展改革委、财政部、人力资源社会保障部、住房城乡建设部、税务总局、市场监管总局、国家医保局、国家能源局等国务院相关部门及各地区按职责分工负责）

具体措施：

1. 鼓励商业银行运用大数据等技术建立风险定价和管控模型，优化再造对中小微企业的信贷发放流程和模式，推行线上服务、“不见面”审批等便捷信贷服务。（人民银行、银保监会及各地区按职责分工负责）

2. 完善商业银行绩效评价，督促商业银行改进贷款尽职免责标准和流程，引导商业银行落实普惠型小微企业贷款政策。督促金融机构公开普惠型小微企业贷款延期操作程序，压缩办理时限，做到应延尽延。（财政部、人民银行、银保监会按职责分工负责）

3. 完善水电气、纳税、社保等领域信用评价标准和指标体系，充分运用各类信用信息平台，加强相关信用信息共享以及在信贷发放方面的应用，支持普惠金融更好发展。（国家发展改革委、人民银行、银保监会牵头，人力资源社会保障部、住房城乡建设部、税务总局、市场监管总局、国家医保局、国家能源局等国务院相关部门及各地区按职责分工负责）

（三）稳定和扩大就业，破除影响就业特别是新就业形态的各种不合理限制，加快调整相关准入标准、职业资格、社会保障、人事管理等政策，适应并促进多元化的新就业形态。把灵活就业、共享用工岗位信息纳入公共就业服务范围，对设立劳务市场或零工市场给予支持、提供便利。（人力资源社会保障部牵头，国务院相关部门及各地区按职责分工负责）

具体措施：

1. 简化应届高校毕业生就业手续，推动取消应届高校毕业生报到证，并加强教育、人力资源社会保障、公安等部门业务协同和就业信息共享，做好就业保障和服务。对非公单位接收应届高校毕业生，取消由所在地公共就业人才服务机构在就业协议书上签章的环节。（教育部、人力资源社会保障部、公安部等国务院相关部门及各地区按职责分工负责）

2. 加大就业服务供给，督促地方清理对职业资格培训和技能培训类民办学校在管理人员从业经验、培训工种数量等方面设定的不合理要求。推进流动人员人事档案信息互联，加

快推行“一点存档、多点服务”。（人力资源社会保障部牵头，国务院相关部门及各地区按职责分工负责）

3. 推进企业技能人才自主评价，支持企业依据国家职业技能标准自主开展技能人才评定，对没有国家职业技能标准的可自主开发评价规范。获得企业发放的职业技能相关证书的人才符合相关条件的，可享受职业培训、职业技能鉴定补贴等政策。（人力资源社会保障部牵头，国务院相关部门及各地区按职责分工负责）

4. 优化外国人来华工作许可，指导地方试点持人才签证的外国人才免办工作许可，授权副省级城市和计划单列市科技主管部门受理签发外国高端人才确认函。（科技部牵头，国务院相关部门及各地区按职责分工负责）

（四）继续优化常态化疫情防控，提高快速处置和精准管控能力，促进客运、餐饮、旅游、住宿等服务业加快恢复。动态调整优化外防输入管控措施，为中外人员往来创造安全便利的条件，提升国际货物运输保障能力。及时清理取消疫情防控中恢复或新增的审批事项，防止将一些临时性审批长期化。（国务院办公厅、国家发展改革委、交通运输部、商务部、文化和旅游部、国家卫生健康委、海关总署、市场监管总局、国家移民局、国家邮政局等国务院相关部门及各地区按职责分工负责）

具体措施：

1. 总结推广疫情防控中服务企业的经验做法，将行之有效、市场主体认可的做法规范化、制度化。及时清理取消不合时宜的管控措施和临时性审批事项。（各地区、各部门负责）

2. 适时调整优化精准防控措施，支持分区分级加快恢复客运服务，对出现散发病例的区域加强交通运输疫情防控，落实客运场站和交通运输工具消毒通风、人员防护、乘客测温等措施。（交通运输部、国家卫生健康委等国务院相关部门及各地区按职责分工负责）

3. 2020 年底前制定出台餐饮服务常态化疫情防控的指导意见，完善住宿业疫情防控指南，支持餐饮业、住宿业在做好疫情防控前提下尽快恢复发展。修订完善旅游景区、剧场等演出场所、互联网上网服务营业场所、娱乐场所恢复开放的疫情防控指南。（商务部、文化和旅游部、国家卫生健康委等国务院相关部门及各地区按职责分工负责）

二、放要放出活力、放出创造力

（五）系统梳理现有各层级审批和各种具有审批性质的管理措施并形成清单，分类推进行政审批制度改革。（国务院办公厅牵头，各地区、各部门负责）

具体措施：

1. 编制公布中央层面设定的行政许可事项清单，出台规范行政许可事项清单管理的规定，对清单内行政许可事项，逐项明确设定依据、实施机关、许可条件、办理程序、办理时限、申请材料、适用范围、有效期限、中介服务等要素。（国务院办公厅牵头，国务院相关部门按职责分工负责）

2. 2021 年 6 月底前建立健全行政许可设定审查机制，严格控制新设行政许可等管理措施，加强对行政许可实施情况的监督。（国务院办公厅负责）

（六）大幅精简各类重复审批，对重复审批进行清理，能整合的整合，该取消的取消，同时要强化责任意识，明确“谁审批谁负责”，绝不能“一批了之”。（国务院办公厅牵头，各地区、各部门负责）

具体措施：

1. 2021 年 6 月底前研究提出新一批取消、下放和改变管理方式的行政许可事项。（国务院办公厅牵头，国务院相关部门按职责分工负责）

2. 深化投资审批制度改革，进一步简化、整合投资项目报建手续，指导地方探索创新投资管理服务方式，不断精简优化审批程序、审批事项和申报材料。（国家发展改革委牵头，国务院相关部门及各地区按职责分工负责）

3. 进一步压减中央层面、地方层面设立的工程建设项目审批事项和条件，精简规范工程建设项目全流程涉及的技术审查、中介服务事项，压缩审批时间。（住房城乡建设部牵头，国务院相关部门及各地区按职责分工负责）

（七）下决心取消对微观经济活动造成不必要干预的审批，以及可以由事前审批转为事中事后监管的审批。从放管结合的角度出发，加快清理不涉及重大项目布局又不触及安全底线的审批，切实改变“以批代管”的情况，进一步降低准入门槛。（国务院办公厅牵头，国务院相关部门及各地区按职责分工负责）

具体措施：

1. 大幅压减涉及工业产品的行政许可事项和强制性认证事项，广泛推行产品系族管理，解决重复检验检测、重复审批认证等问题。（国务院办公厅、市场监管总局、司法部牵头，国务院相关部门及各地区按职责分工负责）

2. 严格控制强制性认证目录，推动将强制性认证目录中适用自我声明方式的产品种类扩大至30%以上，进一步整合划分过细的认证单元。增加指定的认证机构数量，对不涉及产品安全的变更无需申报，压缩认证时间和成本。（市场监管总局牵头，国务院相关部门及各地区按职责分工负责）

3. 优化药店开设审批，在全国范围内对申请开办只经营乙类非处方药的零售企业审批实行告知承诺制，推动取消药品零售企业筹建审批，督促地方清理对开办药店设定的间距限制等不合理条件，并同步加强事中事后监管。（国家药监局牵头，国务院相关部门及各地区按职责分工负责）

4. 2020年底前制定出台深化汽车生产流通领域“放管服”改革的有关意见。简化优化汽车生产准入管理措施，统一汽车产品准入检测标准，推行企业自检自证和产品系族管理，有序放开代工生产等。（工业和信息化部、商务部牵头，国务院相关部门及各地区按职责分工负责）

5. 针对数字经济领域市场准入事项数量多、条件高、手续繁问题，研究提出放宽数字经济领域市场准入的改革举措。推动实现移动应用程序（APP）多部门联合检查检测，避免重复检测。简化优化网约车行业市场准入制度。（国务院办公厅、国家发展改革委牵头，工业和信息化部、公安部、交通运输部、中央网信办等相关单位按职责分工负责）

（八）全面清理规范公告备案、计划目录、布局限制、认证检测等各类管理措施，以及借信息化平台建设之名新增的审批环节，严防变相审批和违规乱设审批。（国务院办公厅牵头，各地区、各部门负责）

具体措施：

1. 编制公布中央层面设定的行政备案事项清单。推动制定行政备案条例，明确设定行政备案事项的权限，规范实施备案程序，严防以备案之名行审批之实。（国务院办公厅牵头，司法部等国务院相关部门按职责分工负责）

2. 系统梳理中央层面设定的企业年检、年报事项，分批次推进年检改年报，推动年报事项“多报合一、信息共享”。（国务院办公厅牵头，国务院相关部门按职责分工负责）

（九）改革创新审批方式，深化“证照分离”改革，在生产许可、项目投资审批、证明事项等领域，广泛推行承诺制，实现政府定标准、企业或个人作承诺、过程强监管、失信严惩戒，大幅提高核准审批效率。（国务院办公厅、市场监管总局、司法部牵头，国务院相关部门及各地区按职责分工负责）

具体措施：

1. 着力推进“照后减证”和简化审批，2021年底前在全国实现“证照分离”改革全覆盖，对所有涉企经营许可事项实行分类改革，其中，取消审批、改为备案或实行告知承诺的事项力争达到100项以上，自由贸易试验区力争达到150项。（国务院办公厅、市场监管总局、司法部牵头，国务院相关部门及各地

区按职责分工负责）

2. 全面推行证明事项和涉企经营许可事项告知承诺制，明确实行告知承诺制的事项范围、适用对象、工作流程和监管措施等。对具备条件的建设工程企业资质审批实行告知承诺管理。（司法部、国务院办公厅、住房城乡建设部等国务院相关部门及各地区按职责分工负责）

3. 在自由贸易试验区试点商事主体登记确认制改革，最大程度尊重企业登记注册自主权。（市场监管总局及相关地区按职责分工负责）

（十）提升企业注销便利度，强化税务、社保、金融、市场监管等环节协同办理，扩大简易注销范围，让市场主体进得来、退得出。（市场监管总局牵头，人力资源社会保障部、人民银行、海关总署、税务总局等国务院相关部门及各地区按职责分工负责）

具体措施：

1. 2021 年 6 月底前修改完善《企业注销指引》，推进部门间数据共享和业务协同，优化税务注销等程序，实现办理进度和结果实时共享。进一步扩大简易注销试点地域范围。（市场监管总局牵头，人力资源社会保障部、人民银行、海关总署、税务总局等国务院相关部门及各地区按职责分工负责）

2. 探索开展长期吊销未注销企业强制注销试点，明确强制注销的适用情形、具体条件和办理程序，并依法保障当事人合法权利，进一步提高市场主体退出效率。（市场监管总局牵头，国务院相关部门及各地区按职责分工负责）

三、管要管出公平、管出质量

（十一）提高监管执法规范性和透明度，完善“双随机、一公开”监管、信用监管、“互联网+监管”、跨部门协同监管等有效做法，减少人为干预，压缩自由裁量空间，使监管既“无事不扰”又“无处不在”。增强监管的威慑力，降低企业合规成本、提高违规成本，防止“劣币驱逐良币”。（国务院办公厅、市场监管总局、国家发展改革委、人民银行、司法部等国务院相关部门及各地区按职责分工负责）

具体措施：

1. 组织对各地区落实行政执法公示制度、执法全过程记录制度、重大执法决定法制审核制度的有关情况开展抽查。2021 年底前制定出台进一步规范行政裁量权基准制度的指导意见，推动各地区、各相关部门加快明确执法裁量基准。（司法部牵头，国务院相关部门及各地区按职责分工负责）

2. 指导地方将“双随机、一公开”监管与企业信用风险分类管理等结合起来，减少对守法诚信企业的检查次数。拓展部门联合“双随机、一公开”监管覆盖范围，将更多事项纳入联合抽查范围。进一步充实执法检查人员名录库，缓解基层“双随机、一公开”监管执法人员不足问题。（市场监管总局牵头，国务院相关部门及各地区按职责分工负责）

3. 持续推进“互联网+监管”，加强部分重点监管领域数据汇集，进一步完善国家“互联网+监管”系统风险预警模型，形成风险预警线索推送、处置和反馈机制，提升监管智能化水平。（国务院办公厅牵头，国务院相关部门及各地区按职责分工负责）

4. 依法依规推进社会信用体系建设，2020 年底前制定出台进一步规范公共信用信息纳入范围、失信惩戒和信用修复的有关意见。（国家发展改革委、人民银行牵头，国务院相关部门及各地区按职责分工负责）

（十二）加快完善各领域监管标准体系，实施标准“领跑者”制度，鼓励行业制定更高水平自律标准，推动产品竞争力提高和产业转型升级。根据不同行业特点，合理分配国家、区域、省市县之间的监管力量，加强薄弱环节建设。（国务院办公厅、市场监管总局、生态环境部、交通运输部、农业农村部、文化和旅游部等国务院相关部门及各地区按职责分工负责）

具体措施：

1. 督促国务院相关部门按照法律法规和“三定”规定梳理明确重点监管事项，制定中央层面重点监管事项清单，逐步制订完善监管规则和标准，并向社会公开。（国务院办公厅牵头，国务院相关部门按职责分工负责）

2. 制定完善市场监管、生态环境保护、交通运输、农业、文化市场等领域行政执法事项目录清单，从源头上减少不必要的执法事项，规范行政执法行为，提高行政执法能力。（市场监管总局、生态环境部、交通运输部、农业农村部、文化和旅游部等国务院相关部门按职责分工负责）

3. 引导企业进行企业标准自我声明公开，在更多领域推行企业标准“领跑者”机制，引入第三方机构科学评估企业标准的质量，推动企业标准水平持续提升。（市场监管总局牵头，国务院相关部门及各地区按职责分工负责）

4. 督促地方城市管理部门规范执法行为，制定公布城管执法标准和要求，加大对随意执法等行为的查处力度，降低对市场主体正常生产经营活动的影响。（住房城乡建设部、司法部等国务院相关部门及各地区按职责分工负责）

（十三）守好安全和质量底线，对疫苗、药品、特种设备、危险化学品等领域实行全主体、全品种、全链条的严格监管。（应急部、市场监管总局、工业和信息化部、生态环境部、交通运输部、国家药监局等国务院相关部门及各地区按职责分工负责）

具体措施：

1. 加强疫苗全过程监管，向疫苗生产企业派驻检查员，开展日常监督检查和督促整改。省级药品监督管理部门每年对疫苗生产企业进行全覆盖监督检查，国家药品监督管理部门每年对在产的疫苗生产企业进行100%全覆盖巡查和重点抽查。（国家药监局及各地区按职责分工负责）

2. 加强全国特种设备安全状况分析，开展隐患排查整治，在生产环节对有投诉举报和涉嫌存在质量问题的生产单位实施重点检查，在使用环节对风险分析确定的重点设备使用单位实施专项检查，并加强对其他特种设备生产单位和使用单位的监督检查。（市场监管总局牵头，国务院相关部门及各地区按职责分工负责）

3. 重点整治定点医疗机构及其他服务机构的不规范诊疗行为，以及医疗保险经办机构的违规支付医保待遇、拖欠定点医药机构费用等问题。建立欺诈骗保问题线索移送机制，对欺诈骗保行为加强部门联合排查。（国家医保局、市场监管总局、国家卫生健康委等国务院相关部门及各地区按职责分工负责）

（十四）强化市场主体责任，加大对制售假冒伪劣、侵犯知识产权等违法犯罪行为的发现和惩处力度，对直接关系人民群众身体健康和生命安全的领域，加快推出惩罚性赔偿和巨额罚款等制度。（市场监管总局、国家知识产权局、公安部、司法部等国务院相关部门及各地区按职责分工负责）

具体措施：

1. 2020年底前制定完善行政执法过程中的商标、专利侵权判断标准。加快在专利等领域引入惩罚性赔偿制度。加大对侵犯商标、专利、商业秘密等知识产权，以及制售假冒伪劣学生用品、成品油、汽车配件等违法犯罪行为的打击力度，挂牌督办一批重点案件。（市场监管总局、国家知识产权局、公安部、司法部等国务院相关部门及各地区按职责分工负责）

2. 完善食品工业企业质量安全追溯平台功能，扩大婴幼儿配方乳粉质量安全追溯试点，便利消费者查询。（工业和信息化部等国务院相关部门及各地区按职责分工负责）

3. 开展移动应用程序（APP）违法违规收集使用个人信息专项治理，督促电信和互联网企业加强网络数据安全合规性评估，完善与企业投诉举报联动处理机制，及时核实处理用户投诉举报。（中央网信办、工业和信息化部、公安部、市场监管总局等相关单位及各地

区按职责分工负责）

（十五）创新包容审慎监管，改革按区域、按行业监管的习惯做法，探索创新监管标准和模式，发挥平台监管和行业自律作用。在部分领域实施柔性监管、智慧监管等，对一些看不准、可能存在风险的，可以划定可控范围，探索试点经验再推广。（国务院办公厅、国家发展改革委、科技部、工业和信息化部、商务部、市场监管总局、中央网信办等相关单位及各地区按职责分工负责）

具体措施：

1. 系统总结近年来推进“互联网+”行动的经验做法，分析存在的问题和薄弱环节，2021 年 3 月底前有针对性地研究提出进一步推进“互联网+”行动的新举措，加快培育经济发展新动能。（国家发展改革委牵头，国务院相关部门按职责分工负责）

2. 2021 年底前制定出台对新产业新业态实行包容审慎监管的指导意见。探索开展“沙盒监管”、触发式监管等包容审慎监管试点。（国务院办公厅牵头，国家发展改革委、人民银行、市场监管总局等国务院相关部门及各地区按职责分工负责）

3. 2020 年底前制定出台引导平台经济有序竞争的有关文件，为平台经济发展营造良好环境。依法查处互联网领域滥用市场支配地位限制交易、不正当竞争等违法行为，维护市场价格秩序，引导企业合法合规经营。2021 年 6 月底前制定出台网络交易监督管理规定。（市场监管总局牵头，国务院相关部门按职责分工负责）

4. 便利企业获取各类创新资源，加强专利等知识产权信息服务，对专利权人有意愿开放许可的专利，集中公开相关专利基础数据、交易费用等信息，方便企业获取和实施。引导学术论文等数据服务提供商降低论文等资源获取费用，推动研究机构、高校等依法依规向社会开放最新研究成果信息。大幅压减网站备案登记时间。（教育部、科技部、工业和信息化部、国家知识产权局等国务院相关部门及各地区按职责分工负责）

5. 优化互联网医疗发展环境，鼓励支持医疗机构对接互联网平台，开展互联网复诊、互联网健康咨询、远程辅助诊断等服务，研究制定互联网健康咨询流程和标准，探索根据病种分级分类实施互联网问诊管理，实现线上咨询、线下诊疗衔接。（国家卫生健康委等国务院相关部门及各地区按职责分工负责）

四、服要服出便利、服出实惠

（十六）全面推行“不见面”办事，进一步拓展“互联网+政务服务”，提供“24 小时不打烊”的在线政务服务。除法律法规有特殊规定的事项外，原则上都要做到网上全程可办。对现场核验、签字、领取等环节，可以采取电子认证、“快递+政务服务”等方式解决。完善全国一体化政务服务平台，年底前地方和部门平台要与国家平台完成对接，在更大范围实现“一网通办”。同时，兼顾好老年人、视障听障残疾人等群众的需求，采取必要的线下补充手段，有针对性地提供人工指导和服务，绝不能出现歧视现象。（国务院办公厅牵头，各地区、各部门负责）

具体措施：

1. 完善全国一体化政务服务平台，2020 年底前实现各省（自治区、直辖市）和国务院部门政务服务平台与国家政务服务平台应接尽接、政务服务事项应上尽上，推动 60 种高频电子证照全国标准化应用，在更大范围实现“一网通办”。制定全国一体化政务服务平台移动端建设指引，督促各地区、各部门规范政务服务移动应用程序（APP）建设。对限定仅线上办理等不合理做法及时进行纠正，允许企业和群众自主选择线上或线下办理方式，并加强对老年人、视障听障残疾人等群体的引导和服务。（国务院办公厅牵头，国务院相关部门及各地区按职责分工负责）

2. 优化完善全国规范统一的电子税务局，拓展“非接触式”办税缴费服务，2021 年底前基本实现企业办税缴费事项网上办理、个人办税缴费事项掌上办理。全面推行税务证明事项告知承诺制，扩大将涉税资料事前报送改为留存备查的范围，减轻企业办税负担。（税务总局及各地区按职责分工负责）

3. 优化水电气暖网等公用事业服务，清理报装过程中的附加审批要件和手续，加快实现报装、查询、缴费等业务全程网上办。优化外线施工办理流程，对涉及的工程规划许可、绿化许可、路政许可、占掘路许可、物料堆放许可等环节实行并联审批，探索实行接入工程告知承诺制。（国家发展改革委、工业和信息化部、住房城乡建设部、国家能源局等国务院相关部门及各地区按职责分工负责）

4. 持续优化公证服务，加快推进高频公证服务事项“一网通办”，实现申请受理、身份认证、材料提交和缴费等各环节全程网上办。2021 年 3 月底前研究制定降低企业公证事项和公证事务收费办法和标准。（司法部、国家发展改革委等国务院相关部门及各地区按职责分工负责）

5. 优化医疗服务，参保群众可自主选择使用社保卡（含电子社保卡）、医保电子凭证就医购药。推进居民健康档案及身份识别、电子病历、诊疗信息、报告单结果等信息在不同医院互通互认，并严格保护个人隐私，减少群众重复办卡，避免不必要的重复检查。（国家卫生健康委、国家医保局、人力资源社会保障部及各地区按职责分工负责）

（十七）推动政务服务“跨省通办”，推进标准化建设和电子证照跨省互认，从教育、社保、医疗、养老、婚育和企业登记、经营许可办理等领域入手，加快推进政务服务“跨省通办”，2020 年要有所突破，2021 年底前要基本实现高频事项全覆盖。建立权威高效的数据共享机制，推动数据信息标准化，加快政务数据共享，并保障数据安全、保护隐私，防止滥用或泄露。（国务院办公厅牵头，教育部、民政部、人力资源社会保障部、国家卫生健康委、市场监管总局、中央网信办等相关单位及各地区按职责分工负责）

具体措施：

1. 加快推进高频政务服务事项“跨省通办”，加强全国一体化政务服务平台“跨省通办”服务能力，2020 年底前实现市场主体登记注册、职业资格证书核验、学历公证、驾驶证公证等 58 项事项异地办理，2021 年底前实现工业产品生产许可证、就医结算备案、社保卡申领、户口迁移等 74 项事项异地办理。加快实现相关高频政务服务事项“省内通办”。（国务院办公厅牵头，公安部、司法部、人力资源社会保障部、教育部、市场监管总局、国家医保局等国务院相关部门及各地区按职责分工负责）

2. 2020 年底前制定出台关于建立权威高效的数据共享协调机制的指导意见。通过全国一体化政务服务平台，推进国务院部门重点垂直管理业务信息系统与地方政务服务平台的对接，编制国家层面政务服务数据目录清单和第三批国务院部门数据共享责任清单。（国务院办公厅牵头，各地区、各部门负责）

（十八）推动更多事项集成办理，充分发挥地方政务大厅等“一站式”服务功能，加快实现一窗受理、限时办结、最多跑一次。对多个关联事项探索实现“一件事一次办”，减少办事环节和所需证明材料。整合非紧急类政务服务热线，力争做到“一号响应”。（国务院办公厅牵头，国务院相关部门及各地区按职责分工负责）

具体措施：

1. 完善省、市、县、乡镇综合性政务大厅集中服务模式，提升政务服务标准化水平，持续改进窗口服务，推进线上线下全面融合，普遍推行首问负责、一次告知、一窗受理、并联办理、限时办结等制度。2020 年底前制定发布政务服务评价工作指南和政务服务“一次一评”、“一事一评”工作规范，推动各地区、各部门规范化实施政务服务“好差评”制度。（国务院办公厅牵头，各地区、各部门负责）

2. 大力推行“一件事一次办”，从企业和群众“办成一件事”角度出发，将涉及的相关审批服务事项打包，提供“开办餐馆”、“开办旅馆”等套餐式、主题式集成服务，公布标准化的办事指南和流程图，由一家牵头部门统一受理、配合部门分头办理，实行一表申请、一套材料、一次提交、限时办结，避免企业和群众来回跑。（各地区、各部门负责）

3. 2020年底前研究制定整合非紧急类政务服务热线工作方案，推动各地区、各部门加快整合相关热线。（国务院办公厅牵头，国务院相关部门及各地区按职责分工负责）

4. 加强不动产抵押贷款和登记业务协同，在银行等金融机构推广应用不动产登记电子证明，便利企业和群众融资。2020年底前将全国所有市县抵押登记业务办理时间压缩至5个工作日以内，2021年底前在全国所有市县实现不动产抵押登记全程网上办。（自然资源部、银保监会及各地区按职责分工负责）

5. 细化制定商标审查审理标准，提高商标实质性审查效率，明确近似商标判断、不以使用为目的的恶意商标认定等方面的具体规定。2020年底前将商标变更、续展业务办理时限压缩一半，分别减至1个月、半个月。（国家知识产权局负责）

（十九）提供公平可及的基本民生保障服务，进一步简化社保参保、转移接续等手续，扩大养老、医疗、失业等保险覆盖面。建立困难群众主动发现机制，借助大数据筛选等办法，使符合条件的困难群众及时得到保障。对因灾因病因残遭遇困难的群众，可以先行给予临时救助，绝不能发生冲击社会道德底线的事件。（人力资源社会保障部、民政部、国家卫生健康委、应急部、国家医保局、国务院扶贫办、中国残联等相关单位及各地区按职责分工负责）

具体措施：

1. 2020年底前实现养老保险关系转移接续“一地办理”。推动将城乡各类用人单位全部纳入失业保险覆盖范围，研究建立灵活就业人员参加失业保险新模式，2021年底前制定出台失业保险关系转移办法。简化工伤保险领域证明材料和事项，压减工伤认定和劳动能力鉴定办理时限，2021年3月底前研究建立新就业形态人员职业伤害保险制度。（人力资源社会保障部等国务院相关部门及各地区按职责分工负责）

2. 2021年6月底前制定全国统一的门诊费用跨省直接结算政策，12月底前实现门诊费用跨省直接结算。推动实现医保关系转移接续线上办理。修订完善定点医药机构管理办法，清理医保定点机构不必要的申请条件和要求，督促地方加快清理与医保管理无关的申请条件，缩短办理时限，将更多符合条件的医药机构纳入定点管理，并同步加强事中事后监管。（国家医保局及各地区按职责分工负责）

3. 加强社会救助相关部门间数据共享，对低保对象、特困人员、临时救助对象、残疾人、教育救助对象、住房救助对象、医疗救助对象等信息进行大数据分析，变“人找政策”为“政策找人”。畅通困难群众求助热线，完善特殊困难残疾人访视制度，对符合条件的困难群众及时开展救助。（民政部、人力资源社会保障部、中国残联等相关单位及各地区按职责分工负责）

（二十）严格执行外商投资法及配套法规，清理与外商投资法不符的行政法规、部门规章、规范性文件，确保内外资企业一视同仁、公平竞争。落实好外资准入负面清单，清单之外不得设限。采取有效措施吸引外资，进一步做好安商稳商、招商引商工作。（商务部、国家发展改革委、司法部牵头，国务院相关部门及各地区按职责分工负责）

具体措施：

1. 开展与外商投资法不符的法规规章等专项清理。修订出台2020年版鼓励外商投资产业目录，进一步扩大外商投资范围。制定发布外商投资指引，便利外国投资者来华投资。（商务部、国家发展改革委、司法部牵头，国务院相关部门及各地区按职责分工负责）

2. 支持有条件的地方建立外商投资“一

站式”服务体系，联通相关部门信息系统，实现外资企业一次登录、一次认证、一次提交材料，即可办理企业注册、预约开户、外汇登记等高频事项。（商务部、市场监管总局、人民银行等国务院相关部门及相关地区按职责分工负责）

（二十一）优化通关作业流程，放开口岸服务准入、引入竞争机制，提高服务效率并降低收费标准。完善出口退税、出口信贷、信用保险等政策，支持进出口市场多元化，扶持中小微外贸企业发展。推进跨境电商综合试验区建设和市场采购贸易方式试点，发挥外贸综合服务企业作用。（海关总署、国家发展改革委、财政部、交通运输部、商务部、人民银行、税务总局、市场监管总局、银保监会、国家外汇局等国务院相关部门及各地区按职责分工负责）

具体措施：

1. 优化风险布控规则，推动降低守法企业和低风险商品查验率。推行灵活查验，对于有特殊运输要求的出入境货物，灵活采取预约查验、下厂查验、入库查验等方式，减少货物搬倒和企业查验等待时间。在有条件的海运口岸推行集装箱设备交接单、提货单、装箱单等单证电子化流转。（海关总署牵头，国务院相关部门及各地区按职责分工负责）

2. 加快出口退税进度，将正常出口退税业务平均办理时间压减至 8 个工作日以内，2021 年全面推广无纸化单证备案。（税务总局、海关总署、人民银行等国务院相关部门及各地区按职责分工负责）

3. 督促新增跨境电商综合试验区、市场采购贸易方式试点地区抓紧制定实施方案。总结并推广跨境电商企业对企业出口监管改革试点经验，完善跨境电商进出口退换货便利化管理措施。推动各类公共海外仓向跨境电商企业共享仓储容量、货物物流等数据信息，方便企业利用海外仓资源。（商务部、海关总署等国务院相关部门及各地区按职责分工负责）

4. 支持更多符合条件的银行提供跨境电商结售汇服务，缩短真实性审核时间，加快资金结算速度。（国家外汇局负责）

五、调动好各方面积极性，形成推动改革的工作合力

（二十二）提高改革协同性，下放审批监管事项时要同步下沉相关专业人员和技术力量，合理分配监管力量，创新监管方式，提升基层承接能力。部门之间要加强统筹协调，提升“放管服”改革的整体成效。（各地区、各部门负责）

（二十三）支持地方探索创新，鼓励地方从当地实际出发，先行先试推进“放管服”改革。通过综合授权等方式，支持地方深化“放管服”改革，形成更多可复制推广的经验做法，以点带面推动全国营商环境优化。（国务院职能转变协调办牵头，国务院相关部门及相关地区按职责分工负责）

具体措施：

2021 年 3 月底前设立首批营商环境创新试点城市，对标国际先进和最佳实践，聚焦市场主体和群众关切，在深化“放管服”改革优化营商环境方面推出一批有含金量的改革举措，支持试点城市先行先试，加快形成可在全国复制推广的制度创新成果，并根据试点情况适时扩大试点城市范围。（国务院职能转变协调办牵头，国务院相关部门及相关地区按职责分工负责）

（二十四）建立健全常态化政企沟通机制，充分听取各方面意见，对企业诉求“接诉即办”。以企业和群众的获得感和满意度作为评判标准，引入第三方评价机制，完善好差评制度，倒逼政府部门深化改革、改进服务。对改革进度慢、政策不落实的地区和单位，要及时督促整改；对严重损害营商环境和企业、群众利益的，要公开曝光、严肃问责。对锐意改革的地区和单位要表扬激励，成熟经验和典型做法要尽快复制推广。（国务院办公厅牵头，各地区、各部门负责）

（二十五）发挥法治引领和保障作用，坚

持依法行政、依法办事，政府部门要主动与立法及司法机构沟通协调，及时推动相关法律法规调整和授权工作。落实好《优化营商环境条例》，巩固已有改革成果，将行之有效并可长期坚持的做法逐步上升为制度规范，以法治手段维护公平竞争环境，保障各项改革依法有序推进。（各地区、各部门负责）

具体措施：

抓好《优化营商环境条例》组织实施和督促落实。2020 年 11 月底前委托第三方机构对条例实施情况进行首轮评估，梳理分析条例执行中的经验做法和存在问题，并有针对性地提出改进措施。在中国政府网设立“优化营商环境进行时”平台，及时宣介和通报营商环境改革相关情况。（国务院办公厅牵头，各地区、各部门负责）

各地区要完善深化“放管服”改革和优化营商环境工作机制，一体化推进相关领域改革，配齐配强工作力量，抓好各项改革任务落地。各部门要结合各自职责，加强协同配合，形成改革合力。国务院办公厅要发挥对深化“放管服”改革和优化营商环境工作的牵头抓总作用，强化统筹协调、业务指导和督促落实，定期对重点改革举措实施情况开展评估，建立优化营商环境工作年度报告制度，总结推广经验做法，并及时纠正改革中出现的跑偏走样等问题，确保改革取得实效。各地区、各部门工作中取得的重大进展、存在的突出问题，要及时向国务院报告。

国务院办公厅关于进一步精简审批优化服务精准稳妥推进企业复工复产的通知

国办发明电〔2020〕6号

各省、自治区、直辖市人民政府，国务院各部委、各直属机构：

为贯彻落实党中央关于统筹推进疫情防控和经济社会发展工作的决策部署，深化“放管服”改革，取消不合理审批，规范审批事项和行为，提供便利服务，精准稳妥推进企业复工复产，现就除湖北省、北京市以外地区复工复产有关事项通知如下：

一、提高复工复产服务便利度

（一）简化复工复产审批和条件。各地区要压实属地管理责任，继续依法依规、科学有序做好防控工作，并按照分区分级原则，以县域为单位采取差异化防控和复工复产措施。低风险地区不得采取审批、备案等方式延缓开工。对于中、高风险两类地区，各省（自治区、直辖市）政府要在满足疫情防控要求的基础上，按照最少、必需原则分别制定公布全省统一的复工复产条件，对确有必要的审批和证明事项实行清单管理，逐项列明办理程序、材料和时限，清单之外一律不得实施审批或索要证明，防止出现层层加码、互为前置审批、循环证明等现象。严禁向企业收取复工复产保证金等。对重点行业企业复工复产可设置审批绿色通道，加快提高复工复产率。

（二）优化复工复产办理流程。相关地区要积极推行复工复产一站式办理、上门办理、自助办理等服务，全面实行企业复工复产申请“一口受理、并行办理”，在本行政区域内明确一家牵头部门，统一受理申请、一次性收取材料，相关部门并行办理、限时办结，原则上要在2个工作日内作出答复。有条件的地方可将复工复产审批制改为备案制或告知承诺制，企业按规定做好防疫、达到复工复产条件，提交备案信息或承诺书后，即可组织复工复产，相关部门通过开展事后现场核查等，确保企业全面落实各项防疫措施。

二、大力推行政务服务网上办

（三）加快实现复工复产等重点事项网上办。各地区各部门要将疫情防控、复工复产等专题服务接入国家政务服务平台，为企业和群众获取疫情防控信息、办理复工复产等提供便利。同时，抓紧梳理一批与企业复工复产、群众生活密切相关的政务服务事项，率先实现全程网办。对确需现场办理的事项，要大力推行就近办、帮代办、一次办，并采取网上预审、预约排队、邮寄送达等方式，减少现场排队和业务办理时间，最大限度避免人员聚集。

（四）依托线上平台促进惠企政策落地。充分发挥全国一体化政务服务平台“小微企业和个体工商户服务专栏”作用，使各项政策易于知晓、服务事项一站办理。各地区各部门要及时梳理相关惠企政策措施及网上办事服务，抓紧接入全国一体化政务服务平台，不断完善服务专栏内容，鼓励引导小微企业和个体工商户及时获取相关服务，有效扩大政策惠及面。

（五）围绕复工复产需求抓紧推动政务数据共享。依托全国一体化政务服务平台统一受理政务数据共享需求，优化数据共享流程，按照“急用先行、分批推动，成熟一批、共享一批”的原则，对地方和部门在疫情防控、复工复产等工作中急需的政务数据，加快推动实现共享。

三、完善为复工复产企业服务机制

（六）提升企业投资生产经营事项审批效率。对建设项目涉及的用地、规划、能评、环评、水电气接入等审批服务事项，要加强部门协同联动，简化审批流程，压缩审批时限。凡可通过线上办理的审批、备案等事项不得要求申请人到现场办理，鼓励通过网络、视频等开展项目评估评审，对确需提交纸质材料的可以实行容缺受理、先行办理，待疫情结束后再补交纸质原件。对疫情防控期间到期的许可证，可延期到疫情结束后一定期限内再办理延续、变更、换发等业务。

（七）为推进全产业链协同复工复产提供服务保障。加强跨区域联动，帮助企业协调解决上下游协同等问题。重点抓好核心配套供应商等产业链关键环节企业复工复产，带动上下游中小企业复工复产。鼓励地方建立重点企业服务保障制度，探索推行“企业管家”、“企业服务包”等举措，主动靠前服务，帮助企业办理复工复产手续，抓好用工、原材料、资金等要素保障。

（八）建立健全企业复工复产诉求响应机制。各地区要依托互联网、电话热线等，及时掌握和解决企业复工复产中遇到的实际困难。完善企业信用修复机制，协助受疫情影响出现订单交付不及时、合同逾期等失信行为的企业开展信用修复工作。鼓励开设中小企业法律援助绿色通道，就不可抗力免责等法律问题为企业提供服务指导。鼓励保险机构开展企业疫情防控综合保险业务，对复工复产后因发生疫情造成损失的企业提供保险保障，提高理赔服务便利度，消除企业后顾之忧。

四、及时纠正不合理的人流物流管控措施

（九）清理取消阻碍劳动力有序返岗和物资运输的繁琐手续。非疫情防控重点地区原则上不得限制返岗务工人员出行。对确需开具健康证明的，相关地区要大力推进健康证明跨省互认，劳动力输出地可对在省内连续居住14天以上、无可疑症状且不属于隔离观察对象（或已解除隔离观察）的人员出具健康证明，输入地对持输出地（非疫情防控重点地区）健康证明、乘坐“点对点”特定交通工具到达的人员，可不再实施隔离观察。运用大数据等技术手段建立各地互认的流动人口健康标准。加强输入地与输出地对接，鼓励采取“点对点、一站式”直达运输服务，实施全程防疫管控，实现“家门到车门、车门到厂门”精准流动，确保务工人员安全返岗。各省（自治区、直辖市）要加强与周边省（自治区、直辖市）对接，推进货运车辆司乘人员检疫检测结果互认，对在周边省（自治区、直辖市）已经进行检疫检测且未途经疫情防控重点地区的货运车辆快速放行，减少重复检查。

五、加强对复工复产企业防疫工作的监管服务

（十）督促和帮助复工复产企业落实防疫安全措施。各地区各部门要督促指导企业严格落实《企事业单位复工复产疫情防控措施指南》等规定，强化防控主体责任，并积极开发运用大数据产品和方案用于支持服务企业防控疫情，建立复工复产企业防疫情况报告制度，及时跟踪掌握人员健康状况。帮助企业协调调度防疫物资。对出现的感染病例，要第一时间进行科学精准的应急处置，最大限度降低聚集性传染风险。

各地区各部门要加强组织领导和督促落实，统筹做好疫情防控和复工复产，把支持企业有序复工复产各项工作做细做扎实。同时，要及时总结疫情防控期间深化“放管服”改革支持复工复产的典型经验，把一些好的政策和做法规范化、制度化，重要情况及时报送国务院办公厅。

2020 年 3 月 3 日

三、人力资源和社会保障部领导的讲话和文章

力戒形式主义官僚主义
为战疫战贫决胜全面建成小康社会
提供坚强作风保证

——在党组理论学习中心组专题学习扩大会上的讲话（节选）

张纪南

（2020年7月10日）

这次推进部机关党的政治建设、力戒形式主义官僚主义学习交流，也是部党组理论学习中心组扩大会。主要任务是进一步深入学习习近平新时代中国特色社会主义思想，加强机关党的政治建设，落实中央关于力戒形式主义官僚主义的部署要求。

习近平总书记指出，要充分认识形式主义官僚主义的多样性和变异性，摸清形式主义官僚主义在不同时期、不同地区、不同部门的不同表现，紧密联系具体实际，既解决老问题，也察觉新问题；既解决显性问题，也解决隐性问题；既解决表层次问题，也解决深层次问题，抓出习惯，抓出长效。习近平总书记强调，我们不仅要从思想上、作风上坚决反对形式主义官僚主义，而且要从制度上坚决反对形式主义官僚主义，扫除形式主义官僚主义滋生蔓延的土壤。形式主义官僚主义像病毒一样，侵蚀党员干部的健康肌体，破坏我们党的纯洁性先进性。它们在不同时期不同领域有着不同的表现，但其共性都是"虚"字当头、"空"字挂帅。力戒形式主义官僚主义，关键是要在"实"字上下功夫，做到总书记强调的谋事要实、创业要实、做人要实。

第一，坚持实事求是，思想根基要夯实。坚持实事求是，这是马克思主义的根本观点，是形式主义官僚主义的克星。夯实思想根基，就是要深刻认识到，只有坚持一切从实际出发，理论联系实际，实事求是，在实践中检验真理和发展真理，党和国家事业才能不断推进发展。

一要强化理论武装。夯实思想根基，首先是强化理论武装。马克思主义最根本的世界观和方法论是辩证唯物主义和历史唯物主义，最重要的理论品质就是实事求是，这是共产党人的必修课、基本功。习近平新时代中国特色社会主义思想是当代中国马克思主义、21世纪马克思主义，我们要全面系统深入学习，挤时间、咬重点、勤思考、善运用，做到学深悟透，真懂真信真用。通过学习，把实事求是牢牢刻在脑子里，让党的思想路线入脑入心，成为我们谋划工作、推动落实的思维习惯。

二要坚持理论联系实际。做任何工作都要

从实际出发，立足基本国情，充分运用我们党的创新理论和马克思主义立场观点方法分析研究解决问题，做到学以致用、以用促学，在用中学、用中思。还要联系每一个单位、每一项工作的实际，具体问题具体分析，厘清历史与现状，充分考虑时与势，切实做到做一件事力求抓住事物的本质、做一类事善于把握事物的规律。

三要树立正确的政绩观。党员干部干事创业，都希望做出一些成绩，但必须从思想根源上解决为谁追求政绩、追求什么样的政绩、如何追求政绩的问题。现在不少干部出问题，都是出在政绩观上。大家要求真务实、真抓实干，从人民利益出发，既做让老百姓看得见、摸得着、得实惠的实事，也做为后人做铺垫、打基础、利长远的好事，既要做显功，也要做潜绩。要有“功成不必在我”的精神境界，多做“前人栽树、后人乘凉”的事情，不计较个人得失和功名，切不能为树立个人形象搞华而不实、劳民伤财的形象工程、政绩工程。

第二，坚持人民至上，群众感情要厚实。对群众感情越厚实，离形式主义官僚主义就会越远。我体会，要做好人社工作，就必须坚持以人民为中心的发展思想，强化宗旨意识，把人民放在心中最高位置，把人民情怀作为干事创业最朴素、最持久的动力源，心中有人民，胸中有大义，做到与人民群众同呼吸、共命运、心连心，切实解决好人民群众最关心最直接最现实的利益问题。

一要始终牢记自己是从群众中来的，永远是群众的一分子。党章明确规定：中国共产党党员永远是劳动人民的普通一员。这是检验共产党员的根本标准之一，概括了共产党员的本质特征。大家要时刻提醒自己，我们都是从群众中来的，因为党的事业的需要，被组织培养走上了管理岗位。无论党龄长短、职位高低、权力大小，每位党员都只是普通群众的一员，在政治、经济和社会地位上同人民群众一律平等。要时刻提醒自己，公务员就是服务员，要有公仆意识，永葆劳动人民本色，把自己置身于广大群众之中，永远都不可自高自大、颐指气使，永远都不能有当“官老爷”、凌驾于人民群众之上的心态。

二要实心实意向群众学习。人民是历史的创造者。群众的知识是最丰富的，群众的经验是最实际的，群众的语言是最生动的。我们必须充分认识人民群众的历史地位和伟大力量，正确对待群众、真正敬畏群众，放下架子、放低身段，积极主动向群众学习，自觉地从群众中汲取智慧和营养。只有保持和群众的长期接触，耳濡目染、日积月累，才能学到真本领、掌握真功夫。也只有这样，才能学会用群众喜欢接受的语言、方式更好地组织群众、发动群众、引导群众、服务群众，把党的政策主张转变为群众的自觉行动，把人民群众紧紧凝聚在党的周围。

三要站在群众的立场上考虑问题。谋划工作、制定政策，首先要站在群众的角度看问题，学会设身处地换位思考，体会他们的难处和不容易，将心比心、换取真心，找到更好解决问题、推动工作的良策。要把群众当亲人、当家里人，真情相待，这样群众才会和你贴心、交心，才会对你说实话、讲实情。要从人民群众关心的事情做起，从让人民满意的事情抓起，努力使各项政策举措体现民意、增进民利、赢得民心。

第三，强化科学思维，工作思路要求实。工作思路求实，就是要做到谋事要实，从实际出发、用科学思维谋划事业和工作，使各项政策举措符合实际情况、符合客观规律、符合科学精神。在多年的工作实践中，我体会，强化科学思维，坚持特色思路、问题导向、底线思维、实践检验非常重要。

一要坚持特色思路。我国地区发展不平衡，情况千差万别，各地面临的问题、工作的特点也都不一样。无论制定政策，还是推进工作，都需要考虑这些实际情况，顺应形势发展要求。特色决定生命力。什么特色呢？我个人体会有三个：中国特色、时代特色、自身特色，或者是地方或行业自己的特色。中国特色，就是要立足我国处于并将长期处于社会主义初级阶段这个最大的国情，坚持中国共产党的领导这一中国特色社会主义制度的最大优势，把优势发挥好。时代特色，就是紧跟时代步伐，与时俱进，根据形势发展变化，前瞻性地思考解决问题。地方或行业特色，就是结合职责定位和业务特点，利用本地、本行业的优势和特长来解决问题，形成工作的特点和亮点，把特点亮点做大做强，形成有特色的成果，创造自己的“土特产”“一招鲜”。

二要突出问题导向。坚持问题导向就是要找到并补齐工作的短板。我们的工作还存在不少突出问题，在制度建设和公共服务等方面还有不少空白点和薄弱点。要树立问题导向，具体来说，就是查找问题、直面问题、聚焦问题、掏根问题、解决问题。首先是要能找到问题，通过系统梳理、多种形式，查找存在的突出问题。要直面问题、正视问题，不回避，有正确的态度。再就是要聚焦问题，清楚哪些是中央关注的重点问题、工作中存在的突出问题、群众反映强烈的急迫问题，找准群众的操心事烦心事揪心事。接下来要掏根问题，深入分析，挖掘根源，找准症结，然后瞄准病灶、解决问题。把群众反映强烈的堵点、痛点、难点切实转化为我们工作的重点、特点、亮点。

三要强化底线思维。强化底线思维、防范风险隐患，这是做好工作的底板。底板不实、底板漏了，水就都没了。就业和社会保障等工作点多、线长、面广，当前形势下经济社会发展领域的一些风险往往都会在我们工作中有所体现，处理不好容易形成社会热点，容易由业务风险转化为政治风险。对此，必须坚持底线思维，保持高度警觉，始终绷紧风险防控这根弦，想全想细想到万一，坚决稳定就业大局、防范规模性失业、确保养老金按时足额发放，坚决防范触及社会道德底线的事件发生，牢牢把握工作主动权，有效防范民生领域风险向面上传导、向政治领域传导。

四要注重实践检验。实践是检验真理的唯一标准。人社工作每一桩每一件都要与群众见面对账。在工作目标上，要坚持一切从实际出发，对标对表群众需要，老老实实按客观规律办事，科学合理设定工作目标，把握好需要和可能、当前和长远、理想和现实的关系，不随意许诺、吊高胃口，不好大喜功、好高骛远，尽力而为、量力而行。在检验标准上，关键是看办成了多少事，解决了多少问题，群众获得感幸福感安全感有没有提升。群众的感受最真切，判断最准确，也最有发言权，一切工作成效都要由人民来评判，以符合人民的根本利益为最高衡量标准。这是我们做好工作的“金标准”。还要经得起历史的检验，立足实际、着眼长远，不因图一时之快、取一时之得而留下隐患。

第四，增强工作本领，方式方法要务实。力戒形式主义官僚主义，科学务实做好工作，还要解决好方式方法的问题，就是“桥或船”的问题，也是推进工作的载体问题。

一要做到突出重点、统筹兼顾。人社工作头绪多、任务重，抓工作得分轻重缓急。没有重点、没有主次，眉毛胡子一把抓，是做不好工作的。抓重点，就是要抓全局中的重点，抓重点里的关键。要突出中央重视、群众关心、社会关注的问题，抓准抓牢抓实，集中优势兵力打歼灭战，增强政策措施的协同性、精准度，以关键问题的解决谋重点工作的突破，以重点工作的突破带动整体工作的推进。稳就业、保居民就业不仅是关系发展全局的重点，更是我们部、全系统的重点。要紧紧围绕这个重点，紧紧扣住其中的关键，做到目标精准、政策精准、实施精准，一个节点一个节点往前推，用硬功夫完成硬任务。同时，要学会“弹钢琴”，统筹推进各项工作。各业务领域、各单位甚至各处室，也都有一个合理摆布工作，突出重点、统筹兼顾的问题，大家要切实把握好。

二要注重试点探路。改革开放的一条基本经验就是试点探索、“摸着石头过河”。无论是就业还是社会保障，涉及利益面都很广，利益格局调整深刻，历史矛盾、现实矛盾相互纠葛、纷繁复杂，要考虑的因素很多，需要统筹兼顾、稳慎推进。能试点试行的尽量试，不断摸索完善，迈小步、不停步，少走弯路回头路，不犯颠覆性错误。同时，要充分发挥基层的主观能动性，鼓励基层大胆创新、大胆探索，中央指路、试点探路、相互引路，最后“上山千条路，同览一月高”。

三要善于借势借机借力。人社领域一些重点工作难度大、关联性强，既要坚持以往行之有效的好做法好经验，也要借力发力、借势谋势。要善于借东风、巧于借令箭，研究建立一套有效的工作机制和办法，加强沟通协调，最大限度调动各方面的积极性，形成推动落实的工作合力。

四要因时因地因人制宜。这里强调的是矛盾的特殊性，也是增强工作针对性的一个重要方法。推进每一项工作都要从实际出发，因时因地因人制宜。因时，就是要把握工作的阶段性特征，把握中央对形势的科学研判和工作要求，切实做到察势驭势，因时而谋、因时而动。同样一项工作，几年前和现在情况就不一样，有的甚至上半年和下半年都不同，“打法”相应也不同。因地，就是要把握不同地方的特点。东、中、西部地区社会历史文化、资源禀赋、发展阶段、人口劳动力等千差万别，城市和农村也不一样，要加强分类指导、对症下药、有的放矢，制定政策时给地方留有因地制宜的空间。因人，就是要把握不同群体的需求。对于大学生、农民工、贫困劳动力、企事业单位职工、城乡居民、专技人才、技能人才等不同群体，在制定政策、推进工作时情况都不一样，要切实做到精准施策，有时甚至要实名制管理、个性化服务。

第五，强化责任担当，工作作风要扎实。工作作风扎实，就是抓工作要实打实，善于从大处着眼、小处入手，敢于负责、敢于较真、敢于碰硬，坚持往实里抓，抓出实际效果。

一要在担当作为上下功夫。担当是一种品质、一种情怀、一种责任。有多大担当才能干多大事业，尽多大责任才会有多大成就。担当的问题，归根到底是责任心的问题，这是干部精神状态的集中反映。要拿出最大的气力干工作，有一股做不好工作就食不甘味、寝不安席的劲头，找苦吃、找累受、找难做，苦中练、累中练、难事上练，这样才能长本事、上水平。履职尽责、敢于担当，要提倡做到“三手”——伸手揽活、出手相助、接手担责。这也是对党员干部党性强不强、大局意识强不强的检验。如果每位同志都能扛事、揽事，在履职尽责、相互协助上有提高，工作水平肯定就会更进一步。

二要在听真话察实情上下功夫。了解真实情况，才能解决实际问题。要用调查研究开路，深入到群众中去，常喝“大碗茶”、常坐“小板凳”，真正倾听群众的呼声、掌握群众的需求。除了调研之外，还要通过多种渠道了解情况，听取不同方面的意见，比如媒体、网络对人社工作的报道和反映的情况，研究机构、专家学者的研究报告、学术观点、情况分析等等。在资料收集全、情况摸准的基础上，还要加强比对、深入思考分析。只有这样，才能避免成为拍脑袋决策、拍胸脯表态、拍屁股走人的“三拍干部”。

三要在狠抓落实上下功夫。各项重点工作任务艰巨繁重，一系列政策措施需要抓紧推进落实，各项具体工作也要一个节点一个节点推动完成，我们既要“担”得起来，还要“落”得下去，把工作做实、做深、做细。要对标对表、加强谋划，通盘考虑政策制定、工作指导、成效评估、宣传引导等，多出实招、硬招、新招、高招、真招、管用招，形成抓落实的工作闭环。特别是对于急难险重任务，要“按葫芦抠籽儿”“拉锯掉末儿”，既要掷地有声，更要落地砸坑，不见成效绝不收兵，绝不搞“花架子”，绝不能“雨过地皮湿”。

四要在持之以恒上下功夫。这既是正确政绩观的具体体现，也是做好工作的要求。人社领域不少工作具有稳定性、连续性、累积性等特点，许多重点难点问题的突破不可能一蹴而就、毕其功于一役。要以抓铁有痕、踏石留印的精神抓工作，经年累月，保持韧劲，持续发力，一件接着一件办、一年接着一年干，“一锤一锤往下砸”，锲而不舍、久久为功，持续提高保障和改善民生水平。

第六，营造良好氛围，工作措施要压实。力戒形式主义官僚主义，还要在发挥体制机制的作用上压实工作措施，清除滋生问题的土壤，标本兼治、正本清源，形成说老实话、办老实事、做老实人的良好环境，真正让求真务实的作风立起来、强起来。

一要坚持领导干部以上率下。很多时候，形式主义官僚主义问题表现在下面、源头在上面，表现在一般干部、源头在领导干部。领导干部具有很强的示范效应，必须身体力行、作好表率，形成“头雁效应”。我体会，重点要树立两个观念：一个是服务观念，就是要牢固树立公仆意识，时刻牢记根本宗旨，增强服务意识和水平，接受人民群众的批评监督；一个是时间观念，也就是具有效率意识，带头提高工作效率，特别是善讲短话、讲实话，少讲官话、套话、空话。提高效率，从领导干部开头，才能形成整体的良好氛围。要善于听取干部群众的意见建议，鼓励说真话、讲实情，不抓“辫子”、不扣“帽子”、不打“棍子”、不穿“鞋子”。

二要树立崇尚实干的选人用人导向。选什么人、用什么人，反映的是观念，树立的是标杆，形成的是风气。要把政治上是否过硬作为衡量干部的第一标准，树立重实干重实绩、讲担当重担当的鲜明导向，强化正向激励，完善容错纠错机制，使干得好的干部有舞台、有奔头，不能让做实事的干部流血流汗又流泪。要优先提拔使用关键时刻冲得上去，在重点工作、脱贫攻坚、援派挂职等任务中笃实肯干、实绩突出的优秀干部，推动干部立足本职岗位开拓创新奉献，不能让老实人吃亏。要鼓励党员干部大胆探索创新，切实做到“三个区分开来”，最大限度调动干部的积极性主动性创造性。要健全和完善关心关爱干部职工的办法措施，让干部更有归属感，感受到组织的温暖。

三要健全提质增效的工作机制。健全工作机制、明确工作要求，才能促使党员干部养成规矩、形成习惯。要按照精文减会的硬杠杠完善文件和会议制度，提高文件质量，形成好的会风。健全督办催办工作机制，加强落实党中央决策部署台账管理，杜绝多头重复向基层派任务要表格。改进督查考核，加强统筹，严格实行计划管理和备案管理，严控签订责任状。充分运用大数据、云计算等信息技术手段加强信息资源共享，完善调查统计制度和指标体系，减轻基层负担。梳理审核涉及城市评选评比表彰的创建示范活动，并向社会公开目录。健全监督问责激励机制，推进内部监督常态化制度化，建立健全内部巡视制度，坚持严小严早严预防，落实对党员干部日常监督提醒等制度。

习近平总书记告诫我们，中央和国家机关居“庙堂”之高，容易脱离群众、脱离实际、脱离一线，容易滋生官僚主义、衙门作风。中央和国家机关党员干部要坚持对上负责与对下负责的统一、让党中央放心和让人民群众满意的统一、为了群众和依靠群众的统一，无论做决策还是抓工作、促落实，都要体现宗旨意识、人民立场，都要贯彻党的群众路线。我们必须按照总书记的要求，坚持以人民为中心的发展思想，紧紧依靠人民、矢志造福人民、牢牢植根人民，说老实话、办老实事、做老实人，努力把人社部建设成为讲政治、守纪律、负责任、有效率的模范机关。

以决战决胜的姿态抓好人社扶贫工作

张纪南

习近平总书记在决战决胜脱贫攻坚座谈会上的重要讲话，向全党全国全社会发出脱贫攻坚总攻动员令，吹响总攻冲锋号，对脱贫攻坚再动员再部署，为克服新冠肺炎疫情影响，坚决夺取脱贫攻坚战全面胜利提供了根本遵循。各级人力资源社会保障部门将进一步提高政治站位，以更高的思想认识、更大的力度和更实的作风，坚决完成各项扶贫目标任务。

一、深入学习领会习近平总书记重要讲话精神，坚决扛起人社扶贫的重大政治责任

（一）深刻认识决战决胜脱贫攻坚已经到了最后冲刺阶段，坚定必胜的决心和信心，增强使命感责任感紧迫感。习近平总书记强调，到2020年现行标准下的农村贫困人口全部脱贫，是党中央向全国人民作出的郑重承诺，必须如期实现，没有任何退路和弹性。这是一场硬仗，越到最后越要紧绷这根弦，不能停顿、不能大意、不能放松。我们必须坚决扛起决战决胜脱贫攻坚的重大政治责任，切实把脱贫攻坚作为践行“两个维护”的实际行动，坚定必胜信念，进一步激发干事创业激情，充分发挥主观能动性，开拓创新、真抓实干，攻坚克难、奋发有为，确保如期完成各项目标任务。

（二）深刻认识人社扶贫工作在脱贫攻坚中的重要地位和作用，强化主责主业意识，切实履职尽责。贫困人口脱贫，是全面建成小康社会的底线任务和标志性指标。人社部门作为重要的民生部门，就业扶贫增收入、技能扶贫强素质、社保扶贫保生活、人才人事扶贫促发展，在脱贫攻坚工作中肩负着重要的职能和作用。新冠肺炎疫情给脱贫攻坚带来新的困难和挑战，首当其冲的就是贫困劳动力就业增收，就业扶贫的基础性关键性作用更加凸显。习近平总书记高度重视，特别强调今年是脱贫攻坚决战决胜之年，解决好贫困群众就业问题非常重要。我们必须坚持以人民为中心的发展思想，树牢宗旨意识，立足职责、对准坐标，增强工作主动性，以更高标准、更大力度、更实举措，努力克服疫情影响，坚决完成好中央赋予的各项任务。

（三）深刻认识决战决胜脱贫攻坚的任务要求，以钉钉子的精神抓好落实，用硬功夫完成硬任务。习近平总书记强调，脱贫攻坚工作艰苦卓绝，收官之年又遭遇疫情影响，各项工作任务更重、要求更高。今年人社扶贫任务依然艰巨繁重，集中力量啃下脱贫“硬骨头”，必须下足硬功夫。我们必须坚持问题导向、目标导向、效果导向，牢牢扭住重点环节和关键任务，因地制宜精准施策，多措并举巩固成果，把短板补得更扎实一些，把基础打得再牢靠一些，切实加强和改进工作作风，力戒形式主义官僚主义，让脱贫成效赢得群众认可、经得起历史检验。

二、多措并举、精准施策，全力抓好人社扶贫各项重点工作

今年以来，各级人力资源社会保障部门克

服疫情影响，把就业扶贫作为重点，健全工作机制，注重协调联动，细化目标任务，统筹推进人社扶贫工作，在各方共同努力下，贫困劳动力就业进展好于预期，技能扶贫、社保扶贫、人才人事扶贫等各项工作取得积极成效。但在政策精准实施、狠抓工作落实、长效机制建设等方面还需要持续发力，特别是受疫情影响就业扶贫仍面临不少新情况新问题，还有大量工作要做。我们必须坚定信心、保持定力，突出重点、战疫战贫，持续加大工作力度，确保完成各项任务。

（一）扎实做好就业扶贫工作。紧扣贫困劳动力外出务工“一个超过、两个不少于”（即今年超过 2 800 万人，东部地区吸纳中西部地区总数不少于去年，中西部地区外出不少于去年）的目标任务，推动贫困劳动力输得出、稳得住、留得下，力争有劳动能力和就业意愿的贫困劳动力实现转移就业、零转移贫困家庭动态清零、已外出务工贫困劳动力最大限度减少返乡回流，以就业助增收、稳脱贫。一是准确掌握贫困劳动力就业动态。以就业地、户籍地为责任单位，按照属地化管理原则，动态掌握辖区内贫困劳动力就业失业信息。二是优先组织贫困劳动力外出务工。始终将促进贫困劳动力外出务工摆在最突出位置，做到岗位收集最大化，组织外出最优先，政策落实最到位。三是多措并举稳定贫困劳动力就业。及时落实失业保险稳岗返还、以工代训补贴等政策，支持困难企业开展在岗培训，鼓励企业不裁员、少裁员。及时落实失业保险金、失业补助金、临时生活救助等政策，开发一批适合贫困劳动力的就业岗位，加强兜底保障。四是积极稳妥有序承接返乡贫困劳动力。对于经过帮扶确实无法留在当地就业、有迫切返乡需求的，健全对接机制，提前在户籍地周边地区收集一批适合的就业岗位，拓宽就地就近就业渠道。五是做好易地扶贫搬迁就业帮扶“下半篇”文章。扎实推进易地扶贫搬迁就业帮扶专项行动，援建一批劳动密集型扶贫车间，定向投放一批新业态就业岗位，开发一批社区服务公益岗位，在安置区设立公共就业服务站或专门服务窗口提供就业服务。

（二）统筹做好技能扶贫、社保扶贫和人才人事扶贫工作。一是技能扶贫要突出重点群体。抓好失业贫困劳动力转岗培训、未外出务工贫困劳动力就地就近就业培训，指导技工院校在新学年积极招收建档立卡贫困家庭子女并落实国家资助政策，大力推广线上培训，对口帮扶“三区三州”等深度贫困地区技工教育发展。二是社保扶贫要继续保持贫困人口应保尽保动态“清零”。对新增贫困人口特别是因疫致贫返贫人口、易地扶贫搬迁人员落实社保帮扶政策，确保新增一个纳入一个，达龄一个发放一个。三是人才人事扶贫要进一步加大力度。继续实施深度贫困地区职称“定向评价、定向使用”政策，研究完善职业资格考试单独划线政策，组织实施 2020 年高校毕业生“三支一扶”计划、各类脱贫攻坚示范性专家服务团。

（三）研究建立解决相对贫困的人社扶贫长效机制。统筹当前和长远，保持人社扶贫政策的连续性、稳定性，发挥其在稳定脱贫、改善民生中的长效作用，在巩固现有成果的基础上，完善“长久立”的机制。统筹贫困户和非贫困户，防止出现“悬崖效应”。聚焦欠发达地区和农村低收入人口，研究解决相对贫困问题，注重普惠性、基础性、兜底性，扩大就业规模与提高就业质量相结合，加强城乡社保衔接，健全贫困地区人才培养、使用、激励机制，夯实贫困地区技能人才发展基础，阻断贫困代际传递，形成扶贫攻坚与乡村振兴相互支撑、有机衔接的政策体系。

三、再紧一扣，用情用心用力把人社扶贫工作落实落细落到位

越是决战时刻，越要斗志高昂；越是棋到终盘，越要竭尽全力。做好人社扶贫工作，必须坚持问题导向、目标导向、效果导向，一鼓作气、精准施策，全力以赴抓好各项工作落实。

（一）提高政治站位。持续深入学习贯彻习近平总书记关于扶贫工作的重要论述，充分认识人社扶贫特别是就业扶贫对于贫困人口脱贫增收的重大意义，清醒认识存在的困难问题，切实把做好人社扶贫工作作为践行“两个维护”的具体行动，作为践行初心使命的重大政治责任，坚决把中央各项决策部署落到实处。

（二）压实工作责任。建立健全目标责任制，实化量化指标，落实责任单位、责任人，使各项工作可检验、可评估。倒排工期、压茬推进，加强工作调度，通报进展情况，对发现的问题及时督促改进。加强与财政、发改、农业农村等部门的沟通协调，促进政策资源协同，推动形成工作合力。

（三）坚持精准施策。坚持“一把钥匙开一把锁”，区分不同地区、不同群体，切实加强分类指导，做到思路精准、政策精准、措施精准，因地制宜、因人施策。及时研究新情况新问题，查漏项、补短板，加强政策实施的过程跟踪和效果评估。聚焦52个未摘帽贫困县、湖北、“三区三州”等深度贫困地区，下最大力气给予支持。

（四）加强作风建设。坚持求真务实，真抓实干，坚决杜绝形式主义、官僚主义，防止简单化的“数据达标”，确保工作扎实、结果真实。克服松劲懈怠、“疲劳症”和厌战情绪，绷紧弦、吃住劲，慎终如始抓好工作落实。加强调查研究，掌握一手资料，提高工作的科学性、针对性。坚持督战一体，既加强对基层工作的督促指导，又减轻基层负担，切实帮助基层一线解决实际困难。

做好人社扶贫工作，任务艰巨、责任重大。我们将更加紧密地团结在以习近平同志为核心的党中央周围，担当作为、再接再厉，不获全胜、决不收兵，坚决完成人社扶贫各项目标任务，为夺取脱贫攻坚战全面胜利、全面建成小康社会作出应有贡献。

（本文原载于2020年8月17日《学习时报》）

强化就业优先政策

张纪南

就业是最大的民生。我国有14亿人口、9亿劳动力，解决好就业问题，始终是经济社会发展的一项重大任务。“十三五”时期，我国就业局势保持总体稳定，就业规模不断扩大，就业结构持续优化，就业质量稳步提高。2016—2019年，城镇新增就业人数5 378万人，年均超过1 300万人。“十四五”时期，我国进入新发展阶段，党的十九届五中全会通过的《中共中央关于制定国民经济和社会发展第十四个五年规划和二〇三五年远景目标的建议》（以下简称《建议》），科学研判大势，把握发展规律，将促进就业作为经济社会发展的重要内容，提出一系列新要求，明确一系列重大任务，我们必须充分认识其重要意义，准确把握基本内涵。

一、坚持经济发展就业导向

解决就业问题根本要靠经济发展。《建议》提出，千方百计稳定和扩大就业，坚持经济发展就业导向，扩大就业容量，提升就业质量，促进充分就业，保障劳动者待遇和权益。这是强化就业优先政策的总体要求，充分表明就业在经济社会发展中的优先地位，是我们党坚持以人民为中心的发展思想的具体体现。落实这一总体要求，需要构建经济增长和促进就业的良性循环，在保持经济总量稳定增长、经济结构不断升级的同时，努力实现就业规模扩大、就业结构优化、就业质量提升。坚持经济发展就业导向，就要在宏观政策上坚持就业优先。坚持实施以稳定和扩大就业为基准的宏观调控，切实把就业指标作为宏观调控取向调整的依据，推动财政、金融、投资、消费、产业等政策聚力支持就业。在组织实施发展规划、调整经济结构和优化产业布局、规划区域发展和实施重大工程项目过程中，注重强化对就业影响的评估。健全就业需求调查和失业预警监测机制，推进就业信息化建设，动态观察和研判就业走势，为宏观决策和制定政策措施提供有力支持。扩大就业容量，提升就业质量，就要突出就业带动效应，推动实现更充分更高质量就业。在以畅通国民经济循环为主构建新发展格局过程中，优先发展吸纳就业能力强的行业产业；在实现创新驱动的内涵型增长过程中，培育就业新增长极，推动劳动者实现体面劳动；在深化改革、推进高水平对外开放过程中，激发市场主体活力，稳定岗位、扩大就业。

二、健全就业公共服务体系

就业公共服务是促进市场供需匹配、实施就业失业管理、落实就业政策的重要载体。经过多年努力，我国就业公共服务体系逐步健全，目前全国县（区）以上普遍设立了就业公共服务机构，超过98%的街道、乡镇建立了服务窗口，提供登记招聘、登记求职、职业指导、职业介绍、创业指导等免费服务，对于政府调控市场、帮助困难群体就业发挥了重要作用。但仍然存在均等化不足、信息化不强、精准化不够等问题。《建议》提出健全就业公共服务体系，就是要在已有基础上，针对新形势新任务新要求，持续打造覆盖全民、贯穿全程、辐射全域、便捷高效的全方位就业公共服务体系，满足社会求职招聘创业等多方面的需求。要推进基本服务均等化，提升城乡公共服务能力，打破体制、部门、地域等限制，使劳动者不论来自何方、去到哪里就业和创业，都能享受同等的公共服务。要推进信息服务智慧化，建立全国统一的信息系统，推进信息互联互通和数据共享，实现供求双方的即时匹配、智能匹配。要推进重点群体服务精准化，根据不同劳动者的自身条件和服务需求，构建精准识别、精细分类、专业指导的服务模式，提供个性化服务措施和解决方案。要推进服务主体多元化，鼓励引导社会力量广泛深入参与就业服务，探索建立创业指导专家、就业指导专家等志愿者团队，为劳动者多渠道提供专业化服务。同时，制定发布新职业标准，积极引导劳动者参加培训和市场主体招聘用工。

三、更加注重缓解结构性就业矛盾

当前和今后一个时期，我国就业总量压力依然存在，但结构性就业矛盾更为凸显，突出表现为招工难和就业难并存，这一问题正在成为就业领域的主要矛盾。招工难主要是一线生产服务人员和技工“两头短缺”，技能人才的求人倍率长期保持在1.5以上。就业难则是指部分高校毕业生和大龄劳动者求职就业困难。这种“两难”并存，其根源在于劳动力需求与供给的不匹配，其关键在于部分劳动者技能不足、技能人才短缺。随着发展质量效率提高，经济结构不断调整、产业转型升级，这一现象将更趋凸显。《建议》提出，更加注重缓解结构性就业矛盾，加快提升劳动者技能素质。这既是当务之急，也是长远之计，具有非常强的现实针对性。要求我们以提升劳动者技能水平、能力素质为核心，贴紧社会、产业、企业、个人发展需求，加快推进技能人才发展。要实施“技能中国”行动，推动落实终身职业技能培训制度，开展常态化大规模多方式的职业技能提升并建立长效机制。要完善技能人才培养、使用、评价和激励机制，加强技能人才培养基础能力建设，充分发挥企业主体作用，建立健全技工院校和中等职业院校支持政策，畅通技能人才职业发展通道。要积极采取措施将普通高中和中等职业学校、技工院校招生规模保持大体相当，从源头上提高技能人才培养比例。要健全职业技能竞赛体系，举办综合性的全国技能竞赛，形成以全国竞赛为主体、岗位练兵技术比武为基础的中国特色竞赛体系，更好发挥以赛促学、以赛促训、以赛促评的作用，在全社会积极营造崇尚技能、尊重人才的良好氛围。

四、完善重点群体就业支持体系

稳住了重点群体，就稳住了就业基本盘。《建议》提出，完善重点群体就业支持体系。这就要求我们采取更加有效的举措、更加有力的工作，分类帮扶，因人施策，全力以赴抓好重点群体就业工作。要着力做好高校毕业生等青年就业工作。高校毕业生是国家的宝贵财富，解决好他们的就业问题，既关系实现个人价值和家庭幸福，更关乎国家的长远发展和社会和谐稳定。今后一个时期，我国高校毕业生规模仍将保持在高位运行。要在改善需求上下功夫，创造更多适合毕业生的知识型、技术型、创新型岗位；在优化供给上下功夫，增强毕业生适应市场和企业实际需要的能力；集中开展专项活动，加大对离校未就业、困难毕业生帮扶力度，帮助毕业生更好择业、更快就业。要积极促进农民工就业。农民工是我国产业工人的主体，是国家现代化建设的重要力量。进一步强化就业服务、职业培训和权益维护“三位一体”工作机制，加强跨区域劳务协作，引导农民工有序外出求职就业；支持农民工就地就近就业，落实返乡入乡创业政策。要扎实做好退役军人就业工作。实施优惠扶持政策，强化针对性就业创业服务，稳定和拓宽就业渠道；增强职业技能培训实效性，给予政策支持，提升退役军人就业能力。要健全困难群体就业援助制度。畅通失业人员求助渠道，提供针对性公共就业服务和职业培训，促进失业人员尽快实现就业。对于残疾人、零就业家庭成员等就业困难人员，深入摸排、建立台账、动态管理，提供“一对一”精细化服务。对通过市场渠道难以实现就业的，利用公益性岗位托底安置。加强就业困难人员基本生活保障，把困难群众的民生底线兜住兜牢。

五、统筹城乡就业政策体系

统筹城乡就业，对于积极引导农村劳动力就业增收、推进新型城镇化、实施乡村振兴战略意义重大。我国城乡劳动者平等参与市场竞争的就业制度正逐步建立，覆盖城乡的就业组织体系、公共就业创业服务体系、职业培训体系日趋完善，维护城乡劳动者的用工管理和社会保障制度逐步健全。但数量庞大的农民工，工资水平总体偏低，就业稳定性较差、保障较弱的问题依然存在。《建议》提出，统筹城乡就业政策体系。这是针对城乡发展不平衡提出的明确要求。要推进就业制度平等，消除户籍、地域、身份、性别、行业等一切影响平等就业的制度障碍，营造城乡一体化公平就业环境。要推进就业服务平等，实行农民工在就业地平等享受就业服务政策，和本地居民一视同仁、公平对待。要加强权益维护，健全劳动关系协调机制，强化劳动纠纷调处，加强劳动保障监察执法，扩大社会保险覆盖范围，推进社保制度衔接。

六、完善促进创业带动就业、多渠道灵活就业的保障机制

创业是就业之源，灵活就业是就业的重要渠道，对于稳定和扩大就业具有重要意义。《建议》提出，完善促进创业带动就业、多渠道灵活就业的保障制度，支持和规范发展新就业形态。要持续优化营商环境。深化商事制度改革，积极拓宽投融资渠道，实施包容审慎监管；加大初创实体支持力度，提供场地支持、租金减免、税收优惠、创业补贴等政策扶持。要持续释放创业带动就业倍增效应。支持建设一批高质量创业孵化载体和创业园区，提升线上线下创业服务能力，打造培训学习、创业实践、咨询指导、跟踪帮扶等一体化创业培训体系；精心组织各级各类创业推进活动，培育构建区域性、综合性创业生态系统。要持续推动多渠道灵活就业。鼓励个体经营，增加非全日制就业机会，支持发展新就业形态，清理取消不合理限制灵活就业的规定。强化对灵活就业人员就业服务、劳动权益和基本生活保障。

强化就业优先政策、稳定和扩大就业，是一项系统工程，需要充分调动各方面的力量。各级党委和政府要将促进就业摆在更加突出的位置，加强组织领导，加大投入，健全就业工作目标责任制，切实把这个民生头等大事抓好。各级人力资源社会保障部门将担当尽责、真抓实干，协同有关方面全面落实《建议》明确的各项任务要求。

（本文原载于2020年11月出版的《〈中共中央关于制定国民经济和社会发展第十四个五年规划和二〇三五年远景目标的建议〉辅导读本》）

振奋精神　开拓进取　奋力实现“十四五”人力资源社会保障事业良好开局

——在全国人力资源和社会保障工作会议上的讲话

张纪南

（2021 年 1 月 18 日）

这次会议的主要任务是，全面贯彻党的十九大和十九届二中、三中、四中、五中全会精神，落实中央经济工作会议部署要求，总结 2020 年和“十三五”时期人社工作，分析研判形势，研究部署重点任务。刚才，传达了胡春华副总理的批示要求，我们要认真抓好落实。会上，部分省区市作了发言，其他省份作了书面交流，介绍各自特色工作，大家要互相学习借鉴。下面，我讲四个问题。

一、攻坚克难、砥砺前行，战疫战贫展现担当作为，人力资源社会保障工作取得显著成绩

刚刚过去的一年，是新中国历史上极不平凡的一年。面对一系列重大挑战，以习近平同志为核心的党中央统筹国际国内两个大局，统筹疫情防控和经济社会发展，团结带领全党全国各族人民，沉着应对、迎难而上，我国成为全球唯一实现经济正增长的主要经济体，三大攻坚战取得决定性成就，科技创新取得重大进展，改革开放实现重要突破，民生得到有力保障。各级人社部门坚决听从党中央指挥，思想上紧跟、行动上紧随，主动作为、攻坚克难，全面实施“人社战疫十项行动”，在大疫大考中经受了考验、贡献了力量、做出了特色、展示了风貌。

第一，以空前力度应对空前冲击，全力投入抗疫斗争，稳住了就业基本盘。中央高度重视应对疫情稳就业工作，在“六稳”基础上提出“六保”任务，都把就业摆在首位。习近平总书记强调，越是发生疫情，越要注意做好保障和改善民生工作，特别是要高度关注就业问题。面对疫情的严重冲击，各级人社部门把稳就业、保就业作为第一位的工作和重大政治责任，闻令而动、迅速响应，举全系统之力、汇各方面之智，创新实施 28 项突破性政策，密集部署推工作、攥指成拳抓落实，实现了就业局势总体稳定并好于预期。全年城镇新增就业 1 186 万人，调查失业率从 2 月份的 6.2%降至 12 月份的 5.2%，全年均值 5.6%，低于 6%左右的预期目标，圆满完成目标任务。一是针对企业生产经营停摆、人员流动受阻，紧急采取措施支持劳动者及时有序返岗复工。迅速建立 24 小时重点企业用工调度保障机制，帮助上万家重点企业解决急需用工 55 万人，有力保障了疫情防控物资、生活必需品生产。实施农民工返岗“点对点”服务，通过专车、专列、包机等方式累计运送600多万农民工安全有序返岗。这些都有力推进了企业复工复产。二是针对企业稳岗难，及时打出“免减缓返补”政策组合拳。切实把保市场主体、纾困中小企业作为稳就业的重要基础，企业养老、失业、工伤三项社会保险共为企业减负1.54万亿元。608万户企业享受失业保险稳岗返还1 042亿元。这些政策含金量高、受益面广、落实及时，深受企业欢迎。发挥劳动关系政策效应，提升劳动人事争议处理效能，引导企业与劳动者共渡难关，劳动关系保持总体和谐稳定。三是针对高校毕业生、农民工、失业人员、退捕渔民等群体就业难，想方设法促就业保生活。围绕政策联动、产业带动、支持自主创业、鼓励灵活就业，各部门各方面聚力支持就业，政策合力效应充分激发，有效扩大了就业增量。失业保险保障范围扩大到城乡所有参保失业人员，领取各项失业保险待遇人数1 337万人，比上年增加841万人。全力做好长江退捕渔民安置保障工作，16.5万渔民转产就业，21.8万渔民参加基本养老保险，实现应保尽保。四是针对供需匹配难，广泛动员组织开展网络招聘和技能培训。集中资源、加大力度，开展百日千万网络招聘，举办各类线上招聘会近1.5万场，发布岗位信息2 761万人次。开展百日免费线上技能培训，全国线上技能培训超过1 200万人次。同时，加强抗疫“一线”人员支持保障，先后出台工资福利、职称岗位晋升、工伤保险、紧急补充医务人员、及时表彰等一系列政策措施，激发抗疫工作人员积极性主动性。对湖北实施定向援助，陆续出台倾斜政策，组织开展“6+1”劳务协作，在养老保险调剂资金、就业补助资金等方面给予支持，助力渡过难关。总的看，疫情对就业的冲击强度和影响范围前所未有，中央稳就业保就业力度前所未有，复工复产就业局势恢复速度前所未有。在形势极其复杂严峻的情况下，就业工作取得令人振奋的成绩，得到中央领导同志的多次表扬和社会各界的充分肯定。

第二，以必胜的信心和坚定的决心，聚力攻坚、尽锐出战，全面完成收官之年各项人社扶贫任务。脱贫攻坚收官之年遭遇疫情影响，贫困劳动力外出务工受阻。各级人社部门聚焦“三区三州”和52个挂牌督战县，把就业扶贫作为重中之重，切实把促进劳动力外出务工摆在突出位置，紧扣“一个超过、两个不少于”的目标任务，强化有组织劳务输出，努力把劳动力稳在当地、稳在企业、稳在岗位。人力资源服务机构举办扶贫专场招聘会1.1万场，提供岗位信息309万个。在外出农民工大幅减少的情况下，贫困劳动力务工规模达到3 243万人，比上年增长10%。积极拓展贫困劳动力就地就近就业渠道，实施易地扶贫搬迁安置区就业帮扶，促进就业增收。深入推进技能扶贫，支持技工院校建设，成功举办全国扶贫职业技能大赛，贫困劳动力参加培训、技工学校招收贫困家庭学生人数持续增加。做实做细社会保障扶贫，为3 856万贫困人员代缴居民养老保险费，3 014万贫困老人全部按时足额领取养老金。加大人才人事政策倾斜力度，努力缓解贫困地区招人难、留人难的问题。

第三，积极稳妥深化改革，切实加强兜底保障，社会保障体系进一步健全。各级人社部门扎实推进社会保障领域制度改革，所有省份均启动实施养老保险基金省级统收统支，全国统筹方案审议通过。基金中央调剂力度加大，调剂规模7 400亿元，有效均衡地区间基金收支结构性矛盾。基金监督持续加强，养老保险基金和职业年金市场化投资运营全面启动，收益水平稳步提升。退休人员基本养老金和城乡居民基础养老金调整工作顺利完成，失业保险、工伤保险待遇稳步提高，各项社保待遇按时足额发放。国家社会保险公共服务平台不断优化，提供9类28项全国统一服务，累计访问量超过15亿次，社会保险经办管理服务水平持续提升。基本养老、失业、工伤保险参保人数分别达到9.99亿人、2.17亿人、2.68亿人，分别比2019年底增加3 127万人、1 147

万人、1 291 万人。

第四，把准定位、乘势而上，人才人事体制机制不断健全。各级人社部门聚焦技能人才和专业技术人才两支队伍，坚持问题导向和补齐短板。成功举办第一届全国职业技能大赛。习近平总书记专门发来贺信，充分肯定技术工人队伍的重要地位，对各级党委、政府做好技能人才工作提出明确要求。李克强总理作出批示。这是对我们的巨大鼓舞和鞭策。本次大赛是新中国成立以来规格最高、项目最多、规模最大、水平最高的综合性国家职业技能赛事，社会反响强烈。深入实施职业技能提升行动，创新实施以工代训等政策，全国开展各类补贴性职业技能培训 2 700.5 万人次。积极推动各类企业全面开展技能人才自主评价。发布 25 个新职业信息，颁布 56 个国家职业技能标准。专业技术人才各系列职称制度改革稳步推进，国家职业资格目录清单制度完善健全。相关人才项目工程计划有序实施，新选拔 4 998 名享受政府特殊津贴专家、406 名百千万人才工程国家级人选，专业技术人才知识更新工程完成培训 140 万人次。博士后工作创新力度不断加大。编制发布服务国家区域发展战略急需紧缺人才目录。县以下事业单位管理岗位职员等级晋升制度改革取得积极进展，高层次人才工资分配激励机制和公立医院薪酬制度改革扎实推进。圆满完成抗击新冠肺炎疫情重大表彰有关工作。

第五，健全风险防控机制，加大治理力度，劳动关系保持总体和谐稳定。各级人社部门切实把根治欠薪作为民生保障重点任务，成效持续巩固。各级劳动保障监察机构立案查处工资类劳动保障违法案件同比下降 5.1%。为 64.8 万名劳动者追发工资等待遇 65.2 亿元，涉及人数下降 22%，涉及工资金额下降 18%。不断完善劳动关系风险防范的形势分析、监测预警、应急处置机制，指导企业依法妥善处理劳动关系，积极防范规模裁员风险。稳步推进国有企业工资决定机制和企业负责人薪酬制度改革。加强企业工资宏观调控，发布全国企业薪酬调查工资价位信息。扎实推进劳动人事争议案件调解仲裁，加强调解员仲裁员队伍建设，确保争议处理形势总体平稳可控。

第六，持续发力、优化服务，系统行风建设取得明显成效。各级人社部门以“人社服务快办行动”为重要抓手提升为民服务水平，点面结合、以点带面，推进全国人社服务相关事项打包办、提速办、简便办、跨省办。有序组织人社系统窗口单位业务技能练兵比武活动，开展在线练兵和省内比武，在全系统兴起了“比学赶帮超”的良好风气。全面推开人社政务服务“好差评”工作，实现服务事项、评价对象、服务渠道三个全覆盖。深入推动人社政策待遇“看得懂、算得清”。推行证明事项告知承诺制，进一步清减相关证明材料。依托人社政务服务平台，各类“不见面”服务快速推进，全国“一网通办”业务陆续增加。全国 12333 接听总量超 1 亿人次，综合接通率保持在 80%以上。

过去一年的成绩，为“十三五”时期的各项工作画上了圆满句号。回顾过去的五年，我们积极应对国际国内形势发展变化，强化就业优先政策，保持了就业局势的总体稳定，城镇新增就业人数累计超过 6 500 万人，成为民生改善的坚实基础和经济发展的亮丽底色。我们始终把脱贫攻坚作为重大政治任务，夯实责任、精准施策，贫困劳动力外出务工人数翻了一番，93.8%的建档立卡贫困户享受到了就业帮扶政策，36 万贫困家庭子女免费接受技工教育，针对贫困劳动力开展补贴性职业技能培训超过 1 000 万人次。我们始终坚持增强公平性、适应流动性、保证可持续性，推动社保制度改革取得重大突破，养老保险参保人数超过 9.9 亿人。社会保险总费率由 41% 下降至 33.95%。基本养老保险基金和年金基金投资运营规模超过 4 万亿元。社会保障卡发行超过 13.35 亿张，电子社保卡签发超过 3.6 亿张。我们始终坚持党管人才原则，遵循人才发展规律，相关体制机制逐步健全，高技能人才新增 1 000 万人以上，开展政府补贴性培训近 1 亿人次。我们始终坚持系统治理、依法治理、源头治理、综合治理，构建中国特色和谐劳动关系体制机制基本形成，拖欠农民工工资问题多发、高发态势得到有效遏制，劳动者权益得到有力维护。我们坚持“管行业必须管行风”，分阶段分步骤扎实推进系统行风建设，行风满意度从 2018 年的 73.69 分提高到 2020 年的 80.02 分，人社公共服务发生了全方位、深层次的转变。

取得这些成绩实属不易，根本在于以习近平同志为核心的党中央的坚强领导，在于习近平新时代中国特色社会主义思想的科学指引，在于中国特色社会主义制度的巨大优势，离不开各级党委、政府的高度重视，离不开各有关部门单位的大力支持，也凝结着全系统干部职工的心血和汗水。在此，我代表人社部党组，向同志们表示崇高的敬意和衷心的感谢！

在看到成绩的同时，我们也清醒认识到，人社事业在发展环境、政策体系、制度建设等方面还面临不少矛盾、困难和问题。就业优先政策体系有待进一步完善，社会保障体系还需持续健全，人才人事工作体制机制还应进一步适应需要，构建中国特色和谐劳动关系还有大量工作要做，基层基础建设还比较薄弱，行风建设还需要持续加强，等等。这些都需要我们在今后的工作中着力加以改进和解决。

二、深刻领会中央要求，准确把握形势任务，切实增强做好人力资源社会保障工作的责任感使命感紧迫感

今年是我国现代化建设进程中具有特殊重要性的一年，中央作出了一系列重大判断，进行了一系列重大部署，提出了一系列明确要求。这是我们谋划、推进工作的基本前提。我们必须切实把思想和行动统一到中央对形势的分析研判和对工作的部署要求上来，对“国之大者”做到心中有数，在大局大事大势中找准人社工作的方向和定位，精准发力。

第一，深刻领会习近平总书记重要指示精神，扎实贯彻落实五中全会和中央经济工作会议部署，准确把握构建新发展格局的实践要求。党的十九届五中全会对我国发展的指导方针、目标任务作出重大战略部署，提出必须毫不动摇贯彻新发展理念，坚持以供给侧结构性改革为主线，牢牢把握扩大内需这个战略基点，积极推进构建以国内大循环为主体、国内国际双循环相互促进的新发展格局。构建新发展格局是党中央根据我国发展阶段、环境、条件变化，基于我国比较优势变化，审时度势作出的重大决策，是事关全局的系统性、深层次变革。今年要围绕构建新发展格局来展开，迈好第一步，见到新气象。

人社工作与国民经济循环紧密相连，在构建新发展格局中具有十分重要的地位和作用，必须从全局和战略的高度准确把握构建新发展格局的战略构想，自觉行动、积极作为，明确主攻方向，探索有效路径。重点是做到“六个紧扣、六个着力”。一要紧扣提高人民生活品质，着力补齐人社领域各项民生工作的短板弱项，坚持把民生保障作为畅通国内大循环的出发点和落脚点，推动共同富裕取得实质性进展。二要紧扣扩大内需这个战略基点，着力在稳定和扩大就业、健全多层次社会保障体系、扩大中等收入群体等方面抓落实，提高居民消费能力和意愿。三要紧扣科技自立自强，着力健全人才评价激励等体制机制，充分激发人才创新活力，积极为强化国家战略科技力量和解决关键核心技术领域“卡脖子”问题贡献力量。四要紧扣产业链供应链特别是制造业自主可控，着力加快提升劳动者技能素质，推进劳动力要素市场化改革，缓解企业技术工人短缺，提供更多的高素质劳动力。五要紧扣劳动力资源禀赋变化，针对劳动力日益大龄化和老龄化程度加深，着力在劳动力资源存量开发和结构优化两个方面下功夫，提高劳动参与率，改善劳动力供给。六要紧扣数字化加快发展趋势，针对就业方式灵活化、用工关系复杂多变，着力优化劳动关系治理，妥善把握劳动力市场灵活性和安全性，提高人社领域数据资源利用效率，推动便民服务高质量发展，促进数字社会、数字政府建设。

第二，深刻认识中国共产党百年华诞的重大意义，用实实在在的成绩为党和国家工作大局增光添彩。一方面，我们要着力为群众多做实事、多办好事，使各项政策举措更加接地气、更加符合群众的需要，圆满完成人社工作各项目标任务，增强稳定预期，增强凝聚力和向心力，以民生改善的实际成效庆祝党的百年华诞，既为一域增光，又为全局添彩。另一方面，要正确处理改革发展稳定的关系，把握好推进工作的节奏和力度，正确引导和回应社会关切，强化专项工作和相关活动的安全有序实施，切实担起责、把好关。

第三，深刻把握全面推进乡村振兴的重大部署，持续巩固拓展人社领域扶贫成果。在党中央坚强领导下，我国脱贫攻坚取得决定性成就。如期完成脱贫攻坚目标任务后，全面推进乡村振兴已成为新发展阶段的重大使命，是党中央关于“三农”工作重心历史性转移的重大决策部署。我们要深刻认识其重大意义，不能松劲、不能停步。一方面，要保持原有扶贫议事协调等机制和相关工作队伍的稳定，敬终如始、毫不懈怠，保持力度不松、干劲不减。另一方面，要增强工作主动性，切实找准定位，加强统筹谋划，以更高标准、更严要求、更实举措，扎实推进工作衔接、政策衔接，实现由集中资源支持脱贫攻坚向全面推进乡村振兴平稳过渡。

第四，深刻把握面临的国际国内形势，切实增强工作前瞻性主动性创造性。我们既要看到我国发展总体态势是好的，完全有基础、有条件、有能力取得新的伟大胜利，也要看到当前诸多矛盾叠加、风险挑战显著增多，发展面临前所未有的复杂环境，用辩证的眼光看待人社工作面临的新机遇和新挑战。一要深刻认识世界格局深刻调整带来的全方位影响。国际环境的变化，对我国就业和人才等工作带来新的挑战。做好人社工作，要充分考虑这些因素，做到应对有方。二要深刻认识我国超大规模市场的巨大优势，以及仍然突出的发展不平衡不充分问题，主动作为、保持韧性。我国拥有14亿人口，其中有4亿多中等收入人群，拥有1亿多市场主体，具有最完整、规模最大的工业体系，是全球最大、最有潜力的市场。但各区域各领域各方面发展存在失衡现象，发展也还不充分。做好人社工作，要注重积极发挥优势，着力补齐民生短板，满足人民群众多样化多层次多方面的需求。三要深刻认识我国疫情防控取得重大战略成果，以及仍在扩散蔓延的世界疫情，做好全方位的预判和应对。一方面，要密切跟踪疫情变化，根据不同情况分类施策，积极应对稳就业、稳定劳动关系、社会保障等新情况新问题，因时因势调整转变工作方式、工作安排，做两手准备，有针对性做好预案。另一方面，在做好应急应变工作的同时，要深入研究疫情对人社工作带来的长期影响。我们必须充分认识到，我国经济长期向好的基本面没有改变，我国发展仍然处于重要战略机遇期。特别是党的坚强领导，我国社会主义制度能够集中力量办大事的制度优势，是实现经济行稳致远、社会安定的根本保证。这就是我国发展的最大“确定性”。一方面，要增强机遇意识、风险意识，准确识变、科学应变、主动求变。另一方面，要以我国发展的最大“确定性”，应对各种“不确定性”，以不变应万变，切实增强信心。

三、突出重点、统筹兼顾，扎实推进人力资源社会保障事业发展

做好今年人社工作的总体要求是：以习近平新时代中国特色社会主义思想为指导，全面贯彻党的十九大和十九届二中、三中、四中、五中全会精神，坚持以人民为中心的发展思想，立足新发展阶段，贯彻新发展理念，构建新发展格局，坚持稳中求进工作总基调，以推动高质量发展为主题，突出稳就业保就业工作主线，整体推进社会保障制度改革、人才人事体制机制创新、和谐劳动关系构建等工作，深化系统行风建设，强化信息化支撑，切实防范化解重大风险挑战，确保“十四五”人力资

源社会保障事业开好局，以优异成绩庆祝建党100周年。重点做好八个方面的工作。

第一，把稳定和扩大就业作为工作主线，千方百计完成就业目标任务、确保就业局势总体稳定。我们必须坚持把就业作为全系统第一位的工作，人社各项业务都要紧紧围绕稳定和扩大就业想办法、出实招，在工作推进中要优先考虑对就业的影响，形成齐心协力抓就业的工作格局，全力以赴完成目标任务，努力争取更好的成绩。做好今年的就业工作，要持续筑牢“稳”的基础、守住“保”的底线。

“稳”，就是要通过稳住市场主体稳岗位，稳住重点群体，稳住就业基本盘，同时拓宽就业渠道，稳中有扩，以扩促稳。一是继续支持企业减负稳岗。梳理评估完善稳岗返还、阶段性降费率、以工代训等政策，做好衔接，针对性出台支持举措，巩固市场主体复苏基础，牢牢稳住就业岗位。推进工作中，要注重优化服务，让惠企政策和相关资金去“找企业”，快速有效释放政策红利。二是坚决稳住高校毕业生就业。今年，高校毕业生人数达909万人，再创新高，加上往届离校未就业的，促就业的困难不容低估。重点要抓好扩渠道、强帮扶。一方面，拓宽就业渠道，促进市场化社会化就业，充分发挥企业特别是中小微企业吸纳就业、创业带动就业的作用。稳定公共部门就业，动员公共部门挖潜岗位，尽最大努力增加招聘招录规模。另一方面，做好精准帮扶，对离校未就业毕业生特别是贫困家庭毕业生，做到服务不“断线”，促进尽早就业。三是稳步推进农民工就业。始终把农民工特别是贫困劳动力就业摆在突出位置，尊重农民工就业意愿，完善服务、培训、维权协调联动、一体推进的工作体系，夯实劳务协作机制，打造一批知名劳务品牌，努力促进农民工外出务工和就地就近就业。要认真组织实施“迎新春送温暖、稳岗留工”专项行动，充分认识这项工作的紧迫性重要性，下好先手棋，指导企业和相关地方加强针对性服务，扎实细致做好工作，鼓励引导农民工就地过年，努力做到送温暖留心、强政策留岗、稳生产留工、优服务留人。四是积极推进多渠道灵活就业和创业。这是就业最大的增量空间。要着力做好政策扶持、服务促进的加法，持续做好减负清障、程序简化的减法，扩大自主就业渠道，激发劳动者韧性和创造力，支持自主创业和灵活就业，支持发展新就业形态，为劳动者灵活就业、参加社保等提供便利。同时，实施公共就业服务升级计划，精心组织好春风行动、百日千万网络招聘等“11+N”公共就业服务系列活动。组织开展国家级充分就业社区、创建创业型城市等评选工作。加快建设高标准人力资源市场体系，制定人力资源服务业高质量发展指导性意见，实施专项行动计划，精心办好第一届全国人力资源服务业发展大会。加强人力资源市场监管，组织开展劳务中介专项整治行动，促进行业健康发展。创新实施第四轮“三支一扶”计划，举办好第二届“最美基层高校毕业生”学习宣传活动。

“保”，就是要保居民就业，保就业底线，确保不发生大规模失业风险。一是兜牢困难人员就业底线。扎实做好长江退捕渔民就业和安置保障工作，提高就业稳定性，及时落实退捕渔民相关补贴。加大对下岗失业人员、残疾人等群体的帮扶力度，精准实施就业援助，运用公益性岗位托底安置，把各项帮扶政策落实到位，确保零就业家庭动态清零。二是抓好扩大失业保险保障范围和待遇发放工作。做好政策衔接、经办优化、资金安排、宣传引导等工作，要确保政策不断档、申领不扎堆，决不能让符合条件的失业人员求助无门、基本生活得不到保障。三是加强就业形势分析研判。完善常态化统计监测制度，盯紧重点地区、重点行业、重点群体矛盾风险，健全规模裁员报告制度。

第二，以深化改革为突破口、以保发放为底线任务，构建更加完善的社会保障体系。今年的社保工作，重点是促改革，底线是保发放。

“促改革”，就是要落实6项重大改革任

务。一是建立实施养老保险全国统筹制度。要严格按照中央要求，制定好实施方案和相关配套文件，“倒计时”做好政策、经办、监管、信息系统等准备工作，确保明年正式启动。二是积极稳妥推进渐进式延迟法定退休年龄。要考虑周全，在充分听取意见的基础上进一步完善方案。三是推进机关事业单位养老保险制度平稳运行。四是健全灵活就业人员社保制度。推进新就业形态人员职业伤害保障工作，创新工作思路、完善经办管理，尽快补齐制度短板。五是稳妥实施企业职工基本养老保险遗属待遇政策。六是积极发展多层次多支柱养老保险体系。在已有工作基础上，进一步推动企业年金、职业年金规范有序健康发展，积极探索建立自动加入机制，推动个人养老金发展，加快制定出台相关政策措施，让群众能够拥有更多的保障选择、更好的保障待遇。

“保发放”，就是要确保养老金按时足额发放。部里将加大基金中央调剂力度，继续提高调剂比例。保发放的主体责任在省级政府，基金支付压力大的省份，要向当地党委、政府汇报，及时采取措施，多措并举保发放。养老金是退休人员的“养命钱”，确保待遇发放是必须坚守的底线。

同时，要夯实工伤保险省级统筹成果，推进失业保险基金省级统收统支。推进公务员等纳入工伤保险统筹管理，实施工伤预防五年行动计划。持续扩大养老基金投资规模。继续完善并落实城乡居民养老保险和被征地农民社会保障政策。开展重点领域专项检查，严格落实基金要情报告制度。

第三，统筹谋划、提升效能，全面提高技能人才发展水平。近年来，技能人才工作取得不少突破性进展。今年的重点是要以实施“技能中国”行动为载体，加快推进政策牵引，扎实开展技能提升质量年活动。

“政策牵引”，就是要抓紧研究制定加强技能人才队伍建设的意见及配套政策措施，健全相关体制机制。部里已经明确了“1+N”政策文件的总体框架，“1”，就是加快技能人才发展的指导意见，“N”，就是相关专项政策。通过完善相关政策措施，推动“技能中国”行动具体化，增强可操作性。各地也要大胆探索实践，为制定相关政策奠定更好基础。要抓好职业技能等级制度、贯通高技能人才与专业技术人才职业发展、高技能人才表彰等工作的落实。以第一届全国职业技能大赛的成功举办为契机，认真总结经验，形成更加完善的技能竞赛体系。办好全国乡村振兴职业技能大赛、全国新职业技能大赛。精心筹备第46届世界技能大赛。

开展“技能提升质量年”活动，就是要以优质高效为目标，深入实施职业技能提升行动。今年是这一行动的最后一年，实现圆满收官，要完成补贴培训人次不低于1 800万的目标。要更加注重培训提质增效，创新优化培训补贴政策，调整补贴标准，研究制定扩大资金支出范围政策，增强针对性实效性。在推进工作过程中，要强化资金管理，防范风险、堵塞漏洞，对违规使用、套取骗取资金的要及时发现、严厉查处。

同时，要稳定技工院校招生规模，深化校企合作，鼓励和支持更多的企业开展新型学徒制。修订颁布新版国家职业分类大典，完善新职业信息发布制度和职业分类动态调整机制。完善职业标准开发机制，健全职业标准体系。

第四，扎实推进人才人事工作，更好激发人才创新创造活力。要围绕科技自立自强，加快健全人才发展相关体制机制，重点是做实改革、做强项目、做优表彰。

“做实改革”，就是要推进3项重点改革任务落实。一是全面完成各系列职称制度改革。上半年要全面完成剩下的7个职称系列改革任务。要加强对地方和行业部门的指导，进一步完善配套政策，强化监管。二是全面推进县以下事业单位管理岗位职员等级晋升工作。三是深化事业单位工资制度改革。出台深化公立医院薪酬制度改革指导意见，指导落实高层次人才工资分配激励政策，推进高校、科研院所薪酬制度改革试点，组织实施事业单位科研人员职务科技成果转化现金奖励纳入绩效工资管理有关工作。

“做强项目”，就是要做好博士后和海外引才等相关工作。更大力度实施博士后创新人才支持计划和博士后国际交流计划，留住国内、吸引海外优秀博士。改进博士后工作站设站方式，帮助企业用好高层次人才。完善吸引留学人员回国的市场化机制，抓住机遇引进人才。完善政府特殊津贴制度，开展第六届杰出专业技术人才表彰，实施专业技术人才知识更新工程。实施国家重大专项人员调配支持计划，开展重点区域急需紧缺人才目录编制发布工作。

“做优表彰”，就是要抓实做好有关重大表彰奖励工作。完善国家表彰奖励制度体系，加强表彰奖励和创建示范项目监管。

第五，促进劳动关系和谐同行，切实保障劳动者待遇和权益。要强化治理、防控风险、优化分配，确保劳动关系总体和谐稳定。

“强化治理”，就是要加强劳动用工规制，完善劳动权益保护体系，创新工作方式方法，平衡好企业与劳动者利益，提升劳动关系治理效能。一是锲而不舍狠抓根治欠薪。加快完善保障农民工工资支付条例的相关配套政策措施，落实属地责任，坚持把功夫下在平时，强化专项整治，继续组织实施年度工作考核，健全举报投诉、动态监管、信用惩戒等机制，完善横向贯通、上下联动的工作格局。要在已有工作基础上，认真梳理、查漏补缺、纠建并举，进一步研究形成根治欠薪的长效机制。春节前要抓好相关专项行动，对一时难以解决的或企业主欠薪逃匿的，及时动用工资保证金、应急周转金等，帮助被拖欠工资农民工解决临时生活困难。各级人社部门都要绷紧弦，畅通举报投诉渠道，坚决避免因为工作不到位、干部不作为导致群众投诉无门的情况发生。二是完善劳动关系协调处理执法机制。加强对用人单位的指导和服务，规范劳务派遣用工、共享用工发展，研究制定维护平台从业人员劳动保障权益的政策措施。完善协调劳动关系三方机制，深入推进和谐劳动关系创建活动，推进深化构建和谐劳动关系综合配套改革试点。开展特殊工时制度改革试点。加强仲裁机构和队伍建设，健全完善企业劳动人事争议协商解决机制，多元化处理争议，广泛开展在线调解仲裁服务，及时有效化解劳动关系领域矛盾纠纷。强化劳动保障监察执法，加大对突出违法问题的整治力度。做好农民工服务保障工作，制定实施农民工工作综合性政策文件。

“防控风险”，就是要加强劳动关系形势分析研判，建立健全风险监测预警和突发事件应急处置机制。紧盯重点地区、重点行业、重点企业和重要时间节点，更多发挥协商调解作用，加强快速调解、柔性处理，引导企业和劳动者协商解决矛盾纠纷。

“优化分配”，就是要完善企业工资收入分配制度。要发布实施技能人才薪酬分配指引，推动建立体现技能价值为导向的薪酬分配制度。加大企业薪酬调查和信息发布力度，完善企业工资指导线制度。稳慎做好最低工资标准调整。深入推进国有企业负责人薪酬制度和工资决定机制改革，开展国有企业职业经理人薪酬制度改革试点。制定国有企业内部薪酬分配机制指引，出台国有企业工资内外收入监督管理办法。

第六，健全欠发达地区人社帮扶机制，加强与乡村振兴的政策衔接。对表对标中央关于脱贫攻坚与全面推进乡村振兴过渡期各项工作的要求，着力巩固人社扶贫成果，拓展政策帮扶效应。

“巩固”，就是持续做好人社扶贫各项工作，保持相关政策举措的稳定性延续性。当前形势下，促进贫困劳动力外出务工、就近就地就业仍然不能有丝毫放松。要密切关注脱贫人口就业增收、社保覆盖等动态情况，及时补短板、强弱项，保持现有帮扶政策、资金支持、帮扶力量总体稳定。特别是要保持每年 3 000 万务工人数、500 万公益性岗位不能减少。继续加大易地扶贫搬迁劳动力就业扶持力度，以大型安置区为重点，加强公共就业服务机构和技能培训配套建设。巩固居民养老保险应保尽保，保障低收入人口相关待遇。继续实施倾斜性的人才人事政策，保持欠发达地区人才支持的力度。

“拓展”，就是着眼全面推进乡村振兴，健全人社领域常态化帮扶机制。重点是实施欠发达地区劳动力职业技能提升工程。对于欠发达地区和脱贫地区，技能劳动力资源十分重要。实施这项工程，既有利于巩固拓展脱贫攻坚成果，又能够支持促进当地就业和产业发展，还能够减少人才尤其是年轻劳动力的流失。要积极争取政策资金项目等支持，建设一批技工院校，培育一批劳务技能品牌，评选一批技能大师，加大东西部职业技能开发对口协作力度，确保有提升技能意愿的劳动力都能享有职业教育和技能培训，从根本上解决欠发达地区技能人才短缺的问题。各地也要努力把这项重大工程纳入区域发展战略和本地经济社会发展的大盘子中。

第七，持续优化系统行风，巩固提升人社服务质量水平。近年来，我们坚持不懈抓行风，取得了明显成效。全系统干部职工和基层群众形成了一个共识，就是通过抓行风，干部队伍的能力作风有了明显改善，推进了业务工作的落实，也破解了服务群众的一些重大问题。行风建设有一个特点，一放松就容易反弹。今年是系统行风建设三年行动计划的收官之年，要对标中央要求和群众需要，着力在攻坚、巩固、提升三个方面下功夫。

“攻坚”，就是要重点推进“人社服务快办行动”，下大气力消除服务群众的难点痛点堵点。要加快推动人社服务“一件事”打包办、高频事项提速办、异地事项跨省办。要坚持传统服务方式与智能化服务创新并行，明确老年人高频服务事项，拓展服务方式，保留必要的人工办理，有针对性地开展“上门办”，切实解决老年人运用智能技术困难的问题。部里为此专门印发了通知，各地要结合实际认真抓好落实。

“巩固”，就是要保持现有成果，深入推进各项工作。立足“最先一公里”到“最后一公里”全链条，聚焦企业和群众生产生活全周期，进一步加大“清事项、减材料、压时限”工作力度，全面推行告知承诺制，不断优化人社服务供给。持续开展“好差评”工作，加强监测和调度。深入开展“看得懂、算得清”，推广使用人社经办服务电子地图等便民手段。

“提升”，就是要将已有的经验做法上升为制度安排、形成常态化长效机制。加强整体谋划，按照标准化、规范化要求，优化各项业务经办流程，形成制度保障。加强经办队伍建设，健全人员全覆盖、业务全囊括、线上线下有机结合的机制，常态化开展练兵比武。加强日常监督，健全督察整改机制，进一步纠正不作为、慢作为、乱作为的问题。要组织开展“司局长走流程”和“青年干部调研暗访”两个专项活动，形成长效机制，制定工作手册，明确操作办法。这是推动干部了解基层情况、全面熟悉业务、有效发现和解决问题的重要措施。

第八，积极推进信息化便民服务创新，提高决策科学化、管理精准化、服务人本化水平。加强信息化建设是提升便民服务水平的重要支撑。部里已启动实施专项行动，用两年左右时间，聚焦解决当前企业群众办事堵点痛点和监管能力不足的问题，集中整合数据资源，简化优化业务流程，在全国范围内推动“全数据共享、全服务上网、全业务用卡”。今年的重点是打通社保卡、汇聚大数据、建设大平台。

“打通社保卡”，就是要全面提升社保卡“一卡通”功能。重点包括三个方面：一是统筹个人资金发放用卡。积极推进各项社保待遇、惠民惠农及各类财政补贴资金发放用卡，缩短资金发放中间环节，更好利民便农。二是统筹公共服务功能用卡。在就医购药、交通出行、旅游观光、文化体验、智慧城市等领域扩展用卡。三是积极提升社保卡信息化功能。加快社保卡升级换代和信息集成，在提供人社全业务全方位服务基础上，推动居民个人生命全周期服务“一卡办”，也就是出生、入学、就业、入职、结婚、退休养老、去世等节点，用社保卡串联相关服务，不断增强用户黏性。

“汇聚大数据”，就是要形成人社大数据能力。进一步优化数据归集上报机制，汇聚核心业务数据，深入推进人社部门各层级之间及跨部门的信息共享、业务协同，实现全国数据互联互通。构建就业形势分析、社保精算、信用评价、失业监测预警等模型，支持个性服务和精准监管。

“建设大平台”，就是要全面提升信息化平台及应用建设效能。推进全国人社一体化政务服务平台建设，加快形成全国统一的线上服务总门户，扩展人社政务服务全国“跨省通办”“一网通办”覆盖范围。完善全国统一的社会保险公共服务平台，持续推动省以下社会保险公共服务资源整合和综合柜员制服务，推出更多全国性、跨地区社会保险便民服务。同时，加快推进金保二期全国整体建设，扩展“就业在线”平台功能，完成全国统一的养老保险全国统筹信息系统建设，全面推广职业技能电子培训券，抓好智慧监察应用，探索建立电子劳动合同相关平台。

编制好“十四五”规划，对人社事业全面发展具有重要意义。要认真开展人社事业发展“十四五”规划纲要和促进就业、职业培训等专项规划的编制工作，特别是谋划一批强基础、增功能、利长远的重大工程项目和重大行动计划。各地要结合实际，大胆探索、细化出台一批具有地方特色的惠民政策和项目。要积极主动向党委、政府汇报，做好与上级人社部门的沟通，注重与同级其他部门的照应，共同把规划工作谋实谋好，做到上下联动、政策协同。

四、提高站位、勇于担当，全力以赴抓好任务落实，务实有效提高工作水平

做好今年各项工作事关“十四五”开局起步，意义重大，任务艰巨。要坚持长期以来行之有效的经验做法，切实提高政治站位，牢记职责使命，勇于担当作为，积极开拓进取，确保完成各项目标任务。

第一，坚持把党的集中统一领导作为推进人社事业发展的根本保证，不断增强政治意识，强化政治机关建设，坚决把党的意志体现到工作各方面和全过程。这些年的工作实践使我们更加深刻认识到，之所以能够战胜挑战、赢得胜利，关键在党，关键在党中央权威，关键在习近平总书记作为党中央的核心、全党的核心领航掌舵。这是我们战胜一切风险挑战、推动各项工作的根本保证，是开启新征程的最大信心所在、底气所在。一要提高政治判断力、政治领悟力、政治执行力，思想上自觉拥护核心，政治上坚决维护核心，行动上坚定紧跟核心，始终坚持以习近平新时代中国特色社会主义思想指引各项人社工作，在做到“两个维护”中更好体现人社工作价值。二要坚持党的全面领导，自觉贯彻党总揽全局、协调各方的根本要求，充分发挥集中力量办大事办难事的体制优势，充分依靠地方党委、政府，切实把民生保障办出实效、办得更加牢靠。三要坚持把党的政治建设摆在首位，履行好“一岗双责”，严格落实主体责任和监督责任，深入开展党风廉政建设，切实提高党的建设质量，更好保证人社事业持续发展。

第二，坚持把人民至上作为推进人社事业发展的根本前提，始终把人民群众冷暖放在心上，用心用情用力做好各项民生工作。人社工作涉及人民群众切身利益，桩桩件件都要与群众见面对账。我们必须坚持以人民为中心的发展思想，顺应人民日益增长的美好生活需要，不断在发展中保障和改善民生。一要坚持把实现好、维护好、发展好最广大人民根本利益作为一切工作的出发点和落脚点，始终把人民放在心中最高位置，牢固树立宗旨意识，加快补齐民生短板弱项。二要紧扣群众急难愁盼的事，把群众的堵点、痛点、难点切实转化为人社工作的重点、焦点、切入点，切实把每一桩、每一件涉及群众的工作做实做细做到位。

三要充分激发群众的积极性主动性创造性，调动各方面广泛参与，激发民智、汇聚民力，尊重群众的首创精神，从群众的创新实践中寻找解决问题的“金钥匙”，健全政策体系和体制机制。

第三，坚持把一切从实际出发作为推进人社事业发展的基本要求，理清思路、科学务实，牢牢把握工作主动权。一切从实际出发、实事求是，是我们党的基本思想方法和工作方法。我们推动事业发展、驾驭复杂局面、化解重大风险，必须在坚持实事求是的基本原则前提下，立足基本国情，把握工作的客观规律。一要坚持因地制宜，紧密结合各地实际，制定政策、推进工作都要注重加强分类指导、精准施策，创造性地开展工作，“一把钥匙开一把锁”，切实增强工作的针对性实效性。二要坚持问题导向，查找问题、直面问题、聚焦问题、掏根问题，直到解决问题，补齐“短板”。三要坚持特色思路，充分体现中国特色、行业特色、时代特色、实践特色，利用自身的优势和特长，强化创新思维，鼓励基层探索实践，注重试点先行，善于借势借机借力推进工作，形成工作的特点和亮点，锻造“长板”。四要坚持系统观念，推进工作“一盘棋”，注重各项业务协同联动，平衡各方面利益关系，增强各方面工作整体性、耦合性，提升综合效能。既突出重点、统筹兼顾，以重点工作的突破带动整体工作，又统筹考虑人社政策对其他方面的影响，注重对重大政策出台和调整进行正反两方面的综合影响评估。

第四，坚持把风险防控作为推进人社事业发展的底线要求，增强忧患意识、强化应对处置，坚决防止发生区域性系统性风险。风险防控是做好工作的“底板”，如果“底板”漏了，别的工作再有声有色，还是要满盘皆输。我们必须始终绷紧风险防控这根弦，认真梳理各领域各方面的风险隐患，加强分析研判，想全想细想到万一，化解存量风险、防范增量风险。要完善应对预案，压实责任、传导压力，做到上下联动。各地要切实担负起主体责任、属地责任，及时报告情况，做到第一时间到位、第一时间处置，坚决防止因为处置不当发生次生风险。

第五，坚持把干部队伍建设作为推进人社事业发展的组织保障，努力建设一支忠诚干净担当的高素质干部队伍。在开启新征程中展现新担当，构建新发展格局中展现新作为，关键在于建设一支高素质专业化的干部队伍。我们必须深入贯彻新时代党的组织路线，坚持好干部标准，推动人社系统党员干部更好适应复杂形势和艰巨任务。一要坚持以正确用人导向引领干事创业导向，把重品德作为前提、重才干作为基础、重担当作为要害、重实绩作为关键，努力以好的导向领出好风气、选出好干部、干出好气象、创出好局面。二要持之以恒抓好作风建设，以“三严三实”作风确保各项任务落实落地，力戒形式主义、官僚主义，切实减轻基层负担，坚决避免重形式不重内容、重过程不重结果。三要坚持严管厚爱相结合，抓实抓细日常监督，深入剖析人社系统违纪违法典型案例，及时梳理廉政风险点，“严小严早严预防”。特别是要将监督跟着资金走、跟着权力走、跟着关键时间节点走、跟着重点人走，加强对就业资金、培训资金、社保资金等领域的廉政风险防控，健全和完善管人、管事、管钱的各项规章制度，堵塞风险漏洞。

新征程砥砺初心，新使命无上荣光。我们要更加紧密地团结在以习近平同志为核心的党中央周围，坚定信心、攻坚克难，齐心协力、开拓进取，坚决完成各项目标任务，奋力实现“十四五”良好开局，为全面建设社会主义现代化国家历史伟业贡献积极力量。

贯彻落实习近平总书记重要指示精神 担当作为　攻坚克难　推进职业能力建设事业新发展

——在全国职业能力建设工作电视电话会议上的讲话

汤　涛

（2020 年 7 月 9 日）

这次会议的主要任务是，深入学习贯彻习近平总书记关于技能人才工作重要指示精神，落实政府工作报告要求，总结 2019 年以来全国职业能力建设工作，分析研究当前形势，狠抓工作落实，进一步推动职业能力建设工作改革发展。下面，我讲三点意见。

一、2019 年以来职业能力建设工作回顾

（一）职业技能竞赛工作连创佳绩，社会影响进一步扩大。第 45 届世界技能大赛首次参加全部 56 个项目比赛，取得 16 金 14 银 5 铜和 17 个优胜奖，再次荣登金牌榜、奖牌榜和团体总分第一，创造历史最好成绩。习近平总书记作出重要指示，李克强总理作出批示，胡春华副总理会见中国代表团全体成员、出席参赛总结大会并讲话。全面启动第 46 届世界技能大赛筹备工作，开展世界技能会旗登顶珠峰系列活动。组织开展“一带一路”国际技能大赛和国家级一类大赛 8 项、二类竞赛 52 项，技能竞赛在职工和青年学生中的影响进一步扩大。

（二）全力推进职业技能提升行动，完成年度目标任务。成立职业技能提升行动领导小组，张纪南部长亲任组长，组建工作专班，加强组织领导。完善工作机制，分解培训任务，建立定期调度制度，加强督导调研和部门协作。会同财政部出台资金使用管理政策，会同相关部门出台专项培训计划，加强对就业重点群体的职业技能培训。指导各地公布补贴性培训项目目录、培训评价机构目录，推动补贴性培训实名制信息管理，组织开展全国职业技能提升行动服务周活动。2019 年全国开展补贴性职业技能培训 1 877 万人次，超额完成目标任务。

（三）深入推进技工院校改革创新，招生和培训规模进一步提升。多措并举加大招生工作力度，全国技工院校实现招生 143 万人，为 2013 年以来最高值。会同发改委等部门做好国家产教融合建设试点工作，深化校企合作，推动多元办学。技工院校面向社会开展职业培训 432 万人次，同比增加 11.7 万人次。加强师资队伍建设，调整技工院校公开招聘政策，

全年开展一体化师资培训 510 人、师资能力提升培训 2 500 余人。举办第一届全国技工院校学生创业创新大赛。

（四）加大“三区三州”等深度贫困地区支持力度，技能扶贫工作取得积极成效。深入实施技能扶贫行动和技能脱贫千校行动，2019 年组织贫困劳动力和贫困家庭职工参加补贴性培训 259 万人次，技工院校招收建档立卡贫困家庭子女 8.8 万人，同比增长 30%、38%。大力开展对口帮扶，指导地方新建技工院校或开设分校（教学点）10 所，动员 15 个省份 44 所技工院校对口帮扶深度贫困地区 35 所技工院校。援建西藏技师学院，选派 13 名教师进藏支教，如期实现秋季学期招生开学。培训新疆、西藏、四省藏区创业培训师资师资 260 余人。组织开展“三区三州”职业技能大赛和先进事迹系列报告会。

（五）大力推行职业技能等级认定，技能人才评价改革开始破局。做好改革顶层设计，研究推动水平评价类技能人员职业资格退出目录。印发《职业技能等级认定工作规程》，大力推进企业自主认定，启动第三方评价和技工院校学生职业技能等级认定试点工作。1 400 余家企业完成职业技能等级认定备案，20 多万人取得职业技能等级证书。推动高技能人才与工程技术人才贯通发展。分 3 批发布 38 个新职业，颁布备案 164 个国家职业技能标准。

（六）加强高技能人才激励表彰，技能人才队伍规模持续扩大。贯彻落实提高技术工人待遇等决策部署，着力提高技术工人的政治、经济和社会待遇。遴选推荐高技能人才享受政府特殊津贴，表彰 30 名中华技能大奖获得者和 300 名全国技术能手，胡春华副总理与高技能人才代表进行座谈。我部与河北、吉林、新疆等省份签署部省共建备忘录，上下联动实现技能人才创新发展。新建 127 个国家级高技能人才培训基地和 161 个国家级技能大师工作室。

今年，面对突如其来的新冠肺炎疫情，全国职业能力建设战线全体同志勇挑重担、改革创新，统筹做好疫情防控和各项业务工作。迅速推出“互联网+职业技能培训计划”，实施“百日免费线上技能培训行动”，出台以工代训政策，开放“技工教育网”平台提供线上教学服务。3 月下旬至 6 月底，免费线上培训实名注册 1 300 多万人次，线上培训 1 200 多万人次。积极推动企业开展技能人才自主评价，部署做好技工院校招生开学、技能扶贫、竞赛和表彰等工作。各地人社部门、行业企业和技工院校主动担当作为，积极参与疫情防控和复工复产工作，攻坚克难创新推动工作开展，涌现出很多好的做法。

二、深刻认识职业能力建设工作面临的新形势

（一）习近平总书记重要指示为做好职业能力建设工作提供了行动指南和根本遵循。党的十八大以来，以习近平同志为核心的党中央高度重视技能人才队伍建设，提出一系列明确要求。习近平总书记多次就加强职业教育、加快培养技工技师作出重要指示，特别是去年 9 月，习近平总书记对技能人才工作作出重要指示。这些对做好职业能力建设工作提出了新要求，也为我们做好工作提供了行动指南和根本遵循。

（二）党中央、国务院对职业能力建设工作进展和质量提出新要求。近年来，党中央、国务院密集出台新时期产业工人队伍建设改革方案、提高技术工人待遇、推行终身职业技能培训制度、国家职业教育改革实施方案、职业技能提升行动方案等政策文件，政府工作报告连续两年对职业培训等提出明确目标。我们要齐心协力，及时高效完成党中央、国务院赋予我们的重要任务。

（三）就业新形势对职业能力建设工作提出新任务。今年 5 月，李克强总理在《政府工作报告》提出，千方百计稳定和扩大就业，资助以训稳岗，今明两年职业技能培训 3 500 万人次以上，要使更多劳动者长技能、好就业。“六稳”“六保”，排在第一位的都是就

业。如何培养符合就业市场需求的人才，更好服务就业工作是摆在我们面前的重大课题。

（四）决战决胜脱贫攻坚需要职业能力建设工作做出新贡献。今年是全面打赢脱贫攻坚战收官之年，习近平总书记在决战决胜脱贫攻坚座谈会上强调，要克服新冠肺炎疫情影响，凝心聚力打赢脱贫攻坚战，确保如期完成脱贫攻坚目标任务，确保全面建成小康社会。技能扶贫工作还存在职业技能培训供给不足、针对性实效性不强等问题，深度贫困地区技工院校和培训机构师资力量薄弱，基础设施落后，难以满足实际需求，这些都需要我们采取超常规举措集中攻坚。

（五）疫情防控常态化要求对职业能力建设工作构成新挑战。当前，新冠肺炎疫情仍要继续坚持“外防输入、内防反弹”总体防控策略，坚持严防死守、精准防治。怎样把疫情影响降到最低，如何在抓好疫情常态化防控的同时，把各项既定部署落实好、把疫情耽误的时间抢回来、把滞后的工作赶回来，是职业能力建设工作面临的新挑战。

三、2020年职业能力建设工作的主要任务

2020年，职业能力建设工作的总体要求是：深入贯彻落实习近平总书记对技能人才工作重要指示精神，落实政府工作报告要求，聚焦加强职业培训促进就业和加快培养高技能人才的总目标，一体推动职业技能提升行动、技工院校招生、技能人才评价改革、职业技能竞赛和技能扶贫等重点工作，加大政策落实和创新力度，健全技能人才培养、使用、评价、激励制度，推动技能人才工作取得新突破、再上新台阶。

关于2020年工作，重点强调以下五个方面：

（一）以稳定和扩大就业为导向，深入实施职业技能提升行动。一是要把以工代训作为突破口，确保完成全年1 800万人次培训、33万人次企业新型学徒制培训和专账资金支出400亿元的目标任务，切实发挥稳就业作用。二是要统筹做好线上线下培训工作，有序恢复线下培训，实现线上线下融合发展。三是要加强高校毕业生等重点群体职业培训。组织实施百万青年技能培训行动，2020至2021年每年培训各类青年100万人次以上。出台并实施好康养职业技能培训计划和马兰花创业培训计划。

（二）加大政策创新力度，推动技工教育新发展。一是制定出台大力发展技工教育政策措施，统筹发挥人社职能优势，形成政策合力，加大对技工院校的支持力度。做好技工院校选用使用教材目录管理工作。二是要狠抓技工院校招生，确保全年招生不低于130万人，职业培训450万人次以上。三是要全面推动改革创新，推进一体化课程教学改革，落实技工院校教师招聘和绩效工资管理政策，做好通用职业素质教学试验工作，组织开展第二届全国技工院校教师职业能力大赛。

（三）聚焦重点地区，全面做好技能扶贫工作。一是要以南疆四地州和西藏技师学院为重点，做好技工院校对口帮扶工作。二是要加大52个未摘帽贫困县倾斜支持力度。加大线上培训开放力度，扩大课程免费范围。精准摸排未摘帽贫困县培训需求，适当提高培训补贴标准，提供有针对性的职业技能培训。三是面向贫困劳动力组织开展全国扶贫职业技能大赛、2020年“三区三州”职业技能大赛等竞赛活动。结合当地产业需求，积极开发专项职业能力考核规范。

（四）全面推行职业技能等级认定，深化职业资格制度改革。一是要继续深化职业资格制度改革。依法调整准入类职业资格，年底前水平评价类技能人员职业资格全部退出职业资格目录，加快职业技能鉴定中心职能调整。二是要推动各级各类企业全面开展技能人才自主评价，加快征集遴选社会培训评价组织。三是要做好基础工作，加强质量监管和信息化建设。持续征集新职业信息和职业技能标准，完善新职业信息发布制度和职业分类动态调整机

制。做好技能人才评价信息化建设的顶层设计和统筹规划，全面完整准确及时提供证书查询服务。各地要加强对本地技能人才评价质量的监管。

（五）全力以赴做好职业技能竞赛各项工作。一是要全力以赴办好中华人民共和国第一届职业技能大赛，广泛发动企业职工和院校师生积极参加，做好参赛各项准备工作。二是要精心组织做好第46届世界技能大赛筹办和参赛工作，力争以办赛和参赛双丰收的好成绩，向党和人民交上一份满意答卷。三是要创新开展宣传工作，让“新青年、新技能、新梦想”成为时代风尚，营造尊重技能人才、重视技能人才工作的良好氛围。

职业能力建设工作职责重要、任务艰巨。我们要深入贯彻落实习近平总书记对技能人才工作重要指示精神，抓住机遇，担当作为、攻坚克难，推进职业能力建设事业新发展！

改革完善博士后制度
培养造就高层次创新型青年人才

——在中国博士后制度实施35周年座谈会上的讲话

汤　涛

（2020年12月2日）

今天召开中国博士后制度实施35周年座谈会，主要任务是学习贯彻党的十九届五中全会精神，总结交流35年来博士后工作成绩和经验，分析博士后工作面临的形势任务，以培养造就高层次创新型青年人才为主题，研究部署今后特别是“十四五”时期博士后工作。

一、砥砺前行，35年来博士后工作成效显著

我国博士后制度是由李政道先生倡议，邓小平同志亲自决策，经国务院批准，于1985年建立起来的。在党中央、国务院的高度重视下，经过35年的发展，博士后制度从无到有，博士后队伍逐步发展壮大。目前，我国共设立3 318个博士后科研流动站、3 850个博士后科研工作站。实践证明，博士后制度已经成为具有中国特色的培养高层次创新型青年人才的重要制度。

（一）培养了一大批高水平青年英才。35年来，全国累计招收博士后25万多人，期满出站博士后近15万人。近5年来，全国博士后研究人员进站规模迅速扩大，年平均增长率在10%以上，平均进站年龄31岁，培养造就了一大批年轻、富有活力的高层次人才群体；博士后出站后在科研院所高校工作的比例逐年提升，2019年达到65%。绝大部分出站博士后都成为单位的领军人才和科研骨干，已有125人成为两院院士，其成为院士的平均年龄较其他院士年轻3岁左右。

（二）推动了科技创新和关键核心技术的突破。根据这次全国博士后工作综合评估的统计，近5年全国在站博士后研究人员共承担国家级项目9万个，省部级项目8万个，其他各类项目12万个，平均每位博士后人员承担2个以上研究项目。博士后在站期间人均发表科研成果近3篇。据不完全统计，近5年在站博士后在《科学》《自然》等国际顶级学术期刊上发表高水平论文200余篇。博士后作为主要参加人员，申获国家级基金项目4.2万项，获得国家级科技奖项539项。近3年来，在站博士后研究人员共获得1.2万余项国家自然科学基金特别是青年科学基金项目。

（三）探索形成了产学研结合的有效模式。1994年，我国在上海宝钢试点设立企业博士后科研工作站，标志着我国博士后工作从高等院校、科研院所向企业扩展。目前已在数

千家企业、169个园区招收博士后人员3.6万人。近5年新设博士后科研工作站896家，工作站年招收人数增长73%；博士后在站期间专利申请数量逐年增加，共获得专利总数约4.34万项。

（四）形成了新的选人用人机制。博士后制度突破了传统人事管理体制在户籍管理、人事关系、职称评定、人员编制、学科交叉等方面的限制，依托博士后科研流动站和工作站，在培养中使用，在使用中培养。博士后人员已成为高校科研院所补充师资和科研人员的重要来源，成为国家重点科研平台和重大科技项目团队中科研创新的主力军。

35年来，我国博士后工作积累了宝贵的经验。一是坚持服务大局是博士后事业发展的正确方向。35年来，博士后工作紧紧围绕着国家经济社会发展的大局，不断改革创新、发展完善，同国家发展战略紧密结合，与区域经济发展布局相互协调，为经济社会科学发展提供了有力人才支撑。二是坚持培养与使用并重是博士后事业发展的有效途径。培养和使用相结合，在使用中培养，培养和使用中发现更高级人才，这是我国博士后制度的巨大优势和突出特点。这种育才模式既遵循人才的成长规律，又坚持实践标准和以问题为导向的科学精神，是培养创新型人才的成功之道。三是坚持改革创新是博士后事业发展的根本动力。惟改革者进，惟创新者强。35年来，我国博士后制度正是在不断改革创新中体现出强大的生命力，逐步形成了具有中国特色的博士后制度体系、工作体系和服务体系，有效激发了广大博士后研究人员的创新创造创业活力。四是坚持加强党的领导是博士后事业发展的根本保证。邓小平同志亲自决策建立博士后制度。江泽民同志、胡锦涛同志均对博士后工作有过明确指示。党的十八大以来，习近平同志多次对高层次人才工作和青年科技人才工作提出明确要求，强调要发挥年轻科学家作用，使优秀青年人才脱颖而出。博士后事业取得的显著成绩，也离不开包括全国博士后管委会成员单位在内的各有关部门的支持配合，离不开各级博士后管理部门和管理人员的辛勤付出，离不开广大博士后研究人员的刻苦钻研、拼搏创新。

在取得成绩、总结经验的同时，我们也看到，当前博士后事业仍然面临着地区间发展不平衡、国际化水平不高、经费投入不足等问题；我国科研团队由博士后担当主力的局面尚未形成，与欧美等发达国家比仍有差距；部分博士后科研工作站重设站轻建设，站均招收人数少，作用发挥不明显等等，这些问题亟须我们在今后的工作中进一步研究解决。

二、多措并举，培养造就一支强大的青年科技人才后备军

当前和今后一个时期，博士后工作要围绕“十四五”时期经济社会发展特别是科技人才事业发展，突出培养使用重点，创新工作机制，营造良好生态，确保培养质量，加速培养造就一大批博士后青年人才，为我国实现关键核心技术突破、进入创新型国家前列提供人才支撑。

（一）加强整体设计，牢牢把握博士后事业的基本定位和重点方向。一是要把握好博士后是具有流动性质科研人员的基本定位，既不能作为学历，把博士后等同于博士生，也不能作为固定用人岗位。要始终保持制度活力，坚持培养使用相结合、产学研相结合。二是要坚持以青年人才为主体，构建符合青年人才特点的管理服务制度，失去这一条博士后制度也就失去了特色。三是要根据科技发展、人才队伍建设和博士生供给情况，统筹考虑博士后招收数量，同时，突出重点，集中资源、集中精力培养一批高水平博士后。

（二）做优做强“博士后创新人才支持计划”，着力培养青年科技领军人才。一是不断改进遴选方法，瞄准前沿领域，提高选拔的科学性、精准性和公平性，真正把国家急需、大家看好、素质优良的“好苗子”遴选出来。二是搭建高水平培养平台，结合高水平平台进行培养。提供良好的科研工作条件和学术交流

环境，让他们独立承担科研任务。三是配备高水平的合作导师，特别是要注重为大师级的领军人才、顶尖人才配备博士后团队，实现强强联合。四是引导各地方、各设站单位加大对“博新计划”获选人员的关心和支持。

（三）更好实施博士后国际交流计划，加大博士后国际交流力度。一是抓住有利时机，实施更为开放的博士后管理服务政策，提供有国际竞争力的博士后薪酬，扩大引才规模，力争吸引更多海外优秀博士来华（回国）从事博士后研究。二是为外籍博士后创造良好的工作、生活环境，探索更便捷高效的签证、工作许可办理流程，简化进出站手续，办理好社保等基本生活保障。三是选派更多优秀年轻博士后赴国（境）外开展学术交流，拓宽他们的国际视野，加大国（境）外交流合作力度。四是鼓励有条件的地方和设站单位结合自身实际，为博士后提供更多国际交流机会。

（四）创新工作机制，加强博士后科研流动站、工作站建设。一是充分发挥科研院所、高校、企业在博士后招收培养中的主体作用，使设站单位在博士后招收、培养、考核、出站评定等全流程切实履行管理责任，稳步扩大博士后招收规模。二是探索改革工作站新设站方式，从评审制改为备案制，支持各地有序发展省级博士后创新实践基地。三是加强评估工作，提高流动站、工作站运行质量，完善动态调整机制，畅通退出渠道。

（五）强化服务保障，为博士后创新创业营造良好的生态环境。一是建设好国家级创新示范中心和科研成果转化基地，支持博士后研究人员创新创业、资助创业孵化和科技成果转化。二是研究搭建全国性的博士后科技成果交易平台，为博士后成果转化提供更便捷高效的公共服务，提高科技成果转移转化成效。三是总结推广各地开展博士后创新创业大赛的先进经验，充分利用市场机制，引导社会资金和博士后创新创业成果进行对接。四是充分发挥博士后联盟、联谊会等博士后服务组织的作用，加强博士后交流。五是加大对博士后典型事迹和优秀成果的宣传。

三、开拓进取，全面抓好各项工作任务落实

博士后工作任务艰巨、责任重大、使命光荣、前景广阔，我们必须以高度的政治责任感和锐意进取的精神，抓住机遇，突出重点，抓好落实。

（一）提高认识，加强领导。充分认识博士后制度在加快建设创新型国家、赢得未来国际人才竞争先机中的独特作用，自觉把博士后工作放到人才工作大局和国家经济社会发展全局中去思考、去谋划、去推进。

（二）统筹协调，形成合力。充分发挥全国博士后管委会的作用，充分调动各方面积极性，各成员单位密切配合，形成推动博士后事业发展的强大合力。

（三）练好内功，提升服务。不断提高业务能力和管理服务水平，爱岗敬业，甘于奉献，及时帮助解决工作生活中的困难，解除后顾之忧，为博士后研究人员潜心研究营造良好环境。

广大博士后研究人员要秉承国家利益、人民利益至上，继承和发扬老一辈科学家胸怀祖国、服务人民的优秀品质，把个人理想融入建设社会主义现代化国家的伟大事业中去；要牢固树立创新意识，提高创新能力，以敢为人先的锐气，紧跟世界科技前沿，在关键核心技术攻关上，创新突破、有所建树；要积极投身创新创业实践，找准专业优势与经济社会发展的结合点，推动科研成果加速向现实生产力转化，为高质量发展贡献“博士后力量”。

博士后事业蓬勃发展、大有可为，让我们以习近平新时代中国特色社会主义思想为指导，以纪念博士后制度实施35周年为契机，奋发努力，开拓进取，为落实“十四五”规划，实现2035年远景目标，建设社会主义现代化强国做出新的贡献！

坚定信心　迎难而上　为统筹推进疫情防控和经济社会发展积极贡献力量

——在贯彻实施阶段性减免企业社会保险费暨全国社会保险局长会议上的讲话

游　钧

（2020 年 3 月 2 日）

今天，我们通过视频会议形式召开贯彻实施阶段性减免企业社会保险费暨全国社会保险局长会议。下面，我讲三方面意见。

一、积极主动地助力打赢疫情防控战

这次新冠肺炎疫情，是新中国成立以来在我国发生的传播速度最快、感染范围最广、防控难度最大的一次重大突发公共卫生事件。对我们来说，这是一次危机，也是一次大考。在以习近平同志为核心的党中央坚强领导下，经过全党全军全国各族人民团结奋战，目前疫情蔓延势头得到初步遏制，疫情防控形势积极向好的态势正在拓展。

疫情就是命令，防控就是责任。疫情发生以来，全国各级社保部门认真贯彻落实习近平总书记关于疫情防控工作的重要指示精神，积极行动起来，主动担当作为，全面落实疫情防控工作各项要求，紧锣密鼓打出了一系列组合拳。

一是迅速落实部署。1 月 23 日，我们第一时间发出通知，要求各级人社部门坚决贯彻党中央、国务院的各项部署，将疫情防控工作作为当前工作的重中之重来抓，1 月 30 日又就抓紧抓实相关工作进行了再部署。

二是政策及时跟进。1 月 23 日就出台政策，明确在新冠肺炎的预防和救治过程中，医护及相关工作人员因履职而感染新冠肺炎或死亡的，要及时认定工伤并享受工伤待遇，免除了他们的后顾之忧。随后，又明确了几项疫情防控期间特殊政策，比如放宽中小微企业稳岗返还裁员率标准等。

三是优化经办服务。及时对做好疫情防控期间社保经办工作做出明确要求，要求确保各项社会保险待遇按时足额发放、强化经办大厅防控措施、推行“不见面”服务、开辟医护及相关工作人员工伤保障绿色通道、允许参保企业和个人延期办理社保业务，大力推行失业保险金网上申领、网上经办，极大便捷了企业和参保人员办理相关业务。

四是强化信息支撑。进一步加强国家社保公共服务平台、人社政务服务平台等全国统一平台和电子社保卡服务渠道建设，推出社保关系转移线上申请、失业保险金网上申领、企业稳岗返还网上申请、“抗击疫情服务专区”等

一系列“不见面”服务，为各地落实文件部署提供了信息支撑。

各级社保部门迅速行动，快速响应，积极主动履职，认真抓好落实，强化社会宣传，创新方式方法，推出了一系列务实举措。

在优化社保经办服务方面，北京、上海、浙江、新疆加快推动经办服务模式转型升级，实行“网上办”“掌上办”，减少非必须的现场办理和人员聚集。黑龙江、江西、广西充分利用手机APP、微信公众号、支付宝生活号引导参保人自助查询和办理社保业务。陕西、青海加快实现养老保险关系转移网上申请全覆盖。河北、上海、重庆、云南等省份通过发布倡议书、主流媒体报道等渠道和原创漫画、微信推文等形式积极做好宣传引导工作，得到社会舆论好评。

在保障一线医护人员工伤保险权益方面，河南、福建、湖南、重庆主动建立部门联动机制，加强业务协同共享，密切跟踪、妥善解决一线医护工作人员的工伤待遇问题，开辟工伤认定绿色通道和待遇支付快捷通道，特事特办、急事急办，为奋战在疫情防控一线的医务工作者保驾护航。

在落实失业保险稳岗返还政策方面，广西南宁“网上秒办”，企业免填表、免申报、免跑腿。湖南长沙向全市参保企业发送10万余条短信，告知申领时间和办法。山东青岛网络直播，“手把手”教企业领返还，30多万人在线观看。可以说这些举措是企业纾困解难的“强心针”“暖心曲”。

在疫情防控工作中，系统还涌现出了很多敬业奉献的先进人物，特别是湖北抗击疫情一线的社保人，他们白天就近就地到一线报到，与社区（村）干部并肩战斗，挨家挨户给居民送菜送药，保证物资供应；晚上回到家里，加班加点调度数据，在疫情防控期间确保了养老金按时足额发放，按期完成了统计年报编制等各项工作任务，充分展现了社保系统干部为民服务、敢于担当的优良作风和政治品格。

面对突如其来的疫情考验，社保系统同志们闻令而动、勇于担当，上下联动、同频共振，响应是迅速的，措施是得力的，力度是空前的，成效是明显的，充满了民生的温度和质感。系统上下在大战中践行了初心使命，在大考中交出了合格答卷，为坚决遏制疫情蔓延，打赢疫情防控阻击战和维护社会和谐稳定做出了积极贡献，赢得了社会的广泛赞誉。

二、切实将阶段性减免企业社会保险费和援企稳岗政策落实到位

当前疫情防控正处在最吃劲的关键阶段，既要继续毫不放松抓紧抓实抓细各项防控工作，又要将工作重点转向恢复经济社会发展，推动企业有序复工复产，支持稳定和扩大就业，将疫情对经济社会发展的影响降到最低的目标上来。当前，社保部门最紧要的任务就是要确保阶段性减免企业社会保险费和失业保险援企稳岗政策迅速及时地落实落地落细。

首先，要统一思想，提高认识。

这次阶段性减免企业社保缴费，是应对疫情这一突发事件所采取的一项特殊措施，在我国社保制度建立以来的历史上还是第一次。进入21世纪以来，面对非典、国际金融危机等重大考验，为服务国家经济社会发展大局，应对风险挑战，我们社保都采取了强有力的措施支持企业渡过难关。比如，2008年为应对国际金融危机，我们推出了“五缓四减三补贴”的社保支持政策，为减轻企业压力，稳定就业形势，促进社会和谐，发挥了显著作用。越是突发重大疫情等社会风险发生的危急时刻，社会保险制度就越要危难之时显身手，充分发挥社会减震器和民生安全网的基本功能和作用，既要兜牢底线，也要支持经济发展，促进就业，维护社会稳定，该出手时就出手。

应该说，这次所出台的减免政策，其力度更大，政策精准度更高，针对性更强。从经济社会发展全局来看，阶段性减免社会保险费和援企稳岗是将疫情对经济社会发展的消极影响降到最低，奋力实现今年经济社会发展目标的必要举措，是纾解企业困难，推动企业有序复工复产，支持稳定和扩大就业的有力政策工具，政策的落实考验着社保部门的大局观念和担当精神。从社保事业可持续发展来看，就业是社保的上游，就业的数量和质量直接关乎社保扩面成果、参保质量和基金收入。这次新冠肺炎疫情对经济社会造成了较大冲击，当前，这一冲击正在逐步向就业领域传导。阶段性减免社会保险费和加大援企稳岗力度对社保基金平衡能力的影响是客观存在的，不少地方基金运行会遇到一些现实的困难，但是我们更要放眼长远，企业保住了就业才能稳定，就业稳定了社保扩面的基础就稳定了；经济稳定了，社保基金收入的来源就稳定了，一段时期内，压力大一些，任务重一些，换来的将是企业发展与社会制度发展的良性循环，是社保事业长期健康发展的良好局面。

各级社保部门要把思想和行动统一到党中央、国务院的决策部署上来，进一步增强责任感和紧迫感，切实加强与财政、税务等部门的务实合作，确保政策落实到位，让企业有实实在在的获得感。

第二，要确保阶段性减免企业社保费政策落地生效。

阶段性减免社保费是一件好事实事，我们要把好事办好、实事办实，尽最大可能帮助企业渡过难关。政策出台后社会反响很好，关键是要抓落实。针对政策执行中可能遇到的减免政策执行期限、具体适用对象、参保企业划型、减免流程、2 月份已缴费的处理、减免与缓缴的衔接等具体问题，部里已联合财政部、税务总局印发了实施意见，各地要掌握好政策精神，结合本地实际，抓紧制定具体实施办法，压实责任，对标对表加以推进，确保政策尽快落地见效。

一是要吃透政策，明确要求。对于政策的核心要点，我们要做到熟稔于心，确保全面、准确地落实政策。

二是要明确标准，分类施策。这次阶段性减免政策采取了按照地区、企业规模分类施策的办法，这是考虑到各地疫情防控、复工复产的形势和不同企业抵御风险能力不同等现实因素做出的决策。但要做到真正精准、科学落实并不容易，在落实中制定、把握标准是重中之重。各地要按照部里的统一部署、统一口径、统一标准加以落实，必须做到全国一盘棋。

三是要加强衔接，确保成效。近一段时间以来，我们为确保就业大局稳定出台了一系列的政策措施，各地在落实减免政策时，要做好不同政策之间的合理衔接，特别是要协调好前期各地出台的缓办、延缴政策和减免政策的衔接，通过政策的协调联动，确保政策运转有序有效，争取政策实施的积极效应达到“1+1>2”的效果。

四是要扩大宣传，防范风险。要进一步扩大宣传声势，通过多种渠道、多种形式、多种方式开展“看得懂、算得清”的宣传，为政策执行营造和谐良好的舆论氛围。要切实加强减免期间的基金风险防控，充分利用大数据手段进行核查比对，加大违法违规问题的查处力度，坚决维护好社保基金安全。各地在政策执行中要坚决做到依法依规办事，杜绝任何形式、任何环节的权力寻租和腐败现象。

第三，加快推动失业保险援企稳岗政策落地见效。

在支持企业复工复产，帮助中小微企业渡过难关，扩大和稳定就业的过程中，失业保险发挥着重要作用。习近平总书记强调，要“用好用足援企稳岗政策”，“抓好失业保险援企稳岗政策落地”。支持疫情防控，服务经济社会发展大局，失业保险援企稳岗必须进一步加力加速。

一是快事快办，特事特办。要力争 3 月底前把中小微企业的普惠性稳岗返还基本发放到位；4 月底前，全部铺开对困难企业稳岗返还工作，重点支持吸纳就业多的龙头企业，倾斜支持医疗物资、公共事业、群众生活必需等物资保障供应企业。各地要分类施策，进一步加大工作力度，各省省会城市普遍企业相对集中、就业总量大，基金条件相对较好，援企稳岗、稳就业，要主动走在前列；湖北省特别是武汉市，延迟复工时间长，企业压力更大，全省各级人社部门都要动起来，打开失业保险蓄水池，坚决助力打赢疫情保卫战；基金结余较多的省份，特别是还没有实现网上经办的省份，要调整工作思路、调整信息系统，简化证明材料、优化经办流程，尽快出战迎战。

二是克服困难，锐意进取。目前，全国有334个城市启动了稳岗返还，72个城市实际发放了稳岗返还，还有32个城市未启动；有202个城市实现了网上经办，还有近一半城市未实现，特别是7个省会城市尚未实现网上经办，有17个省份的地市网办率低于50%。疫情防控虽然客观上形成了一定限制，但各地要主动向战时标准靠，跟榜样地区学，往先进城市赶，扛起责任担当。主动办、网上办、从简办、限期办，可用的办法很多，挖潜的空间很大。尚未启动稳岗返还的32个地市要立即启动，7个未实现网上经办的省会城市务必在3月底前全面实现稳岗返还全程网办，其他地市也要力争6月实现网办，确保落实到位。

三、统筹推进疫情防控和全年社保各项工作

习近平总书记强调，经济社会是一个动态循环系统，不能长时间停摆。统筹做好疫情防控和经济社会发展工作，是我们当前和今后一个时期最为紧迫而重大的任务。

今年以来，新冠肺炎疫情成了最大的“黑天鹅”事件，对社保事业发展面临的整体形势带来了新的挑战，也对我们的治理体系和治理能力带来了重大考验。如何尽快将疫情对社保工作的消极影响降到最低，统筹推进社保事业发展，是我们必须破解的难题。目前，社保领域各种不平衡不充分的矛盾依然存在，一些领域的短板和风险点还比较突出。人口老龄化对制度可持续运行的挑战日益严峻；防范化解社保领域重大风险的压力持续增加；提升养老保险统筹层次、平衡地区间基金结构性矛盾变得更加迫切；疫情影响下稳就业压力增大，扩面空间收窄，基本实现法定人员社会保险全覆盖的难度增加，打赢社保脱贫攻坚战的任务依然艰巨；社保制度适应流动性的能力依然不足；疫情倒逼全面推进社保数字化转型，推进经办服务模式转型升级，提升社保治理体系和治理能力现代化水平迫在眉睫。当前，面对这些风险挑战，我们不能有丝毫的懈怠。

越是紧要的关头，往往越是考验我们的时候，我们要坚定信心，要用全面、辩证、长远的眼光去审视和把握我们面临的形势。有党中央的坚强领导，有中国特色社会主义制度的显著优势，有改革开放以来经济社会发展积累下的雄厚物质基础，没有什么困难是我们克服不了的。我国经济长期向好的基本面没有改变，疫情的冲击总体上是可控的。而越是在经济社会发展面临困难的时候，越需要社保发挥安全阀、减震网、稳定器的重要作用，实现社会保险保生活、防失业、稳就业、促和谐的基础功能，在“危难之时更显身手”。

我们判断，2020年社保事业发展仍将延续稳中有进、进中有忧，机遇与挑战并存的发展态势，社保事业发展“好”的态势在延续，“进”的因素在积累，我们的事业仍处于发展的重要战略机遇期。我们要以全面深化和落实各项社保改革任务为主线，以保发放、防风险、优服务为重点，以数字化转型为抓手，持续提升治理效能，为全面建成小康社会、实现第一个百年奋斗目标贡献力量。

关于2020年的重点工作，我重点再强调几点。

一是要确保养老金按时足额发放。确保各项社会保险待遇按时足额发放，是兜牢民生底线、维护社会和谐稳定的根基，是党中央要求的政治任务，是底线也是红线，不得出任何纰漏。

国务院决定今年继续加大企业职工基本养老保险中央调剂力度，将调剂比例由3.5%提高到4%，继续实行二次调剂，对基金支撑能力严重不足的地区和受疫情影响较为严重的湖北等省份加大倾斜，并结合中央财政支持等措施帮助确保发放。各地要及时上解中央调剂基金，为社保事业的健康可持续发展做出应有贡献。

各地要进一步加大资金的调度力度，健全省、市、县基金缺口分担机制，通过盘活存量资金、处置国有资产、财政预算安排等多渠道筹措资金弥补基金缺口。要规范基金收支管理，根据新的形势和减免政策影响，做好社会保险基金年度预、决算工作，加强制度运行动态监测，开展基金短期和中长期精算分析预测，科学识别基金运行风险，对已出现一级和二级风险预警的地区，要及时向省级党委政府报告情况，抓紧制定和完善基金缺口应急处置预案，按照风险等级情况做好预警响应和应对处置工作。

要加强基金管理风险防控，大力开展数据稽核，坚决落实“三个全面取消”，切实维护基金安全。要确保年底前全国所有省份启动实施城乡居民基本养老保险基金投资运营，基本完成划转国资充实社保基金工作，进一步拓宽基金保值增值渠道，切实增强基金抵御风险的能力。

各省级政府务必切实担起各项待遇发放主体责任，要加快规范完善省级统筹，按期实现省级统收统支，平衡好省内不同地区的基金支付压力，千方百计筹集资金确保发放！

二是要千方百计保障失业人员的基本生活。习近平总书记在统筹推进新冠肺炎疫情防控和经济社会发展工作部署会议上明确提出，要加快推动线上登记失业和申领失业保险金，确保失业人员应发尽发、应保尽保。各地要认真学习领会总书记的讲话精神，抓住一个“快”字，突出把握“线上”，担起“应”“尽”之责，采取有效措施，坚决将中央的要求落实到位。

要进一步完善政策。各地要抓紧全面落实对大龄失业人员延长领金期限政策；湖北等受疫情影响严重的地区，要果断用好政策给予的充分授权，抓紧确定、出齐、实施失业补助金办法；有条件的地方要抓紧出台适当提高价格临时补贴标准的政策；要畅通申领渠道，抓紧放宽或取消不必要的政策限制，严格依法给予保障，不得对领金附加法定情形以外的捆绑性条件，不以超过申领时限拒发失业保险待遇，不因失业人员从事非单位就业的灵活性就业岗位停发失业保险金。

要持续提升经办服务效率。各地要抓紧推动“线下”转“线上”，“网路”变主路，全面实现失业保险金网上申领。3月底前，所有地市要实现网上申领，特别是在疫情防控期间要坚持不见面审批，减少经办接触。要进一步提高失业保险金申领的便捷性，让失业人员凭社保卡（身份证）、银行账号在经办机构或者网上快速完成申领的过程、便捷收到失业保险金。

三是要如期打赢打好社保脱贫攻坚战。今年是决战决胜脱贫攻坚战的收官之年，突如其来的新冠肺炎疫情成了影响脱贫质量的最大因素。习近平总书记强调，今年脱贫攻坚要全面收官，原本就有不少硬仗要打，现在还要努力克服疫情的影响，必须再加把劲，狠抓攻坚工作落实。各地要围绕“应保尽保、方便快捷”的目标，继续落实好为建档立卡贫困人口代缴城乡居民基本养老保险费和发放待遇政策。尚未完成应保尽保的地区，要进一步加大工作力度，想尽一切办法，找到人、纳进来；已经完成应保尽保的地区，要在巩固现有工作成果的基础上，加快推动新增人员的动态清零。要以“三区三州”为重点，全面提升贫困地区社保经办服务能力和水平，确保贫困人口基本养老保险全覆盖，助力打赢脱贫攻坚战。各地要继续对照脱贫攻坚专项巡视整改和“回头看”要求，一件件对照，一条条销号，坚决保证整改任务落实到位。要探索建立解决相对贫困的长效机制，推动社保扶贫与乡村振兴战略有效衔接，“扶上马、送一程”，切实发挥好社会保障兜底一批的重要作用。

四是要实现省级统筹，为养老保险全国统筹奠定坚实基础。各地要重点做好规范省级统筹工作，在年底前实现以政策统一为基础、以基金省级统收统支为核心、以基金预算管理为约束、以信息系统和经办管理为依托、以基金监督为保障的省级统筹。还要继续抓好基金中央调剂制度落实，加大中央调剂力度，继续提高调剂比例，完善调剂规则，各地要按时足额上缴资金，利用下拨资金切实做好保发放工作。以上这些都是为全国统筹做好准备的基础性工作，各地务必做实做到位。

五是要全面推进社保经办数字化转型和服务模式升级。要大力推行“不见面”服务。各地要变压力为动力、善于化危为机，尽最大可能提供“不见面”服务，结合全国统一的社会保险公共服务平台建设，加快推动经办服务模式转型升级，将网上办事作为占主导地位的经办服务模式，普及“掌上社保”服务，方便群众足不出户办理业务。要持续提升社保数字化治理能力。各地要善于以数据稽核防范化解风险，综合利用本部门和外部门的数据资源，筛选、找出异常数据，提高发现问题的效率和精准度。以数据画像创新服务模式，大力推行“告知承诺-信用管理-联合惩戒”的服务模式。以数据分析支撑政策创新，利用大数据分析、精算发现业务运行中的问题，为制度的创新和修补提供数据测算支撑，吃下“定心丸”。要继续夯实服务模式转型升级基础。要大力加强信息系统建设，促进社保与人社部门相关业务协同办理，进一步提升经办效能。扩大社保卡覆盖范围，拓展电子社保卡应用场景。加强社保标准化建设。持续提升数据质量，加大数据共享交换力度，增强数据管理应用能力，深入挖掘经办数据背后的价值。

在 2020 年全国社保扶贫工作总结及经验交流会议上的讲话

游　钧

（2020 年 12 月 10 日）

今天这个会议开得很好。我总结有“三好”：一是时机好。这次会议是在人类历史上规模最大的脱贫攻坚战取得重大胜利之际召开的。12 月 3 日，习近平总书记在主持召开中央政治局常务委员会会议，听取脱贫攻坚总结评估汇报时指出，经过 8 年持续奋斗，我们如期完成了新时代脱贫攻坚目标任务，现行标准下农村贫困人口全部脱贫，贫困县全部摘帽，消除了绝对贫困和区域性整体贫困，近 1 亿贫困人口实现脱贫，取得了令世界刮目相看的重大胜利！二是地点选得好。8 年前，习近平总书记冒着严寒、踏着冰雪深入离这一百多公里的河北省阜平县龙泉关镇骆驼弯村和顾家台村，考察革命老区扶贫工作，向全党全国发出了脱贫攻坚的动员令。三是会议形式和内容很好。我们播放了短片《初心足迹》，全景展现了社保扶贫的艰辛历程和取得的积极成效；印发了交流材料和《城乡居民基本养老保险扶贫工作纪实》，总结了各地经验做法，介绍了人社干部推进社保扶贫工作的典型事迹。9 家单位分别从城乡居保、工伤保险、失业保险、经办服务、信息化建设等方面进行了经验交流，讲得都很好，里面凝结着广大人社干部的智慧、心血和汗水，体现了大家用心用情用力投入脱贫攻坚的使命情怀，是社保扶贫各个领域的一个缩影，也是社保扶贫成果的集中体现。

脱贫攻坚以来，各级人力资源社会保障部门在党中央、国务院和地方各级党委政府的坚强领导下，深入学习贯彻习近平总书记关于扶贫工作的重要论述，认真落实党中央国务院决策部署，把社保兜底扶贫作为基本防线，聚焦特殊困难人员精准发力，取得了显著成效。今年，突如其来的新冠肺炎疫情、严重的洪涝等自然灾害，给脱贫攻坚带来了严峻挑战。以习近平同志为核心的党中央统揽全局、坚强领导，把脱贫攻坚作为全面建成小康社会必须完成的硬任务，集中力量攻坚克难。3 月 6 日，习近平总书记出席决战决胜脱贫攻坚座谈会，向全党全社会发出决战决胜脱贫攻坚的总攻令，强调要全力以赴确保如期实现脱贫攻坚目标任务，决不能有缓一缓、等一等的思想，必须坚决完成这项对中华民族、对人类都具有重大意义的伟业。

各级人力资源社会保障部门坚决贯彻落实习近平总书记重要指示精神，克服疫情汛情影响，健全工作机制，注重协调联动，细化目标任务，充分发挥就业扶贫增收入、技能扶贫强素质、社保扶贫保生活、人才人事扶贫促发展、定点扶贫有特色的职能优势，统筹推进疫情防控和人社扶贫工作。面对新形势、新困难，社保战线同志们对标对表脱贫攻坚目标任务，聚焦中央脱贫攻坚专项巡视和巡视“回头看”问题整改，强化担当，尽锐出战，社保扶贫工作取得积极成效。

一是应保尽保持续巩固。针对建档立卡贫困人口，社保扶贫有两大政策，一是“参保代缴”，二是“到龄必发”。我们在这两项政策基础上，进一步细化实施具体措施，明确人户分离建档立卡贫困人员参加城乡居民养老保险的地方责任和办理流程；在人社扶贫信息平台基础上新建跨省人员参保核实、参保扩面人员核实台账、52个未脱贫县核实台账、疑似问题数据单独台账等功能；定期对各地数据核实情况及动态清零工作开展调度，在基本实现建档立卡贫困人口基本养老保险应保尽保基础上，聚焦重点地区、重点人群，进一步提高全覆盖数据质量。2017年至2020年9月底，全国共为11 774万人次代缴城乡居民养老保险费127亿元。截至11月底，全国共有5 966万建档立卡贫困人口参加基本养老保险，参保率自2019年9月以来一直保持在99.99%以上，做到应保尽保。

二是统筹层次不断提高。企业养老保险从2018年开始实施中央调剂，不断加大调剂力度，同时对云南、贵州、西藏三个脱贫攻坚任务较重的省区免除净上解调剂金。目前，有27个省份和新疆生产建设兵团实现企业养老保险基金省级统收统支，年底前所有省份将实现省级统收统支，在此基础上企业养老保险全国统筹步伐进一步加快。有27个省份和新疆生产建设兵团基本实现工伤保险基金省级统筹，年底前将全面实现工伤保险基金省级统筹，将近一半实现统收统支。失业保险按基金省级统收统支标准加速推进省级统筹，5个省份和新疆生产建设兵团实现失业保险基金省级统收统支，其他26个省份全部实现调剂金模式下省级统筹。

三是待遇水平稳步提高。今年，继续调整提高了企业和机关事业单位退休人员基本养老金，退休人员生活得到进一步保障；统一提高了全国城乡居民基础养老金最低标准，北京、上海、山东、江苏、浙江、福建、湖南、广东、海南、陕西、宁夏等11个省份进一步提高了本省基础养老金标准，22个省份启动了城乡居民养老保险基金投资运营。目前，全国城乡居民养老保险待遇水平达到月人均170元，失业保险全国平均待遇水平达到每人每月1 499元，工伤保险月均伤残津贴3 373元，在解决贫困老人“两不愁”，保障失业人员、工伤职工基本生活方面发挥了重要作用。

四是服务模式不断创新。去年开通了国家社会保险公共服务平台，功能不断完善，通过社保平台网厅、人社政务平台网厅、掌上12333 APP、电子社保卡等多渠道，面向参保人提供9类28项全国性统一服务。疫情期间，国家社会保险公共服务平台紧急上线失业保险服务，参保人或参保单位可通过平台查询访问各地的网上服务大厅申领失业保险金或企业稳岗返还。为落实失业保险待遇应发尽发、应保尽保的要求，今年6月30日，又推出全国统一的失业保险金和失业补助金网上申领服务，进一步畅通了申领渠道，在全国范围内实现“一网通办”“一键申领”。目前，国家社会保险公共服务平台运行平稳，总访问量突破10亿人次。为解决人户分离建档立卡贫困人口参加城乡居民养老保险问题，开发上线人社扶贫信息平台跨省人员参保核实功能，通过认定地、户籍地协同办理参保手续的工作机制基本建立，动员协助14 672名户籍不在本省的建档立卡贫困人员在户籍地完成了参保。同时，各地广泛推行“不见面”服务，减少非必需现场办理；优化简化养老保险关系转移衔接等经办服务流程；创新失业保险免跑即领、免申即享、免证即办“三免”经办模式。“一网通办”“掌上办”“网上办”成为经办服务主要方式，大大提升了经办服务便捷性、安全性。

疫情灾情之下，社保扶贫取得的成绩来之不易。数字背后，是社保系统千千万万干部职工的心血和汗水，他们把走遍千山万水、深入千家万户、道尽千言万语、历尽千辛万苦、确保千真万确“五千万精神”融入血液，以“咬定青山不放松”的决心，汇聚起磅礴力量，风雨兼程，将党的关怀送到千家万户，温暖着每一位贫困群众，用实际行动架起了一座座直通群众心灵的桥梁。在此，我代表部党组向广大奋战在社保扶贫一线的同志们致以崇高的敬意！

社保扶贫成绩的取得，得益于党中央英明决策，得益于部党组的坚强领导，得益于各级党委政府的大力支持，得益于人社系统广大干部职工的辛勤付出。再一次彰显了以人民为中心的发展思想，再一次印证了在中央统一领导下集中力量办大事的制度优势，再一次体现了中国为全球减贫防贫事业所做的积极贡献，经验值得我们认真总结，继续发扬光大。

一是高位推动。人社部门把做好人社扶贫工作作为强化“四个意识”，坚定“四个自信”，做到“两个维护”的具体行动。2016年，部党组决定启动社会保险扶贫工作并建立部内工作协调机制。2017年，我们会同财政部、国务院扶贫办印发社会保险扶贫指导性文件，发挥养老、医疗、工伤、失业保险减贫防贫作用，支持帮助贫困人员参加社会保险，推动实现法定人员全覆盖，逐步提高社会保险待遇水平，避免参保人员因年老、疾病、工伤、失业等原因陷入贫困。2018年，部党组决定成立扶贫工作领导小组，由党组书记、部长张纪南同志担任组长，党组成员均为小组成员，成立工作专班，与国务院扶贫办建立信息共享机制，推动精准扶贫；针对中央脱贫攻坚专项巡视反映的问题，建台账、谋举措、定工期，挂图作战抓整改。2019年，全面开展脱贫攻坚专项巡视反馈问题整改。实施建档立卡贫困人口基本养老保险应保尽保专项行动，制定并实现3月底“应核尽核”、6月底“应发尽发”、9月底“应保尽保”的目标任务；着力解决基层公共服务平台建设、社保转移接续问题；推动提高企业养老保险、工伤保险、失业保险基金统筹层次。各级人社部门把扶贫攻坚作为主责主业，层层传导压力，积极主动作为，完成了中央确定的扶贫任务。

二是人民至上。习近平总书记强调，中国共产党根基在人民、血脉在人民。始终把老百姓放在心中最高位置，把对美好生活的向往作为始终不渝的奋斗目标，是我们党的利益之所在、使命之所在、价值之所在、生命之所在。社保扶贫“参保代缴”“到龄必发”“应保尽保”“应发尽发”政策，就是聚焦缴不起费、领不到养老金、因工伤和失业失去生活来源，这些贫困群众最关心、最迫切、最现实的利益问题。特别是在财政紧张的情况下，有超过2/3的省份对贫困人员全额代缴城乡居民养老保险最低标准养老保险费，有11个省份决定在中央提高基础养老金最低标准的基础上进一步提高当地基础养老金标准，全部深度贫困地区将失业保险金标准提高至当地最低工资标准的90%。这些都充分体现了以人民为中心的发展思想。

三是政策找人。习近平总书记强调，“精准扶贫，关键的关键是要把对象摸清楚，把家底盘清，这是前提。心中有数才能工作有方。”体现在社保扶贫工作中就是“政策找人”。政策有了，让党的惠民政策实实在在落实在每个符合条件的贫困人员身上是关键。贫困地区基础设施差，公共服务能力不足。我们充分利用信息技术和大数据优势，通过加强和完善联网监测数据库和全民参保数据库建设，与国务院扶贫办建立建档立卡贫困人口的数据交换机制，开发建设直达到县的人社扶贫信息平台，定期比对建档立卡贫困人口参保情况，将疑似未参保的贫困人员带标识下发到县，由基层经办机构通过本地系统比对和实地走访核实贫困人员参保情况。对已参保的贫困人员，反馈核实信息，更新参保状态；对未参保的，分类纳入城乡居民养老保险制度，建立上下协同的数据核实报送机制，形成全国社会保险贫困人员基础信息库，实现了建档立卡贫困人口的精准扩面。由过去“人找政策”变为“政策找人”，由过去“等地方报、管地方要”变为实时动态监测，提高了工作效率，减少了繁文缛节，减轻了基层负担，更增强了我们对贫困人员基本养老保险“符合一个代缴一个，新增一位纳入一位，达龄一人发放一人”郑重承诺的底气。

四是督战结合。较真碰硬地“督”与凝心聚力地“战”，是抓决策落实、促工作成效的重要手段。决策作出后，能否真正转化为干部群众的实际行动，“督”与“战”起着重要作用。“督”就是跟踪掌握工作进展情况，发现问题，传导压力，确保工作任务如期完成。“督”就要敢于坚持真理，修正错误，敢于向歪风邪气作坚决的斗争，说“硬话”、做“硬事”。“战”就是亲力亲为干，既要做好指挥员，又要做好战斗员。战就要战在实处、战在要害处，实打实、硬碰硬，不能有半点虚假和漂浮。督战的过程，既是发现问题、解决问题的过程，也是提升狠抓落实能力和改进工作作风的过程。在督战过程中对发现的问题，工作存在的薄弱环节，及时加以引导和指导，补短板、强弱项、促提升，确保工作落实不出偏差、不走过场，按时间节点实现既定目标。在推动建档立卡贫困人口基本养老保险全覆盖过程中，我们通过数据比对、实地督导、开展月调度、建立参保人员数据核验制度，形成了“疑似人员确定、重点人员核实、政策措施完善、未参保人员扩面、参保结果线上核验”的工作闭环，确保了工作进度和工作成效。

五是协调推进。充分发挥基本养老保险、工伤保险、失业保险“安全网”“稳定器”作用。对贫困人员实施差异化、有倾斜的城乡居民养老保险帮扶政策，减轻参保缴费负担，使其按规定享受一份稳定的养老保障；通过工伤保险按项目参保、失业保险扩围提标，帮助贫困劳动力按规定参加工伤、失业保险，防止因工伤、失业等陷入贫困。同时，建立行政、经办、信息部门工作协调机制，政策问题由行政部门及时调整完善，经办问题由经办机构指导优化，信息系统问题由信息部门开发完善，各部门密切配合，形成合力，确保各项政策落地见效。

同志们，脱贫攻坚的重大胜利，为实现第一个百年奋斗目标打下坚实基础，彻底改变了贫困地区面貌，提高了群众生活质量。但脱贫摘帽不是终点，而是新生活、新奋斗的起点。发展永无止境，奋斗未有穷期。当今世界正经历百年未有之大变局，我国发展仍然处于重要战略机遇期，但机遇和挑战都有新的发展变化。外部环境的不稳定性、不确定性明显增加，经济全球化遭遇逆流和回头浪，突如其来的新冠肺炎疫情带来广泛而深远影响，世界进入动荡变革期。从国内看，我国社会主要矛盾发生变化，发展不平衡不充分问题仍然突出，人民日益增长的美好生活需要明显提高。我国人均国内生产总值已经突破1万美元，正处在跨越中等收入阶段、迈向高收入国家行列的关键时期。我们即将全面建成小康社会，在此基础上开启全面建设社会主义现代化国家新征程，各方面的任务艰巨而繁重。受到国内外复杂因素的影响，失业人数和中断缴费人数都将有所增加；人口老龄化进程不断加快，老年抚养比不断上升，在职人员与退休人员之比持续下降，养老保险负担越来越重；数以亿计农民工、被征地农民及其他转入城镇生活的农村人口纳入城镇社会保障体系，城乡人口流动转移频率加快和社会管理方式的转变，给社会保险管理服务带来重大考验；利益主体多元化、就业形态多样化、劳动关系复杂化，对巩固社保扶贫成果、完善社会保障体系提出了新的更高要求。

我们必须立足人社工作特点，按照习近平总书记“必须集中力量办好自己的事，充分发挥国内超大规模市场优势，逐步形成以国内大循环为主体、国内国际双循环相互促进的新发展格局”的要求，深刻认识我国主要矛盾变化带来的新特征新要求，深刻认识错综复杂的国际环境带来的新矛盾新挑战，增强机遇意识、风险意识，立足社会主义初级阶段基本国情，保持战略定力，充分发挥好14亿人口对美好生活需要所汇集而成的国内超大规模市场优势，认识和把握发展规律，准确识变，科学应变，主动求变，善于在危机中育先机，于变局中开新局，办好自己的事。以钉钉子精神，不停步、不懈怠，持之以恒织密扎牢社会保障网。

第一，要以党的十九届五中全会精神为统领，推动社保事业高质量发展。

“十四五”时期是我国全面建成小康社会、实现第一个百年奋斗目标，乘势而上开启全面建设社会主义现代化国家新征程、向第二个百年奋斗目标进军的第一个五年。五中全会审议通过了《中共中央关于制定国民经济和社会发展第十四个五年规划和二〇三五年远景目标的建议》，描绘了我国进入新发展阶段的发展蓝图。对标对表十九届五中全会确定的目标任务，结合社保扶贫，重点是进一步健全社会保障体系。一是全面完成对企业养老保险省级统筹考核验收工作，进一步加大基金调剂力度，确保基本养老金按时足额发放；调整优化城乡居民养老保险对贫困人口帮扶措施，落实城乡居民基本养老保险待遇确定和基础养老金正常调整机制，提高保障老年居民基本生活能力。二是建立工伤保险基金省级统筹政策跟踪问效机制，明确省、市、县级在扩面、认定鉴定、基金管理和待遇支付等方面分级管理责任，做到基金上统，管理下沉。科学合理确定基金上调比例，完善省级与地市之间的责权约束机制与基金缺口分担机制，切实发挥调剂金的调剂作用和功能，把调剂金用好用活用足。三是加速推进失业保险基金省级统筹，提高省级统筹强制性，确保各项惠企利民政策不折不扣落实。指导各地抓好扩围、稳岗返还、减免费等政策落实，兜牢民生底线，减轻企业负担，稳定就业岗位，降低失业返贫致贫风险。四是加强基层公共服务平台建设，将经办服务的触角进一步向街道、社区、乡村延伸，调整完善基层服务网点布局，改善大厅服务条件，让贫困人员在家门口就能及时、方便地办理社保业务。

第二，要持续巩固拓展脱贫攻坚成果，接续推进全面脱贫与乡村振兴有效衔接。

十九届五中全会强调要实现巩固拓展脱贫攻坚成果与乡村振兴有效衔接。明年我国将进入全面实施乡村振兴战略阶段。做好脱贫攻坚与乡村振兴的有机衔接和协同推进，既有利于巩固脱贫攻坚成果，培育长效脱贫机制，又有利于促进农业农村优先发展，推动乡村全面振兴。在脱贫攻坚收官之际和实施乡村振兴战略的关键时期，要圆满完成这一任务，我们必须准确理解有效衔接的丰富内涵，把握脱贫攻坚和乡村振兴的正确方向。一要严格落实“四个不摘”要求，保持现有扶贫举措、资金支持力度、帮扶工作力量总体稳定。做好过渡期内社保扶贫政策衔接，谋划制定好过渡期内相关帮扶举措的完善优化办法，确保政策和工作平稳过渡。党中央正在组织起草关于做好脱贫攻坚与实施乡村振兴战略有机衔接的文件，人社部门要立足自身实际，采取差别化的办法，对脱贫攻坚的特惠性政策分类处置，使其向常规性、普惠性、长期性政策转变。二要保持攻坚态势，坚决防止和克服松劲懈怠倾向。受疫情灾情影响，一些地区低保、特困、建档立卡贫困人员变化较大，需要加强数据核实比对；一些企业订单减少、生产下滑的局面尚未完全好转，需要加大贫困劳动力稳岗就业力度；一些地区财政收入大幅下降，需要优化支出结构，加强社保扶贫经费保障。各级人社部门要紧盯中央脱贫攻坚专项巡视、国务院大督查、国务院扶贫办第三方评估、扶贫审计、信访交办、脱贫攻坚普查等反馈的问题，对账销号，确保问题全部整改，向党和人民交出一份质量高、成色足的优质答卷，让社保扶贫成果真正获得群众认可，经得起实践和历史检验。三要进一步健全防止返贫监测帮扶机制。继续完善信息共享机制，关注脱贫人口，做到定期核查，及时发现，及时帮扶。要将社保扶贫“动态清零”工作与实施全民参保计划、健全灵活就业人员社保制度、落实新业态人员职业伤害保障试点等重点工作结合起来，统筹推进、加强协作，实现改革与扶贫工作双向发力、共同促进，推进社会保险应保尽保和法定人员全覆盖，更好发挥社会保险减贫防贫作用，把返贫致贫风险降到最低。四要补齐贫困地区基本公共服务短板。落实政务服务“跨省通办”、人社快办行动、人社信息化便民服务创新提升行动等相关工作要求，集中整合数据资源，简化优化业务流程，通过“互联网+人社”“智慧人社”建设，推广线上线下相融合的服务模式。同时，关注特殊群体需求，对于高龄、重病、伤残等行动不便人员，要积极提供上门服务。把信息化当作推动“放管服”改革和“减证便民”行动，提高办事效率的“润滑剂”，当作保障服务公开、公平、公正，杜绝跑冒滴漏的“防腐剂”，当作打通政策落实“最后一公里”的关键一招。

第三，要以实现第一个百年奋斗目标为契机，全面总结宣传社保扶贫经验成果。

2020年是中国脱贫攻坚、全面建成小康社会决胜之年。习近平总书记指出，脱贫攻坚不仅要做得好，而且要讲得好。讲好脱贫攻坚中国故事，有利于彰显中国脱贫攻坚事业的世界意义，是分享中国经验、传播中国智慧、提供中国方案，向世界展现一个真实的、立体的、全面的中国的重要机遇。脱贫攻坚以来，我们社保战线的同志，逢山开路、遇水架桥，以扎实的工作作风和钉钉子的精神，落实社保扶贫政策，创造出很多“一招鲜”的经验做法，涌现出一大批成就鼓舞人、事迹感染人、精神激励人的先进典型。各地要认真总结梳理和提炼，借助文学、艺术、传媒等多重手段，借势借力讲好社保扶贫故事；要全方位展现贫困群众生产生活发生的根本性变化和取得的标志性成就，深刻揭示脱贫攻坚伟大成就是中国共产党团结带领全国各族人民众志成城、艰苦奋斗干出来的；要大力弘扬脱贫攻坚精神，宣传基层干部典型事迹，展现社保人良好的精神风貌，为下一步推进脱贫摘帽地区乡村全面振兴注入强大精神动力。

在就业扶贫电视电话会上的讲话

张义全

（2020 年 3 月 31 日）

根据会议安排，下面，我就人社扶贫有关工作，讲三点意见。

一、以问题整改为契机，扎实做好人社扶贫工作

近年来，部党组认真贯彻落实习近平总书记关于扶贫工作重要论述和党中央脱贫攻坚决策部署，把人社扶贫工作作为一项重大政治任务，健全完善部扶贫工作领导小组，制定实施一系列政策举措，不断加大扶贫工作力度，就业扶贫增收入、技能扶贫强素质、社保扶贫保生活的成效逐步显现。各级人社部门特别是扶贫工作任务较重的省区、奋战在扶贫一线的基层干部，勇于担当、开拓创新，通过富有成效的工作，把党的好政策和总书记的亲切关怀传递给每一个贫困人员，增强了贫困群众的获得感幸福感安全感，为今年底打赢人社扶贫攻坚战打下了坚实基础。

当前，距离 2020 年全面建成小康社会只有 9 个来月时间，可以说脱贫攻坚进入最后的冲刺阶段，本来扶贫的任务就很重，疫情又增加了难度，更需要我们坚持问题导向，下更大的决心、采取更强有力的措施，做到扶贫工作不停顿、不减力、不放松，坚决打赢人社扶贫攻坚战。一是不断提高思想认识。要持续学习领会习近平总书记关于扶贫工作重要论述，深刻认识人社扶贫事关脱贫攻坚大局，切实把思想和行动统一到中央的决策部署上来，统一到“攻坚”“精准”的工作要求上来，做到认识提上去、工作顶上去。二是健全扶贫长效机制。要立足职能职责，统筹脱贫攻坚与乡村振兴战略，既保持现有人社扶贫政策的延续性稳定性，又积极探索有效防止返贫和解决相对贫困的长效机制。三是把全面从严治党要求贯穿扶贫工作全过程。要盯住整改形式主义、官僚主义问题不放，强化日常监督，既严防扶贫资金、项目等出问题，又防止数字脱贫、虚假脱贫，确保扶贫工作务实、脱贫过程扎实、脱贫结果真实。

二、采取更强有力举措，帮扶 52 个未摘帽贫困县

习近平总书记在决战决胜脱贫攻坚座谈会上的重要讲话，为我们做好人社扶贫工作指明了方向。我们要深入学习领会，以对党和人民事业高度负责的使命感紧迫感，把帮扶未摘帽贫困县脱贫作为当前一项重大政治任务、作为人社扶贫最紧要的工作、作为人社部门的首责，放在更加突出的位置，以高度的政治自觉、强烈的政治担当、强力的攻坚意志，抓细抓实抓好。

（一）加大工作指导力度。西部省份人社部门，要强化主体责任，使用攻坚的兵力，把完成人社扶贫工作目标任务作为硬约束，强化

工作部署；要制定督战实施方案，加强督察调度、过程跟踪和问责问效；要层层压实责任，细化分解任务，明确任务和时限，重心下移、力量下沉；要加强省内协作，建立完善经济发展较好地市与未脱贫县对口帮扶人社工作机制，统筹整合资源，形成扶贫工作合力。东部扶贫协作和对口支援省份人社部门，要切实履行好帮扶责任，专门制定人社帮扶工作方案；要通过线上线下对接联系，利用本地优势资源，更好发挥东西部协作机制、对口支援机制作用，尽最大力量实施帮扶。

（二）加大政策倾斜力度。加强对“三区三州”等深度贫困地区的工作支持。今年要进一步抓好这些优惠政策的落实，巩固和扩大政策实施成果。同时，部里在总结经验做法的基础上，要研究完善人社扶贫有关政策措施。有关地区人社部门要认真落实各项扶贫政策，并结合当地实际，研究制定对本地贫困地区特别是未摘帽贫困县的优惠政策措施，打好人社系统扶贫政策“组合拳”。

（三）加大资金支持力度。西部省份人社部门要指导未摘帽贫困县所在的地市州人社部门积极争取党委政府支持，把更多资金投向未摘帽贫困县开展人社扶贫工作。对口支援省份人社部门要积极协调，加大对未摘帽贫困县技工院校资金投入力度，支持完善硬件设施，强化设备投入，改善办学条件。要加强扶贫资金监管，严格落实扶贫资金公告公示制度，持续开展扶贫领域警示教育，确保扶贫资金安全。

三、持续做好“点对点”服务，帮助贫困劳动力安全有序外出务工

为贯彻落实习近平总书记在统筹推进新冠肺炎疫情防控和经济社会发展工作部署会议上的重要讲话精神，坚定不移把党中央、国务院关于脱贫攻坚决策部署落到实处，积极推动农民工安全有序返岗复工，助力打赢疫情防控阻击战和促进经济社会发展，我部会同有关部门建立农民工返岗复工“点对点”服务工作机制，成立协调小组，形成“各级联动、部门协同、属地负责、有序对接”的工作格局，并对成规模、成批次外出的农民工安全有序返岗复工作出部署安排。

下一步，有关省份人社部门要按照人社部会同国务院扶贫办印发的有关通知要求，以“三区三州”等深度贫困地区、未摘帽贫困县为重点，充分发挥东西部劳务协作、对口支援、省际省内劳务协作机制作用，协调东部省份、省内发达地区提供有针对性的岗位信息。要想方设法解决贫困劳动力“出村难”问题，努力实现从家门到贫困劳动力返岗复工点对点专车、专列、包机和工厂大门的无缝衔接。要加强输出地与输入地劳务精准对接，进一步加大有组织劳务输出力度，确保有意愿外出的贫困劳动力都能安全有序出行务工，实现贫困劳动力能就业、稳增收、早脱贫，为高质量打赢脱贫攻坚战作出积极贡献。

在国家协调劳动关系三方会议上的讲话

张义全

（2020年4月13日）

今天会议富有成效，取得了积极成果。刚才执行主席的发言，对进一步做好三方工作提出了很好的意见建议，我都赞成。下面，我讲两点意见：

一、2019年国家三方工作取得积极成效

过去一年，国家协调劳动关系三方以习近平新时代中国特色社会主义思想为指导，认真贯彻落实党的十九大和十九届二中、三中、四中全会精神，坚持稳中求进工作总基调，紧紧围绕年度工作重点，推进劳动关系协商协调机制建设等方面取得了显著成绩。构建和谐劳动关系工作深入开展。举办构建和谐劳动关系先进表彰会，评选表彰了一批和谐劳动关系模范企业和工业园区。集体协商制度建设进一步加强。着力发挥集体协商制度在协调劳动关系的基础性作用，实施集体协商“稳就业促发展构和谐行动计划”，开展专职集体协商指导员队伍建设、组织首届城市工会集体协商竞赛，企业协商协调机制建设有新的进展。一年来，国家协调劳动关系三方成员单位履职尽责、主动作为、密切配合，促进了劳动关系总体和谐稳定，为经济健康发展和社会大局稳定作出了积极贡献。

二、采取有力措施确保劳动关系总体和谐稳定

中央高度重视劳动关系工作，习近平总书记在十九大报告中明确提出要完善政府、工会、企业共同参与的协商协调机制，构建和谐劳动关系。新冠疫情暴发后，国家三方及时制定印发做好新型冠状病毒感染肺炎疫情防控期间稳定劳动关系支持企业复工复产的意见，把疫情防控期间防风险促稳定作为劳动关系工作的总基调，充分发挥三方机制的独特作用，保持劳动关系总体和谐稳定。

一方面要积极促进劳动关系法治建设进程。在疫情防控期间出台的一系列政策文件基础上，抓紧研究储备针对特殊时期的特殊政策，完善相关应急预案。积极推进劳动关系领域立法工作，提出有针对性的意见建议，提高劳动关系法治能力。

另一方面要深入推进和谐劳动关系创建活动。要不断改进创建方式，充分发挥三方机制作用，对需要帮扶的民营企业提供精准服务。加大对服务企业的指导队伍培训力度，线上线下协同开展政策宣讲和用工指导。积极开展“和谐同行”千户企业培育共同行动，通过稳定劳动关系助力企业更好发展。认真开展“和谐同行”能力提升行动。进一步加强基层预防化解争议能力建设，充分发挥律师、基层

工会等参与调解作用，强化专业劳动争议调解能力。

同志们，国家协调劳动关系三方工作任务艰巨、责任重大，在今年疫情防控的特殊时期，大家更要主动作为、勇于担当、攻坚克难，更好服务于复工复产大局，确保劳动关系和谐稳定，为全面建成小康社会作出积极贡献！

奋发有为　凝心聚力
为应对疫情做好人社工作营造良好舆论氛围

——在全国人社宣传工作视频会议上的讲话

李　忠

（2020 年 4 月 29 日）

这次会议的主要任务是，以习近平新时代中国特色社会主义思想为指导，深入学习贯彻习近平总书记关于宣传思想、新闻舆论工作的重要指示精神，贯彻落实全国宣传部长会议精神，分析形势，交流经验，安排工作，为应对疫情做好人社工作营造良好舆论氛围。下面，我讲三个方面意见。

一、充分肯定 2019 年和"战疫"以来人社宣传工作取得的积极成效

2019 年是大庆之年，也是人社宣传工作守正创新之年。一年来，各级人社部门认真贯彻落实党管宣传的政治责任，深入开展庆祝新中国成立 70 周年主题宣传，全面展示了人社事业 70 年发展历程和辉煌成就。结合就业创业、人社行风建设、人社扶贫、第 45 届世界技能大赛等重点工作，集中开展"最美基层高校毕业生""人社服务标兵""人社扶贫先进事例"宣传报道，深入挖掘报道"世赛金牌"背后的故事，多角度展示人社领域先进典型的风采。

新冠肺炎疫情发生后，党中央坚持把人民生命安全和身体健康摆在第一位，统筹推进疫情防控和经济社会发展，作出一系列重大决策部署。各级人社部门坚决抓好贯彻落实，快速响应，扎实做好相关工作。第一时间出台工伤保险、工资待遇、人员补充、表彰奖励等一线抗疫人员的支持保障政策，推进网络招聘、线上培训、网上经办服务，有序推动复工复产，打出减负稳岗扩就业保民生政策"组合拳"。为推进工作落实，实行项目化管理，全面实施"人社战疫十项行动"。同时，坚持把宣传工作与疫情应对同步安排、同步开展、同步落实，形成了上下联动、形式多样、覆盖广泛、持久深入的宣传声势，稳预期、增信心、解疑惑，展现了人社部门敢于担当、奋发有为的好形象，弘扬了人社部门共克时艰的正能量。

（一）加强组织领导，有力有效推进工作。部党组高度重视加强宣传工作，审议相关政策措施，同步研究宣传方案。党组书记靠前指挥、高位推动，多次组织专题研究，谋篇布局，审定相关宣传方案和材料，提出明确要求。其他部领导分兵把口，加强对分管业务宣传工作的督促指导。部里组建宣传专班，业务司局与宣传部门衔接配合，系统上下密切协同，加大力度、加快频度，扎实做好信息发

布、媒体协调、传播评估等工作。各地厅局把宣传工作摆在突出位置，投入更大力量，及时跟进，全面宣传人社领域政策措施。

（二）精心统筹策划，着力体现时度效。根据疫情防控和应对不同阶段特点，有步骤有重点地推进工作，增强宣传实效。疫情防控初期，重点宣传一线支持保障、线上办事服务等。随着复工复产的有序开展，突出加力“点对点”返岗、保障重点企业用工和稳就业系列举措。同时，对于“人社战疫十项行动”，每一项政策措施的出台都明确宣传的时机、宣传的角度、宣传的平台和方式，注重形成宣传强势、有节奏地加以推进。

（三）强化权威发布，正确传递信息。各级人社部门既按照统一安排部署参加新闻发布会，又认真谋划工作，及时开展发布工作，介绍工作进展，权威解读政策，回应社会关切。举行或参加有关新闻发布会，重点宣传人社战疫、稳就业、减免企业社保费等相关工作。同时，及时向媒体推送有关政策文件、新闻稿和答问材料，梳理政策要点，及时回应关切。

（四）扩大媒体报道，增强工作传播力。加强与媒体沟通协调，充分利用自身的宣传阵地，广泛深入报道人社工作。一个时期以来，中央和各地主要媒体几乎每天都有人社部门助推复工复产的新闻报道，总台央视新闻联播、人民日报、新华社、总台央广等对复工复产、减免社保费、稳就业举措等给予持续关注。发挥部官网、部官微权威快捷发布信息的主平台作用，迅速推出人社防疫政策“专栏”，分类别集合政策措施。中国组织人事报、中国劳动保障报不仅开设专栏，密集刊发相关消息，而且重点策划推出了一批有品味、有温度、有特色的报道，开展系列评论，增强了思想性和感染力。

（五）创新手段形式，增强宣传实效。抓住关键点，分门别类地梳理推出政策要点，特别是百日千万网络招聘等专项行动，整合各类媒体和机构的力量集推动工作、开展服务、加强宣传为一体，仅1个月时间就发布岗位信息1 339万人次，上线就业政策微讲堂，发布了400余条就业创业政策服务清单。针对不同受众需求，以群众视角，用群众语言，制作发送符合企业和不同劳动者、农民工、高校毕业生等群体特点的68个服务指南、图解，中国人力资源社会保障出版集团也推出了系列动画微视频，有效推动宣传让受众听得懂、记得住、用得好。各地因地制宜、各展所长，编排山歌、快板等，或利用现代传媒，推出“政策图解”“春暖复工路”“手机短信”宣传画、服务指南、音视频等，进一步拉近与受众的距离，进一步拓展了宣传的广度和深度。

（六）强化基层一线，面对面解疑释惑。基层人社部门和各类服务机构既加强窗口宣传，又采取多种形式进社区、进企业、进住户，发放、张贴宣传资料，人社政策汇编，现场解答问题，送政策上门、送服务上门，宣传发动疫情防控，细致解释政策措施，既推动政策家喻户晓，又使企业和群众更好享受相关优惠政策，指导做好劳动关系稳定等工作。湖北武汉充分发挥“12333”服务热线作用，坚守人社宣传第一线，传播人社战疫好声音，做到队伍不散、工作不停、声音不断、回应不拖，全方位提供“暖心”服务。

1月23日，我们发布《工伤保险为奋战抗疫人员撑起职业伤害“保护伞”》新闻稿，打响“战疫”宣传第一枪。目前，已持续3个月。非常时期，人社宣传战线的干部职工认认真真做好人社战疫宣传，兢兢业业、扎实工作，各部门、各单位密切配合、通力合作，心往一处想、劲往一处使，展现出良好的精神风貌。

二、准确把握当前面临的新形势新任务，切实做好2020年人社宣传工作

今年是党和国家事业发展中具有特殊重要意义的一年，既是全面建成小康社会收官之年，也是脱贫攻坚决战决胜之年。突如其来的新冠肺炎疫情对我国经济社会发展带来前所未有的冲击，对宣传舆论工作也带来新的挑战。

习近平总书记强调，宣传舆论工作要加大力度，统筹网上网下、国内国际、大事小事，营造强信心、暖人心、聚民心的环境氛围。这些重要指示，为我们做好人社宣传工作指明了方向、提供了根本遵循。我们必须切实把思想和行动统一到中央对形势的科学判断和对工作的部署要求上来，深入学习贯彻习近平总书记重要指示精神，按照全国宣传部长会议要求，把决胜全面小康、决战脱贫攻坚，统筹推进疫情防控和经济社会发展作为宣传工作主基调，立足职能职责，对标中央要求，扎扎实实做好今年的人社宣传工作。部里刚刚印发的《2020年人社宣传工作要点》，对今年的重点任务作出了安排。总的要求是：以政治建设为统领，强化“四个意识”，坚定“四个自信”，做到“两个维护”，扭住“统筹推进疫情防控和人社工作发展”这条主线，紧扣“全面建成小康社会”这个主题，着力抓好人社战疫、人社扶贫、人社行风建设等宣传，大力营造强信心、暖人心、聚民心的氛围环境。这里，我强调几点：

（一）坚持不懈打牢思想基础，大力推动习近平新时代中国特色社会主义思想在人社领域落地生根。全国宣传部长会议深刻阐述了习近平总书记关于宣传思想工作的重要论述，强调要不断把学习宣传贯彻习近平新时代中国特色社会主义思想引向深入。人社部门首先是政治机关，人社宣传工作首先是政治工作。必须要把深入学习宣传贯彻习近平新时代中国特色社会主义思想作为首要政治任务，真正做到往深里走、往实里走、往心里走，切实打牢人社领域团结奋斗的共同思想基础。一要坚持习近平新时代中国特色社会主义思想的指导地位。坚定自觉地落实好“两个巩固”根本任务，提高政治站位，强化政治责任，大力强化干部群众对习近平新时代中国特色社会主义思想的认知认同，自觉用新思想新理念新方略筹划发展、指导实践、推动工作。二要大力宣传贯彻党中央对人社工作的重大决策部署。把“两个维护”作为人社宣传工作的首要政治原则，切实把中央的重大决策部署宣传好、贯彻好、落实好，做到无时差、无温差、不走样、不偏离，确保在政治上思想上行动上与党中央保持高度一致。

（二）持续深入开展人社战疫宣传，着力营造强信心、暖人心、聚民心的氛围环境。当前，我国疫情防控形势积极向好的态势正在拓展，正处于“防松劲、防漏洞、防反弹”的窗口期，仍然面临严峻的风险考验。各级人社部门要立足统筹推进疫情防控和经济社会发展工作大局，落实习近平总书记“三统筹”、“两更好”重要指示要求，在“战疫”宣传上持续发力，务求实效。一要突出重点。中央统筹推进疫情防控和经济社会发展，把就业工作摆在更加突出的位置，把稳就业作为“六稳”之首，把保居民就业作为“六保”之首。在人社宣传上，也要把稳就业作为重点，聚焦高校毕业生、农民工等重点群体，持续加大稳就业举措宣传力度，做深做细政策解读，持续释放积极信号。二要优化整合。紧紧围绕“人社战疫十项行动”，把握不同专项行动的特点规律和阶段性进展，有计划、有节奏地开展组合式宣传，不断壮大声势。当前突出抓好百日千万网络招聘、百日免费线上培训、社保援企稳岗“免减缓”等助力经济社会发展重要举措的宣传，打出“战疫”宣传组合拳。

（三）扎实开展重大主题宣传，汇聚决胜全面建成小康社会和决战脱贫攻坚的磅礴力量。决胜全面建成小康社会、决战脱贫攻坚，是今年全党工作的重中之重，是宣传工作必须把握的主基调和贯穿全年的主线。部里即将下发《人力资源社会保障事业发展助力全面建成小康社会主题宣传方案》，各级人社部门要紧扣全面建成小康社会目标任务，加强总体谋划，调动各方力量，精心组织实施，采取多种形式，大力宣传就业、社会保障、人才人事、劳动关系等方面取得的成就，生动地把人社小康故事讲出新意、深意、亲意。要深入开展人社扶贫典型事例征集展示活动，加强总结提炼推广，推出一批优秀成果和先进典型，并配合办好大型成就展，充分展示人社扶贫的重大成果、成功经验和精神风貌。要围绕中央脱贫攻坚专项巡视“回头看”整改落实，特别是聚焦挂牌督战的52个贫困县，聚焦贫困劳动力就业，宣传人社扶贫针对性帮扶政策，宣传各地人社扶贫经验做法，讲好基层一线扶贫故事。

（四）深入开展人社行风建设宣传，进一步树立人社部门的良好形象。行风建设永远在路上，贵在坚持，重在经常。近日，中共中央办公厅印发了《关于持续解决困扰基层的形式主义问题为决胜全面建成小康社会提供坚强作风保证的通知》，指出今年我国发展面临的风险上升，再叠加疫情影响，做好经济社会发展工作难度更大，更加需要以优良作风狠抓工作落实。各级人社部门要从讲政治、为民生的高度，把行风建设摆在更加重要位置，坚持标本兼治、纠建并举，宣传工作要同步发力。一要大力宣传“三优”新举措。特别是突出“清事项、减材料、压时限”“看得懂、算得清”“人社服务快办行动”等工作，广泛深入宣传政策、发布流程，让群众办事简便、心中有数，充分展示人社部门的便民举措和良好作风。二要深入开展“人社服务标兵”宣传。挖掘老典型，培树新典型，在广泛宣传的基础上，重点推出一批事迹过硬、作风优良、群众公认的重大典型，充分发挥典型示范作用。

三、不断提高人社宣传工作的质量和水平

做好今年的宣传工作意义重大。我们要紧贴中央要求，紧贴群众需要，紧贴业务工作，坚持稳中求进、勇于担当作为，不断在提高政治站位中增强自觉、在探索实践中把握规律、在求实创新中提高能力，切实抓好各项工作任务落实。

（一）提高政治站位。宣传工作是党的一项极端重要的工作，是我们党的优良传统和政治优势。人社部门是重要的民生部门。人社宣传工作是党的宣传思想工作的重要组成部分。我们的工作做得怎么样，直接关系党执政的群众基础，直接关系打通宣传群众、发动群众、服务群众的“最后一公里”。要坚持以习近平新时代中国特色社会主义思想为指导，深入学习贯彻习近平总书记关于宣传思想工作、新闻舆论工作的重要论述，把旗帜鲜明讲政治作为第一位的要求，切实体现在抓好宣传工作重点任务落实的全过程、各方面。要严把政治方向，坚持团结稳定鼓劲、正面宣传为主，坚持守正创新，严肃权威与贴近群众并重，增强吸引力和感染力，坚定发展信心，凝聚奋进力量，确保正确的政治方向、舆论导向、价值取向，更好发挥鼓舞人、激励人的作用。要严守政治纪律、宣传纪律和工作纪律，落实政治家办报、办刊、办网要求，确保人社宣传阵地不出现噪音杂音，做到守土有责、守土尽责。

（二）健全工作机制。形成合理有效的工作机制，才能更加有力地推进任务落实。要坚持主要领导亲自抓，分管领导直接抓，宣传部门具体抓的工作格局，加强组织领导，明确任务目标，层层压实责任。要强化整体协调，宣传工作领导小组要加强对重大问题的分析研判和重大工作的统筹谋划，及时提出意见建议，总体布局工作。宣传部门要认真履行牵头抓总职责，加强工作策划，制定宣传方案，充分调动各方力量，精心组织实施。业务部门要强化宣传意识，及时研究提出宣传需求，齐心协力、齐抓共管，共同做好工作。要坚持宣传和业务同步推进。巩固深化“1+2+X”宣传解读模式。要加强上下联动，对于重大宣传任务和重点工作，部里统一安排部署，各地紧密结合实际，部、省、市、县、乡（街）五级共同发力、形成合力，上下一盘棋，推动工作落实。

（三）创新方式方法。人社工作的生动实践提供了丰富多彩的宣传素材，是宣传工作的富矿，必须主动适应舆论生态、媒体格局、传播方式发生的深刻变化，紧跟时代，深入研究宣传工作规律，推进工作理念、方法手段、载体渠道创新，增强宣传工作的实效性。要强化互联网思维，提高用网治网水平，坚持以内容

和用户体验为王，充分发挥网络媒体的优势，把互联网变成人社事业发展的有力增量。要发挥人社领域传统媒体和新媒体各自优势，大胆探索实践，开展全媒体宣传，努力推进内容信息、传播平台、用户终端、管理手段共融互通，打通用好同群众信息交流的新渠道。要提升人社宣传综合服务能力，集信息服务、政务服务、公共服务等为一体，进一步增强人社宣传工作的传播力和影响力。

（四）增强底线思维。在大疫大战大考面前，必须坚持底线思维，保持高度警觉，始终绷紧风险防控这根弦，牢牢把握主动权。要认真梳理人社工作各方面各领域的风险隐患，特别是高度重视涉及群众利益的民生问题，加强分析，研判形势，做到心中有数，心里有底。要加强政策宣传解读，及时准确发声，坚决防止误判、误读、误解。要落实好主体责任，层层传导压力，做到责任清、措施实。

（五）加强能力建设。人社宣传工作政治性、政策性、专业性、敏感性都很强，对干部综合能力要求高，必须持续加强能力建设。要提高宣传工作队伍能力素质。积极创造条件，让宣传干部阅读重要文件，列席重要活动，参与一线重点工作，增强业务能力。适时举办系统宣传干部培训班，专题研讨重点工作，交流各地经验做法。要组织业务部门参加新闻传播等方面的学习培训，提高宣传工作素养。采取多种形式开展学习研讨交流，掌握基本技能，提升工作能力。要强化作风建设，大兴调查研究，组织宣传干部深入业务领域和基层一线，掌握一手资料，深入研究工作，不断提高脚力、眼力、脑力、笔力。同时，要加强人社宣传阵地建设。加大力度推动中国组织人事报、中国劳动保障报、中国人力资源社会保障出版集团等部属报刊出版单位发展，提升办报办刊水平，扩大报刊覆盖范围，提升出版社会效益，更好发挥人社系统专业媒体的作用。统筹人社信息化与宣传载体建设，给予相应支持，在办事服务的基础上，强化传播互动平台，充分发挥“12333”服务热线等载体宣传功能。加大对基层经办服务机构的支持力度，解决实际困难，增强基层一线宣传工作效能。

做好今年人社宣传工作责任大、任务重、标准高、要求严。我们要更加紧密地团结在以习近平同志为核心的党中央周围，坚定信心、攻坚克难，守正创新、锐意进取，推动宣传工作不断开创新局面，为积极应对疫情做好人社工作营造良好的舆论氛围。

继往开来　真抓实干
努力实现更加充分更高质量就业

——在全国就业工作座谈会上的讲话

李　忠

（2020年12月16日）

这次会议的主要任务是，深入学习领会习近平总书记关于就业工作的重要论述，认真贯彻党的十九届五中全会精神，全面推动落实党中央、国务院决策部署，总结工作，交流经验，分析形势，部署2021年重点任务。下面，我讲三点意见。

一、砥砺奋进、攻坚克难，2020年和“十三五”就业工作取得显著成绩

2020年是我国就业发展史上极不平凡的一年。新冠肺炎疫情突如其来，对经济和就业造成前所未有的冲击。一段时间内，全国近半数职工停工待岗，8 000万农民工滞留家乡，新增就业和市场需求萎靡，调查失业率冲至6.2%的历史最高值，就业形势异常复杂严峻。面对困难局面，以习近平同志为核心的党中央统揽全局、运筹帷幄，及时作出统筹推进疫情防控和经济社会发展的重大决策，明确将保居民就业摆在“六保”之首。习近平总书记对做好稳就业保就业工作多次作出重要指示批示。总书记指出，越是发生疫情，越要注意做好保障和改善民生工作，特别是要高度关注就业问题，防止出现大规模裁员。要实施好就业优先政策，出台更多援企、减负、稳岗、扩就业的支持性措施。总书记强调，要扎实做好高校毕业生、农民工、退役军人等重点群体就业工作，优先支持贫困劳动力务工就业。这些重要指示批示，充分体现了习近平总书记坚定的人民立场、深厚的为民情怀，为做好就业工作提供了根本遵循。

全国人社系统坚决贯彻习近平总书记重要指示批示精神，按照党中央、国务院决策部署，闻令而动，上下齐心，勠力推进，稳就业保就业工作取得显著成绩。1—11月城镇新增就业1 099万人，11月份调查失业率降至5.2%的年内最低点，就业目标任务提前完成。累计“点对点”运输农民工返岗复工超过600万人，保障上万家重点企业用工需求，疏通了人员流动、保障了物资生产。目前，贫困劳动力务工规模达到3 243万人，超过去年水平。就业形势总体稳定、好于预期，成为民生改善的坚实基础、经济企稳的有力支撑和社会稳定的“压舱石”。就业工作在艰难中探索、在实践中创新、在改革中奋进，呈现出许多新亮点、新特色。

一是部署密。党中央、国务院把就业工作

摆在“六稳”“六保”首位。今年，国务院常务会议7次专题部署，复工复产协调机制3次重点研究，国务院就业工作领导小组密集调度。部党组把稳就业保就业作为全部、全系统的重大政治任务，多次专题研究就业工作，谋划促进就业的重大政策和举措。各地党政领导每季专题研究、每月听取汇报、多次出席活动。前所未有的重视程度、部署强度，成为稳就业的有力保障。

二是政策实。我们加大现有政策落实力度，创新实施28项突破性政策，打出了减负、稳岗、扩就业的政策组合拳，覆盖范围广、落实速度快、支持力度大。预计全年将减免企业三项社保费超万亿，发放失业保险稳岗返还近千亿，支出就业补助和专项奖补资金千亿。史无前例的政策力度，成为稳就业的坚固防线。

三是应变快。我们紧跟疫情变化，因时制宜，快速响应，不同阶段有不同的响应方式。疫情初现时，迅速将火热进行的春风行动转到线上；疫情高发时，建立24小时重点企业用工保障机制，启动农民工“点对点”返岗复工服务，组织百日千万网络招聘行动，保障了市场热度；疫情初步控制时，发布现场招聘防疫指南，恢复线下服务。这一套灵敏有效的快速反应机制，成为稳就业的重要支撑。

四是服务暖。贴紧群众需求，开通了全国统一的线上失业登记、毕业生求职登记等重点群体服务平台，各地推出了各具特色的就业服务“一招鲜”。1 300多万劳动者办理了失业登记，279万离校未就业毕业生得到了跟踪帮扶，享受过就业服务、创业扶持和交通补贴的贫困户占比超过90%，沿长江十省市人社部门围绕退捕渔民安置开展集中攻坚。贴心暖人的服务温度，成为稳就业的强大基础。

五是合力强。面对巨大冲击，各方众志成城、携手并进。45个部门出台166个文件，国有企业履责扩招、机关单位挖潜扩录、教育医疗科研及社区服务等基层事业单位规模扩聘。各地共克时艰、守望相助，面对湖北今年的特殊困难，携手为50万湖北毕业生发放求职创业补贴，7个省份还实施了专项劳务协作，有力支持了湖北就业局势较快回稳。部内各司局也从职业培训、社保减免、劳动关系、经费保障、政策宣传、理论研究等各方面同向发力。齐心协力的攻坚态势，成为稳就业的不竭动力。

今年就业任务全面完成，也为“十三五”就业工作画上了圆满句号。过去五年，我们共同经历了脱贫攻坚战、供给侧结构性改革、中美经贸摩擦、新冠肺炎冲击等一系列大事难事，取得令人瞩目的成绩。就业规模稳步增长，城镇新增就业超过6 400万人；就业结构更加优化，三产和城镇就业人数持续增加；重点群体就业总体稳定，高校毕业生就业人数连年增多，农民工总量继续扩大，提前超额完成带动1 000万人就业脱贫任务，帮扶2 600多万失业人员再就业，800多万困难人员就业，120多万去产能职工转岗安置；公共就业服务进一步加强，年均为8 000万人次劳动者提供登记求职、职业指导、职业介绍等服务，为5 000万户次用人单位提供用工招聘服务，近1亿人次劳动者享受各项就业补贴政策。就业局势稳中向好，为维护改革发展稳定大局、全面建成小康社会作出了积极贡献。

对于我们这样一个拥有14亿人口的发展中大国，保持就业局势总体稳定，实属不易，根本在于以习近平同志为核心的党中央坚强领导，根本在于习近平新时代中国特色社会主义思想的科学指引，同时也得益于部党组正确领导，得益于各地区、各有关部门大力支持和系统上下团结协作。

二、提高认识、明确方向，切实增强做好就业工作的责任感紧迫感使命感

在“两个一百年”的历史交汇点上，党的十九届五中全会审议通过了《中共中央关于制定国民经济和社会发展第十四个五年规划和二〇三五年远景目标的建议》，为未来5年乃至15年发展擘画了新蓝图。全会明确提出“实现更加充分更高质量就业”“强化就业优先政策”，为就业事业发展指明了前进方向。学懂弄通做实十九届五中全会精神，是就业战线当前和今后一个时期重要的政治任务，要切实提高政治站位，把思想和行动统一到中央的重大决策和部署上来，凝心聚力，系统谋划，推动就业事业实现高质量发展。

一是锚定新目标。五中全会提出，要实现更加充分更高质量就业，到2035年中等收入群体显著扩大，人民生活更加美好。实现更加充分更高质量就业，要以充分的就业机会作前提作基础，还要以公平的就业环境、良好的就业能力、稳定的收入保障、和谐的劳动关系作为努力方向。我们要始终坚持以人民为中心，顺应人民群众从“有工作”到“好工作”的美好向往，坚定不移稳定和扩大就业容量，多措并举提升就业质量，不断增强人民群众获得感幸福感安全感。

二是把握新机遇。五中全会提出了新发展阶段、新发展理念和新发展格局的“三新”发展逻辑。就业是民生之本、财富之源、稳定之基，与“三新”发展紧密相连、相辅相成。进入新发展阶段，基本实现社会主义现代化的宏伟蓝图将创造更多更高质量就业机会，召唤知识型、技能型、创新型劳动者大军砥砺奋进。贯彻新发展理念，创新创业活力增强，区域发展更协调，绿色低碳发展加快推进，高水平对外开放深入实施，共享发展成果更多，这里面都蕴含着就业岗位创造的新方向新领域。构建新发展格局，需要以扩大内需为战略基点，发挥就业连接收入、支撑消费的重要作用。我们要准确把握重大发展机遇，善于顺势而为，在推动“三新”发展中实现就业扩量提质。

三是认清新挑战。五中全会提出，当今世界正经历百年未有之大变局，要深刻认识错综复杂的国内外环境带来的新矛盾新挑战。经济长期向好，发展韧性增强，社会大局稳定，就业局势也将保持平稳。与此同时，在时代变局中也会面临诸多风险挑战。第一，“十四五”期间劳动力供给总量仍处高位，当发生重大自然灾害、重大公共卫生事件、重大经济波动时，仍可能影响数千万人的就业。第二，技术进步加快，新旧动能转换提速，招工难和就业难并存的结构性矛盾将更加凸显。第三，青年人口受教育程度上升，就业期望值提高，诉求更加多元，人岗相适的难度或持续加大。第四，人口老龄化加剧，大龄低技能劳动者就业问题需要持续关注。第五，新就业形态、灵活就业规模扩大，相应的劳动保障法律法规相对滞后。我们要切实增强底线思维和忧患意识，科学分析研判形势，主动强化风险应对，善于在危机中育先机，在变局中开新局。

四是明确新任务。五中全会确定了“十四五”时期经济社会发展和改革开放的重点任务，也对就业工作提出了明确要求。在规划建议中，20次出现“就业”一词，不仅对“强化就业优先政策”专段论述，还在完善宏观经济治理、激发人才创新活力、巩固拓展脱贫攻坚成果等部分，对就业作出部署安排。这是党中央交给我们的重大政治任务，一定要全面对标、狠抓落实。围绕岗位扩量提质，坚持经济发展就业导向，促进创业和多渠道灵活就业；围绕政策扩容加力，完善重点群体、统筹城乡、困难兜底支持体系；围绕服务扩面增效，推动就业服务、权益保障、技能培训协同，健全需求调查和监测预警机制，努力构建新时代就业优先政策体系，推动就业事业行稳致远。

三、突出重点、稳中求进，全力开创就业工作新局面

2021年是建党100周年，是“十四五”规划开局之年。要以习近平新时代中国特色社会主义思想为指导，深入贯彻党的十九届五中全会和中央经济工作会议精神，坚持把稳就业保就业作为工作主线，以实现更加充分更高质量就业为目标，拓宽就业渠道，优化政策供给，强化基础支撑，系统推进，综合发力，确保就业目标任务完成，确保就业局势总体稳定。重点做好以下五方面工作：

（一）稳定扩大就业容量。一是稳市场就业渠道。运用资金补贴、税收减免、金融支持等政策杠杆，稳定市场主体，创造就业机会。支持劳动密集型产业发展，支持中西部地区有序承接产业转移，支持企业稳定就业岗位，激励企业更多吸纳重点群体就业。二是稳公共部门就业渠道。动员公共部门履责担当，稳定政策性岗位。三是稳自主就业渠道。顺势而为激发劳动者韧性和创造力，支持自谋职业、自主创业。要持续完善政策、培训、服务等支持体系，清理取消不合理限制，鼓励发展新就业形态，支持自主创业。

（二）加快构建政策体系。一是制定好“十四五”就业规划。深入分析当前和今后一个时期就业发展环境、劳动力市场供求变化，科学确定“十四五”促进就业总体思路、重点任务、重大项目和关键举措。二是构建稳岗扩就业政策支持体系。围绕援企、稳岗、扩就业和重点群体就业，优化调整政策着力点，针对性出台支持举措，加快构建富有本地特色的就业优先政策体系。三是健全就业扶贫政策与乡村振兴衔接长效机制。按照“四个不摘”的要求，保持就业扶贫政策总体稳定，坚持外出务工和就地就近就业两大方向，继续实施税收、金融、补贴等系列政策，拓展有组织劳务输出、扶贫车间吸纳、产业项目拉动、创业带动四条就业渠道，规范管理公益性岗位，力争脱贫人口外出务工规模保持总体稳定。

（三）着力稳定重点群体。一是坚持将高校毕业生就业作为重中之重。按照要求抓紧制定明年工作方案，重点在岗位开发、创业扶持、服务组织、信息衔接上细化措施，千方百计促进毕业生等青年就业创业。二是全力支持农村劳动力外出务工。畅通农民工就业渠道，尊重自主就业意愿，提供平等就业服务，维护合法就业权益，让农民工共享发展成果。这其中，要把脱贫人口就业摆在突出位置，服务更精准，政策更倾斜，措施更有力，确保外出务工规模不低于今年。要强化易地搬迁后续扶持，确保搬迁群众稳得住、有就业、逐步能致富。三是切实兜牢城镇困难人员就业底线。要始终关心关注就业困难人员、下岗失业人员，以及退捕渔民、受灾群众等群体，把各项帮扶政策落实到位，对通过市场渠道难以就业的，运用公益性岗位托底安置，确保零就业家庭动态清零。

（四）注重夯实基层基础。一是提升就业服务质量。丰富线上线下服务功能，统一标识，统一流程，打造“15 分钟服务圈”。大力推进就业信息化建设，加快供求匹配、政策经办、人员管理信息平台建设和推广使用，推进政策服务帮办、快办、打包办。精心组织好“11+N”公共就业服务系列活动。同时，要发挥好市场化、社会化人力资源服务机构的作用，动员各方力量共同做好就业服务工作。二是强化基层队伍建设。要重视机构改革中基层就业服务机构和人员队伍建设问题，持续加强行风建设，保障服务力量，提升服务能力。同时，通过购买服务、组建志愿专家团队、运用现代信息服务手段等多种方式，补足基层服务短板。三是加强就业资金保障。要积极争取党委政府和有关部门理解支持，持续加大资金投入保障力度。要加强内控机制建设，强化部门间数据互联互通，定期开展资金监督检查，及时查处通报违规违纪行为，最大限度防范“跑冒滴漏”。

（五）健全工作推进机制。一是强化协调联动机制。对上，积极争取党委政府重视和支持；横向，发挥好就业工作领导小组协调机制作用；对下，强化对市县工作的督促指导；对外，调动一切可以调动的社会力量，构建齐抓共管、协同作战、上下联动的工作格局。二是强化表扬激励机制。完善配套政策，加大正向激励，调动各方干事创业积极性。三是强化监测预警机制。紧盯就业关键指标和形势变化，加强监测分析和预警，制定风险应对预案，避免发生影响社会稳定的重大群体性事件和极端事件。同时，要会同相关方面做好劳动关系处置、社保关系接续、转岗就业服务等工作。

最后，我再强调一下就业统计工作。长期

以来，各地高度重视就业统计工作，强基层重基础，做了大量工作，有效反映了就业工作进展，有力支撑了宏观形势研判。与此同时，统计工作仍有短板弱项，各地务必将就业统计作为就业工作的重要内容，提高重视程度，加强部署调度，严格制度执行，全面提升统计工作水平。

蓝图业已绘就，目标已经明确，让我们更加紧密地团结在以习近平同志为核心的党中央周围，满怀对人民群众的深厚感情，继往开来、真抓实干，以钉钉子精神做实做细各项工作，推动就业工作迈上新台阶，确保“十四五”开好局、起好步，以优异成绩迎接建党100周年。

四、人力资源和社会保障部文件

网络招聘服务管理规定

（经2020年12月7日人力资源社会保障部第54次部务会审议通过
2020年12月18日人力资源社会保障部令第44号公布
自2021年3月1日起施行）

第一章 总 则

第一条 为了规范网络招聘服务，促进网络招聘服务业态健康有序发展，促进就业和人力资源流动配置，根据《中华人民共和国就业促进法》《中华人民共和国网络安全法》《中华人民共和国电子商务法》《人力资源市场暂行条例》《互联网信息服务管理办法》等法律、行政法规，制定本规定。

第二条 本规定所称网络招聘服务，是指人力资源服务机构在中华人民共和国境内通过互联网等信息网络，以网络招聘服务平台、平台内经营、自建网站或者其他网络服务方式，为劳动者求职和用人单位招用人员提供的求职、招聘服务。

人力资源服务机构包括公共人力资源服务机构和经营性人力资源服务机构。

第三条 国务院人力资源社会保障行政部门负责全国网络招聘服务的综合管理。

县级以上地方人民政府人力资源社会保障行政部门负责本行政区域网络招聘服务的管理工作。

县级以上人民政府有关部门在各自职责范围内依法对网络招聘服务实施管理。

第四条 从事网络招聘服务，应当遵循合法、公平、诚实信用的原则，履行网络安全和信息保护等义务，承担服务质量责任，接受政府和社会的监督。

第五条 对从事网络招聘服务的经营性人力资源服务机构提供公益性人力资源服务的，按照规定给予补贴或者通过政府购买服务等方式给予支持。

第六条 人力资源社会保障行政部门加强网络招聘服务标准化建设，支持企业、研究机构、高等学校、行业协会参与网络招聘服务国家标准、行业标准的制定。

第七条 人力资源服务行业协会应当依照法律、行政法规、规章及其章程的规定，加强网络招聘服务行业自律，推进行业诚信建设，促进行业公平竞争。

第二章 网络招聘服务活动准入

第八条 从事网络招聘服务，应当符合就业促进、人力资源市场管理、电信和互联网管理等法律、行政法规规定的条件。

第九条 经营性人力资源服务机构从事网络招聘服务，应当依法取得人力资源服务许可证。涉及经营电信业务的，还应当依法取得电信业务经营许可证。

第十条 对从事网络招聘服务的经营性人力资源服务机构，人力资源社会保障行政部门应当在其服务范围中注明“开展网络招聘服务”。

第十一条 网络招聘服务包括下列业务：

（一）为劳动者介绍用人单位；

（二）为用人单位推荐劳动者；

（三）举办网络招聘会；

（四）开展高级人才寻访服务；

（五）其他网络求职、招聘服务。

第十二条 从事网络招聘服务的经营性人力资源服务机构变更名称、住所、法定代表人或者终止网络招聘服务的，应当自市场主体变更登记或者注销登记办理完毕之日起15日内，书面报告人力资源社会保障行政部门，办理人力资源服务许可变更、注销。

第十三条 从事网络招聘服务的经营性人力资源服务机构应当依法在其网站、移动互联网应用程序等首页显著位置，持续公示营业执照、人力资源服务许可证等信息，或者上述信息的链接标识。

前款规定的信息发生变更的，从事网络招聘服务的经营性人力资源服务机构应当及时更新公示信息。

从事网络招聘服务的经营性人力资源服务机构自行终止从事网络招聘服务的，应当提前30日在首页显著位置持续公示有关信息。

第十四条 人力资源社会保障行政部门应当及时向社会公布从事网络招聘服务的经营性人力资源服务机构名单及其变更、注销等情况。

第三章 网络招聘服务规范

第十五条 用人单位向人力资源服务机构提供的单位基本情况、招聘人数、招聘条件、用工类型、工作内容、工作条件、工作地点、基本劳动报酬等网络招聘信息，应当合法、真实，不得含有民族、种族、性别、宗教信仰等方面的歧视性内容。

前款网络招聘信息不得违反国家规定在户籍、地域、身份等方面设置限制人力资源流动的条件。

第十六条 劳动者通过人力资源服务机构进行网络求职，应当如实提供本人基本信息以及与应聘岗位相关的知识、技能、工作经历等情况。

第十七条 从事网络招聘服务的人力资源服务机构应当建立完备的网络招聘信息管理制度，依法对用人单位所提供材料的真实性、合法性进行审查。审查内容应当包括以下方面：

（一）用人单位招聘简章；

（二）用人单位营业执照或者有关部门批准设立的文件；

（三）招聘信息发布经办人员的身份证明、用人单位的委托证明。

用人单位拟招聘外国人的，应当符合《外国人在中国就业管理规定》的有关要求。

第十八条 人力资源服务机构对其发布的网络求职招聘信息、用人单位对所提供的网络招聘信息应当及时更新。

第十九条 从事网络招聘服务的人力资源服务机构，不得以欺诈、暴力、胁迫或者其他不正当手段，牟取不正当利益。

从事网络招聘服务的经营性人力资源服务机构，不得向劳动者收取押金，应当明示其服务项目、收费标准等事项。

第二十条 从事网络招聘服务的人力资源服务机构应当按照国家网络安全法律、行政法规和网络安全等级保护制度要求，加强网络安全管理，履行网络安全保护义务，采取技术措施或者其他必要措施，确保招聘服务网络、信息系统和用户信息安全。

第二十一条 人力资源服务机构从事网络招聘服务时收集、使用其用户个人信息，应当遵守法律、行政法规有关个人信息保护的规定。

人力资源服务机构应当建立健全网络招聘服务用户信息保护制度，不得泄露、篡改、毁损或者非法出售、非法向他人提供其收集的个人公民身份号码、年龄、性别、住址、联系方式和用人单位经营状况等信息。

人力资源服务机构应当对网络招聘服务用户信息保护情况每年至少进行一次自查，记录自查情况，及时消除自查中发现的安全隐患。

第二十二条 从事网络招聘服务的人力资

源服务机构因业务需要，确需向境外提供在中华人民共和国境内运营中收集和产生的个人信息和重要数据的，应当遵守国家有关法律、行政法规规定。

第二十三条 从事网络招聘服务的人力资源服务机构应当建立网络招聘服务有关投诉、举报制度，健全便捷有效的投诉、举报机制，公开有效的联系方式，及时受理并处理有关投诉、举报。

第二十四条 以网络招聘服务平台方式从事网络招聘服务的人力资源服务机构应当遵循公开、公平、公正的原则，制定平台服务协议和服务规则，明确进入和退出平台、服务质量保障、求职者权益保护、个人信息保护等方面的权利和义务。

鼓励从事网络招聘服务的人力资源服务机构运用大数据、区块链等技术措施，保证其网络招聘服务平台的网络安全、稳定运行，防范网络违法犯罪活动，保障网络招聘服务安全，促进人力资源合理流动和优化配置。

第二十五条 以网络招聘服务平台方式从事网络招聘服务的人力资源服务机构应当要求申请进入平台的人力资源服务机构提交其营业执照、地址、联系方式、人力资源服务许可证等真实信息，进行核验、登记，建立登记档案，并定期核验更新。

第二十六条 以网络招聘服务平台方式从事网络招聘服务的人力资源服务机构应当记录、保存平台上发布的招聘信息、服务信息，并确保信息的完整性、保密性、可用性。招聘信息、服务信息保存时间自服务完成之日起不少于3年。

第四章 监督管理

第二十七条 人力资源社会保障行政部门采取随机抽取检查对象、随机选派执法人员的方式，对经营性人力资源服务机构从事网络招聘服务情况进行监督检查，并及时向社会公布监督检查的情况。

人力资源社会保障行政部门运用大数据等技术，推行远程监管、移动监管、预警防控等非现场监管，提升网络招聘服务监管精准化、智能化水平。

第二十八条 人力资源社会保障行政部门应当加强网络招聘服务诚信体系建设，健全信用分级分类管理制度，完善守信激励和失信惩戒机制。对性质恶劣、情节严重、社会危害较大的网络招聘服务违法失信行为，按照国家有关规定实施联合惩戒。

第二十九条 从事网络招聘服务的经营性人力资源服务机构应当在规定期限内，向人力资源社会保障行政部门提交经营情况年度报告。人力资源社会保障行政部门可以依法公示或者引导从事网络招聘服务的经营性人力资源服务机构依法通过互联网等方式公示年度报告的有关内容。

第三十条 人力资源社会保障行政部门应当加强与其他部门的信息共享，提高对网络招聘服务的监管时效和能力。

第三十一条 人力资源社会保障行政部门应当畅通对从事网络招聘服务的人力资源服务机构的举报投诉渠道，依法及时处理有关举报投诉。

第五章 法律责任

第三十二条 违反本规定第九条规定，未取得人力资源服务许可证擅自从事网络招聘服务的，由人力资源社会保障行政部门依照《人力资源市场暂行条例》第四十二条第一款的规定予以处罚。

违反本规定第十二条规定，办理变更或者注销登记未书面报告的，由人力资源社会保障行政部门依照《人力资源市场暂行条例》第四十二条第二款的规定予以处罚。

第三十三条 未按照本规定第十三条规定公示人力资源服务许可证等信息，未按照本规定第十九条第二款规定明示有关事项，未按照本规定第二十九条规定提交经营情况年度报告的，由人力资源社会保障行政部门依照《人力资源市场暂行条例》第四十四条的规定予以处罚。

第三十四条 违反本规定第十五条第一款规定，发布的招聘信息不真实、不合法的，由人力资源社会保障行政部门依照《人力资源市场暂行条例》第四十三条的规定予以处罚。

违反本规定第十五条第二款规定，违法设置限制人力资源流动的条件，违反本规定第十七条规定，未依法履行信息审查义务的，由人力资源社会保障行政部门责令改正；拒不改正，无违法所得的，处1万元以下的罚款；有违法所得的，没收违法所得，并处1万元以上3万元以下的罚款。

第三十五条 违反本规定第十九条第一款规定，牟取不正当利益的，由人力资源社会保障行政部门依照《人力资源市场暂行条例》第四十三条的规定予以处罚。

违反本规定第十九条第二款规定，向劳动者收取押金的，由人力资源社会保障行政部门依照《中华人民共和国就业促进法》第六十六条的规定予以处罚。

第三十六条 违反本规定第二十一条、第二十二条规定，未依法进行信息收集、使用、存储、发布的，由有关主管部门依照《中华人民共和国网络安全法》等法律、行政法规的规定予以处罚。

第三十七条 违反本规定第二十五条规定，不履行核验、登记义务，违反本规定第二十六条规定，不履行招聘信息、服务信息保存义务的，由人力资源社会保障行政部门依照《中华人民共和国电子商务法》第八十条的规定予以处罚。法律、行政法规对违法行为的处罚另有规定的，依照其规定执行。

第三十八条 公共人力资源服务机构违反本规定从事网络招聘服务的，由上级主管机关责令改正；拒不改正的，对直接负责的主管人员和其他直接责任人员依法给予处分。

第三十九条 人力资源社会保障行政部门及其工作人员玩忽职守、滥用职权、徇私舞弊的，对直接负责的领导人员和其他直接责任人员依法给予处分。

第四十条 违反本规定，给他人造成损害的，依法承担民事责任。违反其他法律、行政法规的，由有关主管部门依法给予处罚。

违反本规定，构成违反治安管理行为的，依法给予治安管理处罚；构成犯罪的，依法追究刑事责任。

第六章　附　　则

第四十一条 本规定自2021年3月1日起施行。

人力资源社会保障部关于印发经济专业技术资格规定和经济专业技术资格考试实施办法的通知

人社部规〔2020〕1号

各省、自治区、直辖市及新疆生产建设兵团人力资源社会保障厅（局），国务院各部委、各直属机构人事部门，各中央企业人事部门：

为加强经济专业人员队伍建设，更好地适应我国经济高质量发展新要求，根据《人力资源社会保障部关于深化经济专业人员职称制度改革的指导意见》（人社部发〔2019〕53号）和国家职业资格制度等有关规定，我们制定了《经济专业技术资格规定》和《经济专业技术资格考试实施办法》。现印发给你们，请遵照执行。

本通知自印发之日起施行，原人事部《关于印发〈经济专业技术资格考试暂行规定〉及其〈实施办法〉的通知》（人职发〔1993〕1号）同时废止。

2020年1月8日

经济专业技术资格规定

第一条 为加强经济专业人员队伍建设，科学客观公正评价经济专业人员，释放经济专业人员创新创业活力，根据经济专业人员职称制度改革要求和国家职业资格制度，制定本规定。

第二条 本规定适用于从事经济专业工作的专业技术人员。

第三条 国家设置经济专业技术资格，分为初级、中级、高级三个级别，列入国家职业资格目录。

经济专业技术资格英文名称为 Economics Professional Qualification。

第四条 经济专业技术资格实行全国统一组织、统一大纲、统一命题的考试制度。

第五条 人力资源社会保障部负责经济专业技术资格的政策制定、实施与监管。

有关行业主管部门按照职责分工参与相应专业的考试大纲拟定、命审题等工作。

第六条 人力资源社会保障部会同有关行业主管部门组织成立考试专家委员会，行业主管部门推荐、管理专家。专家委员会拟定考试大纲，负责命审题工作，研究提出考试专业设置、考试合格标准建议。

人力资源社会保障部确定考试大纲、专业设置，公布考试合格标准。

第七条 凡遵守中华人民共和国宪法和法律，具有良好的道德品行和业务素质，符合初级、中级、高级经济专业技术资格考试报名条件的经济专业人员，均可报名参加相应级别的考试。

第八条 凡从事经济专业工作，具备国家教育部门认可的高中（含高中、中专、职高、技校，下同）以上学历，均可报名参加初级经济专业技术资格考试。

第九条 具备下列条件之一者，可以报名参加中级经济专业技术资格考试：

（一）高中毕业并取得初级经济专业技术资格，从事相关专业工作满10年；

（二）具备大学专科学历，从事相关专业工作满6年；

（三）具备大学本科学历或学士学位，从事相关专业工作满4年；

（四）具备第二学士学位或研究生班毕业，从事相关专业工作满2年；

（五）具备硕士学位，从事相关专业工作满1年；

（六）具备博士学位。

第十条 具备下列条件之一者，可以报名参加高级经济专业技术资格考试：

（一）具备大学专科学历，取得中级经济专业技术资格后，从事与经济师职责相关工作满10年；

（二）具备硕士学位，或第二学士学位或研究生班毕业，或大学本科学历或学士学位，取得中级经济专业技术资格后，从事与经济师职责相关工作满5年；

（三）具备博士学位，取得中级经济专业技术资格后，从事与经济师职责相关工作满2年。

取得会计、统计、审计中级专业技术资格，符合以上学历、年限条件的，可以报名参加高级经济专业技术资格考试。

第十一条 人力资源社会保障部负责确定初级、中级和高级经济专业技术资格考试全国统一合格标准。

根据国家战略需求，人力资源社会保障部可以单独划定相关地区经济专业技术资格考试合格标准。

各省级人力资源社会保障部门可根据本地区人才需求状况，确定本地区本年度参加高级经济师（高级人力资源管理师、高级知识产权师，下同）评审的使用标准。

第十二条 初级、中级经济专业技术资格考试合格者，颁发人力资源社会保障部统一印制的经济专业技术资格证书，在全国范围内有效。人力资源管理和知识产权专业分别颁发相应级别的人力资源管理师证书和知识产权师证书。

高级经济专业技术资格考试达到全国统一合格标准者，颁发人力资源社会保障部统一印制的经济专业技术资格考试成绩合格证明。合格证明自考试通过之日起，在全国范围5年内有效。

第十三条 各地区、各部门及具有经济系列高级职称评审权的用人单位按照经济专业人员职称评价标准条件开展高级经济师职称评审。

第十四条 获得初级、中级经济专业技术资格即可认定具备助理经济师（助理人力资源管理师、助理知识产权师）、经济师（人力资源管理师、知识产权师）职称。参加高级经济专业技术资格考试合格并通过评审者，可获得高级经济师职称。

通过单独划定合格标准或使用标准取得的职称，在划定区域内有效。

第十五条 经济专业人员应当认真履行工作职责，按照国家专业技术人员继续教育的有关规定接受继续教育，不断提高专业能力和业务水平。

第十六条 取得导游资格、拍卖师、房地产经纪人协理、银行业专业人员初级职业资格，可对应初级经济专业技术资格；取得房地产估价师、咨询工程师（投资）、土地登记代理人、房地产经纪人、银行业专业人员中级职业资格，可对应中级经济专业技术资格；取得资产评估师、税务师职业资格等相关职业资格，可根据《经济专业人员职称评价基本标准条件》规定的学历、年限条件对应初级或中级经济专业技术资格，并可作为报名参加高一级经济专业技术资格考试的条件。

第十七条 本规定施行前取得的初级、中级经济专业技术资格证书与按照本规定取得的证书效用等同。各地执行的有关职业资格与经济专业技术资格的对应关系，与本规定不一致的按照本规定执行。

第十八条 本规定由人力资源社会保障部负责解释。

经济专业技术资格考试实施办法

第一条 人力资源社会保障部人事考试中心负责经济专业技术资格考试的具体组织实施工作。

各省、自治区、直辖市人力资源社会保障厅（局）人事考试机构承担本地区经济专业技术资格考试的组织实施工作。

第二条 经济专业技术资格考试专家委员会下设考试办公室，办公室设在人力资源社会保障部人事考试中心，承担专家委员会具体工作。

第三条 初级、中级经济专业技术资格考试均设经济基础知识和专业知识和实务两个科目，经济基础知识为公共科目，专业知识和实务为专业科目。

高级经济专业技术资格考试设《高级经济实务》一个科目。

第四条 初级、中级经济专业技术资格考试专业科目和高级经济专业技术资格考试均设工商管理、农业经济、财政税收、金融、保险、运输经济、人力资源管理、旅游经济、建筑与房地产经济、知识产权等10个专业类别。考生在报名时可根据工作需要选择其一。

人力资源社会保障部会同有关行业主管部门根据经济社会发展、职业分类要求和从业人员队伍情况，适时调整经济专业技术资格考试专业设置。

第五条 经济专业技术资格考试原则上每年组织一次，各科目的考试时间根据考试方式、频次等确定。

第六条 初级、中级经济专业技术资格考试成绩实行2年为一个周期的滚动管理方法，应试人员须在连续的两个考试年度内通过全部应试科目，方可取得相应级别经济专业技术资格证书。

第七条 符合考试报名条件的报考人员，按照考试机构规定的程序和要求报名，凭准考证和有效身份证件在指定的日期、时间、地点和考场参加考试。

中央和国务院各部门及所属单位、中央管理企业的人员按属地原则报名参加考试。

第八条 考点原则上设在地级以上城市的大中专院校、中考高考定点学校或考试机构建设的专门场所。

机考考点应具备足够数量的考点机、监考机、考试机等设备，并满足有关软、硬件要求。

第九条 坚持回避原则和考试与培训分开的原则。凡参与考试命题、审题、阅卷等工作的专家及工作人员，不得报名参加当次相关科目的考试，不得参与或举办与考试内容相关的培训。应考人员参加培训坚持自愿原则。

第十条 参与考试组织的考试实施机构、专家及工作人员，应当严格执行专业技术人员资格考试有关的法律法规和规章制度，遵守考试工作纪律和保密规定。

第十一条 对违反考试工作纪律和有关规定的人员，按照国家专业技术人员资格考试违纪违规行为处理规定处理。

附件：经济专业技术资格考试科目设置表

附件

经济专业技术资格考试科目设置表

专业代码	专业名称	报考说明
01	工商管理	对应原工商管理、商业经济专业
02	农业经济	
07	财政税收	
09	金融	
10	保险	
15	人力资源管理	
19	旅游经济	
22	运输经济	对应原公路运输、水路运输、铁路运输、民航运输专业，包含邮政专业内容
23	建筑与房地产经济	对应原房地产经济、建筑经济专业
24	知识产权	新增专业

人力资源社会保障部　全国总工会 中国企业联合会/中国企业家协会 全国工商联关于做好新型冠状病毒感染肺炎疫情防控期间稳定劳动关系支持企业复工复产的意见

人社部发〔2020〕8号

各省、自治区、直辖市及新疆生产建设兵团人力资源社会保障厅（局）、总工会、企业联合会/企业家协会、工商联：

为贯彻落实党中央关于新型冠状病毒感染肺炎疫情防控工作的决策部署，积极发挥广大企业和职工在疫情防控中的重要作用，全力支持企业复工复产稳定劳动关系，动员广大职工凝心聚力共克时艰，现就做好疫情防控期间稳定劳动关系支持企业复工复产提出以下意见。

一、高度重视疫情对劳动关系领域带来的新挑战

近期，受新型冠状病毒感染肺炎疫情影响，劳动关系领域面临新情况新问题。部分行业企业面临较大的生产经营压力，劳动者面临待岗、失业、收入减少等风险，劳动关系不稳定性增加，劳动关系矛盾逐步凸显。当前，新型冠状病毒感染肺炎疫情防控正处于关键阶段，各级协调劳动关系三方要认真学习贯彻习近平总书记关于疫情防控工作的一系列重要指示精神，坚决贯彻落实党中央决策部署，高度重视当前特殊时期劳动关系运行中出现的突出问题，加强劳动关系风险监测和研判，引导企业与职工共担责任共渡难关。要充分发挥三方机制在保企业、保就业、保稳定中的独特作用，深入分析当前劳动关系形势，结合实际帮助企业制定复工复产的措施，联合各方力量共同行动，加大对特殊时期企业劳动关系处理的指导服务，确保劳动关系总体和谐稳定。

二、灵活处理疫情防控期间的劳动用工问题

（一）鼓励协商解决复工前的用工问题。对因受疫情影响职工不能按期到岗或企业不能开工生产的，要指导企业主动与职工沟通，有条件的企业可安排职工通过电话、网络等灵活的工作方式在家上班完成工作任务；对不具备远程办公条件的企业，与职工协商优先使用带薪年休假、企业自设福利假等各类假。要指导企业工会积极动员职工与企业同舟共济，在兼顾企业和劳动者双方合法权益的基础上，帮助企业尽可能减少受疫情影响带来的损失。

（二）鼓励灵活安排工作时间。在疫情防控期间，为减少人员聚集，要鼓励符合规定的复工企业实施灵活用工措施，与职工协商采取错时上下班、弹性上下班等方式灵活安排工作时间。对承担政府疫情防控保障任务需要紧急加班的企业，在保障劳动者身体健康和劳动安全的前提下，指导企业与工会和职工协商，可适当延长工作时间应对紧急生产任务，依法不受延长工作时间的限制。

（三）指导规范用工管理。在疫情防控期间，要指导企业全面了解职工被实施隔离措施或政府采取的紧急措施情况，要求企业不得在此期间解除受相关措施影响不能提供正常劳动职工的劳动合同或退回被派遣劳动者。对符合规定的复工企业，要指导企业提供必要的防疫保护和劳动保护措施，积极动员职工返岗。对不愿复工的职工，要指导企业工会及时宣讲疫情防控政策要求和企业复工的重要性，主动劝导职工及时返岗。对经劝导无效或以其他非正当理由拒绝返岗的，指导企业依法予以处理。鼓励企业积极探索稳定劳动关系的途径和方法，对采取相应措施后仍需要裁员的企业，要指导企业制定裁员方案，依法履行相关程序，妥善处理劳动关系，维护企业正常生产经营秩序。

三、协商处理疫情防控期间的工资待遇问题

（四）支持协商未返岗期间的工资待遇。在受疫情影响的延迟复工或未返岗期间，对用完各类休假仍不能提供正常劳动或其他不能提供正常劳动的职工，指导企业参照国家关于停工、停产期间工资支付相关规定与职工协商，在一个工资支付周期内的按照劳动合同规定的标准支付工资；超过一个工资支付周期的按有关规定发放生活费。

（五）支持困难企业协商工资待遇。对受疫情影响导致企业生产经营困难的，鼓励企业通过协商民主程序与职工协商采取调整薪酬、轮岗轮休、缩短工时等方式稳定工作岗位；对暂无工资支付能力的，要引导企业与工会或职工代表协商延期支付，帮助企业减轻资金周转压力。

（六）保障职工工资待遇权益。对因依法被隔离导致不能提供正常劳动的职工，要指导企业按正常劳动支付其工资；隔离期结束后，对仍需停止工作进行治疗的职工，按医疗期有关规定支付工资。对在春节假期延长假期间因疫情防控不能休假的职工，指导企业应先安排补休，对不能安排补休的，依法支付加班工资。

四、采取多种措施减轻企业负担

（七）帮助企业减少招聘成本。要加大线上招聘服务工作力度，打造线上春风行动，大力推广远程面试，提高招聘企业与劳动者“点对点”直接对接率。规范人力资源服务收费，坚决打击恶意哄抬劳动力价格行为。对受疫情影响缺工较大的企业或者承担政府保障任务企业，鼓励人力资源服务机构减免费用提供招聘服务。

（八）合理分担企业稳岗成本。用好失业保险稳岗返还政策，对受疫情影响不裁员或少裁员的中小微企业，可放宽裁员率标准，让更多企业受益。用好培训费补贴政策，对受疫情影响的企业，在确保防疫安全情况下，在停工期、恢复期组织职工参加各类线上或线下职业培训的，可按规定纳入补贴类培训范围。用好小微企业工会经费支持政策，对受疫情影响符合条件的小微企业工会经费全额返还。用好企业组织会费，对受疫情影响符合条件的困难企业实行一定比例的企业会费返还。用好工会防疫专项资金，加大对防疫一线职工的慰问，充分调动职工参与防控疫情的积极性。

（九）提供在线免费培训。指导企业积极组织开展职工在线免费培训，支持帮助受疫情影响企业特别是中小微企业开展职工技能培训和困难企业职工转岗培训，开放“中国职业培训在线”平台全部功能，免费提供培训教学资源。

五、统筹各方力量加大指导服务力度

（十）加强劳动用工指导服务。各级人力资源社会保障部门要及时研究和解决疫情防控期间劳动关系领域中的重大问题，主动回应社会关切，制定有针对性政策，准确解读政策，帮助企业解决发展中的困难。要做好协调劳动关系三方牵头工作，加强政策宣传和组织协调，发挥各方优势，形成工作合力。各级工会要做好团结、动员广大职工工作，积极发挥企业工会作用，为困难职工提供必要的帮扶救助和心理危机干预疏导。要引导职工关心企业的生存与发展，依法理性表达诉求。动员职工大力发扬劳动精神、劳模精神、工匠精神，为企业长远发展献计献策、贡献力量。各级企联和工商联组织要梳理评估企业的实际困难并积极向有关部门提出针对性帮扶支持政策建议和指导服务，要鼓励企业承担社会责任，通过技术创新等提高竞争力。要引导受疫情影响导致生产经营困难的企业，完善企业内部协商民主机制，畅通与职工对话渠道，通过多种方式稳定劳动关系和工作岗位。要引导企业关心关爱职工健康，帮助解决职工实际困难，切实保障职工权益。要充分发挥行业协会积极作用，通过减免租金等形式减轻企业经营负担，引导同行业或上下游企业互帮互助，抱团取暖。

（十一）主动化解劳动关系矛盾。要力争把风险隐患化解在萌芽状态，着力提升基层预防化解劳动争议能力，推动企业建立健全内部劳动争议协商解决机制。大力加强专业性劳动争议调解工作，创新仲裁办案方式，加强争议处理指导监督，发挥多元机制合力，大力推广“互联网+调解仲裁”，切实提高争议处理效能。进一步畅通举报投诉渠道，加大劳动保障监察执法力度，依法查处违法行为。

（十二）做好表彰先进典型工作。各级协调劳动关系三方要深入开展和谐劳动关系创建活动，主动宣传在防控疫情中真正实现有事好商量、遇事多商量、有难题共同解决的企业，要在和谐劳动关系创建活动评比、劳动模范评选、五一劳动奖章、奖状等荣誉授予中优先考虑疫情防控期间对稳定劳动关系作出突出贡献的企业和个人，激励引导广大企业家和职工在疫情防控工作中主动履职，担当作为。

各级协调劳动关系三方要切实增强“四个意识”，坚定“四个自信”，做到“两个维护”，深入贯彻落实党中央应对新型冠状病毒感染肺炎疫情工作的决策部署，把稳定劳动关系支持企业与职工共渡难关作为当前重要工作来抓，统筹处理好促进企业发展和维护职工权益的关系，充分发挥中国特色和谐劳动关系的制度优势，坚定信心、积极作为，为打赢疫情防控阻击战作出积极贡献。

2020 年 2 月 7 日

人力资源社会保障部　财政部 关于新型冠状病毒肺炎疫情防控期间 事业单位人员有关工资待遇问题的通知

人社部发〔2020〕9号

各省、自治区、直辖市及新疆生产建设兵团人力资源社会保障厅（局）、财政厅（局），中央和国家机关各部委、各直属机构人事、财务部门：

为贯彻落实习近平总书记关于新型冠状病毒肺炎疫情防控工作的重要指示精神，保障打赢疫情防控阻击战，现就疫情防控期间事业单位人员有关工资待遇问题通知如下：

一、在疫情防控期间，各级人力资源社会保障、财政部门要在当地党委、政府领导下，根据承担新型冠状病毒肺炎疫情防治工作任务情况，因地制宜向承担防控任务重、风险程度高的医疗卫生机构核增一次性绩效工资总量，不作为绩效工资总量基数，所需经费通过现行渠道安排，疫情结束后不再执行。要及时指导有关单位在内部分配时，向敢于担当、勇挑重担、加班加点参加疫情防控的一线工作人员特别是作出突出成绩的人员倾斜。

二、为促进有效实施隔离和医学观察等预防控制措施，根据《中华人民共和国传染病防治法》有关规定，对新型冠状病毒肺炎患者、疑似病人、密切接触者在其隔离治疗期间或医学观察期间以及因政府实施隔离措施或采取其他紧急措施导致不能提供正常劳动的事业单位工作人员，在此期间的工资、福利待遇由其所属单位按出勤对待。

三、各级人力资源社会保障、财政部门要高度重视疫情防控期间事业单位工作人员尤其是医疗卫生工作人员的工资待遇问题，加大对有关地区、部门和单位的指导督促力度，并及时做好政策解释。相关单位要认真执行政策，确保落实到位，强化政策效果，全力支持疫情防控，促进打赢这场疫情防控阻击战。

2020年2月11日

人力资源社会保障部　财政部
关于实施职业技能提升行动
“互联网+职业技能培训计划”的通知

人社部发〔2020〕10号

各省、自治区、直辖市及新疆生产建设兵团人力资源社会保障厅（局），财政厅（局）：

为坚决贯彻党中央、国务院决策部署，助力打赢新型冠状病毒感染肺炎疫情防控阻击战，人力资源社会保障部、财政部决定在2020年至2021年实施职业技能提升行动“互联网+职业技能培训计划”，鼓励支持广大劳动者参加线上职业技能培训，现就有关事项通知如下。

一、目标任务

针对新型冠状病毒感染肺炎疫情防控工作要求，立足经济社会发展和就业创业需要，实施“互联网+职业技能培训计划”，大力推进职业技能提升行动。2020年，实现“511”线上培训目标：征集遴选50家以上面向全国的优质线上职业技能培训平台，推出覆盖100个以上职业（工种）的数字培训资源，全年开展100万人次以上的线上职业技能培训；到2021年，健全“互联网+职业技能培训”管理服务工作模式，构建线上培训资源充足、线上线下融合衔接、政策支持保障有力、监管有序到位的工作格局，进一步扩大线上培训规模，提高线上培训质量。

二、工作原则

（一）服务大局，防控第一。各地要从疫情防控大局出发，按照当地党委政府统一部署，因地因时制宜，统筹推进职业技能提升行动。疫情防控期间，暂缓开展线下集中培训，积极开展线上职业技能培训。

（二）免费开放，资源共享。加大线上培训资源供给，疫情防控期间，组织线上平台免费开放培训课程资源，加强线上培训课程开发，推动优质培训资源共享。

（三）分类施策，融合发展。大力推行线上线下结合的培训方式，分类组织实施。对理论知识、通用职业素质、疫病防治与卫生健康等综合性内容以及仿真模拟和技能视频演示等以线上培训为主；对实操性强的职业技能培训实行线上学习线下实训融合开展。

（四）夯实基础，加强服务。加强线上培训与公共就业服务和人力资源市场信息衔接，加强职业技能标准开发和技能评价工作，提升线上培训基础能力。明确线上培训激励政策措施，做好线上培训管理监管和服务。

三、组织实施

（一）大力开展线上职业技能培训。创新培训方式方法，充分利用门户网站、移动

APP、微信等多种渠道，扩大线上职业技能培训的覆盖面。面向社会征集资质合法、信誉良好、服务优质的线上职业技能培训平台及数字资源。根据各地产业发展和就业工作实际，组织待岗、返岗和在岗企业职工以及离校未就业高校毕业生、就业重点群体等参加线上培训。

（二）丰富线上培训课程资源。将职业道德规范、通用职业素质、就业指导、工匠精神、质量意识、法律意识和相关法律法规、安全消防环保和健康卫生、疫病防控以及新知识、新技术、新工艺等内容纳入线上课程开发内容。积极推动技工院校、企业和社会培训机构开发线上培训课程，开放线上培训资源，与线上培训平台合作开展线上培训。充分发挥技能大师等优秀高技能人才作用，组织开发绝招绝技、技能及工艺操作法等技能训练微课，提升线上培训效果。

（三）强化对企业的支持力度。在受疫情影响停工期间（整体停工或部分停工），对各类企业（包括依托互联网技术实现运营的平台企业和新业态企业）自主或委托开展的职工（含与其建立劳动关系或未建立劳动关系但通过平台提供服务获取劳动报酬）线上培训，按规定纳入职业培训补贴范围，所需资金可从职业技能提升行动专账资金中列支。对受疫情影响的企业开展项目制培训，可按规定预拨一定比例的培训补贴资金。

（四）加大培训补贴政策支持。各级人社、财政部门要制定线上培训相关政策和管理规定，对于参加线上培训并取得相应课程培训合格证明的学员，按照规定给予培训补贴，所需资金可从职业技能提升行动专账资金中列支。

（五）鼓励支持劳动者参加线上培训。各地可根据实际，对参加线上培训的建档立卡贫困劳动力、就业困难人员、零就业家庭成员、“两后生”中农村学员和城市低保家庭学员，在培训期间给予一定的生活费补贴（不含交通费补贴），所需资金可从就业补助资金中列支。

（六）做好技能人才评价。疫情防控期间，要统筹开展技能人才评价，服务支持线上培训。企业可结合生产经营实际，采取线上理论考试、生产过程考核、工作业绩考评等方式进行技能评价，指导社会培训评价组织有序开展职业技能等级认定。

（七）夯实线上培训基础。各地要结合产业发展和就业状况，将相关线上培训平台及数字资源纳入当地“两目录一系统”。做好新职业开发，加快职业技能标准和培训教材开发，为线上培训提供基础支持。

（八）优化管理服务。各地要加强对线上培训的调度、统计和管理，建立劳动者职业培训电子档案。要以提升职业培训补贴便利性和有效性为核心，实现补贴网上申请，简化补贴办理流程，缩短补贴发放周期。积极推行培训机构和培训项目、企业新型学徒制、企业技能人才自主评价等实施线上审批或备案。

四、工作要求

各级人社、财政部门要深入贯彻习近平总书记对疫情防控工作作出的重要指示精神，充分认识开展“互联网+职业技能培训”的重要性和紧迫性，抓紧实施职业技能提升行动。要切实强化组织领导和培训计划实施，层层分解培训任务，压实主体责任。要加强疫情防控期间开展线上培训的政策宣传，及时发布有关信息，引导各类劳动者积极参与线上培训。要加强线上培训管理和监督检查工作，定期采集培训数据，分析线上培训状况，严格监管线上培训过程，杜绝套取培训补贴资金情况的发生。对以虚假线上培训等套取、骗取资金的机构、培训平台及个人须依法依纪严惩。

2020 年 2 月 17 日

人力资源社会保障部　财政部　税务总局
关于阶段性减免企业社会保险费的通知

人社部发〔2020〕11号

各省、自治区、直辖市人民政府，新疆生产建设兵团：

为贯彻落实习近平总书记关于新冠肺炎疫情防控工作的重要指示精神，纾解企业困难，推动企业有序复工复产，支持稳定和扩大就业，根据社会保险法有关规定，经国务院同意，现就阶段性减免企业基本养老保险、失业保险、工伤保险（以下简称三项社会保险）单位缴费部分有关问题通知如下：

一、自2020年2月起，各省、自治区、直辖市（除湖北省外）及新疆生产建设兵团（以下统称省）可根据受疫情影响情况和基金承受能力，免征中小微企业三项社会保险单位缴费部分，免征期限不超过5个月；对大型企业等其他参保单位（不含机关事业单位）三项社会保险单位缴费部分可减半征收，减征期限不超过3个月。

二、自2020年2月起，湖北省可免征各类参保单位（不含机关事业单位）三项社会保险单位缴费部分，免征期限不超过5个月。

三、受疫情影响生产经营出现严重困难的企业，可申请缓缴社会保险费，缓缴期限原则上不超过6个月，缓缴期间免收滞纳金。

四、各省根据工业和信息化部、统计局、发展改革委、财政部《关于印发中小企业划型标准规定的通知》（工信部联企业〔2011〕300号）等有关规定，结合本省实际确定减免企业对象，并加强部门间信息共享，不增加企业事务性负担。

五、要确保参保人员社会保险权益不受影响，企业要依法履行好代扣代缴职工个人缴费的义务，社保经办机构要做好个人权益记录工作。

六、各省级政府要切实承担主体责任，确保各项社会保险待遇按时足额支付。加快推进养老保险省级统筹，确保年底前实现基金省级统收统支。2020年企业职工基本养老保险基金中央调剂比例提高到4%，加大对困难地区的支持力度。

七、各省要结合当地实际，按照本通知规定的减免范围和减免时限执行，规范和加强基金管理，不得自行出台其他减收增支政策。各省可根据减免情况，合理调整2020年基金收入预算。

各省要提高认识，切实加强组织领导，统筹做好疫情防控和经济社会发展工作，抓紧制定具体实施办法，尽快兑现减免政策。各省印发的具体实施办法于3月5日前报人力资源社会保障部、财政部、税务总局备案。各级人力资源社会保障、财政、税务部门要会同相关部门，切实履行职责，加强沟通配合，全力做好疫情防控期间企业社会保险工作，确保企业社会保险费减免等各项政策措施落实到位。

2020年2月20日

人力资源社会保障部　国务院扶贫办关于应对新冠肺炎疫情进一步做好就业扶贫工作的通知

人社部发〔2020〕12号

各省、自治区、直辖市及新疆生产建设兵团人力资源社会保障厅（局）、扶贫办（局）：

为深入贯彻党中央、国务院决策部署，在确保做好防疫工作的前提下，进一步做好就业扶贫工作，现就有关事项通知如下：

一、切实提高思想认识。各地要把思想和行动切实统一到习近平总书记重要讲话精神和党中央决策部署上来，在确保疫情防控安全的前提下，抓好涉及决胜全面建成小康社会、决战脱贫攻坚的重点任务，切实做好就业扶贫工作，不能有缓一缓、等一等的思想。努力减轻疫情对贫困劳动力就业增收的影响，助力全面建成小康社会和打赢脱贫攻坚战。

二、鼓励重点企业优先招录。根据本地区防疫物资、生产生活必需品生产以及上下游配套产业等重点企业用工需求，梳理适合贫困劳动力的就业岗位，实施远程精准推送。鼓励重点企业优先招用符合条件的贫困劳动力，给予一次性吸纳就业补贴，有条件地区可适当提高补贴标准。

三、安全有序组织外出返岗务工。主动了解贫困劳动力外出返岗务工需求和意愿，加强与输入地信息对接，对具备返岗条件的，优先开展“点对点”集中运送到岗，提供口罩等出行、上岗物资。鼓励公共就业服务机构、人力资源服务机构、劳务经纪人开展贫困劳动力有组织劳务输出，给予就业创业服务补助。

四、促进就地就近转移就业。在确保防疫安全前提下，协调推动疫情较轻地区的企业、就业扶贫车间等经营主体和乡村农田水利等项目尽早复工复产，推荐符合条件的贫困劳动力优先上岗。临时增设的保洁环卫、防疫消杀、卡点值守等岗位吸纳贫困劳动力的，参照当地乡村公益性岗位补贴标准给予岗位补贴。

五、重点做好深度贫困地区就业帮扶。将“三区三州”等深度贫困地区、易地扶贫搬迁安置点所在地区以及挂牌督战的52个贫困县作为工作重点，组织定向投放就业岗位，加大有组织劳务输出力度，适当扩大乡村公益性岗位规模，进一步给予资金倾斜支持，提高政策补贴标准。

六、推动务农就业增收。结合春季农业生产部署，引导无法外出贫困劳动力投入春耕备耕，从事农资运输、农产品产销等实现就业增收。加强与电子商务平台合作，推动爱心助农等活动惠及贫困劳动力。对吸纳贫困劳动力就业的各类农资企业、农业经营主体，参照重点企业给予一次性吸纳就业补贴。

七、加强关心关爱。组织第一书记、驻村工作队、帮扶责任人等人员力量，定期联络对口帮扶贫困劳动力，关心他们的健康、生活和务工情况。对贫困劳动力反映的卫生防疫、生活保障等方面问题，及时转交相关部门帮助解决。对受疫情影响失业的参保贫困劳动力，按照不高于当地失业保险金标准发放失业补助金。

八、优化线上服务线上培训。及时向贫困劳动力筛选推送一批有针对性的岗位信息，帮助贫困劳动力掌握居家线上求职应聘操作流程，有条件的地区可在确保防疫安全前提下，组织不具备线上求职条件的贫困劳动力到公共就业服务机构参加视频面试。鼓励支持贫困劳动力积极参加线上培训，在培训期间按规定纳入职业培训补贴范围，并给予一定的生活费补贴。

九、强化组织领导。各地要进一步压实工作责任，积极主动作为，向当地疫情防控领导机构建言献策，加强部门协同，创造有利于贫困劳动力的良好环境。动态掌握贫困劳动力就业情况，做到就业状态清、就业需求清、技能水平清、就业困难清，及时提供有针对性的就业帮扶，切实防止因疫失业返贫。

2020 年 2 月 21 日

人力资源社会保障部　国家统计局关于深化统计专业人员职称制度改革的指导意见

人社部发〔2020〕16号

各省、自治区、直辖市及新疆生产建设兵团人力资源社会保障厅（局）、统计局，国家统计局各调查总队，国务院各部委、各直属机构人事部门，各中央企业人事部门：

统计专业人员是专业技术人才队伍的重要组成部分，是推进统计事业和统计服务高质量发展的智力基础。为贯彻落实中共中央办公厅、国务院办公厅印发的《关于深化职称制度改革的意见》，现就深化统计专业人员职称制度改革提出如下指导意见。

一、总体要求

（一）指导思想

以习近平新时代中国特色社会主义思想为指导，全面贯彻党的十九大和十九届二中、三中、四中全会精神，认真落实党中央、国务院决策部署，按照完善统计体制和深化职称制度改革总体要求，遵循统计专业人员成长规律，健全科学化、规范化的统计专业人员职称制度，完善评价机制，为客观科学公正评价统计专业人员、不断壮大统计人才队伍提供制度保障，为统计事业发展和统计服务高质量发展提供人才支撑。

（二）基本原则

1. 坚持服务发展。紧紧围绕服务新时代经济社会发展需要，围绕统计事业发展和统计人才队伍建设需求，发挥人才评价“指挥棒”和风向标作用，营造有利于人才成长和发挥作用的评价制度环境，用好用活人才，促进统计专业人员职业发展，最大限度激发和释放统计人才活力。

2. 坚持科学评价。优化评价标准，创新评价机制，丰富评价方式，以职业道德、能力素质和工作业绩为重点，科学设置符合统计专业人员特点的评价条件。克服唯学历、唯资历、唯论文、唯奖项倾向，加强对业绩成果的考察，鼓励和引导统计专业人员立足本职工作，深耕专业，让作出贡献的人才有成就感和获得感。

3. 坚持评用结合。加强对科学精神、职业道德和从业行为等方面的评价考核，引导统计专业人员知法守法，坚持职业操守，确保统计数据真实可靠。促进评价结果与统计人才培养、使用相结合，鼓励用人单位将选人用人制度与统计专业人员职称制度有机衔接，促进人岗相适、人尽其才。

二、主要内容

通过健全统计评价体系、完善评价标准、规范评价程序、改革评价方式、丰富评价手段，形成设置合理、评价科学、管理规范、运转协调的统计专业人员职称制度。

（一）健全评价体系

1. 完善职称层级设置。统计专业人员职称设初级、中级、高级，初级只设助理级，高级分设副高级和正高级。初级、中级、副高级和正高级职称的名称分别为助理统计师、统计师、高级统计师和正高级统计师。

2. 统计专业人员各级别职称分别与事业单位专业技术岗位等级相对应。正高级对应专业技术岗位一至四级，副高级对应专业技术岗位五至七级，中级对应专业技术岗位八至十级，初级对应专业技术岗位十一至十三级。

（二）优化评价标准

1. 坚持德才兼备，以德为先。把政治品德和职业道德放在评价标准的首位，要求统计专业人员坚持实事求是、不出假数、廉洁自律的职业操守。完善失信联合惩戒机制，对违反统计法律法规，存在严重失信的统计专业人员进行联合惩戒，实行学术造假“一票否决制”。对通过弄虚作假、暗箱操作等取得的职称一律撤销。事业单位工作人员受到记过以上处分的，在受处分期间不得申报参加职称评审。

2. 突出对能力水平和实际贡献的评价。改变在科研成果评价中过分依赖学术论文的做法，实行科研成果代表作制度。各地区、各相关单位可结合实际建立科研成果代表作清单，引入统计理论文章、分析报告、项目报告、行业标准、调查方案、发展规划等成果形式，重点考察成果质量。强化统计服务经济社会发展的导向，引导统计专业人员不断提高统计分析研究能力，促进统计数据在决策管理等方面更好发挥作用。提高技术创新、专利、技术推广、标准制定等评价指标权重，将科研、业绩成果取得的经济效益和社会效益作为职称评审的重要内容。

3. 实行分类差异化评价。对基础统计理论研究人员，以同行学术评价为主，注重评价其原创能力和解决重大科学问题的能力，尤其是研究成果的科学价值、学术水平和业内影响。对应用统计研究和技术开发人员，突出市场和社会评价，注重评价其技术创新与集成能力、取得的自主知识产权和重大技术突破、成果转化及对产业发展的实际贡献。对从事大数据、微观数据等统计科技服务的人员，将行业评价作为重要参考，注重评价其工作绩效、项目成果和取得的社会经济效益。探索对教育、卫生、金融等不同行业领域从事统计研究、行业统计等工作的统计专业人员实行分类评价。

4. 实行国家标准、地区标准和单位标准相结合。人力资源社会保障部、国家统计局负责制定《统计专业人员职称评价基本标准》（见附件）。各地区人力资源社会保障部门和统计部门可结合本地区实际情况，制定地区标准。具有自主评审权的用人单位可结合本单位实际，制定单位标准。地区标准、单位标准不得低于国家标准。

（三）完善评价机制

1. 丰富职称评价方式。助理统计师、统计师实行以考代评，高级统计师实行考试与评审相结合的方式，正高级统计师一般采取评审方式。研究建立以同行专家评价为基础的业内评价机制，综合运用个人述职、面试答辩、业绩展示等多种形式，提高评价的针对性和科学性。

2. 合理下放职称评审权限。在综合评估基础上，逐步将高级职称评审权限下放至符合条件的企事业单位、社会组织或市地。自主评审单位组建的高级职称评审委员会须按照管理权限报省级以上人力资源社会保障部门核准备案。对开展自主评审的单位，政府部门不再审批评审结果，改为事后备案管理。各级人力资源社会保障部门会同统计部门加强对自主评审工作的监管，对于不能正确行使评审权、不能确保评审质量的，将暂停自主评审工作直至收回评审权。

3. 向艰苦边远地区统计专业人员和特殊人才倾斜。对长期在艰苦边远地区和基层一线工作的统计专业人员，重点考察其实际工作业绩贡献和解决实际问题的能力，适当放宽学历要求。开展基层统计专业人员职称“定向评价、定向使用”。对引进的海外高层次人才、国家级统计高端人才和急需紧缺人才，可放宽资历、年限等条件限制，建立职称评审绿色通道。取得重大基础研究和前沿技术突破、解决重大技术难题、在统计事业发展中作出重大贡献的人员，可直接申报参加正高级统计师职称评审。

4. 畅通职称评价渠道。打破户籍、所有制、身份、档案等制约，不断壮大统计专业人员队伍。非公有制领域与公立机构的统计专业人员，公立机构中各种方式使用的统计专业人员在职称申报、评审等方面享有同等待遇。事业单位统计专业人员经批准离岗创业的，3 年内与原单位人员享有同等的职称评审权利，离岗创业期间所取得的业绩成果可作为职称评审的依据。

（四）促进职称评价与人才培养使用有效衔接

1. 促进职称制度与统计专业人员使用有效衔接。用人单位应结合用人需求，根据职称评价结果合理使用统计专业人员。全面实行岗位管理的事业单位一般应在岗位结构比例内开展职称评审，聘用具有相应职称的统计专业人员到相应统计岗位。不实行事业单位岗位管理的用人单位，可根据需要择优聘任具有相应职称的统计专业人员从事相关岗位统计工作。

2. 促进职称制度与统计人才培养相结合。推进职称评审与专业技术人员继续教育制度相衔接，加快统计专业人员知识更新。推动统计专业人员职称制度与高端统计人才培养、统计专业学位研究生教育等有机衔接，促进统计职称与经济、会计、审计等相近职称以及哲学社会科学研究系列中统计研究相关职称的衔接，减少重复评价。

（五）加强评审管理，优化评审服务

1. 完善评审专家遴选机制。坚持同行专家评审，注重遴选统计一线专家，吸收一定比例的高校、科研机构的高水平专家加入统计系列高级职称评审委员会，优化职称评审委员会结构。

2. 规范开展职称评审工作。规范高级职称评审委员会工作程序，细化评审规则，严肃评审纪律，强化评审考核，明确职称评审委员会工作人员和评审专家责任，建立倒查追责机制。健全完善职称评审公示制度、回避制度和随机抽查、巡查制度，建立复查、投诉机制；加强对评价全过程的监督管理，做到政策公开、标准公开、程序公开、结果公开。

3. 优化评审服务。规范和优化申报程序，简化申报证明材料，推行职称申报、评审、公示、查询等一站式服务，减轻职称申报人员负担，消除统计专业人员职称申报的流程障碍。

三、组织实施

（一）加强领导，周密组织

统计专业人员职称制度改革是深化职称制度改革的重要内容，政策性强、涉及面广，各地、各有关部门和单位要高度重视，加强领导，抓紧落实。要加强调查研究、细化工作措施，保证各项政策的一致性，注重配套办法的实用性。对改革过程中遇到的矛盾和问题要妥善处理，重大问题及时上报。

（二）有序推进，稳步实施

要妥善做好新老人员过渡和新旧政策衔接工作，改革前各地自行试点评审的正高级统计师，要按照有关规定通过一定程序进行确认。在新的职称评审工作中，要严格按照本意见有关要求进行，不得随意降低评价标准或擅自扩大评审范围。各地区和各相关单位要坚持质量第一、宁缺毋滥的原则，对本地区、本单位正高级职称数量进行严格把控，统筹考虑高层次人才队伍建设的长远规划，合理确定比例。

（三）扩大宣传，加强引导

各级人力资源社会保障部门和统计部门要加强舆论宣传，做好政策解读，引导统计专业人员积极参与统计职称制度改革，进一步壮大基层统计专业人员力量，提升统计专业人员能力素质。引导社会各有关方面支持统计专业人员职称制度改革，营造有利于改革的良好氛围。充分发挥社会组织的专业优势，逐步推动具备条件的行业协会、学会等组织和专业机构有序承接统计专业人员高级职称评价工作。

本意见适用于在国家机关、社会团体、企事业单位和其他组织从事统计工作的人员。符合条件的公务员可以参加统计专业技术资格考试，但不得参加职称评审。

军队可参照本意见制定统计专业人员职称评价具体办法。

附件：统计专业人员职称评价基本标准

2020 年 3 月 2 日

附件

统计专业人员职称评价基本标准

一、遵守中华人民共和国宪法和统计法律法规，贯彻执行党的基本路线和各项方针、政策。

二、具备良好的统计职业道德和敬业精神，自觉维护统计数据真实性，坚决抵制统计造假、弄虚作假。

三、认真履行岗位职责，按照要求参加继续教育。

四、统计专业人员申报各层级职称，除必须达到上述基本条件外，还应分别具备以下条件：

（一）助理统计师

1. 掌握基本统计理论知识和业务技能。

2. 能够完成一个岗位或负责一个专业某一方面的统计业务工作。

3. 了解统计制度和统计方法，能准确及时填报或汇总报表。

4. 能够拟定简单的统计调查方案，独立进行调查研究。

5. 具备国家教育部门认可的高中毕业（含高中、中专、职高、技校，下同）及以上学历。

（二）统计师

1. 掌握比较系统的统计理论知识和业务知识，熟悉计算技术。

2. 能够负责组织和指导一个单位、一个专业的统计业务工作，能够拟定统计调查方案并组织实施。

3. 熟悉统计制度和统计方法，能够设计、汇总专业性较强的统计报表。

4. 能够对本专业有关的社会经济问题进行调查研究和综合分析，形成有一定水平的工作成果。

5. 能够指导助理统计师开展统计调查工作。

6. 具备博士学位；或具备硕士学位，从事统计工作满 1 年；或具备第二学士学位或研究生班毕业，从事统计工作满 2 年；或具备大学本科学历或学士学位，从事统计工作满 4 年；或具备大学专科学历，从事统计工作满 6 年；或高中毕业，取得助理统计师职称，从事统计相关工作满 10 年。

（三）高级统计师

1. 掌握系统的统计理论和比较丰富的业

务知识。

2. 能够负责组织和指导一个地区、一个部门、一个专业的统计业务工作，带领、指导统计师及其他统计工作人员完成拟定调查方案、组织实施统计调查等任务。有较为丰富的统计工作经验和解决统计工作中重大问题的能力，能为生产经营活动、经济管理工作或领导决策提供指导或咨询。

3. 能够对社会经济问题进行系统的调查研究，写出较高水平的统计调查、分析研究报告或较高应用价值和学术水平的论文、论著等。能够对社会经济的现状和发展作出科学的分析和预测。

4. 为加强本领域统计基础、提高统计数据质量、提升经济效益起到积极作用。能够指导培养中、初级统计专业人才。

5. 具备博士学位，取得统计师职称后，从事与统计师职责相关工作满 2 年；或具备硕士学位、研究生班毕业或第二学士学位、大学本科学历或学士学位，取得统计师职称后，从事与统计师职责相关工作满 5 年；或具备大学专科学历，取得统计师职称后，从事与统计师职责相关工作满 10 年。

6. 具有经济、会计、审计及哲学社会科学研究（理论经济学、应用经济学、数学、统计学、计算机科学与技术）等与统计相近专业中级职称，可依据上述学历资历和业绩条件，申报高级统计师职称。

（四）正高级统计师

1. 熟练掌握系统的统计知识，理论功底深厚，业务知识丰富。掌握统计发展研究现状和发展趋势，能将国内外最新技术应用于工作实践。

2. 在统计专业技术团队中发挥领军作用，在指导、培养中青年技术骨干方面作出突出贡献，在统计人才培养方面具有重要影响力。

3. 熟练掌握统计方法制度、调查理论和操作技能。能够对社会经济问题进行系统的调查研究，写出高水平的统计调查报告或高应用价值和学术水平的论文、论著，能够对统计理论、统计制度和统计方法进行科学研究，提出有重要价值的建议。

4. 组织完成统计理论、改革、技术等方面调查研究和课题设计，独立指导解决本领域关键技术问题，取得显著社会经济效益。

5. 一般应具备大学本科及以上学历或学士及以上学位，取得高级统计师职称后，从事与高级统计师职责相关工作满 5 年。

6. 具有经济、会计、审计及哲学社会科学研究（理论经济学、应用经济学、数学、统计学、计算机科学与技术）等与统计相近专业副高级职称，可依据上述学历资历和业绩条件，申报正高级统计师职称。

人力资源社会保障部　国家档案局关于深化档案专业人员职称制度改革的指导意见

人社部发〔2020〕20号

各省、自治区、直辖市及新疆生产建设兵团人力资源社会保障厅（局）、档案局，国务院各部委、各直属机构人事部门，各中央企业人事部门：

档案专业人员是我国专业技术人才队伍的重要组成部分，承担为党管档、为国守史、为民服务的职责与使命。为贯彻落实中共中央办公厅、国务院办公厅印发的《关于深化职称制度改革的意见》，现就深化档案专业人员职称制度改革提出如下指导意见。

一、总体要求

（一）指导思想

以习近平新时代中国特色社会主义思想为指导，全面贯彻落实党的十九大和十九届二中、三中、四中全会精神，认真落实党中央、国务院决策部署，按照中央深化职称制度改革的总体要求，遵循档案专业人员成长规律，建立以科学评价为核心、以有效激励为目的、符合档案职业发展特点的科学化、规范化、社会化的档案专业人员职称制度，为建设高素质的档案干部队伍提供制度保障。

（二）基本原则

1. 坚持遵循规律。遵循档案专业人员成长规律，突出档案工作特点，引导档案专业人员提升理论水平、拓展专业能力。

2. 坚持科学评价。以品德、能力、业绩为导向，科学设置评价标准条件，破除唯学历、唯资历、唯论文、唯奖项倾向，针对档案专业人员的工作特点，实施分类评价。

3. 坚持以用为本。将档案专业人员评价与培养、使用相衔接，促进档案专业人员的职业发展，引导档案专业人员在艰苦边远地区和基层一线扎根发展、建功立业，满足单位的用人需求。

二、主要内容

通过完善评价标准、创新评价机制、促进职称评价与人才培养使用相结合、加强职称评审监督和服务等措施，形成评价科学、激励有效、管理规范、服务全面的档案专业人员职称制度。

（一）完善评价标准

1. 坚持德才兼备、以德为先。把品德放在档案专业人员评价的首位，引导档案专业人员坚定政治立场，坚守道德底线，强化社会责任，践行爱岗敬业。通过考核测评、群众评议等方式，全面考察档案专业人员的职业道德和从业操守，增强法治意识、纪律意识，弘扬求真务实精神、服务奉献精神。完善诚信承诺和失信惩戒机制，对学术不端、弄虚作假等行为实行“零容忍”。

2. 突出业绩贡献、实行分类评价。注重考察档案专业人员的专业性、技术性、实践性、创造性，突出对业绩成果、创新成果和实际贡献的评价。根据不同类型档案工作的活动特点，分类制定职称评价标准。对于主要从事档案业务工作的“工匠型”人员，着重考察其工作业绩，突出其实际操作水平和解决问题、创新方法的能力。对于主要从事档案研究工作的“学术型”人员，着重考察其研究能力，突出其学术水平、学术影响和应用效果。

3. 推行代表作制度。破除唯论文倾向，不把论文作为档案专业人员职称评价的限制性条件，将档案专业人员的代表性成果作为职称评价的重要内容。在特殊领域不能公开发表的研究成果、对档案事业发展有重要贡献的档案专业代表性成果，如标准规范、修复成果、创意产品以及发明专利、技术方案、研究报告等，均可作为代表作。严格代表作审核机制，确保代表作具有行业领先水平、具有引领带动作用。

4. 实行国家标准、地区标准和单位标准相结合。人力资源社会保障部、国家档案局研究制定《档案专业人员职称评价基本标准》(附后)。各地区人力资源社会保障部门会同档案行政管理部门依据国家标准，结合本地区档案工作发展实际，制定地区标准；具有职称评审权的用人单位可根据国家标准、地区标准，结合本单位实际，制定单位标准。地区标准、单位标准必须以国家标准为基础，不得低于国家标准。

（二）创新评价机制

1. 丰富评价方式。建立健全以同行专家评审为基础、社会和业内认可的评价机制，采用考试、评审、考评结合、考核认定、个人述职、面试答辩、成果展示、专家评议等多种评价方式，提高评价工作的科学性和针对性。

2. 畅通职称评价渠道。进一步打破户籍、地域、身份等制约，畅通各类档案专业人员职称评价渠道。非公有制经济组织、社会组织的档案专业人员可按属地原则进行申报，各地人力资源社会保障部门和档案行政管理部门要研究建立职称申报评审兜底机制，为其提供职称评价服务。

3. 建立职称评审绿色通道。对在档案保管与利用工作中做出重大贡献或急需紧缺的档案专业人员，可适当放宽学历、资历等条件限制，直接申报评审高级职称。对长期在艰苦边远地区和基层一线从事基础性工作的档案专业人员，侧重考察实际工作业绩，适当放宽学历、任职年限要求，激励档案人员扎根基层、建功立业。

4. 下放评审权限。科学界定、合理下放档案系列职称评审权限，逐步将高级职称评审权限适当下放至符合条件的省级国家综合档案馆或省级行业学会等社会组织。具体办法由省级人力资源社会保障部门会同档案行政管理部门制定。

（三）促进职称评价与人才培养使用相结合

1. 促进职称评价与人才培养制度的有效衔接。充分发挥档案系列职称评价对提高档案专业人员培养质量的导向作用，紧密结合档案事业发展对档案专业人员的需求，加快培育档案专业人员。加强档案专业人员继续教育，创新和丰富档案专业人员继续教育内容和手段，促进其更新知识、提升技能。

2. 促进职称评价与用人制度的有效衔接。用人单位结合用人需求，根据职称评价结果，合理使用档案专业人员，实现职称评价结果与聘用、考核、晋升等用人制度的衔接。全面实行岗位管理的事业单位，一般应在岗位结构比例内，组织或推荐符合条件的档案专业人员参加职称评审，并聘用到相应岗位。不实行事业单位岗位管理的单位，可根据档案工作需要，择优聘任具有相应职称的档案专业人员从事相关档案工作。

（四）加强职称评审监督和服务

1. 加强评审委员会建设。完善评审委员会的组织管理办法，合理确定评审委员会组成人员范围，加强职称评审专家库建设，注重遴选高水平的档案专家和经验丰富的一线档案专业人员。健全评审委员会工作程序和评审规则。国务院有关部门和中央企业组建的高级职称评审委员会由人力资源社会保障部核准备案，各地区档案部门组建的高级职称评审委员会由省级人力资源社会保障部门核准备案，社会化评审机构组建的职称评审委员会由相应人力资源社会保障部门核准备案，其职称评审结果纳入政府人才评价管理体系。中级、初级职称评审委员会的核准备案按照《职称评审管理暂行规定》办理。

2. 严肃职称评审工作纪律。建立档案职称申报评审诚信档案和失信黑名单制度，健全诚信承诺和失信惩戒机制。建立档案职称评审公开制度，实行政策公开、标准公开、程序公开、结果公开。健全完善档案职称评审监督机制，认真执行职称评审回避制度、公示制度、随机抽查制度，建立复查、投诉机制，充分发挥纪检监察部门和广大群众的监督作用，确保评审程序公正规范，评审过程公开透明。对在档案职称评审中发现弄虚作假的取消其申报资格并列入失信黑名单；对通过弄虚作假、暗箱操作等违纪违规行为取得的职称，一律予以撤销。对评审机构因评审工作把关不严、程序不规范，造成投诉较多、争议较大的，要责令限期整改；对整改无明显改善或逾期不予整改的，暂停其评审工作直至收回评审权，并追究责任。

3. 优化职称评审服务。简化职称申报程序和审核环节，探索实行网上申报、审核、评审、公示和发证一体化服务，减少申报表格和各类纸质证明材料，减轻申报人评审负担。加强档案职称评价公共服务平台建设，开展档案职称证书查询验证等服务。

三、组织实施

（一）提高认识，加强领导。档案专业人员职称制度改革是加强档案人才队伍专业化建设的重要举措，涉及广大档案专业人员的切身利益，政策性强。各地人力资源社会保障部门和档案行政管理部门要高度重视，加强领导，明确责任，密切配合，狠抓落实，确保各项改革举措落到实处。

（二）精心组织，有序推进。各地人力资源社会保障部门要会同当地档案行政管理部门，结合本地区实际，抓好改革政策的落地实施。各层级的档案职称评审工作，要严格按照本意见规定的原则要求、标准条件、评价办法、评审程序进行，不得降低标准。

（三）鼓励创新，稳步实施。各地区、各部门要结合档案工作实际和人才成长规律，不断深化改革，充分调动和尊重档案专业人员的创造精神，激发其工作的积极性、创造性。及时总结经验，引导档案专业人员积极支持和参与职称制度改革，妥善处理改革中遇到的矛盾和问题，稳步推进职称制度改革。

本意见适用于企事业单位、社会团体和其他组织从事档案工作的专业人员，不包括各类院校从事档案教学工作的教师。公务员和参照公务员法管理的人员不得参加档案专业人员职称评审。

附件：档案专业人员职称评价基本标准

2020年4月9日

附件

档案专业人员职称评价基本标准

一、遵守国家宪法、法律法规，执行党的路线方针政策。

二、具有良好的职业道德和敬业精神，热爱档案事业，认真钻研业务。

三、认真履行岗位职责，完成本职工作任务，能够自觉运用新理念和新技术，提高档案工作水平。

四、积极参加继续教育，接受国家有关规定要求的档案专业人员继续教育培训。

五、档案专业人员参加各层级职称评审，除必须达到上述标准条件外，还应分别具备以下条件：

（一）管理员

1. 基本了解档案工作法律法规、规章制度、标准规范。

2. 基本掌握档案专业基本知识、档案基础业务工作的基本方法和技能。

3. 能够完成所承担的工作，对档案进行初步整理和加工。

4. 具备大学专科、高中（含中专、职高、技校，下同）毕业学历，从事档案工作满 1 年。

（二）助理馆员

1. 了解档案工作法律法规、规章制度、标准规范。

2. 掌握档案专业基本知识、档案业务工作方法和技能。

3. 有一定的研究能力，能够对档案业务问题开展基本研究。

4. 具备硕士学位、大学本科学历或学士学位，从事档案工作满 1 年；或者具备大学专科学历，取得管理员职称后，在相应专业技术岗位任职满 2 年；或者具备高中毕业学历，取得管理员职称后，在相应专业技术岗位任职满 4 年。

（三）馆员

1. 比较熟悉档案工作法律法规、规章制度、标准规范。

2. 比较系统地掌握档案专业的基础理论和专业知识，具备独立开展档案业务工作的能力和素质。

3. 参与制定本单位规章制度、标准规范，提高了本单位档案管理水平；具有档案业务问题研究的能力，能够制订档案工作方案。

4. 能够指导助理馆员开展工作。

5. 具备博士学位；或者具备硕士学位，取得助理馆员职称后，在相应专业技术岗位任职满 2 年；或者具备大学本科学历或学士学位，取得助理馆员职称后，在相应专业技术岗位任职满 4 年；或者具备大学专科学历，取得助理馆员职称后，在相应专业技术岗位任职满 4 年；或者具备高中毕业学历，取得助理馆员职称后，在相应专业技术岗位任职满 7 年。

（四）副研究馆员

1. 熟悉档案工作法律法规、规章制度、标准规范；

2. 系统掌握档案专业基础理论和专业知识，具备较高质量完成业务工作的能力和素质。

3. 能够制定本单位、本系统、本行业的规章制度、标准规范，对档案工作开展具有较强指导意义；具有较强档案业务问题研究能力，有较高水平的代表性技术成果。

4. 在指导、培养中青年学术技术骨干方

面发挥重要作用，能够指导馆员的工作和学习。

5. 具备博士学位，取得馆员职称后，在相应专业技术岗位任职满 2 年；或者具备硕士学位、大学本科学历或学士学位，取得馆员职称后，在相应专业技术岗位任职满 5 年。

（五）研究馆员

1. 深刻理解档案工作的法律法规、规章制度、标准规范。

2. 全面掌握档案专业基础理论和国内外前沿发展动态，能够将档案工作与所在单位、行业进行深度融合，发挥引领与示范作用，得到业内认可。

3. 能够创新性制定本单位、本行业的档案工作规定和发展规划；针对档案工作中的重大疑难问题制定可行的研究和解决方案；具有较强档案业务问题研究能力，有较高影响力的代表性技术成果，提出促进档案事业发展的新思路、新方法。

4. 在指导、培养中青年学术技术骨干方面做出突出贡献，能够有效指导副研究馆员的工作和学习。

5. 一般应具备大学本科及以上学历，或学士及以上学位，取得副研究馆员职称后，在相应专业技术岗位任职满 5 年。

人力资源社会保障部关于印发社会保险基金要情报告制度的通知

人社部发〔2020〕21号

各省、自治区、直辖市及新疆生产建设兵团人力资源社会保障厅（局），部社保中心、央保中心：

为加强社会保险及补充保险基金监督工作，完善基金要情报告机制，及时掌握基金安全情况，强化基金安全评估和形势研判，提高基金管理风险防控和治理能力，现将修订后的《社会保险基金要情报告制度》印发给你们，请认真贯彻执行。

2020年3月30日

社会保险基金要情报告制度

第一条〔制定依据〕 为加强社会保险及补充保险基金监督工作，及时掌握基金安全情况，强化基金安全评估和形势研判，提高基金管理风险防控和治理能力，根据《中华人民共和国社会保险法》等法律法规和部门规章，制定本制度。

第二条〔适用范围〕 县级以上人力资源社会保障部门对其依法依规承担管理监督职责、本行政区域内发现的基本养老、失业和工伤保险等社会保险基金及企业（职业）年金基金等要情（以下简称要情）报告的管理活动适用本制度。

人力资源社会保障行政部门的社会保险基金监督机构具体负责本行政区域内要情报告的管理工作。

第三条〔完善落实要情报告制度一般性要求〕 人力资源社会保障行政部门应当根据国家法律法规和本制度，结合本地区实际，建立健全要情报告制度并严格执行，加强要情报告规范化、标准化、信息化管理，确保依规、按时、完整、准确报告，做到有情则报、急情快报、应报尽报、全面报告。

上级人力资源社会保障行政部门应当加强对下级人力资源社会保障行政部门完善和落实要情报告制度的指导和督促。

第四条〔要情报告责任制〕 要情报告实行单位领导负责制。县级以上人力资源社会保障行政部门主要负责人是本行政区域要情报告第一责任人，负主要领导责任；其他负责人按工作分工，负相应领导责任。人力资源社会保障行政部门的社会保险基金监督机构负责人负报告监督责任。要情发生、发现单位负责人负报告直接责任。

上报的要情必须由报告单位主要负责人或分管负责人签名并加盖单位公章。各级报告单位对所报告内容的真实性、准确性和完整性负责。

第五条〔要情定义及发现途径〕 本制度所称要情是指基本养老、失业和工伤保险等社会保险基金及企业（职业）年金基金涉嫌被贪污挪用、欺诈骗取以及其他违法违规行为造成基金损失等情况。

要情发现途径包括人力资源社会保障行政部门或其委托机构监督检查、经办机构审核和稽核内审内控检查、媒体披露、受理举报投诉、审计机关审计、其他行政部门监督检查、纪检监察机关立案审查调查、公安机关立案侦查、法院立案审理及其他方式和渠道等。

第六条〔要情分类〕 要情分为普通要情和重大要情：

（一）普通要情是指涉及基金金额1万元以上（含）、50万元以下的；金额虽未达到1万元，但是被立案审查调查侦查的；

（二）重大要情是指涉及基金金额50万元以上（含）的；金额虽未达到50万元，但涉及社会保险工作人员贪污挪用骗取基金被立案审查调查侦查的，或者涉及3人以上（含）团伙作案的，或者涉及个人50人以上（含）的，或者涉及单位3个以上（含）的；或者其他性质严重并造成恶劣影响的。

第七条〔同批同案并案情形要情管理〕 对于同批查处、属于同一经办机构经办管理、涉及多人采取同种类型违法违规行为的要情，原则上合并报告，合计涉及金额或者对象数达到重大要情标准的，应当按照重大要情管理。

对于涉及多个单位或者个人同案或者并案处理的要情，符合重大要情标准的应当按照重大要情管理，不得任意拆分为普通要情管理。

第八条〔要情报告分类和报送一般性要求〕 要情报告包括要情发现报告、要情进展报告和要情终结报告。

重大要情发现、进展和终结报告应当按照本制度规定的程序、内容和时限报送。普通要情发现、进展和终结报告的报送程序、内容和时限，由省级人力资源社会保障行政部门根据本制度并结合本地区实际情况确定。

第九条〔重大要情发现报告报送〕 市、县级发生重大要情的，应当在发现5个工作日内，同时报告上一级、省级人力资源社会保障行政部门；省级人力资源社会保障行政部门应当在收到下级重大要情发现报告3个工作日内，报告人力资源社会保障部社会保险基金监管局。

各省（自治区、直辖市）本级发生重大要情的，省级人力资源社会保障行政部门应当在发现5个工作日内，报告人力资源社会保障部社会保险基金监管局。

对于性质严重、情况紧急的重大要情，应当即时报告，可先进行口头报告和书面简报，再进行正式书面报告。

第十条〔经办机构发生发现要情报告〕 社会保险经办机构发生、发现的普通要情，应当在发现5个工作日内报告同级人力资源社会保障行政部门；发生、发现的重大要情，应当在发现3个工作日内报告同级人力资源社会保障行政部门。对于性质严重、情况紧急的，应当即时报告，可先进行口头报告和书面简报，再进行正式书面报告。相关要情应当同步报告上级社会保险经办机构。

第十一条〔重大要情发现报告内容〕 重大要情发现报告内容主要包括：

（一）要情基本情况。包括：发现要情的时间和方式，要情发生的时间和地点，涉案手段、金额、险种以及涉案单位和涉案人员情况等；

（二）初步处理情况和应对措施；

（三）报告单位认为其他需要报告或说明的情况；

（四）报告单位，联系人和联系电话。

第十二条〔重大要情进展报告报送〕 要情报告单位应当根据本制度及上级要求和实际

情况报送重大要情进展情况。重大要情进展情况每半年至少报告一次，有重要进展的应当及时报告。

省级人力资源社会保障行政部门应当在报告期后或者收到下级人力资源社会保障行政部门或同级经办机构重大要情进展报告10个工作日内，报告人力资源社会保障部社会保险基金监管局。对于同一时间报告多个重大要情进展情况的，可以一同行文报送。

第十三条〔重大要情进展报告内容〕 重大要情进展报告内容主要包括：

（一）要情基本情况；

（二）涉案基金和责任人处理进展情况；

（三）已采取的应对措施及落实情况；

（四）下一步拟采取的措施；

（五）报告单位认为其他需要报告或说明的情况；

（六）报告单位，联系人和联系电话。

第十四条〔重大要情终结报告情形〕 同时符合以下条件的重大要情，应当报送要情终结报告：

（一）人力资源社会保障行政部门及社会保险经办机构已依法履行相关职责；

（二）案情已查清；

（三）已梳理管理漏洞并采取相应防范措施；

（四）已作出行政处理处罚、协议处理以及依法追究责任人责任或者已进入纪检监察、司法诉讼程序的；

（五）基金已全额追回，或者基金虽未全额追回但已进入司法机关法定追退程序的。

第十五条〔重大要情终结报告报送〕 省级人力资源社会保障行政部门应当在确定要情处置终结10个工作日内，将重大要情终结报告报送人力资源社会保障部社会保险基金监管局。情况复杂的，可以适当延长报告时限，最长不超过20个工作日。对于同一时间报告多个重大要情终结情况的，可以一同行文报送。

人力资源社会保障行政部门收到下级人力资源社会保障行政部门或同级经办机构重大要情终结报告后，应当及时组织力量进行研判，对于符合要情终结条件的，确定要情处置终结；对于不符合要情终结条件的，继续作为未终结要情管理。

第十六条〔重大要情终结报告内容〕 重大要情终结报告内容主要包括：

（一）要情详细情况；

（二）涉案基金处理情况；

（三）责任主体及对责任人的处理（处罚、处分）情况；

（四）遗留问题和事项及解决办法或方案；

（五）原因分析及经验教训；

（六）改进和加强基金管理风险防控的措施及落实情况；

（七）报告单位认为其他需要报告或说明的情况；

（八）附件：要情处置相关文书和证据材料。

第十七条〔重大要情处置终结后事项管理〕 人力资源社会保障行政部门应当加强对重大要情处置终结后遗留问题和事项的跟踪和督促，有重要进展或者解决完成的，应当在10个工作日内向上一级人力资源社会保障行政部门报告有关情况。

省级人力资源社会保障行政部门在收到下级人力资源社会保障行政部门或同级经办机构重大要情处置终结后事项有关情况报告10个工作日内，报告人力资源社会保障部社会保险基金监管局。

第十八条〔要情情况定期汇总分析报告〕 人力资源社会保障行政部门应当定期对本地区要情进行汇总分析，研判基金安全形势，评估基金管理运行风险，形成要情情况报告，报送上一级人力资源社会保障行政部门。

省级人力资源社会保障行政部门应当于年度结束后30个工作日内报送上年度社会保险基金要情情况报告，并附社会保险基金要情表。

无要情发生的也要报零报告。

第十九条〔年度要情情况报告内容〕 年度要情情况报告内容主要包括：

（一）要情总体情况及分析；

（二）重大要情情况及分析；

（三）涉及社保工作人员要情情况及分析；

（四）本地区采取的主要应对措施、成效和经验教训；

（五）本地区完善和落实要情报告制度情况；

（六）报告单位认为其他需要报告或说明的情况。

第二十条〔要情情况通报〕 人力资源社会保障行政部门应当根据基金监管工作需要和要情报告实际情况，做好本地区要情情况通报工作，加强案例警示教育。

第二十一条〔要情台账和信息化管理〕 人力资源社会保障行政部门应当建立要情台账，指派专人对要情进行登记管理。

人力资源社会保障行政部门应当充分利用社会保险基金监管信息管理系统，加强要情报告信息化管理。

第二十二条〔要情档案管理〕 人力资源社会保障行政部门应加强要情档案管理，建立健全立卷归档、保管和查阅登记制度，妥善保管相关材料，确保档案完整和安全。

人力资源社会保障行政部门对于要情已确认处置终结的，应当及时收集、整理相关材料，分险种进行立卷归档。对于重大要情应当分别单独立卷。

人力资源社会保障行政部门建立要情报告电子档案的，电子档案应当与纸质档案内容一致。

第二十三条〔责任追究〕 要情发生地人力资源社会保障行政部门、社会保险经办机构存在以下情形的，由上级或者同级人力资源社会保障行政部门进行督促、约谈、通报，并依法依纪追究或者建议有关部门追究相关责任人责任：

（一）对已知发生要情而不调查核实、不处理的；

（二）对发现要情隐瞒不报、谎报或拖延不报的，特别是其他部门已经反映或者媒体已经披露的；

（三）其他违反本制度的情形。

第二十四条〔施行〕 本制度自 2020 年 4 月 1 日起施行。《劳动和社会保障部关于印发社会保险基金要情报告制度的通知》（劳社部发〔2006〕43 号）同时废止。

附件：社会保险基金要情台账及相关报告文书和附表格式（略）

人力资源社会保障部　财政部
关于2020年调整退休人员基本养老金的通知

人社部发〔2020〕22号

各省、自治区、直辖市人民政府，国务院各部委、各直属机构，新疆生产建设兵团：

经国务院批准，从2020年1月1日起调整企业和机关事业单位退休人员（以下简称退休人员）基本养老金水平。现就有关事项通知如下：

一、调整范围。2019年12月31日前已按规定办理退休手续并按月领取基本养老金的退休人员。

二、调整水平。全国总体调整比例按照2019年退休人员月人均基本养老金的5%确定。各省以全国总体调整比例为高限确定本省调整比例和水平。

三、调整办法。继续采取定额调整、挂钩调整与适当倾斜相结合的办法，并实现企业和机关事业单位退休人员调整办法基本统一。定额调整要体现公平原则；挂钩调整要体现“多缴多得”、“长缴多得”的激励机制，可与退休人员本人缴费年限（或工作年限）、基本养老金水平等因素挂钩；对高龄退休人员、艰苦边远地区退休人员，可适当提高调整水平。继续确保企业退休军转干部基本养老金不低于当地企业退休人员平均水平。要进一步强化激励，适当加大挂钩调整所占比重。

四、资金来源。调整基本养老金所需资金，参加企业职工基本养老保险的从企业基本养老保险基金中列支，参加机关事业单位工作人员基本养老保险的从机关事业单位基本养老保险基金中列支。对中西部地区、老工业基地、新疆生产建设兵团和在京中央国家机关及所属事业单位，中央财政予以适当补助。未参加职工基本养老保险的，调整所需资金由原渠道解决。

五、组织实施。调整退休人员基本养老金，是提高保障和改善民生水平的重要措施，体现了党中央、国务院对广大退休人员的亲切关怀。各地区要高度重视，切实加强领导，精心组织实施，加强宣传解读，确保调整工作平稳进行。按照党中央、国务院统一部署，结合本地区实际制定具体实施方案，于2020年5月31日前报人力资源社会保障部、财政部备案。各地区要严格按照两部备案同意的实施方案执行，切实采取措施加强基本养老保险基金收支管理，提前做好资金安排，确保基本养老金按时足额发放，不得发生新的拖欠。对自行提高调整水平、突破调整政策、存在违规一次性补缴或违规办理提前退休的地区，将予以批评问责，并相应扣减中央财政补助资金。在京中央国家机关及所属事业单位的调整方案由人力资源社会保障部、财政部制定并组织实施。

2020年4月10日

人力资源社会保障部　教育部　司法部　农业农村部　文化和旅游部　国家卫生健康委　国家知识产权局关于应对新冠肺炎疫情影响实施部分职业资格“先上岗、再考证”阶段性措施的通知

人社部发〔2020〕24号

各省、自治区、直辖市及新疆生产建设兵团人力资源社会保障厅（局）、教育厅（教委、教育局）、司法厅（局）、农业农村（农牧、畜牧兽医、渔业）厅（局、委）、文化和旅游厅（局）、卫生健康委、知识产权局（知识产权管理部门）：

为深入贯彻落实习近平总书记关于统筹推进新冠肺炎疫情防控和经济社会发展工作的重要指示精神，落实国务院常务会议部署要求，进一步强化稳就业举措，促进高校毕业生就业，经国务院同意，对《国家职业资格目录》中部分职业资格实施“先上岗、再考证”阶段性措施。现就有关事项通知如下：

一、对中小学、幼儿园、中等职业学校教师资格实施“先上岗、再考证”阶段性措施，凡符合教师资格考试报名条件和教师资格认定关于思想政治素质、普通话水平、身体条件等要求的高校毕业生，可以先上岗从事教育教学相关工作，再参加考试并取得教师资格。对护士执业资格、渔业船员资格、执业兽医资格、演出经纪人员资格、专利代理师资格等5项准入类职业资格实施“先上岗、再考证”阶段性措施，凡符合该5项职业资格考试报名条件的高校毕业生，可以先上岗从事相关工作，再参加考试并取得职业资格。用人单位在2020年12月31日前招聘高校毕业生的，不得将取得上述职业资格作为限制性条件。

二、对实施“先上岗、再考证”的准入类职业资格，高校毕业生在取得职业资格之前主要从事辅助性工作。其中，尚未取得教师资格的高校毕业生先上岗的，不宜独立承担一门课的讲授任务或幼儿园带班任务。尚未取得护士执业资格的护理、助产专业高校毕业生先上岗的，可以先从事医疗护理员工作，但不得从事诊疗技术规范规定的护理活动。尚未取得执业兽医资格的兽医相关专业高校毕业生先上岗的，不得独立从事动物诊疗活动、开具兽药处方。

三、尚未取得法律职业资格证书的高校毕业生，符合国家统一法律职业资格考试报名条件和申请律师执业实习其他条件的，可先申请实习登记，在律师事务所实习。实习期满经律师协会考核合格并取得法律职业资格证书的，或者自收到考核合格通知之日起一年内取得法

律职业资格证书的，可以按规定申请律师执业。

四、各地区统筹安排技能培训补贴时，要将先上岗的高校毕业生纳入补贴范围。用人单位要按规定对先上岗的高校毕业生加强岗位培训，提高其实际工作能力。

五、各地区、各有关部门要落实好先上岗的高校毕业生各项待遇保障，按照规定为其计算工龄，依法缴纳社会保险费等，切实维护其合法权益。对实施“先上岗、再考证”阶段性措施的准入类职业资格，高校毕业生参加事业单位公开招聘被聘用从事相关工作的，事业单位与先上岗的高校毕业生签订聘用合同时，应当按规定约定 1 年试用期；先上岗的高校毕业生在试用期内未取得相应职业资格的，应当依法解除聘用合同。高校毕业生与用人单位签订劳动合同的，按照有关规定管理。

六、实施“先上岗、再考证”阶段性措施是当前形势下稳定高校毕业生就业的重要举措。各地区、各有关部门要高度重视，提高政治站位，加强监督指导，精心组织实施，做好政策宣传和舆论引导，让广大高校毕业生和社会公众充分了解政策，让用人单位精准把握政策，确保政策落实落地。要根据新冠肺炎疫情防控形势，合理安排职业资格考试，为高校毕业生参加考试提供便利，统筹做好高校毕业生就业和职业资格有关工作。

2020 年 4 月 21 日

人力资源社会保障部关于开展“人社服务快办行动”的通知

人社部发〔2020〕26号

各省、自治区、直辖市及新疆生产建设兵团人力资源社会保障厅（局），部属各单位：

为深入贯彻落实中央关于深化“放管服”改革、优化营商环境的决策部署，进一步推动人力资源社会保障领域“清事项、减材料、压时限”，经研究决定，2020年在全系统开展“人社服务快办行动”（以下简称“快办行动”），通过关联事项“打包办”、高频事项“提速办”、所有事项“简便办”，为企业群众提供更加优质便捷高效的服务。现就有关事项通知如下：

一、总体要求

（一）指导思想。

以习近平新时代中国特色社会主义思想为指导，全面贯彻落实党的十九大和十九届二中、三中、四中全会精神，坚持以人民为中心，坚持目标导向、问题导向、效果导向，围绕人社服务高频事项，以标准化促服务规范，以信息化促服务创新，以资源整合促服务效能提升，大力开展“快办行动”，实现企业群众办事“跑腿”越来越少，材料越来越简，时限越来越短，体验越来越好，不断提升企业群众的获得感和满意度。

（二）基本原则。

——坚持集成服务。将企业群众生产生活中在特定时点特定情形需办理、日常可打包办理的多个人社服务事项整合为企业群众眼里“一件事”，实现多个关联事项一次办理。

——坚持简约服务。抓住受理、审核、反馈等关键环节，整合优化经办流程，加强内外经办衔接，大力减少证明材料，大幅压缩办结时限。

——坚持创新服务。运用现代科技手段，通过信息系统整合和各级人社政务服务平台对接，实现同城通办、就近可办、一网通办。探索应用人工智能技术精准画像、智能审核、主动服务。

——坚持规范服务。依法依规建立健全事项规范、指引规范、流程规范、监管规范的人社服务运行机制。

（三）工作目标。

以“持续推进清减压，人社服务更快办”为主题，推动材料齐全一次受理、关联事项一次办理、更多事项网上办理。2020年底前，力争实现10个以上企业群众眼里的“一件事”打包办理，10个以上高频服务事项在规定办理时限基础上提速50%。

二、主要任务

（一）推进打包办理。

重点围绕10个企业群众眼里的“一件事”，包括企业招用员工、企业与员工解除终止劳动合同、失业、高校毕业生就业、事业单位聘用工作人员、创业、职工退休、申领工亡人员有关待遇、退休人员过世、申领社会保障卡等（见附件1），推进每个“一件事”所涉相关服务事项打包办理，整合材料、优化流程。企业群众申请办理每个“一件事”时，只需通过“一个窗口”或“一个平台”，提交“一套材料”，即可一次办理。有条件的地区，可在此基础上进一步将流程相似、材料相近、结果关联的事项，打包为“一件事”。暂不具备条件的，可根据本地实际，对每个“一件事”所涉相关服务事项分步推进打包办理。

（二）推进提速办理。

各地要聚焦高频服务事项，在“提速办”服务事项备选清单（见附件2）中选取10个以上事项，大力推进提速办理。可一次办好、立等可取的即时办结事项，从接收材料到办结原则上不超过30分钟。限时办结事项要在规定办结时限基础上提速50%以上，具备条件的要及时转为即时办结事项；暂不具备条件的，受理后要第一时间提交后台审核；需其他部门协同办理的，要及时推送办理请求、跟踪办理进度；需现场调查或情况特别复杂的，可暂按法律法规规定时限执行。

（三）推进简便办理。

严格落实已取消证明事项材料的要求，不得变相保留、明减暗留。按照中共中央办公厅、国务院办公厅《关于深入推进审批服务便民化的指导意见》提出的“六个一律取消”的要求，进一步梳理证明事项材料，不断推进“能减尽减”。认真总结人事考试、社保经办领域开展告知承诺制试点的经验做法，不断扩大告知承诺制实施范围，企业群众办理相关事项，只需作出符合规定的承诺，无需提交有关证明材料。

三、工作措施

（一）整合优化窗口服务。

大力推广综合柜员制，鼓励有条件的地方实行人社全业务“一窗通办”；暂不具备条件的，可按就业创业、社会保险、人才人事、劳动关系等业务实现“一窗”分类受理。要根据业务办理量合理配置窗口资源，减少排队等候时间。对服务对象确有特殊情况需特事特办的，可开辟绿色通道。2020年底前，企业群众办理10个打包“一件事”须实现“一窗通办”。每个打包“一件事”所涉经办机构均能按统一标准受理，后台并联办理，及时反馈办理结果。依托部省两级人社政务服务平台，整合各类网上经办系统的登录入口，实现“单点登录、一次认证、全网通办”，方便群众线上办理“打包一件事”。

（二）推行服务规范承诺制。

进一步完善和落实“五制”“四公开”“三亮明”服务规范。根据打包办、提速办、简便办要求，修订完善服务指南，明确事项办理条件、办理渠道、办理时限、反馈方式、监督渠道等，在窗口大厅、网上平台、网站、微信公众号等醒目位置公开发布，向社会作出承诺，主动接受监督。对反映未履行承诺的问题，要件件有核实、有反馈，按规定追究责任。

（三）强化业务协同和信息共享。

建立健全人社系统跨业务、跨层级、跨地域“上下联动、左右联通”的业务协同机制。加强跨部门业务协同，配合其他部门办理的事项（如“企业社会保险登记”、“参保单位注销”，配合市场监管部门一并办理），不得要求企业群众跑本部门办理；会同其他部门办理的事项，应主动协调联办，不得要求企业群众再跑其他部门。要细化信息共享场景，梳理共享需求，完善共享机制，加大共享频次，率先实现人社系统内信息共享，逐步拓展与相关部门的共享范围。鼓励在全市、全省范围应用统一的人社全业务经办信息系统，暂不具备条件的，要加大信息系统改造整合力度，为“快办行动”提供支撑。

（四）加强事中事后监管。

在大力推行“快办”的同时，要坚持依法依规经办，加强事中事后监管，充分运用信息化手段实施精准监管。通过内部核查、部门间行政协助、必要的现场勘查等方式，对有关办理要件进行核实。严格制度管理，加强风险防控，分析可能存在的风险点，有针对性地制定处理预案。通过加强事中事后监管，确保服务全程可追溯、服务安全有保障、服务规范不走样、服务质量不降低。

（五）开展服务评价和调度。

广泛开展人社政务服务“好差评”工作，重点关注企业群众对“快办”相关事项的感受和诉求，开展实施效果评价。部里将对各地事项整合数、快办“提速”量、材料精减数，以及窗口优化、服务规范承诺、系统整合等情况进行跟踪调度，通报进展；对每省份5个联系点（包括省本级、2个地市、2个区县）按季调度。各省可参照确立一批省内联系点。各地实施“快办行动”的典型经验、取得成效和相关问题建议请及时报部行风办。“快办行动”实施情况纳入2020年度人社窗口单位调研暗访内容。

附件：1. 人社服务10个“打包一件事”清单
2. “提速办”服务事项备选清单

2020年4月21日

附件1

人社服务10个“打包一件事”清单

序号	办事场景	所涉服务事项	涉及机构	备注
1	企业招用员工	①1.1.5职工参保登记 ②1.3.1缴费人员增减申报 ③养老保险关系转移接续（含1.6.10城镇职工基本养老保险关系转移接续申请；1.6.13机关事业单位基本养老保险与城镇企业职工基本养老保险互转申请；1.6.15军地养老保险关系转移接续申请） ④1.8.8失业保险关系转移接续 ⑤1.10.1社会保障卡申领 ⑥2.4.2就业登记 ⑦2.4.3《就业创业证》申领 ⑧2.7.1高等学校等毕业生接收手续办理 ⑨3.4.1档案的接收和转递（流动人员） ⑩3.4.7存档人员党员组织关系的接转 ⑪4.1.1劳动用工备案	社保经办机构、公共就业人才服务机构、信息化管理机构、劳动用工管理部门	1. 要同步办理养老保险、工伤保险、失业保险缴费人员增加 2. 如涉及失业保险金停发，应一并办理 3. 社保经办机构、公共就业人才服务机构和劳动用工管理部门，要同步人员名单信息

续表

序号	办事场景	所涉服务事项	涉及机构	备注
2	企业与员工解除终止劳动合同	①1.3.1 缴费人员增减申报 ②4.1.1 劳动用工备案 ③1.3.5 社会保险费欠费补缴申报 ④1.8.8 失业保险关系转移接续 ⑤3.4.1 档案的接收和转递（流动人员） ⑥3.4.7 存档人员党员组织关系的接转	社保经办机构、公共就业人才服务机构、劳动用工管理部门	1. 社保经办机构、公共就业人才服务机构和劳动用工管理部门，要同步人员名单信息
3	失业	①2.4.1 失业登记 ②2.4.3《就业创业证》申领 ③2.2.1 职业介绍 ④1.8.1 失业保险金申领 ⑤1.8.6 代缴基本医疗保险费 ⑥1.8.3 职业培训补贴申领（领金失业人员） ⑦1.8.7 价格临时补贴申领 ⑧2.6.1 就业困难人员认定	公共就业人才服务机构、社保经办机构	1. 需失业人员本人办理的事项 2. 社保经办机构、公共就业人才服务机构要同步人员名单信息
4	高校毕业生就业（含灵活就业）	①2.1.1 就业政策法规咨询 ②2.1.2 职业供求信息、市场工资指导价位信息和职业培训信息发布 ③2.2.1 职业介绍 ④2.2.2 职业指导 ⑤2.3.1 公共就业服务专项活动 ⑥2.4.2 就业登记 ⑦2.4.3《就业创业证》申领 ⑧2.7.1 高等学校等毕业生接收手续办理 ⑨2.7.3 求职创业补贴申领 ⑩2.7.4 高校毕业生社保补贴申领 ⑪3.4.1 档案的接收和转递（流动人员） ⑫3.4.7 存档人员党员组织关系的接转 ⑬1.1.5 职工参保登记 ⑭1.4.1 社会保险费缴纳 ⑮1.10.1 社会保障卡申领	公共就业人才服务机构、社保经办机构、信息化管理机构	1. 需高校毕业生离校后本人办理的事项 2. 社保经办机构、公共就业人才服务机构要同步人员名单信息 3. 其他劳动者就业，也可参考此场景所列的服务事项打包
5	事业单位聘用工作人员	①3.3.3 事业单位拟聘人员备案 ②3.4.1 档案的接收和转递（流动人员） ③3.4.7 存档人员党员组织关系的接转 ④1.1.5 职工参保登记 ⑤1.3.1 缴费人员增减申报 ⑥养老保险关系转移接续（含 1.6.10 城镇职工基本养老保险关系转移接续申请；1.6.13 机关事业单位基本养老保险与城镇企业职工基本养老保险互转申请；1.6.15 军地养老保险关系转移接续申请） ⑦1.8.8 失业保险关系转移接续 ⑧1.10.1 社会保障卡申领 ⑨2.7.1 高等学校等毕业生接收手续办理	事业单位管理行政部门、社保经办机构、公共就业人才服务机构、信息化管理机构	1. 要同步办理养老保险、工伤保险、失业保险缴费人员增加 2. 如涉及失业保险金停发，应一并办理 3. 社保经办机构和公共就业人才服务机构要同步人员名单信息

续表

序号	办事场景	所涉服务事项	涉及机构	备注
6	创业	①2.2.3 创业开业指导 ②2.4.2 就业登记 ③2.4.3《就业创业证》申领 ④2.5.1 创业补贴申领 ⑤2.5.2 创业担保贷款申请 ⑥2.7.1 高等学校等毕业生接收手续办理 ⑦3.4.1 档案的接收和转递（流动人员） ⑧3.4.7 存档人员党员组织关系的接转 ⑨1.1.1 企业社会保险登记 ⑩1.1.5 职工参保登记 ⑪1.3.1 缴费人员增减申报 ⑫养老保险关系转移接续（含 1.6.10 城镇职工基本养老保险关系转移接续申请；1.6.13 机关事业单位基本养老保险与城镇企业职工基本养老保险互转申请；1.6.15 军地养老保险关系转移接续申请） ⑬1.8.8 失业保险关系转移接续 ⑭1.10.1 社会保障卡申领 ⑮4.1.1 劳动用工备案	公共就业人才服务机构、社保经办机构、信息化管理机构、劳动用工管理部门	1. 需创业人员本人办理的事项 2. 企业社会保险登记，按照“多证合一”要求，并入企业新办理工商注册登记环节统一办理 3. 要同步办理养老保险、工伤保险、失业保险缴费人员增加 4. 如涉及失业保险金停发，应一并办理 5. 社保经办机构、公共就业人才服务机构和劳动用工管理部门，要同步人员名单信息
7	职工退休	①1.6.1 职工正常退休（职）申请 ②1.6.3 职工提前退休（退职）申请 ③4.1.1 劳动用工备案 ④1.3.5 社会保险费欠费补缴申报 ⑤养老保险关系转移接续（含 1.6.10 城镇职工基本养老保险关系转移接续申请；1.6.13 机关事业单位基本养老保险与城镇企业职工基本养老保险互转申请；1.6.14 城镇职工基本养老保险与城乡居民基本养老保险制度衔接申请） ⑥1.6.16 多重养老保险关系个人账户退费 ⑦1.2.3 养老保险待遇发放账户维护申请	社保经办机构、社会保险行政部门、劳动用工管理部门	1. 如涉及工伤保险待遇补差或失业保险金停发，应一并办理
8	申领工亡人员有关待遇	①工伤备案登记（含 1.7.2 用人单位办理工伤登记；1.7.3 变更工伤登记） ②工伤医疗费用申报［含 1.7.21 工伤医疗（康复）费用申报；1.7.22 住院伙食补助费申领；1.7.13 异地工伤就医报告；1.7.23 统筹地区以外交通、食宿费申领］ ③一次性及长期待遇申领［含 1.7.27 一次性工亡补助金（含生活困难，预支 50% 确认）、丧葬补助金申领；1.7.28 供养亲属抚恤金申领］ ④1.2.4 工伤保险待遇发放账户维护申请	社保经办机构、社会保险行政部门	1. 行政部门作出工伤认定后，及时将认定结论推送社保经办机构，办理用人单位工伤登记 2. 发生停工留薪期内因工伤导致死亡、一至四级停工留薪期满后死亡、下落不明等情形，需申领有关待遇的，可视情况打包到此场景中

续表

序号	办事场景	所涉服务事项	涉及机构	备注
9	退休人员过世	①1.6.6个人账户一次性待遇申领（养老保险） ②1.6.8遗属待遇申领（养老保险） ③1.7.29工伤保险待遇变更 ④1.10.8社会保障卡注销 ⑤1.2.3养老保险待遇发放账户维护申请 ⑥1.2.4工伤保险待遇发放账户维护申请	社保经办机构、社会保险行政部门、信息化管理机构	
10	申领社会保障卡	①1.10.1社会保障卡申领 ②1.10.2社会保障卡启用（含社会保障卡银行账户激活） ③1.10.5社会保障卡密码修改与重置 ④1.10.6社会保障卡挂失与解挂 ⑤1.10.7社会保障卡补领、换领、换发	信息化管理机构、社保经办机构、公共就业人才服务机构	

注：所涉服务事项详见《全国人力资源社会保障系统公共服务事项清单》。

附件2

“提速办”服务事项备选清单

序号	事项名称	当前规定的办结时限	提速后办结时限
1	1.6.1职工正常退休（职）申请	无	各地结合实际制定提速目标
2	1.6.10城镇职工基本养老保险关系转移接续申请	45个工作日	15个工作日
3	1.8.8失业保险关系转移接续	无	15个工作日
4	1.7.4工伤认定申请	自受理工伤认定申请之日起60日内作出工伤认定的决定。对受理的事实清楚、权利义务明确的工伤认定申请，应当在15日内作出工伤认定的决定	原则上自受理工伤认定申请之日起30日内作出工伤认定的决定，对受理的事实清楚、权利义务明确的工伤认定申请，原则上应当在7日内作出工伤认定决定。对于事实不清，权利义务不明确，需要进一步深入工伤认定调查的工伤认定申请，可在60日内作出工伤认定决定
5	劳动能力鉴定申请（含1.7.5劳动能力鉴定申请；1.7.6劳动能力再次鉴定申请；1.7.7劳动能力复查鉴定申请）	自收到劳动能力鉴定申请之日起60日内作出劳动能力鉴定结论，必要时可延长30日	原则上自收到劳动能力鉴定申请之日起30日内作出劳动能力鉴定结论，伤情复杂的应在60日内作出劳动能力鉴定结论

续表

序号	事项名称	当前规定的办结时限	提速后办结时限
6	1.8.1 失业保险金申领	自受理失业人员领取失业保险金申请之日起 10 日内，对申领者的资格进行审核认定	加快推进网上申领；现场办理 5 个工作日
7	1.8.9 稳岗返还（稳岗补贴）申领	自企业申请到审核通过，最长不得超过 3 个月	加快实现全程网办；现场办理不超过 1 个月
8	1.8.10 技能提升补贴申领（失业保险服务）	无	加快实现网上申领；现场办理 5 个工作日
9	1.10.1 社会保障卡申领	批量制发 30 个工作日；零星制发 5 个工作日	批量制发 30 个工作日；70%以上区县零星制发实现立等可取
10	2.4.1 失业登记	7 个工作日	3 个工作日
11	2.4.2 就业登记	10 个工作日	5 个工作日
12	2.4.3《就业创业证》申领	7 个工作日	3 个工作日
13	2.5.1 创业补贴申领	无	各地结合实际制定提速目标
14	2.5.2 创业担保贷款申请	无	各地结合实际制定提速目标
15	2.6.1 就业困难人员认定	无	各地结合实际制定提速目标
16	2.6.2 就业困难人员社会保险补贴申领	无	各地结合实际制定提速目标
17	2.6.4 求职创业补贴申领（就业困难人员）	无	各地结合实际制定提速目标
18	2.7.1 高等学校等毕业生接收手续办理	无	各地结合实际制定提速目标
19	2.7.2 就业见习补贴申领（高校毕业生等）	无	各地结合实际制定提速目标
20	2.7.3 求职创业补贴申领（高校毕业生）	无	各地结合实际制定提速目标
21	2.7.4 高校毕业生社保补贴申领	无	各地结合实际制定提速目标
22	3.3.2 事业单位公开招聘工作方案、招聘信息审核备案	无	各地结合实际制定提速目标
23	3.3.3 事业单位拟聘人员备案	无	各地结合实际制定提速目标
24	3.4.7 存档人员党员组织关系的接转	无	办理接收手续，符合条件的即时办结；办理转出手续，符合条件的即时办结（收到组织关系介绍信回执后及时存档）
25	3.5.2 遗失技能人员职业资格证书补发申请	无	各地结合实际制定提速目标

注：所涉服务事项详见《全国人力资源社会保障系统公共服务事项清单》。文件下发后，对服务事项办结时限有新要求的，以新要求为准。

人力资源社会保障部
关于加强技工院校劳动教育的实施意见

人社部发〔2020〕27号

各省、自治区、直辖市及新疆生产建设兵团人力资源社会保障厅（局）：

为贯彻落实《中共中央　国务院关于全面加强新时代大中小学劳动教育的意见》精神，构建德智体美劳全面培养的技工教育体系，现就加强技工院校劳动教育提出以下实施意见。

一、总体要求

（一）指导思想。以习近平新时代中国特色社会主义思想为指导，全面贯彻党的教育方针，深入落实党中央、国务院关于全面加强新时代大中小学劳动教育的决策部署，坚持立德树人，坚持培育和践行社会主义核心价值观，把劳动教育融入技工院校技能人才培养全过程，贯穿家庭、学校、社会各方面，与德育、智育、体育、美育相融合，弘扬劳动光荣、技能宝贵、创造伟大的时代风尚，倡导劳动精神、劳模精神、工匠精神，注重教育实效，实现知行合一、工学一体，促进学生形成正确的世界观、人生观和价值观，坚定劳动创造美好生活的信念，践行技能成才、技能报国的理想。

（二）目标任务。结合技工教育特点，构建技工院校劳动教育体系，精准把握劳动教育基本原则和基本内涵，开展以“新时代、新青年、新技能、新梦想”为特色的技工院校劳动教育。以培养担当民族复兴大任的新时代技能人才为导向，以引导学生理解和形成马克思主义劳动观、培养劳动精神和形成良好劳动习惯为目标，以日常生活劳动、生产劳动和服务性劳动等为抓手，在技能学习和劳动实践中磨炼学生艰苦奋斗、精益求精的意志品质，引导其成长为辛勤劳动、诚实劳动、创造性劳动的高技能人才。

二、构建技工院校劳动教育体系

（三）优化劳动教育课程设置。各地要将劳动教育纳入技工院校人才培养方案，增设劳动教育公共课必修课程。及时跟进优化专业和课程设置，完善劳动教育课程体系，开足开齐劳动教育课程。依托技能大师工作室等开展技能传授，联合行业企业深度参与课程开发。积极开设选修课并用好开学第一课，邀请大国工匠、高技能人才楷模、劳动模范、世界技能大赛获奖选手、优秀校友等进校园开展讲座，发挥榜样示范和典型引路的作用。通过劳动教育引导学生树立正确劳动观，深入体会劳动创造世界、创造美好生活，提高践行工匠精神的自觉意识，练就工匠技艺，养成劳动习惯，树牢劳动最光荣、劳动最崇高、劳动最伟大、劳动最美丽的观念，培养勤俭、奋斗、创新、奉献的劳动精神。

（四）依托校企合作实习实训开展劳动教

育。技工院校要充分发挥校企合作办学特色，以实习实训课为主要载体开展劳动教育，其中劳动精神、劳模精神、工匠精神专题教育不少于每学年16学时。深入推进校企双制、工学一体办学模式，积极开展企业新型学徒制培训，大力推广一体化课程教学改革，在实训教学中融入劳动教育内容。遵循学生成长规律和职业能力形成规律，统筹安排形式多样的实习工作，强化校企协同育人。加强与实习单位的协作，在学生实习过程中加强新知识、新技术、新工艺、新方法的使用，提高解决实际问题能力，积累职业经验。

（五）强化劳动教育时代特征。技工院校要聚焦新产业、新经济、新职业发展方向，突出“高、精、尖、缺”导向，培养急需紧缺技能人才，体现劳动教育的时代性，提高针对性。紧密结合产业经济发展方向开展劳动教育，实现产业、职业、专业与就业创业联动发展，针对劳动新形态加强新职业、新业态技能人才培养，增强学生职业荣誉感，强化技工教育就业导向。

（六）大力开展职业技能竞赛交流活动。把职业技能竞赛打造成劳动教育的重要载体，组织引导技工院校师生积极参与世界技能大赛、全国技能大赛以及各级各类职业技能竞赛活动，定期组织开展全国技工院校教师职业能力大赛和学生创业创新大赛。在相关竞赛评价指标中融入劳动教育元素，突出劳动精神导向。举办技能日、劳动周、劳动月、技能夏（冬）令营、技能成果展览、高技能人才研修交流、先进事迹报告会等技能与劳动展示交流活动，创新劳动教育方式，增强劳动教育吸引力。

（七）统筹开展校内校外劳动教育。将劳动教育融入技工院校日常教学工作，组织学生参加校园卫生保洁、绿化美化等形式多样的校内劳动，开展班务整理、勤工俭学等实践活动，提高学生劳动意识，养成良好劳动习惯。引导学生家庭发挥在劳动教育中的基础作用，利用日常生活劳动实践，使学生掌握生活技能。充分依托社会各方面资源，建立相对稳定的实习和劳动实践基地。结合实习教学安排，组织学生到企业公司、工厂农场参加力所能及的生产劳动、参与新型服务性劳动。支持学生深入城乡社区、企业事业单位等参加志愿服务、公益劳动等多种形式的社会劳动实践。

（八）加强创业创新实践。将创业创新实践课程与劳动教育课程相结合，建立健全技工院校创业培训体系，依托创业孵化基地、众创空间、网络平台开展各类创业培训。充分发挥技工院校就业指导机构、“互联网+”等载体的作用，有条件的技工院校可开设创业训练营、创业孵化基地、创业咨询服务机构，为学生创业提供创业服务。鼓励技工院校积极参与“中国创翼”创业创新大赛、全国创业培训讲师大赛等各类创业创新比赛，支持学生创业创新。

（九）强化劳动素养考核。将劳动素养纳入技工院校学生综合素质评价体系，综合评估学生参加劳动技能和劳动成果展示、技能竞赛活动情况，记录课内外劳动过程和结果，加强实际劳动技能和价值体认情况的考核。将学生参加家务劳动和掌握生活技能的情况按年度记入学生综合素质档案。把劳动素养评价结果作为衡量学生全面发展情况的重要内容，作为评优评先的重要参考和毕业依据。

三、完善技工院校劳动教育保障机制

（十）加强师资队伍建设。建立技工院校专兼职结合的劳动教育教师队伍。将劳动教育纳入教师培训内容，开展全员培训，强化教师的劳动意识、劳动观念，提升实施劳动教育的自觉性。对承担劳动教育课程的教师进行专项培训，提高劳动教育专业化水平。鼓励开展劳动教育科学研究，组织经常性的劳动教育课程教研活动，促进劳动教育理论与实践相结合，不断丰富教学内容，优化教学方式，增强教学效果。有条件的地区和院校可组织开展劳动教育教学竞赛，提高教师能力水平。

（十一）加强劳动教育教材建设。按规定

制定劳动教育课程标准，组织编写劳动教育教材。组织编写劳动实践活动指导手册，明确教学目标、实践设计、工具使用、考核评价、安全保护等劳动教育要求。推进技能人才培养标准、一体化课程规范和教材建设紧密结合，推动世界技能大赛标准和成果进教材。积极运用互联网平台推广应用数字化教学资源，体现劳动教育元素。

（十二）推动建设劳动基地。加大推动公共实训基地、高技能人才培训基地和世界技能大赛集训基地建设力度。支持各地依托技工院校建设行业或区域性实训基地，鼓励引企驻校、引校进企、校企一体等方式，吸引优质企业与学校共建共享生产性实训基地。发挥技工院校实训场地资源和紧密联系企业等优势，加强与相关政府部门、大中小学和社会组织的合作交流，积极开放实践场所，共建共享劳动教育实践基地，提升服务能力和水平。

（十三）强化劳动保护安全保障。指导技工院校加强劳动安全教育，强化劳动风险意识，建立健全安全教育与管理并重的劳动安全保障体系。科学评估劳动实践活动的安全风险，排查清除劳动实践中的隐患。强化对劳动过程每个岗位的管理，明确各方责任，防患于未然。建立实习实训场地安全应急制度，对实习实训场所专职管理人员定期开展应急处置知识学习和应急处理培训。加强学生实习实训安全技能和操作规范培训并进行考核，未通过考核的人员不得进入实习实训场所进行实训操作。制定劳动实践活动风险防控预案，完善应急与事故处理机制。

四、强化技工院校劳动教育组织实施

（十四）提高政治站位。劳动教育是中国特色社会主义教育制度的重要内容，直接决定社会主义建设者和接班人的劳动精神面貌、劳动价值取向和劳动技能水平。技工院校是培养新时代高素质技能人才的重要载体。加强技工院校劳动教育是培养德智体美劳全面发展的社会主义建设者和接班人的必要途径，是提升技工院校技能人才培养质量的重要举措。各级人力资源社会保障部门要深入学习党中央、国务院有关要求，高度重视新时代技工院校劳动教育，坚决贯彻落实部署要求，推动技工院校劳动教育工作取得实效。

（十五）加强组织领导。各地人力资源社会保障部门要在地方党委统一领导下，加强对本地区技工院校劳动教育工作的组织领导，明确负责部门，层层压实工作责任。结合本地实际研究制定实施方案，推动技工院校切实加强劳动教育。要指导技工院校抓好工作落实。学校应制定劳动教育具体实施办法，明确实施机构和人员、工作内容、方式方法等，开好课程、抓好教学、用好教材、办好活动，多措并举深入开展劳动教育。

（十六）健全经费投入机制。各级人力资源社会保障部门要协调有关部门加大经费支持力度，可采取政府购买服务方式，吸引社会力量提供劳动教育服务。学校应建立劳动教育器材、耗材补充机制，可按照规定统筹安排公用经费等资金开展劳动教育。

（十七）强化宣传引导。及时总结推广技工院校劳动教育典型经验和优秀案例。组织开展好职业教育活动周、世界青年技能日、技能中国行等活动，宣传校企合作、技能竞赛、技艺传承等成果。结合高技能人才评选表彰和职业技能大赛等工作，大力宣传劳动创造世界、技能成就未来的典型人物和事迹，弘扬劳动光荣、创造伟大的主旋律，营造全社会关心支持劳动教育的良好氛围。

2020 年 4 月 29 日

人力资源社会保障部　教育部　中央编办　财政部关于做好2020年中小学幼儿园教师公开招聘有关工作的通知

人社部发〔2020〕28号

各省、自治区、直辖市及新疆生产建设兵团人力资源社会保障厅（局）、教育厅（教委、教育局）、党委编办、财政厅（局）：

为贯彻习近平总书记在统筹推进新冠肺炎疫情防控和经济社会发展工作部署会议上的重要讲话精神，落实国务院常务会议关于促进高校毕业生就业的部署要求，加强教师队伍特别是基层教师队伍建设，推进教育事业发展，现就应对新冠肺炎疫情影响，做好2020年中小学幼儿园教师公开招聘有关工作通知如下。

一、提高认识，统筹谋划做好教师公开招聘工作

受疫情影响，今年高校毕业生就业形势严峻，党中央、国务院出台一系列稳就业重要举措，促进高校毕业生就业。各地要按照党中央、国务院决策部署，统一思想，高度重视，充分认识当前高校毕业生就业和教师队伍建设的重要性，统筹推进疫情防控和教育改革发展，稳存量、拓增量，多措并举促进高校毕业生就业，全面加强教师队伍特别是基层教师队伍建设，扎实做好2020年中小学幼儿园教师公开招聘工作，鼓励和引导更多高校毕业生补充到基层中小学幼儿园，满足教育发展需要。

二、挖潜创新，加强中小学教职工编制保障

各地要认真落实好国家进一步挖潜创新加强中小学教职工管理有关政策要求，加大事业编制挖潜、创新和统筹调剂力度，盘活用好现有资源尤其是教育系统各类事业编制，落实城乡统一的中小学教职工编制标准。充分考虑多种增编因素，科学合理核定中小学教职工编制，为高校毕业生提供更多的中小学教师岗位。

三、重点突破，加大幼儿园教师补充力度

各地要重点加强幼儿园教师公开招聘，落实《幼儿园教职工配备标准（暂行）》，创新人员管理方式，保障幼儿园教师工资待遇，依法依规参加社会保险。支持各地加强幼儿园编制配置，有条件的省份每年核定一定数量的幼儿园教职工编制，招聘学前教育专业高校毕业生到幼儿园就业。中央财政在分配相关资金时，将统筹考虑各地幼儿园专任教师数因素，支持推进学前教育改革发展。

四、优化供给，教师公开招聘实施“先上岗、再考证”

各地在中小学幼儿园（含“特岗计划”）

教师公开招聘工作中，要根据岗位需求，科学合理地设置招聘条件，不得设置指向性或与岗位无关的歧视性条件。要按照人力资源社会保障部等七部门有关应对新冠肺炎疫情影响实施部分职业资格“先上岗、再考证”阶段性措施文件的要求，在2020年12月31日前招聘高校毕业生的，不得将取得教师资格证书作为限制性条件。

五、积极支持，引导高校毕业生到艰苦边远地区学校任教

艰苦边远地区县乡中小学幼儿园按照艰苦边远地区县乡事业单位公开招聘工作的有关规定，在坚持公开招聘基本制度的基础上，可以适当放宽年龄、学历、专业等招聘条件，拓宽招聘渠道；可以拿出一定数量岗位面向本县、本市或者周边县市户籍人员（或者生源）招聘。其中，乡镇中小学幼儿园招聘本科以上高校毕业生、县中小学幼儿园招聘硕士以上高校毕业生，可以结合实际情况，采取面试、直接考察的方式公开招聘；可以根据应聘人员报名、专业分布等情况适当降低开考比例，或不设开考比例，划定成绩合格线。

六、挂图推进，确保完成“特岗计划”招聘计划

各地教育行政部门要按照工作部署，制定工作推进图表，加强与人力资源社会保障、编制、财政等部门的协调配合，切实做好今年的“特岗计划”招聘组织实施工作，精心分配计划，广泛宣传政策，吸引广大高校毕业生应聘。一次性招聘未完成计划的省份，可以按规定依次递补聘用或组织二次招聘，保证招聘完成率。实施地方“特岗计划”的省份，要统筹中央和地方两级“特岗计划”使用，优先完成中央“特岗计划”。2020年中央“特岗计划”教师招聘工作对湖北省招聘计划和湖北籍以及湖北高校毕业生予以适当倾斜支持。

七、协同配合，落实教师招聘工作责任

各级人力资源社会保障、教育、编制、财政部门要加强协调配合，各司其职，根据各类中小学幼儿园生源和教师队伍建设情况，加大教师公开招聘力度，细化举措，明确任务，在去年招聘高校毕业生数量的基础上，再扩大招聘一定数量的高校毕业生，吸纳更多高校毕业生从教。各地要结合实际，尽快启动2020年教师公开招聘工作，招聘公告在事业单位人事综合管理部门公开招聘服务平台、教育部门网站及教育部“24365校园招聘”平台上发布，通过多种途径广泛推介招聘信息。人力资源社会保障部、教育部、中央编办将建立调度协调机制，定期调度各地教师公开招聘落实进展情况，协调解决工作中的问题和困难，并在相关工作中给予支持。

八、大力扶持，增强民办学校吸纳就业能力

各地要加大就业政策落实力度，支持民办学校积极吸纳就业，对吸纳高校毕业生、就业困难人员等重点群体就业的民办中小学幼儿园按规定落实税收减免、社会保险补贴、一次性吸纳就业补贴等扶持政策。对民办中小学幼儿园按规定落实阶段性减免社会保险费政策。

请各省（区、市）教育行政部门将教师招聘工作联系人及联系电话报教育部教师工作司，并每两周报送一次工作进展情况。在2020年教师公开招聘工作结束后，报送《2020年中小学幼儿园教师岗位招聘毕业生情况统计表》。

附件：2020年中小学幼儿园教师岗位招聘毕业生情况统计表（略）

2020年5月9日

人力资源社会保障部　财政部
关于实施企业稳岗扩岗专项支持计划的通知

人社部发〔2020〕30号

各省、自治区、直辖市及新疆生产建设兵团人力资源社会保障厅（局）、财政厅（局）：

为有效应对国内外疫情形势和经济下行压力对就业的影响，做好常态化疫情防控中的稳就业工作，人力资源社会保障部、财政部决定启动实施企业稳岗扩岗专项支持计划。有关事项通知如下：

一、总体要求

坚决贯彻中央统筹推进疫情防控和经济社会发展工作部署，强化底线思维，注重精准施策，坚持援企、稳岗、扩就业、保民生并举，用足用好失业保险基金、职业技能提升行动专账资金，大力实施稳岗返还、以工代训，支持企业稳定岗位，鼓励企业吸纳就业，保障劳动者基本生活，努力保持就业局势和社会大局稳定。

二、政策举措

（一）加大稳岗返还力度。加快落实失业保险稳岗返还政策，支持参保企业不裁员、少裁员。其中，对中小微企业，2020年12月31日前返还标准最高可提至企业及其职工上年度缴纳失业保险费的100%。提高返还标准后，各级失业保险经办机构要尽快补发2020年度返还资金。对面临暂时性生产经营困难且恢复有望、坚持不裁员或少裁员的参保企业，返还标准可按不超过6个月的当地月人均失业保险金和参保职工人数确定，或按不超过3个月的企业及其职工应缴纳社会保险费确定。实施企业稳岗返还的统筹地区上年失业保险基金滚存结余应具备12个月以上备付能力，实施困难企业稳岗返还的统筹地区备付能力应达到24个月以上，对于备付能力不足的统筹地区，要充分发挥省级调剂金作用，帮助当地实施困难企业稳岗返还政策，尽可能让符合条件的企业都能享受政策支持。

（二）拓宽以工代训范围。

支持企业面向新吸纳劳动者开展以工代训，扩岗位、扩就业。对中小微企业吸纳就业困难人员、零就业家庭成员、离校两年内高校毕业生、登记失业人员就业，并开展以工代训的，可根据吸纳人数给予企业职业培训补贴。

支持困难企业开展以工代训，稳岗位、保生活。对受疫情影响出现生产经营暂时困难导致停工停业的中小微企业，组织职工开展以工代训的，可根据组织以工代训人数给予企业职业培训补贴。

各地可结合实际情况，将受疫情影响较大的外贸、住宿餐饮、文化旅游、交通运输、批发零售等行业补贴范围扩展到各类企业。补贴资金主要用于开展以工代训、职工生活补助等支出。符合条件的企业申请以工代训职业培训补贴，应向当地人力资源社会保障部门提供以工代训人员花名册、当月发放工资银行对账单（其中停工停产企业需提供上一季度发放工资银行对账单）。经当地人力资源社会保障部门审核通过后，按规定每月将补贴资金支付到企业在银行开立的基本账户。补贴标准由省级人力资源社会保障、财政部门确定，补贴期限最长不超过6个月，所需资金从职业技能提升行动专账资金中列支。以工代训职业培训补贴政策受理期限截止到2020年12月31日，原有以工代训政策执行期限不变。

三、工作要求

（一）优化经办服务。各地要梳理发布专项支持计划的政策清单、申办流程、补贴标准、服务机构及联系方式、监督投诉电话等，结合本地区重点关注企业清单宣介政策、了解困难、做好帮扶。要精简申领证明材料，对同一企业同时申请多项政策的推行“打包”办理，不得要求重复提交材料。对稳岗返还政策，稳岗返还金额可依据征缴机构提供的上年度缴费记录按规定确定，不再要求提供职工花名册、工资表等；“生产经营活动应符合国家及所在区域产业结构调整和环保政策”的审核可采用企业承诺方式。要提高审核发放效率，做到随报随审，不得设定集中申报期和资金拨付期。要加快建立补贴资金网上申领渠道，推广“不见面”服务，努力实现补贴受理审核发放全程网办。

（二）强化资金保障监管。各地要加大以工代训职业培训补贴资金保障力度，确保政策落实。要按月监测失业保险基金运行状况，加强情况预判和适时调控，确保基金收支平衡和安全可持续。建立健全失业保险基金、职业技能提升行动专账资金监管机制，向社会公示享受政策的单位、额度等情况，加强监督检查和专项审计，对违规使用、骗取套取资金的要依法依规严惩，涉嫌犯罪的及时移交司法机关处理。

（三）加强组织领导。实施稳岗扩岗专项支持计划是当前稳就业、促就业、防失业的重要抓手，各地人力资源社会保障、财政部门要高度重视、精心组织。要制定实施方案，结合本地区就业工作需要，细化实化稳岗返还、以工代训政策，合理确定政策享受对象，明确操作流程和补贴标准。要依托现有信息系统，将以工代训政策实施情况纳入技能提升行动统计范围，按月上报政策落实情况。要强化宣传引导，充分运用各类媒体，及时向社会宣传专项支持计划政策举措、进展成效。专项支持计划实施情况将作为本年度稳就业工作相关督查、技能提升行动落实情况考核的重要内容。

各地实施专项支持计划的有关情况及工作中发现的困难问题，要及时报送人力资源社会保障部、财政部。

2020年5月9日

人力资源社会保障部 财政部 自然资源部 交通运输部 水利部 国家林业和草原局 国务院扶贫办关于进一步用好公益性岗位发挥就业保障作用的通知

人社部发〔2020〕38号

各省、自治区、直辖市及新疆生产建设兵团人力资源社会保障厅（局）、财政厅（局）、自然资源厅（局）、交通运输厅（局、委）、水利（水务）厅（局）、林业和草原主管部门、扶贫办（局）：

就业事关基本民生、经济发展和社会稳定大局。为落实党中央、国务院决战决胜脱贫攻坚、应对新冠肺炎疫情影响强化稳就业决策部署，进一步用好各类公益性岗位，充分发挥就业保障作用，现就有关事项通知如下：

一、切实提高思想认识。各地要高度重视公益性岗位有关工作，将其作为当前今后一段时期稳定和扩大就业的重要举措，摆在更加突出位置。压实工作责任，加强资金保障，推动政策落实，强化日常调度与集中督查。统筹各方资源，形成工作合力，加强部门间协同配合，切实发挥公益性岗位“兜底线、救急难”作用。

二、做好就业困难人员认定。根据本地区经济社会发展和就业形势变化，动态调整就业困难人员认定标准，及时将受疫情影响失业人员、残疾人员、建档立卡贫困劳动力等各类就业困难人员纳入援助对象范围。推动就业困难人员认定与失业登记协同办理，便捷受理申请，同步开展认定，主动提供援助服务，做到应认尽认、应帮尽帮。

三、多渠道开展就业援助。根据就业援助对象特点和需求，设计服务路径和援助举措，实施分类帮扶。针对性开展职业技能培训，积极推荐企业吸纳，帮助灵活就业，扶持自主创业，落实好税费减免、社会保险补贴、职业培训补贴等政策。对仍然难以通过市场渠道实现就业的，通过公益性岗位予以安置。

四、聚焦城乡公共服务短板把握开发领域。围绕疫情防控等重大突发事件，开发防疫消杀、医护辅助、物资配送、道路管制、卡点值守等应急管理服务岗位。满足城乡基层公共服务需求，开发保洁、保绿、公共设施维护、便民服务、妇幼保健、托老托幼助残、农村物流快递收发等便民服务类岗位。弥补“三农”领域基础设施建设、人居环境整治和生态治理不足，开发农村公路建设与管护、村庄公共基础设施建设与管护、水利工程及水利设施建设与管护、河湖巡查与管护、垃圾污水处理、厕所粪污无害化处理、河塘清淤整治、造林绿化等岗位。加强与各类公共服务管理主管部门的沟通联系，掌握相关领域招人用人需求，拓展岗位开发范围。

五、合理利用临时性城镇公益性岗位。2020年新开发的城镇公益性岗位以短期性、临时性岗位为主，提升资金使用效率，合理安置人员。临时性公益性岗位在岗时间不超过6个月，探索实施项目制管理，适当采取非全日制等方式。根据实际工作时间等因素合理确定岗位补贴，全日制岗位补贴不超过当地月最低工资标准，非全日制岗位补贴不超过当地小时最低工资标准，社会保险补贴根据参加社会保险情况按规定发放。

六、协同协力用好乡村公益性岗位助力脱贫攻坚。加强乡村公益性岗位开发管理部门间的协同配合，定期开展信息共享，汇聚各类岗位合力，助力脱贫攻坚。充分考虑当地收入水平和岗位职责内容，合理确定岗位待遇水平。指导乡镇、村结合实际开展岗位招聘，将岗位更多用于安置无法外出、无业可扶、无力脱贫的建档立卡贫困劳动力。通过现有资金渠道，加大对现有各类乡村公益性岗位的支持力度，并结合实际实行动态调整。

七、公开公平公正开展岗位招聘。公开发布岗位招聘信息，在网络或街道（乡镇）、社区（村）公告栏发布张贴招聘公告，注明岗位职责、招聘要求、薪酬待遇、劳动时长、在岗时间等信息。规范开展人员招用，组织好上岗资格认定、人岗匹配和拟招用人员公示等工作，接受社会各方监督。优化服务方式，搭建信息发布平台，开设招聘服务专区，为公益性岗位用人单位和劳动者提供更加优质高效的求职招聘服务。

八、强化岗位规范化管理。严格开展安置人员身份核实认定，确保依法依规安置符合条件人员，强化相关补贴资金监管。加强在岗人员履职情况监管，定期开展考核评价，重点考核工作成效、遵守规章制度和工作纪律情况。及时纠正查处安置不符合条件人员、优亲厚友、轮流坐庄、资金补贴一发了之、变相发钱等违法违规行为，坚决避免一村多岗、一人多岗等岗位设置过多过滥等现象。强化实名制动态管理，建立省级公益性岗位数据库，做好各类公益性岗位统计分析，按季度报送有关情况。

九、加强组织领导。各地要围绕稳定和扩大就业工作目标，立足职责、密切合作。人力资源社会保障部门会同扶贫部门加强各类公益性岗位统计分析，摸清就业困难人员、建档立卡贫困劳动力等困难群体就业状况和就业需求，会同财政部门做好就业相关资金补助公益性岗位相关政策制定。扶贫部门加大光伏收益、扶贫专项资金开发乡村公益性岗位力度，会同人力资源社会保障部门、自然资源部门、交通运输部门、水利部门、林业和草原主管部门做好各类乡村公益性岗位的统筹利用。交通运输部门做好农村公路建设与养护岗位的开发管理，协同做好岗位招聘与安置人员统计分析。水利部门做好水利工程建设与管护岗位管理，协同做好岗位招聘和安置人员统计分析。各地财政部门会同人力资源社会保障部门、自然资源部门、交通运输部门、水利部门、林业和草原主管部门、扶贫部门做好各类公益性岗位资金支出使用情况的监管检查。

2020年5月29日

人力资源社会保障部　财政部
关于扩大失业保险保障范围的通知

人社部发〔2020〕40号

各省、自治区、直辖市人民政府，新疆生产建设兵团：

为深入贯彻落实党中央、国务院关于扩大失业保险保障范围、更好保障失业人员基本生活的决策部署，确保失业人员待遇应发尽发、应保尽保，经国务院同意，现就扩大失业保险保障范围有关事项通知如下：

一、充分认识做好失业人员生活保障的重要意义。扩大失业保险保障范围是党中央、国务院为应对新冠肺炎疫情影响、保障基本民生作出的一项重要决策部署，对于做好困难群众兜底保障、维护社会稳定具有重要意义。各地要切实把思想和行动统一到党中央、国务院决策部署上来，进一步增强责任感和紧迫感，充分发挥失业保险保生活基础功能，抓紧抓实抓细政策落地见效，努力扩大受益面，切实保障参保失业人员基本生活。

二、及时发放失业保险金。对参保缴费满1年、非因本人意愿中断就业、已办理失业登记并有求职要求的失业人员，应及时足额发放失业保险金，代缴基本医疗保险费，按规定发放价格临时补贴、丧葬补助金和抚恤金。自2019年12月起，延长大龄失业人员领取失业保险金期限，对领取失业保险金期满仍未就业且距法定退休年龄不足1年的失业人员，可继续发放失业保险金至法定退休年龄。

三、阶段性实施失业补助金政策。2020年3月至12月，领取失业保险金期满仍未就业的失业人员、不符合领取失业保险金条件的参保失业人员，可以申领6个月的失业补助金，标准不超过当地失业保险金的80%。领取失业补助金期间不享受失业保险金、代缴基本医疗保险费、丧葬补助金和抚恤金。失业人员领取失业补助金期满、被用人单位招用并参保、死亡、应征服兵役、移居境外、享受城镇职工基本养老保险或城乡居民养老保险待遇、被判刑收监执行的，停发失业补助金。领取失业补助金期限不核减参保缴费年限。失业补助金按月发放，从失业保险基金“其他支出”科目列支。

四、阶段性扩大失业农民工保障范围。对《失业保险条例》规定的参保单位招用、个人不缴费且连续工作满1年的失业农民工，及时发放一次性生活补助。2020年5月至12月，对2019年1月1日之后参保不满1年的失业农民工，参照参保地城市低保标准，按月发放不超过3个月的临时生活补助。与城镇职工同等参保缴费的失业农民工，按参保地规定发放失业保险金或失业补助金。

五、阶段性提高价格临时补贴标准。2020年3月至6月，对领取失业保险金和失业补助金人员发放的价格临时补贴，补贴标准在现行标准基础上提高1倍。

六、畅通失业保险待遇申领渠道。各地要

优化经办流程，减少证明材料，取消附加条件，让参保失业人员方便快捷得到保障。参保失业人员可凭社会保障卡或身份证件申领失业保险金、失业补助金、一次性生活补助或临时生活补助，可不提供解除或者终止劳动关系、失业登记证明等材料。经办机构应通过核验参保信息库中的参保缴费信息，确认申领人员是否符合领取条件对应的失业状态，不得增加其他义务、条件或时限要求。各地要在实现线上申领失业保险金基础上，于6月底前实现失业补助金等其他失业保险待遇线上申领；人力资源社会保障部建立领取失业保险金、失业补助金全国线上申领入口，并向地方提供全国参保信息联网核验服务。

七、切实防范基金运行风险。各地要密切关注失业保险基金运行情况，加强监测预警，对困难地区及时做好帮扶。要结合本地失业保险基金结余情况，做好资金测算，合理确定补助标准，优先保障保生活支出。基金支撑能力较弱的统筹地区，要适时调整基金支出方向和结构。有条件的省份要充分发挥省级调剂金作用，支持统筹地区各项政策有序实施。要强化监督管理，严防冒领、骗取、套取基金行为，切实维护基金安全。

八、做好组织实施工作。各地要围绕应发尽发、应保尽保的目标任务，统筹谋划，周密部署，压实工作责任，建立健全抓落实的体制机制，确保扩大失业保险保障范围政策尽快落地见效。地方各级人力资源社会保障、财政部门要主动履职尽责，加强工作调度，做好政策宣传解读，提高政策知晓度，及时回应群众关切。各地在执行中遇有重大情况和问题，及时报人力资源社会保障部、财政部。

2020年5月29日

人力资源社会保障部　公安部
关于查询拖欠农民工工资案件相关当事人车辆登记情况的通知

人社部发〔2020〕44 号

各省、自治区、直辖市及新疆生产建设兵团人力资源社会保障厅（局）、公安厅（局）：

《保障农民工工资支付条例》（以下简称《条例》）第 40 条规定："人力资源社会保障行政部门在查处拖欠农民工工资案件时，需要依法查询相关单位金融账户和相关当事人拥有房产、车辆等情况的，应当经设区的市级以上地方人民政府人力资源社会保障行政部门负责人批准，有关金融机构和登记部门应当予以配合。"为贯彻落实《条例》规定，及时查处拖欠农民工工资案件，维护农民工工资报酬权益，现就有关事项通知如下：

一、人力资源社会保障行政部门劳动保障监察机构在查处拖欠农民工工资案件时，有权依法向公安机关交通管理部门查询相关当事人车辆登记情况并取得证明资料，公安机关交通管理部门应当予以配合。

查询相关当事人车辆登记情况内容指当事人在公安机关交通管理部门办理的机动车相关登记情况。

二、人力资源社会保障行政部门劳动保障监察机构开展查询工作时，应严格履行审批程序，由设区的市级以上人力资源社会保障行政部门负责人批准。

三、人力资源社会保障行政部门劳动保障监察机构可向公安机关交通管理部门查询相关当事人在本地登记的机动车信息。需要查询相关当事人异地车辆登记情况的，可以直接向车辆登记地公安机关交通管理部门查询，也可以委托异地人力资源社会保障行政部门劳动保障监察机构开展相关查询工作。

四、人力资源社会保障行政部门劳动保障监察员开展相关查询工作，不得少于 2 人，并应向公安机关交通管理部门出示劳动保障监察证件，出具《查询车辆登记情况通知书》。

到直辖市公安机关交通管理部门查询的，《查询车辆登记情况通知书》由省级人力资源社会保障行政部门盖章；到设区的市或者相当于同级的公安机关交通管理部门查询的，《查询车辆登记情况通知书》由地市级人力资源社会保障行政部门盖章。

五、公安机关交通管理部门在配合查询工作中，应如实提供相关信息，填写《查询车辆登记情况回函》，并在回函相应位置加盖单位公章；无法当天或现场查询完毕的，应当于收到《查询车辆登记情况通知书》之日起 3 个工作日内，反馈《查询车辆登记情况回函》。无被查询当事人车辆信息的，公安机关交通管理部门应当在《查询车辆登记情况回函》中注明并反馈。

六、人力资源社会保障行政部门劳动保障监察机构及其工作人员对公安机关交通管理部门提供的信息负有保密义务。公安机关交通管理部门及其工作人员不得将查询工作情况和查询内容等告知被查询当事人或者第三方。

七、人力资源社会保障行政部门劳动保障监察机构、公安机关交通管理部门的工作人员未按《条例》和本通知规定开展查询或配合查询工作的，按相关规定追究有关人员责任。

各地人力资源社会保障行政部门劳动保障监察机构、公安机关交通管理部门要认真执行通知要求，加强沟通配合，结合实际进一步完善查询工作流程和机制，确保查询工作依法顺利开展。有条件的地区要积极通过信息化手段按照有关规定建立部门间查询共享机制。对查询工作中遇到的问题，请及时报告人力资源社会保障部劳动保障监察局、公安部交通管理局。

附件：1. 查询车辆登记情况通知书（略）

2. 查询车辆登记情况回函（略）

2020 年 6 月 5 日

人力资源社会保障部　财政部　国务院扶贫办关于进一步做好就业扶贫工作的通知

人社部发〔2020〕48号

各省、自治区、直辖市及新疆生产建设兵团人力资源社会保障厅（局）、财政厅（局）、扶贫办（局）：

一人就业，全家脱贫，增加就业是最有效最直接的脱贫方式。去年全国有2 729万建档立卡贫困劳动力在外务工，这些家庭三分之二左右的收入来自外出务工。今年是脱贫攻坚决战决胜、全面收官之年，做好就业扶贫工作尤为重要。受新冠肺炎疫情影响，当前仍有一些贫困劳动力尚未外出，一些贫困劳动力在外务工不稳定，就业增收压力加大。为贯彻落实党中央、国务院关于决战决胜脱贫攻坚和应对疫情影响强化稳就业举措决策部署，进一步做好就业扶贫工作，现就有关事项通知如下：

一、明确目标任务。围绕贫困劳动力出得去、稳得住、留得下，多措并举、精准施策，帮助有劳动能力和就业意愿的贫困劳动力外出务工，帮助已外出贫困劳动力稳定务工，力争今年外出务工规模不降低、有提高，最大限度防止和减少外出务工贫困劳动力返乡回流，努力稳定贫困群众就业增收渠道。

二、压实工作责任。强化中央统筹、省负总责、市县抓落实的工作机制，层层压实输出地和输入地主体责任。输出地负责摸清本地贫困劳动力外出务工意愿，做好组织发动、劳务输出。输入地负责畅通贫困劳动力流入渠道，帮助贫困劳动力稳在企业、稳在当地。东部地区要扩大东西部扶贫协作机制覆盖面，将在当地务工的贫困劳动力全部作为工作对象、纳入服务范围。

三、全面摸排底数。要依托全国建档立卡贫困人口实名制数据库，摸查贫困劳动力务工情况。输入地要将在当地务工的贫困劳动力实名制数据，与本地就业失业、用工备案、社保缴纳等数据比对，列出贫困劳动力就业人员清单、失业人员清单，包括务工单位、参保信息等情况。输出地要对照去年外出务工贫困劳动力名单，摸排今年已就业和未外出、有意愿外出人员情况，列出本地贫困劳动力就业人员清单、有意愿外出务工人员清单，做到人员底数清、劳动能力清、就业状态清、外出意愿清。输出地人社部门要配合扶贫部门从源头抓好贫困劳动力数据摸排采集工作，统一口径、共同确认，确保数据准确。

四、优先组织外出。要抓住全国复工复产进度加快的有利时机，加强贫困劳动力就业岗位信息的归集发布，加强输出地和输入地劳务对接。输出地要充分发挥行政村第一书记、驻村工作队作用，广泛动员公共就业服务机构、人力资源服务机构和劳务经纪人，加快组织贫困劳动力外出务工。外出务工规模低于去年的省份，要建立工作调度机制，及时解决劳务输出中遇到的问题，扩大输出规模。输入地要在做好东西部劳务协作、对口支援的同时，主动与输出省份加强劳务对接，常态化提供就业岗位，协助开展有组织劳务输出。对吸纳贫困劳动力就业的企业，符合条件的按规定给予以工代训职业培训补贴，有条件的地区可给予一次性吸纳就业补贴。疫情防控期间，对吸纳贫困劳动力就业规模大的企业，可通过财政专项扶贫资金给予一次性奖励。对开展有组织劳务输出的公共就业服务机构、人力资源服务机构、劳务经纪人，按规定给予就业创业服务补助。对通过有组织劳务输出到户籍所在县以外就业的贫困劳动力，按规定给予一次性求职创业补贴，对疫情防控期间外出务工的贫困劳动力按规定给予交通费补助。

五、全力稳在企业。对贫困劳动力所在企业，建立定期联系专人帮扶机制，加强用工指导、政策宣介，及时排忧解难，落实各项援企稳岗、减税降费优惠政策。对生产经营遇到困难、确实需要裁员的企业，提前介入指导，同等条件下优先留用贫困劳动力；对不裁贫困劳动力的，优先落实失业保险稳岗返还、困难企业培训补贴政策，帮助企业渡过难关。

六、尽力稳在当地。对不得不裁减贫困劳动力的企业，指导企业妥善处理与贫困劳动力的劳动关系，依法支付工资报酬和经济补偿，做好社会保险关系转移接续。对贫困劳动力与用人单位发生劳动争议的，启动劳动争议仲裁绿色通道，做到快立、快审、快结。对参加失业保险的贫困劳动力，及时按规定落实失业保险待遇。对未参加失业保险的符合条件对象，协调当地民政部门按规定及时纳入最低生活保障、临时救助，保障失业期间基本生活。加强就业帮扶，将就业转失业的贫困劳动力纳入当地就业困难人员范围，及时提供职业介绍、岗位推荐等服务，落实企业吸纳、灵活就业、自主创业、公益性岗位安置等扶持政策，优先帮助尽快转岗就业。

七、拓宽就地就近就业渠道。要充分尊重贫困劳动力意愿，将返乡留乡贫困劳动力作为重点帮扶对象，通过发展农业生产、组织参加工程项目建设、推动扶贫龙头企业和扶贫车间复工达产、培树发展劳务品牌、培育贫困村创业致富带头人等方式，多渠道安排返乡留乡贫困劳动力就地就近就业。结合实际加大乡村公益性岗位开发力度，加强规范管理，防止变相发钱、福利化倾向。村级光伏扶贫电站收益80%用于设置扶贫公益性岗位。

八、始终聚焦重点。要把52个未摘帽贫困县、“三区三州”等深度贫困地区、易地扶贫搬迁大型安置区以及湖北省的贫困劳动力作为重点对象，优先组织输出、优先稳岗转岗、优先托底安置、优先实施救助。充分发挥东西部劳务协作、对口支援、省内协作机制，加大劳务协作、项目建设等各类资源的倾斜支持，实施一对一帮扶，定向投放岗位，开展点对点劳务输出。2020年各地对口支援资金、就业补助资金分配要向以上重点地区倾斜。2020年对“三区三州”等深度贫困地区、52个未摘帽贫困县参加失业保险且不裁员少裁员的企业，将稳岗返还标准由企业及其职工上年度实际缴纳失业保险费总额的60%最高提至100%，并按规定将吸纳建档立卡贫困人员就业并签订劳动合同的事业单位纳入稳岗返还和技能提升补贴政策范围。

九、强化考核评估。贫困劳动力就业情况将作为年度脱贫攻坚成效考核的重要内容，考核参照指标为去年贫困劳动力外出务工数据，东部地区今年吸纳中西部地区贫困劳动力务工总数不少于去年，中西部地区外出务工贫困劳动力总数不少于去年。

十、加强组织领导。要把就业扶贫作为打赢脱贫攻坚战的重要内容、稳就业的重要举措，高度重视，倾力作为，确保完成目标任务。鼓励各地结合实际制定更有针对性的政策措施，统筹使用就业补助资金、符合条件的相关扶贫资金和地方财政安排的援助资金保障落实，促进贫困劳动力稳定就业。要持续抓好作风建设，坚决杜绝形式主义官僚主义，防止数字脱贫弄虚作假。

附件：贫困劳动力外出务工情况（截至5月30日）（略）

2020年6月17日

人力资源社会保障部　财政部　税务总局关于延长阶段性减免企业社会保险费政策实施期限等问题的通知

人社部发〔2020〕49号

各省、自治区、直辖市人民政府，新疆生产建设兵团：

按照党中央、国务院决策部署，人力资源社会保障部、财政部、税务总局印发《关于阶段性减免企业社会保险费的通知》（人社部发〔2020〕11号），自2020年2月起阶段性减免企业基本养老保险、失业保险、工伤保险（以下称三项社会保险）单位缴费部分，减轻了企业负担，有力支持了企业复工复产。为进一步帮助企业特别是中小微企业应对风险、渡过难关，减轻企业和低收入参保人员今年的缴费负担，经国务院同意，现就延长阶段性减免企业三项社会保险费政策实施期限等问题通知如下：

一、各省、自治区、直辖市及新疆生产建设兵团（以下统称省）对中小微企业三项社会保险单位缴费部分免征的政策，延长执行到2020年12月底。各省（除湖北省外）对大型企业等其他参保单位（不含机关事业单位，下同）三项社会保险单位缴费部分减半征收的政策，延长执行到2020年6月底。湖北省对大型企业等其他参保单位三项社会保险单位缴费部分免征的政策，继续执行到2020年6月底。

二、受疫情影响生产经营出现严重困难的企业，可继续缓缴社会保险费至2020年12月底，缓缴期间免收滞纳金。

三、各省2020年社会保险个人缴费基数下限可继续执行2019年个人缴费基数下限标准，个人缴费基数上限按规定正常调整。

四、有雇工的个体工商户以单位方式参加三项社会保险的，继续参照企业办法享受单位缴费减免和缓缴政策。

五、以个人身份参加企业职工基本养老保险的个体工商户和各类灵活就业人员，2020年缴纳基本养老保险费确有困难的，可自愿暂缓缴费。2021年可继续缴费，缴费年限累计计算；对2020年未缴费月度，可于2021年底前进行补缴，缴费基数在2021年当地个人缴费基数上下限范围内自主选择。

六、各省要严格按照规定的减免范围、减免时限和划型标准执行，确保各项措施准确落实到位，不得突破本通知的政策要求，不得自行出台其他减收增支政策。要统筹考虑今年减免政策等因素，按程序调整2020年社保基金收支预算。

七、各省级政府要切实承担主体责任，加快推进三项社会保险省级统筹工作，确保2020年底前实现企业职工基本养老保险基金省级统收统支。要加强资金调度，做好资金保障工作，确保各项社会保险待遇按时足额支付。

各省要结合实际制定具体实施办法，自本通知印发之日起 10 日内出台，并报人力资源社会保障部、财政部、税务总局备案。要抓紧组织实施，进一步将减免企业三项社会保险费等各项政策落细落实。人力资源社会保障部、财政部、税务总局将适时对政策落实情况进行监督检查。

2020 年 6 月 22 日

人力资源社会保障部　国家卫生健康委关于做好2020年县级及基层医疗卫生机构公开招聘高校毕业生工作的通知

人社部发〔2020〕50号

各省、自治区、直辖市及新疆生产建设兵团人力资源社会保障厅（局）、卫生健康委：

为深入贯彻落实习近平总书记关于统筹推进新冠肺炎疫情防控和经济社会发展工作的重要指示精神，落实国务院关于促进高校毕业生就业的部署要求，进一步强化稳就业举措，加强基层卫生人才队伍建设，现就做好2020年县级及基层医疗卫生机构公开招聘高校毕业生有关工作通知如下。

一、统筹谋划公开招聘高校毕业生工作

受疫情影响，今年高校毕业生就业形势严峻，促进高校毕业生就业工作是当前一项重要政治任务。党中央、国务院陆续出台一系列稳就业举措，各地要按照党中央、国务院决策部署，统一思想，高度重视，充分认识当前高校毕业生就业和基层卫生人才队伍建设的重要性，稳存量、拓增量，多措并举促进高校毕业生就业，变压力为机遇，及时为县级及基层医疗卫生机构增加有生力量。

二、扩大公开招聘规模

县级及基层医疗卫生机构要统筹用好现有空编资源，提高空缺岗位专项招聘高校毕业生的比例，或将适合高校毕业生的空缺岗位主要用于专项招聘高校毕业生。各级人力资源社会保障部门和卫生健康部门要加大县级及基层医疗卫生机构公开招聘力度，在去年招聘高校毕业生数量的基础上，再扩大招聘一定数量的高校毕业生，吸纳更多高校毕业生从医。

三、提高公开招聘针对性

各级人力资源社会保障部门和卫生健康部门应根据卫生健康事业发展需要，深入分析地区环境、人才状况、医疗卫生机构需求等情况，从基层实际需求出发，精准聚焦短缺人才，制定符合本地实际的招聘方案和岗位要求。要按照“干什么、考什么”的人岗相适原则，充分结合卫生健康行业特点，对应聘人员进行评价。

四、鼓励高校毕业生投身艰苦边远地区卫生健康事业

各地要积极鼓励和引导高校毕业生到艰苦边远地区县级及基层医疗卫生机构就业。艰苦边远地区县级及基层医疗卫生机构公开招聘时，可根据情况适当放宽年龄、学历等招聘条件。基层医疗卫生机构公开招聘具有本科及以上学历的人员、县级医疗卫生机构招聘具有硕士及以上学历的人员，县级及基层医疗卫生机构招聘公共卫生、全科医学、妇产科学、老年医学、儿科学等急需紧缺医学专业人才，可采

取面试（技术操作）、直接考察的方式公开招聘。采取统一笔试方式的，可以根据应聘人员报名、专业分布等情况适当降低开考比例，或不设开考比例，划定成绩合格线。进一步做好农村订单定向免费医学生就业安置和履约管理工作。对聘用的高校毕业生，按《中共中央办公厅、国务院办公厅印发〈关于进一步引导和鼓励高校毕业生到基层工作的意见〉的通知》（中办发〔2016〕79号）等规定确定工资待遇及工作补贴。

五、促进人才合理流动

各地在吸引优秀人才服务基层的同时，应着力构建人才发展平台，保持基层人才队伍稳定，推动卫生健康事业更加均衡、高质量发展。对放宽条件招聘的人员，用人单位可以视情况在聘用合同中约定3~5年最低服务期限，并明确违约责任和相关要求。在最低服务期限内，其他单位不得以借调、帮助工作等方式将其借出或调走。要切实加强人才交流的管理，禁止采取另建档案等违规做法调入人员，禁止上级医疗卫生机构从下级医疗卫生机构“虹吸式”抢挖人才。对符合交流条件的人员，不得采取扣押档案等做法阻碍人员合理流动。

六、加强工作指导监督

各级人力资源社会保障部门和卫生健康部门要高度重视高校毕业生招聘工作，加强协调配合，明确任务举措，主动担当作为。要结合实际，扎实做好2020年县级及基层医疗卫生机构公开招聘工作，招聘公告要在事业单位人事综合管理部门公开招聘服务平台、卫生健康部门网站上发布，通过多种途径广泛推介招聘信息。要严格执行公开招聘相关规定，认真组织实施，充分体现公开、公平、公正。要严肃人事纪律，对公开招聘工作中出现的违规违纪问题，按照相关规定严肃处理。

2020年6月22日

人力资源社会保障部关于印发《世界技能大赛中国组委会标志管理办法（试行)》《上海2021年第46届世界技能大赛标志管理办法（试行)》的通知

人社部发〔2020〕51号

各省、自治区、直辖市及新疆生产建设兵团人力资源社会保障厅（局)，国务院有关部门、有关行业组织、中央企业人事劳动保障工作机构：

为加强对世界技能大赛中国组委会和上海2021年第46届世界技能大赛标志的保护和规范使用，维护世界技能大赛中国组委会和上海2021年第46届世界技能大赛标志权利人的合法权益，根据《特殊标志管理条例》及知识产权保护相关法律法规，我部制定了《世界技能大赛中国组委会标志管理办法（试行)》《上海2021年第46届世界技能大赛标志管理办法（试行)》。现印发给你们，请遵照执行。

2020年6月23日

世界技能大赛中国组委会标志管理办法（试行)

第一条 为加强对世界技能大赛中国组委会标志（下称“中国技能标志”）的保护和规范使用，维护中国技能标志权利人的合法权益，根据《特殊标志管理条例》及知识产权保护相关法律法规，制定本办法。

第二条 本办法所称中国技能标志包括：

（一）名称

中文名称“世界技能大赛中国组委会”。中文简称“世赛中国组委会”、英文名称“WORLDSKILLS CHINA”。

（二）标识

世界技能大赛中国组委会对外公布的标识，由手型图标和WorldSkills China文字组成。

第三条 人力资源社会保障部为中国技能标志所有人，授权世界技能大赛中国组委会对中国技能标志进行管理。

第四条 中国技能标志的使用应当有助于世界技能大赛和世界技能大赛中国组委会的发展。使用人应当维护世界技能大赛和世界技能大赛中国组委会的形象，按照本办法规范使用中国技能标志。未经人力资源社会保障部或世界技能大赛中国组委会的许可，任何单位和个人不得擅自使用与中国技能标志相同或近似的图形、文字或其组合。

第五条 任何单位和个人不得冒用人力资源社会保障部或世界技能大赛中国组委会的名义提供涉及中国技能标志的商品或服务，举办会议、大赛、展览、广告宣传、征集赞助等活动。

第六条 未经人力资源社会保障部或世界技能大赛中国组委会的许可，任何单位和个人不得将中国技能标志中的名称、标识等用于商品、商品包装、容器、商品交易文书上，不得用于任何形式、任何媒体的广告宣传、展览以及其他商业活动中。

第七条 任何单位和个人不得实施下列混淆行为，可能使人认为其与世界技能大赛中国组委会或第46届世界技能大赛组委会存在特定联系。

（一）擅自使用与世界技能大赛中国组委会、第46届世界技能大赛组委会相同或者近似的名称、简称、标识、图形，或上述相关元素不同形式的组合。

（二）擅自使用世界技能大赛中国组委会、第46届世界技能大赛组委会等域名主体部分、网站名称、网页、APP、小程序等。

（三）其他可能使人认为其与世界技能大赛中国组委会、第46届世界技能大赛组委会存在特定联系的混淆行为。

第八条 为做好世界技能大赛筹办、参赛和推广工作，人力资源社会保障部或世界技能大赛中国组委会可以授权特定实体实施中国技能标志使用许可工作。

需要使用中国技能标志且依法成立的企业、事业单位、社会团体、个体工商户，应当向人力资源社会保障部或世界技能大赛中国组委会或其授权特定实体提出书面申请。经同意后，双方应当签订书面协议，明确使用范围、地域和期限等。

第九条 被授权使用的单位应当在授权书载明的使用范围、地域、期限内规范使用中国技能标志。未经人力资源社会保障部或世界技能大赛中国组委会书面同意或许可，不得转授权。

第十条 人力资源社会保障部或世界技能大赛中国组委会在世界技能大赛筹备、参赛和推广工作及城市文明公益宣传等非商业活动中，可以自己使用或授权其他单位使用中国技能标志。

第十一条 任何企业、事业单位、社会团体、个体工商户从事或参加与世界技能大赛中国组委会相关的服务平台、展示平台、线上或线下活动，且需使用中国技能标志的，应当就使用行为取得人力资源社会保障部或世界技能大赛中国组委会或者其授权特定实体书面授权。

上述单位经合法授权后，应当使用世界技能大赛中国组委会相关服务平台、展示平台、线上或线下活动等名称的全称，不得仅使用“世界技能大赛中国组委会”或其简称。

第十二条 经合法授权的单位，应当加强标志使用的规范与管理，遵守人力资源社会保障部或世界技能大赛中国组委会制定的标志使用管理办法。特殊标志的使用人应当是依法成立的企业、事业单位、社会团体、个体工商户。特殊标志使用人应当同特殊标志所有人签订书面使用合同。特殊标志使用人应当自合同签订之日起 1 个月内，将合同副本报国务院知识产权管理部门备案，并报使用人所在地县级以上人民政府知识产权管理部门存查。

第十三条 使用人违反本办法规定或超出授权书范围使用中国技能标志的，人力资源社会保障部或世界技能大赛中国组委会或其授权特定实体有权撤销授权，并依法追究使用人的法律责任。

第十四条 任何单位和个人发现涉嫌侵犯人力资源社会保障部或世界技能大赛中国组委会权利的行为，可向人力资源社会保障部或世界技能大赛中国组委会举报，或直接向有关知识产权行政部门举报。

第十五条 本办法自公布之日起施行，由人力资源社会保障部或世界技能大赛中国组委会负责解释。

上海 2021 年第 46 届世界技能大赛标志管理办法（试行）

第一条 为加强对上海 2021 年第 46 届世界技能大赛（以下简称“第 46 届世界技能大赛”）标志的保护和规范使用，维护第 46 届世界技能大赛标志权利人的合法权益，根据《特殊标志管理条例》及知识产权保护相关法律法规，结合第 46 届世界技能大赛筹办工作实际，制定本办法。

第二条 本办法所称第 46 届世界技能大赛标志包括：

（一）名称

中文名称“上海 2021 年世界技能大赛”。英文名称“WORLDSKILLS SHANGHAI 2021”、英文缩写“WSS2021”。

（二）标识

第 46 届世界技能大赛组委会对外公布的标识，由手型图标和 WorldSkills Shanghai 2021 文字组成。

worldskills Shanghai2021

第三条 人力资源社会保障部为第 46 届世界技能大赛标志所有人，授权第 46 届世界技能大赛组委会对第 46 届世界技能大赛标志进行管理。

第四条 第 46 届世界技能大赛标志的使用应当有助于第 46 届世界技能大赛的筹备和推广工作。未经人力资源社会保障部或第 46 届世界技能大赛组委会许可，任何单位和个人不得擅自使用与第 46 届世界技能大赛标志相同或近似的图形、文字或其组合。

第五条 任何单位和个人不得冒用人力资源社会保障部或第 46 届世界技能大赛组委会的名义提供涉及第 46 届世界技能大赛标志的商品或服务，举办会议、大赛、展览、广告宣传、征集赞助等活动。

第六条 未经人力资源社会保障部或第 46 届世界技能大赛组委会的许可，任何单位和个人不得将第 46 届世界技能大赛标志中的名称、标识等用于商品、商品包装、容器、商品交易文书上，不得用于任何形式、任何媒体的广告宣传、展览以及其他商业活动中。

第七条 任何单位和个人不得实施下列混淆行为，可能使人认为其与第 46 届世界技能大赛、世界技能大赛中国组委会、第46届世界技能大赛组委会存在特定联系。

（一）擅自使用与第46届世界技能大赛、世界技能大赛中国组委会、第46届世界技能大赛组委会相同或者近似的名称、标识、图形，或上述元素的不同形式组合。

（二）擅自使用第46届世界技能大赛、世界技能大赛中国组委会、第46届世界技能大赛组委会等域名主体部分、网站名称、网页、APP、小程序等。

（三）其他可能使人认为其与第46届世界技能大赛、世界技能大赛中国组委会、第46届世界技能大赛组委会存在特定联系的混淆行为。

第八条 为做好第46届世界技能大赛筹办和推广工作，人力资源社会保障部或第46届世界技能大赛组委会可以授权特定实体实施第46届世界技能大赛标志使用许可工作。

需要使用第46届世界技能大赛标志且依法成立的企业、事业单位、社会团体、个体工商户，应当向人力资源社会保障部或第46届世界技能大赛组委会或其授权特定实体提出书面申请，经同意后，双方应当签订书面协议，明确使用范围、地域和期限等。

第九条 被授权使用的单位应当在授权书载明的使用范围、地域、期限内规范使用第46届世界技能大赛标志。未经人力资源社会保障部或第46届世界技能大赛组委会书面同意或许可，不得转授权。

第十条 人力资源社会保障部或世界技能大赛中国组委会或第46届世界技能大赛组委会在第46届世界技能大赛筹备和推广工作及城市文明公益宣传等非商业活动中，可以自己使用或授权其他单位使用第46届世界技能大赛标志。

第十一条 任何企业、事业单位、社会团体、个体工商户从事或参加与第46届世界技能大赛相关的服务平台、展示平台、线上或线下活动等，且需使用第46届世界技能大赛标志的，应当就使用行为取得人力资源社会保障部或第46届世界技能大赛组委会或者其授权特定实体书面授权。

上述单位经合法授权后，应当使用第46届世界技能大赛相关服务平台、展示平台、线上或线下活动等名称的全称，不得仅使用“上海2021年第46届世界技能大赛”或其简称。

第十二条 经合法授权的单位，应当加强标志使用的规范与管理，遵守人力资源社会保障部或第46届世界技能大赛组委会制定的标志使用管理办法。特殊标志的使用人应当是依法成立的企业、事业单位、社会团体、个体工商户。特殊标志使用人应当同特殊标志所有人签订书面使用合同。特殊标志使用人应当自合同签订之日起1个月内，将合同副本报国务院知识产权管理部门备案，并报使用人所在地县级以上人民政府知识产权管理部门存查。

第十三条 使用人违反本办法规定或超出授权书范围使用第46届世界技能大赛标志的，人力资源社会保障部或第46届世界技能大赛组委会或者其授权特定实体有权撤销授权，并依法追究使用人的法律责任。

第十四条 任何单位和个人发现涉嫌侵犯第46届世界技能大赛组委会权利的行为，可向人力资源社会保障部或第46届世界技能大赛组委会举报，或直接向有关知识产权行政部门举报。

第十五条 本办法自公布之日起施行，由人力资源社会保障部或世界技能大赛中国组委会负责解释。

人力资源社会保障部　司法部　财政部
关于进一步加强劳动人事争议调解仲裁
法律援助工作的意见

人社部发〔2020〕52号

各省、自治区、直辖市及新疆生产建设兵团人力资源社会保障厅（局）、司法厅（局）、财政厅（局）：

加强劳动人事争议调解仲裁法律援助工作（以下简称调解仲裁法律援助工作），保障符合条件的劳动者特别是贫困农民工及时获得法律援助服务，对于维护劳动者合法权益、确保法律正确实施、促进社会公平正义具有重要意义。近年来，一些地方主动采取措施加强调解仲裁法律援助工作，取得了良好效果。但与人民群众日益增长的法律援助需求相比，调解仲裁法律援助工作还存在协作机制有待健全、保障机制不够完善等问题。为认真落实中央关于全面推进依法治国的重大战略部署，统筹推进疫情防控与经济社会发展，加快处理各类涉疫情劳动人事争议，进一步满足人民群众特别是贫困劳动者对调解仲裁法律援助工作的需要，根据中央关于完善法律援助制度的有关精神和《法律援助条例》相关规定，现就进一步加强调解仲裁法律援助工作提出如下意见。

一、建立健全调解仲裁法律援助协作机制。人力资源社会保障行政部门、劳动人事争议仲裁院（以下简称仲裁院）和司法行政机关、法律援助机构要建立完善调解仲裁法律援助协作工作机制，切实加强调解仲裁法律援助工作。人力资源社会保障行政部门和仲裁院要充分发挥处理劳动人事争议的专业优势，司法行政机关和法律援助机构要加强法律援助业务指导，提升规范化服务水平。仲裁院可以引导当事人通过拨打“12348”公共法律服务热线或登录法律服务网等方式进行法律咨询，帮助符合法律援助条件的农民工和困难职工申请法律援助；法律援助机构要在仲裁院公示法律援助机构办公地址、法律援助申请材料和工作流程等信息。有条件的地方，司法行政机关可以根据工作需要在当地仲裁院设立法律援助工作站，或在当地公共法律服务中心设立调解仲裁法律援助窗口。人力资源社会保障部门要为设立在当地仲裁院的法律援助工作站提供工作场所，配备办公设备、服务设施等。财政部门要完善调解仲裁法律援助经费保障机制，省级财政要提供经费支持，市、县级财政要将法律援助经费纳入同级财政预算，根据地方财力和办案量合理安排经费，适当提高法律援助补贴标准并及时支付。

二、扩大调解仲裁法律援助范围。在法律援助对象上，司法行政机关要综合考虑当地法律援助资源供给状况、困难群众法律援助需求等因素，推动法律援助逐步覆盖低收入劳动者，重点做好农民工、工伤职工和孕期、产期、哺乳期（以下简称“三期”）女职工的调解仲裁法律援助工作。在法律援助事项上，司法行政机关要在《法律援助条例》规定的请求支付劳动报酬、给予社会保险待遇等事项基础上，推动有条件的地方将经济补偿、赔偿金等涉及劳动保障事项纳入法律援助补充事项范围。在仲裁院设立法律援助工作站的，工作站可以配合仲裁院开展法律知识宣讲、以案释法等活动，引导劳动者依法维权。

三、规范调解仲裁法律援助程序。加强调解仲裁法律援助工作标准化规范化建设，建立健全调解仲裁法律援助工作机制。在仲裁院设立法律援助工作站的，对来访咨询，工作站接待人员应当登记受援人基本信息和联系方式，全面了解案件事实和受援人法律诉求，对咨询事项符合法律援助条件的，应当告知其申请法律援助的条件和程序，指导其申请法律援助；对咨询事项不属于法律援助的，应当为受援人提出法律建议；对咨询事项不属于法律问题或者与法律援助无关的，告知受援人应咨询的部门或渠道。

四、健全便民服务机制。简化审查程序，对建档立卡贫困劳动者和申请支付劳动报酬、工伤赔偿的农民工，免予经济困难审查。开辟法律援助“绿色通道”，对农民工、工伤职工、“三期”女职工等重点服务对象申请法律援助的，加快办理进度，有条件的当日受理、当日转交。对情况紧急的集体劳动争议案件，可以先行提供法律援助，事后补交申请材料、补办相关手续。

五、加强组织领导。各地要将开展调解仲裁法律援助工作作为完善劳动人事争议多元处理机制的重要工作来抓，将其纳入当地为民办实事清单。人力资源社会保障部门与司法行政部门要加强沟通协调和工作对接，形成工作合力。要建立健全联席会议、工作信息通报机制，定期交流工作情况，总结推广经验做法，共同研究解决工作中遇到的问题。要加强监督管理，对调解仲裁法律援助工作站履行职责、服务质量、工作绩效、规范化建设等加强指导监管。鼓励和支持社会力量通过多种方式依法有序参与调解仲裁法律援助工作。

2020 年 6 月 22 日

中共中央组织部　人力资源社会保障部　民政部　中央文明办　教育部　财政部　国家卫生健康委关于引导和鼓励高校毕业生到城乡社区就业创业的通知

人社部发〔2020〕53号

各省、自治区、直辖市及新疆生产建设兵团党委组织部、文明办，政府人力资源社会保障厅（局）、民政厅（局）、教育厅（教委、教育局）、财政厅（局）、卫生健康委：

引导和鼓励高校毕业生到城乡社区就业创业，支持城乡社区积极为高校毕业生提供职业平台，既是扩大高校毕业生就业空间、助力成长成才的重要渠道，也是助推城乡社区治理体系和治理能力建设的有效举措。为推动拓宽高校毕业生就业渠道、提升城乡社区治理和服务水平互促共进，现就引导和鼓励高校毕业生到城乡社区就业创业通知如下。

一、鼓励高校毕业生围绕社区服务需求就业创业。各地要精准对接居民需求，通过落实税费减免、场地支持、政府购买服务等政策，支持城乡社区服务机构（含社区服务类企业、社会组织等）发展，创造更多岗位吸纳高校毕业生就业。对社区服务类企业吸纳高校毕业生就业或组织见习的，按规定落实吸纳就业补贴、就业见习补贴、创业担保贷款等政策。对社区服务类社会组织吸纳高校毕业生就业或组织见习的，按规定享受吸纳就业扶持政策。支持高校毕业生积极投身城乡社区服务领域创业，按规定落实税费减免、创业补贴、创业担保贷款等政策。鼓励城乡社区综合服务设施为高校毕业生创业提供免费场地支持。对高校毕业生到城乡社区服务领域灵活就业的，按规定落实社会保险补贴等政策。

二、加快城乡社区工作者队伍建设吸纳更多高校毕业生。各地要大力推进城乡社区工作者职业体系建设，把社区（村）党组织、基层群众性自治组织成员以及其他社区（村）专职工作人员纳入城乡社区工作者队伍统筹管理，建立健全培养、评价、选拔、使用、激励机制，引导高校毕业生等青年人才向城乡社区治理和服务领域流动。城乡社区工作者队伍出现空缺岗位要优先招用高校毕业生，或拿出一定数量岗位专门招用高校毕业生（含择业期内未落实工作单位的高校毕业生）。

三、加强社区治理和服务能力建设开发更多就业岗位。各地要聚焦全面提升社区治理和服务精准化、精细化水平，着力补齐新冠肺炎疫情社区防控中暴露出的社区工作力量短板。对人员缺口，可通过招用高校毕业生加以补充。要加强对新招用高校毕业生的培养使用，将其优先安排在能够充分发挥自身专长的社区工作岗位，更好组织社区居民开展自治活动，更好协助做好与社区居民利益密切相关的劳动就业、社会保障、卫生健康、教育事业、社会服务、住房保障、文化体育、公共安全、公共法律服务、调解仲裁等服务提供工作。

四、加强社区、社会组织、社会工作联动机制建设创造更多就业机会。各地要完善政府购买社区服务政策措施，推进由“养人”到“办事”的转变，重点围绕纠纷调解、健康养老、儿童福利、教育培训、公益慈善、防灾减灾、文体娱乐、邻里互助、居民融入及农村生产技术服务等领域，培育发展各类城乡社区社会组织和社会工作服务机构，通过服务供给增加带动高校毕业生就业创业。进一步支持各地探索整合利用现有资源推进乡镇社会工作站建设，积极打造一批基层社会服务平台，鼓励社会工作服务机构和乡镇社会工作站优先招用使用高校毕业生，面向城乡社区提供专业社会工作服务。

五、强化高校毕业生社区就业服务和职业培训。各级公共就业人才服务机构要与城乡社区组织、社区服务机构建立联系对接机制，及时收集社区服务领域招聘信息，依托官网官微、报刊电视、市场服务机构网站等渠道广泛发布，并通过高校校园网、手机短信息等方式向高校毕业生精准推送。针对城乡社区用人单位需求和高校毕业生专业特点，搭建人力资源供需对接平台，组织社区用人单位积极参加小型化、特色化专场招聘，多方式提供就业创业服务。各地可结合实际需要，对高校毕业生从事城乡社区服务开展就业技能培训和创业培训，重点围绕“互联网+”健康、养老、托育、家政等领域组织专项培训，有针对性地提升技术技能水平。

六、加强高校毕业生就业创业观念引导。各地教育部门和高校要加强对在校大学生的理想信念和思想政治教育，引导高校毕业生将职业选择融入国家发展和社会建设，树立科学的就业观和成才观。积极组织在校大学生到城乡社区开展实习实践、志愿服务、社会公益等活动，激发高校毕业生到城乡社区就业创业的热情。引导在校大学生学习社区工作知识，增强服务群众的工作方法和本领，做好勇于投身城乡社区一线锻炼锤炼、成长成才的职业准备。各级公共就业人才服务机构要加强就业创业政策宣传，打包政策服务清单进学校、进社区，帮助高校毕业生和城乡社区用人单位充分了解和享受政策。

七、关心城乡社区就业创业高校毕业生成长发展。各地要将到城乡社区就业创业的高校毕业生纳入当地人才政策扶持范围，对符合条件的提供住房、医疗、落户等支持。对到城乡社区就业创业的党员高校毕业生，各级党委和基层党组织应加强教育管理和激励关怀，对非党员的优秀人才要加强政治引领和政治吸引。进一步强化基层和实践导向，加大从优秀城乡社区工作者中招录（聘）公务员或事业单位工作人员特别是街道（乡镇）干部力度。加强舆论宣传引导，发掘一批扎根城乡社区、建功立业的优秀高校毕业生典型，营造良好社会氛围。

八、健全组织领导和工作推进机制。各地要坚持把高校毕业生就业作为重中之重，将引导和鼓励高校毕业生到城乡社区就业创业纳入当地就业、人才和城乡社区治理工作总体安排，建立由组织、人力资源社会保障、民政、文明、教育、财政、卫生健康等部门各司其职、协同推进的工作机制，压实责任，抓好实施。结合实际细化实化政策措施，明确工作任务和要求，发挥各方职能优势，充分调动市场力量，多措并举支持高校毕业生到城乡社区就业创业。将高校毕业生在城乡社区就业创业情况纳入文明城市（区）、文明村镇、文明单位测评体系。

各地要将引导和鼓励高校毕业生到城乡社区就业创业工作进展和岗位落实情况，于年底前分别报人力资源社会保障部、民政部。

2020 年 6 月 22 日

人力资源社会保障部　交通运输部
关于深化船舶专业技术人员职称制度
改革的指导意见

人社部发〔2020〕54号

各省、自治区、直辖市及新疆生产建设兵团人力资源社会保障厅（局）、交通运输厅（局、委），长江航务管理局，各直属海事局，各引航机构，国务院各部委、各直属机构人事部门，各中央企业人事部门：

为深入贯彻落实中共中央办公厅、国务院办公厅印发的《关于深化职称制度改革的意见》，健全船舶专业技术人员职称制度，完善评价标准，充分调动广大船舶专业技术人员的积极性和创造性，切实加强船舶专业技术人才队伍建设，现就深化船舶专业技术人员职称制度改革提出如下指导意见。

一、总体要求

（一）指导思想

以习近平新时代中国特色社会主义思想为指导，全面贯彻落实党的十九大和十九届二中、三中、四中全会精神，深入实施人才强国战略和创新驱动发展战略，遵循船舶专业技术人员成长规律，把握船员职业特点，坚持目标导向和问题导向，完善评价标准，创新评价方式，建立符合船舶专业技术人员特点的职称制度，为加快建设交通强国、海洋强国、海运强国提供有力的人才支撑。

（二）基本原则

1. 坚持服务发展、国际通行。引导船舶专业技术人员牢固树立服务宗旨，全心全意服务航运、服务交通运输事业发展。适应国际公约标准要求，建立船员资格与船舶专业技术人员职称对应关系，促进船员国际交流与合作。

2. 坚持分层分类、科学评价。根据船舶等级及航区特点，分层分类制定评价标准，创新评价机制，不断提高船舶专业技术人才评价的专业性、针对性和科学性。

3. 坚持结合实际、注重业绩。结合船舶工作实际，突出职称评价的品德、能力、业绩导向。重点考核职业道德、从业行为、应急能力、实践经验，引导船舶专业技术人员注重职业行为表现、注重应急处置水平、注重服务质量、注重工作业绩。

二、主要内容

通过健全制度体系、完善评价标准、创新评价机制、改革管理服务方式等措施，形成以品德、能力和业绩为导向，覆盖各类船舶专业技术人才的职称制度。

（一）健全制度体系

1. 明确专业类别。适应船舶电子电气技术发展，设立船舶电子专业，将原电机、报务专业一并纳入船舶电子专业。调整后的船舶专业技术人员职称划分为船舶驾驶、船舶轮机、船舶电子和船舶引航四个专业类别。

2. 增设正高级职称。船舶专业技术人员职称设初级、中级、高级，初级职称分设员级和助理级，高级职称分设副高级和正高级。员级、助理级、中级、副高级和正高级职称名称依次为驾驶员（轮机员、船舶电子员、引航员）、助理驾驶员（助理轮机员、助理船舶电子员、助理引航员）、中级驾驶员（中级轮机员、中级船舶电子员、中级引航员）、高级船长（高级轮机长、高级船舶电子员、高级引航员）和正高级船长（正高级轮机长、正高级船舶电子员、正高级引航员）。

3. 实现职称制度与船员职业资格制度有效衔接。船舶专业技术人员取得船员资格，可对应初级、中级职称。围绕船舶专业技术人才服务未来发展方向，按照《海员培训、发证和值班标准国际公约》（STCW 公约）和《中华人民共和国船员条例》相关规定，动态调整船舶系列初级、中级职称与船员职业资格对应关系。对应关系由交通运输部制定公布，报人力资源社会保障部备案。

4. 船舶专业技术人员各级别职称分别与事业单位专业技术岗位等级相对应。正高级对应专业技术岗位一至四级，副高级对应专业技术岗位五至七级，中级对应专业技术岗位八至十级，助理级对应专业技术岗位十一至十二级，员级对应专业技术岗位十三级。

（二）完善评价标准

1. 突出评价船舶专业技术人员职业道德。坚持把职业道德放在评价首位，将船员日常工作中的预防处理安全事故、遵守交通安全和防污染法规等情况作为重要评价内容，引导船舶专业技术人员自觉遵纪守法、勤勉尽责、参与管理、强化服务，不断提高职业操守和专业能力。建立诚信管理评价机制，对失信人员加大惩戒力度。杜绝学术造假、资历造假，通过违纪违规行为取得的职称一律予以撤销。

2. 充分体现职业特点，突出评价业绩水平和实际贡献。针对船舶系列实操性强的职业特点，着眼船员队伍长远发展需要，将安全记录、工作实绩、实践经历和贡献作为评价的主要内容，增加技术创新、专利、技术推广、标准制定等评价指标权重，注重考察经济效益和社会效益；推行代表作制度，重点考察成果质量。以职业分类为基础，以应用为导向，强化船员实际操作能力和综合素质评价，客观反映船舶专业技术人才的适任能力。

3. 注重向基层一线倾斜。对长期坚持在基层一线工作的人员，特别是执行急、难、险、重任务的船舶专业技术人才，适当放宽学历和资历要求，重点考察其实际工作业绩。

4. 实行国家标准、地区标准和单位标准相结合。人力资源社会保障部和交通运输部负责制定《船舶专业技术人员高级职称评价基本标准》（附后）。各省（区、市）可根据本地区经济社会发展情况，制定本地区标准。具备自主评审权的用人单位可结合本单位实际，制定本单位标准。地区标准和单位标准不得低于国家标准。初级、中级职称评价标准按照船员资格考试标准执行。

（三）创新评价机制

1. 丰富评价方式。综合采用考试、专家评审等多种评价方式，建立适应不同层级船舶专业技术人员职业特点的评价机制。船舶初级、中级职称采取考试方式，与船员资格考试合并进行。副高级和正高级职称采取评审方式，坚持同行专家评审，注重对船舶专业技术人员的职业道德、能力素质、工作业绩等进行评价。

2. 加强评审委员会建设。完善以同行专家评审为基础的业内评价机制和评审专家遴选机制。加强评审专家库建设，积极吸纳拥有丰富经验的一线船舶专业专家，实行动态管理。健全评审委员会工作程序和评审规则，明确界定评审委员会工作人员和评审专家责任，加强对评审委员会的组织管理。建立评审公开制度，实行政策公开、标准公开、程序公开、结果公开，确保船舶专业技术人员职称评审工作客观公正。

（四）改进管理服务方式

1. 合理下放职称评审权限。根据船舶专

业技术人才队伍建设需要，以确保评审质量为前提，正高级职称一般由交通运输部组织评审。发挥用人单位在职称评审中的主导作用，逐步将副高级职称评审权下放至有条件有意愿的大型企事业单位。各单位组建的各级职称评审委员会，要按照程序进行核准备案，规范开展职称评审工作。

2. 畅通职称申报渠道。探索选择具备条件的行业协会或学会、公共人才服务机构等社会组织，为民营企业船员以及社会船员提供职称申报服务，确保民营企业船员、社会船员公平公正地参与船舶职称的申报和评审。

3. 加强职称管理信息化建设。落实“放管服”改革要求，结合船员职业特点，具有船员适任证书即可视为具有船舶系列初级、中级职称，发放相应专业技术资格证书。证书由交通运输部负责制作并组织发放，逐步实行电子化证书。加强船舶专业技术人员职称评审信息化管理，推行船舶职称专业技术档案电子化，逐步实现职称网上申报、受理、结果查询、证书查验等。

三、组织实施

（一）统一思想，加强领导。船舶专业技术人员职称制度改革是分系列推进职称制度改革的重要内容，政策性强、涉及面广，各地要高度重视，切实加强领导，明确工作责任，确保船舶专业技术人员职称制度改革平稳推进。各级人力资源社会保障部门会同交通运输等有关部门负责全国船舶专业技术人员职称制度改革的政策制定、组织实施和监督检查工作。各有关部门要密切配合，加强宣传，做好相关工作。

（二）精心组织，稳慎实施。各地、各有关单位要结合实际落实好各项改革举措，开展的船舶专业技术人员职称评审要严格按照本意见规定进行，不得随意降低评价标准，不得擅自扩大评审范围。本指导意见出台前已取得的船舶专业技术资格证书，按照职称层级直接对应新的船舶专业技术人员职称，原则上不再换发证书。

（三）强化监督，确保公平。船舶专业技术人员职称制度改革涉及广大船员切身利益。各评审机构要严格规范评审程序。健全完善评聘监督机制，认真执行职称评审回避制度、公示制度、随机抽查制度，建立复查、投诉机制，充分发挥纪检监察部门和广大船员的监督作用，完善诚信承诺和失信惩戒机制，确保职称评审程序公正规范，评聘过程公开透明。

本指导意见适用于在以下各类船舶上工作的专业技术人员：

1. 100 总吨及以上海船、内河船舶、海上非自航一、二、三等工程船舶的驾驶和船舶电子专业技术人员。

2. 海港（内河）引航员。

3. 主推进动力装置 220 千瓦及以上海船、主推进动力装置 75 千瓦及以上内河船舶、海上非自航一、二、三等工程船舶的轮机专业技术人员。

渔业船舶专业技术人员职称评审工作参照本指导意见执行，具体办法另行制定。

附件：1. 船舶专业技术人员高级职称评价基本标准

2. 船舶专业技术人员职称与船员适任证书对应表

2020 年 6 月 24 日

附件 1

船舶专业技术人员高级职称评价基本标准

一、遵守中华人民共和国宪法和法律。

二、德才兼备，爱岗敬业，具有良好的职业道德和敬业精神。

三、适应岗位要求的身体条件和心理素质。

四、取得相应有效的船员（引航员）职业资格适任证书。

五、船舶专业技术人员申报各专业高级职称，除必须达到上述基本条件外，还应分别具备以下条件：

高级船长

（一）岗位服务年限要求

近 5 年在相应船舶担任船长职务 12 个月及以上，取得船舶驾驶中级职称后，符合下列条件之一：

1. 实际担任无限航区船长职务满 24 个月；

2. 实际担任沿海航区船长职务满 30 个月；

3. 实际担任海上非自航工程船舶船长或海上非运输船舶船长职务满 36 个月；

4. 实际担任内河 3 000 总吨及以上船舶或内河 1 500 千瓦及以上拖轮船长职务满 24 个月；

5. 实际担任内河 1 000 总吨至 3 000 总吨船舶或内河 500 千瓦至 1 500 千瓦拖轮船长职务满 30 个月；

6. 实际担任内河 600 总吨至 1 000 总吨船舶或内河 441 千瓦至 500 千瓦拖轮船长职务满 36 个月。

（二）专业知识要求

1. 具有系统、扎实的岗位专业理论基础知识，掌握相关专业领域的理论知识并有较深入的研究，专业理论水平较高；

2. 熟练掌握相关法律、法规和规章，准确掌握本专业的技术标准、规范和相应的管理要求；

3. 了解本专业国内外的技术现状和发展趋势，熟悉相关新知识、新理论。

（三）能力要求

1. 熟练船舶操作技术，具有丰富的船舶驾驶专业工作实践经验，能够解决本专业范围内理论和技术方面的疑难问题；

2. 熟悉船舶驾驶专业基础理论及专业知识，具有较高的专业技术水平，在国际、国内行业学术会议（全国性）上进行技术交流；

3. 具有跟踪船舶驾驶专业技术发展前沿水平和开拓新研究领域的能力，在培养和提高船舶专业技术人员的技术和管理水平等方面成绩突出，能指导船舶驾驶专业中级专业技术人员开展业务学习和技术工作。

（四）业绩要求

获得船舶驾驶中级职称以来，取得以下业绩成果之一：

1. 在从事船舶专业技术岗位工作中，或在船舶修造、技术革新和技术改造工作中，业务水平突出，取得重大经济效益；

2. 在船舶失控、遇险等危急关头或设施面临严重损毁的情况下，采取果断有效措施，使人员生命或国家财产免受重大损失，成绩显著；

3. 从事船舶专业技术工作满 28 年，在船时间累计满 216 个月，安全记录良好，在行业内有一定影响，并被同行专家所公认；

4. 参加完成经同行专家评议认为有影响的国家级相关项目或省、部级相关项目，项目成果被采用；

5. 作为主要起草人参加国家标准、行业标准的制定；

6. 在国际组织与海事相关的公约、规则和文件制修订过程中，牵头提出书面提案并被充分采纳；

7. 船舶安全管理有创新，近 3 年管理船舶不少于 5 艘，未发生一般及以上责任事故，PSC/FSC 检查涉及分管项目无 ISM 缺陷，无滞留；

8. 参与国家重大事件或执行紧急任务，受到省、部级以上表彰或奖励；或从事船舶专业技术工作中，获得省、部级以上劳动模范或先进工作者称号或省、部级以上行业技术能手表彰或荣誉奖励。

（五）考核要求

自申报之日起近 3 年内无船员违法记分，近 5 年考核均为合格及以上，且未发生一般及以上主要责任事故。

（六）学历、资历要求

具备中专及以上学历，取得船舶驾驶中级职称后，从事船舶驾驶专业技术工作满 5 年。

正高级船长

（一）专业知识要求

1. 具有系统、扎实的岗位专业理论基础知识，熟练掌握相关专业领域的理论知识并有深入的研究，专业理论水平高；

2. 对船舶驾驶技术专业有独到的见解，在本地区、本部门同行专家中有较高知名度；

3. 熟悉相关国际公约，熟练掌握国家各项相关法律、法规和规章，准确掌握本专业的技术规范、程序和标准；

4. 能准确把握并及时跟踪本专业国内外的技术现状和发展趋势。

（二）能力要求

1. 具有丰富的岗位工作实践经验和高水平的专业技术能力，能够完成各种复杂情况下的工作任务，能够帮助指导和具体解决船舶驾驶专业范围内理论和技术方面的疑难问题；

2. 坚持在生产和安全管理一线工作，在培养和提高船舶专业技术人员的业务技术及安全管理水平等方面有较强的指导能力，具备检查督导高级船长工作和学习的能力。

（三）业绩要求

获得高级船长职称以来，取得以下业绩成果之一：

1. 主持及主要承担 3 项以上船舶技术改造、设备改进或规划设计工作，取得显著经济或社会效益；

2. 在船舶生产科研实践中，解决重大关键技术难题或填补国内同行某一技术领域的空白；

3. 主持制订本专业或本行业具有国内外先进水平的技术发展规划，撰写国家级工程、科研课题立项论证报告或技术方案；

4. 主持起草编制国家标准、行业标准、规程（规范）、规划，并正式公布实施；

5. 从事船舶专业技术工作满 33 年，在船时间累计满 240 个月，安全记录良好，在本专业技术与理论方面有独到见解，在行业内有一定影响，并被同行专家所公认；

6. 作为第一完成人获得 1 项以上国家发明专利或 3 项以上与本专业相关的国家实用新型专利，实施后取得了显著的社会效益和经济效益；

7. 多次在船舶失控、遇险等危急关头或设施面临严重损毁的情况下，采取果断有效措施，使人员生命或国家财产免受重大损失，成绩卓著；

8. 主持完成经同行专家评议认为有影响的国家级、省、部级相关项目，项目成果被采用；

9. 在国际组织或海事相关的公约、规则和文件制修订过程中，担任会议、工作组、起草组主席或通信组、专家组协调人。

（四）考核要求

近 5 年应在相应船舶具有 3 个月及以上相应职务的船上工作经历。自申报之日起近 5 年内无船员违法记分，近5年考核均为合格及以上且在任高级船长期间至少有1年优秀，未发生一般及以上主要责任事故。

（五）学历、资历要求

具有大学专科及以上学历，取得高级船长职称后，从事船舶驾驶专业技术工作满5年。

高级轮机长

（一）岗位服务年限要求

近5年在相应船舶担任轮机长职务12个月及以上，取得船舶轮机中级职称后，符合下列条件之一：

1. 实际担任无限航区轮机长职务满24个月；

2. 实际担任沿海航区轮机长职务满30个月；

3. 实际担任海上非自航工程船舶或海上非运输船舶轮机长职务满36个月；

4. 实际担任内河500千瓦及以上船舶轮机长职务满30个月；

5. 实际担任内河441千瓦至500千瓦船舶轮机长职务满36个月。

（二）专业知识要求

1. 具有系统、扎实的岗位专业理论基础知识，掌握相关专业领域的理论知识并有较深入的研究，专业理论水平较高；

2. 熟练掌握相关法律、法规和规章，准确掌握本专业的技术标准、规范和相应的管理要求；

3. 掌握本专业船舶资源管理知识并在工作中熟练应用；

4. 了解本专业国内外的技术现状和发展趋势，熟悉相关新知识、新理论。

（三）能力要求

1. 熟练船舶轮机管理技术，具有丰富的本专业工作实践经验，能够解决本专业范围内理论和技术方面的疑难问题；

2. 熟悉本专业基础理论及专业知识，具有较高的专业技术水平，在国际、国内行业学术会议（全国性）上进行交流；

3. 具有跟踪船舶轮机技术发展前沿水平和开拓新研究领域的能力，在培养和提高船舶专业技术人员的技术和管理水平等方面成绩突出，能指导船舶轮机中级专业技术人员开展业务学习和技术工作。

（四）业绩要求

获得船舶轮机中级职称以来，取得以下业绩成果之一：

1. 在从事船舶专业技术岗位工作中，或在船舶修造、技术革新和技术改造工作中，业务水平突出，取得重大经济效益；

2. 在船舶失控、遇险等危急关头或设施面临严重损毁的情况下，采取果断有效措施，使人员生命或国家财产免受重大损失，成绩显著；

3. 从事船舶专业技术工作满28年，在船时间累计满216个月，安全记录良好，在行业内有一定影响，并被同行专家所公认；

4. 参加完成经同行专家评议认为有影响的国家级相关项目或参加完成经同行专家评议认为有影响的省、部级相关项目，项目成果被采用；

5. 作为主要起草人参加国家标准、行业标准的制定；

6. 在国际组织与海事相关的公约、规则和文件制修订过程中，牵头提出书面提案并被充分采纳；

7. 参与国家重大事件或执行紧急任务，受到省、部级以上表彰或奖励；或从事船舶专业技术工作中，获得省、部级以上劳动模范或先进工作者称号或省、部级以上行业技术能手表彰或荣誉奖励；

8. 管理船舶不少于4艘，近5年内PSC检查通过率100%；在船舶修理及监造中，主持及主要承担2艘及以上船舶的监造工作，在上述修造船工作中利用新技术并取得显著经济或社会效益。

（五）考核要求

自申报之日起近3年内无船员违法记分，近5年考核均为合格及以上，且未发生一般及以上主要责任事故。

（六）学历、资历要求

具备中专及以上学历，取得船舶轮机中级职称后，从事船舶轮机专业技术工作满5年。

正高级轮机长

（一）专业知识要求

1. 具有系统、扎实的岗位专业理论基础知识，熟练掌握相关专业领域的理论知识并有深入的研究，专业理论水平高；

2. 对所从事的专业有独到的见解，在本地区、本部门同行专家中有较高知名度；

3. 熟悉相关国际公约，熟练掌握国家各项相关法律、法规和规章，准确掌握本专业的技术规范、程序和标准；

4. 熟练掌握本专业船舶资源管理知识并在工作中熟练运用；

5. 能准确把握并及时跟踪本专业国内外的技术现状和发展趋势。

（二）能力要求

1. 具有丰富的岗位工作实践经验和高水平的专业技术能力，能够完成各种复杂情况下的工作任务，能够帮助指导和具体解决本专业范围内理论和技术方面的疑难问题；

2. 坚持在生产和安全管理一线工作，在培养和提高船舶专业技术人员的业务技术及安全管理水平等方面有较强的指导能力，具备检查督导高级轮机长工作和学习的能力。

（三）业绩要求

获得高级轮机长职称以来，取得以下业绩成果之一：

1. 主持及主要承担3项以上船舶技术改造、设备改进或规划设计工作，取得显著经济或社会效益；

2. 在船舶生产科研实践中，解决重大关键技术难题或填补国内同行某一技术领域的空白；

3. 主持制订本专业或本行业具有国内外先进水平的技术发展规划，撰写国家级工程、科研课题立项论证报告或技术方案；

4. 主持起草编制国家标准、行业标准、规程（规范）、规划，并正式公布实施；

5. 从事船舶轮机专业技术工作满33年，在船时间累计满240个月，安全记录良好，在轮机专业技术与理论方面有独到见解，在行业内有一定影响，并被同行专家所公认；

6. 作为第一完成人获得1项以上国家发明专利或3项以上与本专业相关的国家实用新型专利，实施后取得了显著的社会效益和经济效益；

7. 多次在船舶失控、遇险等危急关头或设施面临严重损毁的情况下，采取果断有效措施，使人员生命或国家财产免受重大损失，成绩卓著；

8. 主持完成经同行专家评议认为有影响的国家级、省、部级相关项目，项目成果被采用；

9. 在国际组织或海事相关的公约、规则和文件制修订过程中，担任会议、工作组、起草组主席或通信组、专家组协调人。

（四）考核要求

近5年应在相应船舶具有相应职务3个月及以上船上工作经历。自申报之日起近5年内无船员违法记分，近5年考核均为合格及以上且在担任高级轮机长期间至少有1年优秀，未发生一般及以上主要责任事故。

（五）学历、资历要求

具备大学专科及以上学历，取得高级轮机长职称后，从事船舶轮机专业技术工作满5年。

高级船舶电子员

（一）岗位服务年限要求

近5年应在相应船舶具有相应职务12个月及以上，取得船舶电子中级职称后，符合下列条件之一：

1. 实际担任一级无线电电子员职务满24个月；

2. 实际担任船舶电子电气员职务满72个月。

（二）专业知识要求

1. 具有系统、扎实的岗位专业理论基础知识，掌握相关专业领域的理论知识并有较深入的研究，专业理论水平较高；

2. 熟练掌握相关法律、法规和规章，准确掌握本专业的技术标准、规范和相应的管理要求；

3. 掌握本专业船舶资源管理知识并在工作中熟练应用；

4. 了解本专业国内外的技术现状和发展趋势，熟悉相关新知识、新理论。

（三）能力要求

1. 熟练船舶电子专业操作技术，具有丰富的本专业工作实践经验，能够解决船舶电子专业范围内理论和技术方面的疑难问题；

2. 熟悉本专业基础理论及专业知识，具有较高的专业技术水平，在国际、国内行业学术会议（全国性）上进行交流；

3. 具有跟踪本专业技术发展前沿水平和开拓新研究领域的能力，在培养和提高船舶专业技术人员的技术和管理水平等方面成绩突出，能指导船舶电子中级专业技术人员开展业务学习和技术工作。

（四）业绩要求

获得船舶电子中级职称以来，取得以下业绩成果之一：

1. 在从事船舶专业技术岗位工作中，或在船舶修造、技术革新和技术改造工作中，业务水平突出，取得重大经济效益；

2. 在船舶失控、遇险等危急关头或设施面临严重损毁的情况下，采取果断有效措施，使人员生命或国家财产免受重大损失，成绩显著；

3. 从事船舶电子专业技术工作满 28 年，在船时间累计满 216 个月，安全记录良好，在行业内有一定影响，并被同行专家所公认；

4. 参加完成经同行专家评议认为有影响的国家级相关项目或参加完成经同行专家评议认为有影响的省、部级相关项目，项目成果被采用；

5. 作为主要起草人参加国家标准、行业标准的制定；

6. 在国际组织或海事相关的公约、规则和文件制修订过程中，牵头提出书面提案并被充分采纳；

7. 参与国家重大事件或执行紧急任务，受到省、部级以上表彰或奖励；或从事船舶专业技术工作中，获得省、部级以上劳动模范或先进工作者称号或省、部级以上行业技术能手表彰或荣誉奖励。

（五）考核要求

自申报之日起近 3 年内无船员违法记分，近 5 年考核均为合格及以上，且未发生一般及以上主要责任事故。

（六）学历、资历要求

具备中专及以上学历，取得船舶电子中级职称后，从事船舶电子专业技术工作满 5 年。

正高级船舶电子员

（一）专业知识要求

1. 具有系统、扎实的岗位专业理论基础知识，熟练掌握相关专业领域的理论知识并有深入的研究，专业理论水平高；

2. 对所从事的专业有独到的见解，在本地区、本部门同行专家中有较高知名度；

3. 熟悉相关国际公约，熟练掌握国家各项相关法律、法规和规章，准确掌握本专业的技术规范、程序和标准；

4. 熟练掌握本专业船舶资源管理知识并在工作中熟练运用；

5. 能准确把握并及时跟踪本专业国内外的技术现状和发展趋势。

（二）能力要求

1. 具有丰富的岗位工作实践经验和高水平的专业技术能力，能够完成各种复杂情况下的工作任务，能够帮助指导和具体解决船舶电子专业范围内理论和技术方面的疑难问题；

2. 坚持在生产和安全管理一线工作，在培养和提高船舶专业技术人员的业务技术及安全管理水平等方面有较强的指导能力，具备检查督导高级船舶电子员工作和学习的能力。

（三）业绩要求

获得高级船舶电子员职称以来，取得以下业绩成果之一：

1. 主持及主要承担3项以上船舶技术改造、设备改进或规划设计工作，取得显著经济或社会效益；

2. 在船舶生产科研实践中，解决重大关键技术难题或填补国内同行某一技术领域的空白；

3. 主持制订本专业或本行业具有国内外先进水平的技术发展规划，撰写国家级工程、科研课题立项论证报告或技术方案；

4. 主持起草编制国家标准、行业标准、规程（规范）、规划，并正式公布实施；

5. 从事船舶专业技术工作满33年，在船时间累计满240个月，安全记录良好，在船舶电子专业技术与理论方面有独到见解，在行业内有一定影响，并被同行专家所公认；

6. 作为第一完成人获得1项以上国家发明专利或3项以上与本专业相关的国家实用新型专利，实施后取得了显著的社会效益和经济效益；

7. 多次在船舶失控、遇险等危急关头或设施面临严重损毁的情况下，采取果断有效措施，使人员生命或国家财产免受重大损失，成绩卓著；

8. 主持完成经同行专家评议认为有影响的国家级、省、部级相关项目，项目成果被采用；

9. 在国际组织或海事相关的公约、规则和文件制修订过程中，担任会议、工作组、起草组主席或通信组、专家组协调人；

10. 近5年管理船舶不少于5艘，未发生责任事故，PSC检查涉及分管项目无缺陷。船舶电气采取降本增效，节能降耗，技术改进的措施，取得重大的经济效益。

（四）考核要求

近5年应在相应船舶具有相应职务3个月及以上船上工作经历。自申报之日起近5年内无船员违法记分，近5年考核均为合格及以上且在担任高级船舶电子员期间至少有1年优秀，未发生一般及以上主要责任事故。

（五）学历、资历要求

具备大学专科及以上学历，取得高级船舶电子员职称后，从事船舶电子专业技术工作满5年。

高级引航员

（一）岗位服务年限要求

实际担任海港或内河一级引航员职务满24个月；近5年应具有不低于240个艘次（或12个月）的引航经历或引航安全业务管理工作经历。

（二）专业知识要求

1. 具有系统、扎实的岗位专业理论基础知识，掌握相关专业领域的理论知识并有较深入的研究，专业理论水平较高；

2. 熟练掌握相关法律、法规、规章和国际有关公约，准确掌握本专业的技术标准、规范和相应的管理要求；

3. 掌握本专业船舶资源管理知识并在工作中熟练应用；

4. 了解本专业国内外的技术现状和发展趋势，熟悉相关新知识、新理论。

（三）能力要求

1. 有熟练的船舶引航操作能力，具有丰富的引航实践经验，能够解决船舶引航专业范围内理论和技术方面的疑难问题；

2. 熟悉船舶引航专业基础理论及专业知识，具有较高的专业技术水平，在国际、国内行业学术会议（全国性）上进行交流；

3. 具有跟踪本专业技术发展前沿水平和开拓新研究领域的能力，在培养和提高引航员的技术和管理水平等方面成绩突出，能指导船舶引航中级专业技术人员业务理论与操作技能学习和开展引航技术工作。

（四）业绩要求

获得船舶引航中级职称以来，取得以下业绩成果之一：

1. 为其所服务的港口建设做出突出贡献，多次承担急、难、险、重引航任务，参与解决引航疑难问题，成绩显著；

2. 从事船舶专业技术工作满28年，安全记录良好，在行业内有一定影响，并被同行专家所公认；

3. 参加完成经同行专家评议认为有影响的国家级相关项目或参加完成经同行专家评议认为有影响的省、部级相关项目，项目成果被采用；

4. 作为主要起草人参加国家标准、行业标准的制定；

5. 在国际组织或海事相关的公约、规则和文件制修订过程中，牵头提出书面提案并被充分采纳；

6. 参与国家重大事件或执行紧急任务，受到省、部级以上表彰或奖励；或从事船舶专业技术工作中，获得省、部级以上劳动模范或先进工作者称号或省、部级以上行业技术能手表彰或荣誉奖励。

（五）考核要求

自申报之日起近 3 年内无船员违法记分，近 5 年考核均为合格及以上，且未发生无承担对等责任或者主要责任的重大及以上水上交通事故。

（六）学历、资历要求

具备中专及以上学历，取得船舶中级职称后，从事船舶引航专业技术工作满 5 年。

正高级引航员

（一）专业知识要求

1. 具有系统、扎实的岗位专业理论基础知识，熟练掌握相关专业领域的理论知识并有深入的研究，专业理论水平高；

2. 对所从事的专业有独到的见解，在本地区、本部门同行专家中有较高知名度，为船舶引航领域学术带头人或引航技术发展引领人；

3. 熟悉相关国际公约，熟练掌握国家各项相关法律、法规和规章，准确掌握本专业的技术规范、程序和标准；

4. 能准确把握并及时跟踪本专业国内外的技术现状和发展趋势。

（二）能力要求

1. 具有丰富的引航实践经验和高水平的专业技术能力，能够完成各种复杂情况下的工作任务，能够帮助指导和具体解决本专业范围内理论和技术方面的疑难问题；

2. 坚持在生产和安全管理一线工作，在培养和提高引航人员的业务技术及安全管理水平等方面有较强的指导能力，具备检查督导高级引航员工作和学习的能力。

（三）业绩要求

获得高级引航员职称以来，取得以下业绩成果之一：

1. 主持及主要承担 3 项以上引航技术改造、设备改进或规划设计工作，取得显著经济或社会效益；

2. 在引航生产科研实践中，解决重大关键技术难题或填补国内同行某一技术领域的空白；

3. 在引航机构的生产科研中，对引航事业的发展规划、采取重大的生产技术措施、解决引航服务质量等重大问题起过关键性作用，明显地提高了引航机构的经济效益；

4. 主持制订本专业或本行业具有国内外先进水平的技术发展规划，撰写国家级工程、科研课题立项论证报告或技术方案；

5. 从事船舶专业技术工作满 33 年，安全记录良好，在船舶引航专业技术与理论方面有独到见解，在行业内有一定影响，并被同行专家所公认；

6. 作为第一完成人获得 1 项以上国家发明专利或 3 项以上与本专业相关的国家实用新型专利，实施后取得了显著的社会效益和经济效益；

7. 主持起草编制国家标准、行业标准、规程（规范）、规划，并正式公布实施；

8. 多次在船舶失控、遇险等危急关头或设施面临严重损毁的情况下，采取果断有效措施，使人员生命或国家财产免受重大损失，成绩卓著；

9. 主持完成经同行专家评议认为有影响的国家级、省、部级相关项目，项目成果被采用；

10. 在国际组织或海事相关的公约、规则和文件制修订过程中，担任会议、工作组、起草组主席或通信组、专家组协调人；

11. 在引航安全管理领域具有典型经验，行业内有一定影响，被同行专家所公认；

12. 对引航安全业务管理工作有突出贡献，多次参与港口建设、水上水下重点工程项目建设安全咨询评估或多次主持制订特殊船舶引领方案，解决重大技术难题，取得重大社会效益，并经同行专家一致认可。

（四）考核要求

近5年应具有不低于60艘次（或3个月）的引航工作经历。自申报之日起近5年内无船员违法记分，近5年考核均为合格及以上且在担任高级引航员期间至少有1年优秀，未发生无承担对等责任或者主要责任的重大及以上水上交通事故。

（五）学历、资历要求

具备大学专科及以上学历，取得高级引航员职称后，从事船舶引航专业技术工作满5年。

附件2

船舶专业技术人员职称与船员适任证书对应表

职称等级		职称名称/船员适任证书		备注
初级	员级	驾驶	无限航区、沿海航区二等及以上三副	
			沿海航区三等三副、二副	100 GT 及以上
			内河一类三副	
			内河二类、三类驾驶员	100 GT 及以上
			海上非自航工程船舶一等三副、二副	
			海上非自航工程船舶二等三副、二副、大副	
			海上非自航工程船舶三等船长	
			沿海公务船一等三副、二副，二等驾驶员	
		轮机	无限航区、沿海航区二等及以上三管轮	
			沿海航区三等三管轮、二管轮	220 kW 及以上
			内河一类三管轮	
			内河二类、三类轮机员	75 kW 及以上
			海上非自航工程船舶一等三管轮、二管轮	
			海上非自航工程船舶二等三管轮、二管轮、大管轮	
			海上非自航工程船舶三等轮机长	
			沿海公务船一等三管轮、二管轮，二等轮机员	
		船舶电子	通用操作员	

续表

职称等级		职称名称/船员适任证书		备注
初级	助理级	驾驶	无限航区、沿海航区二等及以上二副	
			沿海航区三等大副	100 GT 及以上
			内河一类二副	
			内河三类船长	100 GT 及以上
			海上非自航工程船舶一等大副	
			海上非自航工程船舶二等船长	
			沿海公务船一等大副、二等船长	
		轮机	无限航区、沿海航区二等及以上二管轮	
			沿海航区三等大管轮	220 kW 及以上
			内河一类二管轮	
			内河三类轮机长	75 kW 及以上
			海上非自航工程船舶一等大管轮	
			海上非自航工程船舶二等轮机长	
			沿海公务船一等大管轮、二等轮机长	
		船舶电子	二级无线电电子员	
			电子电气员	
		引航	海港、内河三级引航员	
中级		驾驶	无限航区、沿海航区二等及以上大副、船长	
			沿海航区三等船长	100 GT 及以上
			内河一类大副、船长	
			内河二类船长	
			海上非自航工程船舶一等船长	
			沿海公务船一等船长	
		轮机	无限航区、沿海航区二等及以上大管轮、轮机长	
			沿海航区三等轮机长	220 kW 及以上
			内河一类大管轮、轮机长	
			内河二类轮机长	
			海上非自航工程船舶一等轮机长	
			沿海公务船一等轮机长	
		船舶电子	一级无线电电子员	
			电子电气员	实际担任满 42 个月
		引航	海港、内河二级、一级引航员	

备注：本表由交通运输部根据船员（引航员）适任证书有关类别、等级、职务设置变化情况做相应调整，经人力资源社会保障部备案后发布。

人力资源社会保障部关于开展人力资源服务行业促就业行动的通知

人社部发〔2020〕58号

各省、自治区、直辖市及新疆生产建设兵团人力资源社会保障厅（局）：

人力资源服务业是促进劳动者就业和职业发展、服务用人单位管理开发人力资源的专门行业。服务稳就业促就业、优化人力资源流动配置，是人力资源服务行业的职责所在。为深入贯彻党中央、国务院关于稳就业保就业工作决策部署，人力资源社会保障部决定开展人力资源服务行业促就业行动。现将有关事项通知如下：

一、总体要求

坚持以习近平新时代中国特色社会主义思想为指导，深入贯彻习近平总书记关于统筹推进新冠肺炎疫情防控和经济社会发展工作的重要指示精神，落实党中央、国务院关于促进市场化社会化就业和促就业举措要应出尽出的有关要求，聚焦疫情防控常态化条件下促就业工作的现实需要，充分发挥人力资源服务机构的职能优势和专业优势，创新方式，精准施策，为促进稳就业保就业、维护经济发展和社会稳定大局、决战决胜脱贫攻坚、全面建成小康社会，提供坚实有力的人力资源服务支撑。

二、行动内容

（一）开展联合招聘服务。充分发挥人力资源服务机构作用，通过线上线下结合、跨区域协同、各类机构联动等方式，统一行动，联合招聘，激发促就业的倍增效应。鼓励人力资源服务机构拓展各类线上求职招聘服务模式，打造更优、更便捷的线上招聘服务平台，满足各类求职者就业择业需求。各地要严格按照属地党委、政府统一部署，在充分做好防疫措施的情况下，指导鼓励人力资源服务机构，逐步开展日常招聘服务和小型化、灵活性现场招聘活动，安全有序开展线下招聘活动。

（二）开展重点行业企业就业服务。组织推动人力资源服务机构，聚焦承担重大工程项目、重要医用物资生产、公共事业运行、群众生活必需等涉及国计民生和产业发展的重点行业企业，提供用工招聘、人才寻访、劳务派遣、员工培训、人力资源服务外包等急需必需服务。引导人力资源服务机构为受疫情影响严重、存在较大经营困难的行业企业，尤其是中小微企业，提供劳动用工管理、薪酬管理、社保代理、发展规划等实用型服务。鼓励人力资源服务机构充分发挥专业优势，广泛参与政府部门、社会组织开展的各类援企稳岗活动。

（三）开展重点群体就业服务。支持人力资源服务机构，通过组织进校园开展专场招聘、进乡村摸清实际需求、进企业实施精准对接等方式，有效促进高校毕业生、农民工等重点群体就业。引导人力资源服务机构广泛面向困难企业职工、城乡未继续升学初高中毕业生、城镇登记失业人员、退役军人、农村转移就业劳动者、贫困劳动力及就业困难人员等，开发创新服务产品和服务模式，有针对性地开展精准招聘、创业扶持、技能培训等多样化人力资源服务。指导人力资源服务机构不得将被用工单位退回的被派遣劳动者简单推向社会，通过积极对接其他企业劳务派遣用工需求，尽快实现重新派遣。要鼓励有条件的人力资源服务机构，尤其是国有、骨干企业承担社会责任，主动参与实施困难人员就业援助等有关工作，积极提供免费服务。

（四）开展促进灵活就业服务。鼓励人力资源服务机构进一步拓展和优化人力资源服务外包等业务，创新服务模式，提升服务水平。鼓励人力资源服务机构为各类企业，特别是餐饮、快递、家政、制造业等用工密集型企业，提供招聘、培训、人事代理等精细化服务。鼓励人力资源服务机构建立用工余缺调剂平台，为阶段性缺工企业提供供需对接服务。鼓励人力资源服务机构搭建线上线下信息服务平台，广泛发布短工、零工、兼职及自由职业等各类需求信息，支持劳动者灵活就业。

（五）开展就业创业指导服务。支持各级人力资源服务产业园和各类人力资源服务机构，紧密结合市场需求，优化就业创业培训项目、产品，提供各类实用型就业创业指导服务。引导人力资源服务机构对有创业意愿的劳动者，提供职业规划、创业指导、招聘用工、经营管理、投融资对接等一体化服务，通过服务创业有效带动促进就业。鼓励人力资源服务机构及产业园区，结合当地产业布局和发展实际，组织开展相关行业的创业创新大赛、成果展示交流等活动，邀请投融资机构、天使投资人、创业导师考察对接，为创业创新项目成果的转化孵化，提供广阔平台。

（六）开展优质培训服务。鼓励人力资源服务机构大力开展线上培训，针对用人单位和劳动者的就业创业、技能提升等培训需求，积极开发和升级在线学习、直播课堂等服务项目，提供各类实用性强的线上线下培训服务。支持人力资源服务机构联合技工院校、职业培训机构和企业，积极开发优化技能培训项目，按规定参与职业技能提升行动、稳岗扩岗、以训稳岗、重点群体专项培训等工作。

（七）开展劳务协作服务。依托东西部协作、对口支援机制，建立完善人力资源市场供需信息连通联动机制，搭建供需对接交流平台，及时互通信息，畅通跨地区劳务协作渠道。充分发挥人力资源服务机构等市场化力量的专业化、灵活性优势，积极组织开展跨地区劳务对接活动，努力扩大劳务输出规模，提高劳务组织化水平，积极促进劳动力转移就业、人力资源有序流动。

（八）开展就业扶贫服务。聚焦贫困地区特别是“三区三州”、52个未摘帽贫困县人力资源市场建设，深入开展人力资源服务机构助力脱贫攻坚行动，加强贫困地区人力资源服务机构与发达地区的对口交流合作，支持鼓励东部省份引导人力资源服务机构到贫困地区设立分支机构，形成常态化就业扶贫合作机制。加大贫困地区人力资源市场建设力度，不断提升东西部交流协作、市场援助项目对促进就业扶贫的针对性和实效性，注重发挥示范引导作用，有效调动各方积极性、内动力，形成推动人力资源市场建设、带动助力就业扶贫的整体合力。

（九）开展供求信息监测服务。指导鼓励人力资源市场和人力资源服务机构依托招聘信息和数据库，采取设点监测、线上调研、数据对比等方式，开展人力资源市场供求监测。指导人力资源服务机构通过发布监测信息、开展预测分析、编制需求目录等方法，及时掌握不同地区、重点行业的人力资源市场供求状况，为研判就业形势、完善就业政策，提供参考依据。

（十）开展人力资源服务产业园区促就业综合服务。人力资源服务产业园要把为促就业提供综合性服务作为重大任务，深入开展国家级人力资源服务产业园促就业服务行动，精心打造和持续优化线上线下协同的统一活动平台。各国家级产业园要聚焦疫情防控常态化要求，在开展国家级人力资源服务产业园专场招聘活动基础上，进一步统筹开展综合性就业服务活动，为劳动者和用人单位提供求职招聘、管理咨询、人力资源服务外包、人才测评、专业培训、事务代理等一揽子、一站式服务。各地人力资源服务产业园要积极发挥园区产业集聚、服务齐全、功能完备的独特优势，组织园区内外人力资源服务机构协同开展促就业综合服务活动，精准对接供需，提供优质服务。

三、保障措施

（一）加强组织领导。要提高政治站位，深入学习贯彻习近平总书记关于全面强化稳就业举措、发挥市场促就业作用的重要指示精神，以更加有力的举措、更加精细的作风，进一步推动人力资源服务业促就业工作。要结合当地人力资源服务业发展实际，统筹推进人力资源服务机构稳就业相关行动，增强促进就业尤其是重点群体、重点行业就业的针对性、实效性。要强化责任落实，专题研究部署，定期推动落实，加强督促指导。

（二）加大支持力度。要注重激发人力资源服务机构的社会责任感和积极性主动性，切实加大支持力度，对发挥促就业作用突出的人力资源服务机构，要制定落实减免场地租金、给予奖励补贴、确定诚信服务机构、入选行业骨干企业等政策措施。对提供求职招聘、保障用工、劳务对接等相关服务的机构，要根据有关规定落实就业创业服务补助政策；对符合职业技能培训相关条件的，应按规定纳入补贴类培训范围；大力推进政府向社会力量购买人力资源服务，研究明确政府购买服务指导目录，健全完善有关政策制度。指导支持人力资源服务机构，尤其是中小微企业，充分享受减税降费、贷款补贴等相关扶持政策。

（三）形成工作合力。要结合当地实际，尽快制定完善人力资源服务机构促就业行动实施方案，进一步强化工作措施，加大工作调度，加强分工合作，坚持同向发力。要指导行业协会充分发挥在推动行业促就业中的引领示范、协调自律作用，与人力资源服务产业园区、人力资源服务机构统一行动，形成合力。要健全工作机制，找准工作切入点和着力点，确保各项行动措施落细落实。

（四）注重宣传引导。要建立正面激励机制，及时总结人力资源服务业促就业工作的好经验好做法，注重发现活动中涌现出的人力资源服务机构及从业人员先进典型事例，通过多种形式、各类渠道进行宣传推广，并予以奖励激励，充分发挥示范引领作用，营造良好社会氛围。

各地在推动工作中的典型做法和成效，请及时报送我部。

2020 年 7 月 17 日

人力资源社会保障部　财政部　共青团中央关于印发百万青年技能培训行动方案的通知

人社部发〔2020〕59号

各省、自治区、直辖市及新疆生产建设兵团人力资源社会保障厅（局），财政厅（局），团委：

为贯彻落实党中央、国务院决策部署，深入实施职业技能提升行动，扎实做好广大青年职业培训工作，促进高校毕业生等青年就业创业，加快建设知识型、技能型、创新型劳动者大军，特实施百万青年技能培训行动。

现将《百万青年技能培训行动方案》印发给你们，请结合本地工作实际，认真贯彻执行。

2020年7月21日

百万青年技能培训行动方案

一、行动目标

深入贯彻党中央、国务院把稳就业摆在更加突出位置的要求，实施百万青年技能培训行动，以高校毕业生和其他青年群体为培训对象，以提升青年就业创业能力为核心，大规模开展青年职业技能培训。2020年至2021年，面向各类青年群体开展职业技能培训200万人次以上，提高青年就业率和创业成功率，扩大和稳定青年就业。

二、主题

百万青年长技能，促进就业见行动

三、对象范围

14~35周岁有就业创业意愿和培训需求的城乡各类青年劳动者。

四、实施和参与主体

各地人力资源社会保障部门具体组织实施，有关部门、行业、企业、社会团体、职业院校和有关机构积极参与，形成工作合力，健全组织实施网络，共同实施百万青年技能培训行动。

五、行动内容

（一）青年学徒培养计划。组织企业新招

用高校毕业生或在职青年职工等参加1年以上的企业新型学徒制培训。学徒培训主要运用企业与技工院校、职业院校、职业培训机构、企业培训中心等企校双师带徒、工学交替培养模式进行。通过企校合作，重点培训与企业岗位相关的理论知识、操作技能、安全生产规范、职业素养等，强化有针对性的理论知识学习和岗位技能训练，把高校毕业生等青年培养成为适合企业发展和岗位需要的高技能人才。2020年至2021年，对组织高校毕业生等开展企业新型学徒制培训的，给予企业每人每年5 000元以上的职业培训补贴，培训耗材较高的职业（工种），可提高补贴标准。

（二）青年以工代训计划。把企业青年职工作为企业稳岗扩岗专项支持计划的重点对象，大力开展以工代训，实现以训稳岗。支持中小微企业吸纳离校两年内高校毕业生等青年开展以工代训，支持受疫情影响出现生产经营暂时困难导致停工停业的中小微企业组织青年职工开展以工代训，支持外贸、住宿餐饮、文化旅游、交通运输、批发零售等行业的各类企业开展以工代训，并按规定给予企业职业培训补贴，受理期限截至2020年12月31日。

（三）青年技能研修计划。以企业、技工院校和技能大师工作室等为载体，开展青年技能研修培训。组织企业在职青年到技能大师工作室或技工院校进行职业技能研修和实训，强化实际操作技能训练和综合职业素养培养，增强和提升岗位工作能力。有条件的地区，可提高对技能大师工作室的补贴标准，补贴资金从就业补助金列支。组织技工院校、职业院校针对未就业高校毕业生等青年开设不超过3个月中长期技能训练班或进行非全日制弹性学习，开展定向、定岗培训，补强技能短板，提升青年就业能力。技能研修要对接人力资源市场、企业和青年需求，因材施教，特色办班。

（四）青年创业培训计划。加大青年创业支持力度，面向有创业意愿和培训需求的城乡青年，开展有针对性的创业培训。加强创业意识教育、创业项目指导和网络创业等培训，提高创业能力和创业成功率。要强化落实创业担保贷款、税费减免等扶持政策，提供创业咨询指导、创业孵化、融资、法律咨询和事务代理等全方位服务，健全创业培训、创业扶持和创业服务“三位一体”的工作体系。对创办企业成功且经营稳定的，按规定给予创业补贴和优先贷款支持。

（五）青年新职业培训计划。立足青年特点，面向新职业、新技能和新就业形态，重点开展人工智能、大数据、云计算等新技术培训，媒体运营、网络营销、电子竞技、健康照护等新职业培训，以及网络平台就业创业等新业态培训。大力推行线上线下相结合的培训方式，实行线上学习线下实训融合开展。鼓励各类平台机构将培训与推荐就业紧密衔接。

（六）青年职业技能竞赛计划。广泛组织各级各类职业技能竞赛，实现以赛促训。各地可设置智能制造、信息通信、生活服务等职业赛项，举办职业技能竞赛活动。积极组织青年参加中华人民共和国职业技能大赛、世界技能大赛、“振兴杯”青年职业技能竞赛等竞赛活动。创新竞赛形式，采取线上与线下相结合的方式组织竞赛活动。要动员青年参加赛前职业技能培训，不断提升技能水平。

六、组织实施

（一）加强组织领导。各地要将百万青年技能培训工作纳入职业技能提升行动总体安排，做好相关组织管理、数据统计、调度督导等工作。要以地方政府为主导，层层压实责任，人力资源社会保障、财政、共青团等密切配合、协同联动，共同推进工作落实。人力资源社会保障部门要充分发挥牵头和统筹协调作用，财政部门要做好资金保障，共青团组织要广泛动员和发动各类青年劳动者，积极参加各类职业技能培训计划。各地要根据实际统筹实施，向广大青年提供不断线的培训和就业服务。

（二）落实经费保障和相关补贴政策。对参加培训行动的各类青年，按规定给予补贴，所需资金可从职业技能提升行动专账资金中列支。

（三）营造良好环境。广泛开展主题宣传活动，大力宣传党和国家关于加强青年职业培训工作的方针政策，宣传技能成才、技能就业的典型事迹。加强政策咨询和服务保障工作，运用现场集中办公、线上咨询办理、上门服务等多种方式，推动百万青年技能培训政策落实落地，行动见到成效，为保持青年就业局势总体平稳，促进经济发展和社会大局稳定作出积极贡献。

人力资源社会保障部　国家发展改革委　工业和信息化部　民政部　财政部　自然资源部　住房城乡建设部　交通运输部　水利部　农业农村部　商务部　文化和旅游部　国家统计局　国家林业和草原局　国务院扶贫办关于做好当前农民工就业创业工作的意见

人社部发〔2020〕61号

各省、自治区、直辖市人民政府，国务院有关部委、有关直属机构：

促进农民工就业创业，事关农民增收致富，事关就业大局稳定，事关打赢脱贫攻坚战。今年以来，受新冠肺炎疫情、经济下行压力等多重因素叠加影响，部分农民工就业创业面临一些困难。为进一步做好当前农民工就业创业工作，经国务院同意，现提出以下意见：

一、拓宽外出就业渠道

（一）稳定现有就业岗位。全面落实减税降费、失业保险稳岗返还、以工代训等援企稳岗政策，引导企业特别是中小微企业不裁员或少裁员，督促企业将补贴资金用于职工生活补助、缴纳社会保险费、开展在岗转岗培训等。帮助外贸企业纾困解难，支持出口产品转内销，加大对住宿餐饮、批发零售、文化旅游、家政服务等行业的针对性政策扶持，最大限度稳定农民工就业岗位。（国家发展改革委、工业和信息化部、财政部、人力资源社会保障部、商务部、文化和旅游部、国家卫生健康委、税务总局等按职责分工负责）

（二）创造更多就业机会。推动重大投资项目加速落地，强化促消费、扩内需政策扶持，释放经济发展潜力，提升吸纳就业能力。各类基础设施建设要优先考虑带动就业能力强的项目。大力发展生活服务业、劳动密集型产业，对吸纳农民工就业多的给予更大政策激励。培育经济发展新动能，加快信息网络等新型基础设施建设，促进共享出行、社区团购等新业态发展，支持农业、林业生产端电子商务发展，促进产销对接，拓展农民工就业新领域。（国家发展改革委、科技部、工业和信息化部、民政部、财政部、交通运输部、农业农村部、商务部、国家林草局等按职责分工负责）

（三）支持多渠道灵活就业。支持农民工通过临时性、非全日制、季节性、弹性工作等多种形式实现灵活就业，灵活就业支持政策对城镇户籍居民和农民工一视同仁。因地制宜发展零工市场或劳务市场，搭建企业用工余缺调剂平台。鼓励农民工从事个体经营，开办特色小店，符合条件的按规定给予税收优惠、场地支持等政策。鼓励互联网平台企业降低平台服务费、信息中介费、加盟管理费等费用标准，支持农民工从事直播销售、网约配送等新就业形态增加收入。（财政部、人力资源社会保障部、商务部、税务总局、市场监管总局等按职责分工负责）

二、促进就地就近就业

（四）发展乡村产业吸纳就业。结合农业生产特点创新开发“惠农”产品包等金融产品，支持发展特色种植业、林草特色产业、规模养殖业和种养结合循环农林业。大力发展农林产品加工业、农林产品物流冷链和产销对接等相关产业，推动休闲观光、健康养生、农事体验等乡村休闲旅游业健康发展。将带动就业情况作为创建现代农林业产业园的重要考量。支持返乡留乡农民工成立农民合作社、发展现代种养业和农产品初加工，鼓励发展新产业新业态，增加就业岗位。（农业农村部、国家林草局牵头，财政部、人民银行等按职责分工负责）

（五）推动项目建设促进就业。大力发展县域经济，建设一批卫星城镇，发展一批当地优势特色产业项目，提高就业承载力。加强小型水利、高标准农田、林下经济、木本粮油等特色经济林基地、乡村绿化、人居环境整治等领域的农村中小型基础设施建设，加快灾后恢复重建，积极采取以工代赈方式实施项目。加大以工代赈投入力度，加快推进项目开工建设，将发放劳务报酬的资金占比由10%提高至15%以上，吸纳更多返乡留乡农民工就业。（国家发展改革委、住房城乡建设部、水利部、农业农村部、国家林草局等按职责分工负责）

（六）支持返乡入乡创业带动就业。加强创业服务能力建设，组织协调企业家、科技人员、创业成功人士等成立创业服务专家团队和农村创新创业导师队伍，为返乡入乡创业农民工提供政策咨询、开业指导等专业服务。对符合条件的返乡入乡创业农民工，按规定给予税费减免、创业补贴、创业担保贷款及贴息等创业扶持政策，对其中首次创业且正常经营1年以上的，按规定给予一次性创业补贴，正常经营6个月以上的可先行申领补贴资金的50%。加强创业载体建设，政府投资开发的孵化基地等创业载体可安排一定比例的场地，免费向返乡入乡创业农民工提供，支持高质量建设一批返乡入乡创业园（基地）、集聚区，吸引农民工等就地就近创业就业。（国家发展改革委、财政部、人力资源社会保障部、农业农村部、人民银行、税务总局等按职责分工负责）

三、强化平等就业服务和权益保障

（七）加强就业服务。提供便捷高效求职服务，广泛收集跨区域岗位信息，通过线上线下多渠道发布，举办农民工专场招聘会，送岗位下乡进村入户，对有集中外出需求的农民工开展有组织劳务输出。畅通就业求助渠道，建立健全动态更新的岗位储备机制和多方联动的快速响应机制，及时帮助农民工解决求职困难。全面放开失业登记，失业农民工可在户籍地、常住地、就业地、参保地进行登记，免费享受职业介绍、培训项目推介等基本公共就业服务，对其中大龄、身有残疾、长期失业等特殊困难的，按规定纳入就业援助范围，实施重点帮扶。（人力资源社会保障部、农业农村部等按职责分工负责）

（八）强化教育培训。用好职业技能提升行动专账资金，实施农民工稳就业职业技能培训计划。支持企业面向新吸纳失业农民工开展以工代训，实现以训稳岗。面向失业农民工开展定向定岗培训、急需紧缺职业专项培训，面向返乡农民工就近开展职业转换培训和创业培训。农民工可按规定在培训地申领职业培训补贴、培训期间生活费补贴和职业技能鉴定补贴等。落实高职扩招任务要求，针对农民工单列招生计划，做好考试测试、招生录取、分类教育管理等工作。（教育部、财政部、人力资源社会保障部、农业农村部等按职责分工负责）

（九）维护劳动权益。指导督促企业依法招工用工，加强农民工劳动保障权益维护，依法严厉打击恶意欠薪等违法行为。加大涉劳动报酬等劳动争议处理力度，依法为农民工提供法律援助服务，支持农民工与用人单位协商化解矛盾纠纷。加大日常监察执法力度，坚决纠正针对湖北等受疫情影响严重地区农民工的就业歧视。科学合理界定互联网平台企业责任，维护平台就业农民工劳动保障权益。（司法部、人力资源社会保障部等按职责分工负责）

（十）做好生活保障。扩大失业保险保障范围，畅通线上线下申领渠道，为符合条件的农民工及时发放失业保险金、失业补助金、一次性生活补助或临时生活补助。对受疫情影响无法返岗复工、连续3个月无收入来源，生活困难且失业保险政策无法覆盖的农民工等未参保失业人员，未纳入低保范围的，经本人申请，由务工地或经常居住地发放一次性临时救助金。（民政部、财政部、人力资源社会保障部等按职责分工负责）

四、优先保障贫困劳动力稳岗就业

（十一）稳定贫困劳动力外出务工规模。优先组织贫困劳动力有序外出务工，加大岗位归集发布和劳务对接力度，按规定落实各项扶持政策，力争有就业意愿和就业能力的贫困劳动力都能实现就业，确保今年贫困劳动力外出务工规模不低于去年。千方百计稳定已就业贫困劳动力就业岗位，对企业确需裁员的，提前介入指导，鼓励同等条件下优先留用贫困劳动力。加大对失业贫困劳动力就业帮扶力度，优先提供转岗就业机会，对通过市场渠道难以就业的，纳入当地就业困难人员范围，符合条件的提供公益性岗位等托底安置。对有培训意愿的贫困劳动力实行技能培训全覆盖。将贫困劳动力外出务工情况作为年度脱贫攻坚成效考核的重要内容。（人力资源社会保障部、农业农村部、国务院扶贫办等按职责分工负责）

（十二）拓宽贫困劳动力就地就近就业渠道。积极发展农业生产，加强农业农村、交通、水利、林草等领域工程项目建设，积极采取以工代赈方式实施项目，为返乡留乡贫困劳动力提供更多就业机会。促进扶贫龙头企业和扶贫车间健康发展，坚持扶贫性质，更多招收贫困劳动力就业。加强乡村公益性岗位开发和管理，充分考虑当地收入水平和岗位职责等情况，合理确定岗位待遇水平，统筹用好各类乡村公益性岗位托底安置就业困难贫困劳动力。（国家发展改革委、人力资源社会保障部、自然资源部、交通运输部、水利部、农业农村部、国家林草局、国务院扶贫办等按职责分工负责）

（十三）聚焦聚力重点地区攻坚。将52个未摘帽贫困县、“三区三州”等深度贫困地区、易地扶贫搬迁大型安置区以及湖北等受疫情影响严重地区作为重中之重，充分发挥对口支援、省际省内协作机制等作用，加大劳务协作、项目建设等各类资源倾斜支持力度，定向投放岗位，开展点对点劳务输出，及时解决贫困劳动力就业面临的突出困难和问题。（国家发展改革委、人力资源社会保障部、国务院扶贫办等按职责分工负责）

五、加强组织保障

（十四）加强组织领导。地方各级人民政府要高度重视农民工就业创业工作，将其作为稳就业和保居民就业重点，坚持市场就业和政府促进相结合，层层压实责任，健全机制，综合施策，稳定城镇常住农民工就业，确保农民工就业形势总体平稳，困难农民工及时得到救助。各有关部门要各司其职，协同配合，形成合力。人力资源社会保障部门要发挥统筹协调作用，做好农民工就业创业服务、职业技能培训和权益维护等工作；发展改革、住房城乡建设、交通运输、水利等部门要抓好项目投资带动就业、以工代赈项目实施；工业和信息化、商务、文化和旅游等部门要完善行业产业发展规划，助力稳企稳岗；民政、人力资源社会保障等部门要做好生活困难农民工的兜底保障工作；财政部门要做好农民工就业创业各项工作资金保障；农业农村、林草等部门要加大乡村地区一二三产业岗位开发力度，拓宽农民工就地就近就业渠道；统计部门要做好农民工就业情况调查监测；扶贫部门要配合做好贫困劳动力就业稳岗工作。（各有关部门、单位和地方各级人民政府按职责分工负责）

（十五）加强工作保障。健全公共就业服务体系，推进城镇公共就业服务向农村延伸，运用购买服务等多种方式，充分发挥各类人力资源服务机构、劳务经纪人作用，为农民工提供便捷高效的就业服务。加大农民工就业创业政策落实力度，优化申领流程，精简证明材料，确保政策便捷惠及享受对象。统筹用好各类资金，将吸纳农民工就业数量作为城镇建设用地增加规模的重要因素，保障农民工平等享受就业服务政策。（财政部、人力资源社会保障部、自然资源部、农业农村部和地方各级人民政府按职责分工负责）

（十六）加强宣传引导。大力宣传促进农民工就业创业的优惠政策和服务举措，充分利用各种受众面广、宣传效果好的新媒体，提高政策知晓度。广泛挖掘农民工就业创业典型案例，讲好就业故事，营造有利于农民工就业创业的良好氛围。（各有关部门、单位和地方各级人民政府按职责分工负责）

2020 年 8 月 6 日

中共中央组织部　人力资源社会保障部　教育部　科技部　民政部　财政部　共青团中央关于实施高校毕业生就业创业推进行动的通知

人社部发〔2020〕65号

各省、自治区、直辖市及新疆生产建设兵团党委组织部，政府人力资源社会保障厅（局）、教育厅（教委、教育局）、科技厅（委、局）、民政厅（局）、财政厅（局），团委：

高校毕业生就业关系民生改善和高质量发展。受新冠肺炎疫情影响，高校毕业生招聘延期、求职受阻，部分毕业生还未落实工作。为进一步促进未就业高校毕业生实现就业创业，现决定实施高校毕业生就业创业推进行动。现就有关工作通知如下：

一、指导思想

以习近平新时代中国特色社会主义思想为指导，贯彻落实党中央、国务院决策部署，把高校毕业生就业作为稳就业保就业工作重中之重，坚持市场引领与政府推动并重，就业创业与人才培养并举，普遍支持与特别帮扶并行，多点发力，精准施策，强化保障，克服新冠肺炎疫情带来的不利影响，集中帮助未就业毕业生就业创业，确保就业局势总体稳定。

二、行动时间

2020年9月15日至12月31日。

三、行动主题

扬帆筑梦，就创未来。

四、对象范围

2020届未就业高校毕业生和往届未就业高校毕业生。

五、工作目标

把未就业毕业生全面纳入就业创业推进行动，普遍落实实名帮扶举措，使有就业创业需求的毕业生都能得到相应服务支持，着力提升就业能力，充分激发创业活力，进一步提高人力资源配置效率，促进毕业生尽早就业。

六、主要措施

（一）开展专项摸排。县级及以上人力资源社会保障部门要建立未就业毕业生实名清单，将本地户籍与外地前来求职的毕业生全面纳入。做好教育部门和人力资源社会保障部门信息交接，放开线上线下各类登记服务渠道，开设本地求职热线，公开服务机构联系方式，开展基层摸排，对辖区内未就业毕业生应登尽登。对登记毕业生逐一联系，摸清基本信息、就业需求、就业状况，形成实名数据库，动态更新帮扶就业情况。

（二）加快岗位落实。加快实施企业吸纳就业补贴政策，明确申办流程，精简政策凭证，畅通线上线下申领渠道，激励企业更多吸纳毕业生就业。全面加快机关事业单位、国有企业、基层服务项目和科研助理岗位招录（聘）进度，抓紧启动笔试面试，尽早公布考试成绩，及时反馈录（聘）用结果，加快办理入职（聘用）手续，确保扩招任务尽快落地。持续拓展就业机会，对接新技术、新产业增长点储才育才，挖掘平台经济、数字经济从业机会，围绕基层治理、教育医疗、农业技术等人才紧缺领域增设岗位，拓宽毕业生市场化社会化就业渠道。

（三）扶持创业创新。推进创业培训广覆盖，对创业毕业生普遍提供创办企业、经营管理等培训，增设信息技术、现代农业等领域课程，提升培训针对性。倾斜创业服务资源，推荐适合发挥毕业生专长的创业项目，提供咨询辅导、跟踪扶持、成果转化等“一条龙”服务。优先安排经营场所，政府投资开发的各类创业载体安排一定比例场地，免费向毕业生提供，充分利用闲置资源提供低成本场地支持。加强创业资金保障，落实创业担保贷款、创业补贴等政策，缓解融资压力。

（四）提供不断线服务。各地各高校要对未就业毕业生指定专人服务，发放政策服务清单，推送针对性岗位信息，动员参加见习培训，对有特殊困难的，提供心理咨询辅导。常态化开展专项招聘，各级各类公共就业人才服务机构要广泛搜集岗位信息，在相关网站开设毕业生招聘专区专栏，创新“直播带岗”“隔空送岗”等模式。根据疫情防控要求加密线上线下招聘活动，地市以上城市每月举办一次综合性招聘，每周举办一次专场招聘。设立就业手续办理绿色通道，推进档案转递、组织关系转接、落户等“一站式”办理，推动高校毕业生入职体检结果互认，最大限度减少重复体检。有条件的地方可对到本地求职的高校毕业生提供临时性住房安置或补贴。

（五）提升就业能力。开展针对性职业指导，增强求职能力，推出公开课、直播课，为毕业生提供丰富多元的职业规划、职业体验、求职技巧等指导。扩大就业见习规模，提升实践能力，募集一批企事业单位、社会组织、政府投资项目等见习岗位，增加管理、技术、科研类岗位比例，密集举办见习对接活动，让有需求的毕业生都能获得见习机会。开展大规模、高质量职业培训，提高技术技能，对接产业发展和就业急需，扩大专项能力培训，着力拓展新职业培训，对有培训意愿的毕业生应培尽培，支持取得多类职业技能等级证书。高校毕业生参加职业技能培训和创业培训，按规定给予职业培训补贴，所需资金从职业技能提升行动专账资金中列支。

（六）加大困难帮扶。明确帮扶重点，对建档立卡贫困家庭、零就业家庭、残疾和就业困难的少数民族毕业生、湖北籍毕业生开展专项帮扶。实施定制服务、优先服务，逐一制定求职计划，优先推荐就业岗位。对通过市场化方式确实难以实现就业的，按规定利用公益性岗位托底安置。对符合条件的，按规定纳入最低生活保障、临时救助等社会救助范围。对获得国家助学贷款的毕业生，离校后无法正常还本付息的，可按规定延后还款期限。

（七）保护就业权益。规范就业协议签订，高校不得以任何方式强迫毕业生签约，或劝说虚假签约，用人单位不得出具虚假用人证明，不得随意毁约，人力资源服务机构不得参与签订不实就业协议。规范招聘市场秩序，依法打击“黑中介”、虚假招聘、就业歧视等违法违规行为。加大对企业用工行为的监督检查，及时查处滥用试用期、拖欠试用期工资、不依法签订劳动合同等行为。公布维权渠道，及时受理投诉举报。

七、工作要求

（一）加强组织领导。各地要把就业创业推进行动作为做好当前高校毕业生就业工作的重要抓手，高度重视，精心实施。制定行动具体方案，充实细化内容，建立工作专班，明确职责分工、时间进度、工作要求，确保各项任务落地。定期调度行动实施和毕业生帮扶进展情况，加强督促检查，积极解决行动推进中遇到的困难和问题。

（二）加大工作保障。加强部门协同配合，强化信息共享，定期交流情况，做好统计核查，全面掌握毕业生就业情况。加大行动实施的人力、财力、物力等保障，科学调配资源，提升工作成效。运用政府购买服务方式，支持经营性人力资源服务机构、社会组织为高校毕业生提供多元化就业创业服务。

（三）强化宣传引导。紧扣就业创业推进行动主题，开展形式多样、内容丰富的专题宣传活动，扩大行动知晓度和参与度。依托传统媒体和新兴媒介，大力宣传国家支持高校毕业生就业创业的政策措施，讲述毕业生到城乡基层、生产一线就业创业故事，引导广大毕业生把个人的理想追求融入党和国家事业之中，到祖国最需要的地方建功立业。

2020 年 8 月 31 日

人力资源社会保障部　文化和旅游部关于深化艺术专业人员职称制度改革的指导意见

人社部发〔2020〕68号

各省、自治区、直辖市及新疆生产建设兵团人力资源社会保障厅（局）、文化和旅游厅（局），国务院各部委、各直属机构人事部门，各中央企业人事部门：

艺术专业人员是我国专业技术人才队伍的重要组成部分，是推进文化改革发展、坚持和发展中国特色社会主义先进文化、建设社会主义文化强国的重要力量。为贯彻落实中共中央办公厅、国务院办公厅印发的《关于深化职称制度改革的意见》，现就深化艺术专业人员职称制度改革提出如下指导意见。

一、总体要求

（一）指导思想

以习近平新时代中国特色社会主义思想为指导，全面贯彻落实党的十九大和十九届二中、三中、四中全会精神，认真贯彻落实党中央、国务院决策部署，围绕人才强国战略和建设社会主义文化强国目标，坚持党管人才，遵循文艺规律和艺术专业人员成长规律，健全完善符合艺术专业人员职业特点的职称制度，畅通职业发展渠道，更加科学客观公正地评价人才，推动多出精品、多出人才，将广大艺术专业人员紧密团结在党中央周围，为繁荣发展社会主义文化艺术事业、坚持和发展中国特色社会主义先进文化提供人才支撑。

（二）基本原则

1. 服务发展。坚定文化自信，坚持唱响主旋律、传递正能量，充分发挥人才评价“指挥棒”和风向标作用，着力提升艺术专业人员的专业能力和职业素养，着力加强艺术专业人员队伍建设，大力弘扬社会主义核心价值观，发展新时代中国特色社会主义先进文化。

2. 遵循规律。坚持“二为”方向和“双百”方针，遵循艺术专业人员成长规律，突出其职业发展特点，建立分类科学、合理多元的评价体系，引导艺术专业人员刻苦研究、潜心创作，推动文艺创作由“高原”迈向“高峰”。

3. 科学评价。以职业分类为基础，以品德、能力、业绩为导向，以考察艺术水平为重点，分类制定评价标准，科学设置评价条件，进一步破除唯学历、唯资历、唯论文、唯奖项倾向，充分调动艺术专业人员创新创造创业的积极性。

4. 以用为本。围绕用好用活人才，创新人才评价机制，规范管理服务方式，促进人才评价与培养使用相结合，促使艺术专业人员职称制度与选人用人制度相衔接，满足各类用人单位选才用才的需要，促进社会主义文艺繁荣发展。

二、主要内容

通过健全制度体系、完善评价标准、创新评价机制、促进职称制度与人才培养使用制度相衔接、改进职称管理服务方式等措施，构建设置合理、覆盖全面、评价科学、管理规范的艺术专业人员职称制度。

（一）健全制度体系

1. 完善艺术系列职称层级。初级职称只设助理级，高级职称分设副高级和正高级，未设置正高级职称的专业均设置到正高级，形成初级、中级、高级层次清晰、互相衔接、体系完整的职称评价体系。根据艺术领域特点，设置艺术表演、艺术创作、艺术管理和技术保障等4个专业类别。艺术表演类包括演员、演奏员等；艺术创作类包括编剧、导演（编导）、指挥、作曲、作词、摄影（摄像）、舞台美术设计、艺术创意设计、动漫游戏设计、美术、文学创作等；艺术管理类包括演出监督等；技术保障类包括舞台技术、录音、剪辑等。

2. 统一职称等级和名称。各专业职称统一分为四级、三级、二级、一级，依次对应初级、中级、副高级和正高级。为体现专业属性，职称名称以级别加专业命名，如四级演员、三级演员、二级演员、一级演员。

原文学创作一级、文学创作二级、文学创作三级、文学创作四级依次对应一级文学创作、二级文学创作、三级文学创作、四级文学创作。原高级舞台技师、主任舞台技师、舞台技师、舞台技术员依次对应一级舞台技术、二级舞台技术、三级舞台技术、四级舞台技术。原舞美设计员对应四级舞美设计师，原美术员对应四级美术师，原录音员对应四级录音师，原剪辑员对应四级剪辑师，其他职称名称不变。

3. 动态调整专业设置。各地、各有关部门根据文化和旅游融合发展、新型职业领域发展和职业分类要求，适时调整艺术专业人员职称专业设置。对于从业人员数量较大、评价需求稳定、发展良好的专业，加强专业建设，持续稳定开展评价工作。对发展势头良好、评价需求旺盛的新型职业领域，增设新的专业。对知识结构、岗位需求相近的专业，及时整合。对发展变化较大、评价需求不断缩减、从业人员数量较少的专业，及时调整或取消。

4. 艺术专业人员各层级职称分别与事业单位专业技术岗位等级相对应。正高级对应专业技术岗位一至四级，副高级对应专业技术岗位五至七级，中级对应专业技术岗位八至十级，初级对应专业技术岗位十一至十三级。

（二）完善评价标准

1. 坚持德才兼备、以德为先。牢固树立马克思主义文艺观，坚持以人民为中心的创作导向，坚持为人民服务、为社会主义服务，为人民抒写、为人民抒情、为人民抒怀。把品德放在职称评价的首位，按照德艺双馨的要求，重点考察艺术专业人员的政治立场、职业道德、社会责任和从业操守，倡导讲品位、讲格调、讲责任。用人单位可通过考核测评、群众评议等方式全面考察艺术专业人员的职业操守和从业行为。完善诚信承诺和失信惩戒机制，对剽窃他人艺术成果或存在学术不端行为的，实行“一票否决制”，对通过弄虚作假、暗箱操作等违纪违规行为取得的职称，一律予以撤销。

2. 推行代表作制度。将艺术专业人员的代表性作品作为职称评审的重要内容。丰富代表作形式，影视、戏剧（戏曲）、舞蹈、音乐、创意设计、动漫游戏、文学创作作品和舞台美术设计方案、大型演出策划方案、舞台技术报告等均可作为代表作。严格实行代表作审核制度，重点考察作品质量，把社会效益放在首位，把受群众欢迎作为重要依据，坚持思想精深、艺术精湛、制作精良相统一，坚持人民评价、专家评价、市场检验相统一。

3. 建立职称评审绿色通道。建立职称评审向优秀人才倾斜机制，在践行社会主义核心价值观、推动中华优秀传统文化的创造性转化和创新性发展、促进文化艺术事业繁荣发展中作出重大贡献的艺术专业人员，放宽学历、年限要求，可直接申报评审高级职称。对引进的海外高层次人才和急需紧缺人才，开辟职称评审绿色通道，适当放宽资历、年限等条件限制，其在海外从事艺术工作的经历和贡献可作为职称评审的依据，不简单把海外教育、工作背景等同于专业水平。对长期在艰苦边远地区和基层一线工作的专业技术人员，重点考察其实际工作业绩，适当放宽学历、任职年限和科研能力要求，引导艺术专业人员深入群众、深入生活、扎根基层。

4. 实行国家标准、地区标准和单位标准相结合。人力资源社会保障部、文化和旅游部负责制定《艺术专业人员职称评价基本标准》（附后）。各省（区、市）人力资源社会保障部门、文化和旅游行政主管部门可以根据本地区文化艺术事业发展情况，制定地区标准。具有自主评审权的用人单位可结合本单位实际，制定单位标准。地区标准、单位标准不得低于国家标准。

（三）创新评价机制

1. 改进评价方式。建立以同行专家评审为基础的业内评价机制，注重社会和业内认可。综合采取专家评审、专业考试、业绩展示、实践操作、个人述职、面试答辩、考核认定等多种评价方式，提高职称评审的针对性和科学性。完善评审专家遴选机制，加强评审委员会建设，积极吸纳高等院校、科研机构、艺术教育机构高水平专家和经验丰富的一线文艺工作者担任评审专家。健全评审委员会工作程序和评审规则，加强对评审委员会的组织管理。建立职称评审公开制度，实行政策公开、标准公开、程序公开、结果公开，确保职称评价的客观公正。

2. 畅通职称评审渠道。延伸联系手臂，拓展评审范围，打破户籍、身份、档案等制约，畅通民营文化工作室、民营文化经纪机构、网络文艺社群等新的文艺组织从业人员和网络作家、签约作家、自由撰稿人、独立制片人、独立演员歌手、自由美术工作者等新的文艺群体从业人员职称评审渠道，确保其与国有文化艺术企事业单位艺术专业人员在职称评审上享有同等待遇。充分发挥文联、作协在联系新文艺群体人才方面的优势和作用，坚持文联、作协作为新文艺群体职称评审主渠道，积极支持其按程序组建艺术系列职称评审委员会，面向新文艺组织和新文艺群体开展职称评审工作。

3. 下放评审权限。科学界定、合理下放职称评审权限，逐步将艺术专业人员高级职称评审权限下放至符合条件的企事业单位、社会组织或市地。各省（区、市）、国务院有关部门、中央有关企业等可按有关规定成立艺术专业人员高级职称评审委员会，按照《职称评审管理暂行规定》要求进行核准备案。

4. 促进职称评价与人才培养使用相结合。艺术专业人员职称评价是文化艺术事业单位岗位聘用的重要依据和关键环节。对于全面实行岗位管理、专业技术人员能力素质与岗位职责密切相关的事业单位，一般应在岗位结构比例内开展职称评审，聘用相应职称的专业技术人员到相应岗位。不实行岗位管理的单位，可根据工作需要，坚持以用为本，择优聘用具有相应职称的专业技术人员从事相关岗位工作。健全考核制度，加强聘后管理，在岗位聘用中实现人员能上能下。

（四）优化管理服务方式

1. 转变监督管理方式。要建立职称评审随机抽查、巡查制度，加强对职称评审全过程的监督，强化单位自律和外部监督。畅通意见反映渠道，对群众反映或舆情反映较强烈的问题，有针对性地进行专项核查，及时妥善处理。要加强对自主评审工作的监督，对于不能正确行使评审权、不能确保评审质量或因评审工作把关不严、程序不规范，造成投诉较多、争议较大的，要责令限期整改；对整改无明显改善或逾期不予整改的，暂停其评审工作直至收回评审权，并依法追究相关人员责任。

2. 完善公共服务方式。推行个人诚信承诺制度，精简申报材料，减少证明事项，优化审核、评审程序。加强项目评审、人才评价和机构评估等相关业务统筹，加大申报材料和业绩成果信息共享，实行材料一次报送、一表多用，减轻艺术专业人员评审负担。

三、组织实施

（一）提高认识，加强领导。深化艺术专业人员职称制度改革是分类推进职称制度改革的重要内容，政策性强、涉及面广，各省（区、市）人力资源社会保障部门、文化和旅游等行业主管部门要充分认识改革的重要性、复杂性，切实加强组织领导，狠抓工作落实，确保各项工作落到实处。

（二）精心组织，稳慎实施。各省（区、市）人力资源社会保障部门、文化和旅游等行业主管部门在推进改革的过程中，要深入开展调查研究，细化工作措施，完善工作预案，确保改革顺利进行。各层级新的职称评审工作，要严格按照本意见执行，不得随意降低评价标准条件，不得擅自扩大评审范围。在改革中，要认真总结经验，及时解决改革中出现的新情况、新问题，妥善处理改革、发展和稳定的关系。

（三）加强宣传、营造环境。各省（区、市）人力资源社会保障部门、文化和旅游行政主管部门要加强宣传引导，搞好政策解读，充分调动各类艺术专业人员的积极性，引导各类专业技术人才积极支持和参与艺术专业人员职称制度改革工作，营造有利于艺术专业人员职称制度改革的良好氛围。

2020 年 9 月 10 日

附件

艺术专业人员职称评价基本标准

一、遵守中华人民共和国宪法和法律法规。

二、坚持马克思主义文艺观，坚持为人民服务、为社会主义服务，具有良好的职业道德和敬业精神，崇德尚艺，作风端正。

三、坚守艺术理想，热爱本职工作，认真履行岗位职责。

四、按照要求参加继续教育。

五、艺术专业人员申报各层级职称，除必须达到上述标准条件外，还应分别具备以下条件：

（一）演员

1. 四级演员

（1）受过系统的基本功训练，具有专业的基础理论知识。

（2）基本掌握专业的表演方法。

（3）有一定的表演能力，能较好地完成演出任务。

（4）具备硕士学位；或具备大学本科学历或学士学位，1 年见习期满，经考察合格；或具备大学专科学历，从事表演工作满 3 年；或从事表演工作满 5 年。

2. 三级演员

（1）具有较系统专业理论知识和一定的文化艺术素养。

（2）比较熟练地掌握专业的表演技巧。

（3）有较高的表演水平，在演出活动中能够圆满地完成所承担的表演任务。

（4）具备博士学位；或具备硕士学位，取得四级演员职称后，从事表演工作满2年；或取得四级演员职称后，从事表演工作满4年。其中，杂技、舞蹈、戏曲武功等舞台生命较短的演员，可适当降低工作年限要求。

3. 二级演员

（1）具有较高的专业理论修养和较广博的文艺知识，有比较丰富的艺术实践经验。

（2）在表演艺术上有所建树，能形成个人表演风格，能总结自己的艺术表演经验。

（3）工作业绩较为突出，在演出活动中担任重要角色且表演出色。表演作品参加过省级以上的大型艺术活动，在国内有一定影响。

（4）具备博士学位，取得三级演员职称后，从事表演工作满2年；或取得三级演员职称后，从事表演工作满5年。其中，杂技、舞蹈、戏曲武功等舞台生命较短的演员，可适当降低工作年限要求。

4. 一级演员

（1）具有深厚的艺术造诣和高超的表演技巧，有丰富的艺术实践经验。

（2）具有独特的表演风格，能系统论述自己的艺术表演成果。

（3）工作业绩突出，在演出活动中出色地担任主要角色，有具备较大影响力的代表性作品。表演作品参加过国际艺术比赛或国家级大型艺术活动，在国内有较大影响。

（4）一般应具备大学专科及以上学历，取得二级演员职称后，从事表演工作满5年。其中，杂技、舞蹈、戏曲武功等舞台生命较短的演员，可适当降低学历和工作年限要求。

（二）演奏员

1. 四级演奏员

（1）受过系统的基本功训练，具有专业的基础理论知识。

（2）基本掌握专业的演奏方法。

（3）有一定的演奏能力，能较好地完成演奏任务。

（4）具备硕士学位；或具备大学本科学历或学士学位，1年见习期满，经考察合格；或具备大学专科学历，从事演奏工作满3年；或从事演奏工作满5年。

2. 三级演奏员

（1）具有较系统专业理论知识和一定的文化艺术素养。

（2）比较熟练地掌握专业的演奏技巧。

（3）有较高的演奏水平，在公开排演的中、小型剧（节）目中多次担任领奏或伴奏，并圆满地完成所担负的演奏任务。

（4）具备博士学位；或具备硕士学位，取得四级演奏员职称后，从事演奏工作满2年；或取得四级演奏员职称后，从事演奏工作满4年。

3. 二级演奏员

（1）具有较高的专业理论修养和较广博的文艺知识，有比较丰富的艺术实践经验。

（2）在演奏艺术上有所建树，能形成个人演奏风格，能总结自己的艺术表演经验。

（3）工作业绩较为突出，在公开排演的多部大、中型剧（节）目中担任独奏、领奏、重奏，演奏出色，有自己的代表性曲目并能举办独奏音乐会。演奏作品参加过省级以上大型艺术活动，在国内有一定影响。

（4）具备博士学位，取得三级演奏员职称后，从事演奏工作满2年；或取得三级演奏员职称后，从事演奏工作满5年。

4. 一级演奏员

（1）具有深厚的艺术造诣和高超的演奏技巧，有丰富艺术实践经验。

（2）具有独特的演奏风格，能系统论述自己的艺术表演成果。

（3）工作业绩突出，在专业文艺团体多部大型剧（节）目演出中出色地担任独奏或领奏，或能举办具有自己鲜明艺术特点的独奏音乐会且个人独奏占整台音乐会一半以上曲目。演奏作品参加过国际艺术比赛或国家级大型艺术活动，在国内有较大影响。

（4）一般应具备大学本科及以上学历或学士及以上学位，取得二级演奏员职称后，从事演奏工作满5年。

（三）编剧

1. 四级编剧

（1）具有专业的基础理论知识。

（2）基本掌握本专业创作技巧。

（3）参加过集体创作，并初步具备独立创作能力。

（4）具备硕士学位；或具备大学本科学历或学士学位，1 年见习期满，经考察合格；或具备大学专科学历，从事编剧工作满 3 年；或具备高中（含中专、职高、技校）毕业，从事编剧工作满 5 年。

2. 三级编剧

（1）具有比较系统的专业理论知识和一定的文化艺术素养。

（2）能比较熟练地掌握专业创作技巧。

（3）有独立的创作能力，且有一定数量的作品公开排演。

（4）具备博士学位；或具备硕士学位，取得四级编剧职称后，从事编剧工作满 2 年；或取得四级编剧职称后，从事编剧工作满 4 年。

3. 二级编剧

（1）具有较高的学识水平和专业理论修养，有比较丰富的艺术实践经验。

（2）在艺术创作上有所建树，有一定的艺术研究能力，能总结自己的艺术创作成果。

（3）工作业绩较为突出，正式发表或出版过多部作品并公开排演，或有作品参加省级以上大型艺术活动。作品能正确反映生活，有较高的思想性和艺术性，在国内有一定影响。

（4）具备博士学位，取得三级编剧职称后，从事编剧工作满 2 年；或取得三级编剧职称后，从事编剧工作满 5 年。

4. 一级编剧

（1）具有深厚的艺术造诣和精湛的创作水平，有丰富的艺术实践经验。

（2）有独特的艺术创作风格，有较高的艺术研究水平，能系统论述自己的艺术成果和创作经验。

（3）工作业绩突出，独立创作排演过多部有较大影响的剧本，或有作品参加国际艺术比赛或国家级大型艺术活动。作品能深刻地反映生活，具有高度的思想性和艺术性，在国内有较大影响。

（4）一般应具备大学本科及以上学历或学士及以上学位，取得二级编剧职称后，从事编剧工作满 5 年。

（四）导演（编导）

1. 四级导演（编导）

（1）具有专业的基础理论知识。

（2）基本掌握专业的创作技巧。

（3）有一定创作能力，能够协助完成导演（编导）工作任务。

（4）具备硕士学位；或具备大学本科学历或学士学位，1 年见习期满，经考察合格；或具备大学专科学历，从事导演（编导）工作满 3 年；或具备高中（含中专、职高、技校）毕业，从事导演（编导）工作满 5 年。

2. 三级导演（编导）

（1）具有比较系统的专业理论知识和一定的文化艺术素养。

（2）比较熟练地掌握导演（编导）技巧。

（3）有独立的导演（编导）能力，独立完成过一定数量的中、小型剧（节）目导演（编导）任务。

（4）具备博士学位；或具备硕士学位，取得四级导演（编导）职称后，从事导演（编导）工作满 2 年；或取得四级导演（编导）职称后，从事导演（编导）工作满 4 年。

3. 二级导演（编导）

（1）具有较高的学识水平和专业理论修养，有比较丰富的艺术实践经验。

（2）在艺术创作上有所建树，有一定的艺术研究能力，能总结自己的艺术创作成果。

（3）工作业绩较为突出，能独立完成多部大、中型剧（节）目公开排演的导演（编导）工作，或有作品参加省级以上大型艺术活动。具备培养和指导专业人才进行舞台表演的能力，在国内有一定的影响。

（4）具备博士学位，取得三级导演（编

导）职称后，从事导演（编导）工作满 2 年；或取得三级导演（编导）职称后，从事导演（编导）工作满 5 年。

4. 一级导演（编导）

（1）具有深厚的艺术造诣和精湛的创作水平，有丰富的艺术实践经验。

（2）有独特的艺术创作风格，有较高的艺术研究水平，能系统论述自己的艺术成果和创作经验。

（3）工作业绩突出，能独立完成多部专业文艺团体大型剧（节）目公开排演的导演（编导）工作，或有作品参加国际艺术比赛或国家级大型艺术活动。能够培养指导专业人才，在国内有较大影响。

（4）一般应具备大学本科及以上学历或学士及以上学位，取得二级导演（编导）职称后，从事导演（编导）工作满 5 年。

（五）指挥

1. 四级指挥

（1）具有专业的基础理论知识。

（2）基本掌握专业的指挥技巧。

（3）有一定指挥能力，能担任一般作品的指挥工作。

（4）具备硕士学位；或具备大学本科学历或学士学位，1 年见习期满，经考察合格；或具备大学专科学历，从事指挥工作满 3 年；或具备高中（含中专、职高、技校）毕业，从事指挥工作满 5 年。

2. 三级指挥

（1）具有较系统专业理论知识和一定的文化艺术素养。

（2）较熟练地掌握专业的指挥技巧。

（3）能独立指挥并准确地表现作品的艺术风格，能圆满完成公开排演剧（节）目的指挥工作。

（4）具备博士学位；或具备硕士学位，取得四级指挥职称后，从事指挥工作满 2 年；或取得四级指挥职称后，从事指挥工作满 4 年。

3. 二级指挥

（1）具有较高的学识水平和专业理论修养，有比较丰富的艺术实践经验。

（2）在指挥艺术上有所建树，有一定的艺术研究能力，能总结自己的艺术成果和指挥经验。

（3）工作业绩较为突出，能胜任不同风格作品的指挥工作，能较为出色地完成多部专业文艺团体大、中型剧（节）目公开排演的指挥任务，有作品参加省级以上大型艺术活动。有较强的训练乐队的能力，对培养专业人才能起到一定的指导作用，在国内有一定影响。

（4）具备博士学位，取得三级指挥职称后，从事指挥工作满 2 年；或取得三级指挥职称后，从事指挥工作满 5 年。

4. 一级指挥

（1）具有深厚的艺术造诣和精湛的指挥技能，有丰富的艺术实践经验。

（2）有独特的指挥风格，有较高的艺术研究水平，能系统论述自己的艺术成果和指挥经验。

（3）工作业绩突出，在多个专业文艺团体成功担任过各种不同风格大型剧（节）目的指挥，有作品参加国际比赛或国家级大型艺术活动。有很强的训练乐队的能力，能够培养指导专业人才，在国内有较大影响。

（4）一般应具备大学本科及以上学历或学士及以上学位，取得二级指挥职称后，从事指挥工作满 5 年。

（六）作曲

1. 四级作曲

（1）具有专业的基础理论知识。

（2）基本掌握专业的创作技巧。

（3）初步具有独立创作能力。

（4）具备硕士学位；或具备大学本科学历或学士学位，1 年见习期满，经考察合格；或具备大学专科学历，从事作曲工作满 3 年；或具备高中（含中专、职高、技校）毕业，从事表演工作满 5 年。

2. 三级作曲

（1）具有比较系统的专业理论知识和一定的文化艺术素养。

（2）能比较熟练地掌握作曲创作技巧。

（3）有较高的作曲水平，能独立创作多首中、小型作品。

（4）具备博士学位；或具备硕士学位，取得四级作曲职称后，从事作曲工作满2年；或取得四级作曲职称后，从事作曲工作满4年。

3. 二级作曲

（1）具有较高的学识水平和专业理论修养，有比较丰富的艺术实践经验。

（2）在艺术创作上有所建树，有一定的艺术研究能力，能总结自己的艺术成果和创作经验。

（3）工作业绩较为突出，能独立创作出多首正式发表且有较高水准的作品，并公开排演，有作品参加省级以上大型艺术活动。作品能正确反映生活，有较高的思想性和艺术性，在国内有一定影响。

（4）具备博士学位，取得三级作曲职称后，从事作曲工作满2年；或取得三级作曲职称后，从事作曲工作满5年。

4. 一级作曲

（1）具有深厚的艺术造诣和精湛的创作水平，有丰富的艺术实践经验。

（2）有独特的艺术风格，有较高的艺术研究水平，能系统论述自己的艺术成果和创作经验。

（3）工作业绩突出，能独立创作出多首正式发表且有较高水准的作品，并在专业文艺团体公开排演或在网络、电视等专业媒体上播出，有作品参加国际艺术比赛或国家级大型艺术活动。作品能深刻地反映生活，具有高度的思想性和艺术性，在国内有较大影响。

（4）一般应具备大学本科及以上学历或学士及以上学位，取得二级作曲职称后，从事作曲工作满5年。

（七）作词

1. 四级作词

（1）具有专业的基础理论知识。

（2）基本掌握专业的创作技巧。

（3）初步具有独立创作能力。

（4）具备硕士学位；或具备大学本科学历或学士学位，1年见习期满，经考察合格；或具备大学专科学历，从事作词工作满3年；或具备高中（含中专、职高、技校）毕业，从事作词工作满5年。

2. 三级作词

（1）具有比较系统的专业理论知识和一定的文化艺术素养。

（2）能比较熟练地掌握作词创作技巧。

（3）有较高的作词水平，能独立创作多部有一定影响力的词作品。

（4）具备博士学位；或具备硕士学位，取得四级作词职称后，从事作词工作满2年；或取得四级作词职称后，从事作词工作满4年。

3. 二级作词

（1）具有较高的学识水平和专业理论修养，有比较丰富的艺术实践经验。

（2）在艺术创作上有所建树，有一定的艺术研究能力，能总结自己的艺术成果和创作经验。

（3）工作业绩较为突出，能独立创作出多首正式发表且有较高水准的作品，并公开排演，有作品参加省级以上大型艺术活动。作品能正确反映生活，有较高的思想性和艺术性，在国内有一定影响。

（4）具备博士学位，取得三级作词职称后，从事作词工作满2年；或取得三级作词职称后，从事作词工作满5年。

4. 一级作词

（1）具有深厚的艺术造诣和精湛的创作水平，有丰富的艺术实践经验。

（2）有独特的艺术风格，有较高的艺术研究水平，能系统论述自己的艺术成果和创作经验。

（3）工作业绩突出，能独立创作出多首正式发表且有较高水准的作品，并在专业文艺团体公开排演，有作品参加过国家级大型艺术活动。作品能深刻地反映生活，具有高度的思想性和艺术性，在国内有较大影响。

（4）一般应具备大学本科及以上学历或学士及以上学位，取得二级作词职称后，从事作词工作满5年。

（八）摄影（摄像）

1. 四级摄影（摄像）师

（1）受过系统的基本功训练，具有专业的基础理论知识。

（2）基本掌握摄影（摄像）专业的创作技巧。

（3）有一定创作能力，有摄影（摄像）作品公开发表。

（4）具备硕士学位；或具备大学本科学历或学士学位，1年见习期满，经考察合格；或具备大学专科学历，从事摄影（摄像）工作满3年；或具备高中（含中专、职高、技校）毕业，从事摄影（摄像）工作满5年。

2. 三级摄影（摄像）师

（1）具有较系统的专业理论知识和一定的文化艺术素养。

（2）较熟练地掌握专业的创作技巧，基本功扎实。

（3）有较强的创作能力，有一定数量的摄影（摄像）作品公开发表，并参加过专业摄影（摄像）作品展览。

（4）具备博士学位；或具备硕士学位，取得四级摄影（摄像）师职称后，从事摄影（摄像）创作满2年；或取得四级摄影师（摄像）职称后，从事摄影（摄像）创作满4年。

3. 二级摄影（摄像）师

（1）有较深的艺术造诣和较高的摄影（摄像）创作技巧，有比较丰富的实践经验。

（2）对摄影（摄像）专业有较深的研究，能形成个人的摄影（摄像）创作风格并总结自己的艺术成果和创作经验。

（3）创作能力较为突出，有相当数量的摄影（摄像）作品在有较大影响力的期刊公开发表，并参加过有较大影响力的专业摄影（摄像）作品展览。

（4）具备博士学位，取得三级摄影（摄像）师职称后，从事摄影（摄像）创作满2年；或取得三级摄影（摄像）师职称后，从事摄影（摄像）创作满5年。

4. 一级摄影（摄像）师

（1）具有深厚的艺术修养、高深的理论水平和精湛的创作技巧，有丰富的实践经验。

（2）对摄影（摄像）专业有系统、深入的研究，有独特的艺术风格并能系统论述自己的艺术成果和创作经验。

（3）创作能力突出，在有重大影响力的刊物上发表或出版摄影（摄像）作品集，有作品入选全国性专业摄影（摄像）展览或由权威摄影（摄像）机构收藏，在摄影（摄像）界有很大影响力。

（4）一般应具备大学本科及以上学历或学士及以上学位，取得二级摄影（摄像）师职称后，从事摄影（摄像）创作满5年。

（九）舞台美术设计

1. 四级舞美设计师

（1）受过系统的基本功训练，具有专业的基础理论知识。

（2）基本掌握专业的设计创作方法。

（3）有一定的创作能力，能够独立完成设计创作任务。

（4）具备硕士学位；或具备大学本科学历或学士学位，1年见习期满，经考察合格；或具备大学专科学历，从事舞美设计工作满3年；或具备高中（含中专、职高、技校）毕业，从事舞美设计工作满5年。

2. 三级舞美设计师

（1）具有较系统的专业理论知识和一定的文化艺术素养。

（2）比较熟练地掌握专业的设计创作技巧。

（3）基本功扎实，能独立创作出一定数量剧（节）目舞美设计作品。

（4）具备博士学位；或具备硕士学位，取得四级舞美设计师职称后，从事舞美设计工作满2年；或取得四级舞美设计师职称后，从事舞美设计工作满4年。

3. 二级舞美设计师

（1）具有较高的学识水平和专业理论修养，有比较丰富的艺术实践经验。

（2）有一定的设计创作研究能力，能总结自己的设计成果和创作经验。

（3）工作业绩较为突出，独立创作出多部大、中型剧（节）目的专业舞美设计作品，并有一定数量的代表性作品。

（4）具备博士学位，取得三级舞美设计师职称后，从事舞美设计工作满2年；或取得三级舞美设计师职称后，从事舞美设计工作满5年。

4. 一级舞美设计师

（1）具有深厚的艺术造诣和精湛的艺术设计创作水平，有丰富的艺术实践经验。

（2）具有较高的设计创作研究能力，能系统论述自己的设计成果和创作经验。

（3）工作业绩突出，能独立完成专业文艺团体多部大型剧（节）目的专业舞美设计，有独特的设计创作风格，在业内有重大影响。

（4）一般应具备大学本科及以上学历或学士及以上学位，取得二级舞美设计师职称后，从事舞美设计工作满5年。

（十）艺术创意设计

1. 四级艺术创意设计师

（1）受过系统的基本功训练，具有专业的基础理论知识。

（2）基本掌握专业的艺术创意设计技巧。

（3）有一定的创作能力，能够独立完成创意设计任务。

（4）具备硕士学位；或具备大学本科学历或学士学位，1年见习期满，经考察合格；或具备大学专科学历，从事艺术创意设计工作满3年；或具备高中（含中专、职高、技校）毕业，从事艺术创意设计工作满5年。

2. 三级艺术创意设计师

（1）具有较系统的专业理论知识和一定的文化艺术素养。

（2）比较熟练地掌握艺术创意设计的专业创作技巧。

（3）基本功扎实，能够圆满完成创意设计任务，有一定数量的设计作品在艺术机构展览展示、参加舞台艺术展演或转化为文创产品上市销售。

（4）具备博士学位；或具备硕士学位，取得四级艺术创意设计师职称后，从事艺术创意设计创作满2年；或取得四级艺术创意设计师职称后，从事艺术创意设计创作满4年。

3. 二级艺术创意设计师

（1）具有较高的学识水平和专业理论修养，有比较丰富的艺术实践经验。

（2）在艺术创意设计上有所建树，有一定的研究能力，能总结自己的设计成果和创作经验。

（3）工作业绩较为突出，能较出色地完成一定数量大、中型展览展示或舞台艺术的创意设计任务，能设计创作出多部代表性作品，或创意设计的文创产品在市场中取得良好业绩。

（4）具备博士学位，取得三级艺术创意设计师职称后，从事艺术创意设计创作满2年；或取得三级艺术创意设计师职称后，从事艺术创意设计创作满5年。

4. 一级艺术创意设计师

（1）具有深厚的艺术造诣和精湛的艺术设计创作水平，有丰富的艺术实践经验。

（2）具有较高的设计创作研究能力，能系统论述自己的设计成果和创作经验。

（3）工作业绩突出，能出色地完成一定数量大型展览展示、舞台艺术或文创产品的创意设计任务，有独特的艺术创意设计风格，在业内产生重大影响。

（4）一般应具备大学本科及以上学历或学士及以上学位，取得二级艺术创意设计师职称后，从事艺术创意设计创作满5年。

（十一）美术（含雕塑、书法、篆刻等）

1. 四级美术师

（1）受过系统的基本功训练，具有专业

的基础理论知识。

（2）基本掌握专业的创作技巧。

（3）有一定创作能力，有作品公开发表、参加过专业美术作品展览。

（4）具备硕士学位；或具备大学本科学历或学士学位，1 年见习期满，经考察合格；或具备大学专科学历，从事美术创作满 3 年；或具备高中（含中专、职高、技校）毕业，从事美术创作满 5 年。

2. 三级美术师

（1）具有较系统的专业理论知识和一定的文化艺术素养。

（2）较熟练地掌握专业的创作技巧，基本功扎实。

（3）有较强的创作能力，能创作出具有个人风格的美术作品。有一定数量的美术作品在有影响力的期刊公开发表、参加过有影响力的专业美术作品展览。

（4）具备博士学位；或具备硕士学位，取得四级美术师职称后，从事美术创作满 2 年；或取得四级美术师职称后，从事美术创作满 4 年。

3. 二级美术师

（1）有较深的艺术造诣和较高的美术创作技巧，有比较丰富的艺术实践经验。

（2）能形成个人的美术创作风格，对美术专业有较深的研究，能总结自己的艺术成果和创作经验。

（3）创作能力较为突出，在继承、发展和创新艺术流派及美术创作技巧等方面成绩较为显著，有相当数量的美术作品在有较大影响力的期刊公开发表、参加过有较大影响力的专业美术作品展览。

（4）具备博士学位，取得三级美术师职称后，从事美术创作满 2 年；或取得三级美术师职称后，从事美术创作满 5 年。

4. 一级美术师

（1）具有深厚的艺术修养、高深的理论水平和精湛的创作技巧，有丰富的艺术实践经验。

（2）有独特的艺术风格，对美术专业有系统、深入的研究，能系统论述自己的艺术成果和创作经验。

（3）创作能力突出，在继承、发展和创新艺术流派及本专业艺术技巧方面成就突出，在有重大影响力的刊物上发表或出版美术作品集，作品能入选全国性美术展览或由权威美术机构收藏，在美术界有很大影响。

（4）一般应具备大学本科及以上学历或学士及以上学位，取得二级美术师职称后，从事美术创作满 5 年。

（十二）文学创作

1. 四级文学创作

（1）有一定的思想水平和文学素养，有比较丰富的生活积累。

（2）初步具备从事文学创作的能力，掌握文学创作的基本技巧。

（3）在公开的报纸或杂志上发表过文学作品，或在国内具有互联网传播合法资质的专业文学网站发表过完结作品，作品订阅数有一定规模。

（4）具备硕士学位；或具备大学本科学历或学士学位，1 年见习期满，经考察合格；或具备大学专科学历，从事文学创作满 3 年；或具备高中（含中专、职高、技校）毕业，从事文学创作满 5 年。

2. 三级文学创作

（1）有较高的思想水平和文化修养，有丰富的生活积累。

（2）创作技巧比较熟练，有较强概括生活的能力。

（3）在省级以上报纸或杂志上发表过多篇文学作品，或出版过文学著作，或在国内具有互联网传播合法资质且有影响力的专业文学网站发表过完结作品，作品订阅数有一定规模。在读者中有一定影响力。

（4）具备博士学位；或具备硕士学位，取得四级文学创作职称后，从事文学创作满 2 年；或取得四级文学创作职称后，从事文学创作满 4 年。

3. 二级文学创作

（1）有较高的艺术造诣和文艺理论修养，文学创作经验较为丰富。

（2）能形成个人的文学创作风格，对文学创作有较深的研究，能总结自己的创作成果和实践经验。

（3）创作能力较为突出，出版过多部文学著作，或在国内较有影响力的全国性文学刊物上发表过多篇文学作品，或在国内具有互联网传播合法资质且有影响力的专业文学网站发表过多部完结作品，作品订阅数有较大规模。在全国范围内有一定的影响力。

（4）具备博士学位，取得三级文学创作职称后，从事文学创作满2年；或取得三级文学创作职称后，从事文学创作满5年。

4. 一级文学创作

（1）具有深厚的艺术修养、高深的理论水平和精湛的创作技巧，有丰富的文学创作经验。

（2）有独特的文学创作风格，对文学创作有系统、深入的研究，能系统论述自己的创作成果和实践经验。

（3）创作能力突出，由出版社本版出版过多部文学著作，或在国内较有影响力的全国性文学刊物上发表多篇文学作品，或在国内具有互联网传播合法资质且有较大影响力的专业文学网站发表过多部完结作品，作品订阅数有较大规模。代表性作品在全国范围内有广泛影响力，有较高知名度。热心扶植文学新人。

（4）一般应具备大学本科及以上学历或学士及以上学位，取得二级文学创作职称后，从事文学创作满5年。

（十三）演出监督

1. 四级演出监督

（1）具备与舞台剧（节）目组织和监督管理相关的业务知识。

（2）初步了解掌握舞台剧（节）目的创作、排练和演出规律。

（3）初步具备一定舞台剧（节）目创作、排练和演出的组织管理能力。

（4）具备硕士学位；或具备大学本科学历或学士学位，1年见习期满，经考察合格；或具备大学专科学历，从事演出监督工作满3年；或具备高中（含中专、职高、技校）毕业，从事演出监督工作满5年。

2. 三级演出监督

（1）具有较高的舞台剧（节）目组织和监督管理水平。

（2）熟悉舞台剧（节）目创作、排练和演出规律。

（3）能独立完成中、小型剧（节）目创作、排练和演出的组织管理工作。

（4）具备博士学位；或具备硕士学位，取得四级演出监督职称后，从事演出监督工作满2年；或取得四级演出监督职称后，从事演出监督工作满4年。

3. 二级演出监督

（1）具有较高的艺术鉴赏能力和专业理论修养，有比较丰富的舞台剧（节）目创作、排练、演出的组织和监督管理经验。

（2）熟练掌握舞台剧（节）目创作、排练和演出规律，能总结舞台剧（节）目创作、排练、演出的组织和监督管理经验。

（3）工作业绩较为突出，组织过一定数量的大、中型舞台剧（节）目的创作、排练和演出，能及时发现并解决舞台剧（节）目创作、排练和演出过程中出现的关键问题。

（4）具备博士学位，取得三级演出监督职称后，从事演出监督工作满2年；或取得三级演出监督职称后，从事演出监督工作满5年。

4. 一级演出监督

（1）具有深厚的艺术鉴赏能力和专业理论修养，有丰富的舞台剧（节）目创作、排练、演出的组织和监督管理经验。

（2）精通舞台剧（节）目创作、排练和演出规律，能系统论述舞台剧（节）目创作、排练、演出的组织和管理监督成果。

（3）工作业绩突出，组织过大量国内大型舞台剧（节）目的创作、排练、演出或一定数量国际大型舞台剧（节）目的创作、排练、演出，并在组织大型舞台剧（节）目创作、排练和演出过程中做到“零失误”。

（4）一般应具备大学本科及以上学历或学士及以上学位，取得二级演出监督职称后，从事演出监督工作满5年。

（十四）舞台技术

1. 四级舞台技术

（1）受过系统的基本功训练，具有专业的基础理论知识和制作（操作）技术（技巧）。

（2）熟悉舞台工作基本规律。

（3）能配合完成剧（节）目演出的舞台工作任务。

（4）具备硕士学位；或具备大学本科学历或学士学位，1年见习期满，经考察合格；或具备大学专科学历，从事舞台技术工作满3年；或具备高中（含中专、职高、技校）毕业，从事舞台技术工作满5年。

2. 三级舞台技术

（1）具有较系统的专业理论知识和较丰富的舞台制作（操作）经验。

（2）比较熟练地掌握舞台工作规律，熟悉本专业制作技术和操作技巧。

（3）具有一定的创作设计能力，能在不同的舞台条件下完成工作任务，能发现和解决演出过程中出现的技术问题。

（4）具备博士学位；或具备硕士学位，取得四级舞台技术职称后，从事舞台技术工作满2年；或取得四级舞台技术职称后，从事舞台技术工作满4年。

3. 二级舞台技术

（1）长期从事舞台技术工作，具有较高的专业理论水平和较深的实践功底，有比较丰富的舞台技术经验。

（2）全面掌握舞台操作技术，能统筹协调大、中型剧（节）目舞台设计、制作和实施，能总结自己的舞台创作成果和实践经验。

（3）工作业绩较为突出，能出色地配合演出完成舞台技术工作，能及时、准确地发现和解决演出过程中出现的关键问题。

（4）具备博士学位，取得三级舞台技术职称后，从事舞台技术工作满2年；或取得三级舞台技术职称后，从事舞台技术工作满5年。

4. 一级舞台技术

（1）有系统、扎实的专业理论知识和实践功底，精通舞台工作流程，有丰富的舞台技术经验。

（2）对本专业学术、技术具有深入研究和独到见解，能作为本专业有较大影响力的学术、技术带头人，能够系统论述自己的舞台创作成果和实践经验。

（3）工作业绩突出，具备独立承担大型演出剧（节）目舞台技术的统筹、实施和指导能力，有较强的创新能力，能够解决重大疑难问题或掌握关键技术，能应急处理演出过程中的突发情况。

（4）一般应具备大学本科及以上学历或学士及以上学位，取得二级舞台技术职称后，从事舞台技术工作满5年。

（十五）录音师

1. 四级录音师

（1）具有本专业基本理论知识，基本掌握录音技术及其操作技能。

（2）有一定的音乐知识和文学基础知识。

（3）了解录音生产工艺及设备情况，能完成辅助性的录音工作。

（4）具备硕士学位；或具备大学本科学历或学士学位，1年见习期满，经考察合格；或具备大学专科学历，从事录音工作满3年；或具备高中（含中专、职高、技校）毕业，从事录音工作满5年。

2. 三级录音师

（1）有较扎实的录音专业理论知识，掌握录音技术及其实际技能，熟悉录音生产工艺，能独立完成一般性剧目、作品的录音任务，并能解决工作中的实际问题。

（2）有一定的音乐和电声知识、文学修养及较丰富的录音工作经验，在声音处理上能体现剧本、作品的艺术风格，有一定数量的优秀作品，获得业内较好的评价。

(3) 了解本专业国内外的现状和发展趋势，对录音作品和声音质量有一定的鉴赏能力。

(4) 具备博士学位；或具备硕士学位，取得四级录音师职称后，从事录音工作满 2 年；或取得四级录音师职称后，从事录音工作满 4 年。

3. 二级录音师

(1) 有较丰富的录音专业理论知识和较高的实际技能，全面掌握录音生产工艺，能独立完成难度较大的录音任务，能解决本专业较复杂的实际问题。

(2) 有较高的音乐和文学艺术修养，有丰富的录音工作经验，有一定数量的优秀作品，获得业内较高的评价。

(3) 掌握本专业国内外的现状和发展趋势，能对录音作品和声音质量有较高的鉴赏能力和理论见解；在录音艺术处理上有一定的创新或建树，对培养录音专业人员做出较显著的贡献，在本行业享有一定声誉。

(4) 具备博士学位，取得三级录音师职称后，从事录音工作满 2 年；或取得三级录音师职称后，从事录音工作满 5 年。

4. 一级录音师

(1) 具有广博的录音专业理论知识和纯熟的实际技能，能指导、完成各种高难度的录音任务，能解决本专业各种理论和实际问题。

(2) 有较高的音乐修养和文学艺术造诣，有丰富的录音工作经验，并在艺术实践中形成自己独特的风格，有相当数量的优秀作品，获得业内很高的评价。

(3) 熟悉本专业国内外的现状和发展趋势，在录音艺术、技术方面发表过理论性的文章或著作，对录音艺术、技术工作的发展和培养录音专业队伍有显著贡献，在国内享有较高声誉。

(4) 一般应具备大学本科及以上学历或学士及以上学位，取得二级录音师职称后，从事录音工作满 5 年。

(十六) 剪辑

1. 四级剪辑师

(1) 基本掌握剪辑专业知识和剪辑技巧。

(2) 掌握影视节目制作和剪辑工艺过程，熟悉声画同步套片工艺和了解特殊技巧的制作常识。

(3) 在上级剪辑师的指导下能承担正常的声画组接和一般性技巧的剪辑工作。

(4) 具备硕士学位；或具备大学本科学历或学士学位，1 年见习期满，经考察合格；或具备大学专科学历，从事剪辑工作满 3 年；或具备高中（含中专、职高、技校）毕业，从事剪辑工作满 5 年。

2. 三级剪辑师

(1) 有较全面的剪辑专业理论知识，熟悉剪辑工艺过程及各种创作技巧和手法，能独立完成一般性影视节目的剪辑任务，能解决剪辑工作中的实际问题。

(2) 有较好的文学、戏剧和音乐修养，能正确地领会剧本和导演的创作意图，有一定数量作品，在剪辑处理上协调、流畅，基本符合剧情要求和导演意图。

(3) 具备博士学位；或具备硕士学位，取得四级剪辑师职称后，从事剪辑工作满 2 年；或取得四级剪辑师职称后，从事剪辑工作满 4 年。

3. 二级剪辑师

(1) 有较高的剪辑专业理论知识，能熟练地运用各种创作手法及其剪辑技巧，有较丰富的剪辑工作经验，能独立承担各片种难度较高的剪辑任务，能解决剪辑工作中较复杂的问题。

(2) 有较高的文学、美学、戏剧、音乐、舞蹈等艺术修养，能根据剧本主题，通过剪辑手法出色地体现导演创作意图，有一定数量的成功作品，在行业内获得较高评价。

(3) 了解国内外剪辑艺术的现状和发展趋势，能对剪辑专业进行理论探讨，对剪辑艺术及其表现手法有所创新，在本行业享有一定声誉，在培养剪辑人才方面做出较显著的贡献。

（4）具备博士学位，取得三级剪辑师职称后，从事剪辑工作满2年；或取得三级剪辑师职称后，从事剪辑工作满5年。

4. 一级剪辑师

（1）有深厚的剪辑专业理论知识和娴熟的剪辑技巧，有丰富的剪辑经验，能主持和承担各种高难度的剪辑任务，能解决剪辑工作中的理论和实际问题。

（2）有较高的文学、美学、戏剧、音乐、舞蹈等艺术修养，能根据剧本主题和剧情要求，通过剪辑创造性的处理，协助导演丰富艺术构思，增强艺术效果；在剪辑创作手法和技巧处理上有较多的创新，形成自己独特的艺术风格，有相当数量的获得很高评价的优秀作品。

（3）熟悉国内外剪辑艺术的现状和发展趋势，对剪辑艺术及技术技巧的理论与实践有系统的研究，发表过较高水平的论文或著作，对剪辑艺术和技术的发展及培养剪辑专业队伍有显著贡献，在本行业享有较高的声誉。

（4）一般应具备大学本科及以上学历或学士及以上学位，取得二级剪辑师职称后，从事剪辑工作满5年。

人力资源社会保障部　民政部　财政部　商务部　全国妇联关于实施康养职业技能培训计划的通知

人社部发〔2020〕73号

各省、自治区、直辖市及新疆生产建设兵团人力资源社会保障厅（局）、民政厅（局）、财政厅（局）、商务厅（局）、妇联：

健康照护、养老护理、家政服务、婴幼儿照护等康养服务从业人员职业素质和工作质量，直接关系人民群众日常生活和切身利益。为贯彻落实党中央、国务院有关要求，推进职业技能提升行动，促进康养服务技能人才培养和劳动者就业创业，人力资源社会保障部、民政部、财政部、商务部、全国妇联决定组织实施“康养职业技能培训计划”。现将有关事项通知如下：

一、总体要求和目标任务

（一）总体要求。认真贯彻落实习近平总书记关于统筹做好推进疫情防控和经济社会发展工作的重要指示，围绕做好“六稳”工作，服务落实“六保”任务，聚焦当前人民群众反映强烈的康养服务从业人员数量不足、职业技能水平不高等实际问题，坚持培训先行、人人持证，大规模、高质量开展康养服务人员职业技能培训，健全培养、使用、评价和激励工作体系，加快培养数量充足、素质优良、技能高超、服务优质的康养服务技能人才。

（二）目标任务。2020年至2022年，培养培训各类康养服务人员500万人次以上，其中养老护理员200万人次以上；充分利用现有各类职业技能培训和公共实训基地，在全国建成10个以上国家级（康养）高技能人才培训基地；加强职业标准、培训师资和教材建设，不断提升康养培训基础能力。

二、健全康养服务人员培训体系

（三）建立康养服务人员培训制度。建立以地方政府为工作主体，有关部门协调支持，院校、企业、社会团体、职业培训机构、公共实训基地、养老服务机构、儿童福利机构等为实施载体，适应康养服务市场需求和人员就业需要的职业技能培训制度，全面推行康养服务人员就业上岗前培训、岗位技能提升培训、转岗转业培训和创业培训。加强康养服务实训基地建设，支持有条件的企业兴办培训实训机构。扩大职业院校（含技工院校，下同）招生和培养规模，积极面向有意愿从事康养服务的各类人员开展培养培训。

（四）全面提升康养服务人员职业技能水平。以提升职业能力为重点，强化康养服务人员的实际操作技能训练、综合职业素质培养，并将法律知识、职业道德、从业规范、质量意识、健康卫生等要求和心理学、营养学等方面的内容贯穿培训全过程。加强失能失智人员照护、老年人照护、康复护理服务、饮食起居照料、生活家务料理、婴幼儿照护、儿童照护、意外伤害预防与处理等方面的岗位技能培训，提升从业人员职业技能水平。

（五）健全康养服务培训标准体系。按照健康照护师、养老护理员、家政服务员、育婴员、保育员、孤残儿童护理员等国家职业技能标准、培训大纲和最新行业企业考核评价规范开展培训。针对不同培训对象的文化程度和就业经历，开发全面系统、简便可行的培训课程。对基础性、易操作的知识和技能，组织开发通用速成教材，帮助入职者尽快掌握职业技能要求。有关院校和培训机构要优化课程设置，构建多层次、模块化、高质量的技能课程体系。院校和培训机构要加强校企合作，推行“职业培训包”和“工学一体化”培训模式，增强培训实效。

（六）大力培育康养服务企业和培训机构。支持健康照护、养老、家政、托育服务等企业发展，推动建设产教融合型企业。探索以龙头企业和培训机构为主体，支持建设高技能人才培训基地、家政服务职业培训示范基地、家政劳务输出基地等，打造培训实训体系，引领行业发展。鼓励和支持有关职业院校开设健康管理（健康服务与管理）、康复保健、老年保健与管理（老年服务与管理）、护理（养老护理员、育婴员、保育员）、家政服务与管理（家政服务）、公共营养保健等相关专业，强化理论知识和工作实训，加强高层次、综合性专业人才培养。

三、促进康养服务人员职业发展

（七）开展康养服务人员职业技能评价。紧跟新产业、新业态、新模式，加强康养服务新职业和相关职业技能标准开发，做好康养服务技能人才评价工作，畅通从职业资格或职业技能等级五级（初级工）、四级（中级工）、三级（高级工）到二级（技师）、一级（高级技师）的职业发展通道，拓宽职业发展空间。对经评价认定合格的，纳入证书查询系统和信息管理服务平台，向社会公开。推进评价认定信息与相关业务主管部门共享，为康养服务人员培训、使用和监管提供数据支撑。要严格证书管理，加强评价工作的事中事后监管，确保评价质量和效果，防止乱发证和以次充好等不良现象。

（八）加强康养服务人员激励保障。加大康养服务人员的激励力度，强化政府激励引导，充分发挥市场机制作用，提升从业人员经济待遇和社会地位，增强职业吸引力。各地、各有关部门开展技能人才评选表彰，可适当向康养服务人员倾斜。鼓励市场主体建立从业人员薪酬待遇与职业技能等级和服务内容、时间、难易等挂钩机制，实现技高者多得，多劳者多得。鼓励家政服务员通过全国家政服务信用信息平台建立信用记录，引导消费者优先选择信用良好的家政服务员。各级政府和有关部门要加强对康养服务人员的职业指导、就业服务和关心关爱，维护其合法权益。

（九）广泛组织职业技能竞赛活动。大力开展康养服务人员职业技能竞赛，按照有关规定对获奖选手予以奖励，并晋升相应的职业技能等级。组织开展面向贫困劳动力的职业技能竞赛，将有关康养服务类职业（工种）作为竞赛项目，引导和带动更多贫困劳动力从事康养相关职业。推动世界技能大赛健康和社会照护等项目的竞赛标准转化为职业教育培训标准和课程，促进人才培养与国际接轨，提高培养质量和水平。

四、做好组织实施工作

（十）加强组织领导。各地、各有关部门要充分认识加强康养服务人员职业技能培训的重要意义，把康养职业技能培训计划作为重要民生工程，加强组织领导和统筹实施，建立地方政府主导，人社、民政、财政、商务、妇联等部门协调配合的联动机制，形成工作合力，推进培训信息与相关业务主管部门共享，加强康养服务人员信息信用管理。要将康养职业技能培训计划纳入各地职业技能提升行动，同步进行部署、落实、督导和考核。各地人社部门、民政部门共同做好养老护理员培养培训工作；各地民政部门要做好养老院院长和专兼职老年社会工作者培养培训工作。上述两项具体培训任务由各省（区、市）按2019年底当地60岁以上老年人数量占全国总数比例确定。

（十一）加大培训补贴政策落实力度。各地要将健康照护师、养老护理员、家政服务员、育婴员、保育员等作为急需紧缺职业（工种），纳入本地职业技能提升行动“两目录一系统”，按规定落实好职业技能培训补贴、创业培训补贴以及职业技能鉴定补贴政策，所需资金从职业技能提升行动专账资金中列支；按规定落实好生活费补贴政策，所需资金从就业补助资金中列支。有条件的地方，可适当提高职业技能培训补贴标准。各地不得以地域、户籍、年龄、缴纳社保等为前提条件，限制上述人员参加培训并享受培训补贴。

（十二）加大宣传和推动力度。各地要采取多种方式，做好培训计划和从业人员待遇政策解读服务。创新方式和手段，开展宣传服务周（月）活动，通过现场咨询、“12333”热线、上门宣传、发放政策宣传页、张贴宣传海报、投放公益广告等方式，提高政策知晓度。要注重培育全国知名劳务输出地，打造康养服务人员劳务品牌，扩大社会影响力。充分利用媒体，选树先进典型，营造劳动光荣的社会风尚和精益求精的敬业风气，不断增强康养服务人员的职业荣誉感和岗位吸引力，鼓励引导更多劳动者技能就业和技能成才。

2020年10月9日

人力资源社会保障部　体育总局关于深化体育专业人员职称制度改革的指导意见

人社部发〔2020〕76号

各省、自治区、直辖市及新疆生产建设兵团人力资源社会保障厅（局）、体育局，体育总局有关单位，国务院各部委、各直属机构人事部门，各中央企业人事部门：

体育专业人员是我国专业技术人才队伍的重要组成部分，是推动加快建设体育强国的重要力量。为贯彻落实中共中央办公厅、国务院办公厅印发的《关于深化职称制度改革的意见》，现就深化体育专业人员职称制度改革提出如下指导意见。

一、总体要求

（一）指导思想

以习近平新时代中国特色社会主义思想为指导，全面贯彻落实党的十九大和十九届二中、三中、四中全会精神，按照党中央、国务院加快推进体育强国建设决策部署和深化职称制度改革的总体要求，坚持党管人才原则，遵循体育人才成长规律，突出体育行业特点，以科学评价为核心，以促进体育人才开发使用为目的，建立科学化、规范化、社会化的职称制度，为科学客观公正评价体育专业人员提供制度保障。

（二）基本原则

1. 坚持服务发展。围绕体育事业改革发展要求，落实全民健身国家战略，充分发挥人才评价“指挥棒”作用，最大限度释放和激发体育专业人员创新创造创业活力，为体育强国建设提供人才支撑。

2. 坚持遵循规律。遵循体育人才成长规律，把握不同专业、不同层次体育专业人员特点，以解决现行职称制度存在问题为导向，统筹设计体育专业人员职称制度，建立适应发展需要的专业动态调整机制，建立分类合理、标准科学的评价体系。

3. 坚持科学评价。以品德、能力、业绩为导向，分级分类完善评价标准，克服唯学历、唯资历、唯论文倾向，科学客观公正评价体育专业人员，让深耕专业、做出贡献的体育人才有成就感和获得感。

4. 坚持开放创新。创新体育人才评价机制，建立层次分明、职责清晰的社会化评审机制。充分发挥各级职能部门、体育社会组织、用人主体在职称评审中的重要作用，提升体育专业人员职称评审质量水平，推进体育行业治理能力和治理体系现代化。

二、主要内容

通过健全制度体系、完善评价标准、创新评价机制、加强评审监管、优化公共服务等措施，形成设置合理、评价科学、管理规范、社会和业内认可的体育专业人员职称制度。

（一）健全职称体系

1. 完善专业类别。体育专业人员职称设

置教练员和运动防护师专业类别。教练员指培养、训练运动员和指导群众参与全民健身活动的专业人员；运动防护师指从事运动损伤和运动疾病预防、评估、急救、治疗、康复的专业人员。

2. 健全层级设置。体育专业人员职称设初级、中级、高级，其中高级分设副高级和正高级。教练员初级、中级、副高级、正高级职称的名称分别为初级教练、中级教练、高级教练、国家级教练；运动防护师初级、中级、副高级、正高级职称的名称分别为初级运动防护师、中级运动防护师、高级运动防护师、正高级运动防护师。

3. 调整后的教练员职称与原体育教练员职称的对应关系是：原三级、二级教练对应初级教练，原一级教练对应中级教练。原高级教练、国家级教练职称名称不变。取得初级教练职称的时间，自取得原三级教练职称算起。

4. 体育专业人员职称分别与事业单位专业技术岗位等级相对应。正高级对应专业技术岗位一至四级，副高级对应专业技术岗位五至七级，中级对应专业技术岗位八至十级，初级对应专业技术岗位十一至十三级。

5. 动态调整专业设置。根据体育人才评价工作实际，动态调整职称专业设置。对从业人员数量较大、评价需求稳定、发展良好的专业，持续稳定开展评价工作；对发展势头良好，评价需求旺盛的新兴体育职业，符合条件的增设为新的职称专业；对未来评价需求缩减、从业人员减少的专业，及时调整或取消。

（二）完善评价标准

1. 坚持德才兼备、以德为先。坚持把品德放在体育专业人员评价首位，重点考察体育专业人员的职业道德。通过个人述职、考核测评、民意调查等方式全面考察体育专业人员的职业操守和从业行为，倡导科学精神，强化社会责任，坚守道德底线。保护体育运动参加者身心健康，维护体育竞赛的公平竞争，不存在反兴奋剂工作规定的不当行为。完善诚信承诺和失信惩戒机制。受到党纪、政务处分的人员，在影响期内不得申报职称。对通过弄虚作假等不正当手段取得的职称一律予以撤销。

2. 科学分类评价。以教练员、运动防护师职业属性和岗位需求为基础，分别制定评价标准。教练员着重评价其提高执教对象运动水平的能力，同时考虑根据执教对象、执教内容等不同岗位教练员特点，分类制定评价标准。运动防护师着重评价其开展运动损伤预防、评估、急救、治疗和康复指导的能力。重点考察体育专业人员的专业性、技术性、实践性、创造性，突出对代表性成果的评价。代表性成果包括执教总结、体育器械装备发明专利、运动防护案例等，不搞简单量化。取消不适应体育专业人才队伍发展需要的限制条件，对论文、外语和计算机应用能力不作统一要求。

3. 突出评价实际贡献。业绩特别突出、做出重大贡献的体育专业人员，可破格申报职称。优秀运动员退役后从事体育训练教学的，可根据其取得的运动成绩直接申报相应层级教练员职称。引进的海外高层次体育人才和急需紧缺体育人才，职称评审中可适当放宽资历、任职年限等条件限制，其在国（境）外工作的经历和取得业绩可作为职称评审的依据。长期在艰苦边远地区和基层一线工作的体育专业人员，侧重考察工作实绩，职称评审中可适当放宽学历和任职年限要求。

4. 实行国家标准、地区标准和单位标准相结合。人力资源社会保障部会同体育总局研究制定《教练员职称评价基本标准》和《运动防护师职称评价基本标准》。各地区可根据本地区体育事业发展情况，制定本地区标准。具有自主评审权的体育社会组织、用人单位可根据本单位实际，制定单位标准。地区标准和单位标准不得低于国家标准。

（三）创新评价机制

1. 丰富职称评价方式。注重引入市场评价和社会评价，综合采用考试、评审、考评结合、考核认定、个人述职、面试答辩、实践操作、业绩展示等多种评价方式，提高职称评价的针对性和科学性。对特殊人才通过特殊方式进行评价。

2. 拓展职称评价人员范围。打破户籍、地域、身份、档案等制约，创造便利条件，畅通非公有制经济组织、体育社会组织、自由职业体育专业人员职称申报渠道。非公立机构与公立机构的体育专业人员在职称评审等方面享有平等待遇。

3. 推进职称评审社会化。建立完善体育专业人员自主申报、业内专家公正评价、单位择优使用、职能部门监督指导的社会化职称评审机制，满足非公有制经济组织、体育社会组织以及其他类型体育专业人员职称评价需求。

4. 加强职称评审监督。完善各级职称评审委员会核准备案制度，明确界定职称评审委员会评审专业、体育项目和人员范围。根据不同专业、不同体育项目合理确定评审专家，完善评审专家遴选机制。健全职称评审委员会工作程序和工作规则。严肃职称评审工作纪律。建立职称评审公开制度，实行政策公开、标准公开、程序公开、结果公开。建立职称评审回避制度、公示制度、随机抽查和巡查制度，建立复查、投诉机制，加强对职称评审全过程的监督管理。严禁评审单位以营利为目的开展职称评审，突出职称评审公益性。对于不能正确行使评审权、不能确保评审质量的，责令限期整改、暂停评审工作直至收回评审权，并依法追究责任。

5. 逐步探索职称与国内外评价体系接轨互认。鼓励全国性体育社会组织借鉴国际先进经验，结合国内实际，制定本项目、本领域专业人员评价标准。探索制定职称与全国性体育社会组织和国际体育组织人才评价结果互认的有关政策。

6. 促进职称与人才培养使用相结合。充分发挥职称对提高体育人才培养质量的导向作用，紧密结合体育领域人才需求，促进体育专业人员知识更新，推动重点专业、重点领域体育人才职业发展。用人单位应结合用人需求，根据职称评价结果合理使用体育专业人员，实现职称评价结果与体育专业人员聘用、考核、晋升等有效结合。加强聘后管理，在岗位聘用中实现人员能上能下。

（四）改进职称管理服务方式

1. 下放职称评审权限。逐步将正高级职称评审权限下放至省（区、市）或符合条件的体育社会组织、用人单位。国务院有关部门所属单位、全国性体育社会组织组建的高级职称评审委员会，由人力资源社会保障部核准备案；其他高级职称评审委员会由省级人力资源社会保障部门核准备案；中级和初级职称评审委员会的核准备案按照《职称评审管理暂行规定》办理。体育部门承担行业管理职能，配合做好相关工作。逐步推动专业水平较高、影响力较强、自律规范的各级体育社会组织和用人单位组建职称评审委员会，按照管理权限自主开展职称评审。

2. 健全职称评审服务体系。优化职称评审服务，加强体育职称评审信息化建设，简化申报手续和评审环节，为申报人员提供高效便捷优质的服务，推动评审信息互通共享，建立完备的体育职称评审数据平台。

三、组织实施

（一）提高认识，加强领导。体育专业人员职称制度改革政策性强，地区间、专业间、体育项目间情况差别大，涉及广大体育专业人员的切身利益。各地区、各部门要充分认识改革的重要意义，做好政策制定、组织实施和监督检查工作。各有关部门要密切配合，建立有效工作机制，确保改革各项工作顺利推进。

（二）落实责任，稳步实施。各地区、各部门要根据本意见精神，结合实际情况，抓好各项改革政策的落地实施。在推进改革过程中，要深入开展调查研究，充分考虑和解决出现的各类情况和问题，细化工作措施，做好新旧政策衔接、标准完善等各方面工作，妥善处理改革、发展和稳定的关系。

附件：1. 教练员职称评价基本标准

2. 运动防护师职称评价基本标准

2020 年 10 月 19 日

附件 1

教练员职称评价基本标准

一、遵守国家法律、法规，热爱体育事业，具有良好的职业道德和敬业奉献精神。

二、从事体育项目训练和指导工作，具备相应的专业知识和授技育人能力，切实履行教练员岗位职责和义务。

三、具备从事教练员工作必备的身心条件。

四、按照要求完成岗位培训。

五、教练员申报各层级职称，除必须达到上述基本条件，还应分别具备以下条件：

（一）初级教练

1. 基本掌握体育基础理论和专业知识、技能，了解体育项目训练领域国内外现状和发展趋势。

2. 能够较熟练运用训练教学方法、手段，具备完成体育项目基础性训练和比赛任务的实际能力。

3. 具备大学专科学历、本科学历或学士学位，从事教练工作满一年，经考核合格；或具备硕士学位。

（二）中级教练

1. 掌握体育专业理论和知识、技能，熟悉体育项目训练领域国内外现状和发展趋势。

2. 具备完成较复杂体育项目训练任务的实际能力，并取得下列成绩之一（博士学位除外）：

（1）训练两年以上的运动员，达到全国优秀水平。

（2）训练一年以上的运动员，四名输送至上级训练组织，多人达到省级优秀水平。

3. 具备培养、指导初级教练的能力。

4. 具备大学专科学历，取得初级教练职称后，从事教练工作满五年；或具备大学本科学历、学士学位，取得初级教练职称后，从事教练工作满四年；或具备硕士学位，取得初级教练职称后，从事教练工作满两年；或具备博士学位。

（三）高级教练

1. 较系统掌握体育专业理论知识，掌握本项目训练的前沿技术手段和方法，对本项目训练竞赛有较深入的研究，任现职以来至少有一项体育训练方面的代表性成果。

2. 长期从事体育训练工作，业绩比较突出，并取得下列成绩之一（集体球类项目可适当降低标准）：

（1）训练两年以上的运动员，或训练两年以上的运动员输送后四年内，多次达到世界水平或亚洲、全国优秀水平。

（2）训练一年以上的运动员，九名输送至上级训练组织，多人达到全国优秀水平。

3. 具备培养、指导初、中级教练的能力。

4. 取得中级教练职称后，从事教练工作满五年；或具备博士学位，取得中级教练职称后，从事教练工作满两年。

（四）国家级教练

1. 系统掌握体育专业理论和知识，全面掌握体育项目训练技术手段和方法，对本项目训练竞赛有深入的研究，任现职以来至少有两项公开发表的体育训练方面的代表性成果。

2. 长期从事体育项目训练工作，业绩突出，并取得下列成绩之一（集体球类项目可适当降低标准）：

（1）训练两年以上的运动员，或训练两年以上的运动员输送后四年内，获得一次奥运会前三名，或两次奥运会前八名，或多次世界、亚洲、全国最高水平比赛冠军。

（2）训练一年以上的运动员，二十名输送至上级训练组织，其中有五人进入国家队（无国家队项目须有五人代表国家参加世界和亚洲最高水平比赛），获得两次奥运会前三名，或三次奥运会前八名，或多人获得世界、亚洲、全国最高水平比赛冠军。

3. 具备培养、指导高级及以下教练的能力。

4. 取得高级教练职称后，从事教练工作满五年。

六、对于指导运动员改善身体形态和功能、提高身体机能和运动素质的体能教练，在体育专业理论和知识、体育项目训练技术手段和方法、训练竞赛的研究、代表性成果等方面的要求，应属于体能训练领域。其主管训练的多名运动员须达到各级运动队体能锻炼标准。认定体能教练训练运动员取得的比赛成绩，以训练一年以上，或训练一年以上的运动员输送后四年内为时间界限。

七、对于指导群众参与全民健身活动的群众体育教练，在体育专业理论和知识、体育项目训练技术手段和方法、训练竞赛的研究、代表性成果等方面的要求，应属于群众体育领域。训练两年以上的人员，或训练两年以上的人员输送后四年内，参加各级各类群众体育比赛取得的成绩；训练一年以上的人员、输送至上级训练组织和输送后取得的比赛成绩；以及所执教人群数量、范围、体质和运动能力提升情况等开展群众体育工作取得的社会效益均可认定为群众体育教练取得的成绩。

其中，以社会效益作为成绩申报教练员职称的，初级教练须积极参与群众体育活动，具有相对固定的执教人群；中级教练须在群众体育活动中产生一定的效果和影响，取得一定的社会效益；高级教练须在群众体育活动中产生较大的效果和影响，取得较大的社会效益；国家级教练须在群众体育活动中产生重大的效果和影响，取得重大的社会效益。

附件 2

运动防护师职称评价基本标准

一、遵守国家法律、法规，热爱体育事业，具有良好的职业道德和敬业奉献精神。

二、从事运动损伤和疾病预防、评估、急救、治疗、康复的专业人员，具备相应的专业知识和运动防护能力，切实履行运动防护师岗位职责和义务。

三、具备从事运动防护工作必备的身心条件。

四、按照要求完成岗位培训。

五、运动防护师申报各层级职称，除必须达到上述基本条件，还应分别具备以下条件：

（一）初级运动防护师

1. 基本掌握运动防护基础理论和专业知识，了解运动防护领域国内外现状和发展趋势。

2. 能够完成日常的运动防护任务，胜任一般难度的运动防护工作。

3. 具备大学专科学历、本科学历或学士学位，从事运动防护工作满一年，经考核合格；或具备硕士学位。

（二）中级运动防护师

1. 掌握运动防护专业理论和知识，熟悉运动防护领域国内外现状和发展趋势。

2. 能够完成较高难度的运动防护任务，胜任较高难度的运动防护工作。

3. 具备培养、指导初级运动防护师的能力。

4. 具备大学专科学历，取得初级运动防护师职称后，从事运动防护工作满五年；或具备大学本科学历、学士学位，取得初级运动防护师职称后，从事运动防护工作满四年；或具备硕士学位，取得初级运动防护师职称后，从事运动防护工作满两年；或具备博士学位。

（三）高级运动防护师

1. 较系统掌握运动防护专业理论和知识，掌握国内外运动防护领域前沿技术手段和方法，对运动防护工作有较深入的研究，任现职以来至少有两项公开发表的运动防护方面的代表性成果。

2. 长期从事运动防护工作，能解决本专业复杂疑难的技术问题，完成高难度运动防护任务，在运动创伤、运动疾病的防护工作中起到重要作用。

3. 具备培养、指导初、中级运动防护师的能力。

4. 取得中级运动防护师职称后，从事运动防护工作满五年；或具备博士学位，取得中级运动防护师职称后，从事运动防护工作满两年。

（四）正高级运动防护师

1. 系统掌握运动防护专业理论和知识，全面掌握国内外运动防护领域前沿技术手段和方法，对运动防护工作有深入的研究，在运动防护领域具有较强的影响力和引领示范作用，任现职以来至少有两项公开发表的运动防护方面的代表性成果。

2. 长期从事运动防护工作，能解决本专业重大技术问题，完成高难度运动防护任务，在运动创伤、运动疾病的防护工作中起到关键作用。

3. 具备培养、指导高级及以下运动防护师的能力。

4. 取得高级运动防护师职称后，从事运动防护工作满五年。

人力资源社会保障部关于印发《中华人民共和国职业技能大赛标志管理办法（试行）》的通知

人社部发〔2020〕78号

各省、自治区、直辖市及新疆生产建设兵团人力资源社会保障厅（局），国务院有关部门、有关行业组织、中央企业人事劳动保障工作机构：

为加强对中华人民共和国职业技能大赛标志的保护和规范使用，维护中华人民共和国职业技能大赛标志权利人的合法权益，根据《特殊标志管理条例》及知识产权保护相关法律法规，我部制定了《中华人民共和国职业技能大赛标志管理办法（试行）》。现印发给你们，请遵照执行。

2020年10月29日

中华人民共和国职业技能大赛标志管理办法（试行）

第一条 为加强对中华人民共和国职业技能大赛（以下简称“全国技能大赛”）标志的保护和规范使用，维护全国技能大赛标志权利人的合法权益，根据《特殊标志管理条例》及知识产权保护相关法律法规，结合全国技能大赛筹办工作实际，制定本办法。

第二条 本办法所称全国技能大赛标志包括：

（一）名称

中文名称“中华人民共和国职业技能大赛”。中文简称“全国技能大赛”、英文名称“Vocational Skills Competition of the People's Republic of China”、英文缩写“CVSC”。

（二）标识

全国技能大赛组委会对外公布的标识，图标原型源于“技”字笔意。

第三条 人力资源社会保障部为全国技能大赛标志所有人，授权全国技能大赛组委会对全国技能大赛标志进行管理。

第四条 全国技能大赛标志的使用应当有助于全国技能大赛的筹备和推广工作。使用人应当维护全国技能大赛和全国技能大赛组委会的形象，按照本办法规范使用全国技能大赛标志。未经人力资源社会保障部或全国技能大赛组委会的许可，任何单位和个人不得擅自使用与全国技能大赛标志相同或近似的图形、文字或其组合。

第五条 任何单位和个人不得冒用人力资源社会保障部或全国技能大赛组委会的名义提供涉及全国技能大赛标志的商品或服务，举办会议、大赛、展览、广告宣传、征集赞助等活动。

第六条 未经人力资源社会保障部或全国技能大赛组委会的许可，任何单位和个人不得将全国技能大赛标志中的名称、标识等用于商品、商品包装、容器、商品交易文书上，不得用于任何形式、任何媒体的广告宣传、展览以及其他商业活动中。

第七条 任何单位和个人不得实施下列混淆行为，可能使人认为其与全国技能大赛或全国技能大赛组委会存在特定联系。

（一）擅自使用与全国技能大赛、全国技能大赛组委会相同或者近似的名称、简称、标识、图形，或上述相关元素不同形式的组合。

（二）擅自使用全国技能大赛、全国技能大赛组委会等域名主体部分、网站名称、网页、APP、小程序等。

（三）其他可能使人认为其与全国技能大赛、全国技能大赛组委会存在特定联系的混淆行为。

第八条 为做好全国技能大赛筹办和推广工作，人力资源社会保障部或全国技能大赛组委会可以授权特定实体实施全国技能大赛标志使用许可工作。

需要使用全国技能大赛标志且依法成立的企业、事业单位、社会团体、个体工商户，应当向人力资源社会保障部或全国技能大赛组委会或其授权特定实体提出书面申请。经同意后，双方应当签订书面协议，明确使用范围、地域和期限等。

第九条 被授权使用的单位应当在授权书载明的使用范围、地域、期限内规范使用全国技能大赛标志。未经人力资源社会保障部或全国技能大赛组委会书面同意或许可，不得转授权。

第十条 人力资源社会保障部或全国技能大赛组委会在全国技能大赛筹备和推广工作及城市文明公益宣传等非商业活动中，可以自己使用或授权其他单位使用全国技能大赛标志。

第十一条 任何企业、事业单位、社会团体、个体工商户从事或参加与全国技能大赛相关的服务平台、展示平台、线上或线下活动等，且需使用全国技能大赛标志的，应当就使用行为取得人力资源社会保障部或全国技能大赛组委会或者其授权特定实体书面授权。

上述单位经合法授权后，应当使用全国技能大赛相关服务平台、展示平台、线上或线下活动等名称的全称，不得仅使用“中华人民共和国职业技能大赛”或其简称。

第十二条 经合法授权的单位，应当加强标志使用的规范与管理，遵守人力资源社会保障部或全国技能大赛组委会制定的标志使用管理办法。特殊标志的使用人应当是依法成立的企业、事业单位、社会团体、个体工商户。特殊标志使用人应当同特殊标志所有人签订书面使用合同。特殊标志使用人应当自合同签订之日起1个月内，将合同副本报国务院知识产权管理部门备案，并报使用人所在地县级以上人民政府知识产权管理部门存查。

第十三条 使用人违反本办法规定或超出授权书范围使用全国技能大赛标志的，人力资源社会保障部或全国技能大赛组委会或者其授权特定实体有权撤销授权，并依法追究使用人的法律责任。

第十四条 任何单位和个人发现涉嫌侵犯全国技能大赛组委会权利的行为，可向人力资源社会保障部或全国技能大赛组委会举报，或直接向有关知识产权行政部门举报。

第十五条 本办法自公布之日起施行，由人力资源社会保障部或全国技能大赛组委会负责解释。

人力资源社会保障部　审计署关于深化审计专业人员职称制度改革的指导意见

人社部发〔2020〕84 号

各省、自治区、直辖市及新疆生产建设兵团人力资源社会保障厅（局）、审计厅（局），中央和国家机关各部委人事部门，中央军委审计署，各中管金融企业、中央企业人事部门：

审计专业人员是专业技术人才队伍的重要组成部分，是维护国家财政经济秩序、保障经济社会健康发展的重要力量。为贯彻落实中共中央办公厅、国务院办公厅印发的《关于深化职称制度改革的意见》，现就深化审计专业人员职称制度改革提出如下指导意见。

一、总体要求

（一）指导思想

以习近平新时代中国特色社会主义思想为指导，全面贯彻党的十九大和十九届二中、三中、四中、五中全会精神，认真落实党中央、国务院决策部署，按照完善审计管理体制和深化职称制度改革总体要求，遵循审计专业人员成长规律，健全科学化、规范化的审计专业人员职称制度，完善评价机制，为客观科学公正评价审计专业人员，建设信念坚定、业务精通、作风务实、清正廉洁的高素质专业化审计人才队伍提供制度保障。

（二）基本原则

1. 坚持服务发展。紧紧围绕服务新时代经济社会发展需要，围绕审计事业发展和审计人才队伍建设需求，发挥人才评价“指挥棒”和“风向标”作用，营造有利于人才成长和职业发展的评价制度环境，积极引进优秀人才，最大限度激发和释放审计人才活力，让在一线踏踏实实做出贡献的审计专业人员有成就感和获得感。

2. 坚持科学评价。结合国家审计、内部审计、社会审计等不同领域审计工作实际开展分类评价，完善自然资源资产审计、大数据审计、风险管理审计等新兴审计领域评价标准，创新评价机制，丰富评价方式。切实破除唯学历、唯资历、唯论文、唯奖项倾向，突出考察审计专业人员的职业道德、能力素质和工作业绩。

3. 坚持以用为本。促进评价结果与审计专业人员培养、使用相结合，鼓励用人单位将选人用人制度与审计专业人员职称制度有机衔接，促进人岗相适、人尽其才，不断壮大优化审计专业人才队伍。

二、主要内容

通过健全评价体系、完善评价标准、创新评价机制、促进职称评价与人才培养使用有效衔接、加强职称评审监督和服务，形成设置合理、评价科学、管理规范、运转协调的审计专业人员职称制度。

（一）健全评价体系

1. 完善职称层级设置。审计专业人员职

称设初级、中级、高级，初级职称只设助理级，高级职称分设副高级和正高级。初级、中级、副高级和正高级职称名称依次为助理审计师、审计师、高级审计师和正高级审计师。

2. 审计专业人员各级别职称分别与事业单位专业技术岗位等级相对应。正高级对应专业技术岗位一至四级，副高级对应专业技术岗位五至七级，中级对应专业技术岗位八至十级，初级对应专业技术岗位十一至十三级。

（二）完善评价标准

1. 坚持德才兼备、以德为先。把政治品德和职业道德放在职称评价的首位，引导审计专业人员坚持以审计精神立身、以创新规范立业、以自身建设立信，恪守审计准则和职业操守。完善诚信承诺、守信联合激励和失信联合惩戒机制，对违反法律法规、违背职业道德、学术不端等行为实行“零容忍”。

2. 实行分级分类评价。科学确定评价内容，满足不同层级、不同类别审计专业人员的评价需求。初级、中级职称注重考察专业基础和实务能力，高级职称注重考察业绩水平和业务引领作用。对企事业单位和社会团体从事内部审计、社会审计人员，包括从事内部稽核和风险管理相关工作的审计人员，突出评价其职业判断能力和工作成果取得的经济社会效益；对从事国家审计人员，建立健全专业能力标准评价体系，注重评价其工作业绩、政策水平和专业能力，将通过审计专业技术资格考试作为专业能力评价的参考。

3. 突出对能力水平和业绩贡献的评价。充分体现审计职业属性，注重考察审计专业人员的能力水平、创新成果和实际贡献，引导审计专业人员增强政治能力、专业胜任能力、宏观政策研究能力和审计信息化能力。实行审计业务和理论成果代表作制度，将审计专业人员的代表性业务成果作为职称评价的主要内容，审计报告、审计方案等业务资料，审计工作制度、专利证书等工作成果均可以作为业务成果代表作；审计理论文章、调研报告、科研课题、著作教材、审计案例等均可以作为理论成果代表作。

4. 实行国家标准、地区标准和单位标准相结合。人力资源社会保障部、审计署负责制定《审计专业人员职称评价基本标准》（见附件）。各地区人力资源社会保障部门、审计部门可以结合本地区实际情况，制定地区标准。具有自主评审权的用人单位可以结合本单位实际，制定单位标准。各地区各部门各单位在评价工作中应严格掌握国家标准。地区标准、单位标准不得低于国家标准。

（三）创新评价机制

1. 丰富职称评价方式。综合采用考试、评审、考评结合等多种评价方式，建立适应不同层级审计工作特点的评价机制。人力资源社会保障部、审计署组织全国统一的初、中、高级审计专业技术资格考试，不断提高考试的科学性、实用性、公平性和规范性，注重对审计知识和能力的考查，对必要的会计、法律、计算机等知识进行考查。助理审计师、审计师实行考试方式；高级审计师实行考试与评审相结合的方式，高级审计师考试合格可以作为审计专业能力水平的证明；正高级审计师一般采取评审方式。

2. 加强职称评审委员会建设。建立同行专家评审制度，完善评审专家遴选机制，积极吸纳经济、法律、计算机、工程等领域学术和实务专家参加职称评审委员会。健全评审委员会工作程序和评审规则，明确界定参加评审的人员范围，加强对评审委员会的组织管理。建立评审公开制度，实行政策公开、标准公开、程序公开、结果公开，确保审计专业人员职称评审客观公正。

3. 合理下放职称评审权限。在综合评估基础上，逐步将副高级职称评审权限下放至符合条件的中央企业和中管金融企业、行业协会学会等组织。畅通非公有制经济组织、社会组织审计专业人员职称申报渠道，探索依托专业水平较高、具备较强服务能力和影响力、自律规范的专业化人才服务机构、行业协会学会等社会组织，开展审计系列职称社会化人才评价。人力资源社会保障部门和审计部门要严格评估自主评审单位的职称评价水平，加强事中事后监管。自主评审单位组建的高级职称评审委员会须按规定备案。

4. 建立职称评审绿色通道。向优秀审计专业人员倾斜，对引进的海外高层次人才、急需紧缺人才、审计高端人才，以及在创新审计技术和方式方法、推动行业发展等方面做出重大贡献的审计专业人员，可以放宽学历、资历、年限等条件限制。对长期在艰苦边远地区和基层一线工作的审计专业人员，重点考察其实际工作业绩，适当放宽学历、任职年限、理论成果等要求。

（四）促进职称评价与人才培养使用有效衔接

1. 促进职称制度与审计专业人员培养相结合。充分发挥职称制度对审计专业人员培养质量的导向作用，推动职称制度与审计高端人才培养、审计专业学位研究生教育等有机衔接。对取得审计专业学位人员，探索在审计职称评价中免予考查相应专业知识。探索审计专业技术资格考试与注册会计师、法律等职业资格考试相近科目互认互免，促进审计职称与经济、会计、统计等相近职称的衔接，减少重复评价。

2. 促进职称制度与审计专业人员使用相结合。用人单位应当结合用人需求，根据职称评价结果合理使用审计专业人员，实现评价结果与人员聘用、考核、晋升等用人制度相衔接，做到因事设岗、按岗择人、人岗相适。建立健全审计专业人员考核制度，加强聘后管理，在岗位聘用中实现人员能上能下。

3. 加强审计专业人员继续教育。将继续教育作为实现审计专业人员知识更新和能力提升的重要途径，分类开展审计专业人员继续教育，用人单位应当保障审计专业人员参加继续教育的权利。创新和丰富审计专业人员继续教育的方式和内容，促进审计专业人员更新知识、拓展技能。

（五）加强职称评审监管和服务

1. 加强职称评审监管，注重体现审计公信力。自主评审单位要严肃评审纪律，强化自我约束，健全完善职称评审公示制度、回避制度，建立复查、投诉机制，评审结果按照评审管理权限报人力资源社会保障部门备案。各级人力资源社会保障部门会同审计部门加强对自主评审工作的监督检查，建立随机抽查、巡查制度。对于不能正确行使评审权、不能确保评审质量的，要暂停自主评审工作、责令整改，直至收回评审权。依法查处假冒职称评审、制作和销售假证等违法行为。

2. 建立职称评审诚信档案和失信联合惩戒制度。参评人员有提供虚假材料、剽窃他人作品和学术成果等行为的，记入职称评审诚信档案库，纳入全国信用信息共享平台；违规取得的职称一律撤销。工作人员、评审专家有弄虚作假、暗箱操作等违法违规行为的，取消从事评审工作资格，进行通报批评、记入职称评审诚信档案库；构成犯罪的，依法追究刑事责任。

3. 优化评审服务。加强审计职称评审公共服务平台建设，提升信息化水平，开展职称申报、公示、证书查询验证等一站式服务。简化申报证明材料，规范和优化申报程序，提高评审工作效率，减轻职称申报人员负担。

三、组织实施

（一）加强组织领导

审计专业人员职称制度改革是深化职称制度改革的重要内容，政策性强、涉及面广。各级人力资源社会保障部门、审计部门要高度重视、密切配合，加强组织领导，抓好贯彻落实。在推进改革过程中，要深入开展调查研究，细化工作措施，完善工作预案，确保改革顺利进行。

（二）有序推进改革

各地区和各相关单位要结合本地区本单位实际，落实好各项改革举措，妥善做好新老人员过渡和新旧政策衔接。对改革前各地自行试点评审的审计专业人员正高级职称，要按照有关规定通过一定程序进行确认。在新的职称评价工作中，要严格按照本意见有关要求进行，不得随意降低评价标准或擅自扩大评审范围。

（三）做好宣传引导

各级人力资源社会保障部门和审计部门要加强舆论宣传引导，做好政策解读，引导审计专业人员积极参与改革，提升审计专业人员能力素质，引导社会各有关方面支持审计专业人员职称制度改革，营造有利于改革的良好氛围。

本意见适用于在国家机关、社会团体、企事业单位和其他组织中从事审计工作的人员。鼓励符合条件的公务员参加审计专业技术资格考试，但不得参加专业技术人才职称评审。

军队可以参照本意见制定审计专业人员职称评价具体办法。

附件：审计专业人员职称评价基本标准

2020 年 11 月 4 日

附件

审计专业人员职称评价基本标准

一、遵守中华人民共和国宪法和法律法规，贯彻落实党的基本路线和各项方针政策。

二、具备良好的审计职业道德和敬业精神。自觉运用新理念和新技术，提高审计工作水平。

三、认真履行岗位职责，按照要求参加继续教育。

四、审计专业人员申报各层级职称，除必须达到上述基本条件外，还应当分别具备以下条件：

（一）助理审计师

1. 正确理解和执行审计相关政策、法律法规、规章制度。

2. 掌握审计专业基本知识、工作方法和业务技能。

3. 能够拟定简单的审计方案，完成某一个项目或专业某一方面的审计工作。

4. 具备国家教育部门认可的高中毕业（含高中、中专、职高、技校，下同）及以上学历。

（二）审计师

1. 掌握并能够正确执行审计相关政策、法律法规和规章制度。

2. 掌握比较系统的审计理论知识和业务技能。

3. 有一定的审计工作实践经验，能够负责某一个项目或专业的审计业务工作，拟定审计方案并组织实施。

4. 具备一定的审计职业判断能力，能够对审计发现的问题进行调查研究和综合分析，形成有一定水平的工作成果。

5. 具备博士学位；或具备硕士学位，从事审计相关工作满 1 年；或具备双学士学位，从事审计相关工作满 2 年；或具备大学本科学历或学士学位，从事审计相关工作满 4 年；或具备大学专科学历，从事审计相关工作满 5 年；或高中毕业，取得助理审计师职称，从事审计相关工作满 10 年。

（三）高级审计师

1. 系统掌握审计相关政策法规和审计专业理论、方法、技巧。

2. 具备较高的政策水平和较丰富的审计

工作经验，能够独立负责组织和指导某一个单位、部门或专业的审计业务工作，带领、指导审计师及其他审计专业人员履行审计监督职责、完成审计项目任务。

3. 具备较强的审计职业判断能力，工作业绩较为突出，在审计监督、内部控制、风险防控、维护经济安全等方面发挥重要作用，为促进经济管理工作或领导决策提供指导咨询，有效推动提高某一个单位、部门的审计监督和风险管理水平或取得一定经济、社会效益。

4. 具备较强的科研能力，取得一定的审计相关理论或技术研究成果，或完成审计相关研究课题、调研报告、管理制度或方法创新等。

5. 具备博士学位，取得审计师职称后从事与审计师职责相关工作满 2 年；或具备硕士学位，取得审计师职称后从事与审计师职责相关工作满 4 年；或具备大学本科学历或学士学位，取得审计师职称后从事与审计师职责相关工作满 5 年；或具备大学专科学历，取得审计师职称后从事与审计师职责相关工作满 6 年。

取得会计师、经济师、统计师、工程师等相关专业中级职称，参加高级审计师考试时，可以视同具备审计师职称。

（四）正高级审计师

1. 系统掌握和应用审计相关政策法规和审计专业理论、方法、技巧，把握审计工作规律和发展趋势。

2. 政策理论水平高，审计工作经验丰富、业绩突出。具备解决重大疑难问题和关键性问题的职业判断能力，能够领导指导某一个行业、区域、单位或部门的审计工作，组织、管理、主持完成大规模审计项目，推动审计监督、内部控制和风险管理达到良好水平。

3. 具备较突出的创新能力，能够提出有重要指导意义的审计理论建议或将前沿技术应用于审计工作实践，有效发挥审计在服务经济社会发展、推进国家治理现代化中的积极作用。

4. 在指导、培养中青年审计人才方面做出重要贡献，在审计专业人员团队中发挥领军作用，能够理论与实践相结合，有效指导审计专业人员或研究生的工作和学习。

5. 一般应具备大学本科及以上学历或学士及以上学位，取得高级审计师职称后从事与高级审计师职责相关工作满 5 年。

取得高级会计师职称，在参加正高级审计师职称评审时，可视同具备高级审计师职称。

人力资源社会保障部　工业和信息化部　财政部　住房城乡建设部　交通运输部　国家卫生健康委员会　应急管理部　中华全国总工会关于印发工伤预防五年行动计划（2021—2025年）的通知

人社部发〔2020〕90号

各省、自治区、直辖市及新疆生产建设兵团人力资源和社会保障厅（局）、工业和信息化厅（局）、财政厅（局）、住房和城乡建设厅（局）、交通运输厅（局、委）、卫生健康委员会、应急管理厅（局）、总工会：

为贯彻落实党的十九届五中全会精神，切实做好“十四五”时期工伤预防工作，更好发挥工伤保险积极功能，我们研究制定了《工伤预防五年行动计划（2021—2025年）》。现印发给你们，请结合实际，认真贯彻落实。

各省级人力资源社会保障部门要会同相关单位制定五年行动计划实施方案，于2021年5月底前报人力资源社会保障部备案，并于每年12月31日前将计划落实情况报人力资源社会保障部工伤保险司。

2020年12月18日

工伤预防五年行动计划（2021—2025年）

一、总体要求

以习近平新时代中国特色社会主义思想为指导，全面贯彻党的十九大和十九届二中、三中、四中、五中全会精神，坚持以人民为中心的发展思想，适应推进国家治理体系和治理能力现代化要求，完善“预防、康复、补偿”三位一体制度体系，把工伤预防作为工伤保险优先事项，采取一切适当的手段组织推进，切实提升工伤预防意识和能力，促进劳动者实现稳定就业，促进经济社会持续健康发展。

二、工作目标

——工伤事故发生率明显下降，重点行业

5 年降低 20%左右；

——工作场所劳动条件不断改善，切实降低尘肺病等职业病的发生率；

——工伤预防意识和能力明显提升，实现从“要我预防”到“我要预防”“我会预防”的转变。

三、主要任务

（一）牢固树立预防优先的工作理念。深入学习贯彻习近平总书记关于“人民至上、生命至上”的重要指示精神，始终把人民群众生命安全和身体健康放在第一位，把减少事故伤害和职业病危害作为工伤预防的根本出发点和落脚点，从源头上防止工伤事故发生，切实保障劳动者的生命安全和身体健康。

（二）建立完善工伤预防联防联控机制。各地人社部门要与应急管理部门、卫生健康部门、工会和行业主管部门建立联席会议制度，明确职责分工，加强协调联动，加强联合检查，督促用人单位认真落实工伤预防主体责任。要建立完善信息交换、数据共享机制，实现人员信息、事故信息、职业病信息和涉及安全生产事故和职业病的工伤信息等相关数据共享，及时对各类安全隐患、工伤事故苗头性问题和职业病危害因素浓（强）度超标现象综合运用法律、行政、经济手段重点治理，提出限期整改建议。对未按规定落实主体责任、未及时整改的用人单位及其主要负责人，相关部门应依据安全生产法和职业病防治法严肃处理。对有代表性或典型性的工伤事故，相关部门要在全国范围内进行通报，努力避免类似事故重复发生。

（三）瞄住盯紧工伤预防重点行业。各地要加强对工伤预防相关数据的分析，定期研究本地区工伤事故和职业病危害的现状及变化情况，研究确定工伤预防重点领域，依法确定重点项目。本期计划主要围绕工伤事故和职业病高发的危险化学品、矿山、建筑施工、交通运输、机械制造等重点行业企业开展。各地可结合实际明确本地区重点行业、重点领域。

（四）全面加强工伤预防宣传。充分发挥主流媒体和新媒体作用，充分发挥各部门和有关行业企业的宣传作用，抓住重点时段、重要节点、重大事件开展有针对性宣传。要从关注关爱职工群众生命安全和职业健康的视角，运用影音视频、图标图解、典型案例、身边工伤事件等群众易于接受、感染力强的形式，宣传职业病防治、安全生产、交通事故防范、心脑血管疾病防治等方面的知识，不断提高职工群众的工伤预防意识和自我保护意识。鼓励工伤事故和职业病高发易发企业设立工伤预防警示教育基地。

（五）深入推进工伤预防培训。实施重点行业重点企业工伤预防（安全生产、职业病防治）能力提升培训工程，重点培训重点行业重点企业分管负责人、安全管理部门主要负责人和一线班组长等重点岗位人员，2025 年底前实现上述人员培训全覆盖。技工院校要全面开设工伤预防课程，将安全生产、职业病防治与工伤预防的政策法规、安全生产事故与工伤事故防范知识、工伤事故与职业病警示教育等内容作为工伤预防培训必修内容。鼓励各地采取线上培训和线下培训相结合方式，更加注重发挥线上培训的作用。

（六）科学进行工伤保险费率浮动。各地要在依据行业工伤风险程度确定行业基准费率基础上，充分发挥浮动费率的激励和约束作用，促进用人单位主动做好工伤预防，减少工伤事故和职业病的发生。为更好评估用人单位工伤风险趋势，更全面考察用人单位风险管理效果，鼓励各地结合实际，以 3 年为一个周期进行费率浮动。

（七）大力开展互联网+工伤预防。充分发挥信息化、大数据、人工智能在工伤预防方面的作用，一体化推进工伤预防信息共享、在线培训、考核评估，普及工伤预防科学知识、宣传工伤预防政策、开展工伤预防线上培训、强化工伤事故警示教育。人力资源社会保障部将建立基于云架构的工伤预防综合性平台，加强对工伤预防工作的指导和服务。各省级人社部门可会同相关部门推荐资质合法、信誉良好、服务优质的在线培训平台，供地方有关部门、大中型企业等依法自主选用。

（八）积极推进工伤预防专业化、职业化建设。支持有条件、有能力的第三方专业技术服务机构积极参与工伤预防工作，建立长效服务机制。鼓励有能力的大中型企业发挥示范作用，带领同行业中小微企业开展工伤预防工作。建立工伤预防专家库，遴选工伤预防、安全生产、职业卫生等方面的专家，负责工伤预防立项评审、宣传培训、问题诊断、措施制定、评估验收等专业技术相关工作。

（九）切实加强对工伤预防工作的考核监督。将工伤预防工作开展情况纳入对省级政府安全生产目标责任考核内容，促进提高工伤预防工作的实效。加强对工伤预防项目事前、事中、事后全过程监管，按照项目进展安排全程检查、全程跟踪、全程问效。大力推广工伤预防先进典型、先进做法，营造工伤预防正能量。

四、保障措施

（一）加强组织领导。工伤预防是一项系统性工程，也是一项民心工程。人社、财政、应急管理、卫生健康及行业主管部门要切实负起责任，落实安全生产职业卫生法律法规规定的各项职责，负责各自领域工伤预防项目的实施和监管。工会组织要切实发挥好监督作用，督促企业落实工伤预防主体责任，切实维护好职工合法权益。人社部门要充分发挥牵头部门作用，发挥好部门联动工作机制作用，及时召开联席会议，研究解决工作推进中的问题。

（二）勇于创新发展。各地要坚持问题导向、目标导向、效果导向，完善工伤预防工作体系、政策体系、标准体系，加强统计分析，推动解决工伤预防重点难点问题。要建立示范引领和奖惩激励机制，加大工作引导力度，增强用人单位履行主体责任自觉性。要探索建立工伤预防培训机构和线上培训平台推荐清单制度，严把培训实施机构条件关。要坚持大处着眼、细处着手，探索创建一批可操作、可监管、可评价、可推广的工伤预防工作模式。

（三）强化经费保障。各地要认真落实《工伤保险条例》和《工伤预防费使用管理暂行办法》规定，按要求编制工伤预防项目预算，保证工伤预防工作经费，为开展工伤预防工作提供有力支撑。省级人社部门要会同有关部门制定培训项目申报指引和格式文本，为各方规范、精准、便捷申报项目提供支持。要加强基金监管，确保工伤预防费依法合规支出和使用，严格落实项目验收评估制度，防止弄虚作假，坚决杜绝形式主义、官僚主义。

（四）建立长效机制。各地要结合当地实际，健全抓落实长效机制，杜绝一阵风一刀切，推动工伤预防工作日常化、规范化、机制化。要发扬钉钉子精神，以五年为一个周期，坚持一张蓝图绘到底，保持政策稳定性和工作连续性，一年一年干下去，一期一期干下去，久久为功，常抓不懈，推动工伤预防工作不断取得新的成效。

人力资源社会保障部　国家卫生健康委员会国家医疗保障局关于进一步规范劳动能力鉴定工作的通知

人社部发〔2020〕91号

各省、自治区、直辖市及新疆生产建设兵团人力资源和社会保障厅（局）、卫生健康委员会、医疗保障局：

为深入贯彻社会保险法、《工伤保险条例》和《国务院关于安置老弱病残干部的暂行办法和国务院关于工人退休、退职的暂行办法》（国发〔1978〕104号文），进一步规范劳动能力鉴定行为，加强劳动能力鉴定管理，提升劳动能力鉴定质量和水平，强化劳动能力鉴定风险防控，现就有关事项通知如下：

一、充分认识劳动能力鉴定工作的重要性

劳动能力鉴定是职工享受相关社保待遇的重要依据，是防范基金风险的重要环节。各地人社部门要切实加强对劳动能力鉴定工作的领导，建立健全劳动能力鉴定机构，配齐配强专门工作人员，规范劳动能力鉴定程序，依法依规开展劳动能力鉴定工作。

二、统一因病或非因工致残劳动能力鉴定标准

各地人社部门在办理未达到法定退休年龄因病或非因工致残完全丧失劳动能力退休时，应当以劳动能力鉴定委员会出具的因病或非因工致残劳动能力鉴定结论为依据。各地人社部门开展因病或非因工致残劳动能力鉴定，原则上应依据《职工非因工伤残或因病丧失劳动能力鉴定标准（试行）》（劳社部发〔2002〕8号）进行。

三、规范劳动能力鉴定程序

各地人社部门要在《工伤保险条例》和《工伤职工劳动能力鉴定管理办法》基础上，进一步细化劳动能力鉴定工作制度。目前还没有制定因病或非因工致残劳动能力鉴定管理办法的，参照《工伤职工劳动能力鉴定管理办法》执行。

四、严格依规作出劳动能力鉴定结论

各地人社部门要从流程设计、风险防范等多方面采取措施，加强劳动能力鉴定现场管理，安全有序地开展现场鉴定。劳动能力鉴定专家应严格按照相关标准的规范要求实施对症检查，准确描述伤病情症状，逐项提出伤病情症状符合或参照劳动能力鉴定标准的具体级别及条款的意见和综合定级意见。劳动能力鉴定委员会应当根据专家组的鉴定意见客观、公正地作出鉴定结论。工伤职工劳动能力鉴定不得超出工伤认定书载明的受伤部位、伤情范围。

五、强化劳动能力鉴定风险防控

各地人社部门要从组织机构控制、业务运

行控制、信息系统控制、监督管理控制、费用支出控制等多方面入手，加强劳动能力鉴定内控管理，提高业务核查、抽检频次与质量，对岗位配置、人员管理、权限设置、业务规程、档案管理、系统建设、安全管理等事项明确标准和要求，建立健全内控管理体系。加强对劳动能力鉴定工作的内部监督和外部监督，提升劳动能力鉴定的公信力。

六、加强劳动能力鉴定廉政建设

各地要把纪律挺在前面，切实加强劳动能力鉴定廉政建设，转变工作作风，压实主体责任，加强警示教育，牢固树立廉洁意识、底线意识，坚决杜绝虚假鉴定、人情鉴定。对劳动能力鉴定工作中出现的违规违纪问题要及时进行核查，依法依规严肃处理。要坚持问题导向、目标导向，建立完善相关制度，构建廉政建设长效机制，努力从制度上、程序上防范和杜绝违规违纪问题的发生。

七、加强劳动能力鉴定专家队伍建设

各地劳动能力鉴定委员会要充分发挥卫生健康部门等各成员单位的协同作用，充实劳动能力鉴定专家库，建立专家鉴定考评制度，强化政策、能力培训，加强对劳动能力鉴定专家库的管理和动态调整。对于专家库中医疗卫生专家副主任以上医师人员偏少的地区或科目，可通过卫生健康部门推荐政治过硬、业务精湛、作风优良、诚实可信的主治医师充实劳动能力鉴定专家队伍。对于一年内多次被再次鉴定改变级别的，应暂停或取消劳动能力鉴定专家资格。对劳动能力鉴定工作中表现突出的鉴定专家，在评定专业技术职称、聘用岗位等同等条件下优先考虑。有条件的地区可通过省级统一随机安排劳动能力鉴定专家跨地市鉴定等方式确保劳动能力鉴定的公平性。

八、加强劳动能力鉴定档案管理

各地要完善劳动能力鉴定档案管理，实现档案和业务一体化，确保全面、准确、规范。要规范纸质档案管理保存，研究制定电子档案标准，建立电子档案系统。有条件的地区劳动能力鉴定委员会可利用现代医疗技术和多媒体影像设备，加强鉴定现场相关影像资料的采集，作为评定职工工伤伤残等级和因病或非因工致残劳动能力鉴定的重要依据存档备查。

九、加强劳动能力鉴定信息化建设

各地人社部门要加快推进工伤保险认定鉴定经办信息一体化建设，实现劳动能力鉴定工作流程电子化闭环；通过互联网渠道，实现劳动能力鉴定线上申请和结论查询；探索通过大数据、人工智能等信息化技术加强劳动能力鉴定结果核查检验，做到全程可留痕、可监督、可追溯。加强与养老保险等人社内部信息共享，实现业务协同办理。加强与卫生健康委、医保部门、医疗机构的信息共享，鼓励通过医院检查结果互认共享，减少重复检查，方便职工办事，压缩劳动能力鉴定时限；通过与医保定点医疗机构就医信息的比对，核验劳动能力鉴定申请材料的真实性。鼓励地方积极协作开展异地劳动能力鉴定工作，支持有条件的地方对特殊群体、在特定时间探索开展“远程鉴定”。

十、加强劳动能力鉴定统计工作

各地人社部门要高度重视劳动能力鉴定统计工作，安排专人负责，并切实保证统计数据质量，《因病或非因工致残劳动能力鉴定情况》（见附件）按年度随《劳动能力鉴定情况》（人社统 W18 表）按时统一报送，对于经核实统计数据发生严重错误的，将进行通报。

附件：因病或非因工致残劳动能力鉴定情况（略）

2020 年 12 月 17 日

最高人民法院　人力资源社会保障部　中国银保监会关于做好防止农民工工资专用账户资金和工资保证金被查封、冻结或者划拨有关工作的通知

人社部发〔2020〕93号

各省、自治区、直辖市高级人民法院、人力资源社会保障厅（局），新疆维吾尔自治区高级人民法院生产建设兵团分院，新疆生产建设兵团人力资源社会保障局，各银保监局，各政策性银行、大型银行、股份制银行、外资银行：

《保障农民工工资支付条例》（以下简称《条例》）第三十三条规定："除法律另有规定外，农民工工资专用账户资金和工资保证金不得因支付为本项目提供劳动的农民工工资之外的原因被查封、冻结或者划拨。"为进一步贯彻落实《条例》要求，维护好农民工工资报酬权益，确保农民工工资专用账户资金和工资保证金专项用于为该工程项目提供劳动的农民工工资支付，现就有关工作通知如下：

一、本通知所称农民工工资专用账户资金和工资保证金，是指有关单位在银行业金融机构开设的农民工工资专用账户和工资保证金账户（以下简称两类账户）中存储的专项用于支付为本项目提供劳动的农民工工资的资金。

二、人民法院在查封、冻结或者划拨相关单位银行账户资金时，应当严格审查账户类型，除法律另有专门规定外，不得因支付为本项目提供劳动的农民工工资之外的原因查封、冻结或者划拨两类账户资金。

三、对农民工工资专用账户中明显超出工程施工合同约定并且明显超出足额支付该项目农民工工资所需全部人工费的资金，对工资保证金账户中超出工资保证金主管部门公布的资金存储规定部分的资金，人民法院经认定可依法采取冻结或者划拨措施。当事人及有关单位、个人利用两类账户规避、逃避执行的，应当依法承担责任。

四、人民法院可以依法对两类账户采取预冻结措施，在工程完工且未拖欠农民工工资，监管部门按规定解除对两类账户监管后，预冻结措施自动转为冻结措施，并可依法划拨剩余资金。

五、当事人、利害关系人（包含两类账户监管部门）认为人民法院查封、冻结或者划拨行为违法的，银行业金融机构认为人民法院要求其协助执行行为违法的，均可依法向人民法院提出异议，人民法院应当依法处理。两类账户监管部门提出异议的，异议审查期间不得查封、冻结或者划拨两类账户资金。

六、银行业金融机构应当规范两类账户开设工作，与开户单位认真核实账户性质，在业务系统中对两类账户进行特殊标识，并在相关网络查控平台、电子化专线信息传输系统等作

出整体限制查封、冻结或者划拨设置，妥善处理查封、冻结或者划拨等事项，保障两类账户资金安全。

七、银行业金融机构接到人民法院等有权机关对两类账户资金查封、冻结或者划拨指令时，应当通过人工或系统等方式，向人民法院等有权机关提示该账户性质和《条例》第三十三条规定，并同时将相关情况告知两类账户监管部门，两类账户监管部门有权提出异议。

八、银行业金融机构遇到两类账户资金因不当操作被有权机关查封、冻结或者划拨等重大异常情况时，应当及时向当地两类账户监管部门报告。

九、各地有关部门应完善工作机制，加强沟通协调，防止两类账户资金被违法查封、冻结或者划拨。

十、有关部门相关人员在两类账户资金查封、冻结或者划拨过程中滥用职权、玩忽职守、徇私舞弊的，依法依规给予处分。

十一、本通知自 2020 年 12 月 25 日起施行。银行业金融机构应当自施行之日起 2 个月内完成上述事项调整。

2020 年 12 月 25 日

人力资源社会保障部印发关于进一步优化人社公共服务切实解决老年人运用智能技术困难实施方案的通知

人社部发〔2020〕94号

各省、自治区、直辖市及新疆生产建设兵团人力资源社会保障厅（局），部属各单位：

为深入贯彻落实《国务院办公厅印发关于切实解决老年人运用智能技术困难实施方案的通知》（国办发〔2020〕45号）要求，我部制定了《关于进一步优化人社公共服务切实解决老年人运用智能技术困难的实施方案》。现印发给你们，请结合实际认真贯彻落实。

2020年12月25日

关于进一步优化人社公共服务切实解决老年人运用智能技术困难的实施方案

为贯彻落实《国务院办公厅印发关于切实解决老年人运用智能技术困难实施方案的通知》（国办发〔2020〕45号）有关要求，实现人力资源和社会保障（以下简称人社）领域传统服务方式与智能化服务创新并行、融合发展，结合人社信息化便民服务创新提升行动，为老年人提供更便捷、更周全、更贴心、有温度的人社服务，制定本实施方案。

一、指导思想和工作目标

解决老年人运用智能技术困难是应对我国人口老龄化、帮助老年人跨越“数字鸿沟”、维护信息化时代下老年人合法权益的重要任务。各级人社部门要以习近平新时代中国特色社会主义思想为指导，坚持以人民为中心的发展思想，进一步增强服务意识，坚持传统服务方式与智能化服务“两条腿”走路，着重解决老年人在人社公共服务中的痛点难点问题，将服务质量和群众满意度作为工作成效考量的重要指标，让老年人在信息化发展中有更多获得感、幸福感、安全感。

各级人社部门要梳理人社系统涉及老年人的高频服务事项，逐项完善服务政策，改进服务措施，优化服务方式，一方面通过传统服务方式为老年人提供兜底服务保障，另一方面促进智能技术在老年人中的普及应用，并于2021年底前完成各项人社服务优化和整改任务，于2022年底前建成相应的长效机制，持续提升人社公共服务均等化、普惠化、便捷化水平。

二、工作任务

（一）明确老年人高频服务事项，提供优质便民服务

1. 完善社保卡申领服务。各级人社部门要按照《人力资源社会保障部办公厅关于进一步提升社会保障卡服务质量的通知》（人社厅函〔2020〕171号）有关要求，联合合作银行，优化社保卡申领、社保功能启用、银行账户激活等服务，补全本人及监护人手机、地址等联系方式。针对老年人，要加强主动沟通、主动服务，加大宣传引导力度，做好应用培训。在为老年人发放社保卡过程中，同时引导帮助老年人领用电子社保卡。针对异地居住的老年人，还要做好社保卡的网上申领补换和邮寄服务，并优先联合全国性银行为该类人群发放社保卡。（各级人社信息化综合管理机构负责）

2. 完善社保待遇申领服务。对临近退休或待遇领取年龄的人员，各级人社部门要通过短信、消息、用人单位或基层工作人员联络等方式，主动提醒本人享有待遇申领权益，提前进行档案核查，通过全国社保比对查询系统，核对参保人是否存在多地参保经历，对需进行社保关系转移或制度衔接的，应做好业务提醒。在养老金待遇核定等业务办理过程中，同步做好社保关系转移或制度衔接、通过社保卡发放待遇、失业保险待遇终止、1~4级工伤职工伤残津贴停发等可以打包办理的工作，减少老年人跑腿。对丧葬补助金、抚恤金、个人账户余额等死亡待遇申领和核定，要结合跨部门共享的人员死亡等数据，提高业务办理效率，并通过待遇进卡服务，提高待遇发放效率。（各级人社行政部门、社保经办机构按职责分工负责）

3. 完善补贴待遇发放服务。各级人社部门要组织好就业补贴、社保待遇、农民工工资等通过社保卡发放的有关工作，做好社保卡申领激活服务，加强宣传培训，稳步切换实施。在待遇进卡工作中，同步加强待遇到账短信或消息提醒、对账折、纸质对账单等服务，保障老年人及时知晓待遇情况。对经宣传培训仍主动提出使用银行存折领取养老金的部分老年人可保留存折，不做“一刀切”。（各级人社行政部门、公共就业和人才服务机构、社保经办机构按职责分工负责）

4. 完善工伤医疗待遇结算服务。各级人社部门要做好工伤职工的工伤医疗、工伤康复治疗、辅助器具配置等服务，通过社保卡开展直接结算，减少行动不便的工伤职工跑腿、垫资。对于采用事后报销方式的工伤医疗费，通过社保卡等方式发放，提高资金发放效率。对尚有工伤医疗服务需求的已经退休或者是异地居住的工伤职工，要做好工伤医疗待遇结算的服务保障。（各级社保经办机构负责）

5. 完善社保权益信息查询服务。各级人社部门要利用在办事大厅布设的自助服务一体机，为老年人等群体提供社保权益信息打印服务，方便老年人查询社保待遇。通过社银系统接口，将社保查询服务延伸到银行在网点的自助服务设施和在基层乡镇的便民服务终端。在办事大厅、基层服务平台预留查询打印服务柜台或配备自助服务一体机引导人员，为老年人运用自助服务一体机提供兜底服务。（各级社保经办机构负责）

6. 完善社保待遇资格认证。要统筹养老、工伤、失业保险的待遇资格认证工作，加强与公安、民政、司法、卫生健康、交通、医保、银行等部门的数据共享比对，充分利用部级下发的比对信息，寓认证于无形，提高社保待遇资格认证的免办服务比例。支持老年人利用国家社保公共服务平台、人社政务服务平台、电子社保卡、掌上12333以及地方自助认证平台等，实现刷脸方式的自助认证，让老年人不跑

腿。支持老年人利用基层服务平台实现就近认证，让老年人少跑腿。认证期结束前向尚未认证人员或其监护人打电话、发送短信、消息或上门提醒。（各级社保经办机构负责）

7. 拓展社保卡其他公共服务场景。继续支持通过社保卡（含电子社保卡）进行就医购药结算，方便老年人就医购药。在充分保障个人信息安全前提下，推进社保卡（含电子社保卡）与“健康码”等互相关联，支持刷卡（码）通行。推进第三代社保卡加载交通出行功能，在有条件的地区实现老年人凭社保卡乘坐城市公共交通。支持其他政府部门惠民惠农财政补贴资金通过社保卡“一卡通”发放，做好服务支撑。（各级人社信息化综合管理机构负责）

（二）完善服务政策，拓展服务方式

8. 提升人性化服务水平。各级人社部门要将便民服务意识贯穿于人社政策制定、业务规程设计、服务流程设置的全过程，完善各项规章制度。要结合年龄、教育背景、生活环境和习惯等的不同，分人群提供针对性、差异化的服务措施，避免“一刀切”。要制定针对老年人等特殊群体的关爱服务制度，在提供规范化、标准化服务的同时，兼顾人性化、个性化服务需求。（各级人社行政部门、公共就业和人才服务机构、社保经办机构按职责分工负责）

9. 发展代办服务。各级人社部门对待办事的老年人要像家人一样提供贴心服务，从老年人视角检视在服务流程、服务要件、服务方式、服务手册等方面的不足。应依法接受授权代理、亲友代办等服务申请，在服务中避免循环证明，以方便群众办理业务。（各级公共就业和人才服务机构、社保经办机构按职责分工负责）

10. 开展上门服务。各级人社部门要加强主动沟通与服务，特别是要为老年人多想一点、多做一点。对大龄等特殊困难人员，提供政策咨询、职业介绍、职业指导、专项招聘活动等线下、现场的就业创业服务。依托基层服务平台，联合社保卡合作银行，对于社保待遇资格认证、社保卡办理等服务内容，向高龄等行动不便人员提供上门服务，特别是对 80 岁以上的老年人，要主动联络、优先提供上门服务，并建立服务台账实施动态管理。（各级公共就业和人才服务机构、社保经办机构按职责分工负责）

（三）完善传统服务，确保全面兜底

11. 延伸服务体系，发展就近服务。各级人社部门应保留老年人熟悉的传统服务方式。在提供办事大厅服务的基础上，向街道乡镇、社区行政村等基层服务平台延伸下沉服务，与银行共建社保卡联合服务网点或社保服务代办网点，提供就近服务，让老年人不出社区行政村即可实现养老金领取、社保待遇资格认证、社保信息查询等服务。（各级公共就业和人才服务机构、社保经办机构、其他人社服务窗口部门按职责分工负责）

12. 完善服务设施，发展优先服务。各级人社部门办事大厅应提供“一窗式”“一门式”服务，设立老年人业务办理绿色通道，实现优先办理，设置等候专区、爱心专座，印制适合老年人阅读的专用办事指南，张贴醒目的引导标识，提供老花镜等便民服务设施，配备医药应急箱。（各级公共就业和人才服务机构、社保经办机构、其他人社服务窗口部门按职责分工负责）

13. 加强服务引导，发展主动服务。各级人社部门要在办事大厅和基层服务平台配备服务引导人员，与群众面对面做好政策解读、服务引导、自助设备操作指导、线上服务操作引导等服务，提供从接待、答疑、受理，到办理、反馈的“一站式”服务，对前来服务网点的老年人主动询问所办业务，根据其情况，按需提供全程引导服务。（各级公共就业和人才服务机构、社保经办机构、其他人社服务窗口部门按职责分工负责）

14. 完善疫情管控，增加替代措施。各级人社部门在新冠肺炎疫情低风险地区，对进入人社办事大厅和基层服务平台的群众一般不查验“健康码”。根据疫情防控需要确需查验时，对因无智能手机、不会操作等原因无法提供“健康码”的群众，可以采取凭社保卡、身份证等身份证件登记、持纸质证明通行、出示“通信行程卡”作为辅助行程证明等替代措施。（各级公共就业和人才服务机构、社保经办机构、其他人社服务窗口部门按职责分工负责）

（四）优化智能化服务，打造适老平台

15. 推广电子社保卡亲情服务等功能。在各级人社 APP、小程序中全面嵌入电子社保卡，通过使用电子社保卡简化线上注册流程，实现扫码登录、授权登录。充分利用电子社保卡“亲情服务”“工作人员服务”等功能，通过家人或是工作人员，帮助不使用或不会操作智能手机的老年人查询社保待遇、进行社保待遇资格认证。（各级人社信息化综合管理机构负责）

16. 开展网站和 APP 的适老化改造。按照国家统一部署，进行各级人社部门政府网站、人社 APP、小程序等的适老化改造，简化使用步骤，优化界面交互，增加操作提示。针对老年人常用功能，提供大字版、语音版、少数民族文字版的服务模块，挂在首页醒目位置，方便老年人获取信息和服务。（各级人社信息化综合管理机构负责）

17. 强化电话咨询服务。加强电话咨询服务建设，将代办服务、上门服务等关爱政策以及智能技术操作问答纳入知识库，提高咨询服务人员业务能力，畅通老年人咨询人社政策和办事服务问题的途径，畅通人社服务投诉举报的渠道，利用电话人工客服的服务优势，为老年人提供人社相关智能技术操作的指导服务。发展短信服务，支持各类业务提醒和办理进度反馈。（各级电话咨询服务机构负责）

（五）加强宣传培训，营造良好氛围

18. 加强群众宣传。加强各项人社政策和服务方式的宣传，特别是要宣传针对特殊人群的关爱政策，让群众知晓从哪办、怎么办、找谁问。采取适合老年人了解信息的图文、视频、音频方式开展宣传，必要时提供面对面的指导服务措施，加强对智能化服务运用及防骗知识的科普宣传，让老年人敢用、能用、会用智能技术。（各级公共就业和人才服务机构、社保经办机构、其他人社服务窗口、各级人社宣传部门按职责分工负责）

19. 拓展技能培训内容。探索在养老护理员等康养职业技能培训中，适当增加智能技术运用培训内容，使养老服务人员在为老年人服务的过程中，能够为老年人操作智能终端提供协助。（各级人社职业能力建设部门负责）

20. 加强工作人员培训。将服务意识、服务流程、服务礼仪等作为人社部门工作人员日常业务培训的重要内容，在人社系统倡导尊老爱老敬老服务，提高各级工作人员特别是窗口工作人员的服务水平。完善应急处置机制，提高窗口工作人员的应急处理能力，快速有效解决老年人遇到的困难。（各级人社行政部门、公共就业和人才服务机构、社保经办机构、其他人社服务窗口部门按职责分工负责）

三、工作要求

1. 开展全面自查。各级人社部门应明确贯彻落实国办发〔2020〕45 号文件的牵头单位，组织业务部门、经办机构、信息化部门、宣传部门等，分别负责政策文件、传统服务、智能化服务、宣传培训等相关工作，全面排查本地区老年人运用智能技术困难的有关问题及个案现象，如政策文件和服务事项中无法适用老年人需求等“一刀切”的问题，仅支持线上业务办理等“单条腿”的问题，对老年人服务措施针对性不够的问题，对老年人关爱政策宣传不到位的问题等。

2. 制定实施方案。各地要根据自查情况制定实施方案，明确时间表、路线图，建立工作台账，提出整改措施。对国办发〔2020〕45 号文件作出的规定要立即做到；对已取消传统服务的“单条腿”问题要于 2021 年 1 月底前完成整改，恢复提供传统服务或建立专用通道；对需要改造完善的服务要于 2021 年底前完成，明确时限并引导群众预期。

3. 加强服务监督。我部将建立调度督导机制，健全问责工作机制，定期调度各地解决老年人运用智能技术困难工作的实施进展和成效，将面向老年人的服务措施纳入人社服务窗口明察暗访和人社系统行风建设，对人社公共服务的适老化程度进行评估，通过舆情监测主动接受群众监督，对群众投诉举报问题严重的，进行全系统通报，组织各地交流经验做法，督促各地不断提升人社便民服务水平。

4. 完善服务保障。各级人社部门应做好有关的服务保障工作，开展群众特别是老年人的满意度调查，确保各项服务措施做实做细、落实到位。要加强人社部门政府网站、人社APP、小程序等的安全防护，明确个人信息填报和使用范围，切实保护个人隐私，让老年人放心运用智能技术。

各地根据自查情况制定的实施方案（包括工作牵头单位及联系人，高频服务事项、存在的问题、整改措施、责任单位及时间安排），请于2021年1月25日前报我部。

人力资源社会保障部
关于调整年金基金投资范围的通知

人社部发〔2020〕95号

各省、自治区、直辖市及新疆生产建设兵团人力资源社会保障厅（局），各计划单列市人力资源社会保障局，各企业年金基金管理机构、企业年金理事会：

为促进年金市场健康发展，实现年金基金资产保值增值，根据《企业年金基金管理办法》（人力资源社会保障部令第11号）、《人力资源社会保障部　财政部关于印发职业年金基金管理暂行办法的通知》（人社部发〔2016〕92号）等法律法规规定，经商财政部、银保监会、证监会，现就调整年金基金投资范围的有关事项通知如下：

一、本通知所称年金基金，是指根据依法建立的年金计划筹集的资金及其投资运营收益形成的补充养老保险基金，包括企业年金基金和职业年金基金。年金基金投资管理应当遵循谨慎、分散风险的原则，充分考虑年金基金财产的安全性、收益性和流动性，实行专业化管理。

二、年金基金财产限于境内投资和香港市场投资。

境内投资范围包括银行存款，标准化债权类资产，债券回购，信托产品，债权投资计划，公开募集证券投资基金，股票，股指期货，国债期货，养老金产品。

香港市场投资指年金基金通过股票型养老金产品或公开募集证券投资基金，投资内地与香港股票市场交易互联互通机制下允许买卖的香港联合交易所上市股票（简称“港股通标的股票”）。

三、年金基金可投资的标准化债权类资产指依法发行的固定收益证券，包括国债，中央银行票据，同业存单，政策性、开发性银行债券，以及信用等级在投资级以上的金融债、企业债、公司债、可转换债、可交换债、（超）短期融资券、中期票据、非公开定向债务融资工具、信贷资产支持证券、资产支持票据、证券交易所挂牌交易的资产支持证券。上述资产发行方式包括公开发行和非公开发行。

四、年金基金财产以投资组合为单位，按照公允价值计算应当符合下列规定：

（一）投资一年期以内（含一年）的银行存款、中央银行票据，同业存单，剩余期限在一年期以内（含一年）的国债，剩余期限在一年期以内（含一年）的政策性、开发性银行债券，债券回购，货币市场基金，货币型养老金产品等流动性资产的比例，合计不得低于投资组合委托投资资产净值的5%。清算备付金、证券清算款以及一级市场证券申购资金视为流动性资产。

（二）投资一年期以上的银行存款，标准化债权类资产，信托产品，债权投资计划，债券基金，固定收益型养老金产品，混合型养老金产品等固定收益类资产的比例，合计不得高于投资组合委托投资资产净值的135%。债券正回购的资金余额在每个交易日均不得高于投资组合委托投资资产净值的40%。已计入流动性资产的不再重复计入固定收益类资产。

（三）投资股票、股票基金、混合基金、股票型养老金产品（含股票专项型养老金产品）等权益类资产的比例，合计不得高于投资组合委托投资资产净值的40%。其中，投资港股通标的产品的比例，不得高于投资组合委托投资资产净值的20%；投资单只股票专项型养老金产品的比例，不得高于投资组合委托投资资产净值的10%。

年金基金不得直接投资于权证，但因投资股票、分离交易可转换债等投资品种而衍生获得的权证，应当在权证上市交易之日起10个交易日内卖出。

（四）投资信托产品、债权投资计划，以及信托产品型、债权投资计划型养老金产品的比例，合计不得高于投资组合委托投资资产净值的30%。其中，投资信托产品以及信托产品型养老金产品的比例，合计不得高于投资组合委托投资资产净值的10%。

（五）专门投资组合是指将80%以上非现金资产投资于银行存款、信托产品、债权投资计划或者存款型、信托产品型、债权投资计划型养老金产品中的一类产品而专门设立的投资组合。专门投资组合可以不受第（一）款5%流动性限制。投资信托产品、债权投资计划或信托产品型、债权投资计划型养老金产品的专门投资组合，可以不受第（四）款30%和10%规定的限制。

五、单个投资组合的年金基金财产，按照公允价值计算应当符合下列规定：

（一）投资一家企业所发行的股票，单期发行的同一品种标准化债权类资产，单只证券投资基金，分别不得超过上述证券发行量、该基金份额（基金产品份额数以最近一次公告或者发行人正式说明为准）的5%，也分别不得超过该投资组合委托投资资产净值的10%。其中，投资资产支持证券或资产支持票据的比例不得超过该只证券发行量的10%。

（二）投资单期信托产品、债权投资计划，分别不得超过该期信托产品、债权投资计划资产管理规模的20%。投资信托产品、债权投资计划的专门投资组合，可以不受此规定的限制。

六、单个计划的年金基金财产按照公允价值计算，应当符合投资流动性资产、固定收益类资产、权益类资产、信托产品、债权投资计划，以及信托产品型、债权投资计划型养老金产品的比例限制，参照本通知第四条管理。

法人受托机构可以设立受托直投组合，将部分或全部受托管理的年金计划基金资产，直接分配给一个或多个养老金产品。单个受托直投组合配置本公司发行的养老金产品的比例，合计不得高于受托直投组合资产净值的40%。

七、年金基金投资港股通标的股票的股票型养老金产品应当符合下列规定：

（一）投资港股通标的股票的股票型养老金产品名称中应含有“港股”字样，且应有80%以上的权益类资产投资于港股通标的的股票。

（二）发行含有“港股”字样养老金产品的投资管理人应当配备不少于2名具有5年以上投资管理经验且具有2年以上香港股票市场投资管理相关经验的人员，其中至少应包括1名投资经理。

八、年金基金可投资的优先股应当符合下列规定：

（一）证券投资组合及混合型、股票型（含股票专项型）养老金产品可投资优先股。

（二）优先股发行主体信用等级不低于国内信用评级机构评定的AAA级，且优先股信用等级不低于国内信用评级机构评定的AA+级。

（三）优先股发行主体公司章程或优先股募集说明书中应当包含明确的分红条款。

九、年金基金可投资的同业存单的发行主体信用等级应不低于国内信用评级机构评定的AAA级。

十、年金基金可投资的永续债应当符合下列规定：

（一）永续债及发行主体的信用等级不低于国内信用评级机构评定的 AA+级；其中，非公开募集的永续债可无债项评级，但其发行主体的信用等级需具有国内信用评级机构评定的 AAA 级。

（二）有明确约定的利率和付息频率，有利率跳升条款；其中，商业银行发行的永续债可无利率跳升条款，但发行主体的信用等级需具有国内信用评级机构评定的 AAA 级。

十一、年金基金可投资的资产支持证券、资产支持票据应当符合下列规定：

（一）在银行间债券市场或者证券交易所市场挂牌交易。

（二）限于产品评级为国内信用评级机构评定的 AAA 级资产支持证券、资产支持票据的优先级份额。

十二、年金基金可投资的信托产品应当符合下列规定：

（一）限于集合资金信托计划和为年金基金设计、发行的单一资金信托。

（二）基础资产限于非标准化债权类资产。

（三）投资相关合同应当包含固定频率的信托利益分配表述及明确的“受益权转让”条款。

（四）信用等级不低于国内信用评级机构评定的 AA+级或者相当于 AA+级的信用级别。但符合下列条件之一的，可以豁免外部信用评级：

1. 偿债主体上个会计年度末经审计的净资产不低于 150 亿元人民币，或最近三年连续盈利且年营业收入不低于 200 亿元人民币；

2. 提供无条件不可撤销连带责任保证担保的担保人，担保人上个会计年度末经审计的净资产不低于 150 亿元人民币，或最近三年连续盈利且年营业收入不低于 200 亿元人民币。

（五）安排投资项目担保机制，但符合上述第四款 1 条规定且在风险可控的前提下可以豁免信用增级安排。

（六）发行信托产品的信托公司应当具有完善的公司治理、良好的市场信誉和稳定的投资业绩，上个会计年度末经审计的净资产不低于 100 亿元人民币；近一年公司及高级管理人员未发生重大违法违规行为。

十三、年金基金可投资的债权投资计划应当符合下列规定：

（一）履行完毕相关监管机构规定的所有合法程序。

（二）投资合同应当包含明确的“受益权转让”条款。

（三）信用等级不低于国内信用评级机构评定的 A 级或者相当于 A 级的信用级别。

（四）投资品种限于银保监会认可的信用增级为保证担保方式和免于信用增级的情况。

（五）发行债权投资计划的公司应当具有完善的公司治理、良好的市场信誉和稳定的投资业绩，上个会计年度末经审计的净资产不低于 2 亿元人民币。

十四、投资组合、养老金产品参与股指期货、国债期货交易应当符合下列规定：

（一）根据风险管理的原则，只能以套期保值为目的，并按照中国金融期货交易所套期保值管理的有关规定执行。

（二）任一投资组合或者养老金产品在任何交易日日终，所持有的卖出股指期货或者国债期货合约价值，不得超过其对冲标的的账面价值。

（三）投资组合、养老金产品不得买入股指期货或者国债期货套期保值。

十五、因证券市场波动、上市公司合并、投资组合或产品规模变动等投资管理人之外的因素致使年金基金投资不符合投资比例要求的，投资管理人应当在可上市交易之日起 10 个交易日内调整完毕。因信用等级下降等因素致使年金基金所投金融产品不再符合投资条件的，投资管理人应当在评级报告等信息发布之日起 30 个交易日内调整完毕。法律法规或监管部门另有规定的，从其规定。

十六、金融产品的估值按照相关法律法规或者监管部门的规定执行。

十七、年金基金投资应当按照穿透式管理要求，明确约定投资的底层资产符合年金基金投资范围，不得多层嵌套。其中，货币市场基金、债券基金、混合基金、股票基金可不受本限制。

十八、投资管理人投资的非标准化债权类资产，募集资金投资方向应当符合国家宏观政策、产业政策和监管政策；产品结构简单，基础资产清晰，信用增级安排确凿，具有稳定可预期的现金流；建立信息披露机制和风险隔离机制，并实行资产托（保）管。投资管理人应当优先投资在公开平台登记发行和交易转让的金融产品。

十九、企业年金计划委托人、职业年金计划代理人不得直接或间接指定管理人配置金融产品。年金基金管理机构应当利用年金基金资金长期、稳定的优势，发挥自身专业能力，着眼长期，实现年金基金保值增值。

法人受托机构、企业年金理事会应当做好计划层面风险防控，确保资产配置比例符合相关规定，提高大类资产配置能力；托管人应当认真履行投资监督职责，督促合规运作，维护资产安全；投资管理人应当加强风险防范，持续跟踪金融产品管理运作，投资有关金融产品时，不得与当事人发生涉及利益输送、利益转移等不当交易行为，不得通过关联交易或者其他方式侵害年金委托人的利益。

二十、本通知自 2021 年 1 月 1 日起实施，《关于扩大企业年金基金投资范围的通知》（人社部发〔2013〕23 号）同时废止。《企业年金基金管理办法》（人力资源社会保障部令第 11 号）第六章、《人力资源社会保障部 财政部关于印发职业年金基金管理暂行办法的通知》（人社部发〔2016〕92 号）第三章、《关于企业年金养老金产品有关问题的通知》（人社部发〔2013〕24 号）以及《关于企业年金基金股权和优先股投资试点的通知》（人社部发〔2014〕64 号）中与本通知不符的内容依照本通知相应调整。

2020 年 12 月 28 日

人力资源社会保障部关于进一步加强高技能人才与专业技术人才职业发展贯通的实施意见

人社部发〔2020〕96号

各省、自治区、直辖市及新疆生产建设兵团人力资源社会保障厅（局），中央和国家机关各部委、各直属机构人事部门，各中央企业人事部门：

为打通高技能人才与专业技术人才职业发展通道，加强创新型、应用型、技能型人才培养，在总结工程技术领域试点工作基础上，现就进一步加强高技能人才与专业技术人才职业发展贯通提出如下实施意见。

一、总体要求

（一）指导思想。

以习近平新时代中国特色社会主义思想为指导，全面贯彻党的十九大和十九届二中、三中、四中、五中全会精神，牢固树立新发展理念，破除束缚人才发展的体制机制障碍，大力弘扬劳模精神、劳动精神、工匠精神，探索建立理论与实践相结合、技术与技能相促进的人才评价使用激励机制，激发高技能人才创新活力，为实施制造强国战略和推动高质量发展提供有力人才支撑。

（二）基本原则。

1. 坚持突出重点。适应技术技能人才融合发展趋势，以高技能人才为重点，打破专业技术职称评审与职业技能评价界限，创新技术技能导向的评价机制，拓宽技术技能人才发展通道，促进两类人才融合发展。

2. 坚持问题导向。聚焦人才职业发展中“独木桥”、“天花板”问题，推进职称制度与职业资格、职业技能等级制度有效衔接，支持高技能人才参加职称评审和职业资格考试，鼓励专业技术人才参加职业技能评价，搭建两类人才成长立交桥。

3. 坚持科学评价。进一步破除唯论文、唯学历、唯资历、唯奖项倾向，强化技术技能贡献，突出工作业绩，保持两类人才评价标准大体平衡，适当向高技能人才倾斜，让各类人才价值得到充分尊重和体现。

4. 坚持以用为本。立足实际工作岗位需要，充分发挥用人单位主体作用，促进人才评价与培养使用激励等措施相互衔接，着力提高技能人才待遇水平，营造有利于人才成长和发挥作用的制度环境。

二、主要措施

（一）扩大贯通领域。

以支持高技能人才参加工程系列职称评审为工作重点，将贯通领域扩大为工程、农业、工艺美术、文物博物、实验技术、艺术、体育、技工院校教师等职称系列。支持高技能人才取得经济、会计、统计、审计、翻译、出版、通信、计算机技术与软件等专业技术人员职业资格。各地区、各有关部门可在职业分类基础上，根据实际情况研究制定新兴职业、新兴领域贯通办法，明确高技能人才参加职称评审的专业对应关系。

（二）完善高技能人才职称评价标准。

1. 淡化学历要求。对两类人才贯通的职称系列，具备高级工以上职业资格或职业技能等级的技能人才，均可参加职称评审，不将学历、论文、外语、计算机等作为高技能人才参加职称评审的限制性条件。按照国家有关规定取得高级工职业资格或职业技能等级后从事技术技能工作满2年，可申报评审相应专业助理级职称；取得技师职业资格或职业技能等级后从事技术技能工作满3年，可申报评审相应专业中级职称；取得高级技师职业资格或职业技能等级后从事技术技能工作满4年，可申报评审相应专业副高级职称。高技能人才参加职称评审应在现工作岗位上近3年年度考核合格。

2. 强化技能贡献。高技能人才参加职称评审突出职业能力和工作业绩，注重评价科技成果转化应用、执行操作规程、解决生产难题、参与技术改造革新、工艺改进、传技带徒等方面的能力和贡献。技能竞赛获奖情况、行业工法、操作法、完成项目、技术报告、经验总结、行业标准等创新性成果均可作为职称评审的重要内容。

3. 建立绿色通道。对为国家经济发展和重大战略实施作出突出贡献，具有绝招、绝技、绝活，并长期坚守在生产服务一线岗位工作的高技能领军人才，采取特殊评价办法，建立职称评审绿色通道。获得中华技能大奖、全国技术能手，担任国家级技能大师工作室带头人，享受省级以上政府特殊津贴的高技能人才，或各省（区、市）人民政府认定的“高精尖缺”高技能人才，可直接申报评审正高级或副高级职称。各地区、各有关单位可结合实际情况制定具体办法。

（三）创新高技能人才职称评价机制。

综合采用理论知识考试、技能操作考核、业绩评审、面试答辩、竞赛选拔等多种方式评价高技能人才。支持有条件的地区和单位对高技能人才单独分组、单独评审。支持高技能人才密集、技术实力较强、内部管理规范的规模以上企业自主开展高技能人才职称评审。积极吸纳优秀高技能人才参加相关职称评审委员会、专家库，参与制定评价标准。

（四）鼓励专业技术人才参加职业技能评价。

符合职业技能评价条件的专业技术人才，可按有关规定申请参加相应职业（工种）的职业技能评价。专业技术人才取得助理级、中级、副高级职称，累计工作年限达到申报条件的，可分别申请参加与现岗位相对应职业（工种）的高级工、技师、高级技师职业技能评价。取得职业资格或职业技能等级1年后，可按累计工作年限申报相应职业（工种）晋级评价。专业技术人才参加职业技能评价，注重操作技能考核。具有所申报职业相关专业毕业证书的，可免于理论知识考试。具有相应职业（工种）技能等级水平的优秀人才可直接申报该职业（工种）的职业技能等级评价。用人单位可根据国家职业技能标准和行业企业评价规范，结合本单位实际，制定本单位专业技术人才参加职业技能评价的标准条件。

（五）加强评价制度与用人制度衔接。

高技能人才依据技术技能水平自愿参加职称评审，鼓励取得职称的高技能人才坚守在生产服务一线。探索建立企业内部技能岗位等级与管理、技术岗位序列相互比照，专业技术岗位、经营管理岗位、技能岗位互相衔接机制。各类企业对在聘的高级工、技师、高级技师在学习进修、岗位聘任、职务职级晋升、评优评奖、科研项目申报等方面，比照相应层级专业技术人员享受同等待遇。鼓励用人单位研究制定高技能领军人才职业发展规划，实行高技能领军人才年薪制、股权期权激励，设立高技能领军人才特聘岗位津贴、带徒津贴等，按实际贡献给予高技能人才绩效奖励，切实提高高技能人才待遇水平。

三、有关要求

（一）加强组织领导。建立高技能人才与专业技术人才职业发展通道是提高技能人才待遇和地位的重要举措，是进一步巩固党的执政基础的重要举措。各级人力资源社会保障部门要高度重视，加强领导，聚焦关键问题，形成工作合力，结合实际抓好高技能人才职称评审工作。

（二）强化监督指导。各级人力资源社会保障部门要把两类人才职业发展贯通作为加强高技能人才队伍建设的重要任务来抓，采取切实管用的措施，加大工作力度，指导各地、各有关单位有序开展工作，确保各项政策措施取得实效。

（三）加强宣传引导。各地区、各有关单位要加强宣传引导，做好政策解读，提高用人单位积极性，引导两类人才积极参与。大力宣传两类人才贯通的典型经验，强化引领和示范作用，营造良好氛围。

本意见自印发之日起施行。

2020 年 12 月 28 日

人力资源社会保障部　教育部关于深化高等学校教师职称制度改革的指导意见

人社部发〔2020〕100号

各省、自治区、直辖市及新疆生产建设兵团人力资源社会保障厅（局）、教育厅（教委、教育局），中央和国家机关有关部委人事部门，教育部直属各高等学校：

高等学校教师（以下简称高校教师）是我国专业技术人才队伍的重要组成部分，是新时代推动国家教育事业发展和高层次人才培养的重要力量。为深入贯彻落实中共中央、国务院印发的《关于全面深化新时代教师队伍建设改革的意见》和《深化新时代教育评价改革总体方案》，按照《中共中央办公厅　国务院办公厅关于深化职称制度改革的意见》要求，进一步完善教师评价机制，激励广大高校教师教书育人，落实立德树人根本任务，推进高等教育内涵式发展，加快教育现代化，现就深化高校教师职称制度改革提出如下指导意见。

一、总体要求

（一）指导思想。以习近平新时代中国特色社会主义思想为指导，全面贯彻落实党的十九大和十九届二中、三中、四中、五中全会以及全国教育大会精神，遵循高校教师职业特点和发展规律，破除束缚高校教师发展的思想观念和体制机制障碍，分类分层，科学评价，充分调动广大高校教师的积极性和创造性，激发高校教师活力、动力，建设一支高素质、专业化、创新型教师队伍，为高等教育事业发展提供制度保障和人才支持。

（二）基本原则

1. 坚持以德为先，教书育人。以师德为先，以教学为要，以育人为本，提升师德师风要求，引导广大教师以德立身、以德立学、以德施教，突出教书育人实绩，培养德智体美劳全面发展的社会主义建设者和接班人。

2. 坚持以人为本，创新机制。把握高校教师成长的规律和工作特点，完善评价标准，创新评价机制，科学客观公正评价，让教师更具有获得感和成就感，激励教师人人尽展其才。

3. 坚持问题导向，精准施策。围绕高校教师职称评审重点难点及突出问题，有针对性地提出改革举措，增强高校教师职称制度改革的实效性。

4. 坚持分类实施，自主评价。根据不同类型、不同层次高校及教师特点，采用业绩水平与发展潜力、定性与定量评价相结合的方式，高校自主实施分类分层评价，政府依法宏观管理。

二、主要内容

深入贯彻高等教育领域“放管服”改革精神，加快转变政府职能，落实高校职称评审自主权，围绕健全制度体系、完善评价标准、创新评价机制，形成以人才培养为核心，以品德、能力和业绩为导向，评价科学、规范有序、竞争择优的高校教师职称制度。

（一）健全制度体系

1. 创新岗位类型。保持高校教师现有岗位类型总体不变，一般设有教学为主型、教学科研型等岗位类型。适应新时代教师队伍发展的需要，高校可根据自身发展实际，设置新的岗位类型。

2. 健全层级设置。高校教师职称一般设置初级、中级、高级，其中高级分设副高级和正高级。初级、中级、副高级、正高级职称名称一般依次是助教、讲师、副教授、教授。有条件的高校可探索实行教师职务聘任改革，设置助理教授等职务。

（二）完善评价标准

1. 严把思想政治和师德师风考核。贯彻习近平新时代中国特色社会主义思想，坚持社会主义办学方向，以理想信念教育为核心，以社会主义核心价值观为引领，把好思想政治关，将师德表现作为教师职称评审的首要条件。完善思想政治与师德师风考核办法，健全评价标准、体系及考核方案，提高考核评价的科学性和实效性。

2. 突出教育教学能力和业绩。高校应把认真履行教育教学职责作为评价教师的基本要求。加强教学质量评价，把课堂教学质量作为主要标准，严格教学工作量，强化教学考核要求，提高教学业绩和教学研究在评审中的比重。突出教书育人实绩，注重对履责绩效、创新成果、人才培养实际贡献的评价。

3. 克服唯论文、唯“帽子”、唯学历、唯奖项、唯项目等倾向。规范学术论文指标的使用，论文发表数量和引用情况、期刊影响因子等仅作为评价参考，不以 SCI（科学引文索引）、SSCI（社会科学引文索引）等论文相关指标作为前置条件和判断的直接依据。核心是评价研究本身的创新水平和科学价值。高校结合实际建立各学科高水平期刊目录和高水平学术会议目录。对国内和国外的期刊、高水平学术会议发表论文、报告要同等对待，鼓励更多成果在具有重要影响力的国内期刊和高水平学术会议发表。不得简单规定获得科研项目的数量和经费规模等条件。不得将出国（出境）学习经历作为限制性条件。不得将人才称号作为职称评定的限制性条件，职称申报材料不得设置填写人才称号栏目，取消入选人才计划与职称评定直接挂钩的做法。

4. 推行代表性成果评价。结合学科特点，探索项目报告、技术报告、学术会议报告、教学成果、著作、论文、标准规范、创作作品等多种成果形式，将高水平成果作为代表性成果。注重代表性成果的质量、贡献、影响，突出评价成果质量、原创价值和对社会发展的实际贡献以及支撑人才培养情况。注重质量评价，防止简单量化、重数量轻质量，建立并实施有利于教师潜心教学、研究和创新的评价制度。

（三）创新评价机制

1. 分类分层评价。结合学校特点和办学类型，针对不同类型、不同层次教师，按照教学为主型、教学科研型等岗位类型，哲学社会科学、自然科学、工程科技等不同学科领域，基础研究、应用研究等不同研究类型，通用专业、特殊专业等不同专业门类，建立科学合理的分类分层评价标准。职业院校要强化技术技能要求，加强“双师型”教师队伍建设。

2. 创新评价方式。鼓励采取个人述职、面试答辩、同行评议、实践操作、业绩展示等多种灵活评价方式，完善同行专家评议机制，健全完善外部专家评审制度，探索引入第三方机构进行独立评价。给内、外部评审专家预留充足时间进行评鉴，引导评审专家负责任地提供客观公正的专业评议意见，提高职称评价的科学性、专业性、针对性。注重个人评价与团队评价相结合，考察团队合作及社会效益，尊重和认可团队所有参与者的实际贡献。探索国防科技、公共安全等特殊领域人才评价办法。

3. 建立重点人才绿色通道。引导教师主

动服务国家重大战略需求，注重工作实绩，其工作成果不简单以发表论文、获得奖项等进行比较评价。对取得重大基础研究和前沿技术突破、解决重大工程技术难题、在经济社会事业发展中做出重大贡献的教师以及招聘引进的高层次人才和急需紧缺人才等，在严把质量和程序的前提下，可制定较为灵活的评价标准，申报高级职称时论文可不作限制性要求，畅通人才发展通道。

4. 完善信用和惩戒机制。建立申报教师、评审专家及相关人员诚信承诺和诚信信息共享机制。申报教师职称评审中存在弄虚作假、学术不端的，按国家和学校相关规定处理。因弄虚作假、学术不端等通过评审聘任的教师，撤销其评审聘任结果。引导建立学术共同体自律文化，建立完善评审专家的诚信记录、利益冲突回避、履职尽责评价、动态调整、责任追究等制度，严格规范专家评审行为。对违反评审纪律的评审专家、党政领导和其他责任人员，按照有关规定处理。

5. 健全聘期考核机制。科学合理设置考核评价周期，聘期考核与年度考核、日常考核相互结合，并适当延长基础研究人才、青年人才等考核周期，把考核结果作为调整岗位、工资以及续订聘用合同的依据，完善退出机制，实现人员能上能下、能进能出。

（四）落实自主评审

1. 下放职称评审权。高校教师职称评审权直接下放至高校，自主组织评审、按岗聘用，主体责任由高校承担。高校要加强对院系的指导和监管，院系要将符合条件的教师向上一级评审组织推荐。条件不具备、尚不能独立组织评审的高等学校，可采取联合评审、委托评审的方式。高校自主制定教师职称评审办法、操作方案等评审文件，按相关规定进行备案。职称评审办法应包括教师评价标准、评审程序、评审委员会人员构成规则、议事规则、回避制度等内容。高校制定的教师评价标准不低于国家规定的基本标准，可结合实际明确破格条件。高校聘用研究人员等到教师岗位的，可结合实际制定职称评价具体办法。职业院校、应用型本科高校对特殊高技能人才可适当放宽学历要求。对长期在艰苦边远地区工作的高校教师，省级人力资源社会保障部门、教育行政部门可根据实际情况适当放宽学历和任职年限要求。

2. 加强监管服务。按照高校教师职称评审监管办法，加强对高校教师职称评审工作的监管，开展业务指导，搭建平台，优化服务，为高校教师职称评审提供支持。定期按一定比例开展抽查，根据抽查情况、群众反映或舆情反映较强烈的问题，有针对性地进行专项巡查，并将抽查、巡查情况通报公开。对因评审工作把关不严、程序不规范，造成投诉较多、争议较大的高校，责令限期整改。对整改无明显改善或逾期不予整改的高校，暂停其自主评审工作直至收回评审权，并进行责任追究。加强职称评审信息化建设，探索推广在线申报和评审，简化申报信息和材料报送等相关手续。

（五）优化思想政治工作评审

1. 规范思想政治理论课教师评审体系。思想政治理论课教师职称评审纳入单列计划、单设标准、单独评审体系，高级岗位比例不低于学校平均水平。建立符合思想政治理论课教师职业特点和岗位要求的评价标准，注重考察教学工作业绩和育人实效，将在中央和地方主要媒体上发表的理论文章等纳入思想政治理论课教师职称成果评价范围。

2. 强化教师思想政治工作要求。将学生思想政治教育工作作为教师的基本职责，把教师课程思政建设情况和育人效果作为评价的重要内容。晋升高一级职称的青年教师，须有至少一年担任辅导员、班主任等学生工作经历，或支教、扶贫、参加孔子学院及国际组织援外交流等工作经历，并考核合格。

（六）实行评聘结合

1. 高校根据国家有关规定自主设置岗位，结合岗位空缺情况开展教师职称评审，并将通过评审的教师聘用到相应岗位，实现教师职称评审与岗位聘用有效衔接。

2. 对此次改革前本高校评审通过、已经取得高校教师职称但未被聘用到相应岗位的人员，有关地方和高校要结合实际研究具体办法，妥善做好这部分人员择优聘用等相关工作。

三、组织实施

（一）加强领导，优化服务。深化高校教师职称制度改革，是进一步加强高校教师队伍建设，推进高校治理体系和治理能力现代化，推动高等教育科学发展的重要举措。各地区、各部门、各高校要高度重视，充分认识改革的重要意义，坚持党管人才原则，充分发挥党的思想优势、政治优势和组织优势，加强党的领导，周密部署，统筹协调。各有关部门要各司其职，协同配合，优化服务，为深化高校教师职称制度改革创造良好条件。

（二）严格程序，确保公正。各高校要按照职称制度改革要求，认真做好职称工作，确保标准公开、程序公平、结果公正。要建立健全职称工作机制，明确岗位任职条件，规范竞聘程序，严格公示制度，健全申诉机制，畅通意见渠道，强化自我监督，主动接受外部监督。

（三）科学谋划，稳妥推进。各地区、各高校要正确处理好改革、发展和稳定的关系，把推进高校教师职称制度改革与全面履行职责、加强教师队伍建设和促进高等教育事业发展有机结合起来，确保改革平稳有序进行。

本意见适用于普通高等学校，其他高等学校可参照执行。

附件：高等学校教师职称评价基本标准

2020 年 12 月 31 日

附件

高等学校教师职称评价基本标准

一、遵守国家宪法和法律，贯彻党的教育方针，自觉践行社会主义核心价值观，具有良好的思想政治素质和师德师风修养，以德立身，以德立学，以德施教，爱岗敬业，为人师表，教书育人。坚持教书与育人相统一、言传与身教相统一、潜心问道与关注社会相统一、学术自由与学术规范相统一。

二、具备教师岗位相应的专业知识和教育教学能力，承担教育教学任务并达到考核要求，按要求履行教师岗位职责和义务。

三、身心健康，心理素质良好，能全面履行岗位职责。

四、高等学校教师任现职以来，申报各层级职称，除满足上述基本条件外，还应分别具备以下条件：

（一）助教

1. 掌握基本的教学理念和教学方法，教学态度端正。协助讲授课程部分内容。将思想政治教育融入教学，在学生培养工作中做出积极贡献。

2. 具有一定的本专业知识。

3. 具备硕士学位；或具备大学本科学历或学士学位，见习 1 年期满且考核合格。

（二）讲师

1. 掌握基本的教学理念和教学方法，教学基本功扎实，教学态度端正，教学效果良好。承担课程部分或全部内容的讲授工作。将思想政治教育较好融入教学，在学生培养工作中做出积极贡献。

2. 具有扎实的本专业知识，具有发表、出版的学术论文、著作或教科书等代表性成果。

3. 具备博士学位；或具备硕士学位，并担任助教职务满2年；或具备大学本科学历或学士学位，并担任助教职务满4年。

（三）副教授

教学科研型

1. 治学严谨，遵循教育教学规律，教学经验较丰富，教学效果优良，形成有一定影响的教育理念和教学风格，在教学改革、课程建设等方面取得较突出的成绩。承担过公共课、基础课或专业课的讲授工作，教学水平高。将思想政治教育较好融入教学过程，在学生培养工作中做出较大贡献。

2. 具有本专业系统、扎实的理论基础和渊博的专业知识，具有较高水平的研究成果和学术造诣。具有发表、出版的有较大影响的学术论文、教学研究成果、著作或教科书等代表性成果，受到学术界的好评。参与过重要教学研究或科研项目，或获得代表本领域较高水平的奖项，或从事科技开发、转化工作以及相关领域的创造、创作，取得较为显著经济效益和社会效益。

3. 具备大学本科及以上学历或学士及以上学位，且担任讲师职务满5年；或具备博士学位，且担任讲师职务满2年。

教学为主型

1. 治学严谨，遵循教育教学规律，教学经验较丰富，教学效果优良，形成有较大影响的教育理念和教学风格，在教学改革、课程建设等方面取得突出成绩。承担过公共课、基础课或专业课的系统讲授工作，教学水平高。将思想政治教育较好融入教学，在学生培养工作中做出较大贡献。

2. 具有本专业系统、扎实的理论基础和渊博的专业知识，具有较高水平的研究成果和学术造诣，积极参与教学改革与创新。具有发表、出版的有较大影响的教学研究或者教改论文，著作或教科书等代表性成果，受到学术界的好评。参与过具有较大影响的教育教学改革项目，或获得教学类重要奖项。

3. 具备大学本科及以上学历或学士及以上学位，且担任讲师职务满5年；或具备博士学位，且担任讲师职务满2年。

（四）教授

教学科研型

1. 治学严谨，遵循教育教学规律，教学经验丰富，教学效果优良，形成有较大影响的教育理念和教学风格，在教学改革、课程建设等方面取得突出成果。承担过公共课、基础课或专业课的系统讲授工作，教学水平高超。将思想政治教育有效融入教学，在学生培养工作中做出突出贡献。

2. 具有本专业系统、扎实的理论基础和渊博的专业知识，具有突出水平的研究成果和学术造诣。具有发表、出版的有重要影响的学术论文、教学研究成果、著作或教科书等代表性成果，受到学术界的高度评价。主持过重要教学研究或科研项目，或作为主要参与者获得代表本领域先进水平的奖项，或从事科技开发、转化工作以及相关领域的创造、创作，取得重大经济效益和社会效益。

3. 具备大学本科及以上学历或学士及以上学位，且担任副教授职务满5年。

教学为主型

1. 治学严谨，遵循教育教学规律，教学经验丰富，教学效果优秀，形成很好影响的教育理念和教学风格。在教学改革、课程建设等方面取得创造性成果，发挥示范引领作用。承担过公共课、基础课或专业课的系统讲授工作，教学水平高超。将思想政治教育有效融入教学，在学生培养工作中做出突出贡献。

2. 具有本专业系统、扎实的理论基础和渊博的专业知识，具有突出水平的研究成果和学术造诣，积极推进教学改革与创新。具有发表、出版的有重要影响的教学研究或者教改论文，著作或教科书等代表性成果，受到学术界的高度评价。主持过具有重要影响的教育教学改革项目，或作为主要参与者获得教学类重要奖项。

3. 具备大学本科及以上学历或学士及以上学位，且担任副教授职务满5年。

人力资源社会保障部关于发布《社会保险网上经办服务指南》等2项行业标准的通知

人社部函〔2020〕1号

各省、自治区、直辖市及新疆生产建设兵团人力资源社会保障厅（局），部属相关单位：

《社会保险网上经办服务指南》、《社会保险经办人员基本行为规范》2项推荐性行业标准已经我部审核批准，标准编号分别是：LD/T 01-2020、LD/T 02-2020，现予以发布，自2020年2月1日起实施。标准全文登载在人力资源社会保障部门户网站“政务公开—规划财务—标准”栏目下。

2020年1月1日

人力资源社会保障部　财政部　国家卫生健康委关于因履行工作职责感染新型冠状病毒肺炎的医护及相关工作人员有关保障问题的通知

人社部函〔2020〕11号

各省、自治区、直辖市及新疆生产建设兵团人力资源社会保障厅（局）、财政厅（局）、卫生健康委：

为做好新型冠状病毒肺炎疫情防治工作，保障防治人员的权益，现就在此次新型冠状病毒肺炎预防和救治工作中，因履行工作职责而感染新型冠状病毒肺炎的医护及相关工作人员的有关保障问题通知如下：

在新型冠状病毒肺炎预防和救治工作中，医护及相关工作人员因履行工作职责，感染新型冠状病毒肺炎或因感染新型冠状病毒肺炎死亡的，应认定为工伤，依法享受工伤保险待遇。

已参加工伤保险的上述工作人员发生的相关费用，由工伤保险基金和单位按工伤保险有关规定支付；未参加工伤保险的，由用人单位按照法定标准支付，财政补助单位因此发生的费用，由同级财政予以补助。

各级人力资源社会保障、财政、卫生健康行政部门要密切配合，搞好服务，及时共同做好上述人员的工伤认定和待遇支付工作。

2020年1月23日

人力资源社会保障部关于延期开展2020年企业年金基金管理机构资格延续工作的通告

人社部函〔2020〕25号

根据《国务院对确需保留行政审批项目设定行政许可的决定》(国务院令第412号)、《企业年金基金管理办法》(人力资源社会保障部令第11号)、《企业年金基金管理机构资格认定暂行办法》(劳动和社会保障部令第24号)等相关规定，23家机构的30个企业年金基金管理机构资格将于今年7月到期，需进行资格延续评审。按照国务院关于完善行政许可工作的系列要求和我部党组关于贯彻落实党中央、国务院打赢新冠肺炎疫情防控阻击战总体决策部署的工作安排，为进一步完善企业年金基金管理机构资格延续评审工作，现就有关问题通告如下：

一、延期开展2020年企业年金基金管理机构资格延续评审工作，以下企业年金基金管理机构资格自动延期一年至2021年7月。

延续4家企业年金基金法人受托机构资格：华宝信托有限责任公司、中信信托有限责任公司、平安养老保险股份有限公司、太平养老保险股份有限公司。

延续6家企业年金基金账户管理人资格：中国工商银行股份有限公司、交通银行股份有限公司、上海浦东发展银行股份有限公司、招商银行股份有限公司、中国光大银行股份有限公司、华宝信托有限责任公司。

延续6家企业年金基金托管人资格：中国工商银行股份有限公司、中国建设银行股份有限公司、中国银行股份有限公司、交通银行股份有限公司、招商银行股份有限公司、中国光大银行股份有限公司。

延续14家企业年金基金投资管理人资格：海富通基金管理有限公司、华夏基金管理有限公司、南方基金管理股份有限公司、易方达基金管理有限公司、嘉实基金管理有限公司、招商基金管理有限公司、富国基金管理有限公司、博时基金管理有限公司、银华基金管理股份有限公司、中国国际金融股份有限公司、中信证券股份有限公司、华泰资产管理有限公司、平安养老保险股份有限公司、太平养老保险股份有限公司。

二、我部将根据企业（职业）年金市场发展情况，不断完善企业年金基金管理机构资格管理工作，健全企业年金基金管理机构资格“有进有出”机制。

三、从2021年7月起，我部将每三年组织开展一次全行业的企业年金基金管理机构资格延续评审工作，职业年金有关数据指标将被纳入考核评价体系。请各企业年金基金管理机构做好资格延续申请准备，具体要求将在我部官网（www. mohrss. gov. cn）上另行通告。

2020年3月30日

人力资源社会保障部关于公布《全国技工院校专业目录（2018年修订）》2020年度增补专业的通知

人社部函〔2020〕32号

各省、自治区、直辖市及新疆生产建设兵团人力资源社会保障厅（局）：

为贯彻落实《国家职业教育改革实施方案》和《技工教育“十三五”规划》，加强技工院校专业建设，我部组织开展了《全国技工院校专业目录（2018年修订）》（以下简称《目录》）增补工作，研究确定新增31个专业，新增列举11个专业方向，现予公布。

各地要指导技工院校结合实际积极开设增补专业，规范专业设置，做好招生和教学工作。增补后的《目录》电子版将在技工教育网（http://jg.class.com.cn）公布。在实施过程中有任何问题和建议，请及时报告我部。

附件：1.《全国技工院校专业目录（2018年修订）》2020年度增补专业汇总表

2.《全国技工院校专业目录（2018年修订）》2020年度增补专业方向汇总表

2020年4月27日

附件1

《全国技工院校专业目录（2018年修订）》2020年度增补专业汇总表

序号	专业编码	专业名称	培养层次	专业大类
1	0135	工业机械自动化装调	高级 预备技师	01机械类

续表

序号	专业编码	专业名称	培养层次	专业大类
2	0136	数字化设计与制造	高级 预备技师	01 机械类
3	0137	智能制造技术应用	高级 预备技师	01 机械类
4	0219	服务机器人应用与维护	高级 预备技师	02 电工电子类
5	0315	云计算技术应用	高级 预备技师	03 信息类
6	0316	工业互联网技术应用	高级 预备技师	03 信息类
7	0317	虚拟现实技术应用	高级 预备技师	03 信息类
8	0318	人工智能技术应用	高级 预备技师	03 信息类
9	0319	数字媒体技术应用	高级 预备技师	03 信息类
10	0440	工程安全评价与管理	中级 高级	04 交通类
11	0441	航空物流	中级 高级	04 交通关
12	0442	交通运输安全检查	中级 高级	04 交通类
13	0443	道路智能交通技术应用	中级 高级	04 交通类
14	0444	智能网联汽车技术应用	中级 高级	04 交通类
15	0529	健康与社会照护	中级 高级	05 服务类
16	0530	电子竞技运动服务与管理	中级 高级	05 服务类
17	0531	快递安全管理	中级 高级	05 服务类
18	0532	婚庆服务	中级 高级	05 服务类
19	0533	健身指导与管理	中级 高级	05 服务类
20	0534	烹调工艺与营养	中级 高级	05 服务类

续表

序号	专业编码	专业名称	培养层次	专业大类
21	0613	财务管理	中级 高级	06 财经商贸类
22	0728	农业经营与管理	中级 高级	07 农业类
23	0824	储能材料制备	中级 高级	08 能源类
24	0825	核电设备安装与检修	中级 高级	08 能源类
25	0826	氢能制备与应用	中级 高级	08 能源类
26	0911	化工安全管理	中级 高级	09 化工类
27	1119	古建筑修缮与仿建	中级 高级	11 建筑类
28	1309	医疗器械制造与维修	中级 高级	13 医药类
29	1310	药品服务与管理	中级 高级	13 医药类
30	1421	运动训练	中级 高级	14 文化艺术类
31	1422	乐器制造与维修	中级 高级	14 文化艺术类

附件 2

《全国技工院校专业目录（2018 年修订）》
2020 年度增补专业方向汇总表

序号	专业方向	对应专业	专业编码	专业大类
1	盾构机使用与维护	铁路施工与养护	0427	04 交通类
2	生态旅游服务与管理	旅游服务与管理	0520	05 服务类
3	中医康复保健	康复保健	0528	05 服务类

续表

序号	专业方向	对应专业	专业编码	专业大类
4	跨境电子商务	电子商务	0603	06 财经商贸类
5	国际关务	国际贸易	0607	06 财经商贸类
6	国际货运代理	国际贸易	0607	06 财经商贸类
7	商务数据分析与应用	网络营销	0610	06 财经商贸类
8	煤矿智能化开采	煤矿技术（综合机械化采煤）	0803	08 能源类
9	煤矿智能化掘进	煤矿技术（综合机械化掘进）	0804	08 能源类
10	装配式建筑施工	建筑施工	1102	11 建筑类
11	环保设施运营与管理	环境保护与检测	1502	15 其他

人力资源社会保障部关于印发农民工稳就业职业技能培训计划的通知

人社部函〔2020〕48号

各省、自治区、直辖市及新疆生产建设兵团人力资源社会保障厅（局）：

为贯彻落实党中央、国务院决策部署，扎实做好“六稳”工作，全面落实“六保”任务，确保决战决胜脱贫攻坚，大力提升广大农民工职业技能和就业创业能力，特实施农民工稳就业职业技能培训计划。现将《农民工稳就业职业技能培训计划》印发给你们，请结合本地工作实际，认真贯彻执行。

2020年5月28日

农民工稳就业职业技能培训计划

一、工作目标

深入实施职业技能提升行动，将职业技能培训作为促进农村转移劳动力就业、稳定农民工工作岗位、支持农民工返乡创业、助力贫困劳动力增收脱贫的重要抓手，面向广大农民工群体，开展大规模、广覆盖和多形式的职业技能培训。2020年至2021年，每年培训农民工700万人次以上，促进农民工职业技能提升，推动农民工稳岗就业和返乡创业，改善农民工就业结构，将农民工培育成为重要的人力资源。

二、对象范围

在岗农民工、城镇待岗和失业农民工、农村新转移劳动力、返乡农民工、贫困劳动力等。

三、实施和参与主体

各地人力资源社会保障部门具体组织实施，各地、各有关部门、行业、企业和社会团体积极参与，形成工作合力。

四、工作内容

（一）以企业为主，组织开展在岗和待岗农民工以工代训，实现以训稳岗。支持企业吸纳农民工就业，面向新吸纳农民工开展以工代训。对中小微企业吸纳就业困难人员、零就业家庭成员、登记失业人员中的农民工就业，并开展以工代训的，根据吸纳人数给予企业职业培训补贴。支持困难企业开展以工代训。对受疫情影响出现生产经营暂时困难导致停工停业的中小微企业，组织待岗农民工开展以工代训、以训稳岗的，根据组织以工代训人数给予企业职业培训补贴。受疫情影响较大的外贸、住宿、餐饮、文化、旅游、交通、运输、批发零售等行业可将以工代训补贴范围扩展到各类企业。以上以工代训职业培训补贴政策受理期限截止到2020年12月31日。

企业、农民专业合作社和扶贫车间等各类生产经营主体吸纳贫困劳动力就业并开展以工代训，以及参保企业吸纳就业困难人员、零就业家庭成员中的农民工就业并开展以工代训的，给予一定期限的职业培训补贴，最长不超过6个月。政策执行期限按职业技能提升行动政策执行。

（二）以输入地为主，组织转岗和失业农民工开展定向定岗培训，提升农民工就业能力。输入地可结合当地产业发展和企业用工需求以及农民工就业意愿，组织开展有针对性的定向、定岗培训和专项技能培训，提升转岗和失业农民工技能，支撑当地产业发展。要注重围绕市场急需紧缺职业，大力开展建筑、机械、维修、家政、养老、餐饮、保安、物流等适合农民工就业的技能培训和快递员、网约配送员、直播销售员、汽车代驾员等新职业新业态培训。

（三）以输出地为主，组织返乡农民工开展就业创业培训，促进农民工就近就业创业。结合县域经济发展和公益岗位需求，重点围绕县域内生产制造业、建筑业、服务业、乡土产业、休闲旅游业、餐饮业等开展技能培训，提高返乡农民工职业转换和再就业能力，促进返乡农民工再就业。根据区域经济和人文特点，结合新经济、新业态，大力开展农民工返乡创业培训，鼓励准备创业和创业初期的农民工参加创办企业、创业实训、经营管理等课程培训，提升项目选择、市场评估、资金预测、创业计划等能力，推动返乡农民工创业。对新生代返乡创业农民工，积极开展大数据、人工智能、电子商务等新技术新领域创业培训，促进提高创业质量和层次。加大返乡农民工就业创业政策扶持，健全创业培训与创业服务相结合的工作体系，不断提高返乡农民工创业成功率。

五、组织实施

（一）加强组织领导，广泛动员农民工参加培训。各地要把农民工促就业、扩就业和稳就业摆在更加突出位置，高度重视农民工职业技能培训工作。督促指导行业、企业和各级人力资源社会保障部门做好各类培训组织工作，广泛动员广大农民工参加各类技能培训。鼓励人力资源服务企业、劳务派遣公司以及劳务中介机构组织新招用农民工、待岗农民工、失业农民工和返乡农民工等群体，开展就业技能培训、岗位技能提升培训和创业培训，并给予培训补贴。

（二）加大培训供给，提高培训质量。各级人社部门要对接人力资源市场、企业和农民工需求，及时发布培训项目目录、培训机构目录、培训种类方式以及就业信息等，方便农民工培训和就业。针对农民工特点，支持技工院校、职业院校、职业培训机构、企业培训中心等开展定向、定岗、订单培训，提升培训质量。利用互联网、手机客户端等平台载体，积极开展线上职业技能培训。

（三）落实相关补贴政策，加大支持力度。落实农民工免费培训政策、参加培训的贫困劳动力生活费补贴政策和企业以工代训政策。对同一职业（工种）同一技能等级通过初次职业技能鉴定并取得职业资格证书、职业技能等级证书、专项职业能力证书、特种作业操作证书、特种设备作业人员证书的参训人员，给予技能鉴定补贴。各地要认真落实中央要求，提高培训补贴标准。农民工培训补贴资金从职业技能提升行动专账资金中列支，农民工培训数量纳入职业技能提升行动月对账统计范围。

人力资源社会保障部　教育部　财政部　商务部　国务院国资委　共青团中央　全国工商联关于进一步加强就业见习工作的通知

人社部函〔2020〕66号

各省、自治区、直辖市及新疆生产建设兵团人力资源社会保障厅（局）、教育厅（委、局）、财政厅（局）、商务厅（局）、国资委、团委、工商联：

就业见习是帮助青年人积累实践经验、增强就业能力的重要手段。为贯彻落实《国务院办公厅关于应对新冠肺炎疫情影响强化稳就业举措的实施意见》（国办发〔2020〕6号），扩大见习规模，提高见习质量，把有需求的青年都组织到见习活动中，现就有关工作通知如下：

一、把握见习政策要求。就业见习是组织青年进行岗位实践锻炼的就业准备活动。见习对象为离校2年内未就业高校毕业生、16~24岁失业青年，见习时间为3至12个月，其间由见习单位给予基本生活费，办理人身意外伤害保险。对吸纳见习的单位，按规定给予就业见习补贴，因疫情见习中断的，相应延长补贴期限。各地要准确把握政策内涵，制定见习政策清单，精简申请材料，优化兑现流程，确保今明两年见习规模持续扩大，最大程度发挥就业见习稳定就业、促进就业作用。

二、加强见习单位管理。根据本地产业发展、行业特色和青年意愿，积极确定一批就业见习单位，稳定持续提供见习岗位。鼓励依托国家级经济技术开发区和各级开发区、产业园、科技园等，发挥产业资源集聚优势，拓展见习单位。做好见习单位动态管理，定期跟进见习开展情况，对超过一年未提供见习岗位、未开展见习活动的及时清退。加强就业见习示范单位建设，选树一批岗位质量高、吸纳人员多、见习成效好的典型，发挥引领带动作用。

三、扩大岗位募集规模。做足岗位储备，按照多元募集、量质并重的原则，大力募集一批就业见习岗位，做到今明两年见习岗位总量不低于上年。丰富岗位来源，通过民营企业募集一批、国有企业征集一批、事业单位提供一批、社会组织收集一批、政府投资项目挖掘一批、科研项目开发一批，满足青年多元见习需求。增强岗位吸引力，通过政策激励和主动挖掘，募集一批互联网、金融、教育医疗、公共管理等现代服务业，以及5G、半导体、新能源等高端制造业企业见习岗位。提升岗位质量，更多募集管理、技术、科研类岗位，更好发挥高校毕业生等青年所学所长。

四、摸清见习对象情况。开通线上线下见习报名渠道，简化报名手续，及时登记有意参加见习人员信息。在每年7月份高校毕业生离校时，同步启动信息衔接和登记摸排，掌握有见习需求的未就业毕业生信息，及早锁定见习对象。全面打开失业登记渠道，对辖区内失业人员逐一摸底，把符合条件的失业青年纳入见习范围。健全见习对象信息库，记载个人基本信息、学历层次、技能水平、求职意愿等情况，方便后续提供针对性见习服务。

五、促进见习供需对接。制定见习单位目录和岗位清单，通过部门网站、各类媒体、公共就业人才服务平台等渠道，及时向社会公布。开展见习岗位进校园、进社区、进市场，集中举办见习专场招募、双向选择洽谈等活动，并在各类招聘会中同步推出见习岗位，多方搭建见习对接平台。有条件的地方可依托就业服务信息化平台，设立网上见习专区，提供见习信息发布、见习单位申报、见习报名对接等一体化服务。见习岗位不得通过考试竞争选拔等方式设置门槛，确保有需要的都能得到见习机会。

六、完善见习管理制度。规范见习组织实施，把握正常用工和就业见习之间关系。指导见习单位建立带教制度，委派实践经验丰富、业务素质好、责任心强的技术或管理人员作为带教老师，帮助见习人员熟悉岗位内容、提升工作能力。做好见习工作评估，定期检查地方见习组织实施、岗位募集、制度执行、政策落实和见习实效等情况，健全就业见习长效机制。

七、保障见习人员待遇。做好见习人员全程服务，指导签订见习协议，帮助维护合法权益，努力提高见习质量。鼓励见习单位留用见习期满人员。对见习后未留用人员做好后续就业帮扶，持续提供岗位信息、职业指导等服务，促进尽快实现就业。指导见习单位适当提高见习人员基本生活费，力争不低于当地最低工资。鼓励有条件的地方或用人单位，为见习人员购买附加险种，提高见习保障水平。

八、加大见习宣传推广。强化政策普及，充分利用电视、微博微信、短视频等宣传载体，广泛宣传见习制度和参与渠道，扩大社会知晓度和影响力。实施定向宣传，在青年聚集的高校、社区开展政策宣讲，在见习对象经办业务时同步宣传政策内容，确保有需求的应知尽知。加大典型示范，大力宣传一批青年通过见习提升能力、成功就业的故事，宣传见习单位履行社会责任的良好形象，引导更多青年和用人单位主动参与见习活动。

九、加强工作组织领导。各地要将就业见习作为促进青年就业的重要举措，纳入稳就业工作整体安排，加强部门协同，加大督促指导，合力推进实施，确保完成见习规模扩大任务。人力资源社会保障部门要加强工作统筹协调，做好见习单位认定、岗位募集和管理服务工作，指导推动事业单位提供见习岗位。教育部门要加强校内见习政策宣传，向有需求的毕业生推荐见习信息。财政部门要统筹就业补助资金等相关渠道，保障见习政策落实。商务部门要指导经济技术开发区集中推荐一批优质见习单位。国有资产监督管理部门要指导国有企业设立见习岗位。共青团要发挥组织优势，动员失业青年参加见习，推荐一批企业为见习单位。工商联要推荐一批经营稳定、信誉良好的民营企业作为见习单位。

各地人力资源社会保障部门每月汇总各方情况后，填报《青年就业见习工作情况汇总表》（见附件），于下月前5个工作日内报人力资源社会保障部全国人才流动中心，并于每年年底报送当年见习工作实施情况报告。

附件：青年就业见习工作情况汇总表（略）

2020年7月8日

人力资源社会保障部　教育部
国务院扶贫办关于进一步加强贫困
家庭高校毕业生就业帮扶工作的通知

人社部函〔2020〕75号

各省、自治区、直辖市及新疆生产建设兵团人力资源社会保障厅（局）、教育厅（教委、教育局）、扶贫办（局）：

今年是决战决胜脱贫攻坚和全面建成小康社会的收官之年，促进贫困家庭高校毕业生尽早就业，是稳就业保民生的重要内容。受新冠肺炎疫情影响，一些贫困家庭高校毕业生求职面临更多困难。为进一步加强对贫困家庭高校毕业生的就业帮扶工作，现就有关事项通知如下。

一、明确目标任务。各地要将贫困家庭高校毕业生及时纳入就业帮扶，坚持重点关注、重点推荐、重点服务，建立健全覆盖就业创业全过程的帮扶机制，统筹调动资源，突出精准施策，加强关爱指导，使建档立卡贫困家庭、零就业家庭毕业生全面就业到位，使有需求的其他贫困家庭毕业生全面帮扶到位，有就业意愿的都能实现就业或组织到就业准备活动中。

二、摸清就业需求。各地要不断完善求职创业补贴政策数据库，将受疫情影响而导致家庭经济困难的高校毕业生及时纳入政策范围。依托现有就业信息平台，建立贫困家庭毕业生就业帮扶机制，做实专门台账，实施动态管理，做到人员底数清、就业需求清、帮扶举措清、求职进展清。教育部门和高校要摸清每名贫困家庭毕业生服务需求，实施“一生一策”针对性帮扶。对离校未就业贫困家庭毕业生，教育部门与人力资源社会保障部门要在实名信息交接中，同步交接其帮扶台账，记录就业意向、求职区域、存在困难等情况，做到就业服务不断线。

三、加强招聘服务。各地各高校要在“百日冲刺”行动中对贫困家庭毕业生实施专项服务，组织其参加24365校园招聘等专项活动，积极帮助他们解决网上求职遇到的困难和问题。严格遵守疫情防控要求，有序恢复线下招聘，举办针对贫困家庭毕业生的小型供需对接活动。完善信息精准推送机制，通过短信息、微信群等，向每名贫困家庭毕业生推送3~5个符合其需求的针对性岗位，并向用人单位重点推荐。对有异地求职意愿的贫困家庭毕业生，依托大中城市联合招聘，组织跨地区服务协作和岗位共享，为其求职提供便利。加强人力资源市场监管，依法查处虚假招聘、违规收费、求职贷等侵害毕业生就业权益的行为。

四、提升就业能力。各地要为每名贫困家庭毕业生确定一名职业指导师，讲解就业形势政策、职业规划、求职技巧等，加强心理疏导和人文关怀。各类就业创业服务项目要向贫困家庭毕业生倾斜，对有培训需求的全部纳入培训计划，支持参加“互联网+”培训、专项能力培训、以工代训，按规定给予职业培训补贴、生活费补贴，使之至少掌握一种专项技能；对有创业意愿的全面纳入创业培训，指定创业导师全程跟踪指导，落实创业担保贷款、免费场地等支持政策，提升创业能力和创业成功率；对有见习需求的全员纳入见习安排，提供能够发挥其专长的见习岗位，增强就业竞争力，并优先推荐见习单位留用。

五、突出重点帮扶。各地要将建档立卡贫困家庭毕业生、52 个未摘帽贫困县毕业生作为就业援助重点，实施结对帮扶、包干到人，优先提供岗位、优先推荐录用。对建档立卡贫困家庭学生实施“普通高校专升本专项计划”，单独进行录取。国有企业招聘、科研助理岗位吸纳、“三支一扶”“特岗教师”等基层服务项目招募，要在同等条件下优先录用建档立卡贫困家庭毕业生，事业单位可拿出一定数量的岗位招聘建档立卡贫困家庭毕业生。对符合条件的贫困家庭毕业生，可运用公益性岗位进行临时性安置。将离校未就业贫困家庭毕业生全部纳入实名制服务，列出就业需求清单、帮扶清单，量身定制求职计划，实施“一对一”帮扶。充分发挥东西部扶贫协作、对口支援机制作用，受援地要将贫困家庭毕业生信息提供给支援地，支援地要将其纳入就业政策扶持范围，项目建设、企业吸纳等岗位要优先录用。

六、加强组织领导。各地要坚持以人民为中心的发展思想，把做好贫困家庭高校毕业生就业帮扶工作作为重要政治任务，纳入就业工作目标责任体系和高校重点督促考核内容，加强领导，精心实施，层层压实工作责任。要结合实际细化工作措施，建立教育、人力资源社会保障和扶贫部门数据共享、工作协同、情况互通机制，强化学籍地、求职地、户籍地政策服务对接，做到摸排到位、帮扶到位、保障到位。加快就业创业政策落地实施，亮出政策清单，简化经办手续，推进网上办理，确保对贫困家庭高校毕业生就业补贴政策及时兑现。加强舆论宣传引导，选树一批贫困家庭毕业生自强不息、干事创业的优秀典型，营造全社会关心关爱贫困家庭毕业生就业的良好氛围。

2020 年 7 月 15 日

人力资源社会保障部关于实施职业技能提升行动创业培训“马兰花计划”的通知

人社部函〔2020〕109号

各省、自治区、直辖市及新疆生产建设兵团人力资源社会保障厅（局）：

为深入贯彻落实《国务院办公厅关于印发职业技能提升行动方案（2019—2021年）的通知》（国办发〔2019〕24号）等文件精神，提升劳动者就业创业能力，促进劳动者成功创业、稳定和扩大就业，决定面向有创业意愿和培训需求的城乡各类劳动者实施创业培训“马兰花计划”（以下简称“马兰花计划”）。现就有关工作通知如下：

一、指导思想

以习近平新时代中国特色社会主义思想为指导，深入贯彻“六稳”“六保”，认真落实职业技能提升行动部署要求，扎实推进脱贫攻坚的战略措施，按照政府激励引导、社会广泛参与、劳动者自主选择的原则，面向劳动者开展创业培训，提升劳动者就业创业能力，为加快推动大众创业、万众创新，促进就业倍增效应提供有力支撑。

二、工作目标

实施“马兰花计划”，健全并完善政府引导、社会参与、创业者自主选择的创业培训工作机制。创业培训机构突破5 000家，并结合高技能人才培训基地建设，发展一批更高水平、更具影响力的创业培训示范基地。培育一支覆盖各类培训课程的创业培训师资队伍，力争年培训量不低于8 000人，参照技能大师工作室做法，支持优秀创业培训师资等成立创业指导工作室。扩大创业培训规模，提升创业培训质量，2021年培训量不低于200万人次，力争年培训量逐年有所提高。

三、工作措施

（一）明确创业培训内容。针对不同的创业阶段有针对性地开展创业培训。准备创业和创业初期的人员可参加创业意识、创办企业、网络创业、创业（模拟）实训等培训课程，提升项目选择、市场评估、资金预测、创业计划等能力；已经成功创业的人员可参加改善企业和扩大企业的培训课程，健全管理体系，制定发展战略，抵御外部风险，稳定企业经营，扩大就业岗位。

（二）扩大创业培训群体范围。创业培训要面向有创业意愿和培训需求的城乡各类劳动者。重点对贫困家庭子女、贫困劳动力、城乡未继续升学初高中毕业生（以下简称“两后生”）、各类职业院校（含技工院校，下同）学生、高校学生、离校2年内未就业高校毕业生、农村转移就业劳动者、返乡入乡创业人员、乡村创业致富带头人、下岗失业人员、转岗职工、小微企业主、个体工商户、就业困难人员（含残疾人）、退役军人、即将刑满释放人员等开展创业培训。

（三）促进技能与创业创新结合。推动职业院校创业创新培训，将创业创新课程纳入教学计划，使有创业意愿和培训需求的学生都有机会参加创业创新培训。依托技能大师工作室等开展多种形式的创业创新活动，将学生在校期间开展的“试创业”实践活动纳入政策支持范围。依托各地创业培训师资培训计划，加速职业院校创业培训师资培养。

（四）完善创业培训资源建设。依托《创业培训标准（试行）》，开发适用于不同创业群体、不同创业阶段的创业培训课程和教材，构建创业培训课程库和案例库。完善灵活多样的培训模式，积极采取小班互动式教学，辅以创业实训、观摩游学、创业指导等。探索“互联网+创业培训”，有条件的地区可按照有关要求规范试点翻转课堂等线上学习与线下培训相融合的培训模式。加强网络创业培训技术平台的课程设置、教学管理和后续服务等功能建设。

（五）促进创业培训机构发展。加强创业培训机构规范管理，指导创业培训机构严格按照《创业培训标准（试行）》开展创业培训，强化培训效果评估和培训后续服务。广泛发动更多优势资源参与创业培训，支持符合条件的职业培训机构、就业创业培训（实训）中心、各类职业院校、高校、创业孵化基地、众创空间等实体开展创业培训。鼓励培训机构将培训服务“送上门”，为各类职业院校、高校、企业等机构组织提供培训课程、师资等创业培训优质资源。

（六）加强创业培训师资队伍建设。各地要进一步加强创业培训师资管理，完善进出、考评和激励机制。建立创业培训师资库，实现创业培训师资动态管理。制定长期师资培养计划，定期组织各类创业培训师资培训，并通过提高培训、研讨交流、教学观摩、讲师大赛等活动，提升创业培训师资培训指导能力。鼓励有条件的地区根据创业培训师资培训需求，探索创新市场化师资培训模式。持续组织“马兰花全国创业培训讲师大赛”，以赛促培训，以赛促交流，以赛促提高。

（七）完善创业培训质量监控体系。依托《创业培训标准（试行）》，完善创业培训质量监控和效果评估体系。利用大数据、区块链等技术，完善创业培训管理工作，加强创业培训信息化平台建设，做好创业培训日常管理、过程监督、培训考核、证书管理、效果评估、资金管理等一体化管理服务，实现培训机构全覆盖、培训人员全实名、培训资金全记录、培训过程可追溯、培训质量可监控。

（八）强化创业培训后续服务。加强创业培训与创业服务的有效衔接和统筹推进。依托人力资源社会保障部门公共创业服务机构，为参加培训的创业者提供开业指导、创业担保贷款、创业孵化、创业见习、企业咨询等服务，推动开展线上创业服务。吸纳创业培训师资、创业指导师、企业家、投资人等建立创业导师库，有条件的地区可结合本地实际，探索支持优秀创业导师成立工作室。

（九）推动创业培训助力脱贫致富。各地要加强对贫困地区、农村地区、边远地区的创业培训指导。结合乡村创业特点和培训需求，开发创业培训指导课程。加强贫困地区创业培训师资队伍和创业导师队伍建设。挖掘宣传返乡入乡人员、乡村创业致富带头人和扶贫创业培训师资的典型事迹。

四、工作要求

（十）加强实施管理。“马兰花计划”是职业技能提升行动的重要内容，各地要高度重视，建立工作机制，确保高质量完成任务。结合职业技能提升行动整体要求，强化督导管理，结合实际制定实施方案，明确目标，落实责任。对创业培训项目和创业培训机构实行目录清单管理，及时公布创业培训课程和创业培训机构目录。加强部门协作，协调解决“马兰花计划”中遇到的实际困难和问题。

（十一）落实资金保障。创业培训所需补贴从就业补助资金或职业技能提升行动专账资金中合理统筹安排。职业技能提升行动期间，优先使用职业技能提升行动专账资金。各地可结合实际提高培训补贴标准。有条件的地区可结合本地实际，对教学资源开发、线上创业培训、管理人员培训、管理平台开发等基础工作给予经费支持。各地要健全资金管理制度，明确监管主体，强化使用监管，保障使用安全，提高使用效益。

（十二）注重宣传引导。面向城乡各类劳动者加大创业培训政策宣传力度。结合职业技能提升行动，开展“马兰花计划”主题宣传活动。积极运用各种宣传媒介和平台，广泛宣传创业者、创业培训师资、创业培训机构、创业培训管理人员的典型事迹，发挥示范作用，交流工作经验，深入推动创业带动就业工作。

附件：马兰花创业培训项目介绍（略）

2020 年 11 月 4 日

人力资源社会保障部关于发布《公共就业和人才服务窗口服务人员行为规范》等2项行业标准的通知

人社部函〔2020〕114号

各省、自治区、直辖市及新疆生产建设兵团人力资源社会保障厅（局），部属各单位：

《公共就业和人才服务窗口服务人员行为规范》、《流动人员人事档案安全管理规范》2项推荐性行业标准已经我部审核批准，标准编号分别是：LD/T03-2020、LD/T04-2020，现予以发布，自2021年1月1日起实施。标准全文登载在人力资源社会保障部门户网站“政务公开—规划财务—标准”栏目下。

2020年11月16日

人力资源社会保障部办公厅关于进一步做好失业登记工作强化失业人员就业服务的通知

人社厅发〔2020〕3号

各省、自治区、直辖市及新疆生产建设兵团人力资源社会保障厅（局）：

失业登记是政府掌握劳动者就业失业状况的重要手段，是为失业人员提供就业服务，落实就业创业政策的基础工作。为贯彻党中央、国务院关于稳就业的决策部署，落实《国务院关于进一步做好稳就业工作的意见》（国发〔2019〕28号）要求，切实做好失业登记工作，强化失业人员就业服务，现就有关事项通知如下：

一、明确失业登记对象

劳动年龄内、有劳动能力、有就业要求、处于无业状态的城乡劳动者，可在户籍地或常住地办理失业登记。本通知所指劳动年龄为年满16周岁（含）至依法享受基本养老保险待遇。在内地（大陆）就业后失业的香港特别行政区、澳门特别行政区居民中的中国公民和台湾地区居民（以下简称港澳台居民）可参照执行。

二、拓宽失业登记办理渠道

各地要采用线下渠道与线上渠道相结合的方式受理劳动者失业登记申请。线下渠道包括各级公共就业服务机构综合性服务场所和街道（乡镇）、社区（村）基层公共就业服务平台（以下统称公共就业服务机构），以及受县级以上人社部门委托承担残疾劳动者失业登记工作的残疾人就业服务机构。线上渠道包括各地对外办理失业登记服务的网站、手机客户端、微信等应用平台，以及我部依托全国人力资源社会保障政务服务平台（以下简称人社政务服务平台）开设的失业登记全国统一服务入口。尚未开通失业登记线上受理渠道的地区，要于2020年6月底前开通。

三、规范失业登记受理审核

劳动者持本人有效身份证件，填写《失业人员登记表》（表样见附件1），提供个人基本信息和失业原因，并由本人对填写信息真实性作出书面承诺。其中，内地（大陆）居民的有效身份证件指劳动者的居民身份证或社会保障卡；港澳台居民的有效身份证件指港澳台居民居住证或社会保障卡、港澳居民来往内地通行证。

各地可采取劳动者书面承诺的方式，在7个工作日内办结失业登记，以适当方式主动反馈办理结果。必要时可对劳动者个人身份信息、失业状态等进行审核。其中，个人身份信息可通过与社会保障卡持卡人员基础信息库比对核实；失业状况可通过与社会保险参保登记、劳动用工备案等系统比对核实。有条件的地区，可进一步通过公安、民政、工商等部门数据进行比对核实。无法通过上述途径核查的，可采取工作人员调查方式予以核实。

四、强化登记失业人员服务

各地要打通服务链条，优化服务流程，为登记失业人员提供一站式服务。要主动联系登记失业人员，在《失业人员登记表》记录信息基础上，为其提供分级分类服务，并全程记录提供服务、落实政策情况。具体服务包括（但不限于）下列事项：

（一）摸清登记失业人员基本信息，详细了解失业原因、技能水平、就业意愿，介绍后续就业服务、失业登记注销条件等信息。

（二）介绍政策法规咨询、职业介绍、职业指导等基本公共就业服务事项，提供政策清单、服务清单和公共就业服务机构清单。政策清单应包括政策名称、享受对象、政策内容、申请条件、受理机构等。服务清单应包括服务项目、服务对象、服务内容等。公共就业服务机构清单应包括机构名称、办公地址、联系电话、经办项目等。

（三）对有培训就业意愿的登记失业人员，推介就业创业政策和职业培训项目，开展求职技巧指导，精准匹配岗位信息并回访求职结果。

（四）对有创业意愿的登记失业人员，提供创业培训（实训）、开业指导、融资服务、政策落实等服务；对符合创业担保贷款条件的，协助办理贷款申请。

（五）对符合就业困难人员条件的登记失业人员，实施优先扶持和重点帮助，指定专人负责，制定个性化就业援助计划，明确服务项目和步骤，开展心理疏导，组织参加职业培训，跟踪解决就业过程中的困难和问题。对其中通过市场渠道难以实现就业创业且符合相关条件的，可通过公益性岗位予以优先安置。

（六）对符合就业创业扶持政策条件的，在主动介绍相关政策内容的基础上，同步受理政策申请。

（七）对符合失业保险金申领条件的，一并办理失业登记和失业保险金发放。对直接到社会保险经办机构办理失业保险金申领业务的失业人员，社会保险经办机构可一并办理失业登记和失业保险金申领业务。

五、加强定期联系和动态管理

各地要做好登记失业人员日常服务，实时录入服务情况及结果，帮助其尽快就业创业或参加到就业准备活动中。同时，鼓励登记失业人员主动报告求职经历和就业状态，及时更新相关信息。要建立定期联系制度，通过信息比对或工作人员实地走访、电话调查等方式，每月至少进行 1 次跟踪调查，了解劳动者就业失业情况。对提供虚假信息骗取失业保险待遇、就业创业扶持政策的，纳入人社信用体系。

各地要加强失业登记动态管理，对出现下列情形之一的劳动者，注销其失业登记，并以适当方式予以告知（移居境外、被判刑收监执行、死亡及无法取得联系的除外）：

（一）超出登记年龄：已依法享受基本养老保险待遇的。

（二）处于就业状态：被各类用人单位录用或招聘的；从事个体经营、创办企业或民办非企业的；已从事有稳定收入的劳动，并且月收入不低于当地最低生活保障标准的。

（三）终止就业要求：入学、应征服兵役、移居境外的；完全丧失劳动能力的；被判刑收监执行的；死亡的；无正当理由连续 3 次拒绝接受公共就业服务的；连续 6 个月无法取得联系的。

（四）各地确定的其他情形。

六、强化失业登记信息统计监测

各地要加强公共就业服务信息系统建设，健全失业登记服务管理功能，推进社会保障卡在就业领域的应用，为失业登记服务全程信息化提供支撑。要按照就业统计制度规定，将常住地为城镇的登记失业人员（包括农村进城务工人员和其他非本地户籍人员）纳入城镇登记失业人员统计范围，并加强信息系统数据与统计报表数据的一致性校验，逐步实现登记失业人员数据从信息系统中直接生成。要按照全国就业信息监测制度要求，按期报送全部失业登记信息，并对辖区内各地市数据上报情况和数据质量进行通报，加强和改进相关工作。

七、做好与失业登记全国统一服务入口的对接

各地要按照《全国人力资源社会保障政务服务平台失业登记服务对接方案》（附件3），做好本地公共就业服务信息系统与失业登记全国统一服务入口的对接，于2020年6月底前完成联调测试工作。自2020年7月1日起，失业登记全国统一服务入口将受理劳动者失业登记申请，并按照登记失业地将劳动者申请转交各地办理。各地要及时办理转办事项，并将审核结果信息（包括依托本地服务平台受理的失业登记）实时同步至人社政务服务平台，方便劳动者在线查询相关信息。各地要全面梳理本地区公共就业服务机构清单（附件4），在人社政务服务平台发布并进行动态管理，供劳动者查询失业登记办理情况，咨询相关政策服务。

八、加强组织保障

失业登记是做好稳就业工作的重要措施，关系到广大劳动者的切身利益。各地要高度重视，加强组织实施，明确责任单位和负责人，落实各项工作要求，不得以人户分离、户籍不在本地等为由不予受理。要着力加强信息化建设，建立人社部门内部业务协同机制，逐步打通与工商、公安、民政等部门之间的信息交流渠道，实现共享数据信息、互认证明材料。要加大对劳动者的政策服务宣传力度，公开线下服务机构和线上服务途径以及失业登记流程等信息，做好与12333等咨询服务渠道的衔接，让符合条件的劳动者及时得到政府政策服务帮扶。我部将适时通报各地与人社政务服务平台对接滞后、服务响应逾期、反馈数据不准及更新不及时等情况，并将失业登记服务情况纳入就业工作考核，与资金分配挂钩，并作为评优评先的依据。

请各省（区、市）于2020年2月10日前将责任单位和联系方式及本地公共就业信息系统部署层级、公共就业服务机构信息清单报我部就业促进司。已开通线上失业登记服务的地方，将服务网址、系统名称、办理流程等信息一并报送。各地的好做法、好经验，要及时总结推广，对出现的新情况、新问题，请及时报告部就业促进司。

附件：1. 失业人员登记表（略）
2. 失业登记工作流程图
3. 全国人力资源社会保障政务服务平台失业登记服务对接方案
4. 公共就业服务机构清单（略）

2020年1月13日

附件 2

失业登记工作流程图

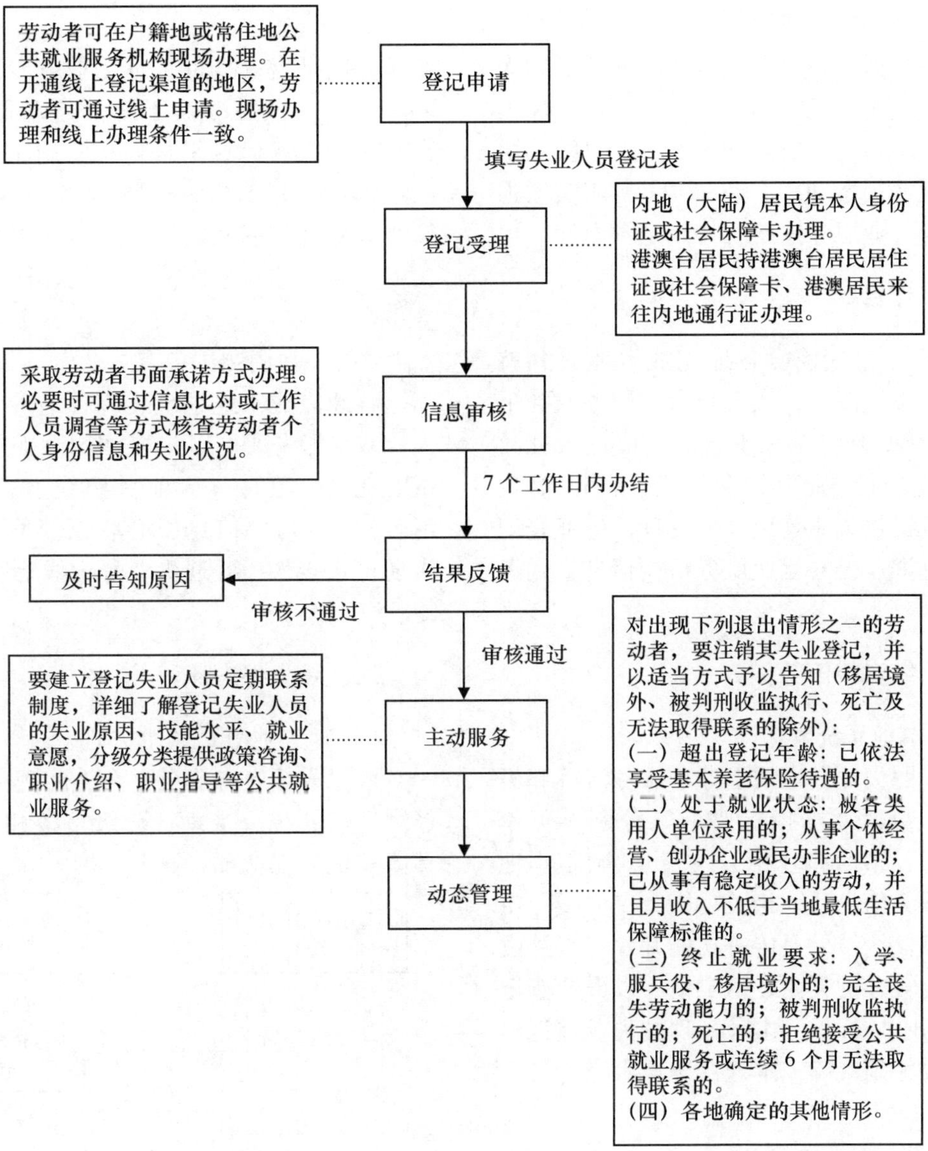

附件3

全国人力资源社会保障政务服务平台 失业登记服务对接方案

为进一步做好失业登记工作，依托全国人力资源社会保障政务服务平台（以下简称人社政务服务平台），实现全国失业登记线上协作办理、顺畅衔接和“一网通办”，切实增强劳动者就业失业服务体验，特制定本方案。

一、工作目标

2020年6月底前，各地完成本地公共就业服务信息系统改造，实现与人社政务服务平台对接。自2020年7月1日起，依托人社政务服务平台开通失业登记全国统一服务入口，面向劳动者提供失业登记线上受理、失业登记审核情况查询、公共就业服务机构信息查询等服务。

二、系统对接任务

（一）本地系统改造

各地按照失业登记线上办理服务流程和失业登记线上办理数据指标要求（分别参见本方案的第三、第四部分相关内容），调整本地公共就业服务信息系统相关功能，完成线上申请下载、审核、结果上传等功能开发。人社政务服务平台转办的失业登记申请，以失业登记申请编号为唯一标识；本地办理的失业登记申请，以行政区划代码、本地系统流水号为唯一标识。

（二）部端接口对接

人社政务服务平台（网页端地址为 www.12333.gov.cn，移动端为“掌上12333”APP）提供“失业登记申请信息下载”和“失业登记审核结果上传”两个接口，将发布至部级业务协同平台（访问地址为业务专网 xtpt.mohrss）。各地按照《关于全面启动业务协同平台和公共服务信息平台对接实施工作的通知》（人社网信函〔2019〕25号）有关要求，以及线上办理流程和数据指标要求，做好本地公共就业服务信息系统改造，实现与人社政务服务平台的衔接。

（三）联调测试接入

各地完成本地系统改造后，在6月底前与人社政务服务平台开展联调测试工作，通过测试的地区，填写《失业登记线上办理接入申请表》（请与部信息中心联系获取），由部端实现正式接入，开通失业登记线上服务相关功能。

三、线上办理流程

（一）失业登记线上办理

依托人社政务服务平台，实现劳动者失业登记请求的统一受理、分级审核和统一反馈。具体实现流程如下：

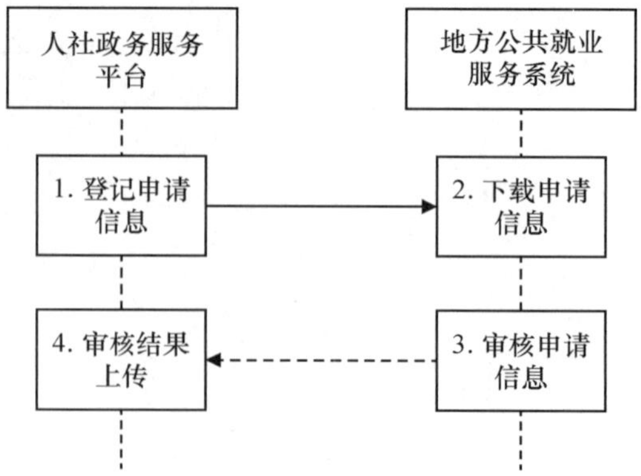

网上失业登记申请流程图

1. 登记申请信息

系统：人社政务服务平台

办理方：劳动者

流程：劳动者登录人社政务服务平台网上办事大厅或“掌上 12333” APP，选择“失业登记线上办理”功能，登记个人基本信息和失业原因等相关信息，提交失业登记申请。

2. 下载申请信息

系统：人社政务服务平台

办理方：地方公共就业服务信息系统

流程：地方公共就业服务信息系统在部级业务协同平台上注册后，通过部级业务协同平台提供的“失业登记申请信息下载”接口，定期下载失业登记申请信息，同步到本地公共就业服务信息系统。下载周期为 1 小时。

3. 审核申请信息

系统：地方公共就业服务信息系统

办理方：地方公共就业服务机构经办人员

流程：经办人员在规定时间内，对申请失业登记人员的个人身份信息和失业状态进行核实，并在本地公共就业服务信息系统中录入审核结果。审核结果分为“审核通过”、“审核不通过”两种状态。当“审核不通过”时，应记录不通过原因。

4. 审核结果上传

系统：人社政务服务平台

办理方：地方公共就业服务信息系统

流程：地方公共就业服务信息系统通过部级业务协同平台提供的“失业登记审核结果上传”接口，实时将审核结果（含未通过的原因）上传到人社政务服务平台。上传的审核结果数据应为全口径数据，包括人社政务服务平台转办申请的审核结果，以及在本地申请的审核结果。

（二）失业登记审核情况查询

系统：人社政务服务平台

办理方：劳动者

流程：劳动者通过人社政务服务平台网上办事大厅或“掌上 12333” APP，选择“失业登记审核情况查询”功能，查询审核状态及结果。当申请提交后，其审核状态为“待审核”；当申请被地方下载后，其审核状态变更为“审核中”；当地方上传审核结果后，其审核状态变更为“已审核”，并展示审核结果。

（三）公共就业服务机构信息查询

系统：人社政务服务平台

办理方：劳动者

流程：通过人社政务服务平台网上办事大厅和“掌上 12333” APP，向劳动者提供公共就业服务机构信息查询服务。

四、数据指标要求

（一）失业登记申请信息

失业登记申请信息由劳动者在人社政务服务平台提出失业登记申请后生成，供地方公共就业服务信息系统查询下载。

全国业务唯一标识号：失业登记申请编号。

序号	指标名称	是否必填	指标编码	指标类型	指标长度	代码标识	校验规则
1	失业登记申请编号	是	ADC201	C	36		【业务】在人社政务服务平台中开展失业登记线上办理的唯一编号
2	登记失业地行政区划代码	是	AAB301	C	6	Y	【业务】线上办理业务已经入网地区
3	申请日期	是	AAE127	N	8		【数据】格式为 YYYY MMDD 的有效日期 【业务】早于或等于系统当前日期
4	姓名	是	AAC003	C	50		【数据】不能含有半角或全角空格

续表

序号	指标名称	是否必填	指标编码	指标类型	指标长度	代码标识	校验规则
5	性别	是	AAC004	C	1	Y	【数据】必须在代码表中
6	民族	是	AAC005	C	2	Y	【数据】必须在代码表中
7	政治面貌	否	AAC024	C	2	Y	【数据】必须在代码表中
8	学历	是	AAC011	C	2	Y	【数据】必须在代码表中
9	健康状况	是	AAC033	C	1	Y	【数据】必须在代码表中
10	伤残等级	否	ALA040	C	2	Y	【业务】健康状况为残疾的，需注明伤残等级 【数据】必须在代码表中
11	失业时间	是	AJC090	N	8		【数据】格式为 YYYY MMDD 的有效日期 【业务】早于或等于系统当前日期
12	社会保障号码	否	AAC002	C	18		【数据】首位不是字母的，长度为 15 或 18 位 【数据】15 位公民身份号码不能含有非数字字符 【数据】18 位公民身份号码前 17 位不能含有非数字字符 【数据】18 位公民身份号码第 18 位必须符合校验规则 【数据】公民身份号码与性别相符
13	证件类型	是	AAC058	C	2	Y	【数据】必须在代码表中
14	证件号码	是	AAC044	C	22		
15	户籍地行政区划代码	是	AAB299	C	6	Y	【数据】必须在代码表中
16	户籍地详细地址	是	AAC010		150		【数据】填写省市县（区）以外的详细地址
17	常住地行政区划代码	是	AAF016	C	6	Y	【数据】必须在代码表中
18	常住地详细地址	是	AAC046	C	150		【数据】填写省市县（区）以外的详细地址
19	职业（工种）资格名称 1	否	ACA111	C	7	Y	【数据】必须在代码表中
20	职业资格等级（技能人员等级）1	否	AAC015	C	1	Y	【数据】必须在代码表中
21	职业（工种）资格名称 2	否	ACA200	C	7	Y	【数据】必须在代码表中
22	职业资格等级（技能人员等级）2	否	ACA202	C	1	Y	【数据】必须在代码表中
23	职业（工种）资格名称 3	否	ACA201	C	7	Y	【数据】必须在代码表中
24	职业资格等级（技能人员等级）3	否	ACA203	C	1	Y	【数据】必须在代码表中

续表

序号	指标名称	是否必填	指标编码	指标类型	指标长度	代码标识	校验规则
25	专业技术职务 1	否	AAC200	C	3	Y	【数据】必须在代码表中
26	专业技术职务级别 1	否	AAC014	C	3	Y	【数据】必须在代码表中
27	专业技术职务 2	否	ACA204	C	3	Y	【数据】必须在代码表中
28	专业技术职务级别 2	否	ACA206	C	3	Y	【数据】必须在代码表中
29	专业技术职务 3	否	ACA205	C	3	Y	【数据】必须在代码表中
30	专业技术职务级别 3	否	ACA207	C	3	Y	【数据】必须在代码表中
31	手机号码	是	AAC067	C	11		【数据】11 位数字字符
32	固定电话	否	AAE005	C	20		【数据】固定电话必须填写区号。区号、电话、分机间通过半角字符“-”分隔（如 010-88888888）。多个号码以半角字符“,”分隔
33	电子邮箱	否	AAE159	C	50		
34	其他联系方式	否	AAE461	C	50		
35	登记失业地类型	是	ADC221	C	1	Y	【数据】必须在代码表中
36	失业登记原因	是	AJC093	C	2	Y	【数据】必须在代码表中
37	其他失业原因	否	ADC220	C	200		【业务】当失业原因为其他时，可填写
38	求职意向	否	ACA112	C	200		【业务】可写三个意向，中间用“|”隔开
39	其他需说明的事项	否	AAE815	C	200		【数据】可填写其他需要说明的事项
40	是否申领失业保险金	是	ADC222	C	1	Y	【数据】必须在代码表中

（二）失业登记申请审核结果信息

失业申请审核结果信息由各地公共就业服务机构审核劳动者失业申请时生成，保存对个人失业申请信息的审核结果，实时上传至人社政务服务平台，供劳动者查询。

各地业务唯一标识号：行政区划代码+系统流水号。对于人社政务服务平台转办的申请，失业登记申请编号必填。

序号	指标名称	是否必填	指标编码	指标类型	指标长度	代码标识	校验规则
1	系统流水号	是	AAZ341	C	18		【业务】失业登记信息在本地公共就业服务信息系统中的申请编号（或 ID），不可重复
2	失业登记地行政区划代码	是	AAB301	C	6	Y	【业务】线上办理业务已经入网地区
3	失业登记申请编号	否	ADC201	C	36		【业务】人社政务服务平台下载的申请信息，返回审核结果时，需要将失业登记申请编号同步返回
4	申请日期	是	AAE127	N	8		【数据】格式为 YYYY MMDD 的有效日期 【业务】早于或等于系统当前日期

续表

序号	指标名称	是否必填	指标编码	指标类型	指标长度	代码标识	校验规则
5	姓名	是	AAC003	C	50		【数据】不能含有半角或全角空格
6	性别	是	AAC004	C	1	Y	【数据】必须在代码表中
7	民族	是	AAC005	C	2	Y	【数据】必须在代码表中
8	政治面貌	否	AAC024	C	2	Y	【数据】必须在代码表中
9	学历	是	AAC011	C	2	Y	【数据】必须在代码表中
10	健康状况	是	AAC033	C	1	Y	【数据】必须在代码表中
11	伤残等级	否	ALA040	C	2	Y	【业务】健康状况为残疾的，需注明伤残等级 【数据】必须在代码表中
12	失业时间	是	AJC090	N	8		【数据】格式为 YYYY MM 的有效日期 【业务】早于或等于系统当前日期
13	社会保障号码	否	AAC002	C	18		【数据】首位不是字母的，长度为 15 或 18 位 【数据】15 位公民身份号码不能含有非数字字符 【数据】18 位公民身份号码前 17 位不能含有非数字字符 【数据】18 位公民身份号码第 18 位必须符合校验规则 【数据】公民身份号码与性别相符
14	证件类型	是	AAC058	C	2	Y	【数据】必须在代码表中
15	证件号码	是	AAC044	C	22		
16	户籍地行政区划代码	是	AAB299	C	6	Y	【数据】必须在代码表中
17	户籍地详细地址	是	AAC010		100		【数据】填写省市县（区）以外的详细地址
18	常住地行政区划代码	是	AAF016	C	6	Y	【数据】必须在代码表中
19	常住地详细地址	是	AAC046	C	100		【数据】填写省市县（区）以外的详细地址
20	职业（工种）资格名称 1	否	ACA111	C	7	Y	【数据】必须在代码表中
21	职业资格等级（技能人员等级）1	否	AAC015	C	1	Y	【数据】必须在代码表中
22	职业（工种）资格名称 2	否	ACA200	C	7	Y	【数据】必须在代码表中
23	职业资格等级（技能人员等级）2	否	ACA202	C	1	Y	【数据】必须在代码表中
24	职业（工种）资格名称 3	否	ACA201	C	7	Y	【数据】必须在代码表中

续表

序号	指标名称	是否必填	指标编码	指标类型	指标长度	代码标识	校验规则
25	职业资格等级（技能人员等级）3	否	ACA203	C	1	Y	【数据】必须在代码表中
26	专业技术职务 1	否	AAC200	C	3	Y	【数据】必须在代码表中
27	专业技术职务级别 1	否	AAC014	C	3	Y	【数据】必须在代码表中
28	专业技术职务 2	否	ACA204	C	3	Y	【数据】必须在代码表中
29	专业技术职务级别 2	否	ACA206	C	3	Y	【数据】必须在代码表中
30	专业技术职务 3	否	ACA205	C	3	Y	【数据】必须在代码表中
31	专业技术职务级别 3	否	ACA207	C	3	Y	【数据】必须在代码表中
32	手机号码	是	AAC067	C	11		【数据】11 位数字字符
33	固定电话	否	AAE005	C	40		【数据】固定电话必须填写区号。区号、电话、分机间通过半角字符“-”分隔（如 010-88888888）。多个号码以半角字符“,”分隔
34	电子邮箱	否	AAE159	C	50		
35	其他联系方式	否	AAE461	C	50		
36	登记失业地类型	是	ADC221	C	1	Y	【数据】必须在代码表中
37	失业登记原因	是	AJC093	C	2	Y	【数据】必须在代码表中
38	其他失业原因	否	ADC220	C	200		【业务】当失业原因为其他时，可填写
39	求职意向	否	ACA112	C	200		【业务】可写三个意向
40	其他需说明的事项	否	AAE815	C	200		【数据】可填写其他需要说明的事项
41	是否申领失业保险金	是	ADC222	C	1	Y	【数据】必须在代码表中
42	审核结果	是	AAE540	C	1	Y	【数据】必须在代码表中
43	审核不通过原因	否	AAE360	C	100		【业务】当审核结果为“审核不通过”时必填
44	经办人	是	AAE011	C	20		【数据】不能含有半角或全角空格
45	经办日期	是	AAE036	D			【数据】格式为 YYYYMMDD 的有效日期 【业务】早于或等于系统当前日期
46	备注	否	AAE013	C	100		

（三）代码定义

1. 行政区划代码 AAB301、AAB299、AAF016

参照 GB/T 2260—2007《中华人民共和国行政区划代码》，并按照《关于做好人力资源社会保障信息系统行政区划代码变更管理工作的通知》（人社厅函〔2011〕581 号）文件要求统一扩充，具体代码参见 www. morhss. gov.

cn 的金保工程下载专区。

2. 性别 AAC004

采用 GB/T 2261.1—2003《个人基本信息分类》第 1 部分：人的性别代码。

代码	名称	代码	名称
1	男性	9	未说明的性别
2	女性		

3. 民族 AAC005

采用 GB/T 3304—1991《中国各民族名称的罗马字母拼写法和代码》，并增加其他人员分类（代码 99）。

4. 政治面貌 AAC024

采用 GB/T 4762—1984《政治面貌代码》。

5. 学历 AAC011

参照 GB/T 4658—2006《学历代码》。

代码	名称	代码	名称
10	研究生及以上	44	职业高中
11	博士研究生	47	技工学校
14	硕士研究生	60	普通高中
20	大学本科	70	初中及以下
30	大学专科	71	初级中学
40	中专技校	81	小学
41	中等专科	90	其他

6. 健康状况 AAC033

参照 GB/T 2261.3—2003《健康状况》。

7. 残疾等级 ALA040

代码	名称	代码	名称
01	伤残一级	07	伤残七级
02	伤残二级	08	伤残八级
03	伤残三级	09	伤残九级
04	伤残四级	10	伤残十级
05	伤残五级	11	未达等级
06	伤残六级		

8. 证件类型 AAC058

代码	名称	代码	名称
01	居民身份证（户口簿）	04	社会保障卡
02	港澳居民往来内地通行证	05	其他身份证件
03	港澳台居民居住证		

9. 职业（工种）资格名称 ACA111、ACA200、ACA201

参照《中华人民共和国职业分类大典（2015 年版）》修订。

10. 职业资格等级（技能人员等级）AAC015、ACA202、ACA203

采用 GB/T 14946—2002《全国干部、人事管理信息系统指标体系分类与代码》。

代码	名称	代码	名称
1	职业资格一级（高级技师）	4	职业资格四级（中级）
2	职业资格二级（技师）	5	职业资格五级（初级）
3	职业资格三级（高级）		

11. 专业技术职务 AAC014、ACA204、ACA205

采用 GB/T 8561—2001《专业技术职务代码》。

12. 专业技术职务级别 AAC200、ACA206、ACA207

采用 GB/T 12407—2008《职务级别代码》中的专业技术职务级别代码。

代码	名称	代码	名称
410	高级	430	初级
411	正高级	434	助理级
412	副高级	435	员级
420	中级	499	未定职级

13. 登记失业地类型 ADC221

代码	名称	代码	名称
1	户籍地址	2	常驻地址

14. 失业登记原因 AJC093

代码	名称	代码	名称
10	年满16周岁，从各类学校毕业、肄业	24	从各类单位辞职
20	从企业、机关、事业单位等各类用人单位失业	31	退出个体经营
21	被企业解除或终止劳动关系	32	私营企业业主停业、破产停止经营
22	企业破产倒闭终止劳动关系	33	退出灵活就业
23	从机关事业单位被辞退解聘	40	退出公益性岗位

续表

代码	名称	代码	名称
50	符合当地规定条件，承包土地被征用等情况（含转产渔民和牧民）	70	刑满释放、假释、监外执行
60	军人退出现役且未纳入国家统一安置	90	其他

15. 是否申领失业保险金 ADC222

代码	名称	代码	名称
1	是	2	否

16. 审核结果 AAE540

代码	名称	代码	名称
1	审核通过	2	审核不通过

人力资源社会保障部办公厅关于做好就业岗位信息归集和服务工作的通知

人社厅发〔2020〕4号

各省、自治区、直辖市及新疆生产建设兵团人力资源社会保障厅（局）：

为贯彻党中央、国务院关于稳就业的决策部署，落实《国务院关于进一步做好稳就业工作的意见》（国发〔2019〕28号）要求，进一步畅通用人单位招聘用工和劳动者求职就业的信息对接渠道，促进人力资源市场供需匹配，现就做好就业岗位信息归集和服务工作通知如下：

一、加大就业岗位信息归集力度

各地要加强对辖区内企业的招聘用工服务，通过窗口经办、上门服务、电话沟通、网络登记等多种渠道，定期了解企业用工情况和招聘计划，及时采集招聘岗位信息。要建立政府投资开发岗位信息对接机制，归集同级政府投资项目产生的岗位信息、各方面开发的公益性岗位信息，系统梳理政府购买基层公共管理和社会服务开发就业岗位、国有企事业单位公开招聘、中央和地方各类基层项目等信息，在人力资源社会保障部门网站公开发布。要加强与工会、工商联、企业联合会等社会团体和人力资源服务机构的合作，拓展岗位信息获取路径和渠道。

二、加强就业岗位信息动态管理

各地要加强对用人单位的用工指导，帮助用人单位根据市场供求状况科学制定和调整招聘计划，合理确定招聘条件，做好岗位需求特征描述等基础工作，提高招聘针对性。要规范岗位信息采集要求，加强信息审核，确保用人单位信息、招聘岗位基本情况、薪酬待遇等关键信息的真实、完整，防止虚假信息和设置性别、民族等歧视性内容。要健全就业岗位信息动态更新机制，跟踪用人单位招聘进度和劳动者求职应聘情况，及时剔除过期或失效信息，补充新归集的就业岗位信息。

三、拓宽就业岗位信息发布渠道

各地采集和归集的就业岗位信息要实现线下、线上同步发布。要在县级以上人力资源社会保障公共服务场所和街道（乡镇）、社区（村）基层服务平台实时发布。要根据不同群体的特点，依托服务大厅显示屏、电视、广播、社区宣传栏、海报等传统媒体发布岗位信息，并拓展手机APP、微信、微博等新兴媒体发布渠道，为劳动者获取信息提供便利。要通过定期或不定期专场招聘会、专项公共就业服务等活动载体发布。要建立健全就业岗位信息公开发布平台，市级以上公共就业服务机构和人才交流服务机构要在2020年3月底前实现就业岗位信息在线发布，并向省级集中；要加快省级就业岗位信息发布平台（以下简称省级平台）的建设和应用，2020年6月底前实现省内信息归集、发布，并向国家级集中。

我部将依托中国公共招聘网健全就业岗位信息的部级发布平台（以下简称部级平台），以省为单位加强联网实施和信息上报工作，实现全国就业岗位信息归集、发布。已建成省级平台并实现与中国公共招聘网联网的省份，按照原有渠道上报数据。未建成省级平台或尚未与中国公共招聘网联网的省份，部级平台将提供互联网接口或专网接口方式，实现就业岗位信息汇聚，具体要求详见《中国公共招聘网数据归集方案》（附件1）。各地可根据本地就业岗位信息汇集存储的情况，确定上传方式，于2020年6月前完成省级平台与部级平台的对接以及数据上报。

四、加强就业岗位信息服务应用

各地要为高校毕业生、登记失业人员等重点群体提供精准岗位信息推送服务。要根据岗位特点，组织开展行业性、专业性、针对性招聘活动。对受国际国内经济形势变化、重大政策调整和自然灾害影响，存在高失业风险的地区、行业和劳动者群体，开展专项帮扶，集中投放就业岗位信息。有条件的地区可根据本地经济社会发展需求和人力资源结构特点，组织辖区内岗位余缺调剂和省际间人力资源合作，推动形成区域性和省际间劳务协作工作机制。各地要密切关注就业岗位数量和结构变化，结合市场供求状况分析和失业动态监测情况，多维度开展重点区域、重点行业、重点企业岗位需求信息监测，为分析研判就业形势提供数据支持。

五、强化工作基础保障

各地要统筹加大对公共就业人才服务机构和街道（乡镇）、社区（村）基层服务平台服务场所、服务设施设备等投入力度，合理配备服务人员，建立常态化培训机制，提升工作人员信息归集和服务能力。要加快推进信息化建设和应用，健全就业岗位信息发布机制，推进数据向上集中。要积极协调发展改革、财政等部门，多渠道争取资金，提升服务保障能力。要运用好就业补助资金，支持人力资源市场信息网络系统建设及维护、公共就业服务机构开展招聘活动，加大对基层公共就业服务机构承担免费公共就业服务的补助，及向社会购买基本就业创业服务成果。

六、加强组织领导

各地要高度重视就业岗位信息归集和发布工作，将其作为稳定和扩大就业的重要措施，加强组织领导，落实责任单位和责任人，统筹做好本地区工作。要树立底线思维，稳妥防范和应对部分行业、企业可能出现的突发性失业风险和集中性规模裁员，实现对就业岗位信息的实时掌握和统筹应用。我部将定期对各地进行工作调度和情况通报，并将通报结果纳入就业工作表扬激励的评价因素。工作开展过程中遇到的新情况、新问题，要及时沟通报告。

请各地于2020年2月10日前，将责任单位和联系人等相关信息（附件2）报我部就业促进司。未建成省级平台的省份，要同步上报省级平台工作方案和与部级平台对接方案。

附件：1. 中国公共招聘网数据归集方案（略）

2. 责任单位和联系人信息表（略）

2020年1月13日

人力资源社会保障部办公厅关于切实做好新型冠状病毒感染的肺炎疫情防控期间事业单位人事管理工作有关问题的通知

人社厅发〔2020〕8号

各省、自治区、直辖市及新疆生产建设兵团人力资源社会保障厅（局）：

为贯彻落实习近平总书记关于打赢新型冠状病毒感染的肺炎疫情防控阻击战的重要指示精神和李克强总理批示要求，按照党中央、国务院决策部署，切实做好疫情防控期间事业单位人事管理相关工作，现就有关问题通知如下：

一、各地区事业单位公开招聘在疫情防控期间均改为网上组织或延期举行，暂停组织线下现场报名、笔试、面试活动，以减少人员聚集交叉感染风险。相关调整事项要及时以适当形式告知考生并向社会公告。如确属工作急需组织公开招聘的，应落实卫生防疫要求，尽量采用电话、视频、互联网等非现场接触方式办理有关事项，相关体检、考察活动可延后开展。

二、疫情防控相关医疗卫生机构等事业单位需要紧急补充医护人员等疫情防控工作人员的，可简化招聘程序，设立招聘绿色通道。可由事业单位或其主管部门采用网上面试、考察等方式直接招聘聘用，以保障疫情防控工作急需，相关招聘手续可疫情过后补办。

三、激励医疗卫生机构医护人员等事业单位工作人员在疫情防控工作中履职尽责，担当作为。事业单位及其主管部门、事业单位人事综合管理部门对于在疫情防控中做出贡献的事业单位工作人员和集体特别是奋战在疫情防控一线、贡献突出的事业单位工作人员和集体，可根据《事业单位工作人员奖励规定》有关规定开展及时奖励。对于获得嘉奖、记功、记大功的事业单位工作人员给予一次性奖金，获奖人员所在地区或者单位经批准可以追加其他物质奖励，所需经费按规定渠道解决。对于在疫情防控中不服从指挥、调遣或者消极对抗的事业单位工作人员，可根据《事业单位工作人员处分暂行规定》有关规定，给予警告、记过、降低岗位等级或者撤职处分，情节严重的给予开除处分。要及时总结宣传疫情防控工作中的先进事迹，树典型，立标杆，激励引导广大事业单位工作人员在疫情防控工作中主动履职，担当作为。

2020年1月30日

人力资源社会保障部办公厅
关于公布失业保险金网上申领平台的通知

人社厅发〔2020〕9号

各省、自治区、直辖市及新疆生产建设兵团人力资源社会保障厅（局）：

为深入贯彻落实习近平总书记关于新型冠状病毒感染肺炎疫情的重要指示精神，切实做好疫情防控期间失业人员的基本生活保障，确保失业保险待遇按时足额发放，同时，减少现场经办防范交叉感染，有效维护群众身体健康，现就有关事项通知如下：

一、已实现失业保险金网上申领的直辖市、省会城市、计划单列市网上经办平台网址、APP、二维码或公众号，将在人社部官网、官方公众号、国家社会保险公共服务平台及“掌上12333”APP向社会公布，请各地切实保障网上申领渠道畅通。

二、各省、自治区要主动将辖区内已实现失业保险金网上申领的地（市、州、盟）的网上经办平台网址、APP、二维码或公众号，通过人社部门官网、官方公众号、APP等渠道向社会公布。在上述渠道的显著位置，同时公布本地区失业保险金网上申领流程和办事指南，并通过发送短信、微信等方式将相关信息主动推送给参保企业和参保人员。

三、对目前暂不具备网上申领条件的经办机构，可通过电话申请或邮寄材料等方式，尽可能实行失业保险金不见面申领，要及时公布办理电话和邮寄地址。对确需到现场办理的，可采用告知承诺的方式，精简材料，优化流程，缩短办理时间，降低交叉感染风险。

四、各省、自治区要指导、督促、帮助未实现网上申领的地（市、州、盟）抓紧优化和调整经办信息系统，结合全国统一社会保险公共服务平台建设，结合社会保障卡功能的拓展，尽快实现网上经办，方便群众足不出户办理业务。

附件：各直辖市、省会城市、计划单列市失业保险金网上申领平台（略）

2020年2月3日

人力资源社会保障部办公厅
关于进一步做好民营企业职称工作的通知

人社厅发〔2020〕13号

各省、自治区、直辖市及新疆生产建设兵团人力资源社会保障厅（局）：

为深入落实习近平总书记在民营企业座谈会上的重要讲话精神，贯彻落实《中共中央 国务院关于营造更好发展环境支持民营企业改革发展的意见》《中共中央办公厅 国务院办公厅关于深化职称制度改革的意见》，更好地发挥职称评价“指挥棒”作用，充分激发和释放民营企业专业技术人才创新创造活力，大力支持民营企业改革创新，根据《职称评审管理暂行规定》，现就进一步做好民营企业职称工作有关事项通知如下：

一、拓宽民营企业职称申报渠道

民营企业专业技术人才一般在劳动关系所在地自愿参加职称评审，合法权益受到同等保护，履行同等义务。各地人力资源社会保障部门（或职称综合管理部门，下同）要进一步打破户籍、身份、档案、所有制等制约，积极拓宽民营企业专业技术人才职称申报渠道。积极创造条件，在专业技术人才密集的创业孵化基地、高新技术开发区、科技园区等地设立职称申报受理服务点，或通过人才中介服务机构、工商联、行业协会商会、学会等社会组织受理民营企业专业技术人才职称申报。非面向单位、系统内部组建的职称评审委员会，要向民营企业平等开放。经批准离岗创业或到民营企业兼职的高校、科研院所、医疗机构等企事业单位专业技术人才，3年内可在原单位按规定申报职称，其创业和兼职期间工作业绩作为职称评审的依据。民营企业专业技术人才被派驻外地连续工作一年以上的，可按有关规定在派驻地申报职称评审。各地人力资源社会保障部门要不断完善职称社会化申报渠道，建立职称申报兜底机制，确保民营企业专业技术人才公平公正参与职称评审。

二、健全民营企业职称评审机构

各地要按照党中央、国务院要求，系统清理与企业性质挂钩的职称评定政策，确保科技、教育、医疗、文化等领域民营企业专业技术人才与公立机构专业技术人才在职称评审方面享有平等待遇。坚持属地化、专业化和规范化，按照规定的条件和程序，遴选具有专业优势、服务能力强、行业自律水平高的社会组织组建社会化评审机构，开展民营企业专业技术人才职称评审。从严控制面向全国的职称评审委员会，建立公开透明、竞争择优的遴选和退出机制，确保社会组织评审工作规范有序，稳妥推进。进一步下放职称评审权限，支持专业技术人才密集、技术实力较强、内部管理规范的规模以上民营企业组建职称评审委员会，或由民营企业联合组建职称评审委员会，按程序报相应人力资源社会保障部门核准备案后开展自主评审。

三、完善以市场评价为导向的职称评审标准

民营企业职称评审标准要充分体现民营企业专业技术人才特点和工作实际，贴近民营企业用人需求。进一步克服唯学历、唯资历、唯论文、唯奖项倾向，突出工作能力和业绩考核，注重市场认可和对企业的实际贡献。对论文、职称外语等不做限制性要求，专利成果、技术突破、工艺流程、标准开发、成果转化等均可作为职称评审的重要内容。支持民营企业参与制定职称评审标准，与企业相关的职称评审委员会、专家库要吸纳一定比例的民营企业专家。积极借鉴龙头企业人才评价标准，充分考虑新兴行业、职业的特点，制定职称评审的通用标准。各地制定的职称评审标准应广泛征求本地区民营企业、行业协会商会、学会的意见。

四、创新民营企业职称评价方式

各地要综合采用考试、评审、答辩、考核认定、实践操作、业绩展示等方式，提高民营企业专业技术人才职称评审的针对性和科学性。各地人力资源社会保障部门要会同行业主管部门及时组织民营企业专业技术人才职称评价，做好职业资格与相应职称的衔接确认。对于当地具备评审能力的职称系列或专业，积极协调落实民营企业专业技术人才参加职称评审；对于当地不具备评审能力的职称系列或专业，按照规定做好委托评审工作。建立职称评审“绿色通道”或“直通车”，民营企业高层次专业技术人才、急需紧缺人才、优秀青年人才可直接申报相应级别职称。鼓励有条件的地区对民营企业专业技术人才实行单独分组、单独评审，或组织开展民营企业专项评审。专业技术人才因驻外或其他原因确实不能参加现场评审的，有条件的地方和单位要积极通过技术手段远程评审，切实减轻专业技术人才职称评审负担。

五、调动民营企业职称工作积极性

各地要加大职称政策宣传力度，创新宣传方式方法，搞好职称政策解读，做到及时公开、化繁为简、通俗易懂。加强对民营企业人力资源（人事）管理部门的职称业务培训，及时为民营企业专业技术人才提供职称评审服务，保障民营企业专业技术人才职称申报权利。加快职称评审信息化建设，推广在线评审，逐步实现网上受理、集中评审。进一步简化申报评审程序，精简职称申报材料，减少证明事项。探索实行职称评审电子证书，提供职称信息查询验证服务。要坚持评以适用、以用促评，促进职称评审结果与民营企业人才培养、使用相衔接，引导民营企业将职称评审结果作为确定岗位、考核、晋升、绩效、薪酬等的依据。企业博士后获得中国博士后科学基金资助或主持省部级以上科研项目，出站后继续留在企业的可直接认定副高级职称。对专业化人才服务机构、行业协会商会、学会和民营企业的自主职称评审结果实行事后备案管理，做好统计和查询验证工作。

六、加强民营企业职称评审事中事后监管

民营企业职称评审工作要坚持质量第一，通过科学制定评价标准，建设高水平专家和管理人员队伍，制定规范评审制度和程序，合理确定通过率等措施，把好评审质量关。各地要加强对民营企业职称评审工作的监督检查和抽查巡查，规范评审程序，严肃评审纪律，确保评审质量，建立倒查追责机制，完善诚信承诺和失信惩戒机制，从严查处材料造假、暗箱操作等行为。有关社会组织要严格按照人力资源社会保障部门核准备案的专业领域和区域范围，开展职称评审工作，不得多头重复交叉评价和强制评价。要突出职称评审公益性，严禁社会组织以营利为目的开展职称评审。对制度缺失、管理混乱、评审质量不高、社会反映较大的，各地人力资源社会保障部门要会同行业主管部门及时对其进行整改，必要时可暂停自

主评审工作直至收回职称评审权，并依法追究相关人员责任。

各地要充分认识做好民营企业职称工作的重要性，切实提高政治站位，加强组织领导，完善工作机制，制定具体措施，切实抓好通知的贯彻落实。人力资源社会保障部将适时对各地民营企业职称工作情况进行评估，各地要认真总结经验，及时解决出现的新情况、新问题，妥善处理改革、发展和稳定的关系，重大情况及时向人力资源社会保障部专业技术人员管理司报告。

本通知自印发之日起实施。自由职业者和其他非公有制经济组织专业技术人才职称评审工作参照本通知精神执行。

2020 年 2 月 20 日

人力资源社会保障部办公厅
市场监管总局办公厅
统计局办公室关于发布智能制造工程技术人员等职业信息的通知

人社厅发〔2020〕17号

各省、自治区、直辖市及新疆生产建设兵团人力资源社会保障厅（局）、市场监管局、统计局，国务院各部委、各直属机构、各中央企业、有关社会组织人事劳动保障工作机构，中央军委政治工作部兵员和文职人员局：

根据《中华人民共和国劳动法》有关规定，为贯彻落实《国务院关于推行终身职业技能培训制度的意见》提出的“紧跟新技术、新职业发展变化，建立职业分类动态调整机制，加快职业标准开发工作”要求，加快构建与国际接轨、符合我国国情的现代职业分类体系，我们面向社会持续公开征集新职业信息。经专家评估论证、公示征求意见等程序，目前遴选确定了智能制造工程技术人员等16个新职业信息，调整变更了11个职业信息，现予发布。

2020年2月25日

智能制造工程技术人员等职业信息

一、新职业信息

（一）2-02-07-13　智能制造工程技术人员

定义：从事智能制造相关技术的研究、开发，对智能制造装备、生产线进行设计、安装、调试、管控和应用的工程技术人员。

主要工作任务：

1. 分析、研究、开发智能制造相关技术；
2. 研究、设计、开发智能制造装备、生产线；
3. 研究、开发、应用智能制造虚拟仿真技术；
4. 设计、操作、应用智能检测系统；
5. 设计、开发、应用智能生产管控系统；
6. 安装、调试、部署智能制造装备、生

产线；

7. 操作、应用工业软件进行数字化设计与制造；

8. 操作、编程、应用智能制造装备、生产线进行智能加工；

9. 提供智能制造相关技术咨询和技术服务。

（二）2-02-10-13 工业互联网工程技术人员

定义：围绕工业互联网网络、平台、安全三大体系，在网络互联、标识解析、平台建设、数据服务、应用开发、安全防护等领域，从事规划设计、技术研发、测试验证、工程实施、运营管理和运维服务等工作的工程技术人员。

主要工作任务：

1. 研究、设计网路互联与数据互通、共享等解决方案并指导工程实施；

2. 研究、开发、应用工业大数据的采集技术、工业机理模型和高级数据分析挖掘技术；

3. 研究、设计、开发、调测、推广工业互联网应用平台和应用型工业 APP；

4. 规划、设计、部署工业互联网安全系统，监控、管理和保障工业互联网网络、平台及数据安全；

5. 规划、运营产业链和供应链资产数据，指导资源配置、协同生产和柔性生产、设备健康和能耗管理；

6. 构建、调测、维护工业互联网网络，监控相关信息，动态维护网络链路和网络资源；

7. 提供工业互联网术语解释、技术咨询与工程实施指导。

（三）2-02-10-14 虚拟现实工程技术人员

定义：使用虚拟现实引擎及相关工具，进行虚拟现实产品的策划、设计、编码、测试、维护和服务的工程技术人员。

主要工作任务：

1. 虚拟现实软件产品策划、场景设计、界面设计、模型制作、程序开发、系统测试；

2. 设计、开发、集成、测试虚拟现实硬件系统；

3. 研究、应用虚拟现实体系架构、技术和标准；

4. 管理、监控、维护并保障虚拟现实产品的稳定和安全运行；

5. 提供虚拟现实技术相关的技术咨询、技术培训和技术支持服务。

（四）4-01-02-06 连锁经营管理师

定义：运用连锁经营管理工具及相关技术，进行业态定位、品类管理、营销企划、顾客服务、视觉营销等工作，负责门店运营业务管理的人员。

主要工作任务：

1. 设计连锁体系，厘清总部与门店权责，规划门店运营模式；

2. 分析门店经营数据，制定经营目标与计划并组织实施；

3. 调研商圈特征，拓展新门店，进行业态定位与品类结构调整；

4. 负责商品的进货、销售和储存，策划门店促销活动并组织实施；

5. 设计门店动线，负责布局规划与商品陈列的落实；

6. 设计门店服务体系，培训、激励一线营业人员，做好顾客服务工作；

7. 负责维护门店外围关系，处理与门店相关的其他事务；

8. 管控门店日常运作，对门店业绩进行评估与优化；

9. 负责商品安全管理工作，组织开展门店及商品安全自查。

（五）4-02-06-05 供应链管理师

定义：运用供应链管理的方法、工具和技术，从事产品设计、采购、生产、销售、服务等全过程的协同，以控制整个供应链系统的成本并提高准确性、安全性和客户服务水平的人员。

主要工作任务：

1. 实施销售和运作计划，进行库存管理，协调供给与需求关系；

2. 制定采购策略，对供应商进行整合与评估；

3. 负责生产和服务设施选址与布置，实施精益生产；

4. 负责运输网络设计与管理，协调仓储规划与运作，实现产品和服务的高效交付与回收；

5. 制定供应链信息技术决策，运用数字化技术管理客户、内部供应链、供应商及交易；

6. 运用供应链绩效管理工具及方法，对供应链进行评估与改进；

7. 提供供应链技术咨询和服务。

（六）4-02-07-10　网约配送员

定义：通过移动互联网平台等，从事接收、验视客户订单，根据订单需求，按照平台智能规划路线，在一定时间内将订单物品递送至指定地点的服务人员。

主要工作任务：

1. 通过移动智能终端接收、验视、核对客户订单，包括但不限于数量、尺寸、规格、颜色、保质期、价格、地址；

2. 分类整理订单物品，编排递送顺序；

3. 按照客户要求及网络平台智能规划的配送路线，在一定时间内将订单物品递送至指定地点；

4. 处理无人接收、拒收、破损等递送异常情况；

5. 处理客户投诉及其他递送诉求。

（七）4-04-05-05　人工智能训练师

定义：使用智能训练软件，在人工智能产品实际使用过程中进行数据库管理、算法参数设置、人机交互设计、性能测试跟踪及其他辅助作业的人员。

主要工作任务：

1. 标注和加工图片、文字、语音等业务的原始数据；

2. 分析提炼专业领域特征，训练和评测人工智能产品相关算法、功能和性能；

3. 设计人工智能产品的交互流程和应用解决方案；

4. 监控、分析、管理人工智能产品应用数据；

5. 调整、优化人工智能产品参数和配置。

本职业包含但不限于下列工种：

数据标注员　人工智能算法测试员

（八）4-08-05-07　电气电子产品环保检测员 L

定义：从事电气电子产品的整机、元器件、材料等环保检验、检测、监测、分析及数据处理，并利用检测结果改进产品环保设计、生产工艺、供应链环保溯源管理，以及环保检测新方法开发的技术及管理服务人员。

主要工作任务：

1. 研究并应用电气电子产品环保法规、标准、检测方法、检测仪器设备装置；

2. 规划、设计、建置电气电子产品检测实验室，评估、校准、维护环保检测设备；

3. 开发、确认、验证新的环保检测方法，参与相关检测标准制定；

4. 组织内部检验测试单位能力比对；

5. 制定产品环保检验、检测、监测方案，进行产品材料、设计、生产工艺的禁/限用物质风险评估；

6. 根据标准或规范进行样品的采集、拆分和制样等前处理，使用检测仪器设备对样品的禁/限用物质进行检验、检测、监测及分析；

7. 对样品检测数据进行处理、分析、结果符合性判定，形成记录或出具报告；

8. 分析并利用检验、检测和监测结果，制定产品环保设计、生产工艺及供应链产品环保符合性溯源管理的改进方案。

（九）4-13-05-04　全媒体运营师

定义：综合利用各种媒介技术和渠道，采用数据分析、创意策划等方式，从事对信息进行加工、匹配、分发、传播、反馈等工作的人员。

主要工作任务：

1. 运用网络信息技术和相关工具，对媒介和受众进行数据化分析，指导媒体运营和信息传播的匹配性与精准性；

2. 负责对文字、声音、影像、动画、网页等信息内容进行策划和加工，使其成为适用于传播的信息载体；

3. 将信息载体向目标受众进行精准分发、传播和营销；

4. 采集相关数据，根据实时数据分析、监控情况，精准调整媒体分发的渠道、策略和动作；

5. 建立全媒体传播矩阵，构建多维度立体化的信息出入口，对各端口进行协同运营。

（十）4-14-01-02　健康照护师

定义：运用基本医学护理知识与技能，在家庭、医院、社区等场所，为照护对象提供健康照护及生活照料的人员。

主要工作任务：

1. 观察发现照护对象的常见健康问题及疾病（危急）症状，提出相应预防、康复及照护措施，或提出送医建议；

2. 观察发现照护对象的常见心理问题，提供简单心理疏导及支持性照护措施；

3. 照护老年人生活起居、清洁卫生、睡眠、日常活动，提供合理饮食及适宜活动，提供预防意外伤害安全照护，为临终老人提供安宁疗护措施；

4. 照护孕产妇生活起居，根据个体身心特点，提供合理营养、适当运动的健康生活照护，促进母乳喂养及产后康复；

5. 照护婴幼儿生活起居与活动，提供喂养、排泄、洗浴、抚触、睡眠、生长发育促进及心理健康照护措施；

6. 照护病患者生活起居、清洁卫生、日常活动，提供合理饮食及适宜活动，按医嘱督促、协助照护对象按时服药、治疗；

7. 为照护对象家庭提供整洁生活环境、合理营养膳食及健康常识普及。

本职业包含但不限于下列工种：

医疗护理员

（十一）4-14-01-03　呼吸治疗师

定义：使用呼吸机、肺功能仪、多导睡眠图仪、雾化装置等呼吸治疗设备，从事心肺和相关脏器功能的评估、诊治与康复，以及健康教育、咨询指导等工作的人员。

主要工作任务：

1. 运用肺功能检查、多导睡眠图、心肺运动检查、呼吸力学、血气分析等设备及技术方法，进行心肺和相关脏器生理与功能的监测及评估，制定呼吸治疗方案；

2. 评估和管理需要呼吸支持的患者，维护呼吸机等相关设备，保障呼吸机等设备的规范化使用；

3. 负责人工气道管理与自然气道维护的个体化计划的制定与实施；

4. 负责雾化吸入、气道湿化、气道廓清等其他呼吸治疗方案的制定和实施；

5. 负责患者院内外转运或急救中呼吸治疗安全的保障工作；

6. 负责呼吸康复的管理、指导与咨询，进行戒烟指导和呼吸健康宣教工作；

7. 参与呼吸治疗相关技术与设备的研究、开发和推广。

（十二）4-14-02-04　出生缺陷防控咨询师

定义：从事出生缺陷防控宣传、教育、咨询、指导以及提供出生缺陷发生风险的循证信息、遗传咨询、解决方案建议、防控管理服务及康复咨询的人员。

主要工作任务：

1. 为咨询对象提供包括环境、遗传等因素的出生缺陷发生风险的循证咨询建议，提供医学检查和就医建议；

2. 对出生缺陷检测、治疗与康复、病患家庭的重点人群再生育等提供咨询建议；

3. 为咨询对象提供出生缺陷临床表现和可能采取的干预措施及预后情况的咨询，并提供心理疏导；

4. 为咨询对象、病患家庭提供出生缺陷

相关的防控、保障等社会资源信息；

5. 进行出生缺陷防控社会宣传，普及出生缺陷防控相关知识。

（十三）4-14-03-06　康复辅助技术咨询师

定义：根据功能障碍者的身体功能与结构、活动参与能力及使用环境等因素，综合运用康复辅助技术产品，为功能障碍者提供辅助技术咨询、转介、评估、方案设计、应用指导等服务的人员。

主要工作任务：

1. 为功能障碍者提供康复辅助技术产品咨询与服务转介；

2. 评估功能障碍者的身体结构和功能、活动和参与、环境因素以及个人因素，提出康复辅助技术产品适配方案，以及个人和公共环境改造方案；

3. 指导康复辅助技术产品适配方案、个人和公共环境改造方案的实施；

4. 指导功能障碍者使用康复辅助技术产品，并进行效果评价；

5. 为功能障碍者提供辅助技术产品保养和简单维修知识及简易康复指导服务，对用户进行随访；

6. 开展社区居民的康复辅助技术服务科普和宣教。

（十四）6-23-03-15　无人机装调检修工

定义：使用设备、工装、工具和调试软件，对无人机进行配件选型、装配、调试、检修与维护的人员。

主要工作任务：

1. 根据无人机的产品性能等相关要求，对无人机进行配件选型、制作及测试；

2. 按照装配图等相关要求，使用专用工具进行无人机的整机装配；

3. 使用相关调试软件和工具，进行无人机系统和功能模块的联调与测试；

4. 使用专用检测仪器及软件进行无人机各系统检测、故障分析和诊断；

5. 使用相关工具，根据故障诊断结果进行无人机维修；

6. 使用专用检测工具和软件对修复后的无人机进行性能测试；

7. 根据维护保养手册，对无人机各功能模块进行维护保养；

8. 编制无人机设备装配、测试、检修维修等报告。

（十五）6-29-02-16　铁路综合维修工

定义：对铁路线路、路基、桥涵、隧道、信号、牵引供电接触网及附属设备进行检测、施工、养护、维修的人员。

主要工作任务：

1. 负责铁路线路、路基、桥涵、隧道及附属设备的巡视检查、日常养护、值班值守、应急处置、施工配合等；

2. 负责铁路现场信号设备的巡视检查、日常养护、值班值守、应急处置、施工配合等；

3. 负责铁路牵引供电接触网设备的巡视检查、日常养护、值班值守、应急处置、施工配合等；

4. 负责铁路现场信号设备、牵引供电接触网设备的数据采集、整理及综合分析；

5. 负责铁路基础设施巡检、基础设施设备养护现场作业安全防护等。

本职业包含但不限于下列工种：

铁路网线维修工　铁路信线维修工

（十六）6-29-99-00　装配式建筑施工员

定义：在装配式建筑施工过程中从事构件安装、进度控制和项目现场协调的人员。

主要工作任务：

1. 编制装配式建筑预制构件现场安装方案；

2. 负责预制构件现场堆放；

3. 负责现场构件定位放线、标高测定、吊装、安装、调平、校正；

4. 负责构件的临时支撑；

5. 负责外墙、内墙构件的砂浆密封和套

筒灌浆连接；

6. 负责构件吊装后的吊点切割和抹平；

7. 负责构件表面预埋件凹槽部位的处理；

8. 负责施工现场进度的控制和有关单位的沟通协调。

二、调整变更职业信息

（一）在“行政办事员（3-01-01-01）”职业下增设“政务服务综合窗口办事员”工种。

（二）在“秘书（3-01-02-02）”职业下增设“科研助理”工种。

（三）在“电子商务师（4-01-02-02）”职业下增设“跨境电子商务师”工种。

（四）在“轨道列车司机（4-02-01-01）”职业下增设“动力集中型电力动车组司机”和“动力集中型内燃动车组司机”2个工种。

（五）在“职业指导员（4-07-03-01）”职业下增设“残疾人就业辅导员”工种。

（六）在“企业人力资源管理师（4-07-03-04）”职业下增设“薪税师”工种。

（七）在“首饰设计师（4-08-08-11）”职业下增设“珠宝设计师”和“饰品设计师”2个工种。

（八）将“医疗临床辅助服务员（4-14-01-00）”的职业编码更改为“4-14-01-01”，同时将该职业原下设的“医疗护理员”工种调整为“健康照护师（4-14-01-02）”职业下设的工种。

（九）将“防腐蚀工（6-11-01-06）”职业名称变更为“腐蚀控制工”。

（十）在“废旧物资加工处理工（6-27-01-00）”职业下增设“废矿物油再生处置工”工种。

（十一）在“铁路自轮运转设备工（6-29-02-01）”职业下增设“轨道作业车司机”工种，同时取消该职业原下设的“轨道车司机”和“接触网作业车司机”2个工种。

人力资源社会保障部办公厅 农业农村部办公厅关于颁布家畜繁殖员等 8 个国家职业技能标准的通知

人社厅发〔2020〕21 号

各省、自治区、直辖市及新疆生产建设兵团人力资源社会保障厅（局）、农业农村（农牧）、畜牧兽医、农垦、渔业厅（局、委）：

根据《中华人民共和国劳动法》有关规定，人力资源社会保障部、农业农村部共同制定了家畜繁殖员等 8 个国家职业技能标准，现予颁布施行。原相应国家职业技能标准同时废止。

2020 年 3 月 3 日

8 个国家职业技能标准目录

序号	职业编码	职业名称
1	5-03-01-01	家畜繁殖员
2	5-05-01-01	农业技术员
3	5-05-01-02	农业经理人
4	5-05-02-01	农作物植保员
5	5-05-02-03	动物疫病防治员
6	5-05-02-04	动物检疫检验员
7	5-05-02-05	水生物病害防治员
8	5-05-05-02	农机修理工

注：以上职业技能标准内容可在人力资源社会保障部官网查询。

人力资源社会保障部办公厅关于做好新冠肺炎疫情防控一线专业技术人员职称工作的通知

人社厅发〔2020〕23号

各省、自治区、直辖市及新疆生产建设兵团人力资源社会保障厅（局），国务院有关部门人事机构：

为贯彻落实习近平总书记关于疫情防控系列重要讲话精神，进一步突出品德、能力、业绩导向，更好地发挥职称评价“指挥棒”作用，鼓励和引导专业技术人员积极投身疫情防控一线，根据中央应对疫情工作领导小组《关于全面落实进一步保护关心爱护医务人员若干措施的通知》要求，现就做好新冠肺炎疫情防控一线卫生专业技术人员和科研攻关人员等（以下简称一线专业技术人员）职称工作有关事项通知如下。

一、优先申报评审。参加疫情防控的一线专业技术人员参加职称评审时，用人单位不受本单位岗位结构比例限制，优先推荐申报，优先评审。职称评审同等条件下向疫情防控一线专业技术人员倾斜。

二、开辟绿色通道。参加疫情防控的一线专业技术人员，可提前一年申报评审高一级职称或参加专业技术资格考试。做出突出贡献，获得省部级以上表彰奖励的，开辟职称评审绿色通道，结合业务能力水平评价，可直接申报参加高一级职称评审或考试。

三、突出抗疫表现。将抗疫表现作为职称评审的重要内容，鼓励一线专业技术人员救死扶伤、严谨求实、顽强拼搏、无私奉献。将一线专业技术人员参加疫情防控的工作成果和贡献列入年度职称评价指标，作为加分项。破除“唯论文”倾向，疫情防控一线专业技术人员参加职称评审，对论文不作硬性要求，疫情防控中的临床救治情况、病案病例、诊疗方案、关键核心技术研发成果、流行病学报告、病理报告、药物疫苗研发情况、试剂检测设备产品研发应用情况、工作总结、心理治疗和疏导案例等均可作为成果申报参评。对职称外语、计算机应用能力不作要求，免于参加专业实践能力考核。一线专业技术人员参加疫情防控经历可视同为一年基层工作经历，视同完成当年继续教育学时学分。要通过职称评审，鼓励广大专业技术人员紧紧围绕疫情防控，维护人民群众生命健康，突破关键核心技术，加强疫病防控和公共卫生攻关体系建设，把论文写在临床一线，把研究成果应用到疫情防控一线。

四、优先岗位聘用。参加疫情防控的一线专业技术人员晋升岗位等级不受本单位岗位结构比例限制。评审通过的，用人单位将其直接聘任到相应专业技术岗位。

五、优化评审服务。各地要视疫情防控工作情况合理安排职称评审，给一线专业技术人员适当休整时间，不搞突击性申报、评审。职称申报要简化材料、优化程序，不给一线专业技术人员增加额外负担，使一线专业技术人员心无旁骛投身工作。评审通过后，要督促做好后续岗位聘用、兑现工资待遇等有关工作。

本通知自印发之日起施行，适用于在新冠肺炎疫情防控一线工作的卫生专业技术人员，以及参加新型检测试剂、抗体药物、疫苗、诊疗方案、病毒病原学和流行病学研究等疫情防控科研攻关一线人员等，具体范围由各地结合实际研究确定。通过绿色通道享受提前申报、优先晋升岗位等级的人员，原则上只享受一次政策优惠。

做好职称工作是关心关爱一线专业技术人员的重要举措。各地人力资源社会保障部门要以高度的政治责任感抓好落实，认真倾听一线专业技术人员所急所盼，与卫生健康、科研等有关部门和单位加强沟通，密切合作，共同把疫情防控一线专业技术人员的职称工作抓实抓细抓落地，为坚决打赢疫情防控阻击战提供坚强有力的人才保障。

2020 年 3 月 4 日

人力资源社会保障部办公厅关于进一步推进失业保险金“畅通领、安全办”的通知

人社厅发〔2020〕24号

各省、自治区、直辖市及新疆生产建设兵团人力资源社会保障厅（局）：

为贯彻落实习近平总书记关于要加快推动线上申领失业保险金，确保失业人员应发尽发、应保尽保的重要指示精神，应对疫情防控期间及其后可能出现的失业风险，切实保障失业人员的基本生活，确保失业保险金按时足额发放，现就进一步畅通申领渠道、优化经办服务等事项通知如下：

一、对领取失业保险金期满仍未就业且距离法定退休年龄不足1年的失业人员，可继续发放失业保险金直至法定退休年龄，实施时间自2019年12月起。失业人员的领金期限、就业失业状态、法定退休年龄可通过失业保险参保缴费记录、身份证信息等内部信息比对确定。续发失业保险金无需个人提出申请，失业人员按照规定同时享受代缴基本医疗保险费等其他失业保险待遇。续发期间发生社会保险法第五十一条规定的停止发放失业保险金情形的，停止续发失业保险金。

二、失业人员在失业期间，可凭社会保障卡或身份证件到现场或通过网上申报的方式，向参保地经办失业保险业务的公共就业服务机构或者社会保险经办机构（以下简称经办机构）申领失业保险金。经办机构应当受理，并根据失业人员累计参保缴费时间核定其领金期限，按照申请之日当地失业保险金标准，按月发放失业保险金。

经办机构认定失业人员失业状态时，应通过内部经办信息系统比对及信息共享，核实用人单位已停止为失业人员缴纳社会保险费即可确认，不得要求失业人员出具终止或者解除劳动关系证明、失业登记证明等其他证明材料。

三、加速推进失业保险金网上申领，力争在2020年4月底前，所有地（市）均能实现失业保险金网上申领，力争在6月底前直辖市、省会城市、计划单列市实现手机申领。要及时做好与国家社会保险公共服务平台和全国人社政务服务平台开通的失业保险金网上申领统一入口的对接，推进全国范围“一网通办”。网上经办系统应做到界面友好、标识清晰、指示明确、路径简洁，凡能够通过内部比对获取的信息，应自动生成电子表单，请失业人员确认即可。系统应当包含纠错功能，及时在线受理群众异议，限时反馈处理结果。

四、失业人员申领失业保险金，经办机构应依据社会保险法和《失业保险条例》规定的领金条件进行审核，不得增加失业人员义务，不得附加和捆绑培训等其他条件，不得以超过60日申领期限为由拒发失业保险金。不得要求失业人员转移档案，失业人员有视同缴费年限的，可以通过内部信息共享等方式查明；不得将失业人员领取失业保险金的情况记入职工档案。

五、对超过法定退休年龄但尚未依法享受基本养老保险待遇的参保失业人员，经办机构应在其办理失业登记后，按规定发放失业保险金。失业人员申领失业保险金，经办机构应当同时为其办理失业登记和失业保险金发放，实行“一门、一窗”办理，避免“进多个门，跑多次腿”。

六、各地要严格执行社会保险法关于停止领取失业保险金的规定，非法定情形不得停发。经办机构以失业人员重新就业为由停发失业保险金时，可以用人单位是否为其缴纳社会保险费为标准确定是否重新就业。

七、经办机构要加大宣传力度，提示参保单位应当履行告知失业人员有申领失业保险金权利的法定义务。可利用用人单位办理参保缴费人员增减申报等业务的时机，向其发放《失业保险金申领告知书》，也可采取网上信息推送、微信、短信、电话及其他方式提醒用人单位及时履行告知义务。用人单位与职工办理终止或者解除劳动关系时，应将《失业保险金申领告知书》交给失业人员。

八、各级人社部门要把好失业保险基金安全关，定期对统筹地区领金人员信息比对核查，对核查发现已重新就业、享受基本养老保险待遇、死亡等停止领取失业保险金的情形但仍然领取失业保险金的违规行为要及时纠正。对部级社会保险比对查询信息系统定期反馈的疑似违规人员名单信息，要及时核实确认，防止冒领、重复领取。经办机构对冒领、骗领等违规行为依法追究责任。

九、加强组织领导。畅通失业保险金申领渠道，直接关系失业人员切身利益，关系民生底线和社会稳定。各地要把“为民服务解难题”作为失业保险经办系统的价值追求，尽快调整完善申领办法，确保符合条件的失业人员应发尽发，应保尽保。要学习部分地区的先进做法，加速推进“网上办”，提高经办服务便捷性。要在2020年底前开展线上线下失业保险服务“好差评”工作，有针对性地提出改进措施。要加强经办人员业务培训，及时掌握新政策、新要求，打造让人民满意的失业保险经办服务。

2020年3月5日

人力资源社会保障部办公厅　公安部办公厅关于颁布保卫管理员国家职业技能标准的通知

人社厅发〔2020〕25号

各省、自治区、直辖市及新疆生产建设兵团人力资源社会保障厅（局）、公安厅（局）：

根据《中华人民共和国劳动法》有关规定，人力资源社会保障部、公安部共同制定了保卫管理员国家职业技能标准，现予颁布施行。原相应国家职业技能标准同时废止。

2020年3月6日

保卫管理员国家职业技能标准目录

序号	职业编码	职业名称
1	3-02-02-00	保卫管理员

注：该职业技能标准内容可在人力资源社会保障部官网查询。

中共中央组织部办公厅
人力资源社会保障部办公厅关于应对
新冠肺炎疫情影响做好事业单位
公开招聘高校毕业生工作的通知

人社厅发〔2020〕27号

各省、自治区、直辖市及新疆生产建设兵团党委组织部、政府人力资源社会保障厅（局），中央和国家机关各部委、各人民团体组织人事部门：

习近平总书记在统筹推进新冠肺炎疫情防控和经济社会发展工作部署会议上强调，“要注重高校毕业生就业工作，统筹做好毕业、招聘、考录等相关工作，让他们顺利毕业、尽早就业”。为切实贯彻落实习近平总书记的重要讲话精神，现就应对新冠肺炎疫情影响做好事业单位公开招聘高校毕业生工作有关事项通知如下。

一、各地各部门要落实分区分级精准防控要求，在切实做好疫情防控工作的同时，安全有序开展事业单位公开招聘工作。要创新招聘方式，尽量采用电话、视频、网络等形式组织线上报名、笔试、面试。对疫情低风险地区，可在落实卫生防疫要求、控制规模、确保安全的前提下，开展现场笔试、面试等工作。对疫情高、中风险地区高校毕业生报名参加招聘的，暂不组织现场笔试、面试，以适当方式开展线上笔试、面试。

二、要加大事业单位面向高校毕业生的公开招聘力度，今明两年事业单位空缺岗位主要用于专项招聘高校毕业生（含择业期内未落实工作单位的高校毕业生）。其中，湖北省事业单位可以面向湖北省高校的毕业生或湖北籍高校毕业生开展专项招聘。

三、要组织指导事业单位及早发布招聘公告，公布岗位数量和岗位条件，及时为高校毕业生应聘提供岗位信息，增加就业机会。招聘公告须在事业单位人事综合管理部门公开招聘服务平台、主管部门网站上发布；有条件的地区，可在省级事业单位人事综合管理部门公开招聘服务平台上集中发布；要有针对性地通过报纸、电视、广播、网络等媒介广泛推介招聘信息，扩大信息发布范围和社会知晓度。

四、要积极鼓励和引导高校毕业生到艰苦边远地区基层事业单位工作，在打赢脱贫攻坚战、决胜全面建成小康社会中建功立业。艰苦边远地区乡镇事业单位招聘本科以上高校毕业生、县级事业单位招聘硕士以上高校毕业生，以及招聘行业、岗位、脱贫攻坚急需紧缺专业高校毕业生，可以结合实际情况，采取面试、直接考察的方式公开招聘；可以根据应聘人员报名、专业分布等情况适当降低开考比例，或不设开考比例，划定成绩合格线。

五、要积极鼓励和引导高校毕业生参加

“三支一扶”基层服务项目计划。对高校毕业生参加“三支一扶”计划服务期满且考核合格的，可以按照有关规定进行专项招聘，并增加工作实绩在组织考察中的权重。对今明两年经省级人力资源社会保障部门统一组织招募参加“三支一扶”计划，服务期满且考核合格的人员，所在基层事业单位有岗位空缺的可以直接聘用，并不再约定试用期。

六、各地各部门要根据疫情防控要求，制定事业单位公开招聘活动防疫指南，落实落细各项防疫措施。事业单位人事综合管理部门、主管部门和事业单位要统筹毕业和招聘工作的衔接，优化做好高校毕业生特别是疫情严重地区高校毕业生公开招聘报名、考试、考察、体检、聘用报到等工作，保障疫情高风险地区高校毕业生公平参加招聘的权益，切实把党中央、国务院对高校毕业生的关心关爱落实到位。

2020 年 3 月 11 日

人力资源社会保障部办公厅关于组织开展支援湖北劳务协作专项对接工作的通知

人社厅发〔2020〕28号

各省、自治区、直辖市及新疆生产建设兵团人力资源社会保障厅（局）：

为贯彻落实习近平总书记关于统筹推进新冠肺炎疫情防控和经济社会发展工作的重要指示精神，有序推进湖北籍劳动者返岗复工和外出务工，加大对湖北省就业工作的支持，现就开展支援湖北劳务协作专项对接工作通知如下：

一、工作任务

按照分区分级精准复工复产要求，坚持“区域协作、精准对接”原则，充分发挥区域互补优势，组织湖北省与天津、上海、江苏、浙江、福建、广东等省市（以下简称东部等省市）开展劳务对接，建立劳务协作对接机制。对有工作岗位的湖北籍劳动者，通过多种形式组织返岗；对未就业、有劳动能力和外出就业意愿的湖北籍劳动者，开展岗位对接，组织劳务输出，加快恢复和稳定湖北地区和湖北籍劳动者就业。鼓励其他有条件的地区主动对接湖北省，开展劳务协作，提供专项帮扶。

二、实施时间

2020年4月至6月。

三、工作内容

（一）建立对接机制。东部等省市与湖北省签署劳务协作协议或合作备忘录，明确目标任务、进度安排和保障措施，增强劳务协作针对性和有效性，提升劳务组织化程度。鼓励以市、县为主体，开展劳务协作，细化实化具体工作措施。

（二）组织有序返岗。东部等省市组织动员辖区内已复工企业，通过农民工返岗复工“点对点”用工对接服务平台等渠道，填报需返岗湖北籍员工信息。湖北省按照疫情防控要求，积极稳妥推进湖北籍劳动者返岗。对返岗时间、目的地较集中的，双方协商通过专车专列等方式，“点对点”直达运送；对返岗时间、目的地较分散的，做好联络衔接、健康服务等工作。

（三）开展定向招聘。东部等省市组织动员辖区内企业提供一批招聘岗位，明确技能、岗位要求等信息，形成岗位供给清单。湖北省对外出务工人员较多的地区，进行劳动者务工需求调查，形成务工需求清单。加强需求清单与供给清单的匹配对接，充分利用互联网渠道，相互推送信息，开展网络招聘会、小型现场招聘会，推广视频面试、远程招聘等辅助服务。疫情低风险地区，在做好疫情防控的前提下，适时开展供需对接活动，促进人岗匹配。

（四）加强专项援助。东部等省市落实常住地服务要求，为滞留当地的湖北籍劳动者提供专项帮扶，对其中有就业能力、就业意愿且通过健康检测、医学观察获取健康码“绿码”的人员，优先提供职业介绍等服务，落实就业扶持政策。对符合条件的纳入就业援助范围，进行重点帮助。

（五）做好疫情防控。湖北省与东部等省市要做好跨地区劳务输出的防疫工作，推进健康码互认工作，做好输送人员的信息对接、健康检测、防疫防护，并指导企业提供必要的防护措施，确保员工安全返岗、安全生产。

四、保障措施

（一）强化组织领导。我部建立工作协调机制，加强对劳务协作专项对接工作的统筹协调。湖北省与东部等省市要组建工作专班，指定专人负责，细化工作方案，加强沟通协调和工作联动。

（二）加强政策扶持。各地要提高认识，加大对湖北省的支持力度，对符合就业扶持政策条件的，落实相关政策。要坚决纠正对湖北籍劳动者的就业歧视，保障务工人员平等就业权益。

（三）拓展服务手段。各地要拓展线上服务，开展针对湖北地区和湖北籍劳动者的网络招聘活动。我部在“百日千万网络招聘专项行动”中设立湖北地区专场，集中发布企业岗位信息，为劳动者求职提供信息服务。

（四）及时总结完善。鼓励大胆实践、积极探索，及时完善措施、总结工作成效；对工作中出现的问题，共同研究，提出改进建议。行动中发现的重要问题和形成的有效做法要及时报我部就业促进司。

2020 年 3 月 27 日

人力资源社会保障部办公厅关于做好人力资源和社会保障政务服务“好差评”工作的通知

人社厅发〔2020〕31号

各省、自治区、直辖市及新疆生产建设兵团人力资源社会保障厅（局），部属各单位：

为深入学习贯彻习近平新时代中国特色社会主义思想，贯彻落实党的十九大和十九届二中、三中、四中全会精神，按照《国务院办公厅关于建立政务服务“好差评”制度提高政务服务水平的意见》（国办发〔2019〕51号）要求，现就做好人力资源和社会保障政务服务（以下简称人社政务服务）“好差评”工作通知如下。

一、工作目标

2020年底前，各级人力资源社会保障部门按照国办发〔2019〕51号文件和本级政府要求，结合系统特点，全面开展线上线下人社政务服务“好差评”工作，实现服务事项全覆盖、评价对象全覆盖、服务渠道全覆盖，确保每个企业和群众都能自愿自主真实评价。建立评价数据自下而上归集分析机制，全面及时准确了解企业和群众对人社政务服务的感受和诉求，有针对性地改进服务，促进服务水平持续提高。

二、主要任务

（一）厘清政务服务事项。各级人力资源社会保障部门要进一步落实好《关于规范人力资源社会保障系统行政审批和公共服务事项清单的指导意见》（人社部发〔2018〕75号），完善规范事项清单和办事指南，实现同一事项名称统一、编码统一、标准统一，逐步实现办事指南统一。要按照设定依据的立改废释、机构和职能调整、信息化手段应用、经办模式升级等情况，动态调整政务服务事项清单，精减所需材料，压缩办理时限。要探索将程序相似、材料相近、结果关联的多个事项整合为企业和群众眼里的“一件事”，对流程再造和优化。各级窗口单位依据事项清单，开展“好差评”工作。（责任单位：部行风办牵头，部属有关单位、各级人力资源社会保障部门参与）

（二）畅通政务服务评价渠道。政务服务实体大厅要在服务窗口醒目位置设置评价器或评价二维码，提供“很好”“好”“一般”“差”“很差”或“非常满意”“满意”“基本满意”“不满意”“非常不满意”5类评价，满足现场服务“一次一评”。人社政务服务平台，包括网上经办系统、12333服务热线、移动服务端、自助服务端等服务渠道，要设置评价功能模块或环节，在提供5类评价基础上，按照设计说明（见附件1）细化评价问询表单，满足网上服务“一事一评”。对在服务结束后没有即时作出评价的企业和群众，可在7

日内补充评价。（责任单位：各级人力资源社会保障部门及其所属窗口单位依职能分别负责）

（三）强化政务服务差评核查整改。窗口单位要对差评进行即时回访核实。对情况清楚、诉求合理的，做到立行立改；对情况复杂、一时难以解决的，建立台账限期整改；对缺乏法定依据的，做好解释说明。经核实为误评、恶意差评或诉求不符合规定并已做出解释说明的差评，不予采纳。做好差评整改情况记录，做到差评件件有整改、实名差评件件有反馈。各级人力资源社会保障部门要随机抽取不低于20%的差评，开展整改情况回访调查。每年12月底，形成差评整改情况报告，报上一级人力资源社会保障部门。（责任单位：各级人力资源社会保障部门及其所属窗口单位依职能分别负责）

（四）归集政务服务评价数据。依托全国人社政务服务平台，按照统一的数据范围（见附件2），归集各级人社政务服务“好差评”数据。部属窗口单位的评价数据由全国人社政务服务平台直接生成。省、市、县窗口单位的评价数据，通过省级人社政务服务平台实时同步上传至全国人社政务服务平台，暂不具备实时同步条件的可按月上传。各地人力资源社会保障部门要加强与当地数据管理或政务服务部门的沟通，建立评价数据共享交换机制，及时获取人社政务服务评价数据。（责任单位：部信息中心牵头，部属有关单位、各级人力资源社会保障部门参与）

（五）开展实体大厅服务情况实时监测调度。依托部监测指挥平台，在前期试点基础上，统一组织通过视频设备接入方式，对窗口单位实体大厅服务情况进行实时监测；通过手机云视频接入方式，对人社政策落实有关情况进行调度。已建成全省监测指挥平台的，要加强与部监测指挥平台的对接；未建设的，要将县以上窗口单位实体大厅逐步接入部监测指挥平台。对统一进驻当地政府政务服务中心的，应协调将人社政务服务窗口接入部监测指挥平台。窗口单位要完善实体大厅实时监控功能，为服务差评的核实整改提供依据。（责任单位：部规划司、行风办、信息中心牵头，部属有关单位、各级人力资源社会保障部门参与）

（六）加强服务评价数据分析应用。部里根据归集的评价数据，结合监测调度情况，对全国人社政务服务“好差评”情况开展分区域、分业务、分时段等比较分析，挖掘企业和群众反映较为集中的问题，逐项推动解决。各地人力资源社会保障部门要定期对本地人社政务服务“好差评”数据进行分析，及时发现堵点难点，找准企业和群众的诉求期盼，有针对性地提出改进服务措施并抓好整改落实。（责任单位：部行风办、部信息中心、部属有关单位、各级人力资源社会保障部门依职能分工负责）

三、有关要求

（一）加强组织领导。把做好人社政务服务“好差评”工作作为深化“放管服”改革的重要举措，逐级加强指导，层层压实责任，抓好组织实施。明确责任单位和责任人，制定时间表和路线图，确保按期完成目标任务。部属有关单位要充分发挥在厘清服务事项、优化经办流程、督促差评整改、分析应用数据等方面的职能作用。地方人力资源社会保障部门要做好具体实施工作，近期要按照新冠肺炎疫情防控工作的要求，做好衔接，并加强与部里的沟通联系。

（二）实施正向引导。将人社政务服务“好差评”情况纳入绩效评价。健全激励机制，对企业和群众评价满意度高的单位和人员，按照国家有关规定进行表彰和奖励。及时总结推广创新做法，加大典型经验宣传力度，不断激发改进服务的内生动力，形成比学赶帮超的良好氛围。

（三）规范评价管理。要制定“好差评”管理办法，规范“好差评”工作流程，保护评价人和被评价人权益，不得强迫或干扰评价人的评价行为，允许被评价人举证解释、申诉申辩和申诉复核，严格对误评和恶意评价结果的更正程序。鼓励各地人力资源社会保障部门在国家标准和行业标准的基础上，制定更高的地方人社政务服务评价标准。

（四）主动接受监督。支持社会各界“综合点评”，通过意见箱、热线电话、投诉平台等渠道，主动接受社会各界综合性评价。积极开展人社政务服务调查，可委托第三方独立开展评估。公开政务服务评价信息，将政务服务情况、评价结果及整改情况，通过门户网站、政务服务平台和新闻媒体向社会公开，推动形成愿评、敢评、评了管用的社会共识。做好风险评估，落实属地责任，及时稳妥处理相关舆情。

附件：1. 线上服务评价问询表单设计说明

2. 人社政务服务评价数据归集范围

2020 年 3 月 19 日

附件 1

线上服务评价问询表单设计说明

当地人民政府已统一设计政务服务“好差评”线上服务评价问询表单的，应按其要求应用。没有统一规定的，应自行设计，主要分为 3 个部分：

第一部分：总体评价。分为 5 个等级：“非常满意、满意、基本满意、不满意、非常不满意”或“很好、好、一般、差、很差”。

第二部分：选择评价。当选择不满意、非常不满意时，评价人可从以下几方面进行勾选：1. 材料方面。①材料多；②重复交。2. 时限方面。①办结时限长；②排队时间久。3. 咨询方面。①解答不清；②态度不好。4. 查询方面。①更新不及时；②登录认证不方便。5. 导航方面。①事项不好找；②流程不清晰。

第三部分：自由评价。对本次服务的改进建议，字数不超过 200 字。

附件 2

人社政务服务评价数据归集范围

一、服务事项名称和编码。

二、服务机构层级和名称。

三、办理渠道。包括实体大厅、网上经办系统、12333 服务热线、移动服务端、自助服务端等5种渠道。

四、评价结果。5个等级："很好""好""一般""差""很差"或"非常满意""满意""基本满意""不满意""非常不满意"。未进行评价的事项也要上传。

五、线上政务服务问询表单数据。指附件1的选择评价和自由评价数据。

六、评价时间。实施评价的具体时间，格式为"×年×月×日×时×分×秒"。

人力资源社会保障部办公厅关于颁布水泥生产工等3个国家职业技能标准的通知

人社厅发〔2020〕32号

各省、自治区、直辖市及新疆生产建设兵团人力资源社会保障厅（局），国务院有关部委、直属机构人事劳动保障工作机构，有关行业组织人事劳动保障工作机构，中央军委政治工作部兵员和文职人员局：

根据《中华人民共和国劳动法》有关规定，我部组织制定了水泥生产工、石膏制品生产工、乳品评鉴师等3个国家职业技能标准，现予颁布施行。原相应国家职业技能标准同时废止。

2020年3月30日

3个国家职业技能标准目录

序号	职业编码	职业名称
1	6-15-01-01	水泥生产工
2	6-15-01-05	石膏制品生产工
3	6-02-04-02	乳品评鉴师

注：以上职业技能标准内容可在人力资源社会保障部官网查询。

人力资源社会保障部办公厅 国家体育总局办公厅 关于颁布社会体育指导员等2个国家职业技能标准的通知

人社厅发〔2020〕35号

各省、自治区、直辖市及新疆生产建设兵团人力资源社会保障厅（局）、体育局：

根据《中华人民共和国劳动法》有关规定，人力资源社会保障部、国家体育总局共同制定了社会体育指导员等2个国家职业技能标准，现予颁布施行。原相应国家职业技能标准同时废止。

2020年3月19日

2个国家职业技能标准目录

序号	职业编码	职业名称
1	4-13-04-01	社会体育指导员
2	4-13-04-03	游泳救生员

注：以上职业技能标准内容可在人力资源社会保障部官网查询。

人力资源社会保障部办公厅
住房和城乡建设部办公厅
关于落实新冠肺炎疫情防控期间暂缓缴存农民工工资保证金政策等有关事项的通知

人社厅发〔2020〕40号

各省、自治区人力资源社会保障厅、住房和城乡建设厅，直辖市人力资源社会保障局、住房和城乡建设（管）委，新疆生产建设兵团人力资源社会保障局、住房和城乡建设局：

为深入贯彻习近平总书记关于统筹推进新冠肺炎疫情防控和经济社会发展工作的重要指示精神，更好实施就业优先政策，加快落实阶段性、有针对性的减负措施，推动建筑企业复产复工，现就房屋建筑和市政基础设施工程建设项目暂缓缴存农民工工资保证金等有关事项通知如下：

一、按照《国务院办公厅关于应对新冠肺炎疫情影响强化稳就业举措的实施意见》（国办发〔2020〕6号）要求，尽快制定本地区具体落实办法，确保自实施意见发布之日起至2020年6月底前，暂缓缴存农民工工资保证金政策不折不扣落实落地，政策实施期内新缴存的农民工工资保证金要尽快返还。

二、严格落实农民工工资保证金差异化存储办法，对一定时期内未发生拖欠工资的施工企业，依法依规实行减免措施，切实减轻工资支付记录良好企业的资金压力。

三、加快推行金融机构保函，鼓励使用银行类金融机构出具的银行保函替代现金农民工工资保证金，有条件的地区可以积极引入工程担保公司保函或工程保证保险。

四、加快推行建筑工人实名制管理制度，确保开复工的房屋建筑和市政基础设施工程项目建筑工人实名制管理全覆盖。对严格落实建筑工人实名制管理制度、规范管理农民工工资专户的建筑企业可按本地区规定享受农民工工资保证金差异化缴存政策。

各地区人力资源社会保障部门、住房和城乡建设主管部门要加强政策落实情况的督促检查，强化部门协调配合，按照职责分工共同做好现阶段暂缓缴存农民工工资保证金等相关工作。

请于2020年7月31日前，将本地区暂缓缴存农民工工资保证金政策落实情况及缓缴金额报人力资源社会保障部劳动监察局、住房和城乡建设部建筑市场监管司。

2020年4月9日

人力资源社会保障部办公厅　财政部办公厅关于发布就业补贴类政策清单及首批地方线上申领平台的通知

人社厅发〔2020〕44 号

各省、自治区、直辖市及新疆生产建设兵团人力资源社会保障厅（局）、财政厅（局）：

为深入贯彻习近平总书记关于统筹推进新冠肺炎疫情防控和经济社会发展工作的重要指示精神，全面强化稳就业举措落实，人力资源社会保障部、财政部梳理形成了现行鼓励企业（单位）吸纳就业和支持劳动者就业创业的就业补贴类政策清单，并汇总了各地线上申领平台。现予公布，并就有关事项通知如下：

一、各地要对照就业补贴类政策清单，在确保中央政策落实落地的基础上，结合本地实际，进一步细化完善本地政策清单，明确补贴对象、补贴标准、申领流程、受理机构、办理时限、政策依据，并主动向社会公布。

二、已实现就业补贴类政策线上申领的地方，要切实保障线上申领渠道畅通，逐步推动所有补贴事项实现线上办理。要加大宣传力度，通过主动推送、媒体宣传、经办服务等各种渠道广泛宣传线上申领平台，使用人单位和劳动者了解并运用线上申领平台，推动线上办成为政策申领主渠道。

三、尚未实现线上申领的地区，要加快进度，抓紧建立完善经办信息系统，力争今年 6 月底前实现线上办理。对仍需现场办理的，要及时公布受理机构、联系方式和地址，大力推广电话申请、邮寄办理、代办服务等方式，尽可能实行各类补贴政策不见面申领、一次性办理。要切实精简材料，优化流程，缩短办理时间，切实提升用人单位和劳动者获得感、满意度。

附件：1. 就业补贴类政策清单

2. 各地就业补助资金线上申领平台（略）

2020 年 4 月 23 日

附件 1

就业补贴类政策清单

一、鼓励企业（单位）吸纳就业政策

（一）职业培训补贴

1. 补贴对象：

对企业新录用贫困家庭子女、毕业年度高校毕业生、城乡未继续升学应届初高中毕业生、农村转移就业劳动者、城镇登记失业人员，签订 1 年以上期限劳动合同、并于签订劳动合同之日起 1 年内，参加岗位技能培训的，取得职业资格证书后给予职工个人或企业职业培训补贴。

企业在职职工参加新型学徒制培训、技师培训，取得职业资格证书的，给予职工个人或企业职业培训补贴。

企业、农民专业合作社和扶贫车间等各类生产经营主体吸纳贫困劳动力就业并开展以工代训的，根据吸纳人数，给予最长不超过 6 个月的职业培训补贴。

受新冠肺炎疫情影响的企业，在停工期、恢复期组织职工参加线上线下培训的，按规定纳入补贴类培训范围。

2. 补贴标准：由省级人社、财政部门确定。

3. 申领流程：

企业申请职工岗位技能培训、技师培训、新型学徒制培训补贴，应向人社部门提供培训机构开具的税务发票等。企业在开展技师培训或新型学徒制培训前，应将培训计划、培训人员花名册、劳动合同复印件报当地人社部门备案。

人社部门审核后，对个人申请的培训补贴或生活费补贴资金，按规定支付到申请者本人社会保障卡银行账户（或其他银行账户，由申请者自主选择，下同）或个人信用账户；对企业和培训机构代为申请或直补培训机构的培训补贴资金，支付到企业和培训机构的银行账户。

4. 受理机构：当地人社部门。

5. 政策依据：

国务院办公厅关于应对新冠肺炎疫情影响强化稳就业举措的实施意见（国办发〔2020〕6 号）

财政部、人力资源社会保障部关于印发《就业补助资金管理办法》的通知（财社〔2017〕164 号）

人力资源社会保障部、财政部关于进一步加大就业扶贫政策支持力度着力提高劳务组织化程度的通知（人社部发〔2018〕46 号）

人力资源社会保障部、财政部关于进一步精简证明材料和优化申办程序充分便利就业补贴政策享受的通知（人社部发〔2019〕94 号）

（二）社会保险补贴

1. 补贴对象：

招用就业困难人员并缴纳社会保险费的单位（就业困难人员是指因身体状况、技能水平、家庭因素、失去土地等原因难以实现就业，以及连续失业一定时间仍未实现就业的人员，具体范围由各省级人民政府确定，并实施动态调整）。

通过公益性岗位安置就业困难人员并缴纳社会保险费的单位。以及通过消杀防疫、保洁环卫等城镇临时性公益岗位安置人员的单位（受理截止期限为 2020 年 12 月 31 日）。

招用离校 2 年内未就业高校毕业生，签订 1 年以上劳动合同并缴纳社会保险费的小微企业。

2. 补贴标准：

对招用或安置就业困难人员的单位，按其为就业困难人员实际缴纳的基本养老保险费、基本医疗保险费和失业保险费给予补贴，不包括个人缴纳部分。补贴期限除对距法定退休年龄不足 5 年的可延长至退休外，其余人员最长不超过 3 年。阶段性减免社会保险费期间，企业吸纳就业困难人员的社会保险补贴可顺延。临时性公益性岗位社保补贴期限最长不超过 6 个月。

对公益性岗位期满后仍难以通过其他渠道实现就业的大龄就业困难人员、零就业家庭成员、重度残疾人等特殊困难人员，可再次按程序通过公益性岗位予以安置，补贴期限重新计算，并报送省级人社、财政部门备案，累计安置次数原则上不超过 2 次。2020 年 1 月 1 日—12 月 31 日，对从事公益性岗位政策期满仍未实现稳定就业的，政策享受期限可延长 1 年。

对招用符合条件高校毕业生的小微企业，按其为高校毕业生实际缴纳的基本养老、基本医疗和失业保险费给予补贴，不包括个人缴纳部分，期限最长不超过 1 年。

3. 申领流程：

社会保险补贴实行“先缴后补”，并根据资金具体用途分别遵循以下要求：

招用就业困难人员的单位和招用符合条件高校毕业生的小微企业，向当地人社部门提供以下材料：基本身份类证明（包括身份证、就业创业证、就业失业登记证、社会保障卡，任选其一即可，下同）或毕业证书复印件、劳动合同复印件等。

通过公益性岗位安置就业困难人员的单位，申请社会保险补贴应向当地人社部门提供基本身份类证明复印件。

人社部门审核后，将补贴资金支付到单位银行账户。

4. 受理机构：当地人社部门。

5. 政策依据：

国务院办公厅关于应对新冠肺炎疫情影响强化稳就业举措的实施意见（国办发〔2020〕6 号）

财政部、人力资源社会保障部关于印发《就业补助资金管理办法》的通知（财社〔2017〕164 号）

人力资源社会保障部、教育部、公安部、财政部、中国人民银行关于做好当前形势下高校毕业生就业创业工作的通知（人社部发〔2019〕72 号）

人力资源社会保障部、财政部关于进一步精简证明材料和优化申办程序充分便利就业补贴政策享受的通知（人社部发〔2019〕94 号）

（三）公益性岗位补贴

1. 补贴对象：公益性岗位安置的就业困难人员、建档立卡贫困劳动力，以及各地开发的消杀防疫、保洁环卫等临时性公益岗位安置的人员（受理截止期限为 2020 年 12 月 31 日）。

2. 补贴标准：公益性岗位补贴标准参照当地最低工资标准执行。补贴期限最长不超过 3 年，对距法定退休年龄不足 5 年的可延长至退休。对补贴期满后仍难以通过其他渠道实现就业的大龄就业困难人员、零就业家庭成员、重度残疾人等特殊困难人员，可再次按程序通过公益性岗位予以安置，补贴期限重新计算，并报送省级人社、财政部门备案，累计安置次数原则上不超过 2 次。2020 年 1 月 1 日—12 月 31 日，对从事公益性岗位政策期满仍未实现稳定就业的，政策享受期限可延长 1 年。

乡村公益性岗位补贴标准根据劳动时间、劳动强度等因素确定，原则上不高于当地城镇公益性岗位补贴水平，为安置人员购买意外伤害商业保险，所签订的劳动合同或劳务协议最长期限不超过 1 年。

临时性公益性岗位补贴标准根据工作任

务和工作时间确定，补贴期限最长不超过6个月。

3. 申领流程：

通过公益性岗位安置就业困难人员、建档立卡贫困劳动力的单位，申请公益性岗位补贴应向当地人社部门提供以下材料：基本身份类证明复印件、单位发放工资明细账（单）等。

经人社部门审核后，将补贴资金支付到单位银行账户或公益性岗位安置人员本人社会保障卡银行账户。

4. 受理机构：当地人社部门。

5. 政策依据：

国务院关于进一步做好稳就业工作的通知（国发〔2019〕28号）

国务院办公厅关于应对新冠肺炎疫情影响强化稳就业举措的实施意见（国办发〔2020〕6号）

财政部、人力资源社会保障部关于印发《就业补助资金管理办法》的通知（财社〔2017〕164号）

人力资源社会保障部、财政部关于进一步精简证明材料和优化申办程序充分便利就业补贴政策享受的通知（人社部发〔2019〕94号）

人力资源社会保障部、财政部关于做好公益性岗位开发管理有关工作的通知（人社部发〔2019〕124号）

（四）就业见习补贴

1. 补贴对象：吸纳离校2年内未就业高校毕业生、16~24岁失业青年参加就业见习的单位。

2. 补贴标准：

由省级人社、财政部门确定。补贴用于见习单位支付见习人员见习期间基本生活费、为见习人员办理人身意外伤害保险，以及对见习人员的指导管理费用。

对见习人员见习期满留用率达到50%以上的单位，可适当提高见习补贴标准。

对因疫情影响见习暂时中断的，相应延长见习单位补贴期限。对见习期未满与高校毕业生签订劳动合同的，给予见习单位剩余期限见习补贴。

3. 申领流程：

见习单位向当地人社部门提供以下材料：基本身份类证明（或毕业证书）复印件、就业见习协议书、单位发放基本生活补助明细账（单）、为见习人员办理人身意外伤害保险发票复印件。

人社部门审核后，将补贴资金支付到单位银行账户。

4. 受理机构：当地人社部门。

5. 政策依据：

国务院关于做好当前和今后一个时期促进就业工作的若干意见（国发〔2018〕39号）

国务院办公厅关于应对新冠肺炎疫情影响强化稳就业举措的实施意见（国办发〔2020〕6号）

财政部、人力资源社会保障部关于印发《就业补助资金管理办法》的通知（财社〔2017〕164号）

人力资源社会保障部、财政部关于进一步精简证明材料和优化申办程序充分便利就业补贴政策享受的通知（人社部发〔2019〕94号）

（五）一次性吸纳就业补贴

1. 补贴对象：吸纳登记失业半年以上人员就业且签订1年以上劳动合同并按规定缴纳社会保险的企业（实施期限为2020年全年）；

2020年春节期间（截至2月9日）开工生产、配送疫情防控急需物资的企业；

招用毕业年度高校毕业生并签订1年以上劳动合同的中小微企业（政策受理截止期限为2020年12月31日）。

2. 补贴标准：由省级人社、财政部门确定。

3. 申领流程：由省级人社、财政部门确定。

4. 受理机构：当地人社部门。

5. 政策依据：

国务院关于进一步做好稳就业工作的通知（国发〔2019〕28号）

国务院办公厅关于应对新冠肺炎疫情影响强化稳就业举措的实施意见（国办发〔2020〕6号）

人力资源社会保障部、教育部、财政部、交通运输部、国家卫生健康委关于做好疫情防控期间有关就业工作的通知（人社部明电〔2020〕2号）

二、支持劳动者就业创业的政策

（一）职业培训补贴

1. 补贴对象：贫困家庭子女、毕业年度高校毕业生、城乡未继续升学的应届初高中毕业生、农村转移劳动者、城镇登记失业人员参加就业技能培训和创业培训，培训后取得职业资格证书的（或职业技能等级证书、专项职业能力证书、培训合格证书）。

2. 补贴标准：由省级人社、财政部门根据培训成本、培训时长、市场需求和取得相关证书情况等确定。

农村学员和城市低保家庭学员参加劳动预备制培训的，以及2019、2020年就业困难人员和零就业家庭成员参加培训的，培训期间同时给予一定的生活费补贴。

3. 申领流程：上述人员向当地人社部门提供以下材料：基本身份类证明原件或复印件、培训机构开具的税务发票（或行政事业性收费票据，下同）等。

人社部门审核后，对个人申请的培训补贴或生活费补贴资金，按规定支付到申请者本人社会保障卡银行账户（或其他银行账户，由申请者自主选择，下同）或个人信用账户。

4. 受理机构：当地人社部门。

5. 政策依据：

国务院关于做好当前和今后一个时期促进就业工作的若干意见（国发〔2018〕39号）

财政部、人力资源社会保障部关于印发《就业补助资金管理办法》的通知（财社〔2017〕164号）

人力资源社会保障部、财政部关于进一步精简证明材料和优化申办程序充分便利就业补贴政策享受的通知（人社部发〔2019〕94号）

（二）职业技能鉴定补贴

1. 补贴对象：通过初次职业技能鉴定并取得职业资格证书（不含培训合格证）的贫困家庭子女、毕业年度高校毕业生、城乡未继续升学的应届初高中毕业生、农村转移劳动者、城镇登记失业人员。

2. 补贴标准：由省级人社、财政部门确定。对纳入重点产业职业资格和职业技能等级评定指导目录的，可适当提高补贴标准。

3. 申领流程：

上述人员向当地人社部门提供以下材料：基本身份类证明原件或复印件、职业技能鉴定机构开具的税务发票（或行政事业性收费票据）等。

人社部门审核后，将补贴资金支付到申请者本人社会保障卡银行账户。

4. 受理机构：当地人社部门。

5. 政策依据：

财政部、人力资源社会保障部关于印发《就业补助资金管理办法》的通知（财社〔2017〕164号）

人力资源社会保障部、财政部关于进一步精简证明材料和优化申办程序充分便利就业补贴政策享受的通知（人社部发〔2019〕94号）

（三）社会保险补贴

1. 补贴对象：灵活就业的就业困难人员、灵活就业的离校2年内未就业的高校毕业生。

2. 补贴标准：按灵活就业后缴纳的社会保险费，给予一定数额的社会保险补贴，原则上不超过其实际缴费的2/3。

就业困难人员社保补贴期限最长不超过3年，对距法定退休年龄不足5年的可延长至退休。高校毕业生社保补贴期限最长不超过2年。2020年1月1日—12月31日，对享受补贴政策期满仍未实现稳定就业的，政策享受期限可延长1年。

3. 申领流程：

上述人员应向当地人社部门提供基本身份类证明原件或复印件、灵活就业证明材料等。

人社部门审核后，将补贴资金支付到单位银行账户或申请者本人社会保障卡银行账户。

4. 受理机构：当地人社部门。

5. 政策依据：

国务院关于进一步做好稳就业工作的通知（国发〔2019〕28号）

国务院办公厅关于应对新冠肺炎疫情影响强化稳就业举措的实施意见（国办发〔2020〕6号）

财政部、人力资源社会保障部关于印发《就业补助资金管理办法》的通知（财社〔2017〕164号）

人力资源社会保障部、教育部、公安部、财政部、中国人民银行关于做好当前形势下高校毕业生就业创业工作的通知（人社部发〔2019〕72号）

人力资源社会保障部、财政部关于进一步精简证明材料和优化申办程序充分便利就业补贴政策享受的通知（人社部发〔2019〕94号）

（四）一次性求职创业补贴

1. 补贴对象：毕业学年有就业创业意愿并积极求职创业的低保家庭、贫困残疾人家庭、建档立卡贫困家庭和特困人员中的高校毕业生和中等职业学校（含技工院校）毕业生，残疾及获得国家助学贷款的高校毕业生和中等职业学校（含技工院校）毕业生。湖北高校及湖北籍2020届高校毕业生。

2. 补贴标准：由省级人社、财政部门确定。

3. 申领流程：

符合条件的毕业生所在学校申请求职创业补贴，应向当地人社部门提供毕业生获得国家助学贷款（或享受低保、身有残疾、建档立卡贫困家庭、贫困残疾人家庭、特困救助供养）证明材料、学籍证明复印件等。申请材料须经毕业生所在学校初审和公示。

当地人社部门审核后，将补贴资金支付到毕业生本人社会保障卡银行账户。

4. 受理机构：当地人社部门。

5. 政策依据：

国务院关于进一步做好稳就业工作的通知（国发〔2019〕28号）

国务院办公厅关于应对新冠肺炎疫情影响强化稳就业举措的实施意见（国办发〔2020〕6号）

财政部、人力资源社会保障部关于印发《就业补助资金管理办法》的通知（财社〔2017〕164号）

人力资源社会保障部、教育部、公安部、财政部、中国人民银行关于做好当前形势下高校毕业生就业创业工作的通知（人社部发〔2019〕72号）

人力资源社会保障部、财政部关于进一步精简证明材料和优化申办程序充分便利就业补贴政策享受的通知（人社部发〔2019〕94号）

（五）一次性创业补贴

1. 补贴对象：有条件的地区，首次创办小微企业或从事个体经营，且所创办企业或个体工商户自工商登记注册之日起正常运营1年以上的离校2年内高校毕业生、就业困难人员、返乡入乡创业人员。对贫困劳动力的一次性创业补贴，放宽到正常运营6个月以上。

2. 补贴标准：由省级人社、财政部门确定。

3. 申领流程：由省级人社、财政部门确定。

4. 受理机构：当地人社部门。

5. 政策依据：

国务院关于进一步做好稳就业工作的通知（国发〔2019〕28号）

财政部、人力资源社会保障部关于印发

《就业补助资金管理办法》的通知（财社〔2017〕164号）

人力资源社会保障部、财政部关于进一步加大就业扶贫政策支持力度着力提高劳务组织化程度的通知（人社部发〔2018〕46号）

人力资源社会保障部、财政部、农业农村部关于进一步推动返乡入乡创业工作的意见（人社部发〔2019〕129号）

人力资源社会保障部办公厅　财政部办公厅　民政部办公厅关于加大湖北地区和湖北籍劳动者就业支持力度的通知

人社厅发〔2020〕46号

各省、自治区、直辖市及新疆生产建设兵团人力资源社会保障厅（局）、财政厅（局）、民政厅（局）：

当前，各地在抓好新冠肺炎疫情防控的同时，积极有序推进复工复产。与此同时，湖北地区及湖北籍劳动者就业方面还存在一些困难障碍。为切实加大对湖北地区和湖北籍劳动者就业支持力度，维护劳动者合法权益，努力保持就业大局稳定，现就有关事项通知如下：

一、开展劳务协作专项对接。东部地区要及时掌握本地区企业用工需求和湖北员工返岗情况，主动与湖北地区做好信息对接。湖北地区要结合各地提供的人员信息和本地摸排情况，与输入地做好对接方案，对有外出意愿且外出时间、地点相对集中的劳动者，提供“点对点、一站式”直送服务，优先运送有外出就业意愿的建档立卡贫困劳动力。对公共就业服务机构、经营性人力资源服务机构、用人单位及劳务经纪人组织湖北地区和湖北籍劳动者开展跨区域有组织劳务输出的，给予就业创业服务补助。

二、鼓励企业吸纳湖北籍劳动者。搭建供需对接平台，在全国“百日千万网络招聘”专项行动中设立湖北专场，归集发布湖北地区企业招聘信息。广东、浙江、江苏等用工大省要开展专场招聘活动，动员本地企业更多招用湖北籍劳动者，特别是湖北籍建档立卡贫困劳动力。对企业新招用湖北籍劳动者，签订1年以上劳动合同并缴纳社会保险费的，有条件的地方可给予一次性吸纳就业补贴。鼓励人力资源服务机构整合企业招聘和用工信息，筛选一批就业岗位，开辟湖北地区和湖北籍劳动者线上招聘绿色通道。

三、鼓励自主创业和灵活就业。加大创业担保贷款及贴息支持力度，进一步扩大政策覆盖群体，适当降低政策门槛，允许合理展期，简化审批流程，提高办理效率，降低和取消反担保要求。对首次创办小微企业或从事个体经营，且所创办企业或个体工商户自工商登记之日起正常运营6个月以上的湖北籍创业人员，有条件的地方可给予一次性创业补贴。政府主办或投资的创业孵化基地等创业载体，可拿出一定场地，为湖北籍创业者提供一定期限的免费支持。鼓励湖北籍创业人员创办城乡社区服务类机构或企业，有条件的城乡社区可为其提供场地等方面支持。鼓励平台企业，通过优先录入平台、初期现金激励、开展技能培训等帮扶措施，支持湖北地区和湖北籍劳动者依托平台就业。对平台就业人员购置生产经营必需工具申请创业担保贷款的，提供绿色通道办理。

四、加强高校毕业生就业支持。对湖北高校及生源地为湖北的2020届高校毕业生，由高校所在地发放一次性求职创业补贴，加快审核发放进度。2020 年“三支一扶”计划中央财政补助名额向湖北倾斜。今明两年湖北省各类事业单位空缺岗位主要用于专项招聘高校毕业生，可以面向本省高校毕业生或本省户籍高校毕业生开展专项招聘。各地组织社区服务人员招聘时，可将相关名额向湖北高校和湖北籍高校毕业生倾斜。

五、及时提供就业援助。湖北地区和湖北籍失业人员，可在常住地公共就业服务机构办理失业登记，享受当地就业创业服务和政策扶持。对其中符合就业困难人员条件的，要及时纳入就业援助范围。对通过市场渠道确实难以就业的，按规定通过公益性岗位托底安置。各地民政部门要对求助的符合条件湖北籍困难群众提供救助帮扶，对其中有就业意愿和能力且符合当地疫情联防联控机制复工条件的，转介引导到当地人力资源社会保障部门，人力资源社会保障部门要及时向其提供岗位信息等免费公共就业服务。各地要加强心理疏导和社会工作服务，引导社会消除对治愈出院患者的排斥，及时为有求职意愿的治愈出院患者提供就业服务。落实残疾人就业税收优惠政策，加大对湖北地区和湖北籍残疾人就业的帮扶力度。

六、保障失业人员基本生活。对符合条件的湖北地区和湖北籍失业人员，及时发放失业保险金。对领取失业保险金期满仍未就业且距离法定退休年龄不足 1 年的人员，可继续发放失业保险金直至法定退休年龄。对湖北地区领取失业保险金期满仍未就业的失业人员、不符合领取失业保险金条件的参保失业人员，按照不高于当地失业保险金 80%的标准，发放 6 个月失业补助金。对符合最低生活保障条件的家庭，及时纳入最低生活保障范围。对符合临时救助条件的，给予临时救助。对符合残疾人生活补贴和护理补贴条件的，及时足额发放补贴。

七、规范招聘行为。各类用人单位、人力资源服务机构在拟定招聘计划、发布招聘信息、招用人员过程中，不得限制、禁止湖北籍务工人员应聘或提高录用标准。要快速受理、及时处置针对湖北籍劳动者就业歧视的举报投诉。对企业、人力资源服务机构发布招聘信息中含有不招用、限制招用湖北籍劳动者等歧视性内容的，依据相关法律法规责令改正，拒不改正或违法情节严重的依法处理。

八、加强组织实施。各地要结合实际情况，主动出谋划策，加强信息对接，帮助解决湖北地区和湖北籍劳动者就业面临的实际困难和具体问题。中央财政 2020 年加大对湖北省就业补助资金转移支付力度，各地财政部门要切实加强就业创业政策经费保障。

上述面向湖北地区和湖北籍劳动者的专项补贴政策，受理期限截至 2020 年 12 月 31 日。有关工作情况请及时报告。

2020 年 4 月 26 日

人力资源社会保障部办公厅 国家发展改革委办公厅 工业和信息化部办公厅 国务院扶贫办综合司 关于开展易地扶贫搬迁就业帮扶专项行动的通知

人社厅发〔2020〕48号

各省、自治区、直辖市及新疆生产建设兵团人力资源社会保障厅（局）、发展改革委、经信委（工信委、工信厅）、扶贫办（局）：

为贯彻落实习近平总书记关于易地扶贫搬迁就业帮扶工作的重要指示精神，落实中央脱贫攻坚专项巡视“回头看”整改任务，推动易地扶贫搬迁群众搬得出、稳得住、有就业，人力资源社会保障部、国家发展改革委、工业和信息化部、国务院扶贫办定于5月上旬至6月底开展易地扶贫搬迁就业帮扶专项行动。现就有关事项通知如下。

一、工作目标

以习近平新时代中国特色社会主义思想为指导，贯彻落实习近平总书记关于脱贫攻坚重要论述，聚焦有劳动能力和就业意愿的搬迁群众尤其是建档立卡贫困搬迁群众，聚焦易地扶贫搬迁大型安置区，综合运用就业服务各种措施，集中力量加大就业帮扶，促进一批搬迁群众就业创业。

二、工作任务

（一）开展全面摸排。各地要通过开展调查摸底、信息比对、数据共享等方式，依托各类复工复产大数据平台，摸清搬迁群众尤其是贫困劳动力就业情况，掌握其就业能力、就业需求和就业意愿，建立实名制台账，明确帮扶对象。

（二）定向投放岗位。各地要归集适合搬迁群众的岗位，定向投放大型搬迁安置区。东部扶贫协作省份和对口支援省份要动员辖区内企业提供招聘岗位，形成岗位供给清单，提供给搬迁安置区。

（三）组织外出务工。各地要依托东西部扶贫协作、对口支援、省内结对帮扶等机制，在务工需求摸底和岗位归集推送方面双向发力，促进精准对接，集中输出一批搬迁贫困劳动力。动员人力资源服务机构、劳务经纪人等市场主体，提供省内外对接、点对点劳务对接。培树宣介一批劳务品牌，以品牌带动一批贫困劳动力有组织输出。

（四）促进就地就业。各地要因地制宜实施一批当地重点建设项目和以工代赈项目，积极动员搬迁群众参与工程建设，提供就地就近就业岗位。推进扶贫车间复工复产，支持扶贫车间建设，优先吸纳搬迁贫困劳动力。鼓励开发区、工业园区对接搬迁安置区，提供园区就业岗位，支持中小企业吸纳搬迁贫困劳动力。统筹开发一批乡村公益性岗位，托底安置搬迁贫困劳动力。

（五）开展就业服务。各地要在大型安置区集中开展政策宣传，集中帮助搬迁群众了解、享受政策。组织职业指导，帮助提高务工常识和求职技巧。大力开展职业技能培训，按规定给予培训补贴和生活费补贴。组织线上线下招聘活动，指导搬迁群众利用“百日千万”网络招聘、本地网上招聘平台等线上渠道求职，根据疫情防控形势适时在万人以上大型安置区或者搬迁群众集中的县区组织专场招聘会。

三、工作要求

（一）加强组织领导。各地要高度重视易地扶贫搬迁就业帮扶专项行动，明确部门分工，加强协调配合，突出重点，共同发力。要实实在在做好就业帮扶工作，不能搞形式主义，坚决杜绝数字脱贫、虚假脱贫。人力资源社会保障部门要充分发挥牵头协调作用，负责具体实施；发展改革部门要通过实施重大项目、以工代赈项目，扩大易地扶贫搬迁安置区短期就业岗位；工业和信息化、发展改革等部门要指导各类开发区、工业园区以及中小企业向搬迁群众提供适合的就业岗位；扶贫部门要及时提供搬迁贫困人口信息，统筹东西部扶贫协作、定点扶贫资源，推进扶贫车间建设，支持搬迁群众就业。

（二）建立联系机制。各地要确定就业帮扶专项行动联系人，每个万人以上大型安置区要指定专人，各地联系人、每个万人以上大型安置区联系人（见附件 1）请于 5 月 10 日前上报人力资源社会保障部。

（三）广泛宣传引导。各地要及时梳理易地扶贫搬迁就业帮扶典型经验做法和搬迁安置区就业脱贫增收典型人物，充分利用网络、电视、报纸等多种媒体，广泛开展宣传。人力资源社会保障部、国家发展改革委、国务院扶贫办将以工作信息、微信公众号等方式总结推广。

（四）及时报告情况。各地要加强跟踪调度，按月上报有关工作进展（见附件 2、3）。同时，各地人社部门要会同发改、扶贫部门做好专项行动总结，于 6 月 30 日前将情况报告报送人力资源社会保障部。

附件：1. 易地扶贫搬迁就业帮扶专项行动联系人（略）
2. 易地扶贫搬迁群众就业情况统计表（略）
3. 易地扶贫搬迁贫困劳动力就业情况统计表（略）

2020 年 4 月 30 日

人力资源社会保障部办公厅关于做好人力资源社会保障部门职业资格实施机构职能调整有关工作的通知

人社厅发〔2020〕49号

各省、自治区、直辖市及新疆生产建设兵团人力资源社会保障厅（局）：

根据2019年12月国务院常务会议关于推进职业资格实施机构职能调整的有关要求，为推动政府职能转变，深化技能人才评价体制机制改革，现就做好人力资源社会保障部门职业资格实施机构职能调整有关工作通知如下。

一、深化职业资格改革，推动政府职能转变

按照党的十四届三中全会关于“实行学历文凭和职业资格两种证书制度”要求，我国从1994年开始建立职业资格证书制度，各级人力资源社会保障部门（原劳动部门）逐步建立职业技能鉴定中心，形成遍布全国、覆盖省市县的职业技能鉴定组织实施体系，承担组织实施职业技能鉴定、推行技能人员职业资格制度有关工作。2013年以来，国务院推进“放管服”改革，先后取消七批职业资格许可和认定事项，削减比例达70%以上。2017年9月，经国务院同意，我部向社会公布国家职业资格目录。2019年12月，国务院常务会议决定，水平评价类技能人员职业资格全部退出国家职业资格目录，推行社会化职业技能等级认定，并要求稳妥推进现有职业资格实施机构职能调整。这是推动政府职能转变、形成以市场为导向的技能人才培养使用机制的一场革命。

贯彻落实上述要求，各级人力资源社会保障部门职业技能鉴定中心（以下简称鉴定中心）要进行职能调整，从今年起有序退出水平评价类技能人员职业资格具体认定工作，转向加强质量监督、提供公共服务等工作。各级人力资源社会保障部门要提高政治站位，充分认识这项工作的重要意义，进一步明确政府、市场、用人主体在技能人才评价中的职能定位，做好技能人才评价制度改革工作。

二、积极稳妥做好技能人才评价工作

在有序做好水平评价类技能人员职业资格退出国家职业资格目录、推行社会化职业技能等级认定工作过程中，各级鉴定中心要在行政部门指导下做好以下工作：

（一）大力推动职业技能等级认定工作。做好用人单位和社会培训评价组织的征集遴选工作。依托用人单位和社会培训评价组织，将水平评价类技能人员职业资格转为职业技能等级认定，为技能人才队伍建设提供支持服务。

（二）加快技能人才评价基础工作。做好职业技能标准和评价规范开发、命题和题库建设、考务管理服务等的技术指导。加强考评人员、督导人员和专家队伍建设。推进信息化建设和信息统计分析工作。

（三）做好技能人才评价工作的监督管理。强化属地监管，加强对本地区职业技能等级认定工作的质量监管，对群众投诉举报和媒体报道反映的问题及时调查核实处理。

（四）做好技能竞赛的组织实施与技术支持工作。协助做好技能人才评选表彰和高技能人才研修交流服务等有关事务性工作。

三、有关要求

（一）各级人力资源社会保障部门要将职业资格实施机构职能调整作为深化“放管服”改革的重要内容和关键环节，列入重要议事日程，加强组织领导，扎实推动落实。要及时研究职能调整中遇到的新情况新问题，加大与有关部门政策沟通协调力度，积极稳妥推进，确保各项工作平稳有序进行。

（二）各级鉴定中心要围绕中心、服务大局，进一步明确职能定位，切实履行职责，面向社会提供公益服务，为机关行使职能提供支持保障。要简化程序，优化流程，积极组织动员用人单位和社会培训评价组织开展职业技能等级认定，做好技能人才培养评价工作。

（三）推进技能人才评价制度改革是一项涉及面广、政策性强的工作。各级人力资源社会保障部门要做好政策解读和舆论引导工作，提升公众知晓度，及时回应社会关切，营造良好氛围。

2020 年 5 月 8 日

人力资源社会保障部办公厅
国家卫生健康委办公厅关于颁布
助听器验配师等2个国家职业技能标准的通知

人社厅发〔2020〕51号

各省、自治区、直辖市及新疆生产建设兵团人力资源社会保障厅（局）、卫生健康委：

根据《中华人民共和国劳动法》有关规定，人力资源社会保障部、国家卫生健康委共同制定了助听器验配师等2个国家职业技能标准，现予颁布施行。原相应国家职业技能标准同时废止。

2020年5月8日

2个国家职业技能标准目录

序号	职业编码	职业名称
1	4-14-03-01	助听器验配师
2	4-14-03-02	口腔修复体制作工

注：以上职业技能标准内容可在人力资源社会保障部官网查询。

人力资源社会保障部办公厅　财政部办公厅关于做好2020年高校毕业生“三支一扶”计划实施工作的通知

人社厅发〔2020〕57号

各省、自治区、直辖市及新疆生产建设兵团人力资源社会保障厅（局）、财政厅（局）：

为贯彻落实《中共中央办公厅　国务院办公厅关于进一步引导和鼓励高校毕业生到基层工作的意见》和《国务院办公厅关于应对新冠肺炎疫情影响强化稳就业举措的实施意见》（国办发〔2020〕6号，以下简称国办发6号文件），更好发挥高校毕业生基层服务项目示范引领作用，引导和鼓励更多高校毕业生到基层工作，按照《中共中央组织部　人力资源社会保障部等九部门关于实施第三轮高校毕业生“三支一扶”计划的通知》（人社部发〔2016〕41号）安排，2020年全国拟选拔招募3.2万名高校毕业生到基层从事支教、支农（水利）、支医、扶贫等相关领域服务。现就有关事项通知如下：

一、紧贴基层需求，科学编制招募计划

聚焦决战决胜脱贫攻坚和新冠肺炎疫情防控等重大决策部署，中央财政补助名额进一步向贫困地区、革命老区、民族地区和边疆地区倾斜，对“三区三州”等深度贫困地区实行招募计划单列，52个未脱贫县招募需求全部纳入中央财政补助名额，加大对湖北等受疫情影响较大的省份支持力度，扩大支医服务岗位招募规模。各地要在《2020年“三支一扶”计划名额分配方案》基础上，结合基层实际情况，按照国办发6号文件关于扩大“三支一扶”计划等基层服务项目招募规模的要求，科学编制年度招募计划，对深度贫困县等脱贫攻坚任务重的地区要增加招募计划，提高扶贫服务人员招募比例；对基层公共卫生服务基础相对薄弱地区，加大支医服务人员选派力度；对招人难、留人难的艰苦边远地区，可适当提高本地户籍高校毕业生招募比例；优先招募建档立卡贫困家庭、零就业家庭的高校毕业生。

二、根据疫情防控情况，稳妥安排招募工作

各地要根据本地疫情防控情况，稳慎安排今年“三支一扶”人员招募工作。及时向社会公布招募工作安排，利用多种渠道开展招募宣传，广泛发动应届高校毕业生报名。严格规范招募流程，坚持公开平等、竞争择优，采取统一发布公告、统一报名、统一命题、统一公示等方式，保障考试公平。参照当地公务员考录、事业单位招聘等有关做法，安全稳妥组织好集中笔试工作。要积极完成中央下达的招募计划，未完成招募的将按照中央财政补助名额调剂制度向其他省份进行调剂，招募计划完成情况将作为来年计划分配重要参考。

三、强化培养使用，充分发挥应有作用

各地要完善“三支一扶”人员管理制度，积极推行“一帮一”“传帮带”制度，指导基层服务单位为每一名“三支一扶”人员明确指导老师，积极推选“三支一扶”人员兼任基层服务单位团委副书记、基层供销社主任助理等，加强培养锻炼。加强对“三支一扶”人员工作考核，注重日常表现考核和工作实绩考核，强化约束监督。要认真组织实施“三支一扶”人员能力提升专项计划，多层次开展岗前、在岗和离岗培训，进一步健全贯穿全服务周期的教育培训制度，提升“三支一扶”人员综合素质和专业水平。中央财政支持的专项培训项目另行下达。要会同教育、水利、农业农村、卫生健康、扶贫等行业主管部门将“三支一扶”人员纳入行业人才培训对象范围，加强专业技术和技能培训。

四、落实待遇保障，加强关心爱护

各地要切实加强对疫情防控一线“三支一扶”人员的关心关爱，符合一线医务人员条件的可按现行政策规定享受临时性工作补助。要按规定按月足额发放“三支一扶”人员工作生活补贴，全面落实社会保险、一次性安家费等政策。鼓励有条件的地方为“三支一扶”人员办理补充医疗保险、重大疾病、人身意外伤害等商业保险以及住房公积金，建立年度考核奖励机制。指导和协调基层服务单位结合实际安排好“三支一扶”人员食宿、交通、休假等基本工作生活条件，解决后顾之忧。尤其要关心在艰苦边远地区扶贫一线服务的“三支一扶”人员，加强人文关怀和健康安全保障措施。要多渠道、多形式搭建“三支一扶”人员交流平台，组织开展节日慰问座谈，激发他们投身基层干事创业热情。

五、强化期满服务，推动期满人员扎根基层成长成才

各地要以鼓励“三支一扶”人员留在基层为重点，完善“三支一扶”人员期满流动政策，畅通流动渠道，加强流动服务。积极落实从服务期满考核合格“三支一扶”人员中定向招录公务员、专项招聘事业单位人员相关政策。参加“三支一扶”计划前无工作经历的人员服务期满且考核合格的，在2年内参加机关事业单位考录（招聘）、各类企业吸纳就业、自主创业、落户、升学等方面可同等享受应届高校毕业生的相关政策。要通过举办专场招聘活动等方式向各类用人单位积极推荐服务期满人员，扶持有创业意愿和创业能力的服务期满人员在基层创新创业，落实考研加分等政策，促进服务期满“三支一扶”人员有序流动、多渠道发展。及时将留在基层继续工作的“三支一扶”人员纳入高校毕业生基层成长计划，重点跟踪培养，构建短期与长期相结合、服务与工作相配套的引导鼓励高校毕业生到基层工作体系。

六、加强宣传引导，弘扬担当奉献的正能量

各地要按规定对在疫情防控工作中担当作为、做出贡献的“三支一扶”人员给予表彰奖励。落实《中共中央宣传部　人力资源社会保障部关于开展“最美基层高校毕业生”学习宣传活动的通知》（人社部发〔2019〕139号）精神，通过开展“三个1”活动，即现场或在线聆听1场先进事迹报告会、学习1本先进事迹读本、撰写分享1篇学习心得，组织“三支一扶”人员深入学习“最美基层高校毕业生”先进事迹和宝贵精神，增强他们扎根基层、服务基层、奉献基层的信心和决心。要大力选树宣传“三支一扶”人员优秀典型，及时发现思想进步、敬业奉献、业绩突出、善于创新的基层“三支一扶”人员，加强对他们先进事迹的宣传报道。持续开展主题突出、形式多样的宣传报道活动，广泛宣传“三支一扶”计划的重要意义、实施成效，提升“三支一扶”计划社会影响力和美誉度。

七、加强组织领导，落实工作责任

各地要高度重视“三支一扶”工作，将其作为引导高校毕业生到基层工作、推进基层人才队伍建设的重要抓手，健全完善工作机制，强化部门沟通协调，指定专人负责，务求工作取得实效。除特殊省份外，原则上各地要在8月底前完成人员招募工作，9月底前新招募人员上岗到位。要依托全国高校毕业生“三支一扶”工作管理信息系统，认真及时做好信息采集、数据报送、进度管理、统计分析等工作，切实提高数据质量。省级财政部门、人力资源社会保障部门要按规定严格管理使用中央财政补助资金，在9月15日前按照中央下达的招募计划完成情况向财政部和人力资源社会保障部提出预算申请。要积极做好第三轮“三支一扶”计划总结评估工作，全面总结计划实施成效，深入分析面临的形势和问题，研究提出今后一个时期“三支一扶”工作思路，为推动“三支一扶”工作创新发展奠定基础。

2020年5月19日

人力资源社会保障部办公厅关于印发线下招聘活动疫情防控工作指南的通知

人社厅发〔2020〕60号

各省、自治区、直辖市及新疆生产建设兵团人力资源社会保障厅（局）：

当前，我国新冠肺炎疫情防控向好态势进一步巩固，防控工作已从应急状态转为常态化。按照党中央、国务院关于抓紧抓实抓细常态化疫情防控工作的决策部署，为指引各地在开展线下招聘活动时，做好疫情防控工作，我们根据国家疫情防控相关规定，制定了《线下招聘活动疫情防控工作指南》（以下简称《指南》）。现印发给你们，请参照执行。

各地可根据当地疫情防控要求，对《指南》内容进行调整，安全有序开展线下招聘活动，逐步恢复日常招聘服务和现场招聘活动。

附件：线下招聘活动疫情防控工作指南

2020年5月29日

附件

线下招聘活动疫情防控工作指南

为贯彻落实党中央、国务院关于在做好常态化防控基础上推动经济社会发展全面步入正常轨道的决策部署，指引各地在开展线下招聘活动时，切实做好疫情防控工作，服务复工复产企业用工招聘，帮助高校毕业生、失业人员、农民工、建档立卡贫困劳动力等群体求职就业，制定本指南。

一、总体要求

（一）坚持常态防控。各地人力资源社会保障部门应按照属地原则，严格遵守当地疫情防控指挥部门的要求，结合本地区实际情况，抓紧抓实抓细各项防控工作，指导公共就业人才服务机构、人力资源服务机构开展日常服务工作和现场招聘活动。

（二）坚持有序推进。在充分做好防疫措

施的情况下，各地人力资源社会保障部门应当严格按照属地党委、政府统一部署，以县域为单位，分区分级制定线下招聘疫情防控工作应急预案，逐步开展日常招聘服务和小型化、灵活性现场招聘活动，确保线下招聘安全有序。

（三）坚持动态调整。要因地制宜、因时制宜，根据当地疫情防控风险级别和疫情应急响应级别调整情况，及时动态调整线下招聘工作安排。一旦发生疫情，及时启动应急预案，采取应急处置措施，实施精准防控，协助相关部门做好防疫工作。

二、加强场所防控管理

（四）合理规划布局。服务场所要加大服务柜台或窗口间隔，在服务柜台、取号机、自助设备、招聘展位等前设置“一米线”。现场招聘活动要合理控制活动规模，合理设置展位，保证展位间留有足够的安全距离，分道出入并隔开一定距离。现场招聘活动应尽量安排在室外开阔地段，如确需组织室内招聘，应严格控制进场招聘企业户数，并扩大安全距离。

（五）配备防护物资。服务场所和招聘活动现场应储备足够数量的疫情防控物资，包括消毒设备、消毒用品、口罩、手套、非接触式温度计、洗手液等，并有连续供应的保障计划。

（六）加强消毒通风。加大对服务柜台、公共座椅、自助设施等公共部位及电梯按钮、自动扶梯扶手、门把手等经常接触部位的消毒频次。设置废弃口罩垃圾桶，及时清运垃圾。室内场所应当经常开窗通风，保证空气流通。

三、做好进场人员保护

（七）加强入场检测。服务场所和招聘活动现场入口处应当配备测量体温设施设备，安排专人进行核验。进场人员必须佩戴口罩、测量体温、出示健康码，并进行实名登记。拒绝佩戴口罩或者体温异常的，应当拒绝其进入。

（八）做好健康提示。提前做好相关宣传工作，告知入场要求。服务场所和招聘活动现场应在醒目位置张贴健康提示，或利用显示屏等电子设备宣传新冠肺炎及其他传染病防控知识，提醒入场人员遵守相关防控要求。

（九）实施限流措施。日常服务应推行预约服务，实行分时段、间隔性入场等措施，对入场人员进行限流，保持安全距离。招聘活动现场，特别是室内活动，严控场内人员密度，根据情况及时疏导人流，减少求职者逗留时间，必要时可采取限流措施。

（十）加大现场巡查。服务场所和招聘活动现场应安排一定数量的人员，开展不间断流动巡查，提醒现场人员保持安全距离、正确佩戴口罩。对随意摘除口罩、随地吐痰等不符合疫情防控要求、行为不文明的人员及时进行劝诫，要求拒不配合人员立即离开活动现场，情节严重者交由公安机关依法处理。

四、强化应急管理处置

（十一）加强应急管理。要按照应急预案，明确疫情防控、安全突发事件应急措施和处置流程，加强风险监测和日常防范，及时发现隐患苗头，做到早发现、早化解。

（十二）做好应对处置。如出现疫情疑似症状，应当立即启动应急预案，做好现场管理，避免恐慌，配合卫生健康部门采取隔离措施，做好清洁消毒等工作并暂时关闭场所。

五、加强组织领导

（十三）强化责任落实。各地人力资源社会保障部门要落实疫情防控的监管责任，加强对公共就业人才服务机构、人力资源服务机构开展线下招聘工作的指导和支持。公共就业人才服务机构、人力资源服务机构要落实主体责任，严格执行疫情防控规定，细化实化工作方案和应急预案，责任到人、措施到人。

（十四）建立沟通机制。各地人力资源社会保障部门要加强与卫生健康部门、疾控机构、就近定点医疗机构、社区卫生服务中心的沟通协调，提前告知招聘活动举办情况，畅通疫情上报通道，并配合属地有关部门积极开展联防联控。

（十五）加强内部管理。公共就业人才服务机构、人力资源服务机构要按照当地要求，做好工作人员健康管理，指导做好个人防护。加强对一线工作员工的培训，了解疫情防控相关知识及疫情防控应急处置方法，确保一线员工掌握处理突发事件的必要技能。

人力资源社会保障部办公厅　财政部办公厅关于印发规范企业职工基本养老保险省级统筹制度考核验收方案的通知

人社厅发〔2020〕66号

各省、自治区、直辖市及新疆生产建设兵团人力资源社会保障厅（局）、财政厅（局）：

规范企业职工基本养老保险省级统筹制度（以下简称规范省级统筹）是尽快实现企业职工基本养老保险全国统筹的基础。《政府工作报告》明确要求今年要“实现企业职工基本养老保险基金省级统收统支”。各级人力资源社会保障、财政部门要充分认识规范省级统筹的重要意义，加强协调配合，精心组织部署，按时完成规范省级统筹的各项任务。特别是目前仍未实现养老保险基金省级统收统支的省份要加大工作力度、加快推进，确保年底前实现基金省级统收统支。

按照《关于规范企业职工基本养老保险省级统筹制度的通知》（人社部发〔2019〕112号）要求，人力资源社会保障部、财政部（以下简称两部）将对各省规范工作逐一进行考核验收。为加快推进规范工作，明确规范工作标准，两部制定了《规范企业职工基本养老保险省级统筹考核验收方案》，现印发给你们，请按照要求，认真准备有关文件和材料，尽早向两部提出考核验收申请。两部将组成工作组，对各省份规范省级统筹工作分批进行考核验收，对于考核验收合格的省份，两部联合发文予以确认。

附件：规范企业职工基本养老保险省级统筹考核验收方案

2020年6月10日

附件

规范企业职工基本养老保险省级统筹考核验收方案

为贯彻落实党中央、国务院推进企业职工基本养老保险省级统筹（以下简称省级统筹）

的决策部署，根据人力资源社会保障部、财政部、国家税务总局《关于规范企业职工基本养老保险省级统筹制度的通知》（人社部发〔2019〕112号，以下简称112号文件）要求，做好对各省规范省级统筹考核验收工作，制定本方案。

一、考核验收目标

按照国务院关于省级统筹工作的总体要求，各省份要在2020年底前，规范省级统筹制度，实现基金省级统收统支。人力资源社会保障部、财政部（以下简称两部），将按照112号文件七方面工作标准（以下简称“七统一”），以统一养老保险政策和基金统收统支为重点，对各省省级统筹规范工作进行考核验收，确保相关各项工作符合112号文件要求，高质量完成规范省级统筹的任务。

二、考核验收内容

按照“七统一”的工作要求，重点考核各省份规范省级统筹所采取的措施及实施情况。

（一）统一养老保险政策。省级政府按照国家养老保险制度有关法律法规和政策规定，统一规范各项养老保险政策所采取的措施。重点是参保政策适用范围和条件、参保单位和个人缴费比例、个人缴费工资基数上下限标准、单位缴费工资基数核定政策、养老保险待遇项目和标准、基本养老金计发办法等。对于按规定可以逐步规范政策的，应提出明确的工作计划和方案。

（二）统一基金收支管理。基金省级统一集中管理、“收支两条线”全额缴拨、统收统支，确保基本养老金按时足额发放。省内各地基金累计结余限期全部归集至省级财政专户。建立部门之间对账机制。

（三）统一基金预算管理。完善预算管理体制，通过预算绩效考核督促地方各级政府落实责任。全省统一编制基金预算，实行全程预算监督，严格规范收支内容、标准和范围。确保省级统筹基金按时足额调度到位。

（四）统一责任分担机制。明确省级政府承担全省企业离退休人员基本养老金按时足额发放的主体责任。建立养老保险工作责任分担机制。制定各地各级政府共同分担基金缺口的办法。

（五）统一集中信息系统。建立省级集中的社会保险信息系统，支持全省养老保险实时进行联网经办、基金财务监管及经办业务监管。实现社会保障卡发行应用全覆盖，开展养老保险业务网上申办和查询。人力资源社会保障、财政、税务等部门实现系统互联互通，实现数据资源省级集中管理。

（六）统一经办管理服务。在参保登记、权益记录、转移接续、待遇领取等方面实现全省标准统一、流程规范、异地通办。建立省级统筹运行情况实时监控体系。构建以信用为基础的新型经办管理服务模式。健全政策、经办、信息、监督“四位一体”的基金管理风险防控体系。

（七）统一激励约束机制。省级政府应建立养老保险工作激励约束机制，对各地加强工作监督、进行奖励和问责所采取的施及实施情况。

三、考核验收标准

考核规范省级统筹共设立七个方面29个验收项目，各项目验收方式及验收标准见附表。根据各项目达标情况确定总体验收结果。

总体验收合格标准如下：

——统一养老保险政策、统一基金收支管理、统一基金预算管理等三个方面，所有验收项目须全部达标。

——统一责任分担机制、统一激励约束机制等两个方面，原则上须全部达标。

——统一集中信息系统、统一经办管理服务等两个方面，须基本达标。

四、考核验收程序

对省级统筹的考核验收，按照开展自查、

申报验收、初步审核、实地考核、综合评议、确认合格六个步骤进行。

1. 开展自查。各省份按照“七统一”标准，对本省省级统筹进行全面评估并形成自查报告。各省份对自查报告及相关材料的真实性、准确性负责。

2. 申报验收。具备考核验收条件的省份，在总体时间安排之内，由省级人力资源社会保障、财政部门正式提出验收申请报告，并附自查报告以及按照考核验收项目准备的材料，包括资料清单、相关文件及情况说明。

3. 初步审核。两部组织对申报验收省份提交的自查报告等有关材料进行初步审核。

4. 实地考核。对初步审核通过的省份，两部组织考核组开展实地考核验收。实地验收采取听取汇报、核查资料、开展访谈、系统操作等方式进行。

5. 综合评议。考核组根据各省自查报告、初步审核和实地考核情况进行综合评审，确认各验收项目是否达标，形成考核验收报告，提出规范省级统筹是否合格的意见。

6. 确认合格。对于考核验收合格的省份，由两部发文予以确认。对不合格的省份，两部提出限期整改意见，整改工作到位后，两部再次验收确认。

五、考核验收工作安排

两部成立考核验收工作小组，办公室设在人力资源社会保障部养老保险司。成员单位包括人力资源社会保障部养老保险司、基金监管局、社保中心、信息中心，以及财政部社会保障司等单位。考核验收工作小组将根据各省规范省级统筹时间表及工作进展情况，分批进行考核验收。

2019 年 12 月 31 日前启动实施省级统收统支的省份，原则上应于 2020 年 6 月底前完成自查并向两部提出验收申请。

2020 年 1 月 1 日至 6 月 30 日前启动实施省级统收统支的省份，原则上应于 2020 年 10 月底前完成自查并向两部提出验收申请。

其他 2020 年未申报验收的省份，应确保在 2020 年底前实施，并最迟于 2021 年 4 月底前完成自查并向两部提出验收申请。

考核验收工作完成后，两部将向国务院报送规范省级统筹制度全面工作总结。

附表：规范省级统筹制度考核验收表（略）

人力资源社会保障部办公厅
市场监管总局办公厅
统计局办公室关于发布区块链工程技术人员等职业信息的通知

人社厅发〔2020〕73号

各省、自治区、直辖市及新疆生产建设兵团人力资源社会保障厅（局）、市场监管局、统计局，国务院各部委、各直属机构、各中央企业、有关社会组织人事劳动保障工作机构，中央军委政治工作部兵员和文职人员局：

根据《中华人民共和国劳动法》有关规定，为贯彻落实《国务院关于推行终身职业技能培训制度的意见》提出的“紧跟新技术、新职业发展变化，建立职业分类动态调整机制，加快职业标准开发工作”要求，加快构建与国际接轨、符合我国国情的现代职业分类体系，我们面向社会持续公开征集新职业信息。经专家评估论证、向社会公示、征求国务院各部门意见等程序，目前遴选确定了区块链工程技术人员等9个新职业信息，调整变更了7个职业信息，现予发布。

2020年6月28日

区块链工程技术人员等职业信息

一、新职业信息

（一）2-02-10-15　区块链工程技术人员

定义：从事区块链架构设计、底层技术、系统应用、系统测试、系统部署、运行维护的工程技术人员。

主要工作任务：

1. 分析研究分布式账本、隐私保护机制、密码学算法、共识机制、智能合约等技术；

2. 设计区块链平台架构，编写区块链技术报告；

3. 设计开发区块链系统应用底层技术方案；

4. 设计开发区块链性能评测指标及工具；

5. 处理区块链系统应用过程中的部署、

调试、运行管理等问题；

6. 提供区块链技术咨询及服务。

（二）3-01-01-06　城市管理网格员

定义：运用现代城市网络化管理技术，巡查、核实、上报、处置市政工程（公用）设施、市容环境、社会管理事务等方面的问题，并对相关信息进行采集、分析、处置的人员。

主要工作任务：

1. 操作信息采集设备，巡查、发现网格内市政工程（公用）设施、市容环境、社会管理事务等方面的问题，受理相关群众举报；

2. 操作系统平台对发现或群众举报的网格内市政工程（公用）设施、市容环境、社会管理事务等方面的问题进行核实、上报、记录；

3. 研究网格内市政工程（公用）设施、市容环境、社会管理事务等方面问题的立案事宜，提出处置方案；

4. 通知存在问题的责任单位，并协助解决相关问题；

5. 核实上级通报的问题，协助责任单位处置，并反馈处置结果；

6. 收集、整理、分析相关信息、数据，提出网格内城市治理优化建议。

（三）4-01-02-07　互联网营销师

定义：在数字化信息平台上，运用网络的交互性与传播公信力，对企业产品进行营销推广的人员。

主要工作任务：

1. 研究数字化信息平台的用户定位和运营方式；

2. 接受企业委托，对企业资质和产品质量等信息进行审核；

3. 选定相关产品，设计策划营销方案，制定佣金结算方式；

4. 搭建数字化营销场景，通过直播或短视频等形式对产品进行多平台营销推广；

5. 提升自身传播影响力，加强用户群体活跃度，促进产品从关注到购买的转化率；

6. 签订销售订单，结算销售货款；

7. 协调销售产品的售后服务；

8. 采集分析销售数据，对企业或产品提出优化性建议。

本职业包含但不限于下列工种：

直播销售员

（四）4-04-04-04　信息安全测试员

定义：通过对评测目标的网络和系统进行渗透测试，发现安全问题并提出改进建议，使网络和系统免受恶意攻击的人员。

主要工作任务：

1. 分析研究网络与信息系统安全攻防技术，并跟踪其发展变化；

2. 利用信息收集工具及技术手段，采集并分析评测目标的相关信息；

3. 制定评测目标的安全测试方案及实施计划；

4. 利用漏洞检测工具定位、识别评测目标存在的安全漏洞，并进行技术核查与评估；

5. 利用渗透工具对评测目标进行深度测试，验证安全漏洞引发的网络与系统安全隐患；

6. 编制安全评测报告，协助专业人员对评测目标进行安全恢复及技术改进。

（五）4-04-05-06　区块链应用操作员

定义：运用区块链技术及工具，从事政务、金融、医疗、教育、养老等场景系统应用操作的人员。

主要工作任务：

1. 分析研究在区块链应用场景下的用户需求；

2. 设计系统应用的方案、流程、模型等；

3. 运用相关应用开发框架协助完成系统开发；

4. 测试系统的功能、安全、稳定性等；

5. 操作区块链服务平台上的系统应用；

6. 从事系统应用的监控、运维工作；

7. 收集、汇总系统应用操作中的问题。

（六）4-13-99-02　在线学习服务师

定义：运用数字化学习平台（工具），为学习者提供个性、精准、及时、有效的学习规划、学习指导、支持服务和评价反馈的人员。

主要工作任务：

1. 对学习者进行学情分析，提出针对性的学习规划和学习建议；

2. 为学习者提供全方位、全周期的个性化指导支持和课程管理服务，解决学习者学习过程中的技术、内容、方法等问题；

3. 管理在线学习班级，为学习者建立和维护在线交互社群，激发学习者的学习动机，提高学习兴趣；

4. 运用分析和评价工具对学习者的学习活动和学习成果进行综合评价并及时反馈；

5. 根据学习者体验，对学习平台、学习工具、学习资源等提出优化建议。

（七）4-14-01-04　社群健康助理员

定义：运用卫生健康及互联网知识技能，从事社群健康档案管理、宣教培训，就诊和保健咨询、代理、陪护及公共卫生事件事务处理的人员。

主要工作任务：

1. 运用互联网共享卫生健康资源，提供健康咨询、培训、代理、监护及网约就诊、保健等服务；

2. 为社群成员建立健康档案，采集、上报健康风险因素及公共卫生健康信息；

3. 为社群成员提供健康探访、体检、就诊、转诊等代理或陪护服务；

4. 为患者提供预约挂号、缴费、取药、办理住院手续等协助服务；

5. 为有养生、体检、心理咨询等健康需求的社群成员推荐机构及技师，提供预约、出行陪护及接送等服务；

6. 开展社群卫生健康防护，协助开展爱国卫生运动，组织社区环境卫生整治、健康科普、群众动员工作，提供消毒、清洁、送药、看护等防疫及生活保障服务，协助相关物资的登记、统计、购置、发放等工作；

7. 利用互联网技术参与公共卫生事件的健康预警、监视。

（八）4-14-02-05　老年人能力评估师

定义：为有需求的老年人提供生活活动能力、认知能力、精神状态等健康状况测量与评估的人员。

主要工作任务：

1. 采集、记录老年人的基本信息和健康状况；

2. 评估老年人日常生活活动能力；

3. 测量与评估老年人认知能力、精神状态、感知觉与沟通能力、社会参与能力；

4. 依据测量与评估结果，确定老年人能力等级；

5. 出具老年人能力综合评估报告；

6. 为老年人能力恢复提出建议。

（九）6-20-99-00　增材制造设备操作员 L

定义：从事增材制造设备安装、调试、维修和保养，及生产操作和运行管理的人员。

主要工作任务：

1. 安装、调试增材制造设备；

2. 操作增材制造设备进行生产，负责增材制造设备的运行管理；

3. 从事增材制造设备的故障排查、设备维修及保养工作；

4. 为客户提供设备操作和日常保养培训；

5. 协助客户解决设备常见问题，并收集客户反馈意见建议；

6. 分析研究增材制造设备生产过程中的技术问题。

二、调整变更职业信息

（一）在“互联网营销师（4-01-02-07）”职业下增设“直播销售员”工种。

（二）在“网络与信息安全管理员（4-04-04-02）”职业下增设“互联网信息审核员”工种。

（三）在“银行信贷员（4-05-01-02）”职业下增设“小微信贷员”工种。

（四）在“企业人力资源管理师（4-07-03-04）”职业下增设“劳务派遣管理员”工种。

（五）将“电子竞技员（4-13-99-00）”的职业编码更改为“4-13-99-01”。

（六）将“公共卫生辅助服务人员（4-14-04）”小类下“公共卫生辅助服务员（4-14-04-00）”职业取消；同时将该职业下的“防疫员”“消毒员”和“公共场所卫生管理员”等3个工种分别上升为职业。职业信息如下：

1. 4-14-04-01　防疫员

定义：从事健康教育、疾病预防控制、突发公共卫生事件处置，对环境、场所、物品进行有害微生物清除及病媒生物防制的公共卫生防控辅助人员。

主要工作任务：

（1）开展有关疾病的科普宣传；

（2）监测和控制传染病；

（3）消除环境、场所、物品的有害微生物；

（4）开展病媒生物的防制工作；

（5）开展预防控制知识培训。

2. 4-14-04-02　消毒员

定义：从事消毒知识宣传、消毒药剂配制，对环境、场所、物品进行消毒和消毒效果评价，及消毒设备保养、检修的公共卫生防控辅助人员。

主要工作任务：

（1）制定消毒方案和防护措施；

（2）依据消毒要求配制消毒药剂；

（3）从事环境、场所、物品的消毒工作；

（4）对消毒效果进行评价；

（5）对消毒设备进行保养、检修。

3. 4-14-04-03　公共场所卫生管理员

定义：从事公共场所卫生管理、卫生管理制度制定、人员健康监测、卫生风险分析与控制及卫生知识宣传工作的公共卫生防控辅助人员。

主要工作任务：

（1）制定公共场所卫生管理制度和规范；

（2）建立公共场所卫生管理档案；

（3）开展公共场所人员健康监测；

（4）开展公共场所物理因素、室内空气质量、生活饮用水、游泳池水、沐浴用水、集中空调通风系统、应急通道、安全出口等的卫生管理工作；

（5）进行公共场所卫生风险分析与控制；

（6）开展公共场所卫生知识宣传工作；

（7）开展公共场所物理因素、室内空气质量、生活饮用水等卫生评价。

（七）在“壁画制作工（6-09-03-07）”职业下增设“泥板画创作员”工种。

人力资源社会保障部办公厅
关于颁布钳工国家职业技能标准的通知

人社厅发〔2020〕74号

各省、自治区、直辖市及新疆生产建设兵团人力资源社会保障厅（局），国务院有关部委、直属机构人事劳动保障工作机构，有关行业组织（集团公司）人事劳动保障工作机构，中央军委政治工作部兵员和文职人员局：

根据《中华人民共和国劳动法》有关规定，我部组织制定了钳工国家职业技能标准，现予颁布施行。原相应国家职业技能标准同时废止。

2020年6月29日

钳工国家职业技能标准目录

序号	职业编码	职业名称
1	6-20-01-01	钳工

注：1. 该职业技能标准内容可在人力资源社会保障部官网查询。

2. 根据《国家职业资格目录》，该职业技能标准适用范围包括“工具钳工”“装配钳工”“机修钳工”三个职业，职业编码统一为“6-20-01-01”。

人力资源社会保障部办公厅 工业和信息化部办公厅 关于颁布工业机器人系统运维员国家职业技能标准的通知

人社厅发〔2020〕77号

各省、自治区、直辖市及新疆生产建设兵团人力资源社会保障厅（局）、工业和信息化主管部门，各省、自治区、直辖市通信管理局：

根据《中华人民共和国劳动法》有关规定，人力资源社会保障部、工业和信息化部共同制定了工业机器人系统运维员国家职业技能标准，现予颁布施行。

2020年6月30日

工业机器人系统运维员国家职业技能标准目录

序号	职业编码	职业名称
1	6-31-01-10	工业机器人系统运维员

注：该职业技能标准内容可在人力资源社会保障部官网查询。

人力资源社会保障部办公厅关于做好水平评价类技能人员职业资格退出目录有关工作的通知

人社厅发〔2020〕80号

各省、自治区、直辖市及新疆生产建设兵团人力资源社会保障厅（局），国务院有关部门、有关行业组织人事劳动保障工作机构，中央军委政治工作部兵员和文职人员局：

2019年12月，国务院常务会议决定分步取消水平评价类技能人员职业资格，推行社会化职业技能等级认定。为贯彻落实国务院常务会议精神，统筹推进疫情防控和经济社会发展，促进就业创业，现就做好水平评价类技能人员职业资格退出国家职业资格目录有关工作通知如下：

一、要深刻理解和领会取消水平评价类技能人员职业资格、推行社会化职业技能等级认定的重要意义。将技能人员水平评价由政府认定改为实行社会化等级认定，接受市场和社会认可与检验，这是推动政府职能转变、形成以市场为导向的技能人才培养使用机制的一场革命，有利于破除对技能人才成长和弘扬工匠精神的制约，促进产业升级和高质量发展。各级人力资源社会保障部门和有关部门、行业组织要从加强技能人才培养、使用、评价、激励工作大局出发，稳妥有序推进技能人才评价制度改革，将水平评价类技能人员职业资格分批有序退出目录，不再由政府或其授权的单位认定发证，转为社会化等级认定，由用人单位和相关社会组织按照职业标准或评价规范开展职业技能等级认定、颁发职业技能等级证书，支持服务技能人才队伍建设。

二、今年年底前，拟分批将水平评价类技能人员职业资格退出目录。人力资源社会保障部门和有关部门组织实施的14项职业资格（涉及29个职业）拟于9月30日前第一批退出。其他部门（单位）组织实施的66项职业资格（涉及156个职业）拟于12月31日前第二批退出。与公共安全、人身健康、生命财产安全等密切相关的职业（工种）拟依法调整为准入类职业资格。上述有关工作请于今年年底前完成（具体安排详见附件）。

三、妥善处理水平评价类技能人员职业资格退出目录的有关后续工作。对已发布鉴定考试公告或已受理鉴定考试报名的，可以根据考生意愿，继续做好鉴定考试工作，或者退回有关费用。对已组织完成鉴定考试的，要做好职业资格证书发放等工作。对按技能人才职业资格证书培养计划招生的职业院校（含技工院校），或企业招收的企业新型学徒，要支持其执行培养培训计划，保证政策不断线，帮助学生（学员）毕结业时能够取得相应职业资格证书或职业技能等级证书。

四、加强职业资格证书管理。要规范实施职业技能鉴定，保证鉴定质量，严格职业资格证书发放，严禁违规、突击发放证书。退出目录前已发放的职业资格证书继续有效，可作为持证者职业能力水平的证明。

五、做好职业技能等级认定工作。要认真总结职业技能等级认定试点工作，大力推行职业技能等级认定。要推动各类企业等用人单位全面开展技能人才自主评价，遴选发布社会培训评价组织并指导其按规定开展职业技能等级认定，颁发职业技能等级证书，支持劳动者实现技能提升。

六、对与公共安全、人身健康、生命财产安全等密切相关的水平评价类技能人员职业资格，有关单位要抓紧配合做好相关法律法规制定修订工作，依法将其调整为准入类职业资格。人力资源社会保障部门职业技能鉴定中心要加快职能转变，加强职业技能等级认定工作的质量监管，做好公共服务。有关单位职业技能鉴定中心可结合实际探索向社会培训评价组织转型。

附件：水平评价类技能人员职业资格退出目录安排

2020 年 7 月 20 日

附件

水平评价类技能人员职业资格退出目录安排
（水平评价类 76 项）

序号	职业资格名称		实施部门（单位）	批次
1	机械设备修理人员	设备点检员	中国钢铁工业协会	2
		电工	应急管理部、人力资源和社会保障部	
		锅炉设备检修工、变电设备检修工	中国电力企业联合会	
		工程机械维修工	中国机械工业联合会	
2	通用工程机械操作人员	起重装卸机械操作工	交通运输部、人力资源和社会保障部	2
3	建筑安装施工人员	电梯安装维修工、制冷空调系统安装维修工	人力资源和社会保障部	1
4	土木工程建筑施工人员	筑路工、桥隧工	交通运输部、住房和城乡建设部	2
		防水工	住房和城乡建设部、人力资源和社会保障部	
		电力电缆安装运维工	中国电力企业联合会	

续表

序号	职业资格名称		实施部门（单位）	批次
5	房屋建筑施工人员	砌筑工、混凝土工、钢筋工、架子工	住房和城乡建设部、人力资源和社会保障部	2
6	水生产、输排和水处理人员	水生产处理工	中国石油和化学工业联合会、中国电力企业联合会、住房和城乡建设部	2
		工业废水处理工	中国石油和化学工业联合会	
7	气体生产、处理和输送人员	工业气体生产工	中国石油和化学工业联合会	2
		工业废气治理工	中国石油和化学工业联合会、中国电力企业联合会	
		压缩机操作工	中国石油和化学工业联合会、中国煤炭工业协会	
8	电力、热力生产和供应人员	锅炉运行值班员、发电集控值班员、变配电运行值班员、继电保护员、燃气轮机值班员	中国电力企业联合会	2
		锅炉操作工	人力资源和社会保障部	1
9	仪器仪表装配人员	钟表及计时仪器制造工	中国轻工业联合会	2
10	电子设备装配调试人员	广电和通信设备电子装接工、广电和通信设备调试工	工业和信息化部	2
11	计算机制造人员	计算机及外部设备装配调试员	工业和信息化部	2
12	电子器件制造人员	液晶显示器件制造工、半导体芯片制造工、半导体分立器件和集成电路装调工	工业和信息化部	2
13	电子元件制造人员	电子产品制版工、印制电路制作工	工业和信息化部	2
14	电线电缆、光纤光缆及电工器材制造人员	电线电缆制造工	中国机械工业联合会	2
15	输配电及控制设备制造人员	变压器互感器制造工、高低压电器及成套设备装配工	中国机械工业联合会	2
16	汽车整车制造人员	汽车装调工	中国机械工业联合会	2
17	医疗器械制品和康复辅具生产人员	矫形器装配工、假肢装配工	民政部	2
18	金属加工机械制造人员	机床装调维修工	人力资源和社会保障部	1
19	工装工具制造加工人员	模具工	人力资源和社会保障部	1
20	机械热加工人员	铸造工、锻造工、金属热处理工	人力资源和社会保障部	1

续表

序号	职业资格名称		实施部门（单位）	批次
21	机械冷加工人员	车工、铣工、钳工、磨工、冲压工	人力资源和社会保障部	1
21	机械冷加工人员	电切削工	中国机械工业联合会、人力资源和社会保障部	2
22	硬质合金生产人员	硬质合金成型工、硬质合金烧结工、硬质合金精加工工	中国有色金属工业协会	2
23	金属轧制人员	轧制原料工、金属轧制工、金属材热处理工、金属材精整工	中国钢铁工业协会、中国有色金属工业协会	2
23	金属轧制人员	金属挤压工、铸轧工	中国有色金属工业协会	2
24	轻有色金属冶炼人员	氧化铝制取工、铝电解工	中国有色金属工业协会	2
25	重有色金属冶炼人员	重冶火法冶炼工、电解精炼工、重冶湿法冶炼工	中国有色金属工业协会	2
26	炼钢人员	炼钢原料工、炼钢工	中国钢铁工业协会	2
27	炼铁人员	高炉原料工、高炉炼铁工、高炉运转工	中国钢铁工业协会	2
28	矿物采选人员	井下支护工、矿山救护工	中国有色金属工业协会、中国煤炭工业协会、中国钢铁工业协会	2
29	陶瓷制品制造人员	陶瓷原料准备工、陶瓷烧成工、陶瓷装饰工	中国轻工业联合会、中国建筑材料联合会	2
30	玻璃纤维及玻璃纤维增强塑料制品制造人员	玻璃纤维及制品工、玻璃钢制品工	中国建筑材料联合会	2
31	水泥、石灰、石膏及其制品制造人员	水泥生产工、石膏制品生产工、水泥混凝土制品工	中国建筑材料联合会	2
32	药物制剂人员	药物制剂工	国家中医药管理局	2
33	中药饮片加工人员	中药炮制工	国家中医药管理局	2
34	涂料、油墨、颜料及类似产品制造人员	涂料生产工、染料生产工	中国石油和化学工业联合会	2
35	农药生产人员	农药生产工	中国石油和化学工业联合会	2
36	化学肥料生产人员	合成氨生产工、尿素生产工	中国石油和化学工业联合会	2
37	基础化学原料制造人员	硫酸生产工、硝酸生产工、纯碱生产工、烧碱生产工、无机化学反应生产工、有机合成工	中国石油和化学工业联合会	2
38	化工产品生产通用工艺人员	化工总控工、防腐蚀工	中国石油和化学工业联合会	2
38	化工产品生产通用工艺人员	制冷工	人力资源和社会保障部	1

续表

序号	职业资格名称		实施部门（单位）	批次
39	炼焦人员	炼焦煤制备工、炼焦工	中国煤炭工业协会、中国钢铁工业协会	2
40	工艺美术品制作人员	景泰蓝制作工	中国轻工业联合会	2
41	木制品制造人员	手工木工	住房和城乡建设部、人力资源和社会保障部	2
42	纺织品和服装剪裁缝纫人员	服装制版师	中国纺织工业联合会	2
43	印染人员	印染前处理工、印花工、印染后整理工、印染染化料配制工、纺织染色工	中国纺织工业联合会	2
44	织造人员	整经工、织布工	中国纺织工业联合会	2
45	纺纱人员	纺纱工、缫丝工	中国纺织工业联合会	2
46	纤维预处理人员	纺织纤维梳理工、并条工	中国纺织工业联合会	2
47	酒、饮料及精制茶制造人员	酿酒师、品酒师、酒精酿造工、白酒酿造工、啤酒酿造工、黄酒酿造工、果露酒酿造工	中国轻工业联合会	2
		评茶员	中华全国供销合作总社、人力资源和社会保障部	
48	乳制品加工人员	乳品评鉴师	中国轻工业联合会	2
49	粮油加工人员	制米工、制粉工、制油工	国家粮食和物资储备局	2
50	动植物疫病防治人员	农作物植保员、动物疫病防治员、动物检疫检验员、水生物病害防治员	农业农村部	2
		林业有害生物防治员	国家林业和草原局	
51	农业生产服务人员	农机修理工、沼气工、农业技术员	农业农村部	2
52	康复矫正服务人员	助听器验配师、口腔修复体制作工	国家卫生健康委员会	2
		眼镜验光员、眼镜定配工	人力资源和社会保障部	1
53	健康咨询服务人员	健康管理师、生殖健康咨询师	国家卫生健康委员会	2
54	计算机和办公设备维修人员	信息通信网络终端维修员	工业和信息化部	2
55	汽车摩托车修理技术服务人员	汽车维修工	交通运输部、人力资源和社会保障部	1

续表

序号	职业资格名称		实施部门（单位）	批次
56	保健服务人员	保健调理师	国家中医药管理局	2
57	美容美发服务人员	美容师、美发师	人力资源和社会保障部	1
58	生活照料服务人员	孤残儿童护理员	民政部	2
		育婴员、保育员	人力资源和社会保障部	1
59	有害生物防制人员	有害生物防制员	国家卫生健康委员会、人力资源和社会保障部	2
60	环境治理服务人员	工业固体废物处理处置工	中国石油和化学工业联合会	2
61	水文服务人员	水文勘测工	水利部	2
62	水利设施管养人员	河道修防工、水工闸门运行工、水工监测工	水利部	2
63	地质勘查人员	地勘钻探工、地质调查员、地勘掘进工、地质实验员、物探工	自然资源部	2
64	检验、检测和计量服务人员	农产品食品检验员	农业农村部、国家粮食和物资储备局	2
		纤维检验员	中华全国供销合作总社	
		贵金属首饰与宝玉石检测员	中国轻工业联合会、自然资源部	
		机动车检测工	中国机械工业联合会、交通运输部	
65	测绘服务人员	大地测量员、摄影测量员、地图绘制员、不动产测绘员	自然资源部	2
		工程测量员	自然资源部、交通运输部	
66	安全保护服务人员	保安员	公安部、人力资源和社会保障部	拟依照法定程序调整为准入类职业资格
		安检员	中国民用航空局、人力资源和社会保障部	拟依照法定程序调整为准入类职业资格
		智能楼宇管理员	住房和城乡建设部、人力资源和社会保障部	2
		安全评价师	人力资源和社会保障部	1
67	人力资源服务人员	劳动关系协调员、企业人力资源管理师	人力资源和社会保障部	1
68	物业管理服务人员	中央空调系统运行操作员	住房和城乡建设部、人力资源和社会保障部	2
69	信息通信网络运行管理人员	信息通信网络运行管理员	工业和信息化部	2

续表

序号	职业资格名称		实施部门（单位）	批次
70	广播电视传输服务人员	广播电视天线工、有线广播电视机线员	国家广播电视总局	2
71	信息通信网络维护人员	信息通信网络机务员、信息通信网络线务员	工业和信息化部	2
72	餐饮服务人员	中式烹调师、中式面点师、西式烹调师、西式面点师、茶艺师	人力资源和社会保障部	1
73	仓储人员	（粮油）仓储管理员	国家粮食和物资储备局	2
74	航空运输服务人员	民航乘务员、机场运行指挥员	中国民用航空局	拟依照法定程序调整为准入类职业资格
75	道路运输服务人员	机动车驾驶教练员	交通运输部	2
76	消防和应急救援人员	消防员、应急救援员	应急管理部	拟依照法定程序调整为准入类职业资格
		森林消防员	应急管理部、国家林业和草原局	

人力资源社会保障部办公厅关于做好长江流域禁捕退捕渔民职业技能培训工作的通知

人社厅发〔2020〕81号

上海、江苏、安徽、江西、湖北、湖南、重庆、四川、贵州、云南省（市）人力资源社会保障厅（局）：

为深入贯彻习近平总书记重要指示批示精神，落实党中央、国务院决策部署及《国务院办公厅关于切实做好长江流域禁捕有关工作的通知》（国办发明电〔2020〕21号）要求，做好退捕渔民职业技能培训工作，提升其就业创业能力，实现上岸转移就业，现就做好长江流域退捕渔民职业技能培训工作通知如下：

一、迅速将长江流域退捕渔民纳入职业技能提升行动免费培训范围。各地要按照“应培尽培，应补尽补”的原则，将长江退捕渔民作为就业重点人群，纳入免费职业技能培训范围，根据安置保障攻坚方案制定专门的培训计划，对确有培训需求的退捕渔民，至少提供1次职业培训。要结合退捕渔民就业创业意愿和文化技能基础开展各类职业培训，并在培训期间给予符合条件的贫困人员生活费补贴（含交通费）。对退捕渔民在户籍地、常住地、培训地、求职就业地参加培训后取得证书（职业资格证书、职业技能等级证书、专项职业能力证书、特种作业操作证书、特种设备作业人员证、培训合格证书）的，给予职业培训补贴。

二、加强工作协调联动。各地要按照安置保障专项工作组的要求，积极配合农业农村、商务、市场监管等部门开展退捕渔民职业技能培训及跟踪服务。职业能力建设部门要明确专人负责退捕渔民的培训工作，并加强与就业、养老、农保、信息等相关业务领域的协调联动。要及时对接农业农村部门退捕渔民建档立卡“回头看”数据，跟踪掌握退捕渔民的转产就业培训需求，区分年龄层次和基础文化差异，有针对性地开展技能培训、创业培训、以工代训和企业新型学徒制培训。

三、分类施策开展技能培训。坚持市场导向，推荐退捕渔民参加急需紧缺职业的就业技能培训，提高其转移就业能力。针对文化程度低、技能比较单一的大龄渔民，积极配合农业农村部门，开展水产养殖、水产品加工等实用技能培训，或推荐参加家政、养老、保安等职业技能培训，缩短职业转换的空档期，实现快速转产上岸。退捕渔民在进行技能等级评价和考核时，可根据其文化程度水平，适当减少理论内容的考核。针对具备一定文化基础、愿意择行择业的中青年退捕渔民，围绕电商、汽修、电工等开展职业技能培训。要充分发挥新职业新业态吸纳就业的作用，面向退捕渔民开展直播销售员、公共卫生辅助服务员、网约配送员、快递员、汽车代驾员等职业技能培训。支持企业通过开展企业新型学徒制培训吸纳退捕渔民就业。针对有意愿外出务工的退捕渔民，要加强退捕渔民的流动监测和信息互联共享，组织退捕渔民围绕生产制造、建筑加工、休闲旅游、餐饮服务等开展技能培训，帮助退捕渔民外出就业。

四、加大创业培训力度。将有创业需求和培训愿望、具备一定创业条件或已创业的退捕渔民全部纳入创业培训服务范围，开展创业培训服务。对具备一定条件的退捕渔民开展以创办个体工商户和创办小微企业为重点的创业能力培训，提供开业指导和创业孵化、创业政策支持，提高创业成功率。对已创业退捕渔民，持续开展改善或扩大企业经营的创业能力提升培训和企业经营指导，加强创业公共服务，提升经营管理能力。加强创业培训项目开发、创业担保贷款、后续扶持等服务，支持引导退捕渔民成为创业致富带头人，带动更多渔民就业创业。

五、大力开展以工代训。发挥企业用工主体和培训主体的作用，以渔民转产就业为目标，支持企业开展以工代训吸纳退捕渔民，促进退捕渔民转移安置就业。对大龄、身有残疾、长期失业和专业以捕鱼为生计的退捕渔民，符合条件的要及时认定为就业困难人员，落实相关培训政策。各地要组织企业、农民合作社和扶贫车间等生产经营主体积极吸纳符合条件的退捕渔民就业，对吸纳退捕渔民就业并按规定开展以工代训的，根据吸纳人数给予职业培训补贴。

六、提供线上培训服务。充分考虑渔民沿江分散居住、不习惯固定时间工作等现实因素，结合实施“互联网+职业技能培训计划”，为退捕渔民提供全天候、可居家的线上职业技能培训服务。有条件的地区，可以设立退捕渔民线上培训专栏，加大退捕渔民技能培训课程的制作和供应。要进一步开放线上培训平台开班功能，支持培训机构申请开设培训班级，分批组织退捕渔民参加技能培训。

七、靠前做好培训组织管理。指导培训机构、技工院校围绕当地重点产业，研发适合退捕渔民的培训课程，制定培训方案，开设“退捕专班”，提高退捕渔民参加技能培训的积极性。要加强退捕渔民培训期间的动态管理，及时跟踪培训进展，为退捕渔民提供培训报名、培训组织、培训补贴发放等全流程便捷高效培训服务。各地可对生活困难的退捕渔民开展项目制培训，企业开展培训或者培训机构开展项目制培训，可先行拨付一定比例的培训补贴资金。

八、做好调度宣传工作。要加强工作调度，按照《关于做好长江禁捕退捕渔民安置保障集中攻坚专项工作的通知》（人社厅明电〔2020〕35号）的要求，按周对退捕渔民参加培训的人次数进行调度，并将退捕渔民相关数据包含于职业技能提升行动月对账表“农民工”群体之中。要加强与新闻媒体沟通协调，创新宣传方式，找准宣传视角，重点宣传长江生态修复中涉及退捕渔民职业技能培训的政策措施、经验做法和积极成效，引导帮助渔民实现技能就业创业。

2020年7月21日

人力资源社会保障部办公厅关于颁布保健按摩师等2个国家职业技能标准的通知

人社厅发〔2020〕88号

各省、自治区、直辖市及新疆生产建设兵团人力资源社会保障厅（局），国务院有关部委、直属机构人事劳动保障工作机构，有关行业组织（集团公司）人事劳动保障工作机构，中央军委政治工作部兵员和文职人员局：

根据《中华人民共和国劳动法》有关规定，我部组织制定了保健按摩师等2个国家职业技能标准，现予颁布施行。原相应国家职业技能标准同时废止。

附件：2个国家职业技能标准目录

2020年8月24日

附件

2个国家职业技能标准目录

序号	职业编码	职业名称
1	4-10-04-02	保健按摩师
2	6-15-05-03	陶瓷烧成工

注：以上职业技能标准内容可在人力资源社会保障部官网查询。

人力资源社会保障部办公厅
关于做好共享用工指导和服务的通知

人社厅发〔2020〕98号

各省、自治区、直辖市及新疆生产建设兵团人力资源社会保障厅（局）：

企业之间开展共享用工，进行用工余缺调剂合作，对解决用工余缺矛盾、提升人力资源配置效率和稳就业发挥了积极作用。为加强对共享用工的指导和服务，促进共享用工有序开展，进一步发挥共享用工对稳就业的作用，现就有关事项通知如下：

一、支持企业间开展共享用工

各级人力资源社会保障部门要支持企业间开展共享用工，解决稳岗压力大、生产经营用工波动大的问题。重点关注生产经营暂时困难、稳岗意愿强的企业，以及因结构调整、转型升级长期停工停产企业，引导其与符合产业发展方向、短期内用人需求量大的企业开展共享用工。对通过共享用工稳定职工队伍的企业，阶段性减免社保费、稳岗返还等政策可按规定继续实施。

二、加强对共享用工的就业服务

各级人力资源社会保障部门要把企业间共享用工岗位供求信息纳入公共就业服务范围，及时了解企业缺工和劳动者富余信息，免费为有用工余缺的企业发布供求信息，按需组织专场对接活动。鼓励人力资源服务机构搭建共享用工信息对接平台，帮助有需求的企业精准、高效匹配人力资源。加强职业培训服务，对开展共享用工的劳动者需进行岗前培训、转岗培训的，可按规定纳入技能提升培训范围。对开展共享用工的企业和劳动者，免费提供劳动用工法律政策咨询服务，有效防范用工风险。

三、指导开展共享用工的企业及时签订合作协议

各级人力资源社会保障部门要指导开展共享用工的企业签订合作协议，明确双方的权利义务关系，防范开展共享用工中的矛盾风险。合作协议中可约定调剂劳动者的数量、时间、工作地点、工作内容、休息、劳动保护条件、劳动报酬标准和支付时间与方式、食宿安排、可以退回劳动者的情形、劳动者发生工伤后的责任划分和补偿办法以及交通等费用结算等。

四、指导企业充分尊重劳动者的意愿和知情权

各级人力资源社会保障部门要指导员工富余企业（原企业）在将劳动者安排到缺工企业工作前征求劳动者意见，与劳动者协商一致。共享用工期限不应超过劳动者与原企业订立的劳动合同剩余期限。要指导缺工企业如实告知劳动者工作内容、工作条件、工作地点、职业危害、安全生产状况、劳动报酬、企业规章制度以及劳动者需要了解的其他情况。企业不得将在本单位工作的被派遣劳动者以共享用工名义安排到其他单位工作。

五、指导企业依法变更劳动合同

原企业与劳动者协商一致，将劳动者安排到缺工企业工作，不改变原企业与劳动者之间的劳动关系。劳动者非由其用人单位安排而自行到其他单位工作的，不属于本通知所指共享用工情形。各级人力资源社会保障部门要指导原企业与劳动者协商变更劳动合同，明确劳动者新的工作地点、工作岗位、工作时间、休息休假、劳动报酬、劳动条件以及劳动者在缺工企业工作期间应遵守缺工企业依法制定的规章制度等。

六、维护好劳动者在共享用工期间的合法权益

各级人力资源社会保障部门要指导和督促缺工企业合理安排劳动者工作时间和工作任务，保障劳动者休息休假权利，提供符合国家规定的劳动安全卫生条件和必要的劳动防护用品，及时将劳动者的劳动报酬结算给原企业。要指导和督促原企业按时足额支付劳动者劳动报酬和为劳动者缴纳社会保险费，并不得克扣劳动者的劳动报酬和以任何名目从中收取费用。要指导和督促原企业跟踪了解劳动者在缺工企业的工作情况和有关诉求，及时帮助劳动者解决工作中的困难和问题。劳动者在缺工企业工作期间发生工伤事故的，按照《工伤保险条例》第四十三条第三款规定，由原企业承担工伤保险责任，补偿办法可与缺工企业约定。

七、保障企业用工和劳动者工作的自主权

劳动者在缺工企业工作期间，缺工企业未按照约定履行保护劳动者权益的义务的，劳动者可以回原企业，原企业不得拒绝。劳动者不适应缺工企业工作的，可以与原企业、缺工企业协商回原企业。劳动者严重违反缺工企业规章制度、不能胜任工作以及符合合作协议中约定的可以退回劳动者情形的，缺工企业可以将劳动者退回原企业。共享用工合作期满，劳动者应回原企业，原企业应及时予以接收安排。缺工企业需要、劳动者愿意继续在缺工企业工作且经原企业同意的，应当与原企业依法变更劳动合同，原企业与缺工企业续订合作协议。原企业不同意的，劳动者应回原企业或者依法与原企业解除劳动合同。劳动者不回原企业或者违法解除劳动合同给原企业造成损失的，应当依法承担赔偿责任。缺工企业招用尚未与原企业解除、终止劳动合同的劳动者，给原企业造成损失的，应当承担连带赔偿责任。

八、妥善处理劳动争议和查处违法行为

各级人力资源社会保障部门要指导开展共享用工的企业建立健全内部劳动纠纷协商解决机制，与劳动者依法自主协商化解劳动纠纷。加强对涉共享用工劳动争议的处理，加大调解力度，创新仲裁办案方式，做好调裁审衔接，及时处理因共享用工引发的劳动争议案件。要进一步畅通举报投诉渠道，加大劳动保障监察执法力度，及时查处共享用工中侵害劳动者合法权益的行为。对以共享用工名义违法开展劳务派遣和规避劳务派遣有关规定的，依法追究相应法律责任。

各级人力资源社会保障部门要按照本通知要求，结合当地实际，采取有效措施加强对企业开展共享用工的指导和服务，引导共享用工健康发展。

2020年9月30日

人力资源社会保障部办公厅 中国人民银行办公厅 关于推广应用具有金融功能的 第三代社会保障卡的通知

人社厅发〔2020〕101号

各省、自治区、直辖市及新疆生产建设兵团人力资源社会保障厅（局），中国人民银行上海总部，各分行、营业管理部，各省会（首府）城市中心支行，各副省级城市中心支行，各国有商业银行、股份制商业银行，中国邮政储蓄银行，中国银联股份有限公司：

为进一步增强具有金融功能的社会保障卡（以下简称社保卡）安全防护能力，拓展社保卡应用领域，提升人力资源社会保障和金融便民服务水平，为以社保卡为载体建立居民服务“一卡通”提供支撑，在前期第三代社保卡技术验证和先行启动工作取得预期成效的基础上，决定全面启动第三代社保卡推广应用工作，现就有关事项通知如下：

一、工作目标

按照密码应用与创新发展工作统一部署，遵循“自然过渡、发用并重”的原则，全面启动第三代社保卡推广应用工作，提高社保卡安全应用水平。2020年底前全面完成第三代社保卡发行准备，自2021年起，全国所有地区新发、补领、换领社保卡时全部采用支持SM系列算法的第三代社保卡，并加快签发电子社保卡，实现线上线下“一卡通用、一网通办”。加强部门间合作，支撑更多民生和金融服务，探索以社保卡为载体建立居民服务“一卡通”。

二、工作内容

（一）全面完成第三代社保卡发行准备。根据《中国人民银行办公厅　人力资源社会保障部办公厅关于印发〈具有金融功能的第三代社会保障卡技术规范〉的通知》（银办发〔2017〕170号）、《人力资源社会保障部办公厅　中国人民银行办公厅关于开展具有金融功能的第三代社会保障卡先行启动建设工作的通知》（人社厅函〔2018〕289号）、《关于印发第三代社会保障卡相关技术规范的通知》（人社网信函〔2018〕1号）等技术规范和实施要求，2020年底前，第三代社保卡先行启动地区应做好前期技术验证经验总结，实现规模发卡；其他地区完成第三代社保卡建设方案制定和推广应用规划，其中各地区人力资源社会保障部门完成省级电子认证证书注册管理系统建设或SM系列算法升级、卡面和卡内结构设计、相关系统升级改造，并按照新发卡要求做好发行注册审批、成品卡通用性测试等工作。各社保卡合作银行完成即时发卡、密钥管理等系统 SM 系列算法升级，并做好发卡申请审批、发行技术验证等发行准备。

（二）全面升级第三代社保卡受理环境。各地区人力资源社会保障部门及其他用卡部门应按照《关于印发社会保障卡读写终端接口规范的通知》（人社信息函〔2016〕38 号）和《关于印发社会保障卡读写终端接口规范补充说明的通知》（人社信息函〔2016〕59 号）要求，升级和完善现有社保卡受理环境，全面支持基于 SM 系列算法的社会保障 PSAM 卡或加密机联机等认证方式，按需扩展终端部署数量，实现与现有社保卡的兼容使用。各社保卡合作银行完成社保卡金融领域用卡业务系统的必要改造，加强系统对接联调测试，全面支撑第三代社保卡应用推广。

（三）全面做好第三代社保卡发行服务。各地区应严格按照技术规范和实施要求，通过新人群发卡或社保卡到期、丢失等自然补换措施，采取线上申领补换或线下即时制卡等服务模式，实现本地区一、二代社保卡向第三代社保卡的平稳切换、自然过渡，不得组织社保卡未到期群众大规模批量换卡，避免既有资源浪费和社会舆情事件发生。原则上，第三代社保卡由全省统一组织发行、统一规范卡面设计，同时做好换发过程中持卡人员基础信息入库、身份要素信息同步、银行账户激活引导、发卡数据统计分析等工作。在发行第三代社保卡时，同步实现电子社保卡签发，提升社保卡数字化服务能力。

（四）广泛拓展第三代社保卡应用。各地区应加强社保卡应用设计，结合金融科技创新应用，充分利用第三代社保卡非接触式、非对称认证、生物特征识别等技术优势，推进社保卡创新应用服务，充分利用社保卡金融功能，为各部门各地区在就业创业、社会保障、劳动关系、职业培训、人事考试、惠民惠农补贴发放、工资发放、公积金等提供服务支持。各地人力资源社会保障部门应与人民银行分支机构协同推动第三代社保卡在政府公共服务等领域的广泛应用。已明确以社保卡为载体实现“一卡通”的地区，应进一步发挥好第三代社保卡的载体支撑作用，加强在政府层面的统筹协调，形成跨部门“一卡通”应用典范，推动在长三角和其他有条件地区率先实现交通出行、旅游观光、文化体验等方面“同城待遇”。

（五）完善第三代社保卡管理机制。各地区人力资源社会保障部门应在现有社保卡管理体系基础上，强化主要功能、标准规范、密钥体系、管理主体四个不变原则，进一步完善第三代社保卡的发行管理、密钥管理、产品监管、应用服务管理、安全管理等制度。联合社保卡合作银行及其他主要用卡管理单位，建立跨部门、跨地区联动服务机制，加强第三代社保卡多应用服务管理支撑。

三、工作要求

（一）加强组织领导。各地区要高度重视第三代社保卡推广应用工作，积极向当地党委政府汇报，加强跨部门协作，支持以社保卡为载体实现居民服务“一卡通”。人力资源社会保障部门与人民银行分支机构等相关部门建立工作专班，明确职责分工，落实发行及“一卡通”应用任务。

（二）建立协调机制。针对第三代社保卡发行和“一卡通”应用工作建立有效的工作协调机制，落实各项软硬件系统、终端受理环境等技术准备工作，建立健全发行、服务、管理等制度，完善各项保障措施。

（三）强化社银合作。社保卡合作银行应积极配合人力资源社会保障部门做好社保卡发行服务和保障工作，加强卡片规范化管理。通过社银系统接口建立联动服务。在确保社保卡银行账户安全的前提下，提高银行账户激活率。

（四）加强宣传引导。对第三代社保卡发行工作要提前做好面向群众的告知解释工作，充分做好第三代社保卡及电子社保卡申领、使用的宣传引导，确保发卡用卡的规范和安全有序。

（五）注重信息安全。在第三代社保卡发行及“一卡通”应用中，要充分做好前端采集、信息传输、制卡发卡、数据存储及系统应用等各个环节的数据安全和个人信息保护，避免信息泄露及未经授权的使用，切实保障持卡人资金与信息安全。

2020 年 10 月 23 日

人力资源社会保障部办公厅关于颁布物流服务师等 18 个国家职业技能标准的通知

人社厅发〔2020〕102 号

各省、自治区、直辖市及新疆生产建设兵团人力资源社会保障厅（局），国务院有关部委、直属机构人事劳动保障工作机构，有关行业组织（集团公司）人事劳动保障工作机构，中央军委政治工作部兵员和文职人员局：

根据《中华人民共和国劳动法》有关规定，我部组织制定了物流服务师等 18 个国家职业技能标准，现予颁布施行。原相应国家职业技能标准同时废止。

附件：18 个国家职业技能标准目录

2020 年 10 月 29 日

附件

18 个国家职业技能标准目录

序号	职业编码	职业名称
1	4-02-06-03	物流服务师
2	4-02-06-04	冷藏工
3	4-02-06-05	供应链管理师
4	4-03-02-05	餐厅服务员
5	4-12-01-02	摩托车修理工
6	4-13-05-03	电子竞技运营师

7	6-06-03-02	机械木工
8	6-06-03-03	木地板制造工
9	6-17-05-03	重冶火法冶炼工
10	6-17-05-04	重冶湿法冶炼工
11	6-17-05-05	电解精炼工
12	6-17-10-02	硬质合金成型工
13	6-17-10-03	硬质合金烧结工
14	6-17-10-04	硬质合金精加工工
15	6-23-03-03	航空发动机装配工
16	6-25-04-09	物联网安装调试员
17	6-26-01-01	仪器仪表制造工
18	6-31-03-02	物理性能检验员（建筑材料试验工）

注：以上职业技能标准内容可在人力资源社会保障部官网查询。

人力资源社会保障部办公厅关于支持企业大力开展技能人才评价工作的通知

人社厅发〔2020〕104号

各省、自治区、直辖市及新疆生产建设兵团人力资源社会保障厅（局），国务院有关部委、直属机构人事劳动保障工作机构，有关行业组织、企业人事劳动保障工作机构：

为深入贯彻习近平总书记关于健全技能人才培养、使用、评价、激励制度的重要指示精神，深化技能人才评价制度改革，现就做好支持企业大力开展技能人才评价工作有关事项通知如下。

一、支持企业自主开展技能人才评价。按照党中央、国务院“放管服”改革要求，加快政府职能转变，充分发挥市场在资源配置中的决定性作用，激发市场主体活力，向用人主体放权，按照“谁用人、谁评价、谁发证、谁负责”的原则，支持各级各类企业自主开展技能人才评价工作，发放职业技能等级证书，推动建立以市场为导向、以企业等用人单位为主体、以职业技能等级认定为主要方式的技能人才评价制度。解决水平评价类技能人员职业资格退出国家职业资格目录后技能人才评价载体缺失、评价工作急需跟进等问题，不断优化政策，畅通技能人才发展通道，努力形成人人渴望成才、人人努力成才、人人皆可成才、人人尽展其才的良好局面。

二、企业自主确定评价范围。符合条件、经备案的企业可面向本企业职工（含劳务派遣、劳务外包等各类用工人员）组织开展职业技能水平评价工作，实施职业技能等级认定，并将人才评价与培养、使用、待遇有机结合。企业可结合生产经营主业，依据国家职业分类大典和新发布的职业（工种），自主确定评价职业（工种）范围。对职业分类大典未列入但企业生产经营中实际存在的技能岗位，可按照相邻相近原则对应到职业分类大典内职业（工种）实施评价。支持企业参与新职业开发工作，推动较为成熟的技能岗位纳入国家职业分类体系。

三、企业自主设置职业技能等级。企业可以国家职业技能标准设置的五级（初级工）、四级（中级工）、三级（高级工）、二级（技师）和一级（高级技师）为基础，自主设置职业技能岗位等级，形成具有自身特色的评价等级结构，建立技能人才成长通道。企业可设置学徒工、特级技师、首席技师等岗位等级，并明确其与国家职业技能标准相应技能等级之间的对应关系；企业还可在技能等级内细分层级。

四、依托企业开发评价标准规范。适应产业发展和技术变革需求，发挥企业技术优势开发职业技能标准或评价规范，建立科学合理、符合生产实际的评价标准体系。企业可根据相应的国家职业技能标准，结合企业工种（岗位）特殊要求，对职业功能、工作内容、技能要求和申报条件等进行适当调整，原则上不低于国家职业技能标准要求。无相应国家职业技能标准的，企业可参照《国家职业技能标准编制技术规程》，自主开发制定企业评价规范。支持较为成熟和影响较大的企业评价规范，按程序申报国家职业技能标准。

五、企业自主运用评价方法。建立以职业能力为导向、以工作业绩为重点、注重工匠精神和职业道德养成的技能人才评价体系。坚持把品德作为评价的首要内容，重点考察劳动者执行操作规程、进行安全生产、解决生产问题和完成工作任务的能力，并注重考核岗位工作绩效，强化生产服务结果、创新成果和实际贡献。要把技能人才评价工作融入日常生产经营活动过程中，灵活运用过程化考核、模块化考核和业绩评审、直接认定等多种方式。探索利用现代信息技术，创新技能评价方式。

六、积极开展职业技能竞赛评价。发挥以赛促训、以赛促评作用，将职业技能竞赛作为技能人才评价的重要方式之一，促进评价工作公开公平公正。鼓励企业按照国家职业技能标准和行业企业评价规范要求，大力开展职业技能竞赛、岗位练兵、技术比武等活动，并将竞赛结果与职业技能等级认定相衔接。支持企业职工参加各级各类职业技能竞赛，对在职业技能竞赛中取得优异成绩的人员，可按规定晋升相应职业技能等级。

七、贯通企业技能人才职业发展。适应人才融合发展趋势，建立职业技能等级认定与专业技术职称评审贯通机制，破除身份、学历、资历等障碍，搭建企业人才成长立交桥。落实在工程技术领域实现高技能人才与工程技术人才职业发展贯通的意见要求，逐步扩大贯通领域，能扩尽扩，能融尽融。

八、提升企业评价服务能力。加强企业评价基础能力建设，发挥已有职业技能鉴定技术优势和组织优势，依托设在企业的职业技能鉴定所站、高技能人才培训基地和技能大师工作室等组织开展评价工作。鼓励备案企业申请为社会培训评价组织，为其他中小企业和社会人员提供人才评价服务。深化产教融合、企校合作，支持企业为院校学生提供人才评价服务，引导院校科学合理设置专业和课程。

九、加强质量督导和服务保障工作。各级人力资源社会保障部门要按照属地原则，加强对本地区企业技能人才评价工作的指导服务和质量督导。要健全工作机制，优化服务流程，简化程序，采取上门服务、现场集中办理、网上申报、告知承诺、网络核验等方式，做好企业技能人才评价工作的备案、质量管理和技术支持服务工作。加强跨地区协作，企业所在地人力资源社会保障部门要加强与企业子公司所在地人力资源社会保障部门的沟通衔接，建立信息互通、结果互认机制。企业按规定颁发的职业技能等级证书，纳入各级人力资源社会保障部门建设的证书查询系统，向社会公开。人力资源社会保障部门要将取得职业技能等级证书的人员纳入人才统计范围，并按规定落实相应人才政策。

各地人力资源社会保障部门在工作中遇到的突出问题，请及时向我部反映。

2020 年 11 月 7 日

人力资源社会保障部办公厅　公安部办公厅关于颁布网络与信息安全管理员国家职业技能标准的通知

人社厅发〔2020〕107号

各省、自治区、直辖市及新疆生产建设兵团人力资源社会保障厅（局）、公安厅（局）：

根据《中华人民共和国劳动法》有关规定，人力资源社会保障部、公安部共同制定了网络与信息安全管理员国家职业技能标准，现予颁布施行。

附件：网络与信息安全管理员国家职业技能标准目录

2020年11月23日

附件

网络与信息安全管理员国家职业技能标准目录

序号	职业编码	职业名称
1	4-04-04-02	网络与信息安全管理员

注：该职业技能标准内容可在人力资源社会保障部官网查询。

人力资源社会保障部办公厅
工业和信息化部办公厅
关于颁布工业机器人系统操作员国家职业技能标准的通知

人社厅发〔2020〕108号

各省、自治区、直辖市及新疆生产建设兵团人力资源社会保障厅（局）、工业和信息化主管部门，各省、自治区、直辖市通信管理局：

根据《中华人民共和国劳动法》有关规定，人力资源社会保障部、工业和信息化部共同制定了工业机器人系统操作员国家职业技能标准，现予颁布施行。

附件：工业机器人系统操作员国家职业技能标准目录

2020年11月24日

附件

工业机器人系统操作员国家职业技能标准目录

序号	职业编码	职业名称
1	6-30-99-00	工业机器人系统操作员

注：该职业技能标准内容可在人力资源社会保障部官网查询。

人力资源社会保障部办公厅　财政部办公厅 农业农村部办公厅关于进一步加强长江禁捕退捕渔民转产就业重点帮扶工作的通知

人社厅发〔2020〕109号

上海、江苏、安徽、江西、湖北、湖南、重庆、四川、贵州、云南省（市）人力资源社会保障厅（局）、财政厅（局）、农业农村厅（委）：

为坚决贯彻习近平总书记关于长江禁捕退捕工作的系列重要指示批示精神，落实党中央、国务院重大决策部署，聚焦长江禁捕退捕渔民转产安置重点难点，进一步加强退捕渔民转产就业重点帮扶工作，现就有关事项通知如下：

一、切实提高政治站位。做好退捕渔民转产就业工作是推进长江禁捕工作顺利实施的重中之重。各地人力资源社会保障、财政、农业农村部门密切配合，精准摸排，强化政策服务，多渠道开发岗位，取得积极成效。但也还存在部分退捕渔民尚未转产就业，部分已转产退捕渔民就业稳定性不高、收入较低等题。各地要切实提高政治站位，将退捕渔民转产就业作为重大政治任务，坚持省负总责、市县抓落实的工作机制，层层压实责任，多措并举，聚力攻坚，集中冲刺，确保年底前有劳动能力和就业意愿的退捕渔民就业帮扶到位，确保零就业退捕渔民家庭动态清零。

二、明确重点帮扶对象。各地要对照退捕渔民实名制动态帮扶信息系统，将尚未转产就业及就业后再次失业的退捕渔民、灵活就业但收入低于当地最低生活保障水平的退捕渔民、零就业家庭的退捕渔民等纳入重点帮扶对象。通过数据比对、集中摸排、上门走访等方式，详细了解其就业能力、就业意愿，建立重点帮扶台账，并实现动态更新。

三、强化重点帮扶举措。各地要根据重点帮扶对象就业安置需求，推荐技能培训项目和就业岗位信息。要广泛动员相关企业、组织、扶贫车间等，发挥经营性人力资源服务机构、行业协会等作用，确定一批退捕渔民就业基地，募集组织一批无年龄限制、无技能要求的爱心岗位，定向安置退捕渔民就业。对于外省户籍的退捕渔民，由禁捕地负责就业安置，对有回乡意愿的，由禁捕地向户籍地通报相关信息，户籍地做好就业安置工作。

四、用好公益性岗位。各地要以县为单位，根据重点帮扶退捕渔民的数量、年龄、技能等因素，合理确定公益性岗位规模。结合乡村振兴战略的实施，聚焦满足城乡基层公共管理服务需求，用好水利设施建设与维护、河湖巡查与管护、河塘清淤整治和保洁、保安、便民服务等岗位，确保有就业能力、有就业意愿、未享受基本养老保险待遇、年龄偏大的退捕渔民和零就业家庭中的退捕渔民可以及时上岗。安置退捕渔民的公益性岗位补贴标准根据实际工作时间等因素确定，全日制岗位补贴参照当地城镇职工最低工资标准，非全日制岗位补贴参照当地小时最低工资标准。省级人力资源社会保障部门要在2020年12月10日前，将本省退捕渔民公益性岗位开发和安置情况报人力资源社会保障部。

五、畅通问题反映渠道。各地要组织市县向退捕渔民发放就业政策服务明白卡、口袋书，记载退捕渔民就业安置政策、服务内容、联系人及方式。要公布咨询投诉电话、邮箱、信箱等，对涉及就业和社会保险方面的合理诉求尽快受理解决，一时难以解决的加强跟踪服务，对不合理诉求做好“一对一”政策解释和思想疏通。要加强舆情收集，定期梳理督查线索、信访举报等相关问题，制定风险防范措施和处置预案。要稳妥解决规模性、群体性事件，防止矛盾激化和事态扩大。

六、加强组织领导。各地要层层建立结对帮扶制度，省级退捕渔民安置保障工作专班要明确专人联系重点区县，市级工作专班干部要联系重点乡镇，县级工作专班干部要包重点村，乡镇村基层服务平台工作人员要包重点户，确保领导到位、责任到位、工作到位。要强化地方财政资金保障责任，统筹使用好就业补助资金等各类资金，优先保障退捕渔民转产安置工作，并向安置任务重、财政困难大的区县倾斜。要及时更新退捕渔民安置保障实名制动态帮扶系统。要加大就业安置政策和经验做法的宣传力度，深入挖掘推广转产就业退捕渔民的先进典型和事迹，营造良好舆论氛围。

2020年11月23日

人力资源社会保障部办公厅关于印发调整年金基金投资范围有关问题政策释义的通知

人社厅发〔2020〕112号

各省、自治区、直辖市及新疆生产建设兵团人力资源社会保障厅（局），各计划单列市人力资源社会保障局，各企业年金基金管理机构、企业年金理事会：

《人力资源社会保障部关于调整年金基金投资范围的通知》（人社部发〔2020〕95号）的发布，有利于拓宽年金基金投资渠道，提高投资效率，分散投资风险，促进年金基金在新形势下健康发展。为进一步推动该文件的贯彻执行，经商财政部、银保监会、证监会，我们制定了《调整年金基金投资范围有关问题政策释义》，现印发给你们，请认真贯彻执行。《关于印发扩大企业年金基金投资范围和企业年金养老金产品有关问题政策释义的通知》（人社厅发〔2014〕35号）同时废止。

2020年12月28日

调整年金基金投资范围有关问题政策释义

本释义中所指“通知”指《人力资源社会保障部关于调整年金基金投资范围的通知》（人社部发〔2020〕95号）。

一、通知第二条、第四条第（一）（二）（五）款，银行存款的发行主体要求：

银行存款的发行主体不包括农村信用合作社（含联社）、农村资金互助社、财务公司等其他银行业存款类金融机构。

二、通知第二条，股票的含义：

股票包括A股（含创业板、科创板）、港股通标的股票和优先股。人力资源社会保障部将根据市场变化情况对年金基金开展其他股票投资实施监管指导。

香港市场投资要求：

目前仅限于年金基金通过股票型养老金产品或公开募集证券投资基金（不含QDII基金）投资港股通标的股票。

三、通知第四条，投资组合的含义：

投资组合包括证券投资组合和专门投资组合。

第（二）（三）款，永续债、可转债的属性：

根据《企业会计准则》及发行机构会计归属等明确其资产属性为债权的，属于标债资产，资产属性不属于债权的，维持现行监管要求不变。

第（三）款，港股通标的产品的属性：

港股通标的产品指名称中带有“港股”字样的养老金产品和名称中带有“港股”字样的公开募集证券投资基金。其他投资中含有港股通标的股票的公开募集证券投资基金可不受此款20%的限制。

第（五）款，专门投资组合的属性：

专门投资组合属于固定收益类组合，不得投资于股票、股票基金、混合基金、股指期货及股票型（含股票专项型）养老金产品等权益类产品。法律法规或监管部门另有规定的，从其规定。

四、通知第六条，单个年金计划基金资产投资比例：

单个年金计划基金资产，投资一年期以内（含一年）的银行存款、中央银行票据，同业存单，剩余期限在一年期以内（含一年）的国债，剩余期限在一年期以内（含一年）的政策性、开发性银行债券，债券回购，货币市场基金，货币型养老金产品等流动性资产的比例，合计不得低于年金计划委托投资资产净值的5%。清算备付金、证券清算款以及一级市场证券申购资金视为流动性资产。

投资一年期以上的银行存款，标准化债权类资产，信托产品，债权投资计划，债券基金，固定收益型养老金产品，混合型养老金产品等固定收益类资产的比例，合计不得高于年金计划委托投资资产净值的135%。债券正回购的资金余额在每个交易日均不得高于年金计划委托投资资产净值的40%。已计入流动性资产的不再重复计入固定收益类资产。

投资股票、股票基金、混合基金、股票型养老金产品（含股票专项型养老金产品）等权益类资产的比例，合计不得高于年金计划委托投资资产净值的40%。其中，投资港股通标的产品的比例，不得高于年金计划委托投资资产净值的20%；投资单只股票专项型养老金产品的比例，不得高于年金计划委托投资资产净值的10%。

投资信托产品、债权投资计划，以及信托产品型、债权投资计划型养老金产品的比例，合计不得高于年金计划委托投资资产净值的30%。其中，投资信托产品以及信托产品型养老金产品的比例，合计不得高于年金计划委托投资资产净值的10%。

五、通知第四条第（一）（二）款、第六条第（一）（二）款，投资比例要求：

明确无待遇支付安排的职业年金计划和职业年金投资组合，其流动性资产比例可以不受5%流动性限制，投资固定收益类资产的比例，合计不得高于该职业年金计划基金资产净值或职业年金投资组合委托投资资产净值的140%。

六、通知第七条，投资港股通标的股票的股票型养老金产品备案管理要求：

（一）投资港股通标的股票的股票型养老金产品按照“××公司××港股股票型养老金产品”的格式命名。

（二）投资管理人应按新产品备案相关要求申请港股股票型养老金产品备案，已备案的普通股票型养老金产品不得申请变更为港股股票型养老金产品。

（三）养老金产品发行人应当配备不少于2名具有5年以上投资管理经验且具有2年以上香港股票市场投资管理相关经验的人员，即拟任投资经理及相关人员实际管理香港股票市场产品（包括公募、私募、QDII等）累计2年以上。投资管理人申请备案港股股票型养老金产品时，应提供公司投资团队满足相关要求的说明，包括但不限于拟备案产品投资经理所管理的含港股投资的产品或账户名称及规模、港股投资比例、管理期间、任期回报、近2年收益率、历史净值等。

（四）已运作单只港股股票型养老金产品存续规模未达到5 000万元的，人力资源社会保障部不再受理该投资管理人新的港股股票型养老金产品备案申请，其他股票型养老金产品备案可以不受其影响。

七、通知第十一条，投资资产支持证券、资产支持票据的基础资产要求：

基础资产应符合法律法规规定，权属明确，可依法转让，能够独立产生持续稳定、可预测现金流的金融资产或符合上述条件的非金融资产，包括贷款债权、融资租赁债权、既有保理融资债权以及具有真实贸易背景、债权人已履行所有合同义务的应收账款债权等。

八、通知第十二条，信托产品的信用增级要求：

设置保证担保的，应当为本息全额无条件不可撤销连带责任保证担保，担保人信用等级不低于被担保人信用等级，担保行为履行全部合法程序，且同一担保人全部对外担保金额占其净资产的比例不超过 50%。由融资主体母公司或实际控制人提供担保的，担保人净资产不得低于融资主体净资产的 1.5 倍。

设置抵押或质押担保的，担保财产应当权属清晰，质押担保办理出质登记，抵押担保办理抵押物登记，经评估的担保财产价值不低于待偿还本息。

九、通知第八条至第十三条，评级机构的要求：

年金基金投资品种所涉及的评级机构，应当符合金融监管部门对相关产品评级机构的监管规定。

鼓励年金基金管理机构发展内部评级，增强运用内外部评级研判风险的能力。

十、通知第十六条，金融产品的估值要求：

年金基金可投资的金融产品现行估值方式需要调整的，由人力资源社会保障部统一另行安排。

十一、通知第十九条，《关于企业年金养老金产品有关问题的通知》（人社部发〔2013〕24 号）及《关于企业年金基金股权和优先股投资试点的通知》（人社部发〔2014〕64 号）根据通知调整的具体要求：

（一）养老金产品限于境内投资和香港市场投资；境内投资范围包括银行存款，标准化债权类资产，债券回购，信托产品，债权投资计划，公开募集证券投资基金，股票，股指期货，国债期货；香港市场投资指年金基金通过股票型养老金产品或公开募集证券投资基金，投资港股通标的股票。投资范围及投资要求应符合通知规定。

（二）货币型养老金产品投资于一年期以内（含一年）的银行存款、中央银行票据，剩余期限在 397 天以内（含 397 天）的标准化债权类资产（不含可转换债、可交换债），债券回购，货币市场基金。债券正回购的资金余额在每个交易日均不得高于产品资产净值的 40%。

（三）股票型养老金产品投资权益类资产占产品资产净值的比例下限由 30%提高至 40%，混合型养老金产品投资权益类资产占产品资产净值的比例上限由 30%提高至 40%。

（四）股票专项型养老金产品属于股票型养老金产品，应当有 80%以上的非现金资产投资于一家或多家企业公开或非公开发行的股票。单个年金计划或单个证券投资组合投资于单只股票专项型养老金产品的比例，不得高于该年金计划基金资产净值或证券投资组合委托投资资产净值的 10%。

（五）为了满足直接配置混合型、固定收益型养老金产品的需要，确保流动性比例符合规定，混合型、固定收益型（存款型、信托产品型、债权投资计划型除外）养老金产品，投资一年期以内（含一年）的银行存款、中央银行票据，同业存单，剩余期限在一年期以内（含一年）的国债，剩余期限在一年期以内（含一年）的政策性、开发性银行债券，债券回购，货币市场基金的比例，合计不得低于产品资产净值的 5%。其余类型养老金产品、专门投资组合和受托直投组合主要用于大类资产配置，可以不受 5%流动性资产的比例限制，但应确保赎回的需要，减少净值波动。清算备付金、证券清算款以及一级市场证券申购资金视为流动性资产。

（六）单只养老金产品投资一家企业所发

行的股票，单期发行的同一品种标准化债权类资产，单只证券投资基金，分别不得超过上述证券发行量、该基金份额（基金产品份额数以最近一次公告或者发行人正式说明为准）的5%，也分别不得超过该养老金产品资产净值的10%。其中，投资资产支持证券、资产支持票据的比例不超过该只证券发行量的10%。股票专项型养老金产品投资一家企业所发行的股票可以不受上述10%规定的限制。

（七）单只养老金产品投资单期信托产品、债权投资计划，分别不得超过该期信托产品、债权投资计划资产管理规模的20%。信托产品型、债权投资计划型养老金产品可以不受此规定的限制。

（八）养老金产品应当免收申购费，可以收取一定的赎回费，赎回费应全部归入养老金产品资产。养老金产品投资于同一投资管理人自身管理的金融产品，如证券投资基金、债权投资计划等，该部分投资资产在养老金产品层面不再收取投资管理费，投资管理人在养老金产品投资管理合同和托管合同中应当明确包含这一条款。

（九）投资管理人是养老金产品资产净值计算和产品会计核算的主会计人。与养老金产品有关的会计问题，如投资管理人与托管人充分协商仍无法达成一致意见的，按照投资管理人对产品资产净值的计算结果对外公布，但应当注明该资产净值计算结果未经托管人复核一致。

（十）法人受托机构设立受托直投组合，托管人应当单独开立一个投资资产托管账户，专门用于根据法人受托机构的指令通过该账户进行投资养老金产品的资金划拨，法人受托机构和计划托管人分别对该账户的资产单独建账、独立核算，并进行信息报告，托管人应当定期与法人受托机构核对该账户资产净值等账务。

（十一）根据通知，涉及养老金产品投资范围及比例相应调整的，可以按照《关于加强养老金产品管理有关问题的通知》（人社厅发〔2019〕85号）第五条第（五）款“因法律法规修订而应当修改养老金产品投资管理合同”情形规定，自变更生效之日起15日内以书面送达或者公告等方式通知份额持有人，并向人力资源社会保障部报告。

十二、已运作年金计划、投资组合、受托直投组合和养老金产品的投资比例、投资范围与本通知不符的，应于2021年底前调整到位。已运作投资组合或养老金产品中，持有的商业银行理财产品、特定资产管理计划可持有至到期，相应养老金产品到期后清算并上报清算报告；已运作优先股型养老金产品2021年底前清算完毕并上报清算报告。

人力资源社会保障部办公厅关于颁布连锁经营管理师等 11 个国家职业技能标准的通知

人社厅发〔2020〕113 号

各省、自治区、直辖市及新疆生产建设兵团人力资源社会保障厅（局），国务院有关部委、直属机构人事劳动保障工作机构，有关行业组织（集团公司）人事劳动保障工作机构，中央军委政治工作部兵员和文职人员局：

根据《中华人民共和国劳动法》有关规定，我部组织制定了连锁经营管理师等 11 个国家职业技能标准，现予颁布施行。原相应国家职业技能标准同时废止。

2020 年 12 月 29 日

附件

11 个国家职业技能标准目录

序号	职业编码	职业名称
1	3-01-01-01	行政办事员（政务服务综合窗口办事员）
2	4-01-02-06	连锁经营管理师
3	4-07-03-04	企业人力资源管理师（劳务派遣管理员）
4	4-12-03-01	家用电器产品维修工
5	4-12-03-02	家用电子产品维修工
6	4-13-99-01	电子竞技员

7	4-14-02-05	老年人能力评估师
8	6-17-06-01	氧化铝制取工
9	6-17-06-02	铝电解工
10	6-17-09-09	金属挤压工
11	6-17-09-10	铸轧工

注：以上职业技能标准内容可在人力资源社会保障部官网查询。

人力资源社会保障部办公厅关于切实做好新型冠状病毒感染肺炎疫情防控期间技能人才评价有关工作的通知

人社厅函〔2020〕22号

各省、自治区、直辖市及新疆生产建设兵团人力资源社会保障厅（局），国务院有关部委、直属机构及有关中央企业人事劳动保障工作机构，有关社会培训评价组织：

为深入贯彻落实习近平总书记关于坚决打赢新型冠状病毒感染肺炎疫情防控阻击战的决策部署，按照我部《关于进一步做好新型冠状病毒感染的肺炎疫情防控工作的通知》等有关要求，现就做好疫情防控期间技能人才评价工作有关事项通知如下：

一、各地人力资源社会保障部门要坚持把人民群众生命安全和身体健康放在第一位，把疫情防控工作作为当前最重要的工作来抓，坚决打起疫情防控政治责任，加强对本行政区域内技能人才评价工作（含职业资格鉴定、职业技能等级认定、专项职业能力考核和职业技能竞赛）的组织协调和监督管理。

二、疫情防控期间，暂停开展集中考核评价活动，暂缓举办考务管理人员、考评人员、督导员等人员集中培训活动，并做好宣传解释工作。开展技能人才自主评价的企业，按照当地党委政府关于疫情防控有关要求，结合企业生产经营实际，采取线上理论考试、生产过程考核、工作业绩考评等方式，统筹组织开展；对在疫情防控一线表现突出的技能人员，可晋升职业技能等级。

三、严格落实疫情防控措施，减少非必须的现场办理。对考试报名及资格审核、评价结果查询、证书（含职业资格证书、职业技能等级证书、专项职业能力证书）补（换）发、证书数据信息更正等服务事项，通过“网上办”“电话办”“邮寄办”等方式，推行“不见面”服务，帮助群众足不出户办理业务。

四、各地人力资源社会保障部门要统筹做好技能人才评价工作。加大“放管服”改革力度，深化职业资格制度改革，全面推行职业技能等级制度。疫情防控期间，推广在线进行职业技能等级评价机构特别是自主评价用人单位备案工作，推动各类企业全面开展职业技能等级自主评价，指导社会培训评价组织有序开展职业技能等级认定。

2020年2月6日

人力资源社会保障部办公厅
关于订立电子劳动合同有关问题的函

人社厅函〔2020〕33号

北京市人力资源和社会保障局：

你局《关于在疫情防控期间开展劳动合同管理电子化工作的请示》收悉。经研究，现答复如下：

用人单位与劳动者协商一致，可以采用电子形式订立书面劳动合同。采用电子形式订立劳动合同，应当使用符合电子签名法等法律法规规定的可视为书面形式的数据电文和可靠的电子签名。用人单位应保证电子劳动合同的生成、传递、储存等满足电子签名法等法律法规规定的要求，确保其完整、准确、不被篡改。符合劳动合同法规定和上述要求的电子劳动合同一经订立即具有法律效力，用人单位与劳动者应当按照电子劳动合同的约定，全面履行各自的义务。

2020年3月4日

人力资源社会保障部办公厅
关于做好12333电话服务助力疫情防控
和复工复产工作的通知

人社厅函〔2020〕36号

各省、自治区、直辖市及新疆生产建设兵团人力资源社会保障厅（局）：

疫情防控期间，各级人力资源社会保障部门坚持疫情防控和咨询服务两手抓、两不误，积极主动作为，通过12333电话服务为企业和群众答疑解惑、宣传人社政策。江苏、安徽等地建立远端坐席安排部分咨询员居家远程接听群众来电，上海、山东、成都、厦门等地开通网络在线智能客服，四川、重庆等地增设“疫情防控人社政策”自助语音播报，吉林、西安等地主动增加非工作日电话人工咨询服务，有效解决了咨询员到岗不足等难题。随着复工复产工作的推进，群众对人力资源社会保障政策的咨询服务需求越来越大。为深入贯彻习近平总书记在统筹推进新冠肺炎疫情防控和经济社会发展工作部署会议上的重要讲话精神，落实党中央、国务院的决策部署，指导地方进一步做好12333电话服务，助力疫情防控和复工复产工作，现就有关事项通知如下：

一、创新服务方式

（一）积极探索居家电话服务。各地要严格执行疫情防控措施，采用轮流上岗等方式，避免人员密集带来疫情防控风险。同时，积极探索开展居家远程电话服务，根据12333系统支撑能力和网络部署情况，开通远端电话坐席，安排部分咨询员居家接听群众来电，尽可能为群众提供更多的人工电话服务。暂不能开通远端电话坐席的地方，可安排不能到岗的咨询员回拨群众电话，解答群众在自动语音留言中咨询的问题。

（二）开通网络在线客服。各地要将12333作为人力资源社会保障公共服务的重要渠道，积极探索网站、微信和移动APP等“不见面”服务渠道，基于公共服务信息平台，实现12333电话与线上其他服务渠道的联动服务。试点建立在线客服团队，提供一对多在线咨询服务，通过在线互动、咨询交流以及自动回复常见问题等形式，缓解人工电话服务供给不足带来的压力。有条件的地方，可围绕人力资源社会保障业务“移动办”“指尖办”，通过在线客服办理信息查询、基本信息登记、社保卡挂失和密码修改等业务，实现群众办事“零跑路”。

（三）探索应用智能客服。各地要积极创造条件，大力支持12333电话服务机构利用人工智能技术，探索建立12333电话智能客服，为群众提供常见问题和标准化问题解答、信息查询等大量重复或以数据为基础的电话服务。有条件的地方，可开展智能客服外呼服务，利用大数据筛选特定人群，针对不同人群、不同业务需求，定向推送疫情防控和复工复产人社相关政策，实现主动服务、精准服务。

（四）调整自助语音导航设置。在 12333 首层语音菜单中增加“疫情防控和复工复产人社政策”选项，通过自助语音播报群众关注度高的政策信息和热点问题解答口径。对受疫情影响暂不能提供 12333 人工电话服务的地方，在自助语音播报中要明确告知群众查询政策的网站网址、微信公众号等其他渠道。

二、完善工作机制

（一）拟定问题解答口径。近期各级人社部门制定出台了疫情防控期间一系列稳定就业、劳动关系、社会保障、人事人才和促进企业复工复产的政策措施，群众关注度高、社会影响面大。各地要指导 12333 电话服务机构，密切关注新闻媒体、部门户网站等公布的政策文件，打破常规，积极主动与机关业务部门联系，第一时间拟定相关问题解答口径，及时更新知识库内容，根据群众来电情况不断补充完善，为咨询员高效、准确解答群众问题提供支撑。人力资源社会保障部信息中心将通过微信工作群、政务微信，发布部分地方疫情防控和复工复产人社政策解答口径汇编，供各地参考借鉴。

（二）创新咨询员培训方式。疫情防控期间，为避免聚集性活动，各地要指导 12333 电话服务机构依托 12333 知识库，通过工作群、视频会议、在线培训系统等多种方式积极开展线上培训。重点做好疫情防控和复工复产方面人力资源社会保障政策的专项培训，邀请相关专家解读相关政策、回答热点难点问题，确保咨询员能尽快熟悉和掌握相关政策和问题解答口径。

三、加强主动宣传

各地要发挥 12333 电话直接服务群众的优势，用群众听得懂的语言，解读文件，宣传政策，引导群众正确理解各项人力资源社会保障政策法规。要根据群众来电情况，及时汇总分析群众对疫情防控和复工复产方面人力资源社会保障政策的咨询重点、热点问题，制作电子化常见问题解答手册。针对不同受众需求，积极通过互联网、广播电视和报纸杂志等多渠道开展宣传。依托各级人力资源社会保障部门网站、12333 微信公众号、“掌上 12333”APP、短信、在线访谈、《中国劳动保障报》“12333 答疑解惑”专栏等渠道主动对外发布，扩大宣传覆盖人群，提高群众对政策的知晓率。

四、加强数据分析

各地要指导 12333 电话服务机构，充分利用 12333 咨询服务数据，加强数据分析利用，为机关业务部门形势研判、政策制定、舆情引导、政策评估提供参考和数据支撑。要及时汇总群众反映的热点问题、主要诉求和需要进一步细化的政策措施、意见建议等，积极开展疫情防控和复工复产热点问题的专项研究分析，定期向机关业务部门编制报送分析报告。有条件的地方，可通过 12333 电话开展社会调查和民意调查，为业务部门追踪政策实施效果和完善政策提供全面真实的一手资料。

各地要提高政治站位，充分认识做好 12333 电话服务，助力疫情防控和复工复产工作的重要性，切实增强责任感和紧迫感，按本通知要求扎实做好各项工作。工作中遇到重要情况，请及时报告部信息中心。

2020 年 3 月 9 日

人力资源社会保障部办公厅关于在新冠肺炎疫情防控期间进一步做好“就业扶贫直通车”工作的通知

人社厅函〔2020〕43号

各省、自治区、直辖市及新疆生产建设兵团人力资源社会保障厅（局）：

为深入贯彻落实习近平总书记在2月23日统筹推进新冠肺炎疫情防控和经济社会发展工作部署会和3月6日决战决胜脱贫攻坚座谈会上的重要讲话精神，在做好疫情防控工作的同时，推动劳务输出地和输入地精准对接，深化东西部扶贫协作，经研究决定，向东西部扶贫协作和对口支援省市提供“就业扶贫直通车”平台（以下简称平台），用于在线发布对口协作招工信息。现就有关事项通知如下：

一、积极开通平台。“就业扶贫直通车”是我部借助“互联网+”开展就业扶贫工作的一项重点举措。前期主要在“三区三州”和部定点扶贫县以及山东、贵州等地开展试点，用于帮扶建档立卡贫困劳动力就业，取得明显成效。平台包括企业管理端、劳动者手机端（微信小程序）和各地管理后台，主要功能是实现企业和劳动者尤其是建档立卡贫困劳动力网上双向选择。东西部扶贫协作和对口支援省市要积极开通平台，围绕精准扶贫、精准脱贫，大力开展信息对接，推进就业扶贫协作帮扶工作。

二、积极引导企业发布招工信息。东西部扶贫协作和对口支援省市要将平台作为推行“不见面”网上就业服务的一项措施，提供线上招聘服务，积极引导属地内用工单位登录平台，在线注册，针对当前复工复产发布一批质量较高、适合贫困劳动力需求的用工信息，积极吸纳“三区三州”贫困劳动力。

三、后台批量导入招工信息。东西部扶贫协作和对口支援省市要打通平台和本地自有服务平台的招聘数据对接，通过后台数据导入模板及时将本地区招聘信息导入平台，为“三区三州”等地区劳动者提供更多招聘信息，助力就业扶贫。也可由管理员在后台统一发布成批量的招聘信息，直接和“三区三州”就业服务部门开展劳务对接。

四、引导劳动者使用平台。“三区三州”等地区要积极引导劳动者，尤其是建档立卡贫困劳动力使用平台求职找工作。当地基层就业服务工作人员要用足用好线上招聘信息，主动服务推送信息，协助贫困劳动力在线求职。

五、做好与“点对点”服务保障的衔接。建档立卡贫困劳动力通过平台确定工作岗位后，输出地人力资源社会保障部门要及时跟进，摸清出行需求，并会同交通运输、卫生健康部门制定专门运输方案，统一安排专车、专列、包机等，将外出时间段相近、务工目的地相近的贫困劳动力“点对点”输送到输入地。做好抵达交接工作，实现输出地就业服务与输入地到岗服务无缝对接，确保贫困劳动力安全、有序、优先到岗。

六、认真组织落实。东西部扶贫协作和对口支援省市要加大宣传力度尤其是对用人单位的宣传和引导，同时做好本地系统与平台的信息互通工作。疫情防控结束后，也可持续在线发布招聘信息，将平台作为常态化就业扶贫帮扶举措。尚有脱贫任务的地区要全面推广平台，尤其是未摘帽的52个贫困县、贫困人口超过1千人的88个村和贫困发生率超过10%的1 025个村，要重点覆盖，以平台促就业扶贫。

请各东西部扶贫协作和对口支援省市于2020年4月28日前将此项工作省级负责单位及负责人报我部中国就业培训技术指导中心。

附件：平台操作手册（略）

2020年3月20日

人力资源社会保障部办公厅关于开展2020年人力资源服务机构助力脱贫攻坚行动的通知

人社厅函〔2020〕56号

各省、自治区、直辖市及新疆生产建设兵团人力资源社会保障厅（局）：

2020年是全面建成小康社会目标实现之年，是全面打赢脱贫攻坚战收官之年。为统筹做好新冠肺炎疫情防控和决战决胜脱贫攻坚工作，进一步发挥人力资源服务机构在提高劳务组织化程度、助力脱贫攻坚中的重要作用，人力资源社会保障部决定开展2020年人力资源服务机构助力脱贫攻坚行动。现将有关事项通知如下：

一、总体要求

坚持以习近平新时代中国特色社会主义思想和党的十九大精神为指导，深入贯彻落实习近平总书记关于决战决胜脱贫攻坚的重要讲话精神和党中央国务院决策部署，坚持精准扶贫精准脱贫基本方略，充分发挥人力资源服务机构职能优势和专业优势，积极应对疫情带来的影响和挑战，聚焦贫困地区特别是“三区三州”等深度贫困地区人力资源市场建设，创新方式，精准施策，着力提升劳务协作组织化程度和就业质量，为确保如期高质量完成脱贫攻坚目标任务提供坚实有力的人力资源服务支撑。

二、具体措施

（一）开展应对疫情助力贫困劳动力外出务工行动。各地要按照中央关于统筹推进疫情防控和经济社会发展工作的决策部署，充分发挥人力资源服务机构作用，做好帮扶贫困劳动力外出务工工作，全力支持企业复工复产。鼓励人力资源服务机构深入了解贫困劳动力，尤其是52个未摘帽贫困县及贫困村劳动力的外出务工需求和意愿，加强与输入地信息对接，结合实际开展“点对点”集中运送到岗，协助做好人员健康检测、服务保障等工作。对于开展贫困劳动力有组织劳务输出的人力资源服务机构、劳务经纪人，要落实就业创业服务补助政策。

（二）开展人力资源服务机构劳务组织提升行动。各地要依托东西部扶贫协作机制、对口支援机制，发挥人力资源服务机构等市场力量优势，针对贫困地区特别是“三区三州”等深度贫困地区、52个未摘帽贫困县、易地扶贫搬迁安置区，努力扩大劳务输出规模，积极促进贫困劳动力转移就业。引导人力资源服务机构在促进和谐劳动关系、维护各市场主体合法权益等方面发挥重要作用。

（三）开展人力资源服务机构精准对接行动。各地要充分激发人力资源服务机构、劳务经纪人的积极性主动性，加强人力资源市场供求信息监测，深入摸排贫困劳动力的基本情况和就业意愿，广泛搜集针对性强、适合度高的岗位信息，建立贫困劳动力就业需求数据库，调动贫困劳动力就业创业、劳动致富的内生动力，提供更加精准有力的对接服务。

（四）开展人力资源服务机构专场招聘行动。各地要充分发动各级人力资源服务产业园、人力资源服务机构举办线上扶贫专场招聘，结合部里统一开展的百日千万网络招聘专项行动——国家级人力资源服务产业园专场招聘等活动，发动有招聘需求的用人单位提供招聘信息，聚焦贫困劳动力实际需求，提供有针对性的个性化服务。西部相关省市及东部对口交流合作的相关省市，要重点针对52个未摘帽贫困县，协同开展人力资源服务机构专场招聘活动。要根据疫情防控工作进展情况，按照当地党委政府的统一部署要求，科学有序开展线下扶贫专场招聘活动。要组织人力资源服务机构为贫困劳动者送政策、送信息，特别是要让贫困劳动者充分了解掌握获取就业创业政策和招聘岗位信息的多种渠道。

（五）开展人力资源服务机构创业指导行动。各地要支持鼓励人力资源服务产业园和人力资源服务机构，紧密结合贫困劳动力需求，开发优化创业培训项目、产品，提供各类实用型、多样化创业培训服务。要引导人力资源服务机构组织知名专家、企业家、创投人士深入贫困地区，为开展电商、农产品加工、手工艺制作等项目提供创业指导、投融资、跟踪扶持等服务，通过创业带动贫困劳动力就业。

（六）开展人力资源服务机构技能扶贫行动。各地要依托人力资源服务机构，大力为贫困劳动力提供职业指导、技能开发等服务。组织人力资源服务机构联合技工院校、职业培训机构和企业面向贫困劳动力开展职业技能培训，针对有劳动能力、有就业意愿的贫困劳动力，采取定岗定向等培训模式，增强劳务组织化输出质量。对符合职业技能培训相关条件的，各地应按规定纳入补贴类培训范围。

（七）开展贫困地区人力资源市场援助行动。聚焦贫困地区特别是“三区三州”、52个未摘帽贫困县人力资源市场建设，大力实施“西部和东北地区人力资源市场建设援助计划”，建立完善跨区域交流合作机制，加强贫困地区人力资源服务机构与发达地区的对口交流合作，形成常态化合作机制。健全优化线上线下统一交流合作平台，支持鼓励东部省份引导人力资源服务机构到贫困地区设立分支机构，加强劳务对接，开展服务合作，切实提高劳务组织化程度和水平。

三、组织实施

（一）加强组织领导。脱贫攻坚已到攻城拔寨、全面收官阶段，各地要切实提高政治站位，以更加有力的举措、更加精细的工作，进一步做好人力资源服务机构助力脱贫攻坚工作。要突出工作重点，聚焦“三区三州”等深度贫困地区、52个未摘帽贫困县，周密筹划实施相关活动。要强化责任落实，将人力资源服务机构助力脱贫攻坚工作纳入各级人力资源社会保障部门综合考评体系，专题研究部署，定期推动落实。要引导激发人力资源服务机构在助力脱贫攻坚中的社会责任感和积极性主动性，对符合相关条件的人力资源服务机构，加大支持力度，落实相关政策。

（二）形成工作合力。各地要结合实际，尽快制定完善针对性强、操作性好的行动实施方案，进一步强化工作措施、加大工作调度，确保人社部门、行业协会、人力资源服务产业园区、人力资源服务机构形成合力。要健全工作机制，坚持目标导向、问题导向和结果导向，找准工作切入点和着力点，加强与扶贫、财政等部门协同配合，确保人力资源服务机构助力脱贫攻坚各项行动措施落实落细、取得实效。

（三）加大宣传引导。各地要建立正面激励机制，将人力资源服务机构参与助力脱贫攻坚工作情况，与享受优惠政策、遴选诚信机构及领军企业等方面相结合。要及时总结助力脱贫攻坚工作的好经验好做法，对涌现出的人力资源服务机构及从业人员先进典型，通过多种形式、多种渠道进行宣传推广，充分发挥示范引领作用，营造良好社会氛围。

各地在推动工作中的典型做法和成效，请及时报告我部。

2020 年 4 月 3 日

人力资源社会保障部办公厅关于公布106种国家级技工教育和职业培训教材目录的通知

人社厅函〔2020〕58号

各省、自治区、直辖市及新疆生产建设兵团人力资源社会保障厅（局）：

为贯彻落实《技工教育“十三五”规划》（人社部发〔2016〕121号）和《人力资源社会保障部办公厅关于加强技工教育和职业培训教材建设工作的通知》（人社厅函〔2017〕107号）精神，推进技工教育和职业培训事业更好发展，我部技工教育和职业培训教材工作委员会组织专家对一年来新开发的国家级技工教育和职业培训教材进行了评审，共有106种教材评审合格，现予公布，供各技工院校参考选用，职业培训机构可根据培训对象选用相应教材。

请各地人力资源社会保障部门向各技工院校和职业培训机构推荐有关教材，指导做好选用工作，并及时将教材需求信息、使用情况和工作意见反馈我部技工教育和职业培训教材工作委员会办公室。

附件：106种国家级技工教育和职业培训教材目录

2020年4月8日

附件

106种国家级技工教育和职业培训教材目录

序号	教材名称	适用对象	专业（课程）	主编
1	劳动创造美好生活	技工院校 中、高级工班学生	公共课	檀传宝
2	技能成就梦想（第二版）	技工院校 中、高级工班学生	公共课	宦平
3	职业指导（第三版）	技工院校 中、高级工班学生	公共课	巢燕
4	法律基础知识读本（第四版）	技工院校 中、高级工班学生	公共课	汪艾玲
5	物理（第六版）	技工院校 中、高级工班学生	公共课	王金雨
6	制图与机械常识（第三版）	技工院校 中、高级工班学生	非机械类（通用）	王希波
7	汽车专业英语（第三版）	技工院校 中、高级工班学生	专业英语	王玉坤
8	产品三维建模与结构设计（UG）	技工院校 中、高级工班学生	3D打印技术应用	朱勤惠
9	产品三维建模与结构设计（SolidWorks）	技工院校 中、高级工班学生	3D打印技术应用	祝平蕾
10	产品三维建模与结构设计（Creo）	技工院校 中、高级工班学生	3D打印技术应用	王培荣
11	真空复模	技工院校 中、高级工班学生	3D打印技术应用	胡旭兰 廖树均
12	汽车机械识图	技工院校 中、高级工班学生	新能源汽车	王希波
13	新能源汽车高压电安全	技工院校 中、高级工班学生	新能源汽车	姜丽娟
14	新能源汽车概论	技工院校 中、高级工班学生	新能源汽车	李辉学
15	新能源汽车充电系统检测与维修	技工院校 中、高级工班学生	新能源汽车	刘亮

续表

序号	教材名称	适用对象	专业（课程）	主编
16	新能源汽车驱动电机系统检测与维修	技工院校 中、高级工班学生	新能源汽车	任保宽
17	新能源汽车空调检测与维修	技工院校 中、高级工班学生	新能源汽车	徐继勇
18	新能源汽车维护	技工院校 中、高级工班学生	新能源汽车	任洪涛
19	新能源汽车故障诊断与排除	技工院校 中、高级工班学生	新能源汽车	陈伟儒
20	常用办公软件（第三版）	技工院校 中、高级工班学生	计算机（通用）	王秀娟
21	Internet 基础与应用（第三版）	技工院校 中、高级工班学生	计算机（通用）	奚一飞
22	微型计算机外围设备（第四版）	技工院校 中、高级工班学生	计算机（通用）	郭观棠
23	电梯电气部件安装	技工院校 中、高级工班学生	电梯工程技术	陈立香
24	电梯电气设备大修	技工院校 中、高级工班学生	电梯工程技术	崔晓钢
25	电梯定期检验	技工院校 中、高级工班学生	电梯工程技术	罗超
26	电梯机械设备大修	技工院校 中、高级工班学生	电梯工程技术	孙文涛
27	电梯监督检验	技工院校 中、高级工班学生	电梯工程技术	李跃华
28	电梯井道机械部件安装	技工院校 中、高级工班学生	电梯工程技术	雷震
29	电梯例行保养	技工院校 中、高级工班学生	电梯工程技术	罗飞
30	扶梯一般故障检修	技工院校 中、高级工班学生	电梯工程技术	陶丽芝
31	电梯一般故障检修	技工院校 中、高级工班学生	电梯工程技术	刘建平
32	电梯照明线路安装	技工院校 中、高级工班学生	电梯工程技术	余晖
33	电梯专项保养	技工院校 中、高级工班学生	电梯工程技术	王治平

续表

序号	教材名称	适用对象	专业（课程）	主编
34	电梯整机电气设备安装与调试	技工院校 中、高级工班学生	电梯工程技术	闫莉丽
35	电梯整机机械设备安装与调试	技工院校 中、高级工班学生	电梯工程技术	孟刚
36	幼儿教育学基础（第二版）	技工院校 中、高级工班学生	学前教育	关永春
37	幼儿心理学基础	技工院校 中、高级工班学生	学前教育	张海丽
38	幼儿心理学基础习题册	技工院校 中、高级工班学生	学前教育	张海丽
39	幼儿卫生与保健（第三版）	技工院校 中、高级工班学生	学前教育	赵丽丽
40	幼儿教师口语（第二版）	技工院校 中、高级工班学生	学前教育	赵丽华
41	幼儿行为观察与指导	技工院校 中、高级工班学生	学前教育	杨苍芝
42	幼儿语言教育活动设计与指导（第三版）	技工院校 中、高级工班学生	学前教育	杨荣辉
43	幼儿数学教育活动设计与指导（第三版）	技工院校 中、高级工班学生	学前教育	周梅林
44	幼儿科学教育活动设计与指导（第三版）	技工院校 中、高级工班学生	学前教育	卜立新
45	幼儿社会教育活动设计与指导（第三版）	技工院校 中、高级工班学生	学前教育	李叶兰
46	幼儿体育教育活动设计与指导（第二版）	技工院校 中、高级工班学生	学前教育	姚明焰 黄珊
47	绘画（第三版）	技工院校 中、高级工班学生	学前教育	宁国华
48	手工（第三版）	技工院校 中、高级工班学生	学前教育	刘丽新
49	视唱练耳（第三版）	技工院校 中、高级工班学生	学前教育	姚建华
50	歌唱（第三版）	技工院校 中、高级工班学生	学前教育	毕海燕
51	基本乐理	技工院校 中、高级工班学生	学前教育	李娟 陈怡然

续表

序号	教材名称	适用对象	专业（课程）	主编
52	简易钢琴伴奏构建法	技工院校 中、高级工班学生	学前教育	马成
53	幼儿歌曲边弹边唱（第二版）	技工院校 中、高级工班学生	学前教育	马成
54	钢琴演奏基础教程（第二版）	技工院校 中、高级工班学生	学前教育	朱晓勤
55	幼儿教师舞蹈基础	技工院校 中、高级工班学生	学前教育	姚双
56	幼儿园环境创设（第二版）	技工院校 中、高级工班学生	学前教育	杨道才
57	数学（第七版　上册）	技工院校 中级工班学生	公共课	陶彩栋 朱文佳
58	数学（第七版　下册）	技工院校 中级工班学生	公共课	陶彩栋 朱文佳
59	数学（第七版　下册）（机械建筑类）	技工院校 中级工班学生	公共课	朱文佳 陶彩栋
60	数学（第七版　下册）（电工电子类）	技工院校 中级工班学生	公共课	朱文佳 陶彩栋
61	英语（第一册）（第三版）	技工院校 中级工班学生	公共课	唐义均
62	计算机制图——CAXA（修订版）	技工院校 中级工班学生	机械（通用）	崔兆华
63	计算机制图——AutoCAD 2012（修订版）	技工院校 中级工班学生	机械（通用）	果连成
64	计算机制图——AutoCAD（修订版）	技工院校 中级工班学生	机械（通用）	果连成
65	计算机制图——AutoCAD 2018	技工院校 中级工班学生	机械（通用）	王雪
66	车工工艺学（第六版）	技工院校 中级工班学生	机械（通用）	王公安
67	车工技能训练（第六版）	技工院校 中级工班学生	机械（通用）	史巧凤
68	铣工工艺学（第五版）	技工院校 中级工班学生	机械（通用）	马苍平
69	铣工技能训练（第五版）	技工院校 中级工班学生	机械（通用）	马苍平

续表

序号	教材名称	适用对象	专业（课程）	主编
70	钳工工艺学（第六版）	技工院校 中级工班学生	机械（通用）	朱礼程
71	钳工技能训练（第六版）	技工院校 中级工班学生	机械（通用）	戴国东
72	机修钳工工艺学（第四版）	技工院校 中级工班学生	机械（通用）	赵孔祥
73	机修钳工技能训练（第四版）	技工院校 中级工班学生	机械（通用）	李书伟
74	焊工工艺学（第五版）	技工院校 中级工班学生	机械（通用）	邱葭菲
75	焊工技能训练（第五版）	技工院校 中级工班学生	机械（通用）	米光明
76	冷作工工艺学（第五版）	技工院校 中级工班学生	机械（通用）	郑文杰
77	冷作工技能训练（第五版）	技工院校 中级工班学生	机械（通用）	郑文杰
78	机床加工工艺学（第四版）	技工院校 中级工班学生	机械（通用）	管林东
79	机床加工技能训练（第四版）	技工院校 中级工班学生	机械（通用）	管林东
80	SMT 基础与工艺	技工院校 中级工班学生	电子（通用）	夏威
81	电热电动器具原理与维修	技工院校 中级工班学生	电子（通用）	刘进峰
82	汽车材料（第四版）	技工院校 中级工班学生	汽车（通用）	刘涛
83	机械基础（第四版）	技工院校 中级工班学生	汽车（通用）	祖国海
84	汽车自动变速器构造与维修	技工院校 中级工班学生	汽车维修	杨庆彪 祁春强
85	数学及应用（第三版）	技工院校 高级工班学生	公共课	郭淑锋
86	英语（第二册）（第三版）	技工院校 高级工班学生	公共课	王振亚
87	机械制图（第四版）	技工院校 高级工班学生	机械（通用）	谢贤和

续表

序号	教材名称	适用对象	专业（课程）	主编
88	机械基础（第二版）	技工院校 高级工班学生	机械（通用）	孙喜兵
89	机构与零件（第四版）	技工院校 高级工班学生	机械（通用）	王希波
90	金属材料及热处理（第二版）	技工院校 高级工班学生	机械（通用）	苏美亭
91	机械制造工艺与装备（第三版）	技工院校 高级工班学生	机械（通用）	崔兆华
92	工程力学（第二版）	技工院校 高级工班学生	机械（通用）	许佳妮
93	液压技术（第四版）	技工院校 高级工班学生	机械（通用）	王希波
94	高级车工工艺与技能训练（第三版）	技工院校 高级工班学生	机械（通用）	王为建
95	高级钳工工艺与技能训练（第三版）	技工院校 高级工班学生	机械（通用）	秦荣健
96	高级焊工工艺与技能训练（第三版）	技工院校 高级工班学生	机械（通用）	王文安
97	通信技术基础（第二版）	技工院校 高级工班学生	电类专业（任务驱动）	邹彩梅
98	电视机检修技术（第二版）	技工院校 高级工班学生	电类专业（任务驱动）	何培森
99	音响设备原理与维修	技工院校 高级工班学生	电类专业（任务驱动）	刘宁
100	电子产品装配与检测技术（第二版）	技工院校 高级工班学生	电类专业（任务驱动）	刘进峰
101	家用电器维修技术（第二版）	技工院校 高级工班学生	电类专业（任务驱动）	刘进峰
102	汽车电工电子技术基础（第二版）	技工院校 高级工班学生	汽车（通用）	姚志刚
103	汽车驾驶技术	技工院校 高级工班学生	汽车（通用）	林伟弈
104	汽车自动变速器	技工院校 高级工班学生	汽车维修	杨庆彪
105	汽车制造工艺学	技工院校 高级工班学生	汽车（制造与装配）	季小峰
106	新型冠状病毒肺炎疫情下的心理危机干预	职业院校 各层次在校生	医药、卫生	张桂青 蒋良

人力资源社会保障部办公厅关于做好疫情防控常态化条件下技能扶贫工作的通知

人社厅函〔2020〕81号

各省、自治区、直辖市及新疆生产建设兵团人力资源社会保障厅（局）：

为深入贯彻党中央、国务院决策部署，最大限度降低疫情带来的不利影响，全面做好疫情防控常态化条件下技能扶贫工作，现就有关事项通知如下：

一、高度重视技能扶贫工作。各地要深入学习领会习近平总书记关于统筹推进新冠肺炎疫情防控和经济社会发展工作、决战决胜脱贫攻坚的重要讲话精神，在疫情防控常态化条件下，以湖北等疫情严重地区、“三区三州”等深度贫困地区、52个未摘帽贫困县为重点，采取更加有力更有针对性的政策举措，积极克服面临的困难和问题，切实做好技能扶贫工作，为全面建成小康社会和打赢脱贫攻坚战作出应有贡献。

二、加大职业技能培训力度。持续开展职业技能提升行动，鼓励支持广大贫困劳动力参加职业技能培训，按规定将贫困劳动力纳入职业培训补贴范围，并给予一定的生活费（含交通费）补贴。在满足疫情防控要求前提下，通过“春潮行动”、新生代农民工职业技能提升计划等专项培训行动，组织贫困劳动力和贫困家庭子女参加线下培训。实施“互联网+职业技能培训计划”，开展百日免费线上技能培训行动，向受疫情影响严重地区、“三区三州”等深度贫困地区和52个未摘帽贫困县加大线上培训免费开放力度，扩大课程免费范围。鼓励通过项目制购买服务等方式为贫困劳动力提供免费职业技能培训，并按规定给予生活费（含交通费）补贴。

三、支持企业面向贫困劳动力开展以工代训。认真落实《职业技能提升行动方案（2019—2021年）》（国办发〔2019〕24号）、《人力资源社会保障部　财政部关于实施企业稳岗扩岗专项支持计划的通知》（人社部发〔2020〕30号）有关要求，支持中小微企业吸纳就业困难人员等开展以工代训，支持受疫情影响出现生产经营暂时困难导致停工停业的中小微企业组织职工开展以工代训，支持外贸、住宿餐饮、文化旅游、交通运输、批发零售等行业的各类企业开展以工代训。

四、加大52个未摘帽贫困县技能扶贫支持力度。有关省（自治区）要加大对未摘帽贫困县的支持力度，精准摸排培训需求，提供有针对性的职业技能培训，帮助贫困户技能脱贫。当地设有技工院校和培训机构的，可按规定根据毕业生就业人数或培训实训人数给予补贴经费支持；当地没有技工院校和培训机构的，要加大省内“一帮一”对口帮扶和送训到县工作力度，调剂培训资源，提升培训能力。要积极组织52个未摘帽贫困县的劳动力参加全国扶贫职业技能大赛，展示技能脱贫成果，激发内生动力。

五、做好贫困地区技能人才评价工作。“三区三州”等深度贫困地区要结合当地产业需求，依托企业和院校，着重选择就业需求量大、简单易学的就业技能，大力开展职业技能评价，积极组织开发专项职业能力考核规范，主动为本地农村转移劳动者、贫困劳动力等提供专项职业能力考核服务。

六、合理调整培训补贴标准。认真贯彻落实《中共中央　国务院关于抓好“三农”领域重点工作确保如期实现全面小康的意见》和《职业技能提升行动方案（2019—2021年）》（国办发〔2019〕24号），市（地）以上人力资源社会保障部门、财政部门可根据有关规定结合实际确定职业培训补贴标准，提高贫困劳动力、农民工培训补贴标准和急需紧缺职业（工种）培训补贴标准。提升行动专账资金要向培训需求量大、培训任务重、培训工作好的地区倾斜。

七、深入开展技能脱贫千校行动。指导技工院校积极招收有就读意愿的贫困地区学生和劳动者、受疫情影响家庭子女、参加疫情防控工作人员及其子女等，优先招收其中建档立卡贫困家庭子女。指导贫困地区技工院校抓好常态化疫情防控，全力做好学生教学和贫困劳动力等社会人员职业技能培训工作。

八、强化“三区三州”等技工院校建设和对口帮扶。各有关省份和院校要按照《人力资源社会保障部办公厅关于进一步支持“三区三州”等深度贫困地区技工教育发展的通知》要求，持续推进深度贫困地区技工院校建设和技工院校对口帮扶工作。对口帮扶地区和院校要研究制定疫情防控常态化条件下的帮扶工作方案，细化完善年度目标任务，扎实推动落实，帮助提升深度贫困地区技工院校自身发展能力。加大对南疆四地州、西藏等地技工院校支持帮扶工作力度，推进部区共建南疆四地州技工院校建设工作，进一步加强西藏技师学院师资援派培训等工作。

九、优化贫困家庭学生资助政策。技工院校要关心关爱贫困家庭学生，重点关注贫困地区、农村地区、边远地区的建档立卡、低保等家庭经济困难学生，为其优先申请资助，做到应助尽助。对受疫情影响的家庭经济困难学生，可在落实国家资助政策的基础上，采取减免学杂费或给予生活补助等方式予以支持。评定劳动出版“技能雏鹰”助学金时，要优先考虑受疫情影响的家庭经济困难学生。

十、统筹做好职业技能竞赛工作。今年我部将面向贫困劳动力组织开展全国扶贫职业技能大赛、2020年“三区三州”职业技能大赛等竞赛活动。各地要把扶贫工作相关要求纳入本地区职业技能竞赛工作统筹安排。要结合疫情防控常态化各项要求，做好第46届世界技能大赛省级及以下线上集训工作，鼓励历届世界技能大赛专家、教练、选手利用线上辅导等方式，对贫困地区加大指导力度。

十一、加强培训与就业工作联动。做好技能扶贫与就业扶贫的信息对接和工作衔接，结合技能提升行动月对账工作，加强贫困劳动力培训情况统计，做好农村贫困劳动力就业信息平台培训数据动态更新等工作。发挥平台大数据对技能扶贫工作的支撑作用，按月定期分析平台数据，及时掌握农村贫困劳动力就业失业状态。尚未实行职业培训实名制信息管理的省份，要加快系统建设，准确掌握贫困劳动力培训信息，推动培训评价信息与就业社保信息联通共享。

十二、积极做好技能扶贫宣传工作。各地要通过多种形式，做好技能扶贫有关政策和技能人才成长成才典型事迹宣传工作，引导更多贫困地区劳动力走技能成才、技能脱贫之路。统筹利用线上职业培训、技工教育等网络平台，宣传技校学生技能成才先进事迹等。我部依托学习强国技能频道开设“世赛奖牌故事”栏目，推出历届世赛获奖选手先进事迹视频报告，请各地积极组织有关企业职工、院校师生观看。

各地要及时将工作进展、问题困难和意见建议等报送我部。

2020 年 5 月 28 日

人力资源社会保障部办公厅关于上线“高校毕业生就业服务平台”的通知

人社厅函〔2020〕122号

各省、自治区、直辖市及新疆生产建设兵团人力资源社会保障厅（局）：

为贯彻落实党中央、国务院关于促进高校毕业生就业的重要决策部署，提供常态化不间断就业服务，人力资源社会保障部定于9月1日上线高校毕业生就业服务平台。现就有关事项通知如下：

一、平台名称

高校毕业生就业服务平台。

二、服务对象

高校毕业生和各类用人单位。

三、服务目标

搭建全国统一、多方联动的线上服务平台，统筹资源、创新方式，集中举办特色招聘活动，提供就业见习、职业指导、政策解读、创业展示等多元化就业服务，促进高校毕业生和用人单位高效对接。

四、平台栏目

人力资源社会保障部在中国公共招聘网、中国国家人才网开设部级高校毕业生就业服务平台，针对高校毕业生就业创业需要，设立服务专栏。

（一）岗位速递：归集发布各地最新岗位信息，设置按行业、地区、岗位类别、学历等查询功能。

（二）就业导引：设置就业导引地图，链接各省级高校毕业生就业服务平台，联通全国服务资源。

（三）直播带岗：瞄准热门行业、新兴产业、重点企业等，持续推出专题专场或综合性直播带岗活动。

（四）就业见习：发布各地就业见习岗位、见习政策、见习服务经办机构清单、见习岗位申请入口等。

（五）职业指导：开设“职业指导公开课”和“职业指导直播课”，发布微视频，推出直播活动，提供职业规划、求职技巧、就业手续、创业指导等服务。

（六）就业政策：发布国家和地方有关就业创业政策服务清单、经办机构清单，开展政策宣传解读。

（七）创业展示：展示“中国创翼”创业创新大赛及地方相关创业创新大赛中高校毕业生创业典型、创业项目、创业故事。

（八）求职登记：上线未就业高校毕业生求职登记小程序，支持毕业生自主登记求职意向、就业服务需求，搭建服务对接快速通道。

五、工作要求

（一）统一上线平台。各地要依托公共就

业人才服务网站，对标部级服务平台栏目，上线本地高校毕业生就业服务专区，并与部级平台链接（网址：http://job. mohrss. gov. cn/202008gx/index. jhtml）。可结合实际拓展服务内容，增设简历投递、视频面试、职业测评、报到接收、档案转递等功能，打造一站式就业服务平台。部级平台将常设大中城市联合招聘高校毕业生活动专区，各地要做好招聘组织和信息发布。

（二）广泛征集岗位。各地公共就业人才服务机构要深挖招聘需求，对接热门行业、重点企业、政府投资项目、事业单位招聘，收集发布、动态更新适合高校毕业生的岗位信息。充分发挥人力资源服务机构、行业协会积极性，扩大岗位信息来源。加强信息发布审核，确保岗位信息真实有效。

（三）精心开展直播。各地要精心策划主题丰富、形式多样的直播带岗活动，组织开展行业性、区域性、特色化的招聘专题或专场。对照部级服务平台职业指导直播课排期，策划开展本地职业指导直播课活动。提前发布直播活动预告，广泛动员用人单位和高校毕业生参与。

（四）做好登记服务。各地要每日登录未就业高校毕业生求职登记小程序后台，下载辖区内高校毕业生信息，于5个工作日内开展联系，根据高校毕业生需求提供有针对性的就业服务，联系服务情况要及时在后台反馈。

（五）加强宣传推广。各地要加强服务平台宣传，运用新闻媒体、微博微信等多种渠道，及时向社会发布岗位信息、招聘活动、场次安排等。推进与地方教育部门网站、高校校园网互联互通，扩大服务平台覆盖面、知晓度。创新方式方法，灵活运用图表图解、动漫、短视频等方式开展政策宣传。

各地要高度重视高校毕业生就业服务平台建设工作，制定实施方案，指定专门机构，明确职责分工、时间进度、工作要求，落实人员、经费、技术保障。各地要于8月27日前报送省级服务平台负责人名单、网址链接以及本省近年出台的高校毕业生就业创业政策服务清单、经办机构清单等。按照部里“职业指导直播课”排期，提前5个工作日报送相关信息。及时推荐上报本地直播带岗活动、职业指导公开课、高校毕业生优秀创业项目和创业故事。上述报送材料格式要求，请到中国国家人才网（http://newjobs. com. cn/zdnl）下载。

2020年8月20日

人力资源社会保障部办公厅关于做好全国技工院校信息管理系统上线使用工作的通知

人社厅函〔2020〕130号

各省、自治区、直辖市及新疆生产建设兵团人力资源社会保障厅（局）：

为强化技工院校管理工作，我部在全国技工院校电子注册和统计信息管理系统基础上，根据技工院校学生学籍管理和资助管理的新需求，开发了全国技工院校信息管理系统（以下简称新版系统），拟于2020年9月份正式启用。

各级人社部门和技工院校要高度重视新版系统上线使用工作，按照全国技工院校信息管理系统使用方法（见附件）要求设置相关账号，明确职责分工，确保专人专号。要指导各级用户认真学习操作手册和教学视频，加强对新版系统使用情况的检查督导，保障秋季学期学生学籍管理、资助管理、毕业管理等工作顺利开展。

附件：全国技工院校信息管理系统使用方法

2020年9月8日

附件

全国技工院校信息管理系统使用方法

一、登录方式

新版系统可通过浏览器登录并办理相关业务，网址为 http://rsrc.mohrss.gov.cn/jgyx。为了达到最佳使用效果，建议使用 win7 及以上版本操作系统，IE9 以上版本浏览器或谷歌浏览器。

二、账号密码

新版系统按层级划分为部、省、市、县、校五级用户，已预设省、市、县级人社部门管理员和技工院校校长账号，各级人社部门和技工院校必须专人负责、规范管理。

预设用户的账号、密码将分省下发。各级用户应第一时间修改密码，并对账号和密码严格保密。根据信息系统安全管理有关要求，密码须10位以上，包含字母、数字和任意特殊符号。

三、初始操作

（一）省级用户

省级管理员用户登录系统后，应先检查核对所辖技工院校基本信息，补充新增内容，标明停办院校办学状态。

（二）市、县级用户

市级管理员用户应检查核对市辖技工院校基本信息，补充新增内容，标明停办院校办学状态。县级为新设立的系统用户等级，根据工作需要，市级管理员用户可筛选出县直管的技工院校，将其划转至所属县，由县级管理员用户负责该校相关信息的审批工作。

（三）院校级用户

根据资助管理校长负责制的有关要求，院校级基本用户为校长用户。各技工院校校长用户登录后，应根据工作需要建立本院校各类操作员用户，设置用户权限；院校级用户应及时核对、补充本校信息；拥有学籍模块管理权限的用户须在9月21日前完成学生基本信息的核对工作，及时补充新增字段内容，以免影响后续操作。

四、相关要求

（一）用户使用新版系统前，应先在新版系统首页下载系统操作手册或观看教学视频并认真学习。

（二）全国技工院校电子注册和统计信息管理系统数据已导入新版系统中，各级人社部门和技工院校要切实做好系统相关信息的维护工作，及时更新信息，确保数据真实、全面、准确。新版系统上线后，应安排专职人员负责数据的补充和上报工作，有条件的单位应增加数据核对专职人员。

（三）新版系统存在问题及意见建议可通过系统管理模块下的问题上报功能提交，或由省级汇总后上报。

（四）新版系统支持与省级自行研发的技工院校管理有关系统对接，请有对接需求的省份联系技术支持部门，按照部里发布的接口标准，对省级系统进行改造并对接。

人力资源社会保障部办公厅关于2020年国庆节、中秋节假期加班工资计算问题的复函

人社厅函〔2020〕135号

上海市人力资源和社会保障局：

你局《关于提请明确2020年国庆节、中秋节假期加班工资计算问题的函》（沪人社福〔2020〕1号）收悉。经研究，现函复如下：

《国务院办公厅关于2020年部分节假日安排的通知》（国办发明电〔2019〕16号）明确，2020年国庆节、中秋节10月1日至8日放假调休。其中，10月1日国庆节与中秋节重叠。

关于2020年10月1日至8日期间加班工资支付问题，10月1日至4日，用人单位安排劳动者加班的，应按不低于工资的300%支付加班工资报酬。10月5日至8日，用人单位安排劳动者加班的，应先安排补休；不能安排补休的，应按不低于工资的200%支付加班工资报酬。在10月1日至8日期间，用人单位未安排劳动者工作的，按原有工资计发方式处理。

2020年9月18日

人力资源社会保障部办公厅关于进一步做好人才公共服务机构市场供求信息发布工作的通知

人社厅函〔2020〕159号

各省、自治区、直辖市及新疆生产建设兵团人力资源社会保障厅（局）：

2001年以来，我部建立实施了人才公共服务机构市场供求信息发布制度，对就业形势分析研判、促进人才流动开发起到良好的导向性作用。随着互联网技术的不断发展，网上求职人数迅猛增长，人才区域流动不断增加，市场供求信息发布工作面临新形势新要求。为进一步做好人才公共服务机构市场供求信息分析工作，现就有关事项通知如下：

一、高度重视市场供求信息发布工作。开展人才公共服务机构定期发布市场供求信息工作，是人力资源市场建设的重要内容，是健全完善人力资源市场体系的重要举措，是分析研判就业形势、促进人才合理流动的客观需要。各地人力资源社会保障部门要加强组织领导，将人才公共服务机构市场供求信息发布工作列入重要工作日程，明确专人负责，加大投入力度，加快信息化建设，确保此项工作顺利开展。要加强信息分析发布和应用，为劳动者求职、单位招聘和政府决策提供参考，充分发挥市场供求信息对人才流动的导向性作用，促进人才优化配置。

二、充分发挥市场供求信息采集点作用。现有市场供求信息采集点为部分城市69家人才公共服务机构及其所属的59家网站（见附件1），负责收集、整理、上报现场招聘会和网上供求情况。各地要在巩固现有信息采集点的同时，视情将具备条件的其他人才公共服务机构和网站纳入进来。信息采集点按季度收集、整理、上报有关数据，包括用人单位信息及岗位需求情况、个人求职信息和求职意向等。

三、严格按照要求统计市场供求情况。统计现场招聘会供求情况时，采集点须向全部用人单位发放问卷调查表；要向不少于入场求职人数10%的求职个人进行抽样调查，并推算出各类求职人员数量；每次招聘活动结束后，须对市场供求信息进行统计汇总，形成统计总表并上报。统计网上招聘供求情况时，要对照统计报表要求，从本网站后台逐项统计汇总各项数据；同一统计周期内职位数和求职人数均不得重复计算。

四、确保市场供求信息采集分析质量。各地要积极拓宽信息收集渠道，提高统计数据的准确性，扩大信息覆盖面。采集数据必须真实、准确、有效，上报的报表要齐全，数据要符合表内和表与表之间的逻辑关系。网站采集点要逐步实现系统自动生成报表功能。各采集点要加强统计分析专员的培训，提高统计分析专员的业务素质，要保持统计分析专员相对稳定，人员变动时请及时上报有关情况。

五、严格按照时限上报数据。各季度市场供求数据统计起止时间为：第一季度为上年度的12月11日—本年度3月10日，第二季度为3月11日—6月10日，第三季度为6月11日—9月10日，第四季度为9月11日—12月10日。各季度统计数据的上报时间，为每季度最后一个月的15—17日。各季度上报的报表详见附件2和附件3，上报方式为网上在线填报（登录中国人力资源市场网：chrm.mohrss.gov.cn）。

六、加强工作进展情况督导。各地要对人才公共服务机构供求信息发布工作加强督促和指导。部里将对信息采集点信息采集分析和报送数据工作建立工作台账，定期统计分析，按照信息报送的及时性、准确性、全面性、规范性的要求，每季度对各采集点的数据上报及分析情况进行通报，年终对做得好的单位和个人以适当方式予以表扬。

附件：1. 全国部分人才公共服务机构市场供求信息分析采集点名单（略）

2. 现场招聘会供求情况统计表（略）

3. 网络招聘供求情况统计表（略）

2020年11月11日

人力资源社会保障部办公厅关于与国际劳工组织开展学徒制培训国际合作项目试点工作的通知

人社厅函〔2020〕166号

天津市、重庆市、浙江省、山东省人力资源社会保障厅（局），中国石油天然气集团有限公司人力资源部：

党的十九届五中全会明确提出探索中国特色学徒制，大力培养技术技能人才。为加强学徒制培训领域的国际交流合作，总结我国企业新型学徒制培训的经验做法，提高学徒制培训成效，我部将与国际劳工组织于2020年11月至2021年6月开展学徒制培训国际合作项目试点工作。经研究，确定天津市、重庆市、浙江省湖州市、山东省日照市、中国石油天然气集团有限公司为试点单位。请你单位按照《学徒制培训国际合作项目试点工作方案》（见附件）认真组织实施。

试点项目合作办公室设在中国人力资源和社会保障出版集团。在试点中如遇问题，请及时与项目合作办公室联系。

附件：学徒制培训国际合作项目试点工作方案

2020年11月23日

附件

学徒制培训国际合作项目试点工作方案

一、试点目标

通过与国际劳工组织开展学徒制培训国际合作项目试点工作，加强学徒制培训领域的国际交流合作，总结我国企业新型学徒制培训的经验做法，提高学徒制培训成效，进一步推动我国企业新型学徒制培训工作。

二、试点内容

与国际劳工组织合作开展对我国企业新型

学徒制培训的研究，试点使用国际劳工组织开发的学徒制培训工具，与国际劳工组织合作开展能力建设研讨等。

三、工作安排

（一）成立试点工作机构并遴选参与试点企业、院校及人员（2020 年 11 月上旬）。按照试点技术指导工作组人员构成（见附件 1），成立试点技术指导工作组，指导、研究、交流、评估试点工作。按照遴选标准（见附件 2）在试点单位遴选出参与试点工作的企业、培训院校及有关人员。

（二）与国际劳工组织合作开展对我国企业新型学徒制培训的研究（2020 年 11 月上旬至 2020 年 12 月上旬）。试点相关方（试点单位人力资源社会保障部门、试点企业、试点培训院校）参与研究问卷填写。学徒制培训参与者（试点单位人力资源社会保障部门负责干部、试点企业主管与师傅/导师、试点培训院校导师、企业学徒）参与经验、感想交流。

（三）试点使用国际劳工组织开发的学徒制培训工具（2020 年 11 月中旬至 2021 年 3 月）。试点使用、评估学徒制培训企业线上课程（中文版）、《国际劳工组织优质学徒制培训工具第二卷——从业者指南》，以及学徒制培训师培训线上课程（英文版）。

（四）与国际劳工组织合作开展能力建设研讨（2020 年 11 月上旬至 2021 年 6 月）。包括国际劳工组织国际专家线上培训，国际劳工组织国内项目官员指导和交流，国内学徒制培训专家经验分享，试点单位人力资源社会保障部门、企业、培训院校交流。

四、有关要求

（一）切实加强领导。学徒制培训国际合作项目试点工作是我部推动技能人才队伍建设具有探索意义的一项重点工作，对于促进我国企业新型学徒制培训及传播中国经验、深化学徒制培训国际交流合作具有重要意义。各单位要高度重视，切实加强领导，指导相关部门、企业、院校认真做好试点工作。

（二）精心组织实施。各试点单位人力资源社会保障部门要明确项目分管领导、负责处室及经办人，根据项目实施安排要求，制定具体实施计划并精心组织实施。要加大项目支持力度，发挥相关企业、技工院校（培训机构）的积极性，推动试点工作顺利实施。

（三）严把工作质量。各试点单位人力资源社会保障部门要指导参与试点企业、院校按照项目要求，加强过程管理，确保工作质量。要加强本单位项目有关实施方的工作交流，认真总结提炼我国企业新型学徒制经验，并予以推广。

（四）确保完成试点。各试点单位人力资源社会保障部门要按照项目试点工作安排，落实时间进度、工作内容、人员安排、工作质量等要求，确保项目试点工作按期、高质量完成。

附件：1. 试点技术指导工作组构成
2. 企业、培训院校、有关人员遴选标准

附件 1

试点技术指导工作组构成

一、试点牵头协调单位

人力资源社会保障部职业能力建设司
人力资源社会保障部国际合作司

二、试点实施指导单位

中国人力资源和社会保障出版集团

三、试点实施单位

试点单位人力资源社会保障部门

附件 2

企业、培训院校、有关人员遴选标准

项目	要求
遴选试点企业 试点培训院校	1. 每个试点单位选择 5~10 家试点企业（企业所属行业不限，其中 1/3 为中小型企业）、5~10 所培训院校 2. 企业和培训院校实施企业新型学徒制培训时间较长，积累了丰富学徒制培训经验的，或者对学习、借鉴国际学徒制培训经验有浓厚兴趣
遴选参与对我国企业新型学徒制培训研究问卷填写者	1. 每家试点单位人力资源社会保障部门负责企业新型学徒制培训工作的干部 1 人 2. 每家试点企业负责企业新型学徒制培训的主管 1 人 3. 每家试点培训院校实施企业新型学徒制培训的负责人 1 人
遴选学徒制企业线上课程（中文版）试用者	1. 试点单位人力资源社会保障部门负责企业新型学徒制培训工作的干部 1 人 2. 每家试点企业 2~5 人，须包含企业负责学徒制培训的主管或人力资源主管至少 1 人、培训学徒的师傅/导师至少 1 人 3. 每所试点培训院校实施企业新型学徒制培训的负责人 1~2 人
遴选学徒制培训师培训线上课程（英文版）试点企业和试用者	1. 遴选共 5~8 所试点企业（每个试点单位 1~2 家试点企业），每家试点企业遴选培训学徒的师傅/导师 1~2 人 2. 试用者须有英语读写能力
遴选企业新型学徒制培训感想受访人	1. 每个试点单位遴选人力资源社会保障部门实施企业新型学徒制培训的负责干部 1 人 2. 每个试点城市遴选 1 家试点企业并推荐：企业负责学徒制培训的主管或人力资源主管 1 人；培训学徒的师傅/导师 1 人；培训毕业的学徒或正在接受培训的学徒［女性学徒或特殊（例：残障、贫困）青年学徒优先］1 人 3. 每所试点培训院校开展企业新型学徒制培训的培训师 1 人

人力资源社会保障部关于进一步做好新型冠状病毒感染的肺炎疫情防控工作的通知

人社部明电〔2020〕1号

各省、自治区、直辖市及新疆生产建设兵团人力资源社会保障厅（局）：

新型冠状病毒感染的肺炎疫情发生以来，党中央高度重视，习近平总书记作出一系列重要指示。近日，习近平总书记再次作出重要指示，党中央印发《关于加强党的领导、为打赢疫情防控阻击战提供坚强政治保证的通知》，对各级党组织和广大党员干部做好疫情防控工作提出明确要求。各级人力资源社会保障部门要坚决贯彻习近平总书记重要指示精神和党中央、国务院部署要求，在落实1月23日印发的《人力资源社会保障部办公厅关于人力资源和社会保障系统做好新型冠状病毒感染的肺炎疫情防控有关工作的通知》（人社厅明电〔2020〕3号）要求基础上，进一步抓紧抓实当前工作，坚定信心、同舟共济，科学防治、精准施策，为打赢疫情防控阻击战作出积极贡献。现就有关事项通知如下：

一、进一步提高政治站位，切实增强做好疫情防控工作的使命感、责任感、紧迫感

疫情就是命令，防控就是责任。人力资源社会保障工作全部涉及人，大部分涉及民生，既担负着支援保障一线防控工作人员的重要职责，也担负着维护受疫情影响职工群众权益的重要任务。各级人力资源社会保障部门要进一步增强“四个意识”、坚定“四个自信”、做到“两个维护”，切实把思想和行动统一到习近平总书记重要指示精神和中央决策部署上来，坚持把人民群众生命安全和身体健康放在第一位，把疫情防控工作作为当前最重要的工作来抓，坚决扛起疫情防控政治责任，做到守土有责、守土担责、守土尽责。

二、全力做好人社政策支持工作

各级人力资源社会保障部门要充分发挥职能作用，根据疫情防控大局需要，及时研究制定有关针对性政策，并抓好落实。按照人力资源社会保障部、财政部、卫生健康委《关于因履行工作职责感染新型冠状病毒肺炎的医护及相关工作人员有关保障问题的通知》（人社部函〔2020〕11号）要求，做好医护人员及相关工作人员工伤保险保障工作，并开辟工伤待遇绿色通道。支持疫情防控相关医疗卫生机构等事业单位简化招聘程序和设立招聘绿色通道，紧急补充医护人员等疫情防控工作人员。督促落实疫情防治人员临时性工作补助等工资待遇政策。

三、切实关心激励疫情防控人员

各级人力资源社会保障部门要会同相关部门，及时发现先进典型，及时挖掘先进事迹，对在医疗救治、疫苗研发、基础预防、物资援助、抢建设施等方面作出突出贡献的个人和集

体，尤其是广大医务工作者和医务团队给予及时性表彰，进一步鼓舞士气、坚定信心、凝聚力量。对在疫情防控中作出贡献的事业单位工作人员和集体特别是奋战在疫情防控一线的事业单位工作人员和集体，根据《事业单位工作人员奖励规定》有关规定开展及时奖励。

四、稳妥做好劳动就业等重点工作

各级人力资源社会保障部门要增强工作前瞻性，对就业形势、农民工流动、人力资源市场、劳动关系等情况进行密切监测和研判，深入评估疫情影响，提前研究应对举措，做好政策储备。要调整优化一季度就业服务活动，有针对地向劳动者发布节后企业开工信息，引导农民工安全有序流动。要组织各级各类公共就业人才服务机构、人力资源服务机构常态化开展线上招聘，组织开展职业技能线上培训，积极稳妥做好农民工、高校毕业生等重点群体就业工作，加强失业人员生活保障，加快落实援企稳岗政策，努力维护就业大局稳定。落实《人力资源社会保障部办公厅关于妥善处理新型冠状病毒感染的肺炎疫情防控期间劳动关系问题的通知》（人社厅明电〔2020〕5号），对因疫情防控引发的劳动关系处理、工资支付、工伤保险等问题，进一步加强工作指导，切实保障劳动者合法权益。

五、扎实做好本系统疫情防控工作

各级人力资源社会保障部门要继续做好公共就业服务、社保经办、职业培训和技能鉴定、人才人事服务、劳动人事争议处理等窗口服务单位的疫情防控工作，推行不见面服务，减少非必须的现场办理，配备必需设备，科学安排业务办理流程，避免出现人员密集办理业务情况。要指导技工院校、培训机构等重点场所和农民工密集的企业，按照国家和当地党委政府疫情防治工作要求做好疫情防控工作。要加强本单位干部职工科学防护，切实保障好干部职工身体健康。

六、切实加强组织领导

各级人力资源社会保障部门要在党委统一领导、统一指挥下统一行动，全力出战。要建立健全人力资源社会保障领域疫情防控工作机制，制定完善疫情防控应急预案，下好先手棋、打好主动仗。领导班子和领导干部特别是主要负责同志要坚守岗位、靠前指挥，基层党组织和广大党员要充分发挥战斗堡垒作用和先锋模范作用。要在这场严峻斗争的实践中考察识别干部，激励引导广大党员、干部在疫情防控斗争中挺身而出、英勇奋斗、扎实工作，经受住考验。

各地应对疫情工作中的重要情况，要及时报告人力资源社会保障部。

2020年1月30日

人力资源社会保障部　教育部　财政部　交通运输部　国家卫生健康委关于做好疫情防控期间有关就业工作的通知

人社部明电〔2020〕2号

各省、自治区、直辖市及新疆生产建设兵团人力资源社会保障厅（局）、教育厅（教委）、财政厅（局）、交通运输厅（局）、卫生健康委：

党中央、国务院高度重视新型冠状病毒感染肺炎疫情防控和农民工、高校毕业生等重点群体就业工作。当前疫情防控正处于关键期，即将迎来农民工等人员返岗复工和高校毕业生求职高峰，做好疫情防控和就业工作责任重大。为坚决贯彻中央决策部署，切实做好当前农民工、高校毕业生等重点群体就业工作，现就有关事项通知如下：

一、有力确保重点企业用工。对保障疫情防控、公共事业运行、群众生活必需及其他涉及重要国计民生企业、重大工程，指定专人对接，优先发布用工信息，通过本地挖潜、余缺调剂、组织见习、协调实习生等，满足企业阶段性用工需求。对当地难以满足的，在符合疫情防控要求的前提下，协助企业定向跨区域招聘。对具有一定规模的，通过联防联控机制协调交通运输部门制定运送方案，有条件的可组织集中运送直达目的地。对春节期间（截至2020年2月9日）开工生产、配送疫情防控急需物资的企业，符合条件的可给予一次性吸纳就业补贴。对提供职业介绍的人力资源服务机构，按规定给予就业创业服务补助。

二、做好返岗复工企业和劳动者的疫情防控。根据春节假期调整和防控疫情安排，抓紧摸清辖区内企业、工程项目开复工时间，在人社部门官网、官微开设专区发布。督促用人单位通过电话、短信、微信等方式，向员工通报开复工时间。加强输入地、输出地信息对接，依托公共就业人才服务机构、劳务站等向辖区内劳动者推送开复工时间。针对农民工等人员流动特点，编制发布预防手册，指导劳动者做好居家隔离和返岗务工的相关防护。针对企业行业不同特点特别是劳动密集程度，指导其做好卫生防疫、检测仪器及药品配置等工作，改善劳动者生产生活条件。

三、关心关爱重点地区劳动者。对滞留在疫情严重地区的劳动者，通过发送慰问短信、公告、慰问信等形式，关心其健康和生活情况，妥善做好安抚和疏导。对已离开湖北返乡的劳动者，指导其主动居家隔离。对暂时难以外出且有就业意愿的农民工，开发一批就地就近就业岗位，有创业意愿的同等享受当地创业扶持政策，给予一次性创业补贴，确有困难的可按规定通过公益性岗位托底安置。疫情防控期间，湖北等疫情严重地区受疫情影响失业的参保人员，可通过失业保险基金，按照不高于当地失业保险金标准发放失业补助金，具体办法报请省级人民政府确定。失业保险金和失业补助金不得同时发放。生活确实困难的，可按规定申请临时救助。维护劳动者合法权益，各类人力资源服务机构和用人单位不得发布拒绝招录疫情严重地区劳动者的招聘信息。各类用人单位不得以来自疫情严重地区为由拒绝招用相关人员。对因疫情导致劳动者暂不能返岗提供正常劳动的，企业不得解除劳动合同或退回劳务派遣用工。

四、支持中小微企业稳定就业。加大失业保险稳岗返还力度，将中小微企业失业保险稳岗返还政策裁员率标准由不高于上年度统筹地区城镇登记失业率，放宽到不高于上年度全国城镇调查失业率控制目标，对参保职工 30 人（含）以下的企业，裁员率放宽至不超过企业职工总数 20%。同时，湖北等重点地区可结合实际情况将所有受疫情影响企业的稳岗返还政策裁员率标准放宽至上年度全国城镇调查失业率控制目标。具体实施办法由相关省级人民政府确定。支持企业开展在岗培训，受疫情影响的企业在确保防疫安全情况下，在停工期、恢复期组织职工参加线下或线上职业培训的，可按规定纳入补贴类培训范围。统筹使用工业企业结构调整专项奖补资金，用于支持符合条件的受疫情影响企业稳定岗位、保障基本生活等支出。发挥创业担保贷款作用，对已发放个人创业担保贷款，借款人患新型冠状病毒感染肺炎的，可向贷款银行申请展期还款，展期期限原则上不超过 1 年，财政部门继续给予贴息支持。对受疫情影响暂时失去收入来源的个人和小微企业，申请贷款时予以优先支持。加大创业载体奖补力度，支持创业孵化园区、示范基地降低或减免创业者场地租金等费用。

五、完善高校毕业生就业举措。暂停各类高校毕业生就业现场招聘活动，充分利用国家、地方、高校毕业生就业网开展就业服务，完善高校毕业生就业信息共享发布机制。鼓励高校和用人单位利用互联网进行供需对接，实行网上面试、网上签约、网上报到，引导用人单位适当延长招聘时间、推迟体检时间、推迟签约录取。公共就业人才服务机构要延长报到接收时间，可通过信函、传真、网络等方式为高校毕业生办理就业协议签订、就业报到手续。视情调整 2020 年度事业单位和国有企业招聘、基层服务项目招募笔试面试时间，笔试已经结束的推迟面试时间，调整后的时间要及时告知考生并向社会公告。加强求职心理疏导，组织有经验的职业指导师、心理咨询师和高校心理学教师，推出一批在线咨询指导课，开通心理热线。

六、推广优化线上招聘服务。暂停举办现场招聘和跨地区劳务协作。组织各级各类公共就业人才服务机构、人力资源服务机构加大线上招聘力度，推行视频招聘、远程面试，动态发布岗位信息，加快向中国公共招聘网（http://job.mohrss.gov.cn）归集共享，实施“就业服务不打烊、网上招聘不停歇”的线上春风行动。根据当地疫情状况和党委政府部署，确定并公告公共就业服务机构和窗口开放时间，引导就业政策、就业服务尽可能网上办、自助办，切实加快审核进度，有序疏导现场流量，及时消毒、保持通风，配备体温检测设施，做好疫情防控工作。

上述有关补贴类政策执行期限为疫情防控期间。各地要深入贯彻习近平总书记重要指示精神，坚决落实党中央、国务院关于应对疫情的重大决策部署，压实责任、主动作为、加强协调，积极回应群众关切，科学研判当前市场供求，引导用人单位和重点群体有序招聘求职，确保社会大局稳定。

2020 年 2 月 5 日

人力资源社会保障部　公安部 交通运输部　国家卫生健康委 国家铁路集团关于做好农民工返岗复工 “点对点”服务保障工作的通知

人社部明电〔2020〕4号

各省、自治区、直辖市及新疆生产建设兵团人力资源社会保障厅（局）、公安厅（局）、交通运输厅（局、委）、卫生健康委，各铁路局集团公司：

为坚决贯彻落实习近平总书记关于做好新冠肺炎疫情防控工作的重要指示精神，认真落实国务院联防联控机制关于切实加强疫情科学防控、有序做好企业复工复产工作的决策部署，对于已有工作岗位和新确定工作岗位拟进城务工的农民工，组织开展对用工集中地区和集中企业“点对点”的农民工专车（专列）运输服务，保障成规模、成批次外出的农民工安全有序返岗复工，现就有关事项通知如下：

一、摸清出行需求。人力资源社会保障、交通运输部门通过电视广播、官方网站、微信、就业信息平台、交通运输出行平台等渠道，广泛宣传农民工返岗复工“点对点”服务保障的信息，开通线上线下报名渠道。县级人力资源社会保障部门要全面摸排有意愿外出农民工的信息，鼓励已确定工作岗位的农民工积极报名，汇集农民工出行人数、时间、地点、用人单位等信息，动员时间段相近、务工目的地相近的农民工集中时间出行，就省内就业、跨省出行、集中地区、集中企业等进行分类，并逐级上报至省级人力资源社会保障部门，形成外出农民工基础数据备核。

二、开展行前服务。县级人力资源社会保障部门将有出行需求的农民工人员名单、集中返岗出行时间、地点等相关信息提供给交通运输部门和卫生健康部门。交通运输部门根据农民工集中返岗需求，制定专门包车运输方案，为目的地集中、具有一定规模的农民工提供“点对点”直达服务。对省际客运需求及时报省级交通运输部门统筹做好省际间协调和沟通。卫生健康部门要指导做好农民工的防疫健康教育和行前体温检测工作，发现异常情况及时报告处置。充分利用国家政务服务平台同行密接自查服务、中国政府网新冠肺炎患者同乘接触者查询系统，加强排查识别，阻断风险人员外出。对于跨省外出农民工，省级人力资源社会保障部门要指导输出地县级人力资源社会保障部门在行前主动与输入地人力资源社会保障部门对接出行人数、到达时间和地点、用人单位等信息，输入地人力资源社会保障部门要与用人单位确认相关信息，对接当地有关部门，做好人员接收准备。

三、组织返岗运输。各地交通运输部门制定运输方案时要优先保障成规模、成批次、目的地集中的农民工出行，提前集中登记信息，按照“一车一方案”的原则，开展“点对点”直达运输。督促指导农民工返岗包车运营单位按照《交通运输部关于全力做好农民工返岗运输服务保障工作的通知》（交运明电〔2020〕56号）要求，全面做好运输组织、落实各项疫情防控措施和乘客信息登记、转交工作，确保运输过程安全、顺畅、有序。积极争取农民工输入、输出地方政府加大农民工返岗包车的支持，通过政府购买服务或者补贴部分包车费用的形式，降低农民工出行成本。鼓励出台相关优惠政策，引导有条件的用工企业主动承担农民工返岗包车费用。各地人力资源社会保障部门与铁路运输部门根据农民工返岗需求，开行火车专列或安排外出农民工包车厢运输，交通运输部门组织做好道路客运班线和城市公交等与铁路班次运力的衔接，打通农民工返岗“最先和最后一公里”。各地公安部门要加大在火车站、汽车站等重点部位的巡逻防控，做好“点对点”包车的道路通行保障和交通安全管理，对突发事件及时进行处置。

四、做好抵达地交接。接收地各相关部门要在当地人民政府的统一领导下，做好专车抵达后的交接工作。人力资源社会保障部门要及时对接有关企业组织接收农民工入厂。企业要为返岗复工农民工建立个人健康档案，随访健康状况，做到全覆盖，确保达到防疫要求、体温测量正常后方可上岗。对于行前14天内和在途没有相关症状的，要尽快复工。对于出现发热、乏力、咳嗽等不适症状的，应立即进行隔离观察，及时送诊排查。

五、加强上岗防护保障。在地方人民政府及疫情防控领导小组领导下，各有关部门要指导督促企业严格落实疫情防控主体责任，完善相应设施设备，提供卫生和隔离观察场所，开展环境卫生整治和重点场所消毒，开展员工健康状况监测，为职工配发口罩等防护用品，确保疫情防控措施落实落地，坚决防止因复工造成聚集感染。

六、加强组织领导。各地各有关部门要认真落实党中央、国务院的决策部署，把引导农民工安全有序返岗作为做好复工复产的重点工作任务，实现防疫防控与稳定农民工就业两不误。各地要在疫情防控领导小组领导下，建立人力资源社会保障部门牵头，公安、交通运输、卫生健康等部门和铁路集团公司参加的农民工返岗复工“点对点”服务协作机制，明确工作责任，加强沟通衔接，加大信息共享力度，形成工作合力，确保输出有组织、健康有检测、承运有防护、到达有交接、全程可追溯。要加大对农民工返岗复工有序出行专项行动典型经验和做法的宣传推广力度，广泛动员和鼓励社会力量为农民工返岗复工做好疫情防控提供帮助，营造良好的社会氛围。

2021年2月19日

人力资源社会保障部办公厅
关于人力资源和社会保障系统做好新型冠状病毒感染的肺炎疫情防控有关工作的通知

人社厅明电〔2020〕3号

各省、自治区、直辖市及新疆生产建设兵团人力资源社会保障厅（局）：

为贯彻落实习近平总书记对新型冠状病毒感染的肺炎疫情作出的重要指示精神和李克强总理批示要求，按照党中央、国务院统一决策部署，各级人力资源社会保障部门要在党委政府领导下，主动配合有关部门切实做好新型冠状病毒感染的肺炎疫情防控工作。现就有关事项通知如下：

一、高度重视新型冠状病毒感染的肺炎疫情防控工作。各级人力资源社会保障部门要坚决贯彻党中央、国务院的各项部署，把思想和行动统一到中央的精神上来，将疫情防控工作作为当前工作的重中之重，坚决扛起责任，坚定信心决心，科学应对疫情，狠抓防控措施落实。

二、防止人员聚集性疫情发生。改进招聘会、会议、培训等活动的组织形式，尽量减少人员聚集，能以视频形式召开的会议尽量召开视频会，能在线上开展的活动尽量在线上开展，能延期的尽量延期，可将大型人员集中的活动调整为小范围、多批次、灵活多样的活动。对于考试或者招聘会等确需组织的人员密集型活动，要主动与当地防疫部门协商，切实采取有效措施防范疫情。若地区出现重大疫情，应暂停举办大型招聘活动和跨地区劳务协作活动。做好公共就业服务、社保经办、职业培训和技能鉴定、人才人事服务、劳动人事争议处理和信访等窗口服务单位的疫情防控安全措施，推行不见面服务，减少非必须的现场办理，配备必需设备，科学安排业务办理流程，避免出现人员密集办理业务情况。指导技工学校、培训基地等重点场所和农民工密集的企业，按照国家和当地政府防治工作要求做好疫情防控工作。要结合农民工返乡特点及当前疫情形势制定有效措施，对疫情高发地区农民工返乡，配合有关部门加强监测、宣传和服务保障等工作；引导农民工合理安排节后出行，避免盲目外出。

三、制定疫情防控应急预案。要制定完善疫情防控应急预案，健全组织协调机制，明确防控责任和措施。加强疫情监测，确保及时掌握疫情信息，如有疫情发生，确保在第一时间启动应急预案，做到早发现、早报告、早隔离、早治疗，减少疾病传播和蔓延。

四、加强干部职工科学防护。要加强对疫情科学防护措施的宣传教育工作，提高干部职工个人防护意识，养成良好个人卫生习惯，减少到人员密集区域的活动。密切关注干部职工健康，落实好重点部位、重点环节的防范和监控措施，全面加强预防工作。

五、积极做好人社政策支持。各级人力资

源社会保障部门要充分发挥职能作用，积极会同有关部门做好疫情防控工作。做好因履行工作职责感染新型冠状病毒肺炎疫情的医护人员及相关工作人员的保障工作。落实疫情防治人员临时性工作补助政策。认真做好防控疫情工作中的劳动关系和有关人员工资支付工作，切实维护劳动者合法权益。

2020 年 1 月 23 日

人力资源社会保障部办公厅
关于妥善处理新型冠状病毒感染的肺炎疫情防控期间劳动关系问题的通知

人社厅明电〔2020〕5号

各省、自治区、直辖市及新疆生产建设兵团人力资源社会保障厅（局）：

为做好新型冠状病毒感染的肺炎疫情防控工作，妥善处理好疫情防控期间劳动关系问题，维护职工合法权益，保障企业正常生产经营秩序，促进劳动关系和谐稳定，现就有关问题通知如下：

一、对新型冠状病毒感染的肺炎患者、疑似病人、密切接触者在其隔离治疗期间或医学观察期间以及因政府实施隔离措施或采取其他紧急措施导致不能提供正常劳动的企业职工，企业应当支付职工在此期间的工作报酬，并不得依据劳动合同法第四十条、四十一条与职工解除劳动合同。在此期间，劳动合同到期的，分别顺延至职工医疗期期满、医学观察期期满、隔离期期满或者政府采取的紧急措施结束。

二、企业因受疫情影响导致生产经营困难的，可以通过与职工协商一致采取调整薪酬、轮岗轮休、缩短工时等方式稳定工作岗位，尽量不裁员或者少裁员。符合条件的企业，可按规定享受稳岗补贴。企业停工停产在一个工资支付周期内的，企业应按劳动合同规定的标准支付职工工资。超过一个工资支付周期的，若职工提供了正常劳动，企业支付给职工的工资不得低于当地最低工资标准。职工没有提供正常劳动的，企业应当发放生活费，生活费标准按各省、自治区、直辖市规定的办法执行。

三、因受疫情影响造成当事人不能在法定仲裁时效期间申请劳动人事争议仲裁的，仲裁时效中止。从中止时效的原因消除之日起，仲裁时效期间继续计算。因受疫情影响导致劳动人事争议仲裁机构难以按法定时限审理案件的，可相应顺延审理期限。

四、各地人力资源社会保障部门要加强对受疫情影响企业的劳动用工指导和服务，加大劳动保障监察执法力度，切实保障职工合法权益。

2020年1月24日

人力资源社会保障部办公厅关于做好新型冠状病毒感染的肺炎疫情防控期间人力资源市场管理有关工作的通知

人社厅明电〔2020〕8号

各省、自治区、直辖市及新疆生产建设兵团人力资源社会保障厅（局）：

为深入贯彻习近平总书记关于做好疫情防控工作重要指示精神，落实党中央、国务院决策部署，有效减少人员聚集，保障劳动者生命安全和身体健康，切实做好疫情防控期间人力资源市场管理工作，促进就业和人力资源有序流动配置，现就有关事项通知如下：

一、暂停现场招聘会等活动。暂停各地人力资源服务机构近期举办的现场招聘会、跨地区劳务协作、人力资源培训、供需对接会等聚集性活动。推迟或取消举办现场招聘会等活动的，要提前发布或公告相关信息。相关活动的恢复时间，由各地根据疫情缓解情况相应安排。

二、强化网络招聘等线上服务。人力资源服务机构要创新服务方式，充分运用“互联网+”、云平台等，针对高校毕业生、农民工等重点群体，加大对疫情防控物资生产等企业招用工支持力度，通过短信、微信公众号、网络发布岗位供求信息，采取电子邮件、传真、视频等形式开展远程笔试面试和人力资源培训等非现场服务。要畅通沟通渠道，设置服务热线，开通企业微信等线上服务，保障劳动者和用人单位合法权益。

三、合理安排现场服务。人力资源服务机构要科学安排业务流程，优化服务程序，精简办理材料，减少非必须的现场服务。要加强服务场所卫生安全，把服务劳动者和用人单位的场所作为重点区域，严格落实消毒、清洁等疫情防控要求，保持服务场所良好通风，做好疫情预防和控制工作。

四、做好人力资源服务许可备案等工作。各地要按照《人力资源社会保障部关于进一步做好新型冠状病毒感染的肺炎疫情防控工作的通知》（人社部明电〔2020〕1号）关于窗口服务单位疫情防控工作有关要求，做好人力资源服务许可备案工作。根据疫情防控情况，可适当延长人力资源服务机构年度报告公示和年度人力资源市场统计时限。

五、做好流动人员人事档案服务工作。流动人员人事档案管理服务机构要大力推行不见面服务，引导存档人员通过网上办、邮寄办、咨询办等方式，减少出行办事。对确需现场办理的业务实行预约办理，分时段分流办事群众，尽可能减少群众办理等候时间。

六、加强人力资源市场监测。各地要依托公共人力资源服务机构和经营性人力资源服务机构，密切结合疫情影响和防控情况，做好辖区内人力资源市场供求信息的统计分析，及时掌握、积极监测市场供求变动状况，为受疫情防控影响的劳动者提供市场信息，确保就业大局稳定和人才有序流动配置。

七、加大人力资源市场监管力度。各地要加大市场监管力度，积极发挥行业协会作用，对为疫情防控一线企业、单位提供优质服务的人力资源服务机构，可优先考虑纳入诚信示范典型，加大表彰、宣传和扶持力度。要依法严厉打击哄抬服务价格、就业歧视、发布虚假就业信息等违法违规行为，将失信机构纳入“黑名单”，发挥“黑名单”约束惩戒作用。

各地要把新型冠状病毒感染的肺炎疫情防控作为当前人力资源市场管理的重要工作，认真落实各项防控措施，做到疫情防控和管理服务两不误。工作中的重要情况和典型做法，请及时报告我部人力资源流动管理司。

2020 年 2 月 6 日

人力资源社会保障部办公厅
关于切实做好新冠肺炎疫情防控期间
人力资源服务有关工作的通知

人社厅明电〔2020〕11号

各省、自治区、直辖市及新疆生产建设兵团人力资源社会保障厅（局）：

为深入贯彻习近平总书记关于做好新冠肺炎疫情防控工作的重要指示精神，坚决落实党中央、国务院关于打赢疫情防控阻击战的决策部署，结合当前复工复产工作形势需要，指导鼓励各地各类人力资源服务机构紧贴抗击疫情、促进就业、服务发展、维护稳定等工作，依法科学有力有序地做好人力资源服务有关工作，为打赢疫情防控人民战争提供坚实人力资源服务支撑，现将有关事项通知如下：

一、加强重点单位用工服务。各地要激发人力资源服务机构积极性，指导公共服务机构切实发挥带头示范作用，引导经营性服务机构积极履行社会责任。聚焦疫情防控、公共事业运行、群众生活必需等涉及国计民生的重点单位，特别是与疫情防控工作直接相关的生产运输单位的用工需求，鼓励人力资源服务机构发挥信息汇聚、联通各方、专业服务的优势，综合运用线上对接、远程协作、线上专场招聘等方式，提供精准有力的供需对接服务。各地对提供职业介绍的人力资源服务机构，要根据有关规定落实就业创业服务补助政策。

二、强化线上求职招聘。各地要指导鼓励人力资源服务机构，大力拓展各类线上求职招聘服务模式，进一步创新挖潜、整合资源，通过开发全新功能，拓展服务方式，满足包括高校毕业生、农民工等重点群体在内的各类求职者的就业择业需求，为受疫情影响暂停或推迟的现场、校园等招聘活动，打造更优、更便捷的线上招聘服务平台。鼓励人力资源服务机构为受疫情影响较大或担负疫情防控重点任务的单位，适当减免招聘服务费用。

三、拓展线上培训。针对疫情防控期间用人单位和劳动者的就业创业、技能提升等多方面培训需求，鼓励人力资源服务机构及时跟进，积极开发和优化在线学习、直播课堂、热线辅导等服务项目和产品，提供各类实用型、多样化线上培训服务。鼓励有条件的人力资源服务机构，向疫情防控重点单位提供各类人力资源培训服务，对符合职业技能培训相关条件的，各地应按规定纳入补贴类培训范围。

四、加强人力资源管理咨询服务。各地要鼓励人力资源服务机构，主动对接用人单位在疫情防控期间存在的人员招聘、职位发布、简历筛选、人选沟通、聘用签约、绩效考核等人力资源管理工作需求，积极提供人力资源管理咨询、解决方案拟定等服务，助力用人单位经济高效、规范可靠地招到用好人力资源。

五、做好疫情防控人社政策宣讲。各地要指导支持人力资源服务机构及行业协会，通过各类宣传媒介，尤其是在开展人力资源服务过程中广泛运用的网络传媒、微信公众号等新媒体平台，对近期人社部门制定出台的疫情防控期间稳定就业、劳动关系、社会保障、人事人才等政策措施，进行全面深入地宣讲报道，周知人社政策，助力惠企惠民。

六、切实关心关爱职工。各地要指导鼓励人力资源服务机构及行业协会，切实关心关爱本单位职工和人力资源服务对象单位职工，尤其是滞留疫情严重地区和受疫情影响无法及时返岗职工的身心健康，通过发布公告、在线沟通等方式，积极向大家宣讲疫情防控政策措施和科学防疫健康知识，及时掌握职工动态情况，提供有针对性的职业发展咨询、心理健康援助等服务。

七、强化产业园区协同服务。各地人力资源服务产业园在做好自身防疫工作的同时，要统筹把握、稳妥有序安排园区内人力资源服务机构返岗复工，积极发挥园区产业集聚、服务齐全、功能完备的独特优势，协同开展统筹对接需求、线上专场招聘、全链条服务等活动，努力形成为疫情防控提供人力资源服务的工作合力。各地应结合实际，对在疫情防控期间发挥作用突出的人力资源服务机构，研究制定减免场地租金、给予奖励补贴等方面的措施办法。

八、加强人力资源服务需求监测。各地要加大对疫情防控期间人力资源服务需求的监测力度，深入研判疫情对人力资源服务行业发展的影响，特别要高度关注高校毕业生、农民工等重点就业群体，紧盯劳动者返岗复工、疫情防控进展等重要时间节点，充分发挥各类人力资源服务机构的专业优势，采取设点监测、线上调研、数据对比等方式，通过发布监测信息、开展预测分析、编制需求目录等手段，为做好疫情防控、服务就业大局、促进稳定发展，提供重要参考。

各地要切实提高政治站位，落实主体责任，勇于担当作为，依法合规做好疫情防控期间人力资源服务工作。同时，及时发现和宣传在疫情防控及复工复产工作中涌现出的人力资源服务先进典型，深入总结经验做法，不断提升人力资源服务能力水平。工作中遇到重要情况，请及时报告我部人力资源流动管理司。

2020 年 2 月 18 日

人力资源社会保障部办公厅关于做好农民工返岗复工“点对点”出行线上服务工作的通知

人社厅明电〔2020〕14号

各省、自治区、直辖市及新疆生产建设兵团人力资源社会保障厅（局）：

为坚决贯彻党中央、国务院关于做好疫情防控和复产复工决策部署，落实《人力资源社会保障部　公安部　交通运输部　国家卫生健康委　国家铁路集团关于做好农民工返岗复工“点对点”服务保障工作的通知》（人社部明电〔2020〕4号）要求，提高农民工返岗复工“点对点”服务保障工作效率，保障成规模、成批次外出的农民工安全有序返岗复工，现就有关事项通知如下：

一、启用农民工返岗复工“点对点”服务系统。我部于2020年3月5日开通全国统一的农民工返岗复工“点对点”服务系统。该系统支持农民工通过电子社保卡、小程序等方式，在线填报出行需求信息；支持农民工出行健康信息核验；支持各级人力资源社会保障部门分类提取农民工出行需求信息。各地在开展农民工返岗复工“点对点”服务保障工作时，要积极通过该系统采集农民工返岗复工出行需求信息，开展各项服务。对于已经开通线上信息采集系统的地区，已有信息采集指标或调整后信息采集指标能够满足部农民工返岗复工“点对点”服务系统采集需求的，可继续使用原本地系统。对于未开通线上信息采集系统的，原则上要求使用全国统一的农民工返岗复工“点对点”服务系统。

二、加强出行需求信息运用。各级人力资源社会保障部门要指定专人负责，通过我部网址（http://wgfw.mohrss.gov.cn），查询下载农民工填报的出行需求信息。各级人力资源社会保障部门接收下载的人员信息已经系统比对全国新冠肺炎疫情防控风险数据，其中健康状况均为“未见异常”。各地要按照出行时间相近、务工目的地相近、是否已有工作岗位等条件做好数据分类应用，及时联系农民工本人和企业，做好组织出行。对于系统中的建档立卡贫困人口，在农民工返岗复工“点对点”服务保障工作中要重点帮扶。对于有意愿外出务工但无工作岗位的农民工要加大就业服务力度。

三、做好出行服务衔接。各级农民工返岗复工“点对点”服务协作机制联络员，负责每日汇总本地农民工“点对点”出行信息。输出地和输入地的人力资源社会保障部门要加强工作对接，及时共享农民工返岗复工“点对点”出行需求信息，并做好与交通运输、卫生健康、铁路集团公司等部门和单位的信息交换与衔接。省级农民工返岗复工“点对点”服务协作机制要加强调度和指导。

四、加大宣传推广力度。各级人力资源社会保障部门要运用官方网站、官方公众号、就业信息平台等渠道，通过制发、张贴小程序二维码等方式，广泛宣传农民工返岗复工“点对点”服务系统，动员广大农民工通过该系统填报出行需求信息，提高“点对点”工作服务效率。各级农民工返岗复工“点对点”服务协作机制要充分发挥统筹协调作用，推动有关成员单位加大对农民工返岗复工“点对点”服务系统的宣传力度。

2020年3月6日

人力资源社会保障部办公厅 国家卫生健康委办公厅关于做好农民工返岗复工“点对点”出行健康服务工作的通知

人社厅明电〔2020〕15号

各省、自治区、直辖市及新疆生产建设兵团人力资源社会保障厅（局）、卫生健康委：

为贯彻落实统筹推进新冠肺炎疫情防控和经济社会发展工作部署会议精神，按照国务院有关工作部署和《人力资源社会保障部　公安部　交通运输部　国家卫生健康委　国家铁路集团关于做好农民工返岗复工“点对点”服务保障工作的通知》（人社部明电〔2020〕4号）要求，进一步做好农民工返岗复工“点对点”出行健康服务工作，现就有关事项通知如下：

一、认真开展农民工出行健康核验。各地要按照分区分级差异化防控要求，开展农民工“点对点”出行健康服务检查，通过国家全民健康信息平台和全国一体化政务服务平台，调用全国疫情防控风险数据服务接口，查询新冠肺炎确诊病例和疑似病例、同乘同户同住密切接触者、过去14天到访地区风险等级等信息。各级人力资源社会保障部门要积极通过农民工返岗复工“点对点”服务系统、电子社保卡等渠道，引导农民工开展健康信息核验。卫生健康部门要指导做好农民工的防疫健康教育和行前体温检测工作，加大对地方健康码工作的指导，不断优化完善各项管理服务措施。

二、扎实推进农民工健康信息互认。已经使用本地健康码或健康证明的地区，要主动对接国家全民健康信息平台和全国一体化政务服务平台，积极推进省内、省际互认。已经签订省际健康互认合作备忘录的地区要加快推进落实，并逐步扩大互认范围，为人员跨省有序流动提供便利条件。除疫情防控重点地区、高风险地区外，各地在组织农民工返岗复工“点对点”出行时，要减少设置其他条件。

三、加强农民工个人信息保护。各级人力资源社会保障部门、卫生健康部门要按照中央网络安全和信息化委员会办公室关于做好个人信息保护利用大数据支撑联防联控工作通知要求，采取科学有效的技术防护措施，加强农民工返岗复工“点对点”出行服务中信息填报、查询、核验等环节的管理，确保农民工个人信息安全。

四、压紧压实农民工出行健康服务工作责任。做好农民工出行健康服务工作，是加强农民工返岗复工“点对点”服务保障、统筹推进新冠肺炎疫情防控和经济社会发展的重要环节。各级人力资源社会保障、卫生健康部门要提高政治站位，认真履职尽责，加强沟通衔接，密切配合协作，切实把农民工返岗复工“点对点”出行健康服务工作抓实抓细抓到位。

2020 年 3 月 7 日

人力资源社会保障部办公厅 国务院扶贫办综合司关于进一步做好贫困劳动力返岗复工“点对点”服务的通知

人社厅明电〔2020〕17号

各省、自治区、直辖市及新疆生产建设兵团人力资源社会保障厅（局）、扶贫办（局）：

为深入贯彻落实习近平总书记在统筹推进新冠肺炎疫情防控和经济社会发展工作部署会议和决战决胜脱贫攻坚座谈会上的重要讲话精神，有针对性地做好贫困劳动力返岗复工“点对点”服务，确保贫困劳动力优先返岗复工，稳定贫困家庭收入，促进脱贫攻坚战决战决胜，现将有关事项通知如下：

一、实施有序返岗。人社部门要认真履行返岗复工“点对点”服务保障职能，输出地扶贫部门要向人社部门提供贫困劳动力信息摸查成果，实现信息共享；输入地人社部门要详细了解企业复产复工的用工需求，提供岗位；输出地、输入地要做好劳务对接工作。采取多种途径推广使用农民工返岗复工点对点出行服务小程序和农民工返岗复工点对点用工对接服务平台（http://wgfw.mohrss.gov.cn），支持企业和农民工自行填报需求，有针对性地开展劳务输出。

二、打通“最先一公里”。要想方设法解决贫困劳动力“出村难”问题，统一安排，组织专门交通工具，从各村镇等劳动力分散的居住点接送外出务工人员到县城或火车站、机场集中，实现从家门到贫困劳动力返岗复工“点对点”专车、专列、包机和工厂大门的无缝衔接，确保安全运送。

三、互认健康信息。要积极配合卫生健康部门做好贫困劳动力的健康检查和新冠肺炎防疫宣传，推广使用全国一体化政务服务平台防疫健康信息码，加强输出地与输入地健康信息的互认，简化健康证明材料，做到既应隔尽隔、平安返岗，又不重复隔离、增加企业和个人负担，尽可能缩短返岗复工时间。

四、保障防护物品。积极帮助复产复工企业制定和完善贫困劳动力上岗防护措施，对企业购置防护物品确有困难的，要主动协调做好口罩、消毒液等防疫物资的保障工作，严格做好员工吃、住、行和车间管理等环节防疫工作，增强企业防护保障能力，确保员工安全健康的生产生活环境。

五、突出工作重点。各地要将“三区三州”等深度贫困地区、易地扶贫搬迁安置点以及挂牌督战的52个贫困县作为重点，优先为贫困劳动力提供“点对点”返岗复工服务。对贫困劳动力通过有组织输出到户籍所在县以外就业的，给予一次性求职创业补贴，可从就业补助资金中列支。适当安排财政扶贫专项资金用于组织稳定贫困人口就业岗位。对无法外出的贫困劳动力，通过鼓励扶贫车间等带贫主体吸纳等渠道促进其就地就近就业增收。充分发挥贫困村创业致富带头人的作用，加大培训力度，提高吸纳贫困劳动力就业能力。

六、推进部门联动。各地要清醒认识当前疫情防控和经济社会发展形势的复杂性，统筹做好疫情防控和贫困劳动力返岗复工“点对点”服务保障，积极会同公安、交通运输、卫生健康等部门，密切协同配合，形成工作合力，努力减轻疫情对贫困劳动力就业增收的影响，为实现决战脱贫攻坚目标任务奠定基础。

2020 年 3 月 12 日

五、联合发文

国务院办公厅电子政务办公室 人力资源社会保障部办公厅关于依托 全国一体化在线政务服务平台做好 社会保障卡应用推广工作的通知

国办电政函〔2020〕13 号

各省、自治区、直辖市人民政府办公厅、人力资源社会保障厅（局），国务院各部委、各直属机构办公厅（室）：

为深入贯彻落实党中央、国务院关于加快推进“互联网+政务服务”工作的决策部署，按照《国务院关于加快推进全国一体化在线政务服务平台建设的指导意见》（国发〔2018〕27 号）要求，加快推进社会保障卡（以下简称社保卡）依托全国一体化在线政务服务平台（以下简称一体化平台）跨地区、跨部门应用，现就有关事项通知如下。

一、工作目标

各地区和国务院有关部门要按照一体化平台建设要求，以国家政务服务平台（以下简称国家平台）为总枢纽，通过推动社保卡在各地区和国务院有关部门政务服务平台的应用，实现人力资源社会保障信息的共享复用，便利群众办事，提高服务效能。2020 年底前，各地区和国务院有关部门要梳理社保卡在政务服务领域的应用目录，推进社保卡在一体化平台中的电子证照共享应用，融合社保卡线上线下应用，实现社保卡支撑相关业务在本省（区、市）内和跨省份“一网通办”。

二、重点任务

各地区和国务院有关部门要按照一体化平台相关标准规范和工作要求，重点做好以下工作。

（一）依托一体化平台统一身份认证系统，实现社保卡持卡人身份认证。国家平台统一身份认证系统集成人力资源社会保障部全国社保卡服务平台的社保卡持卡人身份认证相关接口，作为自然人辅助身份认证源之一。各地区和国务院有关部门要利用一体化平台的统一身份认证能力，为持有社保卡的群众提供实名注册、身份鉴别、单点登录等服务，解决群众在不同地区和部门的政务服务平台重复注册、重复验证等问题。

（二）依托一体化平台电子证照共享服务系统，实现社保卡电子证照共享互认。人力资源社会保障部全国社保卡服务平台，通过与国家平台电子证照共享服务系统对接，实现社保卡电子证照共享应用。各地区和国务院有关部门依托一体化平台获取社会保障卡电子证照文件，为减证便民提供有力支撑，解决群众在政务服务大厅办事时多次提交社保卡复印件，引导群众通过社保卡电子证照的“亮证”和二维码扫码功能，解决群众在政务服务大厅办事时，没有携带实体社保卡的问题。

（三）充分运用一体化平台移动端的社保卡服务能力，提升政务服务便利化水平。各地区和国务院有关部门要依托一体化平台移动端，推动政务服务平台移动端集约建设和数据共享互通，实现个人社保卡电子证照线上领取、社保查询、社保关系转移、缴费支付等服务。涉及人力资源社会保障业务及政府规定的其他相关政务服务事项时，办事主体可使用一体化平台移动端社保卡进行相关业务服务办理。

（四）大力推动一体化平台线上线下融合，提升政务服务效能。各地区和国务院有关部门要基于一体化平台的基础支撑，不断完善社保卡线上线下服务能力，明确社保卡在政务服务事项中的应用范围和作用，推动社保卡在就业创业、社会保障、劳动关系、职业培训、人才人事、惠农惠民补贴发放、智慧城市、信用服务等政务服务领域中的应用，提升行政服务效能。

三、工作要求

（一）夯实技术基础。各地区和国务院有关部门要按要求深化推进一体化平台业务应用，充分发挥国家平台的基础支撑作用。各级人力资源社会保障部门要做好对一体化平台的支撑工作，保障社保卡业务在本省（区、市）内和跨省份“一网通办”。

（二）优化政务服务流程。各地区和国务院有关部门要依托一体化平台基础支撑能力，梳理社保卡相关政务服务事项，推动电子证照、办事材料共享互认，优化政务服务流程，精简办事材料，实现政务服务事项的全流程在线办理。

（三）强化安全保障。各地区和国务院有关部门要强化政务服务平台风险防控能力，建立安全制度，规范系统应用，按照社保卡应用规范和管理要求，依法依规使用共享的社保卡信息和个人信息，加强个人隐私等敏感数据信息的保护。

（四）加强宣传推广。各地区和国务院有关部门要加强宣传推广，提高办事主体对社保卡电子证照的认知度和使用率，为群众提供高频次、高粘性、高安全的线上线下社保卡应用，切实提升为民服务水平。

2020 年 3 月 3 日

国务院农民工工作领导小组办公室关于进一步做好春节后农民工返城服务保障工作的通知

国农工办发〔2020〕1号

各省、自治区、直辖市及新疆生产建设兵团农民工工作领导小组：

春节过后农民工返城高峰将至，当前正处在新型冠状病毒感染肺炎疫情防控关键阶段，做好农民工返城服务保障工作十分紧迫。为贯彻落实中央应对新型冠状病毒感染肺炎疫情工作领导小组关于做好春节后错峰返程加强疫情防控工作的有关要求，切实做好疫情防控期间农民工服务保障工作，引导农民工安全有序返城，现就有关事项通知如下：

一、高度重视农民工返城服务保障工作。做好农民工安全有序返城工作，事关农民工身体健康和生命安全，事关疫情防控和经济社会稳定发展，农民工返城返岗高峰期与疫情防控关键期叠加，工作任务艰巨。各地要高度重视，切实把思想和行动统一到党中央、国务院的部署要求上来，强化风险意识，落实属地责任，扎实做好农民工群体返城各项服务保障工作。

二、积极开展农民工防疫宣传和疫情防控。各级农民工工作领导小组办公室要配合有关成员单位积极开展疫情防护知识宣传和防控工作。要充分发挥基层就业和社会保障服务平台、农民工综合服务中心等作用，广泛开展应对疫情政策措施宣传讲解，引导农民工科学防控，降低感染和传播风险。以倡议书、公开信等方式，引导农民工合理安排返城返岗时间，避免春节后盲目外出。

三、实施农民工分类指导。各地要加强返乡农民工摸排和分类指导，对于春节后继续外出务工的，做好健康出行和疫情信息提醒；对于不外出的，引导参加线上学习培训，推荐就地就近就业岗位；要采取措施，避免已感染或尚在观察期的农民工外出。要对招用农民工较多的用人单位开展疫情监测，做好防护工作。

四、加强输出地与输入地有效对接。农民工输出地要结合本地实际，及时跟踪主要输入地疫情变化，预判农民工返城高峰时间和规模，做好主要输入地企业用工、复工、交通、疫情等信息的集中发布。农民工输入地要加强对招用农民工较多的企业用工情况监测，动态掌握用工需求，及时发布岗位信息，加强与农民工主要输出地的有组织对接服务。鼓励用工集中地区和集中企业通过组织专车等方式为农民工返城复工提供点对点的出行服务。

五、加强农民工返城服务保障部门协同。要切实发挥各级农民工工作领导小组办公室的统筹协调作用，推动各成员单位落实责任，加强联防联控，形成工作合力。各地人力资源社会保障部门与卫生健康、交通运输等部门要加强沟通协作，建立信息共享、情况通报机制，及时掌握疫情动态及农民工流动情况，切实做好就业服务、行前健康检查、交通安全等工作。

六、切实维护农民工劳动权益。各地要加强对受疫情影响企业的劳动用工指导和服务，促进企业保持正常生产经营秩序，依法依规处理农民工因疫情导致不能提供正常劳动的情况下劳动关系问题。对于因隔离、留观、治疗或政府采取紧急措施导致农民工暂不能提供正常劳动的，企业不得解除劳动合同或退回劳务派遣工。要进一步加强法律和政策宣传解读，畅通司法、仲裁、监察、信访维权渠道，切实维护农民工合法权益。

七、积极做好服务保障工作。要做好农民工春节后出行服务，简化农民工返城证照办理，推行“不见面”网上服务。要在车站、码头等农民工集中地开展全天候服务，及时帮助农民工解决各类实际问题。要采取多种形式，做好农民工的慰问关爱工作。

2020 年 2 月 6 日

国家发展改革委办公厅 人力资源社会保障部办公厅 工业和信息化部办公厅 全国总工会办公厅关于应对新型冠状病毒感染肺炎疫情支持鼓励劳动者参与线上职业技能培训的通知

发改办就业〔2020〕100号

各省、自治区、直辖市及新疆生产建设兵团发展改革委、人力资源社会保障厅（局）、工业和信息化（中小企业）主管部门、总工会：

党中央、国务院高度重视新型冠状病毒感染肺炎疫情防控和重点群体就业工作。线上职业技能培训，既是提升劳动者职业技能水平的重要途径，也是减少疫情期间人员聚集的有效方式。为坚决贯彻党中央、国务院决策部署，助力打赢疫情防控阻击战，进一步提升劳动者素质和技能水平，国家发展改革委、人力资源社会保障部、工业和信息化部、全国总工会决定加大力度支持鼓励广大劳动者参与线上职业技能培训。现就有关事项通知如下。

一、免费开放线上职业技能培训资源。疫情期间，依托“工业和信息化技术技能人才网上学习平台”（www. tech-skills. org. cn）、“技能强国－全国产业工人技能学习平台”（PC端：skills. kjcxchina. com，移动端：skills. kjcxchina. com/m）、“学习强国”技能频道、“中国职业培训在线”（px. class. com. cn）、“中国国家人事人才培训网”（www. chinanet. gov. cn）等线上职业技能培训平台，对劳动者实行重点课程免费开放。对湖北等疫情高发重点地区进一步加大线上职业技能培训资源开放力度，扩大课程免费范围。加大对延迟返岗农民工等重点群体参与线上职业技能培训政策支持力度。加大覆盖主要行业、工种的职业技能培训课程资源供给，积极引导鼓励大企业、普通高校、职业院校（含技工院校）、社会培训机构等在疫情期间免费开放线上职业技能培训资源，免费开放培训资源的单位名单和链接将在国家发展改革委、人力资源社会保障部、工业和信息化部、全国总工会等部门和单位网站予以公布。鼓励企业结合自身实际需求在疫情期间依托各类线上职业技能培训平台对拟录用员工开展岗前培训，做好在岗职工技能提升培训。

二、提升线上职业技能培训资源质量。充

分利用门户网站、移动 APP、微信小程序等多种渠道，提高线上职业技能培训的可及性。优化线上职业技能培训注册流程和用户界面，提升线上职业技能培训的便利度。充分利用移动互联网技术，推动技能培训服务向移动智能终端、自助终端等延伸。及时更新完善线上职业技能培训内容，加大优质课程开发力度。将传染病防控常识等健康教育内容嵌入线上职业技能培训课程，提升劳动者健康素养。鼓励有条件的地方和单位将世界技能大赛获奖者、中华技能大奖获得者、全国技术能手、省级以上劳模工匠、省级以上青年岗位能手标兵等优秀技能人才纳入线上培训师资库，开展线上视频直播授课。加强线上职业技能培训平台在线支持服务功能，完善用户评价反馈机制，合理设置线上职业技能培训的授课、作业、练习、评价等功能模块，提升培训效果。

三、完善线上职业技能培训配套服务。依托线上职业技能培训平台在疫情期间开展大国工匠、世界技能大赛获奖者风采展示等活动，提高线上职业技能培训的吸引力。基础电信企业对在疫情期间参加线上职业技能培训予以优惠。做好疫情期间线上职业技能培训与公共就业服务平台的衔接，加强与各地人力资源市场就业需求信息对接，鼓励企业依托线上职业技能培训平台开展网络招聘，提高劳动者培训后的就业质量。通过信息化手段实现对学员学习情况和培训效果的全程跟踪管理，做好培训后评估。综合运用大数据画像等新技术新方法，指导参加线上职业技能培训的劳动者合理规划培训后就业方向。

四、加大线上职业技能培训扶持力度。加大对线上职业技能培训平台建设支持力度。建立劳动者线上职业技能培训台账，做好培训积分管理。加强职业技能培训线上线下融合，疫情结束后一年内，劳动者可依据线上培训学时、学分等培训成果，在公共实训基地等线下培训场所优先参加职业技能实训。鼓励有条件的地方将线上职业技能培训学分纳入“学分银行”，依据培训学分为劳动者在有关职业资格认证考试中提供加分、免试等优惠待遇。鼓励线上职业技能培训平台间加强教学师资、课程教材、学员信息等培训资源共享。支持湖北等疫情高发地区合理整合用于职业技能培训的各项补贴资金，依据学时记录、在线培训证书等对参加线上职业技能培训的劳动者发放技能培训补贴。

五、积极开展宣传动员。加强疫情期间开展线上职业技能培训的政策宣传，在中国公共招聘网、各省份公共就业服务信息平台等网络平台显著位置以及各地、各部门官方微信公众号，推送线上职业技能培训相关链接，提升社会影响力和政策知晓度。鼓励有条件的地方和单位在疫情期间投放线上职业技能培训公益性广告。鼓励各地及时发布线上职业技能培训有关信息，积极回应劳动者的培训诉求，营造良好社会氛围。

六、强化组织实施。各地区、各部门要深入贯彻习近平总书记重要指示精神，坚决落实党中央、国务院关于应对疫情的重大决策部署，充分认识疫情期间开展线上职业技能培训的重要性和紧迫性，切实强化组织领导，明确相关部门职责，保障培训参与度和培训效果。各级工会组织应充分发挥组织动员优势，引导更多劳动者积极参加线上职业技能培训。各级发展改革、人力资源社会保障、工业和信息化、工会等部门和单位要充分做好劳动者培训需求和培训课程供给的对接，切实提升培训质量和效果。

2020 年 2 月 5 日

国家发展改革委　中央网信办　工业和信息化部　教育部　人力资源社会保障部　交通运输部　农业农村部　商务部　文化和旅游部　国家卫生健康委　国资委　市场监管总局　国家医疗保障局关于支持新业态新模式健康发展激活消费市场带动扩大就业的意见

发改高技〔2020〕1157号

各省、自治区、直辖市、新疆生产建设兵团有关部门：

党中央、国务院高度重视数字经济发展，先后出台实施“互联网+”行动和大数据战略等一系列重大举措，加快数字产业化、产业数字化发展，推动经济社会数字化转型。在各方面共同努力下，数字经济助推经济发展质量变革、效率变革、动力变革，增强了我国经济创新力和竞争力。特别在抗击新冠肺炎疫情中，数字经济发挥了不可替代的积极作用，成为推动我国经济社会发展的新引擎。为落实《政府工作报告》部署，支持新业态新模式健康发展，激活消费市场带动扩大就业，打造数字经济新优势，提出如下意见。

一、总体要求

以习近平新时代中国特色社会主义思想为指导，全面贯彻党的十九大和十九届二中、三中、四中全会精神，坚持新发展理念，坚持推动高质量发展，坚持以供给侧结构性改革为主线，深入实施数字经济战略。把支持线上线下融合的新业态新模式作为经济转型和促进改革创新的重要突破口，打破传统惯性思维。从问题出发深化改革、加强制度供给，更有效发挥数字化创新对实体经济提质增效的带动作用，推动“互联网+”和大数据、平台经济等迈向新阶段。以重大项目为抓手创造新的需求，培育新的就业形态，带动多元投资，形成强大国内市场，更好地满足人民群众对美好生活的新期待，推动构建现代化经济体系，实现经济高质量发展。

二、发展原则

——打破惯性思维，创新治理理念。以抗击新冠肺炎疫情期间涌现的线上服务新模式发展为契机，打破传统业态按区域、按行业治理的惯性思维，探索触发式监管机制，建立包容审慎的新业态新模式治理规则。

——加快转型升级，拓展融合深度。深入推进各行业各领域数字化转型，着力提升数字化转型公共服务能力和平台“赋能”水平，推进普惠性“上云用数赋智”服务，增强转型能力供给，促进企业联动转型、跨界合作，培育数字化新生态，提高转型效益。

——激发市场活力，开辟发展空间。营造鼓励就业模式创新的政策氛围，支持大众基于互联网平台开展微创新，探索对创造性劳动给予合理分成，降低创业风险，激活全社会创新创业创富积极性。

——提升要素效率，畅通经济循环。探索生产资料所有权和使用权分离改革，大力推进实物生产资料数字化，促进生产资料共享，促进数据要素流通，引导增值开发应用，激活数字化对实物生产资料倍增作用，提升全要素生产率。

三、积极探索线上服务新模式，激活消费新市场

（一）大力发展融合化在线教育。构建线上线下教育常态化融合发展机制，形成良性互动格局。允许购买并适当使用符合条件的社会化、市场化优秀在线课程资源，探索纳入部分教育阶段的日常教学体系，并在部分学校先行先试。鼓励加大投入和教师培训力度，试点开展基于线上智能环境的课堂教学、深化普及“三个课堂”应用等。完善在线教育知识产权保护、内容监管、市场准入等制度规范，形成高质量线上教育资源供给。（教育部牵头负责）

（二）积极发展互联网医疗。以互联网优化就医体验，打造健康消费新生态。进一步加强智慧医院建设，推进线上预约检查检验。探索检查结果、线上处方信息等互认制度，探索建立健全患者主导的医疗数据共享方式和制度。探索完善线上医疗纠纷处理办法。将符合条件的“互联网+”医疗服务费用纳入医保支付范围。规范推广慢性病互联网复诊、远程医疗、互联网健康咨询等模式。支持平台在就医、健康管理、养老养生等领域协同发展，培养健康消费习惯。（国家卫生健康委、医保局按职责分工负责）

（三）鼓励发展便捷化线上办公。打造“随时随地”的在线办公环境，在部分行业领域形成对线下模式的常态化补充。支持远程办公应用推广和安全可靠的线上办公工具研发，满足日常性多方协同工作、异地协同办公需求，有效支撑工作效率提升、业务协同模式创新和业务组织方式变革。推动完善电子合同、电子发票、电子印章、电子签名、电子认证等数字应用的基础设施，为在线办公提供有效支撑。（国家发展改革委、中央网信办、工业和信息化部牵头，商务部、国家保密局、税务总局等按职责分工负责）

（四）不断提升数字化治理水平。促进形成政企多方参与、高效联动、信息共享的现代化治理体系和治理能力。结合国家智慧城市试点建设，健全政府社会协同共治机制，构建政企数字供应链，以数据流引领带动物资流、技术流、人才流、资金流，有力支撑城市应急、治理和服务。支持民间资本参与水电路网等城市设施智慧化改造。结合国家区域发展战略及生产力布局，加快推进5G、数据中心、工业互联网等新型基础设施建设。探索完善智慧城市联网应用标准，推进京津冀、长三角、粤港澳大湾区、成渝等区域一体化数字治理和服务。（国家发展改革委、中央网信办、工业和信息化部牵头负责）

四、加快推进产业数字化转型，壮大实体经济新动能

（五）培育产业平台化发展生态。着力发挥互联网平台对传统产业的赋能和效益倍增作用，打造形成数字经济新实体。开展重大工程布局，支持传统龙头企业、互联网企业打造平台生态，提供信息撮合、交易服务和物流配送等综合服务。鼓励金融机构在有效防范风险的前提下，依法依规为平台提供金融服务。建设跨产业的信息融通平台，促进农业全流程、全产业链线上一体化发展。支持工业互联网平台建设推广，发挥已建平台作用，为企业提供数字化转型支撑、产品全生命周期管理等服务。发展服务衍生制造，鼓励电子商务、转型服务等行业企业向制造环节拓展业务。大力发展众包、云外包、平台分包等新模式。（国家发展改革委、中央网信办、工业和信息化部、农业农村部、商务部牵头，交通运输部、人民银行、银保监会按职责分工负责）

（六）加快传统企业数字化转型步伐。助力降低数字化转型难度，发展线上线下融合的业务发展模式，提升企业发展活力。组织数字化转型伙伴行动，建立政府-金融机构-平台-中小微企业联动机制，发展普惠性“上云用数赋智”。鼓励各类平台、机构对中小微企业实行一定的服务费用减免。培育一批数字化服务企业和创新应用企业，发挥引领带动作用。组织面向数字化转型基础软件、技术、算法等联合攻关。鼓励发展开源社区，支持开放软件源代码、硬件设计和应用服务。（国家发展改革委、中央网信办、工业和信息化部牵头，农业农村部、商务部、国务院国资委、人民银行、银保监会等按职责分工负责）

（七）打造跨越物理边界的“虚拟”产业园和产业集群。实现产业供需调配和精准对接，推进产业基础高级化和产业链现代化。实施数字经济新业态培育行动，支持建设数字供应链，推动订单、产能、渠道等信息共享。支持具有产业链、供应链带动能力的核心企业打造产业“数据中台”，以信息流促进上下游、产供销协同联动，保产业链供应链稳定，发展产业服务化新生态。支持出口园区和基地创新数字服务出口新业态新模式，大力发展数字贸易。（国家发展改革委、中央网信办、工业和信息化部、农业农村部、商务部、交通运输部按职责分工负责）

（八）发展基于新技术的“无人经济”。充分发挥智能应用的作用，促进生产、流通、服务降本增效。支持建设智能工厂，实现生产过程透明化、生产现场智能化、工厂运营管理现代化。发展智慧农业，支持适应不同作物和环境的智能农机研发应用。支持建设自动驾驶、自动装卸堆存、无人配送等技术应用基础设施。发展危险作业机器人，满足恶劣条件应用需求。试点探索完善智能公共服务新业态涉及的交通、食品等领域安全发展政策标准。（国家发展改革委、中央网信办、工业和信息化部、农业农村部、商务部、交通运输部按职责分工负责）

五、鼓励发展新个体经济，开辟消费和就业新空间

（九）积极培育新个体，支持自主就业。进一步降低个体经营者线上创业就业成本，提供多样化的就业机会。支持微商电商、网络直播等多样化的自主就业、分时就业。鼓励发展基于知识传播、经验分享的创新平台。鼓励商业银行推广线上线下融合的信贷服务，合理降低个体工商户融资成本。通过网络平台开展经营活动的经营者，可使用网络经营场所登记个体工商户。引导互联网平台企业降低个体经营者使用互联网平台交易涉及的服务费，吸引更多个体经营者线上经营创业。加强新业态新模式就业统计监测研究。（国家发展改革委、人力资源社会保障部、人民银行、市场监管总局、国家统计局、银保监会按职责分工负责）

（十）大力发展微经济，鼓励“副业创新”。着力激发各类主体的创新动力和创造活力，打造兼职就业、副业创业等多种形式蓬勃发展格局。支持线上多样化社交、短视频平台有序发展，鼓励微创新、微应用、微产品、微电影等万众创新。引导“宅经济”合理发展，促进线上直播等服务新方式规范健康发展。探索运用区块链技术完善多元价值传递和贡献分配体系。实施新业态成长计划，建立微经济等新业态成长型企业名录，及时跟踪推动解决企业的政策堵点。（国家发展改革委、中央网信办、工业和信息化部、商务部按职责分工负责）

（十一）强化灵活就业劳动权益保障，探

索多点执业。探索适应跨平台、多雇主间灵活就业的权益保障、社会保障等政策。完善灵活就业人员劳动权益保护、保费缴纳、薪酬等政策制度，明确平台企业在劳动者权益保障方面的相应责任，保障劳动者的基本报酬权、休息权和职业安全，明确参与各方的权利义务关系。探索完善与个人职业发展相适应的医疗、教育等行业多点执业新模式。结合双创示范基地建设，支持建立灵活就业、“共享用工”服务平台，提供线上职业培训、灵活就业供需对接等就业服务。推进失业保险金的线上便利化申领，方便群众办事。（人力资源社会保障部、国家卫生健康委、医保局等按职责分工负责）

六、培育发展共享经济新业态，创造生产要素供给新方式

（十二）拓展共享生活新空间。推动形成高质量的生活服务要素供给新体系。鼓励共享出行、餐饮外卖、团购、在线购药、共享住宿、文化旅游等领域产品智能化升级和商业模式创新，发展生活消费新方式，培育线上高端品牌。推动旅游景区建设数字化体验产品，丰富游客体验内容。扩大电子商务进农村覆盖面，促进农产品进城和工业品下乡。鼓励康养服务范围向农村延伸，培育农村消费新业态。完善具有公共服务属性的共享产品相关标准，优化布局，规范行业发展。（中央网信办、国家发展改革委、交通运输部、工业和信息化部、商务部、国家卫生健康委、文化和旅游部、市场监管总局按职责分工负责）

（十三）打造共享生产新动力。推动形成高质量的生产服务要素供给新体系。鼓励企业开放平台资源，共享实验验证环境、仿真模拟等技术平台，充分挖掘闲置存量资源的应用潜力。鼓励公有云资源共享，引导企业将生产流程等向云上迁移，提高云资源利用率。鼓励制造业企业探索共享制造的商业模式和适用场景，促进生产设备、农用机械、建筑施工机械等生产工具共享。（国家发展改革委、中央网信办、工业和信息化部、农业农村部等按职责分工负责）

（十四）探索生产资料共享新模式。健全完善“所有权与使用权分离”的生产资料管理新制度。取消各种不合理的限制，畅通共享经济合作机制，鼓励各类所有制企业、行政事业单位等法人主体生产资料共享。依托互联网、云计算等技术，盘活空余云平台、开发工具、车间厂房等闲置资源，充分发挥市场在资源配置中的决定性作用。各类企业作为平等独立的市场主体，按市场化原则、商业化方式自主推进生产资料共享，提高资源利用效率。（国家发展改革委、工业和信息化部、国务院国资委等按职责分工负责）

（十五）激发数据要素流通新活力。推动构建数据要素有序流通、高效利用的新机制。依托国家数据共享和开放平台体系，推动人口、交通、通信、卫生健康等公共数据资源安全共享开放。在修订税收征收管理法的基础上，健全适应数据要素特点的税收征收管理制度。加快全国一体化大数据中心体系建设，建立完善跨部门、跨区域的数据资源流通应用机制，强化数据安全保障能力，优化数据要素流通环境。（国家发展改革委、中央网信办、工业和信息化部牵头，交通运输部、税务总局等按职责分工负责）

七、保障措施

（十六）持续加强统筹协调。要打破惯性思维，拿出硬招、实招、新招，支持新业态新模式健康发展。要加强统筹协调，强化政策联动和各部门协同配合，形成促进新业态新模式发展的合力。要结合实际进一步细化具体目标和任务，积极主动、大胆探索，全面激发市场主体创新活力。

（十七）有效释放改革活力。要继续推进简政放权、放管结合、优化服务改革，优化营商环境。要加快在知识产权保护、普惠金融支持等方面持续深化改革，降低新业态新模式创新发展成本。国家数字经济创新发展试验区等要重点发挥先行示范作用，率先探索改革举措，形成辐射带动效应。

（十八）坚持包容审慎监管。要探索创新监管模式，积极鼓励创新，健全触发式监管机制，构建各类主体参与的多方协同治理体系。要及时修订完善监管政策制度，为新业态新模式发展留足空间。要坚守安全和质量底线，强化安全监测和风险评估，对于侵犯他人合法权益、违背公平竞争秩序等违法行为要坚决依法打击。

（十九）积极营造良好氛围。要认真抓好相关政策出台、解读和宣传，及时回应社会关切，合理引导预期，激发市场创新活力。要及时总结宣传发展新业态新模式的好做法、好经验，充分调动社会各界推动新业态新模式健康发展的积极性，发挥各类主体创造潜力，增强广大群众参与感、获得感和幸福感，凝聚广泛共识。

2020 年 7 月 14 日

国家发展改革委　教育部　科技部　工业和信息化部　民政部　财政部　人力资源社会保障部　住房城乡建设部　农业农村部　商务部　退役军人部　国务院扶贫办　全国总工会　共青团中央　全国妇联　中国残联关于推动公共实训基地共建共享的指导意见

发改就业〔2020〕1951 号

各省、自治区、直辖市、新疆生产建设兵团有关部门：

就业是最大的民生。近年来，职业技能培训尤其是公共职业技能培训，在提升劳动者技能水平、提高劳动者就业质量等方面发挥了重要作用，是持续做好稳就业、保就业工作的重要支撑。为贯彻落实《国务院关于推行终身职业技能培训制度的意见》（国发〔2018〕11 号）和《职业技能提升行动方案（2019—2021 年）》（国办发〔2019〕24 号），根据《关于提升公共职业技能培训基础能力的指导意见》（发改就业〔2018〕1433 号）要求，进一步统筹推进职业技能培训基础能力建设，指导支持各地加强公共实训基地建设，推动职业技能培训资源共建共享，助力大规模开展职业技能培训，促进实现更加充分更高质量就业，现就公共实训基地共建共享工作提出如下意见：

一、总体要求

（一）指导思想。

以习近平新时代中国特色社会主义思想为指导，全面贯彻党的十九大和十九届二中、三中、四中、五中全会精神，以推动高质量发展为主题，以深化供给侧结构性改革为主线，以改革创新为根本动力，以满足人民日益增长的美好生活需要为根本目的，以实现更加充分更高质量就业为导向，推动公共实训基地共建共享，进一步健全就业公共服务体系，完善终身职业技能培训制度，缓解结构性就业矛盾，提升劳动者技能素质，为加快建设现代化经济体系，加快构建以国内大循环为主体、国内国际双循环相互促进的新发展格局，提供技能人才支撑。

（二）基本原则。

——坚持统筹融合。公共实训基地应涵盖技能实训、技能竞赛、职业技能培训考核评价、创业培训、就业招聘、师资培训、课程研发等功能，充分体现综合性。强化公共实训基地为城乡各类劳动者提供终身职业技能培训的功能定位，做好公共实训基地与院校实训基地、企业实训基地的有效衔接。鼓励各地以公共实训基地为平台，统筹优化工会、院校、行业、企业及其他社会组织的培训资源，提升综合利用效率。

——坚持合理布局。公共实训基地建设要与持续巩固脱贫攻坚成果、推动高质量发展、建设现代化经济体系紧密结合，服务区域重大战略，与新型城镇化战略、乡村振兴战略有效衔接，推动城乡一体化发展，助力农业转移人口市民化。各地要综合考虑本地人力资源情况与产业发展特点，以区域产业发展急需为牵引，推动人才链、创新链与产业链、供应链有效对接，突出公共实训基地的地方特色和区域辐射性。优先在巩固拓展脱贫攻坚成果任务重、劳动力资源相对丰富、技能劳动者供需缺口较大、产业集中度较高、返乡入乡创业就业工作成效明显的地区支持建设公共实训基地。

——坚持开放共享。公共实训基地要能为城乡各类劳动者提供广覆盖、多层次的职业技能培训，坚持“能共建则共建，能共享则共享”的导向，支持有公共职业技能培训任务和职能的多部门、多行业积极参与，充分体现公共性和开放性。要加强信息化、网络化建设，推动职业技能培训线上线下融合，让职业技能培训具有更强的可获得性。压实公共实训基地的培训责任，加强职业技能培训和公共就业服务以及企业人才需求的有效衔接，提高培训质量和效果。

——坚持聚焦重点。强化就业优先政策，完善职业技能培训支撑保障体系，加快提升劳动者技能素质。聚焦农村转移就业劳动者、城镇失业人员和转岗职工、高校毕业生、退役军人、脱贫人口、困难妇女、残疾人等就业创业重点群体，发挥职业技能培训对带动就业创业、培育和扩大中等收入群体的重要作用，充分体现公益性。聚焦发展实体经济，围绕建设制造强国、质量强国，推动职工综合技能素质提升，缓解高端技能人才供需矛盾。

——坚持高效利用。公共实训基地的运营、管理、课程设计和实训方式要密切联系当地产业实际，与企业的人力资源需求紧密结合，推动培训链和产业链对接，精准培养市场和企业最需要的人力资源，切实增强技能实训的针对性和有效性。要高度重视公共实训基地的运营管理，探索多种运营方式，提高设施利用率。公共实训基地要注重技能实训的务实管用，使参训人员尽快掌握一门本领、一项技能，提升就业能力。

（三）主要目标。

通过支持各地开展公共实训基地共建共享，进一步提升我国职业技能培训基础能力，不断完善职业技能实训体系，加大对脱贫人口职业技能培训力度，做好脱贫人口稳岗就业，为持续巩固拓展脱贫攻坚成果、缓解结构性就业矛盾、建设现代化经济体系提供技能人才支撑。加快形成布局合理、点面结合、精准有效、机制健全的公共职业技能培训基础设施网络，为推动高质量发展和逐步实现共同富裕夯基助力。

二、公共实训基地的定位

（一）公共实训基地的功能。

本意见所称公共实训基地，是指由政府主导建设，以就业为导向，向城乡各类劳动者以及行业企业、社会团体、产业园区、职业院校（含技工院校）、职业培训机构等提供技能实训、技能竞赛、职业技能培训考核评价、创业培训、就业招聘、师资培训、课程研发等服务的公共性、公益性、开放性、综合性公共就业服务场所。

（二）公共实训基地的布局。

按照省级、市级、县级三个级别，统筹推进公共实训基地建设项目。紧密依托国家区域重大战略，在重点地区建设有效辐射周边区域，促进区域经济发展，服务中高端产业发展需求的省级公共实训基地；在劳动力流动规模较大、产业集中度较高的地级市，建设服务当地产业发展的市级公共实训基地；在脱贫攻坚成效显著、主导产业特色突出、基础条件较好的县（市），建设为当地产业链关键环节提供技能人才培训和就业服务的县级公共实训基地。

（三）公共实训基地的作用。

各地结合实际，通过共建共享的方式加强公共实训基地建设，作为大规模开展职业技能培训的重要平台。鼓励各地符合条件的公共实训基地，承担技能竞赛实训和比赛基地、职工职业技能实训基地、职业技能培训考核评价基地、退役军人就业创业园地、返乡创业实训基地、高技能人才培训基地、技能大师工作室、高素质农民培育基地、先进制造业实训基地、劳模和工匠人才创新工作室、职业院校培训实训基地、全国贫困村创业致富带头人实训基地、妇女就业创业培训基地、养老服务人才培训基地、残疾人职业培训基地等有关职能，通过培训资源共享提供相关服务。

三、公共实训基地的建设

（一）加强公共实训基地资金支持力度。

明确公共实训基地的公益性属性，各地在建设时可按国家有关规定减免相关收费。中央基建投资对符合条件的公共实训基地予以支持，主要用于实训场所建设和实训设施投入。鼓励各地统筹各类资金，加大对公共实训基地建设支持力度。

（二）做好公共实训基地建设前期准备工作。

各地建设公共实训基地之前，应具备明确的建设方案、监管方案、运营方案。建设方案应包括项目单位基本情况、项目建设内容、项目总投资及资金来源、项目土地来源和其他建设条件落实情况。监管方案应包括监管单位、监管责任人和监管措施。运营方案应包括公共实训基地的运行管理机制、师资来源、经费保障、培训生源、培训内容、培训方式等。申请中央基建投资支持建设的公共实训基地，须完成建设项目用地预审与选址意见书审批、可行性研究报告批复、落实建设资金、具备按时开工条件等，项目业主单位须是独立法人。项目所在地政府应对项目的建设方案、监管方案、运营方案和相关情况认真审查把关并出具承诺函。

（三）加强公共实训基地建设和运营监管。

根据简政放权、放管结合、优化服务的原则，公共实训基地建设项目由各地按照管理权限进行审批。各有关部门要严格落实项目建设方案、监管方案、运营方案，切实履行监管责任，督促落实配套资金，加强对项目建设和运营的督促指导。项目单位应认真履行项目建设主体责任，及时组织项目建设并按时投入使用。项目所在地政府应及时组织解决项目建设和运营中的相关困难。

（四）规范公共实训基地建设和验收。

公共实训基地建设中应严格执行工程项目建设程序，切实落实项目法人责任制、工程建设监理制、项目招投标制、工程合同管理制等要求。同时，按照政府信息公开有关规定，做好项目信息公开工作。项目竣工后，相关单位应根据职责及时组织开展项目验收，并将验收结果按规定进行报备。

四、公共实训基地的使用

（一）丰富公共实训基地的培训内容和培训方式。

优先在各级公共实训基地举办省级、市级和县级的职业技能大赛。鼓励在公共实训基地开展新产业、新技术、新业态培训，推动虚拟现实（VR）、增强现实（AR）、人工智能（AI）和电子商务的应用。推动云计算、大数据、移动智能终端等信息网络技术在公共职业技能培训中的广泛应用，提高培训便利度和可及性。

（二）聚焦公共实训基地的服务对象。

公共实训基地要对城乡各类劳动者开放，统筹兼顾各类就业重点群体，要切实为企业职工以及农村转移就业劳动者特别是新生代农民工、城乡未继续升学初高中毕业生、城镇失业人员和转岗职工、退役军人、残疾人等提供亟需的职业技能培训和就业服务。鼓励公共实训基地对脱贫地区劳动力加大开放力度，让有意愿的脱贫人口能在公共实训基地得到培训机会和就业服务。

五、公共实训基地的保障

（一）加强公共实训基地的师资能力建设。

鼓励有条件的公共实训基地建立职业技能培训师资库，支持将世界技能大赛和国际残疾人职业技能大赛获奖者和省级一类以上职业技能竞赛前三名获得者、省级以上劳动模范、五一劳动奖章获得者、工匠人才、优秀创业培训导师、省级以上青年岗位能手标兵、省级以上农村青年致富带头人标兵等纳入师资库。鼓励企业高技能人才和符合条件的技能劳动者兼任公共实训基地的实训教师。

（二）加快公共实训基地的课程开发。

鼓励有条件的公共实训基地组织开发一批覆盖现代农业、先进制造业、现代服务业、战略性新兴产业和地方特色产业，以及艰苦行业、民族传统技艺等相关专业领域的职业技能培训课程。积极开发网络课程、虚拟仿真实训平台、工作过程模拟软件、通用主题素材库以及名师名课音像制品等多种形式的数字化教学资源，建立动态、共享的职业技能培训资源库。

（三）完善公共实训基地技能培训的补贴政策。

支持各地合理确定在公共实训基地开展公共实训的培训计划和补贴标准。培训主管部门每年可根据在公共实训基地开展的公共实训计划按规定拨付培训费用，符合条件的培训可通过职业技能提升行动专账资金予以支持。在公共实训基地上开展的项目制培训可按规定先行拨付一定比例的培训补贴资金。鼓励企业按规定使用职工教育经费在公共实训基地开展职业技能培训。各地要认真贯彻落实“放管服”改革，进一步精简享受补贴证明材料，简化在公共实训基地开展的技能培训补贴申领程序，优化培训资金管理流程，为各类劳动者享受培训补贴提供“一次办好”的便捷服务。

（四）提升公共实训基地信息化管理水平。

在公共实训基地实施补贴性培训实名制信息管理，建立劳动者职业技能培训电子档案。积极探索建立培训就业有效衔接机制，依托各地人力资源市场信息系统，健全技能人才需求动态监测分析体系，定期发布技能人才市场供求信息，动态调整公共实训基地培训内容，支持劳动者根据自身就业和职业发展的需要自主选择培训项目。

六、组织实施

（一）加强公共实训基地管理机制建设。

各地应加强公共实训基地共建共享工作的统筹协调，以实现更加充分更高质量就业为导向，按照“规划统筹、部门合作、多渠道资源建设、高效共享利用”的原则，切实做好公共实训基地的规划布局、统筹建设和持续运营。地方开展公共实训基地建设要符合本地区财政承受能力和政府投资能力，不能造成地方政府隐性债务。

（二）完善公共实训基地技能培训考核监督机制。

进一步强化以就业为导向的技能培训成果验收标准和绩效考核标准，实现从市场的实际需求出发确定培训项目、内容和方式，建立以培训人次、培训质量、培训合格率、就业创业成功率为重点的培训绩效评估体系，满足社会、市场和企业对技能人才的实际需求。鼓励各地将在公共实训基地开展技能培训情况纳入教师评优与职称评聘的考核评价体系。

（三）加强公共实训基地共建共享政策解读和舆论宣传。

各地应结合推动大规模开展职业技能培训，加强各类职业技能培训资源统筹衔接和共建共享的政策宣传，通过公共实训基地与院校、企业等联合开展培训交流活动等多种方式，提升政策知晓度。加强信息公开，及时发布各地工作动态，通过召开现场会等方式，组织开展区域间的经验交流，营造良好的社会氛围。

2020年12月26日

教育部办公厅　人力资源社会保障部办公厅 国务院扶贫办综合司关于做好52个未摘帽贫困县建档立卡贫困家庭高校毕业生就业精准帮扶工作的通知

教学厅函〔2020〕21号

各省、自治区、直辖市教育厅（教委）、人力资源社会保障厅（局）、扶贫办（局），新疆生产建设兵团教育局、人力资源社会保障局、扶贫办，部属各高等学校、部省合建各高等学校：

增加就业是贫困家庭最有效最直接的脱贫方式。今年是决战决胜脱贫攻坚收官之年，千方百计促进52个未摘帽贫困县建档立卡贫困家庭2020届高校毕业生就业（以下简称贫困家庭毕业生）是重大政治任务。为进一步明确工作重点，全面提升贫困家庭毕业生就业帮扶精准度和实效性，现将有关事项通知如下。

一、总体思路

以习近平新时代中国特色社会主义思想为指导，贯彻落实党中央、国务院决策部署，落实全国普通高等学校毕业生就业创业工作电视电话会议精神，坚持脱贫攻坚和稳就业、保就业协同推进，按照促进高校毕业生就业“百日冲刺”行动安排，抢抓毕业生离校前后工作关键期，聚焦未就业的贫困家庭毕业生，全力推动5项“促就业”重点任务落地落实，让有就业意愿的贫困家庭毕业生尽早实现就业。

二、重点任务

1. 升学培训促就业。各地教育部门要统筹实施“建档立卡贫困家庭毕业生专升本专项计划”，按本地建档立卡贫困家庭高职（专科）毕业生数的一定比例，通过增量计划安排适量专升本招生计划，专项招收本地高职（专科）2020届贫困家庭毕业生，单独组织录取。各高校要加强第二学士学位政策宣传动员，优先招录有深造意愿的贫困家庭毕业生。各地教育、人力资源社会保障部门和各高校要为贫困家庭毕业生提供有针对性的职业技能培训和就业指导，优先提供实习见习机会，帮助提升就业竞争力。

2. 政策岗位促就业。各地要充分发挥中央基层项目示范引领作用，“特岗计划”“大学生村官”“三支一扶”“西部计划”等项目招录要向贫困家庭毕业生倾斜，确保政策岗位应招尽招。各高校要鼓励贫困家庭毕业生积极应聘科研助理岗位，优先录用符合条件的贫困家庭毕业生；精准开展征兵宣传动员，鼓励贫困家庭毕业生参军入伍、报效国家。对有意愿返回户籍地求职的未就业贫困家庭毕业生，各高校要支持其投身脱贫攻坚，各地扶贫部门要鼓励贫困县为其提供扶贫公益岗位，或培育其成为贫困村创业致富带头人，带动贫困户脱贫增收。

3. 专场招聘促就业。大力促进市场化社会化就业，“24365校园招聘服务活动”将持续设立“52个未摘帽贫困县毕业生就业专区”。各地教育、人力资源社会保障部门和各高校要及时为贫困家庭毕业生推送相关岗位信息，举办分行业、分区域、分层次的线上线下专场招聘活动，挖掘更多高质量就业岗位，提供不断线的就业招聘服务。各高校要积极发动校友企业、产学合作企业，优先招聘贫困家庭毕业生。

4. 精准服务促就业。各地各高校要把做好未就业的贫困家庭毕业生就业工作放在突出位置，建立校领导、各部门、各院系处级以上领导干部与贫困家庭毕业生“一帮一”结对帮扶机制，全面落实就业指导和岗位推荐责任，校领导要在结对帮扶工作中作表率。高校毕业班辅导员要摸清摸准底数，落实“一人一策”台账式管理，对未就业的贫困家庭毕业生加强就业指导和心理疏导，持续做好跟踪服务。各地人力资源社会保障部门要建立未就业贫困家庭毕业生实名帮扶机制，提供有针对性的就业服务和援助措施，对符合条件的提供公益性岗位，确保有就业意愿的都能实现就业。

5. 对口支援促就业。各地教育、人力资源社会保障和扶贫部门要用好东西扶贫协作、对口支援等扶贫工作机制，为贫困家庭毕业生争取更多就业机会。各地教育、人力资源社会保障和扶贫部门要系统梳理本区域内高校未就业的贫困家庭毕业生信息，主动与毕业生生源地东西扶贫协作相关省市和对口支援省份加强联系，与结对省份相关部门共同研究就业帮扶工作，鼓励支援省份和单位提供公益岗位，为未就业的贫困家庭毕业生提供兜底保障。

三、工作要求

1. 协同推进。各地教育、人力资源社会保障、扶贫部门要完善数据共享、工作协同、情况互通机制，推动各地各高校建立台账、精准帮扶、动态管理，做到人员底数清、就业需求清、帮扶举措清、求职进展清。各地各高校要认真落实就业工作“一把手工程”，把做好贫困家庭毕业生就业精准帮扶作为重中之重，加强统筹协调，周密安排部署，精心组织实施，层层传导压力。

2. 落实保障。各地教育、人力资源社会保障、扶贫部门和各高校要切实加强对贫困家庭毕业生就业工作的政策、资金和人员保障，确保相关工作正常有序开展。各地教育、人力资源社会保障、扶贫部门要主动协调财税、科技等部门，完善相关优惠政策，为促进贫困家庭毕业生就业创业争取更大力度支持。

3. 加强督查。教育部已将贫困家庭毕业生就业帮扶情况，纳入国务院教育督导委员会对省级人民政府履行教育职责评价工作、教育部2020届高校毕业生就业工作进展情况专项调研及各地各高校毕业生就业率通报工作机制。各地要结合本地实际，适时开展专项督查，推动贫困家庭毕业生就业政策落实、服务落实、帮扶落实。

各地各高校落实本通知相关进展情况，请及时报教育部高校学生司。

2020年7月2日

教育部　国家发展改革委　工业和信息化部　财政部　人力资源社会保障部　农业农村部　国务院国资委　国家税务总局　国务院扶贫办关于印发《职业教育提质培优行动计划（2020—2023 年）》的通知

教职成〔2020〕7 号

各省、自治区、直辖市教育厅（教委）、发展改革委、工业和信息化主管部门、财政厅（局）、人力资源社会保障厅（局）、农业农村（农牧）厅（局、委）、国资委、扶贫办，新疆生产建设兵团教育局、发展改革委、工业和信息化局、财政局、人力资源社会保障局、农业农村局、国资委、扶贫办，国家税务总局各省、自治区、直辖市、计划单列市税务局，有关单位：

现将《职业教育提质培优行动计划（2020—2023 年）》印发给你们，请结合实际，加强协同配合，认真贯彻执行。

2020 年 9 月 16 日

职业教育提质培优行动计划（2020—2023 年）

为贯彻落实《国家职业教育改革实施方案》，办好公平有质量、类型特色突出的职业教育，提质培优、增值赋能、以质图强，加快推进职业教育现代化，更好地支撑我国经济社会持续健康发展，特制定职业教育提质培优行动计划（2020—2023 年）（以下简称“行动计划”）。

一、总体要求

（一）指导思想

以习近平新时代中国特色社会主义思想为指导，贯彻党的十九大和十九届二中、三中、四中全会精神，牢固树立新发展理念，落实高度重视、加快发展的工作方针，坚持服务高质量发展、促进高水平就业的办学方向，坚持职业教育与普通教育不同类型、同等重要的战略定位，着力夯实基础、补齐短板，着力深化改革、激发活力，加快构建纵向贯通、横向融通的中国特色现代职业教育体系，大幅提升新时代职业教育现代化水平和服务能力，为促进经济社会持续发展和提高国家竞争力提供多层次高质量的技术技能人才支撑。

（二）主要目标

通过建设，职业教育与经济社会发展需求对接更加紧密、同人民群众期待更加契合、同我国综合国力和国际地位更加匹配，中国特色现代职业教育体系更加完备、制度更加健全、标准更加完善、条件更加充足、评价更加科学。

——职业教育发展制度基本健全，职业学校层次结构合理，分类考试招生成为高职学校招生的主渠道，职业教育国家“学分银行”投入运行。

——国务院有关部门协同配合、地方落实主责的职业教育工作机制更加顺畅，政府行业企业学校职责清晰、同向发力，政府统筹管理、社会多元办学格局更加稳固。

——职业教育与普通教育规模大体相当、相互融通，职业学校办学定位清晰，专业设置和人才供给结构不断优化，每年向社会输送数以千万计的高质量技术技能人才。

——国家、省、校三级职业教育标准体系逐步完善，职业学校教学条件基本达标，评价体系更具职教特色，教师、教材、教法改革全面深化。

——职业学校办学水平、人才培养质量和就业质量整体提升，职业教育的吸引力和社会认可度大幅提高，有效支撑地方经济社会发展和国家重大战略。

（三）基本原则

——育人为本，质量为先。加强党对职业教育工作的全面领导，推进新时代职业学校思想政治工作改革创新。深化产教融合、校企合作，强化工学结合、知行合一，健全德技并修育人机制，完善多元共治的质量保证机制，推进职业教育高质量发展。

——固本强基，综合改革。聚焦薄弱环节，着力补短板、强弱项，夯实职业教育发展基础。系统推进体制机制、教育教学、评价体系改革，为职业教育发展注入新动力，激发职业学校办学活力。

——标准先行，试点突破。健全国家、省、校三级标准体系，完善标准落地的工作机制。以打造创新发展高地为抓手，推进关键改革，突破瓶颈制约，打造一批职业教育优质资源和品牌，带动职业教育大改革大发展。

——地方主责，协同推进。构建政府行业企业学校协同推进职业教育高质量发展的新机制，强化省级政府统筹，加强计划执行的过程管理、检查验收和结果应用，确保各项改革措施取得实效。

二、重点任务

（一）落实立德树人根本任务

1. 推动习近平新时代中国特色社会主义思想进教材进课堂进头脑

以习近平新时代中国特色社会主义思想特别是习近平总书记关于职业教育的重要论述武装头脑、指导实践、推动工作。推进理想信念教育常态化、制度化，落实《新时代爱国主义教育实施纲要》和《新时代公民道德建设纲要》，加强党史、新中国史、改革开放史、社会主义发展史教育和爱国主义、集体主义、社会主义教育。将劳动教育纳入职业学校人才培养方案，设立劳动教育必修课程，统筹勤工俭学、实习实训、社会实践、志愿服务等环节系统开展劳动教育。加强职业道德、职业素养、职业行为习惯培养，职业精神、工匠精神、劳模精神等专题教育不少于 16 学时。加强艺术类公共基础必修课程建设，强化实践体验，促进学生全面发展。加强职业教育研究，加快构建中国特色职业教育的思想体系、话语体系、政策体系和实践体系。

2. 构建职业教育“三全育人”新格局

加强党委对学校思想政治工作的全面领导，落实全员全过程全方位育人，引导职业学校全面统筹各领域、各环节、各方面的育人资源和育人力量，教育引导青年学生增强爱党爱国意识，听党话、跟党走。引导专业课教师加强课程思政建设，将思政教育全面融入人才培养方案和专业课程。构建省校两级培训体系，建立辅导员职务职级“双线”晋升通道，推动辅导员专业化、职业化发展。加强中职德育工作队伍建设，办好中职学校班主任业务能力比赛。鼓励从企业中聘请劳动模范、技术能手、大国工匠、道德楷模担任兼职德育导师，建设一支阅历丰富、有亲和力、身正为范的兼职德育工作队伍。将党建和思想政治工作评价指标全面纳入学校事业发展规划、专业质量评价、人才项目评审、教学科研成果评估等。到2023年，培育200所左右“三全育人”典型学校，培育遴选100个左右名班主任工作室，遴选100个左右德育特色案例。

3. 创新职业学校思想政治教育模式

加强中职学校思想政治、语文、历史和高职学校思想政治理论课课程建设，开足开齐开好必修课程，按照规定选用国家统编教材。高职学校应当根据全日制在校生总数，严格按照师生比不低于1∶350的比例核定专职思政课教师岗位，中职学校要加大专职思政课教师配备力度。实施职业学校党建和思政工作能力提升计划，开展德育管理人员、专职思政课教师培训。改革思政课教师考核办法，将政治素质作为教师考核第一标准。遵循职业学校学生认知规律，开发遴选学生喜闻乐见的课程资源，因地制宜实施情景式、案例式、活动式等教法，建设学生真心喜爱、终身受益、体现职业教育特点的思政课程。持续开展职业学校“文明风采”系列活动。充分挖掘和利用地方、企业德育教育资源，鼓励引导校企共建德育实践基地。到2023年，培训10 000名左右德育骨干管理人员、思政课专任教师，遴选100个左右思政课教师研修基地，分级培育遴选1 000个左右思想政治课教学创新团队、10 000个左右思想政治课示范课堂、10 000个左右具有职业教育特点的课程思政教育案例。

（二）推进职业教育协调发展

4. 强化中职教育的基础性作用

把发展中职教育作为普及高中阶段教育和建设中国特色现代职业教育体系的重要基础，保持高中阶段教育职普比大体相当。系统设计中职考试招生办法，使绝大多数城乡新增劳动力接受高中阶段教育。全面核查中职学校基本办学条件，整合“空、小、散、弱”学校，优化中职学校布局。结合实际，鼓励各地将政府投入的职业教育资源统一纳入中职学校（含技工学校、县级职业教育中心等）调配使用，提高中职学校办学效益。支持集中连片特困地区每个地市原则上至少建好办好1所符合当地经济社会发展需要的中职学校。建立普通高中和中职学校合作机制，探索课程互选、学分互认、资源互通，支持有条件的普通高中举办综合高中。加大“三区三州”等深度贫困地区的普职融通力度，发挥职业教育促进义务教育“控辍保学”作用。到2023年，中职学校教学条件基本达标，遴选1 000所左右优质中职学校和3 000个左右优质专业、300所左右优质技工学校和300个左右优质专业。

5. 巩固专科高职教育的主体地位

把发展专科高职教育作为优化高等教育结构和培养大国工匠、能工巧匠的重要方式，输送区域发展急需的高素质技术技能人才。不限制专科高职学校招收中职毕业生的比例，适度扩大专升本招生计划，为部分有意愿的高职（专科）毕业生提供继续深造的机会。推动各地落实职业学校毕业生在落户、就业、参加机关事业单位招聘、职称评审、职级晋升等方面与普通高校毕业生享受同等待遇。扎实推进中国特色高水平高职学校和专业建设计划，加强绩效考核与评价，建成一批高技能人才培养培训基地和技术技能创新平台。探索高职专业认证。推进专科高职学校高质量发展，遴选300所左右省域高水平高职学校和600个左右高水平专业群。

6. 稳步发展高层次职业教育

把发展本科职业教育作为完善现代职业教育体系的关键一环，培养高素质创新型技术技能人才，畅通技术技能人才成长通道。稳步推进本科层次职业教育试点，支持符合条件的中国特色高水平高职学校建设单位试办职业教育本科专业。推动具备条件的普通本科高校向应用型转变。根据产业需要和行业特点，适度扩大专业学位硕士、博士培养规模，推动各地发展以职业需求为导向、以实践能力培养为重点、以产学研用结合为途径的专业学位研究生培养模式。

（三）完善服务全民终身学习的制度体系

7. 健全服务全民终身学习的职业教育制度

推进国家资历框架建设，建立各级各类教育培训学习成果认定、积累和转换机制。加快建设职业教育国家“学分银行”，制定学时学分记录规则，引导在校学生和社会学习者建立职业教育个人学习账号，存储、积累学习成果和技能财富。支持学校按照相关规则研制具体的学习成果转换办法，按程序受理学分兑换申请，符合条件的学生可免修部分课程或模块。支持国家开放大学体系创新发展，着力提高办学质量和水平，服务全民终身学习体系建设。

8. 推动学历教育与职业培训并举并重

落实职业学校并举实施学历教育与培训的法定职责，按照育训结合、长短结合、内外结合的要求，面向在校学生和全体社会成员开展职业培训。支持职业学校承担更多培训任务，成为落实《职业技能提升行动方案（2019—2021年）》的主力军，实现优质职业学校年培训人次达到在校生规模的2倍以上。深入推进1+X证书制度试点，及时总结试点工作经验做法，提高职业技能等级证书的行业企业认可度。发挥职业教育培训评价组织在实施职业技能培训中的重要主体作用。推动更多职业学校参与1+X证书制度实施，服务学生成长和高质量就业。引导有条件的普通高校和职业学校参与企业大学建设。根据军队需要保证职业学校定向培养士官质量。支持国家开放大学办好面向军队军士的学历继续教育。依托职业院校、培训机构、农业技术推广站等机构，面向“三农”提供全产业链技术培训服务及技术支持，为脱贫致富提供持续动力。引导职业学校和龙头企业联合建设500个左右示范性职工培训基地。

9. 强化职业学校的继续教育功能

面向在职员工、现役军人、退役军人、进城务工人员、转岗人员、城镇化进程中的新市民、城乡待业人员、残疾人、农村实用人才等社会群体开展多种形式的继续教育。鼓励职业学校积极参与社区教育和老年教育，与普通高校、开放大学（广播电视大学）、独立设置成人高校、各类继续教育机构互联互通、共建共享，形成服务全民终身学习的发展合力。实施“职业教育服务终身学习质量提升行动”，遴选200个左右示范性继续教育基地、2 000门左右优质继续教育网络课程，在老年教育、特殊教育、学前教育、卫生护理、文化艺术等领域，遴选500个左右社区教育示范基地和老年大学示范校。

（四）深化职业教育产教融合、校企合作

10. 深化职业教育供给侧结构性改革

建立产业人才数据平台，发布产业人才需求报告，促进职业教育和产业人才需求精准对接。研制职业教育产教对接谱系图，指导优化职业学校和专业布局，重点服务现代制造业、现代服务业和现代农业。遴选建设一批产教融合型城市，推动试点城市建设开放型、共享型、智慧型实训基地。加大对农业农村等人才急需领域的职业教育供给，建设100所乡村振兴人才培养优质校，发挥好“国家级农村职业教育和成人教育示范县”等在服务乡村振兴战略中的重要作用。

11. 深化校企合作协同育人模式改革

建好用好行业职业教育教学指导委员会，提升行业举办和指导职业教育的能力。支持职业学校根据自身特点和人才培养需要，主动与具备条件的企业在人才培养培训、技术创新、就业创业、社会服务、文化传承等方面开展合作。支持国有企业和大型民营企业举办或参与举办职业教育，将企业办学情况纳入企业社会责任报告。支持行业领军企业主导建设全国性职教集团，分领域建设服务产业高端的技术技能人才标准和培养高地。全面推行现代学徒制和企业新型学徒制，鼓励企业利用资本、技术、知识、设施、设备和管理等要素参与校企合作。培育数以万计的产教融合型企业，建立覆盖主要专业领域的教师企业实践流动站，依托国有企业、大型民企建立1 000个左右示范性流动站。发挥职教集团推进企业参与职业教育办学的纽带作用，打造500个左右实体化运行的示范性职教集团（联盟）、100个左右技工教育集团（联盟）。推动建设300个左右具有辐射引领作用的高水平专业化产教融合实训基地。

12. 完善校企合作激励约束机制

健全以企业为重要主导、职业学校为重要支撑、产业关键核心技术攻关为中心任务的产教融合创新机制。围绕关键核心技术，推动公共教学资源和实训资源共建共享。支持行业组织积极参与产教融合建设试点项目。对纳入产教融合型企业建设培育范围的试点企业，兴办职业教育的投资符合规定的，可按投资额的30%抵免当年应缴教育费附加和地方教育附加。充分发挥市场配置资源作用，鼓励地方开展混合所有制、股份制办学改革试点，推动各地建立健全省级产教融合型企业认证制度，落实“金融+财政+土地+信用”的组合式激励政策。

（五）健全职业教育考试招生制度

13. 健全高职分类考试招生制度

建立健全省级统筹的高职分类考试招生制度。完善高职教育招生计划分配和考试招生办法，每年春季省级教育行政部门统一组织开展以高职学校招生为主的分类考试。分类考试录取的学生不再参加普通高考。保留高职学校通过普通高考招生的渠道，保持分类考试招生为高职学校招生的主渠道。

14. 规范职业教育考试招生形式

鼓励中职毕业生通过高职分类考试报考高职学校。推动各地将技工学校纳入职业教育统一招生平台。鼓励退役军人、下岗职工、农民工和高素质农民等群体报考高职学校，可免予文化素质考试，只参加学校组织的与报考专业相关的职业适应性测试或职业技能测试。逐步取消现行的注册入学招生。规范长学制技术技能人才贯通培养，逐步取消中职本科贯通，适度扩大中职专科贯通，贯通专业以始读年龄小、培养周期长、技能要求高的专业为主。严格执行技能拔尖人才免试入学条件。

15. 完善“文化素质+职业技能”评价方式

完善高职分类考试内容和形式，推进“文化素质+职业技能”评价方式，引导不同阶段教育合理分流、协调发展，为学生接受高职教育提供多种入学方式。文化素质考试由省级教育行政部门根据《中等职业学校公共基础课课程标准》统一组织。职业技能测试分值不低于总分值的50%，考试形式以操作考试为主，须充分体现岗位技能、通用技术等内容。省级教育行政部门按照专业大类统一制定职业适应性测试标准、规定测试方式。支持有条件的省份建立中职学生学业水平测试制度。鼓励高职学校与产教融合型企业联合招生。

（六）实施职业教育治理能力提升行动

16. 健全职业教育标准体系

发挥标准在职业教育质量提升中的基础性作用。适时修订中职学校、专科高职学校设置标准，研制本科职业学校设置标准。结合职业教育特点完善学位制度。实施职业学校教师、校长专业标准，制定“双师型”教师基本要求。统筹修（制）订衔接贯通、全面覆盖的中等、专科、本科职业教育专业目录及专业设置管理办法。构建国家、省、校三级专业教学标准体系，国家面向产业急需领域和量大面广的专业，修（制）订国家标准；各地根据经济社会发展需要和有关技术规范，补充制定区域性标准；职业学校全面落实国标和省标，开发具有校本特色的更高标准。

17. 完善办学质量监管评价机制

完善政府、行业企业、学校、社会等多方参与的质量监管评价机制。完善职业学校评价制度，把职业道德、职业素养、技术技能水平、就业质量和创业能力作为衡量人才培养质量的重要内容。研究制定职业学校办学质量考核办法，省级统筹开展职业学校办学质量考核，建立技能抽查、实习报告、毕业设计抽检等随机性检查制度。完善以章程为核心的校内规则制度体系，健全职业学校内部治理结构，深入推进职业学校教学工作诊断与改进制度建设，切实发挥学校质量保证主体作用。巩固国家、省、校三级质量年报发布制度，进一步提高质量年报编制水平和公开力度。完善职业教育督导评估办法，构建国家、省、校三级职业教育督导体系。

18. 打造高素质专业化管理队伍

强化职业学校校长队伍建设，完善选拔任用机制。落实和扩大职业学校办学自主权，健全完善职称评聘、分配制度等，支持学校在限额内自主设立内设机构，按规定自主设置岗位、自主确定用人计划、按规定自主招聘各类人才。建立国家、省、市（县）分级培训机制，组织开展职业学校校长和管理干部培训，造就一支政治过硬、品德高尚、业务精湛、治校有方的管理队伍。到 2023 年，集中培训 5 000 名左右中职校长（书记）和 1 000 名左右高职校长（书记），各级各类培训覆盖全部职业学校管理干部。

（七）实施职业教育“三教”改革攻坚行动

19. 提升教师“双师”素质

根据职业教育特点核定公办职业学校教职工编制。实施新一周期“全国职业院校教师素质提高计划”，校企共建“双师型”教师（含技工院校“一体化”教师，下同）培养培训基地和教师企业实践基地，落实 5 年一轮的教师全员培训制度。探索有条件的优质高职学校转型为职业技术师范类院校或开办职业技术师范专业，支持高水平工科院校分专业领域培养职业教育师资，构建“双师型”教师培养体系。改革职业学校专业教师晋升和评价机制，破除“五唯”倾向，将企业生产项目实践经历、业绩成果等纳入评价标准。完善职业学校自主聘任兼职教师的办法，实施现代产业导师特聘计划，设置一定比例的特聘岗位，畅通行业企业高层次技术技能人才从教渠道，推动企业工程技术人员、高技能人才与职业学校教师双向流动。改革完善职业学校绩效工资政策。职业学校通过校企合作、技术服务、社会培训取得的收入，可按一定比例作为绩效工资来源。各级人力资源社会保障、财政部门要充分考虑职业学校承担培训任务情况，合理核定绩效工资总量和水平。对承担任务较重的职业学校，在原总量基础上及时核增所需绩效工资总量。专业教师可按国家规定在校企合作企业兼职取酬。到 2023 年，专业教师中“双师型”教师占比超过 50%，遴选一批国家“万人计划”教学名师、360 个国家级教师教学创新团队。

20. 加强职业教育教材建设

完善职业教育教材规划、编写、审核、选用使用、评价监管机制。加强意识形态属性较强的哲学社会科学教材建设，纳入马克思主义理论研究和建设工程重点建设，做好教材统一使用工作。对接主流生产技术，注重吸收行业发展的新知识、新技术、新工艺、新方法，校企合作开发专业课教材。建立健全三年大修订、每年小修订的教材动态更新调整机制。根据职业学校学生特点创新教材形态，推行科学严谨、深入浅出、图文并茂、形式多样的活页式、工作手册式、融媒体教材。实行教材分层规划制度，引导地方建设国家规划教材领域以外的区域特色教材，在国家和省级规划教材不能满足的情况下，鼓励职业学校编写反映自身特色的校本专业教材。编写并用好中职思想政治、语文和历史统编教材。健全教材的分类审核、抽查和退出制度。到 2023 年，遴选

10 000种左右校企双元合作开发的职业教育规划教材，国家、省两级抽查教材的比例合计不低于50%，职业学校专业课程全部使用新近更新的教材。

21. 提升职业教育专业和课程教学质量

推动依据国家战略和区域产业发展需求、专业建设水平、就业质量等合理规划引导专业设置，建立退出机制。规范人才培养方案研制发布程序，建立职业学校人才培养方案公开制度，为行业指导、企业选择、学生学习、同行交流、社会监督提供便利。加强课堂教学日常管理，规范教学秩序。推动职业学校“课堂革命”，适应生源多样化特点，将课程教学改革推向纵深。加强实践性教学，实践性教学学时原则上占总学时数50%以上，积极推行认知实习、跟岗实习、顶岗实习等多种实习方式，可根据专业实际集中或分阶段安排。完善以学习者为中心的专业和课程教学评价体系，强化实习实训考核评价。鼓励教师团队对接职业标准和工作过程，探索分工协作的模块化教学组织方式。建立健全国家、省、校三级教学能力比赛机制。遴选1 000个左右职业教育“课堂革命”典型案例，职业教育教学成果奖评选向课堂教学改革倾斜。

（八）实施职业教育信息化2.0建设行动

22. 提升职业教育信息化建设水平

落实《职业院校数字校园规范》，推动各地研制校本数据中心建设指南，指导职业学校系统设计学校信息化整体解决方案。引导职业学校提升信息化基础能力，建设高速稳定的校园网络，联通校内行政教学科研学生后勤等应用系统，统筹建设一体化智能化教学、管理与服务平台。推动信息技术和智能技术深度融入学校管理全过程，大幅提高决策和管理的精准化科学化水平。落实网络安全责任制，增强网络与信息安全管控能力。遴选300所左右职业教育信息化标杆学校。

23. 推动信息技术与教育教学深度融合

主动适应科技革命和产业革命要求，以“信息技术+”升级传统专业，及时发展数字经济催生的新兴专业。鼓励职业学校利用现代信息技术推动人才培养模式改革，满足学生的多样化学习需求，大力推进“互联网+”“智能+”教育新形态，推动教育教学变革创新。探索建设政府引导、市场参与的职业教育资源共建共享机制，服务课程开发、教学设计、教学实施、教学评价。建立健全共建共享的资源认证标准和交易机制，推进国家、省、校三级专业教学资源库建设应用，进一步扩大优质资源覆盖面。遴选100个左右示范性虚拟仿真实训基地；面向公共基础课和量大面广的专业（技能）课，分级遴选5 000门左右职业教育在线精品课程。引导职业学校开展信息化全员培训，提升教师和管理人员的信息化能力，以及学生利用网络信息技术和优质在线资源进行自主学习的能力。

（九）实施职业教育服务国际产能合作行动

24. 加快培养国际产能合作急需人才

加强职业学校与境外中资企业合作，支持职业学校到国（境）外办学，培育一批“鲁班工坊”，培养熟悉中华传统文化、中资企业急需的本土技术技能人才。鼓励国家开放大学建设海外学习中心，推动中国与产能合作国远程教育培训合作。统筹利用现有资源，实施“职业院校教师教学创新团队境外培训计划”，选派一大批专业带头人和骨干教师出国研修访学。鼓励引进国（境）外优质职业教育机构来华合作办学，促进国际经验的本土化、再创新。

25. 提升职业教育国际影响力

推进“中文+职业技能”项目，助力中国职业教育走出去，提升国际影响力。引导职业学校与国（境）外优秀职业教育机构联合开展学术研究、标准研制、师生交流等合作项目，促进国内职业教育优秀成果海外推介。对接联合国教科文组织，积极承办世界职业教育大会，在“一带一路”沿线国家举办中国职业教育发展成果展，贡献职业教育的中国智慧、中国经验和中国方案，展示当代中国良好形象。

（十）实施职业教育创新发展高地建设行动

26. 整省推进职业教育提质培优

主动适应国家区域发展战略，在东中西部布局5个左右国家职业教育改革省域试点。按照“一地一案、分区推进”原则，在学校设置、重点项目建设等方面加大政策供给，支持试点省份探索新时代区域职业教育改革发展新模式。引导地方落实主体责任，完善地方职业教育工作部门联席会议制度，推动各部门形成工作合力，优化职业教育办学体制机制，加强治理体系和治理能力现代化建设，探索职业学校毕业生高质量就业模式等。

27. 合力打造职业教育样板城市

国家、省、市三级推动，建设10个左右国家职业教育改革市域试点。支持地市政府把握功能区定位，加强市场化资源配置，在职业教育服务城市文明、服务城市创新、服务民生需求、服务绿色发展等领域重点突破、先行示范，率先建成与城市经济和民生相适应的现代职业教育体系，开创职业教育开放办学新格局，形成一批基层首创的改革经验。

三、组织实施

（一）加强党的全面领导

把加强党的全面领导落实到职业教育提质培优工作的各方面全过程。全面贯彻党的教育方针，落实中央教育工作领导小组各项要求，完善省（区、市）委教育工作领导小组定期研究职业教育工作制度。按照社会主义政治家、教育家的要求选好配强职业学校领导班子。职业学校要选优配强院（系）领导班子特别是党政正职，全面开展党组织“对标争先”建设计划，促进学校各级党组织组织力全面提升。全面实施教师党支部书记“双带头人”培育工程。强化党组织在职业学校的领导核心和政治核心作用，履行好管党治党主体责任，牢牢把握学校意识形态工作领导权，引导广大师生增强“四个意识”、坚定“四个自信”、做到“两个维护”。

（二）完善职业教育财政支持机制

新增教育经费要向职业教育倾斜，逐步建立与办学规模、培养成本、办学质量相适应的财政投入制度，进一步完善职业学校生均拨款制度，合理确定生均财政拨款水平。支持地方将职业教育纳入地方政府专项债券资金支持范围。鼓励社会力量兴办职业教育，健全成本分担机制，落实举办者的投入责任，拓宽经费来源渠道。各地可通过购买服务、助学贷款、奖助学金等方式对民办职业学校予以扶持。

（三）完善协同推进机制

国务院职业教育工作部际联席会议加强对“行动计划”实施工作的指导，教育部负责实施工作的统筹协调，国务院相关部门在职责分工范围内落实相应任务。完善国家职业教育指导咨询委员会工作机制，进一步提高政府科学化决策的水平。国务院相关部门建立“行动计划”执行情况检查通报制度。各地有关部门积极承接任务项目、制定工作方案、协调支持经费、加大政策供给，将“行动计划”与“十四五”事业发展同规划、同部署、同考核，确保改革发展任务落地。“行动计划”执行情况作为省级政府履行教育职责的重要内容。各地实施成效作为国家新一轮重大改革试点项目遴选的重要依据。

（四）营造良好发展氛围

加快推进修订和落实《中华人民共和国职业教育法》，鼓励地方因地制宜制定和颁布促进职业教育发展的地方性法规。办好全国职业院校技能大赛，发挥以赛促教促学的引领作用。办好职业教育活动周和世界青年技能日宣传活动，深入开展“大国工匠进校园”“劳模进校园”“优秀职校生校园分享”等活动。办好全民终身学习活动周，开展“百姓学习之星”和“终身学习品牌项目”等认定、宣传和展示活动。加强中央和地方主流媒体、新兴媒体对职业教育的宣传力度，打造一批形式多样的职业教育宣传品牌。鼓励职业学校建好用好新型宣传平台，讲好身边的职教故事。常态化开展职业学校校园开放、企业开放日、面向中小学生的职业体验、面向社会的便民服务、职教成果展示等宣传展示及服务活动，提升职业教育的影响力和美誉度。

附表：重点任务（项目）一览表

附表

重点任务（项目）一览表

序号	工作任务	责任部门
	落实立德树人根本任务	
1	加强职业教育研究，构建中国特色职业教育的思想体系、话语体系、政策体系和实践体系	教育部，各地有关部门
2	按照师生比不低于1：350的比例核定专职思政课教师岗位	教育部，各地有关部门
3	培育200所左右“三全育人”典型学校，培育遴选100个左右名班主任工作室，遴选100个左右德育特色案例	教育部、人力资源社会保障部，各地有关部门
4	培训10 000名左右德育骨干管理人员、思政课专任教师，遴选100个左右思政课教师研修基地，分级培育遴选1 000个左右思想政治课教学创新团队、10 000个左右思想政治课示范课堂、10 000个左右具有职业教育特点的课程思政教育案例	教育部、人力资源社会保障部，各地有关部门
	推进职业教育协调发展	
5	支持集中连片特困地区每个地市原则上至少建好办好1所符合当地经济社会发展需要的中等职业学校	教育部，相关省份有关部门
6	中职学校教学条件基本达标	教育部、人力资源社会保障部，各地有关部门
7	遴选1 000所左右优质中职学校和3 000个左右优质专业	教育部，各地有关部门
8	遴选300所左右优质技工学校和300个左右优质专业	人力资源社会保障部，各地有关部门
9	推进中国特色高水平高职学校和专业建设计划	教育部、财政部，各地有关部门
10	探索高职专业认证	教育部，各地有关部门
11	遴选300所左右省域高水平高职学校和600个左右高水平专业群	教育部，各地有关部门
12	推进本科层次职业教育试点	教育部，各地有关部门
13	推动具备条件的普通本科高校向应用型转变	教育部，各地有关部门
	完善服务全民终身学习的制度体系	
14	加快建设职业教育国家“学分银行”，健全学习成果的认定、积累和转换制度，制定学时学分记录规则	教育部，各地有关部门

续表

序号	工作任务	责任部门
15	支持职业学校承担更多培训任务，实现优质职业学校年职业培训人次达到在校生规模的2倍以上	人力资源社会保障部、教育部，各地有关部门
16	推进1+X证书制度试点	教育部、人力资源社会保障部、有关行业部门，各地有关部门
17	引导职业学校和龙头企业联合建设500个左右示范性职工培训基地	教育部、人力资源社会保障部，各地有关部门
18	遴选200个左右示范性继续教育基地、2 000门左右优质继续教育网络课程；遴选500个左右社区教育示范基地和老年大学示范校	教育部，各地有关部门
深化职业教育产教融合校企合作		
19	建立产业人才数据平台，研制职业教育产教对接谱系图	工业和信息化部、教育部、有关行业部门，各地有关部门
20	遴选建设一批产教融合型城市，培育数以万计的产教融合型企业	国家发展改革委、教育部，各地有关部门
21	实施国家级职成教示范县助力乡村振兴人才培养计划	教育部、人力资源社会保障部、农业农村部、扶贫办，各地有关部门
22	依托国有企业、大型民企建立1 000个左右示范性教师企业实践流动站	教育部，各地有关部门
23	打造500个左右实体化运行的示范性职教集团（联盟）	教育部、有关行业部门，各地有关部门
24	打造100个左右技工教育集团（联盟）	人力资源社会保障部，各地有关部门
25	推动建设300个左右具有辐射引领作用的高水平专业化产教融合实训基地	国家发展改革委、工业和信息化部、教育部、人力资源社会保障部、有关行业部门，各地有关部门
26	建设100所乡村振兴人才培养优质校	农业农村部、教育部，各地有关部门
27	建立健全省级产教融合型企业认证制度，落实"金融+财政+土地+信用"的组合式激励政策	各地有关部门
健全职业教育考试招生制度		
28	建立健全省级统筹的职业教育考试招生制度，保持分类考试招生为高职学校招生主渠道，推进"文化素质+职业技能"的评价方式，完善多样化考试录取方式	教育部、人力资源社会保障部，各地有关部门
实施职业教育治理能力提升行动		
29	适时修订中职学校、专科高职学校设置标准，研制本科职业学校设置标准	教育部
30	结合职业教育特点完善学位制度	教育部、国务院学位委员会
31	实施职业学校教师和校长专业标准，制定"双师型"教师基本要求	教育部、人力资源社会保障部
32	修（制）订衔接贯通、全面覆盖的中等、专科、本科职业教育专业目录及专业设置管理办法	教育部、有关行业部门

续表

序号	工作任务	责任部门
33	制定职业学校办学质量考核办法；推进职业学校教学工作诊断与改进制度建设；巩固国家、省、学校三级质量年报发布制度；完善职业教育督导评估办法，构建国家、省、校三级职业教育督导体系	教育部，各地有关部门
34	集中培训5 000名左右中职校长（书记）和1 000名左右高职校长（书记），各级各类培训覆盖全部职业学校管理干部	教育部、人力资源社会保障部，各地有关部门
	实施职业教育“三教”改革攻坚行动	
35	根据职业教育特点核定公办职业学校教职工编制	各地有关部门
36	实施新一周期“全国职业院校教师素质提高计划”；完善职业学校自主聘任兼职教师办法；改革完善职业学校绩效工资政策；专业教师中“双师型”教师占比超过50%	教育部，各地有关部门
37	校企共建“双师型”教师培养培训基地和教师企业实践基地	教育部，各地有关部门
38	校企共建技工院校“一体化”教师培养培训基地和教师企业实践基地	人力资源社会保障部，各地有关部门
39	探索有条件的优质高职学校转型为职业技术师范大学或开办职业技术师范本科专业	教育部，各地有关部门
40	实施现代产业导师特聘岗位计划	教育部，各地有关部门
41	遴选一批国家“万人计划”教学名师	教育部，各地有关部门
42	遴选360个国家级教师教学创新团队	教育部，各地有关部门
43	遴选10 000种左右校企双元合作开发的职业教育规划教材；国家、省两级抽查教材的比例合计不低于50%	教育部，各地有关部门
44	建立职业学校人才培养方案公开制度	教育部，各地有关部门
45	建立健全国家、省、校三级教学能力比赛机制	教育部，各地有关部门
46	遴选1 000个左右职业教育“课堂革命”典型案例	教育部，各地有关部门
	实施职业教育信息化2.0建设行动	
47	落实《职业院校数字校园规范》，研制校本数据中心建设指南，指导职业学校系统设计学校信息化整体解决方案	教育部，各地有关部门
48	建立健全共建共享的资源认证标准和交易机制，推进国家、省、校三级专业教学资源库建设应用	教育部，各地有关部门
49	遴选300所左右职业教育信息化标杆学校、100个左右示范性虚拟仿真实训基地	教育部，各地有关部门
50	面向公共基础课和量大面广的专业（技能）课，分级遴选5 000门左右职业教育精品在线开放课程	教育部，各地有关部门
	实施职业教育服务国际产能合作行动	
51	支持职业学校到国（境）外办学，培育一批“鲁班工坊”	教育部，各地有关部门

续表

序号	工作任务	责任部门
52	鼓励国家开放大学建设海外学习中心，推动中国与产能合作国远程教育培训合作	教育部，各地有关部门
53	统筹利用现有资源，实施“职业院校教师教学创新团队境外培训计划”，选派一大批专业带头人和骨干教师出国研修访学	教育部，各地有关部门
54	推进“中文+职业技能”项目	教育部，各地有关部门
实施职业教育创新发展高地建设行动		
55	在东中西布局5个左右国家职业教育改革省域试点，建设10个左右国家职业教育改革市域试点	教育部，相关省级人民政府，相关地级市人民政府
营造良好发展氛围		
56	推进《职业教育法》修订和落实，完善配套法规制度；制定和颁布职业教育地方性法规	教育部，各地有关部门

科技部　教育部　人力资源社会保障部　财政部　中科院　自然科学基金委　关于鼓励科研项目开发科研助理岗位吸纳高校毕业生就业的通知

国科发资〔2020〕132号

各省、自治区、直辖市及计划单列市科技厅（委、局）、教育厅（教委）、人力资源社会保障厅（局）、财政厅（局），新疆生产建设兵团科技局、教育局、人力资源社会保障局、财政局，国务院各有关部门、直属机构，国家科技计划（专项、基金等）项目承担单位：

为落实习近平总书记在统筹推进新冠肺炎疫情防控和经济社会发展工作部署会议上的重要讲话精神，按照4月14日国务院常务会议关于采取有力有效举措促进高校毕业生就业的工作部署，现就承担国家科技计划（专项、基金等）科研项目的高校、科研院所、企业等单位（以下简称项目承担单位）开发科研助理岗位，吸纳高校毕业生就业的有关工作通知如下。

一、充分认识开发科研助理岗位吸纳高校毕业生就业的重要意义。高校毕业生是国家科技创新的一支重要生力军，科研助理是科研队伍的重要组成部分，是完善科研治理体系建设、提升治理能力的重要手段。鼓励项目承担单位开发科研助理岗位吸纳高校毕业生，既是促进就业稳定的有效手段，也是深化科技管理体制改革，构建与国家科技计划实施相匹配的专业科技支撑队伍的重要举措，对推动科技创新支撑复工复产和经济平稳运行具有重要意义。

二、依托各类国家科技计划（专项、基金等）项目拓宽大学生就业渠道。高校、科研院所和企业等主体，按照公开、自愿、双向选择的原则，在所承担的各类国家科技计划（专项、基金等）项目中，积极吸纳高校毕业生参与科研相关工作。上述科技计划主要包括：国家自然科学基金，国家科技重大专项，科技创新2030—重大项目，国家重点研发计划，技术创新引导专项（基金），基地和人才专项（含国家重点实验室、国家工程研究中心、国家技术创新中心、国家临床医学研究中心、国家科技资源共享服务平台等）。

三、主动作为积极开发科研助理岗位。科研助理是指从事科研项目辅助研究、实验（工程）设施运行维护和实验技术、科技成果转移转化以及学术助理和财务助理等工作的人员。项目承担单位应创新工作机制，采取包括签订服务协议等多种方式选聘科研助理，明确设置科研助理岗位的相关标准。项目承担单位应加强统筹，支持各级各类科研创新平台和团队（课题组）结合承担项目和经费等情况设置科研助理岗位；鼓励经费较少的课题组联合设置科研助理岗位；鼓励国家人才计划入选科技人才、创新团队和创新人才培养示范基地按需设置科研助理岗位。各单位要增强选聘科研助理工作的开放性，积极吸纳外部毕业生，不得设置仅招录本校（所）毕业生等限制条件。

四、进一步明确科研助理经费开支的相关管理要求。项目承担单位可结合自身情况，按规定从科研项目经费等渠道开支科研助理的相关经费支出。科研项目经费中，“劳务费”科目及结余资金均可按照有关规定用于科研助理的劳务性报酬和社会保险补助等支出。对于新立项项目，应结合科研助理的聘用情况认真测算经费需求，据实列支；在研项目如需调整预算，可由项目承担单位按规定调整。鼓励项目承担单位统筹现有经费渠道，配套专门资金为科研助理岗位提供长期稳定支持。

五、加强对科研助理岗位高校毕业生就业服务。项目承担单位应根据国家有关规定及本单位的实际签订服务协议等，明确双方的权利、责任和义务以及服务期限等内容，并按照岗位职责和工作任务的具体要求，参照本单位同级同类岗位确定科研助理薪酬标准，不得低于当地最低工资标准。项目承担单位应按规定，为科研助理办理参加社会保险及住房公积金等。高校毕业生在担任科研助理期间，其户口可存放在项目单位所在地或入学前户籍所在地；其档案可存放在项目单位，项目单位不具备人事档案管理条件的，档案可参照流动人员人事档案管理有关规定转递至项目单位所在地或户籍所在地的公共就业和人才服务机构。服务协议期满，根据工作需要可以续签协议，其户口和档案按照有关规定办理手续。就业后工龄与科研助理期间的工作时间合并计算，社会保险缴费年限合并计算。

六、建立完善项目承担单位科研助理队伍建设的长效机制。项目承担单位应切实落实主体责任，深化单位内部科研管理改革，逐步建立起一支规模适当、结构合理、能进能出、流动顺畅的科研助理队伍。加强科研助理岗位培训和职业发展规划，建立健全考核评价机制，提升科研助理能力水平、服务质量，拓宽成长空间，完善科研助理队伍建设长效机制。对参与涉密科研项目的科研助理，严格落实各项保密工作要求，确保安全。

七、做好开发科研助理岗位吸纳高校毕业生就业的组织、协调和推动工作。各部门、各地区要切实履行职责，组织本部门、本地区所属项目承担单位认真做好落实工作。中央级科研院所、“双一流”建设高校、高新技术产业开发区、龙头骨干企业等要发挥带头作用，加强组织领导和统筹协调，主动作为，积极吸纳高校毕业生就业。“双一流”建设高校设置科研助理岗位及实聘人数将作为“双一流”建设监测指标。各地区可结合本地实际，按照本通知精神，提出地方科技计划（项目、基金等）项目承担单位吸纳大学生就业的具体落实意见，上下联动，形成合力，落实好开发科研助理岗位吸纳高校毕业生就业的相关工作。各单位自行组织的科研项目可参照本通知要求开展落实吸纳大学生就业的相关工作。

各部门、各地区要加强跟踪指导，定期掌握本部门、本地区项目承担单位吸纳高校毕业生就业的有关情况，研究解决执行中出现的问题，有力推进政策落实落地。请各有关部门、各地区及时向科技部报送工作进展情况，于2020年6月15日前报送具体落实计划，于2020年8月31日、12月31日前报送落实进展情况（具体格式见附件）。

附件：×××关于开发科研助理岗位吸纳高校毕业生就业的落实计划及落实进展情况报告（模板）（略）

2020年5月27日

工业和信息化部　国家发展和改革委员会　科学技术部　财政部　人力资源和社会保障部　生态环境部　农业农村部　商务部　文化和旅游部　中国人民银行　海关总署　国家税务总局　国家市场监督管理总局　国家统计局　中国银行保险监督管理委员会　中国证券监督管理委员会　国家知识产权局关于健全支持中小企业发展制度的若干意见

工信部联企业〔2020〕108号

各省、自治区、直辖市及计划单列市人民政府，新疆生产建设兵团：

中小企业是国民经济和社会发展的主力军，是建设现代化经济体系、推动经济高质量发展的重要基础，是扩大就业、改善民生的重要支撑，是企业家精神的重要发源地。党中央、国务院高度重视中小企业发展，近年来出台了一系列政策措施，有关工作取得积极成效，但仍存在一些突出问题，特别是一些基础性制度性问题亟待解决。为深入贯彻党的十九届四中全会精神，坚持和完善社会主义基本经济制度，坚持“两个毫不动摇”，形成支持中小企业发展的常态化、长效化机制，促进中小企业高质量发展，经国务院同意，现就健全支持中小企业发展制度，提出如下意见。

一、完善支持中小企业发展的基础性制度

（一）健全中小企业法律法规体系。以《中小企业促进法》为基础，加快构建具有中国特色、支持中小企业发展、保护中小企业合法权益的法律法规体系。鼓励地方依法制定本地促进中小企业发展的地方法规。探索建立中小企业法律法规评估制度和执行情况检查制度，督促法律法规落实到位。

（二）坚持公平竞争制度。全面实施市场准入负面清单制度，公正公平对待中小企业，破除不合理门槛和限制，实现大中小企业和各种所有制经济权利平等、机会平等、规则平等。全面落实公平竞争审查制度，完善审查流程和标准，建立健全公平竞争审查投诉、公示、抽查制度。加强和改进反垄断和反不正当竞争执法，维护市场竞争秩序。

（三）完善中小企业统计监测和发布制度。健全中小企业统计监测制度，定期发布中小企业统计数据。建立中小企业融资状况调查统计制度，编制中小微企业金融条件指数。加强中小企业结构化分析，提高统计监测分析水平。探索利用大数据等手段开展中小企业运行监测分析。完善《中小企业主要统计数据》手册，研究编制中小企业发展指数。适时修订中小企业划型标准。

（四）健全中小企业信用制度。坚持“政府+市场”的模式，建立健全中小企业信用信息归集、共享、查询机制，依托全国信用信息共享平台，及时整合共享各类涉企公共服务数据。建立健全中小企业信用评价体系，完善金融信用信息基础数据库，创新小微企业征信产品，高效对接金融服务。研究出台有关法律法规，规范中小企业信用信息采集、公示查询和信用监管等。发挥国家企业信用信息公示系统的基础作用，将涉企信息记于企业名下并依法公示。

（五）完善公正监管制度。减少监管事项，简化办事流程，推广全程网上办、引导帮办，全面推行信用监管和“互联网+监管”改革。推进分级分类、跨部门联合监管，加强和规范事中事后监管，落实和完善包容审慎监管，避免对中小企业采取简单粗暴处理措施，对“一刀切”行为严肃查处。

二、坚持和完善中小企业财税支持制度

（六）健全精准有效的财政支持制度。中央财政设立中小企业科目，县级以上财政根据实际情况安排中小企业发展专项资金。建立国家中小企业发展基金公司制母基金，健全基金管理制度，完善基金市场化运作机制，引导有条件的地方政府设立中小企业发展基金。完善专项资金管理办法，加强资金绩效评价。

（七）建立减轻小微企业税费负担长效机制。实行有利于小微企业发展的税收政策，依法对符合条件的小微企业按照规定实行缓征、减征、免征企业所得税、增值税等措施，简化税收征管程序；对小微企业行政事业性收费实行减免等优惠政策，减轻小微企业税费负担。落实好涉企收费目录清单制度，加强涉企收费监督检查，清理规范涉企收费。

（八）强化政府采购支持中小企业政策机制。修订《政府采购促进中小企业发展暂行办法》，完善预留采购份额、价格评审优惠等措施，提高中小企业在政府采购中的份额。向中小企业预留采购份额应占本部门年度政府采购项目预算总额的30%以上；其中，预留给小微企业的比例不低于60%。

三、坚持和完善中小企业融资促进制度

（九）优化货币信贷传导机制。综合运用支小再贷款、再贴现、差别存款准备金率等货币政策工具，引导商业银行增加小微企业信贷投放。进一步疏通利率传导渠道，确保贷款市场报价利率（LPR）有效传导至贷款利率。建立差异化小微企业利率定价机制，促进信贷利率和费用公开透明，保持小微企业贷款利率定价合理水平。

（十）健全多层次小微企业金融服务体系。推进普惠金融体系建设，深化大中型银行普惠金融事业部改革，推动中小银行、非存款类金融机构和互联网金融有序健康发展。鼓励金融机构创新产品和服务，发展便利续贷业务和信用贷款，增加小微企业首贷、中长期贷款、知识产权质押贷款等，开展供应链金融、应收账款融资，加强银税互动。推动金融科技赋能金融机构服务中小企业。研究出台《非存款类放贷组织条例》。加快推进小额金融纠纷快速解决等机制建设。完善规范银行业涉企服务收费监管法规制度，降低小微企业综合性融资成本。

（十一）强化小微企业金融差异化监管激励机制。健全商业银行小微企业金融服务监管长效机制，出台《商业银行小微企业金融服务监管评价办法》。修订《金融企业绩效评价办法》。将商业银行小微企业服务情况与资本补充、金融债发行、宏观审慎评估（MPA）

考核、金融机构总部相关负责人考核及提任挂钩。引导银行业金融机构探索建立授信尽职免责负面清单制度。督促商业银行优化内部信贷资源配置和考核激励机制，单列小微企业信贷计划，改进贷款服务方式。

（十二）完善中小企业直接融资支持制度。大力培育创业投资市场，完善创业投资激励和退出机制，引导天使投资人群体、私募股权、创业投资等扩大中小企业股权融资，更多地投长、投早、投小、投创新。稳步推进以信息披露为核心的注册制改革，支持更多优质中小企业登陆资本市场。鼓励中小企业通过并购重组对接资本市场。稳步推进新三板改革，健全挂牌公司转板上市机制。完善中小企业上市培育机制，鼓励地方加大对小升规、规改股、股上市企业的支持。加大优质中小企业债券融资，通过市场化机制开发更多适合中小企业的债券品种，完善中小企业债券融资增信机制，扩大债券融资规模。

（十三）完善中小企业融资担保体系。健全政府性融资担保体系，发挥国家融资担保基金作用，实施小微企业融资担保降费奖补政策，完善风险补偿机制和绩效考核激励机制，引导各级政府性融资担保机构扩大小微企业融资担保业务规模、降低担保费率水平。鼓励银行业金融机构加大与政府性融资担保机构合作，合理确定风险分担比例和担保贷款风险权重，落实金融机构和融资担保机构尽职免责制度，提高小微企业融资可获得性。推动建立统一的动产和权利担保登记公示系统。

四、建立和健全中小企业创新发展制度

（十四）完善创业扶持制度。改善创业环境，广泛培育创业主体。完善创业载体建设，健全扶持与评价机制，为小微企业创业提供低成本、便利化、高质量服务。鼓励大企业发挥技术优势、人才优势和市场优势，为创业活动提供支撑。鼓励服务机构提供创业相关规范化、专业化服务。

（十五）完善中小企业创新支持制度。创新中小企业产学研深度融合机制，促进大中小企业联合参与重大科技项目，推动高校、科研院所和大企业科研仪器、实验设施、中试小试基地等创新资源向中小企业开放。调整完善科技计划立项、任务部署和组织管理方式，大幅提高中小企业承担研发任务比例，加大对中小企业研发活动的直接支持。完善专业化市场化创新服务体系，完善国家技术创新中心、制造业创新中心等支持中小企业创新的机制，提升小微企业创业创新示范基地、科技企业孵化器、专业化众创空间、大学科技园等扶持中小企业创新的能力与水平。完善中小企业创新人才引进和培育制度，优化人才激励和权益保障机制。以包容审慎的态度，鼓励中小企业技术创新、产品创新、模式创新。

（十六）完善支持中小企业“专精特新”发展机制。健全“专精特新”中小企业、专精特新“小巨人”企业和制造业单项冠军企业梯度培育体系、标准体系和评价机制，引导中小企业走“专精特新”之路。完善大中小企业和各类主体协同创新和融通发展制度，发挥大企业引领支撑作用，提高中小企业专业化能力和水平。

（十七）构建以信息技术为主的新技术应用机制。支持中小企业发展应用5G、工业互联网、大数据、云计算、人工智能、区块链等新一代信息技术以及新材料技术、智能绿色服务制造技术、先进高效生物技术等，完善支持中小企业应用新技术的工作机制，提升中小企业数字化、网络化、智能化、绿色化水平。支持产业园区、产业集群提高基础设施支撑能力，建立中小企业新技术公共服务平台，完善新技术推广机制，提高新技术在园区和产业链上的整体应用水平。

五、完善和优化中小企业服务体系

（十八）完善中小企业服务体系。健全政府公共服务、市场化服务、社会化公益服务相结合的中小企业服务体系，完善服务机构良性

发展机制和公共服务平台梯度培育、协同服务和评价激励机制。探索建立全国中小企业公共服务一体化平台。发展中小企业服务产业，引导服务机构提供规范化、精细化、个性化服务，引导大企业结合产业链、供应链、价值链、创新链为中小企业提供配套服务。鼓励各类社会组织为企业提供公益性服务，探索建立志愿服务机制。

（十九）健全促进中小企业管理提升机制。完善中小企业培训制度，构建具有时代特点的课程、教材、师资和组织体系，建设慕课平台，构建多领域、多层次、线上线下相结合的中小企业培训体系。健全技能人才培养、使用、评价、激励制度，加快培养高素质技能人才，弘扬“工匠精神”。健全中小企业品牌培育机制。实施小微企业质量管理提升行动。完善中小企业管理咨询服务机制。

（二十）夯实中小企业国际交流合作机制。深化双多边中小企业合作机制，促进中小企业国际交流合作。探索建设中小企业海外服务体系，夯实中小企业国际化发展服务机制，在国际商务法务咨询、知识产权保护、技术性贸易措施、质量认证等方面为中小企业提供帮助。支持有条件的地方建设中外中小企业合作区，完善评价激励机制。推进关税保证保险改革。鼓励跨境电商等新业态发展，探索建立 B2B 出口监管制度，支持跨境电商优进优出。

六、建立和健全中小企业合法权益保护制度

（二十一）构建保护中小企业及企业家合法财产权制度。坚决保护中小企业及企业家合法财产权，依法惩治侵犯中小企业投资者、管理者和从业人员合法权益的违法犯罪行为。严格按照法定程序采取查封、扣押、冻结等措施，依法严格区分违法所得、其他涉案财产与合法财产，严格区分企业法人财产与股东个人财产，严格区分涉案人员个人财产与家庭成员财产。建立涉政府产权纠纷治理长效机制。出台并落实《保障中小企业款项支付条例》，从源头遏制拖欠问题。

（二十二）健全中小企业知识产权保护制度。完善知识产权保护法律法规和政策，建立健全惩罚性赔偿制度，提高法定赔偿额。实施中小企业知识产权战略推进工程，加强知识产权服务业集聚发展区建设，强化专利导航工作机制，完善支持中小企业开发自主知识产权技术和产品的政策，提升中小企业创造、运用、保护和管理知识产权能力。优化中小企业知识产权维权机制，建设一批知识产权保护中心。构建知识产权纠纷多元化解决机制，强化中小企业知识产权信息公共服务，推进知识产权纠纷仲裁调解工作。提高知识产权审查效率，减轻中小企业申请和维持知识产权的费用负担。

（二十三）完善中小企业维权救济制度。构建统一的政务咨询投诉举报平台，畅通中小企业表达诉求渠道，完善咨询投诉举报处理程序和督办考核机制。探索建立中小企业公益诉讼制度、国际维权服务机制。鼓励法律服务机构开展小微企业法律咨询公益服务。建立健全中小企业应急救援救济机制，帮助中小企业应对自然灾害、事故灾难、公共卫生事件和社会安全事件等不可抗力事件。

七、强化促进中小企业发展组织领导制度

（二十四）强化各级促进中小企业发展工作机制。县级以上地方人民政府必须建立健全促进中小企业发展领导小组，由政府领导担任领导小组组长，办公室设在负责中小企业促进工作的综合管理部门，强化促进中小企业发展工作队伍建设。领导小组要定期召开会议研究落实党中央、国务院促进中小企业发展的重大决策部署，及时向上一级领导小组办公室报告有关工作情况。领导小组各成员单位要认真执行领导小组议定事项，建立内部责任制，加强工作落实。

（二十五）完善中小企业决策保障工作机制。完善中小企业政策咨询制度，培育一批聚

焦中小企业研究的中国特色新型智库，建立政策出台前征求中小企业与专家意见制度和政策实施效果评估制度。完善中小企业政策发布、解读和舆情引导机制，提高政策知晓率、获得感和满意度。定期开展中小企业发展环境第三方评估，并向社会公布结果。

2020 年 7 月 3 日

国家民委　教育部　人力资源社会保障部关于全国民委系统贯彻落实“职教 20 条”推进民族地区职业教育改革发展的意见

民委发〔2020〕99 号

各省、自治区、直辖市及新疆生产建设兵团民（宗）委（厅、局）、教育厅（教委）、人力资源社会保障厅（局），国家民委直属高校、委省共建民族院校、委省共建职业院校，中央民族干部学院、中央民族歌舞团、民族出版社、民族文化宫、民族团结杂志社、民族画报社、中国民族博物馆、中国民族报社：

为全面贯彻以习近平同志为核心的党中央关于加快发展民族地区职业教育的决策部署，深入落实中央民族工作会议、全国民族团结进步表彰大会、全国教育大会和第六次全国民族教育工作会议精神，发挥全国民委系统职能作用，抓紧抓实抓好《国家职业教育改革实施方案》（国发〔2019〕4 号，以下称“职教 20 条”）贯彻落实，推动办好新时代民族地区职业教育，推进民族地区职业学校（含技工院校，下同）建设与发展，现提出以下意见。

一、服务大局，把推进新时代民族地区职业教育改革发展摆在更加突出重要位置

（一）深刻认识推进民族地区职业教育改革发展的重要意义。

党的十八大以来，以习近平同志为核心的党中央，站在党和国家发展全局的高度，把职业教育摆在了前所未有的突出位置。职业教育与普通教育具有同等重要地位。大力推进民族地区职业教育改革发展，是提高当地人口素质、服务经济社会发展的重要途径，是巩固脱贫攻坚成果、确保同步基本实现社会主义现代化的重要抓手，是促进各民族交往交流交融、繁荣发展新时代民族团结进步事业的重要内容，是解决民族地区职业教育发展不平衡不充分问题，加快推进教育现代化的必然要求。“职教 20 条”是新时代全面深化职业教育改革的顶层设计和施工蓝图，必须切实提高认识，增强政治自觉、思想自觉和行动自觉，坚决抓好贯彻落实。

（二）全面贯彻落实党的教育方针和民族政策。

坚持以习近平新时代中国特色社会主义思想为指导，加强部门协同，按照中央民族工作会议和全国教育大会精神，全面贯彻落实党的教育方针和民族政策，紧紧围绕“培养什么人、怎样培养人、为谁培养人”这一根本问题，按照立德树人要求，全面加强思想政治工作，坚持不懈开展中国特色社会主义和中国梦宣传教育，引导各族师生切实增强中国特色社会主义道路自信、理论自信、制度自信、文化自信，树立正确的国家观、民族观、历史观、文化观、宗教观，筑牢各族师生反分裂反渗透的思想防线，强化职业道德、工匠精神教育，深化“最美职教生”活动，全力培养德智体美劳全面发展的社会主义建设者和接班人。

（三）突出加强铸牢中华民族共同体意识教育。

坚决贯彻落实党中央重要决策部署，把铸牢中华民族共同体意识教育作为坚持社会主义办学方向的重要举措，作为学校思想政治工作的重要内容，有机融入思政课程和课程思政，旗帜鲜明办好铸牢中华民族共同体意识教育，编好教材，增强教育引导、心灵浸润实效。深入挖掘铸牢中华民族共同体意识教育资源，广泛开展丰富多彩的教育实践活动，实现全员全程全方位育人。不断加强中华民族共同体意识的宣传阐释，树立和突出各民族共享的中华文化符号和中华民族形象，营造浓厚氛围。切实教育引导各族师生把维护国家统一和民族团结作为各民族最高利益，不断铸牢中华民族共同体意识，共建美好家园、共创美好未来。

（四）全面加强国家通用语言文字教育。

深刻认识推广普及国家通用语言文字是宪法规定的责任，在民族地区推广普及国家通用语言文字，有利于提高各族群众的科学文化素质，有利于民族地区的发展进步，有利于各民族交往交流交融，有利于铸牢中华民族共同体意识，是做好民族地区工作的长久之策、固本之举，代表了全国各族人民的整体利益、根本利益、长远利益，必须坚定不移地推进。在职业学校全面加强国家通用语言文字教育，在中等职业学校推行思想政治、语文和历史三科统编教材并达到全覆盖，深入推进国家通用语言文字授课，提高各族学生使用国家通用语言文字能力，创造更为精彩的人生。

二、聚焦重点，积极推动民族地区职业教育大幅提升现代化水平

（五）服务乡村振兴战略，大力支持培养培训乡村新时代实用人才。

紧紧围绕乡村振兴战略，出台鼓励措施，搭建合作平台，引导和支持民族地区职业学校加强与乡村沟通联系，以互利合作方式，聚焦基层党组织负责人、新型职业农民、农技推广人员、大学生志愿者等人才需求，广泛开展灵活多样的职业教育培养培训工作，培育更多的基层组织建设带头人、产业发展带头人和农业职业经理人、经纪人，以及农业技术“土专家”、“田秀才”、农村电商人才、乡村工匠、文化能人和非物质文化遗产传承人等，为乡村加快振兴发展提供有力人才保障、智力支持和技术支撑。

（六）围绕产教融合抓手，助力提升民族地区职业教育服务产业发展水平。

加强对民族地区职业学校与当地产业发展吻合度的调查研究，向当地党委和政府提出对策建议，推动职业学校密切对接地区经济和产业结构特点，不断调整优化专业布局、结构和招生规模，加强特色产业、支柱产业、战略性新兴产业等专业建设，加强“双师型”教师队伍建设，主动联合当地具备条件的企业，围绕人才培养、技术创新、就业创业、社会服务、文化传承等方面开展合作，提升产教融合水平，服务当地产业发展。

（七）发挥文化优势，支持提升民族地区职业学校以文化人水平。

坚持社会主义先进文化前进方向，推进文化改革创新，引导把更多的中华优秀传统文化融入民族地区职业学校教材和课堂教学，继承和弘扬中华优秀传统文化。加强民族技艺学科、专业建设，探索开展“文化名家进校园”活动，逐步建立各级民委所属文化事业单位与民族地区职业学校交流合作机制，推动更多的中华优秀传统文化精品项目走入民族地区职业学校，发挥以文化人作用，为民族地区职业学校提供更多教育教学成果交流平台和展示窗口，扩大社会影响，实现互利共赢。

（八）主动对接实训需求，助力打造一批特色实训基地。

发挥全国民委系统优势，依托有关民族团结进步模范集体、民族团结进步创建示范单位、少数民族特需商品生产企业、少数民族文化传承基地、少数民族特色村镇等，主动对接民族地区职业学校实训需求，争取政策和资金支持，建设一批特色鲜明、资源共享的职业教育实训基地，积极为民族地区职业学校相关专业学生提供实训岗位和平台。支持面向民族地区技术技能人才紧缺领域，统筹多种资源，建设若干具有较强辐射能力的专业化产教融合实训基地，发挥示范引领作用。

（九）密切对接合作，积极面向民族地区职业教育开展共建与对口支援。

国家民委进一步做好与贵州省人民政府共建铜仁职业技术学院、与黑龙江省人民政府共建黑龙江民族职业学院工作，推动两校在当地党委和政府领导下，深入开展综合改革，加快建设和发展。东部地区民族工作部门要加强与西部民族地区民族工作部门的沟通联系，从帮助民族地区加强职业技术培训、助推民族地区产业发展、协助办好内地西藏新疆中职班等角度，建立对口支援和双向合作机制，实现互惠互利。国家民委所属高校和共建民族院校要加强与民族地区职业学校的联系，采取组团式对口支援、一对一帮扶等方式，从专业建设、师资队伍、科研能力建设等方面支持民族地区职业学校改革发展，实现“互补共进”。

（十）发挥专业组织作用，积极为民族地区职业教育改革发展提供智力支持。

支持建设好民族技艺职业教育教学指导委员会，积极发挥研究、咨询、指导和服务作用，努力促进民族地区职业学校深化产教融合、校企合作，提高人才培养质量。建设好中国职业技术教育学会涉少数民族和民族地区职业教育专业委员会，加强与热心民族地区职业教育的各界人士、社会力量和职业学校的沟通联系，开展学术活动，凝聚工作合力，共同为推进民族地区职业教育改革发展提供支持。各级民族工作部门要在当地教育和人力资源社会保障部门的指导帮助下，探索建立相应工作机制和队伍，大力支持民族技艺职业教育教学指导委员会等专家组织和中国职业技术教育学会等社会团体的相关工作。

三、加强统筹协调，形成加快推进新时代民族地区职业教育改革发展工作合力

（十一）发挥职能作用，加强协调配合。

各级民族工作、教育和人力资源社会保障行政部门要提高站位，主动作为，将推进民族地区职业教育改革发展摆在更加突出的位置，加强协调，密切配合，积极谋划推进。各级民族工作部门要积极发挥职能作用，从民族工作角度主动向当地党委和政府汇报请示，提出政策建议，当好参谋助手；要主动作为，积极参与调查研究，进一步加大对民族地区职业教育相关工作的支持；要组织所属新闻宣传单位，通过创作优质文艺作品、新闻报道等，为民族地区职业教育改革发展营造良好舆论氛围。

（十二）强化组织领导，狠抓工作落实。

各级民族工作、教育和人力资源社会保障行政部门要进一步加强组织领导，建立健全工作机制，狠抓工作落实。要按照本意见要求，结合实际，制定贯彻落实的具体办法和措施，并将相关工作情况及时报国家民委、教育部、人力资源社会保障部。三部委将就本意见的贯彻落实情况适时组织开展调研。

2020 年 12 月 23 日

民政部　人力资源社会保障部
关于开展社会救助与就业和社会保险等信息共享核查工作的通知

民发〔2020〕95号

各省、自治区、直辖市民政厅（局）、人力资源社会保障厅（局），新疆生产建设兵团民政局、人力资源社会保障局：

为深入贯彻落实党的十九大和十九届四中全会精神，深化“放管服”改革，让“信息多跑路，群众少跑腿”，现就开展社会救助与就业和社会保险等信息共享核查工作通知如下。

一、基本要求

各地民政、人力资源社会保障部门要按照党中央、国务院统一部署，抓紧建立完善两部门信息共享核查机制，通过共享实现对申领相关待遇资格的辅助核验，简化优化业务流程，支持社会救助、就业和社会保险的高效服务，方便群众及时获得民生保障。

二、工作内容

（一）共享内容。

1. 为做好社会救助家庭成员参加社会保险信息核对等工作，民政部门提供社会救助家庭成员个人身份信息，人力资源社会保障部门核查反馈参保地行政区划代码、参保单位名称、参保险种类型（基本养老保险、失业保险）、个人缴费状态、个人缴费基数（档次）、个人待遇领取状态、个人待遇领取金额（基本养老金、失业保险金）等信息。

2. 为做好对社会救助对象的就业帮扶工作，落实城乡居民养老保险扶贫政策，民政部门向人力资源社会保障部门共享社会救助家庭中劳动年龄内的低保对象、特困人员身份信息等，用于人力资源社会保障部门就业服务和代缴城乡居民养老保险费服务工作。

3. 各地可根据工作需要，统筹开展婚姻登记、殡葬、失业登记、农民工等其他信息共享工作，支持相关工作开展。

（二）共享方式。

各地民政、人力资源社会保障部门应优先依托本地区政务数据共享交换平台实现信息在线交换，也可根据数据共享量级、交换频次等实际需求，构建两部门间数据共享交换机制，通过系统接口对接或系统批量比对的方式开展。不具备系统对接条件的，可暂时采用线下交换方式，并加快过渡到系统对接方式。两部门查询后按约定方式、约定期限向对方反馈数据，约定期限原则上不超过5个工作日。

（三）共享层级。

各地民政、人力资源社会保障部门优先在省级层面开展全省份范围的信息共享，条件不具备的地区可根据数据管理层级因地制宜开展信息共享。民政部与人力资源社会保障部进一步加快推进部级层面“总对总”共享核查机制，支持跨省份共享核查需求。

（四）共享责任。

各地民政、人力资源社会保障部门应依法依规开展共享，各类共享数据仅用于支持本业务领域的民生保障工作，不得随意扩大使用范围。信息核查类的共享应取得当事人授权。在信息共享中不断提升数据准确性、信息交换及时性和信息核对科学性，确保数据安全和个人隐私保护。定期对共享工作开展情况和共享数据使用情况进行检查，确保合规性。

（五）共享异议处理。

当事人对核查信息有异议的，民政部门、人力资源社会保障部门应及时沟通，对相关共享信息进行复核，复核结果应由数据使用部门及时告知当事人。对于复核结果仍有异议的，当事人可按有关规定申请异议处理。

三、保障措施

（一）加强组织领导。各地民政、人力资源社会保障部门要在当地党委和政府的领导下，大力加强部门间信息共享，加快建设部门协同的信息共享核查机制。要密切配合、通力协作，制定具体方案，规范共享内容、方式、时限、频次和结果使用等，确保共享工作取得实效。

（二）夯实工作基础。各地民政、人力资源社会保障部门要建立健全信息共享的相关工作流程和制度，根据工作需要配备必要的软、硬件设备，保证数据共享工作的稳定、及时、高效、安全。

（三）做好安全保护。各地民政、人力资源社会保障部门要高度重视信息安全保护，健全人员管理、设备使用、办公场地出入等规章制度，定期对相关工作人员开展保密和安全宣传教育。对违规使用、泄露信息的工作人员，视情节轻重依法依规给予相应处分处理，涉嫌犯罪的，依法追究其法律责任。

2020 年 8 月 7 日

财政部　人力资源社会保障部　中国人民银行关于进一步加大创业担保贷款贴息力度全力支持重点群体创业就业的通知

财金〔2020〕21号

各省、自治区、直辖市、计划单列市财政厅（局）、人力资源社会保障厅（局），新疆生产建设兵团财政局、人力资源社会保障局，中国人民银行上海总部、各分行、营业管理部、省会（首府）城市中心支行、各副省级城市中心支行：

当前新冠肺炎疫情对就业创业造成一定影响。为深入贯彻落实习近平总书记在统筹推进新冠肺炎疫情防控和经济社会发展工作部署会议上的重要讲话精神，全面强化稳就业举措，更好发挥创业担保贷款贴息资金引导作用，加强资金保障，全力支持复工复产和创业就业，推动经济社会有序稳定发展，现通知如下：

一、扩大覆盖范围

（一）增加支持群体。自通知印发之日至2020年12月31日新发放贷款，应将下列群体纳入支持范围：一是受疫情影响较大的批发零售、住宿餐饮、物流运输、文化旅游等行业暂时失去收入来源的个体工商户；二是贷款购车专门用于出租运营的个人；三是贷款购车加入网络约车平台的专职司机（需平台提供专职司机“双证”等证明材料）；四是符合条件的出租车、网约车企业或其子公司；五是对已享受创业担保贷款贴息政策且已按时还清贷款的个人，在疫情期间出现经营困难的，可再次申请创业担保贷款。

（二）降低申请门槛。小微企业当年新招用符合条件创业担保贷款申请条件的人数与企业现有在职职工人数的占比，由20%下降为15%，超过100人的企业下降为8%。

二、适当提高额度

符合条件的个人最高可申请创业担保贷款额度由15万元提高至20万元。对符合条件的个人创业担保贷款借款人合伙创业的，可根据合伙创业人数适当提高贷款额度，最高不超过符合条件个人贷款总额度的10%。

三、允许合理展期

对流动性遇到暂时困难的小微企业和个人（含个体工商户，下同）创业担保贷款，可给予展期，最长可展期至2020年6月30日，展期期间财政给予正常贴息。对已发放的个人创业担保贷款，借款人患新冠肺炎的，展期期限原则上不超过1年。

四、降低利率水平

金融机构新发放创业担保贷款利率应适当下降，具体标准为：贫困地区（含国家扶贫开发工作重点县、全国14个集中连片特殊困难地区）贷款利率上限由不超过LPR+300BP

下降为 LPR+250BP，中、西部地区由不超过 LPR+200BP 下降为 LPR+150BP，东部地区由不超过 LPR+100BP 下降为不超过 LPR+50BP。具体贷款利率由经办银行根据借款人和借款企业的经营状况、信用情况等与借款人和借款企业协商确定。本通知印发之日前已发放和已签订合同但未发放的贷款，仍按原规定执行。

五、合理分担利息

自 2021 年 1 月 1 日起，新发放的个人和小微企业创业担保贷款利息，LPR−150BP 以下部分，由借款人和借款企业承担，剩余部分财政给予贴息。

六、简化审批程序

推行电子化审批，逐步实行全程线上办理。各地人力资源社会保障部门（以下简称人社部门）可通过所在地社区、村委会、群团组织、金融机构、担保机构等推荐方式拓展创业担保贷款申请渠道，推广依托社会保障卡搭载创业担保贷款申请、审核和拨付功能。逐步推行“一站式”服务，实行人社部门审核借款人资格、担保机构尽职调查、金融机构贷前调查“多审合一”，避免重复提交材料。人社部门资格审核原则上应压缩在 7 个工作日内，担保机构尽职调查压缩在 3 个工作日内，金融机构贷款受理至发放原则上压缩在 5 个工作日内，确需办理反担保、抵押等手续的可适当延长。对不符合条件的，应在 5 个工作日内通知申请人并说明原因，一次性告知需补充完善的手续和资料。鼓励各地自主整合担保基金与经办金融机构办理流程，进一步提升服务效率。

七、免除反担保要求

自通知印发之日起，新发放的 10 万元及以下的个人创业担保贷款，以及全国创业孵化示范基地或信用社区（乡村）推荐的创业项目，获得设区的市级以上荣誉称号的创业人员、创业项目、创业企业，经金融机构评估认定的信用小微企业、商户、农户，经营稳定守信的二次创业者等特定群体，免除反担保要求。鼓励有条件的地方对其他创业担保贷款逐步降低或免除反担保要求。

八、提升担保基金效能

各地相关部门要简化担保条件和手续，制定担保基金尽职免责和激励约束办法，合理提升担保基金代偿比例和效率。实行担保基金放大倍数与贷款还款率挂钩机制，创业担保贷款上年到期还款率（上年累计到期贷款实际回收金额/上年累计到期贷款应回收金额）达到 90%以上的，本年可适当提高放大倍数至担保基金存款余额的 10 倍。

九、鼓励地方加大支持力度

各地可适当放宽创业担保贷款借款人条件、提高贷款额度上限，由此额外产生的贴息资金支出由地方财政承担。

十、强化统筹协调与激励约束

财政、人民银行、人社部门要完善协作机制，加快健全完善创业担保贷款分类统计制度，加强部门间信息共享，充分整合资格审核、贴息、贷款发放等数据。人社部门负责做好资格审核工作。各担保基金运营管理机构和经办金融机构按季向当地人民银行分支机构、财政、人社部门报告担保基金和创业担保贷款发放使用情况。人民银行分支机构强化普惠金融定向降准考核、专项金融债发行等外部激励约束，引导经办金融机构提升服务质效；财政部门负责做好担保基金、财政贴息和奖补资金的管理工作，明确对担保基金来源和补偿机制，强化考核和监督检查，发挥好奖补资金激励作用，确保贴息、奖补资金及时拨付到位。

十一、政策衔接

本通知印发前已生效的创业担保贷款合同，仍按原合同约定执行。本通知无明确规定的，仍按照《中国人民银行　财政部　人力资源社会保障部关于实施创业担保贷款支持创业就业工作的通知》（银发〔2016〕202号）、《财政部　人力资源社会保障部　中国人民银行关于进一步做好创业担保贷款财政贴息工作的通知》（财金〔2018〕22号）、《财政部关于修订发布〈普惠金融发展专项资金管理办法〉的通知》（财金〔2019〕96号）等原有相关规定执行。

2020年4月15日

财政部　人力资源社会保障部
关于下达2020年就业补助资金预算的通知

财社〔2020〕28号

各省、自治区、直辖市、计划单列市财政厅（局）、人力资源社会保障厅（局）：

为深入贯彻习近平总书记关于统筹推进新冠肺炎疫情防控和经济社会发展工作的重要指示精神，加大“六稳”工作力度，落实“六保”任务要求，全面强化稳就业举措，根据《财政部　人力资源社会保障部关于印发〈就业补助资金管理办法〉的通知》（财社〔2017〕164号）、《财政部　人力资源社会保障部关于〈就业补助资金管理办法〉的补充通知》（财社〔2019〕122号）等文件规定，经研究，现下达各省（区、市，以下称省）2020年中央财政就业补助资金（以下称就业补助资金）预算，具体金额见附件1及附件2。现将有关事宜通知如下：

一、就业补助资金主要根据年末常住人口、登记失业人数、就业困难人数、城镇新增就业人数、地方投入情况、资金结余消化力度、地方财政困难程度和今年重点工作等因素分配，2020年重点工作主要为就业扶贫、高校毕业生就业等工作开展情况。就业补助资金对贫困地区、疫情严重地区、促进就业先进地区、高失业率地区倾斜支持。

二、就业补助资金主要用于职业培训补贴、职业技能鉴定补贴、社会保险补贴、公益性岗位补贴、创业补贴、就业见习补贴、求职创业补贴、就业创业服务补助和高技能人才培养补助等支出。收入请列入2020年政府收支分类科目“1100248社会保障和就业共同财政事权转移支付收入”，支出请列入“20807就业补助”，项目代码Z135080000005，并按支出用途分别列入相关项级科目。创业担保贷款贴息和补充创业担保贷款基金（原小额担保贷款贴息和补充小额担保贷款基金）不得从就业补助资金中列支。

三、各省财政、人力资源社会保障部门要密切合作，按照财社〔2017〕164号文件、财社〔2019〕122号文件规定，合理安排就业补助资金投入。认真贯彻落实党中央、国务院关于脱贫攻坚工作要求，加大对“三区三州”、52个脱贫攻坚挂牌督战县的资金针对性下达力度。加强资金使用监督管理，严格按规定范围、标准和程序使用资金，加快预算执行进度，提高资金使用的规范性、安全性和有效性。

四、为进一步加强全过程预算绩效管理，切实提高财政资金使用效益，请按照《中央对地方专项转移支付绩效目标管理暂行办法》（财预〔2015〕163号）相关要求，参照2020年中央对地方就业补助资金转移支付整体绩效目标（附件3）和补助你省资金额度，科学合理确定你省绩效目标，填报《中央对地方转移支付区域绩效目标表》（附件4），在收到补助资金30日内报财政部、人力资源社会保障部备案，审核确认后的绩效目标作为绩效监控和绩效评价的依据。请在组织预算执行中对照你省区域绩效目标做好绩效监控，确保年度绩效目标如期实现。同时，请参照中央做法，将你省绩效目标及时对下分解，做好省内预算绩效管理工作。

附件：1. 2020 年中央财政就业补助资金分配表（略）
2. 2020 年中央财政就业补助资金分配表（“三区三州”）（略）
3. 就业补助资金转移支付整体绩效目标申报表（略）
4. 中央对地方转移支付区域绩效目标表（略）

2020 年 5 月 9 日

住房和城乡建设部　交通运输部　水利部 人力资源社会保障部关于印发《监理工程师职业资格制度规定》《监理工程师职业资格考试实施办法》的通知

建人规〔2020〕3号

各省、自治区、直辖市及新疆生产建设兵团住房和城乡建设厅（委、局）、交通运输厅（委、局）、水利（水务）厅（局）、人力资源社会保障厅（委、局），有关单位：

根据《国家职业资格目录》，为统一、规范监理工程师职业资格设置和管理，现将《监理工程师职业资格制度规定》《监理工程师职业资格考试实施办法》印发给你们，请遵照执行。原建设部、人事部《关于全国监理工程师执业资格考试工作的通知》（建监〔1996〕462号）同时废止。

2020年2月28日

监理工程师职业资格制度规定

第一章　总　　则

第一条　为确保建设工程质量，保护人民生命和财产安全，充分发挥监理工程师对施工质量、建设工期和建设资金使用等方面的监督作用，根据《中华人民共和国建筑法》《建设工程质量管理条例》等有关法律法规和国家职业资格制度有关规定，制定本规定。

第二条　本规定所称监理工程师，是指通过职业资格考试取得中华人民共和国监理工程师职业资格证书，并经注册后从事建设工程监理及相关业务活动的专业技术人员。

第三条　国家设置监理工程师准入类职业资格，纳入国家职业资格目录。

凡从事工程监理活动的单位，应当配备监理工程师。

监理工程师英文译为 Supervising Engineer。

第四条　住房和城乡建设部、交通运输部、水利部、人力资源社会保障部共同制定监理工程师职业资格制度，并按照职责分工分别负责监理工程师职业资格制度的实施与监管。

各省、自治区、直辖市住房和城乡建设、交通运输、水利、人力资源社会保障行政主管部门，按照职责分工负责本行政区域内监理工程师职业资格制度的实施与监管。

第二章　考　　试

第五条　监理工程师职业资格考试全国统一大纲、统一命题、统一组织。

第六条　监理工程师职业资格考试设置基础科目和专业科目。

第七条　住房和城乡建设部牵头组织，交通运输部、水利部参与，拟定监理工程师职业资格考试基础科目的考试大纲，组织监理工程师基础科目命审题工作。

住房和城乡建设部、交通运输部、水利部按照职责分工分别负责拟定监理工程师职业资格考试专业科目的考试大纲，组织监理工程师专业科目命审题工作。

第八条　人力资源社会保障部负责审定监理工程师职业资格考试科目和考试大纲，负责监理工程师职业资格考试考务工作，并会同住房和城乡建设部、交通运输部、水利部对监理工程师职业资格考试工作进行指导、监督、检查。

第九条　人力资源社会保障部会同住房和城乡建设部、交通运输部、水利部确定监理工程师职业资格考试合格标准。

第十条　凡遵守中华人民共和国宪法、法律、法规，具有良好的业务素质和道德品行，具备下列条件之一者，可以申请参加监理工程师职业资格考试：

（一）具有各工程大类专业大学专科学历（或高等职业教育），从事工程施工、监理、设计等业务工作满 6 年；

（二）具有工学、管理科学与工程类专业大学本科学历或学位，从事工程施工、监理、设计等业务工作满 4 年；

（三）具有工学、管理科学与工程一级学科硕士学位或专业学位，从事工程施工、监理、设计等业务工作满 2 年；

（四）具有工学、管理科学与工程一级学科博士学位。

经批准同意开展试点的地区，申请参加监理工程师职业资格考试的，应当具有大学本科及以上学历或学位。

第十一条　监理工程师职业资格考试合格者，由各省、自治区、直辖市人力资源社会保障行政主管部门颁发中华人民共和国监理工程师职业资格证书（或电子证书）。该证书由人力资源社会保障部统一印制，住房和城乡建设部、交通运输部、水利部按专业类别分别与人力资源社会保障部用印，在全国范围内有效。

第十二条　各省、自治区、直辖市人力资源社会保障行政主管部门会同住房和城乡建设、交通运输、水利行政主管部门应加强学历、从业经历等监理工程师职业资格考试资格条件的审核。对以贿赂、欺骗等不正当手段取得监理工程师职业资格证书的，按照国家专业技术人员资格考试违纪违规行为处理规定进行处理。

第三章　注　　册

第十三条　国家对监理工程师职业资格实行执业注册管理制度。取得监理工程师职业资格证书且从事工程监理及相关业务活动的人员，经注册方可以监理工程师名义执业。

第十四条　住房和城乡建设部、交通运输部、水利部按照职责分工，制定相应监理工程师注册管理办法并监督执行。

住房和城乡建设部、交通运输部、水利部按专业类别分别负责监理工程师注册及相关工作。

第十五条　经批准注册的申请人，由住房和城乡建设部、交通运输部、水利部分别核发《中华人民共和国监理工程师注册证》（或电子证书）。

第十六条　监理工程师执业时应持注册证书和执业印章。注册证书、执业印章样式以及注册证书编号规则由住房和城乡建设部会同交通运输部、水利部统一制定。执业印章由监理工程师按照统一规定自行制作。注册证书和执业印章由监理工程师本人保管和使用。

第十七条 住房和城乡建设部、交通运输部、水利部按照职责分工建立监理工程师注册管理信息平台，保持通用数据标准统一。住房和城乡建设部负责归集全国监理工程师注册信息，促进监理工程师注册、执业和信用信息互通共享。

第十八条 住房和城乡建设部、交通运输部、水利部负责建立完善监理工程师的注册和退出机制，对以不正当手段取得注册证书等违法违规行为，依照注册管理的有关规定撤销其注册证书。

第四章 执 业

第十九条 监理工程师在工作中，必须遵纪守法，恪守职业道德和从业规范，诚信执业，主动接受有关部门的监督检查，加强行业自律。

第二十条 住房和城乡建设部、交通运输部、水利部按照职责分工建立健全监理工程师诚信体系，制定相关规章制度或从业标准规范，并指导监督信用评价工作。

第二十一条 监理工程师不得同时受聘于两个或两个以上单位执业，不得允许他人以本人名义执业，严禁“证书挂靠”。出租出借注册证书的，依据相关法律法规进行处罚；构成犯罪的，依法追究刑事责任。

第二十二条 监理工程师依据职责开展工作，在本人执业活动中形成的工程监理文件上签章，并承担相应责任。监理工程师的具体执业范围由住房和城乡建设部、交通运输部、水利部按照职责另行制定。

第二十三条 监理工程师未执行法律、法规和工程建设强制性标准实施监理，造成质量安全事故的，依据相关法律法规进行处罚；构成犯罪的，依法追究刑事责任。

第二十四条 取得监理工程师注册证书的人员，应当按照国家专业技术人员继续教育的有关规定接受继续教育，更新专业知识，提高业务水平。

第五章 附 则

第二十五条 本规定施行之前取得的公路水运工程监理工程师资格证书以及水利工程建设监理工程师资格证书，效用不变；按有关规定，通过人力资源社会保障部、住房和城乡建设部组织的全国统一考试，取得的监理工程师执业资格证书与本规定中监理工程师职业资格证书效用等同。

第二十六条 专业技术人员取得监理工程师职业资格，可认定其具备工程师职称，并可作为申报高一级职称的条件。

第二十七条 本规定自印发之日起施行。

监理工程师职业资格考试实施办法

第一条 住房和城乡建设部、交通运输部、水利部、人力资源社会保障部共同委托人力资源社会保障部人事考试中心承担监理工程师职业资格考试的具体考务工作。住房和城乡建设部、交通运输部、水利部可分别委托具备相应能力的单位承担监理工程师职业资格考试工作的命题、审题和主观试题阅卷等具体工作。

各省、自治区、直辖市住房和城乡建设、交通运输、水利、人力资源社会保障行政主管部门共同负责本地区监理工程师职业资格考试组织工作，具体职责分工由各地协商确定。

第二条 监理工程师职业资格考试设《建设工程监理基本理论和相关法规》《建设工程合同管理》《建设工程目标控制》《建设工程监理案例分析》4个科目。其中《建设工程监理基本理论和相关法规》《建设工程合同管理》为基础科目，《建设工程目标控制》《建设工程监理案例分析》为专业科目。

第三条 监理工程师职业资格考试专业科目分为土木建筑工程、交通运输工程、水利工程3个专业类别，考生在报名时可根据实际工作需要选择。其中，土木建筑工程专业由住房和城乡建设部负责；交通运输工程专业由交通运输部负责；水利工程专业由水利部负责。

第四条 监理工程师职业资格考试分4个半天进行。

第五条 监理工程师职业资格考试成绩实行4年为一个周期的滚动管理办法，在连续的4个考试年度内通过全部考试科目，方可取得监理工程师职业资格证书。

第六条 已取得监理工程师一种专业职业资格证书的人员，报名参加其他专业科目考试的，可免考基础科目。考试合格后，核发人力资源社会保障部门统一印制的相应专业考试合格证明。该证明作为注册时增加执业专业类别的依据。免考基础科目和增加专业类别的人员，专业科目成绩按照2年为一个周期滚动管理。

第七条 具备以下条件之一的，参加监理工程师职业资格考试可免考基础科目：

（一）已取得公路水运工程监理工程师资格证书；

（二）已取得水利工程建设监理工程师资格证书。

申请免考部分科目的人员在报名时应提供相应材料。

第八条 符合监理工程师职业资格考试报名条件的报考人员，按当地人事考试机构规定的程序和要求完成报名。参加考试人员凭准考证和有效证件在指定的日期、时间和地点参加考试。

中央和国务院各部门所属单位、中央管理企业的人员按属地原则报名参加考试。

第九条 考点原则上设在直辖市、自治区首府和省会城市的大、中专院校或者高考定点学校。

监理工程师职业资格考试原则上每年一次。

第十条 坚持考试与培训分开的原则。凡参与考试工作（包括命题、审题与组织管理等）的人员，不得参加考试，也不得参加或者举办与考试内容相关的培训工作。应考人员参加培训坚持自愿原则。

第十一条 考试实施机构及其工作人员，应当严格执行国家人事考试工作人员纪律规定和考试工作的各项规章制度，遵守考试工作纪律，切实做好从考试试题的命制到使用等各环节的安全保密工作，严防泄密。

第十二条 对违反考试工作纪律和有关规定的人员，按照国家专业技术人员资格考试违纪违规行为处理规定处理。

第十三条 参加原监理工程师执业资格考试并在有效期内的合格成绩有效期顺延，按照4年为一个周期管理。《建设工程监理基本理论和相关法规》《建设工程合同管理》《建设工程质量、投资、进度控制》《建设工程监理案例分析》科目合格成绩分别对应《建设工程监理基本理论和相关法规》《建设工程合同管理》《建设工程目标控制》《建设工程监理案例分析》科目。

第十四条 本办法自印发之日起施行。

住房和城乡建设部　国家发展改革委　教育部　工业和信息化部　人力资源社会保障部　交通运输部　水利部　税务总局　市场监管总局　国家铁路局　民航局　中华全国总工会关于加快培育新时代建筑产业工人队伍的指导意见

建市〔2020〕105号

党中央、国务院历来高度重视产业工人队伍建设工作，制定出台了一系列支持产业工人队伍发展的政策措施。建筑产业工人是我国产业工人的重要组成部分，是建筑业发展的基础，为经济发展、城镇化建设作出重大贡献。同时也要看到，当前我国建筑产业工人队伍仍存在无序流动性大、老龄化现象突出、技能素质低、权益保障不到位等问题，制约建筑业持续健康发展。为深入贯彻落实党中央、国务院决策部署，加快培育新时代建筑产业工人（以下简称建筑工人）队伍，提出如下意见。

一、总体思路

以习近平新时代中国特色社会主义思想为指导，全面贯彻党的十九大和十九届二中、三中、四中、五中全会精神，统筹推进“五位一体”总体布局和协调推进“四个全面”战略布局，牢固树立新发展理念，坚持以人民为中心的发展思想，以推进建筑业供给侧结构性改革为主线，以夯实建筑产业基础能力为根本，以构建社会化专业化分工协作的建筑工人队伍为目标，深化“放管服”改革，建立健全符合新时代建筑工人队伍建设要求的体制机制，为建筑业持续健康发展和推进新型城镇化提供更有力的人才支撑。

二、工作目标

到2025年，符合建筑行业特点的用工方式基本建立，建筑工人实现公司化、专业化管理，建筑工人权益保障机制基本完善；建筑工人终身职业技能培训、考核评价体系基本健全，中级工以上建筑工人达1 000万人以上。

到2035年，建筑工人就业高效、流动有序，职业技能培训、考核评价体系完善，建筑工人权益得到有效保障，获得感、幸福感、安全感充分增强，形成一支秉承劳模精神、劳动精神、工匠精神的知识型、技能型、创新型建筑工人大军。

三、主要任务

（一）引导现有劳务企业转型发展。改革建筑施工劳务资质，大幅降低准入门槛。鼓励有一定组织、管理能力的劳务企业引进人才、设备等向总承包和专业承包企业转型。鼓励大中型劳务企业充分利用自身优势搭建劳务用工信息服务平台，为小微专业作业企业与施工企业提供信息交流渠道。引导小微型劳务企业向专业作业企业转型发展，进一步做专做精。

（二）大力发展专业作业企业。鼓励和引导现有劳务班组或有一定技能和经验的建筑工人成立以作业为主的企业，自主选择1~2个专业作业工种。鼓励有条件的地区建立建筑工人服务园，依托“双创基地”、创业孵化基地，为符合条件的专业作业企业落实创业相关扶持政策，提供创业服务。政府投资开发的孵化基地等创业载体应安排一定比例场地，免费向创业成立专业作业企业的农民工提供。鼓励建筑企业优先选择当地专业作业企业，促进建筑工人就地、就近就业。

（三）鼓励建设建筑工人培育基地。引导和支持大型建筑企业与建筑工人输出地区建立合作关系，建设新时代建筑工人培育基地，建立以建筑工人培育基地为依托的相对稳定的建筑工人队伍。创新培育基地服务模式，为专业作业企业提供配套服务，为建筑工人谋划职业发展路径。

（四）加快自有建筑工人队伍建设。引导建筑企业加强对装配式建筑、机器人建造等新型建造方式和建造科技的探索和应用，提升智能建造水平，通过技术升级推动建筑工人从传统建造方式向新型建造方式转变。鼓励建筑企业通过培育自有建筑工人、吸纳高技能技术工人和职业院校（含技工院校，下同）毕业生等方式，建立相对稳定的核心技术工人队伍。鼓励有条件的企业建立首席技师制度、劳模和工匠人才（职工）创新工作室、技能大师工作室和高技能人才库，切实加强技能人才队伍建设。项目发包时，鼓励发包人在同等条件下优先选择自有建筑工人占比大的企业；评优评先时，同等条件下优先考虑自有建筑工人占比大的项目。

（五）完善职业技能培训体系。完善建筑工人技能培训组织实施体系，制定建筑工人职业技能标准和评价规范，完善职业（工种）类别。强化企业技能培训主体作用，发挥设计、生产、施工等资源优势，大力推行现代学徒制和企业新型学徒制。鼓励企业采取建立培训基地、校企合作、购买社会培训服务等多种形式，解决建筑工人理论与实操脱节的问题，实现技能培训、实操训练、考核评价与现场施工有机结合。推行终身职业技能培训制度，加强建筑工人岗前培训和技能提升培训。鼓励各地加大实训基地建设资金支持力度，在技能劳动者供需缺口较大、产业集中度较高的地区建设公共实训基地，支持企业和院校共建产教融合实训基地。探索开展智能建造相关培训，加大对装配式建筑、建筑信息模型（BIM）等新兴职业（工种）建筑工人培养，增加高技能人才供给。

（六）建立技能导向的激励机制。各地要根据项目施工特点制定施工现场技能工人基本配备标准，明确施工现场各职业（工种）技能工人技能等级的配备比例要求，逐步提高基本配备标准。引导企业不断提高建筑工人技能水平，对使用高技能等级工人多的项目，可适当降低配备比例要求。加强对施工现场作业人员技能水平和配备标准的监督检查，将施工现场技能工人基本配备标准达标情况纳入相关诚信评价体系。建立完善建筑职业（工种）人工价格市场化信息发布机制，为建筑企业合理确定建筑工人薪酬提供信息指引。引导建筑企业将薪酬与建筑工人技能等级挂钩，完善激励措施，实现技高者多得、多劳者多得。

（七）加快推动信息化管理。完善全国建筑工人管理服务信息平台，充分运用物联网、计算机视觉、区块链等现代信息技术，实现建筑工人实名制管理、劳动合同管理、培训记录与考核评价信息管理、数字工地、作业绩效与评价等信息化管理。制定统一数据标准，加强各系统平台间的数据对接互认，实现全国数据互联共享。加强数据分析运用，将建筑工人管理数据与日常监管相结合，建立预警机制。加强信息安全保障工作。

（八）健全保障薪酬支付的长效机制。贯彻落实《保障农民工工资支付条例》，工程建设领域施工总承包单位对农民工工资支付工作负总责，落实工程建设领域农民工工资专用账户管理、实名制管理、工资保证金等制度，推行分包单位农民工工资委托施工总承包单位代发制度。依法依规对列入拖欠农民工工资“黑名单”的失信违法主体实施联合惩戒。加强法律知识普及，加大法律援助力度，引导建筑工人通过合法途径维护自身权益。

（九）规范建筑行业劳动用工制度。用人单位应与招用的建筑工人依法签订劳动合同，严禁用劳务合同代替劳动合同，依法规范劳务派遣用工。施工总承包单位或者分包单位不得安排未订立劳动合同并实名登记的建筑工人进入项目现场施工。制定推广适合建筑业用工特点的简易劳动合同示范文本，加大劳动监察执法力度，全面落实劳动合同制度。

（十）完善社会保险缴费机制。用人单位应依法为建筑工人缴纳社会保险。对不能按用人单位参加工伤保险的建筑工人，由施工总承包企业负责按项目参加工伤保险，确保工伤保险覆盖施工现场所有建筑工人。大力开展工伤保险宣教培训，促进安全生产，依法保障建筑工人职业安全和健康权益。鼓励用人单位为建筑工人建立企业年金。

（十一）持续改善建筑工人生产生活环境。各地要依法依规及时为符合条件的建筑工人办理居住证，用人单位应及时协助提供相关证明材料，保障建筑工人享有城市基本公共服务。全面推行文明施工，保证施工现场整洁、规范、有序，逐步提高环境标准，引导建筑企业开展建筑垃圾分类管理。不断改善劳动安全卫生标准和条件，配备符合行业标准的安全帽、安全带等具有防护功能的工装和劳动保护用品，制定统一的着装规范。施工现场按规定设置避难场所，定期开展安全应急演练。鼓励有条件的企业按照国家规定进行岗前、岗中和离岗时的职业健康检查，并将职工劳动安全防护、劳动条件改善和职业危害防护等纳入平等协商内容。大力改善建筑工人生活区居住环境，根据有关要求及工程实际配置空调、淋浴等设备，保障水电供应、网络通信畅通，达到一定规模的集中生活区要配套食堂、超市、医疗、法律咨询、职工书屋、文体活动室等必要的机构设施，鼓励开展物业化管理。将符合当地住房保障条件的建筑工人纳入住房保障范围。探索适应建筑业特点的公积金缴存方式，推进建筑工人缴存住房公积金。加大政策落实力度，着力解决符合条件的建筑工人子女城市入托入学等问题。

四、保障措施

（一）加强组织领导。各地要充分认识建筑工人队伍建设的重要性和紧迫性，强化部门协作、建立协调机制、细化工作措施，扎实推进建筑工人队伍建设。要强化建筑工人队伍的思想政治引领，加强宣传思想文化阵地建设，深化理想信念教育，培育和践行社会主义核心价值观，坚持不懈用习近平新时代中国特色社会主义思想教育和引导广大建筑工人。要按照《建筑工人施工现场生活环境基本配置指南》《建筑工人施工现场劳动保护基本配置指南》《建筑工人施工现场作业环境基本配置指南》（见附件）要求，结合本地区实际进一步细化落实，加强监督检查，切实改善建筑工人生产生活环境，提高劳动保障水平。

（二）发挥工会组织和社会组织积极作用。充分发挥工会组织作用，着力加强源头（劳务输出地）建会、专业作业企业建会和用工方建会，提升建筑工人入会率。鼓励依托现有行业协会等社会组织，建设建筑工人培育产业协作机制，搭建施工专业作业用工信息服务平台，助力小微专业作业企业发展。

（三）加大政策扶持和财税支持力度。对

于符合条件的建筑企业，继续落实在税收、行政事业性收费、政府性基金等方面的相关减税降费政策。落实好职业培训、考核评价补贴等政策，结合实际情况，明确一定比例的建筑安装工程费专项用于施工现场工人技能培训、考核评价。对达到施工现场技能工人配备比例的工程项目，建筑企业可适当减少该项目建筑工人技能培训、考核评价的费用支出。引导建筑企业建立建筑工人培育合作伙伴关系，组建建筑工人培育平台，共同出资培训建筑工人，归集项目培训经费，统筹安排资金使用，提高资金利用效率。指导企业足额提取职工教育经费用于开展职工教育培训，加强监督管理，确保专款专用。对符合条件人员参加建筑业职业培训以及高技能人才培训的，按规定给予培训补贴。

（四）大力弘扬劳模精神、劳动精神和工匠精神。鼓励建筑企业大力开展岗位练兵、技术交流、技能竞赛，扩大参与覆盖面，充分调动建筑企业和建筑工人参与积极性，提高职业技能；加强职业道德规范素养教育，不断提高建筑工人综合素质，大力弘扬和培育工匠精神。坚持正确的舆论导向，宣传解读建筑工人队伍建设改革的重大意义、目标任务和政策举措，及时总结和推广建筑工人队伍建设改革的好经验、好做法。加大建筑工人劳模选树宣传力度，大力宣传建筑工人队伍中的先进典型，营造劳动最光荣、劳动最崇高、劳动最伟大、劳动最美丽的良好氛围。

附件：1. 建筑工人施工现场生活环境基本配置指南（略）

2. 建筑工人施工现场劳动保护基本配置指南（略）

3. 建筑工人施工现场作业环境基本配置指南（略）

2020 年 12 月 18 日

农业农村部办公厅　人力资源社会保障部办公厅关于印发《扩大返乡留乡农民工就地就近就业规模实施方案》的通知

农办产〔2020〕2号

各省、自治区、直辖市及计划单列市农业农村（农牧）厅（局、委）、人力资源社会保障厅（局），新疆生产建设兵团农业农村局、人力资源社会保障局：

为贯彻落实中央统筹推进新冠肺炎疫情防控和经济社会发展工作部署，按照国务院关于应对新冠肺炎疫情影响强化稳就业举措的要求，农业农村部、人力资源社会保障部制定了《扩大返乡留乡农民工就地就近就业规模实施方案》，现印发给你们，请认真贯彻执行。

各级农业农村部门和人力资源社会保障部门要着眼大局，主动作为，结合本地实际，细化实施方案，实化政策措施，强化责任落实，有力促进农民工就地就近就业。要密切配合、同向发力，明确任务分工，加强指导服务，搞好监测调度，及时解决返乡留乡农民工就业中的实际困难，努力实现农民工就地就近就业目标。

2020年3月26日

扩大返乡留乡农民工就地就近就业规模实施方案

今年是全面建成小康社会目标实现之年，是全面打赢脱贫攻坚战收官之年，促进农民就业增收任务艰巨。突发的新冠肺炎疫情，对农民工外出务工造成较大冲击，给返乡留乡农民工就业增收带来较大困难。为贯彻落实中央统筹推进新冠肺炎疫情防控和经济社会发展工作部署，按照国务院关于应对新冠肺炎疫情影响强化稳就业举措的要求，在推动农民工有序返城返岗就业的同时，要加强政策扶持，强化指导服务，扩大返乡留乡农民工就地就近就业规模，努力实现全年促进农民工就业目标。

一、总体要求

贯彻落实习近平总书记在统筹推进新冠肺炎疫情防控和经济社会发展工作部署会议上的重要讲话精神和国务院的部署，以实施乡村振兴战略为总抓手，以促进农民就业增收为目标，集成政策措施，集聚资源要素，集合公共服务，促进返乡留乡农民工就地就近就业创业，形成就业促增收、致富奔小康的良好局面，为全面小康和脱贫攻坚提供支撑。

二、目标任务

（一）回归农业稳定一批。引导返乡留乡农民工投入农业生产，领办合办农民合作社、农机服务社，开办家庭农场，兴办特色种植业和规模养殖业，推进农产品产业链、物流体系建设，扩大农业生产和服务领域的就业机会。

（二）工程项目吸纳一批。抓住补齐“三农”短板的机遇，以实施农村基础设施项目为带动，引导返乡留乡农民工参与农田水利、村庄道路、人居环境整治、乡村绿化等工程项目建设，吸纳更多返乡留乡农民工就业。

（三）创新业态培育一批。依托农业农村资源，发掘农业多种功能和乡村多重价值，催生加工流通、休闲旅游、健康养生、农事体验、电子商务、直播直销等新产业新业态，丰富产业形态，增加返乡留乡农民工就业。

（四）扶持创业带动一批。实施返乡留乡农民工创业推进行动，强化政策引导，优化创业环境，引导返乡留乡农民工积极发展乡村车间、家庭工场、手工作坊、创意农业等，带动更多返乡留乡农民工就业。

（五）公益岗位安置一批。对通过市场渠道难以就业的农民工，整合各类资源，积极拓宽渠道，开发乡村保洁员、水管员、护路员、生态护林员等公益性岗位，托底安置返乡留乡农民工就业。

三、重点措施

（一）落实就业扶持政策。落实吸纳农民工就业的财政、税收、信贷等援企稳岗政策。按照稳就业和返乡入乡创业工作要求，对首次创业、正常经营 1 年以上的返乡留乡创业农民工，给予一次性创业补贴。按照普惠金融发展专项资金管理办法，对符合条件的返乡留乡农民工创业担保贷款予以贴息。

（二）引导企业扩大岗位。支持企业特别是农业产业化龙头企业通过临时性、季节性、弹性用工等形式，吸引返乡留乡农民工灵活就业。鼓励企业间开展用工调剂，采取借调代岗形式，增加就业机会，实现返乡留乡农民工共享就业。支持企业延伸产业链和服务外包，吸引返乡留乡农民工在加工、包装、运输等环节交替上岗，实现返乡留乡农民工临时兼业。有序推进乡村劳动密集型制造业、服务业企业和中小微企业复工复产，实现返乡留乡农民工到岗就业。

（三）开发更多新型业态。积极发展生产性服务业，吸引返乡留乡农民工在农资供应、统防统治、代耕代种、农机维修等农业前端行业就业。积极发展农产品初加工，吸引农民工在农产品储藏保鲜、分等分级、清洗包装等后端行业就业。跨界配置农业和现代产业要素，吸引返乡留乡农民工在休闲旅游、健康养生、共享农庄、农村电商等新业态就业。鼓励返乡留乡农民工发展乡村养老育幼、家政服务、资源回收等生活性服务业。

（四）加强基础设施建设。加快实施高标准农田建设、水利设施建设、乡村道路改造、小流域治理、农村危房改造、人居环境整治等工程，吸纳返乡留乡农民工就业。通过现代农业产业园、农业产业强镇、优势特色产业集群等农业项目的实施，优先安排返乡留乡农民工就业。引导社会资本下乡，建设原料基地，下沉加工产能，兴办商贸物流，增加返乡留乡农民工就业岗位。

（五）优化就业创业服务。及时向社会公布政策清单、申办流程、补贴标准，确保政策和服务落实到位。组织开展线上线下多元化就业指导，健全岗位信息公共发布平台，实现岗位信息在线发布和跨地区共享。加强返乡留乡农民工定期联系和分级分类服务。在县乡行政服务大厅设立服务窗口，为返乡留乡农民工就业创业提供“一站式”服务。

（六）开展职业技能培训。实施返乡留乡职业技能提升行动，运用互联网+职业技能培训模式，按照就业意向、区域特点和产业需求，开发一批特色专业和示范培训线上培训课程资源。加强返乡留乡农民工专项培训，开展返乡留乡农民工技能提升培训或转岗转业培训。加强就业见习实习、创业孵化实训基地建设，鼓励培训机构与企业联合开展定向、定岗、订单式就业创业技能培训。组建创业导师队伍和专家顾问团，建立专业化、规模化、制度化培养机制。

四、组织保障

（一）强化协调保障。各级农业农村部门和人力资源社会保障部门要按照农业农村优先、就业优先的要求，落实支持农业农村发展、促进就业创业等扶持政策，加强工作协调，明确任务、压实责任，推进措施落实。鼓励地方加大财政、信贷资金投入，支持返乡留乡农民工稳定就业、顺畅创业。

（二）强化宣传引导。利用各类媒体，加强宣传引导和政策解读。发掘促进返乡留乡农民工就地就业创业工作典型经验，选树返乡留乡农民工在中西部地区、重点贫困地区就业创业的先进典型，讲好就业故事，发挥典型引路作用，营造支持返乡留乡农民工就业创业良好氛围。

（三）强化监测调度。对返乡留乡农民工就业创业情况进行摸底调查，加强返乡留乡农民工就业和创业动态监测，与有关部门加强沟通协作，开展大数据对比分析，做好就业形势研判。及时协调解决返乡留乡农民工就业创业存在的突出问题，努力实现全年工作目标。

农业农村部　国家发展改革委　教育部　科技部　财政部　人力资源社会保障部　自然资源部　退役军人部　银保监会关于深入实施农村创新创业带头人培育行动的意见

农产发〔2020〕3号

各省、自治区、直辖市及新疆生产建设兵团农业农村（农牧）厅（局、委）、发展改革委、教育厅（局、委）、科技厅（局、委）、财政厅（局）、人力资源社会保障厅（局）、自然资源主管部门、退役军人事务厅（局）、银保监局：

创新创业是乡村产业振兴的重要动能，人才是创新创业的核心要素。农村创新创业带头人饱含乡土情怀、具有超前眼光、充满创业激情、富有奉献精神，是带动农村经济发展和农民就业增收的乡村企业家。近年来，农村创新创业环境不断改善，涌现了一批农村创新创业带头人，成为引领乡村产业发展的重要力量。但仍存在总量不大、层次不高、带动力不强等问题，亟需加快培育壮大。为贯彻《中共中央、国务院关于抓好“三农”领域重点工作确保如期实现全面小康的意见》部署，深入实施农村创新创业带头人培育行动，大力发展富民乡村产业，奠定决胜全面建成小康社会的物质基础，现提出如下意见。

一、总体要求

（一）指导思想。以习近平新时代中国特色社会主义思想为指导，全面贯彻落实党的十九大和十九届二中、三中、四中全会精神，坚持农业农村优先和就业优先方针，以实施乡村振兴战略为总抓手，紧扣乡村产业振兴目标，强化创新驱动，加强指导服务，优化创业环境，培育一批扎根乡村、服务农业、带动农民的农村创新创业带头人，发挥“头雁效应”，以创新带动创业，以创业带动就业，以就业促进增收，为全面建成小康社会、推进乡村全面振兴提供有力支撑。

（二）基本原则。

市场主体、政府引导。尊重市场主体，激活资源要素，激发创造活力，各尽其能，各展所长。更好发挥政府作用，优化创新创业环境，营造崇尚创新、勇于创业、勤劳致富的氛围。

产业为基、就业为本。依托农业农村资源，发掘农业多种功能和乡村多重价值，发展特色突出、关联度高、产业链长的产业。推行包容性、共享式发展，吸纳更多农村劳动力就地就近就业。

创新驱动、创业带动。充分利用现代科技成果，开发新技术新产品，催生新产业新业态，以创新引领创业。弘扬企业家精神，在创业中实现自身价值，在带动中体现社会价值。

联农带农、富民兴乡。坚持以农民为主体，建立紧密利益联结机制，带着农民干、帮着农民赚。加快全产业链和全价值链建设，把二三产业留在乡村，把增值收益更多地留给农民，实现富裕农民、繁荣乡村。

（三）总体目标。

到2025年，农村创新创业环境明显改善，创新创业层次显著提升，创新创业队伍不断壮大，乡村产业发展动能更加强劲。农村创新创业带头人达到100万以上，农业重点县的行政村基本实现全覆盖。

二、明确培育重点

（四）扶持返乡创业农民工。以乡情感召、政策吸引、事业凝聚，引导有资金积累、技术专长、市场信息和经营头脑的返乡农民工在农村创新创业。遴选一批创业激情旺盛的返乡农民工，加强指导服务，重点发展特色种植业、规模养殖业、加工流通业、乡村服务业、休闲旅游业、劳动密集型制造业等，吸纳更多农村劳动力就地就近就业。

（五）鼓励入乡创业人员。营造引得进、留得住、干得好的乡村营商环境，引导大中专毕业生、退役军人、科技人员等入乡创业，应用新技术、开发新产品、开拓新市场，引入智创、文创、农创，丰富乡村产业发展类型，带动更多农民学技术、闯市场、创品牌，提升乡村产业的层次水平。

（六）发掘在乡创业能人。挖掘“田秀才”“土专家”“乡创客”等乡土人才，以及乡村工匠、文化能人、手工艺人等能工巧匠，支持创办家庭工场、手工作坊、乡村车间，创响“乡字号”“土字号”乡土特色产品，保护传统手工艺，发掘乡村非物质文化遗产资源，带动农民就业增收。

三、强化政策扶持

（七）加大财政政策支持。统筹利用好现有创新创业扶持政策，为符合条件的返乡入乡创业人员和企业提供支持，农村创新创业带头人可按规定申领。鼓励地方统筹利用现有资金渠道，支持农村创新创业带头人兴办企业、做大产业。允许发行地方政府专项债券，支持农村创新创业园和孵化实训基地中符合条件的项目建设。对首次创业、正常经营1年以上的农村创新创业带头人，按规定给予一次性创业补贴。对入驻创业示范基地、创新创业园区和孵化实训基地的农村创新创业带头人创办的企业，可对厂房租金等相关费用给予一定额度减免。

（八）加大金融政策支持。引导相关金融机构创新金融产品和服务方式，支持农村创新创业带头人创办的企业。落实创业担保贷款贴息政策，大力扶持返乡入乡人员创新创业。发挥国家融资担保基金等政府性融资担保体系作用，积极为农村创新创业带头人提供融资担保。引导各类产业发展基金、创业投资基金投入农村创新创业带头人创办的项目。推广“互联网+返乡创业+信贷”等农村贷款融资模式。

（九）加大创业用地支持。各地新编县乡级国土空间规划、省级制定土地利用年度计划应做好农村创新创业用地保障。推进农村集体经营性建设用地入市改革，支持开展县域农村闲置宅基地、农业生产与村庄建设复合用地、村庄空闲地等土地综合整治，农村集体经营性建设用地、复垦腾退建设用地指标，优先用于乡村新产业新业态和返乡入乡创新创业。允许在符合国土空间规划和用途管制要求、不占用永久基本农田和生态保护红线的前提下，探索创新用地方式，支持农村创新创业带头人创办乡村旅游等新产业新业态。

（十）加大人才政策支持。支持和鼓励高校、科研院所等事业单位科研人员，按国家有关规定离岗到乡村创办企业，允许科技人员以科技成果作价入股农村创新创业企业。将农村创新创业带头人及其所需人才纳入地方政府人才引进政策奖励和住房补贴等范围。对符合条件的农村创新创业带头人及其共同生活的配偶、子女和父母全面放开城镇落户限制，纳入城镇住房保障范围，增加优质教育、住房等供给。加快推进全国统一的社会保险公共服务平台建设，切实为农村创新创业带头人及其所需人才妥善办理社保关系转移接续。

四、加强创业培训

（十一）加大培训力度。实施返乡入乡创业带头人培养计划，对具有发展潜力和带头示范作用的返乡入乡创业人员，依托普通高校、职业院校、优质培训机构、公共职业技能培训平台等开展创业培训。将农村创新创业带头人纳入创业培训重点对象，支持有意愿人员参加创业培训。符合条件的，按规定纳入职业培训补贴范围，所需资金从职业技能提升行动（2019—2021年）专账资金列支。

（十二）创新培训方式。支持有条件的职业院校、企业深化校企合作，依托大型农业企业、知名村镇、大中专院校等建设一批农村创新创业孵化实训基地，为返乡入乡创新创业带头人提供职业技能培训基础平台。充分利用门户网站、远程视频、云互动平台、微课堂、融媒体等现代信息技术手段，提供灵活便捷的在线培训，创新开设产品研发、工艺改造、新型业态、风险防控、5G技术、区块链等前沿课程。

（十三）提升培训质量。积极探索创业培训+技能培训，创业培训与区域产业相结合的培训模式。根据返乡入乡创新创业带头人特点，开发一批特色专业和示范培训课程。大力推行互动教学、案例教学和现场观摩教学，开设农村创新创业带头人创业经验研讨课。组建专业化、规模化、制度化的创新创业导师队伍和专家顾问团，建立“一对一”“师带徒”培养机制。

五、优化创业服务

（十四）提供优质服务。县乡政府要在政务大厅设立农村创新创业服务窗口，打通部门间信息查询互认通道，集中提供项目选择、技术支持、政策咨询、注册代办等一站式服务。各级政府在门户网站均应设立农村创新创业网页专栏，推进政务服务“一网通办”、扶持政策“一键查询”。发挥乡村产业服务指导机构作用，为农村创新创业带头人提供政策解读、项目咨询、土地流转、科技推广、用人用工等方面的服务。

（十五）聚集服务功能。严格落实园区设立用地审核要求，依托现代农业产业园、农产品加工园、高新技术园区等，建设一批乡情浓厚、特色突出、设施齐全的农村创新创业园区。建设一批集“生产+加工+科技+营销+品牌+体验”于一体、“预孵化+孵化器+加速器+稳定器”全产业链的农村创新创业孵化实训基地、众创空间和星创天地等，帮助农村创新创业带头人开展上下游配套创业。

（十六）拓宽服务渠道。积极培育市场化中介服务机构，发挥行业协会商会作用，组建农村创新创业联盟，实现信息共享、抱团创业。建立“互联网+创新创业”模式，推进农村创新创业带头人在线、实时与资本、技术、商超和电商对接，利用5G技术、云平台和大数据等创新创业。完善农村信息、交通、寄递、物流线路及网点等设施，健全以县、乡、村三级物流节点为支撑的物流网络体系。

六、强化组织保障

（十七）加强组织领导。各地要把农村创新创业带头人培育纳入经济社会发展全局和稳就业大局中统筹谋划和推进，建立健全农村创新创业带头人培育工作机制，制定工作方案，明确任务分工，落实部门责任。各相关部门要加强协作，心往一处想、劲往一处使，聚力抓好落实。各级农业农村部门要主动作为，尽职履责抓好农村创新创业带头人培育有关工作。

（十八）选好培育对象。农村创新创业带头人要爱党爱国、遵纪守法、品行端正、个人信用记录良好，有能力、有意愿带动农民就业致富。农村创新创业带头人遴选要公开公平公正，得到社会公认，并经村公示、乡（镇）审核，报县（市）农业农村部门备案，确定为农村创新创业带头人。

（十九）推进政策落实。各地要把支持农村创新创业带头人培育的扶持政策列出清单，建立政策明白卡，逐项抓好落实。结合农民工职业技能培训实施，支持农村创新创业带头人培育。引导金融机构加大对农村创新创业带头人的信贷支持力度。

（二十）开展监测评估。县级要建立农村创新创业带头人信息档案库，跟踪收集带头人参加培训、创办企业、实施项目、享受政策扶持等情况，每年进行动态调整。建立调度制度，半年一小结、全年一总结。建立评估机制，对各地开展农村创新创业带头人培育工作进行评估，对成效显著的县（市）推介为“全国农村创新创业典型案例”。

（二十一）加强宣传引导。挖掘一批农村创新创业带头人鲜活案例，讲好励志创业故事。对创新创业活跃、联农带农紧密、业绩特别突出的农村创新创业优秀带头人，可按国家有关规定予以表彰。充分运用报刊、电视、广播、网络等全媒体资源，宣传农村创新创业带头人典型事迹，营造激情创新创业、梦圆乡村振兴的良好氛围。

2020 年 6 月 13 日

农业农村部办公厅　人力资源社会保障部办公厅 财政部办公厅关于推动建立长江流域渔政协助巡护队伍的意见

农办长渔〔2020〕7号

长江流域各省、自治区、直辖市农业农村厅（委）、人力资源和社会保障厅（局）、财政厅（局）：

长江禁捕是为全局计、为子孙谋的重要决策，习近平总书记高度重视、反复强调、亲自部署、亲自推动，李克强总理、韩正副总理、胡春华副总理提出明确要求。为贯彻党中央、国务院有关决策部署，提升长江流域渔政执法监管能力，确保“禁渔令”落实落地，现就推动建立长江流域渔政协助巡护队伍（以下简称“协助巡护队伍”），提出以下意见。

一、总体要求

（一）指导思想。认真落实党中央、国务院有关决策部署，根据《国务院办公厅关于加强长江水生生物保护工作的意见》（国办发〔2018〕95号）和《国务院办公厅关于切实做好长江流域禁捕有关工作的通知》（国办发明电〔2020〕21号）有关要求，创新渔政执法监管机制，构建新时期专管与群管结合的执法监管体系，全面适应长江流域常年禁捕新形势新要求，把“共抓大保护、不搞大开发”的有关要求落到实处。

（二）目标任务。发挥退捕渔民熟悉水情鱼情优势，通过组建规模适度、架构合理的协助巡护队伍，切实加强长江流域渔政执法能力建设，满足常年禁捕新形势新任务需要，确保长江禁捕取得扎实成效。

二、重点措施

（一）明确协助巡护队伍职责。协助巡护队伍是渔政执法管理的重要辅助力量，其职责主要包括协助渔业行政主管部门及其所属的渔政执法监督管理机构开展执法巡查、保护巡护、法规宣传等工作，及时发现、报告和制止各种非法捕捞及其他破坏水生生物和渔业水域生态的违法行为。协助巡护队伍不具备执法资格，但在执法人员带领下，可以协助对非法捕捞案件现场进行证据收集和临时处置，及对涉案人员进行初步问询检查。

（二）合理确定协巡队伍规模。坚持中央统筹、省负总责、市县抓落实的工作机制，各省（直辖市）农业农村和人力资源社会保障部门要组织制定协助巡护队伍建设总体安排，有禁捕管理任务的市县负责具体落实。各地要高度重视，统筹谋划，综合研判常年禁捕后渔政执法管理面临的新形势新任务，组建规模适度、架构合理的协助巡护队伍。

（三）规范协巡人员招聘录用。各地应结合当地实际，制定协助巡护人员招聘计划，明确协助巡护人员的文化程度、年龄、身体状况、工作技能等招聘条件，按照公正、公开、公平、透明原则，开展协助巡护人员招聘录用工作。渔业主管部门可在适当范围对拟招聘的协助巡护人员进行公示公告，优先招录熟悉水情渔情且无非法捕捞记录的退捕渔民，符合就业困难人员条件并通过公益性岗位安置的，按规定享受社会保险补贴和公益性岗位补贴。录用的协助巡护人员应对所承担的工作负保密责任。

（四）加强协巡队伍人员管理。各地可同时探索建立协助巡护人员激励、奖惩、考核、晋升等管理机制。按照“谁招聘、谁使用、谁管理”原则，加强对协助巡护人员的岗前培训和在岗培训。培训内容包括《渔业法》《野生动物保护法》等法律法规、珍稀濒危水生野生动物救护技能以及协助巡护职责任务、工作纪律、职业道德等。岗前培训一般不少于3天，在岗培训一般每年不少于1天。

三、组织实施

（一）加强组织领导，强化资金保障。各地要把协助巡护队伍建设工作作为加强渔政执法监管能力、有效保障禁捕效果的重要举措，作为发挥退捕渔民特长、拓宽就业安置渠道的重要途径，结合地方实际情况，研究制定实施方案并组织实施。在统筹长江禁捕过渡期补助资金、渔业油补资金用于协助巡护工作基础上，加强经费保障，鼓励吸收社会资金发展协助巡护队伍。

（二）做好人员保障，充实执法装备。各地要保障协助巡护人员待遇，协助巡护人员工资应不低于当地最低工资标准，健全完善协助巡护人员人身意外伤害保险制度，提高巡护人员履职积极性，增强巡护队伍稳定性。各地要制定科学合理的装备配备计划规划，根据执法需求提供必要的船艇、车辆以及取证、通讯和安全防护等设施装备。

（三）总结经验做法，加强宣传引导。各地要充分发挥主观能动性，创造性地开展协助巡护工作。注意收集提炼协助巡护工作中的好经验好做法，加强宣传报道，加深社会公众对协助巡护工作的理解与支持，营造全社会共同关爱长江、关注保护的良好氛围，增强协助巡护工作实效。

2020年11月23日

农业农村部　科技部　财政部　人力资源社会保障部　自然资源部　商务部　银保监会关于推进返乡入乡创业园建设提升农村创业创新水平的意见

农产发〔2020〕5号

各省、自治区、直辖市及新疆生产建设兵团农业农村（农牧）厅（局、委）、科技厅（局、委）、财政厅（局）、人力资源社会保障厅（局）、自然资源主管部门、商务厅（委、局）、银保监局：

返乡入乡创业园是在县域内，以培育初创型和成长型企业为重点，集中提供创业场所和创业服务的各类园区（基地）。近年来，农村创业创新环境持续改善，返乡入乡创业人员不断增多，为乡村产业振兴注入了强劲动力。但是，农村创业创新仍存在要素聚集较低、政策集成不够、服务集合不强等问题，需要搭建平台，提升创业创新水平。为贯彻党中央“六稳”“六保”部署，落实《国务院办公厅关于提升大众创业万众创新示范基地带动作用进一步促改革稳就业强动能的实施意见》（国办发〔2020〕26号）要求，加快建设一批县域返乡入乡创业园，打造农村创业创新升级版，现提出如下意见。

一、总体要求

（一）指导思想。以习近平新时代中国特色社会主义思想为指导，以实施乡村振兴战略为总抓手，践行新发展理念，坚持就业优先，强化创新引领，高质量建设一批县域返乡入乡创业园，推进要素集聚、政策集成、服务集合，吸引农民工等就地就近创业就业，深入推进农村创业创新，为乡村全面振兴和农业农村现代化提供有力支撑。

（二）基本原则。

坚持政府扶持、市场导向。更好发挥政府作用，重点发挥财政撬动作用、金融支撑作用。发挥市场配置资源的决定性作用，支持和引导社会资本参与返乡入乡创业园建设。

坚持产业为基、就业为本。立足当地资源优势和主导产业，依托现有各类园区、产业集群和镇（乡）物流节点，加强基础设施和公共服务设施建设。推行包容性、共享式发展，吸纳返乡入乡人员创业，带动更多农民工就业。

坚持创新驱动、创业带动。充分利用现代科技成果，开发新技术新产品，催生新产业新业态，以创新引领创业。弘扬企业家精神，在创业中实现自身价值，在带动中体现社会价值。

坚持服务优先、能力提升。以服务返乡入乡人员创业为宗旨，以创业主体需求为导向，优化创业创新软硬环境，增强主体带动能力、要素支撑能力、平台服务能力，倡导敬业、精益、专注、宽容失败的文化，不断提高服务质量和效率。

（三）目标任务。到 2025 年，重点依托现有相关园区存量资源，配套创业服务功能，在全国县域建设 1 500 个功能全、服务优、覆盖面广、承载力强、孵化率高的返乡入乡创业园，基本覆盖农牧渔业大县（市）和劳务输出重点县（市），吸引 300 万返乡入乡人员创业创新，带动 2 000 万农民工就地就近就业。

二、明确返乡入乡创业园建设重点

（四）新建一批返乡入乡创业园。利用“大众创业万众创新”示范基地，以及农业科技园、优势特色产业集群、现代农业产业园、农业产业强镇等农业项目，新建一批特色突出、设施齐全的返乡入乡创业园，搭建众创空间和星创天地等平台，构建“生产+加工+科技+营销+品牌+体验”多位一体、上下游产业衔接的创业格局。

（五）提升一批返乡入乡创业园。依托现有农民创业园、科技创业园、农村创业创新园、返乡创业园等各类创业园，改造水电环保、光纤宽带、成果转化、检验检测等配套设施，集成培训、见习、实习、实训、咨询、孵化等功能，扩充信息咨询、创业辅导、科技研发、金融保险等服务，融合原料生产、加工流通、休闲旅游、农村电商等产业，增强返乡入乡创业园服务功能。

（六）拓展一批返乡入乡创业园。依托经济开发区、高新技术园、现代农业产业园、农产品加工园、工业园、电商园、物流园、休闲旅游园等，配置现代产业要素，嫁接成熟生产技术，匹配优秀管理人才，引入天使投资、创业投资、风险投资基金等，开发一批返乡入乡创业园。

（七）整合一批返乡入乡创业园。依托农业产业化龙头企业、大型工商企业、大中专院校、知名村镇、重点农民合作社等，挖掘现有设施潜力，配齐办公场所、科研仪器、创意开发工具、公共软件等，配套创业培训、政策咨询、专家指导、技术对接、实训演练、事务代理等服务，集中提供公共服务支持返乡入乡创业初创主体。

三、完善返乡入乡创业政策

（八）强化财政扶持政策。通过现有资金渠道，支持符合条件的返乡入乡创业园区和孵化实训基地建设。充分发挥各类政府投资基金引导作用，支持返乡入乡人员兴办企业、做大产业。对首次创业、正常经营 1 年以上的返乡入乡创业人员，可给予一次性创业补贴。

（九）落实税费减免政策。对返乡入乡创业企业招用登记失业人员，符合条件的，按规定落实税收优惠等政策。对入驻返乡入乡创业园、孵化实训基地等场所或租用各类园区标准化厂房生产的返乡入乡创业企业，各地可对厂房租金、房租物业费、卫生费、管理费等给予一定额度减免。

（十）创新金融保险服务。引导相关金融机构创新金融产品和服务方式，支持返乡入乡人员创办的企业。落实创业担保贷款和贴息政策，加大对符合条件的返乡入乡创业个人支持力度。推广“互联网+返乡创业+信贷”“政府+银行+保险”等农村贷款融资模式，设立信用园区，形成支持白名单，逐步取消反担保，建立绿色通道，做到应贷尽贷快贷。稳妥探索大型农机具、股权、商标、应收账款等抵（质）押贷款，不断拓展抵（质）押物范围。鼓励相关银行对暂时存在流动资金贷款偿还困难且符合相关条件的返乡入乡创业企业给予展期。适当提高对返乡入乡创业企业贷款不良率的容忍度。

（十一）引导社会资本投入。按照“政府引导、市场运作、科学决策、风险防范”的原则，细化落实用地、环评等具体政策措施，引导社会资本、政府投资基金等对返乡入乡创业园的企业进行股权投资。支持返乡入乡创业企业通过发行创业创新公司债券、县城新型城镇化建设专项企业债券等方式，实现债权融资。支持互联网公司、电商平台和农业产业化龙头企业参与返乡入乡创业园建设。

（十二）保障园区建设用地。各地新编县乡级国土空间规划、省级制定土地利用年度计划中，应做好返乡入乡创业用地保障。稳妥有序引导使用农村集体经营性建设用地、村庄整治复垦腾退建设用地指标，优先用于返乡入乡建设标准化厂房，创办小型加工项目。依法依规改造利用盘活工厂、公用设施等闲置房产、空闲土地，为返乡入乡创业人员提供低成本生产和办公场地。返乡入乡人员创办农业休闲观光度假场所和农家乐的，可依法依规使用集体建设用地。允许在符合国土空间规划和用途管制要求、不占用永久基本农田和生态保护红线的前提下，探索创新用地方式，支持返乡入乡人员发展乡村旅游等新产业新业态。

（十三）强化创业人才支撑。鼓励和支持高校、科研机构等单位专业技术人才离岗到乡村创办企业，允许科技人员以科技成果作价入股返乡入乡人员创办的企业。将返乡入乡创业企业所需人才按规定纳入当地政府人才引进政策支持范围。对符合条件的返乡入乡创业人员及其共同生活的配偶、子女和父母全面放开城镇落户限制，纳入城镇住房保障范围，增加优质教育、住房等供给。加快推进全国统一的社会保险公共服务平台建设，为返乡入乡创业人员及其所需人才办理社保关系转移接续。

四、优化返乡入乡创业指导服务

（十四）完善服务体系。依托人力资源开发、创业辅导等创业服务机构，为返乡入乡创业团队提供“初创扶持、政策咨询、技能实训、项目评估、创业孵化、工商注册、项目申报、法律咨询、金融服务、经营管理、检验检测、市场拓展、品牌策划”等“一条龙”创业服务，举办“项目路演、实操实训、沙龙讲堂、导师把脉”主题活动，为返乡入乡创业项目提供前期智力支撑、决策参考和学习交流。

（十五）便捷注册服务。支持返乡入乡创业园建设服务窗口，打通部门间信息查询互认通道，集中提供项目选择、技术支持、政策咨询、注册代办等一站式、个性化服务。推进政务服务“一网通办”。发挥服务指导机构作用，发展众创、众包、众筹、众扶新模式，建立创业创新数据库，为返乡入乡创业人员提供全方位创业服务。

（十六）强化信息服务。完善信息、交通、寄递、物流线路及网点等设施，健全以物流节点为支撑的物流网络体系，提高互联网、物联网、云计算、大数据、5G技术等信息技术的应用能力，建立“互联网+创业创新”模式，为返乡入乡创业提供便捷、稳定、广覆盖、低成本的信息网络基础设施和研发、设计、制造、经营管理、营销、融资等服务。

（十七）推动产创联动。构建各类返乡入乡创业创新主体紧密协作的网络，围绕产业链，推动骨干企业与入驻企业合作共享，打造生产协同、创新协同、战略协同的创业链。引导银行、投资机构、中小企业信用担保机构与创业企业对接，构建与返乡入乡创业相协调的资金链，形成主体互补、研发支撑、金融助力的创业生态环境。

五、聚集返乡入乡创业培训资源

（十八）扩大培训范围。实施返乡入乡创业带头人培育行动，对具有发展潜力和带头示范作用的返乡入乡创业人员，依托普通高校、职业院校、优质培训机构、公共职业技能培训平台等开展创业能力提升培训。将返乡入乡创业人员纳入创业培训重点对象，让有意愿的都能接受一次创业培训，符合条件的纳入职业培训补贴范围。

（十九）创新培训方式。支持有条件的职业院校、企业深化校企合作，为返乡入乡创业带头人提供创业培训服务。充分利用远程视频、云互动平台等现代信息技术手段，提供灵活便捷的在线培训，创新开设产品研发、工艺改造、新型业态、风险防控、5G技术、区块链等前沿课程。有针对性地开展返乡创业培训行动计划、高素质农民培育计划、农村实用人才带头人培训、农村青年创业致富“领头雁”计划、贫困村创业致富带头人培训工程、农村创业致富女带头人培育计划等培训项目，提升返乡入乡人员创业创新能力。

（二十）提升培训质量。积极探索创业培训与区域产业相结合的培训模式。根据返乡入乡创业带头人特点，开发一批特色专业和示范培训课程。大力推行互动教学、案例教学和现场观摩教学，开设返乡入乡创业人员经验研讨课。利用互联网及新媒体平台开展线上培训。

（二十一）建设创业导师队伍。组建返乡入乡人员创业导师队伍和专家顾问团。建立专家创业导师队伍，重点从大专院校、科研院所等单位遴选一批科研人才、政策专家、会计师、设计师、律师等，为返乡入乡创业人员提供创业项目、技术要点等指导服务。建立企业家创业导师队伍，重点从农业产业化龙头企业、新型农业经营主体中遴选一批乡村企业家，为返乡入乡创业人员提供政策运用、市场拓展等指导服务。

六、保障措施

（二十二）健全工作机制。各地要建立健全返乡入乡创业园建设部门协调机制，加强工作协调，推进任务落实。县级要成立由政府负责同志任组长的协调推进组，强化责任落实，推进项目建设。

（二十三）落细扶持政策。各地要列出政策清单，建立政策落实台账，加强调度，逐项落实，确保政策落地生效。逐步构建国家级、省级、市级、县级返乡入乡创业园建设体系，分层级审批。

（二十四）加强宣传引导。宣传推介一批返乡入乡创业园鲜活经验，推广一批返乡入乡创业的典型案例，搭建“乡创客”宣传推介平台，对表现优秀的“乡创客”给予奖励。弘扬创业精神、企业家精神和工匠精神，倡导诚实守信守法，崇尚创新、鼓励创业的良好环境。

2020年11月7日

商务部　发展改革委　教育部　工业和信息化部　财政部　人力资源社会保障部　海关总署　税务总局　关于推动服务外包加快转型升级的指导意见

商服贸发〔2020〕12号

各省、自治区、直辖市及计划单列市人民政府，新疆生产建设兵团：

近年来，我国服务外包快速发展，已成为生产性服务出口的主要实现途径，在全球价值链中的地位不断提升。随着新一代信息技术的广泛应用，服务外包呈现出数字化、智能化、高端化、融合化的新趋势。为贯彻落实党中央、国务院关于推进贸易高质量发展的部署要求，推动服务外包加快转型升级，经国务院同意，现提出以下意见。

一、总体要求

（一）指导思想。

以习近平新时代中国特色社会主义思想为指导，全面贯彻党的十九大和十九届二中、三中、四中全会精神，围绕推进贸易高质量发展总体要求，充分发挥服务外包在实施创新驱动和培育贸易新业态新模式中的重要促进作用，加快服务外包向高技术、高附加值、高品质、高效益转型升级，全面提升“中国服务”和“中国制造”品牌影响力和国际竞争力。

（二）基本原则。

数字引领，创新发展。加强数字技术的开发利用，提高创新能力，加快企业数字化转型，不断向价值链中高端攀升。

跨界融合，协同发展。鼓励服务外包向国民经济各行业深度拓展，加快融合，重塑价值链、产业链和服务链，形成相互渗透、协同发展的产业新生态。

统筹推进，全面发展。服务外包示范城市和具备条件的城市大力发展高技术高附加值业务，鼓励其他城市发展符合地方特色的服务外包业务。

内外联动，协调发展。充分发挥离岸服务外包的技术外溢效应，引进先进技术和模式，大力发展在岸服务外包业务，提升企业竞争力。

（三）发展目标。

到2025年，我国离岸服务外包作为生产性服务出口主渠道的地位进一步巩固，高技术含量、高附加值的数字化业务占比不断提高，服务外包成为我国引进先进技术提升产业价值链层级的重要渠道，信息技术外包（ITO）企业和知识流程外包（KPO）企业加快向数字服务提供商转型，业务流程外包（BPO）企业专业能力显著增强，服务外包示范城市布局更加优化，发展成为具有全球影响力和竞争力的服务外包接发包中心。

到2035年，我国服务外包从业人员年均产值达到世界领先水平。服务外包示范城市的创新引领作用更加突出。服务外包成为以数字技术为支撑、以高端服务为先导的“服务+”新业态新模式的重要方式，成为推进贸易高质量发展、建设数字中国的重要力量，成为打造“中国服务”和“中国制造”品牌的核心竞争优势。

二、主要任务

（一）加快数字化转型进程。

1. 支持信息技术外包发展。将企业开展云计算、基础软件、集成电路设计、区块链等信息技术研发和应用纳入国家科技计划（专项、基金等）支持范围。培育一批信息技术外包和制造业融合发展示范企业。

2. 培育新模式新业态。依托5G技术，大力发展众包、云外包、平台分包等新模式。积极推动工业互联网创新与融合应用，培育一批数字化制造外包平台，发展服务型制造等新业态。

3. 打造数字服务出口集聚区。依托服务贸易创新发展试点地区和国家服务外包示范城市，建设一批数字服务出口基地。

4. 完善统计界定范围。将运用大数据、人工智能、云计算、物联网等新一代信息技术进行发包的新业态新模式纳入服务外包业务统计。

（二）推动重点领域发展。

5. 发展医药研发外包。除禁止入境的以外，综合保税区内企业从境外进口且在区内用于生物医药研发的货物、物品，免于提交许可证，进口的消耗性材料根据实际研发耗用核销。

6. 扶持设计外包。建设一批国家级服务设计中心。支持各类领军企业、科研院校开放创新设计中心，提升设计外包能力，支持国家级工业设计中心和国家工业设计研究院开展设计服务外包。实施制造业设计能力提升专项行动。

7. 推动会计、法律等领域服务外包。通过双边和区域自贸协定谈判，推动有关国家和地区的会计、法律市场开放。支持会计、法律等事务所为国内企业走出去开展跟随服务，积极研究支持事务所境外发展、对外合作的政策。

8. 支持业务运营服务外包。各级政府部门要在确保安全的前提下，不断拓宽购买服务领域。鼓励企业特别是国有企业依法合规剥离非核心业务，购买供应链、呼叫中心、互联网营销推广、金融后台、采购等运营服务。

（三）构建全球服务网络体系。

9. 有序增加示范城市。完善服务外包示范城市有进有出的动态管理机制，支持更多符合条件的中西部和东北地区城市创建服务外包示范城市。

10. 加大国际市场开拓力度。将更多境外举办的服务外包类展会纳入非商业性境外办展支持范围。支持服务外包企业利用出口信用保险等多种手段开拓国际市场。鼓励向“一带一路”沿线国家和地区市场发包，支持中国技术和标准“走出去”。

11. 评估优化出口信贷优惠措施。评估服务外包示范城市服务外包企业承接国际服务外包项目享受的出口信贷优惠措施实施效果，适时向全国推广。

（四）加强人才培养。

12. 大力培养引进中高端人才。推动各省市将服务外包中高端人才纳入相应人才发展计划。鼓励符合条件的服务外包企业对重要技术人员和管理人员实施股权激励。

13. 鼓励大学生就业创业。对符合条件的服务外包企业吸纳高校毕业生就业并开展岗前培训的，或为高校毕业生提供就业见习岗位的，按规定给予相应补贴。支持办好相关创新创业大赛，对获奖人员、团队或项目在相关政策方面按规定予以倾斜。

14. 深化产教融合。完善包括普通高等院校、职业院校、社会培训机构和企业在内的社会化服务外包人才培养培训体系，鼓励高校与企业开展合作，加快建设新工科，建设一批以新一代信息技术为重点学科的服务外包学院。

（五）培育壮大市场主体。

15. 创新金融支持手段。按市场化原则，充分发挥服务贸易创新发展引导基金作用，带动社会资本加大对服务外包产业投资。支持符合条件的综合服务提供商上市融资。

16. 降低企业经营成本。经依法批准，对提高自有工业用地容积率用于自营生产性服务业的工业企业，可按新用途办理相关手续。

17. 积极培育国内市场。及时修订《服务外包产业重点发展领域指导目录》，完善重点发展领域的支持政策，引导地方和企业因地制宜发展服务外包业务。

18. 大力打造公共服务平台。利用外经贸发展专项资金布局建设一批辐射全国的服务外包公共服务平台。支持服务外包领域智库和行业协会发展，充分发挥其在理论研究和贸易促进中的积极作用。将中国国际服务外包交易博览会办成具有国际影响力的精品展会。

（六）推进贸易便利化。

19. 优化海关监管。逐步将服务外包有关事项纳入国际贸易“单一窗口”。加强对服务外包企业的信用培育，引导更多规范守法的服务外包企业成为海关经认证的经营者（AEO）企业。

20. 拓展保税监管范围。在确保有效监管和执行相关税收政策的前提下，研究支持对服务外包示范城市“两头在外”的研发、设计、检测、维修等服务业态所需进口料件试点保税监管。

三、组织实施

各部门要从全局和战略高度，深刻认识新时期加快服务外包产业转型升级的重大意义，加强组织领导，完善工作机制，严格组织实施，切实将各项任务落到实处、取得实效。各地区要进一步发挥自主性和积极性，加大对服务外包产业的政策支持力度，促进本地区服务外包产业转型升级，更好地服务于经济转型和开放型经济新体制建设。商务部要加强统筹协调，认真研究解决服务外包产业发展中的新情况新问题，创新工作方法，及时总结经验并推广复制。

2020 年 1 月 6 日

商务部　人力资源社会保障部　国务院扶贫办　中央宣传部　发展改革委　教育部　财政部　人民银行　银保监会　全国妇联关于巩固拓展家政扶贫工作的通知

商服贸函〔2020〕170号

各省、自治区、直辖市、计划单列市及新疆生产建设兵团商务、人力资源社会保障、扶贫办、党委宣传、发展改革、教育、财政主管部门，人民银行、银保监会、妇联：

为贯彻落实习近平总书记在决战决胜脱贫攻坚座谈会上和关于统筹推进疫情防控和经济社会发展工作的重要讲话精神，坚决落实党中央、国务院决策部署，在做好疫情防控的基础上，努力克服新冠肺炎疫情影响，进一步巩固“百城万村”家政扶贫和全国家政服务劳务对接扶贫行动成果，完善家政扶贫政策，吸纳更多贫困劳动力从事家政等生活服务工作，更大程度发挥家政扶贫在决战决胜脱贫攻坚中的作用，现就有关工作通知如下：

一、加强家政扶贫供需精准对接

（一）进一步完善精准对接机制。在前三年开展家政扶贫供需对接的基础上，省级商务、人力资源社会保障主管部门要组织中心城市的大型家政企业与贫困县进行对接，加强家政服务劳务对接扶贫协议的落实，支持家政企业举办宣讲会、招聘会，组织贫困县在本地就业平台上发布家政服务需求信息，帮助贫困劳动力应聘、就业。各地商务主管部门可根据实际工作开展情况申请调整“百城万村”家政扶贫对接安排。

（二）拓展对接平台。各地商务主管部门要组织家政企业登录商务部家政扶贫供需对接平台，发布岗位信息，了解具有从事家政服务意愿的贫困劳动力情况。各地商务部门和人力资源社会保障部门要加强家政扶贫供需对接平台与全国家政服务劳务对接扶贫信息系统的信息共享，组织更多具有从事家政服务意愿的贫困劳动力向家政企业输送。

二、巩固家政扶贫成果

（一）努力帮助贫困劳动力返岗。商务部已会同国务院扶贫办将建档立卡贫困户和来自贫困地区的家政服务员情况发给各地商务主管部门和扶贫办，各地要通过帮扶机制摸清这些人员的就业状况和就业意愿。对于受疫情影响等原因未返岗的，要努力解决返岗中遇到的困难，加大服务保障力度。各地人力资源社会保障部门要支持贫困地区通过“点对点、一站式”输送贫困劳动力到中心城市“返岗”，协调有关部门做好行前和到达后的健康监测，推广健康信息互认等机制。各地商务主管部门指导家政服务公司依法依规及时向家政服务信用信息平台上传“防疫健康信息”。

（二）支持贫困劳动力稳岗。各地商务、人力资源社会保障主管部门要支持家政企业优先组织和使用贫困劳动力。中心城市要指导家政企业用好东西部扶贫协作机制的优惠政策，优先安排对口支援地区的贫困劳动力上岗。家政企业可与员工紧缺的零售、仓储、快递、外卖等企业合作，对签订劳动合同的劳动者可采取共享用工的方式、对其他劳动者可通过提供就业信息等方式，帮助贫困劳动力渡过难关。

三、吸纳更多贫困劳动力从事家政服务

（一）强化培训支持。结合家政服务业提质扩容2019—2020年家政培训提升行动，加大贫困地区转移劳动力培训力度，保障有意愿从事家政服务行业的劳动力能够享有最基本的培训课程。鼓励家政企业积极参与“春潮行动”等培训计划，按规定为贫困劳动力免费提供家政服务培训。支持家政企业组织贫困劳动力参加线上职业技能培训，并按规定纳入职业技能提升行动培训支持范围。引导参与扶贫的家政企业与职业院校合作办学，支持组建家政服务职业教育集团。对符合条件的家政类产教融合校企合作项目优先纳入中央预算内投资支持范围。

（二）提高培训水平。各地在培训中要及时使用新修订的《家政服务员》职业标准，提高培训质量；加强家政服务师资培训；支持家政行业协会、大型家政企业按规定开展职业技能等级认定，颁发职业技能等级证书，并将证书数据上传至有关证书信息查询平台及家政服务信用信息平台，向社会提供职业技能等级证书信息查询服务。符合有关条件的学习成果，可在职业教育国家学分银行信息平台进行认定、积累和转换。商务部、人力资源社会保障部将组织出版家政服务培训教材。商务部将推广家政服务培训教材，通过“农家书屋”等渠道免费提供贫困地区使用。

四、强化政策支持

（一）推动已出台政策落地见效。各地要加快推动促进家政服务提质扩容的财政、金融、用房、培训等各项政策的落地，加强政策宣传，制作政策申请指南和相关视频，通过协会等多种途径指导企业用足用好各类政策。

（二）建设好劳务输出基地。利用各类技能实训基地政策支持家政劳务输出基地建设。指导各基地使用养老、托幼培训包，开展规范化、标准化技能培训。商务部将协调联合国有关机构研究制定居家养老、托育等重点领域培训大纲，支持基础条件较好的家政劳务输出基地举办培训班。各地人力资源社会保障部门要加强家政服务职业培训示范基地建设，加大投入，提高培训能力。

（三）加大财政支持。利用预算内投资补贴，支持家政等社区便民服务网点建设。2020年度，各地可根据失业保险基金结余情况，加大对不裁员或少裁员的中小微家政企业的支持力度，将稳岗返还标准最高提至企业及其职工上年度缴纳失业保险费的100%。各地区可利用职业技能提升行动专账资金及扶贫资金对从事家政服务的贫困劳动力培训等项目予以补贴。对优先招用贫困劳动力的家政企业按规定给予一次性吸纳就业补贴。对贫困劳动力通过有组织输出到户籍所在县以外就业的，按规定给予一次性求职创业补贴。疫情防控期间外出从事家政服务的贫困劳动力按规定给予交通和生活费补贴，有条件地区可加大奖补力度。

（四）完善金融政策。支持参与扶贫的家政企业与金融机构对接，落实好国务院确定的对中小微企业复工复产的金融支持措施。支持家政服务信用信息平台与银行等金融机构信息共享，引导和鼓励金融机构为信用状况良好且符合条件的家政企业提供无抵押、无担保的信用贷款。对有从事家政服务意愿、家政服务领域创业的贫困边缘人口，可纳入扶贫小额贷款贴息等扶贫政策给予支持。

（五）健全家政服务信用体系。用好已下

达的中央服务业发展资金，有条件的地方可支持从事家政服务的贫困劳动力复工返岗。引导家政企业将家政服务员线上培训内容自动记入家政服务信用信息平台，依法依规建立标准规范、内容完整的家政服务员信用记录，为消费者优先选用上述服务员提供相关保障。

（六）加强保险支持。鼓励商业保险机构与商务主管部门合作，开发针对家政服务需求的商业保险产品。有条件的地区可对购买商业保险的家政企业和家政服务员提供补贴。

五、加强组织领导

（一）加强组织协调。发挥好家政服务工作协调机制的作用，统筹疫情防控，分区分级、精准施策，按各地政府要求，加大家政扶贫工作力度，加强横向协作、纵向联动，将家政扶贫纳入扶贫政策支持范围，协调相关部门帮助参与扶贫的重点家政企业申请落实好支持政策。要明确时间表、责任人和路线图，真抓实干，确保各项工作取得实效。

（二）建立工作台账。各地人力资源社会保障部门要建立输出地和输入地家政服务劳务对接扶贫工作台账，加强工作调度和工作总结，及时将有关材料报人力资源社会保障部（农民工工作司）。

（三）宣传推介好典型。各地要及时总结家政扶贫的成功经验和做法，深入挖掘家政扶贫示范企业和带头人事迹，通过家政服务信用信息平台和电视、广播、报刊、网络等各类媒体渠道持续进行宣传报道，鼓励各地复制推广。

附件：1.“百城万村”家政扶贫对接安排（略）

2. 中心城市家政服务劳务对接扶贫行动协议及52个县东西部协作帮扶名单（略）

2020年6月8日

国务院国资委办公厅 人力资源社会保障部办公厅 关于做好2020年国有企业 招收高校毕业生工作的通知

国资厅发干一〔2020〕31号

各省、自治区、直辖市及计划单列市和新疆生产建设兵团国资委、人力资源社会保障厅(局)，各中央企业：

为深入贯彻习近平总书记关于统筹推进新冠肺炎疫情防控和经济社会发展工作的重要指示精神，落实《国务院关于进一步做好稳就业工作的意见》（国发〔2019〕28号）和《国务院办公厅关于应对新冠肺炎疫情影响强化稳就业举措的实施意见》（国办发〔2020〕6号）部署要求，推动国有企业积极做好2020年招收高校毕业生工作，现就有关事项通知如下：

一、充分认识做好招收高校毕业生工作的重要意义

高校毕业生是国家宝贵的人才资源，做好高校毕业生就业工作，关系基本民生、经济高质量发展和社会稳定大局。党中央、国务院始终高度重视高校毕业生就业工作。受新冠肺炎疫情影响，今年高校毕业生就业任务十分艰巨。习近平总书记多次作出重要指示，强调加大“六稳”工作力度，把保居民就业放在“六保”首位，把高校毕业生就业作为重中之重，要求统筹做好毕业、招聘、考录等相关工作，让他们顺利毕业、尽早就业。李克强总理多次主持召开国务院常务会议，研究部署有力举措促进高校毕业生就业，对国有企业加大接收高校毕业生力度提出明确要求。各级国资委、人力资源社会保障部门、各中央企业和地方国有企业要认真贯彻习近平总书记重要指示精神，落实党中央、国务院部署要求，充分认识做好当前高校毕业生就业工作的特殊重大意义，把党和政府的重视关怀转化为支持高校毕业生就业的实际行动，为稳就业、惠民生作出更大贡献。

二、切实做好招收高校毕业生工作

各级国资委、人力资源社会保障部门、各中央企业和地方国有企业要把做好招收高校毕业生就业工作作为重要任务，加强组织领导，明确职责任务，协同发力、积极推进。

一是进一步扩大高校毕业生招聘规模。中央企业和地方国有企业要切实落实国务院关于今明两年连续扩大高校毕业生招聘规模的明确要求，结合企业发展战略和人力资源规划，将招收高校毕业生工作与企业人才储备紧密结合，带头吸纳高校毕业生，明确扩大招聘数量安排并按计划执行。要结合新型基础设施建

设、战略性新兴产业以及各类新业态新模式发展，开发更多适合高校毕业生的高质量就业岗位，积极参与双创示范基地创业就业“校企行”专项行动，拓展创业带动就业空间。以招收高校毕业生为主要方式补充人才资源，大力引进博士毕业生等高端人才，鼓励设有博士后科研工作站或流动站的国有企业扩大招收新近毕业的博士进站从事博士后研究。鼓励扩大就业见习岗位规模，为高校毕业生提供更多实践锻炼机会。

二是优化招聘管理。各中央企业和地方国有企业要建立公开招聘制度，及时在相关政府网站、本企业网站及各类媒体等渠道发布招聘高校毕业生的相关信息，加强宣传引导，采取多种方式引导更多毕业生参与。国有企业应切实履行社会责任，不得随意毁约，不得将本单位实习期限作为高校毕业生招聘入职的前提条件。对拟录用人员应进行公示并明确监督渠道，推动实现信息公开、过程公开和结果公开。规范招人用人制度，依法禁止招录环节的就业歧视，推动劳动法、劳动合同法、就业促进法、妇女权益保障法的全面落实。各级公共就业人才服务机构和中央企业人才开发交流平台（中国国际技术智力合作有限公司、国投人力资源服务有限公司）要主动对接国有企业和毕业生需求，提供网上职位发布、简历投递等招聘服务，组织专业化、小型化供需对接活动，积极促进人岗匹配。

三是做好重点地区高校毕业生招收工作。要深入贯彻党中央、国务院关于打赢脱贫攻坚战、援藏援青援疆以及应对新冠肺炎疫情影响强化稳就业的决策部署，积极帮扶困难毕业生、民族地区毕业生、疫情严重地区毕业生就业。具备条件的中央企业、地方国有企业要向“三区三州”等深度贫困地区、52个未摘帽贫困县、湖北等地区定向投放就业岗位，适当放宽招录条件，在促进就业方面予以倾斜支持。中央企业要积极参与西藏、青海、新疆高校毕业生专场招聘，结合实际情况统筹一定数量岗位吸纳当地高校毕业生就业，并积极招收在内地高校就读的少数民族毕业生。

四是落实招收高校毕业生支持政策。各级国资委、人力资源社会保障部门要认真做好国有企业招收高校毕业生动员、指导工作，加强政策宣传并会同有关方面推进政策落实。国有企业吸纳高校毕业生就业或组织见习的，按规定给予社会保险补贴、职业培训补贴、就业见习补贴。重点行业、重点领域具有国家级企业技术中心或健全的研究与开发机构的企业，可申请博士后工作站，或适当增加当年进站人员名额。

三、做好数据统计及材料报送工作

请各省、自治区、直辖市及计划单列市和新疆生产建设兵团国资委、各中央企业分别组织填写《地方国有企业招收2020届高校毕业生情况统计表》（附件1）和《中央企业招收2020届高校毕业生情况统计表》（附件2），于2020年8月25日前将纸质版报送国务院国资委，电子版发至邮箱 wanghuanxi@sasac.gov.cn。请各中央企业提供招收2020届高校毕业生总体情况，疫情发生以来促进稳就业、保持职工队伍稳定的经验做法，以及下一步工作打算，形成文字材料，与附件2一并报送国务院国资委。

附件：1. 地方国有企业招收2020届高校毕业生情况统计表（略）

2. 中央企业招收2020届高校毕业生情况统计表（略）

2020年8月3日

国家医保局　人力资源社会保障部关于调整规范《国家基本医疗保险、工伤保险和生育保险药品目录》部分药品名称等的通知

医保发〔2020〕7号

各省、自治区、直辖市及新疆生产建设兵团医保局、人力资源社会保障厅（局）：

为做好《国家基本医疗保险、工伤保险和生育保险药品目录》（以下简称《药品目录》）的落地实施工作，经核实、研究，现决定对目录中部分药品名称等内容进行调整规范，并对部分药品的医保目录归属进行了认定。现通知如下：

一、药品名称变更

《药品目录》西药部分第54号“还原型谷胱甘肽”的药品名称变更为“还原型谷胱甘肽（谷胱甘肽）”。

二、药品目录归属认定

（一）“甘露醇注射液（注册规格3 000 ml：150 g）”属于《药品目录》西药部分第★（276）号“甘露醇冲洗剂”。

（二）“低钙腹膜透析液注射剂、腹膜透析液（低钙）注射剂”属于《药品目录》西药部分第280号“腹膜透析液注射剂”。

（三）“吸入用地氟烷”属于《药品目录》西药部分第923号“地氟烷溶液剂”。

（四）“倍氯米松福莫特罗吸入气雾剂”属于《药品目录》西药部分第1116号“倍氯米松福莫特罗气雾剂”。

（五）“氨酚伪麻那敏口服溶液”属于《药品目录》西药部分第1149-11号“氨酚伪麻那敏溶液”。

（六）“氨酚伪麻美芬片”和“氨麻美敏片（Ⅱ）”的复合包装，属于《药品目录》西药部分第1149号“缓解感冒症状的复方OTC制剂”。

（七）“氨酚伪麻美芬片（Ⅱ）”和“氨麻苯美片”的复合包装，属于《药品目录》西药部分第1149号“缓解感冒症状的复方OTC制剂”。

（八）“刺五加脑灵合剂（刺五加脑灵液）”属于《药品目录》中成药部分第440号“刺五加脑灵液”。

三、谈判药品增加包装类型

国家医保局、人力资源社会保障部印发的《关于将2019年谈判药品纳入〈国家基本医疗保险、工伤保险和生育保险药品目录〉乙类范围的通知》（医保发〔2019〕65号）附

件2，协议期内谈判药品西药部分第3号“精氨酸谷氨酸注射剂”的医保支付标准“54元（200 ml：20 g/瓶）”同样适用于该药品“200 ml：20 g/袋”的包装。

特此通知。

2020年2月28日

国家新闻出版署　人力资源社会保障部关于印发《出版专业技术人员继续教育规定》的通知

国新出发〔2020〕18 号

各省、自治区、直辖市新闻出版局、人力资源社会保障厅（局），中央和国家机关各部委、各人民团体出版单位主管部门、人事部门，中央军委政治工作部宣传局，中央各重点出版集团：

现将《出版专业技术人员继续教育规定》印发给你们，请认真遵照执行。

2020 年 9 月 24 日

出版专业技术人员继续教育规定

第一章　总　　则

第一条　为规范出版专业技术人员继续教育工作，保障出版专业技术人员继续教育权益，不断提高出版专业技术人员素质能力，根据《出版管理条例》《干部教育培训工作条例》《专业技术人员继续教育规定》等，结合出版工作实际，制定本规定。

第二条　在出版单位从事出版专业技术工作，包括出版物选题策划、内容编辑加工和校对、装帧和版式设计、信息资源集成开发、编务印制和质量管理、版权运营、出版物营销等专业技术人员继续教育，适用本规定。

第三条　出版专业技术人员继续教育是建设高素质专业化出版专业人才队伍的基础性战略性工作，必须坚持以习近平新时代中国特色社会主义思想为指导，紧紧围绕新时代宣传思想工作举旗帜、聚民心、育新人、兴文化、展形象的使命任务，不断增强脚力、眼力、脑力、笔力，打造政治过硬、本领高强、求实创新、能打胜仗的出版专业技术人员队伍，为推动出版业持续繁荣发展提供人才保证和智力支持。

第四条　出版专业技术人员继续教育工作应当遵循下列原则：

（一）服务大局，按需施教。紧紧围绕出版事业发展需要和出版专业技术人员从业要求，深入开展马克思主义出版观教育，把政治能力建设贯穿继续教育全过程，引导出版专业技术人员不断提高政治本领，不断增强政治敏锐性和政治鉴别力，增强“四个意识”，坚定“四个自信”，做到“两个维护”。

（二）提高能力，注重质量。遵循人才成长发展规律，不断深化专业能力建设，把继续教育的普遍性要求与出版专业人才的特殊需要结合起来，提高继续教育质量，增强教育培训针对性，引导出版专业技术人员更新知识、拓展技能，加强职业道德建设，全面提升专业胜任能力。

（三）改革创新，注重实效。统筹继续教育资源，创新方式方法，建立兼容、开放、共享、规范的继续教育培训体系，坚持分级分类组织，形成政府部门规划指导、社会力量积极参与、出版单位支持配合的出版专业技术人员继续教育新格局。

第五条　出版专业技术人员享有参加继续教育的权利和接受继续教育的义务。出版单位应当依照法律、行政法规和国家有关规定提取和使用职工教育经费，为本单位出版专业技术人员参加继续教育提供保障和支持。出版专业技术人员经所在单位同意，脱产或半脱产参加继续教育活动的，所在单位应当按照国家有关规定，保障工资、福利等待遇。

第六条　出版专业技术人员应当自从事出版工作的下一年度开始参加继续教育。

第二章　管理体制

第七条　出版专业技术人员继续教育实行统筹规划、分级负责、分类指导的管理体制。

第八条　国家新闻出版署和人力资源社会保障部负责对全国出版专业技术人员继续教育工作进行综合管理和统筹协调，制定全国出版专业技术人员继续教育政策，监督指导全国出版专业技术人员继续教育工作的组织实施。

第九条　各省级新闻出版主管部门、人力资源社会保障部门，共同负责本地区出版专业技术人员继续教育工作的综合管理和组织实施。

其他机关、企业、事业单位以及社会团体等在各自职责范围内依法做好出版专业技术人员继续教育的规划、管理和实施工作。

第三章　内容与形式

第十条　出版专业技术人员继续教育内容包括公需科目和专业科目。

公需科目包括出版专业技术人员应当普遍掌握的政治理论、法律法规、职业道德等基本知识。要把学习贯彻习近平新时代中国特色社会主义思想作为首要任务，坚持及时学、系统学、深入学，引导出版专业技术人员系统掌握科学体系、精髓要义和实践要求，真正做到学懂弄通做实。

专业科目包括出版专业技术人员必须具备并应当掌握的出版政策法规、编辑业务知识，编校技能和质量要求，装帧和版式设计、信息资源集成开发、版权运营管理等专业知识，以及与行业发展相关的新知识、新技术、新技能。

国家新闻出版署会同人力资源社会保障部根据出版专业技术人员不同岗位、类别和层次，统筹规划继续教育课程和教材体系建设，定期发布继续教育公需科目指南、专业科目指南，对继续教育内容进行指导。

第十一条　出版专业技术人员可以选择参加继续教育的形式。具体形式有：

（一）参加省级及以上新闻出版主管部门、人力资源社会保障部门及其公布的继续教育机构组织的面授、网络远程等继续教育活动；

（二）参加国家教育行政主管部门承认的本科及以上相关专业学历（学位）教育；

（三）承担省级及以上新闻出版主管部门或相关行业协会的出版类研究课题，或承担国家级科研基金项目；

（四）在拥有国内统一连续出版物号、经国家新闻出版主管部门认定的学术期刊上发表出版类或与工作相关的学术论文，公开出版与工作职责相关的学术著作、译著和整理的古籍图书；

（五）担任省级及以上新闻出版主管部门或相关行业协会举办的培训班、学术会议、专题讲座等授课（报告）人；

（六）参加全国出版专业技术人员职业资格考试及命题、审题、阅卷工作；

（七）参加所在单位或相关专业机构组织的与本单位出版范围相关的专业类培训；

（八）参加省级及以上新闻出版主管部门组织的出版物质量审读、评审工作；

（九）参加省级及以上新闻出版主管部门组织举办的编校大赛获得优秀以上等次；

（十）省级及以上新闻出版主管部门、人力资源社会保障部门认可的其他继续教育方式。

第十二条 出版专业技术人员继续教育要根据出版工作特点，综合运用讲授式、研讨式、案例式等教学方法，积极探索适应信息化发展趋势的网络培训有效方式，统筹推进线上线下相结合的培训模式，充分运用“学习强国”学习平台优质资源，不断深化新知识、新技术、新技能等的培训。

第四章 学时管理

第十三条 出版专业技术人员参加继续教育的时间每年累计不少于90学时。其中，专业科目学时一般不少于总学时的三分之二。

出版专业技术人员参加继续教育取得的学时，在全国范围内当年度有效，不得结转或顺延至下一年度。

第十四条 出版专业技术人员参加本规定第十一条规定形式的继续教育，其学时计算标准如下：

（一）参加省级及以上新闻出版主管部门、人力资源社会保障部门及其公布的继续教育机构组织的面授培训，每天按8学时计算；参加网络远程培训，按实际学时计算，每年最多不超过40学时。

（二）参加国家教育行政主管部门承认的本科及以上相关专业学历（学位）教育，获得学历（学位）当年度折算为40学时。

（三）独立承担省级及以上新闻出版主管部门或相关行业协会的出版类研究课题，或独立承担国家级科研基金项目，课题结项的，当年度每项折算为40学时；与他人合作完成的，主持人每项折算为30学时，参与人每人每项折算为10学时。

（四）独立公开发表出版类或与工作相关的学术论文，每篇折算为10学时；与他人合作发表的，每人每篇折算为5学时。每年最多折算为20学时。

（五）独立公开出版与工作职责相关的学术著作、译著和整理的古籍图书，每本折算为30学时；与他人合作出版的，第一作者每本折算为20学时，其他作者每人每本折算为10学时，每年最多折算为40学时。

（六）担任省级及以上新闻出版主管部门或相关行业协会举办的培训班、学术会议、专题讲座等授课（报告）人，按实际授课（报告）时间的6倍计算学时。

（七）参加全国出版专业技术人员职业资格考试，每通过一科，下一年度折算为30学时。

（八）参加全国出版专业技术人员职业资格考试命题、审题、阅卷，省级及以上新闻出版主管部门组织的出版物质量审读、评审工作，或在编校大赛中获得优秀以上等次，折算为30学时。

（九）参加所在单位或相关专业机构组织的与本单位出版范围相关的专业类培训，每年最多折算为30学时。

第十五条 出版专业技术人员参加继续教育情况实行学时登记管理。

出版单位应当对本单位出版专业技术人员参加继续教育的种类、内容、时间和考试考核结果等情况进行记录，及时登录有关网站提交继续教育情况，完成学时审核登记的初审。

省级新闻出版主管部门负责本地区出版专业技术人员继续教育学时审核登记的复审。

国家新闻出版署负责全国出版专业技术人

员继续教育学时审核登记的终审，以及中央在京出版单位出版专业技术人员继续教育学时审核登记的复审。

省级新闻出版主管部门每年将本地区出版专业技术人员继续教育审核情况送同级人力资源社会保障部门备案。

第十六条 出版专业技术人员继续教育学时登记采用以下方式：

（一）参加全国出版专业技术人员职业资格考试，或参加省级及以上新闻出版主管部门、人力资源社会保障部门及其公布的继续教育机构组织的培训，由省级及以上新闻出版主管部门根据继续教育机构或所在单位报送的继续教育信息，办理继续教育事项登记；

（二）参加除第一项以外其他形式的继续教育，应当在当年度登录国家新闻出版主管部门指定网站，按要求上传相关证明材料，申请办理继续教育事项登记。

第十七条 出版专业技术人员由于伤、病、孕等特殊原因无法在当年度完成继续教育学时的，可由所在单位提供证明，经省级及以上新闻出版主管部门审核确认后，应参加继续教育的学时顺延至下一年度合并完成。省级及以上新闻出版主管部门应当在下一年度的继续教育合格证书中予以注明。

第五章 继续教育机构

第十八条 国家新闻出版署、人力资源社会保障部指导加强出版专业技术人员继续教育机构建设，推动构建分工明确、优势互补、布局合理、开放有序的继续教育培训体系。鼓励并引导行业协会、高等院校、科研院所等具备培训条件的社会办学单位参与出版专业技术人员继续教育工作。

第十九条 国家新闻出版署以适当方式向社会公布承办出版专业技术人员继续教育的机构及其培训范围、教学内容、收费项目和标准等。继续教育机构应当认真组织实施出版专业技术人员继续教育教学计划，根据考核结果如实出具出版专业技术人员参加继续教育证明。

第二十条 继续教育机构要突出政治引领，以提升思想政治素质和职业素养、创新创造能力为重点，建立健全继续教育培训内容更新机制。

第二十一条 继续教育机构要建立健全符合出版工作特点和出版专业技术人员成长成才规律的师资准入和退出机制。建立完备的继续教育师资库，严把政治关、质量关、纪律关，建设高素质高水平专业化的出版专业技术人员继续教育师资队伍。

第二十二条 继续教育机构要把旗帜鲜明讲政治贯穿教学管理全过程，严格执行有关学员、师资管理规定，严肃讲坛纪律，加强学风建设。

第二十三条 各级新闻出版主管部门、人力资源社会保障部门直接举办的继续教育活动，应当突出公益性，不得收取费用。鼓励和支持出版企事业单位、高等院校和社会团体等举办公益性继续教育活动。

第二十四条 继续教育机构不得采取虚假、欺诈等不正当手段招揽生源，不得以继续教育名义组织旅游或与培训无关的高消费活动，不得以继续教育名义乱收费或只收费不培训，以及从事其他有关政策法规明令禁止的行为。

第六章 考核与监督

第二十五条 出版单位应当建立本单位出版专业技术人员继续教育与使用、晋升相衔接的激励机制，把出版专业技术人员参加继续教育情况作为出版专业技术人员考核评价、岗位聘用的重要依据。

第二十六条 出版专业技术人员参加继续教育情况，应当作为聘任专业技术职务或者申报评定上一级职称的重要条件，作为出版专业技术人员职业资格登记注册（续展）的必要条件。

第二十七条 省级及以上新闻出版主管部门、人力资源社会保障部门应当依法对出版专业技术人员继续教育机构、出版单位执行本规定的情况进行监督。

第二十八条 省级及以上新闻出版主管部门、人力资源社会保障部门应当定期组织或委托第三方评估机构对本地区出版专业技术人员继续教育机构进行教学质量评估，评估结果作为评价继续教育机构办学质量的重要标准和承担下一年度继续教育任务的重要依据。

第二十九条 出版专业技术人员未按本规定第十一条、十三条规定参加继续教育，无正当理由不参加继续教育或者在学习培训期间违反学习纪律和管理制度的，出版单位可视情给予批评教育、不予报销或者要求退还培训费用等。

第三十条 出版单位违反本规定的，由省级及以上新闻出版主管部门或人力资源社会保障部门责令改正。

第三十一条 出版专业技术人员存在继续教育学时造假等情形的，由省级及以上新闻出版主管部门或人力资源社会保障部门通报所在单位，暂停或暂缓职业资格登记注册（续展）。

第三十二条 继续教育机构违反本规定的，由省级及以上新闻出版主管部门或人力资源社会保障部门责令改正，并依法依规进行处理。

第七章　附　　则

第三十三条 各省级新闻出版主管部门要加强对民营书业从业人员继续教育的政策指导，统筹协调优质培训资源共建共享，组织开展多层次、有针对性的专业学习和技能培训，健全完善民营书业从业人员继续教育培训机制，探索推进民营书业从业人员继续教育学时登记等工作。各民营书业企业要积极为所属从业人员参加继续教育创造便利条件。

第三十四条 中国人民解放军和中国人民武装警察部队所属出版单位出版专业技术人员继续教育工作，参照本规定执行。

第三十五条 本规定自 2021 年 1 月 1 日起施行，由国家新闻出版署、人力资源社会保障部负责解释。原新闻出版总署印发的《出版专业技术人员继续教育暂行规定》（新出政发〔2010〕10 号）同时废止，其他出版专业技术人员继续教育相关规定与本规定不一致的，以本规定为准。

中国银保监会　发展改革委　教育部　民政部　司法部　财政部　人力资源社会保障部　自然资源部　住房城乡建设部　商务部　卫生健康委　税务总局　医保局关于促进社会服务领域商业保险发展的意见

银保监发〔2020〕4号

各省、自治区、直辖市人民政府，国务院有关部门：

党中央、国务院高度重视社会服务领域商业保险发展。近年来，商业保险通过完善社会服务风险分担机制、提供长期资金支持等，有力促进了社会服务领域消费发展，但同时也存在支撑作用不够充分、保障功能和资金支持力度有待提升等问题。为深化金融供给侧结构性改革，充分发挥商业保险在保障民生、促进消费和拉动内需等方面的重要作用，经国务院同意，现就促进社会服务领域商业保险发展提出以下意见。

一、扩大商业健康保险供给。坚持健康保险保障属性，引导商业保险机构创新完善保障内容，提高保障水平和服务能力。鼓励商业保险机构适应消费者需求，提供包括医疗、疾病、康复、照护、生育等多领域的综合性健康保险产品和服务。用足用好商业健康保险个人所得税优惠政策，适时扩大相关保险产品范围。逐步将医疗新技术、新药品、新器械应用纳入健康保险保障范围，引导商业保险机构开发与癌症筛查、诊断和治疗相关的产品，支持医学创新，服务国家“癌症防治实施方案”。鼓励商业保险机构参与博鳌乐城国际医疗旅游先行区建设，提供与医疗旅游相衔接的健康保险服务。加快发展医疗责任保险、医疗意外保险，研究开发疫苗接种不良反应补偿保险。力争到2025年，商业健康保险市场规模超过2万亿元，成为中国特色医疗保障体系的重要组成部分。

二、提升商业保险机构参与医保服务质效。完善商业保险机构承办城乡居民大病保险运行及监管机制，提升服务水平，积极参与医保控费，推动减少“因病致贫、因病返贫”。鼓励商业保险机构经办基本医保、医疗救助等，提供优质服务。探索将商业健康保险信息平台与国家医疗保障信息平台按规定推进信息共享，强化医疗健康大数据运用，推动医疗支付方式改革，更好服务医保政策制定和医疗费用管理。鼓励商业保险机构参与国家长期护理保险试点。

三、加快发展商业长期护理保险。顺应护

理行业发展趋势和市场需求，引导商业保险机构加快研究开发适合居家护理、社区护理及机构护理等多样化护理需求的产品，探索将商业长期护理保险与护理服务相结合。研究建立寿险赔付责任与护理支付责任转换机制，支持被保险人在失能时提前获得保险金给付，用于护理费用支出。

四、促进健康服务业发展。支持商业保险机构积极参与健康中国行动。提高健康管理费用在健康保险保费中的列支比例，创新完善健康促进、疾病预防、慢病管理、妇幼保健等健康类服务，推动健康保险与健康管理融合发展。支持保险资金依规投资健康服务产业，允许商业保险机构有序投资设立中西医等医疗机构和康复、照护、医养结合等健康服务机构。引导商业保险机构积极参与照护人员培养体系建设，推动扩大康复辅具应用，提升照护服务质量。

五、加快发展商业养老保险。强化商业养老保险保障功能。大力发展商业养老年金保险，推动商业保险机构加快开发投保简便、交费灵活、收益稳健的个人账户式商业养老保险产品。鼓励商业保险机构发展有助于实现养老金融产品年金化领取的保险产品，满足消费者终身领取、长期领取需求。支持商业保险机构发展与养老服务相衔接的保险产品。充分发挥商业养老保险作用，支持养老保险第三支柱发展。积极探索运用多种激励措施，鼓励公众参与养老保险第三支柱。结合建立养老保险第三支柱制度，完善个人税收递延型商业养老保险试点政策。在安全审慎基础上，拓宽商业养老保险资金投资范围和运用方式，实现长期保值增值。力争到2025年，商业保险为参保人积累不低于6万亿元养老保险责任准备金。

六、探索满足60岁及以上老年人保险需求。引导支持商业保险机构针对60岁及以上老年人风险保障需求，研发老年人疾病保险、医疗保险和意外伤害保险等专属产品。坚持商业可持续原则，通过细分保障责任、科学厘定价格，为60岁及以上老年人提供更多价格适当、责任灵活、服务高效的保险产品，提升保障水平。督促商业保险机构为60岁及以上老年人购买商业保险提供全流程服务。加快60岁及以上老年人专属人身保险产品审批备案工作。

七、优化老年人住房反向抵押养老保险支持政策。建立完善支持老年人住房反向抵押养老保险业务发展的合同赋予强制执行效力、公证遗产管理人、房产差异化处置等制度，促进相关业务规范发展。深化“放管服”改革，对符合法律援助条件的当事人，公证机构按规定减免公证费；不动产登记机构积极支持并做好相关不动产抵押登记服务工作，简化办理流程和要求。

八、促进养老服务产业发展。积极发展适应养老机构风险管理需求的责任保险，提升风险抵御能力。在风险可控前提下，支持保险资金进一步加大养老产业投资力度。鼓励保险资金与其他社会资本合作设立具备医养结合服务功能的养老机构，规范开展康养小镇等复合业态投资，增加多样化养老服务供给。商业保险机构投资设立养老、护理等服务机构，按规定享受相关税费优惠政策。符合条件的养老机构举办及内设的医疗机构，按规定纳入医保定点范围，规范协议文本，加强绩效考核，优化经办服务。

九、释放其他社会服务领域商业保险消费潜力。引导商业保险机构大力发展教育、育幼、家政、文化、旅游、体育等领域商业保险，包括面向旅游、体育等特定场所和设施的公众责任保险、财产损失保险，以及针对婴幼儿托育、家政服务、体育运动等特定人群的责任保险、人身保险等，开发专属保险产品，优化业务流程，改进保险服务，加大保障力度。学校举办者应按规定购买校方责任险，鼓励婴幼儿托育机构积极投保校方责任险。鼓励地方政府及有关部门更多运用商业保险机制，提高公众风险分散转移能力，加强和改进社会治理。支持商业保险机构有序发展面向农村居民、城镇低收入人群、残疾人的普惠保险，创新开发符合初创企业、科创企业及相关新业态从业人员保障需求的保险产品和业务，推动经济结构转型升级，促进充分就业。

十、推动保险资金加大社会服务领域投资力度。明确保险资产管理机构不动产抵押登记权资质并出台实施细则，进一步调动保险资金投资社会服务领域积极性。完善保险私募股权基金政策，优化产品注册机制。发挥保险资金期限长、稳定性高等优势，投资符合条件的创业投资基金，为社会服务领域提供更多长期股本融资，降低融资成本，更好服务创新创业及民营、中小微企业发展。

十一、完善保险市场体系。梳理完善保险监管政策，督促商业保险机构内部挖潜，规范产品开发。引导有条件的商业保险机构进一步降低社会服务领域保险产品费率，增强产品吸引力和保障能力。鼓励商业保险机构在风险可控前提下，适度提高定期寿险产品定价利率。深化意外伤害保险改革，夯实意外伤害发生率表编制和职业、风险、伤残分类标准制定等基础工作，健全产品定价机制。强化保险市场行为监管，着力规范保险营销行为，持续改善理赔服务，严厉查处违法违规行为，保护保险消费者合法权益。加快推进保险市场对外开放，完善配套政策，优化市场格局，促进保险业公平竞争、健康发展。

2020 年 1 月 21 日

中国银保监会　人力资源社会保障部关于人力资源社会保障行政部门查询相关单位银行账户有关问题的通知

银保监发〔2020〕23号

各银保监局，各省、自治区、直辖市及新疆生产建设兵团人力资源社会保障厅（局），各政策性银行、大型银行、股份制银行，外资银行：

为依法查处拖欠农民工工资违法行为，切实维护农民工工资报酬权益，根据《保障农民工工资支付条例》（国务院令第724号）相关规定，人力资源社会保障行政部门在查处拖欠农民工工资案件时，有权依法向有关银行业金融机构查询相关单位银行账户，现就有关事项通知如下：

一、人力资源社会保障行政部门依法查询相关单位银行账户，并取得证明材料，有关银行业金融机构应当予以协助。

被查询的银行账户包括相关单位在商业银行、政策性银行、农村信用合作社、农村合作银行等银行业金融机构开立的各类账户。查询内容包括相关单位开户销户信息、账户余额、资金往来及日期、委托银行发放工资明细等。

二、人力资源社会保障行政部门开展查询工作，应当严格履行审批程序，经设区的市级以上人力资源社会保障行政部门负责人批准，依法开展查询工作。

三、人力资源社会保障行政部门需要查询异地相关单位银行账户时，可赴异地依法直接查询，也可委托相关地人力资源社会保障行政部门查询。受委托的人力资源社会保障行政部门执行查询任务时，应向有关银行业金融机构出具委托函。

四、人力资源社会保障行政部门依法执行查询任务时，可向各银行业金融机构的分行、支行、营业部等提出查询要求，开展查询工作不得少于两名劳动保障监察员，并应当出示劳动保障监察证件和《查询单位银行账户通知书》（见附件1），银行业金融机构应当积极配合。

五、银行业金融机构应当协助人力资源社会保障行政部门做好查询工作。可及时反馈的，应于收到《查询单位银行账户通知书》当日完成查询并反馈；需要进一步查阅相关档案资料的，原则上应于五个工作日内完成查询并反馈。对于因技术条件、不可抗力等客观原因，银行业金融机构无法在规定时限内反馈的，应当向人力资源社会保障行政部门说明原因，并采取措施尽快完成查询反馈。银行业金融机构应填写《查询单位银行账户回执》（见附件2），如实提供查询结果和相关资料并加盖印章，不得拖延、推诿或者隐匿。

六、人力资源社会保障行政部门不能提供被查询单位准确账户名称或账号的，银行业金融机构应当根据人力资源社会保障行政部门提供的信息协助查询，确实无法查询到单位银行账户信息的，应及时回复并说明情况。

七、银行业金融机构及其有关工作人员对人力资源社会保障行政部门查询内容和相关情况应当保密，不得告知被查询单位。人力资源社会保障行政部门及其执行查询任务人员对银行业金融机构提供的信息资料负有保密义务。

八、人力资源社会保障行政部门或相关工作人员违反本通知相关规定进行查询的，由相关部门依法追究有关人员责任。银行业金融机构未依法协助开展查询的，由人力资源社会保障行政部门将有关情况移送银行业监督管理机构。银行业监督管理机构按照《保障农民工工资支付条例》第五十八条规定依法处理，并将处理情况反馈人力资源社会保障行政部门。

九、各银保监局、各地人力资源社会保障行政部门要认真执行本通知有关规定，加强沟通配合，结合本地实际进一步完善查询工作机制，确保查询工作依法顺利开展。对查询工作中遇到的问题，请及时向银保监会法规部、人力资源社会保障部劳动保障监察局报告。

附件：1. 查询单位银行账户通知书（略）

2. 查询单位银行账户回执（略）

2020 年 5 月 27 日

国家发展和改革委员会　国家粮食和物资储备局　教育部　人力资源和社会保障部关于“人才兴储”的实施意见

国粮人〔2020〕313号

各省、自治区、直辖市和新疆生产建设兵团发展和改革委员会、粮食和物资储备局（粮食局）、教育厅（教委、教育局）、人力资源社会保障厅（局），国家粮食和物资储备局各垂直管理局，各有关单位：

近年来，全国粮食和物资储备系统聚焦国家粮食和战略应急物资储备安全核心职能，围绕加快构建统一的国家储备体系，积极稳妥推进人才队伍建设，取得良好成效。当前，人才总量不足、年龄结构老化、高层次人才短缺等问题仍十分突出。为持续深化国家储备人才发展体制机制改革，加快推进粮食和物资储备治理体系和治理能力现代化，全面提升防范化解重大风险和保障国家安全的能力，现就实施“人才兴储”提出如下意见。

一、总体要求

（一）指导思想。以习近平新时代中国特色社会主义思想为指导，全面贯彻落实党的十九大和十九届二中、三中、四中、五中全会精神及新时代党的组织路线，围绕实施科教兴国战略、人才强国战略和创新驱动发展战略，健全工作制度，完善措施抓手，着力扩大人才规模、提高人才质量、优化队伍结构，充分营造尊重知识、尊重人才的良好氛围，激励广大干部职工守正创新、敢于担当、善谋实干、锐意进取，充分适应粮食和物资储备深化改革转型发展的新形势新任务新要求。

（二）基本原则。

——坚持党管人才，以用为本。加强党对人才兴储的全面领导，充分发挥党组织领导核心作用，加强政治引领和政治吸纳，树立正确用人导向，把各方面优秀人才团结聚集到国家储备事业中来。选准、盘活、用好人才，努力让人才各得其所、大展其才。

——坚持围绕中心，服务大局。聚焦服务国家储备高质量发展需要，突出人才优先发展，科学设定人才发展目标，健全人才工作体系，完善人才管理制度，形成人才引领发展、发展造就人才的良好局面。

——坚持改革创新，激发活力。着力破除人才发展中存在的体制机制障碍，进一步解放思想、创新举措，因地制宜、分类施策，合理放权、松绑、减负，充分激发各类人才干事创业热情。

——坚持统筹兼顾，形成合力。整合优势资源，搭建产学研用深度融合平台，推动人才资源整体性开发，构建各方联动、协调顺畅、相互支撑、持续发展的人才工作格局。

（三）主要目标。到2025年，初步建成与国家储备事业发展相适应的人才工作体系，国家储备人才总体状况得到较大改善，能力素质显著提升，竞争优势初步显现。基本建成一支政治过硬、本领高强、作风务实、清正廉洁的高素质专业化干部人才队伍，一支钻研科学技术、善于创新创造的专业技术人才队伍，一支技艺精湛、技能高超的技能人才队伍。选拔产生10名左右国家储备领军人才、50名左右国家储备青年拔尖人才、100名国家储备技能大师，建设10个左右国家储备继续教育基地和高技能人才培训基地。

二、重点任务

（四）加强干部人才队伍建设。坚持好干部标准，遵循干部人才成长规律，加强思想淬炼、政治历练、作风锤炼、实践锻炼、专业训练，重点增强学习、政治领导、改革创新、科学发展、依法执政、群众工作、狠抓落实、驾驭风险“八个本领”，提高解决实际问题能力。有计划地选派干部到脱贫攻坚、援疆援藏和重要岗位墩苗历练，在打硬仗、扛重活、攻难关中练就真功夫。加强干部教育培训工作，每年有针对性地选派司局级干部参加中央组织部统一调训；组织开展处级干部集中轮训，5年实现全覆盖。实施“基层处长能力素质提升工程”，着力提高综合素质和宏观把握、应急处突能力，落实好深化改革转型发展目标任务。鼓励和支持干部参加学历提升教育，具有大学本科及以上学历的干部占比超过90%。每年分批次组织地方粮食和物资储备部门、垂直管理局优秀年轻干部到国家粮食和物资储备局跟班学习、实践锻炼，加大人才交流力度。

（五）加强专业技术人才队伍建设。围绕基层单位主责主业优化岗位设置，科学设定专业技术岗位比例和资格条件。支持垂直管理局在不突破岗位总量和结构比例前提下，统筹引进和使用专业技术人才，重点抓好高层次创新型人才和关键领域急需紧缺人才的引进培养。坚持需求导向和问题导向，围绕实施重大工程项目、专门物资轮换以及标准化、信息化、智能化建设等重要任务，持续加大专业技术人才知识更新力度。实施“高层次人才选育工程”，针对国家储备重点领域，选拔国家储备领军人才，引导培育高水平创新团队，有效整合科研资源，加强国家储备政策理论研究、关键技术研发和新装备新技术的推广应用。注重青年专业技术人才培养，遴选一批有发展潜力的国家储备青年拔尖人才，支持其自主开展创新研究。探索青年科技人才接续培养机制，对入选“青年人才托举工程”的，优先列入青年拔尖人才培养。鼓励各地各单位实施青年人才扶持计划，对科研工作成绩突出的青年科技工作者，给予一定项目资金支持和个人奖励。

（六）加强高技能人才队伍建设。全面实施职业技能等级制度，开展基层单位工勤技能岗位职业研究，开发储备职业技能标准和培训教材，有序推进基层单位技术工人职业技能培训和等级认定。实施“千名技师培养工程”，倡导在重点岗位设立“首席技师”。定期举办国家储备职业技能竞赛，引导基层单位广泛开展岗位练兵、技能比武，不断拓宽优秀高技能人才脱颖而出的渠道。选拔国家储备高技能人才，支持其牵头成立技能大师工作室，发挥技术创新、技能创造和带徒传技作用。组织开展危险化学品仓库相关从业人员安全专业学历教育，支持基层职工在职攻读有关专业学位。2021年底前至少完成危险化学品单位10%以上重点岗位职工职业技能晋级培训，2022年底前危险化学品单位全体从业人员中取得职业资格证书或职业技能等级证书的比例达到30%以上。

（七）加强专家库建设。积极运用“外脑”，发挥系统外专家作用，组建国家储备安全政策咨询委员会，鼓励有关高校设立国家储备管理专门研究机构，支持开展重点专题咨询，提供高质量决策咨询报告。各地粮食和物资储备行政管理部门及各垂直管理局要结合实际，建立灵活多样的国家储备安全政策智库，加强物资管理、执法督查、规划建设、安全生产等专家库建设。

（八）加强教育培训基地建设。由国家粮食和物资储备局牵头，有计划、有重点地在高等院校、职业院校和基层单位建设一批全国粮食和物资储备干部教育培训基地、继续教育基地、高技能人才培训基地，分级分类推进各类人才队伍教育培训工作。进一步明确基地培养目标和建设标准，引导和支持基地研发国家粮食和物资储备专业课程，设置培训科目，开发培训教材，严格培训考核。推动领导干部上讲台，依托系统各类优秀专业人才和院校教师，建立专兼职相结合的师资队伍，定期开展继续教育和能力提升培训。

三、完善机制

（九）创新引进机制。积极拓宽选人视野，统筹考录、选调、遴选、接收安置退役军人和军转干部等方式，多渠道引进优秀人才。逐步完善国家粮食和物资储备局计划管理和统一招聘，与垂直管理局自行招聘相结合的人才招录制度。树立“不求所有、但求所用”的柔性引才观念，建立健全岗位引才、项目引才、技术引才机制，鼓励用人单位采取咨询、兼职、项目合作、学术交流或设置创新型岗位等形式，实行柔性引进、弹性管理、个性服务。支持有条件的科研单位对引进的高层次人才实行年薪制或协议工资制。

（十）完善培养机制。坚持学以致用，创新教育培训组织形式，加强学风建设，切实提高培训质量。大力传承和弘扬储备优良传统，筑牢理想信念，增强为国管储的使命感和责任感。积极协调争取将垂直管理局干部教育培训纳入地方党校（行政学院）培训计划。建立产学研用相结合的协同育人模式，深入实施产学合作协同育人项目。依托科研院所、技术创新中心或研发中心、人才工作室，联合高校、行业、企业、协会等多方主体，建设一批现代产业学院，培养高素质复合型技术技能人才和应用型人才。鼓励有关高校开展国家储备“新学科”建设，培养一批国家储备领域专门人才。完善人才经费管理机制，在足额提取教育培训经费的基础上，鼓励灵活设立人才培养基金和人才奖励基金。

（十一）优化使用机制。加大机关与企事业单位之间人才交流力度，促进和规范人才科学有序流动。保障和落实基层单位用人自主权，充分发挥用人单位在人才培养、使用中的主体作用。健全完善基层单位管理、专业技术、工勤技能三类岗位人才转岗聘用制度。给予创新领军人才更大技术路线决定权和经费使用权。坚持按劳分配和按生产要素分配相结合，实现技高者多得、多劳者多得。坚持从严要求和关心爱护相结合，对优秀人才在政治上爱护、事业上支持、生活上关心，确保人才引得进、留得住、用得好。

（十二）改进评价机制。坚持德才兼备、以德为先，注重凭能力、实绩和贡献评价人才。实行人才分类评价，科学设定指标，规范评价程序，加强结果运用。研究建立符合国家储备实际的绩效管理和公务员日常考核办法。坚决破除“唯论文、唯职称、唯学历、唯奖项”，针对不同物资储备技术要求，探索建立差异化的技术技能人才评价机制，根据实际操作水平、解决关键生产技术难题能力、取得的经济社会效益科学评价人才。深化粮食和物资储备职称制度改革，进一步下放职称评审权限。支持基层一线高技能人才按规定参加工程技术系列职称评审。

（十三）健全激励机制。健全面向全国粮食和物资储备系统的评选表彰制度，增强人才荣誉感和归属感。持续开展“四比四看”、争创“干事创业好团队、担当作为好干部”等活动，建立崇尚实干、带动担当、加油鼓劲的正向激励体系。大力弘扬科学家精神和工匠精神，加大对领衔创新任务的科研团队和科学家的绩效激励力度，积极落实支持和鼓励科研人员创新创业的有关政策，对在技术革新、技能创造中作出突出贡献的技术技能人才给予奖励。营造尊重人才、见贤思齐的用人环境，鼓励创新、宽容失败的工作环境，待遇适当、无后顾之忧的生活环境，公开平等、竞争择优的制度环境。

四、保障措施

（十四）加强组织领导。各级粮食和物资储备部门、各垂直管理局要高度重视，定期研究人才工作，制定切实可行的落实措施，把推进“人才兴储”作为服务改革发展的一项重要任务抓实抓好。国家粮食和物资储备局将干部素质能力提升计划落实情况纳入对垂直管理局的年度考核内容，切实以考促建。

（十五）突出人才引领。坚持业务工作与人才工作统筹发展，完善“两手抓、两促进”的良性工作机制。在谋划国家储备事业发展时，要提前研究人才需求，找准紧缺人才短板，谋划部署人才支持措施。坚持把科学选育管用各类人才作为事业之基，充分发挥人才在推进改革发展中的引领作用。

（十六）落实待遇保障。认真执行公务员职务与职级并行制度，用好用足相关政策。指导事业单位进一步优化岗位设置和绩效工资管理，强化工资分配的技术技能价值导向，注重向重点岗位、高层次人才和基层一线倾斜。

（十七）关心爱护人才。健全完善谈心谈话制度，真心倾听人才诉求，了解人才关切，及时释疑解惑。关心关爱坚守一线、扎根基层、勤勉敬业的干部职工，组织开展丰富多彩、健康向上的文体活动，增强组织的凝聚力；充分利用当地户籍、社会保障、子女教育等优惠政策，提高人才工作服务水平，主动排忧解难。

（十八）广泛宣传引导。大力宣传党和国家的各项人才政策，深入解读“人才兴储”重要举措，尊重知识、尊重人才，凝聚人人皆可成才的共识。利用各类媒体，积极宣传先进集体、先进个人，进一步弘扬储备精神、储备文化、储备传统，充分营造奋勇争先、干事创业、成长成才的良好氛围。

2020 年 11 月 20 日

国家煤矿安全监察局　人力资源社会保障部　国家能源局　全国总工会关于进一步规范煤矿劳动用工　促进煤矿安全生产的指导意见

煤安监行管〔2020〕38 号

各产煤省、自治区、直辖市及新疆生产建设兵团煤矿安全监管部门、煤炭行业管理部门、人力资源社会保障厅（局）、总工会，各省级煤矿安全监察局，有关中央企业：

煤矿劳动用工事关安全生产，事关煤矿从业人员合法权益。党的十八大以来，通过各方面共同努力，规范煤矿劳动用工管理、保护煤矿从业人员权益和提高煤矿从业人员素质等工作取得了显著成效，但违规采用劳务派遣用工、被派遣劳动者缺乏必要的安全教育培训、井下作业人员单班工作时间过长等问题仍较为突出，与新时代煤矿职工对美好生活的向往仍有较大差距。为进一步规范煤矿劳动用工，提高煤矿从业人员素质，提升煤矿安全保障能力，促进煤矿安全生产，提出如下意见：

一、规范劳务派遣用工

（一）逐步取消井下劳务派遣用工。煤矿井下工作岗位是煤矿企业主营业务岗位，不得采取劳务派遣用工。各地区要摸清本辖区煤矿企业劳务派遣用工情况底数，制定详细计划，按照保安全、稳就业相关要求，在不影响煤矿安全生产和社会稳定的前提下，采取以转为劳动合同制用工为主的方式，有序将劳务派遣用工转为直接用工或实施转岗，推动煤矿企业在2021 年底前逐步取消井下劳务派遣用工。

（二）严格控制非主营业务岗位劳务派遣用工。煤矿企业要按照《劳动合同法》中劳务派遣只能在临时性、辅助性或者替代性的工作岗位上实施的规定，严格控制非主营业务岗位劳务派遣用工数量和用工比例，到 2021 年底前，将比例控制在从业人员总数 10%以内，并且要将被派遣劳动者纳入统一管理和培训。

二、规范从业人员工作时间

（三）规范井下作业人员工作时间。煤矿井下作业人员工作时间过长，得不到合理休息，是事故发生的重要原因之一。各地区要推动煤矿企业通过提高矿井机械化、自动化、信息化和智能化水平，大力研发应用煤矿机器人，推行“一优三减”，鼓励有条件的煤矿积极推行“四六”工作制等缩短单班井下作业时间，降低劳动强度、强化劳动保护、改善作业环境。煤矿企业应依法制定从业人员工作时间管理制度，严格遵守国家关于劳动者工作时间、延长工作时间的相关规定，其中，井下作业人员每日工作时间（包含从井口到作业地点往返时间等）不超过 8 小时，每周工作时间不超过 40 小时。确因生产经营需要，经与工会和从业人员协商后可以延长工作时间，一般每日不得超过 1 小时；因特殊原因需要延长工作时间的，在保障从业人员身体健康的条件下延长工作时间每日不得超过3小时，但是每月不得超过36小时。煤矿企业安排井下作业人员延长工作时间的，应依法安排补休或支付加班工资。

（四）鼓励逐步取消夜班作业。各地区应鼓励有条件的煤矿企业通过优化采掘设计、改进劳动组织、升级装备技术等措施，减少夜班作业，逐步实现取消非智能化采掘工作面的夜班作业。对于夜班取消采煤、掘进作业的煤矿，按有关规定优先给予职业培训和技能鉴定补贴支持。

三、提高从业人员工资待遇

（五）引导逐步提高工资水平。各地区应积极引导煤矿企业逐步提高从业人员工资水平，实现工资待遇与劳动强度、岗位贡献相匹配，促进工资水平与劳动力市场基本适应，与地区经济发展、企业经济效益和劳动生产率相协调。加大工资收入向技能型人才、井下一线和艰苦岗位人群倾斜力度，以较为优厚的工资待遇吸引青年到井下一线工作。依法依规保障停工停产、脱产培训等期间从业人员相关待遇。

四、提升从业人员素质

（六）强化人员岗位匹配。各地区应做到煤矿从业人员素质与工作岗位要求相匹配，推动煤矿企业把好人员准入关，矿长、副矿长、总工程师、副总工程师等安全管理人员、专业技术人员和井下作业人员、群众安全监督人员等应具备相应的学历要求、专业素质和工作能力，具备岗位所需的基本技能。要加强岗前和在岗安全培训、技能培训等。

（七）逐步实现“入企即入校”。各地区要结合高危行业领域安全技能提升行动计划实施，推动煤矿企业加强校企联合，大力推进订单培养、委托培养、联合办学、定向专业培养等，对招用的煤矿从业人员开展培训，到2021年底前基本实现“入企即入校”，变招工为招生。

各省级煤矿安全监管部门要依据本指导意见，会同省级煤炭行业管理部门、人力资源社会保障厅（局）、总工会和煤矿安全监察机构等部门研究制定本地区规范煤矿劳动用工的具体实施方案，指导督促辖区煤矿企业结合实际，制定规范劳动用工的计划和措施。同时加强组织领导，强化宣传教育，严格监督检查和联合执法，鼓励和引导职工监督和社会监督，在妥善安置从业人员和维护队伍稳定的前提下，确保规范煤矿劳动用工各项要求落到实处。

2020年9月3日

中国残联　民政部　财政部
人力资源和社会保障部　国务院扶贫办
关于扎实做好疫情防控常态化背景下
残疾人基本民生保障工作的指导意见

残联发〔2020〕17号

各省、自治区、直辖市残联、民政、财政、人力资源社会保障厅（局）、扶贫办（局），新疆生产建设兵团残联、民政、财政、人力资源社会保障局、扶贫办：

我国新冠肺炎疫情防控工作已从应急状态转为常态化。为贯彻习近平总书记统筹推进新冠肺炎疫情防控和经济社会发展重要讲话精神，落实党中央、国务院关于疫情防控常态化下的一系列决策部署，扎实做好残疾人基本民生保障工作，现提出如下指导意见。

一、充分认识做好残疾人基本民生保障工作重要性

习近平总书记指出："全面建成小康社会，残疾人一个也不能少"。2020年是全面建成小康社会和脱贫攻坚决战决胜之年，残疾人群体能否如期摆脱贫困，事关全面建成小康社会和打赢脱贫攻坚战全局。新冠肺炎疫情发生以来，各地深入贯彻落实党中央、国务院关于做好困难群众基本民生保障、稳就业和脱贫攻坚的一系列决策部署，保障残疾人生产生活，但作为弱势群体，残疾人面对疫情冲击时较其他人群更为脆弱，受疫情影响更大，部分残疾人家庭生活水平明显下滑，残疾人就业和脱贫压力进一步加大。各地各部门要充分认识做好疫情防控常态化背景下残疾人基本民生保障工作的重要性，结合本地实际，进一步加大工作力度，采取更加有力的措施，扎实做好残疾人基本民生保障各项工作。

二、采取切实措施保障残疾人基本民生

（一）坚持应保尽保和分类施策

各地要密切关注、准确掌握受疫情影响残疾人的基本生活情况，对于符合条件的要尽快落实低保、临时救助、价格临时补贴以及困难残疾人生活补贴、重度残疾人护理补贴等各项生活保障措施。对因疫情影响无法经营、就业，收入下降导致基本生活困难，同时又不符合社会救助条件的困难残疾人，要甄别不同情况，做到一户一策、一事一议，给予及时帮扶。对因监护缺失或托养照护服务机构暂时无法开放导致重度失能残疾人家庭照护困难的，要协调村（社区）安排人员上门探视，并提供监护照料。有条件的地区可阶段性适当提高相关补贴标准，适当增加对特殊困难残疾人家庭的生活补助，对残疾人供养、托养、照护等机构恢复服务给予一定的支持。

（二）千方百计稳定残疾人就业

各地要主动协商辖区内安置残疾人就业的各类企业，努力使残疾人职工不因疫情影响而被裁员。对经营确有困难的，鼓励企业通过协商调整薪酬、缩短工时等方式，保留与残疾人职工的劳动关系。要主动帮助失业残疾人做好失业登记，申领失业保险金、失业补助金。主动协助残疾人集中就业企业、残疾人开办企业、残疾人个体工商户、盲人按摩机构、辅助性就业机构以及居家就业、灵活就业的残疾人，落实国家和地方失业保险返还、税收减免、担保贷款贴息、就业补贴、社会保险费减免或缓缴等各项就业帮扶政策。要主动抓好线上线下残疾人就业服务，充分发挥全国和省级残疾人就业创业网络服务平台作用，为用人单位招用残疾人和残疾人求职牵线搭桥。要通过“一对一”帮扶的形式，重点做好应届高校残疾毕业生就业服务工作。要认真落实发展改革委等部门《关于印发〈关于完善残疾人就业保障金制度更好促进残疾人就业的总体方案〉通知》（发改价格规〔2019〕2015号）要求，进一步加强残疾人就业资金保障，完善残疾人就业各项支持政策。疫情防控期间，各地可结合实际进一步研究出台支持残疾人就业和保障残疾人生活的政策措施。对租用私有产权不能减免房租等原因经营确有困难的盲人按摩机构、残疾人集中就业单位、残疾人个体工商户等，可按照发展改革委等部门《关于应对新冠肺炎疫情进一步帮扶服务业小微企业和个体工商户缓解房屋租金压力的指导意见》（发改投资规〔2020〕734号）规定，给予阶段性房租补贴；对疫情期间超比例安排残疾人就业的用人单位，可加大奖励力度。

（三）加大对农村贫困残疾人帮扶力度

各地要准确掌握疫情对建档立卡贫困残疾人生产生活造成的实际困难和问题，做好低保、临时救助、监护照料、生产增收等相关兜底保障政策和帮扶措施的落实，确保贫困残疾人家庭稳定持续脱贫。各地可结合实际，对受疫情影响较大的符合条件的种植、养殖贫困残疾人家庭给予农业保险投保费用补贴；对受疫情影响较重的残疾人扶贫基地、残疾人农业生产合作社，按规定给予资金扶持；对残疾人开展免费职业技能培训，贫困残疾人在培训期间可按规定给予生活费补贴；对残疾人返贫监测户、脱贫边缘户等农村困难残疾人家庭，采取针对性帮扶措施，巩固脱贫，减少返贫。

三、强化部门协作和组织实施

残疾人基本民生保障工作涉及面广，需要各地各部门完善工作机制，明确责任分工，共同推动实施。各地相关部门要在本地党委政府统一领导下，在确保疫情防控到位前提下，根据各自职责，同向发力，结合残疾人实际，围绕残疾人需求，细化实化政策措施，密切配合，形成工作合力。地方各级残联组织要切实承担起牵头组织责任，加强与各有关部门的密切协作，依托二代残疾人证数据库，做好各类别残疾人状况摸底排查工作，准确掌握残疾人信息，及时反映残疾人需求，为精准施策奠定基础；要重点督促政策措施落地和资金保障落实。财政部门要结合本地实际，充分发挥残疾人就业保障金制度作用，并合理安排资金，支持做好残疾人基本生活保障、稳定残疾人就业、贫困残疾人脱贫攻坚等各项工作。民政部门要将符合条件的残疾人及其家庭纳入相应的社会救助和福利补贴范围，采取多种措施保障困难残疾群众基本生活，充分发挥临时救助的兜底作用。人力资源社会保障部门在组织开展线上线下职业技能培训和各项就业服务活动时，要将残疾人列入服务对象；要将符合就业困难人员条件的残疾人纳入就业援助范围，落实就业帮扶政策，对其中特别困难的，利用公益性岗位托底安置。扶贫部门要认真研究因疫情给贫困残疾人脱贫工作带来的新情况新问题，切实将贫困残疾人纳入帮扶。

2020年5月22日

中华全国总工会　人力资源社会保障部 中国企业联合会/中国企业家协会 中华全国工商业联合会关于应对疫情影响进一步做好集体协商工作的通知

总工发〔2020〕3号

各省、自治区、直辖市总工会、人力资源社会保障厅（局）、企业联合会/企业家协会、工商业联合会，新疆生产建设兵团人力资源社会保障局、企业联合会/企业家协会、工商业联合会：

为深入贯彻习近平总书记关于统筹推进新冠肺炎疫情防控和经济社会发展系列重要指示精神，落实党中央、国务院有关决策部署，全面实施集体协商“稳就业促发展构和谐”行动计划，充分发挥集体协商制度在协调劳动关系中的重要作用，积极应对疫情影响，稳定劳动关系，保障职工权益，助力企业发展，现就进一步做好当前集体协商工作通知如下。

一、引导确立“同舟共济、共克时艰”的协商目标

集体协商工作对于助力企业复工复产、稳定职工就业岗位、维护劳动关系稳定具有重要作用，各地要深入推进集体协商“稳就业促发展构和谐”行动计划，引导企业和职工确立“同舟共济、共克时艰”的协商目标，营造“有事多商量，遇事多商量，做事多商量，商量得越多越深入越好”的协商氛围，坚持合法合理、利益兼顾、因企制宜、稳定有序的协商原则，鼓励劳动关系双方依据企业实际情况，就双方共同关心、直接涉及职工切身利益的事项及时开展协商，寻求双方利益平衡点，妥善解决受疫情影响劳动关系的突出问题，维护劳动关系和谐稳定。

二、着力围绕稳定劳动关系重点方面开展协商

集体协商要针对企业经营发展现状和职工的现实诉求，重点围绕企业用工的难点和职工关切的热点开展协商。

（一）突出协商稳岗位保企业。对复工复产难度大、订单大幅减少、生产经营较困难的企业，要以稳就业、保企业为主要目标，鼓励双方通过集体协商采取调整薪酬、灵活安排工作时间、轮岗轮休、组织培训等方式稳定工作岗位，尽量不裁员或少裁员。对受疫情影响不得不裁员的企业，指导企业在裁员方案制定和实施中充分听取职工意见，就经济补偿等与职工利益密切相关的问题，依法充分协商方能实施。

（二）着重协商工资待遇问题。对受疫情影响企业延迟复工、职工待岗、工作时间调整等期间的工资待遇，引导双方依法依规协商确

定。对受疫情影响的企业，引导企业和职工相互理解，根据企业经济效益情况协商，依法适度调整职工工资水平。对暂无工资支付能力的企业，通过协商约定依规合理延期支付职工工资。对效益较好生产经营正常的企业，可协商合理确定职工工资增长幅度。

（三）支持协商其他涉及职工切身利益事项。鼓励企业和职工将复工后的工作方式、时间安排、带薪休假使用、劳动保护措施、女职工特殊权益保护等涉及职工切身利益问题作为协商内容。指导承担疫情防控保障任务的企业与职工就延长工作时间和休息时间安排等依法开展协商。

（四）侧重重点行业和特殊群体权益。要把受疫情影响较大的交通运输、旅游、餐饮住宿、娱乐文化、商贸会展等行业和订单严重减少的外向型企业作为推进协商的重点领域，全面摸排掌握其生产经营情况，对生产经营较为困难、用工规模较大、劳动关系矛盾较多的企业应视情况派出联合工作组，为双方开展集体协商提供具有针对性的指导服务。开展集体协商中要重点关注劳务派遣工、农民工、试用期职工以及湖北地区职工等重点群体的权益维护。推动平台企业与平台就业劳动者就劳动报酬、工作时间、劳动保护等开展协商，切实维护好平台就业劳动者基本权益。

三、鼓励创新完善协商方式

疫情防控期间要采取适当方式，在确保程序规范的前提下因地制宜开展集体协商。要指导企业和职工充分借助现代信息通讯技术，通过线上线下相结合的方式进行要约、应约、沟通和协商。协商一致的意见可形成会议纪要或文件，通过电子邮件、内部 OA、微信群组等形式，发送给职工群众听取意见建议，履行民主程序后向全体职工公示。

四、积极做好落实工作

（一）广泛宣传引导。各级协调劳动关系三方成员要充分发挥各自职能，利用多种平台和渠道，准确解读、宣传国家和地方在疫情防控和复工复产中出台的相关政策，引导企业（行业）结合当前形势和自身实际开展集体协商。

（二）加强指导服务。各级人力资源社会保障部门要加强组织协调，及时研究解决涉疫情劳动关系重点问题，及时发布企业人工成本、薪酬调查、工资指导线、最低工资标准等信息，并尽可能为企业集体合同报送提供便利。各级地方工会要加强对企业工会代表职工与企业开展集体协商工作的指导服务。各级工会要团结动员广大职工与企业共渡难关，引导职工依法理性表达诉求，推进工会组织向新兴领域新兴群体延伸。各级企联和工商联组织要引导企业和企业家积极承担社会责任，主动要约，畅通职工反映诉求渠道，关心关爱职工，着力保障困难职工的基本生活。

（三）强化形势分析。各级协调劳动三方要加强信息沟通和共享，定期开展会商研判，深入分析劳动关系形势，共同研究解决劳动关系领域存在的突出矛盾和问题，坚决防范出现区域性、系统性劳动关系风险。

（四）注重示范引领。各级协调劳动关系三方要认真培育、宣传推广企业通过集体协商与职工共渡难关的典型事例和先进经验，引导企业和职工正确看待当前遇到的困难和问题，增强发展信心。

（五）夯实工作基础。各级协调劳动关系三方要立足当前、着眼长远，将做好疫情期间集体协商工作作为落实“稳就业促发展构和谐”行动计划的重要内容，强化制度机制建设，加强工作指导，研究解决推进集体协商工作中遇到的各种问题，着力推进专职集体协商指导员等人才队伍建设，创新工作方式方法，努力发挥集体协商协调劳动关系的重要作用。各地要联合开展调研指导，掌握相关情况，及时上报落实“稳就业促发展构和谐”行动计划工作进展情况、经验和问题。

2020 年 5 月 19 日

人力资源和社会保障大事记

2020年人力资源和社会保障大事记

一月

1月2日　张纪南同志到中南海参加中央领导同志接见全国审计机关先进集体和先进工作者活动。

汤涛同志参加国务院政策例行吹风会，介绍水平评价类技能人员职业资格退出目录有关考虑，并答记者问。

汤涛同志出席全国审计工作会议并宣读表彰决定。

1月3日　张纪南同志列席国务院第77次常务会议。

张义全同志参加全国宣传部长会议。

1月6日　张纪南同志主持召开会议，研究使用失业保险基金应对大规模失业风险有关考虑和《关于进一步加大就业优先政策实施力度全面优化就业创业环境的意见（稿）》。汤涛、游钧、张义全同志参加。

张纪南同志会见应邀来访的塞尔维亚劳动、就业、退伍军人和社会事务部部长佐兰·乔尔杰维奇一行，介绍我国改革开放40多年来在保障民生方面所取得的巨大成就，并就加强中塞人力资源和社会保障领域合作事宜进行交流。

汤涛同志出席全国税务工作会议并宣读表彰决定。

游钧同志会见应邀来访的塞尔维亚劳动、就业、退伍军人和社会事务部部长佐兰·乔尔杰维奇一行，就促进就业、劳动关系、社会保障等议题进行交流，并签署中塞社会保障协定行政协议。

1月7日　张义全同志参加国务院政策例行吹风会，介绍《保障农民工工资支付条例》有关情况。

1月8日　张纪南同志参加中央“不忘初心、牢记使命”主题教育总结大会。

张纪南同志列席国务院第78次常务会议。

1月9日　汤涛同志赴四川阿坝藏族羌族自治州松潘县安宏乡慰问“三支一扶”人员，并主持召开“三支一扶”人员新春慰问座谈会，听取四川省及阿坝州的“三支一扶”计划实施情况汇报，与基层服务单位负责人和部分“三支一扶”人员代表座谈。

张义全同志参加全国统战部长会议。

1月10日　张纪南同志在人民大会堂出席2019年度国家科学技术奖励大会。

张纪南同志主持召开第78次党组会。耿文清、游钧、张义全同志参加。

汤涛同志在四川阿坝藏族羌族自治州调研职业技能提升行动有关工作，召开座谈会并实地考察阿坝铝厂。

张义全同志参加中央和国家机关部分机关党委书记现场述职会并现场述职。

1月13日　张纪南同志参加十九届中央纪委四次全会。

张纪南同志参加国务院第4次全体会议。

1月13日至15日　耿文清同志参加十九届中央纪委四次全会。

1月14日　汤涛同志参加国务院推进政府职能转变和“放管服”改革协调小组第4次全体会议。

1月14日至15日　游钧同志带队赴浙江

开展禁毒工作督导，听取浙江省、杭州市有关情况汇报，实地考察社区禁毒工作站和禁毒教育基地。随后，主持召开新业态从业人员职业伤害保障工作调研座谈会，听取部分省市（县）人社厅（局）负责同志和部分平台企业负责人意见建议。

1月15日　张纪南同志参加李克强总理主持召开的听取专家学者和企业界人士对《政府工作报告（征求意见稿）》意见座谈会。

张纪南同志主持召开第79次党组（扩大）会，传达学习十九届中央纪委四次全会精神，安排部署“不忘初心、牢记使命”主题教育总结大会精神学习贯彻工作，审议《人力资源社会保障部关于推进党的政治建设重点督查整改工作方案（送审稿）》。耿文清、汤涛、张义全同志参加。

汤涛同志参加国务院职业教育工作部际联席会议第二次会议。

张义全同志主持召开会议，传达学习习近平总书记在中央政治局“不忘初心、牢记使命”专题民主生活会上的重要讲话精神。

1月16日　汤涛同志主持召开南疆四地州技工院校建设工作座谈会，听取新疆维吾尔自治区人社厅关于南疆技工院校建设工作汇报，研究提出支持帮扶措施并明确工作要求。

汤涛同志主持召开第46届世界技能大赛筹办工作通气会，通报有关工作进展情况，听取意见建议。

1月17日　张纪南同志参加中央“不忘初心、牢记使命”主题教育领导小组第七次会议。

张义全同志参加全国组织部长会议。

1月18日　张义全同志出席全国模范法院和全国模范法官表彰大会，并宣读表彰决定。

1月19日　张纪南同志出席部2019年度工作总结表彰大会。耿文清同志主持会议，汤涛、张义全同志出席。

耿文清同志主持召开行风建设调度会。

1月20日　张纪南同志列席国务院第79次常务会议。

张纪南同志主持召开第80次党组会，学习讨论习近平总书记在中央政治局“不忘初心、牢记使命”专题民主生活会和“不忘初心、牢记使命”主题教育总结大会上的重要讲话精神；学习讨论十九届中央纪委四次全会精神；审议《人力资源社会保障部2019年全面从严治党工作形势分析报告（送审稿）》《2020年人力资源和社会保障工作要点（送审稿）》《人力资源社会保障部2020年度会议计划（送审稿）》《人力资源社会保障部2020年度评比表彰工作计划（送审稿）》；书面审议《人力资源社会保障部2020年度培训班计划（送审稿）》。耿文清、汤涛、张义全同志参加。

张纪南同志主持召开第41次部务会，审议《人力资源社会保障部办公厅关于进一步做好民营企业职称工作的通知（送审稿）》《人力资源社会保障部内部审计管理办法（修订稿）》，书面审议《关于进一步加强人力资源社会保障政策解读工作的意见（送审稿）》《关于设立世界技能大赛中国研究（研修）中心有关情况的报告》。耿文清、汤涛、张义全同志参加。

游钧同志参加中央退役军人事务工作领导小组第六次会议。

1月21日　张纪南同志到北京奔驰汽车有限公司、中国科学院高能物理研究所，就人才发展体制机制改革创新、职业技能提升行动实施等重点工作开展调研，并慰问高层次高技能人才代表。汤涛同志参加。

游钧同志参加应对新型冠状病毒感染的肺炎疫情联防联控工作机制第一次会议。

张义全同志出席部援派扶贫挂职干部迎新春座谈会并讲话。

1月22日　张纪南同志主持召开第81次党组会，传达学习贯彻习近平总书记关于新型冠状病毒感染的肺炎疫情重要指示和李克强总理批示精神。耿文清、游钧、张义全同志参加。

汤涛同志参加国家科技体制改革和创新体系建设领导小组会议。

游钧同志主持召开会议，部署应对新型冠状病毒感染的肺炎疫情联防联控有关工作。

1月23日　张纪南同志到人民大会堂参加2020年春节团拜会。

1月25日　张纪南同志参加李克强总理主持召开的研究新型冠状病毒感染的肺炎疫情防控有关工作专题会议。游钧同志参加。

张纪南同志主持召开第82次党组会，传达国务院有关会议精神，研究新型冠状病毒感染的肺炎疫情防控工作。耿文清、汤涛、游钧、张义全同志参加。

1月26日　张纪南同志参加中央应对新型冠状病毒感染肺炎疫情工作领导小组会议。游钧同志参加。

1月27日　张纪南同志主持召开第83次党组会，传达贯彻中央政治局常委会和中央应对新型冠状病毒感染肺炎疫情工作领导小组会议精神，进一步部署落实疫情防控工作。耿文清、汤涛、游钧、张义全同志参加。

1月29日　张纪南同志参加中央应对新型冠状病毒感染肺炎疫情工作领导小组第二次会议。游钧同志参加。

1月30日　张纪南同志主持召开第84次党组会，传达贯彻习近平总书记重要指示和中央有关精神，审议《人力资源社会保障部关于进一步做好新型冠状病毒感染的肺炎疫情防控工作的通知（送审稿）》及配套措施。耿文清、汤涛、游钧、张义全同志参加。

1月31日　游钧同志参加中央应对新型冠状病毒感染肺炎疫情工作领导小组第三次会议。

二月

2月2日　张纪南同志参加中央应对新型冠状病毒感染肺炎疫情工作领导小组第四次会议。游钧同志参加。

汤涛同志主持召开会议，研究部署部机关疫情防控工作。

汤涛同志到科技部参加院士专家工作站规范工作会议。

张义全同志参加国务院应对新型冠状病毒感染的肺炎疫情联防联控机制社会稳定组第一次会议。

2月3日　张纪南同志主持召开第85次党组会，传达贯彻中央应对新型冠状病毒感染肺炎疫情工作领导小组第四次会议精神，研究疫情防控期间相关支持措施；传达学习中央有关文件精神；听取关于今明两年全国开展补贴性职业技能培训计划有关情况的汇报。耿文清、汤涛、游钧、张义全同志参加。

2月4日　张纪南同志参加中央应对新型冠状病毒感染肺炎疫情工作领导小组第五次会议。游钧同志参加。

2月5日　张纪南同志列席国务院第80次常务会议。

张纪南同志主持召开第86次党组会暨部应对疫情工作领导小组会议，传达贯彻中央政治局常委会关于研究加强新型冠状病毒感染的肺炎疫情防控工作会议和中央应对新型冠状病毒感染肺炎疫情工作领导小组第五次会议精神，研究疫情防控工作。耿文清、汤涛、游钧、张义全同志参加。

汤涛同志主持召开部应对新型冠状病毒感染肺炎疫情工作领导小组机关组第一次会议，传达学习部应对疫情工作领导小组会议精神，研究贯彻落实具体措施。

张义全同志分别主持召开部应对新型冠状病毒感染肺炎疫情工作领导小组稳定组、宣传组第一次会议，传达中央疫情防控期间维护社会稳定、加强宣传引导有关部署要求，审议通过稳定组、宣传组工作方案，对做好下一步工作提出要求。

2月6日　张纪南同志参加中央应对新型冠状病毒感染肺炎疫情工作领导小组第六次会议。

耿文清同志主持召开部应对新型冠状病毒感染肺炎疫情工作领导小组监督组第一次会议，传达学习部应对疫情工作领导小组会议精神，对做好疫情防控监督工作提出要求。

2月7日　张纪南同志主持召开全国人社系统防控和应对新型冠状病毒感染肺炎疫情视频调度会，贯彻落实习近平总书记关于疫情防控工作重要指示精神和党中央、国务院决策部署，交流调度人社系统防控和应对疫情工作情况，研究部署进一步做好人社系统疫情防控和应对工作。耿文清、汤涛、游钧、张义全同志参加。

2月10日　张纪南同志参加中央应对新冠肺炎疫情工作领导小组第七次会议。

张纪南同志主持召开第87次党组会，传达学习中央全面依法治国委员会第三次会议精神。耿文清、汤涛、游钧、张义全同志参加。

耿文清同志主持召开部应对新冠肺炎疫情工作领导小组监督组第二次会议，审议监督组工作方案，对做好疫情防控监督工作提出要求。

2月11日　张纪南同志列席国务院第81次常务会议。

2月12日　张纪南同志主持召开第88次党组会，传达贯彻习近平总书记在北京调研指导新冠肺炎疫情防控工作时的重要讲话精神，研究进一步做好疫情防控期间就业有关工作。耿文清、汤涛、游钧、张义全同志参加。

张纪南同志主持召开驻部纪检监察组与部党组就学习贯彻十九届中央纪委四次全会精神及落实党中央关于新冠肺炎疫情防控和应对决策部署专题会商会并讲话。耿文清、汤涛、游钧、张义全同志参加并发言。

张纪南同志主持召开专题会议研究疫情防控期间社会保险支持政策。游钧同志参加。

2月13日　张纪南同志主持召开全国人社系统应对新冠肺炎疫情做好就业工作电视电话会议。汤涛、游钧、张义全同志参加。

张纪南同志参加中央应对新冠肺炎疫情工作领导小组第八次会议。

2月14日　张纪南同志列席中央全面深化改革委员会第十二次会议，并就审议《企业职工基本养老保险全国统筹改革方案（送审稿)》作说明。游钧同志列席。

张纪南同志主持召开社保专题会，研究疫情防控期间社会保险有关支持政策。游钧同志参加。

张义全同志出席国务院应对新冠肺炎疫情联防联控机制举行的疫情防控最新进展及关爱医务人员举措新闻发布会，并答记者问。

张义全同志参加国务院应对新冠肺炎疫情联防联控机制社会稳定组第二次会议。

2月17日　张纪南同志参加中央应对新冠肺炎疫情工作领导小组第九次会议。

张纪南同志主持召开就业专题会，研究关于做好当前就业工作情况的汇报稿。游钧同志参加。

汤涛同志出席部属社团年检整改专题会议并讲话，对部属社团年检整改、社团脱钩及疫情防控期间有关工作进行部署并提出要求。张义全同志主持会议。

2月18日　张纪南同志列席国务院第82次常务会议，就做好当前就业工作有关情况作汇报。游钧同志列席。

张纪南同志主持召开第89次党组会，传达学习习近平总书记在中央政治局常委会和中央深改委第十二次会议上的重要讲话精神，传达学习中央有关文件精神；听取关于2019年预算执行和2020年预算编制情况的汇报，审议《关于阶段性减免企业社会保险费的通知(送审稿)》。耿文清、汤涛、游钧、张义全同志参加。

张纪南同志主持召开第42次部务会，听取关于2019年人力资源和社会保障基本情况统计调查主要数据分析情况的汇报。耿文清、汤涛、游钧、张义全同志参加。

张义全同志主持召开农民工返岗复工“点对点”服务协调小组专项组组长及联络员会议。

2月20日　国务院决定：任命李忠为人力资源和社会保障部副部长。

张纪南同志参加中央应对新冠肺炎疫情工作领导小组第十次会议。

游钧同志出席国务院应对新冠肺炎疫情联防联控机制举行的介绍阶段性减免企业社保费、医保费和缓缴住房公积金有关情况新闻发布会，并答记者问。

2月21日　张纪南同志主持召开第90次党组会，研究党组成员分工调整。耿文清、汤涛、游钧、张义全、李忠同志参加。

张纪南同志主持召开就业专题会，研究应对疫情做好稳就业有关工作。耿文清、汤涛、游钧同志参加。

2月23日　张纪南同志到人民大会堂参加统筹推进新冠肺炎疫情防控和经济社会发展工作部署会议。耿文清、汤涛、游钧、张义全、李忠同志在分会场参会。

张纪南同志主持召开第91次党组会，学习贯彻习近平总书记在统筹推进新冠肺炎疫情防控和经济社会发展工作部署会议上的重要讲话精神。耿文清、汤涛、游钧、张义全、李忠同志参加。

2月24日　张纪南同志参加中央应对新冠肺炎疫情工作领导小组第十一次会议。

张纪南同志参加韩正同志主持召开的复工复产推进工作机制会议。

游钧同志出席介绍统筹新冠肺炎疫情防控和经济社会发展工作新闻发布会，并答记者问。

2月25日　张纪南同志列席国务院第83次常务会议，就关于鼓励吸纳高校毕业生、农民工就业相关政策作汇报。

张纪南同志主持召开第92次党组会，研究贯彻落实中央统筹推进新冠肺炎疫情防控和经济社会发展工作部署会议精神任务分工和应对新冠肺炎疫情做好近期就业工作的考虑，传达学习全国组织部长会议精神，书面审议《人力资源社会保障部关于2019年贯彻落实〈法治政府建设实施纲要（2015—2020年）〉情况的报告（送审稿）》。耿文清、汤涛、游钧、张义全、李忠同志参加。

张纪南同志主持召开农民工返岗复工“点对点”服务协调小组全体会议，听取协调小组办公室及其工作组前期工作进展情况汇报，重点研究存在的突出问题，对做好下一步“点对点”服务保障工作提出明确要求。张义全同志参加。

2月27日　张纪南同志参加中央应对新冠肺炎疫情工作领导小组第十二次会议。

张义全同志参加积极应对新冠肺炎疫情决战脱贫攻坚电视电话会议。

2月28日　张纪南同志主持召开会议，研究关于应对新冠肺炎疫情影响强化稳就业举措的相关政策。李忠同志参加。

张纪南同志主持召开就业专题会，研究《关于应对疫情影响强化稳就业举措的意见（稿）》。汤涛、游钧、张义全、李忠同志参加。

游钧同志出席介绍鼓励企业吸纳高校毕业生、农民工就业相关政策有关情况新闻发布会，并答记者问。

三月

3月2日　张纪南同志参加中央应对新冠肺炎疫情工作领导小组第十三次会议。

张纪南同志参加李克强总理主持召开的研究应对新冠肺炎疫情影响及有关政策考虑会议。

游钧同志出席贯彻实施阶段性减免企业社会保险费暨全国社会保险局长会议并讲话，全面贯彻落实党中央、国务院决策部署，动员统筹做好疫情防控和全年各项社保工作。

3月3日　张纪南同志列席国务院第84次常务会议。

张纪南同志主持召开第93次党组会，听取关于开展农民工返岗复工“点对点”服务保障工作情况的汇报和关于重点企业用工调度保障机制有关工作情况的汇报，审议《关于应对新冠肺炎疫情影响强化稳就业举措的实施意见（送审稿）》，书面审议《人力资源社会保障部贯彻实施党的十九届四中全会〈决定〉重要举措分工方案（送审稿）》。耿文清、汤涛、游钧、张义全、李忠同志参加。

张纪南同志主持召开第43次部务会，审议《人力资源社会保障部办公厅关于做好新冠肺炎疫情防治一线专业技术人员职称工作的通知（送审稿）》。耿文清、汤涛、游钧、张义全、李忠同志参加。

张纪南同志参加中央军民融合发展委员会第4次全体会议。

张义全同志参加国务院应对新冠肺炎疫情联防联控机制社会稳定组第三次会议。

3月4日　张纪南同志列席中央政治局常委会会议。

张纪南同志主持召开就业专题会，研究《关于应对新冠肺炎疫情影响强化稳就业举措的实施意见（稿）》。游钧、李忠同志参加。

3月5日　张纪南同志参加中央应对新冠肺炎疫情工作领导小组第十四次会议。

张纪南同志主持召开社保专题会，研究《城镇化进程中构建覆盖全民的社会保障体系研究报告（稿）》。游钧同志参加。

3月6日　张纪南同志到人民大会堂参加决战决胜脱贫攻坚座谈会。

张纪南同志主持召开第94次党组会，传达学习习近平总书记重要讲话精神，研究抗疫人社服务15项便民利企举措清单，审议《人力资源社会保障部关于加强企业用工指导服务稳定劳动关系的意见（送审稿）》及相关政策解读口径，审议《中共人力资源社会保障部党组理论学习中心组2020年度专题学习计划（送审稿）》和《2020年人力资源社会保障部机关党的建设工作要点（送审稿）》《2020年人力资源社会保障部党风廉政建设工作要点（送审稿）》。耿文清、汤涛、张义全、李忠同志参加。

张纪南同志主持召开就业专题会，研究2020年职业技能提升行动促进就业工作考虑、联合开展线上招聘活动方案。汤涛、李忠同志参加。

游钧同志参加研究长江流域禁捕和渔民安置保障工作会议。

3月9日　张纪南同志参加中央应对新冠肺炎疫情工作领导小组第十五次会议。

张纪南同志参加韩正同志主持召开的复工复产推进工作机制会议。

张纪南同志主持召开第95次党组会暨部扶贫工作领导小组会，传达学习习近平总书记在决战决胜脱贫攻坚座谈会上的重要讲话精神，研究贯彻落实措施。耿文清、汤涛、张义全、李忠同志参加。

3月10日　张纪南同志列席国务院第85次常务会议。

张纪南同志主持召开专题会，研究统筹推进疫情防控和稳就业工作电视电话会议筹备及新冠肺炎疫情与非典疫情、国际金融危机对就业影响比较研究有关工作。游钧、张义全、李忠同志参加。

3月11日　张纪南同志主持召开疫情防控专项行动专题会，研究人力资源社会保障系统疫情防控专项行动和人社抗疫服务16项清单。李忠同志参加。

张义全同志参加国务院扶贫开发领导小组第十次会议和国家脱贫攻坚普查领导小组第一次会议。

3月12日　张纪南同志参加中央应对新冠肺炎疫情工作领导小组第十六次会议。

张纪南同志参加李克强总理主持召开的分析当前经济形势、研究宏观经济政策会议。

3月13日　张纪南同志主持召开第96次党组会，传达学习习近平总书记在中央政治局常委会会议审议《关于2019年脱贫攻坚成效考核等情况的汇报》和《关于中央脱贫攻坚专项巡视“回头看”情况的综合报告》时的重要讲话精神，传达中央第十巡视组关于对人力资源和社会保障部党组开展脱贫攻坚专项巡视“回头看”的反馈意见，审议《人力资源社会保障系统战疫10大专项行动的方案（送审稿）》。耿文清、汤涛、游钧、张义全、李忠同志参加。

张纪南同志主持召开战疫专项行动专题会，研究服务抗疫关爱“一线”行动和线上职业技能培训行动。汤涛、李忠同志参加。

耿文清、张义全同志出席全国人社系统2020年党风廉政建设工作电视电话会议并讲话，李忠同志主持会议。

3月14日至20日　汤涛同志带队赴吉林开展复工复产调研。其间，会见吉林省委省政府主要负责同志，听取吉林省统筹推进疫情防控与经济社会发展情况汇报，分别到长春市、辽源市、梅河口市、吉林市调研复工复产情况。

3月14日　游钧同志参加国务院应对新冠肺炎疫情联防联控机制会议。

3月15日　张义全同志参加国务院应对新冠肺炎疫情联防联控机制会议并汇报有关工作。

3月16日　张纪南同志参加中央应对新冠肺炎疫情工作领导小组第十七次会议。

3月17日　张纪南同志列席国务院第86次常务会议。

张纪南同志参加韩正同志主持召开的复工复产推进工作机制会议。

张纪南同志主持召开就业专题会，研究统筹疫情防控和稳就业电视电话会议相关工作。游钧、张义全、李忠同志参加。

3月18日　张纪南同志列席中央政治局常委会会议。

3月19日　张纪南同志参加中央应对新冠肺炎疫情工作领导小组第十八次会议。

张纪南同志主持召开会议，研究开展全国新冠肺炎疫情防控总结表彰有关工作。张义全同志参加。

张义全同志参加国务院应对新冠肺炎疫情联防联控机制社会稳定组第四次会议。

李忠同志出席部专题新闻发布会，介绍应对疫情相关工作进展情况，并就社会关切答记者问。

3月20日　张纪南同志主持召开统筹推进疫情防控和稳就业工作电视电话会议，传达李克强总理批示，代表国务院就业工作领导小组部署稳就业工作。游钧、李忠同志参加。

游钧同志参加国务院安全生产委员会全体会议。

3月23日　张纪南同志参加中央应对新冠肺炎疫情工作领导小组第十九次会议。

3月24日　张纪南同志列席国务院第87次常务会议。

张纪南同志主持召开第97次党组会，传达学习习近平总书记在中央政治局常委会会议上的重要讲话精神，审议《人力资源社会保障部创建“让党中央放心、让人民群众满意的模范机关”实施方案（送审稿）》等文件。耿文清、张义全、李忠同志参加。

3月25日　张纪南同志列席中央政治局常委会会议。

张纪南同志主持胡春华同志调研“百日千万网络招聘专项行动”活动。

游钧同志出席国务院政策例行吹风会，介绍《国务院办公厅关于应对新冠肺炎疫情影响强化稳就业举措的实施意见》有关情况，并答记者问。

3月26日　张纪南同志参加中央应对新冠肺炎疫情工作领导小组第二十次会议。

3月27日　张纪南同志参加韩正同志主持召开的复工复产推进工作机制会议。

3月30日　张纪南同志参加中央应对新冠肺炎疫情工作领导小组第二十一次会议。

3月31日　张纪南同志列席国务院第88次常务会议，就退休人员基本养老金调整有关工作作汇报。

张义全同志主持召开大力推进就业扶贫工作电视电话会议，会议深入贯彻落实习近平总书记关于脱贫攻坚系列重要讲话精神，进一步统一思想、明确任务，部署做好就业扶贫工作。李忠同志出席会议并讲话。

张义全同志参加2020年庆祝“五一”国际劳动节暨表彰全国劳动模范和先进工作者大会筹备委员会办公室第一次会议并讲话。

四月

4月1日　李忠同志参加全国禁毒工作电视电话会议并作大会发言。

4月2日　张纪南同志参加中央应对新冠肺炎疫情工作领导小组第二十二次会议。

张纪南同志主持召开第98次党组会，传达学习习近平总书记在中央政治局会议上和在浙江考察时的重要讲话精神，审议《中共人力资源社会保障部党组脱贫攻坚专项巡视“回头看”整改专题民主生活会方案（送审稿）》《中共人力资源社会保障部党组脱贫攻坚专项巡视“回头看”整改专题民主生活会对照检查材料（送审稿）》，听取关于第45届世界技能大赛参赛工作及时奖励拟奖励对象的汇报。耿文清、汤涛、游钧、张义全、李忠同志参加。

张义全同志参加脱贫攻坚成效考核和专项巡视“回头看”发现问题整改工作电视电话会议。

4月3日　张纪南同志参加韩正同志主持召开的复工复产推进工作机制会议。

张纪南同志参加韩正同志主持召开的宏观政策协调机制会议。

张纪南同志主持召开就业暨养老保险专题会，研究防范和应对大规模失业风险工作预案、失业保障提标扩围等工作。游钧、李忠同志参加。

耿文清同志出席部党组脱贫攻坚专项巡视“回头看”整改专题民主生活会征求意见座谈会，张义全同志主持会议。

汤涛同志主持召开技能扶贫专项组2020年第一次会议，深入学习习近平总书记关于脱贫攻坚重要讲话精神，听取专项组成员单位工作汇报，研究技能扶贫工作形势并部署当年技能扶贫工作。

汤涛同志主持召开人才人事扶贫专项组第七次工作推进会，深入学习习近平总书记在决战决胜脱贫攻坚座谈会上的重要讲话精神，学习贯彻习近平总书记在中央政治局审议脱贫攻坚成效考核和专项巡视“回头看”情况报告时的重要指示精神，听取专项组工作汇报，研究讨论专项组脱贫攻坚专项巡视“回头看”整改工作方案，部署下一步整改工作。

4月6日　张纪南同志参加中央应对新冠肺炎疫情工作领导小组第二十三次会议。

4月7日　张纪南同志列席国务院第89次常务会议。

汤涛同志主持召开关爱抗疫“一线”行动第一次工作推进会。

4月8日　张纪南同志列席中央政治局常委会会议。

张纪南同志主持召开就业暨定向援助湖北专题会，研究分析一季度就业形势及下一步走势和《关于强化风险应对做好近期稳就业有关工作的通知（稿）》《应对新冠肺炎疫情影响定向援助湖北省人力资源社会保障工作的意见（稿）》。汤涛、游钧同志参加。

张义全同志参加国务院应对新冠肺炎疫情联防联控机制社会稳定组第五次会议。

4月9日　张纪南同志参加中央应对新冠肺炎疫情工作领导小组第二十四次会议。

李忠同志主持召开专题会议，传达国务院应对新冠肺炎疫情成效量化评估工作专题部署会议精神。

4月10日　张纪南同志主持召开就业专题会，研究《关于做好高校毕业生就业有关工作情况的汇报（稿）》。游钧、李忠同志参加。

耿文清、张义全同志出席部2020年推进定点扶贫工作电视电话会议并讲话。

游钧同志参加全国安全生产电视电话会议。

张义全同志主持召开农民工返岗复工“点对点”服务协调小组工作组组长及联络员会议，听取各组开展有关服务保障工作进展、下一步工作打算及建议的汇报，并对进一步做好农民工返岗复工“点对点”服务保障工作作出安排部署。

4月13日　张纪南同志参加中央应对新冠肺炎疫情工作领导小组第二十五次会议。

张纪南同志参加全会文件起草组第一次全体会议。

汤涛同志主持召开定向援助湖北行动部署

会，深入学习习近平总书记关于支援湖北的重要讲话精神，对落实《应对新冠肺炎疫情影响定向援助湖北省人力资源社会保障工作的意见》进行部署。

张义全同志出席国家协调劳动关系三方会议第二十五次会议并讲话。

4月14日　张纪南同志列席国务院第90次常务会议，就高校毕业生就业有关工作作汇报。

张纪南同志主持召开就业专题会，研究高校毕业生就业有关工作。汤涛、游钧、李忠同志参加。

4月15日　张纪南同志列席中央政治局常委会会议。

张纪南同志主持召开第99次党组会，传达学习习近平总书记在中央政治局常委会会议上的重要讲话、关于高校毕业生就业相关工作重要批示精神；传达学习《党委（党组）落实全面从严治党主体责任规定》，研究贯彻落实措施；审议《贯彻落实中央领导同志批示要求加快推进技能人才队伍建设工作方案（送审稿）》。耿文清、汤涛、游钧、张义全、李忠同志参加。

张纪南同志主持召开第44次部务会，审议《关于建立并推动个人养老金发展的意见（送审稿）》。耿文清、汤涛、游钧、张义全、李忠同志参加。

张义全同志主持召开部应对新冠肺炎疫情工作领导小组稳定组第三次会议。

4月16日　张纪南同志参加中央应对新冠肺炎疫情工作领导小组第二十六次会议。

张纪南同志主持召开就业专题会，研究《关于实施企业稳岗扩岗专项支持计划的通知（稿）》《关于灵活就业有关情况的报告（稿）》。汤涛、游钧、李忠同志参加。

李忠同志主持召开2020年就业扶贫专项组第一次会议，审议专项组2020年工作安排和主要任务，研究下一步工作举措。

4月17日　张纪南同志主持召开部党组脱贫攻坚专项巡视“回头看”整改专题民主生活会。耿文清、汤涛、游钧、张义全、李忠同志参加。

张纪南、耿文清同志到北京市共青林场参加部内干部职工2020年全民义务植树活动。

4月20日　张纪南同志参加李克强总理主持的政府工作报告专题会。

张纪南同志参加韩正同志主持召开的复工复产推进工作机制会议。

汤涛同志主持召开会议，调度和研究职业技能提升行动总体进展和线上培训工作情况，部署中国职业在线等部属6家培训平台面向湖北和“三区三州”等重点地区开展专场培训活动。

4月21日　张纪南同志列席国务院第91次常务会议，就失业保险扩围有关工作考虑作汇报。

汤涛同志主持召开专家座谈会，研究“十四五”规划有关工作。

张义全同志参加平安中国建设协调小组第1次会议。

4月22日　张纪南同志参加中央应对新冠肺炎疫情工作领导小组第二十七次会议。

4月23日　张纪南同志主持召开专项工作暨就业专题会，研究专项工作和《关于农民工就业与就业扶贫有关情况的汇报（稿）》。游钧、张义全同志参加。

张纪南同志出席二十国集团劳工就业部长特别会议，通过视频连线介绍中国在抓好疫情防控同时全面强化稳就业措施情况，呼吁各方共同落实好二十国集团特别峰会联合声明，秉持人类命运共同体理念，加强对话协商，采取共同举措稳定全球劳动力市场。

耿文清、张义全同志召开人社扶贫攻坚行动专题会，审议《人社扶贫攻坚行动实施方案》，听取各扶贫专项组关于52个未摘帽贫困县脱贫攻坚专项巡视“回头看”整改进展情况的汇报，安排部署下一步工作。

汤涛同志出席长江流域禁捕和渔民安置保障工作部署推进视频会并讲话。

4月24日　张纪南同志参加李克强总理

主持的政府工作报告专题会。

张纪南同志主持召开社保专题会，研究继续实施阶段性减免社保费政策。游钧同志参加。

4月26日　张义全同志参加国务院应对新冠肺炎疫情联防联控机制社会稳定组第六次会议。

4月27日　张纪南同志主持召开第100次党组会，传达学习习近平总书记重要讲话精神，讨论报送中央的有关报告。耿文清、汤涛、游钧、张义全、李忠同志参加。

4月28日　张纪南同志列席国务院第92次常务会议。

张义全同志参加2020年中央和国家机关党的工作暨纪检工作电视电话会议。

4月29日　张纪南同志列席中央政治局常委会会议。

李忠同志出席全国人力资源和社会保障宣传工作视频会议并讲话。

4月30日　张纪南同志参加中央应对新冠肺炎疫情工作领导小组第二十八次会议。

张纪南同志主持部党组理论学习中心组集体学习，围绕就业扶贫专题开展学习研讨。耿文清、游钧、张义全、李忠同志参加。

汤涛同志参加国务院知识产权战略实施工作部际联席会议第四次全体会议。

五月

5月5日　李忠同志参加国务院促进中小企业发展工作领导小组第6次会议。

5月6日　张纪南同志列席国务院第93次常务会议。

张纪南同志主持召开会议，研究技能人才表彰奖励和职业技能大赛等问题，并对做好相关工作提出要求。汤涛同志参加。

5月7日　张纪南同志主持召开就业专题会，分析当前就业形势，研究进一步做好就业扶贫工作电视电话会议筹备工作。张义全、李忠同志参加。

李忠同志参加中央应对新冠肺炎疫情工作领导小组第二十九次会议。

5月8日　张纪南同志参加中共中央召开的党外人士座谈会。

张纪南同志主持召开第101次党组会，传达学习习近平总书记在中央深改委第十三次会议和中央政治局常委会会议上的重要讲话精神，听取关于2020年中央财政就业补助资金分配测算方案等工作的汇报。耿文清、汤涛、游钧、张义全、李忠同志参加。

张纪南同志主持召开第45次部务会，听取有关汇报。耿文清、汤涛、游钧、张义全、李忠同志参加。

汤涛同志主持召开第十五届高技能人才评选表彰工作小组第一次会议，通报前期筹备工作情况，研究第十五届高技能人才评选表彰活动工作方案，并对下一步工作进行部署。

5月9日　张纪南同志主持召开就业专题会，研究全国普通高等学校毕业生就业创业工作电视电话会议筹备工作和《关于进一步用好公益性岗位发挥就业保障作用的通知（稿）》。李忠同志参加。

张纪南同志出席进一步做好就业扶贫工作电视电话会议并讲话，李忠同志主持会议。

耿文清、张义全同志参加2020年全国巡视工作会议暨十九届中央第五轮巡视动员部署电视电话会议。

5月11日　汤涛同志出席人力资源社会保障部标准化工作推进会并讲话。

李忠同志参加李克强总理主持召开的听取各民主党派中央、全国工商联负责人和无党派人士代表对《政府工作报告（征求意见稿）》意见建议座谈会。

5月12日　游钧同志到国资委参加剥离国有企业办社会职能和解决历史遗留问题工作视频会。

李忠同志参加国家减灾委员会全体会议和国务院防震减灾工作联席会议。

5月13日　张纪南同志主持召开就业专题会，研究全国普通高等学校毕业生就业创业工作电视电话会议筹备工作。张义全、李忠同志参加。

李忠同志列席国务院第94次常务会议。

5月14日　游钧同志列席中央政治局常委会会议。

张义全同志参加国务院应对新冠肺炎疫情联防联控机制社会稳定组第七次会议。

5月15日　张纪南同志主持召开第102次党组会暨党组中心组集体学习，传达学习习近平总书记在中央政治局常委会会议上和在山西考察时的重要讲话精神；传达学习中央和国家机关党的工作暨纪检工作会议精神，研究贯彻落实措施。耿文清、汤涛、游钧、张义全、李忠同志参加。

张义全同志出席做好疫情防控期间劳动关系和谐稳定工作电视电话会议并讲话。

李忠同志参加中央应对新冠肺炎疫情工作领导小组第三十次会议。

5月17日　汤涛同志列席中央宣传思想工作领导小组会议。

李忠同志参加第30个全国助残日活动，走访北京按摩医院，赴中国残联与残联工作同志、残疾人代表、助残企业代表座谈，并与残联有关负责同志共同宣布启动残疾人就业帮扶主题活动。

5月18日　汤涛同志参加中央教育工作领导小组第10次会议。

5月20日　张纪南同志参加中央应对新冠肺炎疫情工作领导小组第三十一次会议。

张义全同志主持召开2020年部机关党建工作推进会并讲话。

5月21日　张纪南同志主持召开第103次党组会，传达学习习近平总书记在中央政治局会议上的重要讲话精神，审议《人力资源社会保障部关于开展事业单位哲学社会科学领域专业技术一级岗位设置试点工作的意见（送审稿）》《关于基层党组织开展日常监督提醒工作实施办法（试行）（送审稿）》。汤涛、游钧、张敏、张义全、李忠同志参加。会前，张纪南同志传达了中央关于中央纪委国家监委驻人力资源社会保障部纪检监察组组长调整的有关决定。耿文清、张敏同志分别作了发言。

游钧同志与国家医保局有关负责同志座谈，就实现电子社保卡与医保电子凭证在医保领域并行使用、群众自主选用进行研究。

5月22日　张纪南同志列席十三届全国人大三次会议开幕会。

5月24日　汤涛同志列席全国政协十三届三次会议全体会议。

汤涛同志参加全国政协十三届三次会议教育界别协商会议。

游钧同志参加全国政协十三届三次会议福利保障界别协商会议。

张义全同志参加全国政协十三届三次会议妇联界别协商会议。

5月25日　张纪南同志主持召开信息化建设专题会，研究部内信息化及信息共享工作。游钧同志参加。

5月26日　张纪南同志主持召开专题会，研究继续实行政府特殊津贴制度初步考虑。汤涛同志参加。

李忠同志赴人民网，就稳就业保就业主题接受访谈。

5月27日　张纪南同志赴北京市开展调研，实地走访美团、百度、小米等企业，调研人社领域有关政策落实情况及就业形势。李忠同志参加。

5月28日　张纪南同志列席十三届全国人大三次会议闭幕会。

张纪南同志主持召开就业专题会，研究支持灵活就业有关政策措施。游钧、李忠同志参加。

5月29日　张纪南同志列席国务院第95次常务会议。

张纪南同志主持召开部党组中心组学习扩大会，深入传达学习贯彻全国“两会”精神，部署做好当年下一阶段人社工作。汤涛、游钧、张敏、张义全同志参加。

张纪南同志主持召开第104次党组会，审议《中共人力资源社会保障部党组关于中央脱贫攻坚专项巡视“回头看”反馈意见整改落实情况的报告（送审稿）》，听取关于2019

年人社扶贫工作考核情况的汇报。汤涛、游钧、张敏、张义全、李忠同志参加。

游钧同志参加中央司法体制改革领导小组第八次会议。

李忠同志参加农业农村部、人力资源社会保障部扩大返乡留乡农民工就地就近就业规模电视电话会议并讲话。

李忠同志到发改委参加保持产业链供应链稳定部际协调机制第一次会议。

5月30日　张义全同志出席第二届全国创新争先奖表彰奖励大会并宣读表彰决定。

5月30日至31日　张义全同志赴海南参加推进海南全面深化改革开放领导小组第三次全体会议。

六月

6月1日　张纪南同志陪同李克强总理在山东考察，其间参加李克强总理主持召开的新增财政资金直接惠企利民工作视频座谈会。

张义全同志参加中央农村工作领导小组第8次会议。

6月2日　张纪南同志参加习近平总书记主持召开的专家学者座谈会。

6月3日　张纪南同志参加全国普通高等学校毕业生就业创业工作电视电话会议并就做好高校毕业生就业创业工作发言。会议深入学习贯彻习近平总书记关于做好高校毕业生就业工作的重要指示和李克强总理批示精神，全面落实党中央、国务院决策部署和国务院常务会议精神，进一步推动做好2020年高校毕业生就业创业工作。李忠同志参加。

张义全同志参加整治形式主义为基层减负专项工作机制会议。

6月4日　张纪南同志列席中央政治局常委会会议。

张纪南同志参加中央应对新冠肺炎疫情工作领导小组第三十二次会议。

李忠同志参加全国政协十三届三次会议提案交办会。

李忠同志参加2020年中国国际服务贸易交易会组委会第一次全体会议。

6月5日　张纪南同志主持召开第105次党组会，传达学习习近平总书记在专家学者座谈会上的重要讲话精神、李克强总理对全国普通高等学校毕业生就业创业工作电视电话会议作出的批示精神，听取关于本部2020年全国脱贫攻坚奖候选对象推荐、本部2019年度“一报告两评议”民主评议结果的汇报。汤涛、游钧、张敏、张义全、李忠同志参加。

张纪南同志主持召开第46次部务会，审议《人力资源社会保障部　中共中央组织部　财政部关于公务员实行职务与职级并行制度后养老保险有关问题的通知（送审稿）》《人力资源社会保障部　司法部　财政部关于进一步加强劳动人事争议调解仲裁法律援助工作的意见（送审稿）》。汤涛、游钧、张敏、张义全、李忠同志参加。

张纪南同志主持召开专题会议，传达学习中央政治局常委会会议关于开展“共和国勋章”、国家荣誉称号及时性评选和抗击新冠肺炎疫情国家级表彰工作的部署要求，研究贯彻落实措施。张义全同志参加。

汤涛同志参加疫苗管理部际联席会议第二次全体会议。

李忠同志出席扩大失业保险保障范围工作电视电话会议并讲话。

6月8日　张纪南同志主持召开就业专题会，研究国务院就业工作领导小组全体会议筹备工作。李忠同志参加。

6月9日　张纪南同志列席国务院第96次常务会议，就关于延长阶段性减免企业社会保险费政策实施期限等工作作汇报。

张纪南同志主持召开工伤保险专题会，研究《公务员参加工伤保险管理办法（稿）》。游钧同志参加。

张纪南同志带队赴中国人民大学调研高校毕业生就业、人才相关工作情况。

张义全同志参加十三届全国人大三次会议代表建议交办会。

张义全同志参加国务院扶贫开发领导小组

第十一次会议。

李忠同志赴甘肃陇南参加甘肃省深度贫困地区脱贫攻坚现场推进会并讲话。

6月10日　张纪南同志参加中央教育工作领导小组第11次会议。

张义全同志主持召开部扶贫工作领导小组办公室主任会，传达学习贯彻国务院扶贫开发领导小组第十一次会议精神，部署近期重点工作。

李忠同志赴甘肃省未摘帽贫困县西和县、礼县等地调研就业扶贫等工作。

6月11日　张纪南同志带队赴中国航空发动机集团有限公司调研了解社保"减免缓"等援企稳岗政策落实情况和企业复工复产、招聘用工特别是吸纳高校毕业生就业情况以及人才队伍建设情况，并听取对人社工作的意见建议。

汤涛同志参加第24届冬季奥林匹克运动会工作领导小组全体会议。

游钧同志参加国务院残疾人工作委员会第三次全体会议并发言。

游钧同志参加国务院推进政府职能转变和"放管服"改革协调小组专题会议。

张义全同志主持召开农民工返岗复工"点对点"服务保障工作总结会，听取各工作组工作成效和做法及对进一步做好农民工综合服务保障工作的建议，对各部门继续发挥职能优势综合施力，共同做好为农民工服务保障工作提出要求。

6月12日　张纪南同志主持召开就业专题会，研究支持灵活就业有关政策措施。李忠同志参加。

张纪南同志带队赴中国旅游集团旅行服务有限公司、中国国际技术智力合作有限公司调研了解企业复工达产、招聘用工情况，听取意见建议。

6月12日至14日　汤涛同志赴西藏参加西藏自治区深度贫困地区脱贫攻坚现场推进暨深化对口援藏扶贫工作会议。其间，到西藏技师学院、西藏雪堆白技工学校和山南市人社局开展调研。

6月12日　张义全同志出席全国交通运输系统先进集体劳动模范和先进工作者表彰大会，宣读表彰决定并为获奖代表颁奖。

6月15日　张纪南同志参加国务院就业工作领导小组专题会议，就支持灵活就业有关工作作汇报。李忠同志参加，就关于支持多渠道灵活就业健康发展有关情况作汇报。

张纪南同志主持召开第106次党组会，传达学习习近平总书记在中央政治局第二十次集体学习和在宁夏考察时的重要讲话精神；传达学习2020年全国巡视工作会议暨十九届中央第五轮巡视动员部署会精神，审议《人力资源社会保障部2020年第一轮巡视工作方案(送审稿)》；书面审议《关于人力资源社会保障部直属机关2020年度发展党员工作情况的汇报》。汤涛、游钧、张敏、张义全、李忠同志参加。

游钧同志参加全国政务公开领导小组第三次全体会议。

6月16日　张纪南同志主持召开就业形势会商会，研究分析当前就业形势。李忠同志参加。

6月17日　张纪南同志列席国务院第97次常务会议，就基本养老金合理调整机制方案作汇报。

张纪南同志参加全会文件起草组第二次全体会议。

汤涛同志主持召开部应对疫情工作领导小组机关组成员单位负责人会议，传达学习中央领导同志关于疫情防控的重要指示精神，研究进一步加强部内疫情防控的措施。

6月18日　张纪南同志主持召开康养计划和青年培训行动专题会，研究职业技能提升行动"康养培训计划"和百万青年技能培训行动方案。汤涛同志参加。

张义全同志参加国务院脱贫攻坚督战工作电视电话会议。

李忠同志出席2020年全国高校毕业生"三支一扶"工作视频会议并讲话。

6月19日　张纪南同志主持召开养老保险专题会，研究加快推进养老保险全国统筹有关工作安排。游钧同志参加。

6月22日　张纪南同志主持召开全国技能大赛专题会，研究第一届全国技能大赛“1+N”方案。汤涛同志参加。

6月23日　张纪南同志出席部2020年第一轮巡视动员部署会，就深入学习习近平总书记关于巡视工作重要论述、扎实做好部内巡视工作提出要求。张敏同志宣布本部第一轮巡视组长、副组长授权任职及任务分工的决定。张义全同志主持会议并传达2020年全国巡视工作会议暨十九届中央第五轮巡视动员部署会精神。

张义全同志主持召开人力资源社会保障部领导干部个人有关事项报告专项整治工作部署会，动员部署各单位开展领导干部个人有关事项报告专项整治工作。

李忠同志参加全国禁毒工作先进集体和先进个人表彰会议。

6月24日　张纪南同志列席国务院第98次常务会议。

张纪南同志主持召开第107次党组会，听取关于推荐2020年度享受政府特殊津贴人员人选有关情况的汇报。汤涛、游钧、张敏、张义全、李忠同志参加。

张纪南同志主持召开第47次部务会，审议《人力资源社会保障部　财政部关于2020年提高城乡居民基本养老保险全国基础养老金最低标准的通知（送审稿）》。汤涛、游钧、张敏、张义全、李忠同志参加。

李忠同志出席部保密委员会全体会议暨2020年建议提案交办会并讲话。

6月28日　李忠同志参加长江流域重点水域禁捕和退捕渔民安置保障工作推进电视电话会议。

6月29日　张纪南同志出席部人才工作领导小组2020年第一次会议并讲话。汤涛同志主持会议。

李忠同志主持召开失业保险扩围攻坚专项行动日调度会，调度专项行动推进情况并提出工作要求。

6月30日　汤涛同志主持召开中华人民共和国第一届职业技能大赛筹备工作对接视频会，与广东省人社厅对接大赛筹备工作，并对下一步工作进行部署。

张义全同志参加国家脱贫攻坚普查电视电话会议。

七月

7月1日　张纪南同志列席国务院第99次常务会议。

张纪南同志主持召开部青年干部座谈会并讲话。张义全同志参加。

李忠同志主持召开推进长江流域禁捕退捕渔民安置保障工作电视电话会暨工作专班转产安置组第一次会议，传达中央领导同志关于做好长江流域禁捕和退捕渔民安置保障工作重要批示及长江流域重点水域禁捕和退捕渔民安置保障工作推进电视电话会议精神，听取沿江十省份相关工作进展汇报，并对下一步退捕渔民安置保障工作进行部署。

7月2日　张纪南同志参加国务院就业工作领导小组专题会议。李忠同志参加并作汇报。

7月3日　张纪南同志主持召开第108次党组会，传达学习习近平总书记关于长江“十年禁捕”工作的重要批示精神，研究贯彻落实措施；传达学习习近平总书记在中央政治局第二十一次集体学习时和在中央深改委第十四次会议上的重要讲话精神；审议《人力资源社会保障部关于开展“灯下黑”问题专项整治的工作方案（送审稿）》；听取关于抗击新冠肺炎疫情国家级表彰候选对象推荐、提名“共和国勋章”和国家荣誉称号初步建议人选有关情况的汇报。游钧、张敏、张义全、李忠同志参加。

张纪南同志赴泰康保险集团、中国人寿集团调研了解多层次养老业务发展、基金投资管理等情况，听取对做好人社工作的意见建议。游钧同志参加。

汤涛同志参加国家科技体制改革和创新体

系建设领导小组专题会议。

7月5日　李忠同志赴重庆市调研就业工作，实地考察大渡口区智慧人力资源市场、民安华福社区、重庆五一技师学院，了解重庆就业市场供需、保居民就业、职业技能培训等情况。

7月6日至7日　李忠同志带队在重庆市开展就业形势调研。其间，主持召开部分高校毕业生就业工作座谈会，实地走访农民工返乡创业园、扶贫车间、大学生就业创业基地、创业孵化示范基地，了解高校毕业生和农民工就业、企业生产经营和吸纳就业情况。

7月6日　游钧同志参加长江水生生物保护暨长江禁捕工作协调机制会议。

7月8日　张纪南同志列席国务院第100次常务会议。

汤涛同志出席事业单位哲学社会科学领域专业技术一级岗位设置试点工作部署会议并作动员讲话。

7月9日　张纪南同志通过视频连线出席国际劳工组织全球峰会“三方成员日”会议，介绍我国应对疫情举措，提出携手合作、推进劳动力市场复苏的建议。

汤涛同志出席全国职业能力建设工作视频会议并讲话。

汤涛同志主持召开全国扶贫职业技能大赛组委会第一次全体会议，研究部署大赛筹备工作。

7月10日　张纪南同志主持召开推进部机关党的政治建设、力戒形式主义官僚主义学习交流会，并以“力戒形式主义官僚主义，为战疫战贫决胜全面建成小康社会提供坚强作风保证”为题讲专题党课。汤涛、游钧、张敏、张义全、李忠同志出席并作发言。

张义全同志出席全国政协第八次远程协商会。

7月13日　张纪南同志参加李克强总理主持召开的经济形势专家和企业家座谈会。

汤涛同志出席全国人大教科文卫委全体会议。

7月14日　张纪南同志主持召开支持海南自贸港建设暨技能竞赛专题会，研究支持海南自贸港建设政策措施、第46届世界技能大赛工作领导小组第二次全体会议筹备和全国技能大赛有关工作。汤涛同志参加。

7月15日　张纪南同志列席国务院第101次常务会议。

汤涛同志在广西南宁出席人力资源社会保障部主办的2020年世界青年技能日主题活动暨“12333全国统一咨询日”活动周启动仪式，并调研广西职业技能竞赛、职业培训和“12333咨询日”活动等有关工作。

7月16日　张纪南同志参加第46届世界技能大赛工作领导小组第二次全体会议，研究部署大赛筹办工作。汤涛同志参加。

7月16日至17日　张纪南同志在广东广州主持召开中华人民共和国第一届职业技能大赛组委会第一次全体会议，并到广东机械技师学院观摩指导广东省第一届职业技能大赛，调研技工教育高质量发展情况。汤涛同志参加。

7月16日　李忠同志参加全国人大财经委第四十次全体会议，就上半年就业和社会保障形势作汇报。

7月17日至18日　张纪南同志在广东广州、清远调研就业和技能人才培养情况，并召开部分企业、培训机构座谈会。

7月17日　汤涛同志在广东广州视察中华人民共和国第一届职业技能大赛场地和开闭幕式场馆并主持召开中华人民共和国第一届职业技能大赛筹办工作对接会。

李忠同志参加中央信访工作联席会议2020年第一次全体会议。

7月18日　游钧同志参加国务院金融稳定发展委员会第37次会议。

7月20日　张纪南同志主持召开行风建设专题会，听取2020年行风建设重点工作情况汇报，部署下一阶段行风建设工作。李忠同志参加。

7月21日　张纪南同志参加习近平总书记主持召开的企业家座谈会。

汤涛同志主持召开技能扶贫、人才人事扶贫专项组工作推进会，听取专项组近期工作进展情况汇报，研究部署下一步工作。

7月21日至24日　张义全同志率国务院扶贫开发领导小组第11督查组赴安徽开展2020年脱贫攻坚督查，听取安徽省扶贫开发领导小组工作汇报并反馈督查意见。

7月21日　李忠同志主持召开就业扶贫专项组2020年第二次会议，总结上半年就业扶贫工作，研究下一步工作安排。

7月22日　张纪南同志列席国务院第102次常务会议，就支持多渠道灵活就业相关政策作汇报。

李忠同志主持召开失业保险扩围工作座谈会，听取10省人社厅失业保险扩围工作汇报，研究推进工作举措。

7月23日　张纪南同志参加国务院第三次廉政工作会议。

张纪南同志主持召开第109次党组会，传达学习习近平总书记在企业家座谈会上的重要讲话精神。汤涛、游钧、张敏、李忠同志参加。

汤涛同志出席人力资源社会保障部、交通运输部共同推进交通运输行业技能人才队伍建设联席会议第一次会议，就贯彻落实两部签署的《共同推进交通运输行业技能人才队伍建设工作备忘录》进行部署。

汤涛同志出席第46届世界技能大赛工作专班见面会，与专班成员交流并动员部署赛事筹办工作。

7月26日　游钧同志参加中央退役军人事务工作领导小组第7次会议。

7月27日　张纪南同志参加中央人才工作协调小组专题会议。

张纪南同志主持召开全国抗击新冠肺炎疫情表彰工作领导小组办公室第一次会议，听取前期推荐评选工作情况，审议初审建议人选名单并对下步工作进行安排部署。张义全同志参加。

张纪南同志主持召开第110次党组会，传达学习习近平总书记在吉林考察时的重要讲话精神。汤涛、游钧、张敏、张义全、李忠同志参加。

张纪南同志主持召开第48次部务会，听取关于筹办首届全国人力资源服务业发展大会有关情况的汇报。汤涛、游钧、张敏、张义全、李忠同志参加。

汤涛同志参加全国政协“加强我国宗教人才培养”宗教界主题协商座谈会。

游钧同志参加国家科技体制改革和创新体系建设领导小组第11次会议。

李忠同志在北京市调研灵活就业工作，并与部分人力资源服务机构、互联网平台企业座谈。

7月28日　张纪南同志参加习近平总书记主持召开的党外人士座谈会。

张纪南同志主持召开全国人社工作调度推进会并讲话。会议深入贯彻习近平总书记关于人社工作重要指示批示精神和党中央、国务院决策部署，调度重点工作，分析研判形势，听取意见建议，对完成全年目标任务进行再动员再部署。张敏、张义全、李忠同志参加。

张纪南同志接受中央电视台专访，解读稳就业保就业成效举措。

汤涛同志参加京津冀协同发展领导小组会议。

游钧同志参加国务院推进政府职能转变和“放管服”改革协调小组专题会议。

7月29日　张纪南同志出席上海2021年第46届世界技能大赛事务执行局揭牌仪式，考察杨浦滨江公共空间、世界技能博物馆筹建现场，听取世界技能博物馆有关工作汇报。随后，视察世赛执行局办公场所，并看望慰问工作人员。汤涛同志参加。

汤涛同志出席上海2021年第46届世界技能大赛事务执行局成立大会。会后，听取执行局、世界技能大赛上海研究中心工作汇报，研究部署相关工作。

游钧同志出席北京协和医院临床医学博士后出站座谈会并讲话。

张义全同志主持召开三季度人社扶贫工作推进会，总结上半年人社扶贫工作，对三季度和下半年工作进行部署。

李忠同志列席国务院第103次常务会议，就关于做好当前农民工就业创业工作的意见作汇报。

李忠同志参加国务院就业工作领导小组专题会议。

7月30日至31日　张纪南同志在上海市调研就业、技能培训工作和社保稳企政策落实情况。其间，先后考察上海留学人员漕河泾创业园区、张江科学城展示厅、国际科创人才服务中心、南科创实训基地和闵行区青年（大学生）职业训练营等地，并主持召开座谈会，围绕稳就业、人社政策落实等听取意见建议。

7月30日　汤涛同志带队在上海市对第七次全国人口普查各项前期准备工作进行专项调研。

张义全同志出席全国粮食和物资储备系统“双先”表彰暨先进经验交流视频会，宣读表彰决定并为获奖代表颁奖。

7月30日至31日　李忠同志带队在河南开展就业形势和高校毕业生、农民工等重点群体就业情况调研。

7月31日　游钧同志参加国务院安全生产委员会全体会议。

游钧同志参加国务院联防联控机制严防聚集性疫情做好秋冬季防控工作电视电话会议。

张义全同志主持召开全国农民工工作督察动员部署会，明确督察重点任务，对督察工作提出具体要求。

八月

8月7日　李忠同志出席国务院政策例行吹风会，介绍《关于支持多渠道灵活就业的意见》和《关于做好当前农民工就业创业工作的意见》有关情况，并答记者问。

8月10日　张纪南同志在山西大同出席人力资源社会保障部、山西省人民政府《共同推进山西“人人持证、技能社会”建设合作协议》签署仪式。

8月11日至12日　张纪南同志在山西大同出席全国扶贫职业技能大赛开幕式并宣布大赛开幕，调研就业、技能培训与竞赛、扶贫、社保稳企等政策落实情况。其间，实地考察大同市康养服务培训基地、云州区坊城新村技能培训服务站、天镇县李二口文旅扶贫示范村、天镇县扶贫职业技能培训基地等，并分别在大同市和天镇县主持召开相关单位和企业代表座谈会。汤涛同志参加相关活动。

8月11日至13日　汤涛同志在山西大同出席全国扶贫职业技能大赛闭幕式等活动并进行工作调研。其间，实地走访天镇县贫困户，调研大同市泰瑞集团农民工装备制造实训基地、浑源县育栋职业培训学校，观摩比赛并出席全国扶贫职业技能大赛闭幕式。

8月14日　张纪南同志参加国际组织人才工作领导小组会。

8月15日　汤涛同志赴中国科学院宁波材料技术与工程研究所、宁波激智科技股份有限公司调研博士后工作站工作。

8月16日　汤涛同志出席2020年浙江技能大赛开幕式、巡视比赛现场，并视察宁波技师学院。

8月17日　张纪南同志列席国务院第104次常务会议。

张纪南同志主持召开第111次党组会，传达学习习近平总书记在中央政治局会议上的重要讲话精神；传达学习《中华人民共和国公职人员政务处分法》，研究贯彻落实措施；审议《人力资源社会保障部2020年上半年全面从严治党工作形势分析报告（送审稿）》《关于县以下事业单位建立管理岗位职员等级晋升制度的意见（送审稿）》及配套文件。汤涛、游钧、张敏、张义全、李忠同志参加。

汤涛同志出席职业技能提升行动专题培训班（第一期）并讲话。

汤涛同志通过视频连线会见世界技能组织代理主席汉弗莱斯、首席执行官霍伊，商谈2021年上海第46届世界技能大赛筹办工作。

张义全同志出席全国青联第十三届委员会全体会议和全国学联第二十七次代表大会开幕会。

8月18日　张纪南同志主持召开职业教育法修订工作专题会，研究职业教育法修订工作。汤涛同志参加。

游钧同志主持召开会议，研究部署长江流域退捕渔民参加社会保险有关工作。

张义全同志参加国务院扶贫开发领导小组第十二次会议。

8月19日　张纪南同志参加中央教育工作领导小组第十二次会议。

张纪南同志主持召开失业保险专题会，听取扩大失业保险保障范围工作进展情况汇报，部署下一阶段扩围工作。李忠同志参加。

张义全同志主持召开2020年定点扶贫工作推进会，研究推进人社定点扶贫工作。

8月20日　张纪南同志参加国务院研究职业教育法修订有关工作会议。

张纪南同志主持召开青年干部队伍建设专题会，研究本部青年干部队伍建设有关工作。张义全同志参加。

汤涛同志参加中央农村工作领导小组第9次会议暨国务院扶贫开发领导小组第13次会议。

游钧同志主持召开养老保险全国统筹工作领导小组成立暨第一次会议。

8月21日　张纪南同志主持召开第112次党组会，传达学习习近平总书记关于统计工作重要指示精神，研究贯彻落实措施；传达学习习近平总书记关于“十四五”规划编制工作重要指示精神，讨论报送中央的有关报告；听取关于养老保险全国统筹信息系统建设工作考虑的汇报。汤涛、游钧、张敏、张义全、李忠同志参加。

汤涛同志参加第十六届中国青年科技奖终评会议。

汤涛同志出席部配合统计督察工作领导小组会，听取关于统计督察工作有关要求和配合督察工作分工的汇报，并就配合做好统计督察工作做动员。

张义全同志参加克服疫情灾情影响确保如期全面脱贫电视电话会议。

张义全同志出席全国评比达标表彰工作协调小组办公室会议并讲话。

8月23日　汤涛同志参加2020年全国科技活动周启动仪式。

8月24日　张纪南同志参加习近平总书记主持召开的经济社会领域专家座谈会。

张纪南同志主持召开会议，研究全国抗击新冠肺炎疫情表彰相关材料。张义全同志参加。

8月24日至27日　李忠同志带队赴广东广州、惠州开展全国农民工工作督察。

8月25日　张纪南、张义全同志参加全国抗击新冠肺炎疫情表彰工作领导小组会议。

张纪南同志主持召开国家统计局对人力资源社会保障部开展统计督察对接沟通会，介绍本部贯彻落实习近平总书记关于统计工作重要讲话指示批示精神有关情况，并就配合做好统计督察提出明确要求。汤涛、游钧同志参加。

8月26日　张纪南同志参加中国人民警察警旗授旗仪式。

汤涛同志列席国务院第105次常务会议。

8月27日　张纪南同志列席中央政治局常委会会议，汇报抗击新冠肺炎疫情国家级表彰有关工作。张义全同志列席。

张纪南同志主持召开会议，与青海省政府主要负责同志座谈交流。汤涛、张敏、张义全同志参加。

游钧同志参加国务院金融稳定发展委员会第39次会议。

游钧同志参加贯彻落实《关于改革完善社会救助制度的意见》视频会暨全国社会救助部际联席会议第七次全体会议。

李忠同志在广东广州参加东西部扶贫协作稳岗就业工作座谈会，并作工作汇报。

8月28日　张纪南同志参加中央第七次西藏工作座谈会第一次全体会议。

8月28日至29日　汤涛同志参加中央第

七次西藏工作座谈会。

8月28日　游钧同志主持召开部分省份社会保险费征收体制改革工作推进视频会议并作动员部署讲话。

李忠同志在广州出席部分省市稳就业工作座谈会，听取地方意见建议，部署下一步稳就业工作。

8月29日　张纪南同志出席人力资源社会保障部与西藏自治区人民政府共同推进西藏技师学院建设备忘录签约仪式并讲话。汤涛同志主持。

8月31日　张纪南同志主持召开第113次党组会，传达学习习近平总书记近期系列重要讲话和重要指示精神。游钧、张敏、张义全、李忠同志参加。

张纪南同志主持召开第49次部务会，审议《国务院各部委、各直属机构及在京中央企业接收高校毕业生工作管理办法（送审稿）》。游钧、张敏、张义全、李忠同志参加。

汤涛同志主持召开政府特殊津贴制度调研座谈会，听取享受政府特殊津贴人员代表、部分省市人社厅（局）和企事业单位意见建议。

游钧同志参加国务院推进政府职能转变和“放管服”改革协调小组专题会议。

李忠同志与安徽人社厅主要负责同志座谈，听取安徽省2020年以来稳就业、保居民就业工作，以及退捕渔民安置保障工作有关情况汇报，并对做好下一步工作提出要求。

九月

9月2日　张纪南同志列席国务院第106次常务会议。

张纪南主持召开会议，研究抗击疫情表彰大会相关工作。张义全同志参加。

9月3日　张纪南同志参加纪念中国人民抗日战争暨世界反法西斯战争胜利75周年向抗战烈士敬献花篮仪式。

张义全同志参加纪念中国人民抗日战争暨世界反法西斯战争胜利75周年座谈会。

9月4日　游钧同志参加国务院中医药工作部际联席会议。

9月6日　张纪南同志参加中央编委第二次会议。

9月6日至7日　汤涛同志带队赴海南调研海南省人社厅、省委人才发展局贯彻落实习近平总书记对海南自由贸易港建设的重要指示和《海南自由贸易港建设总体方案》有关工作情况，听取对《人力资源社会保障部关于支持海南自由贸易港建设的政策措施（征求意见稿）》的意见建议。

9月7日　张纪南同志主持召开就业专题会，研究稳就业工作情况汇报材料、国务院深化放管服改革电视电话会议发言材料。李忠同志参加。

张纪南同志主持召开信息化建设专题会，研究《人力资源社会保障信息化创新提升攻坚行动方案（稿）》。游钧同志参加。

李忠同志参加国家集成电路产业发展领导小组第二次会议。

9月8日　张纪南、张义全同志在人民大会堂出席全国抗击新冠肺炎疫情表彰大会。

汤涛同志出席2020年全国人事考试工作视频会并讲话。

9月8日至11日　游钧同志赴江苏和安徽调研养老保险省级统筹、长江退捕渔民养老保险及阶段性减免企业社保费政策落实等工作。其间，与两省人社厅负责同志座谈，考察信息系统建设情况，在江苏扬州召开部分企业现场座谈会和部分地市省级统筹工作座谈会，在安徽合肥召开沿江10省份退捕渔民养老保险工作推进会，并现场考察扬州、马鞍山退捕渔民安置和社会保障工作情况。

9月8日　李忠同志主持召开第一届全国人力资源服务业发展大会筹备工作领导小组第一次会议，听取大会筹备工作汇报和意见建议，研究审议大会活动具体实施方案和领导小组职责分工，部署下一步工作并提出要求。

李忠同志参加长江水生生物保护暨长江禁捕工作协调机制工作会议和长江流域禁捕退捕工作视频调度会并讲话。

9月9日　张纪南同志列席国务院第107次常务会议。

张纪南同志在湖北武汉与湖北省政府主要负责同志座谈。李忠同志参加。

张义全同志参加深入学习习近平总书记重要讲话精神、贯彻落实新时代党的组织路线电视电话会议。

李忠同志出席2020年中国国际服务贸易交易会人力资源服务主题活动并致辞，参观首次亮相国际服务贸易交易会的人力资源服务板块主题展区。

9月10日　张纪南同志在湖北武汉主持召开稳就业相关工作座谈会。李忠同志参加。

张纪南同志到武汉市人力资源服务产业园调研。李忠同志参加。

汤涛同志参加中央统一战线工作领导小组第四次专题会议。

9月10日至11日　汤涛同志赴秦皇岛参加2020年全国骨干技工院校校长高级研修活动座谈会。

9月10日　张义全同志参加教育部直属师范大学座谈会。

张义全同志参加全国爱国卫生运动委员会全体会议。

李忠同志通过视频连线出席二十国集团劳工就业部长会议，介绍中国政府积极应对疫情稳就业保就业举措，呼吁各方秉持人类命运共同体理念，加强就业领域国际交流与合作。

9月11日　张纪南同志参加习近平总书记主持召开的科学家座谈会。

张纪南同志参加全国深化“放管服”改革优化营商环境电视电话会议并发言。张敏、张义全、李忠同志在部机关分会场参会。

9月12日　张义全同志在北京市出席全国劳动和社会保障科研工作座谈会并讲话。

张义全同志与新疆维吾尔自治区人社厅主要负责同志座谈，沟通抗击新冠肺炎疫情省级表彰有关工作。

9月14日　张纪南同志主持召开第114次党组会，传达学习习近平总书记近期系列重要讲话精神，审议有关文件。汤涛、游钧、张敏、张义全、李忠同志参加。

张纪南同志主持召开第50次部务会，审议《人力资源社会保障部关于引导共享用工规范健康发展的通知（送审稿）》。汤涛、游钧、张敏、张义全、李忠同志参加。

张纪南同志主持召开部巡视工作领导小组会议，传达学习习近平总书记关于巡视工作最新重要指示精神，听取部2020年第一轮巡视各巡视组工作情况汇报。张敏、张义全同志参加。

汤涛同志参加中央文化体制改革和发展工作领导小组第八次会议。

李忠同志参加做好脱贫攻坚与实施乡村振兴战略有机衔接有关配套政策梳理研究工作部署会。

9月15日　张纪南同志主持召开职业技能提升暨技能竞赛专题会，研究“职业技能提升百日攻坚行动”工作方案和职业技能提升行动及专账资金使用情况、第一届全国技能大赛竞赛标准体系和评选机制等。汤涛同志参加。

9月15日至19日　汤涛同志赴西藏参加部区共建西藏技师学院备忘录推进活动。其间，在拉萨出席部区共同推进西藏技师学院建设联席会议和西藏技师学院开学典礼，并走访慰问援藏教师；考察西藏现代服务业技工学校、西藏唐卡画院；在日喀则出席日喀则人社工作座谈会，考察日喀则市公共职业技能服务中心、公共职业技能实训基地、恰嘉钦默唐卡职业技能培训学校；在拉萨调研人事考试中心电子化考场等工作，出席人事考试座谈会，巡视一级建造师考试工作。

9月15日至16日　张义全同志赴广西开展人社扶贫工作调研。其间，到尚未摘帽的52个贫困县之一河池市大化县等地调研，现场考察扶贫车间、创业园区工作情况。

9月16日　李忠同志参加中央和国家机关党员干部形势报告会。

李忠同志参加全国民营经济统战工作电视

电话会议。

9 月 17 日　张纪南同志列席国务院第 108 次常务会议。

张义全同志在广西南宁主持召开与包省指导负责联系的 6 个省（区、市）人社厅（局）负责同志座谈会，听取人社扶贫工作情况汇报并讲话。

李忠同志到长江禁捕退捕工作专班安置保障组，看望专班工作人员，并召开座谈会调度退捕渔民安置保障工作进展，查看动态帮扶系统，对下一步工作提出要求。

9 月 21 日至 22 日　张纪南同志陪同李克强总理在上海考察。

9 月 21 日　汤涛同志会见中华职业教育社主要负责同志，就支持中华职业教育社相关工作、推动技工教育发展进行交流。

张义全同志主持全国政协社法委走访人力资源社会保障部召开的重点提案办理协商会，并汇报劳动人事争议仲裁机构队伍建设有关情况。

9 月 21 日至 23 日　李忠同志率送行组赴新疆送中央和国家机关、中央企业第十批援疆干部人才进疆并开展工作调研。

9 月 22 日　张纪南同志参加习近平总书记主持召开的教育文化卫生体育领域专家代表座谈会。

汤涛同志出席上海 2021 年第 46 届世界技能大赛倒计时一周年新闻发布会和系列主题活动，听取上海 2021 年第 46 届世界技能大赛事务执行局工作汇报，研究部署大赛筹办相关工作。

9 月 23 日　张纪南同志列席国务院第 109 次常务会议。

汤涛同志在复旦大学调研专业技术人才队伍建设相关情况，并主持召开座谈会，听取关于事业单位哲学社会科学领域专业技术一级岗位设置试点工作意见建议。

9 月 24 日　张纪南同志主持召开第 115 次党组会，传达学习习近平总书记在湖南考察时、在基层代表座谈会和教育文化卫生体育领域专家代表座谈会上的重要讲话精神；传达学习习近平总书记关于坚决制止餐饮浪费重要指示精神，审议《人力资源社会保障部贯彻落实习近平总书记重要指示精神坚决制止餐饮浪费行为实施方案（送审稿）》；听取关于 2020 年第一轮巡视综合情况的汇报和关于加强部机关党建制度建设有关情况的汇报；审议《人力资源社会保障部领导秘书管理规定（送审稿）》和《人力资源社会保障部公务员平时考核实施方案（送审稿）》。游钧、张敏、张义全、李忠同志参加。

张纪南同志主持召开部党组理论学习中心组学习会，专题学习《习近平谈治国理政（第三卷）》。汤涛、游钧、张敏、张义全、李忠同志参加并作发言。

张纪南同志主持召开就业专题会，研究第四届“中国创翼”创业创新大赛暨就业创业服务经验交流活动有关工作安排。李忠同志参加。

9 月 25 日　张纪南同志参加第三次中央新疆工作座谈会第一次全体会议。

张纪南同志参加党支部“党建学习与实践交流”活动。

9 月 25 日至 26 日　汤涛同志参加第三次中央新疆工作座谈会。

9 月 25 日　李忠同志出席稳就业相关重点工作推进电视电话会议并讲话，部署就业创业服务攻坚季行动，做好四季度稳就业工作。

9 月 27 日　张纪南同志赴新疆喀什调研，先后到喀什英吉沙县技工学校、英吉沙县小刀合作社和喀什技师学院，调研就业、扶贫、技能人才培养等工作。

9 月 27 日至 29 日　汤涛同志赴新疆维吾尔自治区参加对口支援南疆技能人才发展工作推进会并开展工作调研。

9 月 27 日至 28 日　游钧同志在湖北调研长江流域退捕渔民参加养老保险工作，出席第二届湖北工匠表彰暨技能强省建设推进会并讲话。

张义全同志参加国务院国有企业改革领导

小组第四次会议和全国国有企业改革三年行动动员部署电视电话会议。

李忠同志带队赴江苏开展长江流域重点水域禁捕工作联合督查。

9 月 28 日　张纪南同志在新疆喀什出席对口支援南疆技能人才发展工作推进会并讲话。汤涛同志主持会议。

9 月 29 日　张纪南同志参加国务院任命的国家工作人员宪法宣誓仪式观礼。李忠同志参加宣誓。

游钧同志参加中央农办、农业农村部召开的深化农村宅基地制度改革试点电视电话会议。

9 月 30 日　张纪南同志参加烈士纪念日向人民英雄敬献花篮仪式。

张纪南同志主持召开第 116 次党组会，传达学习习近平总书记在第三次中央新疆工作座谈会上的重要讲话精神；听取关于三季度人社扶贫工作进展情况的汇报；传达学习习近平总书记近期关于国有企业改革重要讲话精神，听取本部关于《国有企业改革三年行动方案（2020—2022 年）》有关工作的汇报；传达学习“深入学习贯彻习近平总书记重要讲话精神，贯彻落实新时代党的组织路线电视电话会议”精神；审议《关于授予湖北省人社系统在抗击疫情中作出突出贡献的有关集体和个人全国人社系统先进集体先进工作者称号的决定（送审稿）》《人力资源社会保障部领导干部插手干预重大事项记录规定（试行）（送审稿）》。汤涛、张敏、张义全、李忠同志参加。

张纪南同志主持召开第 51 次部务会，审议《人力资源社会保障部关于支持海南自由贸易港建设的政策措施（送审稿）》。汤涛、张敏、张义全、李忠同志参加。

游钧同志参加国务院推进政府职能转变和“放管服”改革协调小组专题会议。

十月

10 月 9 日　张纪南同志列席国务院第 110 次常务会议，就稳就业工作情况作汇报。

张纪南同志出席金砖国家劳工就业部长会，围绕创建安全生产文化、通过社会经济改革减少贫困、数字经济中的劳动世界未来等议题进行讨论，并介绍中国政府在全面打赢脱贫攻坚战、促进数字经济发展、加强职业安全保障等方面采取的措施和成效。

10 月 10 日　张纪南同志会见我部邀请的来部就全国人大重点督办建议“全面强化就业优先政策、稳就业保民生”专题进行座谈的全国人大代表。李忠同志参加座谈交流。

汤涛同志出席推进 2020 年职业技能提升和技能扶贫攻坚行动电视电话会议并讲话。

10 月 11 日至 12 日　汤涛同志带队赴广东对接第一届全国职业技能大赛筹备工作。其间，听取大赛执委会工作汇报，与广东省有关负责同志进行工作会谈，研究大赛开闭幕式方案、疫情防控方案等工作。

10 月 12 日　张纪南同志参加李克强总理主持召开的三季度经济形势部分地方政府主要负责人视频座谈会。

10 月 12 日至 13 日　游钧同志带队赴广东开展国有企业退休人员社会化管理工作专项督查，听取广东省有关工作情况汇报，实地考察中国石化广州分公司、广州市海珠区退休职工管理服务中心。

10 月 12 日　李忠同志参加国务院第七次大督查动员部署会。

李忠同志主持召开国务院大督查第七督查组任务部署会暨临时党支部第一次集体学习会，传达学习习近平总书记参加福建代表团审议时的重要讲话精神和关于力戒形式主义、官僚主义有关指示精神，研究细化督查方案，提出具体工作要求，并与福建省有关同志进行了工作对接。

10 月 13 日　张纪南同志主持召开部党组理论中心组集体学习会议，学习习近平总书记关于就业工作重要论述并交流学习体会。汤涛、张敏、李忠同志参加。

张纪南同志主持召开专题会议，听取第一届全国职业技能大赛有关工作汇报。汤涛同志参加。

10 月 14 日　汤涛同志在山东济南出席第十一届中国山东海内外高端人才交流会暨首届人才发展大会开幕式，随后，到济南阳光大姐服务有限责任公司调研职业培训工作。

游钧同志参加深圳经济特区建立 40 周年庆祝大会。

10 月 14 日至 15 日　游钧同志带队在广东开展养老保险省级统筹调研并主持召开广东省和部分地市人社部门座谈会。

10 月 14 日　李忠同志参加人力资源社会保障部、国务院扶贫办举办的以“劳动最光荣　脱贫靠奋斗”为主题的 2020 年就业扶贫论坛并致辞。

10 月 14 日至 19 日、21 日至 23 日　李忠同志带队赴福建开展国务院第七次大督查实地督查。其间，与福建省委省政府主要负责同志座谈；赴福州市、平潭综合试验区、宁德市、莆田市、厦门市等地，实地调研福建省稳就业保民生等情况，召开座谈会听取有关方面意见建议。

10 月 15 日　张纪南同志参加胡春华同志主持的中央农村工作会议文件起草组全体会议。

张纪南同志接见人社扶贫助力全面建成小康社会优秀成果宣介活动地方代表。张义全同志参加。

张纪南同志主持召开专题会议，研究第 46 届世界技能大赛有关工作。汤涛同志参加。

张纪南同志参加 2020 年全国大众创业万众创新活动周启动仪式。

10 月 15 日至 17 日　张纪南同志赴河北承德调研就业、技能培训、社保稳企、行风建设、扶贫等方面工作情况。其间，先后到承德县人社公共服务中心及相关企业实地考察，并主持召开相关单位和企业代表座谈会。

10 月 15 日　汤涛同志出席技能人员职业资格改革培训班暨全国职业技能等级认定工作管理人员培训班并讲话。

张义全同志参加人社扶贫助力全面建成小康社会优秀成果宣介活动并致辞。

张义全同志参加研究过渡期帮扶政策调整优化工作第二次会议。

10 月 16 日　张义全同志主持召开第四季度人社扶贫工作推进会。

10 月 17 日　张义全同志出席 2020 年全国脱贫攻坚表彰大会暨脱贫攻坚先进事迹报告会，宣读《国务院扶贫开发领导小组关于表彰 2020 年脱贫攻坚奖的决定》并为获奖者颁奖。

10 月 19 日　游钧同志参加全国人大财经委前三季度经济形势分析会。

游钧同志参加农业农村部召开的长江流域重点水域禁捕退捕专题会，研究贯彻习近平总书记有关重要批示精神的落实举措。

10 月 20 日　张纪南同志出席全国双拥模范城（县）命名暨双拥模范单位和个人表彰大会，宣读《关于表彰全国爱国拥军模范和拥政爱民模范的决定》，并为获奖者颁奖。

张纪南同志主持召开第 117 次党组会，传达学习习近平总书记在深圳经济特区建立 40 周年庆祝大会上、在中央政治局第二十四次集体学习时的重要讲话和对脱贫攻坚工作作出的重要指示精神；审议《人力资源社会保障信息化创新提升行动方案（送审稿）》；传达学习十九届中央第六轮巡视动员部署会精神，审议部党组 2020 年第二轮巡视工作方案及部巡视工作领导小组、巡视办、巡视组工作规则。汤涛、游钧、张敏、张义全、李忠同志参加。

张纪南同志主持召开第 52 次部务会，书面审议《家庭服务业统计调查制度（修订稿）》。汤涛、游钧、张敏、张义全、李忠同志参加。

10 月 21 日　张纪南同志列席国务院第 111 次常务会议。

张纪南同志参加 2020 年表彰全国劳动模范和先进工作者大会筹备委员会全体会议。

张纪南同志会见吉林省政府主要负责同志并座谈。

汤涛同志参加国务院推进政府职能转变和

“放管服”改革协调小组第5次全体会议。

10月21日至23日　游钧同志赴辽宁调研养老保险省级统筹、特殊工种提前退休和新业态从业人员社会保障工作。

张敏同志赴安徽金寨开展人力资源社会保障部定点扶贫工作调研。

10月22日　汤涛同志主持召开人才人事扶贫专项组工作推进会，听取专项组近期工作进展情况汇报，研究部署下一步工作。

汤涛同志主持召开技能扶贫专项组工作推进会，学习贯彻习近平总书记近日对脱贫攻坚工作的重要指示，听取近期技能扶贫工作汇报，并对做好下一步工作等提出要求。

10月23日　张纪南同志参加纪念中国人民志愿军抗美援朝出国作战70周年大会。

张纪南同志参加中央组织部召开的深入贯彻落实《党政领导干部考核工作条例》电视电话会议。

汤涛同志主持召开部国有企业公司制改革工作会议，研究审议《人力资源社会保障部国有企业公司制改革工作方案》，部署相关工作。

汤涛同志出席贯彻落实《深化新时代教育评价改革总体方案》电视电话会议并作交流发言。

10月25日　国务院决定：免去张义全的人力资源和社会保障部副部长职务。

10月26日至29日　张纪南同志参加党的十九届五中全会。

10月26日　汤涛同志主持召开二季度国家重大政策落实跟踪审计整改部署推进会。

10月27日　汤涛同志在河北雄安新区调研人社支持政策落实情况及新区需求。

汤涛同志召集有关单位研究职业技能提升行动相关问题，部署下一步工作。

10月27日至29日　游钧同志赴云南昆明出席全国工伤保险政策研讨会暨工伤保险信息化建设推进会并讲话，随后到怒江傈僳族自治州调研社会保险扶贫工作。

10月28日　汤涛同志出席第十一届东盟与中日韩劳工部长会并致辞。

李忠同志出席国务院政策例行吹风会，介绍稳就业和减免社保费工作进展情况，并回答记者提问。

10月29日　李忠同志参加我部和中国残联工作会商，与中国残联有关负责同志研究“十四五”时期残疾人保障和发展规划相关重点工作。

李忠同志主持召开行风建设工作调度会，总结2020年以来行风建设工作进展，部署推动年底前重点任务落实，研究谋划2021年及今后一个时期行风建设工作。

10月30日　张纪南同志参加李克强总理主持召开的国务院党组扩大会议和国务院“十四五”规划《纲要草案》编制工作领导小组会议。

张纪南同志主持召开第118次党组会，传达学习党的十九届五中全会精神、习近平总书记在纪念中国人民志愿军抗美援朝出国作战70周年大会上的重要讲话精神。汤涛、游钧、张敏、李忠同志参加。

张纪南同志主持召开第53次部务会，听取关于2020年享受政府特殊津贴人员选拔工作有关情况的汇报。汤涛、游钧、张敏、李忠同志参加。

10月31日　汤涛同志到山西大同出席“新能源产业技术发展”专家创新大讲堂开幕式并致辞，随后，到晋能集团调研人才工作。

十一月

11月1日　汤涛同志出席中国科协召开的中国科技会堂论坛。

11月2日　张纪南同志主持召开专题会议，研究第一届全国职业技能大赛有关工作。汤涛、李忠同志参加。

汤涛同志出席“量子科技学术前沿”专家创新大讲堂开幕式并致辞，随后，在北京量子信息科学研究院开展工作调研。

游钧同志参加中央农村工作领导小组办公室召开的全国农村承包地确权登记颁证工作总

结暨表彰电视电话会议。

11月3日　张纪南同志主持召开专题会议，研究养老保险相关工作。游钧同志参加。

汤涛同志出席2020年全国骨干技工院校校长高级研修活动并讲话。

游钧同志参加全国疫情防控工作电视电话会议。

李忠同志出席2020年表彰全国劳动模范和先进工作者大会筹委会办公室第二次会议。

11月4日　张纪南同志与外交部主要负责同志座谈。

汤涛同志参加国家科技体制改革和创新体系建设领导小组第13次会议。

游钧同志参加财政部召开的沿江十省市长江禁捕退捕财政保障工作视频调度会并讲话。

11月4日至6日　张敏同志赴山西天镇开展人力资源社会保障部定点扶贫工作调研。

11月4日　李忠同志出席部党组2020年第二轮巡视工作动员部署会并讲话。

李忠同志出席部创建“让党中央放心、让人民群众满意的模范机关”工作推进会并讲话。

11月5日　张纪南同志到北京市联系点调研促进人力资源服务产业发展、加强劳动者权益维护等工作，实地考察朝阳区人力资源公共服务中心、劳动人事争议仲裁院，并与基层一线相关同志座谈。

汤涛同志在贵州遵义出席全国专家服务工作座谈会并讲话。随后，到遵义医科大学调研人才队伍建设情况，到贵州黔南州调研人社工作开展情况。

游钧同志主持召开积极应对人口老龄化有关问题专家座谈会。

11月6日　张纪南同志列席国务院第112次常务会议。

张纪南同志参加国务院“十四五”规划《纲要草案》起草小组第一次会议。

李忠同志出席就业政策培训班结业式，并为学员讲授当前就业形势和做好稳就业保就业工作有关情况。

11月9日　张纪南同志主持召开行风建设专题会，听取行风建设工作情况汇报，研究2021年工作思路。李忠同志参加。

张纪南同志主持召开第119次党组会，传达学习习近平总书记在中央深改委第十六次会议上的重要讲话精神。汤涛、游钧、张敏、李忠同志参加。

张纪南同志参加联系党支部党日活动。

汤涛同志在广东广州主持召开第一届全国职业技能大赛筹备工作对接会，研究大赛筹备工作。

李忠同志参加研究过渡期帮扶政策调整优化工作第六次会议，并就就业扶贫政策实施情况和调整优化考虑作专题汇报。

11月10日　张纪南同志参加研究部署筹备中央经济工作会议有关工作会议。

汤涛同志出席第一届全国职业技能大赛专题新闻发布会，并实地考察调研广州市实施粤菜师傅、广东技工、南粤家政三大工程情况。

游钧同志出席全国社会保险经办机构负责人培训班结业典礼，与全体学员座谈交流。

11月11日　张纪南同志列席国务院第113次常务会议。

汤涛同志主持召开中央机关及其直属机构2021年度考试录用公务员笔试考务工作部署视频会。

游钧同志在浙江参加2020年退役军人事务综合督查。

李忠同志在江西调研退捕渔民安置保障情况并召开退捕渔民安置保障工作座谈会。

11月12日　张纪南同志在上海参加浦东开发开放30周年庆祝大会。

李忠同志参加全国冬春农田水利暨高标准农田建设电视电话会议。

11月13日　汤涛同志在湖南岳阳出席长江流域退捕渔民职业技能培训现场推进会，部署推动长江流域沿岸各地做好退捕渔民职业技能培训工作，观摩岳阳市君山区退捕渔民培训现场。其间，就渔民安置保障工作开展调研。

游钧同志在浙江杭州调研根治拖欠农民工

工资和养老保险省级统筹工作。

11 月 14 日　汤涛同志在江苏昆山出席第五届江苏技能状元大赛开幕式并巡视比赛现场。

11 月 15 日　汤涛同志在山西太原出席第二届山西省职业技能大赛开幕式并巡视比赛现场。

11 月 16 日　张纪南同志参加中央全面依法治国工作会议第一次全体会议。

张纪南同志参加国务院国家经济形势专家和企业家座谈会。

张纪南同志接见“最美基层高校毕业生”称号获得者并进行座谈。李忠同志参加。

11 月 16 日至 17 日　游钧同志参加中央全面依法治国工作会议。

11 月 16 日　李忠同志与安徽省有关负责同志就支持安徽就业创业、技工大省建设和人社信息化建设进行座谈。

李忠同志出席“最美基层高校毕业生”先进事迹报告会并讲话。

11 月 17 日　张纪南同志出席部党员领导干部会议，就学习贯彻党的十九届五中全会精神作宣讲报告。游钧、张敏、李忠同志参加。

张纪南同志主持召开第 120 次党组会，传达学习习近平总书记在浦东开发开放 30 周年庆祝大会和全面推动长江经济带发展座谈会上的重要讲话精神。汤涛、游钧、张敏、李忠同志参加。

汤涛同志参加国务院自由贸易试验区工作部际联席会议第七次全体会议。

汤涛同志主持召开事业单位公开招聘工作座谈会。

汤涛同志出席“最美基层高校毕业生”先进事迹报告会并讲话。

李忠同志参加中央和国家机关脱贫攻坚先进集体、优秀个人表彰会并为获奖人员颁奖。

11 月 18 日　张纪南同志列席国务院第 114 次常务会议。

11 月 18 日至 19 日　张纪南同志赴江西九江调研禁捕退捕渔民安置保障工作和技能人才培养工作。

11 月 18 日　汤涛同志在山东青岛参加博士后制度建立 35 周年系列活动。

汤涛同志在浙江杭州调研人才工作。

游钧同志参加人力资源社会保障信息化便民服务创新提升行动工作推进视频会。

11 月 19 日　张纪南同志在江西景德镇出席第四届“中国创翼”创业创新大赛暨就业创业服务经验交流活动闭幕式并致辞。李忠同志主持闭幕式。

张纪南同志考察景德镇市陶溪川文创街，调研初创业者创业服务工作。李忠同志参加。

汤涛同志在浙江杭州出席全国技工院校教师职业能力大赛开幕式。

李忠同志出席国新办就业扶贫新闻发布会。

11 月 20 日　张纪南同志参加国务院经济形势部分地方政府主要负责人视频座谈会。

张纪南同志参加向国务院领导汇报渐进式延迟法定退休年龄专题会议。游钧同志参加。

汤涛同志参加全国人大财经委全体会议。

汤涛同志出席第一届全国职业技能大赛战略合作伙伴和高级合作伙伴签约仪式。

李忠同志在江西景德镇调研就业创业等工作情况。

11 月 21 日　汤涛同志在重庆参加重庆英才大会。

11 月 23 日　张纪南同志主持召开第 121 次党组会，传达学习习近平总书记在中央全面依法治国工作会议上的重要讲话精神、审议机关党建工作考核办法等三个文件、听取关于开展部属各单位 2020 年度考核工作有关安排的汇报、听取关于申请开展全国人社系统行风建设工作先进集体和先进个人评选表彰有关情况的汇报。汤涛、游钧、张敏、李忠同志参加。

张纪南同志主持召开职业技能提升暨援企稳岗专题会，研究职业技能提升专账资金使用情况、社保支持政策调整有关问题。汤涛、游钧、李忠同志参加。

张纪南同志出席根治欠薪冬季专项行动动

员部署电视电话会议。游钧同志参加。

汤涛同志主持召开部国有企业公司制改革动员部署会，部署部国有企业公司制改革工作。

11 月 24 日至 25 日　张纪南同志主持召开部党组学习贯彻党的十九届五中全会精神扩大会，深入学习领会党的十九届五中全会精神，研究谋划贯彻落实的思路和举措。部党组成员出席会议，结合分管领域工作谈学习体会和落实建议。

11 月 24 日　张纪南同志出席 2020 年全国劳动模范和先进工作者表彰大会。李忠同志参加。

张纪南同志参加李克强总理与主要国际经济机构负责人第五次“1+6”圆桌对话会。

张纪南同志主持召开养老保险专题会。游钧、李忠同志参加。

11 月 25 日　张纪南同志列席国务院第 115 次常务会议。

张纪南同志主持召开第 122 次党组（扩大）会议，传达学习习近平总书记在全国劳动模范和先进工作者表彰大会上的重要讲话精神。汤涛、游钧、张敏、李忠同志参加。

汤涛同志出席第一届全国职业技能大赛赛前动员视频会，动员部署办赛、参赛各项工作，对部内相关单位和全体工作人员提出要求。

李忠同志出席高校毕业生就业工作培训班，并围绕“高校毕业生等青年就业形势和任务”进行授课。

11 月 26 日　张纪南同志参加中央教育工作领导小组第 13 次会议。

汤涛同志在陕西西安出席部分省（区）“十四五”规划工作座谈会。随后，赴咸阳杨凌开发区管委会及西北农林科技大学调研人才工作。

游钧同志出席基本养老保险基金投资管理工作座谈会暨委托省份联席会议并讲话。

11 月 27 日　张纪南同志到中央党校以“坚持以人民为中心的发展思想，不断推进就业和社会保障事业改革发展”为题，为 2020 年秋季中青年干部培训班授课。

汤涛同志出席 2020 年度全国人社窗口单位业务技能统一在线比武远程督考活动。

游钧同志参加中央退役军人事务工作领导小组第八次会议。

游钧同志带队到中国化学工程集团公司开展国有企业改革重点任务落实情况专项督查，听取企业改革工作情况汇报，检查企业改革任务落实情况。

李忠同志赴国务院扶贫办，就就业扶贫、定点扶贫、脱贫攻坚总结表彰与扶贫办主要负责同志座谈。

11 月 29 日　汤涛同志出席中华职业教育社第十二届理事会第三次全体会议。

李忠同志出席第十四届全国残疾人事业发展论坛开幕式并致辞。

11 月 30 日　张纪南同志主持召开第 123 次党组会，审议《2021 年深入推进人社系统行风建设工作方案（送审稿）》。汤涛、游钧、张敏、李忠同志参加。

张纪南同志主持召开部党组与驻部纪检监察组专题会商会。汤涛、游钧、张敏、李忠同志参加。

11 月 30 日至 12 月 1 日　游钧同志带队赴四川开展国务院国有企业重点任务落实情况专项督查和劳动关系重点工作调研。

11 月 30 日　李忠同志到最高人民检察院，出席“守望正义——新时代最美检察官”颁奖典礼。

十二月

12 月 1 日　张纪南同志列席国务院第 116 次常务会议。

李忠同志出席 2021 届全国普通高校毕业生就业创业工作网络视频会议并讲话。

12 月 2 日　汤涛同志出席中国博士后制度实施 35 周年座谈会并讲话。

汤涛同志与湖北省人社厅负责同志一行就定向援助湖北行动工作情况进行座谈。

12月2日至3日　游钧同志在四川成都、遂宁调研根治欠薪、养老保险省级统筹及长江禁捕退捕渔民参加养老保险等工作。

12月3日　张纪南同志列席中央政治局常委会会议并汇报有关工作。

张纪南同志参加中央农村工作领导小组第10次会议。

12月4日　张纪南同志主持召开2021年重点工作专题会。李忠同志参加。

李忠同志在本部分会场参加中央和国家机关警示教育会。

12月6日　汤涛同志参加国家科技体制改革和创新体系建设领导小组第十四次专题会议。

12月7日　张纪南同志参加国家中长期科技发展规划工作领导小组会议。

张纪南同志主持召开第124次党组会，传达学习习近平总书记在中央政治局常委会会议上的重要讲话精神，审议《人力资源社会保障部党组关于巩固深化“不忘初心、牢记使命”主题教育成果实施方案（送审稿）》。游钧、张敏、李忠同志参加。

张纪南同志主持召开第54次部务会，书面审议《网络招聘服务管理规定（送审稿）》。游钧、张敏、李忠同志参加。

汤涛同志到工业和信息化部参加工业互联网专项工作组第二次会议。

游钧同志主持召开社会保险扶贫专项组会议，学习贯彻习近平总书记在中央政治局常委会会议上听取脱贫攻坚总结评估汇报时的重要讲话精神，对开好2020年全国社保扶贫工作总结及经验交流会议、巩固拓展脱贫攻坚成果、做好与乡村振兴有机衔接等工作作出安排部署。

12月8日　张纪南同志主持召开劳动力职业技能开发专题会议，研究《关于欠发达地区劳动力职业技能开发研究报告（稿）》。汤涛、李忠同志参加。

12月9日　张纪南同志列席国务院第117次常务会议。

12月9日至10日　游钧同志在河北石家庄出席2020年全国社会保险扶贫工作总结及经验交流会议并讲话。

12月10日　张纪南同志在广东广州出席第一届全国职业技能大赛开幕式并致开幕辞。汤涛同志出席。

张纪南同志在广州相关企业、技工院校调研，实地考察就业、职业技能培训、技能人才培养等方面工作情况。汤涛同志参加。

张纪南同志在广州主持召开部分省市人社厅（局）主要负责同志座谈会，围绕做好2021年人社重点工作听取意见建议。

汤涛同志到广州市石油培训中心调研国家公务员考试阅卷工作。

李忠同志主持召开新疆劳动力到内地务工服务工作电视电话会议并讲话。

12月10日至11日　李忠同志赴定点扶贫县和基层联系点山西天镇开展调研。其间，到天镇县红土窑村走访慰问贫困户，察看定点帮扶工作情况；看望本部驻天镇县扶贫工作队同志并进行座谈，听取巩固拓展脱贫攻坚成效、谋划与乡村振兴有机衔接工作的意见建议；实地考察天镇县高级职业中学、人社扶贫技能培训基地、扶贫产业园。

12月11日至13日　张纪南同志先后到广东深圳、潮州、揭阳、汕头市调研，在相关企业、技工院校实地了解就业、技能培训与竞赛、人才引进、博士后培养和人社窗口服务等方面工作情况，听取意见建议。

汤涛同志先后到广东阳江、茂名、湛江、佛山市调研专技和技能人才工作。

12月12日至13日　李忠同志赴江苏南京参加南京大屠杀死难者国家公祭仪式。

12月13日　张纪南同志在广东广州出席《部省战略合作补充协议》签约仪式。汤涛同志代表人力资源社会保障部与广东省人民政府签约。

张纪南同志出席第一届全国职业技能大赛闭幕式，宣布大赛闭幕并参加大赛会旗交接仪式。汤涛同志出席。

12月14日　张纪南同志列席国务院第118次常务会议。

李忠同志参加中央统一战线工作领导小组2020年第二次全体会议。

李忠同志出席2021年度“春华秋实·国聘行动”启动仪式并致辞。

12月15日　张纪南同志与辽宁省政府主要负责同志座谈。

张纪南同志主持召开第125次党组会暨党组中心组集体学习会，传达习近平总书记致首届全国职业技能大赛的贺信和李克强总理的批示精神，研究贯彻落实举措。汤涛、游钧、张敏、李忠同志参加学习并进行交流研讨。

12月15日至18日　张纪南同志参加中央经济工作会议。

12月16日　李忠同志在云南昭通出席全国就业工作座谈会并讲话，随后在昭通调研就业扶贫等工作。

12月16日至18日　李忠同志到海南海口、文昌市调研支持海南自贸港建设和就业创业等情况。

12月18日　汤涛同志出席国务院新闻办公室新闻发布会，介绍落实党的十九届五中全会精神，壮大高技能人才队伍有关情况。

游钧同志到中央政法委参加2020年平安建设考核评价工作会议。

12月21日　张纪南同志列席国务院第119次常务会议。

张纪南同志主持召开第126次党组（扩大）会，传达学习中央经济工作会议精神，审议《中共人力资源社会保障部党组关于贯彻落实新时代党的组织路线实施方案（送审稿）》，听取关于全国脱贫攻坚总结表彰本部拟推荐对象有关情况的汇报。汤涛、游钧、张敏、李忠同志参加。

张纪南同志主持召开第55次部务会，审议《人力资源社会保障部关于进一步加强高技能人才与专业技术人才职业发展贯通的实施意见（送审稿）》。汤涛、游钧、张敏、李忠同志参加。

汤涛同志出席部2020年度预算执行等情况审计进点动员会并讲话。

12月22日　张纪南同志参加国务院长江禁捕退捕工作推进电视电话会议。

张纪南同志主持召开全国工作会主报告专题会，研究全国人社工作会议讲话稿。李忠同志参加。

汤涛同志出席第一届全国职业技能大赛专题总结会，听取组委会各成员单位总结汇报，并对下一步工作提出要求。

游钧同志参加国务院联防联控机制会议。

12月23日　张纪南同志参加国务院“十四五”规划《纲要草案》编制工作领导小组会议。

汤涛同志参加推进海南全面深化改革开放领导小组第四次全体会议。

12月24日　张纪南同志主持召开专题会，研究参加全国人大常委会专题询问有关工作。汤涛、游钧、李忠同志参加。

12月25日　汤涛同志参加中央组织部人才专项工作会议。

12月26日　李忠同志参加第十三届全国人民代表大会常务委员会第二十四次会议联组会议，并回答专题询问。

12月28日　李忠同志参加全国巩固拓展脱贫攻坚成果同乡村振兴有效衔接工作会议。

12月28日至29日　李忠同志参加中央农村工作会议。

12月29日　张纪南同志参加部署中央政治局集体学习有关准备工作会议。游钧同志参加。

汤涛同志参加国务院国有企业办医疗机构深化改革座谈会。

游钧同志主持召开根治欠薪冬季专项行动调度推进视频会议，调度各地2021年春节前保障农民工工资支付工作进展，对下一步重点工作提出要求。

12月30日　张纪南同志列席国务院第120次常务会议。

张纪南同志主持召开第127次党组会，传

达学习习近平总书记在中央农村工作会议上的重要讲话和全国巩固拓展脱贫攻坚成果同乡村振兴有效衔接工作会议精神，学习贯彻习近平总书记关于“三农”工作有关重要论述和中央有关文件精神。汤涛、王少峰、游钧、张敏、李忠同志参加。

张纪南同志主持召开第56次部务会，审议《技能人才薪酬分配指引（送审稿）》。汤涛、王少峰、游钧、张敏、李忠同志参加。

12月31日　张纪南同志参加中国共产党成立100周年庆祝活动领导小组第1次全体会议。

张纪南同志主持召开社保专题会，研究社会保障有关工作方案。游钧同志参加。

汤涛同志参加行业协会商会与行政机关脱钩联合工作组第五次会议。